Matthias Fahrner

Der Landfrieden im Elsass

Matthias Fahrner

Der Landfrieden im Elsass

Recht und Realität einer interterritorialen Friedensordnung im späten Mittelalter

Tectum Verlag

Matthias Fahrner

Der Landfrieden im Elsass.

Recht und Realität einer interterritorialen Friedensordnung
im späten Mittelalter

Zugl.: Freiburg i.B., Univ. Diss. 2006

Titelbild: pax et justitia occulatae sunt, Peterborogh Psalter 1299-1318, ms. 9961-62, folio 10r, abgedruckt mit freundlicher Genehmigung der Bibliothèque Royale de Belgique

ISBN: 978-3-8288-9331-3

Besuchen Sie uns im Internet
www.tectum-verlag.de

Bibliografische Informationen der Deutschen Nationalbibliothek
Die Deutsche Nationalbibliothek verzeichnet diese Publikation in der Deutschen Nationalbibliografie; detaillierte bibliografische Angaben sind im Internet über http://dnb.ddb.de abrufbar.

Für
meine Eltern
Erika und Hans-Jörg Fahrner,
ohne die diese Arbeit nicht möglich gewesen wäre

in Dankbarkeit

Vorwort und Danksagung

Mit der nunmehr vorliegenden Abhandlung findet ein fast zwölf Jahre überspannendes Projekt seinen Abschluss. An seinem Anfang stand eine Seminararbeit im Sommersemester 1994 zum Thema „Der Landfrieden im Elsass" am Institut für Rechtsgeschichte und geschichtliche Rechtsvergleichung der Albert-Ludwigs-Universität. Es weckte in meinem zweiten Studiensemester meine Faszination an der historischen wie modernen Fragestellung, wie in einem politische System ohne eine hegemoniale Vormacht das Recht Frieden gegen eigennützige Interessen und allgegenwärtige Eigenmacht und Selbsthilfe durchzusetzen vermag. Sie prägte paradigmenartig,jedoch mit wechselnder Intensität mein juristisches, politikwissenschaftliches und historisches Studium. Ebenfalls fand sie eine enge Wechselwirkungen mit den praktischen beruflichen Erfahrungen im Bereich der nationalen und internationalen Politik und Rechtspflege, insbesondere den Einblicken in die Arbeiten an den Rechtsnormen des Internationalen Strafgerichtshofes bei den Vereinten Nationen in New York.

In den jeweils höchst unterschiedlichen Phasen dieser aus der Retrospektive durchaus beachtlichen Zeitspanne hatte ich das Glück, zahlreichen sehr verschiedenen, aber stets hilfreichen, kollegialen, freundschaftlichen und bereichernden Menschen zu begegnen, denen ich und diese Arbeit viel verdanken.

Zuerst möchte ich dabei meiner Doktormutter, Frau Prof. Dr. Karin Nehlsen-v. Stryk für ihre hervorragende Betreuung, aber ebenso die unvergessliche Zeit als Mitarbeiter am Institut für Rechtgeschichte und Rechtsvergleichung danken, die ich immer gerne in Erinnerung behalten werde.

Herr Prof. Dr. Dr. h.c. Karl Kroeschell habe ich nicht nur für die Übernahme der Zweitkorrektur besonders zu danken. Er hat durch die überragende auctoritas *seiner Fachkunde und Person bereits in meinen ersten Studiensemestern meine Begeisterung für die Deutsche Rechtsgeschichte geweckt und mich auf meinem Weg stets ermutigt.*

Schließlich möchte ich in diesem Zusammenhang auch die Gelegenheit ergreifen, Herrn Prof. Dr. Josef-Georg Wolf dafür zu danken, dass er mir die Faszination nicht nur am Römischen Recht, sondern auch an scharfer juristischer Dogmatik, Logik und Distinktion überhaupt vermittelt hat. Ich habe versucht, dieses feine und scharfe Werkzeug mit der gebotenen großen Vorsicht auf die weit vielschichtigere Welt des frühen Spätmittelalters anzuwenden.

Mein herzlicher Dank gilt ebenso vielen ehemaligen Kolleginnen und Kollegen am Institut für Rechtsgeschichte und geschichtliche Rechtsvergleichung der Albert-Ludwigs-Universität Freiburg im Breisgau für die gemeinsamen Jahre voll spannender wissenschaftlicher Diskussionen, Spaß und Freundschaft.

Ich danke sehr der Friedrich-Ebert-Stiftung für die Aufnahme in die Reihe der Promotionsstipoendiaten und Förderung des Projektes in einer entscheidenden Phase.

Mein weiterer besonderer Dank gebührt Herrn Prof. Dr. germ. Harald Frommer, Herrn Dr. iur. Marco Mansdörfer und Herrn Assessor Tilmann Rossow, Frau Dipl.-Volkswirtin Daniela Brack, Frau Rechtsanwältin Dr. iur. Meike Gotham, Frau Assessorin Anna Katharina Mangold und Herrn Jasper Möller für ihre hervorragende und umfangreiche Arbeit beim Korrekturlesen.

Ebenso gilt mein Dank meiner Familie und zahlreichen Freunden, ohne deren Nachfrage, Unterstützung oder auch Nachsicht diese Arbeit schwerlich so zum Abschluss gekommen wäre. Darunter seien hier nur hervorgehoben Herr Dr. Thomas Osterkamp und Herr Amtgerichtsdirektor i.R. Dr. Rudolf Gotham.

Besonders herzlich danke ich schließlich Frau Lisa Klank für ihre technische Unterstützung nicht nur bei der Erstellung der Karte des Elsass, sondern weit darüber hinaus für ihre täglichen Impulse, ihr Verständnis und ihre Geduld.

Schramberg, den 9. März 2007

Matthias Fahrner

Inhaltsverzeichnis

VORWORT UND DANKSAGUNG VII

INHALTSVERZEICHNIS IX

EINLEITUNG 1

I. Einführung: Vom Friedensideal zum Feindstrafrecht? 1

II. Überblick über die Entwicklung der Landfriedensforschung 12

III. Fragestellung, Gegenstand und Methode 22
1. Fragestellung und Gegenstand der Untersuchung 22
2. Quellenlage und Vorgehensweise 31

I. TEIL: ENTSTEHUNG UND ENTWICKLUNG DER SPÄTMITTELALTERLICHEN LANDFRIEDEN AM OBERRHEIN 39

KAPITEL 1: AUSGANGSLAGE UND ANKNÜPFUNGSPUNKTE 41

I. Grundprobleme der Landfriedensentwicklung im Spätmittelalter 41
1. Anknüpfungspunkte der Landfrieden 41
2. Fehde und Selbsthilfe 45
3. Grundprobleme der Gerichtsbarkeit 52
4. Die Situation im Elsass 63

II. Vorläufer und Ansätze der Landfriedensentwicklung bis zum Interregnum 74
1. Die hochmittelalterliche Landfriedensbewegung und die *Pax Alsatiensis* 74
2. *„Duplici vinculo pacis et iusticie providimus“* - Der Mainzer Reichslandfrieden von 1235 81
3. Der Große Rheinische Bund 1254 – Urspung einer neuen Landfriedensform? 91

KAPITEL 2: EIGENMACHT, SELBSTHILFE, BEISTANDSBÜNDNISSE UND LANDFRIEDENSEINUNG IM SPIEGEL DER POLITIK VON REICHS- UND PARTIKULARGEWALTEN 113

I. Landfriedenspolitik und königliche Machtbehauptung am Ende und nach dem Interregnum (1261-1313) 113
1. Richard von Cornwall und die Vermischung der Landfriedensformen am Ende des Interregnums (1261-1273) 113

2. Rudolf von Habsburg: Revindikation und personalisierter Kampf für den Frieden (1273-1291) ... 116
a) Herausforderungen und Leitlinien rudolfinischer Landfriedenspolitik ... 116
b) Ausgangspunkte und erste Maßnahmen der Friedenspolitik ... 121
c) Hagenauer Landfrieden und personalisierte Friedenssorge am Oberrhein ... 127
d) Renovatio, Reichslandfrieden und Städtekonflikt ... 132
e) Die Endphase von Rudolfs Friedenswirken ... 137
f) Bewertung: Landfrieden im Wirken des „konservativen Pragmatikers" ... 142
3. Nachfolger im Schatten - Landfrieden unter König Adolf von Nassau (1292-1298) ... 143
4. Albrecht I. - Wendepunkt königlicher Landfriedenspolitik ? (1298-1308) ... 151
5. König Heinrich VII. (1309-1313) ... 160

II. Landfriedenspolitik im Verfassungskampf (1314-1340) ... 163
1. Der Kampf um die Krone (1314 - 1322) ... 163
2. Selbsthilfebündnisse als Antwort auf den Konflikt von Papst und König (1323-1330) ... 175
a) Reichspolitik, Nürnberger Reichslandfrieden und Ausgangslage am Oberrhein ... 175
b) Der mittelrheinische Landfrieden und der Dreibund am Oberrhein ... 182
c) Das erneute Experiment eines großen Rheinbundes ... 185
d) Auseinandersetzungen um Allianzen um Bischof Berthold von Straßburg ... 188
3. Neue Herausforderung und Suche nach angemessenen Friedensformen (1330-1337) ... 191
a) Die Rückkehr des Kaisers, Reichspolitik und städtische Verfassungsunruhen ... 191
b) Neue Bündniskonstellationen am Oberrhein ... 195
c) Kaiserliche Friedensbemühungen im Reich und am Oberrhein ... 198
d) Das Scheitern der bisherigen regionalen Bündnissysteme ... 202
4. Kompromisse als Gebot der Stunde (1338-1340) ... 206
a) Der „paritätische" Landfrieden vom 21.2.1338 ... 206
b) Der „erste Armleder-Schutzbund" - der „eigentliche Landfrieden" ? ... 208
c) Fazit: Rückwirkungen der Bündnisse auf die Lage Ludwigs und am Oberrhein ... 209

III. Stabilität durch autonome Einungen (1340 - 1355) **211**
1. Regionale Selbstorganisation als Antwort auf vergangene und drohende Konflikte (1340-1347) 211
a) Ursachen auf dem Weg zur autonomen Einung 211
b) Der Zweite Schutzbund und die Wiederherstellung der kaiserlichen Autorität 215
c) Schlüsselrolle der Landfrieden und Städtebünde zwischen Ludwig IV. und Karl IV 216
2. Die Jahre der großen Krisen und Bewährungsproben für den Frieden (1348/1349) 221
3. Wiederaufbau und neue Konfrontationen (1349-1352) 224
4. Königliche Erfolge (1353-1355) 228

IV. Konfrontation, Restauration und Neuordnung (1355 - 1377) **231**
1. Scheitern der Landfriedensbemühungen (1355 - 1361) 231
a) Die Auseinandersetzungen um die Herren von Lichtenberg 231
b) Die Goldene Bulle und der Frieden im Reich 232
c) Der Kaiser und die Städtebünde 238
2. Von der ersten Engländerinvasion zur Wiederherstellung des Landfriedens (1361-1368) 241
a) Der Einfall des Arnauld de Cervole 241
b) Vom Krieg zum Frieden 245
c) Der Landfrieden von 1366 248
3. Stagnation und Egoismus (1369-1377) 252
a) Vergebliche Bemühungen und Desinteresse des Kaisers 252
b) Macht und Ohnmacht der Obrigkeiten: Die Herlisheimer Fehde . 255
c) Vom neuen Landfrieden zur „bösen Fasnacht" von Basel 259

V. Der Landfrieden am Scheideweg: Institutionalisierung oder endgültiges Scheitern? (1378 - 1400) **266**
1. Landfrieden vor dem großen Sturm: Herrschaftsübergang und großes Schisma (1378-1381) 266
2. Der große Krieg der Städtebünde gegen die Herren und Rittergesellschaften (1383-1388) 270
3. Peripetie und Katastrophe der hoheitlichen Landfriedenseinung (1389-1400) 278
a) Der Egerner Reichslandfrieden und der Elsässische Landfrieden von 1389 278
b) Die Lage nach dem Egerner Landfrieden 280
c) Die Affäre des Englischen Ritters 281
d) Die Landfriedenseinungen von 1395 und 1398 286

4. Der Vorhang fällt: Das Scheitern des Landfriedens und die Absetzung des „dem Frieden unnützen" Königs 289

II. TEIL: DAS RECHT DER LANDFRIEDEN 293

KAPITEL 3: GELTUNGSRAHMEN UND GELTUNGSGRUND 295

I. Äußerer Geltungsrahmen und Parteien der Landfrieden 295
1. Geltungszeitraum und Geltungsdauer 295
a) Überblick 295
b) Rechtliche Bestimmungen der Geltungsdauer 297
c) Vorzeitige Beendigung 298
d) „Obligationes post contractum finitum" 299
2. Räumlicher Geltungsbereich und Parteien bzw. Mitglieder 300
a) Landesidentität durch Landfrieden? 300
b) Das Verhältnis von Parteien und Geltungsbereich im System der ersten Einungen des 14. Jahrhunderts 304
c) Die weitere Entwicklung des Teilnehmerkreises im Spiegel politischer Konstellationen 309

II. Legalität und Legitimität der Landfrieden - die Rolle von Königtum und Landfriedenseid 315
1. Rechtshistorische Erklärungstheorien für den Geltungsgrund der Landfrieden 315
a) Die Dichotomie Gesetz - Vertrag als Paradigma der Landfriedensforschung 315
b) Die Funktion des Landfriedenseids 319
2. Entwicklung des eigenen Erklärungsmodells 322
3. Abgrenzung von Landfrieden und „bloßen" Beistandsbündnissen .. 332

III. Die Praxis des Aufrichtungsprozesses der Landfrieden 339
1. Die Rolle des Königtums 339
2. Die Errichtung des Friedenstextes 342
a) Aushandlung, Abfassung und Vorarbeiten 342
b) Landfriedensregelungen zur Lösung von Akzeptanzproblemen .. 349
c) Abschluss und Aufrichtung 350
3. Die Beteiligung des Landes und die „Eideslawine" 351

KAPITEL 4: SCHUTZ UND SANKTION 357

I. Landfriedensschutz und Landfriedensbruch 357
1. Die Struktur des Landfriedensbruchs als Tatbestandsnorm 357
a) Landfriedensbruch als normativer Begriff 357
b) Begründung der Sanktionierung des Landfriedensbruchs 358

2. Der Landfriedensschutz 361
a) Zeitliche und räumliche Geltung 361
b) Geschützer Personen- und Sachkreis 362
(1) Gottesleute und kirchliche Güter 362
(2) Eidgenossen 363
(3) Gäste, Fremde und sonstige Reisende 363
(4) Andere Ansässige 364
c) Schutzpflicht und Schutzermessen 365
3. Der Bruch des Friedens 366
a) Friedensbruch in den frühen Landfrieden 366
b) Herausbildung eines Deliktskanons 367
(1) roup 368
(2) mort 370
(3) brant 371
(4) gevencnu[i]sse 371
(5) unrecht widersagen 371
(6) Generalklauseln: alle Gewalt und Unrecht 373
4. Das Verhältnis von Landfriedensbruch und Selbsthilfe 375
a) Privatpfändung 375
b) Fehde und Blutrache 383
c) Notwehr 387
5. Erweiterungen des Landfriedensbruchtatbestandes 388
a) Nachfolgende Unterstützungshandlungen 388
b) Verschleppung 389
c) Angriffe 390
6. Landfriedensschutz im weiteren Sinn 391

II. Sanktionen bei Verletzung der Landfriedensnormen 394
1. Peinliche Strafe oder Buße für den Landfriedensbrecher ? 394
a) Rechtsfolge des Landfriedensbruchs in den Einungstexten 395
b) Deutungsversuche der Literatur 397
c) Buße und Wiedergutmachung 400
2. Einsprengsel peinlicher Bestrafung und das Verhältnis zum Reichslandfriedens- und Partikularrecht 403
a) Besondere Sanktionen und Strafgebote in den Landfriedenstexten 403
b) Blanketttatbestände 405
c) Das Verhältnis zum Reichs- und Partikularrecht am Beispiel von Körperverletzungen und Tötungen 407
3. Die Burgbrechung als Sanktion und ihr Platz in der Ordnung der Landfrieden 411

III. Der Schutz vor Eigenmacht bei Rechten und Regalien 417
1. Überblick 417
2. Grundlagen des Wirtschaftsverkehrs: Zölle und Münzen 419
a) Wegezölle, Brücken- und Geleitgelder 419
b) Münzrecht 425
3. Besitzstandsgarantien: Erbleihe, Gewere und Ersitzung 427
4. Kirchen- und Teilnehmerrechte, Pfahlbürger und Gerichtsbarkeit ... 430

KAPITEL 5: ORGANISATION UND VERFAHREN 435

I. Landfriedensgerichtsbarkeit 435
1. Die Amtsträger des Landfriedens 435
2. Entwicklung der Landfriedensbewahrer im Verhältnis zur traditionellen Gerichtbarkeit 437
a) Bündische Ursprünge 437
b) Auseinandersetzung mit der königlichen Friedenssorge 440
c) Verbindung mit der partikularen Gerichtsbarkeit 447
d) Experimente mit neuen Organisationsformen 455
e) Abschluss der Ausbildung des Landfriedensgerichts 459
3. Organisation der Arbeit 462
a) Bestellung 462
b) Amsteid, Verhinderung und Stellvertretung 466
c) Obleute 469
d) Ort und Zeit der Zusammenkünfte 472
e) Schreiber, Kanzlei und Boten 474
4. Verfahren vor den Landfriedenspflegern 475
a) Einleitung des Verfahrens 475
b) Behandlung nach Anrufung des Landfriedens 476
c) Ablauf des ersten Verhandlungstermins vor dem Landfrieden 481
d) Urteil und Entscheidungen nach dem ersten Rechtstag 484
e) Maßnahmen und weiterer Ablauf nach dem Termin 486
f) Abschluss des Verfahrens 489
5. Landschädliche Leute 490
a) Landschädlichkeit in der rechtshistorischen Forschung 490
b) Begriff der landschädlichen Leute im oberrheinischen Landfriedensrecht 496
c) Behandlung landschädlicher Leute im System der elsässischen Landfrieden 501

II. Die Erzwingung des Landfriedens 505
1. Das Erzwingungsverfahren in der Hand der Mitglieder und der Landfriedenswächter 505

a) Grundlage und Ablauf ... 505
b) Mittel ... 507
c) Aufgaben der Landfriedenswächter bei der Exekution des Friedens ... 509
d) Hilfe von Dritten – Bündnisse mit dem Landfrieden ... 510
e) Friedensschluss unter Vorbehalt von Richtung oder Schiedverfahren ... 512
2. Die Landfriedenstruppe ... 513
a) Aufstellung, Kontingente und Ausrüstung ... 513
b) Hauptmann und Hauptleute ... 517
c) Aufgaben und Befugnisse ... 518

III. Binnenrecht ... 522
1. Rechte und Pflichten zwischen den Landfriedensmitgliedern ... 522
2. Verhältnis des Landfriedens zum Königtum ... 528
3. Finanzierung ... 530

III. TEIL: WIRKUNG DER LANDFRIEDEN ... 537

KAPITEL 6: RECHTLICHE UND POLITISCHE WIRKLICHKEIT DER LANDFRIEDEN ... 539

I. Beurteilungsprobleme und Wirkung in der Frühphase ... 539
1. Allgemeine Beurteilung und Beurteilungsprobleme ... 539
2. Landfrieden und Revindikation: Die Markgrafen von Baden und Graf Egino von Freiburg ... 542
3. Personale Friedenssorge und Vorgehen einzelner verbündeter Landfriedensmitglieder ... 546
4. Zwischenergebnis ... 555

II. Der Alltag des Landfriedens – Kampf gegen Selbsthilfe und Eigenmacht ... 555
1. Zeugnisse für Erfolge und Scheitern in der Sicherung des Landfriedens ... 555
2. Vorgehen gegen Raubritter und landschädliche Leute ... 558
a) Burgbrechungen und „Raubritterhäuser“ ... 558
b) Umgang mit vermeintlichen Raubrittern ... 560
c) Landschädliche Leute: Das Beispiel des Hartmann Rot ... 563
d) Der Fall der Feste Fröndsberg ... 566
3. Friedenssorge durch Schlichtung, Richtung und Unrechtsahndung. 574

III. Die politische, militärische und gesellschaftliche Rolle der Landfrieden ... 578

1. Der Landfrieden und die Reichs- und Partikularpolitik 578
a) Auseinandersetzungen zwischen Stadtherr und Bürgerschaft 578
b) Der Landfrieden zwischen König und Kirche - die „Lichtenberger Fehde“ 580
2. Militärische Rolle der Landfrieden 589
3. Der Landfrieden und die großen Judenpogrome 594
4. Der Landfrieden im Rechtsalltag und als Vorbild für andere Regionen 601

KAPITEL 7: FORT- UND NACHWIRKUNG DER LANDFRIEDEN 603

I. Das Absterben der Landfriedensentwicklung im 15. Jahrhundert 603
1. Scheitern neuer Landfriedensbemühungen nach der Absetzung König Wenzels 603
2. Gründe für das Abtreten der Landfrieden „von der Bühne der Geschichte“ 608

II. Die Rolle des Landfriedens für die weitere Landesentwicklung des Elsass 610
1. Konservierung von Landesstruktur und Landesrecht 610
2. Organisatorisches Erbe: Elsässische Landstände, Landesrettungen und oberrheinischer Reichskreis 612
a) Die elsässischen Landstände 612
b) Reichsreform und oberrheinischer Reichskreis 615
c) Landesrettungen und Vereinbarungen zwischen den Landständen 617
3. Absehbares Ende - Der Übergang an Frankreich und das Ende der landständischen Entwicklung im Elsass 619

ZUSAMMENFASSUNG UND FOLGERUNGEN 621

LITERATURVERZEICHNIS 645

I. Quellen 645
1. normative Quellen und Regesten 645
2. erzählende Quellen 650

II. Sekundärliteratur 653

ORTS-, PERSONEN- UND SACHREGISTER 697

„Benedixisti, Domine,
terrarum tuam
advertisti captivitatem Iacob,
remisisti iniquitates plebis tuae
operuisti omnia peccata
eorum diapsalma,
mitigasti omnem iram tuam
avertistit ab ira indignationis tuae.

Herr,

der du bist vormals gnädig gewesen deinem Lande und hast die Gefangenen Jakobs erlöset; Der du die Missetat vormals vergeben hast deinem Volk und alle ihre Sünde bedecket, Sela; Der du vormals hast all deinen Zorn aufgehoben und dich gewendet von dem Grimm deines Zorns;

Converte, nos Deus, salutum nostrarum
et averte iram tuam a nobis
– numquid in aeternum irasceris nobis
aut extendes iram tuam
a generatione in generationem?

Tröste uns, Gott, unser Heiland, und laß ab von deiner Ungnade über uns! Willst du denn ewiglich über uns zürnen und deinen Zorn gehen lassen immer für und für? Willst du uns denn nicht wieder erquicken, dass sich dein Volk über dir freuen möge?

DOMINUS DEUS,
quoniam loquetur
pacem in plebem suam
et super sanctos suos
et in euo qui convertuntur ad corverum
tamen prope timentes
eum salutare ipsius

Herr, erzeige uns deine Gnade und hilf uns! Ach, dass ich hören sollte, das Gott der Herr redet, dass er Frieden zusagte seinem Volk und seinen Heiligen, auf dass sie nicht auf eine Torheit geraten! Doch ist ja seine Hilfe nahe denen, die ihn fürchten,

ut inhabitet gloria in terra nostra
misericordia et veritas obviaverunt sibi :
IUSTITIA ET PAX OSCULATAE SUNT
VERITAS DE TERRA ORTA EST
ET IUSTITIA DE CAELO PROSPEXIT

dass in unserm Lande Ehre wohne; dass Güte und Treue einander begegnen, Gerechtigkeit und Friede sich küssen; dass Treue auf der Erde wachse, und Gerechtigkeit vom Himmel schaue;

etenim Dominus dabit benignitatem
et terra nostra dabit fructum suum
iustita ante eum ambulabit
et ponet in via gressus suos."

dass uns auch der Herr Gutes tue, damit unser Land sein Gewächs gebe; dass Gerechtigkeit dennoch vor ihm bleibe und im Schwange gehe.

Psalm 84 nach der lat. Vulgata-Übersetzung

Psalm 85 nach der Luther-Bibel a.d. 1512

Einleitung

UBI IUDICIA DEFICIUNT
INCIPIT BELLUM

Hugo Grotius
De iure belli ac pacis, liber II, caput I, par. 2[*]

SILENT ENIM LEGES INTER ARMA
NEC SE EXSPECTARI IUBENT,
CUM EI QUI EXSPECTARE VELIT,
ANTE INIUSTA POENA LUENDA SIT,
QUAM IUSTA REPETENDA

Marcus T. Cicero
Pro T. Annio Milone[**]

I. Einführung: Vom Friedensideal zum Feindstrafrecht?

Der Traum des Menschen vom Frieden ist sicher ebenso alt, wie menschliche Konflikte und der Einsatz von Gewalt, um sie zu lösen. Dem Recht als beständiger, unablässiger Wille, mit Hilfe (jedenfalls des eigenen Anspruches nach) allgemein anerkannter Regeln und erforderlichenfalls ausschließlich durch die Gemeinschaft legitimierter Gewalt zu lösen, kommt in diesem Traum wie den Bestrebungen zu seiner Verwirklichung eine zentrale Funktion zu.[1] Bereits die beiden einander im Eingang gegenüber gestellten prominenten Zitaten der Antike und Neuzeit mögen dies belegen. Das Recht trägt indes nicht nur die Hoffnung auf die Gewährleistung einer tragfähigen gemeinsamen friedlichen und sozialen Ordnung,[2] sondern auch das darüber hinaus reichende Bestreben nach der Gerechtigkeit, *ius suum cuique tribuere*, jedem „sein" Recht zu Teil werden zu lassen.

Worin aber Frieden und Gerechtigkeit bestehen, welche Werte sich in ihnen genauer widerspiegeln und vor allem, mit welchen Mitteln diese in der realen Welt konkretisiert und umgesetzt werden sollen, bleibt stets abhängig von den Anschauungen einer Gesellschaft, unter ihren verschiedenen sozialen Bezugsgruppen und schließlich Individuen, die sich jeweils mit

---

* „Wo die Gerichtsverhandlungen enden, beginnt der Krieg", Hugo *de Grote*, Vom Recht des Krieges und des Friedens.

** „Denn zwischen den Waffen verstummen die Gesetze und fordern nicht, dass man auf ihren Beistand wartet, da jemand, der warten wollte, ein rechtswidriges Übel hinnehmen müsste, ehe er ein rechtmässiges auferlegen könnte.", Marcus Tulius *Cicero*, Verteidigungsrede für Annius Milo.

1 Vgl. etwa auch *Roberts*, Ordnung und Konflikt, v.a. S. 163 ff.

2 Vgl. auch *Dilcher*, Friede durch Recht, S. 204; *Sellert*, Friedensprogramme, S. 453; *Thieme*, Friede und Recht, S. 4; *Conrad*, Friedensidee, S. 9 ff.; *Brunner*, Land und Herrschaft, S. 63; zum Frieden als Zustand des rechtlich geordneten Zusammenlebens vgl. etwa *Kaufmann*, Art. „Friede", HRG I, Sp. 1275; *Köhler u.a.*, Art. „Frieden", Staatslexikon, Sp. 593.

ihrem Standpunkt und Überzeugungen „im Recht" wähnen. Selbst wenn man den Friedensbegriff von seinen jüngsten sehr weiten Deutungen, die darunter auch die Abwesenheit struktureller Gewalt in Form von sozialer Ungerechtigkeit und Unterdrückung sehen, auf die Minimierung von offener, handgreiflicher Gewalt reduziert,[3] haben sich diese Bilder und Vorstellungen im Fluss der Epochen stets gewandelt und sind durch neue Leitideen ergänzt worden: Waren es in der Antike vor allem der sozial eingebundene Frieden der privilegierten Bürger im Rahmen der *πολισ* oder *res publica*,[4] oder aber die imperiale *pax Augustalis* der Großreiche, die jedenfalls der Selbstwahrnehmung nach bereits eine formal stark monopolisierte Macht mit einem stark ausdifferenzierten Recht und einem dauerhaften Frieden nach innen - aller alltäglicher sozialen und politischen Gewalt zum Trotz - verbanden.[5]

Gegenüber diesen seit der Renaissance und dem Humanismus wieder freigelegten Schichten liegen die weiteren, zunächst dominanten germanischen Wurzeln des mittelalterlichen Rechtes, trotz aller Bemühungen der Deutschen Rechtsgeschichte um eine Rekonstruktion, weit mehr im Dunkeln. Als gesichert kann jedenfalls gelten, dass dem Begriff des Friedens eine wesentlich konkretere und „positive" Bedeutung zukam. Er bezog sich weit stärker auf die überschaubare Gemeinschaft oder persönliche Beziehungen, aber auch das durch Unrecht ungestörte Recht.[6] Das Zusammenleben blieb allerdings gleichermaßen geprägt von den archaischen Selbshilfemitteln der Blutrache und Fehde, die sich geradezu als universelles Phänomen aller frühen Gesellschaftsformen darstellen.[7]

Mit dem Christentum setzte sich eine dritte, nicht nur transzendentale Bedeutung der Friedensidee durch, die in dem vorangestellten Psalm 84 (nach heutiger Nummerierung Psalm 85) rund um die bekannte Allegorie vom Kuß zwischen Frieden und Gerechtigkeit ausgedrückt wird. Sie sollte das christliche Abendland während des Mittelalters noch stärker als die beiden anderen Wurzeln prägen. Mit dem genannten Psalm konnten die

---

3 Vgl. für die sogenannte Theorie des Friedensstrukturalismus nur *Galtung*, Gewaltstruktur, S. 114 ff.; *ders.*, Frieden, S. 348 f.

4 Vgl. hier nur etwa *Aristoteles*, Politik, 1 f. (S. 75 ff.); *Janssen*, Art. „Friede", in: Geschichtliche Grundbegriffe, S. 547.

5 Vgl. etwa *Köhler u.a.*, Art. „Frieden", Staatslexikon, Sp. 593 zur *Pax Romana* und ihren religiösen Ursprüngen; *Fleckenstein*, Rittertum, S. 154 m.w.N.; zur Rezeption im Mittelalter vgl. *Kaufmann*, Art. „Friede", HRG I, Sp. 1282.

6 Vgl. etwa *Hödl*, Art. „Friede", LexMA IV, Sp. 919; *Kaufmann*, Art. „Friede", HRG I, Sp. 1275; *Janssen*, Art. „Friede", Geschichtliche Grundbegriffe, S. 543 ff.; *Dilcher*, Friede durch Recht, S. 220; *Köhler u.a.*, Art. „Frieden", Staatslexikon, Sp. 594; *Kluge*, Etymologisches Wörterbuch; *Brunner*, Land und Herrschaft, S. 21.

7 Vgl. hier nur bereits *ebd.*, S. 19 f. m.w.N.

Kirchenväter wie die späteren kirchlichen Dogmatiker nicht nur auf Gott als metaphysischen Retter des Menschen und eine transzendentale, eschatologische Utopie zurück greifen, sondern durchaus Schlussfolgerungen für eine friedliche weltliche Ordnung treffen, deren Elemente die deutsche Übersetzung noch stärker als die lateinische „Vulgata" aufzählt: Hier ist die Rede unter anderem von Gnade, Sühne, Buße, Vergebung, der Beherrschung des Zorns und der Durchbrechung von Rache und Vergeltung, Gottesfurcht, Huld und Treue, aber auch Ehre. Die Huld des Untergebenen verbunden mit der Güte des Herrn werden so zur Grundlage der angekündigten Folgen der Befreiung aus der Gefangenschaft, namentlich reicher Ernte und Heil.[8] Im Zentrum der lateinischen Fassung stehen dagegen erkennbar *iustitia, pax*, aber auch *veritas*, das Streben nach Wahrheit, deren enges Wechselverhältnis die weitere Auseinandersetzung der Kirche mit dem vorgefundenen Recht bestimmen sollten.[9]

Das gesamte Mittelalter bis in die Neuzeit blieb geprägt davon, seinen Friedenstraum[10] vor allem durch eine Synthese dieser drei Überlieferungsstränge zu konkretisieren und gleichzeitig in den Dienst zur Reduzierung der weitgehend in den feudalen Personalverbänden privatisierten und damit praktisch unkontrollierten Gewalt zu stellen:[11] „Obwohl das mittelalterliche Recht in besonderem Maß als Lebensüberlieferung auftritt, ist es doch nicht lediglich angeborene und unbewusste Lebensäußerung ... Es ist vielmehr das Ergebnis eines komplexen Integrationsprozesses außerordentlich differenzierter Schichtung, ... ein Ordnunggefüge geschichtlicher,

---

8 Zum Bild des Kusses als „nicht nur *symbolum*, sondern *instrumentum pacis*" und den weiteren biblischen Friedensbegriffen vgl. *Hattenhauer*, Gottes- und Landfrieden, S. 114 m.w.N.; *ders.*, Pax, S. 3ff,; *Kaufmann*, Art. „Friede", HRG I, Sp. 1286 f.; *Dilcher*, Friede durch Recht, S. 203 m.w.N.; *Janssen*, Art. „Friede", Geschichtliche Grundbegriffe, S. 544; ausführlich *Schreiner*, Gerechtigkeit, S. 37 ff.; *Hödl*, Art. „Friede", LexMA IV, Sp. 920 zu den Fortentwicklungen zur Sittlichkeit und Eintracht bei Thomas von Aquin, Nikolaus von Cues und Marsilius von Padua; *Kaufmann*, Art. „Landfrieden I (Landfriedensgesetzgebung)", HRG II, Sp. 1457 zum Schiedswesen in der Gemeinschaft und der Ausstoßung der Räuber.

9 Vgl. zur materiellen Wahrheitssuche und Entstehung des kirchlichen Inquisitionsprozesses nur *Nehlsen-von Stryk*, ZRG GA 117 (2000), S. 3 ff. m.w.N.; *Trusen*, ZRG KA 105 (1988), S. 168; *Jerouschek*, ZStW 104 (1992), S. 336 f.; *Sellert*, Inquisitionsprinzips, S. 161 ff.

10 Vgl. etwa zu Recht die Betonung des Unterschieds zur unfriedlichen Realität von *Fleckenstein*, Rittertum, S. 151; zum Inhalt des spätmittelalterlichen Friedensideals vor allem in den literarischen Werken der Zeit ausführlich *Hagenlocher, guote vride*.

11 Vgl. ausführlich *Dilcher*, Friede durch Recht, S. 204 f. auch zur Rolle der *translatio* und *renovatio imperii* für die römische Tradition und zur Rolle von Thomas von Aquin für deren Verbindung mit der christlichen Überlieferung, sowie *ebd.*, S. 220 zur besonderen Rolle der germanischen Vorstellungen.

sozialer, ethischer, intellektueller und psychologischer Gruppenprozesse."[12]

In diesen Traditionen wurde der Friede - neben seinen transzendentalen, mythologisch-sakralen Deutungen - in drei weltlichen Richtungen begriffen: er beschrieb nicht nur einen Zustand der ungebrochenen oder wiederhergestellten Rechtsordnung, sondern konkret auch eine vereinbarte Waffenruhe insbesondere in einer rechtlichen Auseinandersetzung, schließlich aber auch die bereits anerkannte Sonderbefriedung einzelner Orte oder Personengruppen.[13] Die Gottes- und Landfrieden des hohen und späten Mittelalters in Südwest- und Mitteleuropa[14] sind dementsprechend, nicht zuletzt aufgrund ihrer bisweilen anzutreffenden Eigenbezeichnung als *„pax generalis"*, als erster Schritt verstanden worden, diese punktuellen Sonderfrieden für ganze Raumschaften, ihre Einwohner und die in ihnen Reisenden zu verallgemeinern.[15] Das christliche Ritterideal bot hier einen möglichen Ausgangspunkt, auch wenn die Realität eine gänzlich andere war.[16] Der von Christus abgeleitete Inbegriff der Friedensherrschaft verband sich mit der Berufung auf die Tradition zu den römischen Kaisern ebenso wie mit der Vorstellung des deutschen Königs als Bewahrer des Rechts und wurde zur Leitidee der Herrschaftslegitimierung überhaupt.[17] Der Mainzer Reichslandfrieden von 1235[18] wie der Ewige Landfrieden von 1495[19], die wichtigsten „Leuchttürme" der Friedensrechtsetzung im alten Reich am Anfang und Ende des späten Mittelalters, können als Ausdruck engster Verknüpfung zwischen dem Ziel der Friedensschaffung und dem

---

12 Vgl. *Wieacker*, Privatrechtsgeschichte, S. 4, 46; zustimmend auch *Zorn*, Bündnisverträge, S. 2.

13 Vgl. *Janssen*, Art. „Friede", Geschichtliche Grundbegriffe, S. 553 f.

14 Vgl. etwa *Wohlhaupter*, Spanien; *Huberti*, Friedenskonzilien für diese Regionen.

15 Vgl. *ebd*, S. 554.

16 Vgl. *Andermann*, Ritterliche Gewalt, S. 80 f.; *Althoff*, Saeculum 32 (1981), S. 317 ff.

17 Vgl. hier nur *Grubmüller*, Literatur, S. 17 ff.; *Kaufmann*, Art. „Friede", HRG I, Sp. 1276, 1286 f.; *Köhler u.a.*, Art. „Frieden", in: Staatslexikon, Sp. 593 f.; *Hödl*, Art. „Friede", LexMA IV, Sp. 919; kritisch *Huizinga*, Herbst des Mittelalters, S. 89 als eine „Farbe, die nicht recht haften will".

18 *Vgl. hierzu ausführlich unten Kapitel 1 II 2.* Der nicht unproblematische, da aus dem Gegensatz von Reich und Land durchaus widersprüchliche Begriff des „Reichslandfriedens" soll im Folgenden gleichwohl nicht nur wegen seines allgemein üblichen Gebrauchs Verwendung finden; vielmehr zeigen vor allem die späteren Reichslandfrieden ab 1381 eine deutliche landschaftliche Verankerung und Strukturierung und umfassen eben nicht mehr das Reich insgesamt. Sie stellen zwar Rechtsetzung auf der Ebene des Reiches, aber für mehrere „Länder" dar, und stehen auch inhaltlich in einer engen Wechselwirkung mit den regionalen Landfrieden, auf die im Folgenden ausführlich einzugehen sein wird, insbesondere unten in Kapitel 3.

19 Vgl. hier nur *Angermeier*, Art. „Ewiger Landfriede", HRG I, Sp. 1030 ff.

Mittel eines geordneten und wirksamen Gerichtswesen gelten, in dem gleichwohl jeder seinen, als wohlerworbene Rechte erworbenen Stand und *status* im Rahmen der christlichen *communitas communitatum* der Kirche und des Reiches behielt.[20]

Schon diese hatten, wiewohl es praktisch aussichtslos schien, wie zahllose andere Ansätze des Mittelalters versucht, innerhalb der feudalen Ordnung ohne wirksame Zentralgewalt die private Gewalt zurückzudrängen. Nach ihrem Scheitern mussten umso mehr die für die gemeinschaftlichen Ordnungen in Europa existenzgefährdenden Krisen in der Mitte des 16. und dem 17. Jahrhunderts alleine in der absoluten monopolisierten Gewalt und Autorität der neuen Staaten die Rettung aus dem Chaos von Gewalt und Eigenmacht erkennen lassen.[21] Auch wenn im Heiligen Römischen Reich Deutscher Nation aufgrund seiner „monströsen" Verfassungsstruktur die Durchsetzung weit verzögerter und zwischen dem Reich selbst und seinen Gliedern, den fürstlichen und anderen adeligen Landesherrschaften und Reichsstädten aufgespalten erfolgte,[22] zeigte sich auch hier ein nicht zu leugnender Erfolg: private Gewalt innerhalb der Gesellschaft konnte allmählich als Unrecht gebrandmarkt und der einzelne Täter dadurch isoliert werden. Durch eine wirksame Ahndung und Sanktionierung erfolgte nicht nur Genugtuung für die Opfer und Abschreckung für andere potentielle Täter, sondern beide Gruppen wurden von der Anwendung weiterer Gewalt und Unrecht abgehalten. Entstand daraus bis ins 19. Jahrhundert das Ideal der modernen, starken und handlungsfähigen Nationalstaaten, blieb die Frage nach Frieden im Verhältnis dieser konkurrierenden Reiche, die viel ihrer inneren Unruhe nach außen lenkten, trotz etwa der Schrift eines Immanuel Kant „Zum ewigen Frieden"[23] ungeklärt.

Erst die „totalen" Katastrophen der beiden Weltkriege und Möglichkeiten der Selbstvernichtung der Menschheit setzten die Erkenntnis durch, dass auch diese absolute, also idealiter voneinander losgelöste Staatenwelt alleine nicht die Abwesenheit von Gewalt und Grausamkeit gewährleisten konnte. Schon seit dem Beginn des 20. Jahrhunderts hatten die verschiedenen großen politischen Systeme in ihrer weltweiten Ausdehnung die Lösung gesucht. Die Wende zum noch jungen 21. Jahrhundert schien indes zunächst von dem Bestreben geprägt zu sein, die bereits lange zuvor begonnenen Entwicklungen zu einer gemeinsamen Weltordnung mit dem Ziel des positiven Friedens angesichts der zunehmenden Durchdringung

---

20 Vgl. hier auch *Dickmann*, Friedensrecht, S. 101.

21 Vgl. hier nur *Grewe*, Friede durch Recht, S. 7 f.; *Sternberger*, Begriffe des Friedens, S. 25 f., Anm. 10.

22 Vgl. etwa nur die daraus folgenden Schwierigkeiten bei der Übertragung römisch-rechtlicher Staatsideen nach *Dickmann*, Friedensrecht, S. 101 m.w.N.

23 Vgl. *Kant*, Zum ewigen Frieden.

und Interdependenz der Staaten und Weltbürger fortzusetzen. Über die konkreten Wege und Mechanismen bestehen gleichwohl erhebliche Differenzen und sich gegenseitig ausschließende Standpunkte. Sie reichen von traditionellen kooperativen Formen gegenseitiger Koexistenz, der Idee einer hegemoniale Weltordnungsmacht oder aber neuen supranational legitimierten Gewalten bis hin zu allzubekannten fanatischen Ideen eines Weltgottesstaates.

a) Gerade die damit neuen aufgeworfenen Fragen eines wirksamen Friedensvölkerrechtes führen in vielerlei Weise wieder zurück zu den Entwicklungen, die mit dem historischen Phänomen der mittelalterlichen Landfrieden im Kernbereich des, alsbald so genannten, Heiligen Römischen Reiches deutscher Nation verbunden waren.[24] Ein kurzer Exkurs mag daher zur Einleitung die mögliche Aktualität und Brisanz dieser 600-900 Jahre zurückliegenden Phänomene und Entwicklungen vor Augen führen:

Dies gilt zunächst für die enge Verküpfung der mittelalterlichen Fehde, gegen die sich die Landfrieden vor allem richteten, mit dem modernen Krieg. Bereits die historischen Quellen verwenden für die zahllosen Fehden häufig die Bezeichnung *„krieg“*, zumal eine klare Scheidung zwischen beiden Phänomenen vor der Ausprägung der neuzeitlichen Staatsidee kaum möglich war.[25] Die für die Fehde als *bellum privatum* durch die kirchlich-kanonistische und frühmoderne Rechtswissenschaft herausgebildeten Regularien vom *bellum iustum,* also einem „gerechten Krieg“, wurden über das *bellum publicum* zur Grundlage des neuzeitlichen Kriegsvölkerrechts, etwa mit ihren Voraussetzungen einer Kriegserklärung beziehungsweise Fehdeansage oder einer als Berechtigung anführbaren *iusta causa.*[26]

Moderne Weiterentwicklungen des Völkerrechtes scheinen vergleichbare historische Prozesse zwischen den politischen Akteuren des Mittelalters

---

24 *Zum Begriff des Landfriedens und seinen Wesensmerkmalen vgl. ausführlich unten Kapitel 3 II 3;* vgl. insgesamt *Grewe*, Völkerrechtsgeschichte, S. 55 ff.

25 Vgl. ausführlich *Dickmann*, Friedensrecht, S. 88 f., 102 f.; *Keen*, laws of war, S. 218 ff.; die Unterscheidbarkeit setzte mit Thomas von Aquin ein, der das Rechts zur „öffentlichen“ Kriegsführung nur auf souveräne Herrscher, die keinen Richter über sich haben, beschränkte; vgl. etwa auch *Fehr*, ZRG GA 38 (1917), S. 114.

26 Zu den Entwicklungen von den römischen sakralen Wurzeln bis zu den Auffassungen der Kirchenväter vom gerechten Krieg als Mittel zur Beschränkung, nicht Legitimierung des Krieges, etwa des Augustinus, dessen Lehre nach dem Investiturstreit zur Grundlage der Rechtsvorstellungen wurde, bis zu Thomas von Aquin, der mit seinen drei Elementen der *auctoritatis principis, iusta causa* und *recta intensio* weithin prägend wurde, vgl. umfassend *Dickmann*, Friedensrecht, S. 79 ff.; daneben *Grewe*, Friede durch Recht, S. 6 ff., auch zur Begründung Kants, dass kein Staat sich derartige Feindseligkeiten erlauben dürfe, die das wechselseitiges Vertrauen in einem künftigen Frieden unmöglich machten; vgl. ferner allgemein *Janssen*, Art. „Friede“, Geschichtliche Grundbegriffe, S. 553.

nachzuzeichnen.[27] Dazu gehört zunächst die Ausprägung eines vielfältigen Schieds-, Schlichtungs- und Vermittlungswesens zur Konfliktlösung ohne oder nach bereits angewendeter Gewalt.[28] Daneben steht das Bemühen, zunächst die vorgefundenen formalen Regeln des Konfliktaustrags zu ergänzen, etwa der vereinbarte Schutz besonderes schutzbedürftiger, am eigentlichen Konflikt unbeteiligter Personen wie in den Vorschriften zur *pax* der frühen Gottes- und Landfrieden, aber auch der modernen Genfer Konventionen seit 1864.[29] Ein weiterer Schritt war das Verbot besonders heimlicher oder unkontrollierbarer, gemeinschädlicher Mittel, wie sie etwa im Verbot der Brandstiftung durch Friedrich I. oder aber in der Moderne durch die Haager Landkriegsordnung „betreffend die Gesetze und Gebräuche des Landkriegs" von 1907 erfolgten. Schließlich gilt dies für ein allgemeines Verbot gewaltsamer Angriffe beziehungsweise das Gebot vorrangiger friedlicher Konfliktlösungsversuche verbunden mit dem Streben nach Einrichtung wirksamer autoritativer Entscheidungsinstanzen: Hier zeigen Art. 2 Nr. 3, 4; Art. 33 ff. der Charta der Vereinten Nationen und das zugehörige Statut des internationalen Gerichtshofes von 1945 nach den unzulänglichen Vorläufern im System des Völkerbundes und das Agressionsverbot im Briand-Kellogg-Pakt interessante Ähnlichkeiten zu den Reichs(land)frieden von 1235 und 1495, die mit dem Reichshofrichter beziehungsweise dem Reichskammergericht neue zentrale Rechtsprechungsorgane schufen.

Beide Entwicklungsprozesse bekamen allerdings ihre Grenzen bei zahlreichen Gelegenheiten aufgezeigt, vor allem, wenn es darum ging, gegen besonders mächtige Gewalttäter sogar nach offenkundig begangenem Unrecht vorzugehen, um die gemeinsame Rechtsordnung zu behaupten und durchzusetzen.[30] So erkannten viele nach den Katastrophen des 2. Welt-

---

27 Vgl. auch die ersten Modelle für einen Völkerbund aus dem 14. Jahrhundert, neben dem *Defensor Pacis* des Marsilius von Paduas auch ein Plan des normannischem Advokats Pierre Dubois für Philipp den Schönen von 1308, dazu etwa *Schlochauer*, Idee; sowie weiterhin *Grewe*, Friede durch Recht, S. 13 f.

28 Vgl. hier etwa *ebd.*, S. 22; dazu der programmatische historische Rechtsvergleich von *Usteri*, Schiedsgericht, für die Schweizer Schiedsgerichte des 13.-15. Jahrhunderts mit dem Völkerbundsschiedsrecht; *für das mittelalterliche Recht vgl. ausführlich unten Kapitel 1 I 2,3.*

29 *Vgl. zu den Gottes- und hochmittelalterlichen Landfrieden einschließlich des sogenannten Brandstifterbriefs unten Kapitel 1 I 1 und 1 II 1.*

30 Vgl. etwa *Grewe*, Friede durch Recht, S. 16, 20 f.: „Aus dem ... Mißerfolg der schiedsgerichtlichen Streitschlichtung ... hätte man lernen können, daß die Möglichkeiten des Rechts überschätzt werden, wenn man glaubt, das machtpolitische Kräftespiel der Staaten lasse sich juridizieren, in ein System verbindlicher Rechtsnormen einfangen und durch gerichtsförmige Verfahren zum Austrag bringen. Das ist ein Irrglaube, durch den sich manche Juristen, aber noch mehr realitätsblinde, idealisitische Friedensfreunde haben verführen lassen"; zu recht hat dieser auch darauf hingewiesen, dass ein Gewaltverbot trotz seiner hohen moralischen Akzeptanz für sich allein nicht für die Friedenssicherung ausreicht, da es

kriegs, dass man auch hier „eindeutige verfassungsmäßige und gesetzesartige Normen gegen zwischenstaatliche Gewaltanwendung mit Androhung geeigneter Strafe", dazu Weltgerichtshöfe zur Auslegung und Anwendung dieser Normen sowie eine ständige Polizeistreitmacht zu ihrer Durchsetzung, neben den Vermittlungs- und Schlichtungsorganen zur friedlichen Streiterledigung benötigte - mithin wesentliche Elemente, deren innerstaatliche Entwicklung den spätmittelalterlichen Landfrieden zugeschrieben werden.[31]

Nach den Kriegsverbrecherprozessen von Nürnberg und Tokio und neben den internationalen Straftribunalen für Ruanda und das frühere Jugoslawien ringt vor allem der 2002 konstituierte internationale Strafgerichtshof um seine Anerkennung.[32] Er verkörpert als nächster Schritt den über diese Sondergerichte hinausgehenden Versuch, als gemeinsam erkannte Werte in konkrete völkerrechtliche *„elements of crime"* fortzuschreiben und durch das gerichtliche Verfahren und Urteil über gewaltsames Unrecht dieses von einer „privaten" Sache der Staaten zu einer *res publica* der Weltöffentlichkeit nachzuvollziehen und auf Dauer als internationale Rechtsordnung zu institutionalisieren. Durch die Bestrafung des einzelnen Gewalttäters, unabhängig von seiner Stellung, statt der bisher alleine zur Verfügung stehenden Sanktionen, Interventionen und wie vor 1945 häufig erzwungenen Kompensationen - man denke aber heute noch neben zahlreichen Embargi nur an die politischen Prozesse nach den Anschlägen von Lockerbie[33] - wären endlich, vorbehaltlich ihrer tatsächlichen Vollstreckung, wirksame und zielgenaue Formen für die Ahndung und Genugtuung, aber auch Abschreckung gefunden. Damit wäre aber auch die Mediatisierung der Staatsverbände endgültig aufgehoben, die bereits durch die legitimierten Eingriffsrechte des Sicherheitsrates im Namen der Weltgemeinschaft einschränkt wurden. Zeigen regionale politische Gemeinschaften - wie etwa in Europa, und ihnen jüngst nacheifernd die Afrikanische Union[34] - weitere Tenden-

---

Machtinhaber nicht hindert, Eigeninteressen vor der Selbsterhaltung Vorrang zu geben: „Meist bewirkt das Gewaltverbot nur eine Veränderung der Rechtfertigungsstrategie für eine geplante Gewaltanwendung. Das ist es dann, wonach Juristen gefragt werden, nicht ob die Gewaltanwendung erlaubt ist, sondern wie sie am besten gerechtfertigt werden kann." Zwar mag sogar die Hemmschwelle etwas höher liegen als früher, aber bei einer rationalen Kalkulation stellt dies jedenfalls kein Hindernis dar; vgl. zum Ganzen auch *Schaumann*, Gewaltverbot.

31 *Vgl. im Folgenden unten Kapitel 5;* hier nur im Überblick etwa *Janssen*, Art. „Friede", Geschichtliche Grundbegriffe, S. 553 mit einprägsamen Belegen; vgl. auch *Kaufmann*, Art. „Friede", HRG I, Sp. 1276.

32 Vgl. hier nur *Kirsch*, Internationale Strafgerichtshöfe; *Neubacher*, Internationale Strafgerichtsbarkeit; *Möller*, Völkerstrafrecht; *Tolmein*, Menschheit; *Kemper*, Rom; *Ahlbrecht*, völkerrechtliche Strafgerichtsbarkeit; aber auch bereits *Weber*, Internationale Strafgerichtsbarkeit.

33 Vgl. etwa *Grant*, Lockerbie.

34 Vgl. *Leimgruber*, Afrikanischen Union.

zen zur Verdichtung der supranationalen Regime mit dem Ziel effektiver gemeinsamer Werte- und Friedensordnungen, stellt sich die Frage, ob derartige Lösungsansätze tatsächlich dauerhaft und konsequent auch gegen Widerstände erfolgreich sein können, oder ob zur Herstellung eines garantierten wirksamen Rechtsfriedens mit wirksamer Ahndung von gewaltsamem Unrecht nicht doch stets ein *Leviathan* oder *Principe* erforderlich wäre, der trotz aller Hegemoniebestrebungen einer Weltmacht im Weltmaßstab unrealistisch ist. Dabei geht es nicht zuletzt um die Rolle, die das Recht bei der Schaffung von Frieden einnehmen kann: vermag es tatsächlich allenfalls „unter günstigsten Umständen die Folge, nie aber das Instrument zur Schaffung gesicherter Ordnung" sein?[35] Oder kann ihm über das politische Gewicht der unter seiner Fahne zumindest zeitweise versammelten Mächte doch eine eigene Rolle zukommen ?

Nicht zuletzt hier könnte eine Betrachtung der spätmittelalterlichen Landfriedensentwicklung insoweit interessant sein, als es hier zwar innerhalb des deutschen Kerngebietes des Heiligen Römischen Reiches nicht wenige Länder und Territorien gab, in denen einzelne hegemoniale Herrschaftsträger die Sorge um den Landfrieden zur entscheidenden Verdichtung ihrer Herrschaft und Entstehung ihrer modernen Staatlichkeit nutzen konnten, wie etwa in Bayern, aber auch in den großen Kurfürstentümern.[36] Andererseits aber entwickelten sich seit der 2. Hälfte des 13. Jahrhunderts in nahezu allen Regionen des Reiches mit zahlreichen Landfriedenseinungen Rechtsordnungen der ganz eigenen Art, deren offizielles Ende erst der Ewige Landfriede von 1495 kennzeichnete.[37] Nach dem Prinzip der Einung beruhten diese auf der auf Eid gegründeten gleichrangigen Verbindung ihrer Mitglieder und sahen auf dieser Basis nicht nur eine gemeinsame Rechtsordnung vor, sondern auch eigene gemeinsame Institutionen, um für deren Einhaltung und Durchsetzung zu sorgen.[38] Diese Struktur offenbart bereits die Verwendung des Begriffs des Landfriedens in seiner Doppelnatur als sowohl von den Partnern beschworenem Vertrag, wie auch dem Ziel und Wirkung der Befriedung des Landes.[39] Von daher kann sich mit einiger Berechtigung die Frage stellen, ob und in welcher Weise diese Rechtsregime einen Erfolg bei der Eindämmung von Gewalt und Unrecht,

---

35 So die äußerst pessimistische Folgerung von *Brierly*, Zukunft des Völkerrechts, S. 103 unmittelbar nach dem 2. Weltkrieg.

36 Vgl. etwa *Fried*, Territorialstaat, S. 283 ff.

37 Wie insbesondere am Rhein oder in Franken vgl. etwa *Kunze*, Rudolf von Habsburg, S. 37.

38 Vgl. *Kroeschell*, Art. „Einung", HRG I, Sp. 910 ff.; *ders.*, Art „Einung", LexMA III, Sp. 1746; zum Oberbegriff der Einung für Bünde zwischen und innerhlkab von Ständen vergleiche auch *Distler*, Städtebünde, S. 97.

39 Vgl. etwa *Leist*, Landesherr, S. 108 mit Belegen.

jedenfalls einen wichtigen Beitrag zum noch fernen Ziel einer staatlich geordneten Friedensordnung leisten konnten.[40]

b) Wie vielfältig sich aber auch weitere Problemstellungen auf bereits lange rechtshistorische Entwicklungen zurück führen lassen, kann auch die namentlich von JAKOBS angestoßene Diskussion um ein „Bürger-" oder aber „Feindstrafrecht" und daraus mögliche Legitimierung zum Außerkraftsetzen des menschenrechtlichen Schutzes insbesondere vor Folter gegenüber Terroristen und in anderen Situationen, in denen sich der Rechtsstaat als hilflos ansieht, zeigen:[41]

Das Problem, ob derjenige, der sich erklärtermaßen gegen die Rechtsordnung insgesamt stellt und diese angreift, deswegen von dieser selbst ausgeschlossen ist oder werden kann, und als mutmaßlich gefährlicher Gegner mit allen Mitteln in legitimer, wenn nicht sogar legaler Weise bis zur Beseitigung der Gefahr bekämpft werden darf - oder aber umgekehrt gerade legitimer Weise überhaupt deren Normen und Sanktionierung ausgesetzt bleiben kann, stellt sich nicht nur dem modernen Betrachter gerade bei den Landfrieden, die auch ohne weiteres ihre Sanktionen gegenüber denjenigen durchsetzten, die sich nicht durch ihren Eid unterworfen hatten.[42] Die Frage der Ausstoßung aus der Friedensgemeinschaft, sei sie *ipso iure* durch den Verstoß gegen sie selbst, oder aber durch Akte der Hoheitsträger der einzelnen Rechtsgemeinschaften, hat unter dem Paradigma der Friedlosigkeit lange Zeit die rechtshistorischen Auffassungen vom Recht des Mittelalters und der früheren Zeiten geprägt und insbesondere im Nationalsozialismus auch Einfluss auf die damalige Rechtsausgestaltung gewinnen können. Der „Friedlose" ist dabei mit einem völlig rechtslosen Ausgestoßenen gleichgesetzt worden, den jedermann, ohne weitere Sanktionen fürchten zu müssen, schädigen oder töten konnte. Zahlreiche andere, mehr oder weniger nachweisbare Unterformen, wie die Ächtung, Verfestung oder Verbannung sind darüber hinaus aus dem weitgehend konturlosen Institut abgeleitet worden. Entsprechend ist auch als Folge des Landfriedensbruches eine „relative" oder absolute Friedlosigkeit als Verlust „der Landeshuld" aufgefasst worden, während sogenannte „landschädliche Leute" ohne weiteres bereits außerhalb jedes rechtlichen Schutzes gestanden wären und damit ohne weiteres „vom Land" hätten verfolgt und vernichtet werden können. Auf diese Thesen wird im Folgenden ebenfalls einzugehen sein.[43]

---

40 Vgl. etwa *Brunner*, Land und Herrschaft, S. 30: „Die Landfriedensbewegung bis zur gänzlichen Aufhebung der Fehde ist es, die der Rechtshistoriker vor allem behandelt. Denn hier liegt ja der entscheidende Ansatz zu Staat und Recht im modernen Sinn."

41 Vgl. nur *Jakobs*, HRRS 3/2004, S. 88 ff.

42 *Vgl. dazu und zum Folgenden ausführlich unten Kapitel 3 II, 4 II, 5 II.*

43 *Vgl. insbesondere unten Kapitel 5 I 4, 5.*

Natürlich wäre es zu einfach, die *Historia* als *„mater studiorum"* alleine um Antworten zu befragen, etwa jene landschädlichen Leuten des Mittelalters unkritisch als damalige „Terroristen" verstehen und die durch einen wehenden Zeitgeist geförderte Diskussionen um den Einsatz von Folter in Extremsituationen mit der Einführung einer *poena extraordinaria* oder der peinlichen Befragung, also eben dem Verhör unter der Folter vor dem eigentlichen traditionellen Rechtstag gleichsetzen zu wollen. Allerdings vermögen die Entwicklungen der Rechtsgeschichte durchaus auch für die heutige Diskussion Beiträge zum Nachdenken zu bringen und aufzeigen, vor welchen Hintergründen das moderne Recht von derartigen historisch in ähnlicher Weise erprobten Lösungen seit den Tagen eines Benedikt Carpzov etwa unter dem Gesichtspunkt der Missbräuche, der Aufklärung und der Entstehung der Menschenrechte Abstand genommen hat.

c) Bereits diese möglichen Anknüpfungspunkte jener über ein halbes Jahrtausend in der Vergangenheit liegender Rechtsphänomenen für gegenwärtig aktuelle Fragestellungen warnen vor einer zu unkritischen Herangehensweise und Interpretation. Die zu Eingang angesprochenen stetigen Wandelungen der Interpretationen und Leitideen rund um den Friedensbegriff zeigen, dass auch jeder Beobachter beim Blick zurück in vergangene Epochen sich seines höchst eigenen, unterschiedlichen und selbst zeitgebundenen Standpunktes bewusst sein muss.[44] Selbst der Wissenschaftler, der im Sinne der Forschungstheorie Max WEBERS sich von sich selbst als dem Alltagsmenschen mit persönlichen Gefühlen und Erfahrungen abstrahieren könnte, bliebe doch jedenfalls den Paradigmen der Forschung seiner Zeit verbunden, gerade um zu deren System seine Anschlussfähigkeit nicht zu verlieren und überhaupt in ihrem wissenschaftlichen Diskurs wirken zu können.

Wissenschaftlich kann daher das Unternehmen des Historikers nicht durch den Versuch werden, jedes Element der Forscherpersönlichkeit eliminieren und Geschichte „lediglich nacherzählen" zu wollen. Denn jede, schlicht unabdingbare, Selektion und Verknüpfung der Fakten trüge bereits die persönlichen Auffassungen ihres Urhebers. Dem entgegen das eigene Ergebnis als vermeintlich objektiv und „un-zeitlich" zu behaupten, wäre demnach nicht nur schlicht unwissenschaftlich, sondern in gewisser Weise unredlich gegenüber dem Leser und sich selbst. Handelt es sich bereits bei der theoretischen wie praktischen Jurisprudenz *ipso iure* um eine Auslegungkunst, um Rechtstexte und Gewohnheiten zu verstehen, im Einzelfall anzuwenden und einem Entscheider oder den um ihre subjektive Rechtsposition widerstreitenden Betroffenen plausibel zu machen, ist die Recht-

---

44 Vgl. auch *Andermann*, Ritterliche Gewalt, S. 56 m.w.N.; nicht zuletzt um Konstrukte modernistischer Wertung zu vermeiden, vgl. *Nehlsen-von Stryk*, ZRG GA 117 (2000), S. 5 m.w.N.

geschichte dieser hermeneutischen Herausforderung gleich doppelt ausgesetzt. In diesem Sinn, aber auch nur in ihm, ist tatsächlich „alle Rechtsgeschichte ... letztlich Geschichte der gegenwärtigen Rechtsordnung."[45] Bis auf wenige Ausnahmefälle historischer Notorietät, die ob ihrer Offenkundigkeit keine vernünftigen Zweifel zulassen, bleibt das Streben um eine „objektive" Ermittlung des Geschehenen stets unvollkommen. Dieser Stachel im Fleisch des um Präzision bemühten Wissenschaftlers trägt jedoch den wichtigsten Impuls für die Fortentwicklung der historischen Forschung. Sofern dadurch eine immer engere Rückkopplung an die überlieferten Zeugnisse, erschließbaren Realitäten und Vorstellungswelten der zu untersuchenden Zeit erreicht werden, gleichzeitig aber auch die Bedingtheiten der eigenen Erkenntnis bewusst bleiben, kann es dadurch gelingen, mit immer neuen, durch unterschiedlichen Erkenntnisinteressen und begrifflichen Vorprägungen ausgerichteten „Scheinwerfern" den vorgefundenen Gegenstand allmählich immer stärker von allen Seiten auszuleuchten.

II. Überblick über die Entwicklung der Landfriedensforschung

Die in der Neuzeit einsetzende wissenschaftliche Befassung mit den Landfrieden des hohen und späten Mittelalters, die zu den anerkannten Grundlagen der deutschen und europäischen Rechtsgeschichte im weiteren Sinn[46] und insbesondere der Strafrechts-[47] beziehungsweise Kriminalitäts-, Verfassungs-,[48] und Landesgeschichte gehört, spiegelt die Wandlungen der genannten Leitvorstellungen, Erkenntnisinteressen und Methoden in besonders deutlicher Weise wieder.[49]

Zunächst hat die staatsphilosophische Fiktion des „Gesellschaftsvertrages" als Übergang des chaotischen Naturzustandes in die staatlich gesicherten Ordnung des Friedens und Rechts, ihrerseits Spiegelbild der zerstöreri-

---

45 Vgl. *Brunner*, Land und Herrschaft, S. 27.

46 Vgl. hier nur *Kroeschell*, DRG I, S. 39 ff., II S. 159 ff.

47 Vgl. im Überblick *Jerouschek*, ZStW 110 (1998), S. 143 ff.; *Schwerhoff*, Kriminalitätsgeschichte, S. 21 ff., v.a. S. 34 ff.; für den deutschen Südwesten *Müller*, Geschichte; *Roth*, Kollektive Gewalt; *Rudolf*, Femme.

48 Vgl. hier zu den unterschiedlichsten Inhalten der Landfrieden aus moderner Sicht etwa *Zorn*, Bündnisverträge, S. 32 m.w.N.; *Asmus*, Fehdewesen, S. 63 f.; *Planitz/Eckhard*, Deutsche Rechtsgeschichte, S. 135; *v.Schwerin/Thieme*, Rechtsgeschichte, S. 134 f.

49 Vgl. zur Übersicht über die verschiedenen Ansätze der Landfriedensforschung und markante Einzelarbeiten *Wadle*, Forschung, S. 63 ff.; einführend auch *Buschmann*, Landfriede, S. 95 ff.; *ders.*, Verfassung, S. 449 ff.

schen „Bürgerkriege" der frühen Neuzeit, die Deutung der Landfriedens geprägt. Die gebotenen oder vereinbarten Friedensordnungen erschienen noch lange als eben jener Übergang von einem vorstaatlichen Zustand, der entweder als „Ausdruck germanischer Freiheit, nach dem jeder tun darf, wozu seine Kraft reicht" idealisiert oder als „Faustrecht" angeklagt worden ist, zum staatlichen Gewaltmonopol.[50]

Auf diesem Fundament hat auf dem Höhepunkt des nationalen Etatismus, aber auch romantischer Verklärung, Mitte des 19. Jahrhunderts die erste systematische wissenschaftliche Befassung mit dem Komplex von Fehde und Landfrieden eingesetzt.[51] Vor dem Hintergrund der Deutschen Frage des 19. Jahrhunderts und Reichseinigung, der Kontinuitäten betonenden historischen Rechtsschule und der Wirklichkeit des preußisch geprägten Obrigkeitsstaates im bald neu gegründeten Reich hat das Wunschbild eines starken und ordnenden Königtums gegen zentrifugale, zerstörerische Partikularkräfte prägend für die Befassung mit dem Mittelalter gewirkt, das einerseits romantisiert, jedoch auch als „finstere", gewaltsame Zeit begriffen worden ist.[52] Dieser frühesten „modernen" Forschungsschicht ist es gelungen, für die gesamte hier untersuchte Dauer, also von Wilhelm von Hol-

---

50 Vgl. zur Idealisierung am deutlichsten *Rogge*, Gerichtswesen; differenzierend dazu *Beyerle*, Rechtsgang; zu beidem *Brunner*, Land und Herrschaft, S. 27 ff. m.w.N.; zur Verknüpfung des Fehdewesens mit dem Naturzustand am deutlichsten wohl *Osenbrüggen*, Alamannisches Strafrecht, S. 23: „Könnten wir uns einen vorstaatlichen Zustand zusammenlebender Menschen vorstellen, so würden wir da die Rache als das bestimmende Prinzip der Ausgleichung von Unrecht annehmen dürfen, aber damit hätten wir, wie einen vorstaatlichen, so einen vorrechtlichen Zustand. Im Staat ist die Rache, die sich ins Recht setzen will, Feindin des Rechts; es fehlt ihr, die subjective Befriedigung sucht, das Maß und die Grenze, welche der Wiedervergeltung durch das Recht eigen ist; wer sich rächt, ist nicht gerecht. In der Entwicklung der Staatsidee und der Rechtsidee muß daher ein Bekämpfen der Rache sich zeigen, und die Geschichte des Strafrechts weist ein Zurückdrängen und Zurückweichen der Rache nach"; zum Faustrecht und dem zugehörigen wissenschaftlichen Diskurs vgl. im Überblick *Andermann*, Ritterliche Gewalt, S. 28; *Bertheau*, ArchHztLbg. 6 (1901), S. 75 f., 7 (1902), 1 ff.; zum „atomisierten Zustandes des Kampfes aller gegen alle" als Grundlage der französischen Gottesfriedensbewegung vgl. auch *Dickmann*, Friedensrecht, S. 105.

51 Vgl. Ansätzen wie *Boretius*, De Iure Bellorum Privatorum; zur weiteren Auseinandersetzung vgl. etwa *Böckenförde*, Forschung; *Brunner*, Land und Herrschaft, S. 119 ff. und S. 146 ff.; *Quaritsch*, Staat und Souveränität, S. 26 ff.; *Mitteis*, Staat, S. 3 ff.; *Stercken*, Landfrieden, S. 27; vgl. zum Überblick etwa *Bookmann*, Art. „Fehde, Fehdewesen", LexMA IV, Sp. 331 ff.

52 Vgl. dazu etwa *Gerlich*, Landfriedenspolitik, S. 9; einführend *Bookmann*, Art. „Fehde, Fehdewesen", LexMA IV, Sp. 334; vgl. auch die Übersicht bei *Andermann*, Ritterliche Gewalt, S. 13 ff., 45 f.; daneben etwa *Gernhuber*, Staat, S. 37; *Bader*, Volk, S. 243 ff.; zum Klischee vom finsteren Mittelalter vgl. umfassend *Varga*, Finsteres Mittelalter; daneben etwa *Oexle*, Mittelalter, S. 7 ff.; *Althoff*, Schranken, S. 2; dieser unter kritischem Verweis auf diese Fortdauer etwa in *Borst*, Saeculum 10 (1959), S. 219 f.; zur Idealisierung der Fehde bei Justus Möser als „Volkommenheit des Faustrechts", die für ihn größtes Ehrgefühl, körperliche Tugend und Nationalgröße verkörpert hat vgl. *Radbruch / Gwinner*, Geschichte des Verbrechens, S. 56; daneben *Terharn*, Herforder Fehden, S. 12.

land und Rudolf von Habsburg bis zu König Wenzel (und darüber hinaus) die Reichs- und Provinziallandfrieden zusammen zu tragen und in jeweiligen Werken für die einzelnen Regenten in einer einheitlichen Ordnung, nämlich zuerst die Reichslandfrieden und dann geordnet nach Gebieten, die jeweiligen Provinziallandfrieden in Beziehung zum Königtum dar zu stellen.[53] Die Fehde ist dieser Forschungsepoche, die bis in die Nachkriegszeit des 2. Weltkrieges angedauert hat, ganz überwiegend als reines Unrecht erschienen,[54] der Landfriede als ein Mittel auf dem mühsamen Weg der königlichen Herrschaftsdurchsetzung, im Unterschied zu schädlichen partikularen Bündnissen ohne und gegen das Königtum.[55] Gestützt auf WEBERS Definition des Staates als Monopol legitimer Gewaltsamkeit hat sie die mittelalterliche Friedenswahrung „zum Gradmesser für moderne Staatlichkeit eines Landes" insbesondere durch die „Verdrängung der privatrechtlichen durch die öffentlichrechtliche Auffassung von Verbrechen und Strafe" entwickelt,[56] bevor diese auf die politischen Beziehungen zum Königtum konzentrierte Forschung mit dem bis heute grundlegenden Werk

---

53 Als wichtigste Vertreter hierfür sind anzuführen: *Wyneken*, Landfrieden; *Schwalm*, Landfrieden; *Fischer*, Landfriedensverfassung; *Asche*, Landfrieden; *Loyo*, Ruprecht von der Pfalz; *Weigel*, Landfriedensverhandlungen; sehr hilfreich in der Einordnung der Landfrieden in den Kontext der Reichspolitik sind auch die Werke von *Redlich*, MIÖG 10 (1889), S. 341 ff.; *ders.*: Rudolf von Habsburg; *Gerlich*, Landfriedenspolitik und insbesondere mit regionaler Bedeutung *Goessgen*, Beziehungen; zu dieser Phase der Forschungsgeschichte vgl. auch *Stercken*, Landfrieden, S. 27 f.; *Gernhuber*, Landfriedensbewegung, S. 60 ff.

54 Vgl. etwa für diese Fortschungsschicht *Wilda*, Geschichte I, S. 198; für die Auseinandersetzung bis zur Zwischenkriegszeit etwa *v. Winterfeld*, Beträge zur Geschichte Dortmunds und der Grafschaft Mark 46 (1940), S. 74 ff.; *Rothert*, Westfälische Forschungen 3 (1940), S. 145 ff.; vgl. auch die Erläuterungen etwa bei *Seibertz*, Blätter zu näheren Kunde Westfalens 5 (1967), S. 70; *Terharn*, Herforder Fehden, S. 14 f.; sowie die Kritik von *Görner*, Raubritter, S. 170 ff.; dagegen etwa *Kaufmann*, Art. „Friede", HRG I, Sp. 1278: die Fehden hätten keine Beziehung zum Recht, sondern sich im rechtsfreien Raum abgespielt.

55 *Vgl. dazu insbesondere zur Goldenen Bulle von 1356, Kapitel 2 IV 1 b) sowie allgemein Kapitel 3 II 3.*

56 *Weber*, Wirtschaft und Gesellschaft, S. 822; zuvor aber bereits etwa *Osenbrüggen*, Alamannisches Strafrecht, S. 23; nach Weber auch etwa *Kaiser*, in: FMASt 17 (1983), S. 55; vgl. die Kritik von *Kunze*, Rudolf von Habsburg, S. 5 ff.; zur genannten „staatsbildenden Arbeit des Mittelalters" und besonders der Landfrieden durch die Schaffung eines öffentlichen Strafrechts vgl. etwa *Schmidt*, Einführung, S. 47, 57 m.w.N., der dabei den ursprünglichen Unrechtscharakter der Fehde verneint hat; *Becker*, Art. „Landfriede I. Deutschland", LexMA V, Sp. 1658; ausführlich *Stercken*, Landfrieden, S. 28 f. m.w.N.; *Hirsch*, hohe Gerichtsbarkeit, S. 150 ff.; vgl. auch noch *Gernhuber*, Landfriedensbewegung, S. 40: „Landfrieden heißt vor allen Dingen Überführung der Sippengewalt in die Staatsgewalt, heißt Schaffung des modernen Staates"; insoweit zustimmend *Angermeier*, Landfriedenspolitik, S. 168; dagegen etwa *Willoweit*, Reaktionen, S. 196 ff.

von ANGERMEIER gewissermaßen ihren kodifikatorischen Abschluss gefunden hat.[57]

Ein neuerer Zweig der spätmittelalterliche Landfriedensforschung, der sich die Individualität der einzelnen Landfrieden und damit die Analyse der ihnen zu Grunde liegenden und von ihnen beeinflussten politischen Strukturen und Prozesse in den einzelnen Regionen des Reiches zum Ziel gesetzt hat,[58] hat diesen fortgeführt. Leider ist dabei das Oberrheingebiet aufgrund der besonderen Situation zwischen Deutschland und Frankreich bis heute ausgespart geblieben.[59] Die Erkenntnisse dieser Arbeiten lassen sich ihrer Natur gemäß nur sehr eingeschränkt auf andere Landstriche des Reiches transportieren. Andererseits bieten sie interessante methodologische Impulse zur Bedeutung konkreter politischer Hintergründe für die Ausgestaltung der Landfriedensnormen, wie etwa in der Arbeit von MOHRMANN zum Ostseeraum.[60]

Beiden Forschungsströmungen bleibt gemein, dass rechtsdogmatischen Erwägungen oder eine über die Zusammenfassung der Landfrieden hinaus gehende normerklärende Exegese, bis vielleicht auf das exzeptionelle frühe Werk von WYNEKEN, kaum erfolgt sind. Wieder aus stark etatistischer Sicht hat es dem gegenüber vor allem HIS unternommen, die vielfältigen Sanktionierungen von Unrecht im Hoch- und Spätmittelalter als das im Reich geltende „materielle" Strafrecht im Gewand einer modernen Strafrechtssystematik, aufgeteilt in einen Allgemeinen und Besonderen Teil nach dem RStGB von 1871, zusammenzutragen, was allerdings auch eine gewisse Vernachlässigung des spezifischen historischen und regionalen Kontextes der einzelnen Normen und alternativer Sanktionierungsformen mit sich gebracht hat.[61] Auch andere, wie etwa SCHMIDT, haben sich zwar einer

---

57 *Angermeier*, Königtum und Landfriede; vgl. *ders.*, ZBLG 20 (1957), S. 478; *ders.*, Historisches Jahrbuch 76(1957), S. 35.

58 So programmatisch etwa *Mohrmann*, Landfriede, S. 289: „Es gibt wohl kaum ein Feld innerhalb der mittelalterlichen Verfassungsgeschichte, in dem Recht und Politik sich derartig miteinander berühren wie gerade in dem ganzen Bereich der Friedenswahrung."; *Stercken*, Landfrieden, S. 29; daneben vgl. *Bader*, ZwürttLG 3 (1939), S. 1 ff.; *ders.*, Volk, S. 243; *Zorn*, Bündnisverträge; *Leist*, Landesherr; jüngst *Graevenitz*, Landfriedenspolitik; daneben noch *Rotthoff-Kraus*, politische Rolle; *Vollmuth-Lindenthal*, Landfrieden, S. 213 ff.; *Pfeiffer*, Franken, S. 229 ff.; *ders.*, Bündnisse, S. 79 ff.; *Fried*, Territorialstaat, S. 283 ff.; *Stein*, Landfriedenspolitik; *Nikolay-Pantier*, Landfriedensschutz, S. 341 ff.; *Füchtner*, Bodenseestädte; *Epperlein*, ZfG 20 (1972), S. 695 ff.; auch *Schwind*, Landvogtei; *Bostelmann*, Friedenswahrung, S. 274 ff.; *Tewes*, Vestische Zeitschrift 81 (1982), S. 5 ff.; *ders.*, BDLG 121 (1985), S. 169 ff.; *ders.*, Westfälische Zeitschrift 136 (1986), S. 9 ff.; *Rustemeyer*, Veme; vgl. für die spätere Frühe Neuzeit noch *Kaufmann*, Rechtshilfe.

59 *Dazu sogleich unten unter III 1 d).*

60 Vgl. nochmals *Mohrmann*, Landfriede.

61 *His*, Strafrecht; zwar sind in diesem System auch Fehde und Sühne dargestellt, insbesondere hat *His* aber einen allgemeinen Volksfrieden voraussetzen müssen, um zu einem ge-

überwiegend äußeren systematischen Ordnung, beginnend mit dem „materiellen Strafrecht der Germanen", bedient, diese aber auch das System von Fehde integriert und sich um historische Entwicklungslinien bemüht.[62] Daran wurden die fortwirkenden Folgen der historischen Rechtsschule deutlich, die Vergangenheit stets als Geschichte der gegenwärtigen Rechtsordnung verstehen zu wollen, mithin die historischen Kontinuitäten als prägend zu betrachten.

Nicht zuletzt hiergegen hat sich mit durchschlagendem Erfolg vor allem Otto BRUNNER mit seinem Werk „Land und Herrschaft"[63] gewandt, dessen Wirkungen auf die historische und rechtshistorische Forschung nicht überbewertet werden kann. Stark beeinflusst vom Hegelianismus ist er bestrebt gewesen, den Dualismus von Empirie und Normativität durch „konkrete Ordnungen" aufzuheben, als dessen bestes Beispiel ihm die Fehden und damit verbundene konkrete Herrschaftsverhältnisse von „Schutz und Schirm" gedient haben.[64] Gereicht es ihm zum bleibenden Verdienst, damit den Wandel der Rechtsgeschichte von der Normativität auch zur Empirie geöffnet zu haben, so hat er damit auch die Rechtfertigung des Faktischen, die ihre schlimmste Entartung im zeitgleichen Nationalsozialismus gefunden hat, wissenschaftlich fundiert. Dies hat nicht nur bereits beim Erscheinen des Werkes zahlreiche, teils heftige Reaktionen provoziert.[65] In jüngster Zeit hat etwa ALGAZI repetitiv BRUNNERS Methodik angeklagt.[66] Über das in seiner Einseitigkeit selbst nicht unangreifbare Verdikt ALGAZIS hinaus reicht jedoch das Verdienst beider Autoren, „den Sinn" der Fehde als Unterdrückungsinstrument des Adels gegenüber den Bauern pointiert zu haben. Nur gering erscheint hier der, allerdings terminologisch nicht vollzogene Schritt zur „Autopoiese" der soziologischen Systemtheorie LUHMANNS, um die Fehde und die von ihr geprägte mittelalterliche Welt als ein geschlossenes autopoietisches System zu begreifen; auch ALGAZI ist aber dem identischen methodischen Problem eines Neohegelianismus wie der von ihm so heftig Angegriffene erlegen, indem er einen einzigen „konkreten" objektiven Sinn der Fehde ausmachen will, nämlich für ihn die Perpe-

---

schlossenen Strafrechtssystem des Mittelalters zu gelangen; vgl. dazu kritisch zusammenfassend *Dilcher*, Friede durch Recht, S. 208 f.

62 *Schmidt*, Einführung.

63 *Brunner*, Land und Herrschaft; vgl daneben auch *ders.*, Legitimität, S. 64 ff.; zur Zäsur gegenüber der historischen Rechtsschule etwa *Dilcher*, Friede durch Recht, S. 207.

64 Vgl. auch *Brunner*, „Legitimität", S. 64 ff.; eine weitere Wurzel in *Hegels* Philosophie der Weltgeschichte zeigt dessen Feststellung, dass das Kennzeichen der Feudalgesellschaft die äußere Gewalt des einzelnen sei, auf der Brunner erkennbar aufbauen konnte.

65 Vgl. hier nur beispielsweise *Mitteis*, HZ 163 (1941), S. 255 f.; *Patze*, Grundherrschaft, S. 279 gegen die Legalisierung der Gewalt.

66 *Algazi*, Herrengewalt; sowie *ders.*, Otto Brunner, S. 1918 ff.; *ders.*, Actes de la recherche en science sociale 105 (1994), S. 26 ff.; *ders.*: Fehde, S. 39 ff.

tuierung der Unterdrückungsherrschaft des Adels, der unabhängig von den subjektiven Motiven und dem Bewusstsein der Fehdeführenden bestehe. Damit befindet er sich gewissermaßen auf der Welle eines zeitgenössischen mediävistisch-historischen Diskurses, in dem sich in den letzten Jahrzehnten weitgehend abstraktere Deutungsmodelle durchgesetzt haben, wie etwa die Fehde als Funktionsstörung der sich zivilisierenden und verdichtenden Gesellschaft bei ELIAS[67], als Unterordnung kleinerer Adelsherrschaften und Territorialgewalten bei ZMORA,[68] die kommunikative Deutung der Fehde beziehungsweise der nötigen Zivilisierung als komplexe Prozesse der Rationalisierung und Sozialdisziplinierung bei ALTHOFF,[69] die Konflikte aufgrund inkompatibler Programme und Codes bei ANDERMANN,[70] bis hin zur Interpretation des objektiven Sinns der Fehde als „Fitnessmaximierung des Mannes",[71] um nur einige exemplarisch zu benennen. Die Übernahme derartiger systemtheoretisch verankerter Vorstellungen hat dabei durchaus interessante neue Aspekte beleuchten können; über ergänzende Denkanstöße auf einer Metaebene hat sich ihr Herabbrechen auf die „normale" Forschung jedoch als anfällig für die häufig gerade nicht offen gelegten Vorprägungen des einzelnen Forschers gezeigt, die zu starken Projektionen in die relativ wenigen verwendeten Quellen und zu manchen Fehlschlüssen und Erkenntnissperren geführt haben.

Während auch der Landfrieden unter einzelnen modernen funktionalen Aspekten beleuchtet worden ist, etwa aus wirtschaftshistorischer Sicht als Zollunion[72], oder aus marxistischer Perspektive als Durchsetzungmittel der bürgerlichen gegen die feudale Klasse[73], hat sich die engere rechtshistorische Forschung vor allem um eine tiefere normative Begründung dieses Rechtsphänomens bemüht. Sie hat sich dabei allerdings vor allem auf deren Frühzeit und das Hochmittelalter konzentriert, mit der Folge, dass diese Grundlagenarbeiten im doppelten Sinn nicht nur zur Interpretation der Ausgangsbedingungen für das Spätmittelalter, sondern auch der Normen der Landfrieden dieser späteren Epoche selbst beitragen können, während umgekehrt durchaus Rückfolgerung auf die dort angesprochenen allgemeinen Modelle eingebracht werden könnten. Dies gilt etwa neben älteren

---

67 *Elias*, Zivilisation II, S. 118.

68 *Zmora*, State and nobility; *ders.*, Past and Present 153 (1996), S. 37 ff.

69 *Althoff*, Spielregeln; *ders.*, Schranken, S. 2 ff.; *ders.*, Frühmittelalterliche Studien 31 (1997), S. 370 ff.; ähnlich *Morsel*, Überlegungen, S. 140 ff.: Schaffung einer kollektiven Identität.

70 *Andermann*, Ritterliche Gewalt.

71 Als wohl eine der pittoreskesten Blüten dieser zugespitzten Interpretationsweise; vgl. hierzu *Vogel*, Evolutionsgeschichte; *Willoweit*, Ungleichbehandlung, S. 300 ff.

72 Vgl. *Stolz*, VSWG 41 (1954), S. 39.

73 Vgl. hierzu nur *Engel*, Städtebünde, S. 177 ff.; *Schildhauer*, Städtebünde, S. 149 ff.; dazu überzeugend insgesamt ablehnend *Ruser*, OSA I, Einleitung, S. 20.

Arbeiten[74] besonders für das durch seine aufgeworfenen Fragen und Thesen weithin prägende Werk von GERNHUBER zum hochmittelalterlichen Landfriedensrecht.[75] Neben allgemeineren Beobachtungen zum auch auf den Landfrieden zu leistenden Eid[76] und zum Geltungsgrund von Frieden insgesamt,[77] hat insbesondere das bereits angesprochene Werk von GERNHUBER den harten Gegensatz von Gesetz und Vertrag als Erklärungsmuster für die Verbindlichkeit der Landfrieden, der schon die frühere Forschung, wie z.B. bei WYNEKEN geprägt hatte, herauspräpariert, was einen Teil der erheblichen Kritik der historischen Forschung an „veralteten" rechtshistorischen Methoden, die sich zu modernistisch auf die rein normativen Kategorien beschränkten, provoziert hat. Damit verwandt ist die Feststellung der Funktion der Landfrieden als gezielt gesteuerte Rechtsänderung und Rechtsetzung und damit die Frage nach der Legitimierung der Landfrieden, wobei insbesondere die Figur des „gemeinen Nutzens" auch die jüngere Forschung fasziniert hat.[78] Aus der jüngsten Forschung erweisen sich insbesondere die näheren Untersuchungen der Geltungsweise[79] und in diesem Kontext der Eide, sowie im Spannungsfeld zwischen Schriftlichkeit und Mündlichkeit als bedeutsam, dabei auch insbesondere der Stadt-Land-Gegensatz.[80] Hier gelangt man auch wieder auf den bereits erwähnten Psalm 85, 9-11 und die Wechselwirkung von *pax und iustitia* zurück,[81] die insbesondere den Mainzer Reichslandfrieden zu prägen scheint.

Einen damit unerlässlichen weiteren Umkreis haben die grundlegenden Werke etwa von HIRSCH,[82] dessen beispielhafte Quellenarbeit für den von ihm herausgearbeiteten Funktionswandel der Hochgerichte zur Blutgerichtsbarkeit maßgebliche Wirkung auf die Forschung bis heute entfaltet, oder das unterschiedliche Rechts- und Legitimationsmuster systematisierende Werk von WADLE beleuchtet.[83] Andere haben erfolgreich den größe-

74 Vgl. *Eggert*, Landfrieden; *Schnelbögl*, Deutschrechtliche Beiträge XIII. 2 (1932), S. 189 ff.; *Zallinger*, Kampf, S. 443 ff.

75 Vgl. *Gernhuber*, Landfriedensbewegung.

76 Vgl. *Hofmeister*, Eidesformen; Prodi, Sakrament; *Hofmann*, Gebot.

77 Vgl. z.B. *His*, ZRG GA 33 (1912), 139 ff.

78 Zur Legitimierung etwa *Diehl*, ZwürttLG 1 (1937), S. 296 ff.; *Eberhard*, „Gemeiner Nutzen", S. 195 ff.; *ders.*, Legitimationsbegriff, S. 241 ff.; *Rogge*, Gemeiner Nutzen; auch bereits *Merk*, Gedanke; dagegen bereits *Ebel*, Gesetzgebung; *Hattenhauer*, Gottes- und Landfrieden; *Kroeschell*, „Rechtsfindung", S. 498 ff.; *Hofmann*, Gebot.

79 Siehe insbesondere *Wadle*, Frühe deutsche Landfrieden, S. 71 ff. oder *Dilcher*, Friede durch Recht, S. 203 ff.

80 Vgl. *Prosser*, Rechtsaufzeichnungen; *Keller*, Schriftlichkeit.

81 Wie schon der Titel bei *Hattenhauer*, Pax et iustitia, programmatisch vorgegeben hat.

82 *Hirsch*, hohe Gerichtsbarkeit.

83 Vgl. hier nur etwa *Wadle*, peinliche Strafe, S. 230 ff.

ren europäisch-abendländischen Kontext der Unrechtssanktionierung und Strafbarkeit und bis in die Antike zurückreichenden Wurzeln heraus gearbeitet.[84]

Hier ist auch wieder der Anschluss zur vor allem durch die Landfrieden bekämpften Fehde als wichtigster Selbsthilfeform und damit gewissermaßen dessen Gegenstück und Spiegelbild vollzogen, so dass sich hier auch jüngere Abhandlungen zum Fehdewesen mit den dahinter stehenden Rechtsfragen in einzelnen großen Auseinandersetzungen oder bestimmten Regionen als weiterführend erweisen.[85] Dies gilt etwa für TERHARN,[86] der das Fehderecht, angefangen von den sozialen Funktionen und Zwecken der Fehde bis hin zu einzelnen realen Erscheinungs- und Handlungsformen, rechtlichen Formalisierungen und Einschränkungen dogmatisch wie empirisch aufbereitet hat. Besonders in dem weit rezipierten Werk von ORTH[87] spiegelt sich erneut der weit zurück reichende Streit um die grundsätzliche Rechtmäßigkeit der Fehde, ihre Natur als Rechtsmittel oder -form, der bereits die romantisch-etatistische Welt des 19. Jahrhunderts fasziniert hat.[88]

In ihm zeigt sich aber letztlich das Bild eines zwar organisch gewachsenen, aber dadurch doch letztlich uniformen und statischen Rechts, in der eine „rechtlich anerkannte Willensherrschaft" nur als aus der objektiven, allgemein gültigen Rechtsordnung abgeleitet oder von ihr verliehen denkbar gewesen ist.[89] Immer stärker hat sich dagegen zu Recht das Bild heraus kristallisiert, dass zwischen den Perspektiven der unterschiedlichen Beteiligten unterschieden werden muss: Während die vorrangig aber nicht nur adeligen Fehdeführenden sich mehr oder weniger stets im Recht wähnten oder dies mit durchaus guten Argumenten zumindest geltend machten, sprechen die bürgerlichen und kirchlichen Schichten, aus denen vor allem die Chronisten stammten, bei solchen Gewalthandlungen weithin nur von

---

84 So *Achter*, Geburt; ähnlich wie aktuell *Dilcher*, Gewalt, 209 ff.; *Gernhuber*, Staat, S. 27 ff.; sowie die Entwicklungslinien von Antike und Mittelalter bei *Dickmann*, Friedensrecht.

85 Wie bereits *Rothert*, Westfälische Forschungen 3 (1940), S. 145 ff.; *Asmus*, Fehdewesen; *Tewes*, Lüneburger Blätter 21/22 (1970/71), S. 121-200; *Vogel*, Fehderecht; *Deus*, Soester Fehde. Zur Abrundung seien für die Fülle kleinerer Darstellungen erwähnt etwa *Seibertz*, Blätter zu näheren Kunde Westfalens 5 (1967), S. 69 ff.; *Heimann*, Soester Beiträge 41, S. 151 ff.; *von Lehe*, Ritterliche Fehden, S. 135 ff.

86 *Terharn*, Herfordert Fehden.

87 *Orth*, Fehden.

88 Vgl. neben den oben bereits in Fn. 54 genannten vgl. hier auch etwa *Schmidt*, Einführung, S. 23.

89 Hiergegen überzeugend etwa *Kroeschell*, ZRG GA 111 (1994), S. 311, 319 ff., der diese Vorstellung mit der bezeichnenden Definition des subjektiven Rechts aus *Windscheid*, Lehrbuch, S. 87 f. sowie weiteren Nachweisen aus der Pandektistik und der weiteren historischen Rechtsschule offengelegt hat.

Überfall, Gewalt und Raub, den die Bürgerschaften mit Recht verfolgt hätten.[90] In dieser Erkenntnis, diese Perspektiven trennen zu müssen, spiegelt sich wiederum der gesellschaftliche Wandel von einem monarchischen Etatismus zu einem demokratischen Pluralismus, der erkennbar die Wissenschaftsgeschichte der Landfriedensforschung geprägt hat. Vor diesem Hintergrund haben sich wohl zu Recht die Debatte um die Rechtsnatur der Fehde ebenso wie alle daraus folgenden moderneren Versuche der bereits begrifflichen Abgrenzung etwa namentlich von ORTH zwischen Fehde oder aber Überfall und Raub als kaum weiterführend erwiesen.[91] Richtig bleibt zum einen, dass die Fehde jedenfalls als Faktum, sofern nur in bestimmten, mehr oder wenig präzisen Formen geführt, weitgehend von den traditionellen Rechtsschichten und -kreisen anerkannt war.[92] Auf der anderen Sei-

---

90 Vgl. *Schmidt*, Einführung, S. 31; zur Diskriminierung des Gegners als Räuber aus städtischer und kirchlicher Perspektive vgl. etwa *Andermann*, Ritterliche Gewalt, S. 103; *Asmus*, Rechtsprobleme, S. 75; insoweit wird man auch hier unter Berücksichtigung der unterschiedlichen Rechtskreise durchaus auch nach der durchgreifenden Kritik von *Kroeschell*, ZRG GA 111 (1994), S. 310 ff. von einem Gewohnheitsrecht sprechen dürfen, da hier eine *opinio necessitatis* innerhalb der verschiedenen Rechtsgemeinschaften klarer erkannt werden kann als etwa bei rechtsgeschäftlichen Gepflogenheiten; insoweit dürften diese *consuetudines* auch nicht dergestalt einfach restlos in individuelle subjektive Rechte auflösbar sein, wie bereits ebd., S. 322 in Auseinandersetzung mit *Gierke*, Genossenschaftsrecht II, S. 462 dargestellt.

91 Vgl. insbesondere *Orth*, Fehden, S. 54 ff. unter Berufung etwa auf *Fehr*, Waffenrecht, ZRG GA 38 (1917), S. 13; *Deicke*, Eger, S. 14; *Schnelbögl*, Deutschrechtliche Beiträge 13 (1932), S. 332; dazu *Gernhuber*, Staat, S. 32; als Zwischenform der „unangekündigten Fehde" jedenfalls *v. Winterfeld*, Beträge zur Geschichte Dortmunds und der Grafschaft Mark 46 (1940), S. 74 ff.; vgl. dagegen etwa *Rothert*, Fehdewesen, S. 151 ff.; *v. Klocke*, Westfälische Zeitschrift 94 (1938), S. 3 ff. , S. 56 Anm. 5; *Asmus*, Rechtsprobleme, S. 42; *ders.*, Fehdewesen, S. 76 ff., 79; *Brock*, Entstehung des Fehderechts, S. 1 ff.; *Crößmann*, Sühneverträge, S. 58; *Mohrmann*, Landfriede, S. 30; zur Legalisierung der Fehde durch die partiellen Verbote der Landfrieden *Dickmann*, Friedensrecht, S. 108; pessimistisch etwa noch *Kaufmann*, Art. „Aggression", HRG I, Sp. 1092: „ein ungelöstes und unlösbares Problem"; plastisch gegen Orth etwa *Graus*, Gewalt, S. 12: Beide Bilder, das idealisierte harmonische Gemälde und das chaotische, düstere Bild voll von Willkür und skrupelloser Gewalt seien einseitig; ähnlich namentlich gegen Orth etwa *Andermann*, Ritterliche Gewalt, S. 46 ff., S. 56, nach dem die Diskussion rein akademischer Natur sei, vielmehr sei ein Fortschritt zur Lösung des Problems nur durch den Wandel der Perspektive zu erreichen: „Es kann nicht weiter darum gehen, zu jeder Phase der Untersuchung die Rede von Raubrittern von solchen kasuistischen Feinheiten abhängig zu machen, die über die Legitimität oder Unrechtmäßigkeit im Einzelfall entscheiden. Vielmehr muß der sich verändernden Einstellung zur adeligen Gewalt auf seiten der Bürger und somit der Perspektivenwechsel der Zeitgenossen selbst nachgegangen werden". Vgl. weiterhin etwa *Rösener*, Raubrittertum, S. 481; *Rothert*, Westfälische Forschungen 3 (1940), S. 155; *Tewes*, Lüneburger Blätter 21/22 (1970/71), S. 121, 128; *Reuter*, Unsicherheit, S. 189; zu einer „Siegerjustiz" vor allem seitens der Städte vgl. *Kaufmann*, Art. „Landfrieden I (Landfriedensgesetzgebung)", HRG II, Sp. 1453 f.

92 Vgl. bereits *Boretius*, De Iure Bellorum Privatorum, S. 3 ff.; danach auch *Terharn*, Herforder Fehden, S. 15.

te richteten sich gerade die Bestrebungen der kirchlichen Lehre, des Bürgertums, der Könige und schließlich der Hochadeligen im hohen und späten Mittelalter bis in die Neuzeit zentral darauf, die in ihr manifeste private Gewalt immer weiter zurückzudrängen und als legitime Handlungsform auf die sich herausbildenden städtischen und fürstlich-territorialen Obrigkeiten zu oligopolisieren.[93] Hier zeigt sich insbesondere die vielgestaltige Nähe zu den Ständeverträgen und Städtebündnissen, deren Untersuchung für sich einen breiten Forschungsbereich einnimmt.[94]

Schließlich haben zahlreiche neuere Studien vor allem einzelne Fälle dieser oft spektakulären Form der Selbsthilfe beleuchtet und dabei nicht nur deutlich gemacht, wie lange diese Prozesse bis in die Neuzeit hineinreichten, sondern auch die Komplexität und Vielschichtigkeit der Auseinandersetzungen im Rahmen der Fehden vor Augen geführt, die meist durch die Chronisten recht einseitig und oft verkürzt paraphrasiert und kommentiert wurden.[95]

Als sehr fruchtbar muss endlich der Ansatz bezeichnet werden, einen weitergehenden, komplexeren Blick auf die symbolische und kommunikative Handlungsebene ebenso wie psychologische Motivationen, vorrechtliche Rituale und soziale Normen der Selbsthilfe und deren Einschränkungen zu werfen, der sich bis heute zunehmender Beliebtheit erfreut.[96] Dieser darf auch von der Rechtsgeschichte vor allem für das Mittelalter in keiner Weise vernachlässigt werden, auch wenn im Zentrum dieser juristischen Teildisziplin naturgemäß weiterhin die Normen und Institute des Rechts, ihre Entstehung, Anwendung und Wirkung zu stehen haben.

93 Vgl. etwa *Andermann*, Ritterliche Gewalt, S. 319.

94 Vgl. hierzu nur den ausführlichen Überblick zur Städtebundforschung und ihrem engen Wechselbezug ihrer Deutungs- und Erklärungsmuster zu den Grundsatzproblemen der jeweils eigenen Zeit jüngst bei *Distler*, Städtebünde, S. 15 ff.

95 Vgl. neben den bereits unter Fn. 85 f. genannten beispielsweise *Wagner*, Göttinger Fehde; *Rothmann*, Sinsheimer Überfall, S. 31 ff.; *Widmer*, Gruber-Fehde; zur Parteilichkeit und beschränktem Sichtfeld der Chronisten vgl. etwa bereits *Klocke*, Faustrecht, S. 56; *Andermann*, Ritterliche Gewalt, S. 51 f., 96 ff.; *Görner*, Raubritter, S. 18, 173, 221.

96 Zur Begrenzung der Gewalthandlungen durch rechtliche und, vor allem, diesen gewissermaßen vorgelagerte soziale Normen und Rituale vgl. etwa *Althoff*, Schranken, S. 1 ff.

III. Fragestellung, Gegenstand und Methode

1. Fragestellung und Gegenstand der Untersuchung

a) Die vorliegende Untersuchung der Landfriedenseinungen des späten Mittelalters am Oberrhein soll einerseits die elsässische Landesgeschichte um eine Darstellung der Rechtsgeschichte rund um das Phänomen der Landfrieden, und damit eng zusammenhängend der politischen Geschichte der Landschaft ergänzen. Andererseits liegt ihr Schwerpunkt darin, zu möglicherweise neuen Erkenntnissen für die rechtshistorische und mediävistische Landfriedensforschung aufgrund der überlieferten Quellen beizutragen.

Beide Leitziele sollen jedoch nicht getrennt verfolgt, sondern verbunden werden. Daher legt der erste Hauptteil der Arbeit zwar seinen Fokus auf die „äußeren" Umstände der spätmittelalterlichen Landfriedenseinungen am Oberrhein, insbesondere die Frage, ob und unter welchen politischen Voraussetzungen die einzelnen Einungen abgeschlossen, verlängert oder nicht weiter verfolgt wurden, während der zweite Hauptteil die rechtlichen Strukturen und ihre Fortentwicklung, also das „wie" der Einungen zu behandeln sucht. Beide Perspektiven lassen sich jedoch nicht trennen. Vielmehr versucht die vorliegende Arbeit gerade, möglichst viele der komplexen Wechselbeziehungen plausibel zu machen, andererseits aber auch aufzuzeigen, wo rechtliche Entwicklungen sich möglicherweise von politischen Faktoren kaum beeinflusst fortentwickelten und so eine Autonomie, vielleicht sogar „Eigen-Macht" ausbilden konnten. Die Synthese der normativen und empirischen Perspektive soll insbesondere der dritte Hauptteil deutlich machen, der gleichberechtigt zu den beiden vorgenannten versuchen soll, die „Wirklichkeit" der oberrheinischen Landfrieden, mithin die tatsächlichen Auswirkungen der Rechtstexte und der von ihnen geschaffenen Normen und Instanzen auf das Leben der Zeit und Nachwelt zu rekonstruieren.

Alle drei Teile werden deutlich machen, dass sich der Landfrieden allenfalls schwer von den Begriffen Selbsthilfe und Eigenmacht trennen lässt, die nicht in einem zu engen, weitgehend negativ konnotierten moderen Sinn verstanden werden dürfen. Sie umfassen vielmehr Handlungen einzelner oder mehrer zu Lasten der Güter, Rechte oder sonstigen persönlichen und sozialen Stellung formal gleichberechtigter anderer, die primär von ihrem faktischen Moment und geringen rechtlichen und hoheitlichen Kontrolle geprägt sind. Ihre rechtliche Bewertung darf indes, wie bereits oben am Beispiel der wissenschaftlichen Diskussion über die Rechtmäßigkeit der Fehde dargestellt, nicht schematisch beantwortet werden. Dennoch kann die Selbsthilfe von der sonstigen Eigenmacht phänomenologisch dadurch getrennt werden, dass sich ihre Akteure auf vorhandene Rechtfertigungsmuster als Reaktion auf bereits erfolgtes Unrecht zu ihren Lasten beriefen. Wie in Kapitel 1 I sogleich auszuführen sein wird, umfasste die Selbsthilfe damit ganz unterschiedliche Handlungsmuster, durchaus auch mit möglicher (allerdings schwach ausgeprägter) Beteiligung der Gerichts- und Herrschaftsträger, wie etwa die Privatpfändung. Insbesondere die Berufung auf eine vorangegangene, rechtfertigende Verletzung unterscheidet diese Formen von anderen Rechtfertigungsmustern wie etwa die zwangsweise Eintreibung unter Berufung auf ein vermeintliches Zoll- oder Geleitgeldrecht.

Wie weiter auszuführen sein wird, musste es das zentrale Anliegen der Landfrieden sein, diese Formen individueller Gewalt einzusachränken. Andererseits wird vor allem in Kapitel 2 untersucht werden, wie sehr die konkreten Konflikte aus Eigenmacht und Selbsthilfe möglicherweise die Errichtung von konkreten Landfriedensordnungen prägen oder verhindern konnten. Ihre Behandlung durch die Landfrieden wird dann in rechtlicher Hinsicht einen zentralen Gesichtspunkt für den zweiten Hauptteil, ihre tatsächliche Bekämpfung schließlich für den dritten Teil der Arbeit darstellen.

b) Statt einen der gerade ausgebreiteten, unterschiedlichen Blickwinkel als Leitthese oder Modell zugrunde zu legen, soll das Rechtsphänomen der Landfrieden und damit zusammenhängend der Selbsthilfe und Eigenmacht im Elsass systematisch und möglichst nahe *ad fontes* herausgearbeitet und in seinem rekonstruierbaren ideengeschichtlichen, politischen, wirtschaftlichen und sozialen Kontext erörtert und gedeutet werden.

Den Kern der Untersuchung bilden dabei für den Rechtshistoriker naturgemäß die überlieferten Normen, ihr innerer Zusammenhang und die in ihnen verkörperten Vorstellungen, Werte, aber auch die politischen und sozialen Ausgangs- und Umfeldbedingungen. Wie bereits oben erörtert und in praktisch allen neueren Abhandlungen zum Landfrieden ausgeführt, spielten sich die Landfriedenseinungen wie anderen Bündnisse selbstverständlich nie in einem politischen Vakuum ab, sondern hatten stets als Grundlage eine intensive Interessenpolitik der Könige und Kaiser ebenso wie der regionalen Vormächte.[97]

Allerdings sollen komplementär auch die - in der neueren Forschung etwas in den Hintergrund geratenen - rechtlichen Entwicklungs- und Traditionslinien soweit wie möglich rekonstruiert und herausgearbeitet werden. Schließlich soll mit einem Schwerpunkt im dritten Hauptteil mit den zur Verfügung stehenden Quellen die mögliche rechtliche Wirklichkeit der Landfriedensnormen ebenso kritisch untersucht werden, wie die weiteren politischen, sozialen, wirtschaftlichen und rechtlichen Wirkungen der

---

97 Vgl. für die Landfrieden allgemein insbesondere *Angermeier*, Landfriedenspolitik, S. 167 ff.; *Kaufmann*, Art. „Friede“, HRG I, Sp. 1275 f.; *sowie die oben in Fn. 58 und 117 genannten.*

Landfrieden auch über ihre eigentliche Geltung hinaus.[98] Auf die vergleichbaren oder unterschiedlichen Entwicklungen in anderen Regionen des Reiches soll dabei ebenso eingegangen werden, wie auf die bereits ausführlich dargestellten Theorien, Fragestellungen und Erkenntnisse der unterschiedlichen Phasen und Strömungen der Landfriedens- und Fehdeforschung, bevor zum Schluss abstraktere auf diese Modellvorstellungen bezogene Folgerungen gezogen werden können.

Dies gilt insbesondere für das jüngst entworfene Bild der Landfriedenseinungen als „interterritorialer Friedensordnung".[99] Diese Auffassung nimmt statt des modernen Staates die gegenwärtigen internationalen und supranationalen Organisationen als Ausgangsmodell für die Erfassung der Einungen. Die Landfrieden erscheinen damit als über den Territorien innerhalb der Landschaft stehende, von diesen maßgeblich begründete und getragene Rechtsordnung mit gemeinsamen Einrichtungen und eigenen Durchgriffsbefugnissen. Umgekehrt wirft dies auch ein Licht auf die tragenden Mitglieder der Einungen, die als räumlich klar gegeneinander abgegrenzte und gleichrangig nebeneinander stehende Städte und Adelsherrschaften mit der autonomen, wenn eben (noch) nicht souveränen primären Handlungsmacht erscheinen. Inwieweit dieses neue Modell in Gegenüberstellung oder Ergänzung zu den bereits genannten vielfältigen Ansätzen, insbesondere der traditionellen Konzentration auf das Königtum und die vollzogene oder fehlgeschlagene Entwicklung von Staatlichkeit, als theoretischer Ansatz zu plausiblen und weiterführenden Erkenntnissen verhelfen kann, muss allerdings einer erweiterten Schlussbetrachtung vorbehalten bleiben.

c) Der Blick auf das eigentliche Untersuchungsobjekt, den politischen und rechtlichen Zustand des mittelalterlichen Heiligen Römischen Reiches, jedenfalls in seinem deutschen Kernbereich, dem *regnum Teutonicum* als engerem Reichsverband, offenbart bereits erste Grenzen einer solchen modellhaften Realitätsbeschreibung. Zwar zeigten sich dort gerade am Beginn und Ende der engeren spätmittelalterlichen Landfriedensentwicklung erhebliche Schwächen der Zentralgewalt, die die Könige verkörperten. Dies gilt sowohl für das sogenannten Interregnum von 1254 bis 1273 als auch die Absetzung König Wenzels durch die deutschen Kurfürsten. Trotz zahlreicher, unterschiedlichster Probleme des Wahlkönigtums, etwa mit der Kurie und mit den Kurfürsten, in Italien und an den Reichsgrenzen und insbesondere mit den wachsenden Gegensätzen zwischen den Ständen

---

98 Vgl. zur sogenannten Dreidimensionalität des Rechts etwa *Rehbinder*, Rechtssoziologie, S. 5 ff.; zu dem auf die Normdurchsetzung und -wirklichkeit zugewandten Interesse der neueren Forschung vgl. *Landwehr*, ZfG 48 (2000), S. 146 ff.

99 Vgl. etwa *Schubert*, Interterritoriale Gestaltung, S. 123 ff.; *ders.*, Herrschaft, S. 100 f.; vgl. auch *Moraw*, Entfaltung, S. 96 f.

wurden seine Hoheit und Herrschaft nie grundsätzlich in Frage gestellt. Das durch die Krone repräsentierte Reich blieb eine übergeordnete rechtliche und herrschaftliche Ordnung, die den Fürsten, Landesherren, Rittern, Städten und anderen Ständen ihren bestimmenden Bezugsrahmen gab. Bereits dies zeigt erhebliche Unterschiede zu dem modernen Bild einer rein von und zwischen den Staaten als originären Völkerrechtssubjekten geschaffenen Rechtsordnung.

Das Elsass als Teil des geografischen und politischen Oberrheingebietes[100] weist gegenüber den anderen Regionen und Landschaften dieses deutschen Reiches Besonderheiten auf, die es geradezu einzigartig erscheinen lassen: Als Teil der bereits römisch-provinzial und urbanisch geprägten alten Zivilisationsachse des ostfränkischen Reiches am Rhein behielt das Elsass bis in die frühe Neuzeit stets einen königsnahen oder -offenen Status, der es vor allem während der hohen Zeit der Staufer, die mit dem Herzogsamt in Schwaben dieses auch im Elsass während des 12. und der ersten Hälfte des 13. Jahrhunderts inne hatten, zu einem blühenden Kernland der deutschen Könige werden ließ. Im Spätmittelalter und der Frühen Neuzeit dagegen zeigte die Landschaft ein gänzlich anderes Bild, das etwa SITTLER wie folgt beschrieben hat: „Auffallend sind in der politischen Gestaltung des Elsass im Spätmittelalter die Zersplitterung und Zerstückelung, das vielgestaltige, stets wechselnde Bild und das Fehlen einer zentralen Gewalt."[101]

Zwar bildete der Raum zwischen Vogesen und Rhein mit einer Gesamtfläche von ca. 9.000 km^2 eine geografische Einheit, in der etwa nach MÜLLER „die Elsässer nach drei Seiten hin durch natürliche Grenzen von ihren Nachbarn geschieden und fast ganz auf den Verkehr unter sich angewiesen" waren, so dass alleine dadurch das Zusammengehörigkeitsgefühl entstanden und „in Fleisch und Blut" übergegangen sei.[102] Hinzu trat allerdings die zentrale Bedeutung des europaweiten Fernhandels und der Handelswege über die Nachfolger der alten Römerstraßen und den Rhein selbst, die nie ganz aufgehört hatte, im Verlauf des Mittelalters aber wieder aufblühte und das Elsass besonders eng mit dem Mittelrhein, seinen Bürgerschaften und Kurfürsten verband.

---

100 Vgl. etwa *Zotz*, Oberrhein, S. 13 ff.

101 So *Sittler*, Geschichte des Elsass I, S. 137 f.

102 Vgl. ausführlich *Müller*, Die elsässischen Landstände, S. 10 ff.; zu den genauen geografischen Grenzen und ihren Änderungen vgl. ausführlich *Du Prel*, Landesgeschichte, S. 253 ff.

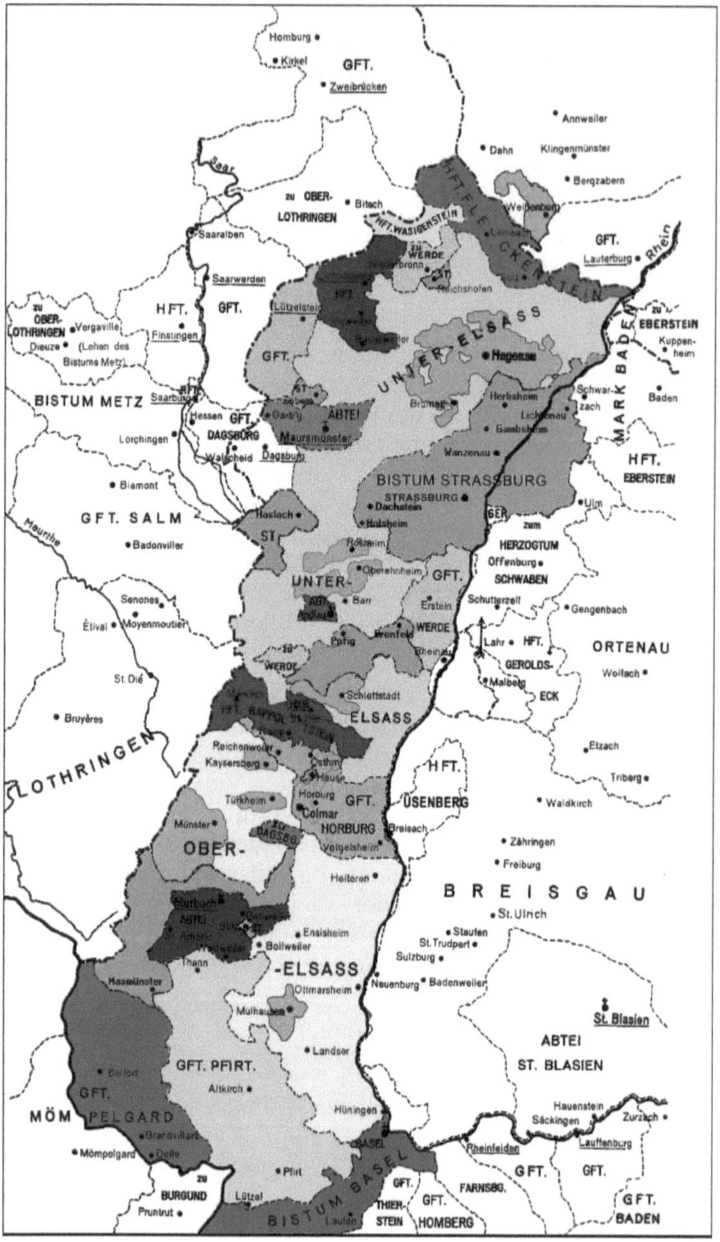

Abb.: Das Elsass um 1250 - Politische Einteilung

Richtig bleibt jedenfalls, dass das Land durch seine Parzellierung[103] und zahllosen kleineren Herrschaften eine *„figure de mosaïque“* bis in die Neuzeit bot, die sich immer mehr von den sich herausbildenden und in der Staatswerdung begriffenen Territorien seiner Nachbarn, voran der Pfalzgrafen am Rhein, der Markgrafen von Baden, der Grafen von Württemberg, aber auch des habsburgischen „Vorderösterreichs“ unterschied. Sie weckte manche Begehrlichkeit, und sollte sich gleichzeitig als bedeutendes *„handicap“* bei der weiteren Entwicklung erweisen.[104]

Zudem ließ sich eine zunehmende Auseinanderentwicklung innerhalb des Elsass ungefähr entlang der alten, bereits antik verwurzelten Grenzen der beiden Kirchenprovinzen von Straßburg und Basel und damit der Diözesen Mainz und Besançon und wohl auch der Gau- und späteren Landgrafschaften im Norden und Süden beobachten: Während die habsburgischen Landgrafen im südlichen Oberelsass noch vor ihrem Aufstieg als Herzöge von Österreich und Deutsche Könige und Kaiser bereits früh diesen Sundgau dominierten, blieben die äußeren Grenzen und Herrschaftsstrukturen im Unterelsass weitgehend unverändert.

Im Oberelsass verfügten die Habsburger nicht nur mit der Landgrafschaft über das nach dem Untergang des Herzogtums höchste Amtslehen, sondern auch die größten Besitzungen, insbesondere Allodien.[105] Die Bischöfe von Basel als nachfolgend wichtigste Territorialherren wandten sich hingegen immer mehr dem Süden zu, und überließen ihre alte Bischofsstadt Basel in einer durch die Habsburger stetig stärker bedrohten Insellage, während die Äbte der ebenfalls mächtigen Klöster von Murbach und Münster immer stärker in die Defensive gedrängt wurden. Neben den Territorien der Grafen von Pfirt, Mömpelgart und Horburg, die im 14. Jahrhundert nach und nach vor allem von den Habsburgern und den Grafen von Württemberg erworben wurden, trugen die südlichen Exklaven des Bistums Straßburg, der Grafen von Werd und Dagsburg vor allem zur komplizierten Lage um die Reichsstadt Colmar bei, die regelmäßig in Auseinandersetzungen mit den nördlich benachbarten und energisch mit allen Mitteln nach Machtzuwachs strebenden Herren von Rappoltstein verstrickt war.

Eingestreut in die adeligen und kirchlichen Herrschaften blieben, wenn auch weniger als im Norden die Territorien der kleineren Reichsstädte, von Mühlhausen im Süden über Colmar, sowie westlich in enger Nähe Müns-

---

103 Vgl. *ebd.*, S. 10; als typisches Problem für den gesamten deutschen Südwesten, vgl. *Bader*, Südwesten.

104 Vgl. hierzu und zum Folgenden *Dreyfus*, Histoire de l'Alsace, S. 98 ff.; *Du Prel*, Landesgeschichte, S. 253 ff.

105 Vgl. hierzu insbesondere *Feine*, ZRG GA 67 (1950), S. 213 ff.

ter, Türkheim, Kayerserberg, dann bereits an der Grenze zum Unterelsass Schlettstadt, sowie Oberehnheim und Rosheim, sowie nördlich von Straßburg Hagenau mit dem heiligen Forst bis nach Weißenburg, die als reichsunmittelbare Gebiete neben den Reichsdörfern den politischen Flickenteppich im gesamten Elsass charakteristisch prägen sollten. Hingegen dominierte im Unterelsass rund um die ebenfalls alte Bischofs- und spätere Freie Stadt Straßburg, die ebenfalls einige auswärtige Gebiete erwerben konnte, ganz das weltliche Territorium des Bistums, das sich auch weithin auf die rechte Rheinseite erstreckte.[106] Nordwestlich fügten sich daran vor allem die Abtei von Mauersmünster, die Grafschaften von Dagsburg, Lützenstein und Werd, die Herrschaften von Lichtenberg, Wasigenstein, Ochsenstein, Ratsamhausen und abschließend derer von Fleckenstein an, bevor die Grenze mit den Herschaft von Andlau, den Grafschaften Landsberg, Zweibrücken und Bitsch und dem Bistum Speyer zum Mittelrhein erreicht war. Bereits bei zahlreichen dieser Herrschaften fällt die Abgrenzung zur einfachen Reichsritterschaft, die mit ihren eingesprengten Klein- und Kleinstherrschaften das Elsass wie den übrigen den deutschen Südwesten charakterisierte, schwer.[107] Neben den unterelsässischen Abteien von Weißenburg, Neuweiler und Marmoutier[108] schließlich fügten sich vor allem im Nordelsass die Besitztümer der auswärtigen Nachbarn ein. Dazu zählten vor allem die Markgrafen von Baden, die neben ihrem Brückenkopf in Beinheim auch in Gemar Fuß zu fassen versuchten, dazu im Norden der Pfalzgrafen am Rhein, sowie des Herzogs von (Ober-)Lothringen rund um St. Hippolyt (St. Pilt) im Lebertal und die Lehen anderer lothringischer Adeliger wie der Grafen von Leiningen im Borsteig.[109] Wichtig blieben darüber hinaus die westlichen Nachbarn, neben den Badischen und Hachberger Markgrafen[110] ebenso wie die Herren von Geroldseck, Girsberg und Üsenberg.

Anders als die außerordentlich zahlreichen Landstädte[111] prägten die Reichsstädte, Reichsritter und genannten höheradeligen Reichsstände mit

---

106 Vgl. etwa *ebd.*, S. 190 ff.

107 Darunter etwa die Herren von Fleckenstein als nachweislich ursprüngliche Ministerialen, daneben aber auch besonders zahlreich alte Reichsritterfamilien im Unterelsass, zu den auch die Herren von Landsberg, Ratsamhausen, Andlau oder Bergheim zählten, vgl. *Sittler*, Geschichte des Elsass I, S. 135 ff.; *ders.*, L'Alsace, S. 80 ff.

108 Vgl. *ebd.*, S. 82.

109 Vgl. *Dreyfus*, Histoire de l'Alsace, S. 98 ff.; *Sittler*, Geschichte des Elsass I, S. 138.

110 Zu den Markgrafen von Hachberg als Inhaber der Landgrafschaft im Breisgau bis zur Verpfändung an die Grafen von Freiburg vgl. *Feine*, ZRG GA 67 (1950), S. 259.

111 Etwa Gebweiler als Landstadt der Abtei Murbach, Reichenweier (Grafen von Württemberg), Rappoltsweiler (Herren von Rappoltstein); Hattgau, Brumath, Ingelweiler und Buchsweiler (Herren von Lichtenberg); Altkirch, Masmünster, Thann, Ensisheim (Grafen

ihren zahllosen Fehden, Auseinandersetzungen und gegenseitigen Zerstörungen das Bild des Elsass, von denen die Chronisten mit Schaudern erzählten.[112] Sie ließen die - dessen ungeachtet prosperierende - Landschaft aber auch wiederholt zum leichten Ziel und Beute für Invasionen werden, bis dies mit der Annexion an das französische Königreich nach den Westfälischen Frieden von 1648 seinen Abschluss finden sollte.

Die zahlreichen Privatkriege und Einfälle fremder Truppen aber machen auch die Faszination der Landschaft für die Landfriedensforschung aus: Sie „zwangen die Lokalmächte, sich gegen die schlimmsten Gefahren durch Bündnisse zu wehren. Diese vereinigten geistliche und weltliche Herren, sowie die Städte zu gemeinsamer Aktion, zu Krieg und Frieden, zu wirtschaftlichen Verhandlungen, besonders aber zu gemeinsamer Hilfeleistung in Augenblicken drohender Gefahr. Die wichtigsten waren im 14. und 15. Jahrhundert die zahlreichen Landfriedensbündnisse. Ihren Zweck haben sie allerdings nicht immer erreicht; zu sehr wurde verhandelt und von einer Tagung zur anderen aufgeschoben, und zu sehr spielten Egoismus und Eigenbrödlerei eine verderbliche Rolle."[113]

d) Bei einer derartig markanten These und gleichermaßen überaus reichem Untersuchungsgegenstand mag es überraschen, dass die Landfriedensentwicklung im spätmittelalterlichen Oberrheingebiet bisher nur ein vergleichsweise sehr geringes Interesse in der Forschung gefunden hat und insbesondere eine zusammenhängende Darstellung für die Zeit von 1278 - 1400 gänzlich fehlt. Mit Berechtigung hat daher bereits 1907 MÜLLER festgestellt: „Eine befriedigende Darstellung der elsässischen Geschichte gibt es leider noch nicht"[114] Dem kann auch heute noch kein erschöpfendes Werk entgegen gesetzt werden.[115]

Der wohl entscheidende Grund hierfür ist die besondere, wechselvolle Geschichte des Elsass zwischen Deutschland und Frankreich, die bis zu den Westfälischen Friedensschlüssen von 1648 zurückführt. Die Befassung von deutscher Seite mit der elsässischen Landesgeschichte, die während des Anschlusses des Reichslandes „Elsaß-Lothringen" im Jahr 1871 schnell aufgeblüht war, ist ebenso rasch wieder von den Stürmen des ersten Weltkrieges mit der Reintegration in den Staat des französischen „Erbfeindes" verweht worden, also gerade zu einer Zeit, wo die wissenschaftliche Befassung mit den Landfrieden erst richtig eingesetzt hat. Während die Schwei-

von Habsburg), sowie Benfeld, Erstein, Molsheim, Zabern, Sulz und Rufach als Städte des Bistums Straßburg, vgl. *Sittler*, Geschichte des Elsass I, S. 143; *ders.*, L'Alsace, S. 82.

112 Vgl. *ders.*, Geschichte des Elsass I, S. 137 f. m.w.N.

113 So *ebd.*, S. 138.

114 So *Müller*, Die elsässischen Landstände, S. 5.

115 Vgl. etwa auch jüngst *Distler*, Städtebünde, S. 33 f. m.w.N.

zer Grenzregionen zumindest mit dem monumental angelegten Werk von KOPP auf eine umfassende weitere Forschungsgrundlage verweisen können, sind auch die rechtsrheinischen Gebiete, vor allem der Breisgau und die Ortenau, von den Folgen dieser Auseinandersetzungen geprägt geblieben.[116] So hat bislang eine neuere und eingehendere Erörterung der Landfrieden am Oberrhein nur im Zusammenhang mit den weiteren Bündnissen der Städte und führenden Adeligen im wesentlichen lediglich in einen Aufsatz von BOCK sowie dann über 70 Jahre später, parallel zu der hier vorgelegten Arbeit, jüngst FÜRDERER sowie DISTLER stattgefunden.[117]

Die französische Forschung hat lange ebenfalls vergleichsweise wenig Anlass gesehen, die deutsche Geschichte der Region aufzuzeigen. Nur sehr vereinzelte vor 1871 entstandene Abhandlungen geben dabei ein heute weitgehend überholt und teilweise schief wirkendes Bild der mittelalterlichen Zustände wider.[118] Nach dem Zweiten Weltkrieg ist es vor allem Historikern mit persönlichem elsässischem Hintergrund vorbehalten geblieben, die Geschichte ihrer *région*, mit ihrer europäischen Musterstellung zwischen Deutschland und Frankreich herauszuarbeiten. Hervorzuheben ist dabei insbesondere die Habilitationsschrift von KAMMERER, die die Mächte im Elsass jener Zeit untersucht und dabei die spannende These entwickelt hat, die regionale Kooperation sei hauptsächlich dem überragenden gemeinsamen Profitstreben im Weinfernhandel zu verdanken gewesen.[119]

Weiterhin sind vor allem grundlegende Überblicke der Orts- und Landesgeschichte der beiden *départements* über die geschichtlichen Traditionen von der Frühzeit, dem reichen Erbe der Römerzeit bis hin in die Moderne entstanden, in denen das späte Mittelalter naturgemäß nur einen überschaubaren Abschnitt hat einnehmen können.[120] Die thematischen Arbeiten zu der hier allein interessierenden Epoche haben sich bislang eher auf geografisch punktuelle Phänomene, insbesondere in den Städten, dafür mit einem interessanten weiteren Bezug zur Wirtschafts-, Sozial- und Alltags-

---

116 Vgl. *Kopp*, Geschichte; sowie die stark vom Zeitgeist der 1930er Jahre geprägte Arbeit von *Meyer*, Landfrieden.

117 *Bock*, ZGO NF 46 (1933), S. 321 ff.; *Fürderer*, ZGO 153 (2005), S. 277 ff.; *Distler*, Städtebünde, hierzu speziell S. 34 m.w.N.

118 Wie etwa *Véron-Réville*, Juridictions d'Alsace, S. 29; *Krug-Basse*, L'Alsace; *Gössgen*, Beziehungen, S. 4 f.

119 Vgl. etwa insbesondere die Habilitationsschrift von *Kammerer*, Pouvoirs.

120 Vgl. *Dollinger*, Art. „Elsass",LexMA III, Sp. 1852 ff.; *ders.*, Histoire; *Sittler*, Geschichte des Elsass; *ders.*, L'Alsace; *Burg*, Histoire. *Büttner*, Geschichte; *Schaeffer*, Alsace; *Himly*, Atlas; *ders.*, Chronologie; *Rapp*, L'Alsace; für eine Bibliografie zur regionalen Ortsgeschichte der Region vgl. *Specklin*, Répertoire.

geschichte am Oberrhein konzentriert. Dem ist die deutsche regionalgeschichtliche Forschung am Oberrhein weitgehend gefolgt.

2. Quellenlage und Vorgehensweise

a) Angesichts dieser Forschungsgeschichte bleibt eine Erarbeitung auch der politischen Grundlagen in der Region anhand der überlieferten Quellen unumgänglich. Um die Zusammenstellung des verstreuten und an verschiedenen Orten gedruckten Urkundenmaterials hat sich vor allem in den letzten Jahren Konrad RUSER mit jüngst weiteren erschienenen Editionsbänden verdient gemacht.[121] Die gerade in den ersten beiden Bänden anzutreffenden Regesten und Übersetzungen geben dem Leser einen hilfreichen Einstieg in die Materie, können indes den Rückgriff auf die an anderen Orten edierten Orginaltexte nicht ersetzen, die daher auch im Folgenden als maßgeblich zu Grunde gelegt werden sollen. Gegenüber dem damit zum bis auf eventuelle Reste in gedruckter Form verfügbaren relevanten Urkundenmaterial scheinen die vereinzelten nicht edierten in entferntem Zusammenhang stehenden Archivalien, die aus den Findebüchern erkennbar sind, bei aller gebotenen Vorsicht von weit untergeordnetem Gewicht, so dass ein Rückgriff auf die in den Archiven der beiden heutigen elsässischen *départments*, der Kommunen Straßburgs, Basels, der ehemaligen Reichsstädte, sowie der durch Heirat, Vererbung und Veräußerung teilweise weit gewanderten herrschaftlichen Archive, wie etwa der Herren von Rappoltstein, Lichtenberg oder Fleckenstein ebenso wie der Archivalien des vorderösterreichichen Regiments in Ensisheim beziehungsweise Innsbruck wenig zusätzlichen Nutzen verspricht, zumal eine erschöpfende Sichtung aller Archivalien den Rahmen der vorliegenden Arbeit gesprengt hätte.[122]

Im Zentrum der Untersuchung werden damit die normativen Texte stehen, die als Errichtungsurkunden der Landfrieden vor allem im *Archives Communales de Strasbourg* überliefert[123] und bereits im Straßburger Urkundenbuch praktisch umfassend ediert worden sind. Die anderen regionalgeschichtlich relevanten gedruckten Urkundensammlungen, namentlich der Herren von Rappoltstein, der Reichsstadt Mühlhausen und der Stadt und des Bistums Basel vermögen hierzu wichtige Ergänzungen zu liefern, wie

---

121 *Ruser*, Konrad (Hg.): Die Urkunden und Akten der oberdeutschen Städtebünde vom 13. Jahrhundert bis 1549, zuletzt Band 3: Städte- und Landfriedensbündnisse von 1381 bis 1389 in 3 Teilbänden, Göttingen 2005 (zit.: OSA). Für die Epoche nach 1389 steht die Fortsetzung der Edition zur Zeit noch aus.

122 So findet sich etwa in Innsbruck kein verwertbarer Niederschlag an Archivalien aus der Regierung von Ensisheim im 14. Jh., vgl. *Marchal*, Sempach, S. 14 m.w.N.

123 Vgl. auch OSA II 2, S. 808: von den dort edierten 94 Quellen befinden sich allein 76 im Straßburger Stadtarchiv.

die Regesten und Zusammenstellungen von königlichen und kaiserlichen Konstitutionen und, am Ende, ersten Reichstagsakten.

Aus dem untersuchten Zeitrahmen sind uns die Urkunden über die Errichtung von Landfrieden am Oberrhein aus den Jahren 1278[124], 1301[125], 1310[126], 1317[127], 1338[128], 1343[129], 1345[130], sowie 1347 gleich zwei Landfriedenstexte unter der Anerkennung von Ludwig dem Bayern[131] und Karl IV[132], 1366[133], 1378[134], 1381[135], 1389[136], 1395[137] und abschließend ein ausgefertigter Entwurf von 1398[138] überliefert. Nur sehr verstümmelt ist weiterhin ein Landfrieden[139] tradiert, über dessen Datierung zwischen 1317 und 1319 Unklarheit besteht.[140] Über weitere Landfrieden, wie etwa 1288 und 1293, besitzen wir lediglich indirekte Nachricht, ebenso wie von zwei Landfrieden aus den Jahren 1353[141] und 1374, deren Errichtungsurkunden wohl verloren gegangen sind. Zwischen 1338 und 1349 bestanden dazuhin mehrere gesonderte, stark den Landfrieden ähnliche Bündnisse zum öffentlichen Schutz gegen Aufruhr und andere Störungen.[142] Sie alle werden schließlich ergänzt durch die Überlieferung einiger teilweise die Region streichenden Landfrieden, deren Zentrum am Mittelrhein lag, aber auch nahezu zahllose weitere Bündnisse der verschiedenen Partikularmächte.

Über die Hintergründe der Entstehung, Anwendung und Wirkung dieser Landfrieden geben nicht nur zahlreiche verstreute Einzelurkunden Auskunft, darunter insbesondere Mahnschreiben der im Rahmen der Land-

---

124 St. UB II, Nr. 68 (S. 44 f.)

125 St. UB II, Nr. 233 (S. 187 - 190).

126 St. UB II, Nr. 284 (S. 229 - 233).

127 St. UB II, Nr. 356.

128 Rapp. UB I, Nr. 494 (S. 365 - 369).

129 St. UB V, Nr. 116 (S. 117 - 122).

130 St. UB V, Nr. 133 (S. 136).

131 St. UB V, Nr. 152 (S. 146 f.).

132 St. UB V, Nr. 159 (S. 152 - 155).

133 St. UB V, Nr. 733 (S. 568 - 572).

134 St. UB V, Nr. 1319 (S. 959 - 964).

135 RTA I, Nr. 165 (S. 285 - 287).

136 RTA II, Nr. 75 (S. 172 - 179).

137 St. UB VI, Nr. 989 (S. 575 - 581).

138 St. UB VI, Nr. 1349 (S. 712 - 719).

139 St. UB II, Nr. 354 (S. 302 - 306).

140 *Zum Streit um die Datierung vgl. unten Kapitel 2 II 1 b) (4).*

141 St. UB V, Nr. 330, 344, 348, 354, 372, 373; Rapp. UB I, Nr. 674.

142 St. UB V, Nr. 79 (S. 87 f.).

frieden eingesetzten Amtsträger, Urfehden, Sühnen und Richtungen von Dritten mit dem Landfrieden, ebenso wie etwa Bündnis- oder Assoziierungsverträge Außenstehender mit ihm. Aber selbst einfache Kaufurkunden können zu weiteren Aussagen über den Landfrieden verhelfen. Obwohl nicht wenige Verfahren vor dem Landfrieden nicht von dieser Überlieferung beleuchtet werden können, zeigt doch die relative Breite an Urkunden die nachhaltige Bedeutung, die die Vorgänge vor dem Landfrieden vor allem für die Städte und voran Straßburg hatten, das wohl weitgehend den Schriftverkehr für den Landfrieden verwahrte. Ebenso wie der Umfang der Errichtungsurkunden nach dem Sprachwechsel vom hochmittelalterlichen Latein zum alemannisch-elsässischen Mittelhochdeutsch stark zu Beginn des 14. Jahrhunderts und dann kontinuierlich anschwoll, setzte nach nur vereinzelten urkundlichen Zeugnissen seit 1338 auch bei diesen Belegen eine weit häufigere Überlieferung ein.

Ein vielleicht noch wichtigeres Zeugnis stellen die gerade zu Beginn des Spätmittelalters ebenfalls expandierenden historiographischen Quellen mit regionalem Focus dar, voran die Chroniken des Matthias von Neuenburg,[143] des Jakob Twinger von Königshofen,[144] des Fritsche Closener und die Justinger Berner Chronik, ebenso wie die besonderen Quellen aus dem unmittelbaren Umfeld der Colmarer Dominikaner oder dem städtischen Bürgertum.[145] Die Landfrieden selbst waren allerdings nur selten Gegenstand der Darstellung.[146] Die zahllosen Fehden und Gewalttätigkeiten im Verlauf der Jahre wurden als spektakuläre Ereignisse aber neben Naturkatastrophen und biographischen Informationen wichtiger Würdenträger ebenso aneinander gereiht, wie viele Burgbrechungen und peinliche Bestrafungen. Allerdings sind diese eindeutig im städtisch-kirchlichen Umfeld entstandenen Quellen in ihren Wertungen vor allem des Verhaltens landadeliger Gegner der Städte und der Landfrieden stets äußerst kritisch zu hinterfragen.[147] Auch im Hinblick auf die politischen und sozialen Umfeldbedingungen der Landfrieden ist man weitgehend auf diese erzählenden Quellen angewiesen, wie etwa bei den großen Judenpogromen des 14.

---

143 Vgl. dazu die Beiträge bei *Mück*, Matthias von Neuenburg.

144 Vgl. dazu *Köster*, Königshofen, S. 101 ff. mit umfassenden Literaturüberblick.

145 Vgl. zu den elsässischen Dominikaner-Chroniken ausführlich *Köster*, Geschichtsschreibung, S. 1 ff., sowie zur Rolle der Dominikaner *Wittmer*, ColmarerJb 1 (1935), S. 100 ff.; *ders.*, ColmarerJb 4 (1938), S. 51 ff.; zum von dem Straßburger-bischöflichen Notar Gotfrid von Emsingen für den reichen Straßburger Bürger Ellenhard verfassten *Chronicon Ellenhardi* vgl. *Hegel*, Chroniken, Einleitung, S. 53 ff.

146 Vgl. *Eggert*, Landfrieden, S. 61.

147 Vgl. etwa *Görner*, Raubritter, S. 173 f.; *Menke*, Jahrbuch des Kölner Geschichtsvereins 33 (1958), S. 1 ff.; 34/35 (1959/60), S. 85 ff.; *Schmidt*, Städtechroniken; dazu auch die Besprechung von *Kroeschell*, ZRG GA 76 (1959), S. 420 ff.

Jahrhunderts, die mit dem Landfrieden auch mehrfach in Wechselwirkung traten.[148]

Angesichts des Fokus und Rahmens der Arbeit konnte auch auf Sachquellen nicht eingegangen werden; hier geben insbesondere zahlreiche Burgruinen bis heute ein bleibendes Zeugnis der im 14. Jahrhundert zahlreichen Burgbrechungen, die bereits *prima facie* Zeichen der (Er-)Folge der Landfrieden sein könnten. Die hier ergänzend zu Rate gezogenen burgengeschichtliche Werke haben ihrerseits regelmäßig wieder auf die historiographischen Quellen zurück gegriffen, wenn es um die Datierung oder Begründung einer vorgefundenen Burgzerstörung gegangen ist.

Zur Beleuchtung des normativen Hintergrundes der Landfrieden soll im Folgenden neben dem, bereits dargestellten, gut überlieferten gesetzten Reichsrecht, auch soweit dies mit vertretbarem Aufwand möglich ist, auf partikulare Rechtsquellen der Region zurückgegriffen werden, vor allem das noch am besten erschlossene Recht der Stadt Straßburg. Die bereits gefertigten Rechtsbücher sollen ebenfalls ergänzend zu Rate gezogen werden, um noch nicht schriftlich fixiertes Gewohnheitsrecht und Rechtsgewohnheiten[149] nachzuzeichnen. Obwohl sehr zweifelhaft ist, ob etwa der süddeutsche Schwabenspiegel damals für die Rechtsfindung auch tatsächlich benutzt wurde,[150] erlaubt dieses *„law in books“* doch einen Rückschluss auf die Gedanken des praktizierten und zuvor überwiegend mündlich tradierten Land- und Lehensrechtes, das sich insbesondere in den Fragen des Fehderechtes kaum regional unterschied.[151]

b) Um die enge Wechselwirkung zwischen den politischen, sozialen und wirtschaftlichen Ausgangsbedingungen für das Entstehen und die Fortentwicklung der Landfrieden, die konkrete Ausgestaltung der durch sie errichteten besonderen Rechtsordnung, ihre Anwendung und ihre Wirkungen mit der oben genannten Fragestellung darzustellen, sollen zuerst die Urspünge und Hintergründe der Landfriedensentwicklung bis zum Ende des Interregnums herausgearbeitet werden.

(1) Als Ausgangspunkt sollen zunächst die Ziele und Grundprobleme der Landfriedensentwicklung im Spätmittelalter herausgearbeitet werden. Zentral erweisen sich dabei insbesondere die Fehde und andere Formen

---

148 Wie etwa sehr ausführlich Closener, S. 127 ff.; *vgl. weiter dazu unten Kapitel 2 III 3, 6 III 3.*

149 Zur Begrifflichkeit und dahinter stehenden Frage nach dem tatsächlichen Bestehen eines objektiven Gewohnheitsrechtes vgl. ausführlich *Kroeschell*, ZRG GA 111 (1994), S. 313 ff. m.w.N.

150 Vgl. ausführlich *Caspar*, Schwabenspiegel, S. 2 ff., 82 ff. zur Verbreitung und weiten Anerkennung, aber geringen praktischen Anwendung am Beispiel Augsburgs; vgl. auch *Stobbe*, Rechtsquellen I, S. 337, 502.

151 Vgl. etwa *Kaufmann*, Rechtshilfe, S. 12; *Tewes*, Lüneburger Blätter 21/22 (1970/71), S. 192 f.

der Selbsthilfe oder Eigenmacht. Daher soll der komplexe Forschungsstand zu diesen Phänomenen in einer möglichst komprimierten Form verarbeitet werden, der die Ansatzpunkte der Landfrieden in den folgenden Kapiteln verdeutlichen kann. Gewissermaßen die Kehrseite der Selbsthilfe stellen die Problemen des mittelalterlichen Gerichts- und Schiedswesens dar, die gerade in neueren Arbeiten herausgearbeitet worden sind. Da eine zeitgemäße Untersuchung der elsässischen Gerichtsbarkeit bislang fehlt, soll mit deren knapper Darstellung eine weitere unverzichtbare Grundlage für die weitere Untersuchung geschaffen werden.

Auf der anderen Seite sollen die prägnantesten Wurzeln und Vorgänger der spätmittelalterlichen Landfrieden untersucht werden, um später darauf aufbauend mögliche Rückgriffe und gewachsene Strukturen belegen oder hinterfragen zu können. Zu ihnen zählen neben der hochmittelalterlichen Gottesfriedens- und Landfriedensbewegung und der sogenannten *Pax Alsatiensis* als ihrem zentralen Niederschlag am Oberrhein vor allem der sogenannte Mainzer Reichslandfrieden von 1235 und der sogenannte Große Rheinische Bund von 1254.

(2) Da, wie bereits ausgeführt, eine umfassende Darstellung der elsässischen Regionalgeschichte im untersuchten Zeitraum noch immer aussteht, werden anschließend die Entstehung und Fortentwicklung der spätmittelalterlichen Landfriedenseinungen zusammen mit ihren politischen, wirtschaftlichen und sozialen Hintergründe und dabei den Interessen der beteiligten regionalen, lokalen und überregionalen Akteure in fünf Abschnitten dargestellt. Zuerst wird die Entstehung der ersten spätmittelalterlichen Einungen unter den sogenannten „kleinen Königen" herausgearbeitet. Unter der anschließenden Regentschaft Ludwigs des Bayern traten neben den prägenden großen Auseinandersetzungen um die Macht im Reich zahlreiche weitere plausible Faktoren in den Städten und der Region für die Landfriedensentwicklung hinzu. Sie führten schließlich zu einem Höhe- aber auch Wendepunkt autonomer Landfriedenseinungen, aber auch zu deren wohl größten Bewährungsproben angesichts der großen Judenpogrome, Pestepidemie und Flagellantenzüge 1348/49. Eine vierten Phase der Stagnation, Umorientierung und Erneuerung unter Karl IV. folgte schließlich die sich immer stärker zuspitzende Entscheidung über eine erfolgreiche Institutionalisierung oder endgültiges Scheitern der regionalen Landfriedensentwicklung bis zum Ende des 14. Jahrhunderts, die am Ende des Kapitels stehen wird.

(3) In den anschließenden drei Kapiteln des zweiten Teils soll auf diesen Grundlagen die mit den Landfrieden errichtete Rechtsordnung eingehend untersucht werden:

Kapitel 3 wird sich dabei zunächst dem äußeren Geltungsrahmen widmen, bevor zu der nach wie vor sehr umstrittenen Frage der Geltungsgrundlage der Landfrieden ein eigener Ansatz entwickelt werden soll. Daran schließen sich Ausführungen zur tatsächlichen Errichtung, den Aushandlungsprozesse bis hin zur Beeidung der Einungen an.

(4) Das vierte Kapitel analysiert, wiederum darauf aufbauend, mit „Schutz und Sanktion“ das - modern gesprochen - „materielle Recht“ der Landfrieden. Zunächst soll dabei eine möglichst klare Struktur des Kerntatbestandes des historischen Landfriedensbruches herausgearbeitet werden. Anschließend soll das Verhältnis der Landfriedens zu den wichtigsten Selbsthilfeformen untersucht werden, bevor Erweiterungen der Tatbestände behandelt werden.

Im folgenden Abschnitt werden die von den Einungen vorgesehenen Sanktionsfolgen eingehend betrachtet. Im Zentrum stehen die Frage nach einer peinlichen Bestrafung oder einer Ahndung durch Bußleistungen ebenso wie die Wechselwirkungen zwischen dem spezifischen Landfriedensrecht, dem partikularem, dem Landes- und dem Reichsrecht und der Frage der Burgbrechungen. Zuletzt werden die weiteren Regelungsmaterien der Landfrieden wie das Zoll(un)wesen, das Münzrecht, die Pfahl- und Ausbürgerproblematik, der Schutz von Besitz und der Ersitzung, sowie den Gerichtsrechte und der Stellung der Kirche untersucht.

(5) Wie die spätmittelalterlichen Einungen am Oberrhein die Ahndung von Landfriedensbrüche organisierten, welche Einrichtungen, Instanzen und Verfahren sie ausprägten, soll im fünften Kapitel dargestellt werden. Als erstes wird dabei auf die Landfriedensgerichtsbarkeit und das Phänomen der sogenannten landschädlichen Leute eingegangen. Anschließend wird der eigentliche Vollzug des Landfriedensrechtes mit seinen Akteuren, Ablauf und Mitteln einschließlich der eigenen Landfriedenstruppen untersucht. Als dritter Abschnitt komplementiert eine knappe Darstellung des Verhältnisses der Landfriedensmitglieder untereinander und mit den von ihnen geschaffenen Organen des Landfriedens unter Berücksichtigung des Königtums und des Finanzwesens diese Untersuchung.

(6) Im dritten Teil soll die derart herausgearbeitete Rechtsordnung der Landfrieden kritisch auf ihre tatsächliche Wirkung untersucht werden. Nach einer ersten Phase, die sich durch eine besondere Quellenarmut auszeichnet, soll die alltägliche Arbeit des Landfriedens ebenso wie seine weitergehenden Einflussmöglichkeiten, aber auch Scheitern untersucht werden. Zwar reichen dabei die musterhaften Mahnungen, Sühnen, Richtungen, Urfehden und Vereinbarungen nicht zu einer quantitativen Auswertung aus. Als kleine, aber zahlreiche Mosaiksteine können sie jedoch zu dem Versuch eines Gesamtbildes zur Anwendung, Stellung und Wirkung der Landfrieden beitragen. Mehr noch gilt dies jedoch für die einzelnen möglichen ausführlicheren Falluntersuchungen, zu den durchaus vielfältigen Maßnahmen der Landfriedensorgane gegenüber vermeintlichen Raubrittern und landschädlichen Leuten, aber auch zwischen seinen Mitgliedern und anderen Bürgerschaften oder etwa im Rahmen der großen Unruhen und Judenpogrome von 1348/49.

(7) Abschließend wird knapp auf die vielfältigen Fort- und Nachwirkungen der Landfrieden auch nach ihrem Ende nach 1400 bis in die Neuzeit eingegangen, ohne die eine Untersuchung dieses historischen Rechtsphänomens und Friedensordnung nicht vollständig erscheinen würde, bevor endlich die gewonnenen Erkenntnisse nochmals insgesamt zusammengefasst und mit einzelnen abstrakteren Schlussfolgerungen verbunden werden können.

I. Teil:

Entstehung und Entwicklung der spätmittelalterlichen Landfrieden am Oberrhein

Kapitel 1: Ausgangslage und Anknüpfungspunkte

„Eine Welt aber, in der es rechte Gewalt des Einzelnen gibt,
in der der ‚Staat' kein Monopol legitimer Zwangsmittel besitzt,
kann keine friedliche, bürgerliche, zivile Gesellschaft sein"[1]

I. Grundprobleme der Landfriedensentwicklung im Spätmittelalter

1. Anknüpfungspunkte der Landfrieden

Mit seiner bekannten Definition des Landfriedens als „durch weltliches Gesetz oder Einung bewirkte Festsetzung außerordentlicher Normen zur Bekämpfung oder Einschränkung der Ritterfehde und zur Unterdrückung von Raub und anderen Verbrechen, die als Störung der öffentlichen Sicherheit erscheinen"[2] hat RUDOLF HIS das bis heute gängige, wenn auch mittlerweile fortentwickelte Paradigma der Landfriedensforschung geprägt. Über die darin zum Ausdruck kommenden rechtlichen Mittel und Formen bestehen bis heute erhebliche Diskussionen, auf die an geeigneter Stelle eingegangen werden soll. Hingegen können die in der angeführten Begriffsbestimmung gleichermaßen formulierten Aufgaben und Ansatzpunkte dieses historischen Rechtsphänomens als kaum umstrittener und daher gut geeigneter erster Ausgangspunkt der folgenden Untersuchung genommen werden. Landfrieden waren demgemäß geprägt von ihrem Ziel, einen möglichst friedlichen öffentlichen Zustand durch Eindämmung zerstörerischer Konflikte herzustellen, wie sie insbesondere im Wege der gewaltsamen Selbsthilfe und Eigenmacht entstanden.[3]

---

1 *Brunner*, Land und Herrschaft, S. 440.

2 *His*, Strafrecht I, S. 7.

3 Hierbei bleiben die jeweils konkret einen Landfrieden prägenden Interessen und Motive, z.B. machtpolitischer Art, und ebenfalls viele soziale Sinndeutungen, die vom modernen Beobachterstandpunkt abhängig sind, außer Betracht, vgl. auch *Vollrath*, Landfrieden, S. 12.

Das damit in Angriff genommene Unterfangen hieß aber, wie OTTO BRUNNER bereits ausführlich begründet hat, „nicht, eine staatliche Maßnahme ergreifen wie tausend andere auch, sondern ... die Struktur von Staat und Recht grundlegend zu ändern."[4] Die Selbsthilfe, unabhängig davon, ob sie sich als Notwehr,[5] Blutrache[6], Selbst- beziehungsweise Privatpfändung[7] oder schließlich Fehde[8] verstand und sich damit - jedenfalls ihrem sozialen und individuellen Anspruch nach - in gewissen formalen Bahnen bewegte und auf bestimmte Rechtfertigungmuster berief, war tief im Bewusstsein und Verhalten der maßgeblichen und führenden Gesellschaftsschichten der mittelalterlichen Welt verankert.[9] Aus diesem Grund war sie auch nicht einfach dadurch zu bekämpfen, dass unvermittelt jede nicht ausdrücklich hoheitlich oder gerichtlich erlaubte Gewaltausübung verboten und sanktioniert wurde, zumal eine solche Sanktionierung ein tatsächlich wirksames hoheitliches Gewaltpotential vorausgesetzt hätte. Die Erfolglosigkeit derartiger Versuche hatten bereits die wenigen Ansätze genereller Fehdeverbote im 12. und 13. Jahrhundert gezeigt,[10] die zumindest in gewisser

---

4 *Brunner*, Land und Herrschaft, S. 33 f. m.w.N.

5 *Vgl. zur Notwehr ausführlich unten Kapitel 4 I 4 c)*; zur Selbsthilfe allgemein als Zusammenfassung der verschiedenen rchtlichen Institute vgl. auch *Terharn*, Herforder Fehden, S. 20.

6 Vgl. zur Blutrache und ihrer Abgrenzung zur Fehde vor allem die Definition von *Fehr*, ZRG GA 35 (1914), S. 145 f.; sowie *Frauenstädt*, Blutrache, S. 34 f.; *His*, Strafrecht I, S. 263 f.; *Preiser*, „Blutrache", HRG I, Sp. 459 f.; *Terharn*, Herforder Fehden, S. 23 f. m.w.N.; *Zacharias*, Zeitschrift für deutsches Altertum und deutsche Literatur 91 (1962), S. 167 ff. ; für den oberrheinischen Raum vgl. *Osenbrüggen*, Alamannisches Strafrecht, S. 23 ff. m.w.N.

7 *Vgl. zur Pfändung unten Kapitel 4 I 4 a)* sowie allgemein den Überblick bei *Sellert*, Art. „Pfändung, Pfandnahme", HRG III, Sp. 1693 ff.; *Kisch*, ZRG GA 35 (1914), S. 41 Fn. 1; *Schultze*, ZRG GA 33 (1912), S. 606 ff.; *Planitz*, ZRG GA 34 (1913), S. 52 f.; dabei ist lange umstritten gewesen, inwieweit die Pfändung sich aus der Fehde oder einer allgemeinen Friedlosigkeit entwickelte, vgl. etwa *Planitz*, Vermögensvollstreckung I, S. 8, 153; *Sohm*, Pfändung, S. 319 ff.; vgl. insgesamt *Sellert*, Pfändung, S. 250 mit einer aktuellen Übersicht über die Forschung seit Beginn des 19. Jh. ebd, S. 231 ff. Zur (vermeintlichen) Zwischenform der Pfändungsfehde vgl. *Vogel*, Fehderecht, S. 142 ff.

8 Von der älteren Meinung z.B. *Brunner*, Land und Herrschaft, S. 50 f.; wurde die „ritterliche" Fehde der allgemeinen, tendenziell eher bäuerlichen Blutrache entgegengesetzt. Allerdings zeigen insbesondere neuere Untersuchungen, dass weder von einer tatsächlichen noch allgemein rechtlich anerkannten Beschränkung der Fehde auf den Adel ausgegangen werden kann, vgl. differenzierend etwa *Vogel*, Fehderecht, S. 112 ff., 133.

9 Vgl. hier nur etwa *Kroeschell*, Art. Selbsthilfe, LexMA VII, Sp. 1726; *Bookmann*, Art. „Fehde, Fehdewesen", LexMA IV, Sp. 331; wie sehr vor allem die frühen Gottesfrieden alle eigenmächtigen Gewaltformen erfassen wollten, illustriert etwa auch die ausführliche Regelung des Züchtigungsrechtes in Art. 9 des Gottesfriedens für die Kölner Kirchenprovinz von 1083, vgl. dazu *Kroeschell*, DRG I, S.189 ff. ; zu kontinuierlichen Stereotypen der Gewalt- und Kriegsbegründung vom Mittelalter bis heute vgl. etwa *Brunner*, Bilder, S. 101 ff.

10 Vgl. MGH Const I, Nr. 140, 176; Zeumer Nr. 9, 14 b; zu den mit guten Argumenten vorgetragenen Zweifeln an der Ernsthaftigkeit, jedenfalls aber Nachhaltigkeit und Realisierbar-

Weise in den *libri feudorum* und den Rechtsbüchern, voran dem Sachsenspiegel, fortwirkten.[11]

Vielmehr versprach im Lichte der Rationalität des heutigen Betrachters allein ein doppelter, evolutiver Ansatz langfristig Aussicht auf Erfolg: Einerseits galt es, die als legitim betrachteten Formen der Selbsthilfe möglichst klar und deutlich auch im Bewusstsein dieser Schichten von unerlaubter Eigenmacht zu trennen und erstere möglichst weitgehend einzuschränken.[12] Vor allem aber musste für die entscheidenden Akteure jede Form der gewaltsamen Eigenmacht - insbesondere, wo sie als Selbsthilfe wirken wollte - im Vergleich zu friedlicheren Alternativen unattraktiv gemacht werden.[13] Auf der anderen Seite musste es darum gehen, die der gewaltsamen Selbsthilfe zugrunde liegenden Konflikte durch Vermeidung ihrer Ursachen und Eskalationsmechanismen möglichst bereits im Vorfeld zu verhindern oder jedenfalls einzudämmen.

Die Einschränkung der traditionell anerkannten Selbsthilfeformen erforderte die Durchsetzung neuer Rechtsnormen und -vorstellungen innerhalb der mittelalterlichen Gesellschaft.[14] Hierzu mussten zunächst überhaupt Mittel entwickelt und verbessert werden, neue Rechtsregeln zu erzeugen, sei es auf Reichsebene, in den Landschaften oder den partikularen Rechtsgemeinschaften. Innerhalb der vorhandenen Möglichkeiten mussten weiter Mechanismen ausgestaltet werden, um diese Normen gegen Verstöße und Übergriffe mit Machtmitteln behaupten zu können. Auf der anderen Seite musste die Attraktivität der bestehenden Alternativen zur Realisierung

---

keit dieser Versuche vgl. nur *Nehlsen-von Stryk*, Sachsenspiegel, S. 95, 115; *Wadle*, Delegitimierung, S. 115; *Vollrath*, Rechtsprechung, S. 614.

11 Vgl. für erstere *Becker*, Art. „Landfriede I. Deutschland", LexMA V, Sp. 1657; für letzten jedenfalls etwa *Fehr*, ZRG GA 35 (1914), S. 111, 167 f. unter Berufung vor allem auf die so genannte Strafrechtsgruppen und die Gerichtsverfassung, dabei Ssp. Ldr. II 25, 2; II 13, 4 mit den alleinigen Ausnahmen der Selbsthilfe als Notwehr in Ssp. II 14,1 oder III 78,6, erlaubter Festnahme I 68,5 oder Pfandnahme III 20,2, aber eben keiner Fehde, „denn das Charakteristische der Fehde ist gerade die Ausübung von Gewalt nicht in der Tat oder auf der Flucht des Täters, sondern nach Ablauf einer gewissen Frist"; vgl. insgesamt *Nehlsen-von Stryk*, Sachsenspiegel, S. 19 ff. m.w.N.

12 Vgl. etwa *Radbruch / Gwinner*, Geschichte des Verbrechens, S. 56: „Das Strafrecht hat einen schweren Stand, wenn Recht und Unrecht mit fließenden Grenzen ineinander übergehen"; ähnlich *Gernhuber*, Landfriedensbewegung, S. 28 f.; *Andermann*, Ritterliche Gewalt, S. 61 speziell zum Raub als unrechte Gewalthandlung, S. 113 zum Problem einer fehlenden Zentralinstanz für die Beurteilung der Frage; vgl. weiterhin *Beyerle*, Rechtsgang zum Rechtsgang Prozess des Einfangens der gewaltsamen Auseinandersetzung in eine kontrollierte; vgl. dazu auch *Dilcher*, Friede durch Recht, S. 207 f.

13 Vgl. etwa *Andermann*, Ritterliche Gewalt, S. 57; *Patze*, Grundherrschaft, S. 279 f.

14 Zur Rolle der kanonistischen Überlegungen und Theorien etwa des Augustinus oder Ivo von Chartres, darunter auch die Wiederentdeckung der fundamentalen Trennung von öffentlicher und privater Gewalt,vgl. etwa *Hehl*, Sorge, S. 57 ff.

von Rechtspositionen außerhalb des eigenmächtigen, gewaltsamen Rechtsgangs gesteigert, mussten gegebenenfalls neue erfolgsversprechende Handlungsoptionen ohne unkontrollierte private Gewalt geschaffen werden.[15] Diese konnten allerdings nur erfolgreich sein, wenn sie nicht nur die primäre Funktion der Konfliktlösung erfüllen, sondern alle, insbesondere die mit der ritterlichen Fehde und Blutrache verbundenen psychologischen Bedürfnisse und sozialen Funktionen aufnehmen und befriedigen konnten.[16]

Alle diese Ansatzpunkte konnten aber nur erfolgreich weitergeführt werden, wenn es gelang, die bisher tradierten Rechts- und Verhaltensvorstellungen der maßgeblichen Schichten fortzuentwickeln.[17] Dabei traten zwischen den städtisch - kirchlichen, später auch fürstlichen Ordnungs- und Wertvorstellungen und denen der (Nieder-)Adeligen immer stärkere Spannungen zu Tage, die angesichts schwindender gemeinsamer Rechtsgrundlagen wiederum weitere Gewalt, Eigenmacht und Selbsthilfe hervorbrachten.[18] Besondere Bedeutung kam dabei der Herausbildung eines neuen, materiell gefüllten „objektiven" Rechtes zu, das über dem jeweils einzelnen Rechtsstandpunkt stand, von ihm nicht beeinflusst war und die allzu leichte Berufung auf subjektive Rechtsvorstellungen zur Rechtfertigung von eigenmächtiger Gewaltausübung und deren Anerkennung durch die Umwelt ausschloss.[19]

---

15 Vgl. jüngst *Vollrath*, Landfrieden, S. 17 ff.; zum Wechselverhältnis zwischen Gewaltverbot und Schaffung von Alternativen vgl. etwa *Kaufmann*, Rechtshilfe, S. 24; zum Begriff des Rechtsgangs mit weiterer Bedeutung als ein Gerichtsverfahren, der auch die erlaubte Selbsthilfe und vertragliche Streitbeilegung umfasste, vgl. ausführlich *Beyerle*, Rechtsgang; im Überblick etwa *Schmidt*, Einführung, S. 37.

16 Zum Abklingen der Selbsthilfe vgl. etwa *Asmus*, Fehdewesen, S. 60 f.

17 Vgl. etwa *Vogel*, Fehderecht, S. 63 f.; *Schubert*, Interterritoriale Gestaltung, S. 140; *Dilcher*, Friede durch Recht, S. 223 ff.

18 So hat etwa *Andermann*, Ritterliche Gewalt, S. 319 zu Recht darauf hingewiesen, dass die ritterliche Fehde unabhängig von ihrer Rechtmäßigkeit nach traditionellen Kategorien aus dem städtischen Wertekanon ohne weiteres als kriminell, da aus Sicht der Bürger dysfunktional und ordnungsstörend, bewertet worden sei; vgl. insgesamt *Jenks*, Friedensvorstellungen, S. 407 ff.; zur durchaus nicht unparteilichen Rolle des kirchlichen Prozesses vgl. *Nehlsen-von Stryk*, Zivilprozeß, S. 317.

19 Vgl. besonders *Osenbrüggen*, Alamannisches Strafrecht, S. 23; *Abegg*, Untersuchungen, S. 126; *Wilda*, Geschichte I, S. 157; *Görner*, Raubritter, S. 166, 274. *Fehn-Claus*, Fehdegründe, S. 98 f., 101 ff.; vgl. auch *Algazi*, Herrengewalt, S. 35; *Diestelkamp*, Verwisssenschaftlichung, S. 110 ff.; *Vogel*, Fehderecht, S. 206 f.; zur Wiederentstehung der objektiven Bedeutung von *„ius"* bzw. *„reht"* im 12. Jh. vgl. *Kroeschell*, „Rechtsfindung", S. 510; zur Problematik dieser Begriffesdeutung überhaupt *ders.* ZRG GA 111 (1994), S. 311 ff.

2. Fehde und Selbsthilfe

„Die Fehde gehört untrennbar zum mittelalterlichen Staatsleben und zur mittelalterlichen Politik wie der Krieg zum souveränen Staat und zum Völkerrecht der Neuzeit"[20]

Als entscheidend für den Erfolg der Landfrieden erwiesen sich somit der unter diesen Bedingungen auf den verschiedensten Ebenen zu führende Kampf vor allem gegen die adelige Fehde.

a) Die unter ihrem Banner ausgeübte, alltäglich scheinende Gewalt und ihre zahllose Leben und Existenzen vernichtenden Folgen sind von einer abgestoßen-faszinierten Nachwelt bis in die Gegenwart geradezu als ein beherrschendes Merkmal für das mittelalterliche Leben und das Fehlen eines wirksamen modernen Staates angesehen worden.[21] Unter dem Einfluss der naturrechtlichen Gesellschaftsvertragslehre hat man in ihnen geradezu ein Erscheinungsbild des vorstaatlichen Status eines *bellum omnium contra omnes* erblickt.[22] Auch eingehendere Untersuchungen haben belegt, wie häufig allzu offensichtlich Fehden nur als Vorwand für Raub und das Ausleben von Aggression und Unterdrückung dienten, wie dies vor allem mit dem Begriff des „Raubritters" lange Zeit einseitig verknüpft worden ist.[23] Es ist nicht abzustreiten, dass es insbesondere gegen Ende des Mittelalters viele derartige, am Abgrund ihrer materiellen und sozialen Existenz stehende Niederadelige gab, für die die unter irgendeinem Vorwand geführte Fehde die entscheidende Erwerbsquelle darstellte. Sie konnten damit gleichzeitig ihre traditionell übergeordnete Stellung vor allem gegenüber den bürgerlichen Kaufleuten, die sie mit ihrem wirtschaftlichen Erfolg längst überflügelt hatten, behaupten - zumindest in ihrer eigenen Wahr-

---

20 *Brunner*, Land und Herrschaft, S. 106.

21 Eindrücklich *Leist*, Landesherr, S. 5 m.w.N. für Thüringen zu Beginn des Interregnum sowie allgemein *Radbruch/Gwinner*, Geschichte des Verbrechens, S. 57 f.; *Brunner*, Land und Herrschaft, S. 124 - 126.

22 *Vgl. hierzu bereits die Ausführungen zur Forschungsgeschichte, oben Einleitung I.*

23 Vgl. etwa *Andermann*, Ritterliche Gewalt, S. 28; *Erler*, Art. Raubritter, HRG IV, Sp. 191; *Radbruch / Gwinner*, Geschichte des Verbrechens, S. 62: „die Arbeitslosen und Anarchisten jener Zeit"; zum Begriff ausführlich *Görner*, Raubritter, S. 1 ff.; äußerst kritsch *Andermann*, Raubritter, S. 9 ff.; für die frühe, sehr negative Verknüpfung von Raubrittertum und „Faustrecht" etwa *Bertheau*, ArchHztLbg. 6 (1901), S. 75 f.; 7 (1902), 1 ff.; dagegen unter Betonung des legitimierten Fehderechtes neben Brunner etwa *Klocke*, Westfälische Zeitschrift 94 (1938), S. 56; hiergegen haben etwa *von Winterfeld*, in: Beiträge zur Geschichte Dortmunds und der Grafschaft Mark 46 (1940), S. 109; *Rothert*, Westfälische Forschungen 3 (1940), S. 145 ff. die Bemäntelung krimineller Ambitionen durch vorgeschützte Fehdegründe betont; zum letzten bereits *Thieme*, Friede und Recht, S. 4.

nehmung.[24] Ebenso wenig darf der Anteil derjenigen Adeligen vernachlässigt werden, die ohne echte Not bis in die Neuzeit Raub und Überfälle, gerechtfertigt mit käuflich oder in anderer Weise erworbenen Fehdegründen, einfach als eine Erwerbsquelle unter vielen ausbeuteten[25] oder aber nur ihre Überheblichkeit und Aggressionen gegen die ob ihres Erfolges verhassten bürgerlichen „Pfeffersäcke" und die als Masse seit Mitte des 14. Jahrhunderts in ihrer Gefährlichkeit erkannten „Bauerntölpel" ausleben wollten.[26]

b) Die Fehde war jedoch weit mehr als derartige banale manifeste Gewalt – sie war, was OTTO BRUNNER maßgeblich in die Diskussion eingebracht hat, nicht mehr und nicht weniger als ein Strukturmerkmal des mittelalterlichen Lebens. Als solches nahm sie eine Vielzahl an sozialen Funktionen wahr, darunter insbesondere als rechtliches Durchsetzungsmittel, als ein Zeichen der Rechtsbehauptung, aber auch als Möglichkeit zur Befriedigung menschlicher Rachebedürfnisse nach mehr oder weniger schweren Kränkungen und Verletzungen, schließlich auch als soziale Brandmarkung und Abschreckung gegenüber ähnlichem Handeln in der Zukunft. Sie diente damit der Regulierung sozialen Verhaltens überhaupt.[27]

Zwar bot die Fehde auch einen gewissen rechtlichen Rahmen für politische Machtkämpfe und, wie gezeigt, materielles und soziales Gewinnstreben, also Motive, die ein außenstehender Betrachter selbst *ex post* letztlich nie mit absoluter Gewissheit erfassen kann. Ihr Kern – nicht zuletzt zur sozialen Rechtfertigung der ausgeübten Gewalt, einerlei aus welchen tatsächlichen Motivationen heraus diese erfolgte – blieb jedoch immer der Gedanke

---

24 Ausführlich *Radbruch/Gwinner*, Geschichte des Verbrechens, S. 58 f. und S. 64; ebenso bereits *Freytag*, Bilder, S. 650; sowie etwa *Kaufmann*, Rechtshilfe, S. 5 f.; *Fehr*, ZRG GA 38 (1917), S. 45; *v. Zallinger*, Kampf, S. 446; *Sattler*, Ritterschaft, S. 69 ff.; *Borst*, Saeculum 10 (1959), S. 213 ff.; *Meuthen*, Grundriß, S. 11; *Andermann*, Ritterliche Gewalt, S. 19 f.; *Reuter*, Unsicherheit, S. 186 ff. auch zum Folgenden

25 Vgl. *Rösener*, Raubrittertum, S. 469 ff.; *Görner*, Raubritter, v.a. S. 84 ff, 237, 273 ff., die aber auch den wirtschaftlichen Niedergang einzelner Familien belegt, *ebd.*, S. 88 ff.; die die althergebrachte Raubritterthese vom allgemeinem Niedergang, der Verdrängung und politischen Bedeutungslosigkeit der Ritter im Spätmittelalter überwunden hat zugunsten eines komplexeren Bildes von Differenzierungsprozessen innerhalb des Adels und der Ritterschaft; zur großen ausgelösten Reaktion vgl. etwa *Andermann*, Ritterliche Gewalt, S. 32; *Zmora*, in: Past and Present 153 (1996), S. 51 f.; vgl. bereits früher *Müller*, in ZwürttLG 3 (1939), S. 312; *Rendenbach*, Fehde, S. 34; *Vogel*, Fehderecht, S. 148 ff.; *Sellert*, Friedensprogramme, S. 455

26 Vgl. *Radbruch/Gwinner*, Geschichte des Verbrechens, S. 62; dazu insbesondere die marxistisch geprägte Geschichtswissenschaft, vgl. dazu etwa *Fritze*, krisenhafte Erscheinungen, S. 306 ff.; *Görner*, Raubritter, S. 9.

27 Vgl. etwa auch *Brunner*, Land und Herrschaft, etwa S. 34, 111 f.; *Asmus*, Fehdewesen, S. 59 f.; *Kaufmann*, „Fehde" HRG I, Sp. 1083; *Andermann*, Raubritter, S. 9 ff.; *Morsel*, Überlegungen, S. 140 ff; *Fehr*, ZRG GA 38 (1917), S. 114.

der Selbsthilfe. Sie galt als taugliches und erforderliches Mittel, um die Anerkennung, Erfüllung und damit Realisierung von Rechtspositionen aller Art gegenüber dem grundsätzlich als gleichrangig und frei anerkannten Gegner zu erzwingen.[28]

Für diesen Zweck gab es allerdings von Anfang an Alternativen zur gewaltsamen Selbsthilfe. Durch Vermittlung oder Rechtsspruch von privat eingesetzten Schiedsleuten und -gerichten innerhalb der jeweiligen Rechtskreise, durch besondere Autoritäten bis hin zum König, sowie kirchliche Amtsträger und kirchliche Bußgerichtsbarkeit standen *prima facie* vielfältigste institutionalisierte Möglichkeiten zur Verfügung, Konflikte im Rahmen der Gemeinschaft friedlich zu lösen, die auch tatsächlich in einem großen Maß in Anspruch genommen wurden.[29] Ihnen allen fehlte jedoch, trotz einer gewissen Wirkung der Sozialkontrolle in den kleinen überschaubaren Gemeinschaften der Zeit, in letzter Konsequenz die entscheidende Macht, Ansprüche und Rechte real durchsetzen und so Konflikte wirksam beilegen zu können. Vielmehr blieb oft selbst die Anerkennung einer Rechtsposition auf diesen Wegen weitgehend von der zumindest passiven Mitwirkung des Konfliktgegners abhängig.[30] So konnten diese Ausgleichsmechanismen und Verfahren meistens gerade erst am Ende von Fehden ihre Wirksamkeit entfalten, wenn es darum ging, aus vereinbarten Waffenstillständen heraus die eingetretenen Verletzungen „zu richten“ und die entstandene und ausgetragene Feindschaft durch Ausgleich und Wiederherstellung des Rechtsfriedens beizulegen.[31]

28 Vgl. nur *Brunner*, Land und Herrschaft, S. 32; zu einer Typologie der Fehdegründe vgl. ausführlich Fehn-Claus, Fehdegründe, S. 93 f.,. 99 ff., 129 ff. m.w.N. insbesondere zur Trennung von Fehdezielen und Fehdegründen; *Willoweit*, Landesherrschaft, S. 71 f.; *Honemann*, Gründe, S. 217 ff.; *Heimann*, Fürstenpolitik, S. 171; *Deus*, Soester Fehde, S. 51 ff; zur essentiellen Bedeutung der Selbsthilfe vor allem für die Ritter vgl. auch *Rösener*, Raubrittertum, S. 469 f.; *Orth*, Fehden, S. 60 f.; *Coing*, Römisches Recht, S. 41.

29 Vgl. *Kroeschell*, DRG I, S. 39 ff.; *Aubin*, Landgemeinden, S. 69 ff.; *Sellert*, Art. „Schiedsgericht“, HRG IV, Sp. 1386 ff.; ausführlich jüngst *Kamp*, Friedensstifter; zuvor grundlegend *Beyerle*, Rechtsgang; daneben *Bader*, Schiedsverfahren; *ders.*, ZSR NF 54 (1935), S. 109 ff.; *ders.*, ZwürttLG 3 (1939), S. 1 ff.; *Krause*, Schiedsgerichtswesen; *Weimann*, tägliches Gericht, S. 66 ff.; *Rödel*, Gerichtsbarkeit, S. 137 ff.; *Kaiser*, Frühmittelalterliche Studien 17 (1983), S. 55 ff.; für das Spätmittelalter etwa jüngst *Proksch*, Auseinandersetzung, S. 168 ff.; als Motivation des Gegners reichte dafür oft bereits die Fehdeankündigung, so dass dieser oft keine Fehdehandlungen folgten, vgl. etwa *Vogel*, Fehderecht, S. 209 ff.

30 Vgl. ausführlich *Kroeschell*, DRG I, S. 40 f.; *Brunner*, Land und Herrschaft, S. 32 f.; *Fehn-Claus*, Fehdegründe, S. 94, 98 f., 115 f.; *Görner*, Raubritter, S. 163; *Terharn*, Herforder Fehden, S. 15 ff.; sowie im Grundsatz schon *v. Klocke*, in: Westfälische Zeitschrift 94 (1938), S. 5; *His*, Strafrecht I, S. 263 f.; daneben die Beispiele bei *Görner*, Raubritter, S. 183 ff.

31 Vgl. zur Fehde als typischer Form der Zwangsvollstreckung etwa *Hattenhauer*, Gottes- und Landfrieden, S. 28; daneben *Görner*, Raubritter, S. 167; *Althoff*, Schranken, S. 17 ff.; *Vogel*, Fehderecht, S. 238 ff. 250 ff.; vgl. auch aus etwas anderer Sicht *Kunze*, Rudolf von Habsburg, S. 177 ff.

c) Durch dieses kombinierte Verfahren, in dem die Fehde einen wesentlichen, aber nicht ausschließlichen Teil bildete, wurde nicht nur das Ziel, die Anerkennung eines Rechtes oder, weit häufiger, die Zahlung einer Buße als eines ausgehandelten beziehungsweise pauschalierten materiellen Schadensersatzes durch den Unterlegenen erreicht.[32] Die zunächst gewaltsame Fehde oder Blutrache bediente, weit stärker als die anschließenden Schritte des Ausgleichs, die Aggressions- und Rachebedürfnisse, die durch schwere Rechts- und/oder Ehrverletzungen hervorgerufen worden waren.[33] Der Darstellung und Wiederherstellung der Ehre, des nicht nur adeligen Inbegriffs der eigenen sozialen Geltung, kam in derartigen Fällen für die Eröffnung einer Fehde eine nicht zu unterschätzende mobilisierende Bedeutung zu - ebenso wie eine regulative, begrenzende Wirkung bei deren Durchführung und Beendigung, wenn auch nur gegenüber dem Standesgenossen.[34] Insbesondere machte es dieser Ehrbegriff schwer, wenn nicht geradezu unmöglich, die Rechtmäßigkeit der Fehde des Gegners oder gar damit dessen Ansprüche anzuerkennen, wäre doch die eigene Gegenwehr dann kaum selbst rechtmäßig und ehrenhaft gewesen.[35]

d) Obwohl die Fehde zumindest aus der rationalen *ex-post* Perspektive eines heutigen Beobachters wohl unzweifelhaft die verlustreichste Form jedes Konfliktaustrags darstellte und ihr Verlauf nicht selten die Machtstellung oder gar wirtschaftliche Existenz der Fehdeführer bedrohen konnte,[36] standen ihren genannten individuellen Motivationen aus ihrer Sicht in der

---

32 Vgl. auch *Fehn-Claus*, Fehdegründe, S 103.

33 *Brunner*, Land und Herrschaft, S. 23, 48 f.; *Fehr*, ZRG GA 38 (1917), S. 114.

34 Vgl. *Zmora*, Adelige Ehre, S. 100 f., 107 f., der hierin den maßgeblichen Faktor der Fehde überhaupt sieht; etwa auch *Rendenbach*, Fehde, S. 37; *Reiner*, Ehre; *Fehn-Claus*, Fehdegründe, S. 121 ff. zur Fehde als Folge der Rechtsverweigerung mit Querverbindung zur Ehrkränkung; vgl. auch *Fleckenstein*, Rittertum, S. 154 ff. m.w.N.; *Fehr*, ZRG GA 35 (1914), S. 137 ff.; zur Ehre im mittelalterlichen Recht allgemein vgl. nur *Zunkel*, Art. „Ehre", in: Geschichtliche Grundbegriffe, S. 1 ff.; zu den in dieser Frage ergiebigen Auffassungen und Begründungen des berühmten Götz von Berlichingen vgl. etwa *Göttmann*, JfL 46 (1986), S. 83 ff.; zur begrenzenden Wirkung umfassend *Althoff*, Schranken, S. 4 ff. m.w.N.; zur Wechselbeziehung von Absageförmlichkeit und Ehre vgl. *Vogel*, Fehderecht, S. 178 ff.; *Görner*, Raubritter, S. 165 f.; zur symbolischen Kommunikationsebene allgemein *Althoff*, Frühmittelalterliche Studien 31 (1997), S. 370 ff.; *ders.*, Schranken, S. 1 ff.

35 So die zutreffende Beobachtung von *Görner*, Raubritter, S.166 m.w.N.

36 Vgl. zur Fehde als „an sich risikoreichste und teuerste Form des Rechtsgangs" ausführlich *Kaufmann*, Art. „Fehde", HRG I, Sp. 1085; bereits *Brunner*, Land und Herrschaft, S. 61, 102, allerdings mit Überbetonung der negativen Wirkung; zur Bedrohung trotz häufiger Schonung im Rahmen der Standesehre und ihrer Rituale, vgl. ausführlich *Althoff*, Schranken, S. 18 ff.; *Fehn-Claus*, Fehdegründe, S 103, die auch hier zutreffenderweise auf die begrenzende Wirkung der Fehde, die gerade wegen großer Gefahren nicht leicht vom Zaun gebrochen wurde, sondern erst, wenn sich beträchtliches Konfliktpotential angesammelt hatte, verweist; zur empirischen belegten wirtschaftlichen Verschuldung zur Fehdeführung vgl. *Görner*, Raubritter, S. 64 ff.; für das Elsass vgl. auch *Eyer*, JbELWG) 8 (1935), S. 124 ff.

Regel nicht solche Nachteile vorhersehbar gegenüber, die sie gänzlich unattraktiv gemacht hätten.[37] Der vordringlichste Grund hierfür lag in der Natur der Fehde als einer Handlung, die auf die Erzwingung eines Verhaltens gerichtet war. Dem hätte es, anders als bei der Blutrache, widersprochen, den Gegner selbst zu töten oder ihn mit einem solchen Risiko ernsthaft körperlich anzugreifen. Waren sich in diesem Punkt weithin alle Fehdeparteien einig, schloss dies die Gefangennahme des Gegners keineswegs aus.[38] Wegen des Fernziels, nach erzwungener Anerkennung und Buße wieder friedlich in der überschaubaren Gemeinschaft der verschiedenen Personenverbände und Rechtskreise im Land zusammenleben zu können, und aufgrund der gleichen Standesposition wurde der adelige Gegner meist unter Schonung seiner unmittelbaren Angehörigen und seines Wohnsitzes mit Wegnahmen und Brandschatzungen nur an seinem übrigen Gut und den ihm untergebenen Leuten geschädigt.[39] Die dadurch entstandenen, oft verheerenden Schäden hatten damit auf dem Land, ohne Beachtung ihrer persönlichen Unfreiheit oder Freiheit, weitgehend die Bauern zu tragen, deren Leistungs- und Ablieferungspflichten gegenüber ihrem Herrn selbstverständlich dadurch nicht verringert wurden.[40] Anders als dies die idealisierte Darstellung bei BRUNNER nahe legt, hatten sie auch keine reale Chance, ihren Herrn die Folgen spüren zu lassen, um auf eine Einschränkung der Fehde hinwirken zu können.[41]

---

37 Zu den Vorteilen aus Sicht des Rittertums vgl. auch *Fleckenstein*, Rittertum, S. 156 m.w.N.

38 Vgl. *Terharn*, Herforder Fehden, S. 24; *Brunner*, Land und Herrschaft, S. 78; sowie die Belege bei *Vogel*, Fehderecht, S. 227 ff.; *Asmus*, Fehdewesen, S. 45 ff.

39 Vgl. schon *Brunner*, Land und Herrschaft, S. 80; zur sozialen Eingebundenheit unter Standesgenossen und Notwendigkeit des Zusammenlebens vgl. etwa plakativ *Kaufmann*, Art. „Fehde", HRG I, Sp. 1085: „Ziel der Fehde ist der ehrenhafte Friede"; ausführlich zu den Fehdeformen *Vogel*, Fehderecht, S. 238 ff., 250 sowie *Althoff*, Schranken, S. 6 ff.; *Leist*, Landesherr, S. 24 m.w.N.; zu ihren Folgen vor allem *Reuter*, Unsicherheit, S. 189 m.w.N. mit dem besonderen Bezug zur Ausplünderung der Reisenden.

40 Vgl. etwa bereits *Fehr*, ZRG GA 35 (1914), S. 111, 130 f. m.w.N.; dies muss auch etwa *Althoff*, Schranken, S. 7 f. einräumen, der sich sonst sehr für die Relativierung der Fehdeschäden ausspricht; vgl. auch *Boockmann*, Art. Fehde, Fehdewesen, LexMA IV, Sp. 331-334.

41 Vgl *Brunner*, Land und Herrschaft, S. 103 f.: Versagte Schutz des Herrn, so sei es Sache des Herrn gewesen, die Folgen mitzutragen; diese pauschale und letztlich nicht belegte These ist daher auch besonders kritisiert worden, zumal sich *Brunner*, a.a.O., S. 80 auch insoweit selbst widerspricht, wenn er, tendenziell gefährlich bagatellisierend, „Raub und Brand" als „unentrinnbares Schicksal, mit denen man ebenso rechnet wie mit Mißernten oder Seuchen" bezeichnet; ob man allerdings umgekehrt wie *Algazi*, Herrengewalt; *ders.*, Actes de la recherche en science sociale 105 (1994), S. 26 ff.; *ders.*: Fehde, S. 39 ff. darin im wesentlichen ein Mittel zur Perpetuierung der adeligen Herrschaft sehen darf, bleibt zweifelhaft, zumal die quellenmäßige Verankerung gering scheint und sich das bereits in der Einleitung angesprochene Projektionsproblem derartiger eindimensional-funktionaler Ansätze stellt.

Der verursachte Schaden musste, da es sich - anders als etwa bei der Privatpfändung - nicht um eine Vollstreckungs-, sondern Erzwingungsmaßnahme handelte, ebenso wie die unter dem Strich erfolgte Bereicherung des Fehdeführenden in keinerlei Verhältnis zum ursprünglichen Anspruch oder auslösenden Schaden stehen, zumal die Fehde grundsätzlich auf jedem noch so bagatellhaften Verletzungsvorwurf beruhen konnte.[42] Ähnliches galt für die „Schatzung" als Lösegeld für die innerhalb der Fehde gemachten Gefangenen, die stets eine beliebte Einahmequelle darstellte.[43] Attraktiv waren damit besonders Gewaltmaßnahmen gegen die reisenden Kaufleute als Bürger einer Stadt, die als Haftungsverband für die Bürgerschaft und für ihre Mitbürger gesehen wurden, so dass Übergriffe relativ leicht begründet werden konnten.[44] Gleiches galt hinsichtlich der unklaren Haftung der relativ wohlhabenden Eigen- und Vogteikirchen für ihre Herren und Vögte, sowie der Haftung der in fremdem Geleit befindlichen Dritten, obwohl in allen diesen Fällen umstritten war, ob sie taugliches Ziel von Fehdehandlungen sein durften.[45]

e) Wie vor allem an dem vorangegangenen Beispiel deutlich wird, konnte leicht eine Ausweitung der ursprünglichen Fehde drohen, wenn die genannten Dritten mit in den Konflikt hineingezogen wurden, da diese sich nun mit gutem Grund in ihren eigenen Rechten verletzt und geschädigt fühlen konnten.[46] Die Tendenz zur Ausweitung wohnte der Fehde innerhalb der Personenverbandsgesellschaft ohnehin inne.[47] War von Anfang an

---

42 Vgl. nur *Kaufmann,* Rechtshilfe, S. 17 m.w.N.

43 Vgl. *Brunner,* Land und Herrschaft, S. 79; *Althoff,* Schranken, S. 13 f. m.w.N.; vgl. zum allgemeinen Hintergrund *Erler,* Loskauf.

44 Vgl. hierzu etwa *Goerlitz,* ZRG GA 56 (1936), S. 150 ff.; *Leist,* Landesherr, S. 18 m.w.N. mit frühene Abwehrversuchen und dazu erlangten Privilegien, wie etwa 1178 das Privileg für die Kaufleute von Verdun, sowie S. S. 120 f. m.w.N. mit eindrucksvollem Wertvergleich, wonach bereits der Wert eines einzigen Kaufmannszugs mit etwa 550 Mark die jährlichen Gerichtsgefälle einer Grafschaft von ca. 160 – 300 Mark deutlich überstieg.

45 Vgl. etwa *Radbruch/Gwinner,* Geschichte des Verbrechens, S. 57, allerdings jedenfalls unzutreffend für die Bauern und ihren Herren; zur tatsächlichen Verwendung der Begründungsfigur für die „pfandweise" Gefangennahme von Kaufleuten vgl. hier nur *Vogel,* Fehderecht, S. 203, S. 211 ff.; *Görner,* Raubritter, S. 225; zu den Haftungsverbänden allgemein vgl. auch *Kroeschell,* Art. „Bürger", HRG I, Sp. 543 ff.; *Ogris,* Art. „Haftung", HRG I, Sp. 1901 ff., zum Geleitsrecht *Koehler,* Art. „Geleit", HRG I, Sp. 1481 ff.; zur Haftung der Bürger und insbesondere im Geleit *Gernhuber,* Landfriedensbewegung, S. 212; zur angeblichen Qualifizikation des Raubes in fremden Geleit vgl. *Andermann,* Ritterliche Gewalt, S. 109.

46 *Vogel,* Fehderecht, S. 212 ff. *Reuter,* Unsicherheit, S. 169 ff.

47 Nach *Fleckenstein,* Rittertum, S. 157 und anderen kam es zur deutlichen Aufschwung der Fehde dadurch, dass die Hilfe nicht mehr auf die Famile begrenzt sondern allgemein *pro amico* zulässig wurde; vgl. dazu auch *Kaufmann,* Art. „Fehde", HRG I, Sp. 1091; *Fehn-Claus,* Fehdegründe, S 118 ff.; *Fehr,* ZRG GA 38 (1917), S. 113; *Kaufmann,* Rechtshilfe, S. 15; *Orth,* Fehden, S. 27 f.; *Asmus,* Fehdewesen, S. 32; *Görner,* Raubritter, S. 179; zur sog. „Gönnerfeh-

vermutlich die jeweilige Sippe zur Hilfe bei Fehdedurchführung und Beendigung im Wege der Buße verpflichtet, so traten ab dem Hochmittelalter vor allem engere verwandschaftliche und rechtliche Bindungen, darunter Lehensverhältnisse oder Beistandsverträge, sowie rechtlich nicht formalisierte soziale Nähebeziehungen, wie insbesondere die „Freundschaft", in den Vordergrund. Die daraus resultierenden Hilfsverpflichtungen waren bisweilen rechtlich, etwa in Lehens-, Treue- und Beistandsvereinbarungen, jedenfalls aber sozial durch die Ehre sanktioniert. Durchgängig standen sich so regelmäßig Personenverbände bei einer Fehde gegenüber, was die Eindämmung und Beendigung der Gewalt zusätzlich erschwerte. Im Gegenteil war oft deren weitere Eskalation die Folge.[48]

Ein ähnliches Problem stellte sich für die Bürgerschaften dar, die über die bereits angesprochene Einbeziehung als Haftungsverband und ihre damit anerkannte passive Fehdefähigkeit als ein auf einer *coniuratio* begründeten Schutzverband schon früh aktiv bei Verletzungen ihrer Bürger selbst Fehden führten.[49] Die Stadt versinnbildlichte dabei jene Janusköpfigkeit, die später auch die Landesherrschaft prägen solle: Während sie sich nach außen ohne Bedenken der fehderechtlichen Formen bediente,[50] unterband sie in ihrem Binnenbereich früh jede eigenmächtige Gewalt und stellte wirksame Gerichte als Alternative zur Unrechtsahndung bereit.[51]

---

de" vgl. *Vogel*, Fehderecht, S. 123 ff. Dies hat etwa *Morsel*, Fehdepraxis, S. 150 , 159 ff. zu der Feststellung veranlasst, die Fehde diene geradezu der Aktualisierung und Präsentation der persönlichen Verbundenheiten; zum schwunghaften Handel mit Fehdegründen und willkürlichen Eintritten als Fehdehelfer aus Gewinnstreben, vgl. etwa *Radbruch / Gwinner*, Geschichte des Verbrechens, S. 57; zu diesen personalen Netzwerken weiterhin *Althoff*, Schranken, S. 6 ff.; sowie allgemein *ders.*, Verwandte.

48 Vgl. insbesondere Vogel, Fehderecht, S. 256: „quantitative Ausartung und qualitative Entartung"; *Görner*, Raubritter, S. 180 ff. mit Beispielen; daneben schon *Brunner*, Land und Herrschaft, S. 69 ff.

49 Vgl. zum ganzen *Vogel*, Fehderecht, S. 116 f., 138 f.; *Görner*, Raubritter, S. 179.

50 Hierzu exemplarisch *Neitzert*, Göttingen; allgemein etwa *Andermann*, Raubritter, S. 9 ff.; so etwa noch im 16. Jh. Straßburg im Falle einer Aufsehen erregenden Gefangenenbefreiung, bei der sich die Stadt unter anderem mit juristischer Spitzfindigkeit unter Berufung auf ihr Fehderecht als durch Art. 11 des Ewigen Landfriedens garantiertes, althergebrachtes Privileg vor dem Reichskammergericht verteidigte, vgl. ausführlich *Hagemann*, Landfrieden, S. 309 ff.

51 *Vogel*, Fehderecht, S. 116 f.; *Andermann*, Ritterliche Gewalt, S. 113; als Friedensverband erschien die bürgerliche *coniuratio* geradzu als ein unmittelbarer direkter Nachfolger der Gottesfrieden, vgl. etwa *v. Winterfeld*, Hansische Geschichtsblätter 32 (1927), S. 8 ff.; einschränkend jüngst *Goetz*, Gottesfriedensbewegung, S. 35; allgemein etwa *Burghartz*, ZHF 16 (1989), S. 385 ff.; *Ennen*, Stadtfriede, S. 541 ff.; *Dilcher*, Vergemeinschaftung, S. 39 ff.; *ders.*, Gesellschaft, S. 93 ff.; zu frühen Anfängen siehe auch *ders.*, Friede durch Recht, S. 223; *ders.*, Vergemeinschaftung, S. 39 ff.

f) Es ist bereits oft die mehr oder weniger rhetorische Frage gestellt worden, warum sich diese erfolgreiche Entwicklung innerhalb der Städte nicht, beziehungsweise erst bis in die Neuzeit im größeren Maßstab des Reiches, der Länder oder Territorien vollziehen konnte. Die von den Chronisten dokumentierten Leiden der Bevölkerung unter den Zuständen, ihre zahlreichen „Kollateralschäden", die innere Schwäche des Reiches und die sich herausbildenden größeren Landesherrschaften hätten durchaus starke Motivationen für durchgreifende Landfriedensmaßnahmen sein können.[52] Tatsächlich ist aber, auch wenn der frühere Allgemeinplatz von der „Krise des Spätmittelalters" als weitgehend zugunsten differenzierterer Auffassungen überwunden angesehen werden muss,[53] gut begründet festgestellt worden, „daß das späte Mittelalter, wenn man es an den Landfriedensbestrebungen des 12. und frühen 13. Jahrhunderts mißt, einen schweren Rückschlag zugunsten der Selbsthilfe brachte."[54] Wichtige Gründe hierfür lagen neben allgemeinen politischen Umwälzungprozessen im Reich und seinen Gliedern vor allem in der damit eng zusammenhängenden Fortentwicklung der Gerichtsbarkeit.

3. Grundprobleme der Gerichtsbarkeit

„Landfrieden und Neubau des Staates gehören untrennbar zusammen, und eine tatkräftige Bekämpfung des Fehdewesens war abhängig von der Beherrschung der Gerichtsorganisation."[55]

Die verschiedenen Rechtskreise, denen jeder mittelalterliche Mensch bereits mit seiner Geburt angehörte, stellten, wie oben dargelegt, von Anfang an verschiedenste Möglichkeiten zur Streitschlichtung bereit, einschließlich eines gewissen sozialen Zwangs, diese auch wahrzunehmen. Deren höchste Formalisierung stellten die traditionellen Gerichte der lokalen und grafschaftlichen Gemeinschaften, der Grund- oder Leibherren, der Lehens- und Stadtgerichte, der Kirche, bis schließlich zu den unmittelbaren Gerichten des Königtums dar.[56]

Aber wenn diese sozialen und rechtlichen Institutionen ihren Angehörigen nicht zu „ihrem" Recht verhelfen konnten, weil ihnen entweder die nötigen Machtmittel und, wie etwa KAUFMANN modernistisch ausgeführt hat, ein

---

52 Eindrücklich *Leist*, Landesherr, S. 5 m.w.N.; daneben etwa *Terharn*, Herforder Fehden, S. 12.

53 Vgl. umfassend *Schuster*, HZ 269 (1999), S. 19 ff.; dazu *Bader*, Schiedsverfahren, S. 112; *Nehlsen-von Stryk*, Zivilprozeß, S.

54 *Brunner*, Land und Herrschaft, S. 18 f.

55 Vgl. nur *Gernhuber*, Landfriedensbewegung, S. 59.

56 Vgl. hierzu etwa auch *Althoff*, Schranken, S. 17 ff.

„Verwaltungsapparat" fehlten oder weil sie nicht in der Lage waren, einen konsequenten „Gesamtwillen" zur Unrechtsahndung zu bilden, konnten sie dem Verletzten die Möglichkeit und das Recht zur Selbsthilfe nicht legitimierweise nehmen.[57] Wie sehr sich dieses Grundproblem bis in die Neuzeit zog, vermag etwa der literarisch und wissenschaftlich besonders verarbeitete Fall des „Michael Kohlhaas" belegen.[58]

a) Die Gründe für ein solches Versagen dieser Rechtsstäbe, denen die autoritative Bildung und Realisierung des Rechtes anvertraut war, lagen durchaus zu einem großen Teil in den ihnen fehlenden militärischen Macht- und Durchsetzungsmitteln. Solche Mittel standen oft selbst dem Königtum gegen mächtige Adelige oder Städte und kriegserfahrene Ritter nicht zur Verfügung.[59] Darüber hinaus war allgemein in der Grundstruktur der feudalen und damit personalisierten und privatisierten Justiz, die das Mittelalter geradezu kennzeichnete, zwingend angelegt, dass die zur Konfliktlösung berufenen Gerichtsträger zu häufig selbst als Partei oder über ihre rechtlichen und sozialen Loyalitätsbeziehungen in den von ihnen zu beurteilenden Konflikt involviert waren.[60]

Gerichtsherren, Schöffen oder Ratsmitglieder sahen weitläufig in der ihnen anvertrauten Jurisdiktionsgewalt vor allen Dingen ein persönliches Privileg und erblichen Statusfaktor, und nicht zuletzt ein fiskalisch nutzbares Vermögensrecht, das ihnen die Chance zur Sicherung ihrer Stellung und Verwirklichung eigener politischer Ambitionen bot, sofern sie sich mit sei-

---

57 Vgl. etwa *Vogel*, Fehderecht, S. 33 f.; *Kaufmann*, Art. „Fehde", HRG I, Sp. 1083, 1084; *ders.*, Art. „Friede", HRG I, Sp. 1275, 1276; zustimmend *Görner*, Raubritter, S. 163 ff.; daher sei die Fehde als rechtlich zulässiges Mittel der Selbsthilfe gewertet worden, vgl. *Sellert*, Friedensprogramme, S. 454

58 Vgl. *Kleist*, Michael Kohlhaas, bzw. zur zugrundeliegenden Figur des Hans Kohlhase, *Kaufmann*, Kohlhaas, S. 65 ff.; *Boockmann*, Kleist-Jahrbuch 1985, S. 84 ff.; juristisch umfassend insbesondere *Müller-Tragin*, Hans Kohlhase; sowie zuletzt *Dießelhorst/Duncker*, Hans Kohlhase, v.a. S. 20 ff. m.w.N.

59 Als weitere Gründe führt *Görner*, Raubritter, S. 164 ff.: zu Recht etwa fehlende Kommunikationsmöglichkeiten, umkämpfte oberste Reichsgewalten, die Abhängigkeit der Friedenswahrung von der konkreten Herrscherpersönlichkeit und andere mehr auf; vgl. auch *Sellert*, Friedensprogramme, S. 454, zur Bedeutung eines staatlichen Autoritätsverfalls im frühen Mittelalter als Ursache der Wirkungslosigkeit der Gerichtsgewalt, zunehmender Selbsthilfe und Gewalt und dadurch Ausgangspunkt für die Gottesfrieden vgl. etwa *Kaufmann*, Art. „Landfrieden I (Landfriedensgesetzgebung)", HRG II, Sp. 1451, 1458 f.; vgl. etwa auch *Willoweit*, Reaktionen, S. 196 ff.

60 Vgl. z.B. illustrativ *Vogel*, Fehderecht, S. 102 ff. zur weitgehenden Verschleppung und Entwertung eines Verfahrens; daneben etwa *Görner*, Raubritter, S. 220 ff.; so dass auch Festschreibungen der allgemeinen Rechtsgleichheit, wie etwa der von Rudolf I., vgl. MGH Const. III, Nr.420; St. UB II, Nr. 52, S. 35 f., nichts nutzten; vgl. allgemein auch *Bader*, ZwürttLG 3 (1939), S. 5 f.

ner Ausübung nicht allzu mächtige Parteien zu Feinden machten.[61] Umgekehrt war der Streit über Gerichtsrechte eine der häufigsten Fehdeursachen,[62] konnten die Unsicherheiten über die Zuständigkeit zwischen mehreren Gerichten gezielt als Vorwand für eine Fehde ausgenutzt werden.[63] Trotz später zu untersuchender Versuche, für eine klare Abgrenzung und streng hierarchische Anordnung zu sorgen,[64] blieb jedoch stets vor allem die Frage nach den Zuständigkeiten beziehungsweise Jurisdiktionsgewalten der einzelnen Gerichte offen und ganz dem bisher gewachsenen Recht überlassen. Von einer klar geordneten, überparteilichen und damit für jeweils beide Seiten attraktiven Gerichtsbarkeit konnte so kaum die Rede sein.[65]

Zu einer wirksamen Konfliktlösung war das tradierte materielle und Verfahrensrecht ebenfalls nur bedingt geeignet. Durch die geringe Schriftlichkeit des Rechts und des Rechtsverkehrs fehlte es oft, wenn dies nicht die Offenkundigkeit und das Vertrauen innerhalb des Rechtskreises entbehrlich machte, an zweifelsfreien Belegen für eine Rechtsentscheidung beziehungsweise ihre Grundlagen.[66] Das traditionell an „formaler Wahrheit" und dem Schutz des ansässigen freien Mannes interessierte und gebundene Landgericht mit seinem schwerfälligen formlastigen Verfahren war wenig attraktiv und zur Konfliktlösung fähig.[67] Es geriet darüber hinaus in zunehmende Spannung mit der neuen Rationalität, die von der kirchlichen Scholastik und Kanonistik ebenso wie dem kaufmännischen Stadtbürgertum getragen wurde.[68] Durch den dort grundsätzlich möglichen Reini-

---

61 *Gernhuber*, Landfriedensbewegung, S. 189 f.; *Görner*, Raubritter, S. 184.

62 Vgl. nur *Fehn-Claus*, Fehdegründe, S. 105 ff.; *Deus*, Soester Fehde, S. 13 ff., 32; *Quirin*, in: JfL 31 (1971), S. 293; *Vogel*, Fehderecht, S. 26 ff.

63 *Gernhuber*, Staat, S. 72 m.w.N.; *Kaufmann*, Rechtshilfe, S. 84.

64 *Vgl. dazu ausführlich unten Kap. 1 II 2*; vgl. aber auch den Versuch zur präzisen Abgrenzung von Stadtgericht und Landgericht und damit Anerkennung der Immunität der königlich bestätigten Marktplätze durch Kaiser Friedrich II., vgl. MGH Const II Nr. 61; RI V 2, Nr. 941, nach denen der Stadtrichter für Raub und Diebstahl in der Stadt zuständig sei, dem Landrichter die Exekution zustehe; allerdings ergaben sich zu diesem Zeitpunkt noch vergleichsweise wenige Probleme, da die Rechsprechung weitestgehend noch in der Hand der adeligen Stadtherren lag, vgl. dazu *Angermeier*, Landfriedenspolitik, S. 179 ff. m.w.N. und Belegen.

65 Vgl. etwa *Fehn-Claus*, Fehdegründe, S 124.

66 *Görner*, Raubritter, S. 166; *Kroeschell*, DRG II, S. 34 f.; vgl. hier auch die Beobachtungen zu den wenigen Zeugenbeweisen bei besonderer Notorietät im Sachsenspiegel bei *Nehlsen-von Stryk*, ZRG GA 117 (2000), S. 25 f. m.w.N.

67 Vgl. etwa *Dickmann*, Friedensrecht, S. 109; vgl. zum vorangigen Schutzgedanken und damit in Kauf genommener fehlender Verfahrensgerechtigkeit und -herrschaft des Beklagten ausführlich *Nehlsen-von Stryk*, ZRG GA 117 (2000), S. 26 ff. m.w.N.

68 Zum Begriff der Rationalisierung vgl. zunächst *Weber*, Rechtssoziologie, S. 196 ff.; *Kroeschell*, DRG I, S. 270 ff.

gungseid wurde zwar ein weitgehender Schutz des Beklagten erreicht und dessen *status* als Freier gewahrt, soweit man ihn nicht handhaft, also unmittelbar im Zusammenhang mit der Tat und damit offenkundig ihrer überführt und schuldig ergreifen konnte.[69] Dem vordringenden Interesse nach materieller Wahrheit und Gerechtigkeit wurde dies jedoch nicht gerecht.[70] Umgekehrt schlossen sich die Landgerichte durch die Forderung nach der Ebenbürtigkeit von Urteilern und Zeugen[71] weiter ab. Die einzelnen Rechtskreise hatten sich daher in ihren Rechtsvorstellungen und -normen bereits erheblich auseinander entwickelt.[72] Ein formales gemeinsames, „objektives" Recht[73] zwischen Angehörigen verschiedener Rechtskreise bestand in einem immer geringeren Ausmaß, vor allem in Form des kaum wirksamen, naturgemäß mehr oder wenig punktuellen und nicht selten vor Ort kaum rezipierten Reichsrechts. Dem hatte im Hochmittelalter zwar die ältere Landfriedensbewegung entgegengewirkt, indem sie für Angriffe und unmittelbare Rechtsverletzungen außerhalb von räumlichen Sonderrechtsbezirken gemeinsame Regeln aufgestellt hatte. Diese waren vermutlich durchaus zu einem bestimmten Ausmaß als Gewohnheitsrecht in das Landrecht übergegangen, wie etwa der Sachsenspiegel belegt, und hatten auch die neuen Stadtrechte mehr oder weniger stark beeinflusst. Über die rein formalen Aspekte des Selbsthilfeaustrags und den Umgang mit den rudimentären Delikten etwa des Totschlags und Raubes, der Brandstiftung oder des Diebstahls kamen diese Rechtssatzungen jedoch

---

69 Vgl. etwa *Kornblum*, Art. „Beweis", HRG I, Sp. 401 ff.; *Andermann*, Ritterliche Gewalt, S. 257; *Schmidt*, Einführung, S. 81 ff.; *Löning*, Reinigungseid, S. 80 ff.; *Meyer*, Gerüft; wohl heute als zu weitgehend erkannt dagegen *Heinrich Brunner*, Grundzüge, S. 24, nach dem die handhafte Tat immer die Todesstrafe nach sich gezogen habe; jedenfalls für eine stets peinliche Strafe *Glitsch*, ZRG GA 38 (1917), S. 250 f.; vgl. auch *Werkmüller*, Art. „handhafte Tat", HRG I, Sp. 1965 ff.; zur Statuswahrung vgl. ausführlich *Nehlsen-von Stryk*, ZRG GA 117 (2000), S. 36 ff.

70 Vgl. zur materiellen Wahrheitssuche *Nehlsen-von Stryk*, ZRG GA 117 (2000), S. 3 ff. m.w.N.; *Trusen*, ZRG KA 105 (1988), S. 168; *Jerouschek*, ZStW 104 (1992), S. 336 f.; *Sellert*, Inquisitionsprinzips, S. 161 ff.

71 Vgl. *Véron-Réville*, Juridictions d'Alsace, S. 33; m.w.N. in Fn. 3; *Sellert*, Art. „Judicium parium", HRG II, Sp. 466; *Kaufmann*, Rechtshilfe, S. 42; *Scheyhing*, Art. „Ebenbürtigkeit", in: HRG I, Sp. 793 ff.; vgl. auch Ssp. Ldr. II 12, 2; III 73, 1; die im übrigen auch von den kanonischen Gerichten beachtet wurden, vgl. *Nehlsen-von Stryk*, Zivilprozeß, S. 323 f.; *Ober*, Archiv für katholisches Kirchenrecht 90 (1910), S. 615 ff.

72 Vgl. etwa *Planitz*, Vermögensvollstreckung I, S. 177; zum römisch-kanonischen Recht vgl. *Nehlsen-von Stryk*, Zivilprozeß, S. 315 ff. m.w.N.

73 Zur Herausbildung der Vorstellung von einem objektiven Recht überhaupt unter kanonistischem Einfluss vgl. nur *Kroeschell*, DRG I, S. 185; *ders.*, Rechtsbegriff, S. 277 ff.; *Weitzel*, Normstrukturen, S. 393 ff.

kaum hinaus.[74] Allerdings wurden auch diese Normen bald erneut und immer stärker partikular überformt.

Alle diese Einzelfaktoren trugen dazu bei, dass ein tatsächlicher oder rechtlicher Fortschritt, diese Probleme zu überwinden, nur äußerst schwer möglich war. Die für die Weiterentwicklung eines gemeinsamen Rechts und wirksamer Durchsetzungsformen maßgeblichen Akteure, die Adeligen und später auch die Städte, konnten - insbesondere angesichts der sich auseinanderentwickelnden Rechtsauffassungen - kaum ein Interesse daran haben, sich einem fremden und potentiell parteiischen Gericht zu unterwerfen und lange erworbene oder gerade mühsam erkämpfte Freiheiten und Privilegien einzubüßen.[75] Dies galt insbesondere auch für das Fehderecht, das geradezu zu einem Element der Selbstdefinition des Ritterstandes geworden war, dem die Bürgerschaften lange nacheiferten. Hinzu kam aber sicher auch jene politische Schwäche, die von der früheren Forschung geradezu als maßgeblicher Grund für die schleppende innere Staatsausbildung angesehen worden ist.

b) Ein besonderes Problem stellten stets die Fälle dar, in denen ein Konflikt die Grenzen eines Rechtskreises sprengte.[76] Dies war bereits in der überkommenen Gerichtsverfassung angelegt, nach der - außer dem Königsbeziehungsweise Hofgericht und mit der hier zu vernachlässigenden Besonderheit der Dienstherren-, Lehens- und kurialen Gerichtsbarkeit - alle Gerichte, ob als Nachfolger der alten Grafengerichte oder der besonderen Gerichtsbarkeit der Exemtionen, in ihren tatsächlichen Machtbefugnissen grundsätzlich auf ihren Gerichtsbezirk begrenzt waren, selbst wenn sie gegen eigentlich Gerichtsansässige vorgehen wollten.[77] Innerhalb ihrer ursprünglichen Gerichtsgebiete waren Zuständigkeit und Machtbefugnisse der „ordentlichen" Landgerichte zusätzlich durch die Privilegien der Exemtionen, vor allem der Vogteien und Städte, zunehmend ausgeschlossen. Nicht im Gerichtsbezirk Ansässige schließlich mussten sich, auch wenn sie dort angetroffen wurden oder die Sache einen Bezug dorthin aufwies, nur unter bestimmten Bedingungen vor diesem Gericht verant-

---

74 Vgl. etwa *Vollrath*, Landfrieden, S. 20 f., 27.

75 Vgl. auch *Görner*, Raubritter, S. 220 ff.

76 Etwa wenn der im Territorium ansässige Täter diesen verließ, um sich der Verfolgung zu entziehen, oder, noch schwieriger, wenn der Täter außerhalb des Territorium ansässig war, vgl. aus Sicht der frühen Neuzeit *Kaufmann*, Rechtshilfe, S. 2, 7 m.w.N.; *Orth*, Art. „Landfriedenshauptmann", HRG II, Sp. 1487 f.

77 Vgl. etwa Ssp. Ldr. I 59,1. Ausnahmen ergaben sich nur bei der Verfolgung eines flüchtigen Friedbrechers auf handhafter Tat, noch dazu nur unter bestimmten Bedingungen, vgl. Ssp. Ldr. II 71, 4 f.; dazu *Planck*, Gerichtsverfahren, Bd. I, S. 42.

worten.[78] Weitgehend war vielmehr ausschließlich der Gerichtsstand des Beklagten für die Jurisdiktionsgewalt der Gerichte maßgeblich.[79] Schützte dies den Beklagten in einer Weise, die auch dem heutigen Recht nicht ganz fremd geworden ist,[80] so bedeutete dies für den Kläger oft unüberwindliche Nachteile und Risiken, die ihn insbesondere wegen der drohenden Parteilichkeit des Gerichts oft von einer Klage abhalten konnten.[81]

Auch für ein wirksames Zusammenwirken der unterschiedlichen Gerichte war noch bis weit in die Neuzeit hinein nicht hinreichend Sorge getroffen,[82] wie bereits PLANCK festgestellt hat, nach dessen Urteil die mittelalterliche Gerichtsverfassung einen Zustand darstellte, „der in vielen Punkten demjenigen ähnlich ist, der nach heutiger Anschauung des Völkerrechts als internationaler zwischen selbständigen Staaten sich geltend macht."[83] Urteile anderer Gerichte seien grundsätzlich nicht vollzogen worden, auch habe die Verfestung als wichtige Sanktion und Zwangsmittel nur innerhalb des jeweiligen Amtsbezirks gegolten, zumindest sei jedoch die endgültige Erledigung und Wirkung des Urteils anerkannt gewesen,[84] was aber natürlich bei mangelhaften Vollstreckungschancen die Attraktivität des Rechtswegs nicht steigern konnte. Kurz: Der Arm des Richters reichte grundsätzlich über die Grenzen seines immer kleineren Gerichtsbezirks nicht hinaus.[85]

---

78 Vgl. zum Ganzen bereits *Planck*, Gerichtsverfahren, Bd. I, S. 42 f.; zur Exemtionswirkung von Städten und Märkten etwa Ssp. Ldr. III 25,1 und S. 2; Ausnahmen für alle im Gerichtsbezirk belegenen Sachen, dagegen Personen nur, soweit der Gewalt des Gerichtsherrn untergeben, also etwa nicht Geistliche und Fürsten; auch der Gerichtsfremde brauchte grundsätzlich nicht auf Klagen zu antworten, außer er hatte seine Wohnung oder Gut im Bezirk, im Falle bestimmter Delikte, wenn er sich im Bezirk versteckt hielt, er selbst Recht vor dem ihm fremden Gericht forderte, vgl. Ssp. Ldr. I 60, 2 f.; III 79, 3; oder aber im Fall der erfolgten Rechtsverweigerung des Beklagten oder des eigentlich zuständigen Gerichtes, Ssp. Ldr. III, 87, 2 f.

79 Vgl. etwa Ssp. Ldr. II 71; dazu etwa neben dem gerade genannten auch *Kaufmann*, Rechtshilfe, S. 50 f. m.w.N.; unzutreffend wäre es allerdings zu behaupten, dass von vornherein für einen großen Teil der Streitfälle kein Gericht zuständig war und diese daher überhaupt nicht dem Gerichtswesen zugänglich gewesen seien, sondern nur im Wege der Gewalt ausgetragen werden konnten, wie dies wohl *Orth*, Fehden, S. 1 vermutet hat.

80 Vgl. nur das Prinzip des Allgemeinen Gerichtsstandes in §§ 12 ff. ZPO gegenüber der primären Zuständigkeit des Tat- und subsidiär des Ergreifungsortes im Strafprozess, die das Ergebnis der hier im Folgenden zu beleuchtenden Entwicklung markieren.

81 Ausführlich bereits *Planitz*, Vermögensvollstreckung I, S. 177.

82 Vgl. hierzu nochmals *Kaufmann*, Rechtshilfe, S. 2, 7 m.w.N.

83 So bereits *Planck*, Gerichtsverfahren, Bd. I, S. 44.

84 Vgl. etwa Ssp. Ldr. II 24, 1; dazu *Planck*, Gerichtsverfahren, Bd. I, S. 44 f.; zu praktischen Konflikten aufgrund fehlender Zusammenarbeit vgl. etwa *Görner*, Raubritter, S. 194 ff.

85 So *Planitz*, Vermögensvollstreckung I, S. 176 f.; zum Problem der Nacheile vgl. etwa Ssp. Ldr. II 71; dazu auch *Kaufmann*, Rechtshilfe, S. 42 f.

Entsprach dieses System, das sich in Organisation und Verfahren erheblich auf die Sozialkontrolle innerhalb überschaubarer Rechtskreise stützte und stützen musste,[86] vielleicht noch anfangs den Bedürfnissen einer weitgehend immobilen, landsässigen Bevölkerung, während die wenigen mobileren Adeligen, Kleriker und Fernkaufleute eigenen Gerichtsbarkeiten oder dem königlichen Gericht unmittelbar unterstanden, so änderte sich das mit der starken Zunahme des Fernhandels, der allgemeinen Mobilität, der Geldwirtschaft und, damit verbunden, den ansteigenden und immer intensiveren Wirtschaftsbeziehungen zwischen verschiedenen Gebieten, Städten und Herrschaften.[87] Hierzu zählten nicht nur die stark zunehmenden Darlehensgeschäfte,[88] sondern auch die steigenden Verflechtungen im Zuge der Heirats- und Erbpolitik vor allem des Adels. Diese und die Durchdringung verschiedenster Gerechtsame innerhalb eines geografischen Bereiches, wie Dörfern und Burgen,[89] führten immer stärker zu Rechtsstreitigkeiten, die die Grenzen der traditionellen Gerichtssprengel zumindest im Hinblick auf die Parteien überschritten.[90]

Verstärkt wurde dies durch die bereits angesprochene immer stärkere Ausdehnung der kirchlichen und städtischen, aber auch grundherrschaftlichen Immunitäten nach Zahl und Umfang, aber auch in dem Maß, in dem sie jede konkurrierende Gerichtsbarkeit von außen ausschließen konnten.[91] Umgekehrt versuchten vor allem die Städte, ihren Einflussbereich zu erweitern, etwa durch die Aufnahme von Aus- und Pfahlbürgern, die gerade nicht ständig im Weichbild der Stadt, sondern im Gebiet adeliger Herrschaften wohnten. Dadurch entsprang in ihrer Personengruppe bald ein

86 Vgl. zur Sozialkontrolle allgemein *Althoff*, Schranken, S. 4 ff.; *Kaufmann*, Art. „Landfrieden I (Landfriedensgesetzgebung)", HRG II, Sp. 1451, 1454

87 Vgl. zu der stakren Zunnahme des Handels und Reisens etwa *Reuter*, Unsicherheit, S. 199; zur Mobilität des Rittertums und den Folgen für die Verfolgung von Unrecht *Kaufmann*, Rechtshilfe, S. 36.

88 Vgl. nur *Fehn-Claus*, Fehdegründe, S. 111 ff. mit Quellenbelegen; zur „Mobilisierung und Kommerzialisierung von Herrschaftsrechten" etwa *Vogel*, Fehderecht, S. 193 ff.; *Görner*, Raubritter, S. 64 ff.; *Schubert*, Interterritoriale Gestaltung, S. 129; zur Entwicklung des Handels vgl. nur umfassend *Stein*, Verkehrsgeschichte.

89 Zur Zersplitterung und Durchdringung der Rechte der einzelnen Herrschaften im Elsass vgl. namentlich *Véron-Réville*, Juridictions d'Alsace, S. 40 f. m.w.N.

90 Wie neben den bereits genannten etwa auch die Lehensgüterfähigkeit der Bürger der Reichsstädte, z.B. durch Privilegien in Basel, Mühlhausen, Breisach, Ensisheim und Colmar durch König Rudolf, vgl. dazu RI VI 1, Nr. 175, 188, 414, 796, 796; *Martin*, Städtepolitik, S. 142 f. m.w.N.; *Vogel*, Fehderecht, S. 117 f.; vgl. auch den Ansatz bei *Görner*, Raubritter, S. 163 ff.

91 Vgl. etwa für den benachbarten Breisgau *Fehr*, Landeshoheit, S. 32 ff.; allgemein für die frühen Immunitäten hier nur *Kroeschell*, DRG I, S. 123 f.; *Pischek*, Vogteigerichtsbarkeit, S. 64 ff.; *Rietschel*, Burggrafenamt, S. 20 ff.; zur Ausdiffernzierung der Rechtskreise allgemein im 11. und 12, Jahrhundert vgl. etwa *Dilcher*, Friede durch Recht, S. 226 f.

beständiger Konfliktherd der Städte mit den benachbarten Landesherren, deren Rechte durch die freigiebige Ausdehnung der bürgerlichen Freiheiten empfindlich beschränkt wurden.[92]

c) In dem Maße, in dem sich das zunehmend rationale und mobile Recht der einzelnen Städte aus dem allgemeinen gewohnheitsrechtlichen Landrecht herausentwickelte, ging die gemeinsame Rechtsbasis etwa zwischen Landadeligen und Bürgern verloren.[93] Zum Ausbruch kamen die Probleme jedoch erst richtig, als die Rechtsprechung, die zunächst ganz überwiegend in den Händen der adeligen Stadtherren und ihrer untergebenen Ministerialen, Offizialen oder anderer Amtsleute gelegen hatte, allmählich in die Hand der Bürgerschaften selbst geriet. So waren etwa die elsässischen Stauferstädte noch bis zum Beginn des Interregnums unter straffer herrschaftlicher Kontrolle organisiert und die Gerichtsgewalt fast ausnahmslos in den Händen der jeweiligen adeligen Stadtherren.[94] Erst unter dem Königtum Rudolf von Habsburgs wurde in den nunmehr reichsunmittelbaren Städten des Südwestens weitgehend eine echte Ratsverfassung und allmählich auch dessen bürgerschaftliches Gericht anerkannt, während die durch Eid vereinigten Bürgerschaften weitere hoheitliche Rechte nach und nach von ihren Stadtherren erwerben konnten. Gleichzeitig erfolgte der konsequente Ausbau der Reichsstädte zu einem jeweils eigenen Hochgerichtsbezirk durch entsprechende allgemeine und konkrete Gerichtsstandsprivilegien, so dass sich dadurch, wie etwa MARTIN festgestellt hat, der Gedanke des ständischen Gerichts im Spätmittelalter überhaupt erst durchsetzte.[95]

Mit der Übernahme gerichtlicher Funktionen durch die Organe der Bürgerschaft traten nun erhebliche Konflikte hervor. Für Adelige waren diese Gerichte einfacher Freier mit ihrer Standesehre und ihrem Privileg der

---

92 *Vgl. zur Pfahlbürgerpoblematik unten Kapitel 4 III 4 (3).*

93 Vgl. hier auch die von *Nehlsen-von Stryk*, ZRG GA 117 (2000), S. 17 m.w.N. herausgearbeiteten Unterschiede zwischen dem traditionellen stadtherrlichen und formloseren Ratsgericht; daneben Hagemann, Basler Rechtsleben I, S. 199 ff.

94 Vgl. hierzu und zum folgenden *Kroeschell*, DRG I, S. 223 ff.; *Rietschel*, Burggrafenamt, S. 14 ff.; *Martin*, Städtepolitik, S. 137 ff. vor allem zum schwäbischen Raum im Gegensatz zum Hausmachtgebiet der Habsburger; zu den elsässischen Reichsstädten im einzelnen vgl. *Gössgen*, Beziehungen, S. 34 ff.; so behielt sich z.B. König Rudolf in Colmar und Weißenburg das Besetzungsrecht des Schultheißen vor, letzterer musste jedoch nach den Privilegien von 1278 bzw. 1275 ein Bürger sein; dagegen hatte sich Hagenau bereits 1274 vom Schultheißengericht weitgehend frei gemacht. In Straßburg wiederum mussten seit 1263 die vom Schultheiß eingesetzen Richter Bürger sein, während der Rat eine weitgehende, konkurrierende Gerichtsbarkeit ausübte.

95 *Martin*, Städtepolitik, S. 144.

Ebenbürtigkeit kaum zu vereinbaren.[96] Freilich konnten auch den übrigen „Landsleuten" diese Gerichte bei Klagen gegen Bürger kaum erfolgversprechend scheinen. Schließlich fühlte sich der Rat der Bürgerschaft jetzt nicht nur zur Rechtsprechung und zur Sorge für das Wohl und Ansehen der Stadt, sondern auch zum Schutz der Mitbürger verpflichtet. Denn immerhin leitete sich dieses Organ - wie auch der Stadtfrieden - vom Gedanken der *coniuratio*, der eidesförmlichen Verpflichtung aller Bürger zu gegenseitiger Solidarität und Schutz ab. Darüber hinaus waren die Städte, wie die übrigen Immunitäten, ängstlich darauf bedacht, ihre Exemtionsstellung zum Schutz ihrer Bürger mit allen Mitteln zu verteidigen und nach Möglichkeit auszubauen.[97] So bestimmten die oberrheinischen Stadtrechtsprivilegien häufig, wohl vom Misstrauen gegen „das Land" gezeichnet, dass ein Landmann generell nicht als Zeuge gegen einen Bürger zugelassen werden durfte.[98]

Erkennbar entwickelten sich die unterschiedlichen Rechtskreise immer stärker auseinander: Während das Landrecht weitgehend statisch blieb, bildeten sich neben dem kirchlichen vor allem die städtischen Rechte dynamisch fort und konnten so aus Sicht der Bürger auf die veränderten sozialen und wirtschaftlichen Herausforderungen, insbesondere in den Städten, angemessenere Antworten geben. Diese widersprachen jedoch ebenso zunehmend den Rechtsvorstellungen, wie sie auf dem Lande weiter tradiert wurden.

d) Hierzu gehörte auch, dass sich in den Städten eine wirksame Gerichtsbarkeit und Obrigkeit entwickelte, die die Eigenmacht weitestgehend kontrollieren und wirksam bekämpfen konnte.[99] Spiegelbildlich zur Ausprägung einer wirksamen inneren Ordnung strebten die Bürgerschaften, aber im Grunde alle Rechtskreise zur Sicherung ihrer eigenen Rechtsordnung und des eigenen politischen und rechtlichen Status nach der mög-

---

96 Vgl. zu den Wurzeln etwa Ssp. Ldr. II 12,2; *Sellert*, Art. „*Judicium parium*", HRG II, Sp. 466; daneben *Zmora*, Adelige Ehre, S. 107 f.; *Kaufmann*, Rechtshilfe, S. 42, dort auch zur Geltung für die Zeugen; *Zallinger*, Kampf, S. 456; sowie bereits oben Fn. 69.

97 Vgl. *Mohrmann*, Landfriede, S. 29 f.; vgl. etwa auch *Vogel*, Fehderecht, S. 23 ff. zur Bedeutung der Evokationsprivilegien für die kommunale Autonomie am Beispiel Nürnbergs. So ließen sich etwa viele Städte während des Interregnums auch von der Kurie Evokationsprivilegien ausstellen, vgl. *Becker*, Rheinischer Bund, S. 47 m.w.N. Ein anderes Beispiel ist ein Städtebündnis von 1241, das die Verfolgung desjenigen befiehlt, der angeklagte (*incusatum*) Bürger außerhalb der Stadt angreift.

98 Vgl. etwa Art. 5 des Colmarer Stadtrechts von 1293, Gaupp, Stadtrechte, S. 116; ausführlich *Nehlsen-von Stryk*, ZRG GA 117 (2000), S. 21 ff. m.w.N. für die Stadtrechtsfamilie Freiburgs im Breisgau.

99 Vgl. etwa *Planitz*, Vermögensvollstreckung I, S. 176 f.

lichst umfassenden Abschließung gegenüber allen Einflüssen von außen.[100] Galten die städtischen Exemtionsprivilegien zunächst etwa nicht für Grundeigentum auf dem Lande, so wurde dieses bis Mitte des 14. Jahrhunderts fast überall ausdrücklich mit einbezogen.[101] Weiterhin verboten vor allem städtische Rechtskreise ihren Angehörigen, als Kläger, aber auch Beklagter vor einem fremden weltlichen oder kirchlichen Gericht Recht zu suchen.[102] Durch diesen internen Druck war die ohnehin unattraktive Möglichkeit, den fremden Konfliktgegner vor seinem wahrscheinlich tatsächlich zuständigen Gericht verklagen zu können, weiter eingeschränkt.

Bemerkenswerterweise galt aber auch in späteren Privilegien der Ausschluss auswärtiger Gerichtsbarkeit ausdrücklich nicht für den Fall, dass das Gericht innerhalb der Exemtion einem Kläger sein Recht verweigerte. Damit schien gerade dem hier problematisierten Fall vorgebeugt und jedenfalls dem Kläger ein echter Rechtsweg offen zu stehen. Allerdings fürchtete dieser oft zu Recht gerade nicht die offene Rechtsverweigerung, sondern eben das parteiische Urteil gegen ihn als Auswärtigen. Obwohl sich beispielsweise in den Rechtsbüchern eine formale Definition der Rechtsverweigerung fand,[103] war kaum objektiv feststell- oder nachprüfbar, wann das Verhalten eines Gerichtes oder eines Beklagten tatsächlich unzweifelhaft als solche Verweigerung zu werten war.[104] Dies umso mehr, als die vermeintlich übergeordneten Gerichte, wo sie überhaupt effektiv zur Verfügung standen, selten mehr Aussicht auf ein unparteiisches Verfahren

---

100 Vgl. *Planck*, Gerichtsverfahren, Bd. I, S. 49 f.; vgl. auch *Mitteis/Lieberich*, DRG, Kap. 35 II 1 d); sowie Planitz, Vermögensvollstreckung I, S. 177: „Je kleiner nun aber die Rechtskreise waren, umso schroffer schlossen sie sich nach außen hin ab."; ähnlich *Andermann*, Ritterliche Gewalt, S. 98 ff. m.w.N. unter Bezug auf die historiografischen Quellen.

101 Vgl. zum dinglichen Gerichtsstand nochmals Ssp. Ldr. I, 34 § 1,3; III 33, § 5; sowie *Planck*, Gerichtsverfahren, Bd. I, S. 47, 49. Zur allmählichen Durchsetzung im Elsass vergleiche das Beispiel Straßburgs, dazu unten Fn. 121.

102 So verbot bereits Ssp. Ldr. III 87, §1,2 außer bei Rechtsverweigerung das auswärtige Verklagen des eigenen Gerichtsgenossen und ordnete beim Verstoß die Schadensersatzsleistung an den Beklagten und eine Buße an den eigenen Richter an, wobei der fiskalische Charakter der Gerichtsrechte bei letzterem wohl mitwirkte; vgl. *Planck*, Gerichtsverfahren, Bd. I, S. 46; ähnliches findet sich in den frühen hochmittelalterlichen Stadtrechten, aber auch in bäuerlichen Weistümern vor allem gegen die kirchliche Gerichtsbarkeit, seit dem Spätmittelalter aber auch explizit gegen die Feme, wobei in den Schweizer Gebieten die Sanktionierung mit Verbannung, Entehrung und Vermögenseinzug besonders stark war; vgl. Art. 25 des Freiburger Stadtrechts (vor 1258), Altmann/Bernheim, Nr. 189; ferner den Überblick bei *His*, Strafrecht II, S. 63 - 67; *Osenbrüggen*, Alamannisches Strafrecht, S. 406 ff.; ein Beispiel, wie eine Klage vor einem Landgericht einen Stadtrat unter Zugzwang setzen konnte, wenigstens solange die externen Gütern noch nicht von dem Exemtionsprivileg umfasst waren, belegt *Vogel*, Fehderecht, S. 82 ff. m.w.N.

103 Vgl. etwa Ssp. Ldr. III 87, 3 und 4.

104 Vgl. hierzu und zum folgenden etwa *Fehn-Claus*, Fehdegründe, S. 121; *Görner*, Raubritter, S. 167, 184; *Holzhauer*, Art. „Landfrieden II", HRG II, Sp. 1472.

und raschen Erfolg versprachen. Vielmehr barg allein schon die Behauptung der Rechtsverweigerung wieder einen ehrkränkenden Vorwurf an das Gericht, über den man sich mit dessen Träger, ob Stadt oder Adeligem, wieder trefflich streiten konnte. Da eben dieser *Vorwurf* allein zur Selbsthilfe gegen die ursprüngliche Gegenseite und in der Regel „ihr" Gericht berechtigte, und so jedenfalls der Abgewiesene in dem Verhalten des Gerichts allzu einfach eine derartige Verweigerung und eigene soziale Kränkung sehen oder behaupten konnte, ließ sich eine gewaltsamen Eigenmacht nur allzu leicht begründen.

e) Während einem Adeligen als Anwort auf diese Defizite regelmäßig die Fehde als Reaktion geboten scheinen musste, setzten besonders die Städte alles daran, einen gewaltsamen Austrag für den genannten Fall generell zu vermeiden, da von ihnen vor allem vor den Landgerichten „die auswärtige Rechtsverweigerung gewissermaßen abstrakt befürchtet" wurde.[105] Zumindest auch vor diesem Hintergrund, und nicht nur als bloßes Machtstreben, muss deren ständiges Bemühen um ausdrückliche königliche Privilegien verstanden werden, auch Auswärtige unabhängig von ihrem Gerichtsstand vor den städtischen Gerichten verurteilen zu können, selbst, wenn diese ihrerseits über Gerichtsstandsprivilegen verfügten. Aber auch ohne solche ganz besonderen und erst allmählich verbreiteten Vorrechte hinaus gab es zahlreiche Bestrebungen, rein faktisch oder durch einseitige Regelungen in den Stadtrechten vollendete Tatsachen zu schaffen.

Allgemein versprach dieser Weg, gegen den Auswärtigen das *eigene* Gericht anzurufen, indes für den Kläger nur dann hinreichenden Erfolg, wenn man des Beklagten im Gerichtsbezirk oder zumindest im realen Machtbereich habhaft werden konnte oder er in diesem Bezirk über Vermögen als Haftungsmasse oder Druckmittel verfügte.[106] So blühte die Selbstpfändung seit Mitte des 13. Jahrhunderts gerade von Bürgern gegen die Landbevölkerung, einschließlich der Niederadeligen auf.[107] Häufig scheint sich dabei eine Form des Repressalienarrests herausgebildet zu haben, nach der Sachen vorläufig festgehalten wurden, sogar wenn noch keine fälligen Schulden bestanden.[108] Schließlich nahm man auch in den Städten weitläufig eine Haftung aller Mitglieder einer Rechtsgemeinschaft für die Schulden ihrer Genossen gegenüber außenstehenden, vor allem bürgerlichen, Gläubigern an.

---

105 So *Planitz*, Vermögensvollstreckung I, S. 179; vgl. *Planck*, Gerichtsverfahren, Bd. I, S. 47 m.w.N.; zum vermuteten Zusammenhang mit der Zunahme der Fehde auch *Görner*, Raubritter, S. 184 f.; wohl zu weitgehend *Orth*, Fehden, S. 40.

106 Hierzu und zum folgenden *Planck*, Gerichtsverfahren, Bd. I, S. 45 f. m.w.N.; zur Bedeutung für die Fehde *Görner*, Raubritter, S.177 ff. m.w.N.

107 So *Planitz*, Vermögensvollstreckung I, S. 181 f.; *vgl. ausführlich unten Kapitel 4 I 4 a).*

108 Hierzu und zum folgenden *Planitz*, Vermögensvollstreckung I, S. 177 ff. m.w.N.

Auch wenn das Stadtrecht eigenmächtige Pfändungen durch Bürger gegenüber Auswärtigen aus Angst vor Repressionen häufig beschränkte und an eine Erlaubnis des Rates band,[109] war man gegenüber dem Rechtskreisfremden praktisch wieder bei den Folgen der privaten Selbsthilfe angelangt. Nimmt man die ständischen Spannungen, die Verknüpfung privater und genossenschaftlicher Interessen und die sich auseinander entwickelnden Rechtsauffassungen hinzu, war damit eine gemeinsame Rechtsbasis für ein friedliches Zusammenleben der unterschiedlichsten Rechtskreise und Stände kaum mehr vorhanden. Es war vielmehr eine Machtfrage geworden, ob es etwa einem Bürger gelang, einen Auswärtigen oder dessen Vermögen zu pfänden beziehungsweise zu arrestieren. Dieser und sein Rechtskreis konnten aus ihrem Blickwinkel ein solches Vorgehen selbst mit guter Berechtigung als Rechtsverletzung betrachten, die Gegenmaßnahmen provozierte, ganz davon abgesehen, dass solche drohenden Maßnahmen dem Wirtschaftsverkehr, und damit dem unmittelbaren Interesse der Städte selbst schadete.[110] Damit war man, wie bereits PLANCK nicht zuletzt wie eine Reminiszenz an die Lehre des Gesellschaftsvertrages plakativ festgestellt hat, *„dann freilich an der Gränze des wirklichen Kriegszustandes angelangt"*.[111]

4. Die Situation im Elsass

> „Die alten Grafschaften sind zerfallen, die alte wirkliche Grafengewalt – wir finden den Namen Landgraf dafür – kann sich nur mehr gegenüber geringen Bruchtheilen der Grafsschaftsbewohner bethätigen. Die Mehrzahl der Grafschaftsleute ist durch die Untertänigkeit unter einem weltlichen Herrn oder durch die Abhängigkeit von einer geistlichen Herrschaft losgelöst vom alten Grafschaftsverband. Der Besitz, die Güter und Rechte dieser Herrschaften sind zerstückelt und zerstreut, liegen in den verschiedensten Gegenden ... Die Auflösung der alten Grafschaftsverfassung, ohne dass jedoch neue Einheiten schon geschaffen wären."[112]

---

109 Vgl. *Planitz,* Vermögensvollstreckung I, S.184 f. mit umfangreichen weiteren Nachweisen; zur Erlaubnispflicht insbesondere in Straßburg vergleiche Erweiterung des Straßburger Stadtrechts von 1276, Art. 89, St. UB IV 2, S. 12.; bereits hier mit der später wichtigen Ausnahme der *„gu[i]lten"*, siehe dazu unten Kapitel 4 I 4 a).

110 So soll nach *Planitz,* Vermögensvollstreckung I, S. 180 unter Berufung auf das Dritte Straßburger Stadtrecht von 1245-1260, St. UB I, Nr. 618, Art. 17 die Arrestdrohung den Märkten und ihrem Besucherzustrom geschadet haben, so dass daher der Fremdenarrest in allen seinen Formen heftig und vielfach mit Erfolg bekämpft wurde.

111 So *Planck,* Gerichtsverfahren, Bd. I, S. 47 m.w.N.; zum vermuteten Zusammenhang zwischen Abschließung der Rechtskreise und Zunahme der Fehde vgl. *Görner,* Raubritter, S. 184 f.; *Orth,* Fehden, S. 40 sowie *Planitz,* Vermögensvollstreckung I, S. 179 ff..

112 So *Redlich,* Rudolf von Habsburg, S. 33.

Diese Entwicklungen lassen sich gut im Elsass belegen. Als Alternativen zur gewaltsamen Selbsthilfe und für die Ahndung von Gewalttaten standen hier im Hohen Mittelalter insbesondere die „ordentlichen" Hochgerichte der beiden Landgrafschaften, die Gerichte der vor allem städtischen Immunitäten sowie die kirchlichen Gerichte, und nicht zuletzt das staufische König- und Herzogtum zur Verfügung, sowie die durch diese ebenfalls mögliche Schlichtung außerhalb des formalen gerichtlichen Verfahrens.

a) Die beiden Landgrafen im Unter- und Oberelsass waren in der Nachfolge der alten Gau- und Grafengerichte Träger des für die freie Landbevölkerung allgemein zuständigen Landgerichts.[113] Allerdings waren sie beide ein bloßes Amtslehen, daher nur in sehr geringem Umfang mit herrschaftlichen Rechten und Grundvermögen ausgestattet und folglich in ihrem Bestand und ihrem Einfluss eng an den politischen und wirtschaftlichen Erfolg der jeweiligen Inhaber gebunden. Dies illustriert beispielhaft die entgegengesetzte Entwicklung, die die beiden Ämter nahmen: Während es den Habsburgern gelang, aus ihrem Landgrafenamt im oberen Elsass den Kern ihrer Landesherrschaft zu entwickeln und damit einen Grundstein für ihren kometenhaften Aufstieg in Europa zu legen, verkümmerte im 13. und 14. Jahrhundert die untere Landgrafschaft schnell bis schließlich zu ihrem völligen Ausverkauf.[114]

Begonnen hatte dieser Verfall schon im 12. Jahrhundert, als Friedrich I. konkurrierende Adels- und Appellationsgerichte, namentlich für mehrere reichsunmittelbare Dörfer, einrichtete und damit die später gegründete Reichslandvogtei praktisch vorbereitete.[115] Als nach einer Neubelehnung der Landgraf seine Gerichtsbarkeit über mehrere Ritter gewahrt wissen wollte, rief Friedrich II. ihn zur Ordnung und wies ihn an, diese als Straßburger Bürger nicht vor sein Gericht oder *„ceteris judicibus per imperium"* zu ziehen.[116] Wie EYER wohl richtig geschlossen hat, muss es sich um mit gewissen Dorfherrschaften belehnte Ritter oder ehemalige Ministeriale gehandelt haben, die das Straßburger Bürgerrecht erworben hatten und somit nach kaiserlicher Weisung auch vom Landgrafengericht als Frei- und

---

113 Vgl. zum Ganzen *Eyer*, ZGO 117 (1969), S. 161 ff. m.w.N. auch zum territorialen Umfang über diese Gerichtsgewalt hinaus gehender Rechte; daneben *Schaab*, ZGO 132 (1984), S. 30 ff.; zur Landgrafschaft allgemein *Mayer*, ZRG GA 58 (1938), S. 138 ff.; *Véron-Réville*, Juridictions d'Alsace, S. 36 f.

114 zum Niedergang vgl. ausführlich *Eyer*, Landgrafschaft, S. 176 ff.; als Indiz für den bereits früh einsetzenden Niedergang der landgräflichen Gerichtsbarkeit insgesamt hat *Véron-Réville*, Juridictions d'Alsace, S. 33; m.w.N. Fn. 3 die Erweiterung der Ebenbürtigkeit auf besitz- und ranglose niederadelige Wappengenossen gesehen.

115 So wurden die Verwaltungsaufgaben 1230 dem Reichsschultheiß in Hagenau als *„praefectus Alsatie"* übertragen, vgl. *Eyer*, ZGO 117 (1969), S. 172 f.; *Gössgen*, Beziehungen, S. 14 f.

116 St. UB I, Nr. 248.

Adelsgericht eximiert waren.[117] Diese weit verbreitete Verbindung des Rittertums mit den Bürgerschaften der sich herausbildenden Reichsstädte und vor allem der Stadt Straßburg stellte eine bemerkenswerte Besonderheit des Elsass dar, die, zusammen mit der starken Zersplitterung des Gerichtsbezirkes, den Niedergang der unteren Landgrafschaft beschleunigte.[118] Die immer weiter gehenden, besonders zahlreichen Immunitäten des Bischofs und der Stadt Straßburg, der Reichsstädte und -dörfer sowie schließlich der edelfreien Herren, die Eingliederung von Dörfern in die habsburgische Landgrafschaft sowie die noch weitere Ausdünnung des Standes der Freien durch Abschichtungsbewegungen nach oben und unten führten zu einer zunehmenden Bedeutungslosigkeit dieser früher allgemeinen Landesgerichtsbarkeit. Als Folge begann seit 1332 der Ausverkauf der Landgrafschaft, vor allem an die größeren Territorialherren der Geschlechter von Lichtenberg und Fleckenstein, die in Form dieses Teilerwerbes beziehungsweise ihrer Afterbelehnung vor allem ihre eigene faktische Exemtion vom Landgericht erreichten und beizeiten die Gefahr einer späteren Mediatisierung, die in der Gerichtszugehörigkeit lag, bannten.[119] Die Liquidation war schließlich abgeschlossen, als 1352 die Bischöfe von Straßburg den nunmehr praktisch substanzlosen Titel erwarben und so der Landgrafschaft als verbindender, ordentlicher Landgerichtsbarkeit im Unterelsass ein Ende gesetzt war.[120]

b) Gleichzeitig vollzog sich im 13. und 14. Jahrhundert der Aufstieg der Exemtionen, voran der seit alters her nach außen freien Stadt Straßburg und der Reichsstädte im Elsass.

(1) So erhielt das unter bischöflicher Verwaltung stehende Straßburg bereits 1129 das älteste überlieferte Gerichtsstandsprivileg, das allerdings bis 1219 noch nicht das außerhalb liegende Eigentum von fremder Ge-

---

117 *Eyer*, ZGO 117 (1969), S. 175; vgl. *Véron-Réville*, Juridictions d'Alsace, S. 34 für weitere Beispiele dafür, dass der Landgraf nicht innerhalb der Immunitäten, außer mit deren Zustimmung, tätig werden durfte, wie 1215 in Ruffach, oder 1374 im Fall des Johann von Horburg als Vertreter des Landgrafen in Rappoltsweiler; vgl. dazu Schoepflin, Alsatia Diplomatica II, Nr. 1177, S. 270.

118 Bereits während des Interregnums hatten der Straßburger Bischof Walter von Geroldseck als *„custos terrae"* und sein Bruder Hermann als *„Advocatus Alsatie"*, ab 1273 dann Reichslandvogt als *„praeses provincialis generalis"* in Oberehnheim, wichtige Aufgaben der unteren Landgrafen an sich gezogen, vgl. *Eyer*, ZGO 117 (1969), S. 161, 175 f. m.w.N.; zu den Etappen des weiteren Niedergangs daneben *Wackernagel*, Basel I, S. 174 sowie *Véron-Réville*, Juridictions d'Alsace, S. 36 f.; speziell zur Parallele mit der erkämpften Autonomie und dem Aufstieg Straßburgs vgl. *Zind*, Histoire, S. 81.

119 Vgl. *Franck*, Landgrafschaften, S. 122 f. Die Afterbelehnung war der Ersatz für die an die nur ritterbürtigen Fleckensteinern nicht mögliche unmittelbare Übertragung der Hochgerichtsbarkeit; vgl. zu den Herren von Fleckenstein allgemein *Müller*, Fleckenstein.

120 *Eyer*, ZGO 117 (1969), S. 176 ff.; *Gössgen*, Beziehungen, S. 14 f.; *Franck*, Landgrafschaften, S. 116 ff.

richtsbarkeit und noch nicht von den allgemeinen kirchlichen Gerichten befreite.[121] Die Stadt hatte sich bereits im Hochmittelalter zur beherrschenden Metropole am Oberrhein entwickelt, die durch den Fernhandel zu Wasser und Lande von der Nordsee bis zum Mittelmeer zu großem Reichtum kam. Mit ihrer 1262 in der Schlacht von Hausbergen erkämpften Freiheit erwarb Straßburg die Möglichkeit zu einer sehr eigenständigen, durchaus wechselhaften Politik,[122] waren doch auch die ehrgeizigen Habsburger für sie keine unmittelbare Bedrohung, wie etwa für Basel.[123] Auch nach den Zunftrevolutionen nach 1332 lag die eigentliche Führung weiter in den Händen der Patrizier,[124] allen voran den beiden Geschlechtern der Zorns und Mühlenheimer, deren Auseinandersetzungen allerdings nicht aufhörten, den öffentlichen Frieden zu stören.[125] Dem Umland blieb die Stadt zwar weniger durch bäuerliche Pfahlbürger, als durch die bereits genannten zahlreichen und wichtigen adeligen Ausbürger, insbesondere Ritter, die das Bürgerrecht erworben hatten, bis zum Ende des 14. Jahrhunderts eng verbunden.[126]

(2) Basel als zweite wichtige alte Bischofsstadt am Oberrhein konnte sich erst viel später endgültig von ihrem seit Mitte des 14. Jahrhunderts völlig überschuldeten Stadtherren befreien und sah sich sogleich in dieser Unabhängigkeit durch die sie fast umschließenden habsburgischen Gebiete bedroht.[127] Beides hinderte die Bürgerschaft seit dem 13. Jahrhundert jedoch nicht an einem regen Fernhandel, sowie am Abschluss zahlreicher Bündnisse, auch mit ihrem Bischof, und der Teilnahme an vielen Fehden. Auch ihre inneren Entwicklung und Autonomie vollzog sich nur wenig später

---

121 Vgl. Keutgen, Urkunden, Nr. 15; *Battenberg*, Gerichtsstandsprivilegien, Regesten Nr. 3 (von 1129), 19 (von 1211), 23 (von 1219), 35 (von 1236), 75 (vom 8.12.1275), 144 (vom 17.3.1293), 239 (vom 1.6.1310), 347 (1328), 492 (vom 25.11.1347), 610 (vom 1.8.1355), 844 (vom 3.3.1379), 879 (vom 25.10.1379), 971 (vom 22.7.1396, hier erstmals explizit auch das Hofgericht eingeschlossen), 1016 (vom 8.11.1400); vgl. auch das Privileg König Rudolfs I. vom 8.12.1275, St. UB II, Nr. 47, S. 31 f.; zur allmählichen Befreiung auch von Gütern der Bürger auf dem Lande vgl. etwa St. UB II, Nr. 53, S. 36.

122 Zu Straßburgs Politik vgl. insbesondere *Bock*, ZGO NF 46 (1933), S. 328 f.; *Alioth*, Zünfte I, S. 118 ff.; *Dollinger*, Patriciat, S. 47 ff.

123 Vgl. hierzu etwa *Sydow*, Städte, S. 116 ff.; *Wackernagel*, Basel I, S. 167 ff.

124 Nach einem Schiedsspruch stellten die Patrizier danach neben den 3 Meistern 8 Ratsmitglieder, gegenüber 25 der Zünfte und 14 der übrigen Bürger, vgl. Schwörbrief vom 17.10.1334, St. UB V,Nr. 32 S. 41, Z. 15 ff.; vgl. *Sydow*, Städte, S. 124, 128, wonach die Angehörigen der patrizischen Oberschicht in Straßburg ca. 3-4% der Bevölkerung umfassten und ca. 30-40% des Steueraufkommens bestritten; vgl. auch *Mosbacher*, ZGO 119 (1971), S. 33 ff.

125 Vgl. dazu insgesamt *Arnold*, Histoire secrète, S. 94; allgemein *Hauptmeyer*, ZbayLG 40 (1977), S. 37 ff.; *Haverkamp*, Auseinandersetzungen, S. 89 ff.; sowie ausführlich innerhalb des jeweiligen zeitlichen Kontextes unten in Kapitel 2.

126 Vgl. etwa den Bericht in den Ann. Colm. Maiores, S. 55.

127 Vgl. *Wackernagel*, Basel I, S. 256 ff.

als in Straßburg; wie etwa eine Rüge Kaisers Karls IV. an den Rat wegen dessen konkurrierender Gerichtbarkeit zum Vogtgericht bei der Handhabung des Stadtfriedens von 1359 belegt.

(3) Exemtionsprivilegien erlangten die kleineren, überwiegend von den Staufern gegründeten Städte Hagenau[128], Colmar[129], Schlettstadt[130], Oberehnheim[131], Rosheim[132], Mühlhausen[133], Türkheim,[134] Münster[135], Weißenburg[136] und Kaysersberg,[137] die schon recht früh einen Rat erhalten hatten,[138] dagegen erst in der Folge ihrer endgültigen Anerkennung als Reichsstädte nach dem Ende des Interregnums. Bereits 1278 hatte König Rudolf I. erstmalig ein allgemeines, allerdings wohl wenig wirkungsvolles Gerichtsstandsprivileg für alle Reichsstädte gewährt,[139] dem allmählich auch

---

128 Battenberg, Gerichtsstandsprivilegien, Regesten Nr. 326 (24.12.1322), 712a (23.4.1385), 1028 (1410, dabei Verweis auf nicht erhaltenes Privileg Karls IV.); auffällig hier vor allem die ausdrückliche Berücksichtigung der Pfahl-/Ausbürger; vgl. zu den weit früheren Stadgründungsprivilegen für Hagenau von 1164 und der weiteren Statdrechte der Reichsstädte aus dem 13. Jahrhundert vgl. im Überblick *Osenbrüggen*, Alamannisches Strafrecht, S. 15 m.w.N.

129 Battenberg, Gerichtsstandsprivilegien, Regesten Nr. 91 (29.12.1278), 142/143 (21.2.1293), 421 (22.8.1337), 484 (15.11.1347), 501 (12.12.1347), 757 (16.10.1370, als Anweisung an die Landrichter im Oberelsass), 812 (26.6.1376), 906 (13.7.1382 als Anweisung gegen den habsburgischen Landvogt, dass seine Ladung zu Unrecht erfolgt sei), 913 (4.9.1384), 982 (18.10.1397); damit deutlich früher, als etwa von *Livet*, Histoire de Colmar, S. 65, behauptet.

130 Battenberg, Gerichtsstandsprivilegien, Regesten Nr. 135 (7.1.1293), 278 (28.3.1315), 361 (21.8.1330), 498/499 (12.12.1347), 815 (26.6.1376 wie oben für Colmar), 984 (18.10.1397); man beachte hier die allmähliche zeitliche Parallelität zu Colmar.

131 Battenberg, Gerichtsstandsprivilegien, Regesten Nr. 360 (20.8.1330), 504 (16.12.1347), 814 (26.6.1376)

132 Für Rosheim ist kein spezielles Privileg überliefert, jedenfalls waren die Bürger aber auch von dem „Sammelprivileg" König Rudolfs für die Reichsstädte umfasst.

133 Battenberg, Gerichtsstandsprivilegien, Regesten Nr. 74 (5.8.1274), 135 (7.1.1293), 199 (1.4.1300), 234 (31.10.1309), 279 (29.3.1315), 284 (4.4.1315), 359 (15.8.1330), 500 (12.12.1347), 813 (26.6.1376), 966 (9.2.1395), 983 (18.10.1397).

134 Battenberg, Gerichtsstandsprivilegien, Regesten Nr. 282 (29.3.1315), 503 (12.12.1347), 580 (10.5.1354).

135 Battenberg, Gerichtsstandsprivilegien, Regesten Nr.579 (10.5.1354).

136 Battenberg, Gerichtsstandsprivilegien, Regesten Nr. 210 (24.6.1305), 241 (25.7.1310), 327 (29.12.1322), 342 (2.5.1326), 436 (13.9.1340), 507 (2.1.1348)

137 Battenberg, Gerichtsstandsprivilegien, Regesten Nr. 502 (12.12.1347), 578 (10.5.1354), 935 (23.4.1388), wobei letzteres sogar die Aufnahme von Geächteten erlaubte.

138 Vgl. Überblick bei *Beyerle*, Elsaß, S. 306 ff.; zu den Stauferstädten und ihrer immunitätsgleichen Stellung vgl. allgemein auch *Kroeschell*, DRG I, S. 223 f.; *Distler*, Städtebünde, S. 109 ff.

139 Battenberg, Gerichtsstandsprivilegien, Regesten Nr. 63 (2.9.1274 Zürich u.a.); 88 (22.5.1278 uneingeschränkt); vgl. auch *Martin*, Städtepolitik, S. 141; zur Rolle des Reichslandfriedens von 1298 für die Exemtion der Städte, vgl. bereits *Wyneken*, Landfrieden, S. 10.

spezielle Verbürgungen ihrer Vorrechte folgten, die sich teilweise explizit gegen die Landgrafengerichte richteten und den Schutz der Pfahl- und Ausbürger gewährleisten sollte.[140]

(4) Die größeren kirchlichen Güter hatten bereits lange vor dieser Zeit ihre Immunität erhalten; allerdings gab es davon nur verhältnismäßig wenige, darunter neben den weltlichen Territorien der beiden Bistümer vor allem die der Abteien von Murbach, Lützel und Masmünster.[141]

(5) Wie bereits dargestellt, hatten die größeren Territorialherren sich zwar im Niederelsass bis 1352 durch den Teilerwerb und die Auflösung der unteren Landgrafschaft ihre rein faktische Exemtion vom Landgericht gesichert. Aber auch im Oberelsass strebten mehrere bedeutendere Landadelige danach, sich der landgräflichen Jurisdiktion zu entziehen oder diese zumindest als Afterlehen zu erhalten, wie zum Beispiel die Grafen von Pfirt. Aber selbst mächtigen Grundherren wie den Herren von Rappoltstein, deren Besitz in beiden Teilen des Elsasses lag, gelang eine solche Befreiung während des ganzen 14. Jahrhunderts nur unzureichend.[142] Kleinere Adelige konnten die Habsburger dagegen ohne Probleme in ihrem Gericht halten, was für sie zu einem hervorragenden Ausgangspunkt für das Vorhaben wurde, diese weiter, etwa durch (Burg-) Lehensverhältnisse an sich zu binden und damit dauerhaft unterzuordnen.[143]

(6) Auch die Entwicklung der weltlichen Gerichtsgewalt der Bischöfe von Straßburg zeigte eindeutig die spätmittelalterlichen Abschließungstendenzen. So verloren die Bischöfe einerseits bereits mit der Niederlage in der Schlacht von Hausbergen 1262 gegen die Bürgerschaft Straßburgs einen großen Teil ihrer stadtherrlichen Befugnisse und damit ihren realen Einfluss, wodurch Straßburg *de facto* zu einer Freien Stadt wurde, ohne dass ihr dieser Titel zunächst beigelegt wurde.[144] Weitere Versuche der Bischöfe,

---

[140] Vgl. St. UB II, Nr. 97, S. 62; Battenberg, Gerichtsstandsprivilegien, Regesten Nr. 502 (12.12.1347), 508 (4.1.1348), 712a (1365).

[141] So etwa die bischöflichen und klösterlichen Güter unter anderem in Straßburg, Morbach, St. Georgien, Münster, Masseveaux, Marmoutier, Eboresheim, Hombruch, St. Otilien und Ehrenstein, vgl. *Véron-Réville*, Juridictions d'Alsace, S. 27 f.; *Bischoff*, Murbach; hierzu und zum folgenden vgl. *Gössgen*, Beziehungen, S. 13.f. m.w.N.; für die bischöflich-straßburgischen Güter vgl. ausführlich *Kiener*, Studien.

[142] Diese erlangten die Befreiung erst ab 1396 und nur für ihre Untertanen, während sie selbst im Gericht der Habsburger verblieben, vgl. Battenberg, Gerichtsstandsprivilegien, Regesten Nr. 969 f.; diese komplizierte Rechtslage sollte Jahrhunderte später bei dem Erwerb der habsburgischen Rechte im Elsass durch Frankreich nach dem Dreißigjährigen Krieg erhebliche rechtliche Probleme aufwerfen.

[143] Vgl. *Gössgen*, Beziehungen, S. 4 f., 17 f.; *Véron-Réville*, Juridictions d'Alsace, S. 29.

[144] Zu den einzelnen Befugnissen, insbesondere der Gerichts- und Abgabenexemtion vgl. bereits *Gössgen*, Beziehungen, S. 42 ff.; *Gerlich*, Landfriedenspolitik, S. 68; *Landwehr*, Art. „Freie Stadt", HRG I, Sp. 1221 f.

das Interregnum zur Aneignung von Rechten in den anderen Städten zu nutzen, scheiterten an der starken Gegenwehr unter anderem des späteren Königs Graf Rudolf von Habsburg. Andererseits konnte die Straßburger Kirchenprovinz nicht nur ihre eigenen Vogteirechte, etwa 1269 in der oberen Mundat durch Tausch mit Graf Rudolf, sondern als Rechtsnachfolgerin die größten Teile der unteren Landgrafschaft erlangen.[145]

Somit entwickelte sich das Oberelsass nach dem Interregnum immer mehr zu einer geschlossenen Landesherrschaft der Habsburger, deren Kern die Landgrafschaft bildete. Andererseits war mit der Landgrafschaft im Unterelsass, die bereits am Ende des Hochmittelalters durch zahlreiche Exemtionen ausgehölt war, nach 1352 jedes verbindende Landgericht für Klagen zwischen den einzelnen partikularen Rechts- und Gerichtsträgern in diesem Landschaftsteil verschwunden.

c) Dieses Jurisdiktionsproblem hätte allerdings weitgehend aufgefangen werden können, wenn eine wirksame übergeordnete Instanz für Klagen zwischen und gegen die städtischen und adeligen Gerichte bestanden hätte.

(1) Als solche fungierte in anderen Landschaften des Reiches, wie in Bayern und Österreich, das Herzogtum, dem dort nach und nach eine autoritäre Friedensgesetzgebung als Basis sowohl einer wirksamen Gewaltbekämpfung als auch des Aufbaus der Landeshoheit auf dieser Ebene gelang.[146] Das Herzogtum im Elsass und in Schwaben teilte aber den Untergang der Stauferdynastie, die dieses Amt seit langer Zeit stets selbst innegehabt hatte. Nach der Wahl Konradins zum Herzog 1262 bedeutete dessen Hinrichtung 1268 angesichts der politischen Verhältnisse zugleich den unwiederbringlichen Untergang des Amtes in beiden Regionen.[147] Trotz seiner realen „Inkorporation" ins Reich existierte das Herzogtum jedoch als Idee und „Rechtsraum" wohl im Bewusstsein der Zeit noch länger fort.[148] Eine Wiederherstellung, die insbesondere die habsburgischen Könige, aber auch noch Karl IV. immer wieder als Projekt andachten, wurde durch die starke Stellung der Partikulargewalten und die Reichspolitik allerdings

---

145 *Gössgen*, Beziehungen, S. 11.

146 Vgl. etwa *Mohrmann*, Landfriede, S. 29 f.; *Pfeiffer*, Landfriedensorganisation; für die frühe Entwicklung des staufischen Herzogtums Schwaben vgl. *Hofacker*, Reichslandvogteien, S. 17 ff. m.w.N.; für die Funktion bei der Friedenssicherung vgl. auch bereits *Fehr*, Landeshoheit, S. 2 f.

147 Zum „schillerndes Gebilde" des Herzogtums Schwaben, das auch wegen der konkurrierenden Zähringer nie die Geschlossenheit und Qualität der echten Stammesherzogtümer erreichte vgl. *Marchal*, Sempach, S. 3 ff.; vgl. *Hofacker*, Reichslandvogteien, S. 99 ff.; *Bader*, ZwürttLG 3 (1939), S. 35 ff.

148 Vgl. dazu *Quarthal*, Königslandschaft, S. 129 f.; *Zettler*, Schwaben, S. 202; *Du Prel*, Landesgeschichte, S. 268 ff.

stets wirksam verhindert.[149] So blieb die „übergräfliche Schutzhoheit" von König Rudolfs gleichnamigem Sohn, die ihren Ausdruck in der Bezeichnung als „*dux Alsatiae*" in den Colmarer Annalen fand, eine kurze Episode ohne rechtliche Wirkung.

(2) Als letzte weltliche Obergewalt blieb somit nur das Königtum selbst.[150] Zwar behielt das Elsass auch lange nach seiner Blütezeit als staufisches Kernland unter unmittelbarer königlicher Obhut und modellhafter Verwaltung im *regnum Teutonicum* seinen königsnahen beziehungsweise -offenen Status.[151] Allerdings konnten die vier Könige des Interregnums mangels persönlicher Präsenz auch hier keine praktische Wirkung entfalten.[152] Rudolf I. und seine Nachfolger zeigten sich dagegen deutlich häufiger und engagierter am Oberrhein, konnten sich jedoch umso weniger um die konkreten örtlichen Probleme kümmern, je stärker sie von der Reichspolitik gefordert waren. Andererseits sahen sich die kleineren Reichsglieder in ihren erkämpften Freiheiten jedenfalls dann bedroht, wenn habsburger Könige herrschten, die sich zwar besonders am Oberrhein engagierten, deren Politik aber stets die Gefahr einer Vermischung mit ihren Hausmachtinteressen mit sich trug. Die anderen Herrscher der Epoche waren nahezu immer in den Kampf mit Gegenkönigen oder dem Papstum oder in Geldsorgen verstrickt, was die Stände trefflich für eine Erweiterung ihrer Gerichtsprivilegien und Freiheiten nutzen konnten, so dass sie selbst wirksam eine übergeordnete Rechtsprechung des Reiches blockierten. Hinzu kam, dass die Anhängerschaften in diesen Reichskonflikten in aller Regel auch die regionalen Akteure entzweite, so dass eine von ihnen gemeinsam aner-

---

149 So war es seit 1273 das Bestreben der Habsburger, ein neues Herzogtum Schwaben als Machtsbasis für das Grafengeschlecht einzurichten, das für die Reichspolitik jedenfalls bis zum Erwerb der späteren österreichischen Erblande erforderlich schien. So erwirkte zunächst König Rudolf I. den Titel für seinen Sohn, der ihn bis zu seinem Tod 1282 führte; der Titel eines Herzogs von Schwaben wurde noch von Herzog Rudolf IV. Mitte des 14. Jahrhunderts geführt, aber im Konflikt mit Karl IV. aufgegeben; die rechtliche Wiederherstellung des Herzogtums scheiterte vor allem am Wechsel der Königsgewalt an den jeweils entscheidenden Zeitpunkten 1291, 1308 und 1325; jedoch fand die Idee ihr endgültiges Ende erst 1379 nach der Teilung der Habsburger in Linien; *Marchal*, Sempach, S. 6 ff.; *Gerlich*, Landfriedenspolitik, S. 73 f.; *Angermeier*, Königtum und Landfriede, S. 28 f.; ausführlich *Quarthal*, Königslandschaft, S. 129 f, 134 ff.; *Maurer*, Erneuerung, S. 645 ff.; *Feine*, ZRG GA 67 (1950), S. 211.

150 Vgl. dazu und zu den Problemen hier nur exemplarisch *Fehr*, ZRG GA 38 (1917), S. 112.

151 Das gesamte Rheingebiet bot dem Königtum mit seinen ständig wechselnden politischen Konstellationen im 14. Jahrhundert noch die Möglichkeit des Eingriffs, hinzu kam am Oberrhein die Kleinteiligkeit der territorialen Verhältnisse, in denen bis zum Ende des Untersuchungszeitraums das Reichsgut und reichsnahe Herrschaftsträger eine zentrale Rolle behielten, vgl. *Moraw*, JbWestdtLG 3 (1977), S. S. 175 ff.; zur Königsoffenheit des Oberrheins vgl. *Diestelkamp*, Regionen, S. 151; zur Bedeutung für die Landfriedenssorge vgl. *Mohrmann*, Landfriede, S. 116; ähnlich *Stercken*, Landfrieden, S. 42 mit Fokus auf den Niederrhein.

152 Vgl. *Gerlich*, Landfriedenspolitik, S. 75.

kannte Schiedsinstanz in Gestalt des Königtums praktisch nie vorhanden war.

Solange das königliche Hofgericht noch an den umherziehenden Herrscher gebunden war, konnte es aufgrund der oft großen Distanzen kaum eine beständige Funktionen für die regionale Rechtspflege ausfüllen. Als später schließlich noch das feste königliche Landgericht in Rottweil hätte in die Oberrheinregion eingreifen können,[153] war bereits die Stellung der Partikulargewalten derart gefestigt und waren ihre Gerichtsfreiheiten so verbrieft, dass das Landgericht keine nachhaltige Wirksamkeit mehr entfalten konnte. Dies illustriert beispielsweise eine königliche Anordnung an das Gericht vom 25.4.1365, in Zukunft keine Straßburger Bürger mehr zu laden oder sonst zu belästigen.[154]

(3) Zur Bündelung und Verwaltung des noch am Ende des Hochmittelalters erheblichen Reichsgutes am Oberrhein bildete sich unter Rudolf von Habsburg parallel zu einem für die eigentlichen habsburgischen Besitzungen eingesetzten Landvogt der Reichslandvogt im Unterelsass als ständiger persönlicher Stellvertreter des Königs heraus.[155] Als solcher stellte er eine jederzeit abberufbare Mittelinstanz des Königs für das verbliebene Reichsgut dar, insbesondere für die Reichsdörfer und die kleineren reichsunmittelbaren elsässischen Städte.[156] Damit verfügte er zwar über erhebliche administrative, militärische und auch gerichtliche Befugnisse gegenüber den im Verlauf der Zeit immerhin zehn bis zwölf Reichsstädten, 49 Reichsdörfern, und den weiteren Reichsbesitzungen in diesem Bezirk, gegen die sich insbesondere die Autonomiebestrebungen der Bürgerschaften in den Reichsstädten wandten.[157] Er besaß aber keinerlei einem Landgrafen vergleichbare Gewalt über die übrigen elsässischen Reichsstände, wie etwa Straßburg oder Basel.[158] Anders als in den Gebieten mit besonders großer

---

153 Vgl. ausführlich etwa *Feine*, ZRG GA 66 (1948), S. 164 f.; vgl. etwa die habsburgischen Exemtionsprivilegien für die vorderösterreichischen Territorien gegenüber dem Rottweiler Gericht, Lünig, Reichsarchiv XII, Nr. 15, 18 von 1361 / 1368.

154 Vgl. St. UB V, Nr. 631; wiederholt am 29.1.1381, St. UB VI, Nr. 8.

155 *Redlich*, Rudolf von Habsburg, S. 454 f., 459 m.w.N.; vgl. zum ganzen *Hofacker*, Reichslandvogteien, S. 105 ff.

156 Vgl. *Becker*, JbGEL 15 (1899), S. 8 ff.; zur Ausnahme Straßburgs vgl. St. UB II, Nr. 53, S. 36.

157 Vgl. RI IV 1, Nr. 1236; *Redlich*, Rudolf von Habsburg, S. 460 ff. mit einer Übersicht über die Aufgaben des Reichslandvogts, darunter die Vogtei über Kirchen und Reichsstifte, die Berufung und Führung der Reichsritterschaft, die „Straßenaufsicht", sowie die Oberaufsicht über den heiligen Forst und vor allem die Reichsstädte, wo er die Amtsträger einsetzte, die Steuern einnahm und mit im Laufe der Zeit unterschiedlichem Umfang in die inneren Angelegenheiten eingreifen konnte, vgl. dazu und zur militärischen Rolle *Wackernagel*, Basel I, S. 169 f; zur parallelen Entwicklung in Schwaben *Hofacker*, Reichslandvogteien, S. 107 ff.

158 Vgl. *Redlich*, Rudolf von Habsburg, S. 460; zu teilweise abweichenden Entwicklungen im benachbarten Schwaben und dem Schweizer Gebiet ausführlich *Hofacker*, Reichslandvog-

Hausmacht und Vogteirechten, wie etwa in Südschwaben, der Schweiz, aber auch im Oberelsass, konnte sich aus seinem Amt auch keine „übergräfliche Schutzgewalt" entwickeln; war ihm doch auch nicht automatisch mit seinem Amt die allgemeine Sorge für den Landfrieden über sein Territorium hinaus übertragen. Bald unterlag die Reichslandvogtei auch der Verpfändungspolitik der Könige und wurde von den Inhabern vor allem als ein wirtschaftliches Nutzungsrecht verstanden, wogegen sich die Reichsstädte besonders wehren mussten. Darüber hinaus war der Reichslandvogt, oder im Fall der Verpfändung sein tatsächlich die Aufgaben wahrnehmender Stellvertreter, stets zwar ein jederzeit absetzbarer Amtsträger des Reiches; er entstammte jedoch regelmäßig einer der weniger bedeutenden Familien des oberrheinischen Landadels, so dass er oft nur eine geringe Macht und Autorität besaß und selbst häufig wegen seiner regionalen Bande nicht als unparteiischer Schiedsrichter auftreten konnte.

(4) Gleiches galt entsprechend für die wichtigsten Territorialherren im Unterelsass, die Bischöfe von Straßburg[159] und ihre Amtsbrüder in Basel, die regelmäßig dem führenden Landadel entstammten, sofern nicht päpstliche oder königliche Machtpolitik oder fiskalische Interessen einen auswärtigen Bewerber bevorzugt hatten. Abgesehen von der territorialen Gerichtsbarkeit der Bischöfe konnten die kirchlichen Gerichte zwar nicht unmittelbar Rechtsverstöße sanktionieren.[160] Sie hatten aber zumindest die rechtliche Möglichkeit, viele Konfliktursachen im Familien- und Erbrecht, sowie - durch das Institut des Eidbruchs - vor allem im Vertragsrecht gerichtlich zu klären und im Einzelfall wirksamere Zwangsmaßnahmen bereitzustellen. Allerdings entwickelten sich gerade aus den Gegensätzen des kanonischen Rechts zum Landrecht etwa im Erbrecht neue Konflikte. Auch unternahmen insbesondere die Städte bald Abwehrmaßnahmen gegen die kirchlichen Gerichte. Für die außergerichtliche Beilegung von Konflikten zwischen den Adeligen und den Städten und ihren Angehörigen waren die Bischöfe und ihre Amtswalter auch nicht besser geeignet als jeder andere politische Akteur in der Region, da sie selbst weitgehend in die bestehenden regionalen Personenverbände und die Gegensätze im regionalen Beziehungsgeflecht verwoben waren. Zudem wurden durch die sich im 13.

---

teien, S.115 ff.; *Meyer*, Landfrieden, S. 39 f.; *Wyneken*, Landfrieden, S. 42; *Quarthal*, Königslandschaft, S. 131 ff..

159 Die großen Landesherrschaften der Herren von Lichtenberg, Ochsenstein, Geroldseck, und Rappoltstein wurden übertroffen vom Besitz des Bischofs von Straßburg, der nach den Habsburgern den größten Landanteil im Elsass besaß, vgl. *Wackernagel*, Basel I, S. 174 ff.

160 Vgl. hierzu, zu den *causae spirituales(annexae)*, der *ratione peccati* und zum Folgenden, insbesondere den Spannungen zu den traditionellen Rechtsauffassungen und Verhaltensweisen umfassend *Nehlsen-von Stryk*, Zivilprozeß, S. 314 ff. m.w.N.; zur Rezeption am Oberrhein vgl. insbesondere *Ober*, Archiv für katholisches Kirchenrecht 90 (1910), S. 559 ff.; *Gottlob*, ZRG KA 38 (1952), S. 113 ff.

und 14. Jahrhundert fortziehenden Konflikte zwischen Kirche und Königtum und mehrere große Schismen die kirchliche Handlungsfähigkeit und Autorität sehr häufig stark eingeschränkt.[161]

d) Von einer wirksamen übergeordneten Gerichtsbarkeit und Ordnungsmacht konnte so kaum die Rede sein. Damit waren die Möglichkeiten für die autoritative, formale Beilegung von Konflikten zwischen Angehörigen unterschiedlicher Rechtskreise, etwa zwischen Bürgern verschiedener Städte oder diesen und adeligen oder einfachen Landleuten, sehr begrenzt.

(1) Schon früh behalfen sich die Städte im ganzen Reich durch zahlreiche Verträge, in denen sie sich untereinander die gerichtliche Gleichstellung ihrer Bürger und beispielsweise deren gegenseitige volle Zeugnisfähigkeit zugestanden.[162] Als exemplarisch kann etwa eine dreijährige Vereinbarung von Weißenburg mit Hagenau von 1302 angesehen werden:[163] ausschließlicher Gerichtsstand blieb danach die Stadt des Beklagten, der Kläger konnte jedoch mit einem nicht gegen ihn als Fremden voreingenommenen Gericht rechnen, gewisse Vorrechte bei der Realisierung seiner Ansprüche nutzen und bei Verletzung der Unterstützungspflicht durch den Stadtrat einen Schadensersatz einfordern.

Der Weg zu derartigen Vereinbarungen wurde aber von den Landadeligen nur sehr selten und spät beschritten.[164] Einerseits war die gemeinsame Basis viel schmaler als zwischen den stets bereits auf einer *coniuratio* beruhenden Bürgerschaften und das Misstrauen und die Kluft durch den Ständegegensatz größer. Andererseits blieben Konflikte mit den jeweiligen Städten in aller Regel Einzelfälle, für die abstrakte Gerichts- und Schiedsverträge nur selten der Mühe wert schienen.

(2) Griffen solche speziellen Mechanismen nicht, ging man in der Regel einen anderen Weg. Es wurden flexible, *ad hoc* eingerichtete Schiedsgerichte und Vermittlungsdienste von Dritten genutzt, damit allerdings auch Institute, die meist am Ende einer mehr oder weniger symbolischen oder realen Fehde in Anspruch genommen wurden.[165] In diesem Sinne wirkten auch

---

161 Spätestens zu diesem Zeitpunkt hatten auch die Kirchensanktionen ihre abschreckende Wirkung weitgehend eingebüßt, vgl. etwa *Görner*, Raubritter, S. 240.

162 Als frühe Beispiele wäre hier auf die Vereinbarungen Straßburgs mit Speyer von 1227 (UB Speyer, Nr. 42), mit Saarburg 1259 (St. UB II, Nr. 437), 1267 mit Rheinau (St. UB II, Nr. 13) und die Vereinbarungen von Freiburg mit Straßburg vom 31.7.1313, St. UB II, Nr. 308; UB Freiburg I 1, Nr. 80 zu nennen; vgl. weiter die Zusammenstellung bei OSA I, Nr. 445 - 454 m.w.N.; dazu auch *Distler*, Städtebünde, S. 84; allgemein *Mohrmann*, Landfriede, S. 36.

163 Vgl. OSA I, Nr. 442; Wattenbach Regesten ZGO AF 24 (1872), Nr. 19.

164 Vgl. etwa die Vereinbarung der Herren von Rappoltstein mit Colmar und Schlettstadt vom 23.6.1343, Rapp. UB I, Nr. 536.

165 Vgl. bereits oben Fn. 29; daneben etwa für das 15. Jahrhundert *Kaufmann*, Rechtshilfe, S. 84; *Most*, Reichslandfriede, S. 118 f.; zu einseitig hingegen *Véron-Réville*, Juridictions d'Alsace,

die spätmittelalterlichen Könige häufig persönlich oder durch Vertreter in konkreten Einzelfällen.[166] Wurde nicht eine besondere neutrale Autoritätsperson als Vermittler oder gar Schiedsrichter angerufen, so waren es meist Schiedsgerichte, in die beide Seiten jeweils eine oder mehrere Personen ernannten. Diese Schiedsrichter einigten sich untereinander auf einen gemeinsamen Obmann als Vorsitzenden und im Zweifelsfall ausschlaggebenden Mitentscheider.

II. Vorläufer und Ansätze der Landfriedensentwicklung bis zum Interregnum

1. Die hochmittelalterliche Landfriedensbewegung und die *Pax Alsatiensis*

> „Wie im ganzen Reich überall allmählich selbständige Gewalten aufkommen, die sich einen kleinen Staat im großen schaffen, so zerfällt auch das Elsaß in eine Reihe kleiner und kleinster reichsunmittelbarer Territorien. Ein Blick auf die Karte des mittelalterlichen Elsasses lässt uns den Namen als rein geographischen Begriff erscheinen, dem jede politische Berechtigung fehlt. In buntem Gewirr liegen die Kleinstaaten miteinander im Gemenge ..."[167]

Eine Schlussfolgerung, wie sie hier MÜLLER aus der zersplitterten Gerichtsbarkeit der Region gezogen hat, zeigt weit mehr die ganz am Paradigma des modernen Staats ausgerichtete eindimensionale Sichtweise des 19. und frühen 20. Jahrhunderts, als dass sie die deutlich komplexere Lage am Oberrhein erfasst hätte. Es lag einerseits an den natürlichen Grenzen, die das Elsass und das weitere Oberrheingebiet abschlossen, und den bereits ausgeprägten intensiven Wirtschaftsbeziehungen und gemeinsamen Fernhandelsinteressen, vor allem im Weinhandel, dass eine solche Behauptung gerade nicht zutraf, sondern das Elsass als eine politische Raumschaft mit durchaus eigenem Identitätsgefühl den Untergang des zugehörigen

S. 35 f., der aus einer sehr etatistischen Sicht darauf abstellt, die Reichsunmittelbaren im Elsass hätten gerade durch die Einrichtung der Schiedsgerichte von einer desolaten Anarchie während des Interregnums profitiert; zur Geschichte des Schiedswesens aus Sicht der Städtebünde vgl. jüngst ausführlich *Distler*, Städtebünde, S. 144 ff.

166 Vgl. ausführlich *Rödel*, Gerichtsbarkeit, S. 137 ff.

167 *Müller*, Die elsässischen Landstände, S. 10.

Herzogtums bis weit in die Neuzeit überdauerte.[168] Eine weitere, wenn nicht entscheidende Rolle kam aber andererseits der gemeinsamen Landfriedensentwicklung in der Region zu, die in gewisser Weise mit beidem verknüpft war, sich aber kontinuierlich vom 11. unmittelbar bis über das Ende des 14. Jahrhunderts hinaus erstreckte und in ihren Folgen weit darüber hinausreichte.[169] Allerdings war diese Entwicklung eine durchaus gebrochene: die landfriedenslosen Zeiten überwogen und die einzelnen Landfrieden wiesen oft ganz unterschiedliche Reichweiten und Formen auf. Kein dauerhaftes einheitliches Landesgericht sorgte hier für die Einheit und Beständigkeit, die BRUNNER aufgrund seiner österreichischen Erkenntnisse als geradezu wesentlich für das Entstehen einer Landesidentität durch den Landfrieden betrachtet hat. So war die *Pax Alsatiensis* neben der historiografischen Erwähnung eines Landfriedens Heinrichs (VII.) von 1233[170] der einzige dokumentierte regionale Niederschlag der Landfriedensbewegung im Elsass bis zum Interregnum.[171] Über ihre exakte Datierung zwischen 1093-1104 - sie entstand damit etwa zeitgleich wie entsprechende schwäbische und bayerische Provinziallandfrieden - bestehen dabei gewisse Unklarheiten fort, ihre Echtheit wird jedoch nicht mehr angezweifelt.[172]

Allerdings hatte die frühere Landfriedensentwicklung vor 1273 eine nicht unerhebliche Vorarbeit geleistet, auf der die späteren Landfrieden aufbauen konnten. Diese Formen, Errungenschaften und Entwicklungen sind lange Zeit der bevorzugte Untersuchungsgegenstand der Landfriedensforschung gewesen, so dass hier auf die vergleichsweise umfangreiche Litera-

---

168 Vgl. ausführlich *Müller*, Die elsässischen Landstände, S. 10 ff.; *Dollinger*, Art. „Elsass",LexMA III, Sp. 1852 ff.; zum prägenden Weinbau und -handel vgl. nur *Sittler*, viticulture, *Barth*, Rebbau.

169 *Vgl. unten Kapitel 7 II 1, 3.*

170 Annales Marbacenses, S. 95; vgl. *Angermeier*, Landfriedenspolitik, S. 1; auf diese Quelle bezieht sich wohl auch *Gernhuber*, Landfriedensbewegung, S. XII; entgangen ist diese Quelle dagegen wohl *Müller*, Die elsässischen Landstände, S. 15, der ab dem 12. Jahrhunder keine Spur elsässischer Landfriedensbestrebungen bis zur 2. Hälfte des 13. Jh. diagnostiziert hat.

171 Die so genannte *Pax Alsatiensis*, ediert in: MGH Const. I, Nr. 429, S. 611 - 613.

172 Anders noch *Osenbrüggen*, Alamannisches Strafrecht, S. 41, der die *Pax* zwar wegen des Verweises auf Papst Leo in Art. 14 vorläufig auf 1050 datiert, jedoch eine Fälschung von *Beatus Rhenanus* in seinen Rerum Germ. libri II, S. 97 vermutet hat, aufbauend auf *Kluckhohn*, Gottesfrieden, S. 67 und an diesen anschließend *Eggert*, Landfrieden, S. 22; dabei wird erkennbar, wie das Fehlen einer königlichen oder herzoglichen Autorität Stein des Anstoßes für die etatistisch-monarchistisch Auffassung gewesen ist; zur Datierung überzeugend hingegen *Waitz*, Urkunden, S. 34 f.; vgl. *Müller*, Die elsässischen Landstände, S. 208 ff.; ausführlich *Goecke*, Landfriedensaufrichtungen, S. 34 ff.; *Herzberg-Fraenkel*, FDG 23 (1883), S. 149 ff.

tur verwiesen werden kann,[173] soweit nicht besondere Querbezüge zur hier untersuchten späteren Entwicklung eine gesonderte Hervorhebung gerechtfertigt erscheinen lassen.

a) Kennzeichnend für den Ursprung der Landfriedensbewegung waren bekanntermaßen die kirchliche Reformbewegung und die von ihr mit hervorgerufenen neuen Ordnungsvorstellungen, mit denen sich die Gottesfrieden noch im 11. Jh. Von Südfrankreich aus schnell in den deutschen Raum ausbreiteten, wo angesichts der Schwäche der weltlichen, aber auch kirchlichen Ordnungsgewalten ein großes Bedürfnis nach Mechanismen zur Eindämmung von gewaltsamen Konflikten bestand.[174] Dort übernahmen zuerst die Bischöfe in ihren Kirchenbezirken, dann die weltlichen Gewalten auf provinzialer und reichsweiter Ebene die bereits entwickelten Formen.[175] Gottes- und Landfrieden einte wohl der Mechanismus einer „Aktivierung der Massen", die durch einen feierlichen Aufrichtungsakt durch eine geistliche oder weltliche Autorität initiiert wurde, bei dem sich die Bevölkerung versammelte und einen Eid auf den Frieden schwor. Anders als bei den meisten anderen überlieferten Friedensurkunden nannte die *Pax Alsatiensis* weder eine geistliche oder weltliche Autorität, die als Initiator und Garant des Friedens in Erscheinung getreten wäre, beim Namen, obwohl ihr Text wahrscheinlich in der Kanzlei des Bischofs von Straßburg ausgefertigt wurde.[176] Allerdings folgte auch sie klar dem genannten Aufrichtungsmuster und verkündete, dass die *Alsatienses cum suis primatibus* einen Frieden aufgerichtet und beschworen hätten, womit bereits zu diesem Zeitpunkt das Fehlen einer einzelnen, alle überragenden Vormacht und Autorität in der Landschaft aufgezeigt wurde.[177]

---

173 Vgl. insbesondere die Übersichten bei *Wadle*, Frühe deutsche Landfrieden, S. 71 ff.; *Kroeschell*, DRG I, S. 186 ff.; daneben das zusammenfassende Werk von *Gernhuber*, Landfriedensbewegung; sowie die bereits gerade oben unter Fn. 172 und unten in Fn. 176 genannten.

174 Vgl. hierzu insbesondere *Sellert*, Friedensprogramme, S. 458 f.; vgl. etwa *Gernhuber*, Landfriedensbewegeung, S. 172; *Vogel*, Fehderecht, S. 36 ff.; kritisch gegen die gängige Vorstellung, den Gottesfrieden sei eine besonders schlimm empfundene Anarchie vorangegangen *Goetz*, Gottesfriedensbewegung, S. 37 ff.; zu den Urspüngen der Gottesfriedensbewegung jüngst *Gergen*, Pratique, S. 11 ff.

175 Vgl. etwa *Bader*, ZwürttLG 3 (1939), S. 11 ff. zur Rolle des Bischofs von Konstanz.

176 Vgl. *Müller*, Die elsässischen Landstände, S. 209; aus diesem Grund ist der Forschung auch die Einordnung in die Kategorien Gottes- oder Landfrieden schwer gefallen, für Letzteres etwa *His*, Strafrecht I, S. 8; *Waitz/Seeliger*, Verfassungsgeschichte VI, S. 542, Anm. 4; *Gernhuber*, Landfriedensbewegung, S. 42 f.; dagegen für einen Gottesfrieden z.B. *Goecke*, Landfriedensaufrichtung, S. 34 ff.; *Schnelbögl*, in: Deutschrechtliche Beiträge 13 (1932), S. 189, 229 m.w.N.; schließlich für eine Zwischenform z.B. *Herzberg-Fraenkel*, FDG 23 (1883), S. 117 ff.; *Rosenstock*, Herzogsgewalt, S. 66.

177 Vgl. *Hattenhauer*, Gottes- und Landfrieden, S. 219 f.; dagegen hat *Gernhuber*, Landfriedensbewegung, S. 76 f. diese Versammlung als Überrest der alten Stammesversammlung in der

Die anderen Landesbewohner, die bei der Aufrichtung nicht anwesend waren, sollten nach den Bestimmungen der Frieden nachträglich auf deren Wortlaut durch Eid verpflichtet werden, so dass eine regelrechte „Eideslawine" sich vollzog, als deren Ergebnis, unterstützt durch die besondere Symbolik der Errichtung, die Landbevölkerung sich insgesamt nicht nur auf den Frieden verpflichtete, sondern, nach GERNHUBER, unabhängig von ihrem jeweiligen Stand, zu dessen Mitträgern gemacht wurde.[178] Gegenüber denjenigen, die den Eid nicht leisteten, sahen die Frieden oft unterschiedliche Maßnahmen vor; so wurden besondere Sanktionen für den Fall der Eidesverweigerung angedroht oder, vor allem später, allgemein bestimmt, dass die Friedensnormen auch durch sie zu beachten seien. Für die rechtshistorische Landfriedensforschung stellt die Frage, woraus die Frieden ihre Berechtigung zu solchen Normen, oder, noch theoretischer, überhaupt zum Gebot der Beeidung, und damit ihren Geltungsgrund insgesamt herleiteten, bis heute ein Paradigma dar.[179] Vor dem von ihr zugespitzten strikten Gegensatz zwischen vertraglicher Selbstverpflichtung und „gesetzlicher Anordnung", aus der Ableitung von irgend einer hoheitlichen Rechtsmacht, erscheinen gerade die Regelungen der *Pax Alsatiensis* kaum verständlich, so dass im Rahmen heftiger Diskussionen nicht zuletzt ihre Echtheit insgesamt bestritten worden ist:[180] Einerseits legte der Frieden auf die Eidesleistung der Nachgeborenen erheblichen Wert und unterwarf nur diejenigen, die den Eid geleistet hatten, dem eigentlichen Friedensregime.[181] Andererseits aber sollten alle Bewohner des Landes zur Unterwerfung unter den Frieden gezwungen werden. Der Verweigerer des Landfriedensschwurs, der die einmalig gewährte Chance zur Nachholung nicht nutzte und sich dem Frieden auch nicht ohne Eid unterwarf (was vielleicht an die nicht eidesfähigen Juden gerichtet war), sollte gar aus dem Elsass verbannt werden.[182]

Rolle des nicht existierenden Herzogs gesehen; allerdings bestand zu diesem Zeitpunkt ein Herzogtum im Elsass, das jedoch nicht an einen Stamm gebunden war.

178 *Gernhuber*, Landfriedensbewegung, S. 47.

179 *Vgl. unten Kapitel 3 II 1.*

180 Vgl. hier nur *Osenbrüggen*, Alamannisches Strafrecht, S. 41, der aus diesem inneren Widerspruch die Echtheit des Landfriedens ingesamt bezweifelte; *Gernhuber*, Landfriedensbewegung, S. 67 ff. sieht in der *Pax* einen schlagenden Beleg für Gesetzescharakter; damit gegen *Rosenstock*, Herzogsgewalt, S. 66 Anm. 3, der mit der zumindest theoretischen Freiwilligkeit der Entscheidung über die Unterwerfung oder Verbannung den Vertragscharakter verteidigt hatte. Nach Hattenhauer, Gottes- und Landfrieden, S. 174 f. zeige die Pax nicht nur durch die Beeidungspflicht das vordringende ausgesprochen territoriale Denken, trotz des Fortlebens des Personalitätsprinzips in der Aufrichtung selbst.

181 Art. 13 der *Pax*.

182 Auf Grundlage von Art. 11 des Friedens.

Die *Pax Alsatiensis* lässt wie die anderen frühen Frieden für einen solchen weiten Geltungsanspruch keine Begründung, ja nicht einmal ein Zeichen von Bedenken oder Skrupeln erkennen. Ohne der weiteren ausführlichen Untersuchung zu den hier eigentlich interessierenden späteren Landfrieden vorzugreifen, muss nicht zuletzt deswegen mit der neueren Forschung gefragt werden, ob eine solche legalistische Kategorisierung nicht schlicht dem Verständnis der Zeit zu fremd ist und ob man nicht zu einem besseren Verständnis der Funktionsweise der Frieden gelangen kann, wenn man sich auf die Ausgangssituation und Ziele dieser „außerordentlichen Rechtsnormen" besinnt. Die Beachtung des Friedens und damit der geregelte teilweise Verzicht auf Gewalt setzte ja die Erwartung voraus, dass dies vom Gegner nicht ausgenutzt werde, vielmehr durch die Kombination feierlicher Selbstverpflichtung und Sanktionierung durch das ganze übrige Land diese ebenfalls beachten werde.

b) Wie bereits oben dargestellt, reichte trotz aller Autorität und Akzeptanz der Frieden deren Kraft nicht aus, die Fehde ganz zu untersagen. Daher zielten die Gottes- und Landfrieden mit wenigen Ausnahmen lediglich darauf ab, bestimmte Personen und Orte als erlaubte Angriffsobjekte auszuschließen (*pax*) und an bestimmten Tagen die Gewalt insgesamt zu untersagen (*treuga*). Diese Aspekte wurden in der *Pax Alsatiensis* in Art. 1 und 2 sehr extensiv ausgestaltet, jedoch ohne deren Charakter als Sonderfrieden aufzugeben.[183] Der Schutz nicht nur der Kirchen und Kirchhöfe, Kleriker, Frauen und Kaufleute sondern auch der Jäger, Wallfahrer und Bauern bei Feldarbeit, dazu der Zuchtstuten, Weinberge und Saaten wird als Beleg für die Verbindung zur französischen Friedenstradition gesehen; er illustrierte aber auch die vitalen gemeinsamen wirtschaftlichen Interessen.[184] Die *Treuga* umfasste hingegen, weitgehend dem Mainzer Gottesfrieden von 1085 entsprechend, Mittwochabend bis Montagmorgen, Festtage mit Vigilien, Quatember, Advent, Fastenzeit und Pfingstoktav.[185] An diesen Tagen war – außer für bloße Durchreisende – selbst das Waffentragen verboten.[186]

c) Charakteristisch für die frühen Frieden fanden sich peinliche Strafen, die insbesondere von einer Verletzung der Friedensnormen abschreckten, auch

---

183 Unklar hingegen *Hattenhauer*, Gottes- und Landfrieden, S. 148, 165, der die *treuga* als absolute Waffenruhe ohne Tagesbeschränkung angesehen hat.

184 Vgl. *Hertzog*, JbGEL 12 (1896), S. 3 ff.

185 Diese „eigentümliche und einzigartige" Vereinigung der Ideen der französischen *treuga* dei und der deutschen Landfriedensbewegung der 1080er Jahre wird für *Müller*, Die elsässischen Landstände, S. 210 f. dadurch erklärbar, dass eine frühere elsässische *treuga* als Vorlage gedient habe, die durch Papst Leo bestätigt worden sei, weshalb dieser auch am Ende genannt sei.

186 Diese wiederum mit der Ausnahme durchreisender *publici regie maiestatis hostes*.

in der *Pax Alsatiensis.*[187] Bestraft wurden neben der Schädigung durch Raub, Brand und Gefangennahme auch die Heimsuchung und blutige Verletzungen.[188] Jeder dieser Friedensbrüche durch einen freien Mann sollte mit Enthauptung bestraft werden, während Knechte dagegen lediglich eine Hand verlieren sollten. Die Begünstigung und eine entsprechende falsche Verdächtigung waren dabei der (vermeintlichen) Haupttat gleichgestellt.[189] Allerdings zeigte dieses ansonsten geradezu beispielhaft durchentwickelte peinliche Strafrecht gleichermaßen exemplarisch noch die Verbindung mit dem charakteristischen Sonderfriedensgedanken, das es nur bei Vergehen in der Friedenszeit und gegen einen Schwurgenossen, sowie wohl indirekt gegen die besonders geschützten Träger der *pax* eingriff.[190] Demgegenüber erscheinen Raub und Diebstahl bereits durch ihre eigenständige Regelung in Art. 7 von diesen Beschränkungen losgelöst, mit der Besonderheit, dass der Raub außerhalb des Sonderfriedens nicht automatisch der Todesstrafe nach Art. 3, sondern wie der Diebstahl einer dreifach abgestuften Strafandrohung unterlag.[191]

d) Ebenfalls bemerkenswert mit Blick auf die folgende Entwicklung im Elsass ist, dass auch Rechtsfragen, die sich nicht mit Gewaltdelikten befassten und somit an sich außerhalb des eigentlichen Friedensrechtes lagen, ausführlich geregelt wurden, wie die Fouragierrechte der Durchreisenden.[192] Ebenso sollte das vor dem Frieden rechtens Besessene mit dem sel-

---

187 Vgl. ausführlich *Gernhuber*, Landfriedensbewegung, S. 247 zu den einzelnen Strafen im Vergleich zu zeitgleichen anderen Friedenstexten.

188 Vgl. Art 3 der *Pax*; zum Deliktskanon vgl. *His*, Strafrecht II, S.142 f.; nach *Gernhuber*, Landfriedensbewegung, S. 235 ließen sich unter diese auch noch nicht ausgeformte Delikte wie Frauenraub und Notzucht subsumieren; zur härteren Bestrafung des freien Mannes, die viele Rätsel aufgegeben hat, vgl. *His*, Strafrecht I, S. 361; *Gernhuber*, Landfriedensbewegung, S. 161; vgl. auch allgemein *Kroeschell*, DRG I, S. 186 ff.

189 Art. 4 und 5 des Friedenstextes.

190 Im Ergebnis auch *Gernhuber*, Landfriedensbewegung, S. 235 f., nach dem der Bezug zur *pax* übersehen worden sei.

191 Lediglich beim kleinen Diebstahl und beim Raub wurde dem Ersttäter nur eine Strafe an Haut und Haar, bei Wiederholung oder großem Diebstahl dagegen der Handverlust, schließlich als letzte Stufe die Erhängung angedroht, Art. 7 der *Pax*; vgl. dazu *Schnelbögl*, in: Deutschrechtliche Beiträge 13 (1932), S. 189, S. 230, 279, 333 f., 357, nach dem die *Pax* dadurch und durch die Trennung von den Fehdedelikten und damit dem Sonderschutz als Vorläufer des Mainzer Reichsfriedens erscheine; *Gernhuber*, Landfriedensbewegung, S. 235 f. hält die allgemeine Geltung der Tatbestände von Raub und Diebstahl ebenfalls bereits für errreicht, sieht allerdings bei den Raubregelungen unter dem von ihm implizit zugrunde gelegten Gesichtspunkt eines kontinuierlichen Fehderechts die Bestrafung des Raubs als an sich erlaubter Fehdehandlung als problematisch an, ohne diesen allerdings in Zusammenhang mit Art. 3 zu stellen. Zur Grenze zwischen „kleinem" und „großem" Diebstahl vgl. etwa *Hirsch*, hohe Gerichtsbarkeit, S. 17 m.w.N.

192 Art. 8 f.; dieses wurde übrigens am Ende der Reichslandfriedensentwicklung im Frieden von 1323 wieder aufgegriffen.

ben Recht auch während des Friedens im Besitz bleiben.[193] Beide Regelungen werden indes verständlich, wenn man dem oben entwickelten Ansatz von der doppelten Bekämpfung der gewaltsamen Selbsthilfe folgt, denn in beiden Sachverhalten lagen häufige und typische Ursachen für Streitigkeiten. Während es sich bei ersteren insbesondere um solche zwischen verschiedenen Rechtskreisen handelte, war letztere Regelung auch dazu angetan, dem Einzelnen die Beeidung des Friedens insgesamt zu erleichtern.

Dieser Ansatz bewährt sich auch bei der Deutung der ausführlichen Bestimmungen zum Gerichtsverfahren, die jedoch inhaltlich noch ganz dem traditionellen Landrecht verhaftet erscheinen. Dies galt insbesondere für die Anwendung des Reinigungseides für Freie und Ministeriale sowie die Kaltwasserprobe für Bürger und Landleute mit geringerer Zeugniskraft.[194] In der Frage der Gerichtsbarkeit traf die *Pax*, allen ihren Ursprüngen als außerordentlicher, von der Landbevölkerung und ihren Edlen getragenen Bewegung zum Trotz, keinerlei Regelungen. Für solche umwälzenden Neuerungen dürfte die Zeit angesichts des noch wirksamen König- und Herzogtums und der beiden Landgrafschaften noch nicht reif gewesen sein. Der Schwerpunkt des Problems wurde statt dessen wohl in den fehlenden Normen und den *opiniones iuris* in den Köpfen der Menschen und weniger in der konkreten Organisation der Gerichtsbarkeit gesehen.

e) Über die tatsächliche Geltungsdauer sowie unmittelbare und weitere Wirkung dieser *Pax* ist leider nichts bekannt. Es bleibt daher nur, auf die allgemeinen Ergebnisse der hochmittelalterlichen Landfriedensforschung zu verweisen. Danach bildeten sich durch die errichteten Frieden im Gewohnheitsrecht bestimmte formale Regeln und Rechtsvorstellungen ebenso für eine rechtmäßige Fehde aus, wie die geradezu als „klassisch" anzusehenden Straftaten von Diebstahl, Raub, Tötung (*mort*), Freiheitsberaubung (*gevengnisse*) sowie andere, je nach Region unterschiedlich ausgeprägte Delikte, die gewohnheitsrechtlich mit peinlichen Strafandrohungen belegt waren. In einem wechselhaften Prozess soll allmählich die bisher nur vereinzelt angewandte peinliche Strafe als Sanktion für die Verletzung der Friedensnormen unabhängig von Stand und Person mit egalitärem Anspruch zumindest angedroht, wenn auch selten rigoros angewandt worden sein.[195] Für diese Funktion ist die *Pax Alsatiensis* ebenso ein Beleg wie dafür, dass neue Rechtsideen im Bewusstsein der Zeit das alte Recht ergänzten, auch wenn dies im eigentlichen Verfahren und in der Organisation der

---

193 Art.10; fraglich ist, ob damit durch den engen Zusammenhang mit Art. 7 ein besonderer Friedensschutz bzw. eine gewisse Generalklausel nach der Erwähnung der Sonderfälle in Art. 7-9 für alle Güter ausgesprochen war; so wohl *Hattenhauer*, Gottes- und Landfrieden, S. 202; *vgl. für die späteren Landfrieden ausführlich unten Kapitel 4 III 3.*

194 Art. 6, vgl. ausführlich *Schnelbögl*, in: Deutschrechtliche Beiträge 13 (1932), S. 450 f.

195 Vgl. *Hirsch*, hohe Gerichtsbarkeit, S. 154; *Angermeier*, Landfriedenspolitik, S. 169.

Verfolgung noch keinen Niederschlag gefunden hatte. Gerade in diesem Prozess wurde lange die primäre Errungenschaft der hochmittelalterlichen Friedensbewegung gesehen, mit deren Ende die „materielle Rechtsentwicklung" im Bereich des Strafrechts ihren eigentlichen Abschluss bereits gefunden habe, auch wenn die Normierung der Tatbestände und ihrer Strafandrohungen in den einzelnen Landfrieden ein stark uneinheitliches Bild liefert.[196]

2. „*Duplici vinculo pacis et iusticie providimus*" - Der Mainzer Reichslandfrieden von 1235

War damit zunächst Mitte des 11. Jahrhunderts die provinziale Landfriedensaufrichtung im Elsass zum Stillstand gekommen, so begann nun erst die eigentliche Entfaltung der im Reich durch das Königtum initiierten Landfrieden.[197] Der Mainzer Reichslandfrieden von 1235, den Friedrich II. nach seiner Rückkehr nach Deutschland auf Grund der Auseinandersetzungen mit seinem Sohn Heinrich (VII.) und den mit diesem verbündeten lombardischen und deutschen Städten errichtete, zeigte das staufischen König- und Kaisertum wie auch die hochmittelalterliche Friedensbewegung kurz vor dem Einbrechen des Interregnums auf ihrem Höhe-, aber auch an ihrem Wendepunkt.[198] Der „Reichslandfrieden" stellte in gewisser

---

[196] Hierzu vor allem *Angermeier*, Landfriedenspolitik, S. 169 ff. gegen *His*, Strafrecht I, S. 14, der durch sein Kontinuitätsparadigma, gestützt auf die weitreichende Unterstellung von Gewohnheitsrecht, lange die rechtsgeschichtliche Forschung geprägt hat, bis hin zur Annahme zahlloser nicht überlieferter Landfrieden etwa bei Eckhardt, Rechtsbücherstudien II, S. 59.

[197] Vgl. die ausführliche Übersicht bei *Gernhuber*, Landfriedensbewegung, S. 81 ff.

[198] Hier maßgeblich zugrunde gelegt die Edition in MGH Const. II, Nr. 196; zu dessen Vorläufer, dem Reichslandfrieden Heinrichs (VII.), MGH Const. II, Nr. 319; zur langen Diskussion aufgrund der doppelten Überlieferung als lateinische und drei divergierende deutsche Fassungen in den Passauer/Münchener, Dresdner und Wolfenbüttler Handschriften vgl. zusammenfassend und überzeugend *Mitteis*, ZRG GA 62 (1942), S. 13, 18 ff., und *Buschmann*, Textproblem, S. 22 ff., 38 ff. sowie beide zur Quellenkritik allgemein, letzterer ausführlich auch zur späteren Wirkungsgeschichte; für die Überlieferungsgeschichte *Klingelhöfer*, Reichsgesetze, S. 230 ff.; obwohl danach wahrscheinlich der ursprüngliche und vermutlich authentische Text in Latein gefasst war, wurde die deutsche Fassung trotz einzelner Veränderungen mit erheblichen inhaltlichen Auswirkungen bei der Übersetzung für die Folgezeit prägend und soll aus diesem Grund im Folgenden primär zugrunde gelegt werden. Zum Streit um die authentische Fassung vgl. ferner *Zeumer*, ZRG GA 23 (1902), 61 ff; *Voltelini*, in: Zeitschrift des Historischen Vereins für die Steiermark 26 (1931), S. 73 ff.; *Buschmann*, Textproblem, S. 44 ff.; *Schulze*, Parallelurkunden, S. 33 ff. Zum allgemeinen politischen Hintergrund vgl. nur *Angermeier*, Landfriedenspolitik, S. 171 ff. u. S. 177 ff.; vgl. auch *Buschmann*, Textproblem, S. 36 f. m.w.N.; *Klingelhöfer*, Reichsgesetze, S. 97 ff.; *Reinhold*, Empörung.

Weise den vorläufigen Abschluss beider Entwicklungen dar, der weit über die verbleibende Herrschaft Friedrichs hinaus für das gesamte Spätmittelalter eine prägende und grundlegende Wirkung haben sollte.[199]

In der äußeren Form einer unbefristeten kaiserlichen „Gesetzgebung" stützte sich der umfassende und reichsweite Geltungsanspruch des Friedens ganz auf die Autorität des Kaisertums Friedrichs II., hinter der die enthaltene Zustimmung des Hoftages völlig zurücktrat.[200] Bereits formal zeigten sich hier das Selbstbewusstsein der staufischen Herrscher wie auch die darin einfließenden sizilianischen und römisch-rechtlichen Vorstellungen, die eine enge Verwandschaft nicht nur zum unmittelbar vorangehenden Reichslandfrieden Heinrichs (VII.) von 1234, sondern auch zu den Konstitutionen von Melfi ausdrücken.[201] Konsequenterweise war eine Beschwörung des Friedensgesetzes durch die waffenfähige Reichsbevölkerung nicht vorgesehen, schien sie doch nicht nötig, sondern im Gegenteil dem angestrebten Rechts- und Herrscherideal abträglich zu sein.

a) Derartige antikisierende Idealvorstellungen stellten auch den neuen inhaltlichen Ansatzpunkt der kaiserlichen Friedenskonstitution dar, wenn diese ihren maßgeblichen Bestimmungen eine abstrakte, lehr- und programmhafte Begründung voranstellte, aus der die konkreten Regelungen geradezu logisch abgeleitet erscheinen: *„Ad hoc magistratus et iura sunt prodita, ne quis sui doloris vindex sit, quia ubi iuris cessat auctoritas, excedit licencia seviendi."*

---

199 Vgl. u.a. *Angermeier*, Königtum und Landfriede, S. 29 f.; *ders.*, Landfriedenspolitik, S. 172 ff. u. S. 184 f. nach dem der zu Lebzeiten Friedrichs II. weitgehend wirkungslose Reichslandfrieden als gewissermaßen staufisches „Testament" enorme Wirkung entfaltet habe; vgl. ähnlich *Klingelhöfer*, Reichsgesetze, S. 126 ff.

200 Vgl. zur Entstehung ausführlich *Buschmann*, Textproblem, S. 32 ff.; zum Vorbild Friedrichs I. vgl. *ders.*, staufische Verfassungsgesetzgebung, S. 372 f.; *Angermeier*, Königtum und Landfriede, S. 27 f.

201 Zu den politischen Zielen Friedrichs II. vgl. *Baethgen/ Hampe*, Kaisergeschichte, S. 270 ff.; zu möglichen Traditionen aus der spätrömischen Gesetzegbung vgl. *Buschmann*, Staufische Verfassungsgesetzgebung, S. 376 ff. m.w.N. insbesondere im Vergleich zum liber Augustalis; zum Niederschlag in den Arengen nur der lateinischen Fassung vgl. *Steinacker*, MÖIG 46 (1932), S. 188, 190 f.; *Buschmann*, Textproblem, S. 41; ausführlich *ders.*, staufische Verfassungsgesetzgebung, S. 374 f.; *Fichtenau*, Arenga, S. 157 ff.; zur *Pax Romana* als wirklicher Dauerfriede im Inneren, vgl. *Fleckenstein*, Rittertum, S. 154 m.w.N.; zum Selbstverständnis des Kaisers als Schöpfer weniger denn Bewahrer des Rechtes vgl. *Kroeschell*, Art. „Kaiserrecht", LexMA V, Sp. 859 f.; zur teilweise wörtlichen Übernahme von Normen des Reichslandfriedens von 1234 vgl. insbesondere Steinacker, MÖIG 46 (1932), S. 188, 191 ff.; zu den melfischen Konstitutitonen vgl. insbesondere *Buschmann*, staufische Verfassungsgesetzgebung, S. 369 ff.; die sizilianischen Vorstellungen zeigen sich auch in wörtlichen Paralleln zum Liber Augustalis wie etwa der Bezeichnung vindicta für Selbsthilfe allgemein, vgl. *Mitteis*, ZRG GA 62 (1942), S. 13, 43.

Wem folglich ein (vermeintlicher) Schaden geschehen sei, der solle nicht direkt im Wege der Fehde Genugtuung und Schadensersatz erzwingen, sondern stets zunächst den Rechtsweg vor seinem Richter *„ze ende"*, genauer: *„ad diffinitivam sentenciam"*, verfolgen.[202] Nur wenn er vor Gericht geklagt hatte und galt: *„wird im nicht gerichtet, und muß er durch not seinen vinden widdersagen"*,[203] handelte er im Einklang mit dem Frieden; die einzige Ausnahme bildete die Notwehr gegen gegenwärtige Angriffe.[204] Bei jeder Übertretung dieser „Subsidiaritätsregelung" war - alleine aus diesem Grund und insbesondere unabhängig von der tatsächlichen sonstigen Berechtigung des jeweiligen Rechtsstandpunktes - der angerichtete Schaden doppelt zu ersetzen, während danach ein Ersatz des eigenen Schaden ausgeschlossen und eigene Klagen von vornherein erfolglos sein sollten. Durch die prinzipielle Einhaltung des Rechtsweges war der Ansatz zu einem wirkungsvollen und einfachen, objektiv feststellbaren und von komplizierten materiellen Rechtsfragen und subjektiven Rechtsauffassungen abstrahierten Kriterium gefunden. Allerdings ließ unter den genannten Ausnahmen vor allem das unscharfe Merkmal des *„nicht gerichtet werden"* solchen Vorstellungen und Behauptungen - wohl auch angesichts der bisherigen Erfahrungen mit gescheiterten absoluten Fehdeverboten - bei der Abfassung bewusst eine weite Hintertüre offen. Damit lag aber auch offen, dass eine solche Verdrängung der Fehde durch friedlichen Konfliktaustrag im Gericht nur soweit erfolgreich sein konnte, wie die Wirksamkeit, Effizienz und Autorität der Gerichte, ihrer Urteile und deren Vollstreckung reichten.

b) Hob der Frieden somit zentral auf die Funktions- und Durchsetzungsfähigkeit der Gerichte ab,[205] so verband er konsequent die Klagepflicht mit ausführlichen Regelungen über die Gerichtsverfassung im Reich.

(1) Der dabei zentrale Normenkomplex, der die Ausübung der Gerichtsrechte durch die jeweiligen Gerichtsherren regelte, ist nicht nur in allen überlieferten Textfassungen unmittelbar mit den Regelungen des Konflikt-

---

202 Art. 5 des Reichslandfriedens von 1235, MGH Const. II, Nr. 196 (im folgenden: RLF 1235).

203 Art. 6 RLF 1235, danach Art. 9 der Reichslandfrieden ab 1281, *vgl. dazu unten Kapitel 2 I 2 ff.*; vgl. auch *Klingelhöfer*, Reichsgesetze, S. 107 f.; bei diesem Subsidaritätsgebot ist allerdings aus der heutigen Perspektive problematisch, ob hier der Rechtsaustrag nur vor den genannten traditionellen Gerichten, wofür nicht nur der Zusammenhang, sondern auch der Sinn und Zweck der Regelung spricht, oder aber auch der Versuch eines Schiedsaustrags ausreichen konnte, wie etwa *Kaufmann*, Rechtshilfe, S. 56 angenommen hat; ähnlich bereits *Fehr*, ZRG GA 38 (1917), S. 1, 112 f.

204 Diese war wortgleich nach Art 8 des sizilianischen Liber Augustalis ausgestaltet, vgl. *Mitteis*, ZRG GA 62 (1942), S. 13, 43; ausführlich *Buschmann*, staufische Verfassungsgesetzgebung, S. 375 ff. m.w.N.; vgl. aber auch Art. 4 des Reichslandfriedens Heinrichs (VII.) von 1234, sowie Art. 2 des Reichsfriedens von 1158, dazu *Klingelhöfer*, Reichsgesetze, S. 107 f.

205 Vgl. ausführlich *Angermeier*, Königtum und Landfriede, S. 32 f.

austrags verbunden, sondern wird besonders in der lateinischen Fassung durch die bereits oben zitierte Erläuterung eingeleitet.[206] Danach gebot der Kaiser allen Fürsten, die das Gericht von ihm hatten, recht zu richten und ihre nachgeordneten Gerichte hierzu gleichfalls anzuhalten.[207] Der Richter, der gegen diese Gebote verstieß, sollte von demjenigen, von dem er seinen Bann geliehen hatte, auf das schärfste bestraft werden. Auch wenn damit die traditionelle Gerichtsverfassung, ebenso wie die Rechte des hohen Adels nicht angetastet wurden, war doch eine Lösung gefunden, die sich vollständig im Rahmen der bestehenden Reichsverfassung und der gewährten Privilegien hielt. Gleichzeitig aber realisierte sie, zumindest in der Theorie, alle Voraussetzungen für eine endlich wirksame Gerichtsbarkeit und geradezu einen allgemeinen Instanzenzug, der durch den Vorwurf der unterlegenen Partei, der Gerichtsaustrag sei nicht ordnungsgemäß erfolgt, verwirklicht wurde. Krönender Schlusspunkt, nicht nur symbolisch am Textende der lateinischen Fassung, war die Einrichtung des ständigen Hofgerichtes mit einem beamteten Hofrichter als vom Kaiser abgeleiteter oberster Rechtsprechungs- und Kontrollinstanz an der Spitze der gesamten Jurisdiktion im Reich, deren Ausstattung und Verfahren detailreich geregelt wurde.[208]

(2) Auch in das bestehende Verfahrensrecht, und insbesondere das Kompositionssystem, das als Sanktion keine peinliche Strafe, sondern nur Bußleistungen vorsah, sollte nicht eingegriffen, sondern dieses vielmehr attraktiver gemacht, und die nun theoretisch ohnehin weitgehend verbotene Selbsthilfe mit möglichst großen Nachteilen und Risiken verbunden werden.

Zu diesen Zwecken dienten neben den bereits erwähnten direkten Sanktionen vor allem die klaren Regelungen der Acht, der besondere Schutz des Handfriedens, sowie die Bestrafung von Unterstützungshandlungen zu Gunsten des Geächteten. Die Acht stellte bereits in früheren staufischen Landfrieden das wichtigste Mittel dar, die Realisierung von Rechtsansprüchen außerhalb der Fehde zu verwirklichen.[209] Als Sanktion namentlich des

---

[206] Art. 4 f. RLF 1235, in späteren Erneuerungen des Reichslandfriedens ist die Gerichtsverfassung i.e.S. dann allerdings den Konfliktaustragungsvorschriften unmittelbar nachgestellt.

[207] Dass die Fürsten damit in der gleichen Überwachungsfunktion erscheinen wie die sizilianischen Justitiare, allerdings unter Berücksichtigung ihrer weit autonomeren lehensrechtlichen Stellung, hat *Buschmann*, Staufische Verfassungsgesetzgebung, S. 379 f. deutlich herausgearbeitet.

[208] Art. 28 f. RLF 1235; vgl. auch hier zum heute allgemein angenommenen sizilianischen Vorbild nur *Mitteis*, ZRG GA 62 (1942), S. 13, 43 ff. m.w.N.; *Mitteis/Lieberich*, DRG, Kap. 34 I 1.

[209] Vgl. bereits Art. 6 der *Constitutio contra incendiarios* Kaiser Friedrich I. von 1186, Weinrich Nr. 77, zur Sicherstellung des Schadensersatzes der von der Brandstiftung betroffenen, dort

Ungehorsams einer Partei gegenüber dem Gericht sollte sie nunmehr öffentlich erfolgen. Vor allem aber sollte eine Achtlösung nur bei vollständiger Besserungsleistung beziehungsweise, wenn dem Kläger vollständig „gerichtet" wurde, gegen die Leistung der vollen Gewette durch den Richter nach der Landesgewohnheit erfolgen,[210] damit man „*deste ungerner in die acht kome*".[211] Die gleichen Aspekte spiegelten sich auch in den aus dem Landfrieden von 1234 erweiterten Regelungen zum Handfrieden („*treuga*"), wonach der Richter bei Strafe des Handverlustes den Eidbrecher solange in die Acht zu legen habe, bis der Kläger einer Lösung zustimme.[212]

Wer den Geächteten durch Beherbergung oder gegen Angriffe unterstützte, sollte ihm gleich mit der Acht belegt werden, wenn er mit zwei Eidhelfern überführt wurde, es sei denn, er konnte selbsiebt beweisen, dass er von dessen Ächtung nichts gewusst hatte.[213] Diese Drohung war noch besonders gegen die Städte gerichtet, denen als primäre Sanktion die Mauerbrechung angedroht wurde. Für den Fall, dass hierzu die Macht des Richters nicht ausreichte, wurden besondere Vorkehrungen getroffen.[214] Ferner wurde die Hehlerei als eigennützige Anschlusstat zunächst mit doppeltem

---

noch verstärkt durch die Koppelung von Reichsacht und Kirchenbann, Art. 7; vgl. auch *Mitteis*, ZRG GA 62 (1942), S. 13, 14 f.; *Landes*, Art. „Acht", in: HRG I, Sp. 25 ff.

210 Die lateinische Fassung vermeidet allerdings bewusst den Ausdruck *compositio*. Tatsächlich hebt die vor der Achtlösung zu leistende Überkompensation in doppelter Schadenshöhe zwar anders als die Buße im ursprünglichen Sinn auf den tatsächlichen Schaden ab, war aber verbunden mit einer Pönalfunktion und vereinigt somit germanische mit römischrechtlichen Traditionen, insbesondere dem *duplum*; vgl. ausführlich *Mitteis*, ZRG GA 62 (1942), S. 13, 41.

211 Art. 22 RLF 1235; Vgl. Art. 8 RLF 1234; vgl. *Steinacker*, MÖIG 46 (1932), S. 188, 195 f.

212 Problematisch erweist sich vor diesem Hintergrund die Sanktion beim Bruch des Handfriedens. Während Art. 5 des RLF 1234 den Brecher selbst mit Handverlust allein peinlich straft, weist die deutsche Fassung von 1235 diese Strafe dem Richter zu, der nicht konsequent die Acht über jenen verhängt habe. Die lateinische Fassung ist in Art. 3 insoweit zweideutig, da der Friedbrecher konsequent geächtet werden soll oder *er* solle die Hand verlieren, vgl. Steinacker, MÖIG 46 (1932), S. 188, 193 gegen *Voltelini*, in: Zeitschrift des Historischen Vereins für die Steiermark 26 (1931), S. 82; vgl. auch *Mitteis*, ZRG GA 62 (1942), S. 27 f. Tatsächlich dürfte hier die Konsequenz für die Bestrafung des Richters sprechen. Auch hier sollte durch das Vertrauen in die Gerichte auch das in die rechtlichen Friedensvereinbarungen gestärkt werden.

213 Art. 25 RLF 1235 in zwei von drei deutschen Überlieferungen.

214 Art. 26 RLF 1235 in zwei der drei deutschen Überlieferungen; bemerkenswert insoweit vor allem die Sanktionierung der begünstigenden Städte, denen man ihre Mauer brechen sollte, sofern sie über eine solche verfügten; über den Beherbergenden selbst sollte wie über einen Ächter gerichtet und sein Haus zerstört werden; war die Stadt nicht ummauert, sollte man sie niederbrennen; dabei soll sich niemand wehren, ansonsten sollte er und die Stadt ehrlos und rechtlos sein; vermag der Richter dies nicht zu vollstrecken, sollte er dies dem Kaiser mitteilen, der es dann mit kaiserlicher Gewalt vollbringen sollte; vgl. auch Mitteis, ZRG GA 62 (1942), S. 13, 50 ff.; *Knöpp*, Stellung, S. 64.

Schadensersatz an den Geschädigten, im Wiederholungsfall mit peinlicher Bestrafung gleich dem Haupttäter geahndet.[215]

c) Durch diesen neuen Ansatzpunkt und Kern des Friedens bildete dieser ein in sich geschlossenes System zur friedlichen Konfliktlösung, das unabhängig von der Person des Täters oder Opfers wirken sollte. Aus diesem Grund fehlte der traditionelle Sonderschutz von *pax* und *treuga*, sieht man vielleicht von den an den Kopf der lateinischen Fassung gestellten traditionellen Garantien für die *libertates ecclesiarum* ab.[216] Nicht der Schutz besonderer Personen, sondern aller Angehörigen der *„subiectorum nobis imperii populorum"* durch umfassende und wirksame, von ihm abgeleitete und kontrollierte Rechtsprechung war Inhalt des Kaisertums, womit auch die antike Idee einer umfassenden *pax Augustalis* im Reiche wieder aufgegriffen werden konnte.[217] Diesen Anspruch hätte ein Sonderschutz in Frage gestellt,[218] ganz davon abgesehen, dass ein solcher in der Vergangenheit oft missbraucht worden war.[219] Es ist offensichtlich, dass von „einem einzigen Trümmerfeld" des Reichslandfriedens, wie GERNHUBER den Mainzer Frieden tituliert hat, allenfalls unter der einseitigen Perspektive des von ihm in den Mittelpunkt seiner Betrachtung gestellten Sonderfriedens gesprochen werden kann, der freilich bereits zuvor an seine Grenzen gelangt war und nunmehr durch ein völlig neues, in sich geschlossenes Modell abgelöst werden sollte.[220] Im Gegenteil erwies sich der „Friedensschutz durch (Gerichts-)Verfahren", anders auch als die von der selben Idee geprägten und gescheiterten absoluten Fehdeverbote Friedrichs I.[221] als zukunftsgerichteter und durchaus hoffnungsvoller Ansatz, der die gesamte folgende Landfriedensentwicklung im Spätmittelalter bis hin zur Vollendung im modernen Staatsfrieden prägen sollte. Er „gab doch dem Staate alles, was er

---

215 Art. 27 RLF 1235; Art. 28 RLF 1281.

216 Art. 1,2; vgl. auch *Klingelhöfer*, Reichsgesetze, S. 130 ff., 224 f.

217 Vgl. zum ganz an justitianischen Vorbildern orientierten Sprachgebrauch insbesondere bei kaiserlicher Herrschaftbezeichnung und Befehlsformen *Buschmann*, Staufische Verfassungsgesetzgebung, S. 376 f.; *ders.*, Frührezeption, S. 101 ff.; *Buyken*, Constitutionen, S. 8 ff.; *Klingelhöfer*, Reichsgesetze, S. 224 f.; zum königlichen Anspruch, Friedensfürst, *„conservator pacis"* wie Christus zu sein, vgl. *Sellert*, Friedensprogramme, S. 456 f. m.w.N., eine Bezeichnung, die später für die Amtsleute des Landfriedens üblich wurde; vgl weiterhin allgemein *Dilcher*, Friede durch Recht, S. 204 f.; zum Königsfrieden auch *Kaufmann*, Art. „Königsfrieden", HRG I, Sp. 1032; *Mitteis*, ZRG GA 62 (1942), S. 13, 30 f.; *Steinacker*, MÖIG 46 (1932), S. 188, 195.

218 Hier überzeugend *Buschmann*, Staufische Verfassungsgesetzgebung, S. 375 ff. m.w.N.

219 Darüber hinaus wurden Sonderfriedensbereiche von den Geschützten immer wieder missbraucht, vgl. etwa *Görner*, Raubritter, S. 244 ff. mit überzeugenden Belegen.

220 *Gernhuber*, Landfriedensbewegung, S. 222; kritisch aus ähnlichem Grund auch *Vogel*, Fehderecht, S. 43 f. Von *Gernhuber*, Staat, S. 35 allerdings selbst überholt.

221 Vgl. etwa *Mitteis*, ZRG GA 62 (1942), S. 13, 42 zum Reichslandfrieden von 1152.

brauchte, um der Fehde für immer beizukommen. Er hatte es fortan in der Hand, durch Arbeit an sich selbst ohne weitere Fehdeverbote das Endziel zu erreichen."[222]

Nur solange dieses Endziel nicht erreicht war, blieb ein berechtigter Raum für die Fehde[223] und damit die Regelung von Widersageform und -frist in Art. 6, den einzigen „technischen" Fehderegeln des Friedens, außer den in einem anderen, weiteren Kontext stehenden erneuerten Vorschriften zum Schutz der Kirche.[224]

d) Auch die weiteren Regelungsbereiche des Reichslandfriedens lassen sich ohne weiteres unter der Leitidee der Konfliktprävention und der Beseitigung der Rechtsunsicherheit einordnen.

(1) Dies gilt neben dem allgemeinen Verbot von Pfahlbürgern und Muntmannen zunächst für die Regelung der Geltendmachung von Zoll-, entgeltlichen Geleits- und Münzrechten, die von der Forschung bisher fast einhellig im Lichte von Versuchen gedeutet worden sind, diese wieder (zumindest ideell) an das Königtum zu binden und so die Möglichkeit einer realen Revindikation zu eröffnen.[225] Dafür, dass bei der Abfassung des Mainzer Friedens diese Regelungen vor allem mit der Vermeidung von Konflikten assoziiert wurden, spricht allerdings bereits ihre direkte Anknüpfung an

---

222 *Gernhuber*, Landfriedensbewegung, S. 187.

223 Anders hier der Liber Augustalis aufgrund der fortgeschrittenen herrschaftlichen Ausbildung in Sizilien, vgl. nur *Buschmann*, staufische Verfassungsgesetzgebung, S. 380 f.

224 So verbot Art. 2 zwar ausdrücklich bei Strafe, Kirchengut in gewaltsame Auseinandersetzungen mit dem Vogt hineinzuziehen. Allerdings enthält dieser Art. 2 vordringlich Verbote gegen Übergriffe der Vögte selbst. Dies ist wiederum eine Spezialregelung zu Art. 1, nach dem die kirchlichen Freiheiten und Rechte, namentlich die geistliche Jurisdiktionsgewalt überall anerkannt werden sollen, wobei diese allerdings ebenfalls in den Rahmen der Gerichtsverfassung integriert wurde. Art. 1 der lat. Fassung spricht wie Art. 13 von 1234 ausdrücklich von der „*iurisdictio*", die deutsche dagegen unklar von „geistlich reht". Vgl. *Steinacker*, MÖIG 46 (1932), S. 188, 194 f.; *Mitteis*, ZRG GA 62 (1942), S. 13, 48 ff. m.w.N.; es handelt sich um die bereits in der Goldbulle von Eger 1213, MGH Const. II Nr. 58 und Art. 6,7 der Confoederatio von 1220, MGH Const. II, Nr. 79 eingeräumten Rechte, so insbesondere für die Rechtsprechung die freie Appellation nach Rom und die Verknüpfung von Acht und Bann, vgl. zum Ganzen *Eichmann*, Acht und Bann; auch die Vogteibegrenzungen sind tradiert, vgl. *Geffcken*, Krone, S. 20 f. Vgl. die ähnlich breite, aber andere Zielrichtung im Liber Augustalis I 1 - 7, vgl. dazu *Buschmann*, staufische Verfassungsgesetzgebung, S. 375; zur Beschränkung der kirchlichen Gerichtsrechte vgl. nur *Angermeier*, Königtum und Landfriede, S. 29 m.w.N.

225 Vgl. *Mitteis*, ZRG GA 62 (1942), 13, 17 f., 52 ff.: Überlassung nur zur Ausübung, „mandiert", nicht „delegiert", unbeweisbare Rechte können kassiert werden; ähnlich *Angermeier*, S. 30 f.; *ders.*, Landfriedenspolitik S. 167 ff., 184; insbesondere durch das Erfordernis der Nachweisbarkeit der Berechtigung durch Privileg und die Klagemöglichkeit von Betroffenen gegen die Beschwer; vgl. *Buschmann*, staufische Verfassungsgesetzgebung, S. 380 f. zur geringen Abschwächung gegenüber dem Liber Augustalis, II 29; und im Vergleich zu den Privilegien von 1220 und 1231/32 vgl. *Klingelhöfer*, Reichsgesetze, S. 103 ff, 113 ff.

die vorangestellten Regelungen zum gerichtlichen und außergerichtlichen Konfliktaustrag. So diente die klare und hierarchische Regelung der Gerichtszuständigkeiten gleichzeitig auch der Vermeidung von Konflikten, die sich ja gerade um die Abgrenzung der unterschiedlichen Jurisdiktionsgewalten drehten.[226]

Die in dieser Hinsicht auch für die spätmittelalterliche Entwicklung vielleicht noch wichtigeren Regelungen über die wirtschaftlich bedeutsamen Regalien sowie den Burgen- und Städtebau[227] fanden ebenfalls eine klare Normierung unter Rückbeziehung auf die Krone und Anknüpfung an den *de iure* bestehenden *status quo.* Neue, nicht durch Gewohnheitsrecht (oder natürlich implizit auch durch alte oder neue wirksame königliche Privilegien) begründete oder übermäßige Rechtsausübungen wurden durch Strafen oder den Entzug der missbräuchlich genutzten Rechte sanktioniert. Insbesondere beim Zoll wurde die Einhaltung der gewohnheits- und rechtmäßigen Höhe und gemeinnützige Verwendung zum Straßenerhalt statt eigennütziger Ausbeutung wie etwa zum Stadt- oder Burgenbau ausführlich festgeschrieben. Hier drohte als Sanktion nicht nur Entzug der unangemessen ausgeübten Rechte,[228] sondern vor allem bei Anmaßung solcher Rechte Strafen als Straßenräuber beziehungsweise Fälscher.

(2) Die gleiche Strafe drohte dem, der wegen einer Fehde mit dem Zoll- oder Geleitinhaber die Reisenden angriff,[229] und entzog damit einem derartigen Rechtfertigungsversuch für ein meist missbräuchliches Verhalten im Grenzbereich des bisherigen Fehderechts, das dem Fernhandel sehr schadete, den Boden.

(3) In diesen Zusammenhang gehört auch das Verbot einer anderen Selbsthilfeform, nämlich der eigenmächtigen Pfändung *„sine auctoritate iudicio provincie"* mit der angedrohten Bestrafung als Räuber.[230]

e) Bei einem Überblick über die angedrohten Sanktionen zeigt der Reichslandfrieden ein sehr uneinheitliches Bild, was ihm vor dem Hintergrund etatistischer Vorstellungen häufig das Verdikt der Rückständigkeit gegenüber den fortschrittlicheren Strafrechtsgesetzgebungen in Europa eingeb-

---

226 Zur besonderen Bedeutung der Hoheitsrechte als häufigste Gegenstände adeliger Fehden vgl. *Fehn-Claus,* Fehdegründe, S. 103 f., 109 ff. m.w.N., insbesondere zum Geleitsrecht *ebd.,* S. 110 f.

227 Zur wirtschaftlichen Bedeutung vgl. namentlich *Thieme,* ZRG GA 62 (1942), S. 57 ff.; *Willoweit,* Landesherrschaft, S. 71; *Görner,* Raubritter, S. 259; zum Burgbau im Elsass in dieser Zeit vgl. jüngst *Biller / Metz,* Burgenbau.

228 Vgl. hier die erneute Diskrepanz zwischen der lateinischen Fassung, die von „dem Herrn ledig werden" und der deutschen, die vom Rückfall ans Reich spricht; dazu *Mitteis* ZRG GA 62 (1942), S. 13, 29 f.

229 Art. 9 des RLF 1235.

230 Ebd., Art. 14.

racht hat.[231] Tatsächlich fällt auf, dass dem Täter bei den eigentlichen Friedensdelikten, also Verstößen gegen Art. 3, 5 und 6, keine peinliche Bestrafung, sondern lediglich der Mechanismus der Acht und ihrer Lösung nach vollständig erfolgter Genugtuung und geleistetem Schadensersatz winkte. Lediglich bei der Verletzung von Amtspflichten, insbesondere der Ausübung von Rechtsprechung und Regalien sowie bei der Sicherung der Wirksamkeit der Acht, drohten innerhalb eines breiten Instrumentariums, wie dem Verlust von Rechten, auch peinliche Strafen. Ganz überwiegend waren solche aber nur als Verweis auf andere Straftaten, insbesondere den Raub, ausgestaltet. Eine konkrete Aussage über die Strafform beziehungsweise das Strafmaß fehlte dann völlig.

Dies lässt sich zu einem Teil aus einem ähnlichen Erscheinungsbild erklären, bei dem die Grenzen oft verschwammen oder letztlich nur von der Perspektive der Beteiligten abhingen, wie zum Beispiel beim unberechtigten Pfänden und Erheben von Geleitgeldern oder Zöllen oder bei Fehdehandlungen gegen unter Geleit des Gegners Stehender im Verhältnis zum Raub. Andererseits gab es aber, wie trotz aller Systematisierungsversuche auch das ältere Standardwerk von HIS dargestellt hat,[232] nie eine einheitliche Sanktion für diese Delikte im Reich. Diese waren jedenfalls starken regionalen Unterschieden unterworfen. Eine derartige Rechtsvereinheitlichung hatte aber auch unter der überragenden Autorität Friedrichs II. von vornherein keine Chance, Realität zu werden, sondern hätte als rigoroser Eingriff in Kernbereiche der Land- und Stadtrechte die Akzeptanz für den Frieden insgesamt entscheidend geschwächt.[233] Um den Frieden realisieren zu können, war es erforderlich, auf die entwickelten und erworbenen Rechtsgewohnheiten und Partikularrechte so weit wie möglich Rücksicht zu nehmen, was ja auch den weitgehenden Rückgriff auf das Kompositionen- und Achtsystem des traditionellen Landrechtes erklärt. Dies zeigte beispielhaft die Bestimmung, nach der die Richter hinsichtlich des materiellen Rechts die *„terrarum racionabilem consuetudinem“* zum Urteilsmaßstab machen sollen.[234] Damit war allerdings auch in Verbindung mit Art. 5 eine sorgsam ausgestaltete Öffnungsklausel sowohl für partikulares Bußen- als auch peinliches Strafrecht im Falle einer Rechtsverletzung gegeben.

f) Vor diesem Hintergrund kann es nicht mehr verwundern, dass der Mainzer Reichslandfrieden sich als eine Übergangsstufe darstellte, in der

---

231 Insbesondere im Vergleich zu dem bereits angesprochenen, 1231 ebenfalls von Friedrich II erlassenen sizilianischen Liber Augustalis; vgl. noch *Mitteis*, ZRG GA 62 (1942), S. 13, 38 ff.; vgl. ebenso *Niese*, Regnum Siciliae, S. 16 ff.

232 Vgl. *His*, Strafrecht.

233 Vgl. *Mitteis*, ZRG GA 62 (1942), S. 13, 39

234 Art. 4 RLF 1235.

die Anerkennung des partikularen Rechts, einschließlich erworbener Gerechtsame, Gerichtsbarkeiten, partikularer Verfahrens- und Strafrechte und deren neue, klare Rückbeziehung und Überwachung durch das Königtum sich nicht nur gegenüber standen, sondern sich geradezu, zumindest theoretisch im Sinne der Konfliktvermeidung und -lösung, ideal ergänzten.[235] Von einem einseitigen „konservativ-affirmativen" Charakter des gesamten Friedens kann jedoch unter keinen Umständen gesprochen werden.

Eine große Neuerung des Friedens ist neben der Verbindung des Landfriedensrechts mit der Gerichtsbarkeit seine formale Verknüpfung mit den bestehenden partikular erworbenen Hoheitsrechten einschließlich der kirchlichen Privilegien. Der Reichslandfrieden erscheint so geradezu zwangsläufig als Kodifikation wichtiger Teile des Reichsrechtes mit dem Ziel der Beseitigung der Rechtsunsicherheit im Reiche allgemein.[236] Er diente damit nicht zuletzt auch einer Stabilisierung der Lage in dem sich abzeichnenden Konflikts zwischen den aufstrebenden Städten und den Fürsten und Landadeligen.[237] In diesem Sinn lässt sich für den Inhalt dieser Friedensaufrichtung kein treffenderes Fazit finden als das der Kölner Königschronik: *„pax iuratur, vetera iura stabiliuntur, nova statuuntur et ... omnibus publicantur"*.[238]

g) Dieser „erste Ansatz zur staatlichen Ordnung"[239] und sein jedenfalls theoretisch sehr effektives Befriedungssystem hing jedoch in der Realisierung weitgehend von der *auctoritas* und *potestas* des Königtums und der von ihm abgeleiteten Reichsgewalt durch das Hofgericht ab.[240] Es beruhte auf dem Grundgedanken regelmäßiger und effektiver Gerichtstätigkeit der Herrscher, ihrer Vertreter und der ihnen unterstellten ordentlichen Gerichte im Reich. War diese Stellung für einen so mächtigen Kaiser wie Friedrich II. bereits aufgrund der zahlreichen Konfliktfelder seiner Reichs- und europäischen Politik nicht in die Tat umzusetzen, so mussten mit der bekanntermaßen kurz darauf folgenden tiefen Krise des Kaisertums die Grundla-

---

235 Vgl. *His*, Strafrecht I, S. 10; zustimmend *Mitteis*, ZRG GA 62 (1942), S. 13, 39, 48 f., 52; vgl. auch *Buschmann*, staufische Verfassungsgesetzgebung, S. 380 f. im Vergleich zu den insoweit weiter fortgeschrittenen Melfischen Konsitutionen.

236 Vgl. die Arenga der lateinische Fassung, MGH Const II, Nr. 196 S. 241, Z. 32-37; vgl. *Buschmann*, Landfriede, S. 471; *ders.*, staufische Verfassungsgesetzgebung, S. 378 ff..

237 Vgl. *Angermeier*, Landfriedenspolitik, S. 179 ff. mit weiteren Belegen von Einzelmaßnahmen.

238 Chronica regia Coloniensis, MGH SS 18, S. 267; Wattenbach/Platner, Kölner Königschronik; vgl. *Buschmann*, Textproblem, S. 33 ff., der im Folgenden diese Quelle allerdings technisch überinterpretiert und zu schematisch Art. 1-14 mit dem alten Recht, Art. 15 ff. mit dem neu gesetzten gleichsetzt.

239 *Angermeier*, Königtum und Landfriede, S. 31, vgl. zum weiteren ebd. S. 33 ff., 183 ff.

240 Zu dem Begriffspaar *auctoritas* und *potestas* in der römischen antike und dem mittelalterlichen Bewusstsein vgl. nur *Dickmann*, Friedensrecht, S. 100 m.w.N.

gen dieses Systems endgültig in sich zusammenbrechen, bevor es überhaupt erst richtig wirksam werden konnte.[241] Zwar orientierten sich zunächst noch einzelne provinziale Landfrieden am Friedens- und Gerichtsmodell von 1235, aber die politisch sehr schwachen Könige des „Interregnum" konnten kaum mehr erreichen als wirkungslose Aufforderungen, darunter auch an die Stadt Straßburg, dieses Friedenssystems zu beachten.[242]

3. Der Große Rheinische Bund 1254 - Urspung einer neuen Landfriedensform?

a) Die weitere Entwicklung lag damit notgedrungen zunächst vollständig in der Hand anderer Akteure, entlang des Rheines in jener der Städte. Bereits vor dem Einbruch der großen Krise des Königtums hatten die selbst durch Schwureinung konstituierten und nach Autonomie strebenden Bürgerschaften der alten und auch der neu gegründeten Städte begonnen, untereinander Bündnisse abzuschließen.[243] Solange diese Erweiterungen der verschworenen Schutzgemeinschaft über die Bürgerschaften lediglich nach innen, das heißt auf die obrigkeitliche Gleichbehandlung mit Einheimischen oder erleichterte Privatvollstreckung gerichtet waren, konnten gegen diese Vereinbarungen allenfalls generelle Bedenken an der Bündnisfähigkeit der Bürgerschaften überhaupt sprechen.[244]

Die neuen Allianzen hatten aber bald ganz vorrangig zum Ziel, sowohl die bereits erworbenen Rechte und Freiheiten der Bürgerschaften zu schützen, als auch, diese auszubauen. Dadurch gerieten sie oft in Konflikt mit den Stadtherren und benachbarten Landadeligen. Häufig wurden daher Städ-

---

241 Nach der päpstliche Bannung 1239 und der Absetzung durch das Konzil von Lyon 1245; vgl. *Klingelhöfer*, Reichsgesetze, S. 228.

242 So die allgemeine Aufforderung König Richards, den Mainzer Reichslandfrieden einzuhalten, vgl. MGH Const. II Nr. 446; und die Aufforderung von 1269 an Straßburg, unrechte Zölle, Geleite und Ungelte dem entsprechend abzustellen, MGH Const II, 391, die allerdings ohne weitere Folgen blieb; vgl. *Angermeier*, Königtum und Landfriede, S. 34 ff., 54.

243 Wie etwa 1252 zwischen Köln und Boppard oder kurz darauf am Niederrhein; vgl. hierzu und zum genauen Inhalt der Vorläuferbündnisse des (Großen) Rheinischen Bundes *Weizsäcker*, Rheinischer Bund, S. 44 ff. m.w.N.; bereits 1207/08 ist ein erstes Abkommen über Zollerleicherungen nachweisbar, vgl. *Becker*, Rheinischer Bund, S. 48 Fn. 1 m.w.N.; vgl. auch ein Bündnis niederdeutscher Städte um Lüttich zugunsten der Staufer um 1230, RI V, Nr. 4159, 4169; vgl. zum obersten Rheinlauf und der Bodeseeregion *Füchtner*, Bodenseestädte, zum Mittelrhein etwa *Distler*, Städtebünde, S. 77; zu den bis in die Antike zurückreichenden Vorbildern und ganz ähnlichen Inhalten vgl. etwa *Dickmann*, Friedensrecht, S. 97.

244 Vgl. etwa die Schwierigkeiten bei der Durchsetzung kommunaler Rechtsfähigkeit *Distler*, Städtebünde, S. 8 ff. m.w.N., sowie S. 83 ff. zu den Ausgestaltungen derartiger „Jusitzverträge"; daneben im Überblick *Preiser*, Art. „Bündnisrecht", HRG I, Sp. 539 f.

tebünde durch das Königtum verboten, insbesondere, wenn sie sich zu mächtigen Parteien in der regionalen Politik oder gar in der Reichspolitik entwickelt hatten, wie etwa bereits im 12. Jahrhundert der lombardische Städtebund.[245] Für den Landfrieden hatten diese Bündnisse allerdings, wenn überhaupt, zunächst allenfalls eine negative Relevanz, da sie weder hoheitliche, das heißt einseitige und „überparteiische" Schutznormen aufstellen wollten, noch hierzu eine Legitimation besaßen; Adressat der Bündnisverträge und Begünstige waren alleine die Bürgerschaften, sowie ausnahmsweise andere Stadtbewohner.[246]

In dieser Hinsicht weist der „Große Rheinische Städtebund", den die bedeutenden rheinischen Bischofsstädte, darunter Straßburg und Basel mit ihren geistlichen Stadtherrn sowie weiteren, nicht namentlich aufgeführten Städten und Herren am 13. Juli 1254 errichteten und dem bis zu seinenem Ende bis zu 100 Städte sowie zahlreiche Adelige angehören sollten,[247] eine gänzlich andere Qualität auf.

Obwohl noch in der Endzeit der Stauferherrschaft errichtet, hat er vielen neben dem Mainzer Reichslandfrieden als zweiter zentraler Ausgangs-

---

245 Vgl. hierzu die jüngst erschienene ausführliche Darstellung von *Distler*, Städtebünde, S. 1 ff., 219 m.w.N. mit dessen rechtlichen Wirkungen nach außen (z.B. Verpflichtung zur gemeinsamer Fehdeführung sowie Verbot eigenmächtiger Zölle) und innen (Rechtsgleichstellung mit einheimischen Bürgern und effektiver Rechtsschutz, aber spiegelbildlich auch Verbot der Kollektivhaftung der Mitbürger einer Mitgliedsstadt gegenüber denen einer anderen) sowie korporativen Organisationsansätzen durch das Rektorenkolleg aus vereidigten Gesandten der Mitglieder und der politischen Zweckrichtung des organisierten Widerstandes gegen die Revindikationswirkung der Roncaglischen Gesetze und die staufischen Eingriffe in die mittlerweile entstandene Kommunalautonomie und die zunächst allein für seine Mitglieder im Frieden von Konstanz 1183 erkämpfte Anerkennung ihrer Bündnisfähigkeit durch Kaiser Friedrich I.; des weiteren nur *Angermeier*, Königtum und Landfriede, S. 37 f.; *Ruser*, OSA I, S. 193 f.; zu dessen fraglicher Vorbildwirkung für die deutsche Entwicklung und besonders den Rheinischen Bund vgl. etwa *Schaab*, rheinischer Städtebund I, S. 128; sowie jüngst *Kaufhold*, Interregnum, S. 46 und *Distler*, Städtebünde, S. 10 m.w.N. unter Berufung auf Hermann von Niederaltaich; dagegen ablehnend *Busson*, Landfriedensbund, S. 24 f.; zu anderen Verboten vgl. MGH Const II, Nr. 294 vom 27.11.1226; gegen einen Bund am Mittelrhein und in der Wetterau, als einem weiteren frühen Vorläufer des Rheinischen Bundes, vgl. *Becker*, Rheinischer Bund, S. 48 f.

246 So etwa *Angermeier*, Königtum und Landfriede, S. 37 ff. mit einem Überblick der bekannten Städtebünde um 1250-1270; vgl. auch zu einem ersten Städtbündnis unter Beteiligung der elsässischen Städte Colmar, Hagenau, Schlettstadt, Kaysersberg, Mühlhausen, Breisach, Neuenburg, Rheinfelden mit Schaffhausen, Zürich, Solothur und Bern zu gegenseitigem Schutz von 1249 *Distler*, Städtebünde, S. 40 m.w.N.

247 Vgl. etwa Wormser Chronik, S. 101 f.; Hermann von Alteich, Annalen, S. 394; zum räumlichen Umfang *Quidde*, Rheinischer Landfriedensbund, S. 22 f.; zur Mitgliederschaft umfassend *Busson*, Landfriedensbund, S. 58 ff.; vgl. auch allgemein *Berns*, Bündnispolitik, S. 34 ff.; *Kaufhold*, Interregnum, S. 35 ff.; *Buschmann*, Rheinischer Bund, S. 167 ff.; *Distler*, Städtebünde, S. 120 ff.

punkt der spätmittelalterlichen Landfriedenseinungen gegolten.[248] Oft unter politischen Gesichtspunkten untersucht, bestehen über seine Qualifizierung als Landfrieden, seinen Geltungsgrund, Anspruch und Verhältnis zum Reichsrecht immer noch große Unsicherheiten.[249] Einig ist sich die neuere Forschung nur, dass er über die bereits früher einsetzenden städtischen Verteidigungsbündnisse nicht nur in seiner Wirkung, sondern auch in Anspruch und Inhalt signifikant hinausragt.[250]

Für neue Beistandsbündnisse bestand, nachdem Konrad IV. im Oktober 1251 Deutschland verlassen hatte und er wie sein Thronrivale Wilhelm von Holland zu sehr in eigene Machtkämpfe verstrickt war, ein erheblicher Bedarf.[251] Ob die Kunde vom Tod Konrads am 21.5.1254 selbst bereits zu der Gründungsversammlung des Bundes vorgedrungen war, ist allerdings bislang ungeklärt geblieben. Vor allem die herrschende Unsicherheit auf den Straßen erforderte aber unverzüglich Maßnahmen, die von den Städten nun in eigener Initiative ergriffen wurden.

(1) Dabei stützten sich die Initiatoren zunächst weitgehend auf ein bereits bestehendes Bündnis zwischen den Bürgergemeinden von Mainz, Worms und Oppenheim vom April 1254.[252] Neben der üblichen allgemeinen Bei-

---

248 Zur Quellenkritik ausführlich *Weizsäcker*, Rheinische Bund, S. 41 ff. m.w.N.; zuletzt ausführlich OSA I, S. 192 ff.

249 Zum Landfriedenscharakter vgl. *Gierke*, Genossenschaftsrecht I, S. 477 ff.; *Weizsäcker*, Rheinischer Bund, S. 41 ff.; entsprechend schon *Schaab*, rheinischer Städtebund I sowie mit programmatischem Titel *Busson*, „Zur Geschichte des großen Landfriedensbundes deutscher Städte 1254"; dagegen *Angermeier*, Königtum und Landfriede, S. 41 konsequent mangels königlicher Beteiligung als „Schöpfung *sui generis*"; schließlich sogar als Vollzugsordnung des Mainzer Reichslandfriedens, dazu insbesondere *Quidde*, Rheinischer Landfriedensbund, S. 24 ff.; auch *Meyer*, Eidgenossenschaft, S. 215; zur politischen Funktion vgl. OSA I, S. 192; als erster Versuch einer Reichsreform vgl. etwa *Bielfeldt*, Rheinischer Bund; zum Ganzen vgl. auch den Überblick bei *Distler*, Städtebünde, S. 18 ff., 77 ff.

250 Vgl. nur *Weizsäcker*, Rheinischer Bund, S. 43 f. m.w.N.

251 Vgl. nur die Meinung der Zeitzeugen, die die Abwesenheit königlichen Schutzes ebenso sehr beklagen wie die Wirksamkeit des Bundes loben, wie etwa Hermann von Alteich, Annalen, S. 397; Wormser Chronik, S. 101 f.; Boos, Quellen Worms III, S. 54 und 186; zum Ganzen vgl. nur *Kroeschell*, DRG I, S. 305 f.; *Bielfeldt*, Rheinischer, Bund, S. 51 f.; *Hinze*, Königtum, S. 91 ff.; *Becker*, Rheinischer Bund, S. 64 f.; ausführlich *Busson*, Landfriedensbund, S. 10 ff. m.w.N.; zur Initiative der Städte und insbesondere des Patriziers Arnold Walpod, vgl. *Becker*, Rheinischer Bund, S. 45 ff., 61, 74 ff.; *ebd.*, S. 23 ff., 39 f. gegen einen bestimmenden Einfluss des Ebf. von Mainz; dies galt insbesondere für die Zollfrage: zwischen 1200 und 1250 stieg allein die Zahl der Rheinzölle von 19 auf 32, vgl. *Sommerlad*, Rheinzölle, S. 49 ff.; *Bielfeldt*, Rheinischer Bund, S. 14 ff.; zum Gegensatz zu parallelen fürstlichen Landfriedensinitiativen etwa um 1250 in Thüringen, 1254 am Niederrhein oder 1258 in Norddeutschland vgl. nur Angermeier, Königtum und Landfriede, S. 47 ff.

252 Vgl. UB Worms I, Nr. 252; allerdings gehören in diese Gruppe noch zwei weitere Städtebündnisse, nämlich das engste vom Februar 1254 zwischen Mainz und Worms, UB Worms I Nr. 253, das sich wiederrum auf ein noch älteres, jedoch nicht überliefertes Bündnis be-

standspflicht, für den Fall, dass einer Gemeinde Unrecht angetan wurde, bestimmte dieser Vertrag der *iudices et consules et universi cives* der Bürgergemeinden besonders, dass nicht nur den *maiores* „geholfen" werden solle, sondern ein ewiger Schutz auch alle Geistlichen, Laien und Juden umfasse, die den Städten angehörten oder dort als Gäste verweilten. Damit war nicht nur der umfassende und egalitäre Gedanke besonders betont, es war auch ein deutlicher Anknüpfungspunkt an die traditionelle *pax*-Schutzvorstellungen der bisherigen Landfrieden gegeben; allerdings blieb der Kreis der Geschützten strikt an die jeweilige Stadtbevölkerung gebunden. Zur Vermeidung von Zwietracht und Konflikten wurde ein Schiedsgericht von jeweils vier hierzu auf Lebenszeit namentlich genannten und zu diesem Zeck umfassend bevollmächtigten Ratsherren geschaffen, wobei jede Stadt im Todesfall einen neuen Vertreter einsetzen würde.[253]

Diese sollten interne Streitigkeiten nach Minne und Recht richten.[254] Schwor eine Delegation, dass sie das, was ihr auferlegt wurde, nicht nach ihrem Recht zu erfüllen brauchte, so sollte sie davon freigesprochen sein. Geschah einer Stadt oder ihren Angehörigen ein Unrecht durch einen Dritten, sollten sich alle mit Rat und Hilfe beistehen. Genau zu diesem Zweck sollten die Delegierten auch bei Klagen einer Gemeinde wegen eines ihr zugefügten Schadens für ihre Bürgerschaft verhandeln. Über die direkten Folgen dieser Verhandlungen sagt die Quelle jedoch nichts. Da die Städte hier nur als verbündete Parteien in einem Konflikt erschienen, konnte beim Versagen einer friedlichen Lösung nur ein Vorgehen in den Bahnen der gemeinsamen Fehde erfolgt sein, bei der sich alle Bürgergemeinden als

---

ruft, sowie ein Bündnis von Mainz und Bingen vom 29.5.1254, UB Frankfurt II, S. 102 f.; diese weisen jedoch nicht die gleiche Nähe auf, sondern enthalten auch weitergehende Elemente wie die Vereinbarung gegenseitiger Rechtsgleichheit der Bürger in den jeweils anderen Städten, vgl. hierzu und zum folgenden ausführlich *Weizsäcker*, Rheinischer Bund, S. 41 ff., 53 ff.; *Busson*, Landfriedensbund, S. 8 ff.; *Schaab*, rheinischer Städtebund I, S. 45 ff.

253 Obwohl damit ein Abberufungsrecht zu Lebzeiten nicht geregelt war, bleibt fraglich, ob ein solches gezielt ausgeschlossen werden sollte, und ob darüber hinaus wirklich eine besondere richterliche Unabhängigkeit der Vertreter bestand, wie *Weizsäcker*, Rheinischer Bund, S. 203 f. diese zu erkennen gemeint hat; zu dem Gremium des Rheinischen Bundes vgl. ausführlich *Distler*, Städtebünde, S. 131 ff. m.w.N.

254 Zu Aufgabe, Maßstab und Verfahren der Verhandlungen der Amtsleute der Bündnisse vgl. *Busson*, Landfriedensbund, S. 9 f.; zur Entwicklung des Schiedsgerichts *Distler*, Städtebünde, S. 145 ff.; *Angermeier*, Königtum und Landfriede, S. 44 f. allerdings mit Unterstellung von dessen exklusiver Zuständigkeit. Dieses Schiedsgericht war schon im Bündnis vom Februar 1254 zwischen Mainz und Worms, UB Worms I Nr. 253, enthalten. In dem Vorbehalt des eigenen Rechtes hat man eine entscheidende Entwertung erkannt, ohne allerdings die langfristigen Strategien der Akteure, deren zu starke Berufung auf die Klausel das Bündnis zerstört hätte, einzubeziehen. Vielmehr kann die Möglichkeit für die Partner, leicht ihren Pflichten zu entgehen, im Gegenteil als besondere Vertrauen und Kooperationsbereitschaft gedeutet werden, die partikularen Rechte des Partners, die nicht bekannt waren, gleichwohl unbesehen zu beachten.

Helfer im fehderechtlichen Sinn beistanden. Die Beratungen konnten keinem gerichtlichen Urteilsspruch dienen, sondern lediglich darin bestehen, eine gemeinsame Aktionslinie - sei es in der Verfolgung gerichtlicher oder anderer friedlicher Mittel oder aber im Wege der Fehde - zur Erzwingung der abgesprochenen Buße sicherzustellen. Insgesamt fand sich damit, bis auf die oben genannte Anspielung hinsichtlich des geschützten Personenkreises, kein Element, das über ein - wenn man diese Kategorie als Gegenbegriff einführen möchte - „reines" städtisches Verteidigungsbündnis hinaus Züge eines „echten" Landfriedens aufgewiesen hätte.

(2) Dagegen erhob der Rheinische Bund von 1254 schon dem ersten Anschein nach einen gänzlich anderen Anspruch.[255] Nach einer *invocatio* mit Anrufung der heiligen Dreieinigkeit erfolgte eine ausgiebige Schilderung der Missstände, gegen die die Beteiligten *„cooperante Domino Iesu Christo pacis auctore ac amatore ... convenimus ... [et] pacem generalem iuravimus firmiter observare."*[256] Diese *Arenga* hatte zwar wie auch *Invokatio, Inskriptio und Salus,* fast wortgleich der Dreibund vom April besessen. Dem neuen Dokument kam jedoch durch Beziehung auf die *„pax"*, mit der der gesamte Urkundentext geradezu „penetrant"[257] gespickt scheint, eine völlig andere Dimension zu.[258] Als Schwörende hervorgehoben wurden zunächst sieben Bischöfe,[259] darunter zuvorderst die drei rheinischen Erzbischöfe. Sie beeideten zusammen mit anderen Grafen und Herren und gemeinsam mit den sechs eingangs genannten Bürgergemeinden der Bischofsstädte die *„pacem generalem"*.[260] Noch stärker wird die Reminiszens an die Gottesfrieden des frühen Hochmittelalters erkennbar an drei zentralen Stellen am Anfang

---

255 Vgl. die hier maßgebliche Textedition in MGH Const. II Nr. 428/I, S. 580 f.; zur Quellenkritik vgl. ausführlich *OSA* I, S. 194 ff.; sowie die besonders harte Kritik von *Busson*, Landfriedensbund, S. 14 ff., der in der überlieferten Fassung lediglich einen Entwurf sieht, mit Hinweis auf die später zu erwähnende Bezeichnung durch König Wilhelm, vgl. unten Fn. 308; für Teilinterpolationen vgl. etwa *Becker*, Rheinischer Bund, S. 66 f.

256 MGH Const. II Nr. 428/I, S. 581, Z. 6 - 11.

257 Vgl. *Voltmer*, Rheinischer Bund, S. 138.

258 Vgl. zum Ganzen *Weizsäcker*, Rheinischer Bund, S. 53 ff, 50; insgesamt finden sich in der recht knappen Urkunde Formen des Begriffes *„pax"* insgesamt 14 Mal.

259 In Art. 2a der Gründungsurkunde des Rheinischen Bundes, MGH Const. II Nr. 428/I, S. 580 f.

260 Sehr umstritten ist, wieweit dieser Passus verderbt ist bzw. interpoliert wurde, bzw. sich die Beitritte erst später finden, vgl. etwa *Busson*, Landfriedensbund, S. 17 ff.; einschränkend *Bielfeldt*, Rheinischer Bund, S. 19 f.; dagegen für die Echtheit überzeugend *Weizsäcker*, Rheinischer Bund, S. 57 ff. u. 67; abwegig wohl hingegen *Quidde*, Rheinischer Landfriedensbund, S. 44 ff., der mit *Hinze*, Königtum, S. 91 ff. einen Sonderbund der Städte innerhalb eines Bündnisses mit den Fürsten annimmt; zur Repräsentation der Kommunen und der Korporoationsbildung durch den Bund vgl. *Distler*, Städtebünde, S. 115 ff.

und Schluss, sowie bei der Bestimmung der geschützten Personen, an denen die Bezeichnung *„sancta pax"* wohl kaum zufällig platziert wurde.[261]

Die eigentliche Schutz- und Beistandspflicht wurde unmittelbar verknüpft mit der Verpflichtung zur Abstellung unrechtmäßiger Zölle und ist von WEIZSÄCKER und anderen geradezu als der primäre Zweck der Übereinkunft angesehen worden.[262] Dem widerspricht aber nicht nur die Partizipialkonstruktion, mit der die Zollfrage sich als ein zwar eng verbundenes, aber doch bloß eingeschobenes Annex im Text darstellt.[263] Ohne diesen Einschub schließt sich nämlich in Art. 3 direkt der Schutz aller *„minores et maiores"* fast wortgleich wie im Dreierbündnis vom April 1254 an, so dass der große Bund wie jene Beistandsabmachung zwar nicht mehr als ein reines Städtebündnis, aber doch als wenig mehr als ein Verteidigungsbündnis der Städte und Herren in Konflikten erschien.[264] Ebenfalls ist von WEIZSÄCKER trotz seiner bis heute grundlegenden exegetischen Arbeit eine der beiden zentralen Fortentwicklungen des Textes übersehen worden:[265] Die Begrenzung auf Einwohner und Gäste der Mitglieder ist entfallen, geschützt ist nun wirklich jedermann - Kleriker, Laien und Juden - gerade unabhängig von ihrer Zugehörigkeit zu einem Beteiligten der Einung. Es handelte sich um einen grundsätzlichen und generellen Friedensschutz aller Personen, an dessen Anspruch letztlich nur der Mainzer Reichslandfrieden von 1235 heranreichte. Diese enorme Reichweite hat etwa QUIDDE zwar bemerkt, aber die Bedeutung dieser originären Schutzverpflichtung doch letztlich verkannt, wenn er zu der Aussage gelangt ist, dass es der *pax* an einem hinreichend bestimmten Inhalt und Umfang des Friedensschutzes gefehlt habe, weshalb mit *„pax generalis"* nur ein Verweis auf den Frieden von 1235 gemeint sein könne.[266] Jener hatte sich indes selbst an keiner

---

261 Vgl. exemplarisch den Kölner Gottesfrieden von 1083, MGH Const. I, Nr. 424; ausführlich *Bielfeldt*, Rheinischer Bund, S. 36 ff.

262 Zu Art. 2 a vgl. ausführlich *Weizsäcker*, Rheinischer Bund, S. 147 ff., 153 f.; wie dieser hat *Busson*, Landfriedensbund, S. 21 ff. die Zollerhöhungen folglich als Hauptstörung des Friedens interpretiert, aber einen Bruch zwischen Zollbestimmungen und dem Landfrieden gesehen, worauf *Quidde*, Rheinischer Landfriedensbund, S. 26 f. mit dem Verweis auf die Verbindung im Mainzer Reichslandfrieden geantwortet hat; beide haben damit sich auch gegen die Interpretation von *Schaab*, rheinischer Städtebund I, S. 122 gewandt, wonach die völlige Abstellung aller Zölle gemeint wäre; das kanonische Verbot neuer Zölle ist allerdings ohne nachweislichen Einfluss auf die Entwicklung geblieben, vgl. *Becker*, Rheinischer Bund, S. 7 ff.

263 Vgl. hier auch die gleichlautende interpretierende Regestenübersetzung von OSA I, Nr. 209, S. 198 f.

264 Vgl. *Weizsäcker*, Rheinischer Bund, S. 43 ff.

265 Vgl. *ebd.*, S. 53 f., 57; ebenso *Busson*, Landfriedensbund, S. 9.

266 *Quidde*, Rheinischer Landfriedensbund, S. 23 ff. ging davon aus, dass dem Rheinischen Bund selbst hinreichend bestimmte materielle Regelungen fehlten, um als selbständige Landfriedensordnung wirksam sein zu können.

Stelle als *„generalis"* oder gar *„sancta"* bezeichnet. Eine derartige Bindung des eigenen Bündnisses an einen Reichslandfrieden, der seinerseits ganz an das nunmehr in seine tiefste Existenzkrise geratene Königtum gebundenen war, wäre im Gegenteil geradezu widersinnig gewesen, gemessen an der Absicht, diese Krisenzeit zu meistern und eventuell zum Ausbau der eigenen Autonomie zu nutzen. Derartige Hilfsbegründungen sind aber auch nur dann erforderlich, wenn man die engeren Friedensbestimmungen des Textes nicht einfach aus ihrer Entstehung wortgetreu als eigenen, orginären Friedensschutz ganz in der Tradition des ursprünglichen städtischen Verteidigungsbündnisses versteht.

Eine weitere Modifikation gegenüber der Vorlage kennzeichnete ebenfalls die grundlegende Weiterentwicklung: Die Geschützten wurden nicht nur, wie bisher, bloß in die Formel des Beistandsversprechens einbezogen, sondern sollten *„in tranquillitate sancte pacis valeant permanere."* Mit diesem expliziten „Friedensschutz" entstand eine bislang nicht gekannte neue Kategorie. Sie wurde durch den Tatbestand der geschützten Personen und die Rechtsfolge der Schutz- und Beistandsverpflichtung definiert und trat gleichzeitig sprachlich als Zwischenglied zwischen die bisherige unmittelbare Verknüpfung von beiden. Während durch diesen Kunstgriff Tatbestand und Rechtsfolge gegenüber dem früheren Städtebündnis identisch und damit an sich innerhalb der Kompetenzen der Bündnispartner blieben, setzte dieses Mittelglied einen ganz neuen Anspruch und mit einer zuvor unbekannten Symbolkraft. Die *Pax* beanspruchte nichts weniger als eine allgemeine Geltung und ließ damit die früheren Städtebündnisse, aber auch den Sonderschutz der alten *paces dei* weit hinter sich.

(3) Logisch klar strukturiert folgten auf die Begründung und Aufrichtung, sowie den Inhalt des Friedensschutzes die Folgen seiner Verletzung:[267] gegen alle *„violatores ac perturbatores"* sollten *„totius viribus insurgemus, ipsos usque ad condignam satisfactionem compellendo"*, die Mitglieder sollten also nach bestem Vermögen gegen sie vorgehen und sie zur völligen Genugtuung zwingen. Auch hier wird man *satisfactionem*, wie wohl bereits im Mainzer Reichslandfrieden, nur als Schadensersatz beziehungsweise als *compositio*, also Buße, wie im vorbildhaften Dreierbündnis vom April 1254, deuten können.[268] Von einer peinlichen Bestrafung war jedenfalls keine Rede.

Auffällig erscheint jedoch die festgeschriebene Ausübung von Zwang, um diese Ausgleichsleistungen zu erreichen. Dabei könnte man zwar auch an eine übergeordnete „hoheitliche" Unrechtsahndung wie etwa im Reichslandfrieden von 1235 denken. Es eröffnet sich aber eine davon unabhängi-

---

267 A.a.O., Art. 3a.

268 Vgl. auch *Quidde*, Rheinischer Landfriedensbund, S. 29.

ge, aus dem Gesamtkonzept viel näherliegende Interpretation. Danach würde das Erzwingen durch Gewalt sich als nichts anderes als gemeinsame Selbsthilfe im Rahmen der Fehde selbst darstellen.

(4) Hierfür spricht nicht zuletzt, dass das „Organisationsrecht" vollständig aus dem vorangehenden reinen Städtebündnis übernommen wurde. Das gemeinsame Entscheidungsorgan aus je vier Vertretern, die mit umfassenden Vollmachten für ihre Entscheidungen ausgestattet waren, sollte über alle Streitigkeiten unter den Mitgliedern entscheiden, wobei der Vorbehalt zugunsten des eigenen Partikularrechts bestehen blieb.[269] Dieses Gremium sollte aber ebenfalls bei einem Bruch des Friedens an einem Herrn oder einer Stadt darüber beraten, wie der Frieden wieder hergestellt und erhalten werden konnte.[270] Selbst diese Passage war weitestgehend aus dem Städtebündnis vom April 1254 übernommen, jedoch durch den Begriff der *„pax pertubata"* in den neuen, erweiterten Kontext gestellt worden. Damit lag weiter das Bild einer Gesandtenversammlung zugrunde, die über das gemeinsame Vorgehen im Wege der Selbsthilfe oder durch andere Mittel beriet und insoweit „politische" Entscheidungen traf und die gerade nicht als ein über den Konfliktparteien, vor allem dem Konfliktgegner, stehendes Gericht auftreten sollte.[271] Die Friedensorgane und -beteiligten standen vielmehr mit dem gemeinsamen Gegner auch nach der Vorstellung des Gründungsdokuments auf gleicher Stufe und waren diesem allenfalls durch die Inanspruchnahme des Friedens als Selbstbezeichnung für sich und den damit verbundenen Geltungsanspruch „propagandistisch" übergeordnet.

b) Gerade aus den letztgenannten Texterkenntnissen lässt sich die umstrittenste Frage nach der Natur des Rheinischen Bundes bei seiner Gründung und seiner Einordnung innerhalb der Landfriedensentwicklung beantworten.[272] Die bisherige Forschung hierzu hat sich vor allem an dem anscheinenden immanenten Widerspruch gestoßen, der dem Gründungsakt inne wohnte: Der Gebrauch von Bezeichnungen und Instituten des Friedensschutzes und damit die Zuschreibung einer hervorgehobenen Rechtsposi-

---

269 A.a.O., Art. 4 und 5. Die Wahl der Vertreter auf Lebenszeit ist angesichts der nur zehnjährigen Geltungsdauer des Bundes (vgl. Art. 1) verschwunden; zu weiteren notwendigen Anpassungen z.B. vom *„consilio civitatum"* in *„communi"* vgl. *Weizsäcker*, Rheinischer Bund, S. 56 f., 203 ff.; Probleme bereitet der Abstimmungsmodus, so hat etwa *Quidde*, Rheinischer Landfriedensbund, S. 36 ff. gegen die Anwendung des Mehrheitsprinzips polemisiert; vgl. ausführlich zur „Bundesversammlung" und dem „Bundesgericht" *Distler*, Städtebünde, S. 129 ff., 145 ff.

270 Vgl. a.a.O. Art. 7

271 Zutreffend ausführend *Quidde*, Rheinischer Landfriedensbund, S. 32 ff. gegen *Weizsäcker*, Rheinischer Bund, S. 198 ff.; zur Entwicklung vgl. auch *Hintze*, Historische Studien Heft 15 (1885) S. 164 f.

272 Vgl. hier auch *Angermeier*, Königtum und Landfriede, S. 37 ff.

tion in Auseinandersetzungen wies inhaltlich über einen reinen Beistandspakt hinaus und erhob durchaus den Anspruch der Überparteilichkeit. Er wurde durch Elemente aus der Tradition der Gottesfrieden, der Autorität der Bischöfe, aber auch ausführliche und mehrfache rationale Begründungen, zu Gunsten des gemeinsamen Wohls zu handeln, dazu insbesondere Schilderungen vorhandener Missstände, gerechtfertigt. Diese Rechtfertigungen schienen durchaus notwendig, um ohne die *de iure* uneingeschränkt fortdauernde königliche Friedenshoheit neue Normen mit einer möglichen Wirkung gegen Dritte setzen zu können. Hier stellte die alte Gottesfriedensform die zwar bereits ein Jahrhundert nicht mehr gebrauchte, aber einzige anerkannte Möglichkeit dar, weshalb BIELFELDT im Rheinischen Bund einen Nachfolger der bereits lange vergangenen Gottesfrieden gesehen hat.[273] Allerdings erschöpfte sich diese Drittwirkung angesichts des Beistandscharakters weitgehend auf die Abstellung der unrechten Zölle, damit eine Materie, die früheren Gottesfrieden fremd war, jedoch die Regelungen des Mainzer Reichslandfrieden wiederspiegelte.[274]

Die Konstruktion des Friedens insgesamt, des personalen Schutzes sowie seine Organisation und sein Verfahren bleiben aber zunächst ganz in der Tradition der Städtebünde und des Beistandes namentlich in Fehden, bei denen die Bürgerschaften schon lange die aktive Fehdefähigkeit beanspruchten.[275] In diesen Punkten waren jedoch die konkreten Formulierungen und Konstruktionen offen für eine landfriedensrechtliche Interpretation und wiesen damit über ihren Ursprung hinaus in die Zukunft.

Diese Deutung spiegelte sich auch in den wenigen nachweisbaren ersten militärischen Aktionen des Bundes wider. So handelt es sich bei der Verwüstung eines Dorfes der Herren von Stahleck wegen eines Schadens, den diese den Wormser Bürgern zugefügt hatten, um eine typische Fehdehandlung, nicht etwa den Versuch, jene Adeligen unmittelbar gerichtlich zur Verantwortung zu ziehen oder gar peinlich zu strafen.[276] Auch der Auszug

---

273 Ausführlich *Bielfeldt*, Rheinischer Bund, S. 36 ff.

274 Vgl. ausführlich *Quidde*, Rheinischer Landfriedensbund, S. 26 f.

275 Vgl. schon oben Fn. 50. Die innere Spannung zwischen Friedensanspruch und Städtebundsinhalt hat schon *Busson*, Landfriedensbund, S. 14, 17 f. erkannt, dies jedoch nur durch die Vermutung von Interpolation und einem lediglichen Entwurfscharakter der Urkunde aufzulösen vermocht, vgl. dagegen *Weizsäcker*, Rheinischer Bund, S. 57 ff., der angesichts der Divergenz von *Invocatio* und Art. 2a von einem Austausch zweier Urkunden zwischen Städten und Herren ausgegangen ist.

276 Wormser Chronik, S. 102. Man könnte diese Aktion allerdings auf das ursprüngliche und fortbestehende mittelrheinische Dreierbündnis beziehen; hiergegen spricht jedoch die erwähnte Beteiligung von Philipp von Ehrenfels und Werner von Alzey; diese müssten ansonsten besonders mit Worms verbunden gewesen sein, daher liegt es näher, eine Aktion der im Rheinischen Bund Verbündeten zu erkennen, wie auch aus der ausdrücklichen Mitgliedschaft des Werner aus MGH Const. II, Nr. 428/6 bzw. OSA I, Nr. 255 hervorgeht.

gegen Werner von Bolanden lässt sich noch in dieser Richtung deuten; wenn auch hier mit der Zerstörung seiner Burg Grenzen des Fehderechts hin zu einer Exekution im Sinne der alten Friedensbewegung und des traditionellen Gerichtsverfahrens berührt waren, so endete der Konflikt nach Eintritt zahlreicher Helfer des Werner doch durch Vermittlung, Urfehde und Sühne. Allerdings konnte bei dieser Gelegenheit erstmalig ein Gegner als Friedensfeind öffentlich gebrandmarkt werden. Darüber hinaus erreichte der Bund sein Ziel, die Verpflichtung zur Abstellung von Zöllen und Umgelt durchzusetzen.[277] In diesem Sinne lässt sich schließlich auch ohne weiteres eine Schlichtung des Grafen von Eberstein zwischen dem Bund und seinen Burgleuten wegen der Zerstörung der Burg Nidau interpretieren.[278]

Die Verwendung von Gottesfriedensformen und -formeln erschien wohl auch nach dem - allerdings praktisch wirkungslosen - königlichen Verbot der Städtebünde von 1231 angezeigt, um den Bund als eine *„pax"* erscheinen zu lassen, gegen den die Reichsgewalt nichts einwenden konnte.[279]

Es ist essentiell für das Verständnis des Bundes, sein Verhältnis zur bestehenden Gerichtsverfassung und dem Konfliktaustrag des Mainzer Reichslandfriedens herauszustellen. Sollte er an die Stelle der bisherigen Gerichte treten? Eine direkte Aussage finden wir nicht, insbesondere kann, wie oben bereits ausgeführt, keinesfalls mit QUIDDE davon ausgegangen werden, dass der Bund sich als Vollzugsorganisation des, im Übrigen allein auf den tradierten Gerichten basierten, Reichslandsfriedens verstanden hätte.[280] Die Bezeichnung als *pax generalis* bezog sich vielmehr auf den eigenen Anspruch des Bundes. Dieser lag allerdings in letzter Konsequenz durchaus darin, die Aufgabe, für *pax* und *iustitia* zu sorgen, die Friedrich II. nicht

---

Auch dürfte diese Einzelaktion das gleich zu besprechende Verbot von Einzelaktionen in Art. 1 des Bundesbeschlusses vom 6.10.1254, MGH Const II Nr. 428/2 verursacht haben. Zum Verlauf der „Fehde" unter Einbeziehung von Helfern des Werner vgl. weiter *Busson*, Landfriedensbund, S. 25 f.; vgl. zu den Aktionen des Bundes und zutreffend zur Anwendung des Fehderechts auch *Distler*, Städtebünde, S. 197.

277 Vgl. Quellen Worms III, S. 154; OSA I, Nr. 217; *Weizsäcker*, Rheinischer Bund, S. 155 f. sieht als Grund für dessen Schädigung eine Aktion gegen unrechtmäßige Zölle; allerdings wären hierzu die Städte gerade nach der Rechtsordnung von 1235 nicht zu einem hoheitlichen Vorgehen befugt gewesen. Vgl. ferner *Becker*, Rheinischer Bund, S. 23, 51 f., 73.

278 Vgl. UB Speyer, Nr. 79; zu den Grafen von Eberstein vgl. hier nur *Andermann*, ZGO 151 (2003), S. 95 ff. m.w.N.

279 Auch wenn bereits der Reichslandfrieden von 1235 dieses Bündnisverbot stillschweigend übergangen hatte, *vgl. oben Kap. 1 II 2*; vgl. allgemein hierzu etwa *Weizsäcker*, Rheinischer Bund, S. 158 f.; *Angermeier*, Landfriedenspolitik, S. 179; *ders.*, Königtum und Landfriede, S. 42.

280 *Quidde*, Rheinischer Landfriedensbund, S. 23 ff.; dem zustimmend *Bielfeldt*, Rheinischer Bund, S. 65 ff.; hiergegen überzeugend *Angermeier*, Königtum und Landfriede, S. 40 f.

wenig zuvor 1235 als kaiserliche Aufgabe in antiker und christlicher Tradition herausgestellt hatte, selbst in Angriff zu nehmen.

Allerdings kann an diesem Punkt auch nicht von einer zwingenden Kollision des Bundes mit den staufischen Konfliktregelungen oder gar einem Ausschalten der ordentlichen Gerichte dergestalt gesprochen werden, dass die Städte, wie zuletzt DISTLER jüngst vermeint hat , nunmehr als unmissverständlichem Angriff auf die Reichs- und Feudalgewalten „das Monopol legitimer Gewaltanwendung zur Durchsetzung des Friedens erstmals beanspruchten".[281] Vielmehr lässt sich das „Bündnis zur Verteidigung aller" durchaus in Übereinstimmung mit dessen Geboten, insbesondere der Form der Absage und der Subsidiarität der gewaltsamen Selbsthilfe gegenüber der Anrufung des zuständigen traditionellen Gerichtes interpretieren. Der Bund organisierte nur die Selbsthilfe der Betroffenen, in die Rechtssphäre Dritter und insbesondere fremde Gerichtsrechte griff er, zumindest formal, nicht ein.[282] Allerdings ist diese Interpretation nicht zwingend;[283] die Beachtung der traditionellen Gerichte ist in seiner Gründungsakte an keiner Stelle - zu vermuten ist: nicht zufällig - ausdrücklich festgeschrieben. In der Rechtswirklichkeit des beginnenden Interregnums erscheint vielmehr überaus zweifelhaft, ob vor allem die Städte tatsächlich gegen adlige Übergriffe ebenfalls feudale und aus ihrer Sicht weitgehend unwirksame Gerichte anrufen wollten, sich aber nicht ausdrücklich gegen die „Verfassungsordnung" im Reich stellen wollten. Daher stellte der Bund wohl praktisch einen Versuch dar, dieses alte System, das sich als unwirksam erwiesen hatte, zu überwinden, während die Rechtsnormen des Bundes für diesen möglichen Vorwurf gerade keinen Beweis bieten sollten.[284]

Damit aber erscheint eine Charakterisierung des Bundes möglich, ohne, wie etwa BUSSON, die Autentizität erheblicher Textteile anzuzweifeln.[285] Sicher handelte es sich nicht einfach um eine hoheitliche „Landfriedensei-

---

281 *Distler*, Städtebünde, S. 182 m.w.N.; ähnlich *Angermeier*, Königtum und Landfriede, S. 41 ff.

282 Hier richtig *Quidde*, Rheinischer Landfriedensbund, S. 32, allerdings beschränkt auf die rechtlich erlaubte Selbsthilfe, was sich im Text so nicht findet; vgl. auch für die spätere Entwicklung *Mohrmann*, Landfriede, S. 63 mit der Beobachtung, dass die Stellung der Landfriedensorgane bewusst in der Schwebe und im rechtlich unklaren gehalten worden sei.

283 Wie nach *Quidde*, Rheinischer Landfriedensbund, S. 29 ff.

284 Ein schönes Beispiel bildet hierfür auch der Beschluss des Bundes vom 6.10.1254, dass alle Boten *„in nullo iudicio"* festgehalten werden dürfen, Art. 13, MGH Const II, 428/2, S. 583 Z. 7. Hier scheint zunächst die Drittwirkung deutlich, dann aber auch nur die Betonung des Friedensschutzes und Verpflichtung der Mitglieder zur Umsetzung des Friedensprogramms, ebenso wie eine Spitze gegen die gleichwohl anerkannten ordentlichen Gerichte; insgesamt erscheint es daher problematisch, von einem „Verfassungsbündnis, keinem Widerstandsbündnis wie die lombardische Liga" zu sprechen, wie etwa *Distler*, Städtebünde, S. 182 m.w.N.

285 Vgl. nur *Busson*, Landfriedensbund, S. 21 ff.

nung der Städte" im Sinne der späteren Entwicklungen. Allerdings bedurfte der Bund damit auch nicht der Berufung auf das Reichslandfriedensrecht etwa im Sinne einer „Vollzugsordnung", für die sich keine Anhaltspunkte finden. Schließlich kann, wie bereits oben ausgeführt, nicht einfach von einem Gottesfrieden gesprochen werden,[286] ebenso wenig wie von einem reinen Städtebund.[287] In der oben dargestellten Verknüpfung dieser Elemente liegt vielmehr die Besonderheit dieser „*Sui-generis*-Schöpfung":[288] Ein Beistandspakt gegenüber jedermann, der, ohne die vorhandenen Gerichtsgewalten *de iure* nachweisbar auszuschalten, deren Funktion praktisch übernehmen wollte. Möglicherweise wollte der Bund dabei bewusst propagandistisch an die Tradition der Gottesfrieden anknüpfen, die vor nicht allzu langer Zeit die Öffentlichkeit stark beeinflusst hatten.[289] Allerdings dann eben wohl nur nach außen politisch werbend, nicht in seiner inneren Struktur. Der Bund war auf Dauer, ideologisch und politisch, städtisch dominiert. Er hätte so geschickt die alten Formen genutzt, um einen überparteilichen Anspruch geltend zu machen; rechtlich blieb er dagegen bloßer Beistandspakt, der eben dies propagandistisch verbrämte.[290] Und nur insoweit ist QUIDDE rechtzugeben:

> „Ein Lebenselement des Bundes, und zwar von Anfang an, ist die Propaganda; er ist nicht nur thatsächlich, sondern seiner innersten Natur nach auf allgemeine Verbreitung, unbegrenzt durch politische Parteistellungen oder ständische Gegensätze bedacht. Diese Tendenz unterscheidet ihn von der großen Masse anderer Bündnisse ..."[291]

c) Eine für die Zukunft wesentliche Weiterentwicklung erfuhr der Bund zunächst am 6.10.1254 bei einer Versammlung der Delegierten in Worms.[292] Alle Teilnehmer, darunter die *civitates superiores quam inferiores*, verpflichte-

---

286 Überzeugend *Becker*, Rheinischer Bund, S. 69 f.; jüngst auch *Distler*, Städtebünde, S. 79, 182 ff.; zur Verwendung kirchlicher Phrasen vgl. *Michael*, Deutsche Geschichte I, S. 264 f.

287 Wie etwa *Becker*, Rheinischer Bund, S. 67 dies tut.

288 Vgl. nochmals *Angermeier*, Königtum und Landfriede, S. 45.

289 Zu letzterem vgl. zuerst *Bielfeldt*, Rheinischer Bund, S. 36, ihm folgend zuletzt *Distler*, Städtebünde, S. 184 ff. m.w.N.; zu weiteren Legitimierungswirkungen vgl. *v. Winterfeld*, Hansische Geschichtsblätter 32 (1927), S. 8 ff. m.w.N.; *Moraw*, Offene Verfassung, S. 208.

290 Vgl. bereits zur „Propaganda" des Bundes zur Werbung adeliger Mitglieder *Busson*, Landfriedensbund, S. 31 ff.; dazu jüngst *Distler*, Städtebünde, S. 79: „Der rheinische Bund steht ... zumindest in der begrifflichen Tradition der Gottes- und Landfriedensbewegung. Die Anlehnung an die friedensrechtliche Terminologie milderte den konspirativen, verschwörerischen Charakter der Vereinigung"

291 *Quidde*, Rheinischer Landfriedensbund, S. 31.

292 Zur Quellenkritik der Akten nach dem Gründungsinstrument ausführlich *Weizsäcker*, Rheinischer Bund, S. 68 ff., der insbesondere auf den im Unterschied zur Gründungsurkunde vorhandenen „Referatscharakter" eingeht.

ten sich, eigene *expeditiones*, also militärische Auszüge, nur nach dem gemeinsamen Rat aller zu führen.[293] Es handelt sich auch hier um eine später typische Bündnisklausel zwischen aktuellen oder potentiellen Fehdehelfern. Zwar sollte ohnehin schon bei Auszügen als Folge von Angriffen auf ein Mitglied die Vertreterversammlung beraten, nunmehr wurde jedoch ihre allgemeine Befassungspflicht festgeschrieben. Da andere *expeditiones* aber auch nach dem Fehderecht nicht gedeckt waren, konnten gegen eine solche Klausel kaum Bedenken geltend gemacht werden; allerdings stellte damit ein ungerechtfertigter Auszug gegenüber Nichtmitgliedern auch eine Verletzung des Bundes dar, es handelt sich damit letztlich um eine präventive Befriedungsmaßnahme, die auf dem starken Interesse beruhte, nicht unkontrolliert in Kriege der Bündnispartner hineingezogen zu werden. Ebenfalls typisch für einen Beistandspakt waren die sich anschließenden Verpflichtungen, jede mögliche Unterstützung oder persönlichen Kontakt zu einem Gegner zu unterlassen, und jeden ritterlichen Helfer eines gegnerischen Herren (*domini nobis adversantis*) ebenfalls an Leib und Gut zu befehden, aber ihn auch in jeder Mitgliedsstadt, die er betreten würde, fest zu nehmen und zu halten, bis er die volle Genugtuung geleistet hätte.[294]

Es folgen sehr in Einzelheiten gehende präventive Maßnahmen, so die Akquirierung aller Fährschiffe, darunter aber auch in Art. 7 ein bedeutender Passus: „*Item statuimus, ut si quis dominorum vel militum pacem nobiscum adiuret promovere, et[iam] pace pro viribus tueatur; qui vero pacem nobiscum non iuraverit, exclusus a pace generali permanebit.*" Während damit eindeutig der nachträgliche Beitretende in gleicher Weise berechtigt und verpflichtet, Eidverweigerer aber dauerhaft aus dem Hilfsbündnis ausgeschlossen bleiben sollten, ist unklar, ob hiermit eine *Eidespflicht* statuiert wurde.[295] Letzteres hätte durchaus eine beträchtliche Herrschaftsanmaßung des Bundes dargestellt. Allerdings wurde auch später lediglich bekräftigt, dass der Friedensverweigerer keinen Schutz genießen sollen.[296] Als Adressaten erscheinen im ganzen Kontext der einzelnen präventiven Regelungen des Beschlusses alleine die Mitglieder, nur *diese* sollte also die Verpflichtung treffen, neue Mitglieder zu werben und aufzunehmen; verhindert werden sollte wohl vor allem ein inkonsistentes Verhalten und damit eine Schwächung des Friedens. Neu geregelt wurden am 6.10.1254 auch die Pfän-

293 Vgl. zur Einschränkung *ebd.*, S. 182. Zum möglichen Anlass vgl. Fn. 276.

294 MGH Const. II, Nr. 428/II, S. 582, Z. 17-21.

295 So etwa *Quidde*, Rheinischer Landfriedensbund, S. 31 f., allerdings verkennt er, dass die Schädigungserlaubnis für Eidverweigerer auch nur mit *binnenrechtlicher* Wirkung gelten konnte, mithin deklaratorisch-affirmativer Natur sein konnte; daher dagegen überzeugender *Busson*, Landfriedensbund, S. 30 f.

296 Vgl. Beschluss vom 17.3.1256, MGH Const II, Nr. 434; vgl. Art. 10 zum darin erklärten Ziel des ganzen Beschlusses, Frieden mit den landadeligen Nachbarn zu erreichen.

dungsrechte von Bürgern in einer anderen Stadt und ein absoluter Friedensschutz für kirchliche Häuser.[297]

Die Vertreterversammlung wurde in gewisser Weise dadurch verselbständigt, dass deren Vertreter nun ohne langwierige vorherige Rücksprachen voll handlungsfähig für das jeweilige Mitglied sein mussten.[298] Die Festlegung von Kontingenten der Mitglieder, die für Anforderungen bereit zu stehen hatten, zeigte, dass die Exekution, wie auch die Finanzierung der gemeinsamen Friedenswahrung ganz in deren Händen lagen.[299] Neu eingeführt wurde lediglich eine Zentralisierung des Verfahrens. Nach der (untechnischen) Klage eines Mitgliedes sollten Mainz und Worms den Mitgliedern die Angelegenheit durch Urkunden und Boten mitteilen und dadurch *„nostri iniuratores commoneantur"*.[300] Die letztgenannten Mahnungen an die gemeinsamen Verletzer und damit Gegner können wohl nur als fehderechtliche Absage verstanden werden. Auch die weiter festgeschriebene Pflicht, alle Neuigkeiten in einem Konflikt untereinander schriftlich mitzuteilen, weist auf ein solches Verständnis hin.[301]

Nach diesem grundlegenden Beschluss erfuhr der Bund hinsichtlich seiner Binnenorganisation, trotz erheblicher zahlenmäßiger und geografischer Ausweitung seiner Mitgliedschaft,[302] nur noch wenige Weiterentwicklungen. Es wurde vereinbart, dass es jährlich vier ordentliche Tage geben sollte, auf denen sich die Repräsentanten der Mitglieder versammeln sollten.[303]

Eine bedeutende Veränderung vollzog sich aber kurz vor dem vorzeitigen Ende des Bundes, als nämlich die allgemeine Folgepflicht der Mitglieder am 6.1.1256 grundlegend eingeschränkt wurde: Danach sollte jede Stadt einen Angriff grundsätzlich selbst rächen und notfalls ihre nächsten Nachbarn zu Hilfe rufen. Nur wenn der Gegner zu stark war, sollten alle helfen.[304]

---

297 Vgl. MGH Const. II, Nr. 428/II, Art. 8 f., 17

298 Vgl. ebd., Art. 13.

299 Vgl. ebd., Art. 19 f.; vgl. ausführlich *Weizsäcker*, Rheinischer Bund, S. 176 ff.

300 Vgl. MGH Const. II, Nr. 428/II, Art. 12; zur „Vororteigenschaft" dieser Städte; *Weizsäcker*, Rheinischer Bund, S. 161 ff.

301 Vgl. MGH Const. II, Nr. 428/II, Art. 16; auch dies hat *Angermeier*, Königtum und Landfriede, S. 44 nicht voll erkannt.

302 Insbesondere in Nord- und Süddeutschland, sowie um viele Adelige; vgl. auch MGH Const II, Nr. 428/6, 429, 430; Hermann von Altaich, S. 394; vgl. die zusammenfassende Übersicht bei *Weizsäcker*, Rheinischer Bund, S. 124 ff.

303 Beschluss vom 14.10.1255, MGH Const. II, Nr. 428/5.

304 MGH Const II, Nr. 428/8. Hier ist insbesondere eindeutig die Ausrichtung am Fehdrecht erkennbar, wenn der Text nicht nur von *„adversarius"*, sondern von *„per se vindicabit"* spricht; die Einschränkung der zuvor unbegrenzten Hilfepflicht scheint hier, wohl wie häu-

In der engeren Friedensmaterie ergaben sich praktisch keine Erweiterungen mehr, sieht man von der Übernahme der Regelungen über den Ankauf geraubten Guts ab.[305] Einzelne Vereinbarungen über eine Vermögenssteuer zum Bau von Almosenhäusern oder zum Wucherverbot[306] erscheinen dabei eher als verfrühte Vorboten der *„Guten Policey"* denn als Friedensmaterien.

d) Nach dem Tod Konrads IV. fand Wilhelm von Holland schnell Anerkennung auch bei den Bundesmitgliedern, die seinem Herrschaftsanspruch bisher Widerstand geleistet hatten. Dieser Umschwung drückte sich unter anderem in der Arenga des ersten Bundesabschieds vom 6.10.1254 aus.[307] Am 6.2.1255 erscheinen erstmals Bundes- und damit Städtevertreter bei der Verkündung eines Hofgerichtsspruchs über Münzvergehen und über ein Verbot der Grundruhr.[308] Seine ausdrückliche Anerkennung erhielt der Bund durch König Wilhelm am 10.3.1255, der ihn unter seinen Schutz stellte, allerdings unter ausdrücklicher Erneuerung des Subsidiaritätserfordernisses entsprechend Art. 5 des Mainzer Reichslandfriedens. Erst nach Klage vor dem König oder seinem Richter sollten alle Bündnispartner nach deren Rat gegen den Friedensbrecher helfen.[309] Aus Sicht des Königtums konnte der Bund keinerlei hoheitliche Macht geltend machen und sich nicht über seinen Gegner oder das Reichsrecht setzen. Er stellte lediglich ein parteiisches Hilfsbündnis für Konflikte dar. Aus diesem Grund wird auch die Bezeichnung als *„pax concepta"* durch den König deutlich, war doch im königlichen Autoritätsverständnis nach den Stauferkaisern kein

---

fig, wenn eine zentrale Truppe fehlte, erforderlich geworden zu sein, vgl. *Weizsäcker*, Rheinischer Bund, S. 180 ff., 183 f.

305 Vgl. Beschluss vom 15.8.1256, MGH Const II, Nr. 428/11.

306 Vgl. MGH Const II, Nr. 428/3, 4 und 11; vgl. dazu *Distler*, Städtebünde, S. 159; *Quidde*, Rheinischer Landfriedensbund, S. 49; allerdings gerade in Straßburg wohl aus konkretem Anlass, vgl. *Weizsäcker*, Rheinischer Bund, S. 177 ff.

307 MGH Const II, Nr. 428/2, S. 582, Z. 1; zur allgemeinen Anerkennung vgl. nur *Bielfeldt*, Rheinischer Bund, S. 51 f.; *Hinze*, Königtum, S. 33 ff.; *Busson*, Landfriedensbund, S. 33 ff. *Weizsäcker*, Rheinischer Bund, S. 207 ff. So schickte der Bund wohl im September 1254 bereits Boten zu ihm, um die Bestätigung des Friedensbündnisses zu erwirken, vgl. Wormser Chronik, S. 103; OSA I, Nr. 216; zur Rolle des päpstlichen, eng mit dem König verbundenen Kardinallegaten Petrus dabei vgl. nur Schreiben vom 7.10.1254, OSA I, Nr. 219; dazu ausführlich *Becker*, Rheinischer Bund, S. 17 ff.; zu Wilhelm von Holland vgl. nur *Kempf*, Interregnum, S. 113 ff.

308 MGH Const II, Nr. 370; vgl. Wormser Chronik, S. 103; streitig geblieben ist bislang, ob es sich dabei bereits um einen Reichtsag handelte, so *Weizsäcker*, Rheinischer Bund, S. 99; dagegen *Quidde*, Rheinischer Landfriedensbund, S. 48; zur Grundruhr vgl. *Lieberich*, Art. „Grundruhr", in: HRG I, Sp. 1856 ff.

309 MGH Const II, Nr. 371; vgl. hierzu ausführlich *Bielfeldt*, Rheinischer Bund, S. 52 f.; *Quidde*, Rheinischer Landfriedensbund, S. 29 ff., S. 40 ff. hat dagegen von Anfang an eine immanente Geltung der Subsidiarität für die Bundesmitglieder angenommen; vgl. auch ausführlich *Weizsäcker*, Rheinischer Bund, S. 210 ff. zu den Wirkungen.

Platz mehr für eine autonome Aufrichtung eines Friedens wie noch im 11. und 12. Jahrhundert. Damit war dem Bund zunächst jede Entwicklungsmöglichkeit als übergeordnete Friedensordnung nach städtischen Vorstellungen genommen worden. Allerdings zeigte sich diese Entscheidung nicht als einseitiger Erfolg des Königtums, sondern als ein Kompromiss.[310] Denn der Bund erlangte nun nicht nur die offizielle Anerkennung der Bündnisfähigkeit der Städte, sondern, abgeleitet vom Königtum, doch eine besonders anerkannte Stellung,[311] was ihn wohl auch für zahlreiche Neuaufnahmen, insbesondere aus Norddeutschland, attraktiv machte.[312] Allerdings blieb der Bund formal in Auseinandersetzungen seinen Gegnern gleichgeordnet.[313]

Diese Doppelgesichtigkeit zeigte sich deutlich in dem Konflikt der Städte mit den Landadeligen um die Dorfbewohner. Der Bund hatte diesen am 6.10.1254 zugesichert, dass er sie, sofern sie den Frieden beschwören würden, gegen alle Ungerechtigkeiten verteidigen und im Ergebnis wie Stadtbürger schützen würde.[314] Welch erheblicher Angriff auf die Rechte der adeligen Grund-, Leib- und Gerichtherren hierin lag, indem faktisch die städtischen Gerechtigkeitsmaßstäbe und der Stadtfrieden auf die Dorfbevölkerungen ausgedehnt werden sollte, ist bislang in der Sekundärliteratur verkannt worden. Gerade vor diesem Hintergrund wird auch die weitere Einschränkung Wilhelms erkennbar, der den Bund nur unter der Bedin-

---

310 Das noch schwache und schwankende Königtum Wilhelms von Holland profitierte vor allem durch die Gewinnung der ehemals staufischen Kernregion am Oberrhein, vgl. *Busson*, Landfriedensbund, S. 34 ff.; zu den politischen Gründen für die Anerkennung des Bundes und dessen Einbeziehung insbesondere wegen der aggressiven Angriffe auf Wilhelm durch mehrere Fürsten vgl. *Bielfeldt*, Rheinischer Bund, S. 52 m.w.N.; außerdem bestanden gemeinsame Interessen in der Zollfrage, vgl. *Becker*, Rheinischer Bund, S. 18 ff.; völlig einseitig dagegen *Angermeier*, Königtum und Landfriede, S. 45. vgl. auch das vom königsnahen päpstlichen Legaten Kardinaldiakon Petrus im Gegenzug für die Anerkennung Wilhelms innerhalb des Bundes zugestandenen Gerichtsstandsprivilegien für die bisher sehr Staufer-freundlichen und jetzt wichtigen Bundesorte Worms und Speyer vom 11.3.1255, UB Worms I, Nr. 261; UB Speyer, Nr. 86; zur bisher verweigerten Bündnisfähigkeit vgl. auch MGH Const II, Nr. 294 vom 27.11.1226.

311 Vgl. ausführlich nur *Quidde*, Rheinischer Landfriedensbund, S. 39 ff., 42, nach dem das Ergebnis die Einfügung des Bundes in die Reichsverfassung gewesen sei.

312 Vgl. nur OSA I, Nr. 229 - 246 mit den einzelnen Quellennachweisen; vgl. auch Wormser Chronik, S. 103.

313 So ausdrücklich bereits *Busson*, Landfriedensbund, S. 39. Insofern wird man eben nicht wie *Bielfeldt*, Rheinischer Bund, S. 53 f. einfach diagnostizieren dürfen, dass der Bund den Status einer Reichsinstitutition erhalten habe, vielmehr handelte es sich zunächst eindeutig, wie dieser richtig ebenfalls feststellt, nur um eine nähere, nur vielleicht besondere Beziehung zur Reichsgewalt.

314 MGH Const. II, Nr. 428/2, Art. 5; dies trotz ausdrücklicher Betonung, dass keine Stadt Pfahlbürger aufnehmen dürfe, vgl. ebd., Art. 14.; vgl. ausführlich hierzu und zum folgenden *Bielfeldt*, Rheinischer Bund, S. 55 ff.; sowie *Busson*, Landfriedensbund, S. 29.

gung bestätigte, dass jeder Fürst, Graf, Adelige, Bürger, Burgmann und jeder andere Bewohner eines Ortes oder Bauer in seinem Recht bliebe.[315] Allerdings brach der Konflikt mit den Landadeligen schnell offen aus, so dass das Königtum bald als Schiedsrichter und Vermittler gefordert wurde. Zunächst konnte der Graf von Waldeck als Reichshofrichter am 29.6.1255 einen Waffenstillstand vermitteln, der nicht nur einen endgültigen Vergleich durch ein unter Vorsitz des Königs einberufenes paritätisches Schiedsgericht von je acht Städte- und Adelsvertretern vorsah, sondern auch ausdrückliche Regelungen über die Pfahlbürger und die Aufnahme neuer Bürger enthielt, die in einen Beschluss des Bundes einmündeten.[316] Adelige durften zwar von Kirchen und Bürgern keine ungewöhnlichen Abgaben fordern. Aber alle Pfahlbürger mussten entlassen werden, Bürger durften nur zur genau bestimmten Erntezeit außerhalb der Stadt leben. Die Aufnahme freier Bauern als Bürger wurde indes mit diesen Einschränkungen gestattet, Eigenleute hingegen durften von ihrem Herrn zurückgefordert werden. Dieser Rechtsspruch wurde am 10.11.1255 durch ein Urteil Wilhelms bestätigt:[317] Adelige sollten ihre Rechte rechtmäßig ausüben, dafür aber auch das ihnen Zustehende erhalten; die Privilegien der Immunitäten, vor allem der Städte wurden jedoch garantiert. Wurde ihnen von den Städten Unrecht zugefügt, sollten die Herren nicht eigenmächtig Bürger gefangen nehmen oder pfänden, sondern ebenfalls vor dem König, Hofrichter oder vier genannten Schultheißen, darunter in Hagenau und Colmar, ihr Recht suchen. Erst bei Rechtsverweigerung durften die Verbündeten vorgehen und waren sogar dazu verpflichtet. Hier trat also neben dem erneuerten Gerichtszwang für alle Konflikte eine verbindliche Sonderinstanz in Erscheinung, die Klagen vor Gerichten der jeweils anderen Seite vermeiden und durch ihre vermutliche Zwischenstellung zwischen Adeligen und Städten eine echte Befriedung ermöglichen sollte.[318]

---

315 MGH Const. II, Nr. 371.

316 MGH Const. II, Nr. 428/3, 431, 433; vgl. auch die Anrufung Wilhelms durch den Bund am 30.6.1255, MGH Const. II, Nr. 432, zur Datierung vgl. OSA I, Nr. 249; *Quidde*, Rheinischer Landfriedensbund, S. 27 f. hat angenommen, der Jusititiar sei als Vermittler nur wegen der engen Verbindung zum Bund eingesetzt worden.

317 MGH Const. II, Nr. 375; Wormser Chroniken S. 103; ausführlich zum Ganzen *Busson*, Landfriedensbund, S. 62 ff.

318 Allerdings waren diese Sonderinstanzen bereits durch ein königliches Mandat vorgesehen, vgl. Gudenus, Codex Diplomaticus I, Nr. 278; auch war keine weitgehende Aushöhlung der Bundesversammlung damit verbunden, wie *Weizsäcker*, Rheinischer Bund, S. 211 ff. angenommen hat, denn diese hatte zu keinem Zeitpunkt echte richterliche Hoheitsgewalt und sollte wohl auch ihre Schiedsfunktion nicht verlieren; sicher verfrüht wäre es, wie *Bielfeldt*, Rheinischer Bund, S. 60 f. von einer reformierten Gerichtsverfassung für das Reich zu sprechen; vgl. zum Ganzen auch *Distler*, Städtebünde, S. 142 f.

Am gleichen Tag setzte der Bund mit ausdrücklicher Genehmigung des Königs fest, dass bei Schädigungen von in Angelegenheiten des Bundes Reisenden der Übeltäter mit allen Helfern auf ewig vertrieben werden sollte, nachdem Graf Emicho von Leiningen mehrere Boten gefangen genommen und erst nach einer Belagerung durch den Bund herausgegeben hatte.[319] Gerade auch an der ausdrücklich erwähnten königlichen Sanktionierung zeigte sich eine immer engere Verbindung zwischen Königtum und Bund. So befreite der Bund selbst die gefangen genommene Königin, nachdem er gegen den schuldigen Hermann von Rietberg als einen Friedensbrecher gemahnt hatte.[320]

e) Allerdings hatte sich der Bund damit so sehr an König Wilhelm gebunden, dass er nach dessen Tod und der zwiespältigen Neuwahl entgegen den strengen, für diesen Fall getroffenen Vorkehrungen bald auseinanderfiel.[321] Diese hatten unter anderem ein Huldigungsverbot und die aktive Präsenz der Mitglieder bei der Wahl selbst vorgesehen, aber auch ein Verbot aller Übergriffe auf Reichsgut, womit sich die Bündnismitglieder über ihren eigentlichen Zweck nun endgültig zu Sachwaltern des Reiches machen wollten.[322] Obwohl noch ein siegreicher Auszug gegen den Grafen von Katzenellenbogen,[323] und Neuaufnahmen im Oktober 1256 erfolgten,[324] und der Bund sogar Güterübertragungen bestätigte,[325] zerbrach er schließlich Ende Mai 1257 „an der Bosheit der sich ihm Widersetzenden."[326] Seinen Schlusspunkt markieren wohl die misslungene Belagerung des Mark-

---

319 Vgl. MGH Const. II, Nr. 428/7. Die Gefangennahme und Belagerung vollzogen sich Ende September 1255, vgl. Wormeser Chronik, S. 103; MGH Const. II, Nr. 428/5; *Busson*, Landfriedensbund, S. 62.

320 Vgl. Quellen Worms III, S. 54, wonach dieser Auszug allein Worms mehr als 500 Mark Silber kostete; aber selbst hier vollzog sich die Aktion ganz in fehderechtlichen Bahnen; die Wormser Chronik, S. 104 bezeichnete die Bündnismitglieder sogar als „Bundesverwandte", wohl in Anklang an die traditionelle Fehdehilfe durch bzw. unter Familienmitgliedern.

321 Zu den Vorkehrungen vgl. nur MGH Const. II, Nr. 428/9, 10 und 11, 434; zum Einfluss auf die Wähler vgl. das Anschreiben mehrerer Kursfürsten an die Städte mit Bitte um Anwesenheit bei der Wahl und Unterstützung, MGH Const. II, Nr. 428/11; zum allmählichen Auseinanderfallen durch Anerkennung jeweils eines der beiden Doppelkönige vgl. nur *Bielfeldt*, Rheinischer Bund, S. 69 ff., *Busson*, Landfriedensbund, S. 84 ff.; *Weizsäcker*, Rheinischer Bund, S. 192 ff., 218; übertrieben wohl *Angermeier*, Königtum und Landfriede, S. 45 f., der das Ende des Bundes schon mit der „Einverleibung" durch König Wilhelm gekommen gesehen hat.

322 Vgl. insbesondere Beschlüsse vom 12.3. und 17.3.1256, MGH Const. II, Nr. 428/9 und 434; vgl. auch *Bielfeldt*, Rheinischer Bund, S. 61 ff.

323 Vgl. Quellen Worms III, S. 154; Wormser Chroniken S.104.

324 Vgl. dazu UB Regensburg I, Nr. 88-90.

325 Vgl. Westfälisches UB VII 1, Nr. 947.

326 So Hermann von Alteich, S. 397.

grafen von Baden in Selz und die Gefangennahme zahlreicher Bürger, die nach einer von Straßburg vermittelten Sühne teuer ausgelöst werden mussten.[327] Tatsächlich dürften die Kräftezersplitterung und die enormen Kosten durch die reichsweite Beistandspflicht entscheidend zur Schwächung des Bundes beigetragen haben.[328] Schon in dieser letzten Phase hatten die meisten oberdeutschen Städte als Gegenleistung für die Gewährung von Privilegien oder aus Angst vor ihrer Eroberung König Richard gehuldigt. Auch Worms kehrte schließlich einem Bund vom 16.1.1258 mit Speyer den Rücken, womit bis auf weiteres ein großes Bündnis nicht mehr erreichbar war.[329] Am 29.6.1259 wurde das alte Dreierbündnis zwischen den ehemaligen Kernstädten des Rheinischen Bundes erneuert und verkündete nun endgültig dessen Ende.

Schon unmittelbar darauf wurden zahlreiche Versuche unternommen, an die große Einung anzuknüpfen. Diese blieben jedoch sämtlich ohne Erfolg.[330] Seiner kurzen Lebenszeit zum Trotz erhielt der Bund in den Chroniken seiner Zeit einen bleibenden Ruhm, ihm wurde nachgesagt, er habe zahlreiche Raubburgen zerstört und viele Adelige in die Friedensallianz gezwungen.[331] Während seine Auswirkungen auf die Vorbereitung der späteren Landfriedensregionen[332] wohl eher gering waren, waren seine Errungenschaften vor allem für die städtischen Bürgerschaften außerordentlich: Er brachte den Stadtgemeinden die rechtliche und praktische politische Anerkennung ihrer Bündnisfähigkeit,[333] aber auch ihrer aktiven Feh-

---

327 Vgl. Quellen Worms III, S. 155; vgl. dazu allerdings die Quellenkritik OSA I, S. 195 ff. mit der Behauptung, es handele sich bereits nicht mehr um eine Bundesaktion, sondern eine solche einzelner Bundesstädte; zu den Verlusten ausführlich *Busson*, Landfriedensbund, S. 85 f., ebd. S. 92 f. zum Misserfolg gegen die Markgrafen von Baden, wohl aufgrund nicht hinreichend starker gemeinsamer Interessen der Bundesglieder in der Sache; insgesamt im Vergleich zur Hanse *Bielfeldt*, Rheinischer Bund, S. 73; zu den Markgrafen von Baden vgl. etwa *Andermann*, ZGO 151 (2003), S. 95 ff.

328 Vgl. schon Wormser Chronik, S. 101 ff., dort auch zu den Kosten: Ausgaben allein für Worms im Jahr 1254 mehr als 1000 M. Silber, darunter Ausgaben für zum Frieden nötige Söldner, 150 Mark Kölner Denare für Boten zu König Wilhelm; vgl. dazu Quellen Worms III, 154; der Zug zur Befreiung der Königin kostete die Wormeser, wie bereits ausgeführt 500 M., vgl. Wormser Chronik, S. 104; der Auszug gegen die Burg Rheinfels 2000 M.

329 Vgl. hierzu und zum folgenden bereits *Busson*, Landfriedensbund, S. 88 ff. mit entsprechenden Belegen.

330 Zu einem Plan zur Wiederaufrichtung des Rheinischen Bundes im Jahr 1261 vgl. *Redlich*, Rudolf von Habsburg, S. 60 f.; daran anschließend *Bielfeldt*, Rheinischer Bund, S. 74; zur weiteren Plänen im Jahr 1272 vgl. *Quidde*, Rheinischer Landfriedensbund, S. 52 f. leider ohne Beleg; *zum Ganzen sogleich unten Kapitel 2 I 1.*

331 Vgl. Hermann von Alteich, S. 394 und 397; Wormser Chronik, S. 101 f.

332 Vgl. *Bielfeldt*, Rheinischer Bund, S. 47 ff., 50.

333 Vgl. *Quidde*, Rheinischer Landfriedensbund, S. 52; *Distler*, Städtebünde, S. 9 f.

defähigkeit[334] und bereitete damit nicht zuletzt die Reichsstandschaft ihrer bedeutendsten Vertreterinnen vor.[335] So blieb das Bewusstsein an die große, für die Zeit einmalige, Organisationsleistung der Städte vor allem in den Bürgerschaften lange erhalten und konnte für viele spätere Bündnisse eine Modellwirkung entfalten.[336] Auch am Oberrhein beziehungsweise im Elsass fanden sich fast alle späteren bedeutenden Landfriedensträger bereits unter den Mitgliedern des Großen Bundes, so dass dessen Einfluss auf die spätere Entwicklung, wie im Folgenden ausführlich zu zeigen sein wird, ganz erheblich war.[337] Das wohl präziseste Bild der Zeitgenossen geben die Stader Annalen wieder, wenn sie, da selbst im kirchlich-städtischen Kontext verfasst, die Aufrichtung begrüßten und festhielten, dass der Bund Fürsten und Rittern kaum, am wenigsten aber den Räubern gefallen habe, weil sie es für schimpflich hielten, wenn Kaufleute über ehrbare Männer und Adelige mit Herrschaftsrechten gestellt würden.[338]

Mehr noch wirkten die Normen und Ideen des Bundes in zahlreichen neuen Bündnissen und späteren Landfrieden noch während des Interregnums fort.[339] Der völlig neuartige, autonome Ansatz zur Gewaltbekämpfung stellte auch für das König- und Fürstentum eine Herausforderung dar. Den letztlich konservativ-statischen Ansatz der Reichslandfriedens zu modifizieren, öffnete aber auch Chancen auf völlig neue, vielleicht effektivere Friedensformen, die sich nun in einer breiten Vielfalt in einer Synthese aus diesen beiden Typen, bisherigen Entwicklungen und regionalen Sonderformen entwickeln sollten. Bezeichnenderweise sollten auch die Friedensgebiete, die sich mehr oder weniger spontan im Interregnum ausgeformt

---

334 Vgl. nur über die stets mit Anerkennung des Bundes implizierte Anerkennung hinaus ein ausdrückliches Privileg Wilhelms für Oppenheim vom 30.6.1255, RI V Nr. 284; vgl. *Busson*, Landfriedensbund, S. 65.

335 Vgl. ausführlich *Weizsäcker*, Rheinischer Bund, S. 189 ff.

336 So *Quidde*, Rheinischer Landfriedensbund, S. 51; *Redlich*, Rudolf von Habsburg, S. 60; *Bielfeldt*, Rheinischer Bund, S. 73.

337 Zur Tradition durch die Bürgerschaften und Bischöfe von Straßburg, Basel und wichtige Herren, die sowohl dem Bund wie auch den späteren Landfriedenseinungen angehörten, vgl. bereits *Weizsäcker*, Rheinischer Bund, S. 124 ff.; von Straßburg waren etwa die Herren Heinrich und Johann von Lichtenberg im März 1256 aufgenommen worden, vgl. Schaab, rheinischer Städtebund II, S. 38 f. Nr. 22; ferner die Aufnahme von Schlettstadt, Hagenau, Kolmar, Breisach am 6.10.1254, 1256 dann Freiburg; vgl. *Weizsäcker*, Rheinischer Bund, S. 141, 145.

338 Annales Stadenses, S. 373; Übersetzung bei OSA I, Nr. 210.

339 *Vgl. dazu ausführlich unten Kapitel 2*; hier etwa Landfriedensbündnis des Mainzer Erzbischofs für die Wetterau von 1264/65, UB Frankfurt I, Nr. 134-137; vgl. dazu *Quidde*, Rheinischer Landfriedensbund, S. 51 f.; 1273 Bund zur Verhinderung einer Doppelwahl entsprechend Regelungen von 1256, MGH Const. III, Nr. 3, S. 9 f.; *Bielfeldt*, Rheinischer Bund, S. 74; vgl. zum Ganzen *Angermeier*, Königtum und Landfriede, 38 f., 49 ff. zum folgenden unter Verweis auf die Landfrieden in Schwaben und Westfalen von 1260 bzw. 1265.

hatten, den geografischen Orientierungsrahmen für die weitere Entwicklung darstellen.[340] Dadurch, dass der Bund, vor allem nach der Anerkennung König Wilhelms, einzelne Konfliktbereiche in Anlehnung an den Mainzer Reichslandfrieden löste, hielt er nicht zuletzt diesen selbst in Erinnerung.[341] Umgekehrt übernahmen die späteren Reichslandfrieden ab 1287 sowie andere herrschaftlich bestimmte Frieden beispielsweise das „Proximitätsprinzip" als Zuständigkeitsregelung, das erstmals in den Beschlüssen des Bundes Niederschlag gefunden hatte.[342] Insbesondere der Mainzer Diözesanfrieden von 1265 führte die bereits mit der weiteren Entwicklung des Bundes eingeleitete Verbindung von königlicher oder fürstlicher Autorität und autonomem Beistandsbündnis fort und wurde durch diese Synthese zur ersten spätmittelalterlichen Landfriedenseinung im engeren Sinne.[343]

---

340 Vgl. *ebd.*, S. 60 f.

341 Vgl. etwa *Quidde*, Rheinischer Landfriedensbund, S. 51; *Schwalm*, Landfrieden, S. 3; zum Rheinischen Nund als „Verfassungsbündnis" vgl. *Buschmann*, Rheinischer Bund, S. 211; ihm sich anschließend *Distler*, Städtebünde, S. 9.

342 *Vgl. dazu unten Kapitel 2 I 2 e) (1)*; zu weiteren Übernahmen unter anderem in den bayerischen Landfrieden von 1330, in die Heidelberger Stallung von 1384, sowie schließlich wohl über diese Traditionslinie in den Egerner Reichslandfrieden von 1389; vgl. *Weizsäcker*, Rheinischer Bund, S. 183.

343 Diese erste echte spätmittelalterliche „Landfriedenseinung" kombinierte als erste „königliche, fürstliche und städtische Elemente", vgl. *Angermeier*, Königtum und Landfriede, S. 52

Kapitel 2: Eigenmacht, Selbsthilfe, Beistandsbündnisse und Landfriedenseinung im Spiegel der Politik von Reichs- und Partikulargewalten

I. Landfriedenspolitik und königliche Machtbehauptung am Ende und nach dem Interregnum (1261-1313)

„Es ist ein wütender Wahnsinn, mit welchem die Deutschen von unbezwingbaren Burgen aus ... ohne Rücksicht auf Ruhe und Frieden und gierig nach Erwerb oder vielmehr Erpressung von Geld, vor keiner Schandtat zurückschrecken; die Schiffe ... können unmöglich ausweichen, die Leute werden gezwungen auszusteigen und von jedem einzelnen werden ohne Scheu vor Gott oder dem König ganz unerhörte und unerträglich Zölle erpresst.“[1]

1. Richard von Cornwall und die Vermischung der Landfriedensformen am Ende des Interregnums (1261-1273)

Bereits bald nach dem unrühmlichen Ende des Rheinischen Bundes schlossen zahlreiche Städte und Herren neue, deutlich kleinere und weniger ambitionierte Bündnisse untereinander.[2] Ein Versuch des Bischofs Walter von Straßburg im Sommer 1261, den Großen Bund selbst erneut zu errichten, scheiterte am Widerstand der Städte, zu dem die Bürgerschaft Straßburgs wegen des sich zuspitzenden Konfliktes mit ihrem Stadtherrn aufgerufen hatte.[3] Gerade am Oberrhein war durch die gegen den Bischof gerichtete Allianz von König Richard, der Stadt Straßburg und dem Schultheiß von Hagenau eine Einung unmöglich.[4] Die gravierenden Bedenken Straßburgs schienen umso mehr gerechtfertigt, als sich ihre Bischöfe schon bald nach der Exkommunikation Friedrichs II. von 1246 viele staufische Haus- und Reichsgüter im Elsass eigenmächtig angeeignet hatten, darunter Kaysersberg, Oberehnheim, Mühlhausen und Rosheim, während andere, wie Ha-

---

1 So der Zeitzeuge Thomas von Wykes, S. 498 im Jahr 1269, vgl. dazu *Redlich*, Rudolf von Habsburg, S. 431.

2 Etwa die Bündnisse 1259 am Niederrhein und nach dem 1.7.1260 am Mittelrhein nach der Eroberung Alzeys, vgl. Quellen Worms III, S. 167; *Stercken*, Landfrieden, S. 39.

3 Vgl. Art. 12 f. der Klageschrift des Bischofs gegen die Bürgerschaft, St. UB I, Nr. 471.

4 Vgl. St. UB. I, Nr. 508, S. 386 f.; *Leupold*, Berthold von Buchegg, S. 27 f.

genau, durch Verpfändung seitens König Richards in ihren Einflussbereich gelangt waren.[5]

Auch die Äbte von Münster und die Bischöfe von Basel verfuhren ähnlich, so dass durch die geistlichen Herren viele umstrittene Herrschaftsrechte - darunter Breisach, das Münstertal und Molsheim - und weithin gegenwärtige Gewalt die Folge waren. Sie kamen zum Beispiel in der Vertreibung des Schultheißen Jakob Rösselmann aus Colmar zum Ausdruck, durch die der Straßburger Bischof Walter von Geroldseck dort die Macht erlangt hatte.[6] Als letzterer auch noch als Stadtherr zahlreiche erweiterte Rechte in Straßburg beanspruchte, leisteten ihm die Bürger offen Widerstand und verbündeten sich am 18.9.1261 mit den Grafen von Habsburg, von Freiburg und von Neuenburg. Nachdem Graf Rudolf von Habsburg wieder Jakob Rösselmann in Colmar eingesetzt hatte, trat diese Gemeinde, wie Neuenburg und Basel, dem Kampf gegen die Bischöfe bei.[7]

Die vernichtende Niederlage, die die Städte und Grafen dem Bischof und seinen Anhängern in der Schlacht von Hausbergen am 8.3.1262 bereiteten, stellte eine grundlegende Zäsur in der regionalen Machtbalance dar: Straßburg erwarb am 21.4.1263 die Stellung einer Freien Stadt, während die anderen elsässischen Städte nach dem Erlöschen des Herzogtums Schwaben 1268 reichsunmittelbar wurden.[8] Dadurch, dass er die territorialen Ambitionen der Kirchenfürsten hinderte, konnte Graf Rudolf bei den aufstrebenden Städten am Oberrhein großes Ansehen gewinnen.[9] An ein Landfriedensbündnis war jedoch zunächst angesichts der tiefen Spaltung zwischen den Ständen am oberen Rhein und der manifesten Gewalt nicht zu denken. Wohl auch aus diesem Grund ergriff der Erzbischof Werner von Mainz 1265 erfolgreich die Initiative für eine Landfriedenseinung in der Wetterau, die in ihrer komplexen Struktur geradezu als der erste Vertreter der spätmittelalterlichen Einungen des 14. Jahrhunderts gelten konnte.[10]

Leider ist der genaue Inhalt des Friedens, den König Richard von Cornwall bei seinem letzten Aufenthalt in Deutschland Mitte April 1269 in Worms

---

5 Vgl. Reg. Bf. Stbg. II, Nr. 1182; RI V, Nr. 5377; ausführlich *Martin*, Städtepolitik, S. 34 f.

6 Vgl. das Bündnis mit den Grafen von Habsburg, St. UB I, Nr. 475 S. 359; näher *Martin*, Städtepolitik, S. 35 f. m.w.N; *Gössgen*, Beziehungen, S. 5 f., 24, nach dem für Graf Rudolf dieser Schritt umso bedeutungsvoller war, als er selbst die Vogtei des oberen Mundat als bischöfliches Lehen trug; vgl. auch *Scherlen*, JbELWG) 1 (1928), S. 84 f.; zu Breisach vgl. *Haselier*, Breisach.

7 Vgl. St. UB I, Nr. 476, 478, 480; ausführlich Chron. Colm., S. 182 ff.

8 *Vgl. bereits oben Kapitel 1 I 4 c) (1)*; hier nur *Gasser*, Landeshoheit, S. 360 f.

9 Vgl. St. UB I, Nr. 519 und 493; *Martin*, Städtepolitik, S. 36 ff. m.w.N.

10 MGH Const. II, Nr. 444; vgl. *Angermeier*, Königtum und Landfrieden, S. 51 f.; allerdings lässt sich ein direkter Einfluss auf die spätere oberrheinische Entwicklung nicht zweifelsfrei nachweisen.

von mittelrheinischen Adeligen und Städten beschwören ließ, unbekannt.[11] Unter Berufung auf einen lange untergegangenen Frieden wurden darin jedenfalls unrechtmäßige Zölle, Geleitgelder und Umgelt verboten. Damit sollte mit großer Wahrscheinlichkeit allerdings nicht an den Reichslandfrieden von 1235, sondern an den Rheinischen Bund angeknüpft werden. Dies zeigt nicht nur das überlieferte Gebot Richards an die Straßburger, die einem solchen Unterfangen trotz ihrer Allianz zum König kritisch gegenüber standen, die *„pacem generalem"* zu beschwören, die mit der Drohung *„ab huiusmodi pace de jure possitis secludi et excludi"* verbunden war.[12] Neben dem damit angesprochenen Mechanismus des Ausstoßens aus der Friedensgemeinschaft, das der bündischen Ordnung eigen, dem Reichslandfrieden aber im Unterschied zur Acht als Gerichtssanktion fremd war, gab es im Wortlaut der Urkunde viele weitere Anspielungen auf die Normen des Rheinischen Bundes.[13]

Weit stärker als noch bei König Wilhelm war der Frieden aber nun mit der Person des Königs verknüpft, der nicht nur als gewichtiger politischer Partner, sondern als Initiator und tragende Autorität der neuen *„Pax Generalis"* erschien, und im ganzen Reich den Beitritt gebot. Dies wird insbesondere in der Bevollmächtigung des Erzbischofs Werner von Mainz deutlich, der *„auctoritate et vice regia"*, also als persönlicher Vertreter, an Stelle des Königs gegen Friedensbrecher vorgehen sollte.[14] Als solcher forderte er die Städte auf, je vier Boten zu einer Friedensversammlung zu senden und führte die Aktionen des Friedens gegen unrechtmäßige Zölle an. War durch dieses Gesandtentreffen unmittelbar an die Bundesversammlung von 1254 angeknüpft, so trat zu dieser nun eine Art Landfriedenshauptmann hinzu, dessen Funktionen aus der Person des Königs als dessen persönlicher Stellvertreter abgeleitet wurde. Elemente königlicher Hoheit vermischten sich mit der nach wie vor bestehenden und anerkannten bündischen Grundstruktur zu einer neuen Form der Einung. Allerdings blieb deren Verhältnis zu der bestehenden traditionellen Gerichtsverfassung unklar, ebenso wie die eigentliche Grundlage des gemeinsamen Handelns.

---

11 Vgl. die Nachrichten in Quellen zur Geschichte Worms III, S. 161; UB Worms I, Nr. 346; MGH Const II Nr. 446, OSA I Nr. 276-282. Vielleicht auch aus diesem Grund ist die Brückenfunktion dieses Friedens zwischen dem Rheinischen Bund und den späteren Landfriedensbündnissen seit König Rudolf I. weitgehend übersehen worden - nicht zuletzt in Verbindung mit negativen Einschätzung der „Interregnum"-Könige durch die etatistisch geprägte Forschung, vgl. etwa noch bei *Angermeier*, Königtum und Landfrieden, S. 54 f.

12 St. UB II, Nr. 20, S. 12; vgl. etwa die allerdings nicht weiter begründete Feststellung von *Ruser*, OSA I, S. 231 f.

13 So finden sich in der Beschreibung der Aufrichtung zum Gründungsinstrument sowie in der Abstellung der Zölle markante Entsprechungen zum Bestätigungschreiben des Rheinischen Bundes von König Wilhelm.

14 MGH Const. II, Nr. 446;vgl. UB Frankfurt II, Nr. 234; Quellen Worms III, S. 161.

Auch der einzige überlieferte Bericht von 1270 über einen erfolgreichen Auszug von Mitgliedern des Friedens gegen die Burg Elchesheim und die vorübergehend erreichte Aufhebung aller unrechtmäßigen Zölle zwischen Straßburg und Köln gibt auf diese Frage und zu dem rechtlichen und praktischen Verfahren des Bündnisses keine Auskunft.[15] Hatte Erzbischof Werner 1265 in seinem Diözesanfrieden noch ausdrücklich die bisherige Gerichtsverfassung berücksichtigt, lässt sich die Geltung des die traditionelle Friedenssorge tragenden Subsidiaritätsgrundsatzes gegenüber der bündisch organisierten (Selbst-) Hilfe auch für den königlich autorisierten Frieden nicht nachweisen. Der bündisch fundierte Landfrieden wurde zwar unzweideutig an das Königtum gebunden, die innere Spannung zu dem System des Reichslandfrieden von 1235 und nicht zuletzt der Gerichtsgarantien von 1220, 1231 und 1235 als Teil der regelmäßig wiederholten Formel in allen königlichen Friedensdokumenten, jeder solle in seinen Rechten bleiben, wurden jedoch noch verstärkt.

2. Rudolf von Habsburg: Revindikation und personalisierter Kampf für den Frieden (1273-1291)

„Von Karl dem Großen vernahmen wir manches Märchenhafte, aber das Historisch-Interessante für uns fing erst mit Rudolf von Habsburg an, der durch seine Mannheit so großen Verwirrungen ein Ende gemacht."[16]

a) Herausforderungen und Leitlinien rudolfinischer Landfriedenspolitik

Mit der einmütigen Wahl Rudolfs von Habsburg zum deutschen König wurde nicht nur formal kirchenrechtlich das Interregnum beendet,[17] sondern schon bald gelang es ihm, auch im Bewusstsein der Zeitgenossen das aus der Stauferzeit überkommene Ideal des *rex pacificus* erstmals seit Kaiser Friedrich II. wieder wirksam auszufüllen.[18]

---

15 Vgl. ebd.

16 So *Goethe*, Dichtung und Wahrheit 1,1.

17 Vgl. nur *Moraw*, offene Verfassung, S. 210; *Kaufhold*, Interregnum, S. 123 ff.

18 Vgl. zum Ganzen *Kunze*, Rudolf von Habsburg, S. 3 ff., 232; *Zind*, Histoire, S. 82.

Hatte Rudolf vor seiner Wahl als Landgraf im oberen Elsass und wichtiger Territorialherr[19] das Fehlen übergeordneter Gewalt in der Region zur Expansion seines Einflussbereiches ausgenutzt,[20] so richtete sich sein Handeln nach der Krönung mit der gleichen Intensität auf die Wiederherstellung der Rechte und Stellung des Reiches gerade in den noch königsnahen Landschaften.[21] Beide Faktoren erwiesen sich insbesondere am Oberrhein als bestimmend, so zunächst vor allem sein Einschreiten gegen die Bischöfe von Straßburg sowie die Markgrafen von Baden und ihre Übergriffe auf das ehemalige staufische Haus- und Reichsgut, zu dem namentlich die späteren Reichsstädte zählten.[22] Die Bischöfe von Straßburg und Basel hatten sich bereits vor 1262 in der Raumschaft diskreditiert und verloren mit der vernichtenden Niederlage von Hausbergen weiter erheblich an Macht zu Gunsten der Bürgerschaften der beiden weitaus größten Städte der Landschaft, aber eben auch zum Vorteil der Habsburger, so dass ihre unmittelbaren Amtsnachfolger zu einer engen Anlehnung an den neuen König gezwungen waren.[23]

Zwar mussten die starken Bestrebungen der Habsburger Landgrafen, als Erben der Staufer ihr Amt zum Kern einer neuen Landesherrschaft zu machen und sich alle Stände der Nachbarschaft unterzuordnen, ihrerseits langfristig auf deren erbitterten Widerstand stoßen.[24] Zunächst wurden

---

19 Zu den Ursprüngen, dem Umfang und Entwicklung der habsburgischen Herrschaft vgl. nur etwa *Feine*, ZRG GA 67 (1950), S. 179 ff.; zu den umfangreichen verwandschaftlichen Banden mit elsässischen Adelsgeschlechtern und der seit Mitte des 14. Jahrhunderts bedeutenden Macht aus größeren Allodialbesitzungen, zahlreichen Vogteien und Stiftslehen, aber stets mit dem Kern der oberelsässischen Landgrafschaft als Reichslehen vgl. auch *Leupold*, Berthold von Buchegg, S. 7.

20 Vgl. etwa *Krieger*, Habsburger, S. 15 f.

21 Vgl. *Gössgen*, Beziehungen, S. 20 ff. zu den Einzelheiten der Revindikationspolitik, sowie RI VI, Nr. 48a, 75,105; *Kunze*, Rudolf von Habsburg, S. 94 ff.; zur Lage im deutschen Südwesten vgl. nur *Angermeier*, Königtum und Landfriede, S. 28; zum umstrittenen Verhältnis von Hausmachtpolitik und Revindikation vgl. für den Vorrang des ersteren z.B. *Engel/Töpfer*, Hausmachtkönigtum, S. 301 f., 313, 335; dagegen überzeugend *Moraw*, offene Verfassung, S. 211 ff.; *Thomas*, Geschichte, S. 65 f.; *Erkens*, Tradition, S. 34; *Feine*, ZRG GA 67 (1950), S. 189 ff.

22 Zu den Aneignungen namentlich von Hagenau, Ehenheim, Offenburg, Gengenbach, und Colmar durch den Straßburger Bischof Walter von Geroldseck vgl. Königshofen, S. 707.; Redlich, MIÖG 10 (1889), S. 341, 351 m.w.N.; vgl. allgemein auch *Dreyfus*, Histoire de l'Alsace, S. 81, zu ersten Auszügen Rudolfs unmittelbar nach der Wahl gegen Burgen und Orte Mühlenberg, Krenzingen und Durlach im Dezember 1273, Ellenhard Chron., S. 124; vgl. *Quarthal*, Königslandschaft, S. 129

23 Vgl. *Wackernagel*, Basel I, S. 173; *Gerlich*, Landfriedenspolitik, S. 68.

24 Vgl. *Kunze*, Rudolf von Habsburg, S. 43; *Quarthal*, Königslandschaft, S. 131 ff.; zur Bindung zahlreicher Niederadeliger durch Verpfändungen, Gerichtsrechte und (Burg-)Lehen, vgl. *Gössgen*, Beziehungen, S.16 ff., 22 ff.

diese jedoch durch die gemeinsamen Gegner im Interregnum und den drängenden Wunsch nach Ruhe und Sicherheit nach den großen Wirren überdeckt.[25] Dieses Bedürfnis war umso mehr begründet, da das ehemals blühende Kernland der Staufer[26] nach deren Sturz eine besonders verführerische Beute für viele Hoch- und Niederadelige war, die sich auch häufig des äußeren Anscheins der Fehde bedienten. Eine herausragende regionale Vormacht, die für eine gewisse Ordnung hätte sorgen können, war hingegen nicht mehr vorhanden.[27]

Die kurz zuvor noch prosperierende Landschaft war besonders stark durch gewaltsame Konflikte in Mitleidenschaft gezogen worden.[28] In der Situation der Unsicherheit waren zahlreiche Burgen neu entstanden, die oft zum Ausgangspunkt erheblicher Konflikte mit den benachbarten Herrschaften und Städten wurden.[29] Vor allem aber war der Nah- und Fernhandel, von dem nicht nur die Städte, sondern bereits viele Herrschaften abhingen,[30] empfindlich gestört. Auch hier waren Fehedehandlungen und eigenmächtige Zollerhebungen, insbesondere durch die rheinischen Kurfürsten die Ursache, die der ausländische Chronist in seinem am Kopfe des Kapitels zitierten Urteil anschaulich anprangerte.[31]

---

25 Vgl. Chron. Colm., S. 243; Ellenhard Ann., S. 122 f.; danach *Redlich*, MIÖG 10 (1889), S. 404; *ders.*, Rudolf von Habsburg, S. 429, 452.

26 Vgl. etwa *Redlich*, Rudolf von Habsburg, S. 25 f. m.w.N. nach dem die dichte Herrschaftsausübung für eine relativ gute Befriedung des Landes und wirtschaftliche Prosperität in der Provinz sorgte, die durch starke Rodungen, Bevölkerungs- und Städtewachstum, und nicht zuletzt das höchste Steuereinkommen für Staufer geprägt war; vgl. auch *Amman*, Alemannisches Jahrbuch 1955, S. 95 ff.

27 Vgl. *Redlich*, Rudolf von Habsburg, S. 32 f.; *vgl. oben Kapitel 1 I 4.*

28 Vgl. auch *Eyer*, JbELWG 8 (1935), S. 124 ff.; zur städtischen Einkommensituation vgl. etwa *Dirlmeier*, Einkommensverhältnisse.

29 Beispielsweise führten im Interregnum ca. 50 neue Burgen, davon einige auf fremden Boden, zu erheblichen Konflikten zwischen den Herrschafen; vgl. *Dreyfus*, Histoire de l'Alsace, S. 81; *Arnold*, Histoire secrète, S. 93.

30 Vgl. zu den Quellen der elsässischen Prosperität, insbesondere im Weinanbau, und dessen Export bis ins Donaubecken, die Ostsee und auf die Britischen Inseln vgl. *Zind*, Histoire, S. 84; zur Bedeutung der Städte hierbei *Martin*, Städtepolitik, S. 136; *Amman*, Hektor: Elsässisch-schweizerische Wirtschaftsbeziehungen im Mittelalter, in: Elsaß-Lothringisches Jahrbuch 7 (1928), S. 56 ff.; zu Folgen für die Landfriedensentwicklung am Rheinlauf vgl. *Angermeier*, Königtum und Landfriede, S. 48 f.

31 Zu den Zollstellen und Versuchen ihrer Abstellung vgl. MGH Const. III, Nr. 52 S. 48 sowie Nr. 54, 55; *Wyneken*, Landfrieden, S. 11.; *Gerlich*, Landfriedenspolitik, S. 13 f.; *Redlich*, Rudolf von Habsburg, S. 430 f.; *Angermeier*, Königtum und Landfriede, S. 28 f.; dabei schwankt allerdings die Zahl der angenommenen Zollstellen, etwa zwischen *Gerlich*, der von rund drei Duzent, und Redlich, der eine Zunahme von 19 auf 35 in der Mitte des 13. Jahrhunderts annimmt.

Es war wohl auch dieser regionale Hintergrund am Rande seines Hausmachtsgebietes, verbunden mit dynastischen Zielen,[32] warum Rudolf mit allen Mitteln eine Wiederherstellung staufischer *auctoritas* wie realer Macht des alten Königtums unternahm.[33] Als gemäßigter Stauferanhänger mit einer nicht gänzlich unbedeutenden Hausmacht und erwiesenen besonderen Führungsfähigkeiten konnte er zwar als Kompromisskandidat zunächst auf die politische Zustimmung sowohl der Kurfürsten wie auch der Kurie zählen, die nunmehr endlich wenigstens einen halbwegs durchsetzungsfähigen König suchten.[34] Als einfacher Graf verfügte er aber nicht über eine königliche oder auch nur fürstliche Herkunft. Wie sehr dies seine Stellung traf, kann durch das zahlreicher Auftreten „falscher Friedriche" und anhand seines entschiedenen Vorgehens gegen diese Betrüger erahnt werden. Aber auch die Schaffung von Legenden, die seine frühere Nähe zu den Staufern zeigen sollten, stellt ein Indiz dafür dar.[35] Die umwälzenden Prozesse, ausgelöst durch die Auseinandersetzung mit dem Anspruch der Rechtskirche seit Beginn des Hochmittelalters, hatten allerdings spätestens mit der Absetzung Friedrichs II. und der Hinrichtung Konradins dazu geführt, dass sich das Königtum nicht mehr allein religiös begründet konnte, sondern sich zunehmend durch seine Nützlichkeit und Effizienz rechtfertigen musste, und damit gerade in der aktiven Sorge für den Frieden im Reich.[36]

In dieser Aufgabe konnten sich alle diese Ziele des neuen Königs - von der Herrschaftslegitimierung und -stabilisierung bis zur Hausmachtpolitik -

---

32 Darunter insbesondere der Erwerb Österreichs und die Erblichkeit der Königs-/Kaiserwürde, vgl. nur *Angermeier*, Königtum und Landfriede, S. 56 f.

33 Hierzu bediente er sich einer starken symbolischen Anknüpfung an die staufische Traditionen, die er und die ältere Generation der Zeitgenossen noch selbst erlebt hatten; diese diente aber nicht nur dazu, zur Legitimierung eine Kontinuität vorzugeben, sondern auch durchaus als echtes politisches Leitbild, bezog sich aber auch auf die konkrete Politik, insbesondere in der Kanzlei, vgl. *Erkens*, Tradition, S. 36 f. m.w.N.; *Redlich*, Rudolf von Habsburg, S. 429.

34 Vgl. nur. *Gössgen*, Beziehungen, S. 5. Zum Revindikationsinteresse der Kurfürsten vgl. Redlich, Rudolf von Habsburg, S. 165 f.; *Erkens*, Tradition, S. 37; zur Motivation der Kurie, die an einem Kreuzzug und daher einem führungsstarken, aber nicht zu mächtigen König interessiert war, vgl. nur *Krieger*, Habsburger, S. 16 ff..

35 Zu den an unterschiedlichen Orten im Reich während der Herrschaft Rudolfs auftretenden Männern, die mit mehr oder weniger kurzzeitigem Erfolg behaupteten, Kaiser Friedrich II. zu sein, vgl. insbesondere Ann. Colm. Maiores, S. 64, 69, 91; dazu und zu den im Gegenzug aus habsburgischer Seite stark vorangetriebenen Abstammungslegenden des Geschlechts vgl. die Übersicht bei *Krieger*, Habsburger, S. 11 ff.

36 Vgl. zur Änderung des Ideals des „*Rex Pacificus*" insbesondere bei Rudolf I. etwa bei *Kunze*, Rudolf von Habsburg, S. 45 ff., 136 f.; *Kleinschmidt*, Herrscherdarstellung, S. 213 f.; *Justus*, Friedensbegriff, S. 118 ff.; *Hagenlocher*, guote vride, S. 214 ff.; aufschlussreich.zur Bedeutung von „Mehrer des Reiches" in diesem Zusammenhang *Krieger*, Habsburger, S. 28 ff.

geradezu ideal verbinden.[37] Allerdings musste er mit neuen Mitteln auf die gänzlich veränderten Ausgangsbedingungen im Reich Rücksicht nehmen. Der große Entwurf zur Reform der Reichs- und Gerichtsverfassung von 1235 hatten sich alleine als untauglich erwiesen, die Gewalt einzudämmen und die dahinter liegenden Jurisdiktionsprobleme zu lösen, und war somit eher ein symbolisches als ein reales Mittel der Friedenspolitik geworden.[38] Die neuen, seit 1254 entwickelten Friedensformen hatten bereits einen neuartigen Weg durch Umgehung der traditionellen Gerichtsordnung eingeschlagen, der mehr Aussicht auf Erfolge eröffnete. Allerdings boten die neuen bündisch geprägten Friedensformen neben den Problemen, die bereits kurz nach 1254 zu Tage getreten waren, wenige Möglichkeiten, königliche Macht und Ansehen erkennbar hervorzuheben und zu steigern, was König Rudolf so dringend erstrebte. Er musste daher seinerseits nach neuen Mitteln der Friedenspolitik suchen. Hierbei bot sich für den tatkräftigen Herrscher neben dem persönlichen Vorgehen gegen vermeintliche Friedensfeinde, das dem ehemals sehr streitbaren Grafen ohnehin nahe lag und seinen Nachruhm begründete,[39] vor allem ein Ansatz, den bereits seine Vorgänger durch die Einrichtung von Reichsvikariaten vereinzelt beschritten hatten, wie zuletzt König Richard mit der Ernennung des Erzbischofs Werner von Mainz für die Sorge um den Landfrieden.

Rudolf erkannte die Chance, die sich ihm durch die Umgehung der feudalisierten Instanzen und durch die persönliche Abhängigkeit derartiger Stellvertreter bot, und nutzte diese als Mittel seiner Politik planmäßig aus. In den königsferneren Reichsteilen wurde die Landfriedenssorge hochadeligen Reichsvikaren mit geringer Abhängigkeit vom König übertragen, so dass zumindest eine formale Repräsentation des Königtums sichergestellt blieb. In den alten Kernbereichen staufischer Herrschaft setzte Rudolf nahezu systematisch Reichslandvögte ein, um das Reichsgut zu sichern und zu verwalten. Sie standen in der Regel in einem engen persönlichen Abhängigkeitsverhältnis, da es sich meist um niederadelige Anhänger des Königs handelte.[40] Ein anderer Versuch, eine allgemeine, persönlich vom

---

37 Vgl. *Wyneken*, Landfrieden, S. 3; *Stercken*, Herrschaftsausübung, S. 185 ff.

38 Vgl. *Angermeier*, Königtum und Landfriede, S. 53 f.; *Erkens*, Tradition, S. 39 ff.

39 Darunter das legendäre Vorgehen gegen 66 Raubburgen in Thüringen, vgl. nur *Kunze*, Rudolf von Habsburg, S. 151 ff.; auch im Elsass hatte sich Rudolf noch als Graf beim Vorgehen gegen die „Raubburg" der Horburger bei Reichenweier 1269 einen Namen gemacht, vgl. nur *Sittler*, Reichenweier, S. 2.

40 Vgl. etwa MGH Const. III, Nr. 264; sowie *Erkens*, Tradition, S. 39; ausführlich *Krieger*, Habsburger, S. 37 ff., dort auch S. 26 zu Parallelen zu den westeuropäischen Reichen; zum Reichsvikariat am Rhein vgl. *Stercken*, Landfrieden, S. 51 ff. m.w.N.; zu den königsnahen Landschaften vgl. *Schubert*, König, S. 189; *Kunze*, Rudolf von Habsburg, S. 95; *Schwind*, Landvogtei, S. 100 ff.; *Gössgen*, Beziehungen, S.25 ff.; *Heckmann*, Stellvertreter, S. 335 ff., 360 ff., dort auch zum Verhältnis zu den alten staufischen *procuratores* und zur *custodia* unter

Königtum abhängige und personalisierte „übergräfliche Schutzhoheit" durch Rudolfs Sohn am Oberrhein zu schaffen, die ihren Ausdruck in der Titulatur als „*dux Alsatiae*" in den Colmarer Annalen fand, blieb eine kurze Episode ohne jede rechtliche Wirkung.[41] Erfolgreicher erwies sich dagegen der Einsatz der Reichsvikare als *capitaneus* des Landfriedens zur *pacis reformatio* in königsferneren Gebieten.[42] Ähnliches galt für einzelne Reichslandvögte.[43]

Eine Unterstützung dieser Stellvertreter durch Landfriedenseinungen war aus dem Gedanken der königlichen Autorität nicht nötig, sondern hätte die beanspruchte personale Machtausübung vielmehr in Frage gestellt. Dies stellt auch den Grund für die Feststellung der neueren Forschung dar, dass sich Rudolf um den Aufbau von Landfriedensorganen ohne rechtlichen Rückhalt in Landfriedensbündnissen bemühte.[44]

Das äußerst positive Urteil, das die Friedenssorge Rudolfs in den Chroniken der Zeitgenossen,[45] aber auch in der Sekundärliteratur gefunden hat, fußte auf den zahlreichen bekannten Aktionen gegen Raubburgen und unzählige Konfliktschlichtungen durch den König selbst. Dem Habsburger gelang es aber auch, gerade durch die Bindung aller Friedensmittel an seine Person und, nicht zuletzt, durch eindrucksvolle Gesten, die Bedürfnisse nach einem starken Königtum zu treffen.

b) Ausgangspunkte und erste Maßnahmen der Friedenspolitik

Für diesen Ruhm und die darauf basierende Verklärung, die seine Zeitgenossen bereits bald um seine Person rankten, legte Rudolf unverzüglich nach seiner Wahl den Grundstock.[46] Er belagerte zu der Zeit, als ihn die

---

König Richard, ebenso vgl. bereits *Becker*, Reichslandvogtei, S. 2 f.; *Graevenitz*, Landfriedenspolitk, S. 129 ff.; *Schwind*, Landvogtei; zur Delegation königlicher Gerichtsbarkeit im Sachsenspiegel vgl. *Ishikawa*, Gericht, S. 443 ff.

41 Ausführlich hierzu *Quarthal*, Königslandschaft, S. 135; *vgl. oben Kapitel 1 I 4 c) (1)*.

42 So setzte Rudolf etwa 1286 seinen engen Verbündeten Bischof Heinrich von Basel als neuen Erzbischof von Mainz zum *capitaneus* des Landfriedens in Thüringen ein und beauftragte ihn, gestützt auf die königlichen Hoheit, mit der *pacis reformatio*, die dieser nach Errichtung eines Landfriedens sehr wirksam wahrnahm; vgl. MGH Const. III, Nr. 387; ausführlich *Kunze*, Rudolf von Habsburg, S. 149 ff.; *Leist*, Landesherr, S. 30 f.; allgemein *Heckmann*, Stellvertreter, S. 362 ff.

43 So etwa in Schwaben, vgl. MGH Const. III, Nr. 346, S. 331 f.; Nr. 382.

44 Vgl. *Gernhuber*, Staat, S. 58; unter Verweis auf *Wyneken*, Landfrieden, S. 1 ff.; *Bader*, Landfriedensschutz, S. 44 ff.

45 Vgl. zu den oberrheinischen Chroniken ausführlich *Kunze*, Rudolf von Habsburg, v.a. S. 43 ff.; zum Herrscherbild Rudolfs umfassend *Kleinschmidt*, Herrscherdarstellung, S. 213 ff.

46 Vgl. Chron. Colm., S. 152 ff.; Mathias v. Neuenburg, S. 13 f.; Jahrbücher von Basel, S. 21; zusammenfassend etwa *Gössgen*, Beziehungen, S. 6 f. Grundlage war die Vertreibung der

wohl tatsächlich überraschende Nachricht erreichte, gerade die Stadt Basel im Rahmen einer Fehde, die er mit Graf Konrad von Freiburg gegen den Bischof von Basel führte. Obwohl er bereits viele Orte und Ritter des Baseler Bischofs für sich gewonnen hatte, und der Sieg bereits sicher schien, schloss er unverzüglich nach Bekanntgabe seiner Wahl Frieden mit seinen Gegnern und ließ alle Gefangenen frei. Danach, schildert die Chronik, habe er dem Volk öffentlich versprochen, den Frieden mit solchem Einsatz zu bewahren, wie er früher unaufhörlich Kriege geführt habe. Die Folge sei „im ganzen Land unbeschreiblicher Friede und Jubel" gewesen. Das Königspaar wurde von allen Städten im Elsass mit vielen Geschenken jubelnd empfangen,[47] und kurz darauf entstanden die ersten Legenden über den neuen König.[48]

(1) Zu einer dieser Mythen wird man allerdings auch die Annahmen der früheren Forschung zählen müssen, Rudolf habe unmittelbar nach seiner Krönung am 26.10.1273 einen Reichslandfrieden erlassen.[49] Im Gegenteil lassen, wie ANGERMEIER herausgearbeitet hat, mehrere Einzelmaßnahmen, aber auch die bereits oben festgestellte allgemeine Linie rudolfinischer Politik darauf schließen, dass es sich lediglich um ein allgemeines, symbolisches Friedensversprechen ohne unmittelbare rechtliche Wirkung gehandelt haben dürfte, das die Chroniken andeuten.[50] Tatsächlich nachweisbar sind dagegen zunächst Einzelmaßnahmen im weiteren Umfeld der Friedenssorge des neuen Regenten. Dazu zählte ein strenges Verbot aller nach der Regierung Friedrichs II. aufgerichteten Zölle, namentlich am Rhein, das

---

Baseler Partei der Sternträger durch die Pfitiche, Rudolf hatte das Gregoriental und das Dorf Klingen verwüstet und gewann noch vor seiner Wahl unter anderem die Burgen Wehr und Tierstein, weiterhin hatten die Leute des Abtes von St. Gallen ihn bereits als Vogt angenommen, die Einnahme der Basler Befestigung stand ebenfalls unmittelbar bevor; zur anschließenden Aussöhnung mit Basel und Breisach und zu dem öffentlichen Friedensversprechen vgl. *Redlich*, MIÖG 10 (1889), S. 341, 405 m.w.N.; *Gerlich*, Landfriedenspolitik, S. 13; *Martin*, Städtepolitik, S. 40; vgl. auch die Überlieferung in MGH Const. III, Nr. 20, S. 22 f.; *Feine*, ZRG GA 67 (1950), S. 187 f.

47 Vgl. Chron. Colm., S. 156; Jahrbücher von Basel, S. 22.

48 Vgl. etwa Chron. Colm., 163.

49 Wie etwa *Redlich*, MIÖG 10 (1889), S. 406 f. und *ders.*, Rudolf von Habsburg, S. 433 Fn. 2 unter Verweis auf Beschwörungen und Berufungen auf den allgemeinen Frieden angenommen hat; nach ihm auch etwa *Gerlich*, Landfriedenspolitik, S. 13 f.; dagegen überzeugend *Angermeier*, Königtum und Landfriede, S. 55 ff., der darin ein bloßes unverbindliches Versprechen für die Zukunft erkannt hat; dagegen auch *Kunze*, Rudolf von Habsburg, S. 93; vgl. auch *Bock*, ZGO NF 46 (1933), S. 326.

50 Vgl. nochmals *Angermeier*, Königtum und Landfriede, S. 57 m.w.N.; unklar bleibt, was *Martin*, Städtepolitik, S. 40 meint, der von einem Friedensangebot Rudolfs an alle Reichsbewohner spricht.

Rudolf auch besonders an alle seine Vögte richtete.[51] Durch die Einsetzung eines neuen Hofrichters betonte der König seine Stellung als oberster Gerichtsherr[52] ebenso wie durch die Erneuerung der Bestimmungen zur Bindung aller Hochgerichte an die königlichen Bannverleihung.[53] In allen diesen Maßnahmen zeigte sich die Betonung der Kontinuität und reale Anküpfung an die staufische Herrschaft und namentlich den Mainzer Reichslandfrieden,[54] ohne über diese durch Errichtung eines vollständigen neuen Reichslandfriedens zu disponieren. Hierfür war die Zeit noch nicht reif, solange zahlreiche regionalen Konflikte die Lage im Reich unübersichtlich gestalteten und die Stellung Rudolfs gegenüber den Kurfürsten schwach und empfindlich durch den rivalisierenden Ottokar von Böhmen bedroht war.[55]

So richteten sich am Rhein die Bemühungen auch zunächst nicht gegen das Zollwesen der Elektoren, sondern an die Verwalter der Haus- und Reichsgüter.[56] Für diese noch zahlreichen, aber weitgehend verstreuten Vermögen setzte Rudolf in den herzoglosen Regionen des Südwestens sofort nach seiner Wahl Landvögte ein, darunter im Unterelsass Kuno von Bergheim und für den Mischbesitz von Reich und Hausmacht im Oberelsass Konrad Werner von Hattstatt.[57] Gerade im Südwesten, der das Rückgrat des habsburgischen Königtums darstellte,[58] förderte Rudolf von Anfang an stark die elsässischen Reichsstädte durch Stadtrechtsprivilegien, Exemtionen und

---

51 RI VI 1, Nr. 11, 75, 76, 150,151; vgl. *Redlich*, Rudolf von Habsburg, S. 432 f. m.w.N.; *ders.*, MIÖG 10 (1889), S. 405 f. m.w.N. in Fn. 4 *Martin*, Städtepolitik, S. 39 f.;

52 MGH Const: III, Nr. 20; vgl. *Gerlich*, Landfriedenspolitik, S. 14 m.w.N., *Martin*, Städtepolitik, S. 40; *Erkens*, Tradition, S. 37; *Kunze*, Rudolf von Habsburg, S. 92.

53 MGH Const. III, Nr. 27, vgl. *Erkens*, Tradition, S. 41; *Angermeier*, Königtum und Landfriede, S. 58.

54 Vgl. *Gerlich*, Landfriedenspolitik, S. 14 m.w.N.; ausführlich *Kunze*, Rudolf von Habsburg, S. 92 f.; *Erkens*, Tradition, S. 33 ff.; zur Tradition und Kontinuität insbesondere über die Kanzlei von Heinrich (VII) über Wilhelm und Richard bis zu Rudolf, vgl. *Moraw*, Offene Verfassung, S. 206 f.

55 Vgl. etwa *Krieger*, Habsburger, S. 31 ff., 38 ff.; allenfalls aus diesem Grund kann man daher wie *Thomas*, Geschichte von einer „konturlosen" Landfriedenspolitik sprechen; vgl. zu beidem *Moraw*, Offene Verfassung, S. 213 ff.

56 Vgl. MGH Const. III, Nr. 52 S. 48 sowie Nr. 54, 55; *Gerlich*, Landfriedenspolitik, S. 13 f.

57 RI VI 1, Nr. 125; St. UB II, Nr. 62; *Becker*, Reichslandvogtei, S. 13 ff.; letzterer nahm noch wichtige Funktionen als Unterhändler Rudolfs in England, vgl. *ebd.*, S. 15; zu den personellen Beziehungen, die beide im unteren bzw. mittleren Adel der Region zeigen vgl. daneben Jahrbücher von Basel, S. 32 f.; ausführlich *Angermeier*, Königtum und Landfriede, S. 55f.; *Kunze*, Rudolf von Habsburg, S. 42 f.; *Redlich*, Rudolf von Habsburg, S. 456 ff.

58 Vgl. *Kunze*, Rudolf von Habsburg, S. 41 ff.

wirtschaftliche Erleichterungen,[59] während er sie unter dem administrativen Dach der Reichslandvogtei vereinigte. So wurden die wieder aufblühenden Städte Straßburg und Basel, wie auch die Städte der elsässischen Reichslandvogtei zu den wichtigsten Aufenthaltsorten Rudolfs.[60] Auch die Bischöfe von Straßburg und Basel blieben noch lange nach ihrer Niederlage von 1262 geschwächt und auf ein enges Verhältnis zum König angewiesen.[61] Schließlich verstand es Rudolf bald, die Pfalzgrafen an sich zu binden,[62] so dass der Habsburger im gesamten linken Oberrheingebiet Elsass vorerst keinen erheblichen Widerstand zu fürchten brauchte.

(2) Auch auf der Reichsebene konnte Rudolf bald nach seiner Wahl mit dem Nürnberger Reichstag von 1274 einen großen Erfolg für die Landfriedenssorge erzielen, die er bereits als Hauptgegenstand im Einladungsschreiben angekündigt hatte.[63] Der Abschied dieses Reichstages vom 19.11.1274 brachte aber noch keinen neuen Landfrieden, auch wenn er neben der Bestätigung des Pfalzgrafen als Königsrichters und der Ladung Ottokars erneut einzelne Landfriedensmaterien enthielt, wie das Pfahlbürgerverbot oder die Behandlung von Übergriffen der Vögte.[64] Bedeutsam waren diese weistumsartigen Urteile unter Vorsitz des Pfalzgrafen, dessen Funktion als Richter über den Königs und dessen Klagen unmittelbar zuvor bestätigt worden war,[65] weil sie ausdrücklich zwei wichtige rechtliche Grundlagen für das persönliche Vorgehen des Königs beinhalteten: Es wurde verfügt, dass der Herrscher gegen diejenigen, die sich gegenüber seinen Revindikationsmaßnahmen widerspenstig zeigten, mit königlicher Macht die Rechte des Reiches wahren sollte.[66] Vor allem aber wurde *„ex decreto et consilio principum"* ausdrücklich die unumschränkte Jurisdiktionsgewalt des Königs, die Friedrich I. bereits in Roncaglia hatte feststellen

---

59 Auch die weitgehende Einführung bzw. Hinnahme der Ratsverfassung und vergleichsweiser weiter Autonomie- und, in unterschiedlichem Umfang, Gerichtsrechte führte zu engen Beziehungen zu Reichsstädten im Elsass; vgl. im Einzelnen *Gössgen*, Beziehungen, S. 34 ff.; *Erkens*, Tradition, S. 44 m.w.N.; zu den Exemtions- und Stadtrechtsprivilegien *vgl. oben Kapitel 1 I 4 b).*

60 So hielt sich Rudolf allein in Hagenau insgesamt 200 Tage, in Basel 139, in Colmar 39 und in Straßburg 34 Tage auf; vgl. *Martin*, Städtepolitik, S. 181; *Kunze*, Rudolf von Habsburg, S. 42.

61 Vgl. Jahrbücher von Basel, S. 24.

62 Vgl. *Gerlich*, Landfriedenspolitik, S. 13.

63 Vgl. RI VI 1, Nr. 162 f.; vgl. Johann von Viktring, S. 269; ausführlich zum Ganzen *Kunze*, Rudolf von Habsburg, S. 98 ff.; *Krieger*, Habsburg, S. 34 f.

64 Vgl. RI VI 1, Nr. 258; MGH Const. III, Nr. 72.

65 Zum Problem dieser Rechtsetzungs-/-findungsform konkret in diesem Fall vgl. *Kunze*, Rudolf von Habsburg, S. 99 f. m.w.N. gegen *Ebel*, Gesetzgebung, S. 42; *Diestelkamp*, Reichsweistümer, S. 299.

66 MGH Const. III, Nr. 72, Art. 2.

lassen,[67] in allen Zivil- sowie Kriminalsachen bestätigt, bei letzteren allerdings nur für Begebenheiten nach seiner Krönung.[68] Alle Schädigungen, die im Interregnum aus der Auseinandersetzungen von Papstum und Königtum herrührten, sollten gütlich geregelt werden, mit der Ausnahme offenen Krieges oder Raubes an Gotteshäusern.[69] Sollte damit - nicht zuletzt im Wege der Beschränkung der königlichen Strafgewalt - ein Schlussstrich unter die zahllosen Auseinandersetzungen seit 1254 gezogen werden,[70] gewann Rudolf eine ausdrückliche Bekräftigung der umfassenden Gerichtsgewalt des Königs mit seinen *officiales* und damit seine Überordnung über alle anderen Gerichte, ohne dass dafür sein persönliches Erscheinen am Gerichtsbezirk weiter vorausgesetzt wurde.[71] Damit war reichsrechtlich die Möglichkeit für Sonderinstanzen auch und gerade für den Landfrieden, die ihre Stellung aus der des Königs herleiten konnten, sanktioniert und damit vorrangig nur noch eine Frage der tatsächlichen Durchsetzbarkeit geworden.[72] Ebenfalls im Sinne einer wirksameren Gerichtsbarkeit erhielt der Hofrichter ein Siegel, und es wurden Regelungen über die Beweiskraft schriftlicher und besiegelter Ladungen, Gerichtsurkunden und die Gebühren des Hofgerichts getroffen. All dies trug maßgeblich zur Verstetigung der Gerichtstätigkeit bei.[73]

(3) Die Beschlüsse von Nürnberg bereiteten allerdings unmittelbar lediglich den Krieg Rudolfs mit Ottokar vor, den dieser von 1274 bis 1278 im Südosten des Reiches führte.[74] Während das Elsass hierzu unter der Füh-

---

67 Vgl. zur *„Lex omnis iurisdictio"* des Reichstages von Roncaglia 1158, nur *Kroeschell*, DRG I, S. 174 f., Nr. 47, S. 181 f., 183 ff.; vgl. dazu etwa auch Ssp. Ldr III 26,1; 60,2 u. 3; *Georgi*, Art. „Roncaglia, Reichstag von", in: LexMA VII, Sp. 1021 f.; *Colorni*, Roncaglia; für die ähnliche Festsellung im Sachsenspiegel vgl. nur *Ishikawa*, Gericht, S. 443.

68 MGH Const. III, Nr. 72, Art. 5, interessanterweise als einzige Entscheidung, abgesehen von dem statuierten Pfahlbürgerverbot, nicht in Weistumsform gehalten; vgl. näher *Kunze*, Rudolf von Habsburg, S. 101 f.

69 Die Norm erfasste selbst nur diese speziellen Schädigungen der Kirche und eben nicht alle Straßenräuber, wie *Kunze*, Rudolf von Habsburg, S. 105 ff. fehlerhaft zum Ausgangspunkt ihrer weitgefassten Überlegungen zum Straßenraub unter Rückgriff auf die Ottokarsche Reimchronik macht. Richtig ist daran allerdings, dass die vorher festgesetzte allgemeine Strafgewalt zur Grundlage personalen Vorgehens gegen Straßenräuber werden konnte und wurde.

70 Vgl. etwa *Angermeier*, Königtum und Landfriede, S. 59 f.

71 Insoweit noch anders Ssp. Ldr. III 60, 2.

72 Somit erschöpfte sich die Funktion des Reichstages auch nicht weitgehend in symbolischer Politik der Repräsentation und Kommunikation, wie *Kunze*, Rudolf von Habsburg, S. 103 f. in Überdehnung ihrer impliziten Kritik an Angermeier, a.a.O. annimmt.

73 Vgl. auch *Wohlgemuth*, Reichshofgericht, S. 25 ff.

74 Vgl. *Krieger*, Habsburger, S. 38 ff. zum genauen Verlauf der politischen, juristischen und militärischen Auseinandersetzung.

rung des Bischofs von Basel, des unteren Landgrafen und des Reichslandvogts Otto von Ochsenstein wichtige Unterstützung leistete,[75] flammten hier trotz mehrfacher Anwesenheit des Königs viele regionale Konflikte wieder auf. Am 29.6.1275 wurde die Rheinbrücke bei Basel zerstört. Wenig später belagerten die Habsburger Verbündeten um den 25. August Freiburg, vermutlich, um gegen den früheren Bundesgenossen die Rückgabe von nahegelegenem Reichsgut in der Ortenau durchzusetzen.[76] Im folgenden Jahr besiegten die Grafen von Zweibrücken in verlustreichen Kämpfen den Herzog von Lothringen, während der Bischof von Basel mehrere Geistliche gefangennahm. Rudolf belagerte selbst bei einem kürzeren Aufenthalt erfolgreich die Burgen des Herren von Fleckenstein, weil dieser den Bischof von Speyer wegen vorenthaltener Hilfsgelder gefangen genommen hatte. Auch für das Jahr 1277 berichten die Chroniken von zahlreichen Fehdehandlungen und Gewaltverbrechen. Die Wegnahme von zwölf Wagen durch den Herzog von Lothringen im Verlauf einer Fehde mit den Bischöfen von Metz und Straßburg[77] und die Verwundung des Grafen von Hohenberg, eines Vetters des Königs, durch den Herrn von Kageneck[78] ragen dabei nur als besonders spektakulär heraus.[79] In Straßburg eskalierte unterdessen der Konflikt mit den Dominikanern, die zwar die Bürgerrechte beanspruchten, aber die vom Rat angemahnten Verpflichtungen als Bürger nicht übernehmen wollten. Die Folge war der Auszug der Brüder aus der Stadt, dem ein langwieriger kirchlicher Prozess mit päpstlichem Interdikt folgte, der erst 1290 gelöst werden konnte.[80] Auch die großen Bürgerschaften von Straßburg und Basel konnten sich nach 1273 erst allmählich aussöhnen.[81] Herrschte also durch die erhebliche Unruhe im Land ein Bedürfnis nach einem Landfrieden, so war an einen solchen, insbesondere wegen der drängenderen Sorgen des Königs und der verworrenen Lage am Oberrhein selbst, zunächst nicht zu denken.

---

75 Vgl. Chron. Colm., S. 160-178.

76 Hierzu und zum folgenden vgl. Jahrbücher von Basel, S. 26 ff.; *Redlich*, Rudolf von Habsburg, S. 453.

77 Vgl. St UB II, Nr. 32: Jahrbücher von Basel, S. 36.

78 Vgl. *ebd.*, S. 35; zu den verwandschaftlichen Beziehungen vgl. etwa *Feine*, ZRG GA 67 (1950), S. 159.

79 Zu weiteren Fehden, etwa des Ritters Diemo von Brettheim, des Grafen von Eberstein sowie des Grafen Siegberts von Wörth jeweils gegen Straßburg vgl. St. UB II, Nr. 33 f., Nr. 63.

80 Vgl. dazu etwa St. UB II, Nr. 70, 80-82, 86-88, 98, 101-104, 106, 108, 114-123, 125-134, 138-140,145, 158, 161-170, 174-178 sowie Königshofen, S. 734; vgl. zum Hintergrund *Hecker*, Bettlerorden.

81 Straßburg und Basel am 18.1.1275, St. UB II, Nr. 39; vielleicht ähnlich motiviert die gegenseitige Sicherheit zwischen Colmar und Straßburg vom 29.1.-19.4.1275, St. UB II, Nr. 44.

c) Hagenauer Landfrieden und personalisierte Friedenssorge am Oberrhein

(1) Wohl in Erinnerung an sein früheres Amt als Anführer des Landfriedens König Richards von 1269 versuchte Erzbischof Werner von Mainz 1277 während der Abwesenheit Rudolfs, nach Klagen über Raubzölle einen neuen Landfrieden unter seiner Führung zustande zu bringen.[82] Nach einer kurzen Entspannungsphase seit 1275 wurde das Verhältnis zwischen Rudolf und dem Mainzer Metropoliten durch dessen Annäherung an den Erzbischof von Köln erneut stark belastet. Die weit gestreuten Einladungen des Erzbischofs zu Beratungen über einen neuen Landfrieden stellten somit nicht nur einen Affront und ein bewusstes Übergehen der königlichen Friedenshoheit, sondern zugleich den Versuch dar, den Einfluss der kurfürstlichen Opposition gegen den Herrscher auszudehnen. Da Rudolf noch vor Wien gebunden war und so nicht persönlich eingreifen konnte, stärkte er umgehend die Gegner des Mainzers.[83] Vor allem aber veranlasste er seinen Vertrauensmann, Graf Friedrich von Leiningen als Landvogt im Speyergau, die Bemühungen um eine neue „*sancte pacis generalis*" durch Mahnungen an Straßburg und vermutlich die anderen oberrheinischen Reichsstädte zwar zu unterstützen, allerdings mit dem einzigen Ziel, dem Erzbischof die Initiative aus der Hand zu nehmen.[84] Aufgrund des Gegensatzes zwischen den Anhängern des Königs und dem Erzbischof gelang auf dem ersten Tag am 26.11.1277 keine Einigung. Statt dessen wurde das Misstrauen in Gerüchten über eine Verschwörung der drei geistlichen Kurfürsten gegen den König genährt, gegen die sich der Mainzer Erzbischof bei den Friedenverhandlungen wehren musste.[85] Durch das wohl gesteuerte Scheitern der Erörterungen, vor allem durch das Agieren des durch königliche Schreiben mehrfach legitimierten Landvogtes, gelang es Rudolf I. schließlich ohne allzu große Probleme, seine Friedenshoheit gegen den Erzbischof durchzusetzen.[86]

---

82 Vgl. hierzu und zum folgenden *Redlich*, Rudolf von Habsburg, S. 433 f.; zur gesamten Entwicklung *Martin*, Städtepolitik, S. 125 ff.; *Angermeier*, Königtum und Landfriede, S. 63.

83 RI VI,1 Nr. 808, 809, UB Erfurt I, Nr. 302; vgl. dazu *Martin*, Städtepolitik, S. 129 und S. 133 f.

84 Vgl. das Einladungsschreiben Friedrichs zum Tag des Erzbischofs nach Mainz an Straßburg vom 11.8.1277, St. UB II, Nr. 58; vgl. dazu *Gerlich*, Landfriedenspolitik, S. 58 ff.; *Schreibmüller*, Landvogtei, S. 37 ff.

85 Vgl. MGH Const. III, Nr. 156; ausführlich dazu *Gerlich*, Landfriedenspolitik, S. 60 f. m.w.N.

86 MGH Const III, Nr. 155; Gerlich, Landfriedenspolitik, S. 60 f. m.w.N., 83 auch zur Beteiligung des Pfalzgrafen und des Landgrafen von Hessen als weiterem bewusst eingesetzten Störfaktor; zur „Herrschaftspropaganda" vgl. *Fichtenau*, Arenga, S. 175 ff.; *Wyneken*, Landfrieden, S. 76.

(2) So kam es erst am 24.6.1278 in Hagenau zu einem ersten neuen regionalen Landfrieden nach 1269, dessen kurzer Text überliefert ist.[87] An diesem Frieden, der bis zum Juni 1280 dauern sollte, beteiligten sich der Pfalzgraf, die Grafen Albrecht von Hohenberg und Friedrich von Leiningen als Landvögte im Speyergau,[88] die Grafen von Katzenellenbogen sowie alle wichtigen Rheinstädte von Basel bis Boppard und die Städte in der Wetterau, jedoch keiner der großen Kirchenfürsten am Rhein. Das Bündnis hatte erkennbar den politischen Zweck, die Unterstützung für die Endphase des Kampfes Rudolfs im Südosten des Reiches zu sichern. Gleichzeitig richtete sich das Bündnis besonders gegen die Markgrafen von Baden und sollte das gemeinsame Vorgehen gegen deren widerrechtlichen Zoll in Selz organisieren.[89] Darüber hinaus jedoch verband das Bündnis die königsfreundlichen Akteure am Mittel- und Oberrhein und umschloss gleichsam das Gebiet des Erzbischof Werner von Mainz, der seine Gefährlichkeit für Rudolf gerade durch seine eigenen Landfriedensbestrebungen gezeigt hatte.[90] So drängten vor allem der Pfalzgraf und der Graf von Leiningen auf den Frieden, während die Hohenburger und die Städte der Reichslandvogtei als wichtige „Brückenglieder" zwischen dem Speyergau und der habsburgischen Hausmacht fungierten. Während die Reichsvogteistädte eher der zwingenden Machtsituation folgten, suchten die großen alten Kommunen am Rhein bewusst den Zusammenhalt gegen die Kurfürsten. Die Grafen von Katzenellenbogen bewirkten durch ihren Beitritt nicht nur eine erhebliche Verstärkung des Friedens, sondern auch des Königs. Rudolf gelang damit ein entscheidender politischer Erfolg in doppelter Hinsicht. Er konnte seine Friedensinitiative behaupten und gleichzeitig seine Anhänger und die wichtigsten Mächte in seinem Kernland vor Beginn des Feldzugs im Donauraum hinter sich vereinen.

(3) Allerdings baute der erste Hagenauer Landfrieden inhaltlich in seinen äußert knappen Regelungen auf dem Modell von 1254 auf. Seine auf ein Minimum reduzierten Normen erscheinen geradezu als Verkürzung der Gründungsurkunde des alten Großen Rheinischen Bundes von 1254, setzten diesen jedenfalls klar voraus. So wurde nur der Kern des gemeinsamen Vorgehens gegen Friedbrecher einschließlich ungerechtfertigt erhobener Zölle ausdrücklich geregelt, allerdings ergänzt um die Einrichtung zweier

---

87 St. UB II, Nr. 68 (S. 44 f.), danach MGH Const. III, Nr. 157; vgl. dazu auch MGH Const. III, Nr. 153-156.

88 Vgl. *Redlich*, Rudolf von Habsburg, S. 406 f. und danach *Bock*, ZGO NF 46 (1933), S. 326, bezeichnen den Grafen von Hohenberg als Landvogt im Elsass, dies allerdings im Widerspruch zur Darstellung bei *Becker*, Reichslandvogtei, S. 13 ff.

89 Vgl. *Gerlich*, Landfriedenspolitik, S. 14. *sowie ausführlich unten Kapitel 6 I 2*

90 Hierzu und zum Ganzen *Martin*, Städtepolitik, S. 130 ff.; *Bock*, ZGO NF 46 (1933), S. 326; *Redlich*, MIÖG 10 (1889), S. 434 f.; *Gerlich*, Landfriedenspolitik, S. 61 f. jeweils m.w.N.

eigener gemeinsam verwalteter und genutzter Friedenszölle sowie das Gebot, Eidunwillige unwiderruflich auszuschließen.[91] Über die eigentliche Friedensorganisation wurden hingegen keine Regelungen getroffen, was dem Frieden das Verdikt einer „Notlösung", eines „zaghaften Umriss möglicher Landfriedenspolitik Rudolfs" und eines „nur wenig verbrämten rein politischen Bündnisses" eingebracht hat.[92]

Die Art und Weise der Friedensdurchsetzung ergab sich allerdings ohne weiteres aus der bereits gebildeten und bis kurz zuvor mehrfach aufgegriffenen Tradition des Großen Bundes[93] und damit aus dessen Konstruktion als ein für jedermann offenes Hilfsbündnis ohne Veränderung der bestehenden Gerichtszuständigkeiten unter der Bezeichnung als Frieden. Auf diese Friedenstradition, nicht aber auf das Reichslandfriedensrecht, rekurrierte der neue Frieden mit seiner Eigenbezeichnung als *„pax sancta et generalis"*.[94] Wenn man diesen gewachsenen Hintergrund nicht ausblendet, konnte der Hagenauer Landfrieden durchaus als positiver Ansatz der Wiederaufnahme der „normativen" Landfriedensbemühungen am Ober- und Mittelrhein verstanden werden,[95] auch wenn er an die aktuellen und veränderten politischen Interessen und Motivationen der Beteiligten anknüpfte.

(4) In unmittelbarer Folge des Landfriedens gelang es Rudolf, tatkräftige Unterstützung im Elsass zu gewinnen,[96] so dass im Juli 1278 der Landvogt Konrad Werner von Hattstatt mit dem Bischof von Basel 100 Ritter nach Wien führen konnte, die gerade rechtzeitig zur Entscheidungsschlacht auf

---

91 Vgl. MGH Const. III Nr. 157, S. 151.

92 So etwa *Gerlich*, Landfriedenspolitik, S. 63, 84 f., der lediglich die Defizite des Friedens gegenüber späteren Einungen hervorhebt; dem folgend etwa auch *Angermeier*, Königtum und Landfrieden, S. 63 f.

93 Vgl. auch *Redlich*, Rudolf von Habsburg, S. 407 Fn. 2

94 Vgl. MGH Const. III Nr. 157, S. 151 Z 21.

95 So etwa für *Müller*, Die elsässischen Landstände, S. 15 f.; vgl. auch *Redlich*, Rudolf von Habsburg, S. 406 f.; allerdings hat die bisherige Forschung weitgehend die Tradition zum Rheinischen Bund verkannt bzw. an den Rand der Wahrnehmung gedrängt, so insbesondere auch *Gerlich*, Landfriedenspolitik, S. 63, dessen Folgerungen, die *„sancta pax generalis"* habe auf das Reichsrecht, im Unterschied zu territorialen Gewohnheiten wie etwa in Bayern, verwiesen, daher weithin nicht mehr zu tragen vermögen; im folgend auch *Bock*, ZGO NF 46 (1933), S. 326.

96 So konnte Rudolfs Sohn Albert mit den Führern der Bürgerschaften in Kolmar über die Entsendung von Rittern für den König verhandeln, vgl. Ann. Colm. Maiores, S. 46.

dem Marchfeld am 26.8. eintrafen[97] und teilweise bis Anfang 1279 in der Donaustadt blieben.[98]

Darüber hinaus trat im Umfeld des Friedens von 1278, ohne dass ein tatsächliches Einschreiten des Hagenauer Bündnisses dokumentiert wäre, zunächst eine spürbare Befriedung des Elsasses ein,[99] die allerdings nur sehr kurz währen sollte.[100] Insbesondere in den kleineren Reichsstädten entflammten viele Unruhen,[101] während die gewaltsamen Streitigkeiten unter den elsässischen Ständen bald nach dem Auslaufen des Landfriedens 1280 einen neuen Höhepunkt erreichten. Neben zahllosen relativ kurzen Fehden prägten vor allem die Auseinandersetzungen der um Frieden besorgten elsässischen Städte, gemeinsam mit dem König beziehungsweise seinem Reichslandvogt oder anderen königlichen Vertretern und oft den beiden Bischöfen gegen die Markgrafen von Baden, die Grafen von Freiburg, die Herren von Rappoltstein oder aber auch gegen westliche Nachbarn der Region und gegen niedrigere Adelige wie die Herren von Gundolzheim die erste Dekade von Rudolfs Amtszeit. Hinzu traten zahlreiche Auseinandersetzungen der Städte mit ihren Stadtherren. Auch stritten sich die Bürgerschaften häufig mit den in ihren Mauern ansässigen geistlichen Orden, in deren Verlauf mehrere Kleriker getötet wurden. Dabei ragen Colmar und Kaysersberg wohl nur wegen ihrer Nähe zu den Chronisten besonders aus den Quellen hervor.[102] Insgesamt bleibt zu vermerken, dass die Bürger-

97 Vgl. Ann. Colm. Maiores, S. 42 f.; Chron. Colm., S. 250; *Becker*, Reichslandvogtei, S. 15; *Martin*, Städtepolitik, S. 140.

98 Namentlich Reichslandvogt Werner von Hattstatt kehrte erst am 24.2.1279 aus Wien zurück, Ann. Colm. Maiores, S. 45.

99 Vgl. etwa den Friedensschluss der Grafen Eberstein mit Straßburg, St. UB II, Nr. 69; die friedliche Konfliktbeilegung zwischen Breisach und der Stadt, St. UB II, Nr. 79; den Ausgleich des Straßburger Bistums mit dem Landgrafen um die Rechte in Wettolsheim oder die Aussöhnung und Rückkehr der Herren von Horburg ins Elsass, Ann. Colm. Maiores, S. 42, 44.

100 Bereits wieder 1279 begann eine schwere Fehde Albrechts von Habsburg mit den Zürichern, während bei den Horburgern mehrere Räuber gefangen und enthauptet wurden, vgl. Ann. Colm. Maiores, S. 47,50.

101 So wurde der Schultheiß Johann von Kaysersberg getötet, aus Kolmar wurden mehrere Frauen vertrieben, wobei es sich wohl um eine Hexenvertreibung handelte, wie sie auch in Ruffach versucht wurde, vgl. dazu und zu zahlreichen Weiteren Unruheherden Ann. Colm. Maiores, S. 48 ff.

102 Zu einem Konflikt mit vielen Beteiligten kam es etwa zwischen den Baslern, dem Probst von Mainz und dem Herrn von Röttelnheim, Ann. Colm. Maiores, S. 50 ff. Die Gefangennahme von zwei Pfarrern, des Herrn von Hunaweyer und sechs geistlicher Herren des Bischofs von Basel durch die Colmarer führte zeitweise zum Interdikt. Kurz darauf wurde auch von den Straßburgern ein Predigermönch schwer verwundet. Weiter zur Krisenhaftigkeit trugen Ereignisse wie der große Brand von 1280 in Straßburg bei, vgl. Königshofen, S. 752.

schaften bei Angriffen auf ihre Gegner oft den traditionellen Fehdeschranken nur wenig Beachtung schenkten.[103]

(5) Bei all diesen Konflikten, die die Chronisten beschäftigten, findet man jedoch in keiner der oberrheinischen Chroniken eine direkte Erwähnung eines gemeinsamen Vorgehens des Hagenauer Landfriedens.[104] Statt dessen sehen wir etwa König Rudolf geradezu unermüdlich persönlich, soweit ihm dies möglich war, schlichtend eingreifen.[105] Daneben trat nahezu zeitgleich mit dem Abschluss des Hagenauer Friedens Graf Friedrich von Leiningen als „*iustitiarius generalis et vicem gerens in partibus pro bono pacis domini Rudolfi regis*" auf.[106] Diese Bezeichnung könnte zunächst überraschen, da in dem gerade geschlossenen Frieden eine derartige Bestellung als Amtsträger des Friedens nicht auftaucht. Allerdings wird dies im zweiten Teil seines Amtstitel deutlich: Dieser „Landfriedenshauptmann" sollte seine Amtsgewalt gerade nicht von einem regionalen Bündnis, sondern als persönlicher Stellvertreter des Königs von dessen *potestas* in den Angelegenheiten dieses Friedens ableiten, die dieser wieder voll nach dem Sieg über Ottokar beanspruchte.[107] Das „konjurative" und „imperative" beziehungsweise personale Element der Landfriedenssorge blieben damit unter Rudolf strikt getrennt; während das Bündnis von 1278 ohne Verlängerung auslief, wurde die Zukunft weitgehend vom Prinzip der personalisierten Friedenssorge geprägt. Dies zeigte sich auch deutlich an der Ernennung von Otto von Ochsenstein zum Reichslandvogt im Elsass und Breisgau am 17.12.1280, also etwa nach einem halben Jahr nach dem Auslaufen des Hagenauer Friedens.[108] Die Übertragung der weit umschriebenen Amtsgewalt begründet Rudolf durch das doppelte Band der Blutsverwandtschaft und der verdienten Lehenstreue. Während diese Befugnisse zunächst weitgehend auf die administrative Stellung gegenüber dem Reichsgut zielten,

---

103 Vgl. etwa die Tötung der Ritter Werner Walch und Konrad Nortgassen durch die Colmarer am 29.7.1281; Ann. Colm. Maiores, S. 55.

104 *Vgl. auch unten Kapitel 6 I.*

105 Vgl. RI VI 1, Nr. 1398,1399, 1401, 1402, 1412; *Gerlich*, Landfriedenspolitik, S. 67.

106 Vgl. bereits Würdtwein, Monasticon Palatinum I, Nr. 100, S. 375 a.E. anlässlich einer Kaufurkunde des Klosters Otterberg; *Redlich*, Rudolf von Habsburg, S. 435.

107 Vgl. *Angermeier*, Königtum und Landfrieden, S. 64.

108 MGH Const. III, Nr. 264, dabei ist neben der hervorgehobenen besonderen Bindung zwischen dem Reichslandvogt und dem König vor allem die klare Abgrenzung seines Amtsbezirks, nämlich des Elsass und Breisgau, gegenüber dem fortbestehenden Bezirk Friedrichs von Leiningen im Speyergau hervorzuheben, durch die die obere Rheinregion in zwei nahtlose Amtsbezirke zerfiel. Hier zeigte sich das Band königlicher Vertrauter, das auch nach Auslaufen des Hagenauer Vertrages die Königsnähe und Macht des Rudolfs gewährleistete; so kam es auch im Folgenden nur im Breisgau mit Graf Egino von Freiburg zu nennenswerten Unruhen; vgl. *Gerlich*, Landfriedenspolitik, S. 66; *Angermeier*, Königtum und Landfrieden, S. 64; *von Graevenitz*, Landfriedenspolitk, S. 129 ff. m.w.N.

kam Otto bald schon eine wichtige praktische Funktion in der Konfliktschlichtung und Unrechtsahndung zu, ohne dass er formal als Landfriedenshauptmann eingesetzt worden wäre: So befahl er etwa allen Schultheißen den Schutz der Zisterzienser von Päris, oder zerstörte gemeinsam mit den Straßburger Bürgern die Raubburg Wegelnburg an der pfälzischen Grenze.[109] Insbesondere löste er 1281 den bereits lange schwelenden Verfassungskonflikt zwischen dem Schultheiß Siegfried und der Bürgerschaft Colmars durch dessen Absetzung und anschließender Belagerung von dessen Burg Hohenlandsberg, um die Anerkennung dieser durch ein allgemein gehaltenes Mandat Rudolfs gerechtfertigen Amtsenthebung durchzusetzen.[110]

d) Renovatio, Reichslandfrieden und Städtekonflikt

(1) Während es dem Herrschers und seinen Vertretern gelang, in dieser Weise aktiv zu wirken und das königliche Ansehen zu steigern, scheiterten die gleichzeitigen Versuche Rudolfs, seine Hausmacht durch Verbindung mit dem Reichsgut zu erweitern.[111] Die Städte nahmen trotz erheblicher Beherbergungskosten daher gerne um das Jahr 1281 die Nachrichten von einer noch stärkeren persönlichen Präsenz des Königs in der Region auf.[112]

In diesem Jahr schien sich ein Wandel in der Politik Rudolfs anzubahnen, der weg von pragmatischen Einzelmaßnahmen zu einer systematischen und flächendeckenden normativen Landfriedenssorge führten sollte und die schließlich in der *renovatio* des alten Reichslandfriedens von 1235 gipfelte.[113] Der erste größere Landfrieden, den Rudolf im Mai 1281 in Österreich vor allem als Abschluss des Konflikts mit Ottokar errichten konnte, trug vor diesem Hintergrund stark zentralisierte Züge.[114] Dagegen zeugen

---

[109] Vgl. Ellenhard Ann., S. 103; *Kopp*, Geschichte I 2 (2), S. 672; *Becker*, Reichslandvogtei, S. 16.

[110] Die Absetzung des Schultheißen von Colmar am 8.2.1281 durch den Reichslandvogt stieß auf viel Sympathie derer, die unter ihm Kränkungen und Übergriffe hatten hinnehmen müssen, vgl. Ann. Colm. Maiores, S. 53; zur anschließenden Belagerung der Burg Hohenlandsberg des Schultheißen im Winter 1281 vgl. ebd., S. 56.

[111] Auch hier sollte diese Verknüpfung vor allem durch die Person Otto von Ochsensteins erfolgen, der gleichzeitig als habsburgischer Landvogt und Reichslandvogt amtieren sollte, allerdings scheiterte diese erneute personelle Politik an der Opposition der Territorialherren und vor allem der großen Bürgerschaften, vgl. *Quarthal*, Königslandschaft, S. 137.

[112] Vgl. Ann. Colm. Maiores, S. 52, 56 zur Ankündigung und zu dem Aufwand für die tatsächliche Beherbergung in Colmar.

[113] MGH Const. III, Nr. 279; vgl. *Kunze*, Rudolf von Habsburg, S. 119.; *Redlich*, Rudolf von Habsburg, S. 435; aktuell *Graevenitz*, Landfriedenspolitk, S. 105 ff. zur Aufrichtung und den maßgeblichen Faktoren.

[114] MGH Const. III, Nr. 273; vgl. dazu umfassend *Kunze*, Rudolf von Habsburg, S. 119 ff.; *Appelt*, Kaisertum, S. 266 f.; *Reichert*, Landesherrschaft, S. 41 ff., 90 ff.

die nachfolgenden Aufrichtungskampagnen des Königs am Rhein und in Franken bereits wieder von den heraufziehenden Auseinandersetzungen mit den rheinischen Kurfürsten, allen voran Siegfried von Westerburg, dem Erzbischof von Köln, um Zölle und um die Anerkennung der königlichen Autorität.[115]

Durch diese neuen Friedensbündnisse sollten, wie bereits 1278, die Anhänger des Königs verbunden, Konflikte unter ihnen vermieden und weitere Unterstützung gewonnen werden. Dies galt vor allen in Regionen, die im Vergleich zu Bayern oder Österreich noch über kein vergleichbar ausgeprägtes Landesrecht verfügten, das derartige Funktionen bereits erfüllen konnte. Dafür schien der staufische Reichslandfrieden mit seinem stark dezentral-affirmativen Charakter und mit der impliziten Betonung der Kontinuität in den beiden alten königsnahen Gebieten als die beste, wenn nicht einzig mögliche Lösung.[116] Vor und während der Landfriedenserrichtung war es Rudolf erneut gelungen, mehrere Konflikte, die die obere Rheinregion lange geprägt hatten, zu befrieden und so die Grundlage an Macht und Autorität für den Friedensschluss zu legen.[117]

(2) Während der Frieden von 1281 inhaltlich praktisch identisch mit dem alten Reichslandfrieden von 1235 war,[118] bediente sich Rudolf bisher unbekannter Mittel, um diesen zur Anerkennung zu bringen. Um die wichtigsten Städte und Herren der beiden Kernregionen Franken und am Rhein auf den Frieden einzuschwören, reiste er persönlich, von Schwaben kommend, über Konstanz den Rhein hinab und ließ von September bis Dezember 1281 in allen größeren Städten, darunter Straßburg und Oppenheim, in seiner

---

115 Vgl. ausführlich *Kunze*, Rudolf von Habsburg, S. 192 ff.; *Erkens*, Siegfried von Westerburg, S. 146 ff.; zum damit verbundenen Konflikt Rudolfs mit den Kirchenfürsten wegen seines Bestrebens, deren Steuerfreiheit einzuschränken vgl. *Erkens*, Tradition, S. 45 m.w.N.; zur Zollfrage vgl. erneut nur *Gerlich*, Landfriedenspolitik, S. 56 ff.; *Angermeier*, Königtum und Landfriede, S. 66.

116 So ausdrücklich auch *Gerlich*, Landfriedenspolitik, S. 70 ff., und S. 84; dort auch S. 72 f. zur vergleichbaren Ausgangssituation in Franken und am Rhein im Hinblick auf das Fehlen eines zentralen Herzogtums, der Territorialisierung und der vermeintlichen Hinnahme von „Landesrecht und -gewohnheit" in angeblicher Tradition des Mainzer Reichslandfriedens und als Antwort auf das *statutum* von 1221; vgl.weiterhin *Kunze*, Rudolf von Habsburg, S. 144 allerdings unter wohl zu starker Verengung auf eine rein repräsentative Ebene

117 So der Erbstreit der Grafen von Sponheim, vgl. *Kunze*, Rudolf von Habsburg, S. 199 m.w.N.; *Martin*, Städtepolitik, S. 132, die Zerstörung der württembergischen Raubritterburg Ehrenstein, vgl. *Redlich*, Rudolf von Habsburg, S. 438 m.w.N., aber auch der erfolgreiche Feldzug gegen Graf Egino von Freiburg zur Wahrung des Reichsguts, vgl. RI VI 1, Nr. 1396 a ff., 1407 a.

118 Vgl. MGH Const. III, Nr. 279, 280 in zwei für den Rhein und Franken gleichlautenden, aber getrennten Urkunden.

Anwesenheit den Frieden „von allen Armen und Reichen" beeiden.[119] Am 14.12.1281 wurde der allgemein beschworene Friede auf einem Hoftag in Mainz dann von Rudolf feierlich verkündet. Mit dieser ungewohnten Form der Errichtung, hatte sich der Reichslandfrieden von 1235 bereits einen Schritt den am Oberrhein traditionellen Landfriedensbündnissen angenähert, so dass auch die Chronisten nunmehr erstmalig *diesen* als *pax generalis* bezeichneten, den Verkündungshoftag dagegen weithin übergingen.[120]

Die Friedensurkunde selbst stellte sich freilich ganz in der staufischen Tradition dar. Dort war es der Kaiser, der kraft seiner imperialen Gewalt mit dem Rat der Fürsten und anderer Getreuen des Reiches den Frieden setzte und gebot.[121] Aber auch in einzelnen Punkten, voran in der Befristung auf fünf Jahre, war nunmehr die Abkehr des staufischen Universalanspruches hin zu den flexibleren System der regionalen Einungen vollzogen, was sich auch in der herausragenden Bedeutung der Städte für das Schicksal dieses Landfriedens spiegelte.[122]

Außergewöhnlich war vor diesem Hintergrund auch ein an einen unbekannten Grafen zu verschickendes Mandatsformular Rudolfs, in dem *„quod partes ille in amenitate pacis floride valeant reflorere"* die Befolgung aller Anforderungen *„generalis pacis observanciam"* des Grafen von Sponheim oder des Deutschordenskommandanten Matthias von Koblenz befohlen wurde, da beide *„adhibeat nobis plenam fidem"*.[123] Derartige „Friedensbetraute" stellten ein weiteres Indiz für das allmähliche Verschmelzen von staufischem Reichslandfrieden, Landfriedensbündnissen in der Urform des Rheinischen Bundes unter König Wilhelm und der personaler Beauftragung dar und zeigten in gleichem Maße, dass Rudolf das normative Landfriedensrecht von 1281 durchaus aktiv durchzusetzen gedachte.[124]

(3) Wiederum konnte Rudolf 1282 in unmittelbarer Folge ein großes Heer im Elsass sammeln und gegen den Erzbischof Siegbert von Köln führen; dies genügte bereits, um unter der Vermittlung des Metropoliten Werner von Mainz einen Ausgleich im Sinne Rudolfs zustande zu bringen, was

---

119 Vgl. hierzu und zum folgenden *Kunze*, Rudolf von Habsburg, S. 139 ff.; die Verpflichtung auf den Reichslandfrieden am Oberrhein begann in Konstanz und führte rheinabwärts bis zum November 1281 nach Straßburg, vgl. RI VI 1, Nr. 1396 a-d, 1407a; dazu *Gerlich*, Landfriedenspolitik, S. 67; *Bock*, ZGO NF 46 (1933), S. 326.

120 So Chron. Ellenhardi, S. 125; danach etwa Closener, S. 44.

121 Vgl. MGH Const. III Nr. 280, S. 275 Z. 27 f.

122 Vgl. *Martin*, Städtepolitik, S. 132; *von Graevenitz*, Landfriedenspolitk, S.112 ff.

123 MGH Const. III, Nr. 281; vgl. zum Deutschen Orden am OBerrhein im 13. Jahrhundert *Planta*, Adel.

124 Ausführlich zu diesen Beauftragten und ihrer politischen Rolle *Gerlich*, Landfriedenspolitik, S. 71 f.; zur Umsetzung in den unmittelbaren Reichslanden vgl. RI VI 1, Nr. 1426a.

diesem weitere politische Möglichkeiten eröffnete.[125] Zum Ausdruck kam dieser Erfolg in der nachträglichen Beschwörung des Landfriedens durch Erzbischof Siegbert und den Pfalzgrafen am Rhein im Frühjahr 1282.[126] Abermals hatten sich die alten Verbündeten als wichtigste politische Stütze am Oberrhein erwiesen.[127] Die rechtspolitischen Ziele und Inhalte, wie etwa die Reaktivierung des Hofgerichtes oder die Revindikation königlicher Hoheitsrechte, waren dagegen bereits vorher durch die seit 1273 ergangenen Einzelmaßnahmen umfassend erreicht worden,[128] während die vorhandenen Grundprobleme der Gerichtsverfassung bestehen blieben,[129] so dass insoweit der Landfrieden außer einer gewissen Kodifikation und der symbolischen Anknüpfung an die Staufer wenig Gewinn brachte.

(4) Wie bereits zuvor war der Friedensschluss Auftakt einzelner Maßnahmen Rudolfs gegen eigenmächtige Zollerheber, wie etwa Philipp von Hohenfels,[130] und andere regionale Mächte,[131] sowie der Beilegung von schwelenden regionalen Konflikten am Oberrhein, darunter der mit Graf Egino von Freiburg.[132] Eine nachhaltige Wirkung konnte jedoch auch dieser Frieden nicht entfalten, denn nach dem Zug Rudolfs nach Norden wandten

---

125 Insbesondere auch zur Belehnung der Königssöhne mit Österreich, vgl. hierzu und zum Ganzen *Gerlich*, Landfriedenspolitik, S. 76 ff. m.w.N.; *Redlich*, Rudolf von Habsburg, S. 442 m.w.N.; *Wyneken*, Landfrieden, S. 78; *Kunze*, Rudolf von Habsburg, S. 192 ff. m.w.N.; *Graevenitz*, Landfriedenspolitk, S. 114 ff.; zum Ausgleich mit dem Erzbischof von Mainz, der auch durch das Engagement in der Sponheimer Fehde erst möglich wurde, vgl. insbesondere *Martin*, Städtepolitik, S. 132.

126 MGH Const. III, Nr. 333, Nr. 335 unmittelbar nach erfolgreicher Beendigung des Feldzuges; vgl. *Erkens*, Siegfried von Westerburg, S. 71 ff., 146 ff.

127 Also neben dem Habsburgischer Eigenbesitz die Grafen von Nassau, Sponheim, Katzenellenbogen, Leiningen, die Reichslandvogteien im Speyergau und Elsass, und nicht zuletzt die dort gelegenen Reichsstädte, vgl. *Gerlich*, Landfriedenspolitik, S. 71 m.w.N. auch zu begleitenden, absichernden Maßnahmen und Bündnissen.

128 *Vgl. bereits oben b) (2)*; Was etwa *Gerlich*, Landfriedenspolitik, S. 75 verkannt hat.

129 Vgl. auch *Angermeier*, Königtum und Landfrieden, S. 67 f. mit dem Fazit, zwar sei die formale Hoheit und Kontrolle des Königtums wiederhergestellt, jedoch eine wirkliche Revindikation und neue tatsächliche Gerichtsunterordnung nicht erreicht worden.

130 Zerstörung der Burgen Reichenstein und Schöneck im Jahr 1282 durch Rudolf mit verschiedenen rheinischen Städten; Ann. brev. Wormat., S. 77; *Martin*, Städtepolitik, S. 132 f.

131 Zerstörung der unrechtmäßig errichteten Burg der Herren von Girsberg durch den Straßburger Bischof, Ann. Colm. Maiores, MGH S. 204.

132 *Zum Vorgehen gegen Graf Egino siehe ausführlich unten Kapitel 6 I 2*; vgl. hier nur Ann. Colm. Maiores, S. 58, 61; anlässlich ihrer Aussöhnung mit Egino bemühten sich die Freiburger 1383 um die Aufnahme in den ostschwäbischen Landfrieden Rudolfs, vgl. UB Freiburg I, Nr. 356; *Kunze*, Rudolf von Habsburg, S. 142 f.; daneben etwa Versöhnung der Elsässer mit Mülhausen; Ann. Colm. Maiores, S. 57; diese Maßnahmen waren nicht zuletzt vor dem Hintergrund des 1282 in Straßburg stattfindenden großen Franziskaner-Kapitels angezeigt, vgl. Königshofen, S. 736.

sich die regionalen Mächte im Elsass bald wieder ihrer eigenen Machtpolitik zu.[133] Ein großer Teil der erneut aufflammenden Fehden war geprägt durch die Autonomiebestrebungen der kleineren Städte gegenüber ihren Stadtherren.[134] Dies galt umso mehr für die Reichsstädte, nachdem Rudolf nunmehr offen bestrebt war, das Aufblühen der Städte in den Reichslandvogteien wirtschaftlich zu nutzen.

So kam es 1284 über der Einrichtung einer prozentualen Vermögensbesteuerung von 3 % zum Konflikt mit den Städten, der sich zuerst zwischen Colmar und seinem Schultheiß einerseits und dem Reichlandvogt Otto von Ochsenstein andererseits entzündete.[135] Die Auseinandersetzung gipfelte nach der Vertreibung des Reichslandsvogtes aus Hagenau an Pfingsten 1285, in der Brandschatzung von Deinheim und anderer habsburgischer Dörfer durch die Colmarer Bürger, und schließlich in der Belagerung der Stadt durch den König vom 14.6. - 18.6.1285.[136] Obwohl Rudolf bald Frieden schloss, um einen in Wetzlar aufgetauchten „falschen Friedrich" zu verfolgen, musste ihm Colmar 2000 M. leisten. Dem König war es gelungen, den Widerstand im Elsass und der Wetterau zu isolieren und danach die Besteuerung durchzusetzen, allerdings nicht, wie es ursprünglich zum Auslöser des Konfliktes geworden war, durch den direkten Zugriff auf die einzelnen Bürger, sondern jetzt organisiert durch die Städte und einen bald

---

133 So kam es etwa 1283 zwischen dem Kloster St. Johann und dem Landvogt von Hohenstein zu einer Fehde, in deren Verlauf dem Kloster unter anderem 8 Fässer Wein geraubt wurden, Ann. Colm. Maiores, S. 60. Im Frühjahr 1285 bemächtigte sich der Abt von Murbach des Ortes Gebweiler, während Freiburg im Üchtland vom König abfiel, Ann. Colm. Maiores, S. 65

134 So etwa der Ruffacher, die beschlossen, dem Bischof keine Dienste mehr, sondern nur noch eine Geldentschädigung zu leisten, das der Bischof daraufhin angriff und in eine umfassende Fehde zwischen den Bischöfen von Straßburg und Basel, König Rudolf und vielen Mächten am Oberrhein um die Dörfer um Prunstrut des Grafen von Mömpelgard stürzte; Ann. Colm. Maiores, S. 57, 61; König Rudolf belagerte wenig später darauf Peterlingen, um die Stadt zur Übergabe zu zwingen, vgl. ebd., S. 62.

135 Die Colmarer leisteten dabei Kg. Rudolf in einem Jahr 30000 lb., widersetzten sich aber, den Dreißigsten ihres Vermögens zu zahlen, Ann. Colm. Maiores, S. 65.

136 Vgl. Chron. Colm., S. 156, 183 f. ; Ann. Colm. Maiores, S. 53 f.; *Becker*, Reichslandvogtei, S. 16; *Gössgen*, Beziehungen, S. 28 ff.; zum am 18.6.1285 unter Vermittlung des Burgrafen Friedrich von Nürnberg geschlossenen Friedensvertrag, vgl. RI VI 1, Nr. 1902; zu seinen Ergebnissen vgl. Mathias v. Neuenburg, S. 26; dazu und zu weiteren Folgen und dem Vorgehen Rudolfs gegen Speyer und Lauterburg sowie maßgebliche Rädelsführer der Colmarer Revolte, deren Vermögen konfisziert wurde, vgl. Ann. Colm. Maiores, S. 66 f.; dagegen hatten sich Worms, Speyer und Mainz gegenüber dem König als vertrauenswürdige Mittler profiliert, vgl. *Martin*, Städtepolitik, S. 162 ff.

darauf einberufenen allgemeinen Städtetag in Nürnberg, durch den die Reichsstädte nahezu ihre gesicherte Reichsstandschaft erreicht hatten.[137]

Während dessen führte Otto von Ochsenstein gemeinsam mit dem Bischof Konrad und den Bürgern von Straßburg eine langwierige Fehde, wohl in einem Streit um Rechte in Dorf und Burg Reichshofen, gegen Herzog Friedrich von Lothringen, in dessen Verlauf unter anderem die Burg Ochsenstein zerstört und die Burg Eckerich erobert wurde, bis am Ende der Herzog seine Rechtsauffassungen aufgab.[138]

(5) Von einer „Landfriedensmaßnahme" ist in allen diesen Konflikten allerdings ebenso wenig die Rede wie beispielsweise bei einem persönlichen Vorgehen des Königs gegen den Grafen von Württemberg.[139] Statt einer wirksamen Landfriedenssorge oder Rechtsprechung waren es nach wie vor Fehden und ihre charakteristischen Formen, die den Konfliktaustrag zwischen den Regionalmächten bestimmten, sofern der König nicht persönlich, kraft seiner immer weiter erstarkten Autorität für eine Streitbeilegung sorgen konnte.[140] Rudolf schien in dieser Hinsicht nach dem Tod seines Sohnes,[141] der bisher als Landgraf im Oberelsass einen Teil dieser Aufgaben übernommen hatte, mehr denn je persönlich gefragt.

e) Die Endphase von Rudolfs Friedenswirken

Eine Antwort auf diese Herausforderungen stellten wohl die beiden Landfrieden dar, die Rudolf zwischen 1287 und 1288 am Oberrhein initiierte, und denen jeweils eine bedeutende tatsächliche Befriedungsleistung vorangegangen war.[142]

(1) Der im März 1287 in Herbolzheim erstmals wieder mit reichsweitem Geltungsanspruch neu errichtete Reichslandfrieden erscheint auf den ers-

---

137 Vgl. RI VI 1, Nr. 1902, 2397a; *Martin*, Städtepolitik, S. 163 ff. m.w.N.; *Redlich*, Rudolf von Habsburg, S. 496; *Zeumer*, Städtesteuern, S. 136.

138 Vgl. Ann. Colm. Maiores, S. 51; Schoepflin, Alsatia Illustrata II, Nr. 35 f. u. 123; zur Beteiligung Straßburgs vgl. St. UB II, Nr. 99 f.; ausführlich *Becker*, Reichslandvogtei, S. 15 ff.; zur Rolle Bischof Konrads in der Zeit Rudolfs vgl. *Krebs*, Konrad III.

139 Dieser unterwarf sich wohl erst, nachdem Rudolf zwei seiner Burgen erobert und Stuttgart und Esslingen belagert hatte, vgl. Ann. Colm. Maiores, S. 69.

140 Vgl. zu ersterem nur etwa St. UB II, Nr. 105, 107, 171 f., 105; Ann. Colm. Maiores, S. 66; beispielhaft für Rudolfs persönliches Wirken war auch die Schlichtung im Konflikt zwischen Geistlichen und Bürgern von Speyer, UB Speyer, Nr. 149; *Martin*, Städtepolitik, S. 135.

141 Der wohl 1290 bei Rheinau ertrank, Ann. Colm. Maiores, S. 57, 79.

142 Neben den vorgenannten insbesondere der endgültige Ausgleich mit dem Grafen von Württemberg, vgl. dazu und zum Ganzen nur *Kunze*, Rudolf von Habsburg, S. 180 ff. m.w.N.; zu weiteren Anstrengungen gegen Straßenräuberei vgl. *Berns*, Bündnispolitik, S. 74.

ten Blick als ein letzter Höhepunkt der Entwicklungslinie nach 1235.[143] Auf den zweiten offenbart er sich aber gleichzeitig als weiterer Schritt bei der Verknüpfung mit den anderen Elementen rudolfinischer Landfriedenspolitik. So übernahm er zwar grundsätzlich erneut die Normen des Mainzer Reichslandfriedens und baute diese durch Verknüpfung der bisherigen weltlichen Sanktionen mit dem Kirchenbann noch aus.[144] Allerdings war jetzt die Beeidungsdauer von maximal drei Jahren in den Text selbst, den Rudolf mit Rat des ehrbaren Herrn Kardinallegaten, der Fürsten und geistlichen und weltlichen Herren setzte und gebot, aufgenommen.[145] Ebenfalls aus dem Gedanken der bündischen Frieden ergänzte ihn die Folgerung: Was dem, der den Landfrieden nicht in seinem Bistum beschwor, widerfuhr, das sollte kein geistliches oder weltliches Gericht richten.[146] Hingegen sollte, wer den Landfrieden geschworen und danach gebrochen hatte, deswegen als meineidig gelten, wenn er nicht innerhalb von 14 Tagen den Schaden gebüßt und gebessert hätte,[147] womit die strengen Sanktionen des Meineids unter den Vorbehalt des nachträglichen Schadensausgleichs gestellt und letzterer durch diese Verbindung wirksam sanktioniert wurde.

Neu eingeführt wurde auch die Bestimmung, dass der Herr für die Raubtaten seines Gesindes, seiner Amt-, Burg- oder Dienstmannen, über die er Gewalt hatte, in seinem Gerichtsbezirk direkt haftete; hingegen sollte dem Opfer einer Tat eines Anderen *„der landfride beholfen sin, daz wider zu dune."*[148] Wie in der Tradition von 1254 sollten bei einem Landfriedensbruch jetzt die Nächstgesessenen helfen, und danach, soweit erforderlich, die weiteren Nachbarn, bis zuletzt der König selbst.[149] Der Landfriedensbruch erschien jetzt weitgehend als verbindendes Merkmal für alle Verletzungen des Landfriedens, namentlich der Zollvergehen und Beherbergung von

---

[143] MGH Const. III, Nr. 390; vgl. zur Bewertung etwa *Gerlich*, Landfriedenspolitik, S. 9 f. m.w.N.; *Krieger*, Habsburger, S. 57; *Angermeier*, Königtum und Landfriede, S. 74 ff..

[144] Vgl. Art. 17, 38,39, insbesondere erster bei Zollverletzungen, vgl. *Angermeier*, Königtum und Landfriede, S. 77 f., der auch die Einschränkung kirchlicher Gerichte durch weltliche in Art. 27 hervorhebt; zu weiteren Verschärfungen im Geleits- und Münzrecht sowie weiteren Änderungen vgl. *Redlich*, Rudolf von Habsburg, S. 445.

[145] Vgl. Arenga und Art. 42 in MGH Const. III, Nr. 390.

[146] MGH Const. III, Nr. 390, Art. 37.

[147] Ebd., Art. 38.

[148] Ebd., Art. 25.

[149] Ebd., Art. 26, übernommen bis einschließlich zum Reichslandfrieden von 1298; vgl. dazu *Erkens*, Tradition, S. 42, der diese Bestimmung, allerdings ohne Blick auf die Rheinische Vorgeschichte, auf die Fürsten in Bayern zurückgeführt hat, was allerdings wenig plausibel erscheint.

Ächtern und landschädlichen Leuten, die der Landfrieden zur Wiedergutmachung zwingen sollte.[150]

Diese nun endgültige Überschreitung der Gerichtsverfassung von 1235 erforderte nicht nur eine erhöhte Rechtfertigung, die mehrfach im Dokument zum Ausdruck kam,[151] sondern auch die ausdrückliche Garantie der bestehenden Gerichtsrechte, nun nicht mehr nur der geistlichen, sondern auch aller weltlichen Gerichte.[152] Gleichzeitig bestimmte eine salvatorische Klausel zu Gunsten des Landesrechtes, dass die Fürsten mit Rat ihrer Landesherren zur Verbesserung dieses Landfriedens neues Recht setzen konnten, und dies den Frieden nicht verletzte.[153] Dies war umso notwendiger angesichts der starken Auseinanderentwicklung der Landfriedensformen, die sich bereits im Reich vollzogen hatte.[154] Während etwa Bayern und Österreich schon stark herrschaftlich und auf peinliche Strafen ausgerichtete herzogliche Landfriedensgebote erhalten hatten, oder Thüringen über ein erheblich ausdifferenziertes Organisationsrecht verfügte, dass etwa Siegel, Friedenssteuer, Abgabenverteilung, und zum Teil Friedenstruppenkontingente einschloss,[155] konnten sich die alten Kernlandschaften am Rhein nur auf die durchbrochene Entwicklung seit 1254 stützen.

(2) Vielleicht auch aus diesem Grund beschworen bald darauf am 1.4.1288 König Rudolf, der Bischof und die Bürger von Straßburg sowie mehrere *„domini terre"* kurz nach dem Tod des für die Friedenssorge am oberen Rhein wichtigen Erzbischof Werner von Mainz[156] in Colmar ein neues Friedensbündnis.[157] Zwar war dieses offenbar auch als Abschluss zahlreicher vorausgehender Fehden gedacht.[158] So hätten etwa die Straßburger gerne noch einen Vergleich mit den Dominikanern geschlossen, auch wenn bereits dieser Friede eine vorherige Aussöhnung anzeigte, und damit das, allerdings nur vorläufige, Ende der kirchlichen Zwangsmaßnahmen gegen die Bürgerschaft bedeutete.[159] Dass es sich aber weder um eine vom Chro-

---

150 Vgl. MGH Const. III, Nr. 390, Art. 17, 39, 40.

151 Insbesondere durch die Betonung der Zustimmung der Fürsten und Herren, am Textkopf und Art. 41, sowie der Nutzensbegründung in Art. 17: *„daz arme und riche dester sicherliche gevarn und gevliezen mugen"*

152 Vgl. MGH Const. III, Nr. 390, Art. 27; vgl. dazu *Redlich*, Rudolf von Habsburg, S. 445.

153 Vgl. MGH Const. III, Nr. 390, Art. 43.

154 Vgl. dazu *Angermeier*, Königtum und Landfriede, S. 74 ff.

155 So zumindest *Redlich*, Rudolf von Habsburg, S. 447 f.

156 Zum Tod des Erzbischofs im elsässischen Hagenau am 18.3.1288 vgl. *Leist*, Landesherr, S. 38.

157 Vgl. St. UB II, Nr. 138 Anm. 1; sowie dazu *Bock*, ZGO NF 46 (1933), S. 327.

158 Vgl. *Redlich*, Rudolf von Habsburg, S. 446.

159 Vgl. zur Streitschlichtung zwischen den Straßburgern und den Dominikanern RI VI 1, Nr. 2157 b; Ann. Colm. Maiores, S. 74, sowie die Anweisung des neuen Erzbischofs Heinrich

nisten falsch eingeordnete Beschwörung des Reichslandfriedens von 1287, noch um eine bloße Urfehde handelte, zeigte nicht nur die Beschreibung der Chronik *„rex Rudolphus et episcopus Argentinensis et cives Argentinensis et domini terre in Columbaria pacis foedera iuraverunt"*, sondern vor allem das nachfolgend bezeugte Wirken eines elfköpfigen Gremiums unter der Führung des Reichlandvogts Otto von Ochsenstein, das *„de causae violatae pacis publice cognovit"*. Hier könnte mit großer Wahrscheinlichkeit der Beginn einer eigenständigen Landfriedensentwicklung am Oberrhein liegen, die bereits Elemente der späteren Einungen ab 1301 vorwegnahm.[160] Leider ist die Errichtungsurkunde nicht überliefert und damit weder Dauer noch Inhalt dieser Friedenseinung.

(3) Neben dem eingerichteten Organ bleibt allerdings fraglich, inwieweit das gleichzeitige Vorgehen Rudolfs gegen mehrere vermeintliche Landfriedensstörer, insbesondere im Schwarzwald - etwa die Zerstörung der Raubburg Weißenburg im Jahr 1288[161] oder die Maßnahmen gegen den Herren von Girsberg wegen der Ermordung des Ritters Siegfried von Gundolzheim - tatsächlich in einem engeren Zusammenhang mit diesem Landfrieden standen, also eine Verbindung zwischen dem bündischen und personalen Element der Friedenssorge hergestellt war.[162] Jedenfalls scheint Otto von Ochsenstein für diesen Landfrieden mehrfach aktiv tätig gewesen zu sein.[163] Auch in der Folge sehen wir König Rudolf mit mehreren elsässischen Mächten gegen Nachbarn der Region erfolgreich zu Felde ziehen,[164] so insbesondere gegen die Grafen von Mömpelgard, die wohl ursprünglich mit dem Bischof von Basel in Fehde lagen, und gegen die Stadt Bern wegen

---

von Mainz vom 13.2.1288, St. UB II, Nr. 138, wobei die Reihenfolge der Ereignisse auch im Verhältnis zur Landfriedenserrichtung nicht ganz klar ist, vgl. auch *Wyneken*, Landfrieden, S. 32.

160 Vgl. Ann. Colm. Maiores, MGH, S. 215, Z. 21-23; *Redlich*, Rudolf von Habsburg, S. 446; *Bock*, ZGO NF 46 (1933), S. 327, der darin den vorläufigen Abschluss der Landfriedensentwicklung im Elsass erkannt hat, der auch von Adolf beibehalten worden sei.

161 Vgl. RI VI 1, Nr. 2166a; Chronica Iohannis Vitodurani, S. 32; *Kunze*, Rudolf von Habsburg, S. 53; *Redlich*, Rudolf von Habsburg, S. 446; *vgl. dazu und zum folgenden auch ausführlich unten 6 I 3.*

162 *Vgl. dazu unten Kapitel 6 I 1,3*; zu den Herren von Girsberg vgl. *Scherlen*, JbELWG 3 (1930), S. 59 ff.

163 Er trat etwa 1289 als Schiedsrichter bei einer Verletzung des Landfriedens auf; vgl. Schoepflin, Alsatia Illustrata II, Nr. 561; *Becker*, Reichslandvogtei, S. 18.

164 So etwa gegen den Bischof von Konstanz wohl im Jahr 1291 wegen Gütern, die dieser dem Grafen von Laufenburg gewaltsam entrissen hatte, vgl. Ann. Colm. Maiores, S. 82 f.; das Eingreifen zu Gunsten des Bischofs von Basel gegen den Grafen von Mömpelgard gipfelte in einem Auszug Rudolfs mit den Elsässern, namentlich dem Bischof von Straßburg, und der Belagerung Besançons, vgl. Mathias v. Neuenburg, S. 27; Ann. Colm. Maiores, S. 73, 75 ff.; Chronicon Colm., S. 188; zur Berner Fehde und zum Abschluss vgl. maßgeblich Ann. Colm. Maiores, S. 76 f.

der Ermordung des Grafen von Homberg, eines Vetters des Königs, die die Auslieferung der Täter verweigert hatten. Auch mit dem Herzog von Lothringen scheint eine Fehde vieler elsässischer Herren bestanden zu haben.[165] Von einer organisierten Tätigkeit des Landfriedens als solchem anstatt einzelner Aktionen ist jedoch wie bereits früher nichts zu erkennen,[166] sofern der König nicht ausnahmsweise persönlich eingriff, wie etwa, als er 1288 klar in einem Rechtsstreit wegen 40 von Christen erschlagener elsässischen Juden zu Gunsten letzterer erkannte und den Erzbischof von Mainz veranlasste, von der Kanzel zu predigen, dass den Juden großes Unrecht geschehen sei, was ihm neben Feindseligkeiten der Kirche in den Dominikanerchroniken auch den impliziten Vorwurf der Bestechlichkeit eintrug.[167]

Vielleicht gelang Rudolf deshalb auch nur ein politischer Teilerfolg, da er den Konflikt der Straßburger mit ihren Dominikanern und die folgende Kirchenstrafe der Stadt trotz deren Bitte nicht beseitigen konnte. Zwar ordnete Erzbischof Heinrich von Mainz zunächst die Aussetzung dieser Strafen an, ein endgültiger Ausgleich konnte jedoch erst 1290 gefunden werden.[168] Auch nur durch das persönliche Erscheinen Rudolfs konnten 1291 die revolutionären Verhältnisse in Colmar unter dem Schultheiß Rösselmann geordnet werden. Die Bürger hatten unter der Führung des zuvor abgesetzten Rösselmann, der sich mittels angeworbener herumreisender mittelloser Knechte der Herrschaft erneut bemächtigte, den Herrn von Hunaweier „ohne Grund und Ursache gegen göttliches und menschliches Recht" getötet und mehrere Ritter unter Konfiskation ihrer Habe aus der Stadt vertrieben und in offener Feindschaft zum König die Stadt dem Anselm von Rappoltstein geöffnet, worauf der König und der Bischof von Straßburg die Stadt bis zu ihrer Aufgabe belagerten.[169]

---

165 Die Ann. Colm. Maiores, S. 78 berichten insoweit von einer Gefangennahme des Grafen von Freiburg, des Bischofs von Metz sowie zweier Grafen von Leiningen durch den Herzog.

166 Auch nicht bei der Vertreibung von Adeligen aus Gebweiler, die sich gegenseitig verwundet hatten, oder bei der Zerstörung von Dominikanergebäuden durch den Ritter Johannes Nortgassen von Colmar, Ann. Colm. Maiores, S. 73 f.; dies mag selbstverständlich auch mit der Handlung innerhalb der jeweiligen Stadtbezirke zusammen hängen, jedoch ergab sich später bei ähnlichen Vorgängen durchaus ein Einschreiten des Landfriedens.

167 So soll etwa nach dem Chronicon Colm., S. 187 der Erzbischof 20.000 M. erhalten haben, während die Widerklage der Christen, die Juden hätten einen christlichen Knecht vorher ermordet, ungehört geblieben sei. Richtig ist daran allerdings, dass der Schutz der Juden eine äußerst einträgliche Einnahmequelle war, *vgl. dazu unten Kapitel 4 I 2 b (4) und 6 III 3.*

168 Vgl. Ann. Colm Maiores, S. 61; St UB II, Nr. 138; *Kunze*, Rudolf von Habsburg, S. 224.

169 Zu den vertriebenen Adeligen gehörten insbesondere die Herren von Nortgassen und Rustarius, wobei eine Verbindung mit den von ersterem begangenen Missetaten nicht unwahrscheinlich scheint; hierzu und zum weiteren Verlauf vgl. Ann. Colm. Maiores, S. 82 f.; Chronicon Colm., S. 184 f.

(4) In dieser Situation erneuerte Rudolf am 8.4.1291 seinen Reichslandfrieden von 1287 ohne wesentliche Änderung während eines Aufenthaltes in Speyer bis zum Osterfest 1297.[170] Zu den erneut drängenden aktiven und wirksamen Befriedungsmaßnahmen kam es aber nicht mehr, da der mittlerweile 73-Jährige bereits stark gesundheitlich angeschlagen war und seinen Tod nahen fühlte. So starb er am 15.7.1291, nachdem er vermutlich noch selbst die Inszenierung seiner Bestattungsfeierlichkeiten - unter anderem mit einen Abschiedszug vom Elsass bis nach Speyer - ausgefeilt geplant und zu einer letzten Berufung auf die Staufer genutzt hatte.[171] Auch dieser letzte Akt trug zu seinem weiteren Nachruhm und Verklärung abschließend bei.

f) Bewertung: Landfrieden im Wirken des „konservativen Pragmatikers"

Auch an dem gerade beschriebenen feierlichen Abschiedszug zeigte sich die letzte Konsequenz, mit der sich Rudolf wohl als „konservativer Pragmatiker"[172] gerade in einem besonders hohen Maß der ohnehin im Mittelalter üblichen Symbolik bediente, um seine dynastischen und persönlichen Ziele zu erreichen.[173] Auch die Friedenssorge war zu diesen Zwecken ein zentrales Mittel gewesen. Er hatte dazu wohl gezielt bereits ansatzweise vorhandene Instrumente genutzt und sie so verbunden, dass daraus nun endgültig eine völlig neue Landfriedensform entstehen konnte.

Personale Landfriedenssorge, unmittelbar gestützt auf die Person und Autorität des Königs oder vermittelt durch seine persönlichen Stellvertreter, verband sich mit hoheitlichen normativen Akten, die an die Staufer anknüpften, in den alten Kernlanden aber auch mit "konjurativen" Elementen der bereits autonom entstanden Landfriedensbündnisse. Dennoch blieb eine klare Reihenfolge der Bedeutung dieser drei Mittel gewahrt; die rechtliche Absicherung blieb zwar ein wichtiges Element der aktiven Friedenspolitik, hinter dem aktiven und pragmatischen Vorgehen und der damit verbundenen Herrschaftsrepräsentation trat die Bedeutung rechtlicher Fortentwicklung aber erkennbar zurück.[174]

---

170 RI VI 1, Nr. 2437; MGH Const. III, Nr. 459; *Redlich*, Rudolf von Habsburg, S. 445.

171 Vgl. nur *Krieger*, Habsburger, S. 68 ff. zu weiteren Einzelheiten.

172 So treffend *Erkens*, Tradition, S. 57.

173 Vgl. *Krieger* , Habsburger, S. 69 ff. mit einigen treffenden Anekdoten.

174 Diese vollzog sich wie bereits Anfang des 13. Jahrhunderts in den bekannten privaten Rechtsaufzeichnungen des Schwaben- und Deutschenspiegels und in den Partikularrechten, voran den Stadtrechten der großen Städten, vgl. *Kroeschell*, Gewohnheit, S. 68 ff.; *Moraw*, Offene Verfassung, S. 216.

Rudolf dürfte so zumindest im Südwesten nicht nur die Bedürfnisse die der Zeitgenossen nach Ruhe und Sicherheit sondern auch ihre Wünsche befriedigt haben, an die als glanzvoll empfundene Stauferzeit wieder anzuknüpfen.[175] Eine stärkere Mitwirkung territorialer Mächte an diesen Bemühungen[176] kann allerdings insoweit nur bedingt festgestellt werden. Durch Rudolf wurde die Landfriedenssorge vielmehr wie niemals zuvor an die Person des Königs gebunden und erhielt so die Chance zur Entwicklung über die traditionelle Gerichtsverfassung hinaus.[177] Allerdings blieb das Potential zu einer planvollen Ausgestaltung ungenutzt und musste es aus politischem Kalkül wohl auch bleiben. Der Landfrieden blieb damit aktuellen politischen Konstellationen und der Präsenz des Königs unterworfen,[178] so dass von einem funktionierenden Landfriedenssystem im eigentlichen Sinne trotz aller konkreter Erfolge der Konfliktbefriedung zu dieser Zeit noch nicht gesprochen werden kann.

3. Nachfolger im Schatten - Landfrieden unter König Adolf von Nassau (1292-1298)

a) Nicht nur weil in der Beurteilung der Zeitgenossen und Chronisten Rudolf I. sehr hohe Maßstäbe gesetzt hatte, musste es seinem Nachfolger Adolf von Nassau schwer fallen, an diesen gemessen zu werden. Papst und Fürsten mussten geradezu alles daran setzen, ein weiteres Wiederanknüpfen an die Traditionen des staufischen Kaisertums durch ihr Verhalten in und nach der Wahl zu verhindern. Folgerichtig wurde am 5.5.1292 statt des tatkräftigen Sohns von Rudolf, Herzog Albrecht von Habsburg, der bereits in Erwartung der Krönung mit großem Aufwand nach Hagenau gekommen war, unter starkem Einfluss des Erzbischofs von Köln dessen Schwager, Graf Adolf von Nassau, gewählt, der weder über eine nennenswerte Hausmacht noch Autorität kraft seiner Abstammung verfügte.[179] Die Schwäche des neuen Königs zeigte sich gerade im Südwesten, wo sich die Kernbereiche der habsburgischen Hausmacht und Anhängerschaft befanden. In der Nachbarschaft des Oberrheins hatten sich bereits unmittelbar

---

175 Vgl. auch *Krieger*, Habsburger, S. 70 ff.; daher zu negativ das Verdikt von *Moraw*, Offene Verfassung, S. 216 ff.

176 Vgl. *Wyneken*, Landfrieden, S. 3.

177 Vgl. *Redlich*, Rudolf von Habsburg, S. 407 f. m.w.N.; *Wyneken*, Landfrieden, S. 74 Fn. 2, S. 76 Anm. 1.

178 Vgl. aus Sicht der Städte *Martin*, Städtepolitik, S. 136.

179 Vgl. Mathias v. Neuenburg, S. 32; *Moraw*, Offene Verfassung, S. 222 f.; zu den Bemühungen Albrechts um die Wahl vgl. im Einzelnen *Krieger*, Habsburger, S. 77 ff.; *Samanek*, König Adolf, S. 1 ff.

nach dem Tod Rudolfs die Schweizer Urkantone und die mittelrheinische Stände zu jeweils neuen, primär politischen Bündnissen zusammengeschlossen, die aber teilweise auch den ausdrücklichen Anspruch erhoben, dem Landfrieden zu dienen, und somit erneut die Erinnerungen an den Großen Bund aufleben ließen.[180] Adolf, der sich auch den Rückhalt der Kurfürsten nur mit großzügigen Zugeständnissen erkaufen konnte, blieb keine andere Wahl, als zur nötigen Finanzierung viele Rechte, die Rudolf für das Königtum zurückgewonnen hatte, wieder aufzugeben und insbesondere neue Zölle am Rhein zu zugestehen. Auch im Südwesten musste er den *status quo* zunächst praktisch unbeschränkt anerkennen. Dies kam insbesondere in der von dem Chronisten treffend beschriebenen „Übergabe des Elsass" an den als Reichslandvogt bestätigten Otto von Ochsenstein, einen ausgewiesenen Anhänger der Habsburger, zum Ausdruck, während er durch die ebenfalls erneuerte Betrauung des Grafen von Katzenellenbogen für die rechtsrheinischen Gebiete zumindest etwas den Einfluss der Habsburger zu begrenzen suchte.[181]

Vor diesem Gesamtbild blieb die am 2.10.1292 unverzüglich nach der Wahl erfolgte Verlängerung des Reichslandfriedens eine weitestgehend leere, symbolische Geste, die lediglich die Kontinuität zu dem tatkräftigen Rudolf vorspiegeln sollte.[182] Auch im Elsass war zunächst von einer rechtlichen oder politischen Befriedung durch den König keine Spur.[183] Immerhin konnte Adolf jedoch auf mehreren Rechtstagen einzelne Ergänzungen des Landfriedensrechts erreichen, darunter vor allem 1296 die, dass, wer einem Landfriedensauszug unter Leitung des Königs die Hilfe verweigerte - also selbst wenn er nicht aktiv dem Gegner Hilfe leistete - selbst als Friedensbrecher zu bestrafen sei.[184]

---

180 vgl. ausführlich zum Ganzen *Angermeier*, Königtum und Landfriede, S. 79 ff.; *Moraw*, Offene Verfassung, S. 218 ff.; zu den Zugeständnissen an die Elektoren vgl. des weiteren MGH Const. III, Nr. 474; *Samanek*, König Adolf, S. 11 ff.

181 So *Becker*, Reichslandvogtei, S. 19. 1292; nach der „Übergabe", wohl eher der erneuten Bestallung als Reichslandvogt, versprachen die dem Reichslandvogt untergeordneten Sachwalter diesem die Treue, mit Ausnahme des Schultheiß Rösselmann von Colmar, dazu sogleich unten.

182 MGH Const. III, Nr. 459, 488; vgl. zum weitgehend einhelligen Urteil der Forschung nur *Angermeier*, Königtum und Landfriede, S. 81 f.; *Bock*, ZGO NF 46 (1933), S. 327.

183 So befehdeten die Schultheißen von Straßburg und die dortige Patrizierfamilie der Zorns die Herren von Kageneck, Deutschordensritter berauben zwei Freiburger, worauf ihr Kloster von Graf Egino und der Stadt stark beschädigt wurde, der Bruder des Grafen wurde bald darauf gefangen und verwundet, die Juden aus Ruffach vertrieben und der Abt von Päris von einem Laienbruder inhaftiert; auch sonst herrschte sehr viel Unruhe im Land, vgl. nur Ann. Colm. Maiores, S. 84 ff.

184 Vgl. nur RI VI 2, Nr. 734 c; zum weiteren siehe *Angermeier*, Königtum und Landfriede, S. 82.

b) Im Elsass sah sich der König bereits bald von einem Ausgreifen der Habsburger bedroht, wo deren Verwandter und Vertrauter Otto von Ochsenstein zwischen beiden Seiten lavierte und im Zuge dieser undurchsichtigen Politik im schweizerisch-oberelsässischen Kernbereich im Frühjahr 1293 an einem neuen Landfriedensbündnis maßgeblich beteiligt war.[185] Auch Bischof Konrad von Straßburg stellte sich erneut kompromisslos auf die Seite der Habsburger, als er für sie die Burg Ortenberg besetzte.[186] Zwar hatte Albrecht von Habsburg keinen offenen Widerstand gegen den Nassauer geleistet, sondern ihm zunächst die Reichsinsignien ausgehändigt und sich von diesem in Hagenau belehnen lassen, doch dieser politische „Burgfrieden" schien schon zum damaligen Zeitpunkt mehr als brüchig.[187] Die wenigen zuverlässigen Statthalter Adolfs in der Region, voran der Graf von Katzenellenbogen, erwiesen sich als unfähig, dieser Gefahr zu begegnen, was insbesondere im weiter schwelenden Konflikt um die Reichstadt Colmar und ihren Schultheiß Rösselmann zum Ausdruck kam.[188] Dieser hatte bereits 1292 dem Reichslandvogt den Treueeid nur unter der Bedingung geleistet, dass er in seinem Amt bleiben und die im vorangegangenen Streit Verbannten nicht in die Stadt zurückkehren dürften. Colmar hatte zunächst sowohl den von der Kür enttäuscht zur Belagerung Zürichs durchreisenden Herzog Albrecht, als auch den neuen König feierlich aufgenommen. In der Folgezeit geriet die Stadt, nicht ohne Schuld des Schultheißen, in den Sog eines Erbfolgestreits der Herren von Rappoltstein. Dies hatte zur Folge, dass schließlich der bereits bei Rudolf in Ungnade gefallene Anselm von Rappoltstein, der seinerseits dem Straßburger Bischof nahe stand, in die Stadt einzog. Darauf rückte König Adolf unverzüglich gegen Anselm vor, der sich gerade anschickte, sich mit Türkheim eine zweite Reichsstadt zu unterwerfen, und ersuchte die oberrheinischen Stände um Hilfe. Während viele diesem Ruf Folge leisteten, darunter der Erzbischof von Mainz, die Bischöfe von Basel und Speyer, sowie Graf Theobald von Pfirt, setzte Herzog Albrecht ein deutlich erkennbares Signal, als er dem König mitteilte, dass er nur erscheinen wolle, wenn dessen sonstige Ver-

---

185 Vgl. dazu Kopp, Urkunden I, Nr. 25 vom 30.3.1293; *Bock*, ZGO NF 46 (1933), S. 327 f. Wie sehr Otto zwischen beiden Seiten lavierte, zeigt auch seine Bürgschaft für Anselm von Rappoltstein am 3.11.1292, Rapp. UB I, Nr. 197.

186 Vgl. Reg. Bf. Stbg. II, Nr. 2311, 2314; Ann. Colm. Maiores, S. 86 f.; *Becker*, Reichslandvogtei, S. 20; *Kunze*, Rudolf von Habsburg, S. 180.

187 Und damit auch nicht den Fehler Ottokars von Böhmen wiederholt; vgl. zum Ganzen *Krieger*, Habsburger, S. 81, 83; *Samanek*, König Adolf, S. 68 ff.

188 Vgl. hierzu und zum Folgenden nur Chronicon Colm., S. 193 f.; ÄDCCol. S. 7 (Bl. 13); Ann. Colm. Maiores, S. 84 ff.; Closener, S. 97; Königshofen, S. 796; vgl. *Becker*, Reichslandvogtei, S. 19; *Bock*, ZGO NF 46 (1933), S. 328; zu Ungenauigkeiten in der Überlieferung vgl. *Winter*, FDG AF 19 (1879), S. 524 ff.

bündete nicht ausreichten.[189] Neben dieser nur wenig verbrämten Distanzierung des unterlegenen Konkurrenten von König Adolf konnte diese Äußerung durchaus als Strategie aufgefasst werden, die Schwäche des Königs vorzuführen und nach dessen Scheitern durch ein eigenes Vorgehen selbst an Ansehen und Einfluß zu gewinnen. So fehlte auch zunächst in der Aufzählung der Helfer Adolfs der dem Habsburger nahestehende Bischof von Straßburg, der unabhängig vom König versucht hatte, sich Colmar, wie bereits im Interregnum geschehen, erneut unterzuordnen. Adolf jedoch hatte Erfolg, denn im Oktober 1293 öffneten ihm die hungernden Bürger Colmars die belagerte Stadt, verweigerten aber dem mittlerweile auch erschienenen Bischof von Straßburg den Einlass, da sie dessen eigene Ambitionen fürchteten.[190] Dagegen entkamen viele Herren, darunter die Verwandten des Straßburger Bischofs von Lichtenberg aus der Belagerung. Auf den in Richtung des Herrschaftsgebiets des Bischofs von Straßburg flüchtenden Rösselmann setzte Adolf eine Belohnung von 100 lb. Aus. Bald darauf von zwei Männer gefangen genommen, wurde er diesen von Leuten des Baseler Bischofs entrissen und auf die Burg Schwarzburg geführt. Als der König den Bischof zur Auslieferung aufforderte, leistete dieser, nach der Chronik „aus Angst, Blutschuld auf sich zu laden" erst nach dem Versprechen des Königs, Rösselmann nicht zu enthaupten, Folge. Dieser ließ ihn aber unverzüglich aufs Rad flechten und in der ganzen Gegend herumführen als ein Zeichen der Bestrafung seines Meineides,[191] worunter wohl der Bruch des gegenüber dem Reichslandvogt Otto von Ochsenstein geleisteten Treueeids gemeint sein dürfte. Zeigte sich darin einer der seltenen Fälle einer peinlichen Bestrafung, so beruhte diese alleine auf dem Bruch des eidlich begründeten Treueverhältnisses. Der gerade eben erst neu errichtete Reichslandfrieden fand bei dem ganzen Vorgehen, dass ohne weiteres unter seine Sanktionsnormen subsumiert werden konnte, hingegen weder Berücksichtigung noch Erwähnung.

c) Nach diesem Erfolg des Königs, der mit der Einsetzung seines Vertrauten Kuno von Bergheim als Schultheiß in Colmar,[192] der erfolgreichen Bela-

---

189 Vgl. Mathias v. Neuenburg, S. 34; Ann. Colm. Maiores, S. 88.

190 Auch aus diesem Grund hatte zuvor der Neffe des Bischofs aus der Stadt nach Rappoltsweiler flüchten müssen, vgl. Ann. Colm. Maiores, S. 87 f.; Mathias v. Neuenburg, S. 34; sehr ausführlich Chronicon Colm., S. 194 f.

191 Vgl. ausführlich, allerdings nicht gänzlich klar, Chron. Colm., S. 196 ff.; Mathias v. Neuenburg, S. 34; Ann. Colm. Maiores, S. 88; nach letzteren habe der König nach verhängter Strafe den ehemaligen Schultheiß und seinen Sohn auf Verwendung des Straßburger Bischofs begnadigt, allerdings wegen des Meineids eine Schandstrafe und lebenslängliche Gefangennahme verfügt.

192 Vgl. *Becker*, Reichslandvogtei, S. 20 ff. m.w.N., es handelte sich wohl um Kuno den Älteren.

gerung Gemars gemeinsam mit den Reichsstädten[193] und der endgültigen Lösung des langwierigen Konflikts unter den Nachbarn der Habsburger seinen Abschluss fand, hatte sich das Ansehen des Königs in der Region im November 1293 grundlegend gewandelt. So berichtete die den Straßburgern nach den Konflikten nicht allzu wohl gesonnene dominikanische Colmarer Chronik beinahe süffisant, dass nun die Straßburger Bürger inständig vom König nach Beendigung der „Colmarer Angelegenheit" die Bestätigung eines ansonsten nicht überlieferten oberrheinischen Landfriedens durch allgemeine Eidesleistung erbaten, worauf dieser geantwortet habe: als er vorbeigezogen sei, hätten sie den angebotenen Frieden nicht gewollt, jetzt sollten sie sich deshalb verantworten.[194]

Die Straßburger baten den König jedoch statt dessen inständig weiter, wenigstens die Burg Erstein im Rahmen des Vorgehens gegen die Herren von Lichtenberg, dem traditionellen Bischofs- und wichtigsten Domherrengeschlecht der Stadt, nicht zu belagern, da für sie daraus größter Schaden entstehen würde. Adolf antworte ihnen, nachdem er sich beraten hatte, der Lichtenberger habe ihm abgesagt und die Sache des Reiches nach Kräften bekämpft, daher müsse er diesen nun gleichfalls bekämpfen, er wolle die Bürgerschaft selbst aber nicht schädigen, wenn sie dessen Eigentum aus ihrem Gebiet austilgen wollten. Die Straßburger zeigten sich nun bereit, die Mauern von Erstein zu brechen, der König wollte aber darüber hinaus Leib und alles Gut seines Feindes in seine Gewalt bekommen. Hierauf erwogen die Straßburger lange, ob sie dagegen dem König offen Widerstand leisten sollten, rieten dann aber doch ihrem Bischof, den König um Verzeihung zu ersuchen, da sonst sein ganzes Geschlecht in Gefahr sei.[195] So um die Bürgerschaft als wichtigsten Verbündeten gebracht und weitgehend alleine mit der Macht Adolfs konfrontiert, warfen sich der Bischof und die anderen Lichtenberger Herren dem König symbolisch zu Füßen. Dieser erhörte sie zwar huldvoll, verpflichtete sie aber gleichzeitig, auf eigene Kosten mit ihm zu ziehen. Danach bekräftigten nun der König, die Fürsten und Vertreter der Städte durch bindenden Eid, nach besten Kräften Frieden zu halten.

d) Hatten sich so alle elsässischen Vormächte hinsichtlich der tatsächlichen Macht König Adolfs gründlich verkalkuliert, so konnte dieser nun den

---

193 Vgl. hierzu Closener, S. 97; Königshofen, S. 789, dort irrtümlich 1284; vgl. Schoepflin, Alsatia Illustrata II, Nr. 177.

194 Zum Ganzen ausführlich Chron. Colm., S. 202-204 vgl. Reg. Bf. Stbg. II, Nr. 2342 u. 2343 sowie RI VI 2, Nr. 333.

195 In diese Erwägungen fand, zumindest nach dem Chronisten, auch die ungesühnte Ermordung des Straßburger Ritters Zedeler durch Herrn Lobegassen in Ruffach Eingang, ohne dass deren Verhältnis zum Streit des Königs mit dem Bischof erkennbar wurde; vielleicht bestanden hier Verpflichtungen aufgrund von Urfehden oder Beistandsbündnissen; zum Ganzen ausführlich Chron. Colm., S. 260 f.; Ann. Colm. Maiores, S. 86 f.; vgl. Reg. Bf. Stbg. II, Nr. 2342 f. , sowie RI VI 2, Nr. 333.

vorher weithin abgelehnten Landfrieden durchsetzen, der, obwohl nicht überliefert, sicher einen ähnlichen Inhalt wie die beiden regionalen Landfrieden Rudolfs aufwies, was sich auch an der erstmals nachgewiesenen Tätigkeit von 11 *conservatores pacis* zeigt.[196] Aber auch diesem Landfrieden sollte kaum eine nachhaltige Wirkung zukommen. Schon kurz darauf nahmen die vielschichtigen und komplexen Streitigkeiten, wie an der Lichtenberger Fehde erkennbar, zwischen den elsässischen Ständen so überhand, dass an ein gemeinsamens Vorgehen kaum mehr zu denken war. Dies zeigte sich insbesondere an der Ablösung Ottos von Ochsenstein, den Herzog Albrecht seinerseits zusätzlich als neuen habsburgischen Landvogt im Oberelsass eingesetzt hatte.[197] Adolf fürchtete durch diese Personalunion, aber auch die unklare Loyalität Ottos, eine Ausdehnung des habsburgischen Einflusses, so dass er unverzüglich Gottfried von Merseburg und ab 1297 Graf Theobald von Pfirt als Reichslandvogt einsetzte. Damit war eine letzte Chance für eine übergreifende Friedensentwicklung zwischen den beiden alten Landgrafschaftsbereichen am Oberrhein zunächst verstrichen. Die Folge ware eine immer stärkere Auseinanderentwicklung des unter habsburgischer Hegemonie und allmählicher Landesherrschaft stehenden Oberelsass von dem weiterhin stark dezentral geprägten, stets reichsnahen unteren Elsass.[198]

Bald kam es zwischen Kuno von Bergheim einerseits sowie Bischof Konrad von Straßburg und der Bürgerschaft andererseits erneut zu offenen Fehdehandlungen, in deren Folge unter anderem die Befestungen Kunos in Germersheim und die Burg Crax bei Andlau gebrochen wurden.[199] Ob die Tötung von Kunos Sohn Siegfried durch Colmarer Bürger oder die Verweigerung von 60 M. Colmarer Pfründen für den Domprobst Gebhard durch Kuno hierbei Ursache oder Folge des Konfliktes waren, ist leider nicht eindeutig klärbar.[200] Letzteres hatte, da der Domprobst der Bruder, und seinerseits Bischof Konrad ein Schwager des Grafen Egino von Freiburg waren, dessen Fehdeeintritt zur Folge. Der streitbare Freiburger nutzte die Gelegenheit, fing circa 40 Reichsbauern, ließ sie gnadenlos sterben und schädigte andere Reichsleute, worauf der Reichslandvogt die elsässischen Städte zu Rachezügen nach Breisach mahnte und bis zum 11.11.1297 das Glottertal, die Silberbergwerke und andere Güter des Grafen nach Kräften verwüstete. Die Stadt Freiburg selbst wurde geschont, da sie einen Frieden ge-

196 Vgl. St. UB II, Nr. 193.

197 Vgl. *Becker*, Reichslandvogtei, S. 22.

198 Vgl. *Bock*, ZGO NF 46 (1933), S. 329.

199 Vgl. Mathias v. Neuenburg, S. 33 f.; Königshofen, S. 791; Ann. Colm. Maiores, S. 98; ausführlich zum Verlauf *Becker*, Reichslandvogtei, S. 23 f.

200 Vgl. hierzu und zum Folgenden Ann. Colm. Maiores, S. 93, 95; Chron. Colm., S. 209 f.; *Becker*, Reichslandvogtei, S. 23.

schlossen hatte, worunter wohl weniger der Landfrieden von 1293 als der Friedensschluss nach den früheren Kriegszügen gemeint sein dürfte.

Zumindest war die Autorität Adolfs bei den kleineren Ständen und Herren im Unterelsass soweit gestärkt, dass Graf Theobald 1297 für den Kriegszug Adolfs gegen Frankreich bedeutende Truppen im Elsass sammeln konnte.[201] Allerdings konnte er in die zahllosen weiteren Konflikte weder persönlich noch indirekt eingreifen, wie dies früher noch der Fall war.[202] Von ihm unbeeinflusst, zog der Streit zwischen den habsburgfreundlichen Straßburgern und den königstreuen Reichsstädten entsprechend der Logik der Fehde weitere Kreise. Als am 2.2.1298 mehrere Straßburger in Hagenau gefangen genommen wurden, beschlossen Bischof und Stadt, letzere zu belagern.[203] Bischof Konrad befand sich in einem Zwiespalt, da er weder sein Bündnis mit der Stadt noch mit dem König erneut brechen wollte. So ließ er sich zumindest Colmar gegenüber ein, um dieses vom Beistand für Hagenau abzubringen. Diese antworteten, sie seien nicht von sich aus gegen den Bischof, würden aber jeder Mahnung des Königs Folge leisten. Es kam kurz darauf zu erheblichen Schädigungen auf beiden Seiten und einigen Toten, sowie Gefangennahmen.[204] Am Oberrhein standen sich mehr

---

201 Ann. Colm. Maiores, S. 89 f. mit wohl unzutreffender Datierung; richtigerweise dürfte die Sammlung der Truppen am 8.9.1297 erfolgt sein, vgl. Chron. Colm., S. 208 f.; zum Ganzen *Samanek*, König Adolf, S. 140 ff.; *Becker*, Reichslandvogtei, S. 23; zum europäischen Kontext, insbesondere der französischen Partei in Süddeutschland unter der Führung der Habsburger gegenüber dem mit England verbündeten Lager um König Adolf und den Erzbischof von Köln vgl. *Moraw*, Offene Verfassung, S. 224; *Krieger*, Habsburger, S. 83 f.

202 Auf der Höhe seines Ansehens und Einflusses in den Jahren 1292-1294 hatte König Adolf etwa am 4.3.1293 bzw. 19.4.1294 zwei Anleiteverfahren vor dem königlichen Hofrichter auf die Klage des Herren von Geroldseck gegen Otto Kanz und den Herren von Fleckenstein durchsetzen können, vgl. Nationalarchiv Paris, k 2340, Nr. 1/4, 1/12; zit. nach *Battenberg*, Reichsacht, S. 548.

203 vgl. *Becker*, Reichslandvogtei, S. 24 m.w.N.

204 Der Auszug der Straßburger erfolgte am 9.2.1298 und umfasste eine kurze Belagerung, dabei wurden wohl viele Güter verbrannt und einige Hagenauer Bürger verwundet und getötet. Darauf rief der als Reichslandvogt amtierende Graf von Pfirt die Reichsstädte zusammen und zerstörte mehrere Dörfer des Straßburger Bischofs, weiterhin kam es zu Brandschatzungen in Egisheim, Ruffach und Sundheim sowie auf das Haus der Reichslandvogts, bevor die Verbündeten der Reichsvogtei das Heilig Kreuz-Kloster erobern konnten; diese konnten sie aber nicht halten, sondern mussten sie bald dem Bischof zurückgeben, der mit seinen Truppen danach weiter nach Rosheim zog, vgl. zum Ganzen Ann. Colm. Maiores, S. 93 ff.; Chron. Colm., S. 210-212. Zu den Todesopfern dieser schweren Fehde zählten unter anderem der Graf von Haigerloch, andere wie der Herr von Kageneck waren gefangen genommen, andere,wie die Hüterin des Heilig Kreuz Klosters, die Herrin von Falkenstein, nach Colmar geflohen; weiterhin zerstörte der Bischof Eschau, die Hagenauer fast alle Straßburger Dörfer; die Gelegenheit nutzten aber unter anderem auch die Bauern von Kestenholz, um die Schlettstadter Bürger zu berauben und mit Hilfe von Lothringern Kinsheim zu zerstören, während umgekehrt der Herr von Lichtenberg bei Niederehenheims beraubt wurde.

oder weniger zwei Lager gegenüber: Die königstreuen Reichsstädte unter dem Reichslandvogt und die meisten anderen Herren einschließlich der Bürgerschaft von Straßburg unter der Führung des Lichtenberger Bischofs, die unter dem maßgeblichen Einfluss der Habsburger standen.

e) Angesichts dieser Lage, und nachdem er bereits 1297 entsprechende Signale der Kurfürsten erhalten hatte,[205] war Herzog Albrecht im April 1298 bereit, „den Rubikon zu überschreiten" und offen den Kampf mit Adolf aufzunehmen.[206] Er zog mit Bischof Konrad und einem starken gemeinsamen Heer nach Freiburg. Jedoch vermied er, als Adolf ihn mit dem Reichslandvogt und den Reichsstädten bei Kenzingen stellen wollte, den Kampf, um die am 1. Mai erfolgte Ladung und folgende Absetzung des Königs durch die Kurfürsten am 23.6.1298 abzuwarten, während Adolfs Truppen unter dem Reichslandvogt Graf Theobald von Pfirt einen Verwüstungskrieg gegen die obere Mundat und ander Besitzungen des Bischofs führten.[207] Ironischerweise erwies sich damit die Begründung der Wähler für ihre Rebellion, Adolf habe den Landfrieden nicht hinreichend gewahrt, und sei daher „untauglich und unnütz",[208] am Oberrhein trotz mancher Bemühungen objektiv als durchaus zutreffend. Der Grund für sein Scheitern lag, noch stärker als auf der Ebene der Reichspolitik, an den fehlenden Stützen seiner Herrschaft in der Region, vor allem aber an der dominanten Stellung der konkurrierenden Habsburger. Der Anlass für seine Absetzung, die in der Tradition von 1245 erfolgte, war jedoch sein Versuch, durch Einziehung der erledigten Landgrafschaft Thüringen gerade diese

---

205 Vgl. Chron. Colm., S. 212 ff.; Ann. Colm. Maiores, S. 96 f.

206 Interessanterweise wird in den meisten Chroniken König Adolf die Initiative für den offenen Austrag zugeschrieben, so etwa, dass er 1298 geplant habe, den Herzog von Österreich mit Krieg zu überziehen, weil viele Österreicher sich gegen ihn aufgelehnt, und speziell der Herzog sich dem französischen König verschrieben habe, nachdem der König ein Bündnis mit den Engländern eingegangen sei; vgl. Mathias v. Neuenburg, S. 34 f.; dieser erscheint allerdings angesichts des Kräfteverhältnisses und der Interessen der Kontrahenten ebenso wenig plausibel wie die Behauptung, der König habe versucht, einen Zug des Albrecht mit österreichischen Truppen gegen die Kurfürsten zu verhindern; vgl. Ann. Colm. Maiores, S. 96.

207 Vgl. ausführlich mit allen Einzelheiten Chron. Colm., S. 212 ff.; Ellenhard Chron, S. 136; Ann. Colm. Maiores, S. 96 f.; Mathias v. Neuenburg, S. 35 f.; *Becker*, Reichslandvogtei, S. 24 ff.; eine alsbald noch im April von den könglichen Verbündeten, darunter neben den Reichsstädten und dem Reichslandvogt vor allem die Truppen des Herzogs von Bayern, angestrebte Schlacht scheiterte, da an der Elz eine solche unmöglich erschien, weswegen Albrecht unbehelligt nach Mainz ziehen konnte; Adolf musste sich darauf verlegen, vom 29.5.-16.6.1298 das bischöflich-straßburgische Ruffach, dann bis zum 16.6. Ensisheim zu belagern, das am 2.7 fiel, aber gegen den frisch gewählten Gegenkönig Albrecht I. wenig nutzte.

208 Vgl. MGH Const. III, Nr. 588 f.; Chron. Colm., S. 221 f.; *Angermeier*, Königtum und Landfriede, S. 86; sowie ausführlich zur Absetzungsbegründung; zur Absetzung und ihrer Überlieferung *Samanek*, König Adolf, S. 234 ff.

perspektivlose Situation zu verbessern.[209] So war es Herzog Albrecht I., der ihn schließlich nach dem Sieg in der Schlacht von Göllheim am 2.7.1298, bei der zahlreiche elsässische Adelige auf beiden Seiten den Tod fanden, beerbte.[210]

In der Beurteilung des Wirkens des Königs ist auch für den Oberrhein ANGERMEIER zuzustimmen, nach dem die Landfrieden unter Adolf nicht selten nur eine formelle Bedeutung hatten und andere politische Absichten eines schwachen Königtums verbargen.[211] Jedoch geht das Verdikt des „Bankrotts" der königlichen Landfriedenspolitik zu weit. Adolf hatte versucht, die äußerst begrenzten Möglichkeiten, die er hatte, effektiv zu nutzen, und das war ihm zumindest im Ansatz 1293 gelungen, auch wenn es sich aus der *ex-post*-Perspektive allenfalls um ein kurzes Wiederaufflackern rudolfinischer Friedensansätze handeln konnte.

4. Albrecht I. - Wendepunkt königlicher Landfriedenspolitik ? (1298-1308)

a) Albrecht war an seinem lange erstrebten Ziel angekommen. Während er in Straßburg noch zwischen Kür und Krönung von seinen alten Verbündeten glanzvoll aufgenommen wurde,[212] tat er sich mit der Durchsetzung seiner Herrschaft bei den elsässischen Reichsstädten zunächst schwer.[213] Daran änderte auch der, wie zuvor von Adolf, kurz nach seiner Wahl neu errichtete Reichslandfrieden vom 16.11.1298 nichts, der sich ganz auf seinen Vater, König Rudolf I. bezog - und dennoch, oder gerade deswegen - erstmals seit 1287 wieder deutliche inhaltliche Fortentwicklungen enthielt.[214]

Aufgenommen wurden vor allem Bestimmungen zum Verhältnis der Städte zu ihrem Umland und ihren Stadtherren, insbesondere eine präzisere Fassung des seit 1235 verankerten Pfahlbürgerverbots, nach dem alle Bürger ihren ständigen Wohnsitz in der Stadt haben sollten und dort keinerlei Eigenleute aufgenommen beziehungsweise im Falle der Rückforderung innerhalb von Jahr und Tag an ihren Herren rücküberantwortet werden

---

209 Vgl. *Moraw*, Offene Verfassung, S. 224; *Krieger*, Habsburger, S. 85.

210 Bei dieser Entscheidungsschlacht in der Nähe von Worms fielen neben König Adolf unter anderem Otto v. Ochsenstein als Fahnenträger Alberts und Ludwig Mönch, der Vater des Pflegers Peter von Lutenbach; vgl. Mathias v. Neuenburg, S. 36; Chron. Colm., S. 215 ff.; *Krieger*, Habsburger, S. 85 f.

211 Vgl. *Angermeier*, Königtum und Landfriede, S. 82 und 86.

212 Vgl. Ann. Colm. Maiores, S. 23; *Becker*, Reichslandvogtei, S. 26.

213 Vgl. Chron. Colm., S. 221 f.

214 MGH Const. IV 1, Nr. 33.

sollten.[215] Damit unmittelbar verbunden, wurde erstmals generell allen „freien Städten" zugestanden, ihr Recht zu behalten, dass sie niemand aus ihrer Stadt vor ein weltliches Gericht lade, solange sie ihrem Richter gehorsam seien, wobei das Gericht des Königs und seines Hofrichters von dieser allgemeinen Exemtionsgewährung ausgeschlossen blieben.[216] Gleichfalls wurde das städtische Satzungsrecht anerkannt, jedoch Satzungen verboten, die Rechten des Reiches oder des Stadtherren schädlich wären.[217] In der Gesamtschau standen diese Bestimmungen eher unter dem Ziel die bekannten Konfliktfelder um die aufstrebenden Städte einzudämmen, denn einer allgemeinen Städtefeindlichkeit.[218] Von städtenahen Chronisten wurde dies allerdings anders wahrgenommen; ihnen zufolge nahm der König den Bürgerschaften 1298 „die Freiheit, welche die in Dörfern wohnenden Bürger hatten, da sie ihren Herren keinerlei Dienst leisteten".[219]

Der zweite Komplex wichtiger Ergänzungen betraf Verbesserungen im Gerichtsverfahren. Darunter fielen Regelungen über die Benachrichtigung und Verwendung von Boten beim Fürgebot,[220] zum Vorgehen im Falle der Rechtsverweigerung des Klägers bei erschienenem Beklagten,[221] insbesondere aber zur Anleite als Vollstreckungsverfahren,[222] sowie zur Aberacht,

---

215 Ebd., Art. 13, 14: namentlich sollten Bürger Sommer und Winter „baulich und hablich" innerhalb der Stadt sein, den bisherigen Ausbürgern wurde eine Frist zur Entscheidung bis 1.5. gesetzt, ob sie unter Verzicht auf ihr Bürgerrecht weiterhin auf dem Land leben oder in die Stadt ziehen wollten; den Städten wurde geboten, niemanden, der Eigentum oder rechtes Lehen eines anderen ist, als Bürger „einzunehmen"; ansonsten sollte die Stadt die Betroffenen auf Rückforderung durch Herrn oder wissenshaften Amtsmann innerhalb Jahresfrist (also Jahr und Tag) diesen zurück überantworten; schließlich sollte auch keine Stadt eines Herrn „ungeraiten" Amtmann zum Bürger nehmen, vielleicht gerade eine Antwort auf die jüngsten Auseinandersetzungen am Oberrhein.

216 MGH Const. IV 1, Nr. 33, Art. 15.

217 Ebd., Art. 45.

218 Wie etwa *Krieger*, Habsburger, S. 87 annimmt.

219 Vgl. Ann. Colm. Maiores, S. 100.

220 Nach der umfangreichen Regelung in MGH Const. IV 1, Nr. 33, Art. 39 f. sollte das Fürgebot niemand versagt werden, das rechte Fürgebot wie die Anleite Voraussetzung für die Gültigkeit eines jeden Urteils sein und die Antwort auf das Fürgebot mit dem nächstem Gerichtsboten, den der Richter auf Kosten des Klägers *ohne Geverde* an Hof zurück schicken sollte, gegeben werden.

221 Erschien der Kläger zu einem ordnungsgemäß gesetzten Termin nicht, sollte er danach nur noch Rechtsschutz erhalten, wenn er dem erschienenen Beklagten seine Kosten erstattet hatte, vgl. MGH Const. IV 1, Nr. 33, Art. 41.

222 Wer eine Klage gewonnen hatte, dem sollte der Richter die Anleite und den eingeklagten Anleiter geben auf die Leute oder das Gut, auf die er geklagt hat; weiterhin wurde die Benachrichtigung zwischen den betroffenen Gerichtsbezirken und eine Vollzugsmeldung an das Hofgericht geboten; MGH Const. IV 1, Nr. 33, Art. 42; zur Anleite vgl. *Ogris*, Art. „Anleite", HRG I, Sp. 175 ff.

die nun auch durch den könglichen Schreiber in einem zentralen Achtbuch vermerkt werden sollte, aber bereits durch eine Sicherheitsleistung gelöst werden konnte.[223] Diese neuen Vorschriften wurden allen weltlichen Richtern geboten, die im Falle einer Versäumnis dem Kläger den entstandenen Schaden ersetzen mussten.[224] Hatte sich also auch bei Amtsnachlässigkeiten schließlich der Schadensersatz statt anderer Strafen als Sanktion durchgesetzt und dem Kläger in dieser Form zumindest theoretisch den weiteren Instanzenzug bis zum König gewahrt, so zeigte sich der Reichslandfrieden insgesamt geprägt vom Bemühen, wesentlichen normativen Jurisdiktionsproblemen zu begegnen.[225]

Den faktischen Defiziten bei der Rechtsdurchsetzung und Verfolgung von Friedensbrechern wurde durch die erweiterte Betonung des Beistands- und Bündnisgedankens Rechnung getragen, was neben den seit 1287 bestehenden Regelungen zusätzlich in einem separaten „*Mandatum contra turbatores pacis*" zum Ausdruck kam, in dem die Ansätze eines allgemeinen Mahnverfahrens bei Landfriedensbrüchen, wie sie bereits in Bündnissen und in den neuen Regelungen von 1287 bestanden, fortgeführt wurden.[226] Weil ihm zur Kenntnis gelangt war, dass von vielen Befestigungen durch deren Insassen zahlreiche Raubzüge und Plünderungen ausgegangen waren, forderte der König seine nicht genannten Getreuen auf, solche „*predones et turbatores pacis et patrie*" zur vollständigen Rückgabe und zusätzlich zum Ersatz des gesamten weiteren Schadens innerhalb einer bestimmten Frist anzumahnen; wenn diese allerdings „*in eo rebelles*" seien, sollten sie „*invocato pacis communis et terrarum circumpositarum omnium auxilio incolarum*" die genannten Burgen belagern und „*auctoritate regia*" zerstören. Gegen die, die dabei ihre Hilfe entzogen, sollte vorgegangen werden, wie gegen die Beklagten selbst. Damit wurde also den Adressaten ausdrücklich die aus der königlichen Autorität abgeleitete, generelle Befugnis eingeräumt, gegen Räuber, Friedens- und „Landstörer" nun auch mittels der Burgbrechung vorzugehen; von einem Verfahren vor den ordentlichen Gerichten war hier nicht die Rede, lediglich von einer ordnungsgemäßen Mahnung zur Wiedergutmachung und Fristsetzung. An diesem Punkt ließ sich nun klar die Verschmelzung des bündischen Elementes mit der herausgehobenen, unbeschränkten Gerichtsgewalt des Königtums erkennen. Durchaus bewusst erscheinen die Anklänge an die anerkannten hochmittelalterlichen Verfahren, wobei nun anstelle der dort zwingenden Autorisierung des Vorgehens durch das zuständige Gericht die generelle Legitimierung und

---

223 Vgl. MGH Const. IV 1, Nr. 33, Art. 44; sonst sollte die Lösung aus der Aberacht nur durch die Leistung des Schadensersatzes und der Wiedergutmachung erfolgen.

224 Vgl. MGH Const. IV 1, Nr. 33, Art. 43.

225 Vgl. auch *Angermeier*, Königtum und Landfriede, S. 89.

226 MGH Const. IV 1, Nr. 34.

Legalisierung durch den König trat.[227] Allerdings blieb auch dieses Mandat, nach der Form und Überlieferung auch ohne Nennung erkennbar, nur an bestimmte Vertraute gerichtet, so dass es nur beleghaft die nach 1287 erneut zunehmende Spannung zwischen diesen beiden Strängen und der seit 1235 in den Reichslandfrieden transportierten Gerichtsverfassung aufzeigen kann. Auch stellte die Formel der *„terrarum circumpositarum incolarum"* die größtmögliche Verbindung zwischen den bündischen Organisationsformen etwa am Rhein und den bereits herrschaftlichen Gestaltungsformen anderer Gebiete dar. Aus diesem Grund scheint es durchaus konsequent, dass sich die weitere Entwicklung auch normativ immer mehr auf der regionalen Ebene vollziehen musste, ohne dass darin *per se* ein Verlust der Stellung des Königtums zu erkennen war.

b) Aus dem Scheitern der dynastischen Ambitionen seines Vaters und dem politischen Bankrott seines Vorgängers Adolf musste Albrecht den Schluss ziehen, dass eine allein auf seine Person fokussierte Friedenssorge jeden König über kurz oder lang überlasten musste. So war Albrecht bereit, neue Wege zu gehen, um sich mehr Handlungsfreiheit für eigene Ziele zu eröffnen und gleichzeitig seinen Gegnern den Wind aus den Segeln zu nehmen.

(1) Nach den mittlerweile bereits üblichen „Wahlgeschenken" an die Elektoren, darunter die bereits bekannten Zölle und Reichsgüter am Mittelrhein, hatte Albrecht 1299 in Quatrevaux einen Ehevertrag für die Verbindung seines Sohnes mit Blanca, der Schwester des französischen Königs Philipp, abgeschlossen. In dieser Vereinbarung wurde Blanca nicht nur die oberelsässische Landgrafschaft zur Mitgift gemacht, sondern Albrecht verpflichtete sich bezüglich gewisser Gebietsabtretungen auch für seine möglichen Erben im Falle ihrer Thronbesteigung.[228] Dies war für die Mainzer und Kölner Erzbischöfe, die darin Pläne zur Errichtung einer Erbmonarchie im Reich sahen, das Signal, ihr Lager bei Albrecht abzubrechen und sich der Position des Papstes Bonifaz VIII. anzunähern, der, ohnehin vehement auf seine Oberherrschaft pochend und nicht um Billigung der Neuwahl von 1297/98 gefragt, sich nach dem Bündnis mit Frankreich umso mehr gegen den habsburgischen „Thronräuber" ereiferte. Nachdem dieser den Bruder König Adolfs, Dieter von Nassau, als Erzbischof von Trier eingesetzt hatte und territoriale Erwerbungen König Albrechts am Niederrhein im Sommer 1300 gescheitert waren,[229] verbanden sich die drei Metropoliten am 14.10.1300 mit dem Pfalzgrafen zu einem neuen Kurver-

---

[227] *Vgl. ausführlich unten Kapitel 4 II 3.*

[228] Vgl. zum Ganzen *Krieger*, Habsburger, S. 88 ff.; *Moraw*, Offene Verfassung, S. 224; *Angermeier*, Königtum und Landfriede, S. 91 f.

[229] Vgl. *Krieger*, Habsburger, S. 90 f. zur Einziehung der Grafschaften Holland, Seeland und Friesland als erledigte Reichslehen

ein gegen den König.[230] Gleichzeitig versuchten sie, die „Öffentlichkeit" des Reiches gegen Albrecht mit der Behauptung aufzubringen, er verschleudere an Frankreich Reichsgüter. Waren damit die Vorarbeiten für eine Absetzung durch die Kurfürsten unter dem Pfalzgraf als Königsrichter klar erkennbar, musste Albrecht unverzüglich handeln, um nicht exakt das selbe Schicksal zu erleiden, das er seinem Vorgänger bereitet hatte. Zu diesem Zweck wiederholte er die Politik seines Vaters, indem er die Kurfürsten in ihren Territorien durch Übertragung der Landfriedenssorge an ihm persönlich verbundene Gewährsleute isolierte und gleichzeitig in seinen Kernlanden durch ein Landfriedensbündnis seine Anhängerschaft mobilisierte.[231] Geschickt benutzte er sprachliche Anknüpfungspunkte an den alten Rheinischen Bund von 1254 und versuchte, alle Rheinstädte gegen die ungerechten Zölle am Rhein, die besonders von den Kurfürsten ausgingen und die er selbst umgehend einkassierte, zu vereinigen.[232]

Im Elsass traf Albrecht hierbei auf glückliche Umstände, da die großen Fehden, die seit seiner Wahl die Region in Atem gehalten hatten, nunmehr abgeschlossen waren.[233] So war der Rachefeldzug des Bischofs von Straßburg und der Reichsstädte gegen Graf Theobald von Pfirt wegen seiner Verwüstungen im Heer Adolfs von 1298 abgeschlossen. Ebenfalls eine Folge des Thronkampfes war die Fehde, die Graf Egino erneut mit Freiburgs Bürgerschaft unter Beteiligung der Reichsstädte führte.[234] Die Bürger hatte

---

230 Vgl. UB Niederrhein II, Nr. 1063; worauf König Adolf unverzüglich gegen den Pfalzgraf zog und dessen Ort Wiesloch zerstörte, vgl. Mathias v. Neuenburg, S. 43 f.; *Krieger*, Habsburger, S. 91.

231 Vgl. zu beidem die Übersicht bei *Angermeier*, Königtum und Landfriede, S. 92 f.; nach wenigen älteren Stimmen der Forschung soll im Mai 1301 der Reichslandfrieden von 1298 nochmals ausdrücklich verlängert worden sein, vgl. *Wyneken*, Landfrieden, S. 5 f., was aber eher der Suche nach einem jeweils einem Landfriedensbündnis als „Vollzugsordnung" übergeordneten Reichslandfrieden entsprach; *vgl. dazu noch ausführlich unten Kapitel 3 II.*

232 Vgl. MGH Const IV 1, Nr. 129 - 134. Die Propaganda zeigte bei den Zeitzeugen wie dem Autor des Chron. Colm., S. 225 - 229 Wirkung, der diese Unterfangen als sehr positiv und wirksam darstellte.

233 Der Reichslandvogt Johann von Lichtenberg hatte bereits zahlreiche kleinere Fehden und Konflikten schlichten können, vgl. *Becker*, Reichslandvogtei, S. 27; auch der Dekan von Kolmar war aus der Gefangenschaft der Herren von Bergheim befreit worden und die Fehde der Reichsstädte gegen die Herren von Horburg und die Grafen von Pfirt hatten die wichtigsten elsässischen Machtfaktoren, den Straßburger Bischof und die Reichsstädte unter der Führung des königstreuen Reichslandvogts zusammengeschlossen, vgl. Ann. Colm. Maiores, S. 98, 100, bevor dieser Streit noch im Oktober 1298 durch eine Heirat beigelegt werden konnte, Mathias v. Neuenburg, S. 45; abweichend hiervor allerdings Ann. Colm. Maiores, S. 99 f., die lediglich die Gefangennahme des Grafen von Pfirt durch den Herrn von Rötteln, die im Jahr 1299 erfolgt sein soll, hervorheben.

234 Vgl. Ann. Colm. Maiores, S. 100; danach habe nach der Wahl Albrechts Graf Egino von Freiburg, der Schwager des Straßburger Bischofs Conrad von Lichtenberg die Stadt Freiburg unterwerfen wollen; vgl. auch *Kopp*, Geschichte III, 2 (7), S. 35. Die Freiburger Bürger

sich auf König Adolfs Seite gestellt, während Egino mit Albrecht siegreich gewesen war und nun finanzielle Zugeständnisse verlangte, die die Bürger ihm verweigerten und so den Grund für die Fehde lieferten. In der darauf folgenden Belagerung der Stadt durch Egino, an der sich auch Albrecht zeitweise „dem Bischof zu liebe“ beteiligte, töteten die Freiburger am 29.7.1299 den mit dem Grafen verbündeten Straßburger Bischof Konrad von Lichtenberg und zerstörten die Freiburger Feste mit Kriegsmaschinen. Als daraufhin am 12. September der König über die Stadt die Acht verhängt hatte, war es Ende Januar 1300 zu einem Ausgleich gekommen, in dem die Bürger erhebliche Zahlungen im Austausch für ein ihnen 1301 dann gewährtes Gerichtsstandsprivileg leisteten. Die anderen Städte, voran Straßburg, zeigten ebenfalls die Bereitschaft zum Abschluss einer Landfriedenseinung, ungeachtet oder vielleicht gerade motiviert durch die individuellen Unbillen, denen sie in der jüngeren Vergangenheit ausgesetzt waren, während sich die inneren Konflikte in Basel durch die neue Stadtverfassung von 1296 zunächst beruhigt hatten.[235]

(2) In diesem Zusammenhang stellte sich die elsässische Landfriedenseinung von 1301 zwar als maßgeblich aus der politischen Situation geborene, aber auch mit neuen Impulsen für die Landfriedensgestaltung insgesamt versehene Ordnung dar, die sich von den bisherigen Bündnissen durch ihre umvergleichlich umfassenderen und komplexeren Regelungen unterschied und aus diesem Grund auch von der Forschung gelegentlich als erste typische Einung des 14. Jahrhunderts angesehen worden ist.[236]

So enthielt dieses regionale Landfriedensdokument erstmals seit 1254 statt einfacher Hilfsverpflichtungen ausführliche Regelungen über den räumlichen Geltungsbereich, den Schutz von Geistlichen, das Pfändungsverfahren, zur Erbleihe und zur Garantie von Rechten und Freiheiten sowie ausführliche Regelungen zum Verfahren und dabei ganz besonders dem Zusammenspiel mit den herkömmlichen Gerichten. Zum Teil mochten diese Materien zwar auch der gezielten propagandistischen Anknüpfung an den Bund von 1254 geschuldet sein, um Anhänger für den Kampf mit den Kurfürsten zu gewinnen. Erkennbar war damit aber eine weitere, wichtige Stufe erreicht, um die drei unterschiedlichen Modelle der traditionellen, per-

---

zerstörten mit ihren Kriegsmaschinen die Freiburger Festung, der Bischof von Straßburg wurde in der anschließenden Schlacht von einem Metzger getötet. Für die Grafen war damit der Prozess der Schwächung seiner Macht zugunsten der Bürgerschaft eingeleitet; vgl. ausführlich Mathias v. Neuenburg, S. 44; Königshofen, S. 792; *Haumann/Schadeck*, Freiburg, S. 156 ff.

235 In Straßburg hatte der verheerende Brand von 1298 und in Colmar das Interdikt seit April 1299 zwar nicht die Handlungsfähigkeit beeinträchtigt, aber doch den Wunsch nach Stabilität und Sicherheit erheblich gesteigert; vgl. Closener, S. 94; danach Königshofen, S. 752; Ann. Colm. Maiores, S. 98 ff.; zu Basel vgl. Mathias v. Neuenburg, S. 45.

236 Vgl. etwa die Struktur bei *Angermeier*, Königtum und Landfriede, S. X.

sonalisiert-hoheitlichen und bündisch organisierten Friedenssorge konstruktiv zu verbinden. In der noch sehr von der Idee des von einem starken Königtum abgeleiteten Landfrieden geprägten Analyse BOCKS ist in dieser Einung eine extrem dezentrale Struktur gesehen worden, die Folge des Verzichts des Königs auf seine Friedenshoheit zugunsten seiner Hausmachtinteressen und der starken Stellung Straßburgs gewesen sei.[237] Wie weit sich diese Thesen halten lassen, wird an gebotener Stelle in Teil II ausführlich zu diskutieren sein.[238]

(3) In den politischen Zielen der Einung erreichte Albrecht einen ähnlichen Erfolg wie sein Vater: Er verstand es nicht nur, seine Anhänger zu einigen und zu mobilisieren, sondern in der Folge seine Gegner, die rheinischen Kurfürsten, zu isolieren und - trotz diverser Gegenschläge - einen nach dem anderen von Juni 1301 bis Herbst 1302 zu unterwerfen.[239] Lediglich die Belagerung des kurmainzischen Bingen im Augst 1301 brachte trotz des Einsatzes von Kriegsmaschinen viele Verluste der mitziehenden Elsässer, die sich „vor allen Nationen auszeichneten". Die Rheinstädte unterstützen den König nach Kräften und gingen auch gegen ihre eigene Geistlichen vor.[240] Nachdem Albrecht auch die Gebiete Kurkölns verwüstet hatte, kam es schließlich zum Vergleich, in dessen Folge, so die Zeitzeugen wohl etwas zu euphorisch, der Rhein nun offen wurde, damit alle Schiffe frei auf- und abfahren konnten.[241] Die wenig später, am 7.9.1303, erfolgte Gefangennahme von Papst Bonifaz VIII. in Anagni durch Anhänger des französischen Königs Philipp brachte den Wendepunkt des Papsttums und gleichzeitig den Höhepunkt der Macht Albrechts, nachdem sich schon vorher durch massive Zugeständnisse des Habsburgers eine Entspannung mit dem Kirchenoberhaupt abgezeichnet hatte.[242]

Hatte sich der Landfrieden von 1301 als ein Baustein für diese Gipfel der Herrschaft Albrechts erwiesen, trat er im Kampf gegen regionale Friedens-

---

237 Vgl. *Bock*, ZGO NF 46 (1933), S. 329-332.

238 *Vgl. dazu unten, insbesondere Kapitel 3 II, 5 I 2.*

239 Vgl. Ann. Colm. Maiores, S. 102; ff., 114 f. *Angermeier*, Königtum und Landfriede, S. 93; im einzelnen *Krieger*, Habsburger, S. 92 f.; so ging Albrecht jeweils einzeln gegen die Kurfürsten vor. Im Gegenzug belagerten die Kurfürsten etwa Albrechts Schloss Rheinsberg und brachten den König in Bedrängnis, jedenfalls soweit, dass er 1302 seine elsässischen Städte und Verbündeten um finanzielle Hilfe und Heerdienst bitten musste, so etwa von Colmar um 400 M. und Mannschaften. Die Belagerung von Bingen, bei der „Katzen" als Kriegsmaschinen eingesetzt wurden, brachte zwar die Übergabe der Stadt, die Einnahme der Burg gelang aber nicht, vgl. dazu Chron. Colm., S. 225 - 229, 268; zum Ganzen auch *Becker*, Reichslandvogtei, S. 27.

240 So ist etwa die Vertreibung der Geistliche aus Speyer in den Ann. Colm. Maiores, S. 103 f. überliefert.

241 Vgl. Ann. Colm. Maiores, S. 106; Chronicon Colm., S. 229.

242 Vgl. *Moraw*, Offene Verfassung, S. 212, 225; im Einzelnen *Krieger*, Habsburger, S. 97 ff.

brecher nicht in Erscheinung, was angesichts der Heeresfolge der wichtigsten Protagonisten nicht verwundern kann. So berichteten die Chroniken statt dessen über die erfolgreiche Strafpflege der Städte[243] und Auseinandersetzungen zwischen den Bürgerschaften und ihren Geistlichen mit der Folge von Interdikten,[244] aber auch über zahlreiche Fehden mit einzelnen Burgbelagerungen und -brechungen und andere Formen des eigenmächtigen Vorgehens:[245] Nicht der Landfrieden, sondern die Baseler Bürger selbst waren es, die 1302 die Burg des Herren von Ramstein und gleich noch fünf weitere Burgen im Umkreis eroberten, nachdem dieser mehrere Bürger gefangen genommen hatte.[246] Auch die blutige Fehde zwischen den Herren von Girsberg rief kein Einschreiten des Landfriedens hervor.[247] Als gegen den mächtigen Schulzen von Schöffersheim, der seinen Nachbarn Rinder gestohlen hatte, obwohl nach dem Chronisten alle davon wussten, niemand wegen seiner Macht und Boshaftigkeit gerichtlich vorzugehen wagte, verbündeten sich mehrere Straßburger und hängten diesen kurzerhand auf.[248] Auch in diesem Fall sucht man eine Aktivität des Landfriedens vergebens, genauso wie nach der Ermordung eines Geistlichen in Bennweiler und anderen Verbrechen außerhalb der Städte.[249] Gleichfalls sollte dem weiteren wichtigen Vorhaben der Einung, der Öffnung des Rheins, kein großer Erfolg beschieden sein, denn anscheinend wurde der freie Warenverkehr bald wieder von dem Herrn von Lobegassen, wohl im Rahmen einer Fehde mit den Herren von Hattstatt, zum Erliegen gebracht.[250] Schließlich verglichen sich die Rheinstädte bei einem Konflikt wegen Schädigungen von Kaufleuten untereinander direkt, statt den Landfrieden einzu-

---

243 Vgl. zu Colmar, Ann. Colm. Maiores, S. 108.

244 So nahm der Herr von Geroldseck vier Komtureiangehörige des Hospitals von St. Johann in Colmar gefangen, weil sie eine Burg ohne seine Erlaubnis von seinem Bruder gekauft hatten; ein Streit zwischen Baslern und Colmarern eskalierte und nach dem Tod eines Baselers verhängte der Baseler Bischof das Interdikt; vgl. zu allem Ann. Colm. Maiores, S. 106, 110; Chronicon Colm., S. 229.

245 Wie etwa die Gefangennahme des königlichen Vogts von Rheinfelden im August 1302; vgl. Ann. Colm. Maiores, S. 110 f.

246 Nach den Ann. Colm. Maiores, S. 108, 113 f. sollen die Basler nicht nur die Burg Ramstein zerstört, sondern weitere fünf Burgen in einem Umkreis von zehn Meilen erobert haben.

247 Vgl. dazu Ann. Colm. Maiores, S. 106; Chron. Colm., S. 229.

248 Ann. Colm. Maiores, S. 112.

249 Ann. Colm. Maiores, S. 103 f.; 114 f.; spektakulär ragte hier die Gefangennahme des Bischofs von Basel durch den Grafen von Montfort heraus, vgl. ebd., S. 115.

250 So berichten die Ann. Colm. Maiores, S. 108, der Rhein sei schon bald wieder durch Ritter aus dem Landes geschlossen worden, so dass kein Kaufmann mehr dort fahren konnte; 1302 zerstörten die Herren von Hattstatt Burg und Dorf Herinkenheim, sowie mit dem Herren von Hus Besitzungen der Herren von Lobegassen; Ann. Colm. Maiores, S. 113 f.; zu den Herren von Hattstatt vgl. *Scherlen*, Hattstatt.

schalten.[251] Von einer „wohltuenden Ruhe unter Albrechts Regierung"[252] konnte jedenfalls im allgemeinen keine Rede sein. Allerdings konnte Reichslandvogt Johann persönlich als Schlichter, jedoch ohne Beteiligung des Landfriedens, wichtige Konflikte endgültig beilegen, insbesondere den Streit zwischen Hagenau und Straßburg, sowie der Herren von Girsberg mit Heinrich von Rappoltstein.[253]

c) Möglicherweise kam es um 1303 zu einem weiteren, von den Habsburgern in ihrer Funktion als Landgrafen mit den Grafen von Kiburg und den Städten Straßburg, Basel, Bern und Solothurn, errichteten und von ihnen maßgeblich bestimmten Landfrieden am obersten Rheinlauf,[254] dem ein Auszug vor die Burg Wimmis im Siemtal zugerechnet wird. Leider ist dieser ebenso wenig überliefert wie ein Landfrieden, der 1305 im Breisgau galt, wie aus einer Anweisung König Albrechts an seine fünf *Conservatores Pacis* hervorgeht, mit der dieser in einen von diesen beratenen Fall eingriff.[255] Unzweifelhaft kann jedoch aus dem unterschiedlichen Geltungsbereich und Organisationsform festgestellt werden, dass diese beiden Bünde nichts mit dem 1301 errichteten Landfrieden für das Elsass zu tun hatten.

Da zwischen dem am 24.6.1305 ausgelaufenen Landfrieden von 1301 und dem nächsten überlieferten und nahezu inhaltsgleichen, auch fünfjährigen Frieden von 1310 eine etwa fünfjährige Lücke bestand, ließe sich angesichts der eben aufgezeigten Spuren anderer nicht überlieferter Landfrieden daran denken, dass auch für die Zwischenzeit diese Einung errichtet worden war. Aus der politischen Situation scheint eine solche jedoch ausgeschlossen: König Albrecht war nach dem Scheitern seiner dynastischen Reichspläne nun ganz auf den Osten des Reiches fokusiert und in Auseinandersetzungen in Böhmen und danach in Thüringen gebunden.[256] Gleichzeitig kam es nach dem Tod von Bischof Friedrich von Straßburg im Krieg mit Freiburg zu einem weit ausgreifenden Nachfolgestreit um das Bistum.[257]

---

251 Vgl. die Richtung von Speyer und Straßburg von 18.4.1303; die Gründe für den Konflikt lagen wohl in der Einlagerfrage, Handelsbehinderungen und Schäden, die die Speyerer bei Neckarau und Bingen durch Straßburger erlitten hatte, vgl. St. UB II, Nr. 238.

252 Wie etwa *Becker*, Reichslandvogtei, S. 27 behauptet hat.

253 Vgl. St. UB II, Nr. 255, 260, Rapp. UB I, Nr. 261 für den Streit mit den Herren von Girsberg, St. UB II, Nr. 262 für die Auseinandersetzung zwischen Hagenau und der Stadt Straßburg; vgl. insgesamt *Becker*, Reichslandvogtei, S. 28;

254 Nur erwähnt bei Wackernagel, Basel I, S. 246 f. nach Justinger, S. 39 ff., 64, 349; vgl. *Bock*, ZGO NF 46 (1933), S. 329 f.; zum Problem eines angeblichen Reichslandfriedens im Jahre 1303 vgl. *Senckenberg*, Neue Sammlung I Nr. 20.

255 MGH Const. IV 1, Nr. 203; vgl. *Wyneken*, Landfrieden, S. 90 Anm. 1; *Bock*, ZGO NF 46 (1933), S. 329.

256 Ausführlich *Krieger*, Habsburger, S. 101 ff.

257 Der eigentlich von König Albrecht zur Werbung für Johann von Ochsenstein an die Kurie geschickte, unehelich geborene Kanzler Johann von Eichstädt wurde in Rom zur Überra-

Erst nach längeren Auseinandersetzungen, die an Stadt und Umland nicht spurlos vorbei gingen, konnte sich endlich Johann als Bischof durchsetzen. Ähnlich problematisch war die Situation in Basel, wo Bischof Peter von Aspelt, ein früherer Kanzler des Böhmerkönigs Wenzel II., zunächst in Schwaben durch den Graf von Montfort gefangen wurde, und sich durch Geldzahlungen freikaufen musste.[258]

An der feindseligen Lage zwischen König und Bistum, die sich zwischen Kapitel und Stadt Basel spiegelte, änderte sich auch wenig, als Bischof Peter am 10.11.1306 sein neues Amt als Mainzer Metropolit antrat; im Gegenteil ließ Albrecht unter anderem die Burg Fürstenstein von Anhängern des Bischofs belagern.[259] Es ist bezeichnend, dass der Chronist in diesen Vorkommnissen die Hintergründe für einen heimtückischen Angriff auf König Albrecht am 1.5.1308 in Windisch an der Reuß sah, dem dieser noch am Ort zum Opfer fiel und, wie die Chronik überliefert, in den Armen des kurz darauf eingetroffenen Bischofs Johann von Straßburg starb. Albrecht reiste dabei anscheinend unbewaffnet und mit kleinem Gefolge seiner Gattin Elisabeth entgegen, die selbst von Versöhnungsverhandlungen aus Basel zurückkam, um die sie wohl der Bischof gebeten hatte. So endete auch die Belagerung von Fürstenstein mit der Nachricht von der Ermordung des Königs, während neue Unruhen in Basel entstanden, als die Belagerten anschließend dort einzogen.[260]

5. König Heinrich VII. (1309-1313)

a) Der am 27.11.1308 einstimmig gewählte Bruder des Erzbischofs Balduin von Trier, Graf Heinrich von Luxemburg, hatte wenige Beziehungen zu den bisherigen Entwicklungen des Königtums und war stark nach Westen orientiert.[261] Gerade die überdurchschnittlichen Wahlzugeständnisse am Rhein haben der Regierung dieses letzten Vertreters der „kleinen Könige" weitläufig das Urteil einer „Liquidation der bisherigen Königspolitik" ein-

---

schung aller selbst als Kandidat ausgewählt, so dass mit den vom Kapitel gewählten Kandidaten insgesamt vier Anwärter auf den Bischofsstuhl um ihre Anerkennung rivalisierten; vgl. Mathias v. Neuenburg, S. 44; Closener, S. 90 ff.

258 Während der König nichts unternahm, wie ihm die Chronik vorwarf, und seine aktive Förderung der Gefangennahme nahe legte, vgl. Mathias v. Neuenburg, S. 46.

259 Vgl. ausführlich Mathias v. Neuenburg, S. 46 f.; die erfolgreiche Verschwörung dreier Adeliger, um den König zu ermorden, hatte wohl einen familiären Streit mit den Grafen von Kiburg zum Anlass; vgl. Krieger, Habsburger, S. 107 ff.

260 Vgl. Mathias v. Neuenburg, S. 51.

261 Vgl. hierzu und zum folgenden *Angermeier*, Königtum und Landfriede, S. 96; *Moraw*, Offene Verfassung, S. 226.

getragen. Gerade für die Friedenspolitik bedeutete seine Regentschaft einen harten Rückschlag, der die Wege, die sich Albrecht 1301 eröffnet hatte, endgültig verbaute. So kam es auch zunächst weder zu einem Reichslandfrieden noch zu einer Wiederanknüpfung an die Einung von 1301.

Wie schwach die Autorität des Königs in der Region ausgeprägt war, veranschaulicht eine zeitgenössische Anekdote: Danach hatten die „Straßburger Herren" zunächst bei Heinrich in Speyer und Straßburg um die Bestätigung ihrer Privilegien nachgesucht; er gewährte sie ihnen allerdings erst in Colmar, nachdem sie sich selbst wieder als „Bürger" bezeichneten hatten, „da", so legte der Chronist dem König in den Mund, „er nicht gewusst habe, von wem sie zuerst sprachen."[262] Zeigt dies den Geltungsanspruch, den das mächtige, mit der Ritterschaft im Lande engstens verbundene Patriziat in der, ihr Umland dominierenden, Freien Stadt mittlerweile erhob, konnte es gleichzeitig als ein Indiz für die zunehmende Abgrenzung und beginnende Auseinandersetzung mit den Handwerkern und Zünften gelten, die sich nach der Ermordung Albrechts erstmals ab 1308 im Reich Bahn brach.[263] In diesem Zuge kam es auch in Straßburg am 31.7.1308 zu einem ersten blutigen „Geschelle" der Handwerker gegen Amtsmissbräuche des adeligen Ammeisters Claus Zorn, bei dem die Patrizier und Adeligen dank ihres engen Zusammenhalts siegten.[264] Es waren wohl vor allem diese stadtinternen Konflikte, und weniger das Schisma und das folgende, seit 1309 bestehende Interdikt in Basel,[265] die neben den anderweitigen Prioritäten des Königs zunächst eine erneute Einung verhinderten.[266]

b) So kam es erst am 19.8.1310 zu einer Wiedererrichtung eines elsässischen Landfriedens,[267] der vermutlich kurz zuvor auch eine, allerdings nicht überlieferte Verlängerung des Reichslandfriedens vorausgegangen war.[268] Wie aus Art. 20 des elässischen Landfriedens hervorging, hatten

---

262 Mathias v. Neuenburg, S. 53.

263 Vgl. hierzu und zum folgenden *Schmoller*, Zunftkämpfe, S. 26.

264 Insgesamt 16 Handwerker wurden erschlagen, viele dann, als sich die Stadtobrigkeit wieder gefestigt hatte, unbefristet verfestet; vgl. Closener, S. 122; Königshofen, S. 775.

265 Ausführlich zu dem Schisma zwischen dem von der Kurie eingesetzten Freiburgers Gerhard von Wippingen und dem vom Kapitel gewählten Domprobst Leopold von Röteln und dem am 22.1.1310 verhängten päpstliches Interdikt, das aber durch die Augustiner umgangen wurde; sowie die am 24.6.1310 erfolgte Exkommunikation des Domprobstes und seiner Anhänger, die im Sommer 1311 schließlich zur Anerkennung Gerhards führte vgl. *Wackernagel*, Basel I, S. 228 f.

266 Insbesondere nach Osten, d.h. Böhmen und Thüringen, und Süden, namentlich mit der geplanten Romfahrt, vgl. im Einzelnen *Schneider*, Heinrich VII., S. 44 ff.

267 St. UB II, Nr. 284, S. 229-233, bzw. MGH Const. IV 1, Nr. 409; vgl. *Wyneken*, Landfrieden, S. 91; *Rosenkränzer*, Bischof Johann, S. 30 f.

268 So jedenfalls *Wyneken*, Landfrieden, S. 5. ff.; *Bock*, ZGO NF 46 (1933), S. 332; *Angermeier*, Königtum und Landfriede, S. 96 f.; *Schneider*, Heinrich VII., S. 60.

diesen Reichslandfrieden auch der Reichslandvogt und der Straßburger Bischof beschworen, allerdings wohl erst nach mehreren Aufforderungen und gegen das Zugeständnis eines besonderen regionalen Landfriedens.[269] Dieser Zusage entsprechend errichtete Heinrich, mit den ehrbaren Herren Bischöfen, Landgrafen und den Städten Straßburg und Basel erneut den Landfrieden, der gegenüber seinem Vorgänger nur wenige inhaltliche Weiterentwicklungen brachte, darunter vor allem eine noch stärkere inhaltliche Übernahme von bisherigen Reichslandfriedensmaterien, bezüglich einzelner Regalien und ein Pfahlbürgerverbot, das vor allem den Bischof gegen die Straßburger Bürger begünstigte.

c) Vorangegangen war diesem Frieden die Beilegung der Fehde des habsburgfreundlichen Bischofs von Basel mit dem alten Gegner der Habsburger, dem Grafen von Pfirt, vor allem aber im direkten Ausgleich des Königs mit den habsburgischen Herzögen von Österreich, die in deren Belehnung ihren Ausdruck fand.[270] Auch sehen wir die königliche Gerichtsbarkeit Anfang des Jahres stark um die Rechtspflege im Oberrheingebiet bemüht, so zum Beispiel bei der Durchführung eines Acht- und Anleiteverfahrens des Hofrichters gegen den Grafen von Freiburg auf Klagen der Baseler und des Markgrafen von Hochberg.[271]

Wie bereits früher, passte so das Muster, dass der Landfrieden konkretem Ausgleich und Befriedungen folgte, allerdings trat dabei König Heinrich VII. noch weniger als seine Vorgänger am Oberrhein persönlich in Erscheinung. Ähnlich waren allerdings seine Motive, wollte er doch die nach wie vor wichtige königsoffene Region vor einem größeren Heereszug befrieden und sich die dortige Unterstützung sichern. Anders als bei seinen Vorgängern, handelte es sich hierbei aber nicht um die Stärkung der Königsherrschaft in Deutschland, sondern um den Zug nach Italien, der die Kaiserkrönung und neue Geltung des Imperiums in den bereits stark verselbständigten Teilen des Reiches bringen sollte.[272] So brach Heinrich bald nach der Errichtung der Landfrieden auf, ohne hinreichend für eine bleibende

---

[269] Vgl. St. UB II, Nr. 284, S. 232 f.; zu den Aufforderungen des Reichslandvogtes von Leiningen an den Bischof Johann von Straßburg und die elsässischen Städte s. MGH Const. IV 1, Nr. 518-521; zu weiteren Zugeständnissen und der Rolle des Bischofs von Straßburg vgl. MGH Const. IV 2, Nr. 1126-1129; dazu *Rosenkränzer*, Johann, S. 33, 38 f.; Bock, ZGO NF 46 (1933), S. 332 f.; vgl. auch *Chmel*, Handschriften, II, S. 336 vom 7/1310; näher *Wyneken*, Landfrieden, S. 6 f.

[270] Zu beidem vgl. Mathias v. Neuenburg, S. 52 f.; zur am 17.9.1309 nach der Rückkehr vom Romzug erfolgten Belehnung und Aussöhnung mit den habsburgischen Herzögen vgl. auch MGH Const. IV 1, Nr. 320 f., 325; *Schneider*, Heinrich VII., S. 49 f.

[271] Vgl. Verhängung der Anleite/Acht durch den königlichen Hofrichter auf Klage von Konrad Rumelher zu Basel und den Markgrafen von Hochberg am 14.1.1310 vgl. *Battenberg*, Hofgerichtssiegel, S. 209 ff., Anhang Nr. 68 f.

[272] Vgl. hierzu und zum Folgenden *Angermeier*, Königtum und Landfriede, S. 97 ff.

Präsens im deutschen Reichsteil, etwa durch ihm persönlich verbundene Stellvertreter vor Ort, gesorgt zu haben.[273]

Bald ganz in die italienischen Wirren verstrickt, konnte er, auch nach seiner Kaiserkrönung, keine Impulse mehr für die Friedenssorge im *regnum Teutonicum*[274] und besonders am Oberrhein geben. Dies zeigte sich deutlich an seinem Reichslandvogt Gottfried von Leiningen, der zunächst nach 1310 einige Konflikte beilegen konnte, dann aber selbst nach Italien gerufen wurde.[275] Unmittelbar im Anschluss musste der neu eingesetzte Stellvertreter, Friedrich von Wangen, auf eine Genugtuung für den ihm und seinem Gefolge bei Unruhen in Colmar entstandenen Schaden verzichten.[276] Die Aufforderung des Reichsvikars König Johann von Böhmen an den Straßburger Bischof, den Reichslandfrieden zu beeiden und sich an einer erneuten Errichtung Anfang 1313 in Nürnberg zu beteiligen,[277] blieb ebenso folgenlos auf die regionale Entwicklung, wie schließlich Heinrichs Tod am 24.8.1313 in Buonconvento bei Siena. Erst die folgende Doppelwahl seiner Nachfolger sollte die Bedeutung des Königtums für die Landfriedenssorge erneut grundlegend ändern.

II. Landfriedenspolitik im Verfassungskampf (1314-1340)

1. Der Kampf um die Krone (1314 - 1322)

a) War die Landfriedenspolitik von Rudolf von Habsburg bis zu Heinrich VII. zwar zunehmend schwächer, aber doch zentral vom Königtum und der Verknüpfung der traditionellen Gerichtsverfassung mit der aus der Autorität und obersten Gerichtsgewalt des Königtums abgeleiteten personalen Friedenssorge noch vorrangig vor dem aufstrebenden Bündnisge-

---

273 Vgl. *Schneider*, Heinrich VII., S. 57 ff.; die Einsetzung seines Sohnes Johann von Böhmen als Reichsvikar konnte dies nicht ersetzen, vgl. *Heckmann*, Stellvertreter, S. 379.

274 Zu diesem in der Forschung zu Recht einhelligen Urteil vgl. *Erkens*, Tradition, S. 52; vgl. *Schubert*, König, S. 153 ff., 165; *Angermeier*, Königtum und Landfriede, S. 97 f.; *Schneider*, Heinrich VII., S. 59.

275 So etwa zwischen Straßburg und Siegmund von Zweibrücken, vgl. St UB II, Nr. 286; vgl. insgesamt *Becker*, Reichslandvogtei S. 29 f. danach hielt sich Gottfried spätestens seit 1312 ständig in Italien auf.

276 Was dessen schwache Stellung zeigte, vgl. *Becker*, Reichslandvogtei, S. 30 m.w.N.

277 Vgl. *Rosenkränzer*, Johann, S. 33, 38 f.; *Bock*, ZGO NF 46 (1933), S. 332 f.

danken geprägt worden, so schuf die Doppelwahl Friedrichs von Habsburg und des Wittelsbachers Ludwig, genannt der Bayer, vom 19./20.10.1314 völlig neue Ausgangsbedingungen, da sie anders als etwa im Interregnum und 1298 zwei mächtige Aspiranten sah, die durchaus aktiv im Reich ihren Herrschaftsanspruch durchsetzen wollten.[278] Konsequent mussten beide auch und gerade den Landfrieden als Mittel zur Anerkennung ihrer Herrschaft - sowohl propagandistisch als auch real politisch zur Bindung von Anhängern und bisher unentschiedenen Ständen - erkennen.

Ganz besonders musste dies im Unterelsass gelten, wo die Einflusssphären von Ludwig dem Bayern am Mittelrhein mit den traditionellen Einflussgebieten des Habsburgers Friedrich des Schönen zusammenstießen.[279] So hatte sich Ludwig auch im Dezember 1314 über die wichtigen Rheinstädte nach Speyer begeben, wohl auch mit der Absicht, einen Landfrieden am Oberhein zu errichten und Friedrichs Machtbereich zu begrenzen, der gleichzeitig in Selz weilte und seinerseits Worms und Speyer umwarb. Die beiden mittelrheinischen Städte hatten bereits auf die drohenden Gefahren der Spaltung reagiert und in einem Bündnis vereinbart, nur einmütig zu handeln, sich dann aber bald zu Ludwig bekannt und sich von diesem Hilfe zusichern lassen.[280]

Während Ludwig ebenfalls die anderen wichtigen Mächte des Speyergaus, Bischof Emicho und Landvogt Georg von Veldenz für sich gewinnen konnte, warb vor allem Bischof Johann von Straßburg am Oberrhein emsig für Friedrich und konnte sowohl die Reichsstädte bis auf Straßburg als auch viele Herren gewinnen, wofür er als Dank von dem Habsburger mehrere Reichsstädte vorübergehend zum Pfand erhielt.[281] Dagegen waren die wenigen niederadeligen Anhänger Ludwigs auf dessen tätige Unterstützung angewiesen, so dass der Bayer, trotz seiner besseren Legitimierung durch das Kurfürstenkolleg[282] einen schweren Stand am Oberrhein hatte.[283]

---

278 Vgl. aus Sicht des Zeitzeugen Mathias v. Neuenburg, S. 64 f. dessen ausführlicher Bericht die Bedeutung für das Elsass widerspiegelte.

279 Vgl. hierzu und zum Folgenden nur *Wackernagel*, Basel I, S. 161; *Schrohe*, Kampf, S. 50 ff. m.w.N.; *Petry*, RhVJBl. 20 (1955), S. 80 ff.

280 Vgl. UB Speyer, S. 226.

281 Vgl. *Rosenkränzer*, Johann, S. 43 ff.

282 Er hatte fünf Wählerstimmen auf sich vereinigen können, darunter immerhin drei unstrittige; vgl. im einzelnen *Krieger*, Habsburger, S. 116 f.; zum Einfluss des Straßburger Bischofs Johann auf den Wahlvorgang vgl. *Rosenkränzer*, Johann, S. 43 ff.

283 Für Ludwig waren die Städte von Selz bis zum Niederrhein, die oberen Reichsstädte hielten fest zu Friedrich dem Schönen, mit Ausnahme von Bern und Solothurn, die zuerst neutral waren, bis 1318 zumindest letzteres durch Herzog Leopold zur Anerkennung Friedrichs gezwungen wurde, vgl. Mathias v. Neuenburg, S. 65 f.; vgl. auch Livet, Histoire de Colmar, S. 54 f. Kg. Während die Habsburger mit ihrem Hausgut und der oberelsässischen Land-

Aber auch die Habsburger mussten ihre Verletzbarkeit im eigenen Rücken erfahren, als die drei Urschweizer Waldstätte das unter habsburgischer Vogtei stehende Kloster Einsiedeln im Januar 1315 überfielen, nachdem Ludwig ihre Ächtung aufgehoben und ihnen die Reichsunmittelbarkeit zugesagt hatte.[284] Friedrich reagierte auf diese Bedrohung, indem er mit seinem Bruder Leopold, der militärisch die habsburgische Sache vorantrieb, nach Speyer gegen Ludwig zog, um diesem den Weg ins Elsass zu versperren.[285]

Es war daher nur zu konsequent, wenn sich beide Seiten besonders in dieser Region unverzüglich um einen Landfrieden bemühten, um wie ihre Vorgänger Anhänger zu mobilisieren und Unentschlossene zu binden. Gleichzeitig bedeutete die Zerissenheit des Landes sowohl den größten Bedarf, aber auch das größte Hindernis für eine Landfriedenserrichtung. Entsprechend forderte der Wittelsbacher bereits am 10.1.1315, kaum drei Monate nach der Wahl, die Straßburger Bürgerschaft auf, umfassend Bevollmächtigte für einen rheinischen Landfrieden nach Worms zu schicken, *„ut pacem patrie et tranquillitatem per districtus imperii transeuntibus prepararemus"* - allerdings ohne Erfolg.[286] Bereits zuvor hatte Friedrich die Straßburger um Belieferung mit Waren, wohl auf seinem Zug nach Norden gen Selz, gebeten, wobei er diesen, wahrscheinlich angesichts des erst am 2.6.1315 befriedeten Konflikts mit Markgraf Rudolf dem Älteren von Baden nach der Zerstörung von Beinheim, Geleit gewährte, und sich kurz nach Ludwigs Aufforderung sogar bereit gezeigt hatte, eventuell von diesem erhobene Zölle selbst zu erstatten.[287]

Die Stadt Straßburg zeigte sich damit als entscheidender, umworbener Faktor zwischen den beiden Einflusssphären. Sie stand damit allerdings auch in einem Dilemma, sowohl auf die Wirtschaftsbeziehungen zu den Ludwig gewogenen mittelrheinischen Städten als auch auf ihr Umland angewiesen

---

grafschaft sowie ihrer traditionell und familiär engen Bindung zu Bischof Johann sehr gute Ausgangsbedingungen hatten, um ihren Einfluss rheinabwärts auszudehnen, musste Ludwig den Kampf gegen dieses Expansionsstreben vor allem in Straßburg aufnehmen, das sich bisher neutral gezeigt hatte, ebenso wie Papst Johannes XXII., vgl. MGH Const. V, Nr. 201; vgl. *Kopp*, Geschichte IV 2 (10), S. 72 ff., 81 f.; *Schrohe*, Kampf, S. 12 ff.; *Bock*, ZGO NF 46 (1933), S. 333; *Wackernagel*, Basel, I, S. 230; vgl. insgesamt auch *Schilling*, Beziehungen.

284 Vgl. etwa *Krieger*, Habsburger, S. 119; *Thomas*, Ludwig der Bayer, S. 76.

285 Dabei führte Herzog Leopold ein eindrucksvolles Heer mit sich, das er auch unverzüglich im Frühjahr zu ersten Vergeltungsaktionen einsetzte und dabei Dörfer, die zu den Speyerern und anderen Anhängern Ludwigs gehörten, brandschatzte, bevor er sich wieder rheinaufwärts zurückzog, vgl. Mathias v. Neuenburg, S. 65 f., 71 f.; vgl. hierzu und zum folgenden insgesamt *Schrohe*, Kampf, S. 53 ff.

286 St. UB II, Nr. 323; vgl. *Schwalm*, Landfrieden, S. 56.

287 St. UB II, Nr. 321, 325, 330; dabei erfolgte auch die Einsetzung eines Schiedsgerichts; vgl. *Rosenkränzer*, Johann, S. 70.

zu sein, das nach Ludwigs überraschendem Rückzug von Speyer noch deutlicher den Habsburgern zuneigte.[288] Namentlich das schwankende Hagenau warb jetzt bei anderen oberen Städten für Friedrich, da er das Feld behauptet habe und er so dem Land wohl Frieden geben könne.[289] Aber auch die bisher wittelsbachfreundlichen Herren von Rappoltstein, Lichtenberg, Geroldseck und Windeck mussten wie Landgraf Ulrich, nun auf sich gestellt, am 26.3. einen Waffenstillstand mit der habsburgischen Seite schließen.[290] Die logische Konsequenz war für Straßburg zunächst eine strikte Neutralität bei gleichzeitiger Offenheit für die Angebote beider Seiten. So war auch das Lob Ludwigs verständlich, dass die Stadt Friedrich auf seinem Rückweg von Speyer nur als Gast, nicht als König aufgenommen habe.[291] Wie sehr sich beide Seiten um die Bürgerschaft bemühten, zeigte auch, dass sie dieser alle alten Freiheiten bestätigten und sich bei deren Erweiterung überboten.[292]

Die Zerissenheit des Landes und das Fehlen einer klaren Autorität und effektiven Macht zeigte sich aber auch in den zahlreichen Fehden und innerstädtischen Konflikten, derer die unter sich zerstrittenen Städte und adeligen Vormächte im Elsass nicht Herr wurden.[293] Zu allem Unglück traten 1316 auch noch das erste Auftreten der Beulenpestepidemie und die erste große Teuerung im Lande hinzu, die bei den Zeitzeugen das Bewusstsein einer tiefen Krise hervorrief.[294]

b) Durch diese Faktoren gefördert, zeigte sich die Stadt Straßburg zur Aufgabe ihrer neutralen Haltung und selbst zur Aussöhnung mit langjährigen Gegnern wie dem Markgrafen von Baden bereit, so dass sich die Waagschale langsam zu Gunsten des Wittelsbachers zu neigen begann.

(1) Den entscheidenden Impuls für die Habsburger, aufgrund dessen sie die Notwendigkeit eines gezielten und planmäßigen Vorgehens erkannten,

---

288 Vgl. dazu St. UB II, Nr. 438; *Schrohe*, Kampf, S. 53 ff., S. 58 f. mit Belegen für letztgenanntes S. 58 f.; daneben *Thomas*, Ludwig der Bayer, S. 74 f.; jüngst *Fürderer*, ZGO 153 (2005), S. 277 f.

289 Nachdem es sich zuvor trotz aller Werbungen von beiden Seiten neutral verhalten hatte, vgl. *Schrohe*, Kampf, S. 53 u. 56 ff.

290 Vgl. St. UB II, Nr. 329, S. 274 Anm. 2; vgl. *Rosenkränzer*, Johann, S. 49 ff., auch ausführlich zur Einigung mit den Herren von Lobegassen.

291 Vgl. St. UB II, Nr. 329 vom 11.4.1315.

292 Vgl. St. UB II, Nr. 326, vom 27.2.1315 von Ludwig in Speyer ausgefertigt; St. UB II, Nr. 327, 6.3.1315 von Friedrich in Kutzenhausen ausgestellt; vgl. die etwa zeitgleichen Werbungen um Hagenau *Schrohe*, Kampf, S. 53.

293 Ausführlicher zu den einzelnen Fehden und Vergeltungsmaßnahmen vgl. St. UB II, Nr. 331 ff.

294 Vgl. nur Königshofen, S. 738; *Zind*, Histoire, S. 85.

um die nötigen Verbündete an sich zu binden, gab jedoch die vernichtende Niederlage Herzog Leopolds in den Bergen von Morgarten am 15.11.1315.

In der berühmt gewordenen Schlacht der Eidgenossen, der der Herzog selbst am Ende nur knapp entkam, dämmerte bereits die völlig neue Qualität zukünftiger Auseinandersetzungen heran:[295] Den um ihre neuerworbene Freiheit und ihre Existenz kämpfenden Bauern waren alle ritterlichen Fehderegeln, die, wenn auch nur minimal, Gewaltexzesse regulieren konnten, fremd. Ihnen kam eine Schonung der adeligen Feinde schon deswegen gar nicht in den Sinn, weil diese sie ja umgekehrt keinesfalls als ebenbürtige und fehdefähige Gegner im Rahmen der ritterlichen Ehre und mit Blick auf das notwendige zukünftige gütliche Zusammenleben behandelten.[296] Nicht nur, dass sie allzu oft den hohen und blutigen Preis für die regelgerecht geführte Adelsfehde hatten zahlen müssen, was bereits schon ein Motiv für den Befreiungskampf gewesen sein mochte, schürte die Auflehnung der Bauern, die die ritterliche Grundherrschaft und das weitgehend rechtlich abgesicherte adelig-bürgerliche Gewaltoligopol in Frage überhaupt stellten. Dies mussten gerade die Niederadeligen nicht nur als nicht gekannte Anmaßung, sondern existenzbedrohenden Angriff auf ihren Stand und die gesamte bisher ausgebildete Gesellschaftsordnung verstehen, so dass sie mit rücksichtsloser Verfolgung antworteten und beide Seiten mit zuvor nicht gekannter Aggressionen vorgingen. Hier zuckten die ersten Strahlen der heraufdämmernden, immer unkontrollierteren und blutigeren Gewaltkonflikte der folgenden Jahrhunderte auf, die bis hin zu den Bauern- und Religionskriegen der frühen Neuzeit wegen des völligen Fehlens einer gemeinsamen Basis für die Form des Konfliktaustrag das Ausmaß aller früheren Ständekonflikte hinter sich lassen sollten.

Parallel entwickelte sich die Situation in den Städten, wo die Handwerker und unteren Einwohnerschichten immer mehr die mit dem Rittertum des Umlandes eng verbundene patrizische Oberschicht unter Druck setzten und sich allmählich selbst maßgeblichen Einfluß erkämpften, ohne dass dies immer zu einer größeren Stabilität und Autonomie der städtischen Ordnung führen musste. Diese völlig neuen politischen Faktoren in der Stadt und auf dem Land sollten die auf lange Sicht wohl größte neue Herausforderung für den Landfrieden und für die ihn bis auf weiteres tragenden herrschenden Schichten darstellen.

---

295 Vgl. Mathias v. Neuenburg, S. 66 f.; Königshofen, S. 820; vgl. etwa auch *Thomas*, Ludwig der Bayer, S. 77 f.; vgl. auch *Distler*, Städtebünde, S. 50 m.w.N.

296 Dies durchaus mit der Berechtigung, dass sich auch ihre adeligen Gegner ihnen gegenüber in keiner Weise an die ritterliche Ehre unter Standesgenossen gebunden fühlten; vgl. etwa *Althoff*, Schranken, S. 1 ff.; *Schmidtchen*, Ius in bello, S. 25 ff. Nicht umsonst arbeiteten die Chronisten die in Frage gestellten adeligen Ehrvorstellungen annekdotenhaft heraus, vgl. die interessante Anekdote zu den Ehrvorstellungen des Grafen von Pfirt bei Mathias v. Neuenburg, S. 72.

(2) Zunächst blieben diese Gefahren aber noch weit im Schatten der schon altbekannten Herausforderungen, die die zwiespältige Königswahl mit sich brachte. Dennoch waren es wohl auch diese neuen Bedrohungen, durch die es den Habsburgern - wohl nicht zuletzt wegen der Passivität Ludwigs - gelang, nicht allzu lange vor dem 10.3.1317 einen Landfrieden am Oberrhein mit 19 Landfriedenspflegern zu errichten.[297]

Mit diesem schlossen die Markgrafen von Baden unter der Vermittlung König Friedrichs und Bischof Johann von Straßburg einen Vergleich, in dem sie zwar nicht ihren eigenmächtig errichteten Zoll, aber doch ein Weingeleit zugestanden bekamen, von dem die Straßburger teilweise, die Hagenauer sogar ganz befreit waren. Umgekehrt übernahmen die Badener dafür ausdrücklich die Geleitspflichten und die Verfolgung von Übergriffen, falls nötig mit Hilfe der Neunzehn. Bei einer Verletzung dieser Pflichten sollte der Landfrieden ohne weiteres gegen sie vorgehen und alle seine Maßnahmen von niemand gerichtlich geahndet werden.

Ergab sich damit in rechtlicher Betrachtung eine interessante Momentaufnahme für das Verhältnis des Landfriedens zu den bestehenden Gerichten, nach der die Vertragspartner eine vertragliche Verwirkungsklausel für erforderlich hielten, um ihr Vorgehen abzusichern, schien in politischer Hinsicht durch den Friedensschluss der lange schwelende Konflikt zwischen Straßburg und dem Markgrafen beigelegt. Wichtiger noch für König Friedrich war, dass die oberrheinische Metropole, sicher nicht unbeeinflusst von den jüngsten Ereignissen, aber auch der klaren Haltung ihres Bischofs und Hagenaus, sich nun durch den Frieden zumindest in die Nähe zum habsburgischen Thronprätendenten ziehen ließ.

(3) Gegen dieses Bündnis konnte Ludwig wenig später am 22.6.1317 den mittelrheinischen Landfrieden von Bacharach mit dem König von Böhmen, den Mainzer und Trierer Erzbischöfen, den wichtigsten mittelrheinischen und wetterauischen Städten, sowie der Stadt Köln setzen, der bis zum 24.6.1324 dauern sollte.[298] Zuvor hatte er seine Hausmacht durch den erzwungenen Verzicht seines unbequemen Bruders, Pfalzgraf Rudolf, auf dessen Herrschaftsrechte in den Stammlanden, konsolidiert.

---

[297] Vgl. St. UB II, Nr. 356; *Schwalm*, Landfrieden, S. 81 f., allerdings mit nicht unproblematischen Behauptungen über die Kontinuität zur abgelaufenen Einung von 1310; zum dort genannten „Assoziierungsvertrag des Markgrafen von Baden“, tatsächlicher einer Sühne aus den voran gegangenen Streitigkeiten, allerdings mit darüber hinaus reichenden Beistands- und Unterstützungspflichten vgl. St. UB II, Nr. 307.

[298] MGH Const. V, Nr. 421, sowie dazu Nr. 422-438; vgl. *Schwalm*, Landfrieden, S. 71 ff.; vgl. zu den Verhandlungen mit den Kurfürsten Wyttenbach/Müller, Gesta Trevirorum II, S. 237; dieser Friede war auch eine Antwort auf die Belehnung des Erzbischofs Heinrich von Köln mit der Grafschaft Dortmund durch Friedrich nach seinem symbolischen Sieg vor Esslingen, vgl. hierzu und zum folgenden *Thomas*, Ludwig der Bayer, S. 82 ff.

Auch bei diesem Friedensbündnis spielte die Frage der eigenmächtigen Rheinzölle die entscheidende Rolle, hinter der der Schutz vor anderen Formen gewaltsamer Eigenmacht und die Organisation der tradionellen und bündischen Rechtspflege, obwohl gleichfalls behandelt, zurück trat. Ludwig benutzte die Einrichtung mehrerer besonderer Friedenszölle gezielt als ein Mittel, um insbesondere den Erzbischof Heinrich von Köln für das Bündnis zu gewinnen.[299] Während dessen drängte die Bürgerschaft seiner Stadt den Erzkanzler zum Beitritt, erreichte aber nur seine Gegenwehr, die Ludwig jedoch bald die unbeschränkte Herrschaft am Rhein von Speyer abwärts erbringen sollte.

Friedrich verschärfte am 10.2.1318 mit einem hart formulierten Schreiben an den Kurkölner die Auseinandersetzung beträchtlich, in dem er die Besteuerung, besonders der Geistlichen, durch das „verwerfliche Bündnis" als „wider menschliches und göttliches Recht" brandmarkte und seinen Erzbischof anwies, diese Zölle abzustellen und seine eigenen wieder einzurichten. Da er selbst nicht eingreifen könne, solle der Metropolit alle Widerspenstigen als Majestätsverbrecher bestrafen. Zum ersten Mal fand damit dieses von Heinrich VII. aus seiner Notlage in Italien heraus kurzfristig wieder eingeführte römische Institut Eingang in die Auseinandersetzung um Zölle und Landfrieden. Während sich die Lage zwischen den mittelrheinischen Friedensverbündeten und dem Erzbischof zuspitzte, gelang es Ludwig trotz weiteren Werbens um Straßburg nicht, diesen Frieden über Hördt bei Speyer hinaus nach Süden auszuweiten.[300]

(4) Denn bereits sechs Tage nach dieser scharfen Verbalattacke errichtete Friedrich am 16.2.1318 erneut den oberrheinischen Landfrieden, was die bewusste Konfrontation der beiden „Friedensbündnisse" nur unterstrich.[301] Dieser, leider durch späteres Beschneiden des rechten Urkundenrandes verstümmelte, Text hat hinsichtlich seiner Datierung, Lückeninhalts und tatsächlicher Umsetzung gewisse Probleme hervorgerufen.[302] Aus dem vorgenannten Zusammenhang mit Ludwigs Vorgehen wird man aller-

---

299 Vgl. MGH Const. V, Nr. 422; zu den Zollfragen vgl. im Einzelnen. *Thomas*, Ludwig der Bayer, S. 84.

300 Vgl. nur MGH Const. V, Nr. 488-494, 519.

301 St. UB II, Nr. 354 (S. 302-306).

302 Von der Urkunde ist nur eine Ausfertigung im Stadtarchiv Straßburg überliefert, der in jeder Zeile mindestens 10-12 Silben fehlen, weil es offenbar spätestens ab 1390 als Bucheinband benutzt wurde; vgl. die Beschreibung bei St. UB II, Nr. 354, S. 306 Z. 3-12, wo für das Errichtungjahr zunächst 1317 angegeben ist. Die Datierung hat zunächst erhebliche Kontroversen ausgelöst, vgl. etwa *Rosenkränzer*, Johann, S. 48 mit Falschdatierung 1315; *Kopp*, Geschichte IV 2 (10), S. 207 f.; bevor Schwalm die Errichtung des Friedens unter ausführlicher Einbeziehung des regionalen Kontextes überzeugend auf den 16.2.1318 mit Laufdauer bis Weihnachten 1319 datiert hat, vgl. *Schwalm*, Landfrieden, S. 75, sowie ebd. Exkurs III, S. 132 - 134 m.w.N.; vgl. *Bock*, ZGO NF 46 (1933), S. 334.

dings das heute überwiegend vertretene Errichtungsdatum bestätigen können. In diesem Bündnis gelang es Herzog Leopold, alle Teilnehmer der Einung von 1310 und zusätzlich Graf Konrad von Freiburg, Walter von Geroldseck und nahezu alle bedeutenden Städte des Oberrheins für die Dauer bis zum 23.4.1319 zu verbinden.[303]

Aus diesem Grund hat etwa ANGERMEIER diesen Frieden, der besonders stark die Rechtspflege durch die Stadt- und Landgerichte betonte, als völlige Aufgabe der königlichen Friedensgewalt an die territorialen Rechtsträger angesehen.[304] Für Ludwigs Herrschaft bedeutete er jedoch nur ein weiteres Zeichen der Erosion seiner Macht und Autorität unter vielen,[305] neben dem bereits mehrfachen, den Zeitgenossen nicht gerade rühmlich erscheinenden, Ausweichen vor der Entscheidungsschlacht.[306] Vor allem sein Rückzug am 28.9.1319 in Mühldorf, mit dem er seine Stammlande der Verwüstung preisgegeben hatte, schien sein Schicksal besiegelt zu haben, als er Anfang 1320 mit König Johann von Böhmen und den Erzbischöfen Balduin von Trier und Peter von Mainz am Rhein zusammentraf.

c) Nachdem der Mainzer Erzkanzler, der wohl der wichtigste Unterstützer Ludwigs im Reich gewesen war, im August gestorben war, drängte Herzog Leopold unverzüglich mit großem Heer, darunter allen elsässischen Reichs- und Landstädten, einschließlich Basels, aber ohne die Straßburger, zu Belagerung und Brandschatzung Richtung Speyer.[307] Ein rechtlicher Anlass für diese Aktion bestand darin, dass die dortigen Bürger rheinaufwärts geführte Waren angehalten hatten. Ob dieses Verhalten tatsächlich, wie etwa von SCHROHE behauptet, in Beziehung zu den Abgaben des Landfriedens von 1317 stand, dürfte eher fraglich sein.[308] Tatsächlich hatten die bei-

---

303 Am Oberrhein insbesondere den ohnehin als Anhänger der Habsburger bekannten Bischof Johann von Straßburg, sowie die Reichsstädte und den Landgrafen im Unterelsass; zur Beteiligung Straßburg und ihrer irrtümlichen Verneinung vgl. etwa *Kopp*, Geschichte IV 2 (10), S. 207 f.; *Leupold*, Berthold von Buchegg, S. 8; *Rosenkränzer*, Johann, S. 48 *Bock*, ZGO NF 46 (1933), S. 334.

304 Angermeier, Königtum und Landfriede, S. 120 f.

305 So etwa auch Waffenstillstand der Schweizer mit den Habsburgern vom 19.7.1318, verlängert bis 1322, vgl. *Thomas*, Ludwig der Bayer, S. 78.

306 Wie nur beispielsweise 1316 in Esslingen, was die Annäherung vieler Stände in Schwaben und Franken an Friedrich zur Folge gehabt hatte, sowie 1319 bereits erstmals in Mühldorf, wo später dann doch die Entscheidungsschlacht stattfinden sollte, vgl. zum Ganzen *Thomas*, Ludwig der Bayer, S. 78 ff. und S. 91 ff.

307 Vgl. Mathias v. Neuenburg, S. 65 f., 71 f.; *Wackernagel*, Basel I, S. 231; zu den Gründen und zum Verlauf vgl. *Schrohe*, Kampf, S. 151 ff.; *Thomas*, Ludwig der Bayer, S. 94 f.; zum Dienstvertrag Basels zugunsten der Habsburger vgl. Regesta Habsburgica III, Nr. 793.

308 *Schrohe*, Kampf, S. 151 f. m.w.N., dies erscheint allerdings zweifelhaft, da die (Friedens-)Zölle vermutlich an anderen Stelle, in Koblenz, Remagen und Köln, erhoben wurden, auch

den in Landfrieden organisierten Lager den Handel am Rhein empfindlich in Mitleidenschaft gezogen, so dass sich insbesondere Straßburg nach neuen Lösungen umsehen musste.[309]

Um sein Ansehen im Reich und jeden Einfluss am Rhein nicht gänzlich verlieren, zog Ludwig, nachdem er seine Wähler erneut an sich gebunden hatte, in Richtung Elsass. Nachdem Ludwig nicht rechtzeitig nach Speyer kam, um dessen Waffenstillstand zu verhindern, konnte er doch geschickt Schwächen der Habsburger Seite in deren Rücken offen legen, als er langsam von Norden nach Straßburg zog, wo er aufgenommen wurde und mit dem Rat über einen neuen Landfrieden beriet. Jedoch verließ er überhastet die Stadt, wohl weil er die Bürgerschaft nach Übergriffen seines Heeres nicht gegen sich aufbringen wollte.[310] Anfang September kam es am Flüsschen Breusch bei Straßburg zur Schlachtaufstellung der beiden Heere, bei der sich Herzog Leopold, der Bischof von Straßburg und der Graf von Pfirt einerseits und König Ludwig mit den Erzbischöfen von Trier und Mainz sowie dem König von Böhmen andererseits, mit insgesamt ca. 4000 Männer gegenüber standen. Auch diese Konfrontation brach Ludwig überraschend ab, wohl weil sich Straßburger anschickten, zugunsten Friedrichs einzugreifen und er sich zu weit und zu ungeschützt in den feindlichen Einflussbereich vorgewagt hatte.[311]

Als Ludwig nun nach diesem letzten offenkundigen Fiasko für seine Autorität erneut aus sicherer Distanz am 1.10.1320 geradezu flehentlich die straßburger Bürger zur Beteiligung an einem Landfrieden bat,[312] verschärfte dies die schon lange verdeckte Spaltung in der Stadt. Erneut und ähnlich wie in den italienischen Städten schon seit langem üblich, verlief die Parteilinie entlang der beiden führenden, konkurrierenden Patriziergeschlechter: Hier waren es die am unmittelbaren Umland orientierten, habsburgfreundlichen Zorns, die nun allmählich die Oberhand zu gewinnen schienen, und die Ludwig-treuen und maßgeblich am Rheinfernhandel interes-

---

wenn dies im Einungstext selbst offengelassen worden war, vgl. *Thomas*, Ludwig der Bayer, S. 84.

309 Vgl. nur hierzu und zum folgenden *Bock*, ZGO NF 46 (1933), S. 336; *Schrohe*, Kampf, S. 146 ff. m.w.N.; *Thomas*, Ludwig der Bayer, S. 88.

310 Die zeitgenössischen Chronisten versuchten dieses rasche Verhalten durch die Angst vor einem Giftanschlag zu erklären, vgl. hier nur *Schrohe*, Kampf, S. 155 f. m.w.N.

311 Vgl. Mathias v. Neuenburg, S. 72 f.; daneben *Schrohe*, Kampf, S. 156 f.; *Thomas*, Ludwig der Bayer, S. 95 f.; *Rosenkränzer*, Johann, S. 51 f.

312 St. UB II, Nr. 400. Ludwig bat *„vleizzecliche"* den Straßburger Rat, Boten nach einer sicheren Stadt wegen des Landfriedens zu schicken und verwies auf die früheren Vereinbarungen, die er und Erzbischof Balduin mit ihnen hatten, wahrscheinlich gerade den mittelrheinischen Landfrieden; zu den Folgen von Ludwigs vermeintlicher „Feigheit vor dem Feind" vor allem in Franken und am unteren Rheinlauf vgl. nur *Thomas*, Ludwig der Bayer, S. 96 f.

sierten Mülnheimer, die das Geschehen in der Stadt bestimmten.[313] Wie dort diente die reichspolitische Ausrichtung zwischen den rivalisierenden Geschlechtern wohl mehr als Anknüpfungspunkt für mögliche Allianzen und als Begründung des Konflikts gegenüber der eigenen Bürgerschaft, als dass sie den eigentlichen Grund der Auseinandersetzung darstellte. Dieser lag vielmehr in der gegenseitig argwöhnisch beobachteten fragilen Machtbalance zwischen beiden Lagern, die der Chronist schön in der Auseinandersetzung um das neue Rathaus von 1321 veranschaulichte, weil das alte nach Ansicht der Zorns zu nahe bei den Mülnheimern gelegen hatte.[314]

Hinter diesen vermeintlichen Eitelkeiten standen jedoch viel tiefer gehende städtische Verfassungsfragen: vertraten die Zorns vor allem die alte ritterbürtige Stadtministerialität und den Landadel, bildeten die Mülnheimer eher das Zentrum der altfreien, jedoch ursprünglich nicht ratsfähigen Bürgerschaft, der Fernkaufleute und Bankiers, die hauptsächlich ihren Einfluss über die so genannten *„Constaffler"* geltend machen konnten und bereits bisher beständig ihre Macht erweitert hatten.[315] Nicht umsonst erschien als „Nebenprodukt" dieses Konflikts auch das erste umfassend kodifizierte Stadtrecht, das 1322 durch einen Zwölferkonvent ausgearbeitet und im Rat verlesen wurde und den für den Chronisten unerträglichen Zustand, dass *„iederman noch sinem sinne"* - neben Gewohnheiten und verstreuten Einzelregelungen - gerichtet und dadurch *„große mishelle"* entstanden seien, beseitigte.[316]

In der „Außenpolitik" der Stadt konnte sich aber so kaum ein klare Linie zwischen beiden Lagern herausbilden. Trotz vieler Fehlschläge vermochte Ludwig vor diesem Hintergrund zumindest eine gewisse Öffnung der Stadt zu seinen Gunsten erreichen, ohne sie jedoch, vieler Zugeständnisse zum Trotz, klar an sich binden zu können.[317] So wurde zunächst Friedrich, dann aber auch Ludwig offiziell aufgenommen, der mit vielen Bewaffneten einzog, die Privilegien der Stadt feierlich bestätigte und erst nach der ersten Konfrontation im September mit den „Niederländern" vom Mittelrhein wieder abzog.[318]

---

313 Vgl. hierzu und zum folgenden Mathias v. Neuenburg, S. 72.

314 Vgl. Königshofen, S. 743.

315 Vgl. Leupold, Berthold von Buchegg, S. 37 ff., nach dem diese Spaltung mit der Feindschaft und den Kämpfen der Guelfen und Ghibellinen vergleichbar gewesen sein sollte.

316 Vgl. Königshofen, S. 743 f. mit einer nicht verkennbaren Assoziation an die altrömische *decemviri*.

317 Vgl. RI VII, Nr. 405, 411, 451; *Leupold*, Berthold von Buchegg, S. 8; *Schwalm*, Landfrieden, S. 57.

318 Vgl. Mathias v. Neuenburg, S. 73 mit ausführlichen militärischen Beschreibungen.

d) Da musste es der innerlich zerissenen und in ihrer Schaukelpolitik durchaus nicht ungefährdeten Bürgerschaft wie ein Glücksfall erscheinen, als sich eine Allianz mit den mittelrheinischen Städten anbot, die am 3.4.1322 ihren Ausdruck in einem neuen Landfrieden mit den noch eher dem Haus Wittelsbach offenen Kommunen Mainz, Worms, Oppenheim und Speyer, aber auch dem seit 1320 kraft päpstlicher Provision eingesetzten und erwiesen habsburgfreundlichen Bischof Matthias von Buchegg fand, der ursprünglich in der elsässischen Abtei von Murbach geistliche Ämter bekleidet hatte.[319] Dieses Landfriedensbündnis höhlte den formal weiter gültigen Frieden von Bacharach und damit die Stellung Ludwigs weiter aus; dies spiegelte allerdings nur die neuen Machtverhältnisse, namentlich in Straßburg, wieder. Für die dortige Bürgerschaft verband sich diese zumindest formal politisch neutrale Lösung, die keine der beiden Seiten offen verprellte, mit dem Hauptanliegen, den Fernhandel am Rhein aufrecht zu erhalten.

Das neue Friedensbündnis beschränkte sich - für die am Fernhandel interessierten Teilnehmer folgerichtig - inhaltlich weitgehend auf den Kampf gegen die unrechtmäßigen Zölle, wobei die Geleite der Bischöfe von Speyer, der Markgrafen von Baden und der Grafen von Nassau ausdrücklich ausgenommen waren, und auf den Schutz der Friedensgenossen, sowie anderer Kaufleute und „guten Leuten" vor Gewalttaten. Diese sollten Übergriffe der nächst gelegenen Stadt klagen, während die Verbündeten insgesamt 190 Reiter zur Verfolgung bereit halten wollten. Zur Finanzierung wurde eigenmächtig ein gemeinsames Geleit bei Oppenheim eingerichtet. Trotz der bereits recht ausgefeilt wirkenden Organisation und der umgehenden Bestätigung einschließlich des Geleits durch beide Doppelkönige[320] konnte dieser Frieden aber kaum eine praktische Wirkung entfalten, da kurz darauf, im Herbst 1322, Friedrich und Leopold in einem Zangenangriff auf die oberbayerischen Stammlande ihres Gegners die Entscheidung suchten.[321] Unter den vielen elsässischen Herren, die ihnen nachfolgten, fand etwa Walter von Geroldseck von Lahr als Reichsbannerträger besondere Auszeichnung.[322]

---

319 Vgl. St. UB II, Nr. 416; zur Straßburger Lage speziell *Schwalm*, Landfrieden, S. 57. m.w.N.; vgl. allgemein *Krieger*, Habsburger, S. 120; im Einzelnen zu Bischof Matthias und den engen familiären und vertraglichen Banden zu den Habsburgern, vgl. hierzu und zum folgenden *Thomas*, Ludwig der Bayer, S. 98 f.

320 Vgl. die Bestätigung Friedrichs, St. UB II, Nr. 365 Anm 2, sowie ebd. Nr. 367 zur indirekten Anerkennung des Bundes durch dessen aufgerichtetes Geleit in Oppenheim; vgl. zum Ganzen *Schwalm*, Landfrieden, S. 57.

321 Vgl. nur Mathias v. Neuenburg, S. 76 f.

322 Vgl. weiter Mathias v. Neuenburg, S. 76; auch im Elsass hatte der mittlerweile eingesetzte Bischof Berthold mit den Freiburger Grafen, Herzog Leopold, Otto von Ochsenstein, Graf

e) Nach dem überraschenden Sieg Ludwigs in Mühldorf am Inn am 28.9.1322 wendete sich das Blatt völlig, zumal Friedrich mit seinem jüngeren Bruder Heinrich in die Gefangenschaft des Bayern geraten waren, worauf sich Leopold vorerst zurückziehen musste.[323] Nachdem die unerwartete Entscheidung endlich gefallen schien, wechselten nach und nach viele elsässische Stände das Lager, voran die Städte Colmar, Schlettstadt, Ehenheim, Rosheim und Hagenau, die nun Humelo von Lichtenberg als Reichslandvogt Ludwigs annahmen.[324] Aber auch Basel und Selz, die Landgrafen des Unterelsass und Ulrich von Rappoltstein sympatisierten nun offen mit Ludwig,[325] während die badischen Markgrafen und die Grafen von Württemberg weiterhin zwischen beiden Seiten lavierten.[326] Der Bischof von Straßburg versuchte umgehend, zwischen den Parteien zu vermitteln, allerdings mit der erkennbaren Absicht, den Habsburgern ihren Einfluss, soweit wie irgend möglich, zu erhalten.[327]

Dennoch hielt Herzog Leopold seine Rückkehr ins Elsass für unverzüglich geboten. Statt jedoch durch Verhandlungen oder Bündnisse an alte Freundschaften anzuknüpften, zog er nach Basel ein, sammelte die umliegende, ihm noch treue und persönlich verbundene Ritterschaft im Oberelsass und schritt sogleich zur Vergeltung, wobei ihm, so der Chronist, „überall ein Sengen und Brennen vorausging“.[328] So schickte er etwa 50 Mann nach Ensisheim, die die Colmarer Bürgerschaft stark beunruhigten. Seine Gefolgsleute waren weiter nach Selz gezogen und hatten von dort aus die neuen und alten Freunde Ludwigs mit Brand und Plünderung heimgesucht. Sie wurden schließlich von einer starken Macht dort eingeschlossen, konnten aber durch Boote entsetzt werden. Als sich aber die Straßburger bei Leopold wegen des erlittenen Schadens beklagten, antwortete er, man habe unrecht gegen ihn gehandelt und deshalb würde er von diesen Brandlegungen nicht ablassen. Aber auch andere Adelige versuch-

---

Rudolf von Nidau und durch eine Sühne mit der Stadt Freiburg auch die Grafen von Usenberg für den Heerzug gewonnen, vgl. *Rosenkränzer*, Johann, S. 53.

323 Vgl. *Krieger*, Habsburger, S. 120 f.; *Thomas*, Ludwig der Bayer, S. 101 ff.

324 Vgl: *Bock*, ZGO NF 46 (1933), 336 ff. m.w.N.

325 Vgl. *Wackernagel*, Basel I, S. 231.

326 Vgl. RI VII, Nr. 470, 519, 521, 522, 579, 520, 569; für einen Wechsel der Badener zu Ludwig *Leupold*, Berthold von Buchegg, S. 8 f. m.w.N.; *Kopp*, Geschichte V 1 (11), S. 81, 156; für Fortsetzung der Loyalität zu Friedrich vgl. Mathias v. Neuenburg, S. 79 f., nach dem die dem Habsburger treu ergebenen Markgrafen rund um das ihnen von Friedrich verpfändete Selz viele Feindseligkeiten erdulden musten; zu weiteren Übertritten ins wittelsbacherische Lager vgl. *Rosenkränzer*, Johann I. von Straßburg, S. 53.

327 Vgl. nur zum vermittelten Neutralitätsabkommen MGH Const. V, Nr. 911, 1022; *Rosenkränzer*, Johann, S. 53 f., 57 ff.; *Kopp*, Geschichte V 1 (11), S. 80, 84 ff.; *Knöpfler*, in: FzGBayerns 11 (1903), S. 26 ff.; *Bock*, ZGO NF 46 (1933), S. 336.

328 Hierzu und zum folgenden Mathias v. Neuenburg, S. 79 f.; *Wackernagel*, Basel I, S. 231.

ten, von der allgemeinen Unruhe zu profitieren, so etwa die Grafen von Württemberg gegenüber den Ambitionen der Markgrafen von Baden, wobei die relativ klaren Frontstellungen der Königsanhänger erkennbar verlassen waren.[329] Wohl gleichermaßen durch die völlig neuen Ausgangsbedingungen nach der Entscheidungsschlacht bedingt, scheiterte zunächst eine Verlängerung des mittelrheinischen Landfriedens.[330]

2. Selbsthilfebündnisse als Antwort auf den Konflikt von Papst und König (1323-1330)

a) Reichspolitik, Nürnberger Reichslandfrieden und Ausgangslage am Oberrhein

(1) Ludwig selbst verhielt sich bei allen diesen Vorgängen im Südwesten auf das äußerste passiv. Statt dessen nutzte der siegreiche König das gewonnene Ansehen und seine - fürs erste - unangefochtene Machtstellung für die Reichspolitik und richtete, in dieser Situation ganz in der Tradition seiner Vorgänger, am 9.4.1323 in Nürnberg einen neuen, unbefristeten Reichslandfrieden auf.[331] Die neue Rechtsetzung umfasste allerdings nur noch sechs Artikel und erinnerte allenfalls bruchstückhaft an die bis dahin organische Fortentwicklung von 1235 bis 1303:[332] Während die Aufhebung der seit dem Tod Heinrichs VII. unrechtmäßig errichteten Zölle und das Gebot an die Fürsten und Herren, für die allgemeine Beeidung des Friedens in vier Wochen nach ihrer Heimkehr zu sorgen, noch an die vergangene Tradition anknüpfte, konzentrierte sich der Frieden in seinem eigentlichen Kernbereich auf das Gebot an alle Gerichts- und Territorialherren

---

329 Die Württemberger belagerten unter anderem die Burg Reichenberg der Markgrafen, der aber Hilfe vom Mainzer Metropoliten erhielt. Während dessen zog Leopold rheinabwärts nach Breisach, das ihm, wie Neuenburg, als eine der wenigen Städte treu geblieben war, um dem Markgraf zu Hilfe zu kommen. Als der Graf von Württemberg gegen den Herzog zum damaligen Zeitpunkt nicht kämpfen wollte, wurde der Konflikt fürs Erste beigelegt, vgl. Mathias v. Neuenburg, S. 80 f.

330 Jedenfalls zogen es die Straßburger vor, das weitere Geschehen abzuwarten und nicht in ein von Ludwig und dem von ihm vorläufig gewonnenen Mainzer Erzbischof beeinflusstes mittelrheinisches Bündnis einzutreten, vgl. MGH Const. V, Nr. 595, 649 f., 660 f., 766; *Schwalm*, Landfrieden, S. 57, 61 f.; *Rosenkränzer*, Johann, S. 69 f.; *Bock*, ZGO NF 46 (1933), S. 338 f.

331 MGH Const. V, Nr. 735 S. 572 f.; vgl. auch *Lieberich*, ZRG GA 76 (1959), S. 173 ff.

332 Vgl. dazu *Schwalm*, Landfrieden, S. 8 – 10.

sowie die Städte, in ihrem Gerichtsbezirk und Gebiet die Straßen zu Wasser und zu Lande zu befrieden.[333]

Die seit 1287 neben der traditionellen Gerichtsverfassung enthaltene Hilfspflicht wurde auf das Gebot an den Richter beschränkt, den Verfolger eines Räubers aus einem anderen Gerichtsbezirk zum Zwecke nötiger Hilfeleistung zu begleiten: *„Eylet auch ieman dem raube nach aus seiner gebiete oder gerihte, in ein ander gebiete oder gerihte, dem selben sol der herr oder amptman oder diener beholfen sein und mit eylen, als er beste mach an geverde"*, und die allgemeine Mahnung, *„daz chain rauber, dyeb, brenner und morder fride und gelaite habe bei fu[e]rst, herren, steten."* Diesen vier genannten Tätertypen war also kein Geleit zu geben, vielmehr waren sie an jedem Ort, an dem der Verletzte ihrer habhaft werden sollte, zu richten: *„Und swo der clager den selb begreiffet, dem sol man rihten, als reht ist. Swer dem widerstuend, der sol dem clager seinen schaden ab tuen und sol uns und dem riche bezzern noch unsern gnaden"*.[334]

Die Rechtspflege wurde damit ganz in die Hand der ordentlichen zuständigen Gerichts-, aber auch Landesherren gelegt. Gleichzeitig wurde dieses Prinzip erweitert, indem jetzt das Gericht des Tat- und Ergreifungsortes allgemein zur Richtung des Falles berechtigt und verpflichtet war, was zwar vielleicht an manche Gedanken des frühen Landrechtes anknüpfte,[335] aber praktisch die traditionellen Gerichtsrechte, insbesondere die personalen Exemtionsprivilegien der Städte zu einem großen Teil aufhob.

Taten gegen den Eidverweigerer sollten nun nicht nur nicht verfolgt werden, sondern ausdrücklich nicht mehr den Landfrieden selbst brechen. Wo ein solcher aber selbst versuchen sollte, eine Wegnahme durch Nacheile zu verfolgen, sollte der Herr, aus dessen Gebiet er gekommen war, dies dem König melden, damit er beide Kontrahenten persönlich zur Beschwörung des Friedens bringe.[336] Ohne die Autorität und Attraktivität des Friedens zu untergraben, wollte man damit auch für diese Konflikte eine bessere Lösungsmöglichkeit ohne ausufernde gewaltsame Selbsthilfe schaffen. Während die Regalien- und Privilegienregelungen wegfielen, erfuhr das in den Reichslandfrieden seit 1235 zunächst nicht enthaltene Fouragierrecht eine ausführliche Regelung; bei dessen Übertretung sollte an jedem Ergreifungsort gegen ihn *„als ueber einen schedelichen man"* gerichtet werden,[337]

---

[333] MGH Const. V, Nr. 735, Art. 2.

[334] Ebd., Art. 3.

[335] *Vgl. dazu oben Kapitel 1 I 3.*

[336] Von einer „Strafbewehrung" im Sinne von *Schwalm*, Landfrieden, S. 10 f. kann somit nicht gesprochen werden.

[337] Wobei *Schwalm*, a.a.O. ohne weitere Erklärung *„rihten"* als hinrichten verstanden hat; vielmehr ist hier das Wort in seiner allgemeinen Bedeutung zu verstehen, vgl. ausführlich unten Kapitel 5 I 5 c).

wobei ihm der Entlastungsbeweis durch zwei Zeugen möglich war, sofern er nicht auf handhafter Tat betroffen wurde.

Insgesamt wird deutlich, dass sich der Frieden von 1323 auf die wichtigsten, die Gerichtsgrenzen überschreitenden, Fälle von Eigenmacht konzentrierte, wie etwa gerade das Fouragierrecht. Der Schwerpunkt lag dabei ganz auf der Rechtshilfe der Gerichtsträger untereinander. Eliminiert wurden dagegen alle Regelungen über die traditionelle Gerichtsverfassung und den Instanzenzug, ebenso wie die Ausübung der Regalien oder das Verhältnis von Stadt und Land. Ob diese Materien in Gewohnheitsrecht übergegangen waren und daher einer Regelung nicht mehr bedurften,[338] erscheint zweifelhaft. Auch das Urteil, in diesem Frieden liege der Verzicht des Königtums auf eine von ihm beherrschte Landfriedensordnung,[339] scheint stark schematisiert. Näherliegend ist, dass auch hier die bestehenden regionalen Unterschiede zwischen den besonders Ludwig offenen, hoheitlich organisierten Stammlanden in Bayern und der traditionell-bündisch geprägten Friedenssorge am Rhein so groß waren, dass eine verbindende Klammer über die erfolgte Rahmenordnung kaum mehr möglich war.[340] Nicht zuletzt galt es, angesichts des fortbestehenden Widerstandes Herzog Leopolds, der Kurie und des französischen Königs, möglichst viele Reichsstände zu gewinnen, was es geradezu unausweichlich machte, Konflikte um Gerichtsrechte, andere Privilegien und das Verhältnis des Königtums zu den Ständen soweit wie möglich auszublenden. Aus diesem Grund wurde die Neujustierung der Zuständigkeiten aus Sicht der Stände kompensiert durch die minimale Rolle, die das Königtum in dem neuen Friedensrecht, aber auch Ludwig in der anschließenden praktischen Friedenssorge, spielte.

(2) Eine solche *„appeasement"*-Politik gegenüber den deutschen Ständen - wobei der Begriff durchaus im modernen Wortsinne nach seiner französischen Wurzel *„apaiser"* als Befriedung durch Zugeständnisse und Beschwichtigungen, allerdings nur mit kurzfristigem eher oberflächlichem Erfolg verstanden werden kann - musste dem König sehr am Herzen liegen. Umso mehr, als er den mühsam und lange erkämpften Handlungs-

---

338 Wie etwa Schwalm a.a.O. ebenfalls angenommen hat, nach dem lediglich die Quintessenz der notwendigen Normen aller Landfrieden hier konzentriert enthalten sei, während der Rest in Volksanschauung und Gewohnheitsrecht übergangen wäre, wie die große Verbreitung des Reichslandfriedens von 1298 in erhaltenen Abschriften zeige; *vgl. zum Problem des „Landfriedensgewohnheitsrechts" ausführlich unten Kapitel 4 II 1 b) und 2.*

339 So etwa *Angermeier*, Königtum und Landfriede, S. 101 ff.; *Sellert*, Friedensprogramme, S. 462 m.w.N.; einschränkend bereits *Vogel*, Fehderecht, S. 45 unter Verweis auf das fortbestehende Reichshofgericht.

340 Die tatsächlichen unterschiedlichen Entwicklungsgeschwindigkeiten bei der „Verdichtung" der Herrschaft in Richtung auf ihren Organsiationsgrad zeigt bereits *Schwalm*, Landfrieden, S. 11 selbst.

spielraum zur Weiterführung der Italienpolitik seines Vorgängers nutzen musste, da dieser Teil des Imperiums der Krone endgültig zu entgleiten drohte. Ludwig wollte, nachdem die Habsburger ihn vorläufig nicht länger im deutschen Regnum banden und ihm auch räumlich den Zugriff auf Reichsitalien versperrten, seine Herrschaft auch in Norditalien zur Geltung bringen. Mit diesem neuen Engagement war jedoch das Startsignal für den letzten großen Verfassungskonflikt mit dem Papsttum gesetzt, der nicht nur in zahlreichen Städten am Oberrhein über Jahrezehnte zum päpstlichen Verbot der Gottesdienste und zur Verarmung der Kleriker führen,[341] sondern auch die Landfriedensbemühungen in der Landschaft für die nächsten Dekaden entscheidend prägen sollte.

Als der König seinen engen Vertrauten in der Funktion eines Reichsvikars in die Lombardei schickte, wurde dieser am 20.6.1323 von dem Avignoner Papst Johannes XXII. Umgehend unter dem Vorwand des Kontakts zu den ebenfalls als Ketzer gebannten Visconti von Mailand exkommuniziert.[342] Doch der Pontifex ließ es dabei nicht bewenden, sondern eröffnete am 8.10. ein förmliches Prozessverfahren gegen Ludwig, in dessen Verlauf diesem am 11.7.1324 nicht nur alle Rechte aus der Wahl, sondern auch, wegen Widerspenstigkeit, seine herzoglichen Titel und Rechte aberkannt wurden.[343] Diese päpstliche Bannung hatte tief greifende Folgen für die gesamte Herrschaft Ludwigs, da allen königstreuen geistlichen und weltlichen Personen und Gemeinschaften ebenfalls der päpsliche Bann und das Interdikt angedroht wurden, falls diese Ludwigs *regnum* oder *imperium* in irgendeiner Weise anerkannten oder unterstützten.[344] Da das Kirchenoberhaupt gleichzeitig den Bischöfen des Reiches die Verkündigung dieser Prozesse geboten hatte, wurden diese unverzüglich zu einer klar erkennbaren Entscheidung zwischen König und Papst gezwungen.

Den habsburgfreundlichen und von der Kurie gegenüber den Kapiteln durchgesetzten Johann I. von Straßburg und Gerhard von Basel fiel ein solches klares Bekenntnis zugunsten Roms nicht schwer.[345] In Straßburg selbst hätte aber eine eindeutige und offene Parteinahme des Bischofs gegen Ludwig zum Wiederaufflammen des Streites zwischen den Bürgerschaftsfraktionen geführt. Auf die inständigen Bitten der Ratsherren unterließ Johannes deshalb die Verkündung der päpstlichen Urteile und ließ sich sogar überreden, dem Papst persönlich eine Petition der Straßburger Bürger-

---

341 So soll nach Königshofen, S. 737 das Interdikt in Straßburg von 1324-1341 gedauert haben, wodurch namentlich die Augustiner verarmt seien.

342 Die Missachtung des päpstlichen Approbationsrechtes war der wohl eigentliche Grund für den Kirchenbann, vgl. *Krieger*, Habsburger, S. 124.

343 Vgl. *Wackernagel*, Basel I, S. 236; *Krieger*, Habsburger, S. 124 f.

344 Ausführlich etwa *Müller*, Kampf, S. 60 ff. m.w.N.

345 Vgl. dazu *Müller*, Kampf, S. 138 ff. m.w.N.

schaft zu übermitteln, auf die dieser jedoch nur mit blankem Unverständnis über die Schwäche seines Bischofs reagierte.[346] In Basel fürchtete sich sein Amtsbruder Gerhard nach der sich anbahnenden Pfirter Erbschaft der Habsburger vor deren erdrückendem Übergewicht am Oberrhein. Um die bischöfliche Lehen der Grafen von Pfirt, die Herzog Leopold II. im Rahmen der Erbschaft übernommen hatte, kam es auch sogleich zu einer Fehde mit dem Bischof, die das ganze Umland in schwere Mitleidenschaft zog.[347] Auf der Suche nach Rückhalt schwenkte daher auch Gebhard allmählich auf die Seite seines Kapitels und der Bürgerschaft, die die Verkündung nach Kräften zu verhindern suchten.

(3) Während dessen hatte die Passivitiät Ludwigs am Oberrhein es Herzog Leopold erlaubt, neue, für den König gefährliche, Allianzen zu schließen. Bereits am 25.5.1324 hatte sich sein Vertrauter Bischof Johann nach Ablauf des Waffenstillstandes von Mühldorf mit Graf Konrad von Freiburg und der Bürgerschaft von Colmar verbündet, wodurch die Stadt unter den bestimmenden Einfluss des Bischofs geriet.[348] Das sogenannte „Durlacher Bündnis" von 1325, an dem neben Johannes auch der Erzbischof von Mainz teilnahm, und eine fast zeitgleiche Allianz mit Graf Ulrich von Württemberg sollten kurz darauf folgen.[349] Ebenso kam ein Waffenstillstand mit den wichtigsten Anhängern Ludwigs im Südwesten nur wenig später zustande,[350] und vielleicht sogar ein, leider nicht unmittelbar nachweisbarer, jedoch von SCHWALM und anderen vermuteter Landfrieden für den unter seinem Einfluss stehenden oberen Rheinlauf.[351] Schließlich hatte der Herzog, ohne sich um die Interessen seines Bruders Friedrich zu scheren, König Charles IV. von Frankreich die Unterstützung für seine Kandidatur für das, so Leopold, seit 1313 vakante deutsche Regnum zugesi-

---

346 Vgl. zur Neutralität Straßburgs und der Kompromisssuche bereits des neuen Bischofs Berthold in der Auslegung des Interdikt vgl. *Leupold*, Berthold von Buchegg, S. 51 m.w.N.; zur am 18.5.1329 erlangten Erleichterung, einer erlaubten täglichen Frühmesse im Münster vgl. Wencker, Collecta, S. 469. Ausführlich über den Brief Straßburgs und die Reaktionen auch *Rosenkränzer*, Johann, S. 55.

347 Vgl. hierzu und zum folgenden *Müller*, Kampf, S. 142 f.; *Wackernagel*, Basel I, S. 234, 236 f.; sowie auch jüngst *Speck*, ZGO 153 (2005), S. 327 ff.

348 Vgl. *Rosenkränzer*, Johann, S. 57 m.w.N.

349 Vgl. MGH Const. VI, Nr. 30; *Leupold*, Berthold von Buchegg, S. 9 f.; *Lichnowsky*, Habsburg III, Reg. Nr. 651, 657,659, 676; RI VII, S. 252 Nr. 174; *Stälin*, Wirtembergische Geschichte III, S. 170 ff.

350 Vom 1.9.1324, mit Johann von Rappoltstein, Werner von Bergheim, Franz von Hattstatt, Otto von Girsberg, wobei wenigstens der erstere den Auszügen des königstreuen Landgrafen im Unterelsass unter dem Reichsbanner folgen durfte; vgl. *Rosenkränzer*, Johann, S. 59.

351 *Schwalm*, Landfrieden, S. 82 f.; vgl. dazu *Kopp*, Geschichte V 1 (11), S. 224 Anm. 2; *Rosenkränzer*, Johann, S. 60 f.; Bock, ZGO NF 46 (1933), S. 337.

chert,[352] wohl vor allem, um die dringend erforderliche Unterstützung gegen die schweizerischen und unterelsässischen Gegner zu erhalten. Als dieses Vorgehen allerdings am Oberrhein bekannt wurde, schadete dies, wie nicht anderes zu erwarten war, seinem Ansehen bei den Reichsständen und Städten der Region nachhaltig, noch dazu, nachdem er einzelne Herren und Bürgerschaften sich zunächst mit Gewalt untergeordnet hatte, darunter auch Hagenau.[353]

Die Bedrohung durch die machthungrige Koalition der französischen Kapetinger, der von ihnen abhängigen avignonesischen Kurie unter dem aus Cahors stammenden Johannes XXII. Und Herzog Leopold schuf jedoch für die beiden bisherigen Gegenkönige eine völlig neue, bisher unbekannte Situation - und band sie über ihre Interessen über alle bisherigen Gegensätze zusammen. Daher kam es zu einem äußerst originellen Ausgleich: Friedrich verzichtete zunächst gegen Zuerkennung seiner Reichslehen auf die Krone, wurde jedoch am 5.9.1325 von Ludwig als Mitkönig anerkannt, ohne dass er diese Rolle im Folgenden trotz weiter gehender Vereinbarungen mit Ludwig aktiv auszufüllen versuchte.[354]

Auch diese neue Einigkeit und pragmatische Lösung des ursprünglich spaltenden Konflikts kam jedoch dem Frieden zwischen den Ständen am Oberrhein nicht zugute. Angesichts der Ferne des realen Herrschers und der Passivität des Nominal-Mitkönigs Friedrich musste der königstreue Landgraf Ulrich von Werd im Unterelsass tatenlos der gewaltsamen Einnahme und Entwehrung seines Ortes St. Hippolyt durch die habsburgisch-bischöfliche Partei zusehen.[355] Es war dieser gewaltsame Übergriff zwischen ehemaligen Jugendfreunden, den der Chronist als exemplarisch für die tiefe, alle bisherigen freundschaftlichen Bande sprengende Zerrissenheit der Region symbolisierte.[356]

Eine Befriedung des Oberrheins oder auch nur im Unterelsass, oder gar eine diese Gebiete umfassende Landfriedenseinigung, war so auf lange Sicht

---

352 Vgl. *Krieger*, Habsburger, S. 125.

353 Vgl. Mathias v. Neuenburg, S. 83 f.; besonders zu Hagenau *Rosenkränzer*, Johann, S. 60; zum weiteren Vorgehen Herzog Leopolds vgl. *Leupold*, Berthold von Buchegg, S. 9 f. 1324; der Herzog setzte Selz und die anderen elsässischen Städte so unter Druck, dass diese reumütig zu ihm zurückkehrten, auch der Landgraf im Unterelsass musste sich zur Neutralität verpflichten; vgl. Lichnowsky, Habsburg III, Reg. Nr. 651, 657,659, 676; RI VII, Nr. 174; *Stälin*, Wirtembergische Geschichte III, S. 170 f.

354 Vgl. Mathias v. Neuenburg, S. 84 auch zu den Verhandlungen rund um die Freilassung Friedrichs und Herausgabe der Reichskleinodien; daneben etwa *Leupold*, Berthold von Buchegg, S. 10 f.; *Kopp*, Geschichte V 1 (11), S. 81, 329; *Krieger*, Habsburger, S. 126.; zu den unterschiedlichen Verträgen von 1325/26 *Rosenkränzer*, Johann, S. 61 f.

355 Vgl. Königshofen, S. 796.

356 So Mathias v. Neuenburg, S. 84.

unmöglich. Dies hatte auch Bischof Johann erkannt, der bereits seit 1322 zahlreiche Dörfer und Märkte befestigt hatte, während andere Kirchengüter in seinem Territorium stark geschädigt wurden.[357] Selbst als am 28.2.1326 Herzog Leopold im Hause der Herren von Ochsenstein in Straßburg starb[358] und damit ein letztes Mal die enge Vertrautheit mit dem Geschlecht, das die längste Zeit die Reichslandvögte im Elsass stellte, sich ebenso zeigte, wie das enge Aufeinandertreffen der Gegensätze in der Oberrheinmetropole, konnte Ludwig diese Chance nicht nutzen. Durch seinen Romzug 1327 - 1330 war er nicht nur selbst in Oberitalien, sondern auch in einem viel weiteren Sinne nicht präsent, um durch personale Friedenssorge, wie sie etwa Rudolf meisterhaft vorgeführt hatte, die Gegensätze und Spannungen zu seinen Gunsten zu nutzen und durch einen Landfrieden an sich zu binden.[359]

Von den sich anschließenden „imperialen" Erfolgen - der Kaiserkrönung durch das römische Volk und der Einsetzung des minoritischen Gegenpapstes Nikolaus V. - ging dagegen kein Impuls für seine Herrschaft in Deutschland aus. Der Konflikt zur Kurie und damit innerhalb der Bistümer im *regnum teutonicum* spitzte sich nur noch weiter zu, da Johannes XXII. In einer Weise, die man seit dem päpstlichen Kampf gegen den Friedrich II. nicht mehr erlebt hatte, kein propagandistisches Mittel scheute, um den „Teufel in Menschengestalt" vom Thron des Reiches zu vertreiben.[360]

Friedrich zog sich, nachdem Johannes XXII. - sicher nicht unerwartet - die Bestätigung seiner Investitur als Mitkönig abgelehnt hatte,[361] endgültig nach Österreich zurück und überlies seinem jüngeren Bruder Albrecht die Politik in den südwestlichen Vorlanden.[362] Dieser zeigte sich als ein würdiger Nachfolger Leopolds - sowohl in seiner Loyalität gegenüber der Kurie, als auch in zahlreichen gewaltsamen Aktionen gegen die kleineren Stände der Landschaft. Während dessen blieben die Bischöfe und Bürgerschaft

---

357 So die etwa Schädigung des Klosters Schuttern, vgl. zum Ganzen *Rosenkränzer*, Johann, S. 54, 58 f.

358 Vgl. Mathias v. Neuenburg, S. 84 f.

359 Im Gegenteil führte der Zustand, in dem Ludwig das *Regnum Teutonicum* zurück gelassen hatte, dazu dass aufgrund der unsicheren Lage viele autonome kommunale und ständeübergreifende Bündnisse erneuert oder neu begründet wurden, vgl. auch *Leupold*, Berthold von Buchegg, S. 11 ff. hierzu und zum Folgenden.

360 So gab die Kurie immer noch schärfere Erlasse gegen den Kaiser und den Gegenpapst heraus, die in ihrer Vehemenz und Maßlosigkeit allein mit dem Vorgehen gegen Friedrich II. vergleichbar scheinen, vgl. *Wackernagel*, Basel I, S. 241 f. Dies ging auch nicht am Oberrhein spurlos vorbei, vielmehr berichten die Quellen vom weitgestreuten Widerstand der Kapitel und Städte gegen die päpstlichen Sentenzen, *Leupold*, Berthold von Buchegg, S. 14.

361 Vgl. *Rosenkränzer*, Johann, S. 62 f.

362 *Leupold*, Berthold von Buchegg, S. 10 f.

von Basel und Straßburg ganz in den Problemen zwischen König und Papst und ihren inneren Verstrickungen gefangen. Auch ohne den König gab es damit keinen anerkannten Machtfaktor in der Region, der die Initiative für eine dringend gebotene Befriedung des Landes hätte übernehmen können.

b) Der mittelrheinische Landfrieden und der Dreibund am Oberrhein

(1) Für das gleichermaßen lebenswichtig auf seine Neutralität wie auf funktionierenden Fernhandel angewiesene Straßburg bot sich erneut nur die Orientierung nach Norden an. So beteiligte sich die Bürgerschaft am 24.4.1325 an der erneuten Errichtung des Landfriedens mit den vier mittelrheinischen Städten bis zum 11.11.1326, bei der der durch seine offene Allianz mit den Habsburgern für Straßburg inakzeptable Erzbischof von Mainz nicht mehr eingebunden wurde.[363] Der politischen Neutralität war ein besonders großer Platz eingeräumt, während der Text sich sonst weitgehend an den Vorläufer von 1322 anlehnte: So wurde auch das eigenmächtig errichtete Geleit, jetzt allerdings nach Mainz verlegt, beibehalten. Allein Straßburg bekam die Option zugestanden, ohne Einvernehmen mit den Partnerstädten weitere Mitglieder im Süden aufzunehmen. Zeigte dies ebenfalls das Bestreben, den Einfluss der Habsburger zurück zu drängen, kann die umgehende Bestätigung, die die Allianz durch König Ludwig erfuhr, nicht verwundern.[364] Dem Bund gelang es auch bald, Bischof Emicho von Speyer, einen Anhänger des Wittelsbachers, und Markgraf Friedrich von Baden als Mitglieder zu gewinnen.[365] Die Teilnehmer verlängerten schließlich den politisch erfolgreichen Landfriedensbund am 8. April 1327 unter geringen Ergänzungen bis zum 25. April 1328, wobei sie sich nicht von der Tatsache stören ließen, dass der alte Frieden bereits zuvor ausgelaufen war.[366]

Obwohl sich Straßburg an dieser Landfriedensentwicklung beteiligte und sich diese damit auch über Teile des Unterelsass erstreckte, sind besondere Vermittlungsmaßnahmen und Auszüge nicht überliefert. Auch an dem

---

363 Vgl. St. UB II, Nr. 452; während Kaiser Ludwig und Herzog Leopold versuchten, durch Genehmigungsschreiben und Werbung für die Aufnahme ihrer Vertrauten als Mitglieder Einfluss auf den Landfrieden zu gewinnen, wie etwa die Teilnehmer des Durlacher Bündnisses, vgl. hierzu und zum Folgenden *Bock*, ZGO NF 46 (1933), S. 340 f.; *Schwalm*, Landfrieden, S. 57 f., 62 f., letzerer mit abweichender Datierung; *Leupold*, Berthold von Buchegg, S. 12; vgl. hierzu und zum Folgenden *Fürderer*, ZGO 153 (2005), S. 279 ff.

364 St. UB II, Nr. 456.

365 MGH Const. VI 1, Nr. 50, 288; Müller, Kampf, S. 145..

366 St. UB II, Nr. 475.

einzigen dokumentierten Auszug dieser Zeit gegen die Burg Rheingrafenstein waren die Elässser nicht beteiligt.

(2) Durch das neue Schisma bei der Bischofswahl in Basel von 1325 hatte sich auch im Sundgau die Lage weiter verschärft.[367] Der Chronist berichtet, dass der von der Kurie ernannte Bischof Johann zur Durchsetzung seiner Machtstellung vor äußerst blutigen Gewalttätigkeiten nicht zurück schreckte. Um sich gegen den mit den Herren und Städten des Umlandes verbündeten Kandidaten des Kapitels, Bischof Hartung zu behaupten, bedurfte er vor allem der Hilfe des neuen Herzogs Albrecht von Habsburg und musste diesem dafür erhebliche Leistungen versprechen, mit denen der Habsburger erheblichen Einfluss auf das Bistum und innerhalb der Stadt bekam.[368] Neben heftigen Unruhen und Parteiungen wurden die papsttreuen Dominikaner von der Bürgerschaft verbannt. Der dominikanische Chronist setzte dieses Unglück in unmittelbare Beziehung zu den gleichzeitig auftretenden Katstrophen wie dem Abbrennen von Kleinbasel 1327 und ersten Epidemien, die als göttliche Strafe für diese Missetaten erscheinen mussten.[369]

Eine direkte Einbeziehung der um Beistand suchenden Bürgerschaften Freiburgs und Basels in den mittelrheinischen Landfrieden erschien Straßburg angesichts der Vormacht der Habsburger zu gefährlich, drohte dann doch eine große militärische Eskalation zwischen ihnen und dem königstreuen Landfrieden. Daher machte die Stadt von dem ihr eingeräumten Recht zur Aufnahme oberrheinischer Städte in den Frieden keinen Gebrauch, sondern schloss sich parallel mit den beiden Bürgerschaften am 22.11.1326 in einem Städtebund zusammen, der zunächst drei Jahre dauern sollte.[370]

---

367 Schon länger hatte der Streit um die Umgelderhebung durch den Rat für Geistliche und dem Domkapitel, das gegen diese ungewohnte Umsatzssteuer protestierte, zur Einstellung der Gottestdienste geführt, gegen die die Bürgerschaft an die Kurie appeliert hatte; dieses hatte jedoch keine Erfolgschancen, zumal die Bürgerschaft die sogenannten „Barfüßler" gegen den erklärten Willen Johannes XXII in Schutz nahm; hinzu kam der Krieg des dortigen Bischofs mit Graf Rudolf von Neuenburg, vgl. zu beidem *Wackernagel*, Basel I, S. 232 ff.; *Hertzog*, JbGEL 17 (1901), S. 113 f.

368 Bei der Doppelwahl 1325 hatte der von der Kurie eingesetzte Johann sich gegen das Kapitel und den von diesem gewählten Hartung durchsetzen müssen, der mit nicht wenigen Herren und Städten verbündet war; dies gelang ihm erst nach gewaltsamen Erstürmungen, Brandsatzungen, Tötungen und Verstümmelungen, allerdings musste er nach dem Tod Herzog Leopolds am 28.2.1326 Albrecht von Habsburg als Verbündetem 2500 M. und einen baldigen und günsitgen Friedensschluss versprechen, zu dem sich Hartung erst 1328 gegenüber dem Papst bereit erklärte; vgl. *Wackernagel*, Basel I, S. 238.

369 Vgl. *Wackernagel*, Basel I, S. 239, 242 f.

370 St. UB II, Nr. 470; diese nahm die jeweiligen Stadtherren aus, was insbesondere die Freiburger betraf, schloss aber ein Vorgehen dann nicht aus, wenn diese sich als Helfer anderer

(3) Dieses Bündnis besaß einen praktisch identischen Aufbau und viele Elemente wie die bisherigen regionalen Landfriedenseinungen:[371] So folgte auf die Bestimmung eines Geltungsgebietes die sehr detailliert geregelte Hauptpflicht, dass sich die Partnerstädte gegenseitig bei der Schädigung einer von ihnen mit Rat und Tat *„uffe den eit beholfen sin“* und gegen den Gegner, seine Helfer und späteren Unterstützer vorgehen sollten, sofern der betroffene Rat dies mit Mehrheit erkannt und der Schädiger nicht auf *„verbotschaft ... von der stat, die er geschadigt het, daz er widerdete“* die Wiedergutmachung geleistet hätte. Gleichzeitig wurden - ebenfalls wie typisch für die vorangegangenen Landfrieden - beschränkende Pfändungsregeln zwischen den Bürgern festgelegt. Neben den üblichen und aus der unbeständigen Situation besonders gebotenen Ausnahmen der Stadtherren aus dem Kreis der Gegner, gegen die man Beistand zu leisten hatte, enthielt dieser schließlich genaue Regelungen im Verhältnis zum mittelrheinischen Landfrieden. Danach sollte das Bündnis den Landfriedenspflichten der Straßburger nicht schaden, sondern jede Stadt die zuerst vom Landfrieden gemahnt wurde, sollte zunächst diesem und dann erst im Rahmen des Bundes Hilfe leisten.

(4) Der Dreibund wurde bis zum 11.11.1348 regelmäßig etwa alle zwei Jahre erneuert und stellte während dieser zwölf Jahre eine wesentliche Konstante in der oberrheinischen Politik dar.[372] Inhaltlich wurde er nur wenig weiterentwickelt: So wurde 1329 etwa der geschädigten Stadt erlaubt, sofort anzugreifen, insbesondere wenn der Gegner sich von vornherein weigerte, die Schadensersatzforderung zu erfüllen. Dagegen sollten sich die Verbündeten untereinander in jedem Fall nicht ohne Klage vor dem zuständigen Gericht angreifen, das sofort richten sollte. Anderenfalls sollte

---

Gegner der Verbündeten betätigten; Straßburg nahm die im mittelrheinischen Landfrieden ebenfalls von der gegenseitigen Hilfspflicht aus; ausschlaggebend war wohl nicht zuletzt das Durlacher Bündnis sowie die Expansion der Habsburgischen Macht seit der sogenannten „Pfirter Heirat“, gegen die der enge Bund eine hohe Wirksamkeit versprach; als Reaktion auf die jüngsten Einflußnahmeversuche am Mittelrhein sollten Neuaufnahmen von Mitgliedern jedenfalls nur einstimmig vorgenommen werden; vgl. hierzu und zum Ganzen Basler UB IV, Nr. 59; *Bock*, ZGO NF 46 (1933), S. 340; *Wackernagel*, Basel I, S. 247, 264 f.; zu diesem Dreibund und seiner Fortentwicklung bis 1365 jüngst auch *Fürderer*, ZGO 153 (2005), S. 278 f.

371 Daneben bemerkenswert etwa auch die Begründung zu „Nutz, Notdurft, Frieden und Frommen“ der Mitgliedsstädte und ihrer Bürger, eine Formel, die auch in den Landfrieden einen steten *topos* darstellte, ebenso wie die geografische Umgrenzung des Hilfsbezirks, hier um die Punkte Selz, Vogesen, Schwarzwald, und Pruntstrut-Hauenstein, die das Bündnis von der großen Mehrzahl ähnlicher Allianzen der Zeit abhoben; *vgl. zu beidem unten Kapitel 3*, insbesondere auch zur Frage, warum dieses Bündnis gleichwohl keinen Landfrieden darstellte und richtigweise auch von keinem Zeitzeugen so bezeichnet wurde.

372 Vgl. nur St. UB II, Nr. 491, 518; St. UB V, Nr. 39, 76, 94, 108, 124, 135; UB Basel IV, Nr. 108, 144.

die Stadt für Wiedergutmachung durch den betroffenenen Bürger sorgen – eine Regelung, die das System der Reichslandfrieden aufgriff.[373] Nach 1335 sollte bei einem Streit zweier Städte der Rat der dritten Bürgerschaft als Schiedsrichter fungieren, während der Bund bereits Vorkehrungen für einen künftigen elsässischen Landfrieden traf, dem alle Parteien beitreten sollten.[374] Für das Eingreifen der von ihm vorgesehenen Verfahren sind hingegen keine Belege vorhanden: Konflikte wie 1326 zwischen Straßburg und Offenburg, oder 1327 zwischen Straßburg und dem von seiner Bürgerschaft durch Fehdemaßnahmen geschädigten Bischof Johann, seinem Vogt von Berstein, sowie der Stadt Rheinau wurden allein durch Schiedsvermittlung anderer regionaler Autoritäten gelöst.[375]

c) Das erneute Experiment eines großen Rheinbundes

Ende des Jahres 1327 musste die Lage im Reich fatal an den Beginn des Interregnums erinnern: Der Kaiser vom Papst als Ketzer gebannt und außer Landes, ohne eine wirksame Friedenssorge realisieren zu können, das Land zerrissen von privaten Machtkämpfen und Übergriffen. Umso näher lag es da für die Bürgerschaften, an die verschwommenen, glorreichen Erinnerungen ihres „Großen" Rheinischen Bundes von 1254 anzuknüpfen.[376]

(1) Anders als damals erforderten die starken habsburgischen und kurialen Anhänger, neben dem Interdikt, ein abgestuftes diplomatisches Vorgehen und schlossen die eigenmächtige Errichtung eines allgemeinen bündischen Landfriedens mit dem Anspruch der über 70 Jahre zurück liegenden „*pax sancta generalis*" aus. Zwar hatte der mittelrheinische Landfrieden Straßburg 1325 ausdrücklich die Möglichkeit eröffnet, diesen Bund eigenständig durch neue Mitglieder auf die Oberrheinregion auszudehnen. Diese Vollmacht hatten die Elsässer aber nicht erhalten, um den Frieden den Herzögen von Österreich und ihre Anhängern, darunter Bischof Johann von Straßburg, zu öffnen, gegen die sich der Frieden mehr oder weniger offen richtete. Vielmehr sollte die Front der Habsburggegner um weitere reichstreue Städte und Herren bereichert werden. Dagegen standen die Bürger-

373 Vgl. bereits St. UB II, Nr. 491.

374 Vgl. St. UB V, Nr. 39; UB Basel IV, Nr. 125.

375 Vgl. nur *Rosenkränzer*, Johann, S. 72 f. zu beiden Konflikten m.w.N.

376 So fanden sich wieder die Versuche, ein umfassendes Netz aus Bündnissen unter städtischer Führung zu Stande zu bringen, vgl. Basler UB IV. Nr. 61, 62 für Bündisse am oberen Rheinlauf mit den Grafen von Kiburg und späteren Schweizer Städten; nur für *Bock*, ZGO NF 46 (1933), S. 341 m.w.N. scheint dabei allerdings die „unverhüllte Oppositionsstellung späterer Städtebünde" vorweggenommen, der Adel lediglich geduldet; wohl richtiger *Wackernagel*, Basel I, S. 246.; *Leupold*, Berthold von Buchegg, S. 12.

schaften von Freiburg und Basel im engen Kontakt mit den Habsburgern. Aus diesem Grund war das Bündnis der drei oberrheinischen Metropolen aus Sicht der Straßburger der weitaus geeignetere Ausgangspunkt, sich mit dem habsburgischen Lager zu arrangieren. Dem entsprechend entwarf Straßburg ein Formular für den Beitritt von Adeligen zu diesem Bündnis, in dem das bereits bestehende Bündnis zwischen Zürich, Konstanz, Lindau, Überlingen, Bern und dem Grafen von Kiburg ausdrücklich berücksichtigt wurde.[377] Dagegen wurde ausdrücklich verboten, die Herzöge von Österreich ohne Zustimmung aller Teilnehmer aufzunehmen, sofern diese nicht innerhalb eines gemeinen Landfriedens im Elsass, den der Kaiser oder König oder ihr Pfleger aufrichten wollten, aufgenommen würden, als *„landgrave .. in obern Elsaße, ane den man keinen lantfriden zu Elsaße gemachen mag alz von alters herkommen ist.“*[378]

Reichte nach dieser aufschlussreichen Textstelle für die Bundesgenossen ihre eigene Autorität nicht (mehr) aus, um einen wirklichen Landfrieden aufzurichten, so blieb nur die Form des Städtebundes. Konsequent sah das Beitrittsformular keine neue, gemeinsame Instanz für die Beurteilung von Klagen vor, sondern die neu aufgenommenen Herren mussten sich an den Rat in Straßburg wenden, der mit Mehrheit über die zu leistende Hilfe erkannte und dem damit *de facto* wichtige Gerichtsfunktionen im Umland zukommen sollten.[379]

(2) Der „neue Große Bund“, wie er von den Chronisten bezeichnet wurde, kam schließlich am 20.5.1327 zustande, indem sich die bereits verbündeten oberen Städte im Umkreis der habsburgischen Vorlande mit den Teilnehmern des Dreibundes und des mittelrheinischen Landfriedens, mit Ausnahme Oppenheims, vereinten.[380] Sein Inhalt war nahezu wortgleich an dem fortbestehenden oberrheinischen Dreibund orientiert, lediglich die Möglichkeit der Aufnahme neuer Mitglieder bestand nur mit Mehrheit aller Partner. Den Dreibundstädten wurde eingeräumt, einem „oberen“ Landfrieden im Elsass beizutreten, von dem sich allerdings keine urkundlichen Spuren finden. Sofern sich diese Klausel noch auf den, eventuell verlängerten, habsburgisch dominierten Frieden von 1319 bezog,[381] schien der

---

377 Vgl. AV. Stbg., Série III (GUP) 49, Nr. 2, erstmals jüngst ediert in OSA I, Nr. 504, dort genauer Art. 17; zum zwischen den „oberen Städten“ bestehenden Städtebünden und Landfriden noch aus den Zeiten, als das Doppelkönigtum gerade zu drohen begann vgl. *Bock*, ZGO NF 46 (1933), S. 337 f. m.w.N.

378 Art. 13 OSA I, Nr. 504.

379 Vgl. im Einzelnen die sehr weitgreifenden Regelungen ebd., in Art. 2-4 und 6-9.

380 St. UB II, Nr. 478.

381 Vgl: zu diesem, am 10.11.1319 bis zum 24.7.1320 geschlossenen Landfrieden für die habsburgischen Lande mit 13 Amtsleuten, von denen sechs aus Reihen der Ritter, die übrigen aus der der Städte stammten, *Bock*, ZGO NF 46 (1933), S. 338 m.w.N.

Eintritt dieser Konstellation auf Grund der eher reichsfreundlichen Neutralitätspolitik der drei Bürgerschaften höchst unwahrscheinlich.

Vielmehr schlossen sich dem neuen großen Bund am 5.6.1327 auch die Waldstätte an, wobei die einzigen Sonderbestimmungen Maßnahmen der Allianz gegen die Habsburger regelten, da die Schweizer die in ihrem alten Waffenstillstand vereinbarte Absage-/Ankündigungsfrist von einem Monat einhalten wollten.[382]

(3) Als der Bund Anfang 1329 erneuert werden sollte, kam es zu der merkwürdigen Konstellation, dass die Verlängerung zwar am 14.1. unter der Beteiligung des Bischof Rudolf von Konstanz, jedoch nur durch die oberen Städte ohne die Dreibundsmitglieder erfolgte,[383] während kurz darauf am 16.3. sich alle bisher beteiligten Städte ohne den Konstanzer Bischof neu verbanden.[384] Entweder mag man mit BOCK darin einen erneuten Wandel der Politik Straßburgs nach einer kurzen Phase der Abkehr von dem Bündnis erkennen; richtiger aber erscheint es, mit RUSER beide Verträge als eine Kompromisslösung anzusehen, nach der die Dreibundstädte zwar ebenso wie die mittelrheinischen nicht im Bund mit dem sehr papst- und habsburgfreundlichen Bischof Rudolf von Konstanz sein, aber zumindest noch mit den oberen Städten verbunden bleiben wollten.[385] Dies umso mehr, nachdem sich der Bischof am 24.2.1330 offen mit den Herzögen von Österreich gegen „Herzog Ludwig" verbündet hatte, wobei die mit ihm verbündeten Städte zumindest ausgenommen wurden, solange diese nicht Ludwig als König anerkannten.[386]

Allerdings scheiterte an den unterschiedlichen Ausrichtungen der Bündnispartner und den immer stärker zu Tage tretenden Gegensätzen zwischen Süd und Nord schließlich das ehrgeizige Projekt, bevor es über allenfalls kleine Erfolge Wirkung entfalten konnte, mit der Folge, dass sich die einzelnen Teilnehmergruppen in regional benachbarte Gebiete um orientierten.[387]

---

382 Vgl. UB Zürich XI, Nr. 4076, 4078.

383 Vgl. OSA I, Nr. 520.

384 St. UB II, Nr. 494; Basler UB IV, Nr. 180; UB Abtei St. Gallen III, Nr. 1326.

385 Vgl. *Bock*, ZGO NF 46 (1933), S. 343; dagegen überzeugend *Ruser*, OSA I, S. 366 f.; vgl. auch *Wackernagel*, Basel I, S. 246; *Leupold*, Berthold von Buchegg, S. 48 f. Zur Stellung von Bischof Rudolfs von Montfort-Feldkirch vgl. insbesonders *Müller*, Kampf, S. 138 f., 292 ff.

386 Vgl. MGH Const. VI 1, Nr. 689.

387 Vgl. zu den Gründen hier überzeugend *Bock*, ZGO NF 46 (1933), S. 344; zu den bescheidenen Erfolgen des Bundes gehörte etwa die friedliche Streitbeilegung einer adligen Erbschaftsstreitigkeit durch die Bündnisstädte Konstanz und Zürich, vgl. OSA I, Nr. 522.

d) Auseinandersetzungen um Allianzen um Bischof Berthold von Straßburg

Während sich die Städte derart mehrfach verbunden hatten, verstärkten auch die bedeutenderen Adeligen der Umgebung ihre Allianzen untereinander. So schlossen etwa 1327/28 die Grafen von Hohenberg mit denen von Württemberg, jene mit den Markgrafen von Baden und Hannemann von Lichtenberg Bündnisse.[388] Bischof Berthold von Straßburg hatte sich schließlich auch vertraglich an die Habsburger gebunden, nachdem er sich das Bistum gegen den Widerstand des Kapitels vorläufig gesichert hatte.[389]

Nach dem Tod Leopolds und dem Abkommen mit Friedrich sorgte die Anerkennung der Ochsensteiner als Reichslandvögte während des Romzugs Ludwigs zwar für eine gewisse Stabilität, hatten sie sich doch als gern gesehene Vermittler in den zahlreichen Konflikten erhebliches Ansehen erworben, als sie etwa 1327 den einzigen offen ausgetragenen Konflikt zwischen Bischof Berthold und seiner Bürgerschaft um Rheinau schlichten konnten.[390] Dieser Einfluss der alten Verwandten und Vertrauten kam den Habsburgern selbst aber nicht zugute, vielmehr kehrte Herzog Albrecht nach einem nur kurzen Aufenthalt im Südwesten im Sommer des Jahres der Region den Rücken und überlies die Vorlande seinen Amtsleuten.[391]

Der Grund lag zu einem nicht geringen Maße darin, dass der exponierteste Habsburger Vertraute, der streitbare Bischof Berthold, große Schwierigkeiten sowohl in seinem ursprünglichen Bistum Speyer als auch bei seinem Amtsbeginn in Straßburg hatte. In Speyer verweigerte der völlig überschuldete Bruder des Mainzer Erzbischofs die Übergabe der Amtsgeschäfte an einen Nachfolger beziehungsweise an den königstreuen Gegenbischof Walram von Veldenz. Es kam zwischen 1328 und 1330 zu einer weit um sich greifenden Fehde mit Walram und den mit ihm verbündeten Württembergern, in deren Verlauf viele Burgen erobert und viele geschädigt wurden.[392] Die tiefe Feindschaft mit den schwäbischen Grafen beruhte vor

---

388 Vgl. zu letzterem *Lehmann*, Hanau-Lichtenberg I, S. 41; *Leupold*, Berthold von Buchegg, S. 12 m.w.N.

389 vgl. zu diesem am 8.8.1329 geschlossenen Bündnis mit Otto von Habsburg Lichnowsky, Habsburg III, Nr. 780; *Leupold*, Berthold von Buchegg, S. 67 f.

390 Vgl. Wattenbach Regesten ZGO 24 (1872), S. 168; Schoepflin, Alsatia Diplomatica II, Nr. 563; *Leupold*, Berthold von Buchegg, S. 13; vgl.

391 Vgl. *Leupold*, Berthold von Buchegg, S. 67

392 Zunächst hatte Berthold 1328 die Übergabe von Speyer an seinen Nachfolger und früheren dortigen Gegner den Probst Walram von Veldenz wegen der enormen Geldleistungen, die er selbst für den Erwerb dieses Amtes getätigt hatte, und hielt mehrere Burgen besetzt, die er aus Straßburg versorgte. Obwohl er Berthold gegen 1300 M. als Bischof ursprünglich anerkannt hatte, kam der Graf von Württemberg dem Herren von Veldenz zu Hilfe, begann mit diesem Fehde gegen Berthold und nahmen mit einer List Bruchsal und mit Ge-

allem auf dem gleichzeitigen Streit um die Lehen der Herren von Horburg namentlich bei Colmar, die diese dem Wüttemberger ohne Wahrung der Rechte des Bischofs übereignet hatten. Trotz eines Vergleichs, bei der der Bischof die Lehen gegen erhebliche neue finanzielle Lasten zurück gewann,[393] schwelte diese Gegnerschaft fort, und entflammte nach dem Tode Burkhards von Horburg wieder neu.[394]

Die Belastungen aus diesen Fehden und die erheblichen Kosten des Friedensschlusses musste Berthold nun aus seinem neuen Straßburger Bistum aufbringen, das er am 21.12.1328 mit „600 Helmen" mit Hilfe des Kapitelherrn Konrad von Kirkel „im Frieden in Besitz" genommen hatte.[395] Als der überschuldete Stadtherr selbst bei den Juden keinen Kredit mehr erlangen konnte, ließ er diese mit dem Rat der Seinen gefangen nehmen und erpresste zunächst von diesen die geschuldeten 6000 M., bevor es zu einem ersten Pogrom wegen eines vermeintlichen Knabenmordes kam.[396] Aber auch die Christen in Stadt und Land im ganzen Bistum, und insbesondere die Kleriker sahen sich neuen, hohen Abgaben gegenüber. Die Begründung an das Kapitel, er habe als vom Papst Eingesetzter die Zustimmung von

---

walt Rothenberg ein, während Berthold Kisslau und Lauterburg bis in den Sommer 1330, als ihn ein päpstlicher Befehl aufforderte, die Plätze zu räumen; so Mathias v. Neuenburg, Beilage II, S. 248 f.; danach *Leupold*, Berthold von Buchegg, S. 63.

393 Burkhard und Ulrich von Württemberg hatten am 7.12.1324 den kinderlosen Herren Walter und Burkhard von Horburg ihr gesamtes Vermögen einschließlich der bischöflichen Lehen unter einem lebenslangen Nießbrauch abgekauft, ohne dass Berthold diesem als Lehensherr zugestimmt hatte. Als nach dem Tod Walters von Horburg die Württemberger 1328 ihren Anteil in Besitz nahmen, erwirkte der Bischof ein Weistum seines Lehensgerichts, nach dem das ohne Einwilligung verkaufte Lehen als erledigt zurückgefallen sein sollte, da ihm die Güter ohne Einwilligung entfremdet worden waren. Als sich die Kräfte der Württemberger und des Horburgers zu schwach erwiesen, um dagegen Widerstand zu leisten, schlossen alle Beteiligten einen Vergleich, nachdem der Bischof 600 M. an den Württemberger zahlte gegen die sofortige Rückgabe der Lehen der Burg Zellenberg, die er unverzüglich in seine Gewere nahm, indem er auf ihr das bischöfliche Banner aufhisste und die Festung sechs Wochen und drei Tage besetzt hielt, wie es das Lehensrecht erforderte; vgl. Mathias v. Neuenburg, Beilage II, S. 248 f.; *Leupold*, Berthold von Buchegg, S. 64 f. ; *Sittler*, Reichenweier, S. 2.; Richtung am 14./22.10.1329, Schoepflin, Alsatia Diplomatica II, Nr. 140. Interessanterweise zeigte der Vorgang, wie die Fehde angesichts der Romfahrt Ludwigs fast unumgänglich war, da keine wirksame Instanz zur gerichtlichen Beilegung und auch kein Vikar des Königs vorhanden war, während das bischöfliche Lehensgericht für die Württemberger wohl kaum als Austragungsinstanz akzeptabel war.

394 *Vgl. dazu unten Fn. 423.*

395 Vgl. dazu Mathias v. Neuenburg, Beilage II, S. 245 ff.; *Leupold*, Berthold von Buchegg, S. 22 f.

396 Dessen eine Jude durch augescheinliche Beweise und nach eigenem Geständnis auf der Folter überführt worden war, vgl. Mathias v. Neuenburg, Beilage II, S. 246 f.

ihnen erkaufen müssen, habe aber kein eigenes Vermögen, wurde sicher nicht so widerspruchslos akzeptiert, wie der Chronist dies darstellt.[397]

Jedenfalls gelang es dem Bischof, mit der Bürgerschaft recht gute Verbindungen aufzubauen und ein Bündnis zu schließen. Dieses wusste er sogleich in einer Auseinandersetzung mit Ritter Reinbold von Staufenberg auszunutzen, der die Rechte des Bischofs an seiner Stammburg bei Offenburg nicht anerkennen wollte, bis diese von Bürgern und Bischof von Grund auf am 24.8.1329 zerstört wurde.[398] Dies rief jedoch den Markgraf Rudolf von Pforzheim-Baden auf den Plan, der selbst Verbindungen zur alten Ministerialenfamilie und ihrem Sitz hatte. Dieser befehdete nun gemeinsam mit dem Württemberger und gewisser Unterstützung der Pfalzgrafen Land und Leute des Bistums. Markgraf Rudolf der Ältere verweigerte derweil seinem „geliebten Anverwandten" Berthold den Durchzug durch sein Territorium, da er nicht der „Türhüter des Bischofs" sei. Daraufhin verwüstete der Bischof gemeinsam mit den Straßburgern die Markgrafschaft, worauf Rudolf ebenfalls mit Vergeltung in den rechtsrheinischen Besitzungen des Bistums antwortete.[399]

Insgesamt erreichte die Unruhe rund um Straßburg am Ende des Jahrzehnts einen neuen Höhepunkt, den der Chronist nicht nur durch das Motiv des Zwists zwischen engen Verwandten literarisch verarbeitete, sondern der sich ihm auch plastisch daran zeigte, dass die Stadttore Straßburgs nun seit 1330 nachts geschlossen und verriegelt wurden.[400] Dem entsprachen auf Reichsebene die Abwahlpläne der geistlichen Kurfürsten, die Johannes XXII. Um 1328 forciert hatte, und der neue Streit um die Nachfolge im Erzbistum Mainz zwischen Balduin von Trier und Heinrich von Virneburg.[401]

---

397 So Closener, S. 92 f.

398 Ritter Reinbold von Staufenberg hatte dem Lehensmann des Bischofs, Ritter Albert von Au bei der Übernahme des bischöflichen Teilbesitzes der Ganerbenfeste Staufenberg bei Offenburg Widerstand geleistet, worauf Berthold die mit ihm verbündeten Straßburger Bürger aufbat, die Burg belagerte und sie am 24.8.1329 bis auf den Grund zerstörte, vgl. Mathias v. Neuenburg, Beilage II, S. 249; Closener, S. 97; Königshofen, S. 796 f.; vgl. *Lehmann*, Hanau-Lichtenberg I, S. 41 f.; Während sich die anderen Mitglieder der Staufenberger Familie Ende August 1329 mit dem Bischof aussöhnten, floh der Hauptgegner Reinbold zu den Markgrafen von Baden; *Leupold*, Berthold von Buchegg, S. 65.

399 So verwüsteten die Straßburger das Land des Markgrafen Rudolf des Älteren, bis auf die feste Plätze, wie Stollhofens und Baden, deren Einnahme aber Anfang Mai 1330 an den eintreffenden württembergischen Truppen scheiterte; Closener, S. 98; Königshofen, S. 797.

400 So Closener, S. 98; Königshofen, S. 797 mit dem Bezug zu der ahtuellen Fehde mit Badenern und Württembergern.

401 Vgl. *Thomas*, Ludwig der Bayer, S. 227 ff.

3. Neue Herausforderung und Suche nach angemessenen Friedensformen (1330-1337)

a) Die Rückkehr des Kaisers, Reichspolitik und städtische Verfassungsunruhen

(1) War der Oberrhein denkbar weit sowohl von einem faktischen als auch von einem normativen Landfrieden entfernt, kündigte sich zu Beginn des Jahres 1330 gleichzeitig mit den neuesten päpstlichen Dekreten die Rückkehr von Kaiser Ludwig an. Dieser war nun gewillt, aktiv seine Rolle auch in Deutschland wahrzunehmen, um der Demontage mit dem Ziel der Absetzung durch Kurie und Kurfürsten zu begegnen.[402] Nach dem Tod des mit dem Kaiser verbündeten Mitregenten Friedrich am 13.1.1330 rüstete sich dessen Verwandter, Herzog Otto von Habsburg erneut zum Widerstand. Die Kaisergegner formierten sich in neuen Allianzen, darunter die Bischöfe von Basel, Konstanz und Straßburg und die Markgrafen von Pforzheim-Baden, sowie im Mai zwischen Herzog Otto und den Luxemburgern.[403]

Der Kaiser gewann umgekehrt nach seiner Rückkehr den unterelsässischen Landgrafen Ulrich von Werd und Johann von Rappoltstein für sich, deren Feindschaft zu ihm noch aus den früheren Konflikten herrührte. Auch Weißenburg und Oberehnheim huldigten den erneut eingesetzten wittelsbachischen Reichslandvögten. Dagegen zeigten sich die Bürgerschaften in Colmar, Basel und Straßburg in eine wittelsbachische und habsburgische Fraktionen gespalten, zwischen denen nun im Mai 1330 erneut der Streit eskalierte, während der Kaiser noch mit den Luxemburgern verhandelte und auf eine Antwort des Papstes auf seine diplomatischen Initiativen zur Lösung des Bannes und des Konfliktes wartete. Als die kaisertreuen „Schwarzen" die das Interdikt einhaltenden Kleriker aus Colmar vertrieben, riefen die „Roten" „ihren" Herzog Otto zu Hilfe.[404] Dieser verband sich im Juni mit Breisach und belagerte im Juli Colmar, während Bischof

---

402 Vgl. hierzu und zum folgenden *Thomas*, Ludwig der Bayer, S. 230 ff.; *Moeller*, Ludwig; *Müller*, Kampf.

403 Otto rüstete sich zur Fortsetzung des Kampfes, und ließ sich auch nicht durch die Vermittlungsversuche des Herzogs von Kärnten von seinen Plänene abbringen. Neben seinen Allianzen mit Papst Johannes XXII., dem Herzog von Niederbaiern, sowie den Bischöfen von Basel, Konstanz und Straßburg kamen Bündnisse mit zahlreichen anderen Fürsten und Herren, wie etwa den Markgrafen von Pforzheim, sowie am 9.5.1330 ein enger Pakt mit König Johann von Böhmen in Landau mit Gültigkeit über ihren jeweiligen Tod hinaus zustande; vgl. *Leupold*, Berthold von Buchegg, S. 68 ff m.w.N.; *Wackernagel*, Basel I, S. 240.

404 Zur Vertreibung der „Prediger" aus Colmar, während dort die „Barfüßler" offen entgegen dem Interdikt Gottesdienst hielten, vgl. ÄDCCol. S. 8 (Bl. 14v); *Leupold*, Berthold von Buchegg, S. 72 ff. m.w.N.

Berthold rastlos Unterstützung leistete und dafür die Einnahme Benfelds durch den Grafen von Württemberg erdulden musste.[405] Jetzt huldigte auch Hagenau Ludwig, und Markgraf Rudolf der Ältere unterstützte offen den Kaiser,[406] da der Bischof seine Aktionen im badischen Territorium fortsetzen ließ.[407] Ähnlich hatten sich nahezu alle Stände auf die eine oder andere Seite geschlagen und ihre privaten Konflikte am großen Gegensatz von Kaiser und Habsburgern ausgerichtet.

(2) Daher kam dem denkwürdigen Vergleichsvertrag, der am 6.8.1330 in Hagenau geschlossen wurde, umso größere Bedeutung für die Landschaft zu: in ihm verzichteten die Habsburger endgültig auf ihre Konkurrenz zu Ludwig. In diesem Umfeld konnte ein Großteil der Feindschaften und Konflikte zwischen den Anhängern beider Lager gerichtet werden.[408] Darauf huldigte Ludwig endlich das ganze Elsass und insbesondere Colmar[409] auf seinem Zug nach Basel, das gerade in diesem Augenblick unter dem Druck des Interdikts von ihm abzufallen drohte.[410] War damit endlich der Hauptkonflikt fürs erste entschärft, und konnte der Kaiser mit den Habs-

---

405 Vgl. ÄDCCol. S. 8 (Bl. 14v.); *Leupold*, Berthold von Buchegg, S. 76 f.; auch der Konstanzer Bischof unterstützte nach Kräften den Habsburger, während von der anderen Seite Kaiser Ludwig mit dem König von Böhmen und den Grafen von Württemberg nach Hagenau kam. Bischof Berthold riet dringend aber erfolglos zu einem Zug der Verbündeten gegen Ludwig, wurde dann aber durch die Einnahme und viertägigen Plünderung des unbewachten Benfelden von diesen Plänen abgelenkt; vgl. Mathias v. Neuenburg, Beilage II, S. 250 f.; Königshofen, S. 797; beide auch zu den noch fortdauernden Auseinandersetzungen von Anhägern beider Seiten im rechtsrheinischen Gebiet.

406 Die Huldigung Hagenaus erfolgte m 9.6.1330, kurz darauf wechselte Markgraf Rudolf der Ältere ins Lager Rudolfs, vgl. *Leupold*, Berthold von Buchegg, S. 78 f.

407 Während er sich selbst nach Herrheim bei Landau zu einer Zusammenkunft mit Ludwig, Herzog Otto und dem Bischof von Konstanz begab, vgl. Mathias v. Neuenburg, Beilage II, S. 249 f.; Closener, S. 98.

408 Herzog Otto von Österreich schloss Frieden mit Ludwig, womit er seinen Bruder Albrecht, seine Verbündeten und vor allem Papst Johannes XXII., der ihm viele Versprechungen gemacht hatte, überraschte. Ihm wurden unter anderem Breisach, Neuenburg, Rheinfelden und Schaffhausen und andere Plätze verpfändet, während Bischof Berthold das ausgeplünderte Benfelden zurückgegeben und 4000 M. Schadensersatz versprochen wurden, die aber nur zögerlich gezahlt wurden. Vgl. hierzu und zum folgenden Mathias v. Neuenburg, Beilage II, S. 251; *Bock*, ZGO NF 46 (1933), S. 344 f., der dies aus habsburgischer Sicht als Liquidation nicht mehr haltbarer Positionen zur Bewahrung des gewonnen status quo am Oberrhein angesehen hat; vgl. weiter *Leupold*, Berthold von Buchegg, S. 79; *Thomas*, Ludwig der Bayer, S. 264 ff. auch zum wenig später erfolgten Ausgleich mit König Johann von Böhmen; zum 2.6.1330 unter Vermittlung von Herzog Otto geschlossenen Bündnis Bertholds mit der Stadt Straßburg vgl. nur Wattenbach, Regesten, Nr. 39.

409 Am 14.8.1330 zog Ludwig in Colmar ein, ÄDCCol. S. 8 (Bl. 13v.) dort zunächst irrtümlich datiert ins Jahr 1327.

410 Ludwig wurde auf diesem Triumpfzug in Begleitung von König Johann von Böhmen und Herzog Otto von Österreich überall gehuldig,; vgl. *Wackernagel*, Basel I, S. 243.

burgern gemeinsam zur tatsächlichen Befriedung im Land beitragen,[411] so gelang ihnen auch zusammen noch keine Errichtung eines allgemeinen Landfriedens für den Oberrhein.[412] Hierzu waren die Gräben zwischen den langjährigen erbitterten Gegnern und insbesondere rund um den auf seine Einnahmen existentiell angewiesenen streitbaren Bischof Berthold zu tief. Darüber hinaus hatte der Hagenauer Vertrag den bedeutungsvollsten Konflikt, jenen zwischen Kaiser und Papsttum, ebenfalls nicht aus der Welt geräumt, auch wenn Ludwig nun zumindest propagandistisch Versuche vorantrieb, zu einem Ausgleich mit der Kurie zu gelangen. Solange dieses Vorgehen jedoch nicht erfolgreich war, entfielen mit den beiden papstfreundlichen Bischöfen bei allen Friedensbemühungen äußerst wichtige Mächte und Autoritäten.

(3) Vor allem jedoch waren die Städte, die früher stets aus ökonomischen Gründen die treibenden Kräfte für einen Landfrieden dargestellt hatten, zu diesem Zeitpunkt zu sehr mit sich selbst beschäftigt, um auf einen neuen Landfrieden zu drängen. Dort waren aus den Auseinandersetzungen zwischen den kaiserlichen und habsburgischen Anhängern in den Rats- und Patrizierfraktionen und den Konflikten mit den Amtsträgern und Ordensgeistlichen der Kirche oft viel grundlegendere Verfassungskonflikte entstanden, die eine völlig neue Qualität annahmen: In Colmar wurden 1331 *beide* Adelscliquen durch die Zünfte vertrieben, die im Rahmen der anschließenden Zunftrevolution maßgeblichen Einfluss im neu gebildeten Rat erhielten.[413] Ähnliche Umwälzungen fanden etwa in Hagenau statt, nachdem die Stadt sich zum Kaiser bekannt hatte.[414] Am 20.5.1332 brach sich schließlich in Straßburg der lange gärende Konflikt der Zorner und Mülnheimer im *„großen Geschelle"* Bahn, in dessen Verlauf einige Bürger starben.[415] Die Handwerkerzünfte nahmen dies zum Anlass, um selbst die

---

411 So versöhnte Herzog Otto den Markgrafen von Baden mit Bischof Berthold in Bischofsheim, wobei auch der auslösende Konflikt mit Reinbold von Staufenberg gelöst werden konnte, der die Burg und eine Entschädigung im Gegenzug gegen umfassende Versprechungen seinerseits erhielt, vgl. Königshofen, S. 797; Bertold löste seinerseits die verpachteten Reichsstädte Offenburg, Ortenberg und Gegenbach zurück, Closener, S. 93.

412 Im Gegensatz etwa zu Ostschwaben, vgl. *Thomas*, Ludwig der Bayer, S. 233 f.

413 Dort wurde das Übergangskollegium der Neun bis 1347 verlängert, die Vertriebenen konnten bald darauf zurückkehren, fanden aber ihren Einfluss stark verringert, vgl. *Leupold*, Berthold von Buchegg, S. 84 f. m.w.N.; *Livet*, Histoire de Colmar, S. 55; *Mossmann*, Constitution; zu den Wellen von Zunftunruhen und Verfassungsrevolten vgl. nur *Czok*, Volksbewegung, S. 157 ff.; *ders.*, Bürgerkämpfe, S. 303 ff.

414 Am 6.3.1332, vgl. *Leupold*, Berthold von Buchegg, S. 86; vgl. auch zum Ganzen *Schrieder*, Hagenau.

415 Der schon lange gärende Konflikt der beiden führenden Patriziercliquen forderte sieben Todesopfer bei den Zornern und zwei auf der Mülnheimer Seite; die Zünfte als leidtragende „Dritte" wehrten sich aus Angst, durch die innere Entzweiung und Schwächung der Stadt könnte diese die Beute von Adeligen des Umlandes werden, aber auch wegen des

Macht zu ergreifen: Sie versuchten, den beiden Fraktionen einen Waffenstillstand zu befehlen und erzwangen die Verbannung der Totschläger. Schon lange hatte sich der Unmut der Handwerker über den Machtmissbrauch der Patrizier, die ihre Schulden nicht mehr beglichen, und insbesondere über die stark willkürliche patrizische Gerichtsbarkeit angestaut, bei der es von vornherein hoffnungslos, wenn nicht sogar gefährlich schien, diese Schulden einzuklagen.[416]

Die Handwerker brachen die Trinkstuben, die Hauptversammlungsorte der Patriziergesellschaften, stellten neue klare Stadtstatuten auf, die sie weit stärker als zuvor in Verwaltung und Verteidigung der Stadt einbezogen und ihnen die Mehrheit bei Rat und Meistern einräumten.

Nahezu alle elsässischen Reichsstädte durchlebten in kurzer Zeit nacheinander einen ähnlichen Verfassungsumbruch, der bisweilen freiwillig, mitunter aber ähnlich gewalttätig ablief.[417] Nur in Ruffach hatte noch Bischof Johann durch harte Maßnahmen die Unruhen vorerst verhindern können.[418] Für die Politik der Städte bedeutete dies zunächst zwar eine vorübergehende Hemmung ihrer Handlungsfähigkeit nach außen, jedoch keinen allzu großen Umschwung, da die Handwerker in diesen Fragen weiter auf die Kompetenz der alten Führungsschichten zurückgriffen. Allerdings musste den Kleinhändlern und Handwerkern die regionale Absicherung im Zweifel näher liegen als der Schutz des Fernhandels und die „große"

---

lange praktizierten Machtmissbrauchs der Adeligen, die Schulden bei den Handwerkern nicht beglichen und zahlreiche Gewalttätigkeiten begangen hatten; sie versuchten, ihnen einen Frieden bzw. Waffenstillstand zu befehlen, um den auch der Reichslandvogt und Götze von Grostein warben; als sich der Waffenstillstand allerdings nur von kurzer Wirksamkeit zeigte, übernahmen die Zünfte die Macht unter Ammeister Burkhardt Twinger sowie vier Stettemeistern, darunter vor allem Ruleman Swarber, sowie Rudolf Judenbreter, Hanseler von Schönecke, Johannes Klobelauch, die je ein Quartal die Jurisdiktion ausüben sollten; die Unruhestifter wurden, nach ihrer Schuld abgestuft, am 12. August aus der Stadt verbannt und die Stadttore erneut dauerhaft geschlossen, die Konstaffel in die Handwerkerklasse aufgenommen, die Trinkstuben der Herren gebrochen und der erste Schwörbrief als Verfassungsstatut 1334 feierlich eingeführt – übrigens unter der Mitsiegelung der befreundeten Städte von Mainz, Worms, Speyer, Basel und Freiburg als gewissen „Garantiemächten", vgl. *Distler*, Städtebünde, S. 208 m.w.N.; auch wurde es als Ausdruck der Gleichberechtigung üblich, dass auch die Handwerker auf Auszügen ritten, statt, wie bislang, zu Fuß dienten; vgl. Closener, S. 122 ff.; Königshofen, S. 775 – 780; Mathias v. Neuenburg, Beilage II, S. 253; *Arnold*, Histoire secrète, S. 95; *Leupold*, Berthold von Buchegg, S. 37 f., 40 ff.; *Borries*, JbGEL 31 (1915), S. 53 ff.; *Bertold*, Jahrbuch für die Geschichte des Feudalismus 1 (1977), S. 156 ff.

416 Vgl. hierzu Königshofen, S. 777: *„so gedurfte in der arme man nüt darum bekünbern in gerihtes wise"*, falls doch, seien die Kläger körperlich angegriffen worden und hätten auch hierfür keine Wiedergutmachung erlangen können.

417 Vgl. etwa *Arnold*, Histoire secrète, S. 95.

418 Vgl. Rosenkränzer, Johann I. von Straßburg, S. 80

Reichspolitik, die von den Fernkaufleuten bisher in gleichem Maße verfolgt worden waren.

b) Neue Bündniskonstellationen am Oberrhein

Daher verlängerte und verstärkte die Stadt Straßburg nur nach anfänglichem Zögern am 22.7.1332 ihr Engagement am mittelrheinischen Landfrieden, an dem nun der Kaiser und seine wichtigsten Verbündeten, Balduin von Trier und die Pfalzgrafen beteiligt waren.[419] Um diesen Frieden zu verhandeln, hatte Ludwig seinen Vertrauten bereits ein Jahr zuvor Vollmacht gegeben.[420] Die Sonderrolle der Stadt Straßburg wurde gewahrt und noch verstärkt, während der dem Kaiser ungehorsame Bischof Berthold außen vorblieb.[421] Gleichzeitig bemühte sich aber die neu konstituierte Ratsregierung auffallend um ein gutes Verhältnis zu ihrem Bischof, der sich selbst zu den Vorgängen in seiner Stadt neutral verhalten hatte. Schließlich war er durch Streitigkeiten mit der Stadt Metz und anderen Fehden voll in Anspruch genommen, die ihn durch den massiven Einsatz von Belagerungsmaschinen zu erheblichen neuen Ausgaben nötigten.[422] Auch der erneute Streit um Burkhard von Horburg führte zu einem neuen gewaltsamen Konflikt mit den Württembergern, in dem vor allem die Reichsstädte von den gegenseitigen Vergeltungsmaßnahmen betroffen waren, und in den viele umliegende Herren hinein gezogen wurden.[423]

---

419 Vgl. *Bock*, ZGO NF 46 (1933), S. 346

420 Vgl. die Vollmachten für Kanzler Hermann von Lichtenberg und Graf Gerlach von Nassau, über einen rheinischen Landfrieden mit Herren und Städten zu verhandeln, RI VII S. 279, Nr. 2748; S. 244 Nr. 101, erneuert 30.11.1334, S. 245, Nr. 105; *Leupold*, Berthold von Buchegg, S. 87; die Verzögerung dieses Landfriedens rührte wohl aus der Fehde von Erzbischof Balduin mit der Stadt Mainz her, vgl. *Thomas*, Ludwig der Bayer, S. 235.

421 Dieses konnte wieder den Frieden beliebig nach Süden ausdehnen, nahm dazu südlich von Selz die Aufgaben der Amtsleute war.

422 Bischof Berthold hegt wohl Sympathien für die Mülnheimer; seit 1332 befand er sich in Lehensstreitigkeiten mit Metzer Bürgern verwickelt, sowie in Fehden mit den Herren von Schauenburg und deren Helfer Ritter von Schmalenstein, dessen Burg Winstein im Unterelsass er am 22.8.1332 nach zehn Wochen Belagerung mit zwei „Katzen" und vier anderen Kriegsmaschinen zerstörte, vgl. Mathias v. Neuenburg, Beilage II, S. 252; *Leupold*, Berthold von Buchegg, S. 42 f. m.w.N.; *Lehmann*, Hanau-Lichtenberg II, S. 43.

423 *Vgl. schon oben Fn. 393*; Auslöser dieses neuen Streites war, dass Burkhards rappoltsteinischer Stiefsohn aus der ersten Ehe seiner Frau, den Burkhard von Horburg für unehelich erklären hatte lassen, nach dessen Tod Teile des Besitzes, der ja teilweise im Lehen des Bistums stand, für sich behalten wollte; darauf wiegelten die mit den Horburgern verbündeten und bereits als Teilkäufer deren Untereigentums in Erscheinung getretene Grafen von Württemberg Kaiser Ludwig erneut gegen Bischof Berthold auf, der sich seinerseits mit dem Bischöfen von Speyer und Metz und dem Herzog von Lothringen zusammen schloss und sich anschickte, die Reichsstädte Gengenbach und Offenburg sowie das württembergische Reichenweiher zu belagern; jedoch kehrten seine Verbündeten wegen des schlechten

Die Bischöfe von Basel verloren allmählich ihren Einfluss in ihrer Stadt an die Bürgerschaft, aber auch die Habsburger, und zogen sich mehr und mehr in den Jura zurück:[424] Nach der neuen Verständigung zwischen dem Kaiser und den Herzögen, und der neuen Situation am Oberrhein sahen die Baseler keinen anderen Ausweg mehr als eine enge Anlehnung an die Habsburger, die ihnen ihre Freiburger Bundesgenossen bereits vorgemacht hatten. Dies sicherte den Österreichern einen nachhaltigen Einfluss in beiden Kommunen, so dass schließlich nur Basel mit größter Mühe die Mediatisierung verhindern konnte.[425]

Da die neuen Stadtobrigkeiten, gleich ob vorwiegend kleinbürgerlich oder wieder patrizisch beherrscht, sich zwar offen zum Kaiser bekannten, jedoch mehr und mehr auf die Zusammenarbeit mit seinen, den Übereinkünften zum Trotz, nach wie vor bestehenden Gegnern in ihrer Nachbarschaft setzten, nahmen die unterschwelligen Spannungen in den regionalen Bündnissystemen und besonders dem oberrheinischen Dreierbund zu.[426] Auch der von Ludwig als Reichslandvogt eingesetzte Graf Albrecht von Hohenberg hatte sich rasch Bischof Berthold angenähert und diesem bei den Belagerungen der Burgen Schauenburg und Winstein geholfen.[427]

Wetters um, wo sie bei Finstingen in eine Fehde Johanns von Saarwerder mit dem bischöflichen Lehnsmann Heinrich von Finstingen gerieten, während die Württemberger und der mit ihnen verbündete Graf von Öttingen das bischöfliche Renchen einnahm, wobei viele gefangen genommen und der württembergische Ritter Heinrich von Stein getötet wurde, während das ortenauische Dorf jedoch abbrannte und der Öttinger nur mit Mühe entkam; weitere Angriffe auf das bischöfliche Oberkirch scheiterten ebenso wie dessen Gegenangriffe auf die Burgen Schauenburg und Winstein folgten, an denen sich nun auch der Reichslandvogt Hohenberg und die Reichsstädte beteiligten; vgl. RI VII S. 84, Nr. 1365, 1366; S. 86, Nr. 1393, 1394; S. 87, Nr. 1404; Mathias v. Neuenburg, Beilage II, S. 252 ff.; *Leupold*, Berthold von Buchegg, S. 88 f.

424 Vgl. *Wackernagel*, Basel I, S. 244.

425 Vgl. nur *Bock*, ZGO NF 46 (1933), S. 340.

426 So herrschte seit 1329 ein ausnehmend gutes Einvernehmen zwischen Bischof Berthold und dem Rat von Straßburg, das auch bei dessen Neuernennung auf Lebenszeit am 25.6.1333 fortbestand; es zeigte sich nicht nur daran, dass der Bischof in allen Beistandsbündnissen der Stadt ausgenommen wurde, sondern auch in zahlreichen gemeinsamen Auszügen gegen den umliegenden Adel, wie etwa den sogleich anzusprechenden gegen die Burg Schwanau; vgl. Königshofen, S. 780, 798 f.; *Leupold*, Berthold von Buchegg, S. 49. zur vermeintlich antikaiserlichen Zielrichtung des Dreibundes und Beistand Basels zugunsten Straßburgs gegen Kaiser Ludwig 1332 vgl. *Wackernagel*, Basel I, S. 244 f.; Basel selbst befand sich danach in größeren Fehden mit Adeligen des Umlands, darunter Werner Truchseß von Rheinfelden, dessen Burg Waldeck eingenommen wurde, sowie Markgraf Rudolf von Hochberg wegen der Tötung des Baseler Bürgermeisters, wobei ihre geplante Zerstörung des Schlosses Röteln durch Verhandlungen abgewendet werden konnte, vgl. BChr. V, S. 19; VI S. 250.

427 *Vgl. gerade oben Fn. 423.* Zur Einsetzung des Kanzlers Ludwigs, Albert von Hohenberg, als Reichslandvogt im Jahr 1333 vgl. Mathias v. Neuenburg, Beilage I, S. 236.

Schließlich konnten die Herzöge von Österreich durch einen Landfrieden am 20.7.1333 von Konstanz bis Basel ihren Einfluss und Ansehen ausbauen und neu gegen die Schweizer organisieren, gerade weil die eigentlichen Vorschriften des Landfriedens sehr dünn und lose waren.[428]

Konnten die Habsburger so als eigentliche Sieger der Hagenauer Übereinkunft gelten, war die Lage für Ludwig am Rhein aufs Neue durchaus prekär. Sie fand ihren Ausdruck in der Zerstörung von Schwanau, Erstein und Schuttern, die der erklärte Kaisergegner Bischof Berthold gemeinsam mit den Straßburgern, Freiburgern, Breisachern, Baselern, Neuenburgern, Bernern, den sechs wichtigsten Städten der elsässischen Reichslandvogtei, dem Bischof von Basel und den Habsburgern im April 1333 durchführte.[429] Zumindest bei der Burg Schwanau handelte es sich um Reichseigentum, das den Herren von Geroldseck verpfändet worden war.

Dem Landfrieden am Mittelrhein kam bei diesem Auszug keinerlei Bedeutung zu. Vielmehr schlossen die Teilnehmer *ad hoc* ein eigenes Bündnis für ihr Vorgehen, das sie als Maßnahme gegen ein Raubhaus begründeten, von dem großer Schaden den Straßburgern und für das Land ausgegangen sei. Allerdings könnte der tatsächliche Grund darin gelegen haben, dass Walter von Geroldseck die Straßburger während der Zunftunruhen geschädigt hatte.[430] Nach fünf Wochen Belagerung mit allen verfügbaren, aufwendigen Belagerungstechniken wurde die starke Befestigung zerstört und mit ca. 60 Mann nahezu die gesamte Besatzung hingerichtet.[431] Nachdem eine

---

428 Allerdings bot auch dieses den Habsburgern Ansätze für den Ausbau der Friedens- und Landesherrschaft, blieb aber eine doch eine singuläre Erscheinung, der vor allem wegen dem Widerstand von Zürich und Bern kein dauerhafter Erfolg über die konkrete Beilegung des Gümminenkrieges, für den er abgeschlossen war, beschieden sein konnte; Basel band sich ohnehin nur bis 1334 aus Rücksicht auf seine inneren Streitigkeiten und die Unternehmungen mit Bischof Berthold gegen Ludwig; diese letzte größere Bund am Oberrheinlauf scheiterte an seiner geografischen Ausdehnung und den zu großen Interessengegensätzen, so dass sich Basel darauf nur noch rheinabwärts in Richtung Elsass orientierte; vgl. zum Ganzen *Bock*, ZGO NF 46 (1933), S. 345 m.w.N.; *Wackernagel*, Basel I, S. 246.

429 Vgl. die ausführlichen Bündnisse zur Zerstörung der Burg St. UB V, Nr. 12; BUB IV, Nr. 110 mit dem österreichischen Landvogt und Pfleger im Sundgau Johannes von Hallweiler; sowie zum späteren kaiserlichen Einschreiten und Vermittlung ebd., Nr. 118-121; Justinger, S. 69; BChr. V, S. 19, 55; Königshofen, S. 798 f.; vgl. zum Ganzen *Wackernagel*, Basel I, S. 247 f.; *Leupold*, Berthold von Buchegg, S. 43 ff., 49 f. m.w.N.; *Dreyfus*, Histoire de l'Alsace, S. 82.

430 So die Begründung von Mathias v. Neuenburg, Beilage II, S. 253.

431 *„Daz waz das beste brouchus von gelegenheit und von buwe und das boste von raube daz man finden konnte"*; nach der Einnahme sollen das Ritterhaus auf der Burg von Straßburger oder Berner Werkmeistern verbrannt worden sein, wonach sich etwa 60 edle und unedle Mann der Besatzung zunächst auf Turm flüchten, schließlich sieben die anderen gegen freies Geleit verrieten; drei Handwerker unter den schließlich Ergriffenen wurden an die Burgmauer geschleudert, während der Rest enthauptet wurde; freigelassen wurden auf Anweisungen der Straßburger nur ein altes Männlein, *„weil es unschadeber was"* und *„ein junges rennerlein, wand es ein Kind was"*; vgl. Closener, S. 98 f.; ÄDCCol. S. 8 f. (Bl. 14v.); Königshofen, S. 799;

Schiffsbrücke über den Rhein angelegt worden war, beschädigten die Verbündeten auch die Mauern von Schuttern und das dortige Kloster, nahmen Erstein ein und verwüsteten das Territorium der Geroldsecker,[432] während Bischof Berthold weiter gegen die Grafen von Öttingen und Schaumburg, ihre Helfer zog und mehrere Häuser verbrannte.[433] Die Auseinandersetzung endete erst ein Jahr später durch einen Sühnevertrag, in dem die Herren von Geroldseck versprechen mussten, Erstein und Schwanau nicht wieder aufzubauen.[434]

Ludwig blieb nichts anderes übrig, als diese eigenmächtige Aktion der Dreibundstädte, Habsburger und Bischof Berthold nachträglich am 21.4.1334 zu legitimieren, indem er den Verbündeten hinsichtlich aller Schäden an Burgen, Leuten und Gütern bescheinigte *„daz si daz durch des riches ere und nutz getan habent, und wer si dar uber ... an irm leib oder an irm gut leydiget oder bechrenchet der tu[o] swa[e]rlich wider uns und des riches hulden und sol in unsern und des richs ungenaden grozlich sein."*[435]

c) Kaiserliche Friedensbemühungen im Reich und am Oberrhein

(1) Der Kaiser musste nun unverzüglich vorgehen, um nicht das Heft des Handelns am oberen Rhein völlig aus der Hand zu geben.[436] So sammelt er ein großes Aufgebot, um den störrischen Unruhefaktor Bischof Berthold endlich zur Huldigung zu zwingen, worauf dieser mit der Vorbereitung einer Allianz mit seinem Amtsbruder von Metz und den Herzögen von Lothringen antwortete.[437] Während der Wittelsbacher wieder einmal zuerst

---

Justinger, S. 89; Klingenberger Chronik, S. 52; Johannis Vitodur., S. 100 ff.; Notae Argent. hist. S. 119; UB Freiburg I, Nr. 304.

432 Vgl. Closener, S. 99

433 Insbesondere ins Dorf Steinbach bei Baden, das die Grafen von Öttingen, pfandweise innehatten, wo sie drei Häuser von Anhängern der Schaumburger zerstörten; die Grafen rächten sich ihrerseits durch Vertreibung des bischöflichen Vogtes aus Ulenburg; vgl. *Königshofen*, S. 780, 798 f.; *Leupold*, Berthold von Buchegg, S. 89 f.

434 Vgl. zum Sühnevertrag von 23.6.1334, UB Freiburg I, Nr. 304; Closener, S. 99 Anm. 3.

435 Vgl. St. UB V, Nr. 24; RI VII S. 322, Nr. 3007, 3008; *Leupold*, Berthold von Buchegg, S. 49 f.

436 Vgl. *Bock*, ZGO NF 46 (1933), S. 347.

437 Die kaiserlichen Truppen nahmen überraschend die Dörfer Renchen und Oberkirch, bevor der Bischof die Lothringer zu seiner Hilfe rufen konnte; darauf fielen die Straßburger Bürger von ihrem Bischof ab, der bei einem erneuten Blitzangriff des Kaisers auf Hagenau zunächst in die Burg Kochersberg bei Wasselnheim floh und die Hilfe des Papstes erbat; da Ludwig allerdings im fränkischen Würzburg gebraucht wurde, fand er sich zu einem durch Hermann von Lichtenberg vermittelten Vergleich bereit, der zwar keine Huldigung, aber immerhin ein Nichtangriffsversprechen Bischof Bertholds brachte, während die Gegnerschaft fortbestand; vgl. Mathias v. Neuenburg, Beilage II, S. 255; *Leupold*, Berthold von Buchegg, S. 90 ff.

zögerte, eroberte Berthold das nach den Vorgängen um die Horburger Erbschaft jetzt württembergisch gewordene Reichenweiher und besetzte Dörfer in der Ortenau, um die Reichsstädte in Schach zu halten.

Als der Bischof jedoch gerade seine lothringischen Verbündeten, die den Zug über den Rhein wegen schlechten Wetters verweigert hatten, aus ihren Verpflichtungen entlassen hatte, erschien der Kaiser überraschend mit einem großen Aufgebot, darunter den Markgrafen von Baden, am 23.10.1334 vor Hagenau, während die Württemberger die rechtsrheinischen Besitzungen des Bischofs angriffen. Als dann auch noch die ohnehin zwiegespaltenen Straßburger von ihren Verbündeten abfielen, blieb Bertohld nur, sich in seiner Burg Kochersberg zu verschanzen und sich endlich mit dem Kaiser, der bereits wieder an anderer Stelle gefordert wurde, zu vergleichen. Der erzwungene Kompromiss stellte allerdings keinen echten Ausgleich, sondern einen unter Zähneknirschen geschlossenen Waffenstillstand des Bischofs dar: Er musste Ludwig nicht huldigen, sich aber verpflichten, dessen Vertretern keine Hindernisse mehr zu bereiten.

(2) Dennoch war Ludwig nach diesem Etappensieg soweit gestärkt, dass er auf deutlich verbreiterter Basis am 30.11.1334 einen neuen Landfrieden am Mittelrhein bis 30.3.1337 aufrichten konnte, dem nicht nur wie bisher die bedeutenden Kommunen, sondern Erzbischof Balduin als Mainzer Metropolit und die gesamten ihm treuen Würdenträger und Kleriker, sowie die Pfalzgrafen Rudolf und Ruprecht als Parteien angehörten.[438] Diese Einung, die auf dem bisherigen, städtisch geprägten Friedenstext aufbaute, erwies sich inhaltlich als äußerst zukunftsweisend, da sie nun die Beurteilung aller Landfriedensfälle an eine gemeinsame Kommission mit sieben Mitgliedern übertrug, die *„uf ir eyde, die sie daruber liplich gesworen hant ungeverlich allen den, die in diseme landfri[e]den geschadiget werdent deme arme gelich alse dem richen gemein urteil sprechen unde sich erkennen, obe der oder die von den die klage geschehen ist oder geschiht, disen lantfri[e]den ubervarn und gebrochen hant oder nit unde sollent daz ouch nit lazen durch vorhte oder durch liebe oder durch gu[o]nst oder fu[e]dernisze der herren, der stetde, der kleger oder iemannes anders."*[439]

Damit war ein entscheidender Schritt hin zu einer echten unabhängigen, entscheidungsbefugten Gerichtsinstanz des Landfriedens, die an die Stelle der traditionellen Stadt- und Landgerichte trat, vollzogen.

---

438 St. UB V, Nr. 37; in der Auseinandersetzungen um das Erzbistum Mainz wird ein weiterer Anlass für diesen Landfrieden zu sehen sein, da diese 1334 einen neuen Höhepunkt zwischen Papst und Heinrich von Virneburg, dem Kapitel und Balduin von Trier erreichten, vgl. ausführlich *Müller*, Kampf II, S. 52 ff.

439 St. UB V, Nr. 37, S. 50, Z. 27 - 33.

(3) Allerdings konnte diese neue Friedensverfassung nur für den Mittelrhein Geltung beanspruchen, da Straßburg wiederum eine weitgehende Sonderrolle zugestanden bekam. So hatte die Stadt an der Bestellung des Landfriedensausschusses keinen Anteil. Ihr Rat entschied bei jedem Auszug mit Mehrheit, ob er dazu Beistand leisten wollte. Ferner urteilten sie alleine über das Vorliegen von Landfriedensbrüchen in ihrem Bereich. Auch materielle Normen, wie das landfriedensrechtlich sanktionierte Verbot unberechtigten Waffentragens, kamen am Oberrhein nur eingeschränkt zur Geltung. Schließlich hatte Straßburg wieder die Option erhalten, auch nach der gemeinsamen Ausschlussfrist vom 26. März weitere Mitglieder ohne Rücksprache aufzunehmen, und durfte im Falle einer Pflichtenkollision mit dem Dreibund oder dem oberen Landfrieden nach dem Prioritätsgrundsatz verfahren. Straßburg schien damit nur eher locker mit der Einung assoziiert, während es wohl auch dem einzigen in Frage kommenden Landfrieden der Habsburger in den Oberlanden vom 20.7.1333 beigetreten war, sofern man den Verweis nicht als einen Abschreibfehler aus den Vorlagen interpretieren will.[440]

Zeigte sich das Elsass so mit seiner Metropole an der Nahtstelle der beiden Landfrieden und von beiden umfasst, war deren Regime nur sehr schwach ausgeprägt. Auch die mittelrheinische Vollmacht zur Anwerbung neuer Mitglieder südlich der Selz blieb, bis auf das nicht lange zuvor mehrfach persönlich von Ludwig aufgesuchte Hagenau, erfolglos.[441] Dennoch bemühte sich Straßburg um eine weitere Abstimmung seiner unterschiedlichen Bündnisse, was durchaus im Interesse des Wittelsbachers lag. So traf der oberrheinische Dreibund 1335 Vorkehrungen für den Fall der Aussöhnung zwischen Papst und Kaiser und einen anschließenden Landfrieden für das ganze Elsass:[442] Alle drei Partner sollten diesem neuen „gemeinen Landfrieden“ beitreten; aber falls eine sich dennoch anders entschiede, sollte weder der Bund zur Hilfe gegen den Landfrieden, noch umgekehrt der Landfriede die Verbündeten gegen einander verpflichten.

(4) Allerdings gelang es der Stadt nicht, wie geplant, ihren zänkischen Bischof in den Dreibund einzubeziehen, da dieser, so der Chronist, nicht beitreten wollte, „wenn er nicht darüber zu entscheiden haben sollte, wann sie zu seinem Beistand verpflichtet wären, so wie jede der vorgenannten Städte in ihrer Sache berechtigt war. Er schloss daher ein Bündnis *mit dem Gebiet* der Herzöge von Österreich“, womit nur der stark auf den Landvögten

440 Vgl. OSA I, Nr. 328, S. 271, Anm. 54; Nr. 478.

441 Vgl. St. UB. V, Nr. 40, 54; vgl. hierzu und zum Folgenden *Bock*, ZGO NF 46 (1933), S. 347.

442 Vgl. St UB V, Nr. 39; UB Basel IV, Nr. 125.

und Landstädten ruhende habsburgische Landfriede von 1333 verstanden werden kann.[443]

Dennoch kam es nach 1335 allmählich zu einer Aussöhnung des Bischofs Bertolds mit seinen weltlichen Feinden, darunter Colmar und den Grafen von Württemberg.[444] Bereits zuvor war der Bischof gemeinsam mit Hagenau gegen die Burg Finstingen vorgegangen, deren Inhaber, Ritter von Schmalstein, ihnen „dickes" Leid getan hatte.[445] Auch die Ernennung seines Bruders Hans von Buchegg zum Bischof von Basel, der sogleich wie er selbst kämpferisch die Rechte seines Amtes behauptete, stärkte den Rückhalt Bertholds.[446] Vielleicht auch deswegen griff der überschuldete Buchegger nun im kirchlichen Bereich hart durch, hauptsächlich, um sich die vitalen Einnahmen auf diese Weise zu sichern. Nachdem er bereits 1334 mit dem Stift St. Thomas wegen Kollektenforderungen in Streit geraten war, den der Straßburger Rat schlichten konnte, hielt der Bischof jetzt zwar nach außen *„guten frieden in dem lande und nam zu an eren und gute"* und löste die Pfänder Offenburg und Gengenbach an seine Kirche zurück. Er musste dazu aber so viele andere Güter veräußern, dass er dies nach der Ansicht des Chronisten besser nicht getan hätte.[447]

Die akute Geldnot Bertholds kam nirgends stärker als bei der von ihm am 19.7.1335 abgehaltenen Generalsynode zum Ausdruck, bei der nicht nur Misstände wie das Waffentragen und Verbergen der Tonsur durch Kleriker behandelt, sondern auch die finanziellen Belastungen für die niederen Kleriker erhöht wurden.[448] Bereits sein Amtsvorgänger Johann hatte diese

---

443 Vgl. Mathias v. Neuenburg, Beilage II, S. 255.

444 Beide erfolgten kurz aufeinander am 16./17.2.1335, bei beiden Aussöhnungen die Vereinbarung eines dauerhaften Schiedsgerichts für alle zukünftigen Streitigkeiten nach „Recht und Bescheidenheit" ins Auge, das zwischen Berthold und den Württembergern auch 1342 wirklich tätig wurde wegen des Dorfes Beblenheim, das Teil der Horburger Erbschaft gewesen war.; vgl. Schoepflin, Alsatia Diplomatica II, Nr. 116, 152; *Leupold*, Berthold von Buchegg, S. 92 f.

445 Die Burg wurde 1334 nach zehn Wochen zerstört, vgl. Königshofen, S. 799 f.

446 Der am 23.5.1335 Ernannte war ein erklärter Anhänger der Habsburger und der Kurie und scheute sich nicht, unverzüglich zur Anerkennung seiner Rechte die Burg Pfäffingen des Grafen von Tierstein zu belagern, vgl. Mathias v. Neuenburg, S. 110; Wackernagel, Basel I, S. 249 f.

447 Vgl. Königshofen, S. 672.

448 So ließ er von der Generalsynode des Bistums am 19.7.1335 nicht nur neue Disziplinarstatuten, vor allem gegen das Waffentragen und Verbergen der Tonsur, sondern auch die Pflicht für Kanoniker und Vikare, die höheren Weihen zu empfangen, beschließen; gegen die mit der Priesterweihe verbundenen Einschränkungen und vor allem fälligen Zahlungen an den Bischof wandten sich vor allem die Stiftsherren; für den aufgrund seiner Fehden hoch verschuldeten Berthold schien jedoch dies die einzige taugliche Einnahmequelle, da die Einkünfte der Bauern und Landpfarrer eben durch durch Brand und Raub im Rahmen der Fehdehandlungen stark beeinträchtigt waren und eine weitergehende Besteuerung auf

Maßnahmen 1310 erfolglos durchzusetzen versucht.[449] Schürte dies alles den großen Unmut unter den ohnehin durch das lange Interdikt und als Opfer der zahlreichen Fehden des Bischofs verarmten Geistlichen, wuchsen die gefährlichsten Gegner aus dem Kreis der Stiftsherren heran, die ihre Kapitelsitze nach dem Willen des Bucheggers fortan nur nach den entsprechenden Weihen durch den Bischof empfangen sollten, die freilich jeweils unter großen finanziellen Zuwendungen zu erkaufen waren. Sofort kam es unter der Führung des Probstes Gerhardt von Freiburg zum Widerstand des Kapitels, dessen Führung nach dem Tod des Probstes am 31.5.1337 Konrad von Kirkel, der frühere Verbündete des Bischofs, gemeinsam mit Nikolaus von Kageneck übernahm. Zunächst äußerte sich der Unmut weitgehend nur in der Übertretung des Interdikts. Doch der große Sturm, der am 28.10.1335 über der Stadt tobte und großen Schaden hervorrief,[450] sollte ein Symbol für die erneute Zuspitzung der Krise um den Bischof sein.

d) Das Scheitern der bisherigen regionalen Bündnissysteme

(1) Diese große Auseinandersetzung mit dem Bischof trat ein, als sich die Gegensätze in der Bistumsführung erneut mit territorialen Konflikten verknüpften, und führte zu der sogenannten „Lichtenberger Fehde": Hannemann von Lichtenberg, ein Freund Bertholds, versuchte 1336, den Besitzteil seiner Verwandten unter Führung des Straßburger Domherren Johann von Lichtenberg an dem Städtchen Brumat, das 1332 ursprünglich als Mainzer Stiftslehen der unteren Landgrafen gesamthänderisch an die Lichtenberger gelangt war, zu schmälern, worauf diese ihn befehdeten. Praktisch gleichzeitig war der über dem Widerstand gegen die Weihungen schon länger schwelende Kampf um die einzelnen Sitze im Domkapitel neu entbrannt, als Ulrich von Signau, ein Neffe Bertholds von diesem, Johannes von Lichtenberg dagegen vom Mainzer Erzbischof als Propst bestätigt wurde.[451]

Am 10.9.1337, einen Tag, bevor die festgesetzte Zwangsweihe aller Kapitelherren erfolgen sollte, wurde Bischof Berthold im Hof des Probstes in Haslach von Rudolf von Hohenstein, Johannes von Lichtenberg und Kon-

---

unüberwidnliche Schwierigkeiten stieß; vgl. Mathias v. Neuenburg, S.110; *Leupold,* Berthold von Buchegg, S. 53, 95 ff. m.w.N.

449 Was auch damals ein Bündnis der drei Kapitel und erheblichen Widerstand zu Folge gehabt hatte, vgl. Closener, S. 139; Königshofen, S. 669; *Rosenkränzer,* Johann I. von Straßburg, S. 74 ff. *Schmidt,* Histoire, S. 22.

450 Vgl. Königshofen, S. 864.

451 Vgl. darauf brachen die Geistlichen des Straßburger Münsters offen mit dem Interdikt und damit der Autorität Bertholds, vgl. hierzu und zum folgenden Mathias v. Neuenburg, S. 110 f.; Closener, S. 138 – 141; Königshofen, S. 669 f.; *Leupold,* Berthold von Buchegg, S. 98 ff. m.w.N.

rad von Kirkel gefangen genommen und zunächst auf die Burg Waldeck, dann auf Burg Kirkel verschleppt. Der erzürnte Papst erließ sogleich schärfste Prozesse und Strafandrohungen, die jedoch die Schuldigen erwartungsgemäß nicht mehr beeindrucken konnten. Gleichzeitig bestellte er den Bruder Bertholds, Bischof Hans von Basel zum Straßburger Vikar, während sich der Vizedom Rudolf von Andlau von den Beamten und Burgmännern des Bischofs den Treueeid leisten ließ, nur ihm während der Gefangennahme gehorsam zu sein. Von der Straßburger Bürgerschaft durfte Berthold ebenso wenig wie von seinem 1337 zu Ludwig übergewechselten Erzbischof Heinrich Hilfe erwarten, da er selbst durch eine unnachgiebige Verhandlungshaltung eine Verlängerung des Bündnisses von 1335 für die Zünfte unzumutbar gemacht hatte. Vielmehr konnte sich die Bürgerschaft darüber freuen, dass während der Gefangennahme des Bischofs endlich wieder die Messe gelesen wurde und das päpstliche Interdikt auch im Übrigen nicht mehr beachtet wurde.

So blieb Berthold nur der alte Verbündete, Herzog Albrecht von Österreich, der im Oktober von Aachen nach Straßburg zog mit der Absicht, die Orte des Lichtenbergers zu belagern. Die Amtsleute des Bischofs aber hofften, ihn durch Verträge freizubekommen, und erwirkten von Berthold am 11. Oktober eine Vollmacht für seine Freilassungsverhandlungen. Erst im Januar 1338 wurde Berthold nach 16 Wochen freigelassen, nachdem er in der Gefangenschaft einem für ihn mit harten Bedingungen versehenen Vertrag zugestimmt hatte, nach dem er Kirkel und dessen Mittätern von seiner kirchlichen Gerichtsbarkeit Immunität gewähren und ihnen zusätzlich 1500 M. leisten sollte.[452] Schon die Abwicklung dieses Vertrages brachte erheblichen neuen Streit und zeigte, dass auch nach Freilassung des Bischofs der Konflikt keineswegs ausgestanden war.[453]

(2) Bei all dem konnte Kaiser Ludwig die einmalige Gunst der schwachen Stunde des Bucheggers zunächst nicht nutzen,[454] um seiner eigenen Macht zur Geltung zu verhelfen und sein Ansehen zu steigern. Er hatte die Reichsstädte Kaysersberg, Türkheim und Münster zunächst an den König

---

452 Nach langen Verhandlungen und unter Stellung vieler Bürgen und Geiseln und Bedingungen, von denen seine Freunde nichts wussten, wurde Berthold endlich freigelassen, nachdem er 1500 Mark Silber für die Rückgabe seines Siegel und Gericht, Johann von Lichtenberg die Probstei und diesen, Kirkel sowie 20 weitere Helfer von der bischöflichen Gerichtsbarkeit befreit hatte, wobei unter den Chronisten unklar blieb, ob dies nur für die begangenen Taten gelten sollte, vgl. Mathias v. Neuenburg, S. 112; danach Königshofen, S. 670 f.; *Leupold*, Berthold von Buchegg, S. 102.

453 So eskalierte die Frage, ob Berthold nach dem Wortlaut des Vergleichs bereits bei einer Teilleistung freigelassen werden sollte, wofür sich viele aussprachen, während Kirkel, aus dem folgenden durchaus weitsichtig, zunächst auf einer vollständigen Leistung bestand, vgl. *Leupold*, Berthold von Buchegg, S. 103.

454 Wie etwa *Bock*, ZGO NF 46 (1933), S. 348 angenommen hat.

von Böhmen verpfändet, ließ nun aber unter Befehl des Reichslandvogtes die anderen kleineren Reichsstädte gegen diese und die Burg Plixburg vorgehen, um das Pfand eigenmächtig zurückzugewinnen.[455] Dieses Ziel konnte nach einer Belagerung zwar erreicht werden; der Kaiser hatte die Unterstützung der selbstbewussten Reichsstädte aber nur gegen das Versprechen erlangt, sie nicht mehr zu seinen Lebzeiten zu verpfänden.[456] Die Auseinandersetzung hatte alle Reichsstädte im Elsass, bis auf die beiden Metropolen Straßburg und Basel, in der Erkenntnis zusammengeschweißt, dass eine künftige Entzweiung und der drohende Verlust der mühsam erworbenen Reichsunmittelbarkeit mit allen Mitteln verhindert werden musste. So kam es 1336 zu einem Bündnis von sechs Reichsstädten, das zur Grundlage der sog. *„Dekapolis"*, der engen vertraglichen Verbindung der Städte der Reichslandsvogtei werden sollte, die sich bis ins 17. Jahrhundert erstreckte.[457] Der Bündnisvertrag wurde aber auch zum Ausdruck der offen kritischen Haltung der Reichsstädte zum Kaiser, ihrem Stadtherren, zu dem sie nun eine möglichst große Distanz und damit eine möglichst umfassende Handlungsfreiheit erstrebten.

(3) Die Straßburger Stadtführung glich bei allen diesen Krisen und Konflikten dem Auge des Sturms: als Zentrum der bisherigen Bündnisse und aufs vielfältigste mit den Kapitel- und Territorialherren wie den Reichsstädten verbunden, verhielt sich der Rat gänzlich untätig, um nicht in den eigenen Reihen die gärenden Konflikte um ein Zurückrollen der Verfassungsreformen zum Ausbruch zu bringen. Ähnliches galt für Basel, wo jedoch am 21.6.1337 die überfällige Zunftrevolution als Antwort auf die angesichts des Machtvakuums selbstbewusste Abkapselung von Patriziern und Kapitel nachgeholt, und der städtische Adel weitgehend aufs Land und insbesondere an das habsburgische Schloss in Pfirt verdrängt wurde.[458] Die Landgrafen im Unterelsass schließlich, als letzte der traditionellen unterelsässischen Landfriedensparteien, schieden nun aus diesem Kreis endgültig aus, als Landgraf Ulrich von Werd die Herrschaft, Lehen und Allodien

---

455 Bei der Belagerung durch die Städte der Reichslandvogtei wurde festgesetzt, dass die Burgbewohner sich in einer bestimmter Frist Ludwig ergeben sollten, wenn der Böhmer sie bis dahin nicht befreit hätte, da dies nicht geschah, zog der Kaiser Kaysersberg, Türkheim, Münster und Burg Plixburg wieder für das Reich ein, vgl. Mathias v. Neuenburg, S. 94; vgl. hierzu und zum Folgenden auch *Distler*, Städtebünde, S. 110 ff.

456 Vgl. Cart. Mulh. I, Nr. 187; *Bock*, ZGO NF 46 (1933), S. 348.

457 Vgl. *Zind*, Histoire, S. 83; *Livet*, Histoire de Colmar, S. 58; *Sittler*, Esslinger Studien 10 (1964), S. 59 ff.; *ders.*, Décapole; zuletzt *Speck*, ZGO 153 (2005), S. 245 f.

458 Hier vollzog sich die „Zunftrevolution" allerdings als weitgehend geräuschlose Reform, die keine großen politischen Erschütterungen auslöste, während die Zentren adeligen Lebens aus der Stadt ins Umland wanderten, wobei vor allem das Schloss Pfirt nach seinem Übergang an die Habsburger noch wichtiger wurde; hierzu und zur allgemeine Welle von Verfassungsänderungen, etwa in Straßburg und Zürich *Wackernagel*, Basel I, S. 261 f.

1336 an seinen Schwiegersohn Graf Friedrich von Öttingen unter lebenslangem Nießbrauch seines Sohnes zedierte; dieser jedoch suchte schon bald das für ihn ohnehin nur fiskalisch interessante, allzu fern gelegene Territorium wieder loszuwerden, ohne dort Amt und Würden auszufüllen.[459]

(4) So trafen die alle durch interne Konflikte erheblich geschwächten früher führenden Landfriedensmitglieder die nun 1336 einsetzenden Unruhen völlig unvorbereitet, die sich mit dem Namen „König Armleder" verbanden. Von Mainfranken ausgehend war der Ritter Arnold von Üssigheim mit einer Rotte aus Bürgern und einigen Adeligen durch Süddeutschland gegen die Juden gezogen, von denen allein in diesem Raum 1500 dem wütenden Mob zum Opfer fielen.[460] Die Hinrichtung ihres Anführers bereits am 14.11.1336 stachelte die Meute nur umso mehr in ihrem Wüten gegen die wuchernden Juden an.[461] Ihren Namen hatte sie dadurch erhalten, dass ihre Anführer lediglich mit Leder gewappnet auszogen, um die entschädigungslose Rückgabe der den Juden zur Sicherung von Krediten übergebenen Pfänder zu verlangen, und damit gleichzeitig ihre eigene Verarmung symbolisierten.

Auch im Elsass kam es, zunächst 1336 im bischöflichen Ruffach, im habsburgischen Ensisheim und der Reichsstadt Mühlhausen zu Pogromen, bei denen allein ca. 1500 Juden niedergemetzelt worden sein sollen.[462] In der Region traf dieses Vorgehen gegen die vermeintlichen Sündenböcke auf fruchtbarsten Boden. Die zahllosen Fehden und Gewalttaten hatten ebenso wie viele Naturkatastrophen und Missernten die Bauern und niederen Adeligen in ihrer Existenz gefährdet, die Blüte der Städte ernsthaft beeinträchtigt und alle städtischen Schichten in Mitleidenschaft gezogen. Von Bischof Berthold angefangen bis hin zu vielen Niederadeligen, Bauern und Kleinbürgern - alle waren sie bei den jüdischen Geldgebern überschul-

---

459 Graf Friedrich wurde am 29.12.1336 mit den bischöflichen Gütern der Landgrafschaft belehnt, vgl. *Leupold*, Berthold von Buchegg, S. 94. Diese waren erst wenig zuvor, nämlich 1325, Bischof Johann von Straßburg teilweise als Lehen aufgetragen worden, woran sich die bereits eingetretene völlige Überschuldung der Landgrafschaft deutlich zeigte, vgl. *Rosenkränzer*, Johann I. von Straßburg, S. 80 f.

460 Vgl. hierzu und zum folgenden ÄDCCol. S. 9 (Bl. 15); *Thomas*, Ludwig der Bayer, S. 289; *Arnold*, Histoire secrète, S. 96; über den sozialen Stand des Armleders besteht allerdings Unsicherheit, so vermuten andere Quellen, er sei Wirt gewesen, die Bezeichnung „Armleder" entstammte jedenfalls unstreitig der Rüstung, die er und seine Gesellen trugen, als sie von den Juden die Rückgabe ihrer Pfänder ohne Zinsen und Tilgung forderten.

461 Vgl. *Thomas*, Ludwig der Bayer, S. 289 f.

462 Vgl. *Zind*, Histoire, S. 85; zum rechtlich Status und Gerichtsbarkeit Ruffachs vgl. etwa *Walter*, JbGEL 11 (1895), S. 4 f.; *ders.*, JbGEL 25 (1909), S. 33 ff.

det.[463] Das Interdikt hatte den geistlichen Halt ebenso schwer angeschlagen wie die Streitigkeiten zwischen und in den Territorien und Städten die weltliche Ordnung, was die dem Spätmittelalter oft zugemessene Endzeitstimmung durchaus plausibel erscheinen lässt.[464]

Allein in Colmar regte sich der Widerstand zugunsten der Miteinwohner: Als 2000 Männer unter zwei „Königen" genannten Anführern 1338 vor die Stadtmauern zogen, die Stadt belagerten und vor einem der Stadttore lauthals die Überanwortung der Juden forderten, bewaffneten sich die ehrbaren, vornehmeren Bürger und zogen gemeinsam mit den Juden aus einem anderen Tor der Stadt, erschlugen viele und vertrieben vorerst den Rest.[465] Einer zweiten Belagerung konnte die Stadt aber nur knapp wegen der Ankündigung Straßburgs, ihr Unterstützung zu leisten, und dem vermeldeten Herannahen des Kaiser Ludwigs aus Speyer entgehen.

4. Kompromisse als Gebot der Stunde (1338-1340)

a) Der „paritätische" Landfrieden vom 21.2.1338

Jetzt endlich setzte sich bei allen relevanten Vormächten am Oberrhein die Überzeugung durch, dass angesichts der gemeinsamen Bedrohungen die bisherigen Bündnisse nicht ausreichten, sondern ein gemeinsames Vorgehen und dazu die vorherige Bereinigung der tiefgreifenden gegenseitigen Konflikte erforderlich waren.[466] Deshalb kam es am 21.2.1338 erstmals seit knapp 25 Jahren wieder zu einen neuen Landfriedensschluss für das ganze Elsass, der zwei Jahre dauern sollte.[467] Mit den Bischöfen von Straßburg und Basel sowie dem Abt von Murbach ließen sich erstmals Vertragsparteien durch bevollmächtigte Amtsleute beim Abschluss vertreten, wohl um

---

463 Besondere Gründe lagen dabei in den vielen Naturkatastrophen und Fehden, die seit Beginn des 14. Jahrhundert den Wohlstand der Bauern vernichtet und die Blüte der Städte und Herrschaften beeinträchtigt hatten; vgl. etwa *Leupold*, Berthold von Buchegg, S. 43.

464 Wie im Übrigen das erste größere spätmittelalterlichen Pogrom in der Region sich 1298 auf dem Höhepunkt des Thronkampfes zwischen Adolf und Albrecht ereignet hatte, vgl. *Thomas*, Ludwig der Bayer, S. 290 f.

465 Als die Armlederer mit ihren zwei „Königen" die Colmar vor dem Theinhintor belagerten, machten die Colmar ihren Ausfall aus dem Kerkertor, ÄDCCol. S. 9 (Bl. 15); Vitoduranus, S. 128 f.; *Thomas*, Ludwig der Bayer, S. 294 f.

466 Vgl. *Leupold*, Berthold von Buchegg, S. 105, nach dem vor allem der Kaiser sich bewusst der Angst vor den Armledern bedient habe, um den durch die Bischöfe lange verhindertem Landfrieden durchzusetzen; ähnlich *Arnold*, Histoire secrète, S. 96 allerdings nur unter Verweis auf den ersten *Decapolis*-Bund 1342.

467 Rapp. UB I, Nr. 494 (S. 365 – 369); Cart. Mulh. I, Nr. 194; Schmid, Hohenbergica, S. 333; erhalten je 1 Orginalurkunde in Colmar und Hagenau; vgl. *Schwalm*, Landfrieden, S. 77 ff.; *Bock*, ZGO NF 46 (1933), S. 348.

aufgrund der bestehenden Gebote der Kurie nicht direkt mit dem Reichslandvogt als offiziellem Vertreter Kaisers Ludwig kontrahieren zu müssen.[468] Konsequent erkannten sie jedoch den Abschluss ihrer Vertreter am gleichen Tag in einer separaten Urkunde ausdrücklich an.[469]

Schon früh ist dieser Friede als rein politischer Waffenstillstand bewertet worden, der in keinem Verhältnis mehr zur den Reichslandfrieden stand und bei dem die Befriedung der Handels- und Verkehrswege allenfalls ein Nebenprodukt gewesen sein soll,[470] was bereits an der besonderen Form der Ausstellung durch Austauschurkunden zwischen beiden Lagern zum Ausdruck kam.[471]

Richtig ist daran die klar zweigeteilte Organisation zwischen der habsburgischen Partei und den Anhängern des Kaisers unter der Führung des jeweiligen Landvogtes, während die Stadt Straßburg beim Abschluss nicht beteiligt war: Sie verlängerte fast zeitgleich den mittelrheinischen Landfrieden und ihren Dreibund, von denen sie sich wohl mehr Schutz ihrer Interessen erwartete als von diesem schwer umzusetzenden Kompromiss.[472] Bei der Ernennung der acht Landfriedenspfleger wurde ebenfalls säuberlich nach beiden Seiten getrennt. Neue Mitglieder sollten gleichfalls von jeder Seite selbständig aufgenommen werden. Am augenfälligsten kam der besondere Charakter bei der erstmals auftretenden Frage nach einem Obmann zum Vorschein, da jede Seite einen eigenen stellte, die gemeinsam als die *„zwen ein gemein uberman"* nur einvernehmlich entscheiden sollten, ansonsten sollte ein „Überoberman" in der Gestalt von Johann von Rappoltstein als letztendlich ausschlaggebender Schiedsmann fungieren. Klagen sollten dabei grundsätzlich zunächst vor dem Obmann der jeweiligen Seite vorgebracht werden, es sei denn, die Eile erforderte ein unverzügliches gemeinsames Vorgehen. Ausgenommen von der Folgepflicht wurden von beiden Seiten neben den Rechten des Reiches die eigenen Bündnispartner, darunter Straßburg und Basel von ihren jeweiligen Bischöfen und von der kaiserlichen Seite, während der Landfrieden einem zwischen beiden Bischöfen und den Herzögen von Österreich geschlossenen Bund nicht schaden sollte. Auch wenn sich der Landfrieden weiter gegen die klassischen Fehdedelikte richtete, zeigte doch die starke Betonung der

---

468 So überzeugend *Leupold*, Berthold von Buchegg, S. 104.

469 Cart. Mulh. I, Nr. 195.

470 So insbesondere von *Schwalm*, Landfrieden, S. 77-79.

471 Schon die Besiegelung des Colmarer Briefes nur durch bischöflich-österreichische Partei zeigte diese als Ausfertigung für den Gegner und unterstrich, dass es sich ganz um einen Kompromiss zwischen den zwei ausgeprägten Parteiengruppen handelte, vgl. zuerst *Leupold*, Berthold von Buchegg, S. 105, auch Fn. 1.

472 Vgl. Basler UB IV, Nr. 137, 144, 150, 159, 167, 180; vgl. hierzu und zum Folgenden *Leupold*, Berthold von Buchegg, S. 104.

geschützten Personen, *„si sin edel oder unedel, weltlich oder geistlich, kristen oder juden"*[473] und die Erweiterung der Tatbestände um *„uflu[o]fe"* und *„sto[e]zz"* die konkrete Motivation des Landfriedens.[474]

Die neue Einigkeit wurde noch deutlicher, als am 11. März in Colmar das kaiserliche Hofgericht auf Klage der Herzöge von Österreich urteilte, dass jedermann, der unter habsburgischer Herrschaft stehende Juden erschlagen habe oder eine Mitschuld daran trage, den Herzögen mit Leib und Gut verfallen sei.[475] Den Mühlhausenern gestand Ludwig zwar die Einziehung der Pfänder und Immobilien der Erschlagen gegen Geldzahlung an ihn zu, diese mussten nun aber auch in die neu geschlossenen Bündnisse gegen die Armleder beitreten.

b) Der „erste Armleder-Schutzbund" - der „eigentliche Landfrieden" ?

In diesem neuen, gesondert und ausdrücklich zum Schutz der Juden vor den Armlederrotten formierten Allianz nahezu aller wichtigen Herren und Städte im Elsass, an dem sich nun auch Straßburg beteiligte, kam der zunächst eher versteckte Anlass des Landfrieden weit deutlicher zum Vorschein als in dem paritätischen Ausgleich vom Februar.[476] Allen Aufläufen gegen die Juden sollte unverzüglich durch die nächstgelegenen Mitglieder gewehrt werden und durch diese erforderlichenfalls die Verbündeten dazu gerufen werden. Jeder mit Ratsmehrheit wegen eines solchen Auflaufes aus einer Stadt Verwiesene sollte in keiner anderen Stadt Bürgerrecht oder Aufenthalt genießen. Mehr noch sollten alle Partner einander auch dann Hilfe leisten, wenn innerhalb der Stadt der Rat selbst nicht der Aufrührer Herr werden konnte. Gleiches galt für die beteiligten Herren. Wohl direkt auf das Hofgerichtsurteil abgestimmt war die Sonderklausel, dass die 15 am ersten Auflauf Schuldigen überall an Leib und Gut angegriffen und gepfändet werden und dies allen Herren und Städten verkündet werden sollte, damit sie sie weder hausen noch hofen würden, ansonsten galt: *„wider den so[e]nt wir o[u]ch sin in allem rehte als wider die vorgenanten funfzehen."* Jeder Herr, Dienstmann Ritter und Knecht, Bürger oder Stadt konnte jeden an einem derartigen Auflauf Mitschuldigen, der sich unter ihnen aufhielt, deswegen zur Rechenschaft ziehen, und beging damit kein Unrecht. Wegen der bereits geschehenen ersten Tat sollten die Verbündeten nur gegen

---

473 Rapp. UB I, Nr. 494, S. 366 Z. 29 f.

474 Ebd., S. 367, Z. 7.

475 Vgl. *Thomas*, Ludwig der Bayer, S. 295.

476 St. UB V, Nr. 79 (S. 87 f.); vgl. dazu *Bock*, ZGO NF 46 (1933), S. 352. Interessanterweise wurde dieses Bündnis und seine Verlängerung häufig mit dem Landfrieden verwechselt bzw. als solcher eingeordnet, *vgl. unten Fn. 507.*

die 15 verpflichtet sein, ansonsten aber *„enander beholfen sin bi dem eide, untz das sin ein ustrag wirt gemacht und verrihtane alle geverde“*. Insgesamt ging somit auch dieser Bund klar von einem durch Pfändung oder aber Fehde und Buße zu erlangendem Schadensersatz aus. Auch hier fand sich folglich der Rückgriff nicht auf hoheitliche, sondern selbsthilfe- und fehderechtlich begründete Sanktionsmechanismen bestätigt.

In Folge dieses Bundes erteilten auch die Meister und der Rat von Straßburg einen fünf Jahre währenden Schutzbrief für die jüdischen Familien.[477] Dieser zeigte deutlich, dass das Interesse der Herren und Städte kaum aus der Solidarität unter Mitbürgern begründet war, sondern durch die großen Abgaben und finanziellen Gewinne, die der Rat neben dem Reich und dem Bischof, abschöpfen konnte, als er die Rechte zum Judenschutz weitgehend von den beiden erworben hatte. Dass das Judenregal schließlich in die Hand der Kommunalorgane selbst gelangt war, sollte in den folgenden Auseinandersetzungen noch eine erhebliche Bedeutung erhalten.[478]

c) Fazit: Rückwirkungen der Bündnisse auf die Lage Ludwigs und am Oberrhein

Durch beide Bündnisse konnte nun wenigstens in einem nicht unerheblichem Maß wieder eine gegen gewaltsam Eigenmacht gerichtete Rechtsordnung aufgerichtet werden. Der Kaiser konnte sein nicht gerade hohes Ansehen in der Region verbessern und auf neue Unterstützung für den Ausgleich mit der Kurie, aber auch gleichzeitig auf die endgültige Abnabelung von ihr hoffen, die sich in Form des Kurvereins von Rense vollziehen sollte. So schrieb etwa Mathias von Neuenburg es dem „Ansehen des Fürsten“ (gemeint war der Kaiser) zu, dass „zum zweiten Male“ im Mai ein Landfrieden sowohl von dem Bischof als von den Städten aufgerichtet wurde.[479] Die vermutliche Verwechslung des Armleder-Schutzbündnisses mit einem Landfrieden durch den Chronisten erscheint dabei durchaus nachvollziehbar, da beide aus der aktuellen Herausforderung resultierten und sich insbesondere gegen gewaltsame Aufläufe richteten.

Insgesamt markierten beide Bündnisse eine erzwungene Entspannung der tiefgehenden Streitigkeiten und Misstrauens zwischen den habsburgisch-kurialen und imperialen Anhängern, die jedoch nur möglich schien durch die überwältige gemeinsame Bedrohung durch völlig neuartige Unruheherde, die mit der bisherigen Raub- und Fehdebekämpfung nichts mehr zu tun hatten. Diese sprengten das bisherige fehderechtliche System und be-

---

477 St. UB V, Nr. 88 vom 4.12.1338.

478 *Vgl. unten Kapitel 6 III 3.*

479 So Mathias v. Neuenburg, S. 114 f.

drohten nun alle Herren und Stadtobrigkeiten in ihrer Stellung selbst. In diesem Zusammenhang kann sogar die berichtete Unterstützung der Bischöfe Berthold und Hans von Buchegg für die von Erzbischof Heinrich initiierte Synode aller Bischöfe der Mainzer Diözese am 22.3.1338 mit dem Ziel, eine Delegation zur Aussöhnung des Kaisers an die Kurie zu schicken, plausibel gemacht werden.[480] Diese könnten geschickt den Rhenser Kurverein vom 16.7.1338 und die kaiserlichen Konstitutionen vom 6. August vorbereiteten haben, in denen die Aprobationsansprüche des Papsttums zurückgewiesen wurden, und die die weitgehende Wiederaufnahme des Gottesdienstes zur Folge hatten.[481] Dem gleichen Zweck diente wohl eine Versammlung der Vertreter der Kapitel, des Adels und der Städte in Sachsenhausen, der massenhafte Petitionen dieser Stände, voran Hagenaus, an den neuen Avignoner Papst folgten, die allerdings sämtlich erfolglos blieben.[482] Schon vorher hatten die Bürgerschaften im Elsass nur allzu gerne den Befehlen des präsenten Kaisers an den Klerus Vorschub geleistet, das Interdikt nicht mehr einzuhalten. Ein wahrer Sturm brach gegen die Geistlichen los, mit dem Ruf „sie sollen singen oder aus der Stadt springen",[483] mit dem etwa die Dominikaner aus Straßburg vertrieben wurden. Auch Bischof Berthold konnte sich dem Druck zuletzt nicht entziehen und übersandte zwar Papst Benedikt XII. einen Text des Kurvereins, ließ jedoch gleichzeitig durch seine Vertreter als Grund mitteilen, dass er nur so handele, weil er sich zu weiterem Widerstand nicht mehr in der Lage sehe.[484] Allerdings konnte er sich noch jetzt geschickt der offiziellen Huldigung an Kaiser Ludwig entziehen.

---

480 Vielleicht sah der erst im Januar aus der Haft der Kapitelherren entlassene Bischof Berthold tatsächlich keine andere Alternative zur Lösung seiner Probleme, als dem Kaiser bei seinem Aufenthalt im März 1388 in Colmar die Einberufung der Synode unter dem 1337 in Lager Ludwigs übergetretenen Erzbischof Heinrich von Mainz vorzuschlagen, wie dies Mathias v. Neuenburg, S. 95, 101, 114 annahm, nachdem der Bischof selbst die Botschaft der Kurie übermittelt hatte, verbunden mit der Beteuerung, dass er zu einem längeren Widerstand gegen den Kaiser nicht fähig sei; ob die Freilassung nicht als Plan oder sogar in Verhandlungen mit diesem Einsatz verknüpft worden war, muss heute eine Spekulation bleiben; vgl. zur Mainzer Synode allgemein *Thomas*, Ludwig der Bayer, S. 307 f.; *Müller*, Kampf II, S. 55.

481 Vgl. *Thomas*, Ludwig der Bayer, S. 308 ff.; ausführlich *Müller*, Kampf II, S. 50 ff.; etwa zur Nichtbeachtung des Interdikts im Einzelnen ebd., S. 90 ff.; wobei die Straßburger Augustiner allerdings die Ausnahme bildeten; zu den auch am Oberrhein noch am stärksten papsttreuen Dominikanern vgl. ebd., S. 94 ff.

482 Die Delegationen waren wohl vor allem wegen des Einflusses des Königs von Frankreich erfolglos; vgl. *Wackernagel*, Basel I, S. 250; ausführlich *Müller*, Kampf II, S. 59 ff. m.w.N. und genauer Inhaltsangabe der Petitionen.

483 Vgl. *Wackernagel*, Basel I, S. 250 f. m.w.N.

484 Vgl. *Thomas*, Ludwig der Bayer, S. 312.

Die gemeinsamen Bemühungen gegen die Gewalt am Oberrhein zeigten als unmittelbaren Erfolg, dass sich die Armlederhorden schnell zerstreuten.[485] Für das Kaisertum Ludwigs bedeuteten sie aber weit darüber hinaus den endgültigen Durchbruch, der sich nicht nur in der Auseinandersetzung mit dem Papsttum zeigte.[486] Jetzt konnte der Kaiser auf dem Koblenzer Hoftag am 5.9.1338 ein Reichsweistum erlangen, das nicht nur mit der Verletzung der Heerfolgepflicht einen ersten konkreten Tatbestand des Majestätsverbrechens anerkannte, sondern wieder hoheitliche Ansätze für das Landfriedensrecht beinhaltete, indem es erneut die Absagefrist auf drei Tage festschrieb und gleichzeitig den Straßenraub mit dem Tod sowie die Behinderung von königlichen Boten mit der Reichsacht ahndete.[487]

Bereits während dieser Erfolge hatte der Streit im Straßburger Kapitel erneut zu gären begonnen und war im Herbst 1338 erneut ausgebrochen. Nicht zuletzt durch die Hilfe der im Landfrieden verbundenen Kräfte gelang es dem Kaiser, sich den abtrünnigen Bischof, der auf Unterstützung durch die mit dem durch den Hundertjährigen Krieg in Bedrängnis geratenen französische Hof verbundene Kurie nicht mehr hoffen konnte, zu unterwerfen und endlich zur Huldigung zu bringen. Von den Habsburgern drohte auch vorerst nach der erneuten schweren Niederlage gegen die Schweizer vorerst keine Konkurrenz am Oberrhein mehr.[488]

III. Stabilität durch autonome Einungen (1340 - 1355)

1. Regionale Selbstorganisation als Antwort auf vergangene und drohende Konflikte (1340-1347)

a) Ursachen auf dem Weg zur autonomen Einung

Für Kaiser Ludwig, der sich endlich am Jahreswechsel 1339/40 allgemein anerkannt und auf dem Höhepunkt der Macht sah, gewannen die Überlegungen mehr und mehr an Gewicht, diese mühsam erkämpften Erfolge für seine Dynastie zu sichern. Wie bei seinen Vorgängern trat damit die Erweiterung der Hausmacht in den Vordergrund, dahinter aber auch der Versuch, den Einfluss auf das verbliebene Reichsgut zu steigern. Nach der er-

---

485 Vgl. *ebd.*, S. 295.

486 Vgl. *Leupold*, Berthold von Buchegg, S. 105 m.w.N.

487 *Böhmer*, Fontes I, S. 219; RI VII, Nr. 3075; vgl. auch *Thomas*, Ludwig der Bayer, S. 322.

488 Vgl. zur Schlacht bei Laupen, an der auch der Baseler Bischof teilnahm, Königshofen, S. 820 f. m.w.N. Fn. 2; *Wackernagel*, Basel, I, S. 255.

folgreichen Wiedervereinigung von Ober- und Niederbayern unter Ludwig am 11.1.1341[489] übertrug der Kaiser seinem Sohn, Herzog Stephan von Bayern, die Reichslandvogtei im Elsass, nachdem er ihm bereits das Amt in Schwaben und Franken gesichert und damit die wichtigsten Güter in den königsoffenen Landschaften übergeben hatte.[490] Dass er diese Maßnahme traf, ohne zuvor seine Position am Oberrhein durch einen Landfrieden gefestigt zu haben, sollte sich als ein verhängnisvoller Fehler erweisen - umso mehr, da Ludwig auch, um Bischof Berthold an sich zu binden, diesen nicht nur umschmeichelte und mit Reichsangelegenheiten betraute, sondern auch die Richtung des Streits von dessen Anhänger Hannemann von Lichtenberg mit Hagenau übertrug.[491] Berthold fand sich von da ab regelmäßig im Hoflager des Kaisers. Die Gunst der Stunde nutzend, beklagte er sich ausführlich über die Pfahlbürgeraufnahme seiner Untertanen durch die elsässischen Reichsstädte und die Nichtbeachtung der Ladungen und Exekutionen seines geistlichen Gerichts. Nachdem es zu einem erneuten kurzen gewaltsamen Aufflammen des Konflikts zwischen dem Bischof und Schlettstadt gekommen war, befahl Ludwig am 17.9.1342 den Städten und Amtsleuten, alle Leute des Bischofs, die nicht bereits Grundbesitz in den Städten erworben hatten, an diesen auszuliefern, und versprach seinem „lieben Fürsten", gegen alle geistlichen und weltlichen Widersacher beizustehen.[492]

Für die Mehrheit der - nach dem Vertrag mit Herzog Leopold von 1324 und der Verpfändung Breisachs 1330[493] begründet - um ihre Reichsunmittelbarkeit und Rechte fürchtenden Reichsstädte der elsässischen Reichslandvogtei, waren diese drei Ereignisse das Signal, sich 12.10.1342 zu einem neuen Beistandsbund zusammenzuschließen, der neben der ausdrücklichen Sicherung gegen Angriffe von Dritten vor allem implizit auf die Wahrung ihrer Freiheiten gerichtet war.[494] Dieser Bund, zunächst nur zwischen sieben Städten auf drei Jahre geschlossen, wurde zur eigentlichen Grundlage der späteren „Dekapolis", in der die Städte fast ununterbrochen

---

489 Vgl. *Thomas*, Ludwig der Bayer, S. 328.

490 Vgl. etwa *Bansa*, in: ZbayLG, 33 (1970), S. 945 ff.

491 Hierzu und zum Folgenden Mone, ZGO 12 (1861), S. 327 zu Nr. 77 mit unrichtigem Datum; *Leupold*, Berthold von Buchegg, S. 125 ff m.w.N.; *Bock*, ZGO NF 46 (1933), S. 349.

492 St. UB V, Nr. 112.

493 Vgl. ausführlich *Ruser*, Städtepolitik, S. 25; *Treffeisen*, Stadtherrschaft, S. 208 f.; *Feine*, ZRG GA 67 (1950), S. 237, hier auch zur Verpfändung Neuenburgs.

494 Cart. Mulh. I, Nr. 207, Zusammenschluss von sieben Reichsstädten zu gegenseitigem Beistand und Unterstützung auf drei Jahre, mit dem Ziel, „damit das Land und die Städte in Frieden ... und umso friedlicher bleiben ... mögen"; diese Eingangsformel hat *Müller*, Die elsässischen Landstände, S. 19, wohl erwogen, das 1346 verlängerte Bündnis als Landfrieden anzusehen; ähnlich *Livet*, Histoire de Colmar, S. 58 mit der Bezeichnung als *„paix publique"*, *Dreyfus*, Histoire de l'Alsace, S. 103; *Bock*, ZGO NF 46 (1933), S. 349.

bis in die Neuzeit hinein verbunden blieben.[495] Wie bei den berühmten Allianzen der Schweizer Waldstätte von 1273 und 1291 waren sowohl der Schutz der Privilegien, voran der Reichsunmittelbarkeit, als auch das Interesse an äußerer Sicherheit und dabei besonders der Schutz der Wirtschaftswege, die bestimmenden Faktoren.

In beidem trafen sich die Interessen der kleineren Städte mit denen der Straßburger, die gerade wegen des Mandats des Kaisers fürchten mussten, dass dessen zu enge *Entente Cordiale* mit ihrem Bischof zu ihren Lasten gehen musste. Gleichzeitig war von Ludwig, der sich erneut im Kampf um die Aufhebung seiner Prozesse und des Bannes gegenüber dem neuen, gerissenen Papst Clemens VI. verstrickt sah,[496] keine Initiative für einen Landfrieden am Oberrhein zu erwarten.

So nahmen die Ratsherren den Schutz ihrer Bürger erneut selbst in die Hand und knüpften mit den erneuerten Bündnissen zum Mittelrhein, zwischen Straßburg, Freiburg und Basel zunächst an das komplexe Bündnisgeflecht von 1338 an.[497] Gleichzeitig hatte sich Straßburg durch erneute Gerichtsstandsvereinbarung auch den Städten der Dekapolis unter Umgehung des Reichslandvogtes weiter angenähert.[498] Das zentrale Element und Herzstück der regionalen Sicherheit, ein Landfrieden zumindest im Unterelsass, fehlte jedoch. Dies barg die Gefahr einer Wiederholung der Zeit der Entzweiungen wie vor 1338, so dass nun, als sich Ludwig erneut nicht rührte, am 20.5.1343 die Zeit für den neuen, entscheidenden Schritt reif schien: Die Errichtung eines elsässischen Landfriedens zunächst bis St. Martin 1345, die ohne jede kaiserliche Beteiligung durch die Reichsstädte, voran Straßburg, erfolgte und in dieser Form und Autoritätszumessung letztlich nur den Bund von 1254 als Vorbild hatte.[499]

---

495 Vgl. dazu etwa *Zind*, Histoire, S. 83; *Kammerer*, Pouvoirs, S. 311 ff.

496 Allein die Beschreibung des Chronisten Mathias v. Neuenburg, S. 122 ff. von den betriebenen Täuschungen des Papstes, der Ludwig zunächst eine Lösung des Bannes in Aussicht stellte, bevor er gegen diesen nach dreimaliger Ladung vor das Kirchengericht für widerspenstig erklären ließ, zeigt das negative Bild, das von der Kurie mittlerweile am Oberrhein herrschte, während Ludwigs Akt von Rhense als unvermeidliche Antwort dargestellt wurde.

497 Am 3.8.1342 wurde auch Breisach durch einen gesonderten Vertrag in das bestehende Dreierbündnis von Freiburg, Straßburg und Basel einbezogen, der zwar die allgemeine gegenseitige Hilfsverpflichtung, auch mit konkreten Truppenkontingenten von 20 Gleven für die Bürgerschaft enthielt, aber im übrigen die ausführlichen Regelungen, etwa zu Burgbelagerungen und Pfändungen, nicht enthielt, vgl. St. UB V, Nr. 111.

498 Vgl. St. UB V, Nr. 106.

499 St. UB V, Nr. 116 (S. 117-122); da eine Aufrichtung ohne Mitwirkung des Königs für der älteren Forschung kaum denkbar gewesen ist, hat etwa *Leupold*, Berthold von Buchegg, S. 126 ohne weiteren Beleg unterstellt, die Aufrichtung sei durch den Bischof von Straßburg

Obwohl unter den Errichtenden an erster Stelle genannt, kann vor dem Hintergrund, aber auch nach dem Inhalt dieses Landfriedens, kein Zweifel bestehen, dass den unteren Landgrafen von Öttingen und Bischof Berthold keine maßgebliche Rolle zukam, sondern alleine den Städten und unter ihnen zu vorderst Straßburg. Dieser Frieden markierte jedoch nicht die von BOCK dramatisierte Umorientierung der Metropole in die Region, sondern stellte eine geradzu logisch notwendige Ergänzung zu den weiter regelmäßig erneuerten, über die enge Landschaft hinausreichenden Bündnissen dar.[500] Ebensowenig kann von einer Abkehr der Stadt von Kaiser Ludwig die Rede sein, bestätigte diese doch regelmäßig die Mitgliedschaft in den von dessen Vertretern verlängerten mittelrheinischen Landfrieden.[501] Gleichfalls wurden der Drei- und Vierbund am Oberrhein etwa seit 1342 weiterhin regelmäßig erneuert.[502] Allerdings zeigte auch die enge, jedoch nicht direkte Anbindung des seit 1330 den Habsburgern vom Reich verpfändeten Breisach, dass deren drohende Einflusserweiterung von den unterelsässischen Städten als erhebliche Gefahr für ihre Rechte und Freiheiten erkannt worden war.

Wohl aus diesem Grund vertiefte sich die Trennung zwischen den beiden Landesteilen gerade durch die Abgrenzung des Landfriedens nach Süden, die sich bereits in der Konstruktion des Friedensschutzes von 1338 abgezeichnet hatte. Bürgerschaft und Bischof von Basel hatten sich dagegen gemeinsam mit Zürich bereits weitgehend den Habsburgern verbunden, so unter anderem durch mehrere Beistandsbündnisse und eine Münzkonvention, die mehrfach verlängert wurden.[503] Dort bestand nach dem neuen Stadtfrieden von 1339 auch wenig Bedarf nach Unterstützung durch Straßburg und die anderen Städte, umso mehr, da Johannes Tauler und zahlrei-

---

mit „Hülfe des Kaisers" erfolgt; dagegen überzeugend bereits *Bock*, ZGO NF 46 (1933), S. 351.

500 Danach sei Straßburg über die eigensüchtige Vernachlässigung des Landfriedens durch den Kaiser so verärgert gewesen, dass es sich von diesem und dem mittelrheinischen Landfrieden abkehrte, der zur Landfriedensdurchführung ohne und notfalls gegen Reichsgewalt nicht in der Lage gewesen sei, und sich mit seinem Bischof verbunden habe, den es nun ausdrücklich aus dem Dreistädtebund ausgenommen habe; dadurch sei letzterer so geschwächt worden, dass sich Freiburg nach Schwaben abgewandt habe; vgl. Bock, ZGO NF 46 (1933), S. 350 f.; auch die Öffnung von Freiburg in Richtung der schwäbischen Reichsstädte markierte nicht die Entfremdung und den scharfen Gegensatz zur Politik Straßburgs, wie die Verlängerung und Erweiterung des Dreibundes deutlich unterstreicht.

501 Vgl. St. UB V, Nr. 78, 109, 128.

502 Vgl. St. UB V, Nr . 111, 126, 139, 198, 227, 383.

503 So insbesondere seit 1343; vgl. zu den Bündnissen vom 7.9.1345 und 14.1.1348 mit Zürich, sowie dem Bündnis vom 25.8.1347 bis 1349 mit den Habsburgern die umfassenden Nachweise bei *Wackernagel*, Basel I, S. 258 f.

che andere aus Straßburg geflohene papsttreue Geistliche das Verhältnis belasteten.[504]

Dagegen bot der neue Friede für die im Sommer 1343 durch Hochwasser und einen großen Brand geschwächte Straßburger Bürgerschaft, die ihrer Besorgnis durch eine neue Stadtbefestigung im gleichen Jahr Ausdruck verlieh, eine wichtige Stütze für eine eingetretene relative äußere Sicherheit und Ruhe, die das Schweigen der Quellen über Fehden und Gewaltakte nahe legt.[505]

b) Der Zweite Schutzbund und die Wiederherstellung der kaiserlichen Autorität

Zum Schutz gegen Störungen des Friedens gehörte auch die Erneuerung des Schutzbündnisses gegen Aufruhr und Übergriffe am 3.3.1345, das 1338 auf ein Jahr gegen die Armleder abgeschlosen worden war.[506] Dieses Bündnis nahezu aller bedeutenden Herren und Städte am Oberrhein - wobei lediglich die Habsburger durch mehrere Vögte vertreten waren - sollte bis zum 23.4.1350 alle Kleriker, Christen und Juden gegen Aufläufe durch die bereits ausgeführten Maßnahmen der Verbündeten in ihren Herrschaften und deren gegenseitigen Beistand schützen.[507] Während sich diese Allianz und ihre Mitglieder 1348/49 einer ungeahnten Bewährungsprobe gegenüber sehen sollten,[508] blieb zunächst die erneute Abwesenheit Kaiser Ludwigs bemerkenswert, die jedoch aufs Neue angesichts der Beteiligung am Mittelrhein und der anscheinenden befriedeten Beziehungen zu Bischof Berthold und den Habsburgern wohl eher auf Desinteresse denn auf Gegnerschaft schließen lassen.[509]

---

504 Vgl. *Wackernagel*, Basel I, S. 251.

505 Vgl. zum Sommerhochwasser von 1343 und dem Brand vom 17.7.1343 Closener, S. 95, 132; dazu und zur Stadtbefestigung Königshofen, S. 719, 752, 866 f.

506 St. UB V, Nr. 130 (S. 132 - 134); vgl. dazu *Leupold*, Berthold von Buchegg, S. 126; ob die Beteiligten tatsächlich eine neue Judenverfolgungen fürchteten, wie von diesem unterstellt, scheint fraglich, vielmehr dürfte der Bund auch der gegenseitigen Absicherung und Demonstration guten Willens gedient haben, der sich keiner der Beteiligten ohne Anlass entziehen wollte. Zu weiteren Beitritten zu dem erneuerten Bündnis vgl. St. UB V, Nr. 132; Basler UB IV, Nr. 163.

507 Dieser Inhalt hat insbesondere dazu beigetragen, dass *Müller*, Die elsässischen Landstände, S. 20 dieses Verlängerung des Schutzbündnisses mit der am als 14.10.1345 erfolgten Erneuerung des Landfriedens von 1343 verwechselt hat; ähnlich ist das Bündnis als Landfrieden bezeichnet worden, etwa von *Wackernagel*, Basel, I, S. 265 als „eine Landesrettung".

508 *Vgl. dazu ausführlich unten Kapitel 6 III 3.*

509 Wiederum wohl zu sehr die Gegensätze betonend *Bock*, ZGO NF 46 (1933), S. 353; keinen Gegensatz zu Ludwig, sondern eher eine Normalisierung der Verhältnisse sieht wohl zutreffend *Leupold*, Berthold von Buchegg, S. 126.

Wieder einmal schien sich dies vor dem Hintergrund der erneuten Gefährdung der Herrschaft Ludwigs durch Kurie und Kurfürsten zu ändern, für die sich die Anzeichen nach dem Frankfurter Fürstentag von 1344 allmählich verdichteten.[510] Gewissermaßen als eine Antwort unter vielen trat der Kaiser in dem am 14.10.1345 erneut errichteten Landfrieden im Unterelsass nicht mehr nur als ein Garant, sondern ausdrücklich als Verkünder auf, dessen Werk Bischof Berthold, die Landgrafen und Städte zu halten gelobten.[511] Inhaltlich jedoch blieb der Text unverändert und hatte so zur Folge, dass an der Durchführung des Friedens und der Einsetzung seiner Organe der Kaiser und sein Reichslandvogt weiterhin keinerlei Einfluss hatten. Einen zu großen Einfluss der Habsburger, wie ihn BOCK unterstellt, schien der Kaiser ohnehin angesichts der Ängste der Städte nicht fürchten zu müssen. Einen gewissen Unsicherheitsfaktor sollte dagegen - wie konnte es anders sein? - weiterhin Bischof Berthold darstellen, der nach 1347 erneut gegenüber der Kurie verkündete, dass er nur gezwungenermaßen Ludwig gegenüber den Anschein der Freundschaft gegeben habe, während seine Freundschaft zum Haus Österreich nie zweifelhaft gewesen sei.[512]

c) Schlüsselrolle der Landfrieden und Städtebünde zwischen Ludwig IV. und Karl IV.

(1) Zumindest verhielt sich der Bischof bei der von Clemens VI. gebotenen Neuwahl des luxemburgischen Gegenkönigs Karl IV. am 11.7.1346 - wohl mit Rücksicht auf die regionale Machtlage und die bisherigen Folgen seiner offenen Parteinahme - neutral.[513] Die anderen Mitglieder des unterelsässischen Friedens standen zunächst unbeirrbar zu Ludwig. Namentlich Straßburg und die anderen Reichsstädte betonten etwa auf dem Tag zu Speyer im September 1346 ihre Ergebenheit und Treue.[514] Nur der Bischof von Basel bekannte sich zu Karl, während sich seine Bürgerschaft den an-

---

510 Vgl. *Schuler*, Städtebünde, S. 683.

511 St. UB V, Nr. 133 (S. 136).

512 Vgl. *Leupold*, Berthold von Buchegg, S. 127 ff. m.w.N.

513 So schlossen die Bischöfe von Basel und Straßburg unter anderen mit der Herzogin Johanna von Österreich 1347 ein Bündnis, die jedoch auch von Kaiser Ludwig auf dem Rückweg empfangen wurde, so dass eine klare - oder zumindest offen - antikaiserliche Allianz wohl nicht beabsichtigt war; Mathias v. Neuenburg, S. 152 f.; Bischof Berthold betonte auch weiterhin seine Verbundenheit mit Ludwig, wozu wohl nicht zuletzt der Landfrieden von 1347 diente und unterließ auch im Umfeld der Gegenwahl Karls IV. alles, was an dieser Zweifel hervorrufen konnte, er bekräftige allerdings gegenüber der Kurie, dass dies nur unter Zwang geschehen sei, vgl. *Leupold*, Berthold von Buchegg, S. 127 ff. m.w.N.

514 So erklärten die ober- und mittelrheinischen Reichsstädte Ludwig in Speyer einmütig die Treue gegen Karl, insbesondere Basel, vgl. Mathias v. Neuenburg, S. 142; danach Königshofen, S. 472. *Schuler*, Städtebünde, S. 683 f.

deren oberrheinischen Ständen anschloss und damit erneut das Interdikt in Kauf nahm.[515]

Obwohl sich die zentralen Einflusssphären der Kontrahenten anders als bei früheren Doppelwahlen nunmehr im Osten befanden,[516] drohten die Auseinandersetzungen Handel und Sicherheit wie früher zu beeinträchtigen, umso mehr da am Mittelrhein die Städte zu Ludwig, die Kirchenfürsten jedoch zu Karl hielten.[517] Bereits flammten wieder schwere Fehden und Kämpfe im Südwesten auf.[518] Durch die von Karl vertretene kuriale Auffassung, dass das Regnum Ludwigs ungültig und damit vakant sei, waren aber auch alle bisher erteilten Privilegien und, wichtiger, die neuen Stadtverfassungen nach den Zunftrevolten in Gefahr, mit der Herrschaftsdurchsetzung des Luxemburgers ungültig zu werden.[519] Um eine schwere Krise, wie etwa im Jahre 1313 abzuwenden, lag daher für die Reichsstädte die Doppelstrategie nahe, zunächst soweit wie möglich den Machterhalt Ludwigs zu unterstützen, sich gleichzeitg aber gegenüber Karl, der vor allem unter den am Mittelrhein wichtigen geistlichen Kurfürsten großen Rückhalt hatte, abzusichern. Letzteres bot auch die Perspektive, dem ansonsten noch schwachen Luxemburger, der sehr um seine Anerkennung kämpfen musste, neue Zugeständnisse abzuringen. Ludwig dagegen mochte hier auch angesichts seiner aggressiven Hausmachtspolitik kaum mehr attraktive Alternativen bieten. Von einer entschiedenen Parteinahme für Ludwig oder Karl kann jedoch, jedenfalls am Oberrhein, nicht gesprochen werden.[520]

Folgerichtig sahen sich die elsässischen Städte, voran Straßburg, zunächst von Karl IV. und seinem Onkel, Erzbischof Balduin von Trier heftig um-

---

515 Als sich der Baseler Bischof sofort nach der Wahl zu Karl bekannte, versagt die Bürgerschaft ihm die Gefolgschaft, so dass eine erneute Verhängung des päpstlichen Interdikts die Folge war, vgl. *Wackernagel*, Basel I, S. 253.

516 Falls Karl bereits im Dezember 1346 tatsächlich heimlich über das Elsaß nach Böhmen zurückgereist war, wie Mathias v. Neuenburg, S. 143 unterstellt, kam es hier zu keiner nachweisbaren erheblichen Handlung im Verhältnis zum Land, den Ständen oder dem Landfrieden.

517 Vgl. etwa *Ruser*, Städtepolitik, S. 12 ff. m.w.N.

518 Die Freiburger zerstörten die Burg Scharffenstein und den Flecken im Obermünstertal, die Herzog Albrecht von Österreich gerade von Johann von Stauffen erworben hatte, mit der Behauptung, diese seien ihnen verpfändet und nicht rechzeitig ausgelöst worden; auch an der große Fehde der Städte von 1347 gegen den Grafen von Württemberg waren neben dessen Verwandtem, dem Reichslandvogt Walter von Geroldseck, auch andere elsässische Stände beteiligt, ebenso wie am Kriegszug Herzog Stephans von Bayern in Schwaben; vgl. Mathias v. Neuenburg, S. 139, 152. *Ruser*, Städtepolitik, S. 15 ff. m.w.N.

519 Vgl. *Ruser*, Städtepolitik, S. 28 f., unter anderem am Beispiel von MGH Const. VIII, Nr. 653.

520 Für ersteres etwa *Leupold*, Berthold von Buchegg, S. 131 f.; für letzteres dagegen *Schuler*, Städtebünde, S. 684.

worben.[521] Gleichzeitig mahnte Ludwig selbst, sowie die „Neun, die über den Landfrieden am (Mittel-)Rhein gesetzt sind," die Straßburger Eidgenossen um Hilfe und Folge.[522] Vermutlich dürfte es sich dabei um ein Vorgehen gegen Graf Emicho von Leiningen gehandelt haben, der bereits als Parteigänger Karls klar Stellung bezogen hatte, weswegen Erzbischof Balduin und König Karl ihrerseits Straßburg baten, sich nicht an Maßnahmen gegen diesen zu beteiligen.[523] Kurz darauf versuchte Karl durch Ernennung von Rulemann Swarber zum Domherren von St. Thomas, Wohlwollen im Straßburger Rat zu gewinnen.[524]

Dennoch versprachen am 28.8.1347 die Parteien des unterelsässischen Landfriedens, dass sie diese durch ihren *„allerdurchluhterste furste und herre ... Ludwig Ro[e]mischer keyser und zu[o] allen ziten merer des richez"* auf fünf Jahre verlängerte Einung *„stete und feste wellent haben"*.[525] Nach dem Tod Ludwigs am 11. Oktober war im November 1347 jedoch die Zeit für Karl reif, zunächst Straßburg mit wichtigen Privilegien an seine Seite zu binden, wofür Erzbischof Balduin der Stadt schließlich ausdrücklich danken konnte.[526] Gleichzeitig warben Bischof Berthold und die Herren von Lichtenberg als Vertreter Karls bei den Parteien des elsässischen Landfriedens um die Anerkennung des Luxemburgers.[527] Diese zögerten, weil sie vor einem Dilemma standen, in dem sie in jedem Fall ein Zerfallen der Einung fürchten

---

521 Vgl. St. UB V, Nr. 141 f. vom 11.7. bzw. 3.8.1346

522 Vgl. die Aufforderungen des Landfriedens, St. UB V, Nr. 144 vom 30.8.1346; zu Ludwigs Mahnungen vgl. MGH Const. VIII. Nr. 72, 74 vom 12. bzw. 13.7.1346; vgl. dazu ausführlich *Ruser*, Städtepolitik, S. 14 f., danach scheint es zu wirklichen Aktionen des Landfriedens allerdings nicht gekommen zu sein.

523 St. UB V, Nr. 142, 143 vom 3. bzw. 4.8.1346.

524 Vgl. St. UB V, Nr. 145 vom 26.11.1346.

525 St. UB V, Nr. 152 (S. 146 f.).

526 So der Erwerbung des benachbarten Dorfes Königshofen durch Pfandauslösung, St. UB V, Nr. 153; die Gewährung eines Judenschutzbriefes, St. UB V, Nr. 154; insbesondere aber die Bestätigung aller Privilegien, namentlich der Exemtion und Steuerfreiheit auch für ihre Ausbürgergüter und das erlaubte gemeinsame Vorgehen gegen unrechtmäßige Zölle, St. UB V, Nr. 149 f., 155; daneben die Bestätigung aller Lehen und Pfandgüter, St. UB V, Nr. 156. Das Dankesschreiben vom 27.11.1347 findet sich in St UB V, Nr. 157; vgl. insgesamt auch *Ruser*, Städtepolitik, S. 17 ff.; vermutlich hatte die Stadt selbst sich unmittelbar nach dem Tod Ludwigs bei Karl in Nürnberg um die Privilgeien bemüht, da sie besonders stark unter Ludwig profitiert hatte, vgl. ausführlich *ebd.*, S. 27 ff.

527 So bemühte warb Bischof Berthold bei einer Versammlung der „Städteboten und Barone des Elsässer Verbandes" sehr für Karl, und da auch alle Lichtenberger für ihn gewesen seien, habe er die Städte dazu gebracht, sich, gleichsam wider ihren Willen, dem Luxemburger zu unterwerfen, weil sie, so Mathias v. Neuenburg, S. 154, sie fürchteten, es könnte dadurch - also durch ein anderes Verhalten - der Verband für den Landfrieden gesprengt werden; vgl. zu den Bemühungen Bertholds *Leupold*, Berthold von Buchegg, S. 131. *Schuler*, Städtebünde, S. 685; *Ruser*, Städtepolitik, S. 30 f.

mussten: Bei einer Weigerung wäre es zum Bruch mit den Straßburgern gekommen, bei der Anerkennung Karls dagegen wäre der durch Ludwig errichtete Bund bereits gar nicht wirksam zustande gekommen gewesen.

(2) Um diese Ängste aufzugreifen, aber auch, um seiner Anerkennung einen sichtbaren Ausdruck verleihen, krönte König Karl IV. am 13.12.1347 als erstes Ziel bei seiner Huldigungsreise seine Bemühungen durch einen von ihm persönlich in Hagenau gemeinsam mit den bisherigen Parteien errichteten Landfrieden im Unterelsass, nachdem ihm die Einungsteilnehmer gemeinsam gehuldigt hatten.[528] Zuvor hatte er den Städten ihre Privilegien und Verfassungen in vollem Umfang bestätigt.[529]

Allerdings mussten die Bürgerschaften bereits am Anfang des neuen Regnums ihre erneute Verpfändung durch den überschuldeten König fürchten, der sogleich einzelne, ihm in den Reichsstädten zustehende Rechte verpfändete.[530] Von dem neuen Herrscher und seinem ebenso neuen Reichslandvogt Johann von Finstingen konnten die Kommunen jedenfalls, soviel war klar, keine ihren Interessen so weit entsprechende Politik wie die Ludwigs erwarten.[531] Diesen Sorgen versuchte Karl dadurch zu begegnen, dass er - in Abgrenzung zu Ludwigs Hausmachtbestrebungen - versprach, nur noch einen einheimischen Reichslandvogt als „Oberbehörde" für die Reichsstädte zu ernennen, besonders einzelnen kleineren Städten der Reichslandvogtei ihre Unverpfändbarkeit bestätigte und im Februar 1348 ihnen neben weiteren finanziellen Zugeständnissen zusammen ein Privileg erteilte, wonach alle zukünftigen, ihren Rechten widersprechenden königlichen Urkunden ungültig sein sollten.[532]

(3) Die Bewahrung des *status quo*, an dem den Städten daher zunächst alles gelegen sein musste, zeigte sich auch im Inhalt des neuen Landfriedens. Dieser orientierte sich fast wörtlich an den vorherigen Einungen, lediglich die den Vertragscharakter allzu stark betonenden Bestimmungen, dass der

---

528 St. UB V, Nr. 159 (S. 152 - 155); MGH Const VIII, Nr. 383-385, 394-411, ausführlich *Ruser*, Städtepolitik, S. 32 ff.

529 Vgl. RI VIII, Nr. 480-485, 505 f., 524-526,5970-5977; vgl. *Schuler*, Städtebünde, S. 685.

530 Vgl. Königshofen, S. 480; zu den weiteren Ausgaben für Wahl und Anerkennung vgl. etwa *Ruser*, Städtepolitik, S. 18 f. zur Verpfändungspolitik Karls, den Schutzprivilegien, allerdings zur nahezu gleichzeitigen Verpfändung von Kaysersberg und vgl. *Schubert*, König, v.a. S. 228; *Hergemöller*, Nürnberg, S. 126 f. *Schuler*, Städtebünde, S. 686 m.w.N

531 Vgl. den Nachruf von Königshofen, S. 473 auf Ludwig IV.: Er „war fridesam und gut, und wo die stette wolltent landfriden machen, do det er sine helfe zuo, und was er mit gute möhte zuobringen, do erlies er sich krieges."

532 RI VIII, Nr. 482, 500, 5977 sowie Nr. 608; zur Einsetzung des Reichslandvogts am 1.1.1348 vgl. MGH Const. VIII, Nr. 453; zu weiteren finanziellen Zugeständnissen vgl. RI VIII, Nr. 543 vom 8.1.1348; zum Ganzen vgl. *Schuler*, Städtebünde, S. 686 f.; *Ruser*, Städtepolitik, S. 31, 41; *Bock*, ZGO NF 46 (1933), S. 353; *Leupold*, Berthold von Buchegg, S. 132 f.

Frieden auch bei Abfall eines Siegels oder Fernbleiben einer Partei gelten sollte und Kaiser und Reich ausgenommen waren, fehlten. Beides schien wohl entbehrlich und der Betonung der symbolisch erstarkten Rolle des Königtums eher abträglich. Auf die reale Organisation des Landfriedens hatte der König, wie sein Vorgänger, jedoch keinen direkten Einfluss. Allerdings wurde mit dem Straßburger Amman Peter Swarber ein weiterer Verwandter des von Karl begünstigten Rulemann als Obmann eingesetzt, nachdem bereits seit 1343 Ritter Berthold Swarber dieses Amt inne gehabt hatte.[533]

(4) Nach der Huldigung in Hagenau zog Karl IV. von Straßburg über andere elsässische Reichsstädte nach Basel, wo er ebenfalls am 19.12.1347 die Huldigung begehrte, die die Bürger jedoch erst nach Aufhebung des Interdikts leisten wollten.[534] Die päpstlich geforderte Form der Absolutionsbitte lief jedoch auf eine Anerkennung der Oberhoheit der Kurie hinaus und konnte daher nur unter Aufbietung größter diplomatischer Kniffe aller Seiten als erfüllt betrachtet werden, nachdem Karl erneut persönlich die aufgebrachten anderen Reichsstädte, voran Straßburg, beschwichtigt hatte.[535] Karl hatte damit fürs Erste die ausnahmslose Anerkennung seiner Herrschaft am Oberrhein erreicht, die eine Signalwirkung für die übrigen königsoffenen Landschaften hatte und die auch nicht durch die späteren Gegenkönige der wittelsbachischen Partei beeinträchtigt werden sollte.[536]

Vielmehr konnte Karl IV. in der Anfang 1348 angesagten Fehde mit den Pfalzgrafen auf die wichtige Unterstützung am Oberrhein bauen.[537] Während der König auf den Landfrieden selbst keinen formalen Einfluss ausüben konnte, wurde sein Vertrauter Johann von Lichtenberg als neuer

---

533 Vgl. *Schuler*, Städtebünde, S. 677, 686. Zur allgemeinen Strategie der Einsetzung möglichst direkt dem König verpflichteter Landfriedensob- bzw. -hauptleute, um nicht nur die Friedenshoheit, sondern auch möglichst viele Informationen und Kontrolle zu erhalten, sowie zu sonst weit stärkeren Kontrolle der Zusammensetzung und Dauer der Landfriedensbündnisse in königsnahen Regionen vgl. *Hergemöller*, Nürnberg, S. 106 m.w.N.; *Ruser*, Städtepolitik, S. 95.

534 Vgl. Mathias v. Neuenburg, S. 154; danach Königshofen, S. 477 f.; hierzu und zum folgenden *Ruser*, Städtepolitik, S. 34 ff.

535 Nach Mathias v. Neuenburg, S. 158 f. war es ein Baseler Meister, dessen Kunstgriff die Lösung des Interdikts ohne Verpflichtung des Volkes auf ein kuriales Bestätigungsrecht für die Königswahl erlaubte; danach Königshofen, S. 477 f.; vgl. *Wackernagel*, Basel, I, S. 253 f.

536 Zur Austrahlungswirkung etwa für den Landfrieden in der Wetterau, sowie bei den Erzbischöfen von Mainz und Trier nicht zuletzt über Konrad von Kirkel der jetzt als Verwalter der Mainzer Diözese wirkte vgl. Mathias v. Neuenburg, S.153 ff.; allgemein *Schuler*, Städtebünde, S. 691. Zu den Gegenkönigen gegen Karl, insbesondere der Ablehnung des Königs Eduard III. von England, dem Markgrafen von Meisen und den von Karl anscheinend abgefunden Graf Gunter von Schwarzenburg vgl. Königshofen, S. 478 f. m.w.N.; vgl. auch *Ruser*, Städtepolitik, S. 44; *Bock*, ZGO NF 46 (1933), S. 353.

537 Vgl. dazu *Ruser*, Städtepolitik, S. 49 ff.

Reichsvikar auch im Friedensschutz persönlich aktiv, wie gerade der Fall der Feste Fröndsberg zeigt.[538] In dieser Form der lockeren Verbindung von personaler und bündischer Friedenssorge wies vieles auf die Politik König Rudolfs I. am Anfang der Landfriedensentwicklung am Oberrhein zurück.[539] Die Zeit war jedoch viel weiter gegangen. Dies zeigte, vor allem anderen, das dichte Netz von Beistandsbündnissen und Einungen, das sich seit den 1320er Jahren ausgebildet hatte. So blieb Straßburg den mittelrheinischen Städten auch nach dem Absterben des dortigen Landfriedens vermutlich durch ein neues Bündnis seit 1344 verbunden, ebenso wie Freiburg und Basel. Letzteres wiederum war mit seinem Bischof und Zürich verbunden, während es gleichzeitig ein Schutzbündnis mit den Habsburgern geschlossen hatte.[540] Auch Breisach blieb in dieses Bündnissystem integriert, konnte allerdings mit seiner Behauptung, mit dem Tod Ludwigs sei die Verpfändung zugunsten der Habsburger erloschen, nicht durchdringen und sank wie Rheinfelden, Neuenburg und Schaffhausen bald in der Folge zu einer habsburgischen Landstadt herab.[541] Straßburg bildete gewissermaßen das Zentrum dieser Bündnisse, während Basel gewissermaßen einen weiteren Knoten bildete. Diese Konstellation kam nicht zuletzt den weitgefächerten Wirtschaftsinteressen beider Städte sehr entgegen.

2. Die Jahre der großen Krisen und Bewährungsproben für den Frieden (1348/1349)

Dieses dichte Bündnisnetz traf im Jahr 1348 auf nicht gekannte Herausforderungen, die noch weit die Krise von 1338 übertrafen, als - der großen Pestwelle voraus - gestützt auf Gerüchte eines umfassenden Komplotts der Brunnenvergiftung durch die Juden, eine Gewaltwelle entbrannte, die allenfalls mit den Pogromen von 1096 verglichen werden konnte. Während zuvor in Colmar eine erneute Verfassungsreform weitgehend unblutig verlaufen war, kam es in Mühlhausen 1348 erneut zu einer gewalttätigen Revolte, bei der die Adeligen vertrieben wurden und auf die der Reichsland-

---

538 Vgl. St. UB V, Nr. 216; *Ruser*, Städtepolitik, S. 55; *dazu ausführlich unten Kapitel 6 II 2 d).*

539 *Vgl. ausführlich oben I 2*; zur Rolle der Reichsvikare unter Karl vgl. *Fricke*, Reichsvikare, S. 42 ff.; *Ruser*, Städtepolitik, S. 79 ff. der allerdings die Parallele zur Politik Rudolfs I. ebenso verkennt wie *Wendehorst*, Reichsvikariat, S. 106

540 Vgl. *Ruser*, Städtepolitik, S. 57 ff. m.w.N. allerdings unzutreffend bezüglich der Sonderrolle Straßburgs im mittelrheinischen Landfrieden von 1344.

541 Vgl. zu diesen Vorgängen im Oktober 1348, die damit endeten, dass die Breisacher doch alsbald auf Befehl Karls den Herzögen von Österreich die Treu schwören mussten, Mathias v. Neuenburg, S. 164; *Bock*, ZGO NF 46 (1933), S. 354; *Fürderer*, ZGO 153 (2005), S. 282 f.

vogt mit Gewalt anwortete, was die Einwohner verständlicherweise auch gegen ihn aufbrachte.[542]

Zu schwersten Unruhen kam es jedoch in nahezu allen bedeutenderen Städten am Oberrhein im Vor- oder Nachgang mit dem großen Sterben der schwarzen Pest. Im Laufe dieser schwersten, von Italien und Südfrankreich eingeschleppten Pestepidemie verschwanden 233 Dörfer und 70 Pfarreien im Elsass für immer von der Landkarte, wurden allein Straßburg wohl mehr als 16.000 Männer, Frauen und Kinder, mithin ein Drittel der Gesamtbevölkerung, in Basel etwa 14.000 Menschen getötet.[543] Tagtäglich starben in jedem Pfarrsprengel der elsässischen Metropole sieben bis zehn Menschen. Die Überlebenden des Dante'schen Infernos suchten in ihrer Verzweiflung nach Schuldigen und erlagen den Flagellanten, religiösen Eifereren, die sich in Massenprozessionen von Ort zu Ort erbarmungslos selbst geiselten und in ihrem Aufruf nach Buße für die Sünden zur Abwendung der grausamen Strafe Gottes viel Zulauf fanden.[544] Die anderen suchten die bequemere Erklärung in einer weltweiten Verschwörung der Juden, die die Brunnen vergiftet hätten. Die Kunde davon wanderte, der Seuche voraus, von Süden nach Norden auch durch die Oberrheingegend. Tod, Verzweiflung und Wahnsinn rüttelten an den Grundfesten der bestehenden Ordnung - vor allem in den Städten, aber auch auf dem Lande.[545] Nun musste sich zeigen, was ihre Bündnisse und mit Namen die noch ge-

---

542 Nachdem die Mühlhausener viele Patrizier vertrieben hatten, erlaubte die neue Führung der Bürgerschaft dem Reichslandvogt den Einzug nur mit wenigen Leuten, trotzdem gelang es diesem, die Kontrolle in der Stadt mit Hilfe der Herren von Hus und der Uneinigkeit der Bürgerschaft zu erlangen, worauf er viele Bürger verbannte und ihr Eigentum konfiszierte; deswegen waren die Colmarer bei seinem dortigen Einzug so sehr gegen ihn aufgebracht, dass er in aller Eile wieder abziehen und die dortige Verfassungsreform anerkennen musste, Vgl. Mathias v. Neuenburg, S. 163 f.; *Moeder*, Mulhouse; *Livet*, Histoire de Colmar, S. 55.

543 Die Pandemie von 1348/49 führt allein im Elsass zum Verschwinden von mindestens 233 Dörfern, bzw. 70 Pfarreien, vgl. Königshofen, S. 759 f., 769 f.; *Zind*, Histoire, S. 85; vgl. auch *Humm*, Villages disparus; die Chroniken berichten von insgesamt mehr als ca. 16.000 Toten allein in Straßburg und ca. 14.000 Toten in Basel, vgl. dazu vor allem Closener, S. 120 f.; *Wackernagel*, Basel I, S. 267.

544 So erreichten Mitte Juni 1349 die Geißlerzüge Straßburg, denen sich bis zu 1.000 Straßburger anschlossen, wodurch erneut große Unruhe entstand, vgl. ausführlich Mathias v. Neuenburg, S. 179 ff.; ausführlich auch Königshofen, S. 764 - 768 der von 200 Geißlern spricht, die nach Straßburg gezogen seien; Closener, S. 105 - 120, nach dem der Aufruhr durch die Auseinandersetzung mit den Pfarrern nach dem Verbot der Züge durch den Bischof auf päpstliche Weisung in der Bulle Clemens VI. vom 20.10.1349 verursacht wurde, in der dieser befahl, allen Unglauben abzustellen, wozu auch die in der Pest als Notmaßnahme erfolgte Beichtabnahme durch Laien gehörte; vgl. zum Ganzen *Förstemann*, Geißlergesellschaften S. 97 f.; *Zind*, Histoire, S. 85. Zu früheren Geißlerzügen in den Jahren 1261/62 und 1296 vgl. Closener, S. 73 und S. 104.

545 So etwa *Wackernagel*, Basel I, S. 267 m.w.N.

ltende Allianz zum Schutz vor Aufruhr gegen Obrigkeiten und Juden von 1345, an dem fast alle elsässischen Machtfaktoren teilgenommen hatten, wert war.

Die Auseinandersetzung, die hier noch im einzelnen später dargestellt wird, gipfelte in einer Versammlung aller Reichsstände des Landes in Benfeld und endete, dem Satzungszweck diametral entgegenlaufend, mit der Verbrennung bzw. Austreibung fast aller Juden aus den elsässischen Städten.[546] Meister und Räte, die sich schützend vor die Juden gestellt hatten, ob aus Humanität oder mehr wohl aus finanziellen Erwägungen, wurden gestürzt und vertrieben, wie insbesondere die zünftisch geprägte Regierung von Straßburg am 9.2.1349.[547] Alle Allianzen und gegenseitigen Treueschwüre hatten ihnen nichts genutzt. Allein gegen die Geißler gelang es den örtlichen Obrigkeiten, nachdem der König Papst Clemens VI. zum Handeln aufgefordert hatte, diese von den Straßen zu drängen und als „üble, argwöhnische Leute" öffentlich zu brandmarken.[548] Schon von den Zeitgenossen wurde ein Zusammenhang von deren Auftreten und der Pest erkannt, so dass durch diese Maßnahmen zumindest ihre Ausbreitung etwas gedämpft werden konnte.[549]

---

546 *Vgl. hierzu und zum Folgenden ausführlich unten Kapitel 6 III 3*; vgl. hier auch *Ruser*, Städtepolitik, S. 65 m.w.N.

547 Vgl. Closener, S. 126 ff.

548 Dem ging eine Aufforderung Karls an Clemens VI. voraus, gegen die Geißler zu handeln, denn sie *„verkertent alle welt"*, worauf deren übler Leumund, *„falsch und betrügnisse"* begründet wurde, vgl. Königshofen, S. 767 f.

549 So berichtet die Closener Chronik davon, die Pest sei da verstärkt aufgetreten, wo viele Geißlern sich in verpesteten Häusern aufgehalten hätten, vgl. Closener, S. 120.

3. Wiederaufbau und neue Konfrontationen (1349-1352)

Unmittelbar nach dem großen Sterben setzte eine Fruchtbarkeit in Natur und Wirtschaft ein, die nicht nur die Zeitzeugen überrascht hat.[550] Das wirtschaftliche und politische Leben ging weiter, ohne dass eine größere Zäsur zu erkennen gewesen wäre. Gleiches galt für den Alltag politischer Fehden, während der Landfrieden zunächst wie gelähmt wirkte.[551] In der Auseinandersetzung um das Mainzer Erzbistum suchte Karl IV. im März 1349, neuen Einfluss am Mittelrhein zu gewinnen, und zog deshalb auf die Klagen der Städte mit deren Kontingenten unter dem Reichsbanner gegen die Raubritterburg Neuhof, die ein Lehen des Pfalzgraf Ruprecht von Bayern war, und zerstörte sie völlig.[552] Anders als etwa König Rudolf von Habsburg gelang es ihm jedoch nicht, diese Machtdemonstration in einen neuen Landfrieden am Mittelrhein unter seiner Führung umzumünzen.[553] Umso mehr versuchte Karl nun, seine Stellung auch gegenüber den elsässischen Reichsstädten zu stärken.[554] Für die Ermordung seiner unter besonderem königlichen Schutz und Frieden stehenden jüdischen Kammerknechte verlangte der Herrscher zumindest von den Städten der Reichslandvogtei Kompensationen, bevor er diese wieder in seine Huld aufnehmen wollte.[555]

a) Die Schwäche des Landfriedens zeigte sich am Schicksal der Jubiläumspilger von 1350, die, „obgleich sie sich allenthalben des gebührenden Friedens erfreuten, am Rhein viele Gefahren zu bestehen [hatten, M.F.], teils durch den Untergang ihrer Schiffe bei Breisach und Rheinau, wobei viele umkamen, teils durch den Anfall von Räubern".[556] So nahm etwa der Graf

---

550 Vgl. nur *Wackernagel*, Basel I, S. 270 m.w.N.

551 So ging etwa Basel kurz nach 1349 äußerst gewaltsam gegen Zürich und Neuenburg vor, vgl. nur *Wackernagel*, Basel I, S. 270 m.w.N.; 1351 entflammten heftige Fehden unter anderem zwischen dem Straßburger Bischof und der Stadt Metz und Grafschaft Bar gegen die Herzog v. Lothringen, die Grafen von Saarburg, Zweibrücken und von Finstingen, vgl. Mathias v. Neuenburg, erste Fortsetzung, S. 203. Nachweise für ein Wirken des fortbestehenden Landfriedens zu dieser Zeit finden sich hingegen nicht.

552 Vgl. Mathias v. Neuenburg, S. 187; *Ruser*, Städtepolitik, S. 69, 83.

553 Die darauf gerichteten Verhandlung über einen allgemeinen Landfrieden längst des Rheins in Speyer scheiterten im September 1349; vgl. Mathias v. Neuenburg, S. 187.

554 Vgl. *Bock*, ZGO NF 46 (1933), S. 353; *Leupold*, Berthold von Buchegg, S. 132 f.

555 Vgl. ausführlich hierzu *Ruser*, Städtepolitik, S. 66 f., 69 f. m.w.N.; dagegen kann dessen Auffassung, dass gleichfalls der Stadtfrieden gebrochen wurde, in Zweifel gezogen werden durch die Tatsache, dass die (neuen) Stadtobrigkeiten meist das Treiben der Masse billigten, oder sogar die Tötungen im Wege eines vermeintlich geordneten Strafverfahrens selbst durchführten; zur Wiederaufnahme vgl. etwa StR Schlettstadt (Oberrhein. StadtR III 1,1 1902) Nr. 39; RI VIII, Nr. 6025; *Mossmann*, Juifs, S. 5.

556 Mathias v. Neuenburg, erste Fortsetzung, S. 200.

von Eberstein den Ritter Waldemar von Westrich auf dem Rückweg von Rom gefangen und „schätzte ihn mit 6000 Goldstücken, hierüber", so die Chronik, „freuten sich viele Edle, weil dieser Ritter viele nach schweren Leiden bis aufs Blut ausgezogen hatte". Der Streit zwischen Gebweiler und ihrem Schultheiß, dem Abt von Murbach, eskalierte in der Ermordung eines Vetters von Bischof Berthold, die weitere Zerstörungen und Tötungen nach sich zog.[557]

Gleichzeitig wirkten sich nun ebenfalls die Folgen der zahlreichen Geschenke an die Landesherren aus, die der um Bargeld stets verlegene König auch in Form von neuen Zollprivilegien am Rhein hatte machen müssen.[558] Für die Städte, voran Straßburg, bedeutete dies eine empfindliche Beeinträchtigung des Handels. Statt durch ein vereintes Vorgehen durch einen Städtebund oder einen Landfrieden reagierte die Bürgerschaft eigenmächtig mit einer spektakulären Sperrung des Flusses, die zehn Wochen andauerte, bis im Mai 1351 die anderen Herren sich zu einer Übereinkunft im Sinne der Kommune bereit fanden.[559] Erneut hatte sich die Bedeutung des Rheinfernhandels, aber auch die einmalige Vormachtstellung der Metropole in der Region erwiesen.

Auch als die Züricher, die sich seit Frühjahr 1350 in einer schweren Fehde mit den Habsburgern befanden,[560] 100 Basler und 70 Straßburger Wallfahrer zum Kloster Einsiedeln gefangen nahmen und sie nur gegen sehr hohe Sicherheit freiließen, konnte der Landfrieden von 1347 nicht aktiv werden, da sich die Tat außerhalb seines Geltungsbereiches abgespielt hatte.[561] Statt

---

557 Als der Streit 1350 zwischen Gebweiler und dem Abt von Murbach beigelegt gewesen sei, habe Reuter von Staufenberg in Lahr den arglosen Vetter der Bischöfe von Straßburg und Basel, Hannemann Waldner, ermordert, worauf diese seine Burg „soweit sie Ruiter gehörte" aufs Neue zerstörten und er selbst im Sommer 1355 von Johann Waldner und anderen grausam ermordet wurde, vgl. Mathias v. Neuenburg, Beilage II, S. 257; vgl. *Leupold*, Berthold von Buchegg, S. 134 m.w.N.

558 Karl galt schon bei seinem Amtsantritt bei den Bürgern als sehr arm, da er all sein Geld für die Wahlen verausgabt hatte, jedenfalls keineswegs mehr als kreditwürdig, vgl. Königshofen, S. 480.

559 Vgl. Mathias v. Neuenburg, erste Fortsetzung, S. 195; die Zölle vor allem auf rheinabwärts transportierten Wein und andere Handelsware verärgerte die Straßburger Kaufleute so sehr, dass sie den Rhein mit Pfählen und Latten sperrten; als die Herren und anderen Städte einsahen, dass sie dagegen nicht ankamen, kam es zu einem Übereinkommen mit Straßburg, nach dessen Schluss sofort „viele hundert Schiffe" mit Wein und anderen Dingen auf Rhein gefahren seien, vgl. Königshofen, S. 481.

560 Vgl. nur Königshofen, S. 821; vgl. Züricher Jahrbücher, S. 76; Klingenberger Chronik S. 71.

561 Der Grund für die Eskalation des Konflikts wurde hier klar wie selten deutlich: Auf den Streit der Edelleute unter Führung des Waldners von Sulz mit dem Züricher Ritter Molitor, wollten ihnen diese kein rechtliches Gehör gewähren, weder vor den Städten noch sonst, sondern nur vor ihrem eigenen Schultheißen, worauf die Elsässer die Züricher Bürger eigenmächtig pfändeten. Darauf verbanden sich die Straßburger, Freiburger, Baseler und

dessen verbanden sich die Städte des Viererbundes mit den Herzögen von Österreich auf fünf Jahre und rüsteten zum Krieg, der jedoch von Königin Agnes noch einmal verhindert werden konnte. Nach dem dadurch provozierten ewigen Bund Zürichs mit den Waldstädten von 1351 waren es maßgeblich die Habsburger, die diese Stadt mit großer Macht belagerten, zu denen auch - mehr oder weniger widerwillig - die verbündeten Bürgerschaften wegen der übernommenen Verpflichtungen stoßen mussten, obwohl ihr Streit eigentlich längst bereinigt war. Exemplarisch war diese extensive Fehde auch dadurch, dass sich hier klar als Kern ein Jurisdiktionsproblem erkennen lässt, denn ursprünglich hatten die Elsässer die reisenden Züricher Bürger gepfändet, da nach ihrer Ansicht die Bürgerschaft dem Straßburger Waldner von Sulz das Recht und ein ordentliches Gerichtsverfahren verweigert hatte, während wiederum die Züricher die Pfändung als unrechtmäßigen Angriff empfanden.

b) Am Mittelrhein hingegen kam es nach dem Waffenstillstand im Mainzer Bistumsstreit im April 1351 zu einem neuen, dem bisher am detailliertesten ausgestalteten Landfrieden, der von König Karl IV. errichtet und von den freien Bündnisstädten den beiden Streitparteien von Mainz, sowie den Pfalzgrafen gelobt wurde und der die wichtigsten Handelsstraßen von Straßburg bis Bingen schützte.[562]

In anderen, benachbarten Landschaften entstanden bis 1353, ebenfalls unter dem Zeichen des Bistumsstreits, neue Landfrieden.[563] Im Elsass, das bisher eher im Schatten der Auseinandersetzung im Süden und Westen gelegen hatte, versuchte der König nun verstärkt, Einfluss auf den Landfrie-

Breisacher am 23.4.1350, am Tag als der oberrheinische Landfrieden vom 7.9.1345 auslief, auf fünf Jahre mit den Herzögen von Österreich und beschlossen einen gemeinsamen Auszug, an dem sich auch die Bischöfe von Straßburg und Basel persönlich beteiligen wollten; nachdem wohl nicht nur Breisach am 11.5.1350 offen Zürich die Feindschaft erklärt hatte, und die Bedrohung selbst für die Schweizer erkannt wurde, gelang Agnes in letzter Sekunde am 6.7.1350 ein Friede, auf den die Gefangenen entlassen und sogar ein Bündnis zwischen Zürich und den Herzögen in Angriff genommen wurde, das aber mit dem Zug Rudolf gegen Rapperswil am 1.9.1350 scheiterte, worauf die Züricher 1.5.1351 mit dem ewiger Bund mit Eidgenossen anworteten; darauf sandte auch Basel zuletzt am 3.12.1351 seinen Fehdebrief an Zürich, überfiel am 26.12. Züricher bei Tätwil und belagerte mit den Verbündeten unter Führung der Habsburger mit 2.000 Helmen und 20.000 Fußknechten Zürich; dabei handelten die Unterelsässer wohl bereits gegen ihren eigentlichen Willen nur gebunden durch ihre Allianz mit den Habsburgern; vgl. zum Ganzen Mathias v. Neuenburg, erste Fortsetzung, S. 195, 203 f.; danach Königshofen, S. 821 f.; vgl. auch *Bock*, ZGO NF 46 (1933), S. 354 zu politischen Implikationen; *Wackernagel*, Basel I, S. 259 f.; *Leupold*, Berthold von Buchegg, S. 134 f.; *Fürderer*, ZGO 153 (2005), S. 283; *Settler*, SZG 23 (1973), S. 752 ff.; *Wirz*, in: Mitteilungen der Antiquarischen Gesellschaft in Zürich 36/3 (1955), S. 52 ff.

562 St. UB V, Nr. 245 (S. 233 - 241); vgl. *Ruser*, Städtepolitik, S. 96 f.; zum Verhältnis des Kaisers mit den Pfalzgrafen vgl. *Röhrenbeck*, Pfalzgrafen bei Rhein, S. 613 ff.

563 Vgl. den Überblick bei *Ruser*, Städtepolitik, S. 98 ff. m.w.N.

den zu bekommen. Zunächst jedoch wurde am 2.März 1352 das große Schutzbündnis gegen Aufruhr am Oberrhein bis 1357 erneuert, und um die Städte Offenburg, Zell und Gengenbach, die Bischof Berthold mit Zustimmung des Königs ausgelöst hatte, erweitert.[564] Das katastrophale Versagen eben dieses Bündnisses, das ursprünglich gerade den Schutz der Juden als Anlass und Ziel gehabt hatte, schien vergessen, vielmehr tauchten diese nun, wie die anderen bisher aufgezählten geschützten Personengruppen im neuen, ansonsten kaum veränderten Text schlicht nicht mehr auf.[565] Aber auch bei den unmittelbar folgenden Herausforderungen, darunter neuen Zunftunruhen in Colmar und Schlettstadt, lassen sich gemeinsame Aktionen nicht nachweisen.[566]

Da Karl bereits bei den Mitgliedern der Dekapolis nach dem Grundsatz „*divide et impera*" deren Bund durch die Abtrennung einer gesonderten Reichsvogtei Kaysersberg geschwächt hatte,[567] liegt die Vermutung nahe, dass es dem gleichen diplomatischen Geschick zu verdanken war, dass die Verlängerung des seit 1343 ununterbrochen gültigen und weitestgehend autonomen Landfriedens 1352 am Zwist zwischen den Straßburgern und den Reichsstädten scheiterte.[568] Letztere beanspruchen nämlich nun, als vermeintliche Stellvertreter des Königs und des Reichslandvogts, die beide nicht persönlich im Gremium des Landfriedens vertreten waren, das Privileg, den Obmann stellen zu dürfen, wie es Karl IV. immer mehr in anderen Landfriedensgebieten für sich durchsetzte. Die weitaus mächtigeren und in

564 Neben dem bisherigen Hauptziele: alle Volksaufläufe und Revolten, wie man sie in den letzten Jahren erlebt hatte, zu unterdrücken sollte, jedenfalls nach *Bock*, ZGO NF 46 (1933), S. 354 auch der Schutz der Lehensherren vor ungebührlichen Ansprüche ihrer Vasallen stehen, vgl. auch Basler UB IV, Nr. 190/1, 200; *Leupold*, Berthold von Buchegg, S. 133; auch hier wieder irrtümlich *Müller*, die elsässischen Landstände, S. 20 mit der Einordnung als Landfrieden; zur Auslösung von Offenburg, Gengenbach und Zell von den Markgrafen von Baden im Jahr 1350, denen der Bischof dafür seinen Straßburger Zoll verpfändete, vgl. Mathias v. Neuenburg, Beilage II, S. 257 f.

565 Vgl. St. UB V, Nr. 260, S. 250 Z. 27 – S. 251 Z. 2.

566 Zum heftigen „Geschelle" und anschließenden Vertreibungen in Schlettstadt in den 1350er Jahren vgl. *Lentze*, Zunftverfassung, S. 179: 1355; zur Datierung dagegen *Hergemöller*, Nürnberg, S. 126 utner Berufung auf RI VIII, Nr. 1637-1650, 1834-1849. Zu den Zunftunruhen allgemein vgl. *Ruser*, Städtepolitik, S. 103; *Livet*, Histoire de Colmar, S. 56.

567 Die ihm allerdings auch gleichzeitig die Möglichkeit einer gewissen Umgehung des Nichtverpfändungsversprechens brachte, die er bald nutzen sollte, vgl. *Schubert*, König, S. 228; *Hergemöller*, Nürnberg, S. 126 f.

568 Vgl. Mathias v. Neuenburg, erste Fortsetzung, S. 207; *Bock*, ZGO NF 46 (1933), S. 354. f.; dazu und zum nicht erhaltenen LF von 1353 vgl. *Werunsky*, Karl IV. II, S. 360 f.; *Müller*, die elsässischen Landstände, S. 21; *Wackernagel*, Basel I, S. 265; *Ruser*, Städtepolitik, S. 100 f. führt die Haltung der Reichsstädte darauf zurück, dass sich diese gegen die drückende Vorherrschaft Straßburgs wehren wollten.

der Region dominanten Straßburger bestanden jedoch auf ihrem Vorrecht, so dass eine Verlängerung endgültig scheiterte.

4. Königliche Erfolge (1353-1355)

Umso leichter war es für Karl IV., eine einfache Lösung für den Konflikt zu präsentieren: Indem er selbst bei der Neuerrichtung im Herbst 1353 die Bestellung des Obmannes übernahm, nahm er beiden Seiten die Argumente aus der Hand und erreichte im gleichen Atemzug elegant die von ihm angestrebte Führung und Kontrolle.[569] Gleichzeitig konnte er als Retter aus der Not des Landes erscheinen - *„do is gar ubil stund"*, wie er selbst an Herzog Albrecht von Österreich am 6.1.1354 schrieb,[570] und seine Strategie, seine Friedenshoheit und -gewalt auch bereits im Hinblick auf die angestrebte Romfahrt im ganzen Süden des Reiches zur Geltung zu bringen, gewinnbringend verfolgen.[571]

Leider ist von diesem Frieden, der bis November 1356 dauern sollte, lediglich die Zusammensetzung des über den Frieden gesetzten Gremiums überliefert, aus dem aber der Teilnehmerkreis weitgehend abgeleitet werden kann:[572] Während sich neben dem Reichslandvogt nun viele oberrheinische Gerichts- und Territorialherren beteiligten, wurde von Markgraf Rudolf V. von Baden, genannt Wecker, dessen Bruder Friedrich und Vetter Hermann kurz vorher gestorben waren, berichtet, dass dieser nicht Mitglied des Friedens werden wollte und sich von den Verhandlungen entfernte. Die Städte hatte der Luxemburger durch neue Privilegien, die ihre Jurisdiktionsgewalt bestätigten, unmittelbar vor der Landfriedenserrichtung für sich gewonnen.[573] Nur so schien die Beteiligung der adligen Grundherren und insbesondere des Reichslandvogtes unter königlicher Führung an dem bisher rein städtisch geprägten Beistandsbündnis durchsetzbar.

---

569 Zur Errichtung der Einung kam es wohl Anfang November 1353 am Eende des Aufenthalt des Königs vom 25.10. - 5.11.1353 in Hagenau, vgl. RI VIII, Nr. 1637-1650, Add. 6725-6727; OSA II 2, Nr. 840 Anm. 12; *Leupold*, Berthold von Buchegg, S. 137.

570 Vgl. Eidgenössissche Abschiede I, Nr. 99; vgl. *Ruser*, Städtepolitik, S. 100 f.

571 Zu den zeitgleichen Landfrieden in Schwaben, Franken, Lothringen und der Wetterau als Zeichen der wieder verstärkten Hinwendung zur Reichspolitik nach einer Phase starker Betonung der böhmische Hausmachtinteressen auch im Hinblick auf lang angestrebte Romfahrt vgl. *Hergemöller*, Nürnberg, S. 12 f.

572 Von den 15 Landfriedensrichtern sollten der Bischof und die Bürger von Straßburg je zwei, die Reichsstädte unter dem Reichslandvogt drei, der Basler Bischof, die dortige Bürgerschaft, die Landgrafen im Unterelsass und die Herren von Lichtenberg, Ochsenstein, Geroldseck im Wasgau jeweils einen, sowie der Abt von Murbach gemeinsam mit den Herren von Rappoltstein, Geroldseck in Ortenau und Usenberg einen Pfleger stellen; vgl. hierzu und zum Folgenden Mathias v. Neuenburg, erste Fortsetzung, S. 208 f.

573 Vgl. *Battenberg*, Gerichtsstandsprivilegien, Regesten Nr. 498 - 508.

Zuvor war der König, nach Basel und Breisach, auch in Straßburg ehrenvoll empfangen worden und hatte den im Sterben liegenden Bischof Berthold besucht,[574] der den engen Vertrauten des Königs und früheren Gegner Johann von Lichtenberg zum großen Unmut im Kapitel zu seinem Vikar bestellte.[575] Auch in Schlettstadt hatte Karl zuvor seine Einfluss geltend gemacht, indem er den Stadtfrieden wiederherstellte und die Verbannten zurückführte.[576] Schließlich konnte er am 23.9.1354 die Dekapolis unter völlig geänderten Vorzeichen neu begründen. Diese Städtevereinigung stand nunmehr, ausdrücklich jederzeit von der Krone auflösbar, ganz unter königlicher Hoheit, die durch die Leitung, Aufsicht und Gerichtsbarkeit des Reichslandvogtes gesichert wurde.[577] Im übrigen übernahm man die Vorschriften zum Beistand bei Aufruhr, für die gerade die Reichsstädte besonders anfällig schienen, aus den bisherigen großen Bündnissen.[578]

Nachdem Karl IV. sich auch bereits 1351 um ein gutes Verhältnis mit den Habsburgern bemüht hatte[579] und Basel andererseits in deren Händel mit den Schweizern und durch eigene Fehden, unter anderem mit den Grafen von Mömpelgard,[580] neuer Verbündeter bedurfte, beteiligten sich auch wieder die oberelsässische Stadt und ihr Bischof an dem Landfrieden von

---

574 Mit Berthold starb am 24.11.1353 das Hauses der Landgrafen von Bucheck aus; vgl. Mathias v. Neuenburg, Beilage II, S. 258; *Leupold*, Berthold von Buchegg, S. 137.

575 Johann von Lichtenberg diente Karl IV. zuvor als Geheimer Schreiber, war Inhaber von insgesamt vier Kapitelämtern (Probst, Dekan, Kantor und Mundschenk) und in der Auseinandersetzung Bertholds mit dem Herrn von Kirkel dessen wichtigster Verbündeter gewesen, vgl. Trier.Mathias v. Neuenburg, S. 189; Mathias v. Neuenburg, erste Fortsetzung, S. 208; ebd., Beilage II, S. 257; *Leupold*, Berthold von Buchegg, S. 136.

576 Den Versöhnungstag zelebrierte Karl IV. persönlich, dazu errichtete er, wohl mehr aus eigenem fiskalischen Interesse, einen Zoll über die Elz, den er aber schon bald wieder aufheben musste, bevor er weiter zum neugewählten Bischof Johann II. nach Molsheim und schließlich wieder nach Straßburg zor; Mathias v. Neuenburg, erste Fortsetzung, S. 209; vgl. zur Datierung *Lentze*, Zunftverfassung, S. 179, der 1355 angenommen hat, dagegen überzeugend *Hergemöller*, Nürnberg, S. 126 für 1353 auf Grundlage von RI VIII, Nr. 1637-1650, möglicherweise auch 1354, vgl. RI VIII, Nr. 1834-1849.

577 Cart. Mulh. I, Nr. 265; *Becker*, Reichslandvogtei 196 ff.; *Bock*, ZGO NF 46 (1933), S. 355; *Livet*, Histoire de Colmar, S. 58 f.; sie umfasste nicht nur einen Beistandspakt von Hagenau, Oberehnheim, Weißenburg, Rosheim, Schlettstadt, Colmar, Türkheim, Kaysersberg und Mühlhausen und dem Reichslandvogt bei äußerer Bedrohung und Eingriffen bei inneren Unruhen; der Reichslandvogt erlangte als obligatorisches Schiedsgericht für alle Streitigkeiten der Reichsstädte eine neue zentrale Rolle, während diesen zwar ihre Privilegien und Freiheiten garantiert wurden, der Bund aber, ausdrücklich ohnehin nur für die Lebzeiten Karls IV. geschlossen, ständig unter dem Damokles-Schwert der Auflösung stand und sich unschwer als „Oktroi" darstellte; vgl. *Zind*, Histoire, S. 83; vgl nunmehr auch ausführlich *Distler*, Städtebünde, S. 194 ff.

578 Vgl. bereits oben, dazu im Überblick *Ruser*, Städtepolitik, S. 104 f.

579 Vgl. Mathias v. Neuenburg, erste Fortsetzung, S. 201.

580 Zu den Auszügen von 1351 – 1355 vgl. *Wackernagel*, Basel I, S. 265 f.

1352. Eine direkte Beteiligung der Habsburger war bei den Reichsstädten nicht durchsetzbar und bot darüber hinaus für alle Beteiligten die Gefahr, in einer unabsehbaren Weise in die fortdauernden blutigen Auseinandersetzungen mit den Schweizern gezogen zu werden, ein Risiko, dessen Folgen Straßburg und andere Elsässer schon hatten erfahren müssen.[581] Dennoch zog Karl im Sommer 1354 den Habsburgern unter dem Reichsbanner mit den Reichsstädten zu Hilfe und erreichte das Versprechen der Züricher, den gefangenen Graf Johann von Habsburg freizulassen und forthin keine Pfahlbürger zu ihren Lasten mehr aufzunehmen, was damit als ein Ursprung der Auseinandersetzung in Erscheinung trat.

Der König hatte nicht nur sein Ansehen und seine Macht am Oberrhein nachhaltig zur Geltung gebracht und den Frieden wieder hergestellt, es war ihm, wie auch in den, in den gleichen Jahren erfolgten Einungen in anderen Regionen gelungen, die Konflikte zwischen den Ständen, die sich bereits abzeichneten, einzudämmen und vor seinem geplanten Romzug ein weitgehend gesichertes *Regnum* hinter sich zu lassen.[582] Hierzu leistete der elsässische Landfrieden in der Region einen erheblichen Beitrag, der durch eine bisher unbekannte Anzahl von Fällen, in denen er tätig wurde, dokumentiert wird.[583]

---

581 Vgl. bereits oben Fn. 551, 561; damit konnte der König die lange Fehde nach vielerlei weiteren Gewalttaten, kurzen Waffenstillständen und langen Verhandlungen endlich durch die Belagerung von Zürich mittels der elsässischen Stände beenden, nachdem zuvor von den mit den Zürichern verbündeten Schweizern Zug erobert worden und Bern ins Lager der Habsburggegner gewechselt war; darauf geloben die Züricher, keine Ausbürger der Herzöge von Österreich mehr zu empfangen, ließen Graf Johann von Habsburg frei, gaben die angeeigneten Städten zurück und schworen den zwischen ihnen und den Herzögen aufgerichteten Frieden; die Habsburger hatten zuvor eine Veräußerung von Zürich und Zug an das Reich abgelehnt mit der Begründung des Chronisten, sie wollten Gute des Kaisers kaufen, nicht umgekehrt, also ihre Hausmacht dort stets vermehren; bemerkenswert zum Hintergrund des königlichen Einschreitens auch die Anekdote nach der Städte, als Karl ihnen einen Kompromiss anbot, ihr Bündnis mit den Schweizern nicht aufgeben wollten, und als der König entgegnete, dass sie ohne seine Zustimmung ohnehin kein Recht zu dessen Abschluss gehabt hätten, einwandten, sie seien einfache Leute und verstünden davon nichts; vgl. Mathias v. Neuenburg, erste Fortsetzung, S. 205 f. ÄDCCol. S. 10 (Bl. 17); Königshofen, S. 823 f.; vgl. ausführlich zum Züricherkrieg *Ruser*, Städtepolitik, S. 105 ff. m.w.N.

582 Vgl. etwa *Ruser*, Städtepolitik, S. 101 ff., der überzeugend die politischen Motive Karls der Sicherung von Herrschaft und Ordnung bei seiner Abwesenheit - und damit anders als etwa Rudolf I. - durch Auflistung bestimmter Jahre der Errichtung der Landfriedenseinungen in den königsnahen Landschaften insgesamt nachgewiesen hat.

583 *Vgl. hierzu unten Kapitel 6 II.*

IV. Konfrontation, Restauration und Neuordnung (1355 - 1377)

1. Scheitern der Landfriedensbemühungen (1355 - 1361)

Unter dieser Oberfläche gärte es jedoch, und schon bald brachen neue Konflikte zwischen den Parteien des Landfriedens aus, die für eine Dekade jeden weiteren Landfrieden verhinderten.

a) Die Auseinandersetzungen um die Herren von Lichtenberg

Zunächst kam es zu einer erheblichen Belastung des Verhältnisses zwischen Straßburg und den übrigen Reichsstädten aufgrund einer Fehde, die die Herren von Lichtenberg mit der Stadt Hagenau 1355 um die Schankrechte als Ausdruck der Gerichts- und Oberhoheit im Hattgau führten.[584]

Die Verbindungen dieses bedeutenden Territorialherrengeschlechts mit der Straßburger Bürgerschaft waren zahlreich, in gewisser Weise stellte die Familie geradezu das Idealbeispiel für die enge Verbindung der städtischen Führung mit dem Landadel dar: So hatten die Lichtenberger nicht nur viel persönlichen Einfluss im Rat, sondern gehörten zu den bedeutendsten Kapitelherren und hatten bereits mehrfach die Straßburger Bischöfe gestellt, wie gerade zu dieser Zeit Bischof Johann II. Manche von ihnen hatten das Ausbürgerrecht erworben oder waren familiär mit dem Stadtadel durch Heiraten verbunden.[585]

Eine solche Verbindung dokumentiert auch der Beginn der Familientragödie im Jahr 1352. Der Straßburger Ausbürger Hannemann von Lichtenberg hatte seine Ehefrau, eine Tochter des Grafen von Leiningen, verstoßen, um mit einer gewissen, wohl bürgerlichen, Lise zusammenzuleben und eine aus dieser wilden Ehe entsprungene Tochter dem Straßburger Ritter Götz von Großstein zur Frau gegeben.[586] Diese neue Verbindung mit der Stadt konnte ihn jedoch nicht davor bewahren, von seinem ehelichen Sohn Heinrich, der um sein Erbrecht fürchtete, und Graf Emicho von Leiningen, nachdem sie die Lise von der Burgmauer zu Tode gestürzt hatten, gefangen genommen und zu dem Versprechen genötigt zu werden, Heinrich nicht zu enterben.

---

584 Vgl. der ausführliche Bericht eines Hagenauer Bürgers aus der Sicht dieser Stadt bei *Mone*, ZGO AF 5 (1854), S. 176 ff.

585 Vgl. zu den Herren von Lichtenberg allgemein *Weber*, Lichtenberg.

586 Vgl. zum Ganzen Königshofen, S. 803 f.; Mathias von Neuenburg, erste Fortsetzung, S. 200 f.; *Mone*, ZGO AF 5 (1854), S. 175 ff.

Es waren wohl auch die kostspieligen finanziellen Folgen dieser innerfamiliären Auseinandersetzungen, die bald darauf den Streit der Lichtenberger mit der Stadt Hagenau um das Herbergsrecht als Ausdruck der Gerichts- und Oberhoheit im Hattgau verursachten.[587] Diese Gerechtsame hatten bisher zur unteren Landgrafschaft gehört, aus deren Liquidationsmasse die Lichtenberger Herren wichtige Bestandteile erworben hatten. Bis Sommer 1355 kam es zu zahlreichen gegenseitigen Schädigungen, so dass am 10. August die 15 über dem elsässischen Landfrieden den Straßburgern anzeigten, dass sie wegen des Unrechts, das der Edelherr Ludemann von Lichtenberg den Hagenauern zu Gunstetten, Rohrweiler und Herbolzheim angetan habe, diesen auf ihre Klage hin Rat und Hilfe erteilt hätten und nun die Straßburger *„als uweren eren wol anstat"* aufforderten, der Reichsstadt gegen Ludemann unverzüglich zu helfen.[588] Wenig später darauf, am 21. November, erging eine entsprechende zweite Mahnung an die Stadt, nun ihren Bürger Hannemann anzuhalten, seinen Diener Burcklin Baltram von Buchsweiler zu zwingen, einen gewissen Dyetschin Kurdewan von Selz wegen der Gewalt, die er ihm angetan habe, unklaghaft zu machen, also dessen Klagforderung zu erfüllen.[589] Obwohl eine Reaktion der Straßburger nicht bekannt ist, beeinträchtigte dies zunächst weder die weitere Tätigkeit des Landfriedens noch nachhaltig das Verhältnis zu den Reichsstädten, mit denen Straßburg bald wieder Gerichtsstandsvereinbarungen schloss,[590] während die Stadt in einem neuen Beistandsbündnis am 24.3.1356 mit Basel, Freiburg und Breisach sowie mit Breisach und Neuenburg auch Rücksicht auf einen neuen elsässischen Landfrieden nahm.[591]

b) Die Goldene Bulle und der Frieden im Reich

Bei diesen Bündnissen handelte es sich jedoch nicht nur um eine bloße Verlängerung der bisherigen Allianzen, sie waren auch die Reaktion auf ein Ereignis, das den eigentlichen Grund für die Unmöglichkeit eines Landfriedens in den nächsten Jahren darstellte: Der Erlass der Goldenen Bulle, des oft als Reichsgrundgesetz apostrophierten „Rechtsbuches" des gerade frisch zuvor in Rom gekrönten Kaisers.[592]

(1) Bei den Verhandlungen, die dieser Gesetzgebung voraus gingen, zeigte sich die Stadt Straßburg und ihr Bischof ganz herausragend unter den

---

587 Vgl. *Eyer*, ZGO 117 (1969), S. 161, 169; ders., Regesten, Nr. 336 - 338, 340 f.

588 St. UB V, Nr. 348.

589 St. UB V, Nr. 354.

590 Vgl. etwa St. UB V, Nr. 387 vom 3.9.1356 mit Schlettstadt.

591 Vgl. St. UB V, Nr 380 - 382.

592 Zum Text der Bulle vgl. Zeumer, Nr. 148; zum Romzug Karls und der Kaiserkrönung am 5.April vgl. Königshofen, S. 381 f. m.w.N.; vgl. allgemein etwa *Frey*, Pater, S. 165 ff.

Reichsständen an einem Aspekt einer neuen Reichslandfriedensordnung interessiert, nämlich einem möglichen generellen Verbot aller Pfahlbürger, das der Kirchenfürst ebenso unbedingt durchzusetzen, wie die Elsassmetropole es zu verhindern versuchte.

Zunächst jedoch nahmen die Straßburger die Ankündigungs- und Einladungsschreiben, in denen unter anderem die Behandlung des Friedens im Reich als Ziel genannt wurde,[593] noch vor den anderen Städten mit großem Enthusiasmus entgegen und schickten ihre Vertreter als erste nach Nürnberg,[594] erwarteten sie doch vor allem neben der allgemeinen Bestätigung ihrer privilegierten Stellung eine Verbesserung der chaotischen und verworrenen Münz- und Zollsituation.[595] Diese behinderte insbesondere Wirtschaft und Handel am Rhein außerordentlich und hatte nicht lange zuvor Straßburg zu einer eigenmächtigen Sperrung des Flusses für den Schiffsverkehr veranlasst, die bereits ein neues Bündnis der betroffenen Kurfürsten provoziert hatte.[596] Aufgrund dieser Hoffnungen, zu denen auch zahlreiche Privilegien im Vorfeld der Verhandlungen Nahrung gegeben hatten,[597] waren mehr Städte als je zuvor in Nürnberg vertreten, darunter alle größeren Städte der elsässischen Reichslandvogtei.[598]

---

593 Zu den ab 17.9.1355 versandten Einladungsschreiben zum Nürnberger Reichstag mit der Ankündigung von Maßnamen, um die Nöte der Untertanen zu trösten, vgl. St. UB V, Nr. 290, 322, 353; *Hergemöller*, Nürnberg, S. 13, 18.

594 So waren die Straßburger Repräsentanten - Bürgermeister Claus von Grostein, Betzelin von Rosheim und Meister Hermann in Kirchgasse - bas erstaunt, als erste Vertreter überhaupt in Nürnberg angekommen zu sein; St. UB V, Nr. 360; ihre regelmäßigen Berichte an den Straßburger Rat liefern die wertvollste Quelle in die Verhandlungen überhaupt, vgl. St. UB V, Nr. 400, 403; *Hergemöller*, Nürnberg, S. 32, 65 f.

595 Neben der Bestätigung ihrer traditionellen Rechte und Freiheiten, insbesondere der Gerichtsfreiheit, sowie eine verbesserte Sicherheit vor Verpfändung angesichts des grenzenlosen Geldbedarfs des Kaisers; vgl. zum Ganzen ausführlich *Hergemöller*, Nürnberg, S. 67 f., 129; zur Verpfändungspolitik *Landwehr*, Verpfändung; *Ruser*, Städtepolitik, S. 56 f.

596 Zum erneut verschärften und drängenden Problem der Vielfalt auch eigenmächtig errichteter, vermehrter und aufgestockter Zölle und Geleite und deren verworrene Besitzverhältnisse sowie deren häufige Verpfändung als Grund für die daraus folgenden erheblichen finanziellen Schwierigkeiten für rheinischen Transithandel vgl. sehr ausführlich St. UB V, Nr. 361; auch der Brief des Kaisers an Metz vom 26.11.1355, Böhmer, Acta Imperii Selecta, Nr. 855; Heinrich von Diessenhofen, S. 101; *Stolz*, VSWG 41(1954), S. 18; zum Ganzen auch *Hergemöller*, Nürnberg, S. 24 ff., 42 f., 92 ff. mit genaueren Daten in Fn. 122; vgl. dazu auch das Bündnis der rheinischen Kurfürsten zur Sicherung des Verkehrs vom 13.1.1354 bei *v. Winterfeld*, Bündnisse, S. 45, 62; dessen Beistandspakt gegen alle Störungen war eine offene Reaktion auf die Rheinsperrung durch Straßburg und trug eine gefährliche Tendenz gegen den Kaiser in sich.

597 Vgl. nur exemplarisch die Bestätigung alle Rechte Schlettstadts inbesondere in den Dörfern Burner und Kinzheim vom 3.12.1355 und die Aufforderung an die Parteien der letzten Verfassungsunruhen, die vor ihm zu Hagenau geschworene Sühne zu halten vom 7.12.1355; vgl. StR Schlettstadt, Nr. 45 f.; vgl. den Überblick über die Gerichtsstands- und Zollprivile-

(2) Umso mehr überraschte das Ergebnis der zähen Verhandlungen nicht nur die damaligen Städtevertreter, sondern beschäftigt bis heute die Forschung. In den knappen Bestimmungen, die sich mit der Fehde und den anderen Gewaltformen befassten, war aus ihrer Sicht von dem bisher Erreichten, insbesondere von der Nachrangigkeit der Selbsthilfe, nicht mehr die Rede. Statt dessen wurden alleine die formalen Voraussetzungen der rechten Fehde ausführlich geregelt, so vor allem das Bestehen eines Rechtsgrundes und die Form und Frist der Absage.

Um dies zu erklären, ist gemutmaßt worden, die Bestimmungen zu einem allgemeinen Reichslandfrieden, etwa in der Tradition von 1235, seien insbesondere am Widerstand der Fürsten gescheitert, da nachweislich über den Frieden im Reich diskutiert wurde.[599] Andere haben geglaubt, der Gedanke der Subsidiarität sei bereits in das Gewohnheitsrecht übergegangen gewesen, haben sich aber zu Recht entgegenhalten lassen müssen, dass dies bei den noch viel älteren Förmlichkeiten doch umso mehr der Fall sein müsste.[600] Auch am Oberrhein konnte von einem solchen gewohnheitsrechtlichen Satz nachweislich nicht die Rede sein.[601]

Tatsächlich wird man mit HERGEMÖLLER anders ansetzen müssen: Die Goldene Bulle war nicht mehr und nicht weniger als das Eingeständnis, dass das hierarchische, geschlossene Gerichtssystem und Friedensmodell von 1235 endgültig gescheitert war. Angesichts der großen Entwicklungsunterschiede musste die Bereitstellung und Durchsetzung friedlicher Alternativen den Territorien und Partikulargewalten, aber auch den Landschaften, überlassen bleiben. In den Herschaften des Luxemburgers, den anderen großen sich entfaltenden Staatsgebilden im Osten und den Territorien der in Nürnberg ebenfalls entscheidenden (Kur-)Fürsten konnten bereits territoriales Recht und Amtsleute diese Aufgaben weitgehend übernehmen, so dass hier keinerlei Interesse an einer neuen Reichsorganisation der Friedenssorge bestand, sondern diese scharf abgelehnt wurde.[602] Nur wo die

---

gien an Herren und Städte, darunter Straßburg, bei *Hergemöller*, Nürnberg, S. 21, 126. *Eitel*, Reichsstädte, S. 21.

598 Insgesamt waren dann nach dem Beginn der Verhandlungen mehr Städtevertreter als je zuvor seit 1255 anwesend, als die Städte erstmals unter den Anwesenden auftauchten; vgl. dazu *Schubert*, König, S. 332; namentlich findet sich die Teilnahme von Hagenau, Colmar und Schlettstadt bestätigt, vgl. RI. VIII, Nr. 22405, Erg. 6171; StR Schlettstadt , Nr. 45 f.; *Hergemöller*, Nürnberg, S. 68

599 Vgl. Heinrich von Diessenhofen, S. 101; *Sellert*, Friedensprogramme, S. 465; *Wolf*, Gesetzgebung, S. 589, 594 ff.; *Zeumer*, Goldene Bulle I, S. 113 f., der dies verneint.

600 Vgl. *Fehr*, ZRG GA 35 (1914), S. 198 f; *Asmus*, Fehdewesen, S. 45; überzeugend gegen beide insoweit *Angermeier*, Königtum und Landfriede, S. 175 ff., 179 und *Mohrmann*, Landfriede, S. 173 f.

601 *Vgl. dazu unten Kapitel 4 I 4 b).*

602 *Hergemöller*, Nürnberg, S. 103 f.

Territorien offenkundig an die Grenzen ihrer Möglichkeiten stießen, schienen vertragliche Bündnisse die unumgängliche Lösung zu sein, so in der Zollfrage am Rhein, aber auch im zersplitterten Südwesten, wo die Eindämmung der Gewalt weiter durch die bisherigen Landfrieden am Mittelrhein und im Elsass auf regionaler Ebene geleistet werden sollte.[603]

Zwischen der Kluft der regional unterschiedlichen Systeme und Modelle des Friedensschutzes konnte sich die Goldene Bulle nur, dies aber auch berechtigt, in einer ganz anderen Weise als Friedensordnung verstehen, indem sie sich in Gänze den möglichen Ursachen gewaltsamer Konflikte zuwandte, um diese nach Möglichkeit zu reduzieren.[604] In diesem Sinn stellen neben der klaren Feststellung des Kurfürstenstatus und den Regelungen über die Lehensvergabe auch das an diese systematisch anschließende Verbot der Beistandsbündnisse mit ausdrücklichem Vorbehalt der Landfriedenseinungen (cap. 15) sowie das Pfahlbürgerverbot (cap. 16) eine Einheit dar, an die sich bezeichnenderweise das strenge Verbot der nicht formgerechten Fehde anschloss (cap. 17).[605] Alle diese Faktoren hatten sich als wichtige Ursachen für den Ausbruch und die unkontrollierte Ausbreitung von Fehden gezeigt, für die aus adeliger Perspektive vor allem auch die Städtebünde verantwortlich zeichneten, die sich als kaum geeignet erwiesen hatten, der Gewalt und Selbsthilfe entgegen zu wirken. Wie sehr diese Ängste begründet waren, sollte sich knapp 25 Jahre später eindrücklich zeigen. Richtig ist allerdings, dass sich die Bulle besonders an der Sicht der Reichsfürsten orientierte, die, wie wohl auch Karl IV. selbst, in den aufstrebenden Städten und den damit verbundenen Konflikten mit den Landesherren und -adeligen die größte Gefahr für den Frieden sahen und mit dem absoluten Bündnisverbot auf eine zuletzt von Friedrich I. eingesetzte drastische *ultima ratio* zurückgriffen.[606]

---

603 Vgl. ausführlich *ebd.*, S. 107 ff. m.w.N., missverständlich zu einem Reichslandfrieden im Jahr 1356 *Angermeier*, Königtum und Landfriede, S. 176 ff., eindeutiger zweifelnd in *ders.*, Landfriedenspolitik, S. 838 f.

604 Sie barg so tatsächlich die Zusammenfassung des geltenden Friedensrechts, das (noch) der Reichsgesetzgebung unterlag und ein Programm, das provinzielle Einungen vorsah, wie *Angermeier*, Königtum und Landfriede, S. 177, 184 f. angenommen hat; dagegen dürfte *Hergemöller*, Nürnberg, S. 119 f. ihre Wirkung angesichts der Möglichkeiten zu negativ als bloß weitgehend symbolisch verortet haben.

605 Vgl. zum Ganzen ausführlich *Zeumer*, Goldene Bulle I, S. 72, 80 f.; *Hergemöller*, Nürnberg, S. 116 f., 225; *Angermeier*, Königtum und Landfriede, S. 175; *Wolf*, Ius Commune 2 (1969), S. 19.

606 Vgl. Art. 6 des Roncalischen Landfriedens; vgl. zu den (spät-)staufischen Bündnisverboten *Kaufhold*, Interregnum, S. 47; zum allgemeinen Bündnisverbot in der Goldenen Bulle, seinen Wurzeln und Ursachen vgl. *Zeumer*, Goldene Bulle I, S. 72 – 76, danach sei dieses vor allem auf den Erzbischof von Köln gegen die dortige Bürgerschaft zurückzuführen; richtigrweise differenzierend *Hergemöller*, Nürnberg, S. 109, 203.

Diese Bestimmungen trafen aber einen Lebensnerv der städtischen Umlandsinteressen, was den an der Abfassung Beteiligten sehr wohl bewusst war.[607] Konsequenterweise reagierten die Bürgerschaften in den verschiedenen Regionen des Reiches in der unmittelbaren Folge zwar auch mit einer deutliche Abstinenz von solchen Bündnissen, vor allem mit der Verweigerung, an Landfrieden unter kaiserlicher Kontrolle teilzunehmen.[608]

(3) Gleiches galt am Oberrhein, wo zusätzlich der Konflikt um die Pfahl- beziehungsweise Ausbürger, von denen es im Elsass, und besonders in Straßburg, die weitaus meisten im Reich gab, eskalierte.[609] Entscheidend für die Panik, die die Meldungen ihrer Gesandten in der Stadt auslösten, war eine, möglicherweise kalkulierte, Vermischung zweier, an sich auch begrifflich klar getrennter Personengruppen: Einerseits handelte es sich um die im Umland vermögenden Ritter und Landherren, die sich der Stadt als Ausbürger - teils aus verwandschaftlichen Gründen, vor allem aber zum Schutz und Beistand - verbunden hatten und so der Bürgerschaft nicht nur wichtige Verteidigungsressourcen, sondern auch einen gewichtigen Einfluss im Lande sicherten.[610] Dagegen zielte cap. 16 der Bulle auf die Pfahlbürger ab, „die es wagen, das Joch der Untertänigkeit abzuschütteln und sich der städtischen Freiheiten zu erfreuen, obwohl sie *corporaliter* weiterhin im Gebiet der Landesherren wohnen".[611] Auch diese Personengruppe sorgte für einen Einflussgewinn der Städte, ebenso wie die anderen, unbestritten freien Bürger, die außerhalb der Städte wohnten und arbeiten,

---

607 Wohl auch deswegen wurde sowohl die Autorität der anwesenden Herren und insbesondere Kurfürsten als auch der Nutzen für Glück und Wohlstand des Reiches und der Untertanen, konkretisiert in der *tranquilitas* und *pax communis* besonders ausführlich und häufig betont, vgl. unter anderem auch den Brief des Kaisers an Metz vom 26.11.1355, Böhmer, Acta Imperii Selecta, Nr. 855; *Hergemöller*, Nürnberg, S. 25 f., 34.

608 Vgl. *Mohrmann*, Landfriede, S. 166 ff., 175 f. mit dem Nachweis einer Abstinenz von knapp 20 Jahren in Norddeutschland und ähnlicher Wirkung im Ostseeraum; dagegen sei nach *Hergemöller*, Nürnberg, S. 118 f. hier wohl die Wirkung der Goldenen Bulle überschätzt worden, da auch das Pfahlbürgerverbot kaum beachtet worden sei und eine so große Furcht der mächtigsten Reichsstädte sehr unwahrscheinlich gewesen sei.

609 An die Bedeutung der Aus- und Pfahlbüger im Elsass kamen allenfalls noch die in Schwaben heran; vor allem Straßburg war das erklärte Zentrum der Pfahlbürger, wo sich auch der erste Wortbeleg 1223 fand; die von 1356 erhaltene Liste der Straßburger Edelausbürger, St. UB V, Nr. 406, erfasste unter anderem 32 geistliche Dignitäre, 47 adelige Herren, 96 Ritter und 8 Ministeriale, dagegen Köln insgesamt nur 30; vgl. dazu *Wittmer*, Bourgoisie III, S. XIII; zu Köln vgl. *Domsta*, Außenbürger, S. 168, 174 f.; vgl. zum Ganzen *Hergemöller*, Nürnberg, S. 131 f. m.w.N.; vgl. auch *Schrader*, ZRG GA 68 (1951), S. 375; *Schmidt*, ZfKultG 9 (1902), S. 305; *Weller*, ZRG GA 54 (1934), S. 213 f.

610 Zur ganzen Spannbreite der Funktion und sozialen Schichten der Ausbürger vgl. nur *Domsta*, ; Ennen, Art „Ausbürger", LexMA I, Sp. 1246 f.; *Hergemöller*, Nürnberg, S. 310 ff.; *Zeumer*, Goldene Bulle I, S. 74 f.

611 Zu dieser jedenfalls zahlenmäßig wichtigsten Ausbürgergruppe, *Hergemöller*, Nürnberg, S. 130.

was zudem für die Versorgung der Städte von großer Bedeutung war. Angesichts der diametral entgegengesetzten und beiderseits durchaus vitalen Interessen hatte der Konflikt schon seit den Staufern geschwelt, war aber erst jüngst erneut offen ausgebrochen, da mittlerweile die Grundlage der weitgehend die Stadt umgebenden Territorialherrschaft des Bischofs bedroht wurde.[612] Dieser hatte bereits am 2.7.1354 von Karl IV. ein entsprechendes Mandat erreicht, das Pfahlbürger zu seinen Lasten verbot.[613] Allerdings hatte sich die Bürgerschaft, selbst als der Reichsvikar Pfalzgraf Ruprecht ihnen am 5.1.1355 die Entlassung der Pfahlbürger ausdrücklich gebot, sich hiervon völlig unbeeindruckt gezeigt,[614] wohl auch, da der König sie kurz darauf als seine *„lieben gertrewen"* von seiner bevorstehenden Kaiserkrönung unterrichtet hatte.[615] Kriegsdrohungen des Bischofs hatten daran ebenso wenig geändert, wie die Erneuerung der kaiserlichen Anweisungen.[616] Wie die Bulle nunmehr dokumentierte, hatte die Bürgerschaft allerdings den Einfluss ihres Bischofs als ehemaligen Kanzlers und Neffen des Kaisers erheblich unterschätzt,[617] dem dieser für seine Dienste bei der Aushandlung der Goldenen Bulle sehr dankbar war und der nun erfolgreich versucht hatte, mit der relativ klaren Pfahlbürgerproblematik auch das Problem der Ausbürger zu verbinden.[618]

(4) Die Stadt, in Erinnerung auch der Vorgänge um Zürich, reagierte auf den nun unmittelbar drohenden militärischen Konflikt mit Bischof und Reich, indem sie sich der Treue und Zuverlässigkeit jedes einzelnen ihrer adeligen Ausbürger versicherte, was zur Erstellung des eindrucksvollen

---

612 Schon ein Privileg Heinrich VII. an den Straßburger Bischof hatte der Bürgerschaft die Aufnahme von Ministerialen und anderen Untertanen als Ausbürger verboten, vgl. MGH Const. IV, 263a § 4; hierzu, zur Notwendigkeit für die Straßburger Bürgerschaft für die Aufrechterhaltung ihrer imponierenden Machtstellung und zur gleichzeitigen ernsten Gefährdung der Herrschaft des Bischofs eindrucksvoll *Zeumer*, Goldene Bulle I, S. 76.

613 St. UB V, Nr. 305 vom 2.7.1354.

614 St. UB V, Nr. 321 vom 5.1.1355; vgl. dazu *Zeumer*, Goldene Bulle I, S. 76 f.

615 St. UB V, Nr. 322, vom 12.1.1355.

616 Vgl. die kaiserliche Weisungen im Brief des Reichslandvogts Burggraf Burchhard von Magdeburg vom 1.2.1356, St. UB V, Nr. 370, 371, 374, 376-378; zu beidem vgl. *Zeumer*, Goldene Bulle I, S. 77 f. sowie ebd. II, Nr. 28; sowie die Übersicht bei *Hergemöller*, Nürnberg, S. 132 f.

617 Vgl. zu ersterem Matthias v. Neuenburg, Chronik, S. 437, 472, 486; *Hergemöller*, Nürnberg, S. 57, zu letzterem St. UB V, Nr. 305 vom 2.7.1354.

618 Zur wohl zutreffenden verbreiteten These, dass der Straßburger Bischof der Veranlasser des Pfahlbürgerverbots der Goldenen Bulle war vgl. bereits *Wencker*, Ussburgeris, S. 63; *Schmidt*, ZfKultG 1902, 265; *Zeumer*, Goldenen Bulle I, S. 76 ff., 121 f.; *Hergemöller*, Nürnberg, S. 132, 187 ff., 215; sowie dazu RI VIII, Nr. 2389, 2410, 2552, 2578, 2579, 2593, Erg. Nr. 6863; Reg. Ebf. Mainz II 1, Nr. 445; dort auch zur ausdrücklichen Dankbarkeit Karls IV. gegenüber Johann von Lichtemberg vor allem wegen Vermittlungen mit den rheinischen Kurfürsten in den Wirtschaftsfragen der Goldenen Bulle.

Ausbürgerverzeichnissen von 1356 führte.[619] Der Konflikt kam jedoch nicht zum Ausbruch, da der Kaiser andere Interessen verfolgte und Straßburg und ihr Bischof bald wieder zusammenfanden, bis schließlich zu einem 1359 geschlossenen Bündnis auf dessen Lebenszeit.[620] Durch eine bis dahin nicht gekannte Reihe von Privilegien für den Bischof, hatte der Kaiser aber klar zu erkennen gegeben, dass er diesen auf Kosten der Bürgerschaft als Ordnungsmacht des Landes etablieren wollte, um gleichzeitig in jeder möglichen Weise die Landschaft und die Elsassmetropole unter seinen Einfluss zu bringen.[621] Da hierzu in anderen Regionen bereits der Landfrieden diente und dieser unter Wenzel geradezu zum beherrschenden Element der Friedenspolitik wurde, andererseits sich der Frieden seit 1353 etwa gerade im Fall der Lichtenberger Ausbürger als äußerst effektiv auch gegen die Straßburger Interessen erwiesen hatte, überrascht es nicht, dass sich die Stadt auf unabsehbare Zeit den intensiven Bemühungen um einen neuen Landfrieden am Oberrhein entzog. Aber auch der Kaiser wollte keiner neuen, möglicherweise ständisch dominierten Einung, die Ausübung der königlichen Friedensgewalt überlassen, sondern vielmehr seine Herrschaft direkt auch am Rhein zur Geltung bringen.

c) Der Kaiser und die Städtebünde

Dagegen legten die Straßburger nun ihre ganzen Bemühungen darauf, sich Bündnispartner unter den Städten, aber auch sonst in der Umgebung zu sichern, bis hin zum Projekt eines neuen großen rheinischen Bundes. Sie erneuerten bereits am 24.3.1356 ihr Bündnis mit Basel, Freiburg und Breisach sowie Basel, Breisach und Neuenburg, jeweils schon im Hinblick auf den Abschluss eines neuen mittelrheinischen Bündnisses mit Ausnahme des kaisertreuen Mainz.[622] Weiter gab es bereits erfolgversprechende Vorgespräche, unter anderem mit Luzern.[623] Der Rat gab sich alle Mühe, die Baseler zu gewinnen; dabei verwandte er die Gunst Karls IV. für einen neuen Landfrieden geschickt, indem er den Baselern mitteilte, der Kaiser habe nichts gegen ein neues Bündnis der Reichsstädte und Städte am Mittelrhein.[624] Letztere zeigten sich auch offen, so dass es bis Mai 1357 zu ei-

---

619 *Vgl. dazu schon oben Fn. 609.*

620 St. UB V, Nr. 482/3 vgl. *Bock*, ZGO NF 46 (1933), S. 356 f.

621 Vgl. zu den Priviligen nochmals oben Fn. 516; zur zentralen Rolle Straßburgs als nach Köln größte Reichsstadt am Rhein vgl. *Ruser*, Städtepolitik, S. 59; sowie insgesamt *Hergemöller*, Nürnberg, S. 68.

622 St. UB V, Nr. 380-382; zum ganzen ausführlich *Bock*, ZGO NF 46 (1933), S. 356 f.

623 St. UB V Nr. 590, dort allerdings falsch datiert zum 13.5.1364; vgl. dazu zutreffend OSA II 1, Nr. 389.

624 Vgl. St. UB V, Nr. 591.

nem konkreten Bündnisentwurf kam, der sich inhaltlich stark an den bisherigen mittelrheinischen Landfrieden orientierte.[625]

Kaiser Karl IV. reagierte auf die nun drohende Verbindung zu einem großen Bündnis durch zahlreiche Privilegien an Basel.[626] Dieses war ohnehin vorerst nicht zu einer aktiven Politik in der Lage, da die Stadt Anfang 1357 durch ein großes Feuer fast völlig zerstört war.[627] Auch Straßburg wurde durch ein solches in Mitleidenschaft gezogen, während Ende des Jahres eine neue Pestwelle vom Niederrhein über das Elsass hereinbrach.[628] Colmar dagegen wurde durch neue innere Unruhen erschüttert, die Herzog Rudolf von Österreich als Reichslandvogt mit den anderen Städten aufgrund des Dekapolisbundes niederschlagen und die Bürgerschaft schließlich 1361 durch eine neue Stadtverfassung befrieden konnte.[629] Die Stadt erlangte in diesem Zuge durch kaiserliches Privileg auch die Stellung eines Vorortes in Konkurrenz zu Hagenau, so dass neue Rivalitäten die Folge waren, die die Front der Städte schwächten.[630]

Während dieser ganz unterschiedlichen Schwierigkeiten flammten erneut viele Fehden zwischen den größeren Reichsständen am Oberrhein auf. So befehdeten 1357 zunächst Bischof Johann, die Reichsstädte und Straßburg den Markgrafen von Baden und zerstörten dessen Reichspfand Selz, um das Streit entbrannt war, bis ihnen Karl IV. Einhalt gebot und Selz zur

---

625 St. UB V, Nr. 635; vgl. OSA II 1, Nr. 391.

626 Zu den am 30.3.1357 verliehenen bzw. bestätigten Privilegien gehörten unter anderem die Grundruhrfreiheit auf dem Rhein, das Recht der Bürger, Ritterlehen besitzen zu dürfen, sowie die ausdrückliche Pfändungsfreiheit für Schulden des Reiches und des Bischofs, sowie auch untereinander, vgl. BUB IV, Nr. 230 - 233.

627 Die Stadt sei untergegangen berichtete Königshofen, S. 862 f.; die Stadt war völlig ausgebrannt, ihre Mauern zerstört, viele Bürger gestorben, vor allem weil viele nach den ersten Erdstößen zur Rettung von Leuten und Habe in die Stadt zurückgegangen seien und dort von dem erneuten Beben überrascht wurden; die in einem Notlager vor der Stadt Kampierenden waren zunächst auf Hilfslieferungen aus befreundeten Städten angewiesen, schon im Frühsommer 1357 aber öffneten wieder die Verkaufshallen und die Finanzkraft der Stadt blieb ungebrochen, so dass sie in kürzester Zeit wieder augebaut werden konnte, vgl. *Wackernagel*, Basel I, S. 270 ff.

628 Vgl. ÄDCCol. S. 10 (Bl. 17v.); Closener, S. 121; S. 136; Königshofen, S. 863; vgl. dazu *Zind*, Histoire, S. 85

629 In den so genannten Scheppler-Unruhen der Adeligen in Colmar wurde 1358 der Rat zunächst entmachtet, die Unruhestifter dann aber durch das Eingreifen Herzog Rudolf von Österreich als Reichslandvogt entsprechend dem Dekapolis-Bund vertrieben, dessen Urteil sich die Verbannten darauf 1359 unterwarfen; vgl. ÄDCCol. S. 11 (Bl. 18); ausführlich *Livet*, Histoire de Colmar, S. 56 ff. Nach der neuen durch den Reichslandvogt gegebenen Stadtverfassung von 1360/61 wurden die Zünfte unter ihren Bürgermeistern für die Friedenserhaltung in der Stadt zuständig, und die „Scheppler" wohl erneut ausgewiesen, vgl. *Arnold*, Histoire secrète, S. 98.

630 Vgl. *Arnold*, Histoire secrète, S. 98

Reichslandvogtei nahm, das dann auch der Dekapolis beitrat.[631] Als Bischof Johann, selbst geschwächt aufgrund erheblicher finanzieller Belastungen, durch den Erwerb des letzten großen Teils der unteren elsässischen Landgrafschaft,[632] sich stärker mit dem Kaiser gegen die Straßburger verbinden wollte, trafen diese Kriegsvorbereitungen, die Johann am 4.4.1359 zum Abschluss des Beistandsbündnisses auf Lebenszeit bewogen.[633] Diese Verständigung zeigte zwar auch die Bedeutung der Bürgerschaft für den Bischof, war aber ebenso der erneut ausbrechenden Fehde der Lichtenberger mit den Reichsstädten geschuldet, die Bischof und Stadt gegen jene und den Reichslandvogt zusammenführten. Nach gegenseitigen Schädigungen und der Belagerung Hagenaus kam es endlich am 18.4.1360 zum Friedensschluss, der jedoch von einem Zug des Bischofs gegen Schlettstadt unterbrochen wurde, das zuvor seinen Schreiber gefangen genommen und gerädert hatte.[634]

Auch in Freiburg hatte sich der Konflikt mit dem Stadtherren zugespitzt.[635] Der neue Herzog Rudolf von Habsburg sah dies mit großem Interesse, hatte er doch bereits die Unterwerfung und den eigenen Erwerb der Breisgaustadt ins Auge gefasst. Die 1360 folgende Erneuerung der Bündnisse

---

631 Auf Anordnung Karls vom 7.5.1357 zerstörten um Pfingsten die Reichsstädte und Straßburger die markgräflichen Orte Selz und Hagenbach; vgl. St. UB V, Nr. 416; am 2.6. gebot der Kaiser dem Reichslandvogt und den Städten, vom Krieg gegen die Badener abzulassen, bevor er am 18.1.1358 verfügte, dass die beiden Orte fortan immer beim Reich und der Reichslandvogtei verbleiben sollten; vgl. *Schoepflin*, Alsatia Diplomatica II, Nr. 217; der Markgraf wurde dafür mit einem Zoll bei Selz abgefunden; vgl. zum Ganzen Closener, S. 101; Königshofen, S. 790; zum Beitritt zur Dekapolis 1358 vgl. *Zind*, Histoire, S. 83; zur Nähe der Makrgrafen mit Karl IV. vgl. etwa *Krimm*, ZGO 153 (2005), S. 294.

632 Zum 1358 erfolgten Erwerb von St. Pült und Frankenheim und der geradezu idealtypischen geringen Kapitaldecke für derartige Erwerbungen vgl. das Urteil von Königshofen, S. 673.

633 Als sich ihr Bischof zunächst mit dem Kaiser verbinden wollte, fürchteten die Straßburger, er wolle ihnen eine Schmachheit antun, wie bereits zuvor, und trafen darauf ihrerseits Kriegsvorbereitungen, vgl. Königshofen, S. 674: *„do sah der bischof, das er one die stat Strosburg nüt vil nützes tunde geschaffen in sime bistume"*, ließ darauf vom Kaiser ab und schloss das Bündnis mit der Stadt; für Straßburg, der dieses nach dem Durchkreuzen ihrer eigenen Städtebundpläne gerade zur rechten Zeit kam, vgl. St UB V, Nr. 482 f.; *Bock*, ZGO NF 46 (1933), S. 357; *Fürderer*, ZGO 153 (2005), S. 284.

634 Vgl. zum Zug gegen und Belagerung von Hagenau, die nach einer Woche abgebrochen wurde *„wan es was gar kalt"* vgl. zum Ganzen Closener, S. 99 f.; Königshofen, S. 801; zum Friedensvertrag zwischen den Straßburgern und den gegen sie verbündeten Reichsstädten vom 18.4.1360 vgl. bereits *Wencker*, Ussburgeris, S. 79 ff.; *Mone*, ZGO AF 5 (1854) S. 175; zur Wirkung dieser „Lichtemberger Fehde" auf die Landfrieden vgl. *Bock*, ZGO NF 46 (1933), S. 356ff.

635 Graf Egino hatte am 17.1.1358 Acht und Anleite vor dem Hofrichter gegen die Bürgerschaft, sowie den Markgrafen von Hochberg und die Grafen von Tübingen erwirkt, vgl. *Battenberg*, Hofgerichtssiegel, Anhang S. 209 ff., Nr. 233-236; *Wohlgemuth*, Reichshofgericht, Nr. 247.

mit Freiburg und Straßburg musste somit vor allem in Basel Spannungen hervorrufen, da die Stadt gerade mit Herzog Rudolf einen erneuten Pakt geschlossen hatte.[636] Das Habsburgische Expansionsstreben auf beiden Rheinseiten gefährdete, gemeinsam mit den Autonomiebestrebungen der Straßburger, wiederrum die Stellung des Kaisers. Karl IV. sah sich schließlich genötigt, nicht nur den bereits genannten Keil zwischen Hagenau und Colmar zu treiben, sondern auch einem neuen Bündnis der Dekapolisstädten seine Zustimmung zu geben, auch wenn dies nach dem Colmarer Erlebnis voraussichtlich dem Reichslandvogt jeden Eingriff in die innneren Angelegenheiten der Kommunen verwehren sollte.[637] Zeigte so erneut die große Unruhe das Fehlen eines Landfriedens, schien in dieser Situation, wie in den 1320er Jahren, dessen Errichtung auf lange Sicht unmöglich.

2. Von der ersten Engländerinvasion zur Wiederherstellung des Landfriedens (1361-1368)

a) Der Einfall des Arnauld de Cervole

Es war erneut einer bisher ungekannten Bedrohung von außen zu verdanken, dass sich doch alsbald die oberrheinischen Stände buchstäblich zusammenrauften. Als der Frieden von Brétigny am 8.5.1360 den hundertjährigen Krieg unterbrach, fanden sich die Söldnerheere beider Seiten unvermittelt ohne Beschäftigung und Unterhalt. Arnauld de Cervole, genannt der Erzpriester,[638] kam auf die Idee, das fruchtbare Elsass als viel versprechendes Ziel für eine Invasion ins Auge zu fassen. Bald folgten ihm einige tausend marodierende Söldner, die wegen des Krieges, aus dem sie kamen, kurz „die Engländer" genannt wurden. Da nur eine gemeinsame Verteidigung eine Erfolgschance gegen die in den neuesten Kriegstechniken erprobten Soldaten bot, kamen, sobald die Kunde von deren Absichten im Lande eintraf, sogleich alle Herren und Städte am 26.6.1361 in Molsheim zusammen und schlossen ein knappes provisorisches Bündnis. Jeder sollte nach eigenem Ermessen gegen die Engländer mit Rat und Hilfe beistehen,

---

636 Zur Allianz mit den Habsburgern vom 7.10.1359, die für Herzog Rudolf nur Teil einer seit 1357 begonnenen umfassenderen Bündnisstrategie in den Oberlanden war, allerdings nach dessen Tod am 27.7.1365 nicht mehr verfolgt wurde, vgl. *Wackernagel*, Basel I, S. 260, 273.

637 Cart. Mulh. I, Nr 281; vgl. dazu *Becker*, Reichslandvogtei, S. 198; *Bock*, ZGO NF 46 (1933), S. 357 f.

638 Diese Bezeichnung soll zurückgehen auf ein *Beneficium*, das dieser in Vergnes gehabt haben soll; die „Engländer" scheinen hingegen großteils aus Bretonen bestanden zu haben, die dem Ruf des Herrn de Cervole gefolgt waren, er habe Lust, seine Rosse am Rhein zu tränken; vgl. *Wackernagel*, Basel I, S. 273; *Dreyfus*, Histoire de l'Alsace, S. 83.

auch alle anderen Aufläufe unverzüglich unterdrücken und gegen alle Helfer im Land gerichtlich vorgehen und seinen Verbündeten auf Mahnung sofort helfen.[639]

Da ein Einfall der Söldner auf sich warten ließ, wurde dieses Bündnis im Mai 1362 neu errichtet und dieses dann im Februar 1363 in Colmar verlängert.[640] Vor diesen Abschlüssen standen Beratungen der Vertreter, die am 25.4.1362 zunächst mit der Vereinbarung geendet hatten, von ihren Herren und Städten binnen einer Woche zunächst nähere Instruktionen zu acht genau bestimmten Punkten einzuholen, die sich ganz an der Struktur der bisherigen Landfrieden orientierten:[641] So wurde nun über ein genaues Bündnisgebiet beraten und die Frage gestellt, wie man sich gegen Ansässige, die nicht beitreten wollten, verhalten solle, wer Streit innerhalb des Bündnisses schlichten solle, wie man dem, der gegen das Recht geschädigt werde, schnell helfen könne und wer die Gewalt haben solle, über alle den Bund betreffenden Dinge zu urteilen. Darauf kam es zu einem Vorentwurf, der im wesentlich nur die Fragen konkretisierte und Folgeprobleme, wie etwa den Beistand bei Schaden durch ein gemeinsames Vorgehen, auf-

---

639 St. UB V, Nr. 542; vgl. *Müller*, Die elsässischen Landstände, S. 29; an dem ersten und den folgenden Bündnissen nahmen gleichberechtigt die Bischöfe und Bürger von Straßburg und Basel, der Abt von Murbach, der Bischof von Gurk für die Habsburgischen Lande, der württembergische Vogt von Reichenweier und die Stadt Freiburg, ebenso wie der Reichslandvogt und die Reichsstädte teil; *Bock*, ZGO NF 46 (1933), S. 358 f. hat dabei vor allem die faktische Ausschaltung des Kaisers betont, ohne die unaufschiebbare Notwendigkeit für die Partikulargewalten dem im wohl gebotenen Maß gegenüber zu setzen; vgl. zum Ganzen auch jüngst *Fürderer*, ZGO 153 (2005), S. 284 ff.

640 St. UB V, Nr. 560, gültig nur bis zum 25.12.1362, aber am 28.2.1363 erneuert bis zum 2.12.1364, ebd., Nr. 567; bei den Verlängerungen wurde ein sechsköpfiger Rat eingerichtet und weitere ehrgeizige Organisationsprojekte ins Visier genommen, ohne dass diese angesichts wieder aufbrechender unüberbrückbarer Gegensätze der Teilnehmer längerfristig realisiert werden konnten; zu den und ihren Ergebnissen auch im Bezug auf den Landfrieden vgl. St. UB. V, Nr. 613 - 616, 644, die *Bock*, ZGO NF 46 (1933), S. 359 allerdings teilweise zum Landfrieden von 1353 eingeordnet hat, während er erneut die Führung einer Opposition gegen den Kaiser, die diesmal bei Basel bis zur Erteilung neuer Privilegien in BUB IV, Nr 287 f. gelegen haben soll, ganz in den Vordergrund stellt; danach hätten im kaiserlichen Lager in Schlettstadt Verhandlungen über die Umgestaltung des am 28.2.1363 verlängerten Colmarer Bündnisses in einen echten, vom Kaiser bestätigten Landfrieden begonnen.

641 Vgl. die Vereinbarung, dass die Vertreter bis zu einer neuen Verhandlungsrunde in einer Woche Instruktionen ihrer Herren einholen sollten zu: „zil und begriff des bundes", dessen Zweck, der Form der gegenseitigen Schutzpflicht, dem Verhalten gegenüber nicht abschließenden Ansässigen, der Sanktion, wenn jemand, egal ob Mitglied oder nicht, widerrechtlich Stöße, Krieg oder Gäste ins Land zöge, wegen denen das Land Schaden nehmen könnte, wie geschädigten Mitgliedern zu ihrem Recht zu verhelfen sei, und schließlich, wer das Haupt des Bundes werden sollte; auch bei dem neuen Termin am 3.5.1362 ergab sich allerdings keine Einigung; vgl. St. UB. V, Nr. 557; OSA II 1, Nr. 396; *Müller*, Die elsässischen Landstände, S. 30.

warf.[642] Diese intensiven Überlegungen fanden den Niederschlag in dem Bündnis vom 25.5.1362, das sich allerdings weitgehend an dem bisherigen Pakt orientierte, in dem dazu aber u.a. der Schutz der Freunde vor den eigenen Truppen und der Kaufleute mit Waren für das Heer der Verbündeten bedacht war.[643]

Im Herbst 1362 kam es darüber hinaus zu einem großen Bündnis der Fürsten, Herren und Städte am Mittelrhein, an dem allerdings die Elsässer nicht teilnahmen.[644] Obwohl sich immer noch kein Einfall abzeichnete, die üblichen Fehden und Konflikte wieder auflammten, als gäbe es kein Damoklesschwert, das alle treffen könnte,[645] und sogar König Peter von Zypern und Jerusalem im gleichen Jahr einen glänzen Einzug in Basel und Straßburg hielt,[646] schritten die Verteidigungsvorbereitungen voran. Wohl im Mai 1363 wurden sechs Hauptleute der wichtigsten Verbündeten eingesetzt, die insgesamt 20.000 Mann zu Fuß, 1.200 Glefen und Schützen anführen sollten, und deren Befugnisse zur Mobilisierung des Landes im Januar 1364 detailliert geregelt wurden.[647] Diese Bemühungen zogen sich bis Anfang 1365 hin, ohne dass es zu einer Invasion gekommen wäre, so dass die

---

642 St. UB V, Nr. 558.

643 Vgl. St. UB V, Nr. 560; OSA II 1, Nr. 398 m.w.Belegen. Der Abschluss war wohl durch mangelnde rechtzeitige Instruktionen, aber auch die Verweigerungshaltung der Herren von Geroldseck und Rappoltstein verzögert wurden; vgl. *Müller*, Die elsässischen Landstände, S. 30 ff., der allerdings aus seinem Erkenntnisinteresse heraus insgesamt zu etatistisch und retrospektiv die vermeintliche Bestrafung der Untertanen für die Unterstützung der Engländer in den Vordergrund gestellt hat.

644 Vgl. OSA II 1, Nr. 399, 400.

645 So fingen die Herren Hügelin von Bülach und Oberlin Widenbösch den Graf von Blankenberg in seinen Ländereien und hielten ihn auf Burg Hohenfels bzw. Hohenstein gefangen, bis die Straßburger mit einem bewaffneten Zug seine Überführung in ihre Stadt durchsetzen konnten; der zufällig anwesende Herzog von Brabant half ihm dort, dass er nicht von den Bulachs, der Hauptlinie der führenden Patrizierfamilie der Zorns, wegen nicht „zufällig" zu Schaden kam; nach seiner Freilassung gegen Geldleistung rächte sich der Graf und erschlug in der Nähe der Burg Hohenstein und dem Dorf Hangenbietenheim 60 Bauern und nahm viele gefangen, während die Adeligen auf ihre Burgen flüchteten, vgl. Königshofen, S. 804 f.; kurz darauf führten die Herren von Waltersheim eine Fehde gegen die Straßburger, die darauf die Burg Hohenschatzenheim brachen, die sie als Lehen des Bischofs von Metz innehatten, worauf sich diese durch sechs gedungene Knechte rächten, die heimlich in den Wirtshäusern nachts Feuer liegen ließen, worauf großer Teil der Stadt verbrannte; von den Brandstiftern wurden vier gefasst und verbrannt; vgl. *ebd.*, S. 753 f.; schließlich erwirkte der Herzog von Österreich am 21.1.1365 die Anleite gegen den Makrgraf von Hochberg und Stadt Kenzingen vor dem Hofgericht, vgl. *Battenberg*, Hofgerichtssiegel, Nr. 335, 336, 378.

646 Dieser hoffte auf Unterstützung für seinen Kreuzzug, vgl. Königshofen, S. 804 f.

647 Vgl. neben dem bereits oben in Fn. 640 angeführten vgl. St. UB V, Nr. 615, 644, zur Datierung OSA II 1, Nr. 402 f.

Bündnisse trotz emsiger Vorbereitungen in den großen Städten danach ohne Verlängerung ausliefen.[648]

In dieser ungünstigsten denkbaren Situation überhaupt fiel am 4.7.1365 Arnold

> „, welchen man den Erzpriester nannte, mit einer unermesslichen Menge Volk, er hatte, wie man schätzt 12.000 Pferde bei sich, in das Elsass ein und verbrannte in der Nacht viele Häuser in Königshofen ... Am darauffolgenden Samstag erschien die ganze zahlreiche Gesellschaft um die Zeit des Mittagessens, oder gegen Mittag, trotzig vor den Mauern von Straßburg und bot den Kampf an. Aus Furcht vor derselben flohen alle Auswärtigen und die Bewohner der Dörfer und des freien Feldes in Städte, feste Plätze oder Burgen."[649]

Von einem gemeinsamen Vorgehen war keine Rede, vielmehr beherrschten die Söldnerscharen das platte Land völlig und konnten es nach Belieben ausplündern, während sie zwar selbst keine einzige Festung erobern konnten, darauf aber auch nicht angewiesen waren.[650]

Ein neues Bündnis war unter diesen Bedingungen nicht zustande zu bringen, allein Straßburg hatte sich noch kurz zuvor, mit den dem Kaiser ebenfalls kritisch gegenüberstehenden mittelrheinischen Städten, mit Ausnah-

---

648 Vgl. St. UB V, Nr. 613, 615; OSA II 1, Nr. 405, 406; im Januar 1365 wurde beschlossen, die Truppen an sechs festen Plätzen stationiert zu halten; für den Fall des Ausscheidens Basels wurde bereits ein noch engeres Bündnis projektiert, dieses beteiligte sich jedoch wegen der noch nicht wieder voll hergestellten Befestigung besonders eifrig mit Rüstungen, der Anwerbung von Söldnern vor allem aus dem Kreis einheimischer und Adeliger und Fremde für die Bewachung der Straßen sowie an der Finanzierung durch ein neues Umgeld und Anleihen; die Hauptlast lag aber so eindeutig bei den Straßburger Bürgern, danach folgten das Bistum und die Reichslandvogtei; Mitte 1365 kam es bei einer erneuten Versammlung der Vertreter wieder zu Streitigkeiten über die Kontingente, die am 10.6. endgültig scheiterten, vgl. St. UB V, Nr. 644; ausführlich zum Ganzen *Müller*, Die elsässischen Landstände, S. 31 ff; ausführlich *Witte*, JbGEL 13 (1897), S. 19; *Wackernagel*, Basel I, S. 274.

649 So Mathias v. Neuenburg, zweite Fortsetzung, S. 221 f.

650 Am 5.7. zeigten sich die Söldnerscharen vor Straßburg, das unverzüglich Boten nach Basel und an die anderen ehemals Verbündeten sandte; von einem entschlossenen, koordinierten Handeln der Elsässer fand sich aber keine Spur, während der Kaiser ruhig in Selz das Geschehen abwartete; die „Engländer" entboten sich zum Kampf vor der Stadt, zogen dann aber ins Land, verbrannten unter anderem das Dorf Königshofen vertrieben Adelige und Bauern, plünderten, was sie finden konnten, wobei vor allem viele Bauern, die nicht an die Gefahr geglaubt hatten, gefangen genommen, um ihr Vermögen gebracht, gemartert und getötet wurden; Brandschatzung, so der Chronist, kamen nur vereinzelt und auf Grund von Fahrlässigkeit vor, während die Vergewaltigungen zahlreich waren; als sie drohten, das Land ohne Zahlungen zu verbrennen, lehnten dies die Straßburger mit der einleuchtenden Begründung ab *„der in gut gebe, so kement sü zum anderen mole aber"*; jedenfalls waren Reisen außerhalb der Befestigungen nur mit ihrem Geleit und Wortzeichen möglich; während die Städte sich Kindern als Boten bedienten; vgl. zum Ganzen Königshofen, S. 814 f.; Limburger Chronik, S. 448; *Wackernagel*, Basel I, S. 274 f.; *Zind*, Histoire, S. 84; *Bock*, ZGO NF 46 (1933), S. 359.

me von Mainz, erneut verbündet.[651] Doch aus der Ferne konnte dieses Bündnis den Elsässern nichts nutzen. Auch war das Projekt eines großen Bundes erneut im Mai an Basel gescheitert, das Karl IV. wie 1356 mit neuen Privilegien rechtzeitig hatte an sich binden können.[652] Ohne diesen neuen großen Bund erwiesen sich die erneuerten Allianzen Basels mit Breisach, Neuenburg und Freiburg[653] als viel zu schwach gegen die von den Chronisten auf bis zu 40.000 Mann geschätzten Horden, umso mehr da Basel den Bitten der Straßburger um Hilfe zum Schutz ihrer Stadt wenige Tage vor Eintreffen der Engländer mit der Begründung keine Folge leisteten, dass sie nach dem Tod ihres Bischofs auch nun mehr an dessen Stelle ihr Umland beschützen müssten.[654]

b) Vom Krieg zum Frieden

Die einzige Hoffnung in dieser Situation musste sich auf den Kaiser richten, der sich wie zufällig auf seinem Rückweg von Avignon seit Juni in Selz aufhielt.[655] Als dieser jedoch zunächst allen Bitten zum Trotz untätig dem Treiben zusah, brachen bald böse Gerüchte aus, Karl IV. habe die Engländer selbst ins Land gerufen.[656] Vielleicht waren es diese üblen Nachreden, vielleicht aber auch die mittlerweile von den Kurfürsten am Rhein eingetroffenen Truppen oder aber die unterdessen (wohl unter Zähneknirschen) erfolgten Bitten Straßburgs, die den Luxemburger bewogen, die Straßbur-

---

651 Zum Bündnis mit Worm und Speyer, das vom 15.5.1365 bis 1368 dauerte, und den Verhandlungen zu einem großen Rheinbund vgl. St UB V, Nr. 624, 627-629, 633; *Bock*, ZGO NF 46 (1933), S. 359.

652 Nach dem Scheitern des Engländerbündnisses mit den Herren und Fürsten hatte Straßburg im Mai Verhandlungen über einen reinen großen Städtbund am Rhein aufgenommen, der nach den Privilegiengewährung, unter anderem der Überlassung des Judenregals an Basel scheiterte, das nicht zuletzt sein Verhältnis zu den Habsburgern gefährden wollte; vgl. St. UB V, Nr. 635; *Wackernagel*, Basel I, S. 275.

653 Die politische Schwäche ohne die Straßburger Bürgerschaft zeigte sich vor allem, als die Habsburger sich 1368 Freiburgs und ganzen Breisgaus bemächtigen, vgl. BUB IV, Nr. 295-297, dazu St. UB. V, Nr. 731; *Bock*, ZGO NF 46 (1933), S. 360.

654 Basel verweigerte am 30.6.1365 ausdrücklich Hilfstruppen zur Verteidigung, da ihnen nach dem Tod ihres Bischofs die Sorge für das Bistum und Land zugefallen sei; zwar leisteten sie später doch einige Kontingente, die die Stadt aber erst erreichten als die „Engländer" bereits abgezogen waren und Straßburg selbst um Hilfe gebeten wurde *Wackernagel*, Basel I, S. 276 f.

655 Schon auf seiner Reise nach Avignon hatte der Kaiser am 24.4.1365 in Straßburg übernachtet, am 29.6.1365 kehrte er zurück und zog weiter nach Selz, wo er dem Treiben der Region ohne erkennbare Regung zusah; vgl. Mathias v. Neuenburg, zweite Fortsetzung, S. 221; danach Königshofen, S. 485; *Wackernagel*, Geschichte, S. 162; *Angermeier*, Königtum und Landfriede, S. 211.

656 Vgl. Rossel, Limburger Chronik S. 448; *Wackernagel*, Basel I, S. 274 f.

ger aufzufordern, ihre Verbündeten zu sammeln und plötzlich selbst mit einem großen Aufgebot der Stadt zu Hilfe zu ziehen.[657] Allein dieses entschlossene gemeinsame Vorgehen genügte, um die Engländer zu vertreiben: „als dies aber der Erzpriester erfuhr, entfloh er mit den Seinen aus dem Elsass und sagte, er wäre auf Befehl des Kaisers gekommen und derselbe hätte unredlich gegen ihn gehandelt, indem er ein Heer gesammelt hätte, um ihn zu vertreiben."[658]

Obwohl dieser Ausspruch doch höchstwahrscheinlich der Fantasie des städtischen Chronisten entsprungen war, zeigte sich doch darin, wie wenig für den städtischen Zeitzeugen mit der äußeren Vereinigung der Heere eine politische Annäherung von Stadt und Kaiser erreicht war. Im gleichen Licht ist wohl eine Anekdote zu lesen, nach der ein Straßburger mit einem Diener im gemeinsamen Heerlager in Streit geraten war, worauf der Kaiser wütend alle Straßburger habe erschlagen wollen, bis er durch einen Kniefall des Bischofs und anderer Patrizier versöhnt worden sei.[659] In der Tat symbolisiert dieses Bild die politische Situation. Karl IV. hatte sich gegenüber der Stadt zunächst nicht durchgesetzt, im Lande aber viel Ansehen und Macht zurückgewonnen.

Jedoch konnte der Kaiser diesen neuen Einfluss nur dadurch in einen neuen Landfrieden umsetzen, indem er den Straßburgern unmittelbar nach dem Abzug der Engländer in der Pfahl- / Ausbürgerfrage nachgab und deren Ausbürgerrechte in vollem Umfang bestätigte.[660] Gleichzeitig wurden die geschwächten Bürgerschaften von Basel und Freiburg durch ihre Stadtherren stark bedrängt: In Basel war der bereits am 13.5.1365 vom Papst gegen das Kapitel ernannte Bischof Johann von Vienne unmittelbar nach seiner Einsetzung mit der Stadt wegen der Umgelterhebung und der Pfahlbürgeraufnahme in Streit geraten. Er hatte darauf das Interdikt erneut

---

657 Angesichts der Abwendung der Stände von ihm hatte Karl zunächst keine Motivation zum Einschreiten gegen Engländer, sondern führte mit diesen wohl Verhandlungen; als er aber bald erkannte, dass dies seiner Politik höchst abträglich war, forderte er zunächst Straßburg auf, die bösen Gerüchte über ihn zu bekämpfen und Helfer und Freunde sammeln, wie auch er viele Stände im Reich um Hilfe gemahnt habe, um das böse Volk zu vertreiben; Karl nutzte noch acht Tage, um Truppen zu sammeln, während die „Engländer" zunächst vor Schlettstadt gezogen waren, reagierte dann aber auf eine Aufforderung aus Straßburg und eilte den Söldnertruppen bis nach Colmar nach; vgl. St. UB. V, Nr. 665, 667, 671, 666, 690, 701, 713; ÄDCCol. S. 11 (Bl. 18v.); danach Königshofen, S. 489; Limburger Chronik S. 448; vgl. *Bock*, ZGO NF 46 (1933), S. 360 f.; *Bott*, Kriegszüge, S. 22 ff.; *Fürderer*, ZGO 153 (2005), S. 285 f.

658 Mathias v. Neuenburg, zweite Fortsetzung, S. 221 f.

659 So ÄDCCol. S. 11 (Bl. 18v.); Königshofen, S. 489; nach der dortigen Polemik seien durch die Truppen Karls „schwerere Schäden als durch Engländer" entstanden.

660 Vgl. RI VII, Nr. 4200; Cart. Mulh. I, Nr. 294; vgl. *Bock*, ZGO NF 46 (1933), S. 361 f.; *Hergemöller*, Nürnberg, S. 133.

verhängt und den Kaiser um Entscheidung angerufen, der der bischöflichen Ansicht zuneigte und den Bischöfen von Speyer und Straßburg den Auftrag gab, die Sache zu bereinigen.[661] Weit darüber hinaus forderte der bereits als äußerst streitbar bekannte Bischof die volle Stadtherrschaft wie vor 1218 zurück, was keinesfalls akzeptabel erscheinen konnte. Ähnlich versuchte auch Graf Egino von Freiburg die Gunst der Stunde zu nutzen, scheiterte aber mit einem nächtlichen Überfall am 24.3.1366 auf seine Stadt, die mit der Brechung seiner Burg in Freiburg antwortete.[662] Bis Ende 1368 sollte es zu schweren Kämpfen kommen, an denen sich bis auf Straßburg und die Reichslandvogteistädte fast alle wichtige Kräfte am Oberrhein beteiligten,[663] und in deren Verlauf zahllose Freiburger und verbündete Baseler vor Endingen auf der Flucht niedergemetzelt und gefangen werden sollten, was das Regiment in beiden Städten tief erschütterte.[664]

Umso mehr mussten auch die Straßburger, deren Verhältnis zum Kaiser noch lange nicht spannungsfrei war, fürchten, dass dieser zugunsten seines seit 1365 amtierenden Neffen, Bischof Johann III. von Luxemburg-Ligny,[665] aktiv werden könnte. Das Land war ausgeblutet durch die Engländer und die Truppen des Kaisers, durch eine Heuschreckenplage und den extrem kalten Winter von 1364, dem eine große Mäuseplage folgte, die die Ernten vernichtete.[666] Denn zu allem Übel hatten 1366 die Kämpfe die rechtzeitige Ernte weitgehend verhindert. Und, als sei es nicht genug, folgte eine neue schwere Epidemie der schwarzen Pest, die 1365 allein in Colmar 3000 Tote forderte.[667] Die schweren Schäden spiegelten sich in einer bisher unbekann-

---

661 Vgl. BUB IV, Nr. 275 f.; *Wackernagel*, Basel I, S. 277 ff.; *Heusler*, Verfassungsgeschichte, S. 337 ff.

662 Vgl. ÄDCCol. S. 12 (Bl. 19v.); Mathias v. Neuenburg, zweite Fortsetzung, S. 222; Königshofen, S. 793.

663 Besonders engagierten sich die Bundesgenossen von Freiburg Breisach, Neuenburg und Basel, nicht zuletzt aus ureigenstem Interesse; vgl. Königshofen, S. 793.

664 Als bei den verbündeten Städten, die mit 400 Gleven und 4000 Mann Fußtruppen vor Endingen lagen, am 18.10. die Nachricht eintraf, dass ein starkes Entsatzheer der Gegner anrückte, kam es zu einer völlig unorganisierten Flucht, bei der durch die mit Egino Truppen der Markgrafen Rudolf von Hochberg, der Grafen von Salm und Leiningen sowie der Herren Geroldseck, Usenberg und Lichtenberg über 1000 Bürger niedergemetzelt und viele gefangen wurden; Basel reagierte auf die schwere Niederlage, in der es auch sein Banner verloren hatte, mit der Verbannung des Oberzunftmeisters und vieler Bürger, die nunmehr den Bürgereid verweigern; vgl. BChr. IV, S. 428 f.; V, S. 58, IV, S. 256; Justinger, S. 128 f.; Mathias v. Neuenburg, zweite Fortsetzung, S. 222; *Wackernagel*, Basel I, S. 279 f.

665 Zum Tod seines Vorgängers Johann II von Lichtenberg wohl ironisch Königshofen, S. 674 f.; ÄDCCol. S. 11 (Bl. 19), nach denen diesem so viel Gutes nachgesagt wurde, etwa die Sorge für die ärmeren Leute, dass er sogar als Heiliger bezeichnet wurde.

666 Vgl. zu beidem Königshofen, S. 865, 868; ÄDCCol. S. 11 (Bl. 18v.).

667 Vgl. ÄDCCol. S. 12 (Bl. 19v.); Königshofen, S. 771; *Zind*, Histoire, S. 85.

ten Teuerung und Verknappung des Nahrungsmittel wider, die nicht nur die städtischen Mittel- und Unterschichten hart traf.[668]

c) Der Landfrieden von 1366

Wieder war es die tiefe Krise der Region, die die unversöhnlich scheinenden Interessen zusammen führte. Straßburg schlug das Angebot des Pfalzgrafen zu einem neuen, antikaiserlichen Bündnis am Mittelrhein aus,[669] und wandte sich verstärkt seinem direkten Umland zu.

(1) Angesichts der Straßburg und den anderen Reichsstädten rasch erteilten Privilegien[670] kam am 17.10.1366 zum ersten Mal seit 13 Jahren ein neuer Landfriede unter kaiserlicher Regie zustande, der bis zum 25.12.1368 dauerte und auch das Oberelsass umfasste, während die Konflikte im Breisgau und ihre Hauptparteien ausgespart blieben.[671]

Während sich der Kompromisscharakter neben der recht kurzen Dauer deutlich daran zeigte, dass sich der Text inhaltlich weitgehend an den Einungen von 1343 bzw. 1347 und vermutlich auch 1353 orientierte, offenbarte sich bei den detaillierten Regelungen über das gemeinsame Vorgehen der Friedensgenossen gegen Friedensbrecher unter der Führung ihrer 13 Amtsleute deutlich der Einfluss der Allianzen gegen die Engländer.[672] Trotz seines großen Prestigegewinns nutzte der Kaiser diesen Umstand nicht, um stärkeren Einfluss auf die Einung nehmen zu können, die die Reichsstädte und Landesherren, darunter die Habsburger beziehungsweise ihre Pfandinhaber *„von gnaden, erloubung, geheisze und ouch gebotte des aller durcherluhten fursten und herren hern Karl des Ro[e]mischen keysers zu[o] allen ziten merer des riches und kunig zu[o] Behem, unsers gnedigen herren"* schlossen. Brachte diese Formel bereits die unbezweifelbare Autorität und Landfriedenshoheit zum Ausdruck, die der Kaiser nun beanspruchte, so hatte er *de jure* nicht mehr Einfluss auf den, nun eindeutig in seinem Namen amtierenden,

---

668 Vgl. Königshofen, S. 489 f.; ÄDCCol. S. 11 (Bl. 18v.).

669 Vgl. zu dem Bündnis am Mittelrhein vom 5.8.1366, UB Worms II, Nr. 620; dazu St. UB V, Nr. 706, 723; vgl. *Bock*, ZGO NF 46 (1933), S. 361.

670 Vgl. Cart. Mulh. I, Nr. 294; *Bock*, ZGO NF 46 (1933), S. 363.

671 St. UB V, Nr. 733 (S. 568-572); beachte Abschrift St. AV Série III 49, Nr. 39 u. Teilabschrift Nr. 40; die Hoffnungen Karls erfüllten sich wohl nicht zuletzt dadurch, dass es ihm nach dem Tod Herzog Rudolfs von Österreichs gelungen war, dessen Brüder auf seine Seite zu ziehen und so den Widerstand am Oberrhein gegen einen Landfrieden zu überwinden; vgl. dazu ÄDCCol. S. 11 (Bl. 19); zum Ganzen *Bock*, ZGO NF 46 (1933), S. 361 unter Verweis auf die Prager Erbvereinigung von 1366; *Fürderer*, ZGO 153 (2005), S. 287; zur Bedeutung der räumlichen Abgrenzung des Landfriedens vgl. auch *Müller*, Die elsässischen Landstände, S. 22.

672 *Vgl. hierzu im Einzelnen unten Kapitel 4 und 5.*

Obmann als vorher. Denn dieser wurde, wie seit langem bereits in der Einung, namentlich benannt und sollte bei Tod oder Rücktritt von den anderen zwölf Pflegern nachgewählt und eben nicht von Karl IV. bestimmt werden.[673]

(2) Der Grund, warum der Luxemburger nicht mehr Macht beanspruchte, wird bereits in der im Straßburger Urkundenbuch unmittelbar folgenden Aufforderung an die Stadt deutlich, seinem Bruder Herzog Wenzel als Reichsvikar treu und gehorsam zu sein:[674] Karl IV. wollte möglichst auch den Westen und Südwesten seinem persönlichen Einfluss durch Vertrauensträger der eigenen Familie öffnen. Dazu diente ebenfalls der bereits erfolgte Ausgleich mit den Erben von Herzog Rudolf von Habsburg, der sich in der Ernennung von deren Lehensträger Lutzemann von Rottersdorf zum Landfriedensobmann zeigte, und im Herbst 1371 in der Verpfändung der Reichslandvogtei an sie gipfelte.

Daher konnten die Habsburger und Luxemburgischen Gewährsleute im Streit zwischen dem Grafen und der Bürgerschaft von Freiburg erfolgreich 1368 als Ordnungsmacht in Aktion treten. Da eine Verständigung zwischen beiden Parteien angesichts der langjährigen gegenseitigen Schädigungen unwahrscheinlich war, schien es nicht nur für die Grafen die beste Lösung, den Habsburgern alle ihre Rechte in der Stadt abzutreten. Freiburg, das vergeblich, aber wohl ohne reale Hoffnung, auf die Reichsunmittelbarkeit gezielt hatte, fand sich nun handstreichartig als habsburgische Landstadt wieder, ohne nach den Verlusten von Endingen etwas dagegen unternehmen zu können.[675] Straßburg hatte sich bereits 1365 angesichts der mangelnden Unterstützung aus den Bündnissen mit Basel und Freiburg verabschiedet, und war selbst in eine Fehde mit der Dreisamstadt verstrickt,[676] so dass von dieser Seite keine Hilfe zu erwarten war. Basel hielt sich ebenfalls nach dem Desaster von Endingen für zu schwach, da es weitgehend von

---

673 Vgl. St. UB V, Nr. 733, S. 570 Z. 23-26, Z. 40 – S. 571, Z. 5; auch hier hat *Bock*, ZGO NF 46 (1933), S. 363, die frühere Entwicklung vor dem ohnehin nicht überlieferten Landfrieden von 1353 vernachlässigend, die vermeintliche Schwächung der königlichen Landfriedensgewalt deutlich überbewertet und als generellen Politikwechsel in der Landfriedensfrage von gesehen: Habe Karl zunächst wie seine Vorgänger versucht, „die territorialen Landfriedensbestrebungen durch die Teilnahme der Reichsgewalt und möglichste Geltendmachung ihrer Prärogative in Zaum zu halten, so legt er jetzt das Hauptgewicht auf die Ausbildung einer landschaftlichen Friedensgemeinschaft"; bemerkenswert bleibt die Feststellung, dass der Obmann Lutzmann von Rottersdorf tatsächlich habsburgischer Lehensträger war, und so diesen einen entscheidenden Einfluss sichern konnte, wohl nicht zuletzt eine Gegenleistung des Kaisers nach der Prager Erbvereinigung.

674 St. UB V, Nr. 734 vom 27.10.1366.

675 Vgl. ÄDCCol. S. 12 (Bl. 19v.); vgl. dazu und zum Folgenden hier nur *Fürderer*, ZGO 153 (2005), S. 281 f., 287 f.

676 *Vgl. dazu unten Kapitel 6 II 3 (4).*

habsburgischem Einflussgebiet umringt war, und schloss mit diesen erneut einen Frieden.[677]

Anscheinend wurde dem Landfrieden bei diesem Konflikt zwar die Richtung gewisser Schäden aufgetragen,[678] klar und militärisch zugunsten der Freiburger trat er jedoch nicht Erscheinung, war die Stadt doch im Gegensatz zu zahlreichen habsburgischen Gewährsleuten und Pfandinhabern kein Mitglied. Der Stadt fehlte jeder Fürsprecher im Elsass, wie der Chronist aus Straßburger Sicht ausdrückte: „Dies widerfuhr ihnen wegen ihres Hochmutes, denn sie wurden so frech, dass sie den Grafen, ihren Herren, nicht mehr anerkennen wollten, und weil sie sich weigerten, ein Friedensbündnis mit den Straßburgern zu schließen, wie sie es früher mehr als vierzig Jahre lang gehabt hatten. Hätten sie dasselbe noch mit ihnen gehabt, so wäre dies keineswegs gegen sie unternommen worden."[679]

(3) Wie sich bald herausstellen sollte, wurde die Freiburger Entwicklung in Basel zutreffend als Gefahr für die eigene Stellung gedeutet,[680] umso mehr, da die Stadt seit 4.2.1368 durch das kaiserliche Hofgericht auf die Klage dreier Kaufleute aus Mailand und Parma geächtet war.[681] Wie sehr aber selbst die Metropole Straßburg um ihre Stellung fürchtete, wurde dadurch deutlich, mit welchem Nachdruck sie auf das verbriefte Versprechen des Kaisers drängte, sie nicht vom Reich zu entfremden und, wichtiger noch, dass ihr zum Schutz vor allen Kränkungen und Beeinträchtigungen ihrer Rechte die Reichslandvogteistädte zur Hilfe verpflichtet waren und sie selbst mit ihrem Bischof jederzeit hierzu Bündnisse abschließen durften.[682]

---

677 Zunächst hatte Basel noch 1368 an einzelnen Kämpfen im Breisgau, vor allem gegen die Stadt Lahr der Herren von Geroldseck und gegen Kenzingen teilgenommen, bevor es zu dem Ausgleich Basels und schließlich Freiburgs mit den Habsburgern kam, der in der Ablösung der Stadtherrschaft der Grafen von Freiburg durch die Habsburger seine Folge fand, die Graf Egino mit großer Geldsumme für ihre Rechte in der Stadt abfanden, der aber Rechte im Umland behielt; damit fanden auch die oberrheinischen Städtebündnisse, die zunächst mit dem Dreibund begonnen und die Freiheit ihrer Mitglieder gesicherten hatten, hatten, nach 40 Jahren vorerst ein Ende; vgl. *Wackernagel*, Basel I, S. 280 f.

678 *Vgl. dazu unten Kapitel 6 II 2 b) (1), II 3 (4), III 1 a) (2).*

679 So Mathias v. Neuenburg, zweite Fortsetzung, S. 222.

680 Der Status der Basler Bürgerschaft gegenüber dem Reich war nun von allen Seiten durch den Bischof und vor allem durch die Habsburger gefährdet, und aus ihrer Sicht hatten „auch die Landfrieden ... nur bedingten Wert. In Zeiten von Gefahr hastig geschlossen, versagten diese aus disparaten Elementen geformten Bünde doch meist, wenn die Kalamität eintrat, der sie begegnen sollten", so vielleicht in dieser konkreten Lage nicht unzutreffend die Einschätzung *Wackernagel*, Basel I, S. 281.

681 Vgl. *Battenberg*, Hofgerichtssiegel, Nr. 411 f.

682 Vgl. St UB V, Nr. 776, sowie die dort in Nr. 772-774 erhaltenen drei Entwürfe, die Entscheidendes über den Verhandlungsprozess aussagen; vgl. auch ebd., Nr. 913; zum Ganzen auch *Bock*, ZGO NF 46 (1933), S. 363 f.

Zu der ebenfalls entworfenen Form eines gegenseitigen Hilfsbündnisses mit dem Kaiser kam es jedoch vermutlich nicht.[683] Kurz darauf erhielt die Stadt auch von ihrem neuen Bischof Johann III. endlich verbriefte Zugeständnisse in der Ausbürgerfrage, die jedoch erst im Umfeld des Egerner Reichslandfriedens von 1389 ganz geklärt werden sollte.[684]

Trotz dieser Zugeständnisse kam es wohl nicht zu dem, vor dem nun unmittelbar bevorstehenden zweiten Italienzug des Kaisers erstrebten Landfrieden, obwohl die Straßburger bereits ihre Boten instruiert hatten und der bestehende und bis unmittelbar vor seinem Ablauf äußerst aktive Landfrieden durchaus einige wichtige Erfolge zu verzeichnen hatte, so etwa im Streit mit den Grafen von Zweibrücken-Bitsch oder mit dem Ritter Matthias von Signau,[685] vor allem aber in der Aussöhnung der Parteien der Lichtenberger Fehde.[686] In der Freiburger Fehde hatte der Frieden allerdings nur die formale rechtliche Einigung und Abwicklung übernommen, jedoch keine Partei ergriffen. Seinen Pflegern wurde der Einzug einer Landesabgabe für die Ausgaben gegen die Engländer - was es bisher nicht gegeben hatte - sowie die Aufsicht über das Land während des Italienzuges übertragen, und zu diesem Zweck dem Landfrieden erstmals eine eigene Truppe zugeordnet.[687]

Während die Reichsstädte allesamt das Schicksal der Mediatisierung durch die in kaiserlicher Gunst stehenden Habsburger ebenso wie durch die Luxemburger selbst zu sehr fürchteten, um sich einem Landfrieden als möglichem Werkzug hierzu unterzuordnen, schienen manchem Landesherrn die Zugeständnisse nicht nur in der Pfahl-/Ausbürgerfrage angesichts der Niederlagen der Städte als zu hoch.[688] So zeigte auch das Städtebündnis, das Straßburg mit den Reichsstädten in engster textlicher Anlehnung an den alten Landfrieden am 26.5.1368, also kurz nach der Instruktion seiner

---

683 Vgl. Entwurf in St. UB V, Nr. 775.

684 Der Kompromiss bedeutete ein Verbot der Pfahlbürger bei Beibehaltung der Edelausbürger und zeigte, das letztere für die Bürgerschaft weitaus bedeutsamer waren; vgl. RI VII?, Nr. 4200; St. UB V, Nr. 421; vgl. *Hergemöller*, Nürnberg, S. 133.

685 Vgl. zu den Instruktionen St. UB V, Nr. 779; am Italienzug des Kaisers gegen Mailand im Frühjahr 1368 hatte sich Straßburg mit 20 Gleven beteiligt, vgl. Königshofen, S. 490; noch am 20.12.1368 fanden sich, dem Ablauf am 25.12.1368 zum Trotz, zwei umfassende Mahnschreiben des Landfriedens, vgl. St UB V Nr. 801; OSA Nr. 884; vgl. zum Ganzen auch *Wunschel*, Fragment, S. 457 ff.; zur Vermittlung des Landfriedens im Fall der Zweibrücker-Fehde vgl. jünst OSA III 1, Nr. 1; *zum Fall des Ritters von Signau vgl. unten Kapitel 6 II 2 b) (1).*

686 *Vgl. unten ausführlich Kapitel 6 III 1 b).*

687 Vgl. St. UB V, Nr. 617, 790, 801; OSA Nr. 880 f.

688 Vgl. *Bock*, ZGO NF 46 (1933), S. 364.

Boten zum Landfriedenstag schloss, das Scheitern der Bemühungen um dessen Erneuerung.[689]

3. Stagnation und Egoismus (1369-1377)

a) Vergebliche Bemühungen und Desinteresse des Kaisers

Straßburg hatte nun ein großes Interesse, seine Sicherheit durch neue Verbündete zu verbessern. Grund waren hierfür die Gewalttaten, die ihren Ausgangspunkt im Streit hatten, der bereits 1365 zwischen dem Probst von Kiburg und dem Dekan Johann von Ochsenstein um die Nachfolge von Bischof Johannes II. entbrannt war.[690] Der Dekan wurde in seinem Hof in Straßburg am 12.9.1370 von Reinhard Widneck und anderen Leuten des Propstes gefangen genommen und auf die Burg Windeck verschleppt. Über diesen Bruch des Stadtfrieden gerieten die Bürger so in Aufruhr, dass sie den Probst auf Geheiß des Bischofs in Turmhaft setzten, die Feste Windeck belagerten und die zugehörigen Güter verwüsteten.[691] Nach einem erfolglosen Friedensschluss flammte die Auseinandersetzung bald wieder auf und sorgte für zahlreiche Zerstörungen durch die Stadt und ihre Gegner, die noch über ein Jahr andauerten. Ein weiterer Grund war wohl auch, dass der Stadt in ihrem „sanftmütigen, aber einfältigen und unwei-

---

689 Vgl. St. UB V, Nr. 787.

690 Ein Streit, den Karl nur zu gern durch die Empfehlung Johanns von Luxemburg-Ligny beilegen wollte, der auf dessen Bitte von der Kurie auch ernannt wurde; vgl. Königshofen, S. 675 f.

691 Der Straßburger Ammeister nahm auf Geheiß des Bischofs den Probst drei Tage nach der Tat gefangen, als bekannt wurde, dass dieser sie veranlasst hatte und wollte ihn nicht wieder freigeben, bis auch der Dekan ohne Geldzahlung freigelassen würde; die Bürger waren über diese Auseinandersetzung so sehr erregt, da sie nicht nur eine erhebliche Schwächung der Stadt in einer kritischen Phase bedeutete, sondern den mit den Ochsensteinern verwandten und vielfach verbundenen Habsburgern einen hervorragenden Anlass für eine Fehde wie gegen Freiburg gegeben hätte; vgl. etwa auch in diesem Sinn die Andeutungen der ÄDCCol. S. 12 (Bl. 20). Um dieser Gefahr zu begegnen und wegen der Gefangennahme im Geltungsbereich des Stadtfriedens und damit im doppelten Sinne „wider ihre Stadtfreiheit", belagerten die Straßburger mit einem großen Aufgebot 14 Tage lang die Burg Windeck und verwüsteten deren Umland, bis es zum Austrag und Frieden mit dem Burgherren kam; nach dem Abzug der Straßburger flammte der Krieg aber bald wieder auf, in dem die Straßburger eine Schiffbrücke über den Rhein in die Herrschaft Windeck errichteten; die Sache endete dann mit einer lebenslangen Verbannung für den Herren von Windeck, der sich um 2500 fl. freikaufen musste, während der Dekan ohne eine solche Leistung freikam und die Burg Windeck verbrannt wurde; zum Ganzen Königshofen, S. 805 f.; *Wencker*, Pfalburgeris, S. 114, 124, 174; zu den Herren von Windeck vgl. allgemein *Andermann*, ZGO 151 (2003), S. 105 ff. m.w.N.

sen" neuen Hirten, Bischof Johann III., zwar keine ernsthafte Konkurrenz um die Vormacht, aber ebenso wenig tatkräftige Hilfe erwuchs.[692] Die Unsicherheit der Stadt fand ihren Ausdruck in der ganz erheblichen Verstärkung der Wehranlagen, während schon wieder neue Gerüchte über marodierende Söldnertruppen kursierten.[693] Dem Rat, der nach den Vorkommnissen von Freiburg sowohl die Luxemburger, namentlich Herzog Wenzel und den steigenden Einfluss der Pfalzgrafen am Rhein im Norden und umso mehr die Habsburger im Süden fürchten musste, blieben nur wenige Optionen. Daher kam es am 20.9.1370 zu einem neuen Bündnis mit Basel, das sich allerdings zunächst sehr an seinen äußerst streitbarem Bischof anlehnte.[694]

In diese Zeit fielen am 6.1.1371 die ersten Bemühungen des Kaisers seit langem, in Nürnberg mit den Städten und Herren auf einem Reichstag über neue regionale Landfrieden im Reich zu beraten.[695] Während diesem Ansinnen in anderen königsoffenen Regionen Erfolg beschieden war, verhallten diese Aufforderungen im Elsass ungehört.[696] Der in die Jahre gekommene Kaiser, der sich immer stärker darauf konzentrierte, das Erreichte für seine Dynastie ganz vorrangig durch die Wahl seines Sohnes Wenzel zum Römischen König noch zu seinen Lebzeiten zu sichern, verstärkte nur die Ängste der Reichsstädte, unternahm aber umso weniger, um ihnen bei ihren Landfriedensproblemen entgegen zu kommen. Als Reaktion schloss Straßburg zunächst ein Bündnis mit Bischof Johann III. sowie den größeren Reichslandvogteistädten Colmar, Hagenau und Schlettstadt, sowie Basel und Breisach.[697] Darauf folgte am 4.3.1371 ein Bündnis mit dem Bischof

---

692 Vgl. Johann von Luxemburg-Ligny überließ die Amtsgeschäfte auch weitgehend dem Kapitel und seinen Amtleuten, wofür er viel Gespött erntete; so Königshofen, S. 675 f.

693 Vgl. Königshofen, S. 719.

694 Was sich an großzügigen Darlehen und militärischer Unterstützung bei seinen Fehden gegen die Verpfändung von Zoll und Münze am 12.3.1373 an die Bürgerschaft zeigte, vgl. *Wackernagel*, Basel I, S. 281 ff.

695 St. UB V, Nr. 935.

696 In der Zeit von 1370-1372 wurden zwar in Franken, Bayern, Schwaben, der Wetterau und am Mittelrhein neue Landfrieden abgeschlossen, so dass die vermeintliche Lückenhaftigkeit der Überlieferung durchaus eine erfolgreiche Einung vermuten lassen könnte; allerdings fand sich in dem Misstrauen der von Karl dynastisch genutzen Straßburger Kapitelfehde sowie in den Vorkommnissen in Freiburg und Basel kaum ein Interesse der Bürgerschaften an einer Bindung an die Adeligen und den Kaiser, darüber hinaus hätte dann auch keine Notwendigkeit und wohl auch kein Raum für den Abschluss des gleich zu erörternden „Herlisheimer Bundes" bestanden; vgl. OSA II 2, S. 809; *Angermeier*, Königtum und Landfrieden, S. 213.

697 St. UB V, Nr. 903, 905, 949; auf dieser Grundlage mahnten etwa die Straßburger ihre Verbündeten gegen Johann Erbe, ihnen Hilfe zu leisten, vgl. ebd., Nr. 1055; zu den seit 1368 geschlossenen Bündnissen zwischen Straßburg und Bischof Johann III. vgl. ebd., Nr. 785 f., wobei vor allem die Vereinbarung zu den Pfahlbürgern die Aufmerksamkeit verdient; zum

und Graf Eberhard von Württemberg, von dem man keine territorialen Ambitionen fürchten musste. Der Pakt diente vor allem dem gemeinsamen Vorgehen gegen die Markgrafen von Baden, verhinderte aber vor allem ein Zusammengehen Straßburgs mit den schwäbischen Reichsstädten .[698] Während dessen kam es im Mai 1371 zu einem Entwurf der Basler für einen neuen großen rheinischen Städtebund, um den Aufläufen und Streitigkeiten der Herren gegen „gut gesinnte" Städte zu widerstehen und um Geistliche und Laien besser auf den Straßen zu schützen. Diesem Plan war allerdings kein Erfolg beschieden.[699]

Karl IV. kam daher nicht nur die Einsetzung des neuen Bischofs Lamprecht in Straßburg gegen den erklärten Widerstand des Kapitels am 7.9.1371 zu pass, der es als Vertrauter bis zum kaiserlichen Kanzler bringen sollte. Der neue Bischof war aber, nach der Chronik, aufgrund seiner Abstammung als einfacher Ritter bei den Adeligen in Stadt und Land so verhasst, dass er sein Territorium nicht wirksam schützen konnte.[700] Umso mehr bot dies nun Raum für die Herzöge Albrecht III. und Leopold III. von Österreich. Diese mussten dem Kaiser nicht nur als der einzige potente Ordnungsfaktoren in der Region gegen die Städte erscheinen; die Verpfändung der Reichslandvogtei im Oktober 1371 bot neben dem für die Gewinnung der Kurfürsten und der Kurie nötigen mobilisierbaren Kapital gleichzeitig die Möglichkeit, sich der Gunst dieser trotz fehlender Kurwürde stets sehr mächtigen Reichsfürsten zu versichern.

Den Städten aber zeigte dieser Akt kurz nach den Vorgängen um Freiburg allzu deutlich, wie sehr Karl IV. gewillt war, zugunsten fiskalischer und reichspolitischer Interessen eine Bedrohung und Beeinträchtigung ihrer Freiheiten und ihrer Reichsunmittelbarkeit in Kauf zu nehmen.[701] Natürlich musste daher ein Versuch der Habsburger scheitern, ein 1372 geschlossenes Bündnis zwischen den Reichslandvogteistädten und den anderen wichtigen Städten in ihrem Herrschaftsbereich auf die beiden verbliebenen Freistädte und andere reichsunmittelbare Herren am Oberrhein auszudehen.[702] Dagegen war ihnen Basel jedenfalls noch soweit offen, dass mit der

---

Bündnis von Straßburg mit Colmar, Schlettstadt und Hagenau vom 26.5.1368 vgl. St UB V, Nr. 787.

698 Zu diesen Bündnissen, die mit ausdrücklicher Erlaubnis des Kaisers vor dem Hintergrund der Überfälle in Wildbad erfolgten und in das ihren neuen Bischof Lamprecht einzuschließen und mit dem Reichsbanner gemeinsam auszuziehen, der Kaiser die Straßburger ausdrücklich ermahnte, vgl. St. UB V, Nr. 950, 915, 935, 952, 963, 972 f., 988, 1010 f., 1016; zu den politischen Umständen und Folgen vgl. auch *Bock*, ZGO NF 46 (1933), S. 364.

699 Vgl. Archiv für Schweizerische Geschichte 17 (1868), S. 38 f., Nr. 13; OSA II 1 Nr. 393.

700 Vgl. Königshofen, S. 676 f.

701 Vgl. *Bock*, ZGO NF 46 (1933), S. 364

702 Vgl. St. UB V, Nr. 1047, 1040, 1042, 1045; *Bock*, ZGO NF 46 (1933), S. 364 f.

Stadt ein 1370-1372 wirksames Bündnis geschlossen werden konnte, dass der Abwehr neuer Söldnerhorden diente, die unter Enguerrand de Coucy ins Oberelsass einzufallen drohten.[703] Für die nicht in derartig großem Ausmaß von ihnen abhängigen Reichsstände überwogen jedoch - nicht nur wegen dem Expansionsstreben des Hauses Österreich - die Nachteile seiner möglichen militärischen Stärke. Schließlich waren es doch gerade vermeintliche Erbansprüche gegen die Habsburger gewesen, die Enguerrand auf das Oberelsass geltend gemacht hatte, und die ihm den Grund und Vorwand für seine Bedrohung geliefert hatten. Zudem wurde diese Bedrohung zunächst für das Unterelsass nicht virulent.

Überwogen derart die Gegensätze zwischen dem Kaiser und den Herzögen als seinen Reichslandvögten einerseits und fast allen übrigen Reichsständen des Landes andererseits, war an einen Landfrieden auf absehbare Zeit wiederum nicht zu denken, während mit dem endgültigen Ende der unteren Landgrafschaft im Jahr 1372 das letzte überkommene Bindeglied des Landes und als gemeinsames Gericht endgültig und unwiederbringlich wegfiel.

b) Macht und Ohnmacht der Obrigkeiten: Die Herlisheimer Fehde

Kaum ein Vorgang vermag die Folgen eines fehlenden Landfrieden so gut zu veranschaulichen wie die anschließenden Jahre und insbesondere die sogenannte „Herlisheimer Fehde", an der 1373/74 nahezu alle Städte und Herren des Oberrheins in irgendeiner Form beteiligt waren.[704] Aus Sicht der kirchlich-städtischen Chroniken scheint der ursprüngliche Vorgang eindeutig.[705] Nachdem der reiche Straßburger Bürger Eppe von Hattstatt auf der Burg Herlisheim nachts von Männern des Johann Erbe überrascht, dort ausgeraubt und gefangen genommen worden war, belagerten und

703 Die sich abzeichnende Tendenz zu stärkeren Bedrohungen aus dem Westen, namentlich von Burgund, für den Oberrhein bedeutete eine gemeinsame Gefahr sowohl für die Habsburger als auch für die Städte, zuvorderst Basel, die letzteres in ein Bündnis mit den Herzögen Albrecht und Leopold von Habsburg und dem Graf von Neuenburg zusammenführte; der Versuch der Herzöge, den Herren von Coucy mit 2.000 fl. von einer Invasion abzuhalten, scheiterte, so dass der im Oberelsass weit ausgreifende Krieg nicht aufzuhalten war, bei dem vor allem das Umland von Basel durch beide Parteien verheert wurde und die Stadt umfassende Hilfe an die Herzöge leisten musste; vgl. *Wackernagel*, Basel I, S. 284-286.

704 Zur vergleichsweise sehr guten Überlieferung dieses Komplexes vgl. OSA II 1, Nr. 407 - 482, S. 420 ff.; zum Ganzen jüngst *Fürderer*, ZGO 153 (2005), S. 288 ff.

705 Vgl. ÄDCCol. S. 12 (Bl. 20v.); Königshofen, S. 803; mit leicht unterschiedlichen Angaben Mathias v. Neuenburg, zweite Fortsetzung, S. 223; von den 56 gefangenen „Bösewichten", die Johann Erbe unter allen Straßenräubern gesammelt haben soll, wurden drei gerädert, 16 gehängt, und die übrigen bis auf drei, die man zur Richtung des „Krieges" gefangen hielt, dann aber gegen hohe Bürgschaft freiließ, enthauptet.

zerstörten der Reichslandvogt, die Reichsstädte, Straßburg, Basel, Freiburg, Breisach und Neuenburg die Burg Herlisheim und töteten fast die gesamte, 56 Köpfe zählende Besatzung. All dies wurde als unzweifelhaftes Vorgehen gegen ein „Raubhaus" eingeordnet. Dessen Vernichtung habe doch „das Land ... auf einen Schlag von zahlreichen Räubern befreit, dennoch", so hat es bereits WACKERNAGEL etwas verwundert, „hielten es die Teilnehmer für nötig, sich gegenseitig für ewige Zeiten durch Gelöbnis der Hilfe gegen alle schlimmen Folgen dieser ‚getat' zu sichern".[706] Tatsächlich lobte die Chronik überschwenglich die Tat der Städte: *„sus war dis lant geriniget vil bi von allen roubern die dozumole zu Herlisheim zusamene kumen worent und gedotet wurden, also vor ist geseit, das der stat und dem lande eine grosse nothdurft was und nüt vil tusend gülden hetten dofür genommen"*.[707]

Wie in der neueren Forschung bereits häufig festgestellt worden ist, waren die tatsächlichen Motive hinter derartigen Stereotypen weit weniger einfach und bequem:[708] Ritter Johann Erbe, ein habsburgischer und straßburgisch-bischöflicher Lehensmann und Edel-Ausbürger, der zu den Straßburger Mülnheimern gehörte, hatte auf dem Italienzug von Karl IV. zur Entlohnung mehrere vermeintliche Reichsrechte erhalten. Deren Einräumung verweigerten die Zorns mit der Begründung, es handele sich um Allmende der betroffenen Dörfer.[709] Als der Straßburger Rat 1372 im Zuge neuer Verfassungsänderungen und Unruhen zwischen den Zorns, Mülnheimern und den Handwerkern seine Edelleute zu einer Entscheidung aufforderte, sich zu ihren Bürgerrechten und -pflichten zu bekennen, wollten viele die Rechte, insbesondere das auf den Beistand der Bürgerschaft, in Anspruch nehmen.[710] Sie weigerten sich aber, die eigenen Bürgerpflichten, gerade um Hilfeleistungen, zu erfüllen, so dass der Magistrat jedem Edelmann gebot, innerhalb eines Monats den Bürgerbrief zu beschwören oder zehn Jahr in die Verbannung zu gehen.[711] Auch Johann Erbe lehnte es ab, den Treue- und Friedenseid zu leisten und sagte der Stadt kurzerhand die Fehde an, da er bei ihr kein Recht in seiner Sache erhalten könne. Wenig später gewann er zahlreiche Landadelige der Umgebung als Helfer und sammelte weitere Diener um sich, wie etwa Burkhardt von Finstingen, der selbst wegen eines Streits um die Rechte in St. Pilt, den der Herzog Johann von Lothringen mit Bischof Lamprecht führte, mit der Stadt in Feindschaft

---

706 So *Wackernagel*, Basel I, S. 281 zu dem Beitritt von Basel und Straßburg zu dem „Herlisheimer Bündnis" vom 24.2.1373, *vgl. dazu sogleich unten Fn. 715.*

707 So Königshofen, S. 803.

708 Vgl. bereits Ruser, OSA II 1, S. 421 f.; *Fürderer*, ZGO 153 (2005), S. 288; zu Eppe von Hattstatt vgl. *Feller-Vest*, Hattstatt, S. 35 ff.

709 Vgl. Königshofen, S. 802 Fn. 2.

710 Zur städtischen Verfassungsreform von 1372 vgl. Königshofen, S. 782.

711 Vgl. Königshofen, S. 802; vgl. *Wencker*, Ussburgeris, S. 127-134; Justinger, S. 182.

lag.[712] Jener Streit war im Zuge der endgültigen Liquidation der unterelsässischen Landgrafschaft entstanden, deren Inhaber den Ort als Lehen des Herzogs innegehabt, ihn jetzt aber an das Bistum Straßburg veräußert hatten. In dieser geradezu typischen Streitkonstellation um entfremdete Lehen forderte der Herzog dieses nun als erledigt zurück, während sich der Bischof, weniger überzeugend, auf seinen Erwerb berief.

Unter den Verbündeten des Johann Erbe fand sich Wernlin von Hattstatt ein, der mit seinem Onkel Eppe wegen der Teilung der Burg und Stadt Herlisheim seit 1356 in Streit lag. Diesen überfielen beide in eben dieser Burg und nahmen ihn dort gefangen. Da Eppe auch Straßburger Ausbürger war, handelte es sich um einen Angriff auf einen Straßburger Reichsbürger, so dass zu dessen Abwehr neben den Straßburgern und den mit ihnen verbündeten Baselern, auch der Reichslandvogt und die Reichsstädte als Vertreter des Reiches, anders als RUSER angenommen hat,[713] durchaus mit einer guten Legitimation gegen Johann Erbe vorgingen - sofern es sich tatsächlich um (Straßen-)Räuber handelte. Da aber die Gefangennahme Eppes zumindest dann eine erlaubte Fehdehandlung darstellte, wenn einer der drei potentiellen Fehdegründe gegen diesen persönlich oder gegen die Stadt berechtigt war, und in den Augen vieler zumindest der letztgenannte Grund durchaus triftig war, hatten die Verbündeten durchaus allen Anlass, die Rache der Verwandten und Freunde der Ermordeten bis hin zu den Lothringern zu fürchten.

Weil aber kein Landfrieden und kein Landgericht mehr bestand, Karl IV. unerreichbar und seine Vertreter vor Ort ebenso wie die Straßburger Stadtgerichte eindeutig parteiisch mit dem einen oder anderen Lager verbunden waren, fehlte jede überparteiliche Instanz, die die zu Grunde liegenden Fragen und damit den Streit vor oder nach der Zerstörung der Burg hätten friedlich und für beide Seiten akzeptabel entscheiden können. Das Hofgericht, das 1377 in mehreren Fällen gegen einzelne Bürger und Reichsstädte die Acht und Anleite erklärte,[714] war zu diesem Zeitpunkt keine wirkliche Alternative mehr, insbesondere, da der Reichslandvogt als Vertreter des Reiches klar Partei ergriffen hatte und dessen Verurteilung vor dem kaiserlichen Gericht praktisch ausgeschlossen war. So blieb nur die offene Fehde, die andererseits aber die Interessen der Städte schwer ge-

---

712 Zu der umstrittenen Rechtslage, die durch eine zweifache Verpfändung und den Übergang der Landgrafschaft entstanden war, vgl. Schoepflin, Alsatia illustrata II, Nr. 1140, 1144-1147, 1152; vgl. Königshofen, S. 677, 795, 802 Anm. 2,3.

713 *Ruser*, OSA II 1, S. 422.

714 Vgl. Achtlösung bzw. Anleite gegen Colmar auf Klage der Grafen von Württemberg und des Juden Eberlin vom 2.10.1377, StA Colmar, AA 5/13 bzw. AA 172/13. Anleite gegen den Straßburger Bürger Klaus Mömpelgard Bürger für Bürger Hans Stecke aus Mainz, vgl. dazu *Battenberg*, Hofgerichtssiegel, Nr. 512.

fährdete, da die fortbestehende und durch die Tötungen noch ausgeweitete Fehde allzu leicht von den beteiligten Landadeligen, aber auch von jedem fremden Ritter als Vorwand genutzt werden konnte, Kaufmannszüge zu überfallen und auszuplündern.

Dieser Gefahr entgegenzuwirken war gerade ein Hauptmotiv der Landfrieden. Für eine Einung war jedoch angesichts der aufgeladenen Atmosphäre und fortbestehenden Entzweiung im Land weiterhin kein Raum. Um sich daher gegen Vergeltungsakte und Missbräuche zu schützen, verbündeten sich die Reichslandvogteistädte, die breisgauischen Städte im habsburgischen Besitz sowie Basel und Straßburg umgehend am 24.2.1373 mit Rudolf von Waldsee, dem Landvogt der Habsburger und ihrem Unterlandvogt in der Reichslandvogtei, zum Beistand gegen alle Angriffe. Tatsächlich wurden nach längeren Beratungen und mehreren Entwürfen zwei Bündnisse geschlossen, von denen das wesentlich engere alle Beteiligten bis auf Straßburg umfasste.[715] Wie aus den Beratungsentwürfen hervorgeht, waren es zunächst Hagenau, Weißenburg und Selz, die den Bund nicht besiegeln wollten, wohl weil für sie die Angst vor einer zu starken Macht der Reichslandvögte gegenüber einer äußeren Bedrohung überwog.[716] Tatsächlich schienen die Habsburger die Beilegung der Herlisheimer Fehde bewusst wegen der Möglichkeiten, die ihnen die Bündnisse boten, zu verzögern, bis schließlich der Kaiser ihnen nach dem Konflikt in Basel im Sommer 1374 die Reichslandvogtei zugunsten der Wittelsbacher entzog.

Ähnlich wie bei einem Landfrieden suchten die Verbündeten, ihren Gegnern jeden Beistand zu entziehen und wandten sich hierzu an die umliegenden Adeligen, darunter Otto von Ochsenstein und den Markgrafen von Baden.[717] Der mit den Straßburgern ohnehin verbündete Graf von Württemberg erhielt diese Mahnung verbunden mit dem Dank für seine bisherige Unterstützung.[718] Am 6.5.1373 schaltete sich endlich Kaiser Karl IV.

715 Vgl. St. UB V, Nr. 1062; Cart. Mulh. I, Nr. 305; vgl. hingegen *Fürderer*, ZGO 153 (2005), S. 289; zu Rudolf von Waldsee vgl. *Doblinger*, in: Archiv für österreichische Geschichte 95 (1906), S. 309 f.

716 Das Bündnis war zunächst kaum mehr als ein loser Zusammenschluss bei möglichem Eingreifen Dritter wegen der Vorkommnisse; die Organisationsbestimmungen in einem zweitem Entwurf wiesen allerdings weit darüber hinaus und konnten durchaus als Kern eines neuen Landfriedens gelten; wohl deshalb wurde von Straßburg, Hagenau, Weißenburg und Selz dessen Besiegelung abgelehnt, da sie die Gefahr ihrer Vereinnahmung im Rahmen der Ausweitung der landvogteilichen Gewalt bzw. durch die Habsburger als deren aktuelle Inhaber fürchteten, so dass sich noch hier die Freiburger Erfahrungen als prägend erwiesen; vgl. zum Ganzen St. UB V, Nr. 1058, 1066 ff.; hierzu und zum Folgenden *Bock*, ZGO NF 46 (1933), S. 365

717 St. UB V, Nr. 1073; OSA II 1, Nr. 422.

718 St. UB V, Nr. 1074.

selbst ein und rechtfertigte nachträglich, dass der Reichslandvogt mit den Städten *„vor Herlsheim geczogen ist und das gewunnen und ouch dorynne schedlich lewte dem lande gevangen hat und zu den nach des reichs recht gerichtet"* hat, wie ihm dieser berichtet habe.[719]

Am Ende kam es bis Anfang 1374 zu Richtungen zwischen den meisten Beteiligten. Johann Erbe wurde auf zehn Jahre aus Straßburg verbannt, dann jedoch von einem Mitglied der Zorns erschlagen.[720] Die Habsburger versuchten aber bis 1376 weiter, über das geschlossene Herlisheimer Schutzbündnis ihren Einfluss gegenüber den Mitgliedsstädten auszuüben.

c) Vom neuen Landfrieden zur „bösen Fasnacht" von Basel

(1) Mit einem nicht urkundlich überlieferten, von Karl IV. wohl im Frühjahr 1374 bestätigten Landfrieden dürften die Teilnehmer die günstige Lage genutzt und versucht haben, die durch die Herlisheimer Vorkommnisse zerstörte Sicherheit und den Frieden wieder herzustellen und sich gegen neue drohende Söldnerscharen aus dem Westen abzusichern.[721] Der Ansporn für ein solches neues Übereinkommen musste umso größer sein, als der Kaiser, den großen Bedrohungen und damit Chancen für seine Herrschaft zum Trotz, selbst keinerlei eigenes Engagement mehr für den Landfrieden am Oberrhein zeigte.[722]

An der neuen Einung nahmen neben Bischof Lamprecht, der wohl die Initiative - auch gegenüber dem Kaiser - ergriffen hatte, die Reichsstädte, Straßburg und Basel sowie die Herren von Lichtenberg, Ochsenstein und Geroldseck am Wasichen teil.[723] Seine wohl wichtigste Aufgabe fand der Landfrieden darin, Georg von Hattstatt, anderen Herren und Städten gegen den Herzog Johann von Lothringen zu Hilfe zu eilen, der mit großen Truppen diesem die Ortschaft Sommerau abgenommen hatte, an anderen Orten aber weitgehend erfolglos gewesen war.[724] Immerhin konnte der

---

719 St. UB V, Nr. 1077.

720 Vgl. Königshofen, S. 803.

721 Vgl. St. UB V, Nr. 1194 sowie zur Datierung OSA II 2, Nr. 893, Fn. 84; zur erneuten Invasionsgefahr vgl. die Warnung Basels an Straßburg vom 4.9.1374, *Wackernagel*, Basel I, S. 289 m.w.N.

722 Hinter der Nachfolgefrage traten für Karl zu diesem Zeitpunkt alle anderen Politikfelder, einschließlich der Landfriedensfrage, völlig zurück, so dass er sich auch bei dem neuen Einfall der Engländer völlig teilnahmslos verhielt; vgl. nur St. UB V, Nr. 1255, 1258-1260, 1262, 1266 f., 1270; *Bock*, ZGO NF 46 (1933), S. 366.

723 Vgl. OSA II 2, Nr. 893 - 896.

724 Die Verknüpfung zur Herlisheimer Fehde (*vgl. dazu oben Kapitel 2 IV 3 b)*) liegt nahe, insbesondere scheint Ulrich von Finstingen mit dem Schlettstadter Schultheiß Botzheim und Bischof Lamprecht eine wichtige Rolle in dem Landfrieden gespielt zu haben, vgl. St. UB V, Nr. 1172, 1194; Herzog Johann von Lothringen war mit starken Truppen vor Mühlheim er-

Herzog den Bischof Lamprecht, der sich mangels Anhängerschaft nicht wirksam wehren konnte, zur Anerkennung seines ausschließlichen Eigentums an St. Pilt nötigen.[725] Darauf kam es am 12.1.1375 zu einem Friedensschluss des Lothringers mit dem Reichslandvogt, Herzog Stefan von Bayern und allen jenen, die zum Landfrieden gehörten.[726] Herzog Johann übernahm (über die versprochene Lösung auf einem Rechtstag hinaus) die Verpflichtung, den genannten gegen alle *„gesellescháft"*, die in das Elsass ziehen sollte, beizustehen. Da diese Urfehde und gleichzeitiger Beistandspakt bis zum 23.4.1376 befristet war, liegt nahe, darin auch das Enddatum des Landfriedens zu sehen, von dem wir weiter nichts erfahren - umso mehr, da die geringen Ausgaben des Basler Rechnungsbuches dies nahe legen.[727] Für eine Geltung des Landfriedens oder eines nachfolgenden Friedensbündnisses, also in der Zeit vom Frühjahr 1375 bis Mai 1378, finden sich praktisch keine Hinweise.[728] Dagegen gingen die Städte in dieser Zeit durchaus wieder einzeln oder im Bunde mit Adeligen gegen Räuber vor, wie zum Beispiel Basel 1374 im so genannten „Safrankrieg",[729] und trugen für die Anerkennung ihrer Gerichtshoheit auch gegenüber adeligen Ausbürgern Sorge.[730]

---

schienen, um deren Auszug zu vergelten und seinen Eigentumsanspruch auf St. Pilt durchzusetzen und belagerte erfolglos Bergheim; vgl. ÄDCCol. S. 13 (Bl. 21 v.); Königshofen, S. 813 f.

725 Vgl. Königshofen, S. 677, 795.

726 Vgl. OSA II 2, Nr. 872.

727 Dieses spricht von einem „ausgehenden Frieden", vgl. OSA II 2, S. 809 ff. mit genauen Nachweisen.

728 Vgl. ebd.; vielleicht mit der Ausnahme des Falles des Hartmann Rot, *vgl. ausführlich unten Kapitel 6 II 2 c).*

729 Nachdem der Freiherr Henmann von Bechburg auf der Straße bei seiner Feste Falkenstein einen nach Basel reisenden Kaufmannszug ausgeplündert und Gut, das nach Straßburg, Basel, Frankfurt und Köln gehörte, insbesondere 8 Zentner Safran unter Berufung auf Streitigkeiten seines Lehensherrn, des Bischofs von Basel, mit der dortigen Bürgerschaft geraubt hatte, zog der Landgraf Rudolf von Nidau, in dessen Geleit der Zug stand, unverzüglich im April zur genanten Burg. Er erhielt auf seine Hilfsanforderung aus Basel 100 Schützen und eine Wurfmaschine mit ihrem Handwerksmeister und konnte die Burg im August einnehmen. Die Knechte dort wurden geköpft, der Bruder des Herrn von Bechburg in Gefangenschaft genommen, die Beute ebenso wie das aufgefundene Kaufmannsgut unter den Eroberern aufgeteilt, was ihnen allerdings den Vorwurf eintrug, einen erneuten Raub begangen zu haben, worauf Basel seinen Anteil heraus gab; vgl. BChr. V, Nr. 65 f.; VI, Nr. 263; Justinger, S. 139.

730 Nach der Verwundung eines Straßburger Söldners durch einen ihrer Ausbürger der Famlie von Andlau befehdete Straßburg diese im Jahr 1376 und erreichten das Gelöbnis, dass er sich vor Stadt verantworten und sich ihrem Urteil unterwerfen wolle; vgl. Königshofen, S. 814.

(2) Straßburg und insbesondere Basel wurden in diesen Jahren neben Natur- und Hungerkatastrophen erneut von inneren Unruhen im Rat und im Kapitel erschüttert, bei denen sich die adeligen Trinkgesellschaften erstmals als solche besonders hervortaten.[731] Insbesondere kam es in Basel, wie zuvor in Straßburg, zum Konflikt des Rates mit den Edelausbürgern, in dessen Verlauf die Stadt in Feindschaft zu ihrem Bischof und zu zahlreichen Adeligen des Umlandes geriet.[732] Der Anlass war wohl, dass Rat und Zünfte an der Zuverlässigkeit der adeligen Ratsherren zweifelten und diese des Verrats militärischer Geheimnisse beschuldigten.

In Straßburg machte sich der von der Kurie gegen das zerstrittene Kapitel durchgesetzte Bischof Friedrich von Blankenheim durch hohe Abgaben bei Klerikern und Laien viele Feinde, was sich noch verstärkte, als er sich bald unter großen Ausgaben nur noch um andere Bistümer bemühte und immense Schulden anhäufte.[733] Im ersten großen „Trinkstuben-Geschelle" erstachen die adeligen „Rebstöcke" heimlich in der Nacht aus Rache drei konkurrierende „Rosheimer". Trotz dieser heimtückischen Mordtat konnte sich der Rat nur auf eine Verbannung der zwölf Täter für zehn Jahre durchringen, während gleichzeitig zwei Bauern, die sich gegen Geld als Helfer verdingt hatten, gerädert wurden.[734]

---

731 Vgl. ÄDCCol. S. 13 (Bl. 21); Königshofen, S. 867.

732 Anfang 1374 hatte der Rat die Adeligen nach dem Muster Straßburgs vor die Wahl gestellt, die Bürgerpflichten anzuerkennen oder aus der Stadt auszuziehen, mit der seit 14.1.1374 ein neuer Bund bestand; die Edelausbürger störten sich aber, wenn man dem Chronisten glauben will, nicht nur an der Besteuerung und den Bürgerpflichten, sondern beschwerten sich über die mangelnde Geheimhaltung, da aus dem Rat den Feinden der Stadt alles mitgeteilt werde, wobei die ritterlichen Ratsmitglieder unter Verdacht gerieten und zu diesem Zweck ein neuer heimlicher Kriegsrat der Fünf, später ausschließlich aus Nichtadeligen besetzt, entstand; vgl. hierzu und zum Folgenden *Wackernagel*, Basel, I, S. 286 ff.; die Erneuerung der Stadtverfassung ohne Bestätigung durch den Bischof wirkte erneut als Affront gegen diesen, zumal der „Achtburger" Hartmann Rot als Bürgermeister gewählt wurde; es kam jedoch zwischen diesem und der Stadt nur zu kleineren Fehdehandlungen, aber keiner großen Schlacht. Gleichwohl ereigneten sich zahlreiche Verwüstungen und Schädigungen, während sich die Fehde der Stadt auf die Herren von Krenklingen, den Graf von Tierstein, Rutschmann von Blauenstein, Martin Malterer und Henmann von Hauenstein ausdehnte; zu den Trinkgesellschaften und ihren Ursprüngen vgl. umfassend *Cordes*, Stuben.

733 Nachdem die Doppelwahl von Dekan Ochsenstein und Scholaster Veldenz durch das Kapitel 1374 zu blutigen Auseinandersetzungen geführt hatte, war Friedrich vom Papst eingesetzt und von der Stadt empfangen worden, er hatte es jedoch bis 1388 schwer, sich im Kapitel durchzusetzen, da er hohe Abgaben nicht nur von den Klerikern und armen Leuten, sondern auch von den Kollekten der Stifte erhob, um seine hohen Schulden aus vielen vergeblichen Werbungen um andere Bistümer auszugleichen; vgl. Königshofen, S. 677 ff.; sowie vermutlich auch OSA III 1, Nr. 2.

734 Die Verbannten gingen nach Molsheim und wurden dort von den Rosheimern nachts in der Trinkstube erstochen; auf Klage der Überlebenden urteilte der Rat, dass diese keinen Mord dadurch begangen hatten, dass sie ihre Feinde erschlagen hatten, verbannten die Tä-

(3) Kurz darauf, im Jahr 1375, kam es zu einem erneuten Einfall von Enguerrand VII. de Coucy mit ca. 66.000 französischen Söldnern. Sie zogen zunächst gegen die Habsburger. Im Oktober wandten sie sich jedoch nach Straßburg und plünderten und verwüsteten das Land im Norden wie erneut im Süden.[735] Aber auch dieses Mal gelang den elsässischen Ständen keine gemeinsame Abhilfe, auch wenn die gemeinsame Bedrohung manche Gegner unter Druck zusammengeführt hatte, wie etwa die Habsburger, die Baseler und die Schweizer.[736] Dagegen entstand ein neues Zerwürfnis zwischen den Reichsstädten und dem Bischof einerseits und Straßburgs auf der anderen Seite, da erstere sich mit 3.000 fl. Sicherheit bei den Söldnern zu erkaufen suchten, während die Straßburger vereint alle Erpressungsversuche kategorisch ablehnten.

(4) Es war jedoch nicht dieses erneute Versagen eines gemeinsamen Vorgehens, das eine Erneuerung des Landfriedens unmöglich machte, sondern die Ereignisse im Frühjahr 1376 in Basel, die bald als „böse Fasnacht" bekannt wurden. Dahinter standen die fortgesetzten Versuche der Herzöge von Österreich, mit allen Mitteln die letzte größere Reichsstadt im Oberelsass unter ihre Herrschaft zu bekommen. So hatten die Habsburger allmählich vom Kaiser und vor allem vom dortigen Bischof wichtige Rechte in

---

ter aber trotzdem auch auf zehn Jahre aus der Stadt; vgl. Königshofen, S. 786. Hier zeigt sich schön, dass das Stadtgericht die Blutrache als persönlichen Ausschlussgrund für die Gewalttat, jedenfalls der Adeligen, anerkannte, allerdings der Rat gleichwohl nicht zögerte, zur Wahrung des öffentlichen Friedens in der Stadt eine langjährige Verbannung auszusprechen, während die bäuerlichen Gehilfen mit der Schärfe des städtischen Strafrechts bestraft wurden.

735 Der Führer der wegen ihrer Kapuzen so genannten „Gugler" behauptete, gegen Herzog Leupold von Österreich damit nur seinen Anspruch auf die Mitgift seiner Mutter Katharina von Savoyen, der Frau Leopolds im Oberelsass durchsetzen zu wollen; vgl. ÄDCCol. S. 11 (Bl. 19); Königshofen, S. 815 – 820; Justinger, S. 184 ff.; Züricher Chronik, S. 91; vgl. *Zind*, Histoire, S. 84: mit der Intention, ein eigenes Fürstentum zu schaffen; ausführlich auch *Arnold*, Histoire secrète, S. 100 ff., allerdings mit falscher Datierung; vgl. zum Ganzen auch *Fürderer*, ZGO 153 (2005), S. 290 f.; *Bott*, Kriegszüge, S. 39 f.

736 Zu den militärischen Manövern beider Seiten, die die Kämpfe und erheblichen Schädigungen in den Aargau und nach Belfort verlagerten, bevor die Engländer schließlich nach Lothringen den Rückzug antraten vgl. BChr. V, S. 61 f.; Justinger, S. 139,141; *Wackernagel*, Basel I, S. 293 f. Jedoch hinterließen sie auch im Elsass einen bleibenden Eindruck, denn noch nie hatte man, wenn man dem Chronisten Königshofen, S. 815 f. glaubt, ein derart großes Heer dort gesehen, das immerhin 25 Kompanien umfasste; allerdings war dieses Mal die Landbevölkerung rechtzeitig gewarnt und in die sicheren befestigten Plätze geflohen, während die Söldner wieder einmal plünderten und vergewaltigten, was und wen sie finden konnten. Ein Versuch der Bauern von Marley, sich selbst zu wehren, wurde von den Söldnern ohne Gnade mit der Tötung von 350 Landleuten und der Gefangennahme vieler weiterer beantwortet; sie töteten jeden, den sie fingen und der sich nicht freikaufen konnte; hingegen erwiesen sich ihre Versuche, die Städte zu erpressen, letztendlich als untauglich, da sich diese als zu gut gesichert zeigten, und eine versuchte Kollaboration streng bestraften, wie im Falle zweier Brumater Verräter, die gerädert wurden.

den Stadtgrenzen und insbesondere das vorgelagerte Kleinbasel gegen die intensiven Abwehrbemühungen der Bürgerschaft erworben.[737] Wie bereits in Freiburg ließen sich die Habsburger im November als Schiedsrichter in der Fehde der Bürgerschaft mit ihrem Stadtherren bestimmen.[738] Die Richtungsversuche wurde jedoch bald ergebnislos abgebrochen, worauf die Stadt sich mit der Bitte um ein neues Bündnis an Luzern und die oberen Städte wandte und vor einer neuen Offensive der Österreicher warnte.[739] Jene belagerten nun gemeinsam mit Bischof Johann die Stadt, die schließlich am 18.6.1375 klein beigeben und dem Herzog erheblichen Einfluss in der Kommune einräumen musste.[740]

Hatten die gemeinsamen Interessen gegen die Bürgerschaft Bischof und Herzog bisher zusammen gehalten, kam es jetzt zum Streit, da der bedrängte Kirchenfürst den Truppen des Enguerrand freien Durchzug in die habsburgischen Territorien gewährt hatte.[741] In dieser Lage konnten die Habsburger die Schutzherrschaft über die Stadt erwerben, die nunmehr ihre schlimmsten Befürchtungen bestätigt sah. Wie gespannt die Lage war, zeigte sich an der „bösen Fasnacht" am 26.2.1376, als bei einem Turnier in der Stadt, zu dem viele Adelige, vor allem Freunde und Anhänger der Habsburger, gekommen waren, plötzlich Unruhe durch scheuende Pferde entstand.[742] Die Bürger sahen jedoch den Umsturzversuch gekommen und

---

737 Vgl. etwa die Übertragung des Baseler Judenregals von der Stadt an sie durch den Kaiser am 25.11.1374 mit der Begründung, dessen Ausnutzung durch die Bürger liefe dem Reich zuwider; vgl. *Wackernagel*, Basel I, S. 290.

738 Auf Grundlage der mit beiden Seiten bestehenden Bündnisse, vgl. Trouillat, Monuments IV, Nr. 157; 739, 742.

739 Vgl. Schreiben Basels an Luzern vom 2.12.1374, Archiv für Schweizerische Geschichte 17 (1868), S. 47 f., Nr. 19.

740 Die eigentliche Belagerung Basels blieb erfolglos, jedoch galten die Habsburger mit Recht als Gewinner der unter großer Beteiligung Straßburgs und der habsburgnahen Städte Freiburg, Breisach und Schlettstadt, Grafen von Tierstein und Nidau und den Herren von Ochsenstein vermittelten Verhandlungen, da die Baseler zwar auch einige Rechte erhielten, vor allem für Kleinbasel aber nur ein sehr verklausuliertes Lösungsrecht zuerkannt bekamen, das in den Bürgerschaft die Ängste vor einer habsburgischen Unterwerfung nur noch förderte; vgl. ÄDCCol. S. 13 (Bl. 21v.); *Wackernagel*, Basel I, S. 290 ff.

741 Darüber hinaus war der Bischof gebunden durch die Erbfolgehändel des Grafen von Nidau, während die Habsburger am 21.1.1376 die Reichsvogtei über Basel an Stelle der bisherigen Baseler Ritter erwerben konnten, vgl. *Wackernagel*, Basel I, S. 294.

742 Die Basler sprachen dagegen von einer gezielten Provokation durch die Herzöge. Die zwölf Hauptschuldigen wurden vom Rat hingerichtet und eine Urfehde von den gefangenen Herren abgenommen. Dennoch galt den Adeligen die Untat als nicht gesühnt, da nicht nur Geleit und Friede verletzt worden waren, sondern auch die ritterliche Ehre durch die als Schmach empfundenen Geschehnisse verletzt worden waren. Daher begannen zahlreiche Klagen und Fehden der Adeligen des Umlands, die mehr oder weniger von Herzog Leopold abhängig waren. Sie endeten erst am 9.7.1376 mit dem „Vertrag von Hall", in dem Basel sich die Sühne und Achtlösung durch das Versprechen erkaufen musste, Herzog Leo-

griffen sogleich zu den Waffen, überrumpelten die Adeligen, verletzten viele und machten zahlreiche Gefangene, während der Herzog selbst nur knapp mit einem Boot entkam. Nach dieser Schmach, die auch seine engsten Verwandten betraf, führte Herzog Leopold nicht nur umgehend Vergeltungsmaßnahmen durch, sondern erwirkte auch vom Kaiser die Verhängung der Reichsacht über Basel, was deren Kaufleute gewissermaßen zum Freiwild für alle Raublustigen im Reich machte. Dies zwang die Stadt bereits am 9.7.1376, einen Vergleich zu schließen, in dem sie viele Pflichten, die denen der habsburgischen Landstände ähnelten, übernehmen musste, mit fast einziger Ausnahme der Steuerpflicht. Die österreichischen Herzöge schienen damit fast am Ziel angelangt, auch da nun die adelige Partei in Basel den mit den Zünften regierenden Bürgermeister Hartmann Rot, der von anderen auf der Folter denunziert worden war, lediglich verbannte und sein gesamtes Vermögen konfiszierte, da man nicht wagte, ihn hinzurichten.[743]

Jener floh nach Straßburg, das darauf von Basel, dem Reichslandvogt und den Habsburgern erfolglos bedrängt wurde, ihn nicht zu unterstützen oder zu beherbergen. Da für Straßburg die Gefahr nun wirklich nahe schien, wie seine beiden früheren engen Verbündeten von den Habsburgern auf kurz oder lang unterworfen zu werden, lief nicht nur das bestehende Bündnis mit Basel aus. Der Rat schloss darüber hinaus von vornherein jeden neuen Landfrieden und jedes Bündnis kategorisch aus, die die Gefahr der Einflussnahme auf die Stadt boten. So kam es erst wieder im Rahmen des rheinisch-schwäbischen Städtebundes von 1383 zu einer Verbindung zwischen den beiden Oberrheinmetropolen.[744] Die adelige Regierung in Basel schloss sich dagegen als einzige Stadt zunächst den aufblühenden Adelsgesellschaften an und leistete Herzog Leopold zunächst gegen Bischof Johann und den mit ihm verbündeten Landesherren Beistand.[745] Recht bald,

---

pold und seinen Bruder Albrecht in deren vorderösterreichisch-schweizerischen Landen zu dienen und wie ein österreichischer Landstand aufzuwarten. Gegen diese symbolische und reale Unterwerfung wirkte die Buße von 8000 fl. zwar erheblich, aber doch nicht entscheidend. Die nun ganz unter dem Einfluss der Habsburger stehende, entmutigte Bürgerschaft schloss nun auch Frieden mit vielen langjährigen Gegnern, wofür sie vom Reich wenigstens die Erhöhung der Zölle und Pfandsumme erhielt; vgl. *Wackernagel*, Basel I, S. 295 ff.

743 Am 11.11.1379 erwarben die Herzöge schließlich die Erlaubnis, den Reichszoll von Basel zu lösen, und erwarben am 23.8.1380 das Gericht in der Vorstadt; *Wackernagel*, Basel I, S. 300 f.; *zum Fall des Hartmann Rot vgl. ausführlich unten Kapitel 6 II 2 c)*

744 Bereits am 11.11.1376 war der Bruch mit Straßburg, nicht zuletzt wegen des Konflikts um Hartmann Rot, erfolgt; *Wackernagel*, Basel I, S. 298, 314.

745 Der Rat schloss am 16.11.1377 ein Abkommen mit der Adelsgesellschaft, durch das ein paritätischer Rat für die Kriegführung und zur Schlichtung von Differenzen eingerichtet wurde, dem Kapitel die Umgelderhebung nur noch mit seiner Zustimmung erlaubt und sogar das alte Recht der Rückforderung von Eigenleuten erneuert wurde; vgl. Wackernagel, Basel I, S. 298 ff. Die Bürgerschaft war zur Hilfe in dem Konflikt von 1378 um die Ab-

als sich die Differenzen mit Straßburg noch lange als unüberbrückbar erwiesen, sollte sich Basel aber ganz dem schwäbischen Städtebund annähern, der der Bürgerschaft die größten Chancen gegen die Habsburger zu bieten vermochte, und damit seinen Fokus aus der Rheinebene hinaus verlegen.[746]

Die Reichslandvogteistädte sahen sich ebenfalls unmittelbar bedroht durch ihre im Herbst 1377 auf Lebenszeit erfolgte Verpfändung an Herzog Wenzel, der bald darauf am 2.2.1378 die Annullierung des Dekapolisbundes von 1360 mit der darin garantierten Autonomie bei inneren Streitigkeiten folgte, der sich die Bürgerschaften aber nur zwangsweise fügten.[747] Während das Reichsoberhaupt immer weniger in die Angelegenheiten des Landes eingriff, konnten die Fürsten der benachbarten Regionen, von Karl IV. aus dynastischen Eigeninteressen begünstigt, ihren Einfluss auf Kosten der Städte ausbauen,[748] die nacheinander, bis hin zu Straßburg selbst, in der Gefahr standen, ihre „guten Freiheiten", die mit der Reichsunmittelbarkeit verbunden waren, zu verlieren. Während so überall die Unruhe und Fehden wieder um sich griffen, blieb das Land weiter unvorbereitet auf die sich häufenden Bedrohungen von außen, insbesondere aus dem unsicheren Frankreich und dem dynamischen Burgund. War so der Bedarf für eine einigende Einung drängend wie selten zuvor, schienen doch auch die Schwierigkeiten aufgrund des Misstrauens und Feindschaft kaum überbrückbar. Ein Landfrieden ohne die Städte war unmöglich, einer zwischen ihnen und den Herren durch das Misstrauen jedoch praktisch unrealisierbar.

---

rechnung der Schäden aus der Invasion des Herrn de Coucy, schon allein aufgrund des Vertrags von Hall, gegen den Bischof und die mit ihm verbündeten Grafen von Kiburg verpflichtet, musste dafür allerdings nicht unerhebliche Schädigungen und Gefangennahmen über sich ergehen lassen.

746 Während sich Straßburg wieder nach Norden dem Mittelrhein zuwandte, was durch die Wahl Wenzels nur beschleunigt wurde; dadurch waren allerdings Differenzen mit der Reichslandvogtei und der Dekapolis vorprogrammiert; hingegen befand sich die Elsassmetropole in den bereits 1377 blutigen Auseinandersetzungen der schwäbischen Städte mit dem Grafen von Württemberg zunächst traditionsgemäß auf der Seite des Grafen; vgl. St. UB V, Nr. 1262, 1266 f.; Mathias v. Neuenburg, dritte Fortsetzung, S. 226; *Bock*, ZGO NF 46 (1933), S. 366.

747 Die erneute zentrale Rolle des Reichslandvogtes als gemeinsames Entscheidungsorgan war gewissermaßen das Vorspiel für den späteren Landfrieden vom 5.5.1378; vgl. dazu Cart. Mulh. I, Nr. 318; *Becker*, Reichslandvogtei, S. 199; *Bock*, ZGO NF 46 (1933), S. 366; *Livet*, Histoire de Colmar, S. 59.

748 Vgl. auch das Treffen der Herzöge von Bayern, Lothringen und Österreich bei Eckenbach von 1375; ÄDCCol. S. 13 (Bl. 21 v.).

V. Der Landfrieden am Scheideweg: Institutionalisierung oder endgültiges Scheitern? (1378 - 1400)

1. Landfrieden vor dem großen Sturm: Herrschaftsübergang und großes Schisma (1378-1381)

Angesichts dieser komplizierten Gemengelage konnte Kaiser Karl IV. nur mit größtem Aufwand überhaupt hoffen, sein Ziel zu erreichen, auch im Elsass einen Landfrieden zur Absicherung des Herrschaftsübergangs auf Wenzel zu errichten. Wie schwer sich alle Seiten mit der konkreten Form und Machtverteilung in einer solchen neuen Einung trotz der gemeinsamen Behauptungsinteressen gegen fremde Mächte taten, zeigen die erstmals überlieferten mehrfachen Entwürfe für einen neuen Landfrieden im Jahr 1378. Diese bieten einen interessanten Einblick in die immer aufwendigeren Verhandlungsprozesse vor dem eigentlichen Errichtungsakt, der dann in der Friedensurkunde festgehalten wurde.

Bereits im September 1377 mündete in Straßburg der Wunsch nach einem Landfrieden in die Vorbereitung von Gesprächen mit den anderen Ständen, denen in den kommenden sechs Monaten drei unterschiedliche, voll ausgearbeitete Entwürfe folgten.[749] Unter dem Einfluss der Auseinandersetzungen zwischen den Städten und Fürsten um die Vorherrschaft am Oberrhein und angesichts der neuen militärischen Herausforderungen, vor denen die bisherigen Bündnisse samt und sonders versagt hatten, wies der schließlich errichtete Frieden viele wichtige Weiterentwicklungen auf.

Die beiden wichtigsten waren sicher die Zusammenfassung der Vertragsparteien in mehrere Teile beziehungsweise Gruppen, die als solche die Rechte im Landfrieden ausübten, wie etwa die Wahl der Pfleger, unter denen die Obmannschaft vierteljährlich rotierte, sowie die Aufstellung einer gemeinsamen Truppe mit festem Kontingent und Hauptleuten. Ebenfalls neu war die Teilnahme der dem Elsass benachbarten Pfalzgrafen Ruprecht dem Älteren und Jüngeren, sowie der Markgrafen von Baden als deren Mündel in der ersten Gruppe, während Herzog Wenzel die Gruppe der Reichsstädte anführte und lediglich Straßburg für sich eine eigene städtische Gruppe bildete. Diese grundlegende Neuorganisation zeigte klar das Bemühen, nicht nur den Frieden effektiver zu gestalten und gewissermaßen als eine Oberinstanz über den bestehenden Bündnissen, vor allem der

---

749 *Zum Entstehungs- und Verhandlungsprozess vgl. ausführlich unten Kapitel 3 III 2 a)*; den Auftakt bildete ein Memorial, vermutlich des Bischofs von Straßburg *„item an eine rede zu einem gemeinen Frieden umbe etliche stucke"*, OSA II 2, Nr. 897; am Ende Stand schließlich der Landfriedenstext wohl vom 5.5.1378, St. UB V, Nr. 1319 (S. 959-964).

Dekapolis, zu etablieren, sondern gleichfalls mit allen möglichen Mitteln die Städte unter adeliger Kontrolle zu halten. Da jeder Teil zwei Pfleger und den Obmann in vierteljährlicher Rotation stellte, entschied die Verteilung innerhalb der zweiten, gemischten Gruppe darüber, ob die Städte oder die Hochadeligen den Frieden dominierten; hier hatte Herzog Wenzel aber gerade die Schlüsselposition erworben. Erschien die Einung, die ganz auf das Gebot des Kaisers und seines römischen Königs erfolgte, damit wie in anderen Regionen als Mittel, die Städte, zumindest aber die ständischen Konflikte, einzudämmen, so sollte er wohl aus Sicht der Luxemburger auch der Unterstützung im großen Mainzer Domstreit[750] und dem sich bereits seit der von ihnen unterstützten Wahl Urbans VI. abzeichnenden großen Schisma dienen.[751]

Ihr großes Interesse an diesen Fragen kam durch ein zusätzliches Schreiben an Straßburg zum Ausdruck, in dem die beiden Herrscher den von ihnen gebotenen Landfrieden ausdrücklich bestätigten, und die Bürgerschaft nachdrücklich zur Durchsetzung und Hilfe von des Reiches wegen anmahnten.[752] Vielleicht mag diese Zielrichtung auch erklären, warum sich Bischof Friedrich von Straßburg zunächst nicht beteiligte, und erst im Frühjahr 1379 dem Landfrieden als vierter Teil beitrat.[753] Die Habsburger sahen nach der Teilung ihrer beiden Hauptlinien ihre Ambitionen durch den Frieden vorerst gestoppt.[754] Sie nahmen, wie das mit ihnen verbundene Basel, keinen Anteil an diesem Friedensschluss. Die beiden oberelsässischen Parteien erklärten sich, wie Bischof Johann von Basel - als einzige der Vormächte am Oberrhein - alsbald zugunsten des von Frankreich favorisierten und am 20.9.1379 gewählten Clemens VII. Darauf wurde umgehend Bischof Johann von Urban seines Amtes enthoben, was bis 1383 die

---

750 Vgl. dazu *Bock*, ZGO NF 46 (1933), S. 368 f.; *Vigener*, Bistumsstreit, S. 134.

751 Zur Doppelwahl von Urban VI. in Rom am 8.4.1378 und Clemens VII. in Avignon am 20.9.1379 und den folgenden Spaltungen und Doppelbesetzungen auf allen Ebenen im Reich, wobei sich Frankreich und die Habsburger ganz früh auf Clemens, Karl IV. und Wenzel sich auf Urban festgelegt hatten vgl. hier nur *Wackernagel*, Basel I, S. 302 f.

752 Am 21.6.1378 erfolgte die an Straßburg gerichtete Bestätigung durch Karl IV., in der er dieser gebot, für die Einhaltung des Friedens zu sorgen, den er, wie sein Siegel beweise, gemacht habe; in den Sachen, die den Frieden betrafen, sollten sie von des Kaisers und Reichs wegen gegen alle helfen, die dem Frieden zuwider handelten; vgl. St. UB V, Nr. 1324; RTA I, Nr. 117.

753 Dies geht aus der Erhöhung der Mitgliederzahl des Landfriedenskollegiums in dieser Zeit von sieben auf neun hervor, da ein Vertrag nicht überliefert ist; vgl. OSA II 2, Nr. 908 S.893, Fn. 83

754 Vgl. *Speck*, ZGO 153 (2005), S. 310 f.

Stadt Basel in zahlreiche gewaltsame Auseinandersetzungen und ein neues Interdikt verstrickte.[755]

Dennoch schien sich der Landfrieden auf beiden Rheinseiten zu bewähren. So gewann er etwa am 18.9.1380 Graf Heinrich von Lützelstein mit 30 Glefen für sich innerhalb einer Fehde, die die Hagenauer gegen die Herren Johannes von Vergey und Ulrich von Rosiers führten.[756] Dann waren es auch die Neun des Landfriedens, denen endlich am 19.10.1380 die Richtung mit Basel in der unliebsamen Angelegenheit des ehemaligen Bürgermeisters Hartmann Rot gelang.[757] Innerhalb der Reichslandvogtei brodelte dagegen erneut der Gegensatz zwischen Herzog Wenzel, der die Interessen seines könglichen Neffen sowohl für Reich als auch Hausmacht am Oberrhein auch nach dem Tod Karls IV. am 29.11.1378 fortführte,[758] und den Reichslandvogteistädten. Diese hatten am 14.8.1379 erneut die Dekapolis als Abwehrbund gegen Verpfändungen und einen zu großen Einfluss des Herzogs auf fünf Jahre geschlossen.[759] Allerdings konnte man dieses Bündnis mit einigem guten Willen zumindest auch als Versuch ansehen, die Friedenssorge innerhalb des „zweiten Teils des Landfriedens" in einer ähnlichen Weise wie bei diesem unter Führung einer gewählten Neunerkom-

755 Nachdem der unverzüglich von Urban eingesetzte Bischof Wolfhardt, zuvor der Kaplan Wenzels, nicht allgemein anerkannt wurde und nach dem Tod Johanns das Kapitel zusätzlich mit Mehrheit Imer von Ramstein, dann eine Minderheit unter Einfluss der Habsburger Werner Schaler wählte, der zudem noch die Bestätigung von Clemens empfing, während Imer ins Lager Urbans wechselte, der ihn anerkannte, war das Chaos im Bistum vollkommen. Der Basler Rat verhielt sich bei alledem zunächst neutral, nahm aber von Imer die Handfeste an und bewirkte damit die Lösung des Interdikts durch Clemens VII., aber auch eine schroffe Abwendung von den Habsburgern; vgl. zum Ganzen *Wackernagel*, Basel I, S. 302 f.

756 Vgl. hier nur OSA II 2, Nr. 912 vom 28.9.1380.

757 *Vgl. unten ausführlich Kapitel 6 II 2 c);* hier nur St. UB V, Nr. 1393, 1395.

758 König Wenzel galt dem elsässischen Chronisten, obwohl er von seinem Vater früh an Regierung und Gericht herangeführt und unterwiesen worden war, als schwach und willkürlich; vgl. etwa Königshofen, S. 492 ff. mit einer aufschlussreichen, gleichwohl erfundenen Anekdote aus Prag, vgl. ebd., S. 494 Anm. 1-3.

759 „Für den besseren Dienst am Reich und Schutz ihrer Unmittelbarkeit" schrieben die Reichsstädte ihre gemeinsame Ablehnung ihrer Verpfändung fest, während sie ihre Pflichterfüllung gegenüber dem Reich bewusst sehr verklausulierten; in vielem konnte der Bund als eigener kleiner Landfrieden scheinen, obwohl er sich nicht als solcher bezeichnete, wurde doch ein gemeinsamer Neunerrat mit Disziplinargewalt unmittelbar gegenüber den Bürgern in Oberehnheim eingerichtet, und der Vollzug der Unrechtssanktionen ausschließlich den Städten zugewiesen, sofern sie darin nicht säumig wurden; schließlich sollte der bis 1384 geschlossene Bund stets Vorrang vor allen anderen Bündnissen haben; vgl. Cart. Mulh. I, Nr.321; *Becker*, Reichslandvogtei, S. 200; das Fehlen von Münster Kaysersberg und Türkheim wurde danach erklärbar aus ihrer Verpfändung an Herzog Wenzel, vgl. *Becker*, ZGO NF 17 (1902), S. 98 ff.; *Bock*, ZGO NF 46 (1933), S. 369; *Livet*, Histoire de Colmar, S. 60; unzutreffend dagegen *Zind*, Histoire, S. 83 als Gründung unter kaiserlicher Autorität.

mission mit weitgehenden Vollmachten gegenüber den Mitgliedern zu ordnen - aber eben ohne den Reichslandvogt. Damit war aber gleichfalls dessen maßgeblicher Einfluss auf die beiden Mitglieder des Teils im Landfrieden angegriffen und somit auch das leichte, aber entscheidende, adelige Übergewicht in dessen Entscheidungsgremium.

Der Herzog sicherte sich umgehend durch ein Bündnis mit König Wenzel, konnte aber, weitaus wichtiger, auch die Straßburger zu einer Allianz bewegen, die damit indirekt gegen die Reichsstädte gerichtet war.[760] Zumindest im Augenblick maß die Freistadt so den erzielten Erfolgen im Landfrieden und der vorläufigen Absicherung der eigenen Stellung durch die Luxemburger offensichtlich mehr Bedeutung bei, als der gegenseitigen Unterstützung mit den kleineren Städten. Vielleicht war die Stadt durch Versprechungen auf einen Zusammenschluss des Landfriedens mit den Freistädten am Mittelrhein verführt worden, so dass sie den König auf dem neuen Nürnberger Reichstag im Januar 1381 nachdrücklich bei seinen Landfriedensbemühungen unterstützte, die in der Tradition seines Vaters standen.[761] Vielleicht war es aber auch die Hoffnung, die sich anbahnende Explosion zwischen Städten und Adel noch vermeiden zu können. Denn die mit dem Landadel, der doch bisher ein wichtiges Potential und Bollwerk besonders gegen die Habsburger dargestellt hatte, derart eng verwachsene Bürgerschaft konnte eine solche Auseinandersetzung allzu leicht in den Abgrund reißen.

In jedem Fall erwiesen sich die Hoffnungen der Straßburger um eine Anerkennung ihrer Interessen als eine Illusion. Zunächst schockierte sicher der äußerst autoritäre Entwurf der könglichen Kanzlei, der unter anderem den Straßburgern nur noch die unrealistische Bestellung des Obmannes, der ansonsten fest in der Hand des Schwagers und Vetters des Königs und des Bischofs von Straßburg ruhen sollte, jedes *„hundertsten dru vierteil jares"* zugestand und damit eine unverkennbare Schmach für die Bürgerschaft bedeutete.[762] Der so kompromisslos wie noch nie zuvor formulierte Eidzwang spiegelte gleichfalls den bereits schwelenden Flächenbrand zwischen den Ständen, ebenso wie das gebotene zwingende Schiedsgericht des Landfriedens für die Parteien und den Vorrang königlicher Mahnungen vor allen erklärten Ausnahmen und Vorbehalten.[763] War diese, vielleicht

---

760 Vgl. die Verhandlungen in St. UB VI, Nr. 29; zur Datierung vgl. auch *Bock*, ZGO NF 46 (1933), S. 370.

761 Vgl. St. UB VI, Nr. 9; der Bericht der Straßburger Gesandtschaft unter Ritter Eberlin von Mühlenheim ist wohl etwas früher auf den 26.1. zu datieren, da die Versöhnung von Pfalzgraf und Mainzer Erzbischof am 29. Januar erfolgte, vgl *Bock*, ZGO NF 46 (1933), S. 371; vgl. auch *Müller*, Die elsässischen Landstände, S. 25.

762 Vgl. OSA III 1, Nr. 6, Art 6.

763 Vgl. ebd., Art. 16, 22, 26.

rein verhandlungstaktisch gewählte, Extremposition für die Elsässer völlig unannehmbar, so war der Landfrieden, der am 31.1.1381 von König Wenzel erlassen wurde, nichts weiter als eine Erneuerung der gebotenen Einung von 1378, also ohne die mittelrheinischen Städte, aber erneut mit den mächtigsten Adeligen der weiteren Nachbarschaft, die allenfalls Expansionsinteressen im Elsass haben konnten.[764] Mehr noch wurde das Desinteresse des jungen Königs an der Region dadurch unterstrichen, dass er - wie 1378 - keinen Einfluss auf den Frieden nahm, außer der ausdrücklich vorbehaltenen Möglichkeit des jederzeitigen Widerrufs. Hatte man über die ähnlichen Regelungen Karls IV. noch auf Grund dessen Autorität hinwegsehen können, so schien dies bei Wenzel als erster Ausdruck von Passivität und Apathie. Umso weniger verwundern kann, dass Straßburg diesen Frieden, den es nun, der kaiserlichen Autorität und Engagements entleert, ganz als fürstliches Zwangsmittel begreifen musste, keinerlei Unterstützung entgegen brachte. Konsequenterweise war diesem auch die kürzeste effektive Wirkungsdauer aller Landfrieden, nämlich weniger als drei Monate, beschieden, wobei es allein deswegen zu keiner Tätigkeitsaufnahme gekommen sein dürfte.

2. Der große Krieg der Städtebünde gegen die Herren und Rittergesellschaften (1383-1388)

Denn bereits am 20.3.1381 war die Gründung des großen rheinischen Städtebundes das Startsignal für Städte und Adelige, sich für den Waffengang zu rüsten. Straßburg gehörte nach seinen jüngsten Erfahrungen bei der Landfriedenserrichtung zu den eifrigsten Betreibern dieses Bündnisses, das die beste verbliebene Karte im riskanten Spiel um die Bewahrung seiner autonomen Stellung darstellte.[765] Aber auch die anderen Gründungsmitglieder, die bedeutenderen Städte der elsässischen Reichslandvogtei, sowie Speyer, Worms, Mainz bis hin nach Frankfurt hatten allen Grund zur Besorgnis.[766]

---

764 RTA I, Nr. 165 (S. 285-287); diese erfolgte wohl auf entschiedenes Betreiben von Herzog Wenzel; umso größer war allerdings auch die Enttäuschung der Städte; während der König alles weitere seinen Ständen und Getreuen überließ; vgl. *Asche*, Landfrieden, S. 19; *Bock*, ZGO NF 46 (1933), S. 371; *Angermeier*, Königtum und Landfrieden, S. 267.

765 Vgl. nur St UB VI, Nr. 29; *Bock*, ZGO NF 46 (1933), S. 372; *Fürderer*, ZGO 153 (2005), S. 291 f.; zu der Deutung in den Chroniken vgl. nur *Schneider*, Städtekrieg, S. 139 ff.; *Quidde*, Städtebund.

766 Zur Gründung des Bundes am 20.3.1381 vgl. ingesamt RTA I, Nr. 75; Lünig, Reichsarchiv XIII, S. 30; Königshofen, S. 836; *Angermeier*, Königtum und Landfrieden, S. 269 ff.; *Wackernagel*, Basel I, S. 306 f.

Die Geschichte dieses Bundes und seine Auseinandersetzung mit den Adelsgesellschaften und -bündnissen ist ausführlich untersucht. Bereits 1376 hatten blutige Gefechte zwischen den Grafen von Württemberg und den seit dem 4. Juni verbündeten schwäbischen Reichsstädten, die ihren Grund vor allem in der leidigen Aus- und Pfahlbürgerfrage hatten, zur Gründung mehrer großer Gesellschaften und Bündnisse der Landesherren, Ritter und Knechte im Südwesten geführt.[767] In der 1379 gegründeten und am Oberrhein wohl einflussreichsten Löwen-Gesellschaft wurde viele Herren und Adelige, unter ihnen auch der Bischof von Straßburg, Mitglied.[768] Auch nach 1380 blieb aber das vom Adel beherrschte Basel als einzige Stadt Mitglied in dieser Gesellschaft, die der gegenseitigen Verteidigung gegen alles Unrecht dienen sollte.[769]

Während der schwäbische Städtebund auf eine Allianz mit den rheinischen Städten drängte, warnten vor allem die Straßburger vor den unabsehbaren Verpflichtungen, die eine solche Verbindung bedeuten würde; dennoch stimmte endlich auch der Rat der Stadt der Verbindung im Juni 1381 zu.[770] Dieser stellte nun wieder für die fürstliche Seite eine solche Bedrohung dar, dass sich die Pfalzgrafen, die Markgrafen von Baden, der Bischof von Straßburg und Andere zu einem regionalen „Herrenbund" zusammen-

767 Der Graf von Württemberg beklagte, dass die Städte viele seiner Leute aus dem Land zögen und ihm das ihm verpfändete Weil vorenthielten, worauf die Bürger auf ihre alten Freiheiten und Privilegien verwiesen, so dass wohl die tiefere Ursache auch in einer widersprüchlichen Politik der Luxemburger Herrscher gesucht werden muss; das Misstrauen beider Seiten zeigte sich auch nach 1377, als beide Seiten den Kampf wieder aufnahmen, in der Ansicht, die jeweils andere Seite habe den vereinbarten Frieden gebrochen, was der eigentliche Auslöser der Gesellschaftsgründung war; vgl. jedenfalls ausführlich Königshofen, S. 832 ff.; Mathias v. Neuenburg, dritte Fortsetzung, S. 226; *Wackernagel*, Basel I, S. 306 f.

768 Zu den vielen Bünden und Gesellschaften der Landesherren, Ritter und Knechte in Schwaben und am Rhein gehörten unter anderem die Gesellschaften von St. Georg, St. Wilhelm, der Panther oder die am 13.10.1379 durch Herren von der Wetterau gestiftete Löwengesellschaft, mit jeweils spezieller Kleidung als Erkennungszeichen, zu den bedeutendsten; vgl. Königshofen, S. 835 f. Augsburger Städtechronik S. 69.

769 Sein Eintritt in den Verband wirkte auch auf die Zeitgenossen völlig unnatürlich, war es doch die einzige Stadt, die sich zum Beistand mit 6 Gleven als „kleiner Summe" und 20 Gleven als großem Kontingent zum Beistand im Basler und Straßburger Bistum sowie Schwaben verpflichtet hatte ; vgl. *Wackernagel*, Basel I, S. 299

770 Zunächst hatten, so der Chronist, die „Edleren und Weisen" von Straßburg dringend von der Verbindung abgeraten, *„es were eine herte sache: solltent die von Strosburg und die rynenschen stette helfen bei Swoben ire kriege alle ustragen die sü von alters her gehebet hettemnt, men möhte sin kumen in grossen schaden und kumber .... sü gewinnen niemer ruwe"*, nachdem man besonders im Bündnis mit Österreich gegen die Züricher schlechte Erfahrungen gemacht hatte; dennoch wurde die Verbindung zum 17.6.1381 im Rat durchgebracht; vgl. Königshofen, S. 836 f.; zum Lehmann, Speyerer Chronik S. 743.

schlossen.[771] Alle diese Bündnisse lehnten sich eng an die typischen Inhalte der Landfrieden an und erhoben den Anspruch, Schaden durch Mord, Raub und die anderen üblichen Gewaltformen bekämpfen zu wollen und beanspruchten dafür die Folge aller Reichsfreien in ihrem jeweiligen Geltungsraum.[772]

König Wenzel versuchte dem gegenüber in seinem Landfriedensentwurf von 1382, alle dem Landfrieden schädlichen Bündnisse *per se* für ungültig zu erklären.[773] Seine Bemühungen um die Aufnahme der Rheinstädte scheiterten dementsprechend endgültig daran, dass er zur geforderten Ausnahme der bestehenden und künftigen Städtebünde von diesem als umfassend gewollten Bündnisverbot in der Tradition der Goldenen Bulle nicht bereit war.[774] Lediglich den kleineren Reichslandvogteistädten konnte er gebieten, sich dieser Einung anzuschließen, welche sich allerdings bereits Ende 1382 dem neuen großen Rheinbund anschlossen. Anfang des Jahres hatte sich bereits unter Herzog Leopold III. als dem dortigen Reichslandvogt eine gewisse Entspannung in Schwaben abgezeichnet, dem im Mai 1382 ein Bündnis zwischen diesem und den Rheinstädten folgte. Während der Habsburger dergestalt die Sorge für den Landfrieden aktiv in die Hand nahm, zog sich König Wenzel zurück, bestellte Pfalzgraf Ruprecht als *„conservator, iudex et protector"* am Mittelrhein und überließ im Reich mit dem so genannten Westfälischen Friedensrecht den Territorien die Friedenssorge ohne Rücksicht auf bestehende Exemtionsprivilegien, was zwar zunächst eine gewisse positive Wirkung entfalten konnte, aber auch auf den erbitterten Widerstand vor allem der süddeutschen Reichsstädte stoßen musste.

Im Elsass selbst sorgten zunächst andere Vorkommnisse für Unruhe, so ein vorläufig letzter Angriff französischer Söldner, während in Straßburg die Verkürzung der Amtszeit des Bürgermeisters auf zehn Jahre wegen Amtsmissbrauchs einen erneuten Machtgewinn der Handwerker kennzeichnete.[775] Unvergleichlich stärker waren die politischen Umwälzungen, die sich im gleichen Jahr in Basel abspielten. Hier hatte sich der Machtübergang auf die Zünfte zwar wohl auch weitgehend friedlich vollzogen,

---

771 Darunter auch der Erzbischof von Mainz und die bayerischen Herzöge; der Straßburger Bischof Friedrich II. nahm aber zumindest seine Bürgerschaft von dem Hilfsbündnis aus; vgl. RTA I, Nr. 214 f.; zum Ganzen *Weizsäcker*, RTA I, S. 361 ff., 421 ff.; Königshofen, S. 837.

772 Vgl. im Überblick sowie ausführlich zum Ganzen folgenden nur *Angermeier*, Königtum und Landfrieden, S. 269 ff.

773 Art. 36 des Entwurfs vom Juli 1382, RTA I, Nr. 191.

774 Vgl. RTA I, Nr. 184 v.14.11.1381.

775 Dazu und zum ebenfalls 1382 erfolgten großen „Engländereinfall" von Pikensöldnern unter Jean III de Vergy im Dienst von Philippe-le-Hardi, dem Bruder des französischen Königs Karl V., vgl. Königshofen, S. 782.

bedeutete aber eine umfassende politische Kehrtwende.[776] Zunächst jedoch schloss sich die Stadt noch am 6.4.1383 auf Vermittlung von Herzog Leopold dem weitgehend wirkungslosen Nürnberger Landfrieden König Wenzels an, bevor sie dann kurz darauf am 1. Juni den Bruch mit den Österreichern unmissverständlich durch den Wechsel zum schwäbischen Städtebund vollzog.[777] Im Gleichklang erfolgte die Umorientierung des Bistums, in dem sich nach dem Tod Bischof Johanns nach längerem Streit Imer von Ramstein durchgesetzt hatte. Als sich dieser bald zu Urban VI. bekannte, trug ihm dies nicht nur die Anerkennung König Wenzels und des städtischen Rates ein, sondern bescherte der Stadt auch die Aufhebung des Interdikts.[778] Der König, der die nächsten Jahre bei den Städten Unterstützung suchte, beauftragte neben Basel auch Herzog Wenzel und die elsässischen und südlicheren deutschen Reichsstädte, Imer zu schützen, wobei damit angesichts dieser Konstellation unzweifelhaft der Schutz gerade gegen die alleine weiterhin clementinischen Habsburger gemeint war.[779] Daher brach dann schnell der offene Krieg zwischen den österreichischen Herzögen, die sich um ihren gerade beinahe erreichten Erfolg betrogen sahen, und den Verbündeten aus, an dessen bitterem Ende Herzog Leopold, der selbst in Ungarn gebunden war, im Jahre 1386 die neuen Realitäten am Oberrhein anerkennen musste.[780]

---

776 Vgl. zur Entwicklung nach dem Vorbild Straßburgs, die 1388 auch in Freiburg folgte, *Wackernagel*, Basel I, S. 305.

777 Am 6.4.1383, noch bevor es durch die offene Anerkennung von Bischof Imer zum Bruch mit den Herzögen gekommen war; die Baseler zögerten darauf nicht, sondern traten am 1.6.1384 in den schwäbischen Städtebund ein, ohne ihrer Hilfsverpflichtung das Bündnis mit den Habsburgern noch mit der Löwengesellschaft oder dem Landfrieden selbst vozuenthalten, womit der kompromisslose Bruch mit der ganzen bisherigen Politik vollzogen war, allerdings bemerkenswert bleibt, dass sich die Stadt nicht gleich im Rheinischen Bund Schutz suchte, vielleicht noch wegen der alten Streitigkeiten mit Straßburg in der Angelegenheit des Hartmann Rot; vgl. *Wackernagel*, Basel I, S. 306 f.; zum Nürnberger Landfrieden vgl. RTA I, Nr. 205; ausführlich *Angermeier*, Königtum und Landfriede, S. 279 ff.

778 *Vgl. oben Fn. 755.*

779 Wenzel hatte Imer am 19.10.1383 die Regalien zunächst auf ein Jahr übertragen und ihn unter seinen Schutz genommen, und ihm erst am 16.12.1384 diese endgültig übertragen; vgl. zum Ganzen *Wackernagel*, Basel I, S. 304; *Angermeier*, Königtum und Landfriede, S. 285.

780 Der Gegenbischof Werner Schaler, der sich nach dem Chronisten auch treffend „von Herzog Leopolds Gnaden erwählter Bischof" nannte, konnte auf die Verbannung seiner Anhänger aus der Stadt am 1.7.1384 nur mit einer Fehde antworten, in deren Verlauf die Basler Bürger die Eptinger Burg und das Dorf Pratteln abbrannten, bevor die im Januar 1385 begonnenen Friedensverhandlungen am 7.7.1385 zu einer Vereinbarung führten, die die Feindseligkeiten aber bis Sommer 1386 nicht beenden konnte; Bischof Imer blieb allerdings auf Dauer auf die Unterstützung der weit an Ressourcen überlegenen Baseler Bürgerschaft angewiesen und musste völlig überschuldet fast seinen ganzen Besitz verpfänden und in den schwäbischen Städtebund eintreten; trotz der Abwesenheit Herzog Leopolds kam es zu großen verbalen und handgreiflichen Feindseligkeiten der herzoglichen Amtsträger und

Zu diesen neuen Rahmenbedingungen gehörte, dass die Basler Bürgerschaft, während die Verständigung über Imer bereits erreicht, aber der Bruch mit den Herzögen diesen noch nicht erkennbar geworden war, die einmalig günstige Interessenkonstellation nutzen konnte, um mit Billigung Wenzels die wichtigsten Rechte der Habsburger in der Stadt und in Kleinbasel abzulösen.[781] Aus der Sicht Wenzels stellte dies ein wichtiges Etappenziel dar, die Unterstützung der Städte nicht nur für Urban zu gewinnen, sondern deren Abwendung von der Krone und die Eskalation im Streit mit den Adeligen zu verhindern. Vor diesem Hintergrund gewährte der Luxemburger nach dem Scheitern von des Anschlusses der Bürgerschaften an den Nürnberger Landfrieden ihren Vertretern nicht nur eine günstige Münzordnung, sondern versprach in einem unwiderruflichen Bündnis ebenfalls, für die Abstellung der Femegerichte zu sorgen. Im Gegenzug suchte er jetzt die Unterstützung der Bürgerschaften für die bereits 1384 aufgetauchten fürstlichen Wünsche nach einem Thronwechsel.[782] Zu welch entfernten Mitteln die königlichen Berater griffen, um die verärgerten Städte zurück zu gewinnen, zeigt die Einführung einer Handelsmesse für Straßburg; mit diesem Mittel hatte bereits Karl IV. gegen Ludwig den Bayern die Unterstützung von Mainz gewonnen.[783]

Trotz äußerem Waffenstillstand durch die Heidelberger Stallung vom Juli 1384[784] spitzte sich im Folgenden die Lage zu. Die Vereinbarung knüpfte mit der alleinigen Zuständigkeit der ordentlichen Gerichte wieder an frühere Reichslandfriedenskonzepte bis 1323 an. Über sie war aber die Zeit weit hinweggegangen, insbesondere da in dem neuen Friedensversuch bis 1386 keinerlei Schieds- und Kontrollinstanz etwa für das vereinbarten Pfahlbürgerverbot vorgesehen war. Ungeachtet kleinerer Fehden und mehrerer Naturkatastrophen[785] trafen beide Seiten alle Vorbereitungen für den großen kriegerischen Austrag, wobei sich die letzten Reichslandvogteistädte dem großen gemeinsamen schwäbisch-rheinischen Städtebund anschlos-

---

Vasallen, Verwüstungen, Beraubungen, Pfändungen, Gefangennahmen und Schatzungen einzelner Bürger; vgl. *Wackernagel*, Basel I, S. 308 f.

781 Basel erwarb so im Mai 1383 die vollständigen Gerichts- und Schultheißenrechte in Groß- und Kleinbasel sowie Burgen und Städte; vgl. *Wackernagel*, Basel I, S. 306.

782 Vgl. RTA I, Nr. 236, 306; ausführlich *Angermeier*, Königtum und Landfriede, S. 285.

783 Die 1383 durch königliches Privileg eingeführte Handelsmesse wurde bereits 1391 auf eigenen Wunsch der Kaufleute wieder beendet, da sie zu große Nachteile durch die Konkurrenz von auswärtigen Händlern, die zollfrei Waren verkaufen konnten, fürchteten; vgl. Königshofen, S. 744 f.

784 RTA I, Nr. 246, vgl. Nr. 244; hierzu und zum ganzen Folgenden *Angermeier*, Königtum und Landfriede, S. 283 ff.

785 Vgl. zum Hochwasser, dem großen Brand von Rosheim und zur Fehde des Grafen von Saarwerder mit dem Straßburger Turmprobst von Ochsenstein vgl. Königshofen, S. 757, 812, 867.

sen und die Bürgerschaften unliebsame Stadtadelige entmachteten.[786] Am Jahreswechsel brach dann der offene Krieg durch die Angriffe Zürichs und der Schweizer Eidgenossen gegen das habsburgische Rapperswil aus. Während dessen trachteten zahlreiche Verbündete der Habsburger die Basler, die alle Anstrengungen für eine friedliche Beilegung unternahmen, mit allen Mitteln einzuschüchtern und von einer solchen abzuhalten.[787] Die historische Niederlage Herzog Leopolds III. am 9.7.1386 bei Sempach, bei der neben ihm auch zahlreiche elsässische Adelige den Tod fanden, befreite nicht nur Luzern und die Schweizer, sondern endlich auch Basel langfristig von der Bedrohung und den letzten Resten der habsburgischen Herrschaft.[788]

Unter den vielen Konfliktherden, die die großen unterschiedlichen Ständeallianzen einander boten, eskalierte die Situation zunächst im Osten.[789] Straßburg musste bald den schwäbischen Verbündeten Hilfe, wenn zunächst auch nur das kleinere der beiden vereinbarten Kontingente von 20 Glefen, schicken. Die Mergentheimer Stallung von 1387 konnte den Krieg nicht auf Dauer eindämmen. Im Unterelsass dagegen konnten sich die Straßburger zunächst noch in lokalen Fehden engagieren,[790] bevor im

---

786 Vgl. *Wackernagel*, Basel I, S. 310 f., 314.

787 Der schwäbische Bund beschloss am 7.2.1386 seine Teilnahme an dem Krieg und mahnte auch die rheinischen Bundesglieder; die vielen Gesandtschaften und Anstrengungen zur Erhaltung bzw. Herstellung des Friedens, die das durch die Verbündeten des Herzogs in Kleinbasel bedrohte Basel unternahm, blieben angesichts des Willens beider Seiten fruchtlos; vgl. *Wackernagel*, Basel I, S. 310 f.

788 Auch in diesem Krieg spielte die Ausbürgerfrage und die alten Freiheitsprivilegien gegenüber den fürstlichen Ansprüchen eine entscheidende Rolle; unter den zahlreichen Opfern der habsburgischen Seite gehörten viele Adeligen aus dem Elsass, darunter vier aus Straßburg, der Landgraf Walter v. Geroldseck, der Straßburger Probst und habsburgische Landvogt Johann von Ochsenstein, jeweils ein Herr von Andlau und von Hus, drei Angehörige der Familie von Ratsamhausen, zwei der von Hattsatdt, sowie ein Bürger von Schlettstadt; für Basel bedeutete dies die endgültige Abrundung der bisher erworbenen stadtherrlichen und reichsrechtlichen Herrschaftsrechte über die Stadt und damit den *de facto*-Status einer Freistadt, sowie eine entscheidende Schwächung des innerstädtischen und umländischen Adels; vgl. ÄDCCol. S. 14 (Bl. 23); insbesondere ausführlich Königshofen, S. 828 - 830; daneben *Wackernagel*, Basel I, S. 311 ff.; vgl. auch *Speck*, ZGO 153 (2005), S. 313, 321 ff.

789 Zur Auseinandersetzung in Salzburg und dem damit verbundenen Konflikt der Gefangennahme von Nürnberger Kaufleuten durch die Herzöge von Bayern, deren Streit um das vereinbarte Lösegeld zum Einschreiten des schwäbischen Städtebundes und der Mahnung an seine rheinischen Verbündeten führte vgl. nur Königshofen, S. 837 ff.; *Angermeier*, Königtum und Landfrieden, S. 285 ff.

790 Etwa 1386 zwischen Junker Johann von Lichtenberg und den Edelknechten Strouffe und Albe, die auf der Burg Löwenstein, die *„gut von Bau und böse von Raub"* gewesen sei, nach acht Tagen Belagerung und Untergrabung von den Straßburgern gefangen genommen werden konnten, wofür die stolze Summe von 14.000 fl. für Nahrung und Werkleute bei der Bürgerschaft angefallen war; vgl. Königshofen, S. 812 f.

Herbst 1388 der Konflikt am Rhein und in Schwaben den Griff zu den Waffen erforderte. Kurz nacheinander trafen in der Schweiz, bei Weil am Rhein und nahe Speyer die Heere aufeinander. Während in Glarus die Schweizer siegten, töteten Truppen der schwäbischen Reichsstädte am 23.8.1388 zwar Graf Ulrich von Württemberg, jedoch behielten die Herren am Ende unter Führung von Graf Eberhard die Oberhand und zwangen die Städte zum Einlenken.[791]

Im Kampf mit dem Pfalzgrafen Ruprecht und im Unterelsass kam es zu zahlreichen Scharmützeln und Zerstörungen.[792] Dennoch lehnte dieser die Unterstützung des mit ihm verbündeten Königs von Frankreich ab, da er nicht erneut fremde Söldner ins Land holen wollte.[793] Um den „unteren" Städten mehrere schwere Niederlagen beizubringen, worauf diese auf längere Auszüge verzichteten, waren die unliebsamen und unkontrollierbaren Söldnertruppen nicht nötig, die dem Ansehen der adeligen Partei in der Region wohl schwer geschadet hätten.[794] Straßburg dagegen konzentrierte sich auf den Kampf gegen den Markgrafen von Baden, der bis zum Jahreswechsel ohne klaren Sieger verlief.[795] Dagegen musste Graf Emicho von Leiningen, der zunächst den Städten, dann aber Pfalzgraf Ruprecht seine

---

791 Vgl. ÄDCCol. S. 15 (Bl. 23v.); Königshofen, S. 830; *Angermeier*, Königtum und Landfrieden, S. 286 f.

792 Nachdem die Straßburger, wohl im September 1388, die Mahnung des schwäbischen Bundes nicht mehr länger verzögern konnten, schickten sie die vereinbarte große Zahl, d.h. 200 Gleven mit den anderen rheinischen Truppen in Speyer zum Zug gegen den Pfalzgrafen. Die vereinten Truppen fielen, was der Chronist betonte und der Pfalzgraf später beklagte, ohne Einhaltung einer Absagefrist von drei Tagen in dessen Territorien ein und sorgten für viel Schaden, den dieser erwiderte. Im Elsass übergab ihm Otteman von Ochsenstein das Dorf Reichshofen, von wo aus er Angriffe gegen Hagenau und die Güter von Johann von Lichtenberg verübte, während der Ochsensteiner die Burg Hochfelden plünderte und besetzte, bis Straßburger Truppen auf Aufforderung der Bauern der Umgebung erschienen und dort zehn adelige Gefangene machen konnten; vgl. Königshofen, S. 842 f; *Lehmann*, Hanau-Lichtenberg I, S. 148.

793 Königshofen, S. 843 f. m.w.N.

794 Auf dem Rückzug der Truppen der mittelrheinischen Bundesstädte vor dem Pfalzgrafen wurden 200 Mann erschlagen, 300 gefangen genommen und 60 Knechte in einem Ziegelofen von den Männern des Pfalzgrafen, wohl als spiegelnde Strafe für die erfolgte Brandschatzung, verbrannt; allein 1388 verlor der rheinische Städtebund insgesamt mindestens 800 Mann und 16 Pferde; nach zwei großen Niederlagen verständigten sich die Städte, dass sie nur noch tagsüber gegen die Herren in der Umgebung ausziehen wollten; vgl. ÄDCCol. S. 15 (Bl. 23v.); vgl. Königshofen, S. 844 f.

795 Nachdem die Straßburger wieder eine Schiffsbrücke über den Rhein gelegt hatten, kam es auf beiden Seiten zu großen Verwüstungen, namentlich bei Staufenberg, Geroldseck, Diersburg und Stolhoven, bei Kehl und im Unterelsass von Beinheim bis Gambsheim bis im Winter der Krieg beendet werden konnte; der Chronist berichtete darüber hinaus, dass während die Städte ihre Gefangenen nach Kriegsrecht gehalten hätten, der Markgraf ihre Freilassungssummen viel zu hoch angesetzt habe; vgl. Königshofen, S. 845 f.

Stadt Brumat geöffnet hatte, sein doppeltes Spiel mit dem Bruch der Stadtmauern büßen.[796] Auch als Ruprecht sich mit den Badenern und zahlreichen Adeligen gegen Straßburg selbst wandte, konnte er keinen entscheidenden Sieg erreichen.[797] Hingegen waren alle Verbündeten der Bürgerschaft, namentlich die wetterauischen Städte, und auch die schwäbischen Städte vor Döffingen vernichtend geschlagen worden.[798] Das Ergebnis, dass im Elsass als einzigem Landstrich die Städte ohne klare Niederlage blieben, hatte weniger mit ihren ausgefeilten Aufklärungs- und Sicherungsmaßnahmen zu tun,[799] als mit den Kräfteverhältnissen unter den Lagern: neben zahlreichen adeligen Ausbürgern, die sich ihrer Stadt verpflichtet sahen, hatte auch der Straßburger Bischof schon beim Abschluss des Herrenbundes bzw. Landfriedens seine Stadt als Gegner ausgenommen und sich im weiteren Kriegsverlauf dem entsprechend neutral verhalten.

Dem Land aber war, wie in den anderen Kampfplätzen des Südwestens, großer Schaden entstanden, *„das me lütes verdarp und me armer lüte wurden gemaht denn vor in vil hundert joren ie geschah"*, weil die Bauern den ganzen Winter in den Festungen bleiben mussten und die Felder verwahrlosten. Allein *„aber im Elsas wurdent gebrant und gebrantschetzet uf 1 ½ hundert dörfer, und meing dorf wart so gerwe verbrant, daz weder hus noch kirche do bleip."*[800] Hinzu war eine neue Pestepidemie gekommen.[801] So war auch hier die Bevölkerung in Stadt und Land des Kämpfens müde, als Wenzel auf den

---

796 Vgl. Königshofen, S. 847 ff.; zum Konflikt zwischen Emicho von Leiningen und den Herren von Lichtenberg um Brumat vgl. auch *Battenberg*, Herrschaft, S. 126.

797 Die 8000 Gleven starken Truppen von Herzog Ruprecht, der Herren von Bitsch, Leiningen, Baden, Blankenheim und Ottemann v. Ochsenstein, verbrannten um den 28.3.1389 die Dörfer bei Hausbergen, Eckeboltzheim, Molsheim und Westhofen, während sich die Straßburger Handwerkermannschaften in der Stadt zur Entscheidungsschlacht sammelten; als sie einen Boten, der ihnen keine Auskunft gab mit Bedingungen für die Schlacht zum Heer der Herren zurückschickten, erschien dieser aber nicht mehr, statt dessen rückten die adeligen Truppen ab, so dass die Straßburger gegen die Herren von Bitsch und den Markgrafen mit der Wegnahme von Vieh im Wert von 2000 fl. antworten konnten; vgl. Königshofen, S. 849 f.

798 So unterlagen die Frankfurter gegen die Herren von Cronenburg noch während des Egerner Reichstages kläglich; vgl. zu beidem RTA II, Nr. 11; Königshofen, S. 850 f.; *Angermeier*, Königtum und Landfrieden, S. 286 f.

799 Als der Krieg begann, hatte Straßburg bereits alle unbekannten Fremden ausgewiesen, den Wirten die Beherbergung von Unbekannten verboten und auch Pilger nur gegen anerkannte Erkennungszeichen eingelassen aus Furcht vor Spähern; weiterhin wurde Beleuchtung der Stadt während des Auszugs vor Brumat angeordnet und Reisen auf dem Rhein oder auf Landstraßen ohne Geleit verboten; vgl. Königshofen, S. 852 f.

800 So Königshofen, S. 851.

801 Vgl. Königshofen, S. 772 f.; *Zind*, Histoire, S. 85.

Reichstag zu Eger rief, um Ordnung und Frieden wieder herzustellen.[802] Jedoch waren die im rheinischen Städtebund verbundenen elsässischen Städte unter der Führung Straßburgs die einzigen, die ungeschlagen in diese Verhandlungen gingen.

3. Peripetie und Katastrophe der hoheitlichen Landfriedenseinung (1389-1400)

a) Der Egerner Reichslandfrieden und der Elsässische Landfrieden von 1389

Am Ende des Reichstages, bei dem die gegnerischen Lager aufeinander trafen, stand am 5. Mai 1389 der Egerner Reichslandfrieden,[803] der sich aus vier getrennten, jedoch inhaltlich praktisch identischen sechsjährigen Landfriedenseinungen für die umkämpften südwestlichen Regionen des Reiches zusammensetzte. Gleichzeitig mit deren Erlass wurden die Ständeverbindungen, mit Namen die Städtebünde, durch königliches Gebot aufgehoben.[804] Die klare Entscheidung gegen die Städte zeigte sich weithin in der Zusammensetzung der mit vielen Befugnissen ausgestatteten Landfriedenskommissionen, die zwar von den Städten und Adeligen mit je vier Vertretern paritätisch besetzt waren. Jedoch sollte an der Spitze stets ein vom König ernannter adeliger Obmann stehen, der nicht nur den Einfluss Wenzels, sondern auch das Übergewicht der Herren gegen die Städte sicherte.[805]

Dieser gebotene, ja gewissermaßen den Städten oktroyierte Friede konnte den Krieg nicht insgesamt beilegen, jedoch nutzten der König und die Herren geschickt die Uneinigkeit zwischen den rheinischen und schwäbischen Städten über die Verteilung der Kriegskosten.[806] So gelang Wenzel eine Spaltung der Städte, von denen sich die Mehrheit bereits am folgenden Tag mit den Herren in deren Sinn einigte, das heißt vor allem weitgehend die Ausbürger, aber auch andere Freiheiten opferte.[807] Zwar hatten die rheini-

---

802 Vgl. OSA III 3, Nr. 2732.

803 RTA II, Nr. 71 - 74 (S. 156 - 172); zu einer vorangegangenen, noch einheitlichen und im Geltungsbereich unklaren Entwurffassung vgl. OSA III 3, Nr. 2730.

804 Vgl. *Wackernagel*, Basel I, S. 315; *Bock*, ZGO NF 46 (1933), S. 372.

805 Vgl. schon Königshofen, S. 854; sowie ebenfalls bereits dazu *Wencker*, Ussburgeris II, S. 150 ff.

806 Vgl. *Holtz*, Reichsstädte, S. 129 ff. m.w.N.

807 Vgl. ausführlich *Königshofen*, S. 853. Zu den Richtungen im Einzelnen vgl. *Angermeier*, Königtum und Landfrieden, S. 288 ff. m.w.N.

schen Städte nichts unversucht gelassen, um vor ihrem Einungsbeitritt das Verbot der Pfahlbürger und die Auflösung der Städtebünde streichen zu lassen. Jedoch allein das ungeschlagene Straßburg konnte eine Ausnahme bezüglich seiner „Erbebürger" erreichen, bevor es mit Hagenau, Weißenburg, Schlettstadt und Oberehnheim dem rheinischen Teil des Egerner Landfriedens beitrat.[808] Auch sonst folgte der Landfrieden inhaltlich den wirkungslosen Vorgängern von 1382/83, bei denen es neben der Bändigung der Städte vor allem darum gegangen war, die Landfriedensinstanz als Schiedsgericht zwischen den ständischen Partnern auszugestalten, worauf wohl die streng paritätische Besetzung mit Adels- und Städtevertretern unter einem vermeintlich unparteiischen entscheidenden königlichem Obmann in allen Teileinungen zurückzuführen war.[809]

Bereits im Sommer 1389 gelang es jedoch Straßburg, den ursprünglichen Wunsch nach einem eigenen oberrheinischen Landfrieden „unter Ausnutzung seiner ökonomischen Macht, seiner besonderen geografischen Lage und aufgrund des Fehlens von starken Territorialgewalten" durchzusetzen.[810] Ohne die Aussöhnung des Königs mit den größeren Reichslandvogteistädten, die wegen der Weigerung der Judenabgabe in die Reichsacht gefallen waren, war jedoch an einen solchen Sonderlandfrieden nicht zu denken.[811] Unmittelbar nachdem dieser Ausgleich erfolgt war, war jedoch der Weg frei für den gesonderten elsässischen Landfrieden vom 21.12.1389, der für die Region den bereits abgeschlossenen rheinischen Teil des Egener Reichslandfriedens ersetzte. Diese, von dem Reichslandfrieden inhaltlich erheblich unabhängigere Einung betonte in der Organisation weitgehend die Kontinuität zur bisherigen oberrheinischen Entwicklung. Zu den markantesten Punkten zählt die Fortentwicklung der 1378 ausgehandelten Organisationsstruktur mit gleichberechtigten Teilen, unter denen statt der bisherigen mächtigen adeligen Nachbarn nur noch Bischof Friedrich von Straßburg, der Reichslandvogt Stislaw gemeinsam mit den Reichsstädten und als dritte Gruppe die Bürgerschaft Straßburgs je zwei Vertreter und - rotierend - den Obmann stellten. Basel, das nach der Befreiung vom habsburgischen Zugriff und dem Ausgleich mit Straßburg

---

808 Vgl. die Einwendungen der Rheinischen Bundesstädte gegen den Egerner Landfrieden RTA II, Nr. 102; sowie die erreichte Ausnahme nur für die Straßburger, ebd., Nr. 103; *Deicke*, Eger, S. 36 f.; *Holtz*, Reichsstädte, S. 131 f.

809 Vgl. zum Vorläufer von 1383 etwa *Angermeier*, Königtum und Landfriede, S. 281.

810 RTA II, Nr. 75 (S. 172 - 179); vgl. auch *ebd*, Nr. 109 zur Abgrenzung gegenüber dem Egerner Frieden aus Sicht Straßburgs; *Holtz*, Reichsstädte, S. 132; *Angermeier*, Königtum und Landfrieden, S. 293.

811 Colmar, Schlettstadt und Hagenau fanden sich wegen ihrer Verweigerung der Judenabgabe an den König in der Acht und wurden erst vom 29.11. bis 20.12.1389 wieder in Gnade aufgenommen; vgl. StR Colmar I, Nr. 148; StR Schlettstadt I, Nr. 75; *Holtz*, Reichsstädte, S. 132.

wieder an der elsässischen Entwicklung teilnahm, wurde als *„vierdehalb teil"* aufgenommen.[812] Das ausgeklügelte Gleichgewicht der adeligen und städtischen Vormächte war damit - jedoch auf einer rein regionalen Basis und dazu noch feiner austariert - wiederhergestellt. Die Stimmen der Reichslandvogtei waren zwar nicht besonders hervorgehoben, machten aber wieder das Zünglein an der Waage zwischen Herren und Städten aus, da der Teil, der den Obmann stellte, für diese Dauer auf einen Pfleger verzichten musste, das heißt wohl, dass regelmäßig der Obmann aus dem Kreis der Pfleger entnommen wurde.[813]

Dagegen hatte sich Straßburg ganz in der Ausbürger- und Bündnisfrage durchgesetzt, denn anders als im Egerner Hauptbrief waren hierzu keine Bestimmungen in der Einung enthalten und die Bürgerschaft hatte kurz zuvor ausdrücklich in der Richtung mit ihrem Bischof die nun endgültige Anerkennung Privilegien in diesen Fragen erzielt.[814] Dagegen griff der Landfrieden bei der Formulierung des Landfriedensbruchs und den äußerst detailliert geregelten Pflichten der Landfriedensteilnehmer weitgehend auf die gegenüber den früheren Landfrieden erheblich weiter verdichteten Bestimmungen des Egerner Hauptbriefes zurück.[815]

b) Die Lage nach dem Egerner Landfrieden

Eine große Befriedung ging jedoch von dieser gebotenen Eingung nicht aus, weder in Schwaben noch am Oberrhein, wo alsbald der Konflikt zwischen dem König und den Reichsstädten um die neue Judensteuer für erneute Unruhe sorgte.[816] Nur Basel und Colmar zeigten sich zu einem schnellen Vergleich am 15.9.1390 bereit.[817] Wie wenig Autorität die Egerner Landfrieden hatten, wurde an der so genannten „Beinheimer Nahme" im gleichen Jahr deutlich, eine der größten Karawanenplünderungen der Zeit. Der Markgraf von Baden hatte einen zur Frankfurter Messe ziehenden oberrheinischen Kaufmannszug zwischen Beinheim und Selz beraubt und alleine unter den Baselern insgesamt 60 Kaufleute mit einer Gesamtsumme von 10.000 fl. Geschädigt. Als Begründung beanspruchte er Ersatz für die Schäden durch den schwäbischen Städtebund, obwohl er selbst bei dessen Kriegen in Württemberg sich neutral verhalten hatte. Während Straßburg

---

812 Vgl. dazu auch *Wackernagel*, Basel I, S. 315.

813 *Vgl. ausführlich unten Kapitel 5 I 3 c)*; hier nur zur vorläufigen Bewertung vgl. *Holtz*, Reichsstädte, S. 133 m.w.N.

814 Vgl. den Vertrag von Bischof und Stadt betreffend die Pfahl- und Ausbürger vom 15.11.1389; dazu *Wencker*, Ussburgeris I, S. 88 ff.

815 *Vgl. dazu ausführlich unten, insbesondere Kapitel 4 I 3 b); Kapitel 5 I 2 e), II, III 1.*

816 Vgl. *Holtz*, Reichsstädte, S. 134 ff., S. 140 ff.

817 Vgl. RTA II, Nr. 284; *Holtz*, Reichsstädte, S. 147 ff.

und Hagenau sich schnell mit dem Badener verglichen, suchte Basel sein Recht durch den rheinischen Landfrieden zu erlangen, in dessen Geltungsbereich der Raub geschah, während der elsässische Landfrieden mit Rücksicht auf diese Kompetenzabgrenzung untätig blieb. Die tatsächlich erreichte Verurteilung erwies sich jedoch als völlig wirkungslos, da der Landfrieden keine wirksame Macht gegen den Markgrafen organisieren konnte. So verbuchten die Basler, nachdem auch die früheren schwäbischen Verbündeten nach Zerschlagung ihres Bundes jede Hilfe mit größtem Bedauern abgelehnt hatten und auch mit Straßburg bis 1396 kein Bündnis mehr außerhalb des Landfriedens bestand, alsbald den Schaden als uneinbringbar.[818]

Nach der ersten Niederlage der Schweizer gegen die Habsburger und dem darauf vereinbarten siebenjährigen Waffenstillstand zeichnete sich zumindest im Süden eine gewisse Entspannung ab.[819] Diese währte allerdings für die Basler aufgrund der prekären Überschuldung ihres Bischofs Imer nicht lange. Durch nötige exzessive Verpfändungen der noch verbliebenen Bistumsrechte in und um die Stadt ließen neue herrschaftliche Ambitionen der wiedererstarkten Herzöge, die sich gerade mit Frankreich und Burgund über eine neue Heirat verbunden hatten, nicht lange auf sich warten.[820] Als am 11.5.1391 endlich Bischof Imer seinem Straßburger Amtsbruder Friedrich praktisch die Verwaltung des Bistums übergeben und danach seine Resignation erklärt hatte, blieb sein Oberland ohne wirksame Verwaltung zurück, während sich die Bürgerschaft in die Stadtmauern und auf ihre erworbenen Freiheiten zurückzog.[821]

c) Die Affäre des Englischen Ritters

Unterdessen hatte sich weitgehend unbemerkt nach der vermeintlichen Entspannung danach dem Egerner Reichstag eine Gefahr für Straßburg entwickelt, die schließlich jeden Landfrieden bereits im Ansatz unmöglich machen sollte.

Bereits während der Wirren des heraufziehenden Ständekrieges hatte Bruno von Rappoltstein, Territorialherr und Straßburger Edelausbürger, 1384 den englischen Ritter Johann Harlestein im Rahmen einer Fehde gefangen

---

818 Vgl. *Wackernagel*, Basel I, S. 327 m.w.N.

819 Vgl. Königshofen, S. 831 f.

820 Vgl. *Zind*, Histoire, S. 86.

821 Die Basler hatten nach mehreren eher ängstlichen Auszügen ins Umland am 11.5.1391 einen Vertrag mit dem Bischof geschlossen, der dieses aller Forderungen des Bischofs für ledig erklärte, noch bevor Imer die Verwaltung des Bistums übergab und auf dieses schließlich ganz verzichtete; vgl. hierzu und zur weiteren Entwicklung *Wackernagel*, Basel I, S. 316 ff.

genommen und seit dem in schwerer Gefangenschaft gehalten.[822] Trotz eines vorläufigen Vertrages über Lösegeld im gleichen Jahr scheiterte die Freilassung, da die Verwandten wohl die Zahlungen nicht leisten wollten.[823] Als darauf hin der englische König Richard II. mit Brief vom 21.6.1385 persönlich die Straßburger eindringlich ermahnte, ihren Bürger zur Freilassung des ohne Recht Gefangenen anzuhalten,[824] konnte dies Bruno zunächst abwenden, indem er den Rat von seinen Ansprüchen überzeugte. Darauf erwiderten diese dem Souverän, sie hätten sich bei der Aufnahme Brunos als Bürger am 2.10.1383 ausbedungen, ihm nicht bei vorher begründeten Fehden und Sachen beizustehen, die Gefangennahme sei jedoch vor dessen Aufnahme erfolgt, so dass sie die Sache nichts anginge. Nach der Chronik rieten viele Weisere, man solle dennoch mit Bruno reden, um ein gütliches Ende zu erreichen, die Mehrheit aber spottete, „es müsste schon ein langes Schwert sein, das von England bis Straßburg reichte".[825] Auch als 1387 Richard II. seinen deutschen Amtsbruder König Wenzel, Papst Urban VI. und viele Adelige um Hilfe bat, die nun die Stadt in gleicher Weise anmahnten, schickte der Rat zumindest Boten zu Bruno, um ihn zur Aufgabe zu bewegen; jener beharrte jedoch auf seinem Recht.

Als darauf der Rappoltsteiner vor das königliche Hofgericht geladen wurde, kam es, so zumindest aus Perspektive des Straßburger Chronisten, zu einem Willkürakt durch König Wenzel „*wider reht durch grites willen*": denn auch die anscheinend nicht geladene Stadt wurde in die Reichsacht getan.[826] Richtig war an dieser Beurteilung in jedem Fall, dass König Wenzel wie den umliegenden Fürsten und Landesherren diese Ächtung der Elsassmetropole nur allzu recht kam, um die störrische Vormacht am Oberrhein endlich in die Knie zu zwingen. So strebte Bischof Friedrich kühn die Wiederherstellung seiner Stadtherrschaft an, daneben eine Unterordnung in den Fragen der Zölle, Münzen und Pfahl- beziehungsweise Ausbürger.[827] Inzwischen ließ Bruno den Ritter frei – und nahm ohne jede Skrupel den Straßburgern, deren Bürger er war und die wegen ihm in die Acht ge-

---

822 Vgl. zum Ganzen Königshofen, S. 680 ff.

823 Vgl. den vorläufigen Lösungsvertrag vom 18.7.1384, *Wencker*, Pfalburgeris, S. 184.

824 Unter dem Angebot nicht nur seiner Dankbarkeit sondern auch materieller Gegenleistungen; vgl. *Wencker*, Pfalburgeris, S. 169, worin er schon auf ein früheres Schreiben an die Stadt Bezug nahm.

825 Vgl. *Wencker*, Pfalburgeris, S. 168, 171, 183

826 So Königshofen, S. 495; die Stadt scherte sich zunächst wenig darum und ließ die Sache liegen. Erst als in der Fremde reisende Kaufleute wegen der Acht gefangen genommen wurden, sandten die Straßburger unverzüglich Unterhändler zu Wenzel. Der König ließ diese erst einmal sechs Wochen warten und dann unverrichteter Dinge abreisen, während er anscheinend jedem Adeligen, der dies wollte, Freibriefe zum Angriff auf die Bürger der Stadt ausstellte.

827 Vgl. St. UB VI, Nr. 721. vgl. auch *Angermeier*, Königtum und Landfrieden, S. 312 f.

raten waren, unter dem Schutz eben dieser Acht die Stadt Rappoltsweiler ab, die er ihnen hatte zuvor verpfänden müssen.[828]

Als die Straßburger nach zahlreichen Schädigungen zu ihren Lasten auf einer Sühneverhandlung vor dem Pfalzgrafen, dem Reichslandvogt und drei königlichen Räten sich zur Zahlung von 5.500 fl. Verpflichteten, wähnten sie die Sache als erledigt. Dagegen verschworen und verbanden sich nun, so der Chronist, Bischof Friedrich, die Markgrafen von Baden, die Grafen von Württemberg, die Herren von Lichtenberg und viele andere Herren, darunter Bruno, die auf Grund der ökonomischen Macht der Stadt dieser viele Zinsen für Kredite zahlen mussten. Sie wollten die einmalige Gelegenheit der Acht nutzen, um diese immensen Schulden mit Gewalt wettzumachen. Zu diesem Zweck verbünden sie sich als nächstem Schritt mit dem Reichslandvogt, dass er eine Achtaufhebung nicht zuließ, während sich viele Reichsherren zu einem heimlichen Zug auf die Stadt verabredeten, solange diese noch ungewarnt war, um diese selbst einzunehmen oder ihr aber zumindest in einer Belagerung viel Geld abpressen zu können.[829] Dieser Geheimvereinbarung folgend, mahnte Reichslandvogt Borziboy von Swinar am 15.8.1392 alle Herren und Städte von des Reichs wegen zum Zug gegen Straßburg, während Wenzel diesen Herren für die bevorstehenden Übergriffe nahezu einhundert königliche Freibriefe, noch dazu als Namensblankette, ausstellte.[830] Auch die Baseler folgten dem Aufruf von Bischof Friedrich als Administrator des Bistums und den Habsburgern.[831]

Die Bürgerschaft in Straßburg wähnte sich zunächst nach Beschwichtigungen ihres hinterlistigen Bischofs in trügerischer Sicherheit.[832] Erst als Bruno auch das ebenfalls verpfändete Gemar zurückgewonnen hatte, trafen die Straßburger überhastete Verteidigungsmaßnahmen, bevor kurz darauf am 8.9.1392 die vereinten Gegner der Stadt vor ihren Toren eintrafen.[833] Wäh-

---

828 Vgl. den Vertrag vom 6.3.1389 mit dem Graf von Saarwerder; Schoepflin, Alsatia Diplomatica II, Nr. 1212.

829 Vgl. hierzu und zum Folgenden Königshofen, S. 684 ff.

830 Vgl. ÄDCCol. S. 15 (Bl. 24).

831 Und zogen 1392 und 1394 in den Krieg gegen Straßburg; vgl. *Wackernagel*, Basel I, S. 326.

832 Der Rat wurde zwar mehrfach gewarnt, glaubte aber zunächst den wiederholten Unschuldsbeteuerungen von Bischof Friedrich, zuletzt am 26.8.1392; Königshofen, S. 685 mit dem diesem zugeschriebenen Äußerungen im Wortlaut.

833 Nachdem Bruno Gemar, das er dem Straßburger Heinz von Mülnheim verpfändet hatte, gewonnen und der Stadt abgesagt hatte, erkannten die Straßburger erst, dass der große Heerzug gegen sie gerichtet war und beeilten sich, sich so schnell wie möglich mit Dreschen und Hauen mit Vorräten einzudecken. Viel Getreide wurde überhaupt erst in den Häusern und sogar in den Kirchen der Stadt gedroschen, einzelne Häuser wurden abgerissen, damit sie dem Feind nicht dienen konnten. Unter den Gegnern der Stadt, die mit dem Reichslandvogt, den Reichsstädten und Basel unter dem Reichsbanner erschienen, fanden

rend der folgenden, über fünf Monate dauernden Belagerung, kam es zu heftigen Raubzügen, Verwüstungen und Zerstörungen der einen, ebenso wie zu blutigen Ausfällen der anderen Seite.[834] Jedoch der Versuch der Herren, die Rheinbrücke, die bisher für das schnelle militärische Eingreifen der Straßburger auf der rechten Rheinseite gesorgt hatte und daher auch ihre militärische Vormacht demonstrierte, zu zerstören, scheiterte ebenso, wie die Belagerung selbst.[835] Als Straßburg endlich erneut Verhandlungsbereitschaft zeigte, forderte der Reichslandvogt zunächst die sagenhafte Summe von 100.000 fl. Für sich und alle Herren, bevor man sich vorerst auf 30.000 fl. Einigte. Der Vergleich scheiterte 1392 jedoch, da der Reichslandvogt die Stadt vor seinem Schiedsgericht richten wollte, diese jedoch zuvor auf der Garantie aller ihrer alten Freiheiten oder aber auf einer Verhandlung der Angelegenheit vor den rheinischen Kurfürsten bestand, was jener wiederum ablehnte.[836] Hier wurde die zweite Stoßrichtung der Gewährs-

---

sich nahezu alle bedeutenderen Adeligen des Umlandes, namentlich Bischof Friedrich, der Herzog von Geldern; die Markgrafen von Baden und Hochberg; die Grafen von Württemberg, sowie die Herren von Tierstein, Kiburg, Lützelstein, Bitsch, Lichtenberg, Ochsenstein und Nassau und ließen nach und nach vom 5.9.-4.10.1392 ihre Absagebriefe überbringen; vgl. Königshofen, S. 686; *Wencker*, Pfalburgeris, S. 174 ff.

834 Während der Belagerung vom 8.9.1392 bis zum 18.2.1393 wussten sich viele arme Leute, die aus den Umlanddörfern in die Stadt geflohen waren, keinen anderen Rat, als heimlich außerhalb der schützenden Mauern Nahrung zu suchen und von den Feinden zu rauben, wessen sie habhaft werden konnten; jedoch wurden viele von ihnen gestellt und alleine an einem Weihnachtstag 200 und an einem anderen Tag 150 erschlagen, während am 25.12. ein Ausfall der Bürgerwehr 24 gegnerische Gefangene machen konnte, darunter den zum königlichen Hof gehörenden Hauptmann Zender, womit die enge Beteiligung Wenzels dokumentiert wurde; vgl. Königshofen, S. 690 f.

835 Die Rheinbrücke galt als Inbegriff der taktischen Stärke und Überlegenheit Straßburgs im Umland und daher als vorrangiger Störfaktor; vgl. *Ungerer*, Pont, S. 1 ff.; Königshofen, S. 695; zu den zahlreichen Angriffen und Ausfällen vor allem zu Beginn der Belagerung vgl. ebd., S. 689 f., danach verbrannten die mit 2.000 Gleven erschienenen Belagerer Eckboltzheim, Hausbergen und Königshoven. Ebenso ging der Galgen als weiteres verhasstes Symbol der städtischen Herrschaft und Gerichtsbarkeit in Flammen auf. An weiteren Zerstörungen hinderte die Angreifer der Beschuss von den Zinnen. In der Zwischenzeit versuchte eine Gruppe Straßburger Söldner und jüngerer Kämpfer einen Ausfall, der zwar ebenso scheiterte wie der Versuch der Angreifer, die Rheinbrücke in Brand zu stecken, aber diese erneut zum Rückzug aus der Schusslinie zwang. Dies gab den Eingeschlossenen den Raum, um bei Tagesauszügen mit 1.000 Reitern auf der rechten Rheinseite 1.500 Kühe und viele Pferde des Markgrafen von Baden an sich zu bringen, während die Truppen der Gegner unter anderem durch den Grafen von Sponheim und den Schultheiß von Oppenheim verstärkt wurden.

836 Nachdem im Lager der Gegner der Stadt Boten der drei rheinischen Erzbischöfe eingetroffen waren, begannen die Verhandlungen, wobei die Bürgerschaft auf die eigentlich bereits vollständige Richtung des Streits verwies; insbesondere Bischof Friedrich habe seine Eide gebrochen, der Stadt gegen alle Feinde zu helfen, denn ohne ihre Hilfe hätte er den weltlichen Besitz des Bistums verloren; trotz heftigen Zuratens der Grafen von Sponheim, ver-

leute Wenzels deutlich, die angeschlagene Stadt möglichst in eine stärkere Abhängigkeit zum Königtum und der Reichslandvogtei zu überführen.

Allmählich ließ jedoch das Engagement der mächtigen Nachbarn nach, während die Reichsstädte und Bischof Friedrich, die weiter die Stadt schädigten, alleine eine weit geringere Gefahr darstellten.[837] Endlich konnten am 2.2.1393 die Gesandten in Prag die Lösung der Reichsacht gegen Zahlung von 32.000 fl. An den Fiskus König Wenzels erreichen, während alle anderen Schäden gegeneinander aufgerechnet wurden. Die Fortdauer der adeligen Schulden wurde festgeschrieben und nicht zuletzt der Bestand der Straßburgischen Rheinbrücke von Wenzel bestätigt.[838] Für den endgültigen Austrag mit den Herren sorgte dann schließlich Herzog Leopold von Habsburg, mit dem die Stadt bereits seit 1393 verbündet war.[839]

Damit nahm *„der groeste krieg was den in Elsas ieman verdenken kunde“*[840] sein Ende. Während Wenzel finanziell stark profitiert hatte, waren die Landesherren trotz der beträchtlichen Verluste Straßburgs leer ausgegangen beziehungsweise hatten noch mehr oder minder große Verluste durch Gegenangriffe zu tragen gehabt.[841] Die Bürgerschaft trafen ihre materiellen und personellen Verluste zwar hart und schwächten in den nächsten Jahren ihre Stellung, schädigten aber nicht nachhaltig ihre wirtschaftliche und militärische Kraft. Der eigentliche Leidtragende war Bischof Friedrich von Straßburg, der sich mit seinen hochtrabenden, irrealen Plänen verkalkuliert hatte und nun auf einem riesigen Berg von Schulden gegenüber den Söldnern und Verbündeten, aber auch auf den Schäden seines hauptsächlich als Kampfplatz direkt betroffenen Umlands der Stadt sitzen blieb. Nachdem die Stadt mehrere Edelbürger verbannt und sogar ihren Altammanmeister Contze Küller eingekerkert hatte, weil dieser die Gegner der Stadt unterstützt hatte,[842] konnte Bischof Friedrich als deren eigentlicher Anführer auf keinerlei Nachsicht hoffen. So blieb diesem am Ende kein anderer Ausweg,

---

weigerte der Reichslandvogt den Austrag vor einem rheinischen Kurfürsten, so dass damit die Vermittlung gescheitert waren; vgl. Königshofen, S. 692 f.

837 Vor allem der Reichslandvogt, die Markgrafen von Baden und die Württemberg wandten sich bald anderen Angelegenheiten zu und ließen nur eine vergleichweise kleine Truppe von 200 Gleven zurück, die vor allem den Weinanbau schädigte und sich daran gütlich tat; vgl. Königshofen, S. 693 f.

838 Vgl. *Wencker*, Ussburgeris II, S. 191 ff.; Königshofen, S. 695.

839 Vgl. St. UB VI, Nr. 767, 994.

840 So das Fazit von Königshofen, S. 695.

841 Viele meinten daraufhin, dass die Verwüstungen so groß waren, das die Feinde ohnehin mangels Versorgung hätten bald aus dem Land fahren müssen; vgl. ebd.

842 Dieser wurde lebenslang in den Turm verbannt, während zwei Familienangehörige der Großsteiner „über das englische Meer“ vertrieben wurden, weil sie in diesem Krieg zum Bischof und zu den Adeligen gehalten hatten; vgl. Königshofen, S. 785.

als am 21.7.1393 Hals über Kopf nachts aus der Stadt nach Utrecht zu fliehen, dessen Bischofsstuhl er heimlich mit dem arglosen Wilhelm von Diest getauscht hatte.[843]

d) Die Landfriedenseinungen von 1395 und 1398

Nach diesen erneuten tiefen Wirren überwog bei allen Beteiligten der Wunsch nach einer Beruhigung und Klärung der Lage. Basel konnte sich mit den Habsburgern, die nach den Schweizerkriegen auch ihre Herrschaft zu konsolidieren suchten, wegen der bösen Fasnacht endgültig zu einem Preis von 10.000 fl. Vergleichen und schloss mit ihnen das zugehörige Beistandsbündnis, nun aber als gleichwertiger und in seiner Freiheit anerkannter Partner.[844] Die Herzöge konnten sogleich der Stadt einen Vermittlungsdienst für eine Sühne mit den Herren von Krenklingen wegen der Tötung ihres Bruders durch die Bürger leisten. Auch mit dem eigenen Bistum sollten die Konflikte nun abflauen, da sich seine Inhaber ab 1395 mehr und mehr in Richtung des Jura zurückzogen.[845] Hingegen fand Straßburg bis auf weiteres keine Ruhe, da neben dem „eingetauschten" und vom Papst bestätigten Wilhelm von Diest auch der vom Kapitel gewählte Burkhard von Lützelstein Anerkennung forderte und seine Anhänger, namentlich die Herren von Andlau und Ratsamhausen, Fehden mit der Stadt führten, die im Gegenzug zusammen mit Bischof Wilhelm die Besitzungen der Herren verwüstete.[846]

Vor diesem Hintergrund lief die elsässische Landfriedenseinung von 1389, die die gleiche Geltungszeit wie die Landfrieden von Eger hatte, im Sommer 1395 aus. Bereits am 13.10.1395 konnte jedoch ein neuer Landfrieden auf fünf Jahre errichtet werden.[847] Ein Verdienst hierfür kam allerdings dem König nur indirekt zu, denn Wenzel, der sich durch sein Verhalten und das seines Vertrauensmannes, Bischof Friedrich, den er bald mit dem Stuhl in Mainz belohnen wollte, gegenüber Straßburg völlig diskreditiert

---

843 Nicht zuletzt wegen dessen endgültiger Überschuldung, da er große Schuldversprechungen an seine Söldner und Verbündeten ausgestellt hatte, die nun deswegen sein Land und seine Leute angriffen und pfändeten, und vor denen er auch in Utrecht nie mehr ganz Ruhe fand; vgl. Königshofen, S. 695 f.; *Wackernagel*, Basel I, S. 318 f.

844 Das Bündnis vom November 1393 umfasste zwar auch die gegenseitige Hilfe und Beratung bis 1403, ebenso wie ein ähnliches Bündnis des neuen Bischofs Konrad mit den Habsburgern; beide Bünde waren aber gekennzeichnet vom Ausgleich, der gegenseitigen Anerkennung und vor allem dem Bedürfnis nach Ruhe und Frieden auf beiden Seiten; vgl. hierzu und zum Folgenden *Wackernagel*, Basel I, S. 325 f.

845 Vgl. *Wackernagel*, Basel I, S. 320 ff.

846 Vgl. Königshofen, S. 814; zu den Herren von Ratsamhausen und ihren Fehden mit dem Straßburger Bischof vgl. *Scherlen*, JbELWG 1 (1928), S. 84 ff.

847 St. UB VI, Nr. 989 (S. 575 - 581).

hatte, trat selbst nicht Erscheinung, sondern überließ den Abschluss dem neuen, aus Sicht der Bürger noch unbescholtenen Bischof Wilhelm von Diest aus Utrecht.[848] Dieser hatte sich zu diesem Zeitpunkt bereits als Bundesgenosse der Straßburger hervorgetan und genoss in gewissem Maß deren Vertrauen, so dass er wieder an der Spitze der Landfriedensteile als Verkünder des Friedens auftreten konnte. Auch Reichslandvogt Emicho von Leiningen schien den Straßburgern wohl als Führer des zweiten Teils, der die Reichslandvogtei repräsentierte, akzeptabel. Die Baseler, noch ganz mit einem erneuten Streit um ihren Bischofsstuhl beschäftigt[849] und mit den Habsburgern endgültig ausgesöhnt, hatten kein Interesse an der Einung und orientierten sich wieder ganz nach Süden,[850] so dass sich der Landfrieden wieder auf das Unterelsass beschränkte. Folgerichtig war der erstmals wieder namentlich eingesetzte gemeinsame Obmann, Jeratheus von Ratsamhausen, wieder voll stimmberechtigt, um im Zweifel durch eine ungerade Stimmenzahl eine klare Mehrheitsentscheidung herbeiführen zu können.

Diese Einung zeigte nun einen völlig veränderten Aufbau, bei dem der Beistand gegen gemeinsame Feinde wieder ganz im Vordergrund stand. Dennoch wurde die Stellung der Pfleger, der Hauptleute, voran der Reichslandvogt in Personalunion, und ihrer Truppe nochmals deutlich verstärkt. Erkennbar war damit das Bemühen, böse Überraschungen untereinander und von dritter Seite, wie zuletzt 1392, zu verhindern. In vielem schien der Landfrieden erneut die Funktion eines Friedensschlusses zwischen alten Gegnern zu haben, worauf auch die Besetzung mit einem Herrn von Ratsamhausen, mit deren Familie die Freistadt gerade Krieg geführt hatte, hindeutete.[851] Ansonsten änderte sich am eigentlichen Inhalt wenig, viel-

---

848 Die übliche Privilegienbestätigung Wenzels dürfte kaum mehr positive Wirkung auf sein Ansehen in der Stadt entfaltet haben, vgl. dazu St. UB VI, Nr. 892.

849 Der neue Bischof Konrad Munch von Landskron nahm gegen einen Eigenkredit aus seinem Privateigentum von 4.000 fl., Herrschaften des Bistums zu Pfand, bevor er am 6.9.1395 sein Amt niederlegte, um wieder als Domprobst zu amtieren; bis zum Amtsantritt seines Nachfolgers Humbrecht von Neuenburg 1399 trat eine Sedisvakanz ein, in der die Päpste zwar verschiedene (Gegen-)Bischöfe einsetzten, die aber nie ihr Amt im Bistum antraten, so dass zunächst Humbrechts Vater Diebold die Geschäfte aus einer schwächeren Position als Amtsverweser führen musste; vgl. *Wackernagel*, Basel I, S. 318 f.

850 So verbündete sich Basel etwa am 23.1.1400 mit Bern und Solothurn zum Schutz der eigenen Bürger und näherte sich in den zwanzig Jahren, die das Bündnis halten sollte, immer stärker der Schweizer Eidgenossenschaft an, auch räumlich dadurch, dass sich die Bürgerschaft Rechte des Bistums, insbesondere die Jurapässe, zu verschaffen wusste; vgl. *Wackernagel*, Basel I, S. 328 ff.

851 Jeratheus von Ratsamhausen, östlich von Schlettstadt beheimatet, wirkte seit 1395 auch als Richter in anderen Schiedsgerichten, 1397 als Hauptmann der Gesellschaft von den Martinsvögeln und trat 1400 als Fehdegegner des österreichischen Landvogts in Erscheinung, vgl. St. UB VI, Nr. 930, 1239, 1526; *Angermeier*, Königtum und Landfrieden, S. 313.

mehr schien mit dieser Einung eine gewisse zumindest äußere Kontinuität und Abschluss der Entwicklung erreicht zu sein.[852]

König Wenzel beschränkte sich darauf, den Landfrieden, den der „*erwurdige Wilhelm ..., der edele grave Emiche .. und des richs stette im Elsasz und die stat von Strazburg unser lieben getruwen*" gemacht hatten, in vollem Umfang und ausdrücklich unwiderruflich zu bestätigen.[853] Dies genügte Straßburg nach den schlimmen Erfahrungen nicht mehr, so dass die Bürgerschaft in eigener Initiative wieder Bündnisse, unter anderem aus Angst vor dem Markgrafen von Baden und den Habsburgern am 12.7.1396 mit Basel schloss. Sein Ziel bestand darin, „*einander beholfen zu sein wider alle Feinde, um ihre Städte und Bürger, Leib und Gut, Freiheiten und Rechten gegenseitig zu schirmen*", und wurde 1399 erneuert.[854] Es war dann auch dieses Bündnis, auf dessen Grundlage beide Städte gemeinsam mit den Leuten Herzog Leopolds und den Reichsstädten gegen den betrügerischen Bruno von Rappoltstein vorgingen. Seine Stadt konnten die Verbündeten jedoch erst mit einer zweiten Belagerung gemeinsam mit den wichtigsten elsässischen Landadeligen am 11.11.1400 einnehmen.[855]

Noch lange, bevor eine Verlängerung anstand, sollte der Landfrieden am 5.3.1398 nach einem neuen Reichslandfrieden erneuert werden.[856] Der nahezu wortgleiche Text legt mit seiner wichtigsten Abweichung die Hintergründe hierzu offen. Hatten 1395 nur der Reichslandvogt und seine Städte auf Geheiß und Empfehlung König Wenzels als ein Teil den Frieden ge-

---

852 Von einem "Sieg" Straßburgs wie *Angermeier,* Königtum und Landfrieden, S. 312 f., angesichts der Unterordnung des Reichslandvogts unter die Landfriedenspfleger zu sprechen, verkennt nicht nur die bisherige Entwicklung des regionalen Landfriedensrechts, sondern auch die konkrete Vorgeschichte, denn vielmehr war es gerade zum Nachteil der Stadt, dem Reichslandvogt über seine Amtvollmachten hinaus auch die Befugnisse eines Hauptmanns für das gesamte Land einzuräumen, da so leicht der Eindruck einer Unterordnung der Stadt unter diesen entstehen konnte, die die Herren unmittelbar zuvor weder durch militärische noch finanzielle Mittel erreicht hatten. Vielmehr wird man genau hierin das wesentliche Zugeständnis der Stadt an die Adeligen sehen müssen, weswegen diese Regelung auch im Entwurf von 1398 nicht mehr auftauchte.

853 St. UB VI, Nr. 991.

854 Vgl. dazu *Wackernagel,* Basel I, S. 326 ff.

855 So kam es am 15.10.1396 zum ersten großen Auszug Straßburgs mit den Habsburgern und Reichsstädten gegen Gemar, nach einer dreiwöchigen Belagerung konnten die Verbündeten aber nur den Hof des Bettlerordens einnehmen, so dass erst bei einem neuen Auszug im Jahr 1400 gemeinsam mit dem Straßburger Bischof sowie den Herren von Lichtenberg, von Bitsch, von Finstingen und von Ochsenstein die Stadt gewonnen, der Viztum von Hohenstein gefangen und große Barschaft in Besitz genommen werden konnten; vgl. ÄDCCol. S. 15f. (Bl. 24v.)

856 Vgl. den Entwurf dieser Einung, St. UB VI, Nr. 1349 (S. 712 – 719); Zum Frankfurter Reichslandfrieden vom Januar 1398 vgl. RTA III, Nr. 10; *Angermeier,* Königtum und Landfrieden, S. 315 f.

schlossen, so sollten es nach der grammatikalischen Konstruktion von 1398 alle Teile, also einschließlich Straßburgs und seines Bischofs sein, die *„von gebottes, geheisse und empfelhnisze wegen des aller durchlu[e]htigsten, hochgeborenesten fursten und herren, herren Wentzeslaw, ro[e]mischen kuniges czu allen ziiten merrer des riches ... unsers gnedigisten herren, von deswegen wir daz geheissen sind und empfohlen ist ..."* den Frieden schlossen. Ein solches, wenn auch etwas verstecktes, Anerkenntnis seiner bereits bedrohten Herrschaft konnte Wenzel aber von Straßburg umso weniger erwarten, als er als seinen Unterhändler neben Graf Friedrich von Öttingen ausgerechnet auch jenen Borziboy von Swinar, der lange die Verbündeten in der Reichsacht gegen Straßburg angeführt und die Stadt bis aufs Blut zu erpressen versucht hatte, als Unterhändler in die Stadt schickte. So blieb auch das Siegel des Reichslandvogts Dietrich von der Weitenmühle das einzige, das das Vertragsinstrument bestätigte.[857]

4. Der Vorhang fällt: Das Scheitern des Landfriedens und die Absetzung des „dem Frieden unnützen" Königs

Aktivitäten oder Einfluss hätte dieser Landfrieden, selbst wenn er noch in Kraft gesetzt worden wäre, ohnehin nicht mehr entfalten können, da sich nicht nur Straßburg und die Reichsstädte, sondern auch die wichtigsten Fürsten des Reiches bereits von Wenzel abgewandt hatten. So fand der lange vorbereitete Plan der Kurfürsten, den König abzusetzen, auch am Oberrhein breite, ja begeisterte Zustimmung. Der Landfrieden von 1398, als Befreiungsschlag zur Geltendmachung der königlichen Autorität gedacht, blieb trotz und gerade wegen der bisher nicht gekannten Institutionalisierung und Verfestigung als Mittel einer Herrschaftsausübung zwischen und über den Landesherrschaften und Bürgerschaften eine letzte Selbsttäuschung des Luxemburgers, die ungehört im Lande verhallte. Vielmehr wurde der schwächliche König bereits nach Kräften von den Zeitgenossen literarisch verspottet.[858]

---

857 Das Konzept wurde zwar in drei Exemplaren ausgefertigt, die alle allerdings nur vom Reichslandvogt besiegelt worden waren, wurde aber offensichtlich nie von den Beteiligten umgesetzt. *Weizsäcker*, RTA III, Einleitung S. 10, hat aus der überlieferten dringenden Aufforderung des Reichslandvogts an die Städte zur Besiegelung vermutet, dass diese sich weigerten, einen ihnen nicht genehmen Hauptmann zu akzeptieren; zu Recht hat allerdings *Müller*, Die elsässischen Landstände, S. 26 f., Fn. 1 diesen Widerspruch in Straßburg festgemacht, mit dem Indiz, dass alle Ausfertigung im dortigen Archiv *ad acta* gelegt worden waren, woraus er folgert, dass nach der Besiegelung der ausgehandelten oder gar oktroyierten Einung durch den Reichslandvogt sich der dortige Rat eines besseren besonnen habe; dies scheint aus der Einstellung der Stadt zu Wenzel sehr wahrscheinlich.

858 Vgl. das zeitgenössische Spottgedicht über „König Wenzels Landfrieden" bei von *Liliencron*, Volkslieder I, Nr. 41, S. 201-204.

Die Absetzung des Böhmen war mithin nur noch ein Zeit- und Formfrage. Auf Kritik der rheinischen Städte stießen allenfalls die Heimlichkeit der Verhandlungen und die durch sie entstanden Kosten.[859] So wurde Wenzel schließlich nach erfolgloser mehrfacher Ladung vor das pfalzgräfliche Gericht am 20.8.1400 als „unnütz und unwürdig" abgesetzt und Kurfürst Ruprecht von der Pfalz am folgenden Tag als Nachfolger gewählt.[860] Unter den zahlreichen Anklagepunkten, wie der Willkür und der Untätigkeit, ragte vor allem der Vorwurf heraus, dem Frieden unnütz gewesen zu sein. Begründet wurde dies insbesondere mit der mangelnden Sorge für den Reichs- und Landfrieden, durch die viele Kriege und Irrungen entstanden seien, die der König hätte niederlegen müssen. Der Kirche und vielen Territorien habe er mehr Hilfe zu Unfrieden als zum Frieden geleistet, lange Zeit die Mishellen und Kriege im Land nicht beachtet, von denen großer Brand, Raub und Mord ausgegangen seien, während Kirchen, Klöster und andere Gotteshäuser, die ein römischer König beschirmen sollte, verderblich und gänzlich beraubt, angebrandt und verwüstet worden seien.[861]

Jeder dieser Punkte war Bestandteil der von Wenzel errichteten Landfrieden gewesen, und gerade an diesen Texten wortwörtlich orientiert wirken folglich die Anklagen. Umso ironischer erscheinen daher mit einem ersten Blick auf die normative Leistung des Königs diese Vorwürfe, da unter Wenzel die Entwicklung der Landfriedenseinungen ihren eigentlichen Endpunkt fand und insbesondere am Oberrhein im 15. Jahrhundert über einzelne Wiederbelebungsversuche nicht mehr hinaus kam.[862] Während seiner Regentschaft hatten die Normtexte der Einungen von 1395/98 eine Institutionalisierungsform erreicht, die große Chancen zu bieten schien, wie erst deutlich später die Reichskreise, zu einer wirksamen, eigenständigen Zwischeninstanz zwischen Reich und Territorien in jenen Regionen zu werden, die wie das Elsass über keine zentrale Landesgewalt verfügten. Seit der knapp hundert Jahre zuvor erfolgten Absetzung Adolfs I. hatten sich die Einungen zu einem festen Bestandteil im Kräftespiel der Region mit ausdifferenzierten Regelungen entwickelt.

---

859 Zu den langen Verhandlungen der Kurfürsten und Reichsstände und der genannten Kritik vgl. Königshofen, S. 496.

860 Nach der Säumnis auf dem Tag bei Lahnstein wurde der König durch die vier rheinischen Kurfürsten bei Ausbleiben des Herzogs von Sachsen und des Markgrafen von Brandenburg durch Urteil unter dem Vorsitz des Pfalzgrafen, das öffentlich vor allem Volk am 20.8.1400 verlesen wurde, seines Amtes für verlustig erklärt; vgl. nur Königshofen, S. 497.

861 Vgl. die Absetzungsurkunde der Kurfürsten bei Rense vom 20.8.1400; RTA III, Nr. 204; sowie Königshofen, S. 495 f.; zusammenfassend *Angermeier*, Königtum und Landfrieden, S. 317.

862 *Vgl. dazu unten Kapitel 7 I.*

Allerdings verdeckt eine solche Betrachtung den eigentlichen Kern des Vorwurfs, die praktische und reale Friedenssorge: der König stand den heftigen politischen Auseinandersetzungen, die das Aufstreben der Städte, in Wechselwirkung mit der autonomen Sorge für den Landfrieden, auslöste und die sich gerade in seiner Regentschaft explosionsartig gesteigert hatten, letzten Endes hilflos gegenüber. Als Erbe Karls IV. trug er jedoch eine nicht zu unterschätzende Last durch dessen Suppressionspolitik gegenüber den Bürgerschaften, deren fürstliche Perspektive für die Reichsverfassung sich nirgends besser als in der Goldenen Bulle und den politischen Manövern bis zum Ende Wenzels zeigte. Der Landfrieden war seit der Goldenen Bulle immer offener vom deutschen Königtum in den Dienst gestellt worden, um diese Spannungen zwischen den Ständen zu verhindern und insbesondere den Machtzuwachs der Städte zu begrenzen. Wie jedoch der Fall Straßburgs vor Augen geführt hatte, reichte all dies dort nicht aus, wo keine großen Landesherren zur Verfügung standen, sondern der Landfrieden gerade auf die Städte als zentrale Träger angewiesen war. Diese, ursprünglich gemeinsam mit dem Königtum der Motor der Entwicklung, konnten immer weniger vom Nutzen der Unterordnung unter ein Landfriedensregime für die Sicherheit der Kaufleute und Straßen überzeugt werden, während der Preis, die Gefahren für die erworbenen Freiheiten und Macht zunehmend zu hoch schien, angesichts der zahlreichen tiefgreifenden Enttäuschung und Bedrohungen, die auch jedes Ansehen des Königs gegenüber dem ihm entgegen gebrachten Misstrauens hatten verschwinden lassen.[863] Der Landfrieden war so zu einer zwar immer wortgewaltigeren, aber doch leeren Hülle geworden, die zu sehr die erlangte politische Handlungsfreiheit aller beteiligten Herren, aber eben auch die der Städte bedrohte. Gleichzeitig hatte sich aber in den Jahren seit 1254 trotz aller Brüche ein eigenes Rechtssystem *sui generis* herausgebildet und etabliert, dessen Fortwirkung jetzt durch die politische Entwicklungen gerade unter Wenzel in Frage gestellt war. Wieweit dies in dic partikulare Sorge für den Frieden übernommen werden konnte, der nun die Zukunft gehören sollte, schien ebenfalls an der Jahrhundertwende ungewiss.

---

863 Vgl. zu den zentralen Begriffen bei der Absetzung, insbesondere Frieden, Nutzen und Ehre *Adam*, Verfassungsdenken, S. 170 ff.

II. Teil:

Das Recht der Landfrieden

Kapitel 3: Geltungsrahmen und Geltungsgrund

I. Äußerer Geltungsrahmen und Parteien der Landfrieden

1. Geltungszeitraum und Geltungsdauer

a) Überblick

Waren die Landfrieden, wie soeben in Kapitel 2 ausführlich dargestellt, in ihrer Errichtung und Geltung im höchsten Maß abhängig von den jeweiligen aktuellen politischen Interessen und Machtkonstellationen auf kommunaler und landschaftlicher bis hin zur Reichsebene, erklärt dies bereits zum besten Teil ihre unstetige und gebrochene Entwicklung, die sich im Überblick vom Interregnum bis zum Ende des 14. Jahrhunderts feststellen lässt. Darüber hinaus stand die Befristung der Landfrieden bereits bei ihrer Errichtung in der Tradition der bisherigen Landfriedensbewegung,[1] um die fehdeberechtigten Adressaten und ihre Interessen überhaupt für den Abschluss der weitreichend verpflichtenden Einungen zu gewinnen. Die Befristung bewirkte aber auch durch den Zwang zu häufigen Wiederholungen von Abschlüssen und Beschwörungen eine Einschärfung der Landfriedensnormen, die bis zur Entstehung von beständigem Gewohnheitsrecht führen konnte.[2] Bereits auf dieser normativen Ebene waren die für den Oberrhein beziehungsweise das Elsass errichteten Landfrieden von einer kontinuierlichen, lückenlosen Wirksamkeit weit entfernt.

Durch die ausdrückliche Befristung grenzten sich die neuen Bündnisse und Einungen nach dem Interregnum von der Reichslandfriedensordnung nach 1235, die zumindest theoretisch zeitliche Geschlossenheit beanspruchte, ebenso scharf ab wie von dem mit ebenso großen Ambitionen angegangenen Projekt des unbefristeten Rheinbundes von 1254. Dieser konnte, wie bereits gesehen, trotz oder gerade wegen seiner Verbindung mit dem Königtum auch am Oberrhein keine dauernde Wirkung entfalten.[3] Das fol-

1 Vgl. etwa *Orth*, Fehden, S. 3.

2 Vgl. *Gernhuber*, Staat, S. 39 f.

3 *Vgl. oben Kapitel 1 II 3.*

gende Hagenauer Landfriedensbündnis von 1278 bis zum Sommer 1280[4] blieb gleichfalls eine kurze, isolierte Episode, wie auch die Bündnisse von 1288[5] und 1293,[6] deren Geltungszeit nicht überliefert ist. Selbst zwischen der ersten umfangreichen Einung von 1301-1305[7] und ihrer Fortführung von 1310-1315[8] bestand nach wohl gesicherter Erkenntnis kein *„missing link“*: Zu sehr war der Landfrieden durch die konkreten politischen Interessen der um Anerkennung ringenden Könige und die immer selbstbewussteren Partikulargewalten in der reichen und königsnahen Landschaft bestimmt. Dies zeigte sich besonders bei den unter dem Mantel des Landfriedens gegeneinander gesetzten und jeweils weniger als zwei Jahre dauernden Bündnissen im Kampf zwischen Ludwig dem Bayern und Friedrich dem Schönen.[9]

Erst als nunmehr 1338 beide Lager sich zunächst in einem Kompromiss und dann parallel in einem größer angelegten Landfrieden zusammenraufen mussten und dann Anfang der 1340er Jahre Straßburg als Reaktion auf das Chaos, das sich bis dahin ins Unerträgliche zugespitzt hatte, gemeinsam mit den wichtigsten Territorialherren und den um ihre Autonomie ringenden Reichsstädten die Führung in der Landfriedensfrage übernahm, kam es zum ersten Mal zwischen 1343 - 1352 zu einer Phase mehrerer nahezu lückenloser, teilweise überlappend geltender Landfrieden.[10] Deren einzelne Geltungsdauer erhöhte sich von zunächst vorsichtigen zwei auf, angesichts der dynamischen politischen Entwicklungen, wechselnden Konstellationen und Konflikte, recht ambitionierte fast fünf Jahre. Die zunehmende Bereitschaft, sich länger zu verbinden, signalisierte ein zunehmendes Vertrauen der Partner und isolierte die Friedensgrundlage in gewisser Weise von den schnell wechselnden reichspolitischen Einflüssen.

Allein, eine wie hier angestrebte lange Geltungsdauer hatte - trotz der erfolgversprechenden Umstände bei der Errichtung eines Landfriedens - keinen Einfluss auf seine tatsächliche Wirksamkeit und die Möglichkeit des vorzeitigen Scheiterns. Dies zeigt gerade der Frieden von 1347, der schon bald am von König Karl IV. geschürten Streit der Parteien zerbrach. Im weiteren Verlauf konnte sich das luxemburgisch-deutsche Königtum bis zu

---

4 St. UB II, Nr. 68 (S. 44 f.), *vgl. oben Kapitel 2 I 2 c)*.

5 Vgl. Ann. Colm. Maiores, S. 74; vgl. dazu Anm. 1 zu St. UB II, Nr. 138; *Bock*, ZGO NF 46 (1933), S. 327; *vgl. oben Kapitel 2 I 2 e) (2)*.

6 Vgl. *Bock*, ZGO NF 46 (1933), S. 327 f.; *vgl. oben Kapitel 2 I 3 b)*.

7 St. UB II, Nr: 233 (S. 187-190); *vgl. oben Kapitel 2 I 4 b) (2)*.

8 St. UB II, Nr. 284 (S. 229-233); *vgl. oben Kapitel 2 I 5 b)*.

9 *Vgl. oben ausführlich Kapitel 2 II 1*.

10 St. UB V, Nr. 116 (S. 117-122); 133 (S. 136); 152 (S. 146 f.); 159 (S. 152- 155); *vgl. oben Kapitel 2 III*.

seinem vorläufigen Ende 1400 die Landfriedenshoheit sichern und zumindest seinen formalen Einfluss weiter verdichten. Umso stärker waren die Landfrieden jetzt wieder an reichspolitische Ereignisse gebunden, wie die Entwicklungen vor allem nach der Goldenen Bulle zu erkennen geben. Nach dem dort vollzogenen Bruch mit den Städten konnte sich nur unter dem extremem Druck übermächtiger äußerer Gefahren wieder die kurz dauernde Einung von 1366 herausbilden,[11] auf die der nicht überlieferte Frieden von 1374,[12] die aus dem Augenblick dynastischer Interessen entstandene Einung von 1378[13] und deren Verlängerung im Jahr 1381[14] folgten. Schon bei der letzeren zeigte sich die zunehmende Diskrepanz zwischen normativem Anspruch auf zumindest theoretisch zeitlich geschlossene Geltung einer zunehmend verdichteten Landfriedensorganisation und der Wirklichkeit. Die Landfrieden von 1389,[15] 1395[16] und 1398[17] erhielten durch Ereignisse wie den großen Städtekrieg oder die Ächtung Straßburgs nur wenig Raum für eine tatsächliche Wirkung. Diese Kluft zog sich bis zum markanten Endpunkt mit der Absetzung Wenzels 1400, der nur noch vereinzelte Versuche neuer regionaler Landfriedensprojekte folgen sollten.[18]

Die durch diese Geltungsphasen anscheinend nahe gelegte Zäsurbildung von „friedlichen" und „landfriedenslosen" Phasen darf jedoch nicht schematisch auf den erfolgreichen Bestand bündischer Friedensmaßnahmen angewendet werden. Denn bereits seit den 1320er Jahren war allmählich ein immer kunstvolleres Netz von Beistandspakten entstanden, das die (vor allem, aber nicht nur städtischen) Teilnehmer absicherte und gleichzeitig durch die Gefahr einer unkontrollierten Konfliktausweitung von gewaltsamen Austrägen abhielt, trotz allem aber die Landfriedenseinungen auf Dauer nicht ersetzen konnte.[19]

b) Rechtliche Bestimmungen der Geltungsdauer

Allen spätmittelalterlichen Landfrieden am Oberrhein ist gemein, dass sie bereits bei ihrer Errichtung einen bestimmten Geltungszeitraum in sich trugen, wobei die Geltung regelmäßig unmittelbar am Tage der Errichtung

---

11 St. UB V, Nr. 733 (S. 568-572); *vgl. oben Kapitel 2 IV 2 c).*

12 *Vgl. oben Kapitel 2 IV 3 c).*

13 St. UB V, Nr. 1319 (S. 959-964); *vgl. oben Kapitel 2 V 1).*

14 RTA I, Nr. 165 (S. 285-287); *vgl. oben Kapitel 2 V 1).*

15 RTA II, Nr. 75 (S. 172–179); *vgl. oben Kapitel 2 V 3 b).*

16 St. UB VI, Nr. 989 (S. 575 - 581); *vgl. oben Kapitel 2 V 3 d).*

17 St. UB VI, Nr. 1349 (S. 712 - 719); *vgl. oben Kapitel 2 V 3 d).*

18 *Vgl. hierzu unten Kapitel 7 I 1.*

19 *Vgl. dazu oben Kapitel 2 II 2 sowie sogleich unten II 3.*

einsetzte und von diesem an für eine bestimmte Anzahl an Jahren bis zu einem bestimmten Termin festgesetzt wurde.[20] Der vereinbarte Endtermin lag häufig zu Beginn der Winterperiode, also zu einem Zeitpunkt, wo eine Kriegsführung ohnehin schwierig war und vor allem nicht mehr die Wirtschaft - zuvorderst die überlebenswichtigen Ernten - am schlimmsten getroffen werden konnten.

Angesichts der Fragilität der Landfrieden und ihrer Abhängigkeit von den aktuellen politischen Interessen der Beteiligten kann es nicht verwundern, dass die Teilnehmer allmählich mit ihren zunehmenden Erfahrungen schon bei der jeweiligen Errichtung versuchten, ein vorzeitiges Geltungsende durch Abkehr einzelner wichtiger Partner zu verhindern. So entwickelte sich die Formel von der Geltung *„ane unterlaz"* bzw. *„ane geverde"*[21] zur „Unverbrüchlichkeit" der Einung, die auch regelmäßig in anderen zeitgenössischen Verträgen enthalten war, und bekam hier möglicherweise über den allgemeinen urkundlich „floskelhaften" einen durchaus materiellen, konkreten Gehalt.[22] Ein Beleg dafür war etwa die Einung von 1366, die gerade nach den Erfahrungen mit dem schnell gescheiterten Vorgängerbündnis von 1353 am ausführlichsten betonte, dass die geschlossene Einung ohne Ausnahme unwiderruflich bis zum regulären Ablauf gelten sollte und dabei sogar den Fall regelte, dass auch bei Abbruch eines Siegels das betreffende Mitglied in Rechten und Pflichten bleiben solle.[23]

c) Vorzeitige Beendigung

(1) Vor Ablauf der ursprünglich vereinbarten Geltungsdauer konnte eine Friedensorganisation, selbst wenn sie als einfaches Beistandsbündnis ausgestaltet war, *de iure* allenfalls einverständlich durch alle Bündnismitglieder aufgehoben werden, wie die Vorgänge um den Judenschutzbund von 1345 und der berüchtigte Tag von Benfeld im Jahr 1348 zeigten.[24] Umso

---

20 Vgl. etwa idealtypisch die Einung von 1301, St. UB II, Nr. 233, S. 187, Z. 35 f.; zur sozialen und rechtlichen Bedeutung der Kirchenfeste vgl. hier nur *Kroeschell,* DRG I, S. 116.

21 Vgl. auch hier nur beispielhaft zur überaus häufigen Verwendung ebd., S. 188 Z. 22 f.; S. 189 Z. 33, 41.

22 Zu den unterschiedlichen Bedeutungen der Formel, insbesondere der Zusicherung der Arglistfreiheit *„sine dolo malo"*, sowie der allgemeinen und insbesondere der Prozessgefahr vgl. etwa *Kaufmann,* Art. Gefahr, HRG I, Sp. 1429; umfassend *Fuhr,* Argelist. Zur Geverde als böser Absicht und geheimem Vorbehalt gegen das objektive Recht sowie den Willen zur Rechtsverletzung als Kern jedes Verbrechens vgl. *Osenbrüggen,* Alamannisches Strafrecht, S. 136 f.; *ders.,* Abhandlungen I, S. 7 ff.; zur besonderen Bedeutung im Rahmen der normativen Friedenszusicherung und -gewährleistung vgl. *ders.,* Alamannisches Strafrecht, S. 140,354 f. m.w.N.; in Bezug auf Einungen und Bündnisse vgl. *Distler,* Städtebünde, S. 163 ff.

23 St. UB V, Nr. 733 S. 572, Z. 6-9.

24 *Vgl. unten Kapitel 6 III 3.*

mehr musste dies für eine Einung gelten, bei der sich noch viele andere Adelige und Bürger durch Eid verbunden hatten, so dass selbst die privilegierten Errichtungsparteien, die diese Rechtsgemeinschaft selbst im eigenen Namen mit aufgerichtet hatten, an ihren einmal geleisteten Eid gebunden blieben.

(2) Im Gegensatz dazu scheint die in vielen Reichslandfrieden und *Constitutiones*, wie auch später in der Goldenen Bulle betonte Prärogative des Königs, Bündnisse aufzulösen,[25] auch für Landfrieden selbst in den Zeiten stark autonomer Prägung nicht in Zweifel gezogen worden zu sein. Darin wurzelte auch das ebenfalls wohl allgemein anerkannte Recht des Herrschers zum Widerruf auch der Landfriedenseinungen, an denen er als König *in persona* teilnahm. Die dadurch zum Ausdruck gebrachte fortbestehende „Landfriedenshoheit" im Sinne ANGERMEIERS wurde, wenn auch nur in diesem einen Aspekt, bestätigt, aber im gleichen Augenblick praktisch entwertet durch eine vor allem unter den Luxemburger Königen und Herzögen häufige Klausel, in denen der ausdrückliche Verzicht auf dieses königliche Widerrufsrecht erklärt wurde. Für das Elsass kam der Unauflösbarkeits-Bestimmung vor allem vor dem Hintergrund der wechselhaften Ausgestaltung des Dekapolisbundes eine zentrale Bedeutung zu; in jener hatte sich der König ja zu Zeiten größeren Einflusses das Auflösungsrecht ausdrücklich vorbehalten.[26] Auch in diesem Zugeständnis an die ständischen Einungsteilnehmer zeigt sich eine Antwort auf deren, aus konkreten Anlässen begründete Sorge, wie in der Einung von 1389, in der König Wenzel diese besondere Privilegierung im Gegenzug für den stark hoheitlich ausgelegten und aus dem blutigen Konflikt der Adeligen und Städte entsprungenen Friedensschluss zugestehen musste.[27] Schon in einem Entwurf von 1378 hatten die Teilnehmer gemeint, ausdrücklich in der Einung dafür Sorgen tragen zu müssen, dass der Bund auch beim sich abzeichnenden Tode Karls IV. in Kraft bleiben sollte,[28] obwohl dieser selbst nicht Partei werden sollte bzw. war, sondern den Frieden nur verkündete. Bei der Fortdauer über den Tod des Herrschers hinaus dürfte es sich aber eher um ein politisches denn ein rechtliches Problem gehandelt haben.

d) „Obligationes post contractum finitum"

War daher die rechtliche und gar tatsächliche Wirksamkeitsdauer eines Landfriedens nicht absehbar, so mussten die Teilnehmer ein umso größeres Bedürfnis danach haben, sich gegen bleibende Feindschaften, die aufgrund

---

25 *Vgl. oben Kapitel 2 IV 1 b).*

26 Vgl. ausführlich *Distler*, Städtebünde, S. 195 m.w.N.

27 *Vgl. oben Kapitel 2 V 3 a)*

28 So im wohl 2. Konzept, vgl. OSA II 2, Nr. 899 nach St. AV Série III 49, Nr. 71.

des gemeinsamen Vorgehens für den Landfrieden entstanden waren, auch für die Zeit nach dessen Ablauf zu sichern. Daher finden sich seit 1338 regelmäßig Bestimmungen etwa der folgenden Art: „*Geschehe och, daz wir ... uns in den zwein jâren erchanden oder sprechen umb keinen uflu[o]f oder schaden dar zu[o] wir nach den zwein jâren der herren und stête hilf ... bedôrften, ist geret, daz si uns beidiu herren und stêt als lange hinnah beholfen sullen sin, biz die uflu[o]ff und schaden, dar uber wir erchant haben, gentzlichen und gar beriht werden.*“[29]

Die Beistandsverpflichtung der Landfriedensteilnehmer entsprechend den Erkenntnissen der zu seiner Einhaltung ursprünglich bestellten Hüter sollte also über das reguläre Ende des Landfriedensbundes hinausdauern. Anders als etwa FISCHER angenommen hat,[30] hatte diese Klausel ihre Ursache nicht in etwaigen fortdauernden Belagerungen; denn diese beanspruchten selbst im Höchstfall regelmäßig nur wenige Tage und Wochen. Vielmehr ist zu bedenken, dass die Quelle von der endgültigen *Richtung* der Sache spricht, also der Konfliktlösung und dem Ende aller daraus entstandenen Feindschaft durch (schieds-)gerichtlichen Austrag. Von den Teilnehmern wurde damit in Kauf genommen, dass ihre Pflichten allein von äußeren Faktoren abhängig und in ihrer Dauer letztlich unabsehbar waren, ja von einem Teil gezielt missbraucht werden konnten, um das Bündnis *de facto* aufrecht zu erhalten, wie es die Habsburger um 1373 versuchten.[31] Trotz dieser konkreten Erfahrungen wurde jedoch an der nunmehr bereits fest zum traditionellen Normbestand gehörenden Klausel bis zum Ende des 14. Jahrhunderts festgehalten, was nicht zuletzt die überragende Bedeutung für Teilnehmer belegt: die Zusage, nicht mitten in einem Konflikt ohne Beistand da zu stehen.

2. Räumlicher Geltungsbereich und Parteien bzw. Mitglieder

a) Landesidentität durch Landfrieden?

(1) Wie schon in dem, lange Zeit als Vorbild prägend wirkenden, Großen Rheinischen Bund waren in den oberrheinischen Landfriedensbündnissen des 13. Jahrhunderts keine räumlichen Geltungsgrenzen vorgesehen. Der geografische Bereich, in dem die Friedensnormen Anwendung finden sollten, wurde vielmehr von seinen Urhebern allenfalls implizit zugrunde gelegt: einerseits durch den Rhein als erwähntem geografischem „Kristallisa-

---

29 Rapp. UB I, Nr.494, S. 367, Z. 37 - S. 368, Z. 1.

30 *Fischer*, Landfriedensverfassung, S. 91.

31 *Vgl. oben Kapitel 2 IV 3 b).*

tionspunkt",[32] andererseits und vor allem durch die an dem Bündnisschluss des Landfriedens als Mitträger beteiligten Herren und Städte, die in der Errichtungsurkunde namentlich festgehalten wurden. Diese schieden sich durch ihre Nennung klar von der Menge der anderen im Lande Ansässigen und gegebenenfalls Aufhältigen, die durch Eid auf den bereits errichteten Frieden verpflichtet werden sollten. Die dabei erfolgte Auswahl schien, wie bereits im Bund von 1254, zuvorderst darauf gerichtet, alle größeren Territorialherren in gleichem Maße wie die alten Bischofs- bzw. späteren Freistädte und die bedeutendsten Stauferstädte einzubinden. Dieses Bemühen war, wie bereits dargestellt, durch die politische Motivation geprägt, eine möglichst geschlossene Front der wichtigsten politischen, sozialen und militärischen Machtfaktoren gegen die jeweils aktuellen politischen Gegner des Königtums zu schaffen. Durch die Beteiligung möglichst aller bedeutenden Landesherren und bereits in ihrem Kreis anerkannten Bürgerschaften bei der Errichtung des Landfriedensbündnisses kam die breite Unterstützung „des Landes" für den jeweiligen Herrscher für jedermann klar erkennbar zum Ausdruck. Aus diesem Grund konnte der jeweilige König selbst dem Frieden gegebenenfalls fernbleiben, da seine *politische* Rolle durch seine Vertreter, Freunde und Verwandte erkennbar gewahrt blieb.[33] Bis zu den gänzlich neu strukturierten Einungen seit 1301 dürfte sich, obwohl konkrete Belege für die diesen unmittelbar vorangehenden Bündnisse leider fehlen, dieses Prinzip behauptet haben.[34]

(2) Mit dieser ersten, bereits nach ihrem ganzen Umfang unvergleichlich detaillierteren Einung des 14. Jahrhunderts fand erstmals eine Methode zur Bestimmung des räumlichen Geltungsbereichs Eingang, die in allen nachfolgenden regionalen Landfrieden des Jahrhunderts beibehalten werden sollte: Er wurde nunmehr möglichst präzise mittels natürlicher topografischer Angaben wie Flussläufen und Schneeschmelzgrenzen umschrieben.[35]

Bemerkenswert ist dabei, dass dieser Geltungsbereich sich stetig im Wandel befand - von einer „Landesidentität" im technischen Sinne BRUNNERS,[36] die sich in einer Landfriedensgemeinschaft und einem Landfriedensgericht widergespiegelt hätte, kann damit am Oberrhein nicht gesprochen wer-

---

32 Vgl. *Gerlich*, Landfriedenspolitik, S. 63.

33 Vgl. bereits *oben Kapitel 2*; etwa zur klaren Dominanz des Landfriedens von 1278 durch Anhänger der Habsburger *Gerlich*, Landfriedenspolitik, S. 63; vgl. ähnlich am Niederrhein etwa *Stercken*, Landfrieden, S. 51 ff. m.w.N.

34 Gesichert sind allerdings nur die Teilnahme der Stadt Straßburg und der elsässischen Reichsstädte; vgl. RI VI 2, Nr. 333; *Bock*, ZGO NF 46 (1933), S. 327; *Angermeier*, Königtum und Landfrieden, S. 60.

35 Vgl. etwa St. UB II, Nr. 233, S. 187, Z. 32-35; St. UB V, Nr. 733, S. 569, Z. 22; s.a. Müller, Die elsässischen Landstände, S. 18.

36 *Brunner*, Land und Herrschaft, S. 194, 231 ff.; vgl. dazu *Weltin*, ZRG GA 107 (1990), S. 339 ff.

den.[37] Statt dessen galten die Landfrieden bisweilen im gesamten rechts- und linksrheinischen Oberrheingebiet mit unterschiedlichen nördlichen und südlichen Begrenzungen; ihren Kernbereich hatten sie jedoch stets im Niederelsass.

Die genannten natürlichen Grenzen korrespondierten dabei in den ersten Einungen von 1301 und 1310 auffällig mit den Außengrenzen der beteiligten Herrschaften bzw. Gerichtsbezirke, ohne auf Enklaven Unbeteiligter - zumindest bei dieser Beschreibung - Rücksicht zu nehmen.[38] Der Geltungsbereich des Landfriedens umfasste damals jeweils ein Gebiet, das von den Vogesen, der Südgrenze des Bistums Basel, dem Rhein und der Nordgrenze der Herrschaft Fleckenstein begrenzt wurde, und somit das traditionelle Ober- und Unterelsass einbezog, wodurch gegenüber den früheren rheinischen Landfriedensbündnissen eine klare Trennung zum Mittelrheingebiet vollzogen wurde.

Diese Abtrennung sollte jedoch auch nach 1316 bis 1338 gerade noch keinen abschließenden Charakter haben und sich später, wenn man die zahlreichen politischen Bündnisse berücksichtigt, lediglich auf die Landfriedenseinungen selbst beschränken, nicht aber das politische „System kollektiver Sicherheit" vor allem der Bürgerschaften begrenzen.[39] Bereits in der ersten neuen „Welle" von Landfrieden der beiden Doppelkönige von 1316 - 1319 fand sich eine Ausweitung des bisherigen geografischen Raumes auf beide Rheinseiten sowie über das eigentliche Gebiet der Oberrheinebene hinaus.[40] Die erneute Öffnung der Region in Landfriedensfragen nach Süden, Norden und Osten hielt während der gesamten Zeit des Verfassungskampfes Ludwigs des Bayern im Reich an, die nicht zuletzt ein Wiederaufleben der alten großen politischen Bündnisideen der Städte am oberen Rhein mit sich brachte. Die mittelrheinischen Landfrieden, die auch teilweise am Oberrhein galten, übernahmen die Idee einer geografischen Beschreibung ihres Wirkungskreises, allerdings mit einer Ausrichtung direkt am Rhein; so umfasste etwa die Einung von 1322 *„von der Leberahe obernhalp Strazburg die rihte her abe biz zu[o] Bingen uf dem Ryne und iewedirsite dez Rines drie milen uf dem lande, da innen su[i]lent sin Bingen uf dem Ryne und die zwei do[e]rfer Beckelnheim und Sobernheim ane alle geverde."*[41] Währenddessen

---

37 Vgl. hierzu bereits *Schubert*, Interterritoriale Gestaltung, S. 131, der darin ein Zeichen dafür sieht, dass sich eine spezifische Landesidentität am Oberrhein nicht ausgebildet habe.

38 Vgl. St. UB II, 233 (S. 187), Z. 32-35.

39 Vgl. MGH Const. IV 1 Nr. 129; *Wyneken*, Landfrieden, S. 89 ff. *Bock*, ZGO NF 46 (1933), S. 330.

40 Vgl. etwa St. UB II, Nr. 416, S. 363 Z. 20 - 23; 1318 wo durch die Grenzen Lauter/Oos, Vogesen, Schwarzwald und Hauenstein die Gebiete um Pfirt, Mömpelgard, Belfort und Rotbach mit einbezogen waren, *Müller*, Die elsässischen Landstände, S. 17.

41 MGH Const. V, Nr. 649, S. 523 Z. 23-26.

bemühten sich die Habsburger weiter verstärkt, möglichst alle ihre Kräfte in ihrem Kernbereich im Oberelsass mit jenen in den südlicheren und östlicheren Nachbarregionen zu verbinden. Mit der Übernahme eines ausdrücklichen Geltungsbereiches für das Dreierbündnis zwischen Basel, Freiburg und Straßburg zeigte sich die weitere Ausbreitung des Gedankens, aber auch eine klare Ablösung von den Jurisdiktionsgrenzen, die in dieser „Repolitisierung" der Landfriedensausgestaltung angelegt war. So umfasste der Landfriedensschluss von 1338 denn auch erstmals wieder das gesamte Elsass und damit den Einflussbereich der habsburgischen wie der wittelsbachischen Partei.[42]

Die sich 1338 bereits abzeichnende Trennung zwischen dem habsburgisch dominierten Oberelsass und dem auf Wahrung seiner Königsnähe und Reichsunmittelbarkeit besonders bedachten „unteren Landesteil" vollzog sich in den autonomen Landfriedenseinungen ab 1343. Die Frieden dieser Phase sollten gelten für ein linksrheinisches Gebiet von zwei Meilen oberhalb Mühlhausens bis zur Selz und rechtsrheinisch von Kenzingen bis zum Oosbach, während die Schneeschmelzgrenzen von Schwarzwald und Vogesen die west- beziehungsweise östlichen Grenzen markierten.[43] Der Friedensbezirk umfasste also, unter anderem, zumindest räumlich die Herrschaft Geroldseck und die Markgrafschaft Baden und überschnitt sich teilweise mit dem mittelrheinischem Landfrieden, schloss hingegen vor allem das Gebiet der Stadt und des Bistums von Basel, die Grafschaften Pfirt und Mömpelgard, und vor allem den Großteil des unmittelbar habsburgischen Besitzes aus.[44] Durch diese Konzentration auf das niederelsässische Kerngebiet, allerdings einschließlich des rechtsrheinischen Pendants, zogen die unteren Reichsstände unter der Initiative Straßburgs die Konsequenz aus dem Dilemma, mit den Habsburgern nicht paktieren zu wollen, jedoch traditionell auf die Beteiligung der Landgrafen am Landfrieden angewiesen zu sein. Konsequent erfolgt die Abgrenzung des nach Norden erweiterten Gebiets im Süden vor 1353 weitgehend übereinstimmend mit den Grenzen des habsburgischen Herrschafts- und Einflussraums.[45]

Nachdem 1366 noch ein letztes Mal das ganze Südelsass bis zum Jura in den Friedensbezirk aufgenommen wurde,[46] fand 1378 eine erneute Nordverschiebung der Grenzen statt, bei welcher der unterhalb der Grenze Mühlhausen - Badenweiler - Thann liegende habsburgische Bereich aus-

---

42 *Vgl. oben Kapitel 2 II 4 a);* Rapp. UB I, Nr. 494, S. 366, Z. 26-30.

43 Vgl. St. UB V, Nr. 116, S. 118, Z. 5-10.

44 Zur den daraus folgenden Überschneidung mit dem mittelrheinischen Landfrieden vgl. *Schwalm*, Landfrieden, S. 80.

45 Vgl. OSA I, Nr. 504, Art. 13.

46 St. UB V, Nr. 733, S. 569, Z. 12-24; vgl. *Müller*, Die elsässischen Landstände, S. 22.

schied, dafür aber weitere, vor allem unter pfalzgräflichem Einfluss stehende Gebiete im Norden bis zur Linie Neustadt - Besigheim - Pforzheim einbezogen wurden und im Osten die Grenze sogar bis Pforzheim und Wiesloch reichen sollte, wodurch sich Überschneidungen namentlich mit tradionell dem mittelrheinischen Landfrieden zugehörenden Gebieten ergaben.[47] Ab 1389 galten dann die Frieden vom Hauenstein bis Selzbach, also nicht mehr am ganzen Oberrhein, sondern nur etwa im Bereich des heutigen Elsaß und der nördlichsten Schweiz. Dabei sollten die getrennten elsässischen und oberrheinischen Frieden einander unschädlich sein.[48]

b) Das Verhältnis von Parteien und Geltungsbereich im System der ersten Einungen des 14. Jahrhunderts

Für die Wirksamkeit und rechtliche Konstruktion der Einungen weitaus wichtiger war jedoch stets die Frage nach dem Kreis der Teilnehmer, da diese die Bedeutung der Landfrieden bestimmte und die jeweiligen Auswahlkriterien auch Rückschlüsse auf die zugrunde liegenden Vorstellungen über die Funktionen der Friedensordnung zulassen.

(1) So traten 1301 und 1310 als Verkünder und Garanten des Landfriedens neben den Königen Albrecht beziehungsweise Heinrich mit den Bischöfen und Vetretern der Städte Basel und Straßburg sowie den Landgrafen des oberen und unteren Elsaß die wichtigsten Repräsentanten der Region, geradezu die *„Primates"* der alten *Pax Alsatiensis* als aufrichtende Teile auf.[49] Gegründet auf die rein beschreibende Feststellung von WYNEKEN, es handele sich dabei fraglos um die mächtigsten Reichsstände im Elsass,[50] hat BOCK die tatsächliche Macht als eigentliches Kriterium für die Auswahl übernommen.[51] Die Teilnahme der unterelsässischen Landgrafen, die ja gerade über keinerlei ins Gewicht schlagendes Vermögen oder Einfluss verfügten, hat sich der Autor allerdings unter dieser Prämisse als „eigenartige Zusammensetzung" nur mittels zweier unterschiedlicher Hilfsbegründungen erklären können: Die nachgerade bedeutungslosen Landgrafen vom Unterelsass seien als Partei aufgenommen worden, um den Einfluss der Habsburger als Inhaber der oberen Landgrafschaft zu erweitern, insbesondere um kleinere Herrschaften auszuschließen und sie den Landgrafen un-

47 St. UB V, Nr. 1319, Art. 3.

48 RTA II, Nr. 75, Art. 3; vgl. *Asche*, Landfrieden, S. 104, 107 f.; *Müller*, Die elsässischen Landstände, S. 25.

49 Vgl. St. UB II, Nr. 233, S. 187, Z. 24-31.

50 Vgl. *Wyneken*, Landfrieden, S. 89.

51 Vgl. *Bock*, ZGO NF 46 (1933), S. 330 ff.; dazu auch bereits *Wackernagel*, Basel I, S. 245.

terzuordnen.[52] Fernerhin seien die niederen Landgrafen schlicht aufgrund ihrer „öffentlich-rechtlichen Befugnisse" aufgenommen worden. Allerdings wäre dann bei der erneuten Aufrichtung von 1310 diese Konstruktion allenfalls unter dem Gesichtspunkt einer bereits durch ein einziges Vorbild begründeten Tradition erklärbar, da der jetzt regierende König Heinrich VII. beim besten Willen kein Interesse an der Stärkung seiner gefährlichsten reichspolitischen Rivalen haben konnte.[53]

(2) Eine überzeugende Erklärung liegt vielmehr in der Erkenntnis begründet, dass mit den genannten Parteien durchgängig Inhaber der, nicht zuletzt für die Ahndung von Gewalttaten maßgeblichen, Hochgerichtsbarkeit erscheinen, deren Bedeutung auch in der an gebotenem Ort zu erörternden Organisation des Landfriedens deutlich wird.[54] Für die beiden Inhaber des traditionellen Landgerichtes ist dies unbestritten. Aber auch Rat und Bürgerschaft von Straßburg und Basel waren schon länger im Besitz der Hochgerichtsbarkeit, namentlich über die für den Friedensschutz relevanten Gewaltverbrechen.[55] Dennoch bedeutete die gleichberechtigte Stellung mit König und Hochadeligen eine Fortsetzung der kontinuierlichen Aufwertung der beiden Kommunen seit 1254 und 1262.[56] Unter den Einungsinitiatoren und -garanten erscheinen auch die Bischöfe in ihrer Funktion als Herren wichtiger Immunitäten und unmittelbare Inhaber der dortigen hohen Gerichtsbarkeit; gleiches gilt, wie aus den weiteren Organisationsbestimmungen ersichtlich, für den König selbst.[57] Dagegen konnten die kleineren Reichsstädte trotz mancher bereits gewonnenen, aber noch unvollständigen Exemtionsprivilegien[58] noch keine eigene Rechtstellung erlan-

---

52 *Bock*, ZGO NF 46 (1933), S. 331 f; dafür sprechen ähnliche politische Auswahlmechanismen in Bayern bzw. Schwaben, vgl. *Redlich*, Rudolf von Habsburg, S. 444.

53 So *Bock*, ZGO NF 46 (1933), S. 332.

54 *Vgl. unten Kapitel 5 I 2 c)*; zur Bedeutung der Hochgerichtsbarkeit für die Ahndung der als „ungerihte" zusammengefassten schweren Gewalttaten vgl. etwa SchwSp. L. 92 W. 81; *Caspar*, Schwabenspiegel, S. 8 f.; *Ishikawa*, Gericht, S. 445.

55 Dies gilt etwa für die Stadt Straßburg bereits teilweise ab 1249, endgültig jedoch nach der Schlacht von Hausbergen, vgl. hierzu etwa St. UB I, Nr. 618, Art. 1 ff.; *Véron-Réville*, Juridictions d'Alsace, S. 66; für Basel vgl. den von Kg. Rudolf initiierten Baseler Stadtfrieden; *Schnell*, Rechtsquellen Basel I, Nr. 6; vgl. zu beidem *His*, Strafrecht I, S. 33 sowie die bereits *oben unter Kapitel 1 I 4 b) (1) und (2)* ausgeführten Immunitätsprivilegien.

56 Zu einer ähnlichen Anerkennung in anderen Regionen vgl. etwa *Stercken*, Landfrieden, S. 50 zum Niederrhein.

57 Obwohl, wie bereits *Hirsch*, hohe Gerichtsbarkeit, S. 60 ff., 132 ausführlich dargestellt hat, nicht aus dem Bestehen einer Immunität automatisch auf die Inhaberschaft der hohen Gerichtsbarkeit geschlossen werden darf, steht für die genannten oberrheinischen Bischöfe eine solche außer Frage, hatten diese doch bereits spätestens Mitte des 13. Jahrhunderts nicht zuletzt durch die Ablösung ihrer (Rest-)Vogteien diese an sich gebracht *vgl. nur oben Kapitel 1 I 4*; vgl. dazu auch *His*, Strafrecht I, S. 612 ff.

58 *Vgl. ausführlich oben Kapitel 1 I 4 b) (3).*

gen; vielmehr sollten sie gezielt weitgehend dem Gericht des Reichslandvogtes beziehungsweise Schultheißen untergeordnet und von ihm abhängig bleiben.

(3) Um dabei, anders als BOCK,[59] von einer politisch implizierten Ausschließung kleinerer Gewalten sprechen zu können, müsste die Anwendbarkeit des Landfriedensrechtes auf andere, bereits bestehende Hochgerichtsinhaber nachgewiesen werden.

Leider steht eine den heutigen Erfordernissen in dieser Hinsicht genügende grundlegende Untersuchung der Gerichtsrechte im Elsass noch aus.[60] Jedoch erscheint es nicht zuletzt im Vergleich mit anderen Regionen des Reiches doch sehr zweifelhaft, ob mit dem Kreis der Landgrafen, Bischöfe, größten Städte und der unmittelbar dem Reich unterstehenden Gebiete wirklich alle Inhaber von Hochgerichtsrechten im umgrenzten Gebiet abschließend erfasst wurden, insbesondere wenn man die weiteren bedeutenden geistlichen Immunitäten bedenkt.[61] Abgeschwächt werden kann diese Exklusivitätsthese jedoch mit zwei Gesichtspunkten:

(a) Zunächst kann man in der Inhaberschaft hoher Gerichtsbarkeit eine jedenfalls notwendige, nicht aber hinreichende Bedingung für die Einbeziehung in den Kreis der Errichtenden erkennen. Deutlich wird dies durch politische oder andere Implikationen, die die Einbeziehung ohne weiteres verhindern konnten, ohne dass daran die Einung insgesamt gescheitert wäre. So fand sich etwa in der Einung von 1310 nicht der Name des Basler Bischofs, da dieses Amt gerade umstritten war,[62] während bedeutende Territorialherren im Geltungsbezirk des Friedens, die ihren weitaus überwiegenden Besitz und Aufenhalt außerhalb des Oberrheines hatten, ebenfalls nicht erschienen.[63] Umgekehrt traten mit den Parteien von 1301 gerade jene bedeutendsten „staatlichen", kirchlichen und städtischen Hochgerichtsträger auf, die gleichzeitig das größte Interesse an der Eindämmung gewaltsamer Selbsthilfe haben mussten.

(b) Weit wichtiger ist gleichzeitig die auch in rechtlicher Hinsicht grundsätzliche Frage, ob die Landfriedensnormen in dem gesamten geografisch umgrenzten Land gelten sollten oder aber nur in den darin belegenen Ge-

---

59 *Bock*, ZGO NF 46 (1933), S. 331.

60 *Vgl. ausführlich oben Kapitel 1 I 4;* darüber hinaus bleibt nur der Rückgriff auf heutigen Ansprüchen kaum mehr genügende ältere Forschungschichten, wie etwa von *Véron-Réville*, Juridictions d'Alsace und *Eyer*, ZGO 117 (1969), S. 161 ff.

61 *Vgl. oben Kapitel 1 I 4 b) (4) und (5).*

62 Der Platz wurde in der ausgefertigten Urkunde freigehalten, vgl. St. UB. II, Nr. 284, S. 230, Z. 1; das hierzu ergangene Interdikt fällt genau in den Abschluss des Landfrieden, vgl. nur *Wackernagel*, Basel I, S. 228 f.

63 Wie etwa die Herzöge von Lothringen.

richtsterritorien der einzelnen Einungsparteien. Gegen die in der allgemeinen Landfriedensforschung eher vorherrschende erste Auffassung[64] ist letzteres etwa jüngst erneut von SCHUBERT mit seinem Modell der interterritorialen Ordnung angenommen worden.[65] Folgt man seiner Interpretation, dann wären bei der gebotenen doppelten Prüfung, nach der Sachverhalte innerhalb des Landfriedensgebiets und des Gerichtsbezirks einer Partei kumulativ gegeben sein müssten, praktisch immer die in der Regel engeren Territorialgrenzen ausschlaggebend gewesen. Die geografische Umgrenzung des Geltungsbereichs würde letztendlich ein bloßes zusätzliches negatives Ausschlusskriterium darstellen, das nur der vereinfachten Prüfung und Klarstellung diente - sofern nicht gezielt auswärtige Territorienteile einer Einungspartei ausgeschlossen werden sollten. Letzteres ist in den vorliegenden beiden Einungen durch den ausdrücklichen Ausschluss der rechtsrheinischen Gebiete Basels am Ende des folgenden Zitats erkennbar: König Albrecht und die anderen Parteien verkündeten *„daz wir der ku[i]nig bi unsere ku[i]nigliche tru[i]wen und wir die andern bi geswornem eide, den wir getân hant, u[i]berein sind kumen eines gemeinen landfriden von der Selse untz an die Birse und von dem Rhine unz an den Wasichen, als daz bistu[o]m zu[o] Strazburg begrifet, und von der Birse unz an den Wasichen, alse daz bistu[o]m zu[o] Baslie gât, und ouch jensite des Rines alse daz bistu[o]m zu[o] Strazburg gât, hinnant unze sante Johannesses mez und dannan uber vier jar nach einander ane underlaz vu[i] uns und vu[i]r die unsern, also doch, daz wir der bischof von Basile und die burger von Basile jensite des Rines ungebunden sint; und aber hie dissete Rines sin wir nu[i]t me schuldig noch gebunden ze helfenne wande von der Birse unz an die Sorne, und jensite des Rines so ist nieman von dies friedes halben gebunden durch walt ze helfene."*[66]

Der Zusammenhang mit den weiteren Normen weist ein durchaus zwiespältiges Bild auf: Das wohl stärkste und letztlich überzeugende Argument für die Begrenzung des Friedens auf die in dem Geltungsrahmen gelegenen einzelnen Gerichtsbezirke der Parteien ist, dass die folgenden organisatorischen Bestimmungen ganz auf diese abgestimmt sind und die Einungsparteien jeweils für ihren Bezirk gesonderte, sich in der Sache gleichende und teilweise aufeinander verweisende Anordnungen treffen, so dass anscheinend bewusst diese Redundanzen in Kauf genommen wur-

---

64 Vgl. etwa *Hattenhauer*, Gottes- und Landfrieden, S. 171; *Stercken*, Landfrieden, S. 65 f. m.w.N.; bereits für die Gottesfrieden *Bader*, ZwürttLG 3 (1939), S. 9.

65 So hat *Schubert*, Interterritoriale Gestaltung, S. 131 unter Berufung auf einen bayerischen Schutzbund vom 1.7.1340, vgl. Pfeiffer, Nr. 1, Art. 24 als einen Rechtsgrundsatz behauptet, dass die Landfrieden nur grundsätzlich soweit reichten wie die Gebiete der jeweiligen Bündnispartner; vgl. ähnlich bereits *Müller*, Die elsässischen Landstände, S. 15 f.

66 Vgl. etwa St. UB II, Nr. 233, S. 187 Z. 36 – S. 188, Z. 2, während das rechtsrheinische Territorium des Straßburger Bistums ausdrücklich eingebunden war; vgl. auch *Müller*, Die elsässischen Landstände, S. 16.

den, um die Gerichtshoheit jeder Einungspartei zu betonen: „*und swer disen friden brichet, beschihet daz in unserme dies ku[i]niges gerihte, ... wird aber dirre fride gebrochen in unserme des bisschofes gerihte von Strazburg, so sol mens ... in dirre selben wise sol men tu[o] ane alle geverde, obe der fride gebrochen wirt, do mens an den bisschof von Basile oder an die lantgravven in obern und in nidern Elsaze vordern sol... wirt aber er gebrochen do ez die burger von Strazburg anegât, do sol mens vordern an den, der denne wissenhaftburgermeister ist.*“[67] Allerdings bezog sich eine Sondervorschriften eindeutig auf die unrechtmäßige Verschleppung von Gefangenen aus dem geografischen Gesamtgebiet: „*wirt o[u]ch ieman gevangen in dis frides begriffe und wirt darus gefu[e]ret, da su[i]llent alle dis frides eitgenossen bi dem eide ir helfe und ir maht zu[o] tu[o]n, das der gevangene lidig werde und solich unrecht gebessert werde...*“.[68] Auch die erstmaligen ausdrücklichen Garantien aller bestehenden Rechte für alle Orte und Dinghöfe, die im Gebiet des Friedens gelegen sind,[69] erlauben keinen eindeutigen Schluss; allerdings könnte sie einen Ansatz darstellen, die Lücke zwischen den organisatorisch erfassten Gerichtsterritorien und jenen möglicher anderer Herrschaften zu schließen: Denn wenn man annimmt, dass jedermann sich seiner gewöhnlichen Hoheit erfreuen sollte, mithin diese Rechte die Tätigkeit des Landfriedens ausschließen sollte, käme man zu einer umfassenden Regelung für alle Territorien, die der bereits erreichten Gerichtsverfassung, nicht zuletzt des Mainzer Reichslandfriedens, voll entspräche. Das nur subsidiär eingreifende koordinierte Vorgehen aller Einungsmitglieder würde allerdings nur dann gelten, wenn in „erster Instanz“ ein Gericht einer Einungspartei zuständig gewesen war. Elegant wäre damit erstmalig das bündische Element lückenlos mit der tradierten Gerichtsverfassung verbunden, ohne dass dies die Rechte der nicht beteiligten Gerichtsträger überhaupt berühren würde - allerdings mit einer deutlichen Zäsur zur bisherigen Entwicklung und einem eindeutigen Zurückdrängen des bisher in der Region eher überwiegenden konjurativen Ansatzes.[70]

Die Ausgangsfrage wäre dann jedenfalls dergestalt vermittelnd zu beantworten, dass die Landfriedensnormen zwar grundsätzlich Geltung im gesamten geografischen Großraum beanspruchen sollten, real aber nur innerhalb der Zuständigkeiten der Einungsparteien und ihrer Gerichte wirk-

---

67 Vgl. etwa im Landfrieden von 1301 St UB II, Nr. 233, S. 188 Z. 14 - S. 189, Z. 10.

68 Vgl. ebd., S. 189 Z. 10–14.

69 Vgl. dazu nur St. UB II, Nr. 233, S. 188 Z. 5 - 7.

70 Dieser hatte sich bis 1298 als weithin bestimmend erwiesen, nicht zuletzt in den Landfriedensbündnissen von 1278, 1288 und 1293; der Beistandsgedanken organisierte sich dabei in der bestimmenden Tradition des Rheinischen Bundes und im Gegensatz zu den Reichslandfrieden unabhängig von Jurisdiktionsrechten und -bezirken, was zuletzt auch in den Reichslandfrieden seit 1287, namentlich in der nach dem „Nächstgelegenenprinzip“ gestaffelten Hilfeleistung, seinen Niederschlag fand; *vgl. zum Ganzen unten Kapitel 5 I 2 a), b).*

sam werden konnten. Allein das Verhältnis der Verschleppungsregelung zur Garantie der fremden Gerichtsrechte wäre noch zu bestimmen, wobei letztere unproblematisch Vorrang genossen haben könnte, so dass auch diese Regelung nur dann anwendbar war, wenn nicht die Gerichtskompetenz Dritter betroffen war, sei es nach dem Territorial- oder dem Personalitätsprinzip. Ob man in diese, an anderen Stellen ohne einen solchen Gehalt gebrauchte Formel derart viel hineinlesen kann, bleibt allerdings durchaus zweifelhaft, zumal auch keine Belege für ihre Anwendung überliefert sind, die hierauf eine befriedigende Antwort geben könnten. Ohne eine solche Hypothese wird man allerdings in dem Frieden von 1301 und dem Verhältnis seines Geltungsbereiches und seiner Verfahrensregelungen allenfalls einen noch lückenhaften ersten Versuch einer erst in der Entstehung begriffenen Synthese von traditioneller Gerichtsverfassung und bündischen Elementen erblicken können.

c) Die weitere Entwicklung des Teilnehmerkreises im Spiegel politischer Konstellationen

Auch in der Zeit nach 1310 behielten die räumlichen Gebietsumschreibungen ihre maßgebliche Rolle für den Geltungsbereich der Landfriedensnormen. Hingegen erfolgten zahlreiche Wechsel und Umstrukturierungen im Kreis der Teilnehmer, die vor allem den jeweiligen aktuellen politischen Entwicklungen und Machtkonstellationen, wie im Einzelnen bereits oben in Kapitel 2 ausführlich dargestellt, geschuldet waren. Danach lassen sich auch hinsichtlich des Kreises der in den Urkunden namentlich genannten Teilnehmer mehrere Phasen herauspräparieren:

(1) In der Zeit des Thronkampfes Ludwigs des Bayern mit Habsburgern und Kurie (1316-1338) prägte der Wunsch des Königtums nach einem möglichst großen Teilnehmerkreis die Entwicklung. Er zeigte die prominente Unterstützung des Thronprätendenten oder Herrschers durch die Führungsmächte des Landes. Die ganz erhebliche Vergrößerung des Teilnehmerkreises war dabei nicht allein durch die Erweiterung des Geltungsraumes bedingt. Unter den Parteien der Landfrieden fanden sich jetzt neben nahezu allen bis dato anerkannten kleineren Reichsstädten der Landschaft auch eindeutig nicht reichsunmittelbare Landstädte, wobei Freiburg mit seinem ungeklärten Status in etwa eine Mittelstellung einnahm.[71] Nur teilweise kann dieser Befund mit der immer stärkeren Anerkennung der Hochgerichtsgewalten der kleineren Reichsstädte und Herrschaften erklärt

71 Vgl. zum Ganzen und den Rückschlüssen auf die Teilnehmerzahl durch das stark auf 19 Mitglieder vergrößerte Landfriedensgremium in MGH Const. V, Nr. 398; vgl. *Schwalm*, Landfrieden, S. 77; *Bock*, ZGO NF 46 (1933), S. 334.

werden;[72] vielmehr trat zu diesem Zeitpunkt erneut die politische Bedeutung der Teilnehmer an die Stelle der vorübergehenden rechtlichen Auswahlkriterien. Den um Durchsetzung ihrer konkurrierenden Ansprüche ringenden habsburgischen, wittelsbachischen und später luxemburgischen Königen musste jeder potente Partner, einerlei ob Adeliger oder Bürgerschaft, recht sein, so dass gerade die kleineren Städte eine erhebliche Aufwertung durch ihre mit dem Königtum gleichberechtigte Teilnahme an diesen Landfrieden erfuhren. Besonders galt dies für die kleineren elsässischen Reichsstädte der Reichslandvogtei, die erstmals nicht vom Reichslandvogt bei der Friedenssorge repräsentiert und damit mediatisiert wurden. Diese Umorientierung spiegelt sich auch in einer klaren Abkehr von der bisherigen Organisation des Landfriedens von dem zuvor entwickelten System. Sie ermöglichte erst die gleichberechtigte Teilnahme unabhängig von eigener Gerichtsherrschaft.[73] Der Landfrieden der habsburgischen Parteigänger von 1318 zeigte sich hier genau im Übergang: In diesem Bündnis gelang es Herzog Leopold, alle Teilnehmer von 1310 und zusätzlich die wichtigsten Mitglieder aus dem rechtsrheinischen habsburgischen Einflussgebiet, wie Graf Konrad von Freiburg und Walter von Geroldseck sowie die Städte Breisach, Freiburg und Basel zu verbinden, während die neun kleineren elässischen Reichsstädte jetzt eigenständig neben ihrem Reichslandvogt aufgenommen wurden, König Friedrich und das Reich hingegen nicht mehr selbst in Erscheinung traten.[74]

Die immer weitere Öffnung des Teilnehmerkreises, nicht nur mit der Erweiterung des Einzugsgebiets nach Süden, Norden und Osten, sondern auch durch Anerkennung bislang nicht akzeptierter Akteure als originäre Errichtungsparteien, hielt während der Zeit des gesamten Verfassungskampfes Ludwigs des Bayern im Reich an. Die Entwicklung sah nicht zuletzt ein Wiederaufleben der alten großen politischen Bündnisideen der Städte am oberen Rhein. Auch den folgenden Kämpfen um die Krone – und parallel angesichts der neuen Herausforderungen durch schwer kontrollierbare gewaltgefährliche Menschenmassen in Stadt und Land – galt es für den jeweiligen Initiator, aber auch die Mitträger des Landfriedens, möglichst viele potente Verbündete unter den Herrschafts- und Ordnungs-

---

72 Vgl. ausführlich oben Kapitel 1 I 4 b) (3); dazu StR Schlestadt I, Nr. 7, Art. 1; StR Colmar I, Nr. 34, Art. 1, wonach der Totschlag eines Bürgers auch in der Bannmeile vor der Stadt vor dem Schultheiß und der Bürgerschaft gerichtet wurde.

73 *Vgl. unten Kapitel 5 I 2 c), d).*

74 Vgl. St. UB II, 354 (S. 302), Z. 22-35; wobei letzteres wohl ein für den Abschluss notwendiges Zugeständnis des Habsburgers an die Reichsstände war; *Schwalm*, Landfrieden, S. 75 ff., 132 ff.; *Bock*, ZGO NF 46 (1933), S. 334; *Müller*, Die elsässischen Landstände, S. 17, die jeweils zu stark aus dem Verzicht König Friedrichs auf die „Dezentralisierung" des Landfriedens und „völlige Aufgabe königlicher Landfriedenshoheit" im Elsaß geschlossen haben.

trägern in der Region zu finden, um die Sicherheit und Ordnung im Sinne der gemeinsamen Vorstellung zu bewahren und durchzusetzen. So zeigte sich auch der Friedensschluss von 1338 in seiner einmaligen Gestalt besonders von diesen politischen Kalkülen ganz geprägt:[75] In ihm schlossen die Anhänger beider Parteien des Thronkampfes, mit Namen König Ludwig, die neun Reichsstädte und der Reichslandvogt Graf Hohenberg auf der einen, sowie der Landvogt des Sundgaues, die Bürgerschaften von Basel, Breisach, Neuenburg und Rheinfelden auf der anderen Seite einen bilateralen Friedensvertrag, was auch in der konsequent paritätisch ausgerichteten Organisation des Friedens zum Ausdruck kam. Diesem traten die führenden geistlichen Herren, die Bischöfe von Straßburg und Basel und der Abt von Murbach bei, ohne die Struktur zu verändern.

(3) Durch die neuen Landfrieden seit 1343 vollzog sich unter der Initiative und Führung Straßburgs eine Reduzierung auf die besonders auf die Wahrung ihrer Reichsunmittelbarkeit bedachten Stände im Unterelsass .[76] Die Teilnehmer entzogen sich damit gleichzeitig dem Dilemma, mit den Habsburgern nicht paktieren zu wollen, jedoch traditionell auf die Beteiligung der Landgrafen im Geltungsgebiet der Landfrieden angewiesen zu sein. So gehörten zu ihrem Kreis fortan neben der Reichslandvogtei, beziehungsweise ihren Städten, und Bischof Berthold auch die beiden Landgrafen Ludwig und Friedrich von Öttingen, obwohl deren Herrschaft im Elsass bereits beträchtlich durch Veräußerungen zusammengeschmolzen war. Dagegen war die von habsburgischem Hausgut und Landgrafschaft fast gänzlich umschlossene Baseler Bürgerschaft ebenso wie ihr Bischof in diesen Frieden bis 1353 nicht mehr vertreten.

Besonders die Vertretung der Reichslandvogtei in den Landfrieden dieser Phase stellt ein beredtes Zeugnis für die Verlagerung der Jurisdiktionsgewalt und -ansprüche im innerstädtischen Verfassungsgefüge dar. Sie zeigt aber auch die jeweilige Machtbalance in der politischen Auseinandersetzung zwischen den in der Dekapolis zusammengeschlossenen Bürgerschaften und dem Reichslandvogt als Repräsentant der königlichen Stadtobrigkeit. Nachdem kurz zuvor das Dekapolisbündnis in Konfrontation zur Reichsgewalt gegründet worden war, fanden die Bürgerschaften als gleichberechtigte Partner der Landfriedenseinung von 1343 ihre Anerkennung bei der Freien Stadt Straßburg und den beteiligten Herren. Dagegen war der Reichslandvogt, der die Reichsstädte bislang stets vertreten hatte, ebenso wie der König selbst, zunächst überhaupt nicht an der Einung be-

---

75 Vgl. Rapp. UB I, Nr. 494 (S. 365 - 369); Cart. Mulh. I, Nr. 195; *Schwalm*, Landfrieden, S. 77 f.; *dazu oben Kapitel 2 II 4 a).*

76 St. UB V, Nr. 116, S. 117 Z. 39 - S. 118, Z. 8; vgl. OSA I, Nr. 504, Art. 13; *vgl. dazu und zum Folgenden bereits oben Kapitel 2 III 1 a).*

teiligt, wodurch der Landfrieden stark an einen gewöhnlichen Städtebund angenähert schien.[77]

(4) Schon 1353 kündigte sich jedoch die Kehrtwende in dieser Entwicklung an: Auch die wichtigsten oberelsässischen Reichsstände waren nun wieder vertreten; zu den traditionellen Mitgliedern, Stadt und Bischof von Straßburg, Landgraf Johann von Werd und den Reichsstädten bzw. dem Reichslandvogt traten die vier wichtigsten Territorialherren, die Herren von Rappoltstein, Ochsenstein, Geroldseck und von Üsenberg, sowie der Abt von Murbach.[78]

1366 kam es unter dem Einfluss der Bedrohung durch die Engländer-Söldnerscharen noch einmal zur Beteiligung vieler Repräsentanten aus dem habsburgischen Gebiet, die zusammen mit dem Landvogt und Vertretern der württembergischen Herrschaft von Reichenweiher den Teilnehmerkreis ergänzten.[79] Die Menge der hier angeführten Herrschaften steht in völligem Missverhältnis zu den bisherigen Landfrieden. Es handelte sich aber, wie der Text ausdrücklich zu erkennen gibt, größtenteils um Inhaber habsburgischer Pfänder, darunter etwa Markgräfin Adelheid von Baden oder die Gräfin von Neuenburg als *„eliche wirtin grafe Hannes von Habsburgs"*, die für entsprechende im Landfrieden belegene habsburgische Landesteile handelten. Das Teilnehmerfeld zeigt damit nicht nur die finanziell wohl angespannte Situation der Habsburger oder jedenfalls ihr relatives Desinteresse an der Verwaltung ihrer alten Stammlande. Es verdeutlicht auch, dass die Teilnahme am Landfrieden nicht mehr *in persona* oder durch einen Amtmann als persönlichen Stellvertreter erfolgen musste, wie bereits regelmäßig den Reichslandvogt den König für das unmittelbare Reichsgebiet vertreten hatte, dem 1338 die Offizialen für die geistlichen Herren folgten. Vielmehr bezog sich nunmehr die privilegierte Teilnahme an der Einungserrichtung nicht mehr auf diese Herrschaftsträger, sondern bereits mehr auf das jeweils eingeschlossene Herrschaftsgebiet und die dortigen Gerechtsame. Interessanterweise fanden sich unter den Errichtenden auch die Herren von Üsenberg, gegen die 1355 der frühere Landfrieden noch aktiv vorgegangen war. Statt des Reichslandvogts, Burggraf

---

77 Vgl. St. UB V, Nr. 116, S. 118, Z. 1 f.

78 Vgl. die überlieferte Besetzung der 15 Landfriedenspfleger, von denen drei durch die Reichsstädte, je zwei von den Straßburger Bürgern und ihrem Bischof, sowie je einer von den unteren Landgrafen, den Herren von Lichtenberg, Ochsenstein, Geroldseck im Wasgau, der Bürgerschaft und dem Bischof von Basel sowie einer gemeinsam vom Abt von Murbach, den Herren von Rappoltstein, Geroldseck in Ortenau und Usenberg ernannt wurden; vgl. Mathias v. Neuenburg, Erste Fortsetzung, S. 208 f.; Rapp. UB I, Nr. 674; zu Problemen der Aufzählung vgl. *Angermeier*, Königtum und Landfrieden, S. 210; *Bock*, ZGO NF 46 (1933), S. 354 f. m.w.N.; zu deren allmählichem Erwerb der landgräflichen Jurisdiktionsrechte in ihren Herrschaften *vgl. oben Kapitel 1 I 4 b) (5)*.

79 St. UB V, Nr. 733, S. 568, Z. 19 – S. 569, Z. 5.

Friedrich von Nürnberg, und des Unterlandvogts, Johann von Festenberg, nahm nur Werlin von Landsberg teil. Er handelte sowohl als württembergischer Vogt von Reichenweiher gemeinsam mit den Bürgern, sowie zusätzlich ausdrücklich *„von min selbst wegen"*. Die eigenständige Mitgliedschaft der Dekapolis-Reichsstädte schien zu diesem Zeitpunkt nicht mehr in Frage gestellt zu werden.

Die tatsächliche, wenn auch pfandweise Inhaberschaft höherer Gerichtsrechte war demnach wohl eine notwendige, jedoch keineswegs mehr hinreichende Bedingung für die Parteistellung in einem Landfrieden. Ebensowenig war es für den Landfrieden erforderlich, dass sich sein Geltungsbereich mit den Jurisdiktionsbezirken seiner Parteien deckte.

(5) 1378 trat in der Strukturierung des Teilnehmerkreises und gleichzeitig der Organisation des Landfriedens eine grundlegende Neuerung ein. Ähnlich wie bereits beim „paritätischen" Landfrieden von 1338 wurden die Teilnehmer ab diesem Zeitpunkt in mehrere „Teile", die jeweils mehrere Mitglieder umfassten, gegliedert: Die konkrete Form der Einordnung, die auch bei der Bestellung der Amtsträger des Landfriedens, dem Verfahren und den Mitgliedschaftspflichten die zukünftig zentrale Bezugseinheit darstellten, war dabei vom Gegensatz zwischen den Städten und Territorialherren bestimmt, und nicht zuletzt jeweils auf die aktuellen Interessen der maßgeblichen Luxemburger Herrscher ausgerichtet.[80]

1378 umfasste etwa die erste dieser Gruppen die Fürsten und Landesherren, die Pfalzgrafen am Rhein und Herzöge von Bayern, auch als Vormundschaft für die minderjährigen Markgrafen von Baden, sowie Herzog Wenzel von Luxemburg.[81] Bezeichnenderweise tauchen die eigentlichen elsässischen Territorialherren, wie die Herren von Lichtenberg, Rappoltstein, Geroldseck oder Ochsenstein, in diesem Kreis nicht auf.[82] Dazu traten der Reichslandvogt als unmittelbarer königlicher Beamter mit den von ihm angeführten und damit im Landfrieden wieder einmal mediatisierten Reichsstädten als zweiter Gruppe. Rat und Meister als Vertreter von Straßburg konstituierten die dritte Gruppe - zwar von den kleineren Reichsstädten isoliert, aber doch in ihrer Rolle als herausragender Machtfaktor bestätigt. Bischof Friedrich von Straßburg trat erst im Frühjahr 1379 dem Land-

---

80 *Vgl. hierzu bereits ausführlich oben Kapitel 2 V 1*; zur Untergliederung von Einungsparteien bereits seit 1254 vgl. *Distler*, Städtebünde, S. 153 ff.

81 St. UB V, Nr. 1319, S. 959, Z. 12-35; unter diesen zählten neben Herzog Wenzel vor allem die Pfalz- und den Markgrafen, aber auch Bischof Friedrich II. von Straßburg als unbedingte Anhänger Karls, *Bock*, ZGO NF 46 (1933), S. 367.

82 Zur allmählichen Abschließung der führenden Schichten des Landfriedens vgl. *Müller*, Die elsässischen Landstände, S. 24.

frieden als vierter Teil bei,[83] während die Habsburger und das mit ihnen verbundene Basel keinen Anteil an diesem Friedensschluss nahmen.

Nach 1378 verändert sich diese Form der Einteilung nicht mehr grundsätzlich: 1381 blieb die Zusammensetzung erhalten,[84] im elsässischen „Sonderlandfrieden" von 1389 schieden die der Region benachbarten mächtigen Gewährsträger der Luxemburger zwar aus. An ihrer Stelle sorgten Bischof Friedrich von Straßburg als erster und der Reichslandvogt Stislaw mit, beziehungsweise für die Reichsstädte als zweiter Teil für die adelige Dominanz gegenüber der dritten Gruppe der Bürgerschaft Straßburgs. An dieser Zusammensetzung änderet auch das einmalige Hinzutreten der Baseler Bürger als vierter, halber Teil, nichts. Die entscheidende Stellung kam dem königlichen Reichslandvogt zu, jedenfalls, soweit er seine Reichsstädte im Zaum halten konnte. 1395 und 1398 schließlich blieb diese Machtaustarierung erhalten, allerdings ohne Basel.[85]

(6) Insgesamt zeigte so auch der Teilnehmerkreis erhebliche Fluktuationen, die von der Ausbreitung der Jurisdiktionsgewalt geprägt war. Mehr noch spiegelte er die aktuellen politischen Auseinandersetzungen wieder, etwa zwischen den jeweiligen Unterstützern bei den Konflikten um das Königtum, zwischen städtischer Autonomie und adeliger Herrschaft und anderen regionalen Konflikten, insbesondere mit den Habsburgern. Den festen Kern aller Landfriedenseinungen bildeten so lediglich (bis auf 1338) die Bürgerschaft Straßburgs und die Reichslandvogtei in der einen oder anderen Gestalt, sowie - jedenfalls ausdrücklich nachweisbar, solange sie gesondert bestand - der Inhaber der unteren Landgrafschaft, sowie praktisch immer der Straßburger Bischof. Während die jeweiligen Könige beziehungsweise ihre Widersacher ihren Einfluss im Landfrieden durch möglichst zahlreiche, politisch ausgesuchte Mitglieder dokumentierten, war die Strategie der Bürgerschaften durchaus zweigeteilt: Es blieb der manchmal wieder sehr aktuelle Wunsch nach einem möglichst großen, weit über den Oberrhein hinausgreifenden und städtisch dominierten Bund, nach dem unvergessenen Vorbild von 1254, aber auch der pragmatische Realismus möglichst kleiner, effizienter, überschaubarer und von politischen Konflikten möglichst ungefährdeter Bündnisse wie in der Zeit von 1343-1352.

---

83 Dies geht aus der Erhöhung der Mitgliederzahl des Landfriedensgremiums von sieben auf neun in dieser Zeit hervor, da eine entsprechende Vereinbarung nicht überliefert ist, vgl. OSA II 2, Nr. 908 S.893, Fn. 83.

84 *Vgl. oben Kapitel 2 V 1*; RTA I, Nr. 165; vgl. nur *Asche*, Landfrieden, S. 19; *Bock*, ZGO NF 46 (1933), S. 371; *Angermeier*, Königtum und Landfrieden, S. 267.

85 Vgl. St. UB VI, Nr. 989, S. 575 Z. 13-23 und St. UB VI, Nr. 1349, S. 712, Z. 7-16; zur Lücke von 1395, mit der die Teilnahme der Dekapolis-Stadt Weißenburg zunächst offen gelassen wurde, vgl. *Müller*, Die elsässischen Landstände, S. 26, wonach dieses vermutlich keinen Vertreter zu den Verhandlungen geschickt hatte, die Verbündeten aber auf einen Beitritt noch im Bestätigungs- und Besiegelungsprozess hofften.

II. Legalität und Legitimität der Landfrieden - die Rolle von Königtum und Landfriedenseid

1. Rechtshistorische Erklärungstheorien für den Geltungsgrund der Landfrieden

a) Die Dichotomie Gesetz - Vertrag als Paradigma der Landfriedensforschung

(1) Sind damit die äußeren Geltungsgrenzen der Landfrieden bestimmt, stellt sich verstärkt die Frage nach deren Geltungsgrund als Rechtsordnung, die wie kaum eine andere die moderne Landfriedensforschung geradzu paradigmatisch fasziniert hat. Die wissenschaftlichen Diskurse haben sich dabei zwar vor allem an den hochmittelalterlichen Gottes- und Landfrieden entzündet, beeinflussen aber bis heute auch die Befassung mit den spätmittelalterlichen Landfrieden. Ausgehend von den eigenen, modernen Kategorien, hat die Forschung von Anfang an versucht, die Landfrieden unter die Dichotomie von Vertrag oder Gesetz zu fassen.[86] Bestimmt worden ist diese Unterscheidung nicht zuletzt durch die beiden sich grundlegend widersprechenden Modellvorstellungen einerseits der Genossenschaften bei OTTO VON GIERKE und auf der anderen Seite „etatistischen" Idealvorstellungen der meisten Autoren des 19. Jahrhunderts.[87] Diese grundlegenden Vorstellungen spiegeln sich weiter in der Auffassung der Rolle einerseits des Königtums und andererseits der konstitutiven oder deklaratorischen Funktion des Eides der Teilnehmer. Nach letzterer Meinung konnten die Friedensordnungen aus sich selbst, beziehungsweise aus der Autorität und der legitimen Herrschaft ihres Garanten, also meist des Königs, Geltung auch hinsichtlich ihrer Verpflichtungen für jedermann beanspruchen, dem Eid der Unterworfenen kam also allenfalls deklaratorische und bekräftigende Bedeutung zu. Als Vertrag verstanden bedurften die Friedensnormen dagegen der Selbstverpflichtung, also eines konstitutiven Eides, um gerade auch belastende Wirkungen entfalten zu können.

---

86 Vgl. hier nur etwa *Wyneken*, Landfrieden, S. 4; *Gerlich*, Landfriedenspolitik, S. 84 mit der Gegenüberstellung des „Hagenauer Vertrags" von 1378, der nur die Teilnehmer gebunden habe, gegenüber dem Reichslandfrieden von 1281 als allgemeiner und allgemeingültiger Rechtskodifikation; *Landwehr*, Der Staat 7 (1968), S. 90 ff. auch gerade zum Spätmittelalter; jüngst *Hofmann*, Gebot.

87 *Gierke*, Genossenschaftsrecht I, S. 501; *vgl. dazu bereits ausführlich im forschungshistorischen Überblick, vgl. oben Einleitung II.*

Unbestritten beinhaltete der Landfrieden derartige Belastungen, sah er zwar nicht wie in der Anfangszeit zwingende peinliche Strafen, aber doch immer sanktionsbewehrte Einschränkungen der ursprünglich erlaubten Eigenmacht und Selbsthilfe vor.

(2) Am schärfsten hat wohl FISCHER die Landfrieden, jedenfalls auf Reichsebene, als „kaiserliche Erlasse kraft kaiserlicher Machtbefugnis" charakterisiert, von denen sich die Bündnisse des 14. Jahrhunderts allerdings grundlegend unterscheiden sollten.[88] Letztere sind daraufhin bis heute ganz überwiegend als Vertrag angesehen worden,[89] in denen dem Königtum allenfalls eine politische Rolle als *primus inter pares* zukam. Schon die älteste Forschung hat im Elsass geradezu das Idealbild der allgemeinen Weiterentwicklung von der Gesetzesform der Reichslandfrieden zur Vertragsformen der regionalen Landfriedensbündnisse im 14. Jahrhunderts erblickt, die sie gewissermaßen als eines ihrer Paradigmen empfunden hat.[90]

(3) Um die Eingriffs- und Belastungswirkungen dieser vertraglichen Bündnisse zu erklären, hat die Forschung auf mehrere unterschiedliche Ansätze zurückgegriffen, die diese Wirkung aus zugrunde liegenden „gesetzlichen" Reichslandfriedensnormen, bereits gebildetem Gewohnheitsrecht, vor allem aber aus dem konstitutiven Eid der Landfriedensparteien und -teilnehmer hergeleitet haben.

(a) Insbesondere die ältere Lehre hat in den regionalen Einungen des Spätmittelalters eine „Vollzugsordnung" der Reichslandfrieden zu finden geglaubt, die ihre Legalität und Legitimität aus dem Königtum abgeleitet hätte.[91] Dies galt insbesondere für jene Einungen, die ohne jede sichtbare Beteiligung des Königtums aufgerichtet worden waren. So ist dann auch aus der häufigen zeitlichen Nähe der Neuverkündung des Reichslandfriedens und regionaler Bündnisse auf eine Regelmäßigkeit geschlossen worden, mit der unmittelbar vor allen regionalen Einungen reichsrechtliche Grundlagen geschaffen worden seien. Nach dieser Hypothese sind dann „verloren gegangene" Reichslandfrieden, wie etwa vor dem Hagenauer

---

88 So *Fischer*, Landfriedensverfassung, S. 6.

89 Vgl. nur *Marchal*, Sempach, S. 15; *Görner*, Raubritter, S. 168; *Kaufmann*, Art. Landfrieden I, HRG II, Sp. 1460; *Conrad*, DRG, S. 347.

90 So etwa *Wyneken*, Landfrieden, S. 4.

91 So wiederum *Wyneken*, Landfrieden, S. 43, der sein Dilemma dadurch löste, dass er den von ihm untersuchten Einungen trotz ihrer Eigenbezeichnung wegen des Fehlens von Strafbestimmungen den Charakter als Landfrieden abgesprochen und diese als bloße Vollzugsordnungen der Reichslandfrieden begriffen hat; dies hat unter dem Begriff der „Durchführungsverordnungen der Reichslandfrieden" lange Zeit die Forschung geprägt, vgl. etwa *Hirsch*, Hohe Gerichtsbarkeit, S. 236; *Mitteis*, Staat, S. 198; *ders.*, ZRG GA 67 (1950), S. 118; relativierend bereits *Schwalm*, Landfrieden, S. 4; vgl. dazu auch die Ablehnung von *Gernhuber*, Staat, S. 61.

Bündnis von 1278 oder im Jahr 1301,[92] konstruiert worden. Als bemerkenswert hat der damaligen stark etatistisch zentrierten Forschung ferner gegolten, dass die elsässischen Landfrieden als erste im Reich eigenes materielles Recht beinhaltet hätten, mithin sich nicht mehr alleine als „Vollzugsordnung" auf die Autorität der Reichslandfrieden und damit des Königtums hätten berufen können, sondern in der Vereinbarung selbst der Geltungsgrund auch dieser neuen Regelungen gesucht werden musste.[93] Beide Aspekte sind ein maßgeblicher Grund gewesen, warum diese stark dem Denken der eigenen Zeit verhaftete Modellvorstellung bald bezweifelt worden ist und heute zu Recht abgelehnt wird. Bereits an der Entwicklung des Landfriedens von 1278 haben manche Vertreter dieser Theorie einsehen müssen, dass hier jedenfalls die Errichtung der Bündnisse nicht direkte Folge vorangegangener materieller „Gesetze" war. Dennoch ist weithin an deren prinzipiellen Ableitung aus dem Reichslandfriedensrecht festgehalten worden.[94] Eine neue Begründung hierfür hat auch BOCK gesucht, indem er die notwendige Legalisierungswirkung des Reichsrechts gerade für die beiden genannten Einungen auf die gebotene Beeidungspflicht, die dann wiederum die weiteren Folgen auslöste, und die Befugnis der Landfriedens-„Behörde" zu reduzieren versucht hat.[95]

Wie aber bereits gezeigt, kann besonders der Rheinische Bund gerade nicht als „Durchführungsordnung" des letzten Reichslandfriedens von 1235 gelten, sondern wurde im Gegenteil selbst zu einem wichtigen Ausgangspunkt der weiteren Entwicklung.[96] Insbesondere verfügten die bündischen Landfrieden nicht erst ab 1301 durchaus über selbständige Tatbestandsregelungen, die ihr Eingreifen hinreichend konkretisierten, ohne dass es eines Rückgriffs auf das Reichslandfriedensrecht bedurfte.[97] Ein direkter Bezug auf die Reichslandfrieden ist in den erhaltenen Friedensdokumenten ohnehin nicht feststellbar, ebenso wenig wie eine dort angeordnete Beeidungspflicht für die regionalen Einungen. Hingegen finden sich erkennbare Reminiszensen an die Gottesfrieden als Idealtypus autonomer Aufrichtungen. So zeigt sich auch 1310 die elsässische Einung klar als eine eigenständige, in sich geschlossene Rechtsordnung, die nicht des Reichslandfriedens als Ergänzung bedurfte und die vor allem von den Ständen der Regi-

92 Vgl. *Wyneken*, Landfrieden, S. 5 f. mit weiteren Nachweisen.

93 So neben *Wyneken*, Landfrieden, S. 102 auch *Schwalm*, Landfrieden, S. 4.

94 Dagegen hier *Wyneken*, Landfrieden, S. 75 f. mit dem Verweis auf den als „Rechtsgrundlage" nachträglich erlassenen Reichslandfrieden von 1281 nicht überzeugend.

95 So *Bock*, ZGO NF 46 (1933), S. 330 f.

96 *Vgl. ausführlich oben Kapitel 1 II 3.*

97 *Vgl. insbesondere zum Hagenauer Landfrieden von 1278 bereits oben Kapitel 2 I 2 c) (2) und (3) sowie unten Kapitel 4 I 1-3.*

on ausging; sie übernahm, wie auch die Vertreter dieser Auffassung erkennen mussten, viele eigene materielle Elemente aus dem Reichsrecht.[98]

(b) Eine weitere Theorie hat die belastenden Wirkungen der Landfrieden als bereits in Gewohnheitsrecht übergegangene Fehdebeschränkungen und Strafrechtsnormen hinreichend begründet gesehen hat. Gegen diese spricht neben dem gerade ausgeführten, dass sich ein solches, über die städtischen und feudalen Jurisdiktionsbezirke übergreifendes „gemeines Landesgewohnheitsstrafrecht" am Oberrhein schlicht nicht gebildet hatte,[99] ganz davon abgesehen, dass dieses „materielle" Recht die Eingriffe im Laufe des Verfahrens, insbesondere durch die besonderen Instanzen des Landfriedens, und ihre Befugnis zur Beurteilung eines „Friedensbruches" nicht erklären kann.

(c) Dagegen wird die Begründung der Landfriedensgeltung durch konstitutiven Eid in der Tradition VON GIERKES bis heute vertreten.[100] Angeführt werden dafür unter anderem die enge Verwandschaft von städtischer *coniuratio* und damit dem Stadtfrieden zum Landfrieden sowie die formal gleiche Stellung aller Mitglieder.[101] Maßgeblich erscheint damit das Bild einer „bedingten Selbstverurteilung oder Selbstverfluchung" im Eid, durch den sich die Sanktionen rechtfertigen, indem sich *idealiter* ein „selbstherrliches Individuum" freiwillig neuen Normen unterwarf. Weiter vorgebracht wird, den Teilnehmern sei diese zentrale Bedeutung des Eides so selbstverständlich gewesen, dass sie ihre Mitgliedschaft geradezu mit der Eidesleistung identifizierten und diese synonym sahen.[102] Allerdings kann dieses Argument nicht überzeugen. Zwar konnten die *Vorteile* aus einem regionalen Landfrieden jedenfalls am Oberrhein in der Regel nur durch die Mitg-

---

98 So sind auch *Wyneken*, Landfrieden, S. 4 f., 91, 127 die Einungen von 1301 und 1310 als Übergang zu echten regionalen Landfriedenseinungen erschienen, da sie ein eigenes „Strafrecht" aufwiesen, daher hat er diese bereits einschränkend als „eine *Art* Vollzusordnung" angesehen.

99 *Vgl. nur die Belege für die unterschiedlichste Sanktionierung vermeintlich typischer Landfriedensbrüche wie Tötungen oder Verwundungen, in Kapitel 4 II 2 c).*

100 Vgl. etwa *Kroeschell*, DRG I, S. 187; *Stercken*, Landfrieden, S. 57 f.; zuvor etwa *Herzberg-Fraenkel*, FDG 23 (1883), S. 161; *Fehr*, ZRG 35 (1914), S. 132; *Planck*, Waffenverbot, S. 143; *v.Winterfeld*, Hansische Geschichtsblätter 32 (1927), S. 8 ff. sowie die Nachweise bei *Gernhuber*, Landfriedensbewegung, S. 44 f.; ebenso für eine konstitutive Wirkung des Eides für die Friedenswirkung in Städtebünden jüngst *Distler*, Städtebünde, S. 168 f.

101 Vgl. dazu und zum Folgenden etwa *Schubert*, Interterritoriale Gestaltung, S. 134; *Oexle*, Friede, S. 115 ff.; *Kroeschell*, DRG I, S. 200; *Ebel*, Bürgereid; *Goetz*, ZRG GA 105 (1988), S. 122 ff.; bereits *Böhlau*, Constitutiones, S. 80 f.; sowie weitere Literatur etwa bei *Gernhuber*, Landfriedensbewegung, S. 61, Fn. 3; vgl. zur Bezeichnung als „Landfriedenseinung" und damit implizierter Anschauung als durch Eid begründeter Gemeinschaft mit eigenem gesetztem Recht *Kroeschell*, Art. „Einung",: HRG I, Sp. 910 ff.; *ders.*, Art „Einung", LexMA III, Sp. 1746; zu den Städtebünden vgl. jüngst *Distler*, Städtebünde, S. 152 f.

102 So jedenfalls *Schubert*, Interterritoriale Gestaltung, S. 133.

liedschaft kraft Eidesleistung erworben werden, sofern der Betroffene nicht von ihr als Kleriker oder Ortsfremder befreit war. Das eigentliche Problem stellen jedoch die möglichen *Sanktionen* aus dem Landfrieden dar, bei der eine Verknüpfung zur Mitgliedschaft und damit dem Eid eben zweifelhaft scheint.[103] Jüngst hat KUNZE vehement das bündische Element und die konstitutive Wirkung des Eides neu herausgestellt und hierfür gerade den in den Formen von 1235 übernommenen Reichslandfrieden von 1281 angeführt.[104] Im Verständnis der Zeitgenossen habe nichts anderes als die kollektive Eidesleistung den Frieden begründet. Sämtliche Landfrieden, namentlich am Oberrhein, seien nichts weiter als eine *coniuratio*, die einen Friedensvertrag der ansässigen Adeligen und Städte mit dem König besiegele.[105] Leider ist KUNZE dabei stark auf die symbolisch-politische Ebene der Landfriedenssorge König Rudolfs fokusiert geblieben und hat so unkritisch von den eindeutigen Bündnissen von 1288 am Rhein und zeitnahen Bündnissen in Ostschwaben auf die Charakteristika der Reichslandfrieden am Rhein geschlossen.

b) Die Funktion des Landfriedenseids

(1) Sollte der Landfriedenseid eine konstitutive, selbstverpflichtende Bedeutung haben, müssten seine Leistung und der danach folgender „Bruch" Voraussetzung für das Einschreiten des Friedens gewesen sein. Eine solche Vermutung könnte sich zunächst auf Art. 38 des Reichslandfriedens von 1287 stützen, demzufolge besonders zu sanktionieren war, *„swer den landfrieden swert und in dar nach brichet, der sol in vierzen nahte den bruch bezzern und wider tun, so er's gemant wirt von dem, der da rihter ist. Tut er des nit, so sol er meineidig sin und sol in der erzebischof oder der bischof, in des bischdum er sitzet, zu banne tun und der kunig zu ahte dun, und der furste oder der grave, in des herihtet er sitzet, zu ahte dun."*[106]

Im Unterschied dazu wurde der Fall des Eidverweigerers in Art. 37 geregelt, wonach diesem lediglich der Rechtsweg versagt wurde: *„Swer den landtfriden nit enswert in einem mande, nach dem so ez gekundet wirt, offenliche in dem bischtume do er sizzet, swaz deme geschit, daz sol nieman rihten weder mit geistlicheme oder mit weltlicheme gerihte."* Allerdings blieben seit 1235 nicht

---

103 Vgl. zum Erlass für Kleriker unten Fn. 249 sowie zum Landfriedensschutz ohne vorherigen Eid ausführlich *unten Kapitel 4 I 2 b) (1), (3) und (4).*

104 So *Kunze*, Rudolf von Habsburg, S. 139 ff., v.a. 141; bereits zuvor ist auch von einzelnen der Reichslandfrieden nur für die Eidleistenden als verbindlich angesehen worden, vgl. *Planitz*, Vermögensvollstreckung I, S. 161 f. unter Berufung auf *Waitz/Seeliger*, Verfassungsgeschichte VI, S. 528 ff.; *Schröder/Künßberg*, Rechtsgeschichte, S. 716.

105 So *Kunze*, Rudolf von Habsburg, S. 142 ff., 146.

106 MGH Const. III, Nr. 390, Art 38.

nur die sanktionsbewehrten Gebote der Subsidiarität und Absagefrist unabhängig von der Eidesleistung bestehen.[107] In diese Deutung scheint sich auch die Struktur der Einung von 1301 einzufügen. So steht die Behandlung des Eidesverweigerers zunächst terminologisch und räumlich im Dokument völlig unverbunden neben dem Landfriedensbruch. Allerdings wurde hier ausdrücklich und unmissverständlich im Gegensatz zum Reichslandfriedensrecht bestimmt, dass man über den Eidesverweigerer ungeachtet seiner fehlenden Schwurleistung ohne weiteres richten könne.[108] Bei allen Landfriedensbündnissen am Oberrhein war die vorherige Beeidung gerade nicht Voraussetzung für die Verfolgbarkeit, der Landfriede sollte vielmehr gegen jeden „beholfen" sein, nur darüber, ob man verpflichtet war, jemandem zu helfen, entschied - unter anderem - dessen Eidesleistung: „*Were och diz lantfriden alsus nit swere der sol och diz selben lantfirden nit geniessen und sol man ime unbeholfen sin von diz lantfriden wegen, waz in arbeite odere kumbers angienge*", dennoch „*sol och dirre lantfride wider in beholfen sin in allen den stúcken, da er disen lantfriden úbervert.*"[109] Auch würde es vor diesem Hintergrund kurios anmuten, wenn frühe Frieden wie etwa die *Pax Alsatiensis* zwar den Eid für die Bestrafung vorauszusetzen schienen, andererseits sich aber berechtigt sahen, den Eidesunwilligen aus der Landschaft zu vertreiben.[110] Für die Einung von 1301 und die dort postulierte Eidespflicht hat BOCK daher erneut an die Vollzugstheorie und damit an das Reichsrecht anzuknüpfen versucht.[111] Eine brauchbare und stichhaltige Erklärung konnte auf diesen Wegen jedoch nicht gefunden werden.

(2) Weniger überzeugt allerdings das weitere Gegenargument GERNHUBERS, nach dem es für den Eid selbst keine theoretische Fundierung außer der historischen Tradition gegeben habe.[112] Richtigerweise hat er sich zwar gegen die Gleichsetzung von Landfriedensschwur und Sühne- beziehungsweise Handfriedenseid gewandt, die durchaus, wohl zurückgehend auch

---

107 Vgl. den Text bei MGH Const. III, Nr. 390, Art 8 f. insoweit wortgleich zum oben ausgeführten Mainzer Reichslandfrieden von 1235, *vgl. oben Kapitel 1 II 2 a),b).*

108 St. UB II, Nr. 233 S. 190, Z. 6 f.

109 St. UB V, Nr. 116, S. 118, Z. 30-33.

110 Vgl. MGH Const. I, Nr. 429, Art. 11; insofern bleibt dann auch *Gernhuber*, Landfriedensbewegung, S. 64 ff, 69 ungenau, wenn er aus der Vertreibung für sich genommen ein Argument gegen die Vertragstheorie gefolgert hat, da doch die *Pax* eine peinliche Bestrafung nur nach bzw. aus der Beeidigung zuließ, sich schon hier die Vertreibung aber bereits als ein rein faktisches Wirken der Beteiligten darstellte, bei dem die tatsächlich gewünschte Folge die Frage nach einer reichs- bzw. landrechtlichen Legalisierung in den Hintergrund drängte.

111 Nach *Bock*, ZGO NF 46 (1933), 330 sei die Beeidung als Anerkennung des Landfriedens geradezu auf Grund seines reichsrechtlichen Charakters durch seine Schutzversagung im Falle der Weigerung erzwungen worden.

112 *Gernhuber*, Landfriedensbewegung, S. 112.

auf die Verwechslung im Reichslandfrieden von 1281 zur Verwirrung beigetragen hatte.[113]

Ebenfalls kaum stichhaltig scheint aus der Perspektive der spätmittelalterlichen Einungen das Argument, dass die im voraus festgelegte territoriale Geltung nicht mit einem konstitutiven Zustimmungseid vereinbar sei und die Eidleistung erst *nach* Errichtung des Friedens überhaupt gegen deren konstitutive Bedeutung spreche.[114] Dieser Einwand greift wegen der Zweistufigkeit der Errichtung der oberrheinischen Einungen zunächst als Vertrag zwischen einzelnen führenden Adeligen und Bürgerschaften und erst dem danach folgenden Beitritt der weiteren Teilnehmer nicht durch.[115]

(3) Tatsächlich sprechen die oberrheinischen Landfrieden durchweg von der Sanktionierung des Landfriedensbruches gerade ohne Zusammenhang mit einer vorherigen Eidesleistung. Ja, sie betonen gerade die Verfolgung des Landfriedensbruchs auch gegenüber dem, der den Eid nicht geleistet hatte.[116] Aus diesen Gründen scheint es unmöglich, ohne Fiktionen am Eid als Rechtsgrundlage für die Folgen des Landfriedens festzuhalten. Daher ist vorgeschlagen worden, zwar am Bild der Eigenverpflichtung des Einzelnen festzuhalten, zugleich aber anzunehmen, dass diese Selbstunterwerfung nicht im eigenen Belieben des Schwörenden stand, sondern eigentlicher Ausgangspunkt wieder die Befehlsgewalt desjenigen gewesen sei, der die Beeidung geboten habe.[117] Von diesem Ausgangspunkt ist es allerdings für die neueren Vertreter der „Gesetzestheorie", allen voran GERNHUBER, nur ein kleiner Schritt gewesen, in allen Friedenserrichtungen von den frühesten Gottesfrieden, bis zu den spätmittelalterlichen Einungen doch wieder nichts anderes als hoheitlich begründete Rechtsetzungsakte zu erkennen:

> „Es hat zu keiner Zeit Landfrieden gegeben, die Erzeugnis privater Übereinkunft waren und durch das Einverständnis des einzelnen Verbindlichkeit für

---

113 Vgl. insbesondere *Eggert*, Landfrieden, S. 34; *His*, ZRG GA 33 (1912), S. 157; daneben *Schnellbögl*, Deutschrechtliche Beiträge 13 (1932), S. 189 ff.; differenzierend *Mayer*, Verfassungsgeschichte I, S. 5, 182 f. mit dem Versuch einer analogen Ableitung aus dem Untertaneneid und Konsenseid bei der Rechtsetzung; sowie *Gernhuber*, Landfriedensbewegung, S. 107 ff.

114 *Gernhuber*, Landfriedensbewegung, S. 63 ff.; vgl. zur Wirkung der Landfrieden schon vor der Beeidigung *Gerlich*, Landfriedenspolitik, S. 14.

115 Gleiches gilt auch für das Argument, dass auch Halb- und Unfreie den Landfrieden beeidigt hätten, obwohl dies für sie mangels anerkannter Rechtsfähigkeit keine rechtliche Wirkung hätte haben können, vgl. *Gernhuber*, Landfriedensbewegung, S. 72.

116 Vgl. nur beispielsweise St. UB II, Nr. 233, S. 188, Z. 14 ff.; S. 190 Z. 3-7; *sowie unten Kapitel 4 I 2 b).*

117 So jedenfalls *Schröder/Künßberg*, Rechtsgeschichte, S. 716; *Eckhardt*, Rechtsbücherstudien II, S. 59 f.; *Friese*, Strafrecht, S. 117.

> ihn erlangten. Bis zum Interregnum sind nur Gesetze erlassen worden und nach jenem Zeitpunkt tritt als weitere Figur der Vertrag zwischen Reichsständen hinzu. Ihn als ‚Einung' zu bezeichnen, ist jedenfalls höchst mißverständlich. Mit unmittelbarer Geltungskraft für die Untertanen ausgestattet, ähnelt er modernen völkerrechtlichen Verträgen und hat vom Untertan aus gesehen die Kraft eines Gesetzes. Als wesentliches Element ist somit der Gesetzescharakter der Landfrieden festzustellen."[118]

Dem Eid sei damit allenfalls eine rechtsbekräftigende Wirkung zugekommen, wenn er nicht bereits nur aus Tradition heraus als Institut weiter mitgeschleppt worden sei.[119]

2. Entwicklung des eigenen Erklärungsmodells

a) Von diesem Ausgangspunkt aus ist es aber nunmehr notwendig, Legalität und Legitimität der Friedensnormen aus den Befugnissen und der Autorität ihres jeweiligen Initiators, beziehungsweise Garanten, herzuleiten.[120] Dies hat sich indes bereits bei den früheren Landfrieden als durchaus schwierig erwiesen, wie schon oben für die *Pax Alsatiensis* gezeigt wurde.[121]

Vergleicht man allerdings die Form der am Oberrhein maßgeblichen Landfrieden seit 1235, so ergeben sich erhebliche Probleme beim Versuch einer klaren Zuordnung als Gesetz oder Vertrag. Dies wird bei dem Landfrieden von 1343 noch dadurch verschärft, dass an diesem Kaiser Ludwig IV. urs-

---

118 So *Gernhuber*, Landfriedensbewegung, S. 27; ähnlich auch *ders.*, Staat, S. 40.

119 Vgl. *Angermeier*, Königtum und Landfrieden, S. 76 m.w.N., vgl. hierzu die gut begründete Kritik von *Landwehr*, Der Staat 7 (1968), S. 94; *Gerlich*, Landfriedenspolitik, S. 14, 84; Am konsequentesten hat wiederum *Gernhuber*, Landfriedensbewegung, S. 44 ff., 64 bereits in der Beeidung der Gottesfrieden nur ein deklaratorisches Anerkenntnis der Befolgung der aus der christlichen Tradition gefolgerten Autorität und Normen gesehen, auch da diese Friedensgebote auf die regelmäßige Eidabnahme Nachwachsender verzichten; dagegen hat sich aus der zeitlichen Befristung für ihn keine theoretische Schwierigkeit ergeben; vgl. aber auch dazu *Fischer*, Landfriedensverfassung, S. 6; *Gierke*, Genossenschaftsrecht I, S. 501; *Schwalm*, Landfrieden, S. 1; vgl. auch der Vergleich von *Mitteis/Lieberich*, DRG, Kap. 31 II 1 d), nach denen sich der Landfrieden wie „der Tarifvertrag des modernen Arbeitsrechtes" automatisch durchgesetzt haben soll.

120 *Zur Trennung zwischen dem engeren juristischen Geltungsbegriff der „Legalität" und dem weiter gefassten Legitimitätsgedanken vgl. ausführlich sogleich unten Kapitel 3 II 2 d) (3).*

121 *Vgl. oben Kapitel 1 II 1 a).* Die Teilnahme sogar des Königs als lediglich gleichberechtigte Partei einer Einung schien daher etwa nich als Zeichen der Stärke des errichteten Friedens, sondern als Indiz der Machtlosigkeit des Königtums, vgl. ausführlich *Gernhuber*, Landfriedensbewegung, S. 106 f.; *vgl. dazu auch bereits oben Einleitung II.*

prünglich in keiner Weise beteiligt war.[122] Ganz zu schweigen vom Anspruch des Rheinischen Bundes, handelte es sich schon beim Hagenauer Landfrieden von 1278 eindeutig um ein Bündnis ohne formale Beteiligung des Königtums, das *prima facie* eher auf alte Gottesfrieden zu verweisen scheint. Trotzdem wurden Eidesunwillige als *„civites ... rebelles et inobedientes"* bezeichnet, die die Friedensmitglieder aus der Friedensgemeinschaft verstoßen (*„a sancta pace et nostra defensione penitus eiciimus excludimus"*).[123] Obwohl hier gerade noch keine explizite Aussage darüber getroffen wurde, dass die Nichtleistung des Eides die Verfolgung wegen eines Friedensbruches nicht ausschloss, wurde bereits hier der allgemeine Satz hineininterpretiert, wer dem Frieden nicht beitrete, solle aus ihm ausgeschlossen sein, aber dennoch verfolgt werden können.[124] Weiter gab sich der Reichslandfrieden von 1281 inhaltlich als Gesetz, wurde jedoch vor einer abschließenden feierlichen Verkündung in einer aufwendigen Kampagne im gesamten Südwesten beschworen, der die Chronisten die eigentliche Bedeutung der Errichtung zurechneten. Schließlich war an der Einung von 1301 König Albrecht zwar beteiligt, jedoch schwor er mit, wie alle anderen Mitglieder, allerdings „bei seinen Treuen". Er trat damit nur als ein *primus inter pares* in Erscheinung.[125] Der inhaltlich wenig erweiterte, aber ansonsten fast textidentische Landfriede von 1310 dagegen bezeichnete sich als „Satzung und Landfrieden", die der König zu Frankfurt mit den Kurfürsten aufgesetzt habe und die darauf der Bischof von Straßburg, sein Landvogt, und andere Herren, die zugegen waren, geschworen hätten; er scheint folglich, in den „modernen" Kategorien gedacht, eindeutig Gesetzescharakter zu haben.[126] Da die beiden Einungen dennoch im übrigen inhaltlich und von ihrer Wirkung völlig gleichrangig erscheinen, erweist sich eine solche formale Typentrennung bei der Bestimmung des Geltungsgrundes als Sackgasse.

b) Aus diesem Grund ist zu fragen, ob nicht überhaupt die phänomenologische Unterscheidung zwischen Gesetzes- und Vertragsform zu schematisch ist. Gleiches gilt für die nur geringfügige Variation durch die Begriffe des gebotenen bzw. gelobten Friedens,[127] soweit sie mit der vorgenannten

---

122 St. UB V, Nr. 116 (S. 117-122); vgl. dazu *Bock*, ZGO NF 46 (1933), S. 351 überzeugend gegen *Leupold*, Berthold von Buchegg, S. 126, der eine Vertretung des Kaisers durch den Straßburger Bischof unterstellt hat.

123 MGH Const III, Nr. 157, S. 151 Z. 30 - 32; *vgl. oben Kapitel 2 I 2 c)*.

124 Vgl. hier nur *Gerlich*, Landfriedenspolitik, S. 61.

125 Vgl. St. UB II, Nr. 233, S. 187, Z. 24 - 37; *Bock*, ZGO NF 46 (1933), S. 329 ff.

126 St. UB II, Nr. 284, S. 232 Z. 39 - S. 233, Z 4.

127 Vgl. dazu *Gernhuber*, Landfriedensbewegung, S. 86 ff.; *Schubert*, Interterritoriale Gestaltung, S. 141; *Landwehr*, Der Staat 7 (1968), S. 84 ff.

Frage verbunden worden sind. Dem entsprechend hat es bereits Ansätze gegeben, beide Idealvorstellungen einander anzunähern.

(1) Ein möglicher Weg scheint zunächst über die Annahme einer mittelalterlichen „Gesetzgebung" zu führen, die stets einen Konsenseid vorausgesetzt habe.[128] Der Landfriedenseid wäre dann nichts weiter als ein Zustimmungseid der Betroffenen, der zwar generell für die Errichtung notwendig war, nicht aber für die konkrete Begründung von Pflichten für jeden Einzelnen, der also auch ohne seinen eigenen Eid die Lasten des mit Zustimmung vieler errichteten Gesetzes zu tragen hätte.[129] Ähnlich könnten die spätmittelalterlichen Landfriedenseinungen gedeutet werden, da bei ihnen zwar die Basis der Errichtenden verbreitert war, diese aber sicher nicht als solche das Land repräsentierten, so dass als Zustimmungsakt die gebotene Beeidung durch „das Land" gelten müsste. Allerdings wirft dies die logische Schwierigkeit auf, wie dieser Gesetzgebungsakt, wie in den Einungen geschehen, selbst seine nachträgliche Beeidung durch „das Land" gebieten konnte, da er doch vor dem Abschluss seiner Errichtung eigentlich noch keine rechtliche Wirkung entfalten konnte.[130] Diesen weiterhin hoheitlichen Ansatz hat auch GERNHUBER weiterverfolgt, jedoch seinen bisherigen Standpunkt angesichts der Problematik der fehlenden Hoheitsträger dadurch relativiert, dass er statt auf die ihm nun modernistisch scheinende Gesetzes-Legalität auf die faktische Wirkung starker Herrrscherpersönlichkeiten abhob.[131] Dann jedoch erwiese sich dieses Kriterium etwa bei den Bündnissen von 1254, 1278 oder 1301 doch als allzu offen, um ausschlaggebend für die Legalisierung der rechtlichen Befugnisse zu sein, die diese Landfrieden in Anspruch nahmen.

(2) Ein weiterer, eher wieder kommunitaristischer Ansatz insbesondere zur Sanktionierung des Eidesverweigerers hat insbesondere bei den frühen Gottesfrieden die Ansicht vertreten, das Wesen des Friedenseides sei in der Konstituierung einer Rechtsgemeinschaft durch öffentlich bekundete Anerkennung der Friedensnormen und der aus ihnen folgenden Pflichten zu sehen. Wer sich aus dieser Friedensgemeinschaft durch Verweigerung ausgegrenzt habe, habe schon deswegen als potentieller Friedensbrecher

---

[128] Vgl. dazu ausdrücklich für den Landfrieden *Mayer*, Verfassungsgeschichte I, S. 380; vgl. auch *Nehlsen-von Stryk*, Sachsenspiegel, S. 21 f.

[129] Vgl. für die Reichslandfrieden bereits *Wyneken*, Landfrieden, S. 15, 17; vgl. auch allgemein für die frühere Gottesfrieden *Körner*, Iuramentum.

[130] So treffend *Gernhuber*, Landfriedensbewegung, S. 114 f.

[131] Die Vorstellung einer Gesetzgebung sei dem von ihm untersuchten Recht überhaupt fremd, Recht werde gefunden, nicht gemacht, es unterliege keiner Verfügungsmacht eines Herrschers oder einer Minderheit; starke Herrscherpersönlichkeiten hätten es aber dennoch verstanden, kraft ihrer Banngewalt einzugreifen, was jedoch nicht juristisch gerechtfertigt gewesen sei, auch habe man nie neues Volks-, sondern immer nur Königsrecht geschaffen; vgl. *Gernhuber*, Landfriedensbewegung, S. 61 f.

gegolten, gegen den allein aus der Legitimität der Rechtsgemeinschaft vorgegangen werden konnte. Dabei hätten sich manche Frieden nur dadurch unterschieden, dass sie dieses Vorgehen sofort geboten, oder aber einen Beweis in Form eines manifesten anderen Verstoßes gegen die Friedensordnung verlangten.[132] Allerdings wurde damit der vermeintlich maßgeblichen Mehrheit im Lande eine unbeschränkte Autorität über die Minderheit zugeschrieben, die mit den garantierten Rechtspositionen des Land- und Lehensrechts kaum in Einklang zu bringen ist. Dies scheint noch weniger plausibel, nachdem die Könige nach 1273 sich wieder die maßgebliche Friedenshoheit und -gewalt in weitem Maß zuschreiben konnten.

c) Von diesen beiden, bereits einander angenäherten Posititionen war es allerdings nicht mehr weit bis zur neuen, grundlegenden Überlegung von WADLE, der in jüngster Zeit insbesondere zu frühen Friedensquellen darauf hingewiesen hat, dass die juristische Geltung nur ein Aspekt sei, von dem soziale und ethische Geltungsdimensionen geschieden werden müssten.[133] Auch dürfe man nicht modernistisch eine juristische Geltungsgrundlage für belastende Landfriedenssetzungen erwarten, vielmehr fehle es hierfür im Verständnis der Zeitgenossen an einem entsprechenden Metasystem, das insbesondere im Verhältnis zum Reichsrecht nur ansatzweise ausgeprägt sei:[134] „Ein Recht, das nicht als abstrakte Norm, geschweige denn als System von Normen begriffen werden kann, entzieht sich bestimmten Kategorien, die mit dem modernen Gesetzesbegriff verbunden sind."

Das Recht sei mithin immer an die zeitliche und örtliche Situation und bestimmte Personenverbände gebunden.[135] Daher seien auch die schematisierten Unterscheidungen von Satzung, Weistum und Gebot, die etwa EBEL herausgearbeitet hatte, nicht weiterführend.[136] Die friedliche Streitentschei-

---

132 So wohl auch *Stercken*, Landfrieden, S. 67; *Gerlich*, Landfriedenspolitik, S. 14.

133 Vgl. *Wadle*, Frühe deutsche Landfrieden, S. 74 f. in Fortführung von *Radbruch*, Rechtsphilosophie, S. 174 ff., nach dem der soziologische Geltungbegriff auf die soziale Wirklichkeit, d.h. Anerkennung, Wirksamkeit und Anwendung einer Rechtsnorm abzielt, während die ethische Geltung danach fragt, ob eine Norm ethisch verbindlich, d.h. ihre Befolgung moralisch gerechtfertigt und geboten ist; der juristische Geltungsbegriff hingegen reduziert sich auf die Frage, ob die Rechtsnorm von einem zuständigen Organ in vorgeschriebener Weise erlassen und nicht aufgehoben wurde und nicht gegen höherrangiges Recht verstößt; vgl. dazu auch *Otte*, Geltungsbegriff, S. 359 ff.

134 So *Wadle*, Frühe deutsche Landfrieden, S. 75; vgl. auch *Otte*, Geltungsbegriff, 359.

135 Wodurch auch eine Offenheit gegenüber nicht-rechtlichen Vorstellungen bedingt werde,vgl. *Wadle*, Frühe deutsche Landfrieden, S. 78; obwohl sich dieser unmittelbar nur auf das frühe Mittelalter bezieht, erscheint die Anwendung dieses komplexeren Geltungsmodells auch für die spätmittelalterliche Rechtsvorstellung gewinnbringend; vgl. auch *Krause*, Art. „Recht", HRG IV, Sp. 227 ff.

136 Vgl. *Ebel*, Willkür; *ders.*, Gesetzgebung, S. 1 ff., der seine kategorische Phänomenologie allerdings selbst bereits durch die Annahme von „Tarnformen" eingeschränkt hatte; dagegen *Wadle*, Frühe deutsche Landfrieden, S. 78.

dung bedurfte, einerlei ob im Einzelfall oder abstrakt durch neu aufgestellte Normen, einer besonders legitimierten Autorität ebenso, wie sie der Gemeinschaft des Rechtskreises bekannt und von ihr akzeptiert sein musste.[137] Der Konsens gehöre ebenso als ein Element zur Geltung wie die Autorität des Gesetzgebers und die ethisch-theologische „innere" Rechtfertigung durch eine Metaregel.[138]

d) Indem er die bisherigen Kategorisierungen relativiert hat, die letzten Endes auf die beiden modernen Grundmodelle des Gesetzes und Vertrages zurückführen, hat WADLE einen Ansatz gegeben, den Rahmen der bisherigen Diskussionen zu verlassen und neue, auch dem Spätmittelalter angemessenere Deutungsmodelle zu finden. Ihm folgend mag es sich als nützlich erweisen, sich zu verdeutlichen, dass diese für ausschließlich angesehen Alternativen mehr oder weniger auf der Prämisse des modernen Juristen beruhen, Belastungen, Pflichten und Sanktionen könnten nur entweder durch vertragliche Selbstunterwerfung oder aber Anordnung ein übergeordneten Hoheit gerechtfertigt werden. Ein Vertrag mehrerer Beteiligten untereinander mit dem Inhalt rechtlich fixierter Lasten nicht eingebundener Dritter scheint hingegen aus dem modernen verfassungsrechtlichen, aber auch rechtstheoretischen Denken kaum vorstellbar.

Verfolgt man diesen Gedanken weiter, bedarf es für die spätmittelalterlichen Einungen am Oberrhein wohl der Auflösung der bisherigen juristischen Kategorien, wie sie WADLE für die frühe Friedensentwicklung vorgenommen hat, in einem so weiten Umfang nicht. Vielmehr legt die historische Entstehung und Entwicklung dieser Landfrieden seit 1254 einen anderen Schluss nahe: Wie bereits mehrfach dargestellt, bauten diese neben dem unzweifelhaft hoheitlich initiierten Landfrieden von 1235 auf dem Rheinischen Bund von 1254 auf, der wiederum im Kern auf ein städtisches Hilfsbündnis für den Fall der Befehdung oder ungerechtfertigten Rechtsverletzung zurückging. Ein solches Hilfsbündnis war aber klar gegen einen Dritten, den Fehdegegner, gerichtet. Das juristische Metasystem, das, wenn auch nach WADLE nur ansatzweise, die Rechtfertigung im Rahmen des be-

---

137 Vgl. insbesondere die entsprechenden Erkenntnisse von *Wadle*, Praxis, S. 82 ff. m.w.N. zu den hochmittelalterlichen Gottes- und Landfrieden und v.a. *ebd.*, Fn. 13 die umfassende Übersicht zur neueren Forschung dazu.

138 Der Konsens wird nach dieser Ansicht zum Element der Rechtsgeltung selbst, da die bloße Autorität des Gesetzgebers noch nicht ausreichte, ebenso die legitimierende Begründung als *veritas* oder *ratio*, sowie noch später die wissenschaftliche Legitimierung des Gesetzgebers durch römische Recht; *Wadle*, Frühe deutsche Landfrieden, S. 78 f., der genauere Untersuchungen der jeweiligen Normen angemahnt hat; vgl. zum Konsens bei der Normgebung auch *Krause*, Art. „Recht", HRG IV, Sp 227 ff.; *Kaufmann*, Art. „Konsens", HRG II, Sp. 1090 ff.; zu *veritas* und *ratio* vgl. *Trusen*, Gutes altes Recht, S. 721 ff., 726 m.w.N.; vgl. zu Autorität und Konsens der Teilnehmer, jedenfalls der „Großen", bei den bayerischen und schwäbischen Landfrieden *Gernhuber*, Landfriedensbewegung, S. 75 f.

stehenden Reichsrechtes, der Privilegien und Rechtsgewohnheiten liefern konnte, war eben gerade dieses Recht selbst in Gestalt des tradierten Fehderechtes: Wie bereits oben in Kapitel 1 I 2 ausführlich dargestellt, konnte die Fehde die Erzwingung einer Wiedergutmachung für erlittenes Unrecht ohne hoheitliche oder vertragliche Begründung rechtfertigen. Ebenso ließ das hochmittelalterliche Fehdrecht die Verbindung mehrer Beteiligter oder Unbeteiligter zum Zwecke eines gemeinsamen Vorgehens gegen einen Fehdegegner zu.[139]

Gegenstand des Rheinischen Bundes war primär, wie Rechtsverletzungen durch Dritte zu ahnden waren, um eine Wiedergutmachung und friedliche Konfliktlösung zu erreichen. Die Öffnung dieses Hilfsbündnisses gegenüber jedem Beitrittswilligen und bestimmten Gruppen, bei denen auf das Erfordernis des Eides verzichtet wurde, änderten an diesem Begründungszusammenhang prinzipiell nichts. Unproblematisch erklärt sich somit sowohl die terrritoriale Geltung als Begrenzung der Ahndungs- und Hilfspflicht ebenso wie die Sanktion auch gegen den Eidesverweigerer. Ohne der weiteren Untersuchung bereits vorzugreifen, kann dies bereits aus der exemplarischen, schon zitierten Regelung für die Fortgeltung der Hilfsverpflichtung verdeutlicht werden: Auch nach Ablauf des Bündnisses war Hilfe zu leisten für alle während seiner eigentlichen Dauer entstandenen Fehden, bis die Absagen durch Sühne und Richtung endgültig beseitigt, mithin der Friede wiederhergestellt und die Gefahren für die Mitglieder beseitigt waren.[140]

Das Programm allgemeiner Beeidung ergab so zwar einen gesteigerten sozialen und ethischen Begründungszwang, erforderte aber keine neue juristische Legitimation, da jedem diese Entscheidung *rechtlich* frei stand.

Wie bereits gezeigt, wurde gleichwohl in der weiteren Entwicklung das Königtum wichtig, weniger, um den Friedensschluss überhaupt zu legitimieren, sondern vielmehr genau ab dem Punkt, als die Verbündeten eindeutig durch die Eigenmacht des Bundes die bisherigen Gerichte und damit das Subsidiaritätsgebot und Gerichtssystem von 1235 durchbrechen wollten und dies insbesondere mit nach traditionellem Fehderecht schwer zu rechtfertigenden Maßnahmen, namentlich durch Burgbrechungen, durchzusetzen gedachten. Dies lässt sich gut an der personalen Friedenspolitik von König Wilhelm bis vor allem Rudolf von Habsburg zeigen, bei

---

139 Vgl. etwa *Terharn*, Herforder Fehden, S. 148; vgl. aber auch bereits am Ende des 19. Jahrhunderts *Mayer*, Verfassungsgeschichte I, S. 169 f., 181 f.

140 Vgl. aus der Einung von 1338, Rapp. UB I, Nr. 494, S. 367, Z. 37 – S. 368, Z. 1: *„Geschehe och, daz wir ... uns in den zwein jâren erchanden oder sprechen umb keinen uflu[o]f oder schaden dar zu[o] wir nach den zwein jâren der herren und stête hilf ... bedôrften, ist geret, daz si uns beidiu herren und stêt als lange hinnah beholfen sullen sin, biz die ufu[o]ff und schaden, dar uber wir erchant haben, gentzlichen und gar beriht werden."*

denen diese Befugnisse außerhalb der Landfriedensbündnisse an den König gebunden blieben. Durch die Einbindung etwa von Materien des Regalienschutzes in die Landfrieden von 1301 und 1310 erwies sich die Beteiligung des Königs als geradezu unabdingbar.[141]

e) Will man damit die Elemente der Geltung der Landfrieden präzise erfassen, so empfielt es sich, ähnlich wie WADLE zwischen der sozialen Geltung oder Legitimität der Landfrieden einerseits und ihrer juristischen Geltung oder Legalität auf der anderen Seite zu trennen.[142]

(1) Für den sozialen Geltungsanspruch der Landfrieden war entscheidend, dass sich diese als Verbindung „des Landes", das heißt zumindest der entscheidenden politischen Kräfte und Autoritäten der Region darstellen konnten. Dazu gehörte aber auch die möglichst breite Akzeptanz der Bevölkerung, die dieser nahegebracht, erkennbar abgerungen und in ihrer Gesamtheit wiederum öffentlich kundgemacht werden musste.

(a) In diesen beiden Funktionen lag gerade die bereits traditionelle Bedeutung des Eides. Dieser hatte, wie bereits GERNHUBER ausgeführt hat, „Bekenntnischarakter". Er war die auf Eid und Ehre erfolgte Bekräftigung, nach „neuen Lebensgrundsätzen zu leben und bereit zu sein, für die Realisierung dieser neuen Lebensgrundsätze einzutreten."[143] Der Eidunwillige wurde aus der neu konstituierten Friedensgemeinschaft ausgeschlossen, aber deswegen nicht peinlich bestraft; auch nahmen die spätmittelalterlichen Einungen am Oberrhein nie das Recht zu einer förmlichen Ächtung in Anspruch. Soweit sie dem Eidesverweigerer wegen seiner Ablehnungshaltung die Hilfe im Fall seiner Verletzung durch einen Landfriedensbruch versagten, rückte er allenfalls in Hinblick auf diese einzige konkrete Sanktion in die Nähe eines Geächteten. Seine übrige Rechtsstellung blieb indes unangetastet. Aus diesem Grunde vermag auch der im 19. Jahrhundert ausgeprägte Begriff der „Friedlosigkeit" hier in die Irre zu führen und sollte daher auch keine neue Verwendung finden.

Allerdings stellte sich der Eidesverweigerer nach außen klar erkennbar gegen „das Land", also die idealerweise möglichst große Mehrheit der Adeligen und Bürgerschaften, die den Frieden durch Beeidung bestätigt hatten.

---

141 *Vgl. dazu noch unten Kapitel 4 II 3, III, Kapitel 5 I 2 b) und c).*

142 Während die Rechtswirkung der Landfrieden, also deren Wirksamkeit als resultierende, nicht begründende „Geltungsdimension" gesondert unten in Teil III der Abhandlung untersucht werden soll.

143 Vgl. schon *Gernhuber*, Landfriedensbewegung, S. 115 f.; *Fischer*, Landfriedensverfassung, S. 11: „Zur gedeihlichen Durchführung der Landfriden war es nun vor allem nöthig, sich des guten Willens der Theilnehmer von vorn herein zu versichern".

Dadurch rückte er, jedoch ausschließlich in faktischer und sozialer, nicht rechtlicher Hinsicht, in die Rolle eines „devianten" Außenseiters.[144]

Konstitutiv war dieser Eid insoweit, als er den Schwörenden in die Organisation des Landfriedens einband und ihn zur Mithilfe verpflichtete, ihn dafür aber mit Schutz- und Beteiligungsrechten ausstattete. Erforderlich war die Schwurleistung jedoch gerade nicht in einem juristischen Sinn für die Geltung des Landfriedens selbst dem Schwörenden gegenüber.

(b) In diesen Zusammenhang fällt auch die Bedeutung des Königtums und der als Errichter erscheinenden Autoritäten des Landes für die Legitimität der Landfrieden. Hier diente sie dazu, die Akzeptanz für den Frieden zu steigern, und zwar sowohl durch Überzeugung als auch durch die Macht im Personenverband und in den bereits gebildeten Herrschaftsverhältnissen der Grundherren und städtischen Obrigkeiten. Der König war, wie jeder dieser *„primates"*[145], zwar förderlich, aber in dieser Hinsicht nicht unentbehrlich.

Die königliche Mitwirkung und *„auctoritas"* stand, wie die der regionalen Vormächte, in dieser Hinsicht durchaus auf einer ähnlichen Stufe wie die zunehmenden Begründungen für die Landfriedenserrichtungen aus traditionellen christlichen wie ökonomisch-rationalen Gemeinwohlerwägungen. Letztere spiegelten gleichzeitig im Sinne WADLES die ethischen Metaregeln der beiden treibenden Begründungsstränge der „sakralen" Legitimierung[146] aus der christlichen Tradition, aber auch der vordringenden wirtschaftlich-kaufmännischen Rationalität wider. Sie wurde regelmäßig proklamiert, aber durchaus von den Zeitgenossen, etwa den Chronisten, kritisch beobachtet und registriert.[147] Alle drei Faktoren - vor allem die Autorität und Macht der Garanten des Friedens, seine Akzeptanz im Land und seine propagierte und tatsächliche *„utilitas"* für das *„bonum commune"* war-

---

144 Vgl. ähnlich bereits *Gernhuber*, Landfriedensbewegung, S. 119 mit mehreren Belegen aus Franken und Bayern Ende des 13. Jahrhunderts, nach dem der „vom Landfriedensrecht Ausgeschlossene nicht geächtet [ist], aber er rückt in die bedenkliche Nähe des Geächteten", was seinen Ausdruck im Versagen jedweden Rechtsschutzes durch die Gemeinschaft fand; zur Acht noch als vermeintliche *rechtliche* Abspaltung der Friedlosigkeit vgl. *Landes*, Art. „Acht", in: HRG I, Sp. 25 ff.

145 *Vgl. dazu nochmals insbesondere die* Pax Alsatiensis, *oben Kapitel 1 II 1 a).*

146 Letzteres etwa durch die erkennbare Einbindung und Mitwirkung der Kirche und prominenter Vertreter in ihrer sakralen Eigenschaft, sowie der Betonung des „heiligen Charakters" der Normen; vgl. zu beidem *Hattenhauer*, Gottes- und Landfrieden, S. 176 ff.; sowie allgemein *Erkens*, Sakralität.

147 Vgl. hier nur *Hattenhauer*, Gottes- und Landfrieden, S. 181 f.; zum Topos des Gemeinwohls allgemein *Merk*, Gedanke; *zu den tatsächlichen Beurteilungen der Zeitgenossen vgl. oben Kapitel 2 zu den einzelnen Friedensmaßnahmen, die noch ganz vorzugsweise den jeweiligen Königen zugeordnet wurden.*

en eng wechselseitig miteinander verknüpft.[148] Je notwendiger und nützlicher ein Landfrieden erscheinen musste oder seinen Nutzen in der Vergangenheit tatsächlich erwiesen hatte, desto mehr konnte er auf die möglichst allgemeine Akzeptanz im Lande hoffen, desto mehr stärkte er aber auch das Ansehen und die Autorität nicht nur der Einung selbst, sondern auch der hinter ihr stehenden Garanten. Je stärker ein Landfrieden alle Aspekte widerspiegelte, umso mehr konnte er soziale Geltung entfalten und auf tatsächliche Wirksamkeit und Effektvität hoffen.

(c) Dies bedeutet indes nicht, dass sein *rechtlicher Geltungsanspruch* etwa in jedem Einzelfall von seiner erwiesenen Nützlichkeit abhängig gewesen wäre. Gleiches gilt aber auch für die anderen beiden Faktoren, denn das rechtliche Gebot der Einungen, Friedensbrüche zu unterlassen und Verstöße zu verfolgen, hing nicht davon ab, ob im Einzelfall die Beteiligten seine Notwendigkeit, Autorität oder allgemeine Akzeptanz anerkannten. Gerade der Friedensbrecher, der die Friedensordnung nicht anerkannt hatte, sollte ihm dennoch unterworfen sein. Gleichwohl galt für den Landfrieden, wie in den folgenden Kapiteln weiter zu zeigen sein wird, mehr als für viele andere Rechtsregime, dass seine *soziale Wirksamkeit* von eben diesen Faktoren abhing: Je mehr Konfliktparteien in die Autorität, breite Unterstützung und Nützlichkeit des Landfriedens vertrauen konnten, umso wahrscheinlicher dürften sie bereit gewesen sein, sich an den Landfrieden zu wenden. Desto stärker mussten sie oder tatsächliche oder potentielle Landfriedensbrecher aber auch seine Sanktionen fürchten und damit vor einer Verletzung seiner Normen abgehalten werden. Wo die Einsicht in Autorität und Akeptanz und Nützlichkeit nicht ausreichten, konnten die durch sie begründeten Ängste vor der Macht der Garanten und ihrer Unterstützung im Lande, sowie die Isolierung des Landfriedensbrechers an ihre Stelle treten.

(2) Daher ist von diesem Problemkreis die Frage nach der „Legalität“ der Landfriedenseinungen völlig zu trennen, also die ebenfalls moderne rückblickende Fragestellung, wie weit ihr Recht mit dem überkommenen und anerkannten Recht der Zeit, sei es geschrieben oder ungeschrieben, in Einklang standen.

Solange sich die Vereinbarungen, wie in der Anfangszeit 1254, auf ein reines Hilfsbündnis für die Durchsetzung von Rechten im Wege der Fehde beschränkten, ergaben sich hierbei keine Probleme, wenn man von dem 1231 ausgesprochenen Bündnisverbot für städtische Kommunen absieht, das aber spätestens kraft der Anerkennung durch Wilhelm wieder derogiert wurde. Ansonsten rechtfertigten sich diese Bündnisse gegenüber dem traditionellen Recht unproblematisch aus dem bestehenden Fehderecht,

---

148 Vgl. zur Wechselwirkung von *auctoritas* und Akzeptanz bei der Legitimierung im Bewusstsein des Volkes *Hattenhauer*, Gottes- und Landfrieden, S. 175; zum Verhältnis von *bonum commune* und *pax* vgl. auch *Distler*, Städtebünde, S. 104 ff.

jedenfalls solange sie die bestehenden Verfahrensvorschriften und Gewaltschranken, vor allem die Subsidiarität bis hin zum Verfahren bei Burgbrechungen beachteten, und wenn man eine Anerkennung des Fehde- und Hilfsrechtes der bürgerlichen *coniurationes*, also der bürgerschaftlichen Korporationen, unterstellt. Insbesondere galt es, die bestehenden Rechte zu achten, darunter in erster Linie die Gerichtsrechte, was auch regelmäßig in den Garantiebekenntnissen der ausführlicheren Landfrieden zum Ausdruck kam, wie nur beispielsweise in der Einung von 1343: „*Es súllent och alle herren und stette, die zu[o] disem landfriden geho[e]rent, in allen iren rehten und frihiten bliben und sin, alse sie harkomen sint und sol in daran dirre lantfride keine schaden sin.*“[149]

Zum einen jedoch konnte der Inhaber über diese rechtlich durch Lehensrecht oder Privilegien abgesicherten Gerichtsrechte verfügen, sofern er die aus der Verleihung resultierenden wenigen besonderen Bindungen einhielt. Zum Anderen hatte das Königtum seine übergeordnete allgemeine Gerichtsgewalt etwa in Nürnberg 1274 erfolgreich behauptet. Einer Delegation dieser Gerichtsbarkeit an regionale Stellvertreter zur Verwirklichung des Landfriedens standen damit wohl keine durchgreifenden rechtlichen Gesichtspunkte entgegen. Hatte bereits König Wilhelm wohl diese Begründungszusammenhänge zur Sorge für den Landfrieden genutzt, dürften diese unter Rudolf von Habsburg ihren Höhepunkt erreicht haben. Während wir dort diesen Weg noch deutlich getrennt von den zuvor geschilderten Landfriedensbündnissen sehen, sind an der Wende zum 14. Jahrhundert beide Ansätze im Elsass verknüpft. Während das Königtum seine Bedeutung in dieser Hinsicht immer weniger behaupten konnte, genügten spätere Vereinbarungen der beteiligten Gerichtsinhaber prinzipiell durchaus, um einen Teil ihrer Gewalt an gemeinsame Einrichtungen zu delegieren.[150] Speziell gegenüber den Regelungen des Reichslandfriedensrechts konnten sich die Frieden zwar auch auf die Subsidiaritäts- und Öffnungsklauseln stützen, nach denen „*swaz ouch die fursten mit ir lantherren in irme lande mit der herren rate sezzen und machent disem lantfriden zu bezzerunge und zu verstunge, daz mugen si wol dun und da mitte brechen sie des landfriden niht*“.[151] Wichtiger war aber, dass es zu diesen keinen eigentlichen Konflikt gab, beziehungsweise dass ein solcher vor allem hinsichtlich der Gerichtsverfassung durch Beteiligung des König als oberstem Gerichtsherr ausgeräumt werden konnte.

---

149 St. UB V, Nr. 116, S. 121, Z. 9-11.

150 Zumal ihnen dies das Königtum mit seiner etwa durch Rudolf ausdrücklich beanspruchten obersten Gerichtsgewalt und deren Übertragung an Reichsvikare, Reichvögte, Landfriedenshauptleute und sonstige Vertraute als Repräsentanten vorgemacht hatte.

151 Vgl. die salvatorische Öffnungsklausel in Art. 43 des Reichslandfriedens von 1287; vgl. dazu *Wyneken*, Landfrieden, S. 16.

(3) Klar wird aber auch, dass, wie bereits GERNHUBER bemerkt hat, die Mitgliedschaft in den Landfriedenseinungen eine deutlich zweigeteilte war.[152] Die errichtenden Parteien schlossen den Landfrieden in der Form eines Vertrages untereinander ab und begründeten mit der typischen Vertragsformel *„ane geverde"* ihre wechselseitigen Verpflichtungen. Sie waren es, die die Landfriedenssorge in den Händen hielten, die sich allmählich herausbildenden Organe einsetzten und für wirkliche und wirksame Durchführung und Aufrechterhaltung in ihren Territorien sorgen konnten.[153] Der König trat hierbei bald gesondert, bald als bloßer *primus inter pares* in Erscheinung. Die Teilnehmer zeichnete ihr besonderer politischer Einfluss und häufig ihre Stellung als Inhaber von für die Friedenssorge einschlägigen Gerichtsrechten aus. In gewisser Weise scheinen hier auch Kontinuitätslinien zu den *Primates* der ersten Frieden im Elsaß durchzuschimmern.[154] Dagegen waren die später Beitretenden, vor allem die Stadtbürger und kleineren adeligen Herren, an diesen Führungsaufgaben nicht beteiligt. Gleich berechtigt und verpflichtet waren sie aber auf die materiellen und verfahrensrechtlichen Normen der Landfrieden und insbesondere den Beistand und die Verfolgung der Friedensstörer.

3. Abgrenzung von Landfrieden und „bloßen" Beistandsbündnissen

Da die spätmittelalterlichen Einungen immer weniger auf die königliche personal-autoritäre Friedensgewalt und die traditionelle Friedenspflege der überlieferten Gerichtsbarkeit zurückgriffen, stellt sich erneut die Frage, was diese Landfrieden in den Augen der Zeitgenossen eigentlich von den einfachen Beistandsbündnissen unterschied, die die Städte, vor allem in dieser unruhigen Phase am Oberrhein, oft parallel zu Friedenseinungen, abschlossen. Dabei ließe sich bereits auf die jeweilige Eigenbezeichnung

---

152 *Gernhuber*, Landfriedensbewegung, S. 63 hat zwar ausdrücklich die späteren Landfriedensbündnisse dabei ausgeklammert, seine Feststellung, nur die abschließenden Parteien seien als Vertragspartner in ihren Entschlüssen frei gewesen, während „der ihnen unterworfene kleine Mann .. keinen Unterschied zwischen einem Gesetz und einem ‚völkerrechtlichen' Vertrag" empfunden habe, trifft hier aber durchaus zu; vgl. dagegen *Ebel*, Hansisches Recht, S. 7.

153 So etwa *Redlich*, Rudolf von Habsburg, S. 436.

154 Zu weit dürfte es allerdings gehen, wie *Gernhuber*, Landfriedensbewegung, S. 79 f. eine Kontinuität der Gesetzgebung von der alten Stammesversammlung wie im Elsass 1094 über die Herzöge bis zu den spätmittelalterlichen Ständeversammlungen konstruieren zu wollen.

verweisen, die klar zwischen *„lantfriden"* und Bündnis trennte.[155] Jedoch erschiene ein bloßer Verweis auf die Quellenterminologie unbefriedigend, der nicht durch wesentliche Unterscheidungsmerkmale erklärt werden könnte.

a) Als gesichert kann nach den bisherigen Ausführungen gelten, dass die Kategorien hochmittelalterlicher Landfrieden, wie sie von GERNHUBER zusammengefasst wurden, namentlich die Ausprägung peinlichen Strafrechts, nicht als Wesensmerkmal der hier untersuchten Landfrieden herangezogen werden können, während von einer Aktivierung der Masse und Verdrängung des traditionellen Rechts, insbesondere von Fehde und Buße, allenfalls sehr beschränkt gesprochen werden kann.[156]

Die ältere, stark etatistisch geprägte Sekundärliteratur hat vor allem anhand der Beteiligung des Königtums differenziert und dabei positiv belegte „staatsrechtliche Einungen" streng von eher negativ konnotierten „Landfriedensbündnissen" zu scheiden versucht. Doch findet dies nicht nur wenig Übereinstimmung mit der in der Bezeichnung ausgedrückten Selbsteinschätzung der Zeitgenossen. Vielmehr bildet es auch kaum ein qualifizierendes Merkmal, da die bereits herausgearbeiteten Kernmerkmale der regionalen Landfrieden, insbesondere der Kampf gegen Zölle und Gewalt durch gemeinsame Organisationen, völlig unabhängig von der Rolle des Königtums waren. Das zeigt nicht nur der Hagenauer Pakt von 1278, sondern auch der Frieden von 1318, in dem König Friedrich gerade nicht in Erscheinung trat, wohl um einen Beitritt Straßburgs zu ermöglichen. Trotzdem enthält diese Einung detaillierte Bestimmungen über die Gerichtsverfassung.[157]

b) Ähnlich hat ANGERMEIER drei konstitutive Merkmale für die Einordnung als Landfrieden herausgearbeitet, nämlich die Verpflichtung der Mitglieder auf den Friedenszweck, der die Verfolgung politischer Ziele ausschalte, die Existenz einer übergeordneten Gerichtsbehörde und gewisse Bindungen der Einungsmitglieder an das Königtum.[158]

---

155 Zum Gebrauch dieser Eigenbezeichnung vgl. auch *Kroeschell*, DRG I, S. 188; *Distler*, Städtebünde, S. 69 ff., 81, 185 allerdings jedenfalls für die deutschen Korelate unzutreffend, die Zeitgenossen hätten zwischen *pax* und *coniuratio* u.ä. nicht unterschieden

156 Vgl. etwa *Gernhuber*, Landfriedensbewegung, S. 27.

157 Insoweit auch jüngst unrichtig *Fürderer*, ZGO 153 (2005), S. 282, die wie ein Großteil der älteren Forschung zentral auf die Initiative des Königs abgestellt hat.

158 Vgl. *Angermeier*, Königtum und Landfrieden, S. 220 ff.; dazu *Mohrmann*, Landfriede, S. 65; vgl. auch bereits *Angermeier*, Historisches Jahrbuch 76 (1957), S. 34 ff.; hinsichtlich der Bindung an die obersten Feudalgewalten jünst sogar noch zugespitzt *Distler*, Städtebünde, S. 89, nach der Landfriede (nur) „prinzipiell die vom König oder den Fürsten errichtete oder doch genehmigte Einung meint", jedoch bereits einschränken muss, dass *„lantfride"* in eini-

(1) Dem hat etwa MOHRMANN klar widersprochen: „Verbindung, Bund, Friede und Landfriede treten nebeneinander auf und meinen doch allemal dasselbe. Sie sagen aus, daß Landfriedenswahrung ... nicht zu trennen ist von Bündnispolitik."[159] Ähnlich kann heute als in der Städtebundsforschung anerkannt gelten, dass auch Städtebündnisse dem Frieden außerhalb der Städte dienen wollten und sollten, wenn auch daneben der Verfolgung anderer Zwecke.[160] Umgekehrt hatte bereits SCHWALM eingeräumt, dass in Landfriedensbündnissen die Friedenssorge durchaus von politischen Motiven überlagert werden konnte.[161] So ist heute weithin anerkannt, dass die Bündnisse mit den weitreichendsten politischen Folgen, die der Schweizer Urkantone, mindestens gleichrangig der Bekämpfung der eigenmächtigen Gewalt im Inneren dienten.[162] Wie sehr andererseits die hier zu untersuchenden Landfrieden gerade in ihrer Anfangsphase von politischen Interessen instrumentalisiert wurden, in ihrer Entstehung und Dauer von politischen Eigeninteressen abhingen und kaum rechtliche Wirksam-

---

gen ihrer Quellen „indes die rein innerständische, städtische Schutzbündnisse, welche ohne königliche Einlußnahme zur Friedenswahrung geschlossen wurden" bezeichneten.

159 So *Mohrmann*, Landfriede, S. 115.

160 Insoweit zutreffend *Distler*, Städtebünde, S. 180 ff. sowie ebd., S. 25 ff. m.w.N. zur marxistischen Zweckbestimmung der Städtebündnisse als Herrschaftsinstrument städtischer Obrigkeiten oder Kampfinstrument gegen die etablierten Feudalgewalten sowie modernen Deutungsmustern am Beispiel des Großen Rheinischen Bundes als Beleg für einen Städtebund. Allerdings ist *Distler* jedenfalls für den Oberrhein entschieden zu widersprechen, wenn sie einen scharfen Gegensatz zwischen Städtebünden und Landfrieden einerseits darin sieht, dass die Städte sich der Bünde zur Friedenssorge und gleichzeitig Abwehr der Landfriedensgerichtsbarkeit bedient hätten; dies mag man allenfalls für konkrete politische Konstellationen gegenüber Karl IV. und Wenzel annehmen können. Auf der anderen Seite greift sie bei ihrer inhaltlichen Gegenüberstellung von Städtebünden und Landfrieden bei letzteren allein auf Erscheinungsformen des 11. bis frühen 13. Jahrhunderts zurück und gelangt so *ebd.*, S. 188 ff. zu den unzutreffenden Feststellungen, die Landfrieden hätten - im scharfen Gegensatz zu den Städtebünden - lediglich auf den Schutz eines bestimmten Personenkreises und nicht eines räumlichen Friedensbereiches abgestellt, als „gestufte Friedensordnung" Sonderrechte und Privilegien anerkannt, die Fehdeführung und andere Selbsthilfe respektiert, auf diese Weise die Gesellschaft nicht auf eine „allgemeine Friedensgesellschaft nivelliert", und seien schließlich nicht so sehr wie die Städtebünde auf Wirksamkeit der Satzung bedacht gewesen. All dies spiegelt die Rechtsformen der Landfrieden des 14. Jahrhunderts, die *Distler* völlig übergeht, nicht wider.

161 *Schwalm*, Landfrieden, S. 5 f., wobei er diese durchaus negativ konnotiert; vgl. die Folgerung daraus von *Gernhuber*, Staat, S. 51, dass zu den Landfrieden auch solche Bündnisse gezählt werden müssten, bei denen die Partner die Landfriedenswahrung zumindest auch als ihre Aufgabe angesehen hätten, auch wenn Inhalt und Wirkung davon abwichen; dem gegenüber hat bereits Weizsäcker, RTA I, S. XCVII betont, dass Landfrieden und Städtebünde zusammen gefasst werden müssten..

162 Vgl. nur *Moraw*, Offene Verfassung, S. 218 f.; *Schwalm*, Landfrieden, S. 83 f.; *Kopp/Lütolf*, Geschichte V 2 (12), S. 457 ff., 487.

keit im Sinne einer Befriedung entsprechend ihres Normgehaltes aufwiesen, wurde bereits ausführlich illustriert.

Besonders diskutiert wurde die Motivfrage anhand des Landfriedens von 1338 zwischen der wittelsbachischen und habsburgischen Partei am Oberrhein. SCHWALM folgend ist dieser überwiegend als „rein politischer Natur“ bezeichnet worden, als „ein Waffenstillstand, für den man äußerlich die Form eines eigentlichen Landfriedensbündnisses fand, da infolge der Kriegswirren auch das Bedürfnis nach Sicherung der Straßen groß geworden war.“[163] Die Befriedung der Handels- und Verkehrswege sei gerade nicht der Hauptzweck gewesen, die auch in anderen Dokumenten vorgenommene Bezeichnung als Landfrieden wirke wohl eher zufällig gewählt. Umso mehr passten die vermeintlich geringen Erfolge der Vereinbarung zu der These, nur unter der Autorität einer starken Reichsgewalt stehende Frieden hätten echte Wirkung entfalten können.[164] Allerdings unterscheidet sich darin dieses Übereinkommen in keiner Weise von den zahlreichen Landfrieden vor ihm, die unter starker Stellung des Königtums abgeschlossen wurden. Zugleich waren die wichtigsten Wesenselemente eines Landfriedens wie etwa materielle Friedensregelungen und Beistandspflicht, Regelungen zum Verfahren und koordinierende Organe gegeben. Auch der Wille und Anspruch, das Land zu befrieden, trat nicht weniger stark als in anderen Einungen hervor. In anderen regionalen Landfrieden fanden sich bereits ähnliche paritätische Sonderregelungen aus aktuellem Anlass.[165] Mit vollem Recht konnte sich also dieses Bündnis als Landfrieden bezeichnen, von den Zeitgenossen als solcher bezeichnet werden und sich in die Serie der bisherigen Einungen einreihen.[166]

(2) Zudem scheint mit der von ANGERMEIER geforderten besonderen Bindung an das Königtum und der Verbindung zu dessen Gebotsgewalt und Friedenshoheit eine äußerst dehnbare und schwer abgrenzbare Kategorie angesprochen. Sicherlich ist richtig, dass die meisten Landfriedenseinungen zunächst stark vom Königtum beeinflusst waren und einen Teil ihrer Autorität aus der Friedens- bzw. Gerichtsgewalt des Herrschers ableiteten. Doch häufig bestätigten die Könige nur die bereits abgeschlossenen Friedensbündnisse, um nicht jeden Einfluss zu verlieren, so etwa 1254 oder 1322.[167] Für die Legalität und Legitimität der Frieden dürfte dies aber nur

---

163 So *Schwalm*, Landfrieden, S. 79; *vgl. zu diesem Landfrieden ausführlich oben Kapitel 2 II 4 a).*

164 Vgl. auch *Bock*, ZGO NF 46 (1933), S. 349.

165 Zu dem Vorbild eines derartigen paritätischen Frieden in Ostschwaben aus dem Jahr 1286 zwischen dem Herzog von Bayern und König Rudolf vgl. *Angermeier*, Königtum und Landfrieden, S. 73 f.

166 So etwa von Ludwig IV., vgl. Böhmer, Acta Imperii Selecta, Nr. 786; *Leupold*, Berthold von Buchegg S. 105 ff.; *Schwalm*, Landfrieden, S. 78.

167 *Vgl. oben Kapitel 1 II 3; Kapitel 2 II 1.*

insoweit erforderlich gewesen sein, als diese sich nicht aus dem bereits bestehenden Recht, insbesondere der Friedenssorge der traditionellen Rechtspflege und dem Fehderecht, rechtfertigen konnten.

(3) Neuerdings ist die Existenz eines Landfriedensausschusses, der über einen räumlich abgegrenzten Gebotsbereich verfügte und an dessen alltäglicher Wirksamkeit die Herren und der König nur indirekt über Amtsleute beteiligt waren, als wichtigster Gegensatz eines Landfriedens als „interterritoriale Gestaltung und Organisation" zu einem bloßen Bündnis betrachtet worden.[168] Auch dieser Definitionsansatz SCHUBERTS mit dem Bild eines gemeinsamen Ausschusses und Hauptmannes, die direkt auf die Bewohner der Städte und Territorien zurückgreifen konnten, erweist sich jedoch als zu eng, um auch nur die Formen bündisch organisierter Landfrieden zu erfassen. So reihten sich die Frieden von 1278 und 1322, die nachweislich über keine solche „supraterritoriale Instanz" verfügten, nahtlos in die Entwicklungsreihe ein, verfügten sie doch über vergleichbare aktivierende Tatbestände und prinzipiell gleich laufende, auf Beistand bis zur Wiedergutmachung angelegte Vollzugsnormen.

Damit zeigt sich die Schwachstelle in dem ansonsten sehr überzeugenden Ansatz GERNHUBERS, der richtig auch gegen die Fiktion eines überparteilichen Interesses bemerkt:

> „Wer sich verbündet zur Abwehr, der verbündet sich gegen ‚Gewaltverbrecher', die ohne Grund bei ihm einfallen, treibt also Strafrechtspflege. Insoweit kann man sagen, daß jedes politische Bündnis damaliger Zeiten in der Zweckrichtung gegen die Gewaltverbrechen mit den Landfrieden übereinstimmt. Aber das politische Bündnis umfaßt eben nicht Straftatbestände als solche, sondern richtet sich gegen bestimmte Gegner ... Hier [im Landfrieden] umfasst eine höhere Einheit die beiden Fehdeführenden und vermag damit die einseitige Perspektive aufzuheben."[169]

Diese „höhere Einheit", die über den Parteien die Spielregeln änderte, kann nun aber weder in der Autorität des Königtums beziehungsweise in direkter Ableitung aus den Herrscherprärogativen gesucht werden noch in einer überparteilichen Schieds-, Gerichts- oder Regulierungsinstanz. Wie bereits zuvor gezeigt, war es gerade das Bemerkenswerte der bündischen Landfrieden, dass die normsetzenden Parteien selbst einen Teil der Gewalt und Eigenmacht Ausübenden bildeten, sich aber rechtlich und politisch gegenüber anderen Ständen abzuschichten trachteten.

c) Echte parteiliche Bündnisse konnten gemeinsame Beratungen und Truppen verabreden und die Form des alleinigen oder gemeinsamen Vor-

---

168 Vgl. zum Ganzen *Schubert*, Interterritoriale Gestaltung, S. 127 ff. mit dem Ausgangspunkt des Geleitsrechts in der Goldenen Bulle von 1356.

169 So *Gernhuber*, Landfriedensbewegung, S. 35 f.

gehens ebenso festlegen wie Landfrieden.[170] Ebenso bedienten sich die Landfriedenseinungen der alten Mechanismen der Fehde, Sühne und Buße, legitimierten den Beistand weitestgehend fehderechtlich. Die passagenweise gleichen Regelungen der Landfrieden und namentlich des Städtebündnisses zwischen Basel, Freiburg und Straßburg seit 1326 zeigen die enge Verwandschaft überdeutlich.[171] So enthielten auch die Städtebünde die gleichen Regelungen über Geltungsgebiet, Vorgehen gegen Unterstützer des Schädigers oder die Pfändung über die Stadtgrenzen hinweg.[172] Daher sind von vielen die mittelrheinischen Landfriedensbündnisse ab 1325 auch als Städtebündnisse (ab-)qualifiziert worden, entgegen ihrer Eigenbezeichnung.[173] Andererseits wurde der Dreier-Städtebund von Straßburg, Basel und Freiburg von Chronisten auch bisweilen irrig als Landfrieden bezeichnet.[174]

(1) Der direkte Vergleich zeigt aber ebenso deutlich: Zum Landfrieden wurden sie gerade durch ihren Anspruch auf Überparteilichkeit, der erklärten Absicht, dem „Nutz und Notdurft" des ganzen Landes zu dienen, während die Städtebünde an gleicher Stelle *„nutz, notdorft, friden und fromen unsere stêtte und burgere gemeinlichen"* setzten.[175]

Als wesentlichen Unterschied des Landfriedens zu anderen Bündnisformen wird man daher die Offenheit seiner Hilfe für jedermann ansehen müssen, der das allgemeine Beeidungsgebot im Land entsprach.

Wie bereits 1254 war der Quantensprung immer dann vollzogen, wenn die Beistandspflicht nicht nur durch die Parteien und deren Angehörigen in gerade dieser Eigenschaft ausgelöst wurde, sondern den als Kern postulierten Friedenschutz gegen jeden Eidgenossen und die von der Eidespflicht befreiten Gruppen betraf. Alle Landfrieden konnten sich so mit gewissem

---

170 Vgl. nur jüngst *Distler*, Städtebünde, S. 54 ff., 129 ff., 140 ff. m.w.N.

171 Vgl. dazu jüngst *Fürderer*, ZGO 153 (2005), S. 281; unzutreffend hingegen *Distler*, Städtebünde, S. 188 ff. aufgrund ihres schiefen Vergleichs der Städtebünde des 14. Jahrhunderts lediglich mit den Gottesfrieden des 11./12. Jahrhunderts; gleiches gilt auch für ihre Thesen, die Städtebünde hätten vor allem der Verfolgung von streunendem Gesindel, marodierenden Söldnern etc. gedient und der Landfrieden hätte im Gegensatz zum Städtebund „die Gesellschaft nicht auf eine allgemeine Friedensgesellschaft nivelliert." oder die Städtebünden hätten grundsätzlich stärker auf die Wirksamkeit ihrer Satzungen geachtet.

172 Vgl. etwa *Weizsäcker*, RTA, I S. XCVII, der daraus die Forderung, beide Kategorien zusammen zu fassen, abgeleitet hat; dagegen hielt *Schwalm*, Landfrieden, S. 6 viele Bezeichnung jedenfalls seit der Goldener Bulle für einen bloßen Deckmantel, um dem bekannten Städtebundverbot zu entgehen.

173 Vgl. MGH Const. VI, Nr. 288; *Bock*, ZGO NF 46 (1933), S. 341; *Schwalm*, Landfrieden, S. 58, 62 f.; *Leupold*, Berthold von Buchegg, S. 12.

174 Vgl. Mathias v. Neuenburg, Beilage II, S. 255.

175 Vgl. St. UB II, Nr. 470, S. 418, Z. 3 f.; vgl. insoweit auch *Distler*, Städtebünde, S. 186 m.w.N., allerdings ohne diese Schlussfolgerung.

Recht auf den gemeinsamen Nutzen als legitimierendes Kriterium in ihren Begründungen und Arengen berufen. Die *„utilitas ad bonum commune"* verband auch über die Landfrieden als *topos* der Herrschaftslegitimierung Frühmittelalter und frühe Neuzeit und bildete im Spätmittelalter geradezu deren Zentralbegriff.[176] Sie verband theologische und ökonomisch-rationale Deutungsebenen.[177] Dabei bezog sie sich weitgehend auf die Paarung von Friede und Gerechtigkeit beziehungsweise Rechtswahrung, deren Verknüpfungen umfassend aufgezeigt wurden.[178] An ihnen wurden Herrschaft und ihre Ausübung in der Rechtsetzung und -durchsetzung juristisch und propagandistisch geprüft,[179] wie nicht zuletzt die Absetzungsschriften am Anfang und Ende der hier untersuchten Landfriedensentwicklung, von Adolf I. bis Wenzel und ihre klare Rückbeziehung auf den Nutzen für die Allgemeinheit, besonders durch die Friedenssorge, deutlich zeigen.[180]

Nur durch eine derartige Selbstzuschreibung und ein solches Programm konnte der Landfrieden mit dem in seiner Eigenbezeichnung und häufig in den Arengen ausgedrückten Anspruch, das Land zu repräsentieren, Bestand haben - nicht nur vor der strikten Scheidung in der Golden Bulle von 1356,[181] in der, wie bereits zuvor unter einzelnen staufischen Konstitutionen, ausdrücklich alle Städtebündnisse verboten wurden, Landfriedensbünde jedoch ausdrücklich erlaubt blieben.[182] Trugen jene die Gefahr der Spaltung und Ausweitung von Konflikten ohne weiteres in sich, konnten die Frieden zumindest theoretisch in Anspruch nehmen, gewaltsame Aus-

---

176 Vgl. ausführlich *Ruser*, Städtepolitik, S. 4 ff.; *Diehl*, in: ZwürttLG 1 (1937), S. 296 ff.; zur Ablösung älterer Formeln wie etwa des *honor imperii* vgl. *Angermeier*, ZRG GA 75 (1958), S. 182 f.; zum *„gemeiner nutz"* zeitgleich am Mittelrhein vgl. MGH Const. VIII, Nr. 678; *Schubert*, Interterritoriale Gestaltung, S. 151; *Eberhard*, „Gemeiner Nutzen", S. 195 ff.; ders., Legitimationsbegriff, S. 241 ff.

177 Vgl. dazu speziell etwa die Summa Theologica des Thomas von Aquin, 1,2 Qu. 96 Art. 4,3: *„Dicuntur autem leges justae et ex fine, quando scilicet ordinantur ad bonum commune"*; zum Ganzen ausführlich *Rogge*, Gemeiner Nutzen; vgl. auch *Ruser*, Städtepolitik, S. 5 ff. m.w.N.

178 *Vgl. oben Einleitung I.*

179 Vgl. etwa die herausstechend häufige Berufung auf Glück und Wohlstand des Reiches und der Untertanen, konkretisiert als *tranquiletas* und *pax communis* in der Goldenen Bulle, vgl. dazu u.a. den Brief des Kaisers an Metz vom 26.11.1355, Böhmer, Acta Imperii Selecta, Nr. 855; vgl. zum Ganzen *Hergemöller*, Nürnberg, S. 25 f.

180 Vgl. daneben auch die Wahlannahme Sigmunds, RTA VII, Nr. 37; sowie allgemein *Ruser*, Städtepolitik, S. 6.

181 Idealiter sollte das Landfriedensbündis gerade nicht parteilich, sondern, wie insbesondere Karl IV. zeigte, ständeübergreifend agieren und so den Frieden im Reich nicht bedrohen, sondern stützen, so dass sich daraus der höchst unterschiedliche Umgang mit beiden Bündnisformen rechtfertigte, vgl. *Ruser*, Städtepolitik, S. 103; zur Repräsentation des Landes durch die Versammlungen der „Landschaft", hier zur Errichtung eines Landfriedens, vgl. auch *Würgler*, Tagsatzung, S. 99 ff.

182 *Vgl. oben Kapitel 2 IV 1 b) zu cap. 15 der Goldenen Bulle.*

einandersetzungen einzudämmen, da sie *idealiter* die Interessen des Landes insgesamt vertraten, worauf sich alle ihre Teilnehmer auf Eid und Ehre verpflichteten, und *jeder* Konfliktpartei, unabhängig von ihrer Zugehörigkeit und Verortung in der feudalen Personenverbands- und Rechtskreisegesellschaft den Zugang zu friedlichen Alternativen und gleichzeitigem von Gewalt abschreckendem Zwang auf den Gegner zu bieten.

Die dabei als Initiatoren Erscheinenden, namentlich das Königtum, hatten lediglich bei der insoweit sekundären Frage nach der Durchsetzbarkeit und Akzeptanz, der Legalität und Legitimität Bedeutung, nicht aber für die Qualifizierung als Landfrieden in den Augen der Zeitgenossen.[183]

III. Die Praxis des Aufrichtungsprozesses der Landfrieden

Wie bereits angesprochen lässt sich auch das jeweils konkrete Verfahren zur Errichtung der Landfrieden im gesamten Untersuchungszeitraum in zwei Großabschnitte teilen: Den Abschluss der Einung in den Formen eines Vertragsschlusses, regelmäßig unter, allerdings stets unterschiedlicher Beteiligung des Königs, und die anschließende, mehr oder weniger umfassend durchgeführte Beeidungskampagne im Land.

1. Die Rolle des Königtums

Lag bei der Aufrichtung der Reichslandfrieden die Initiative notwendigerweise stets beim König, zeigten die Landfrieden am Oberrhein, wie bereits bei der jeweiligen Form der Beteiligung des Königtums, vom unter Zustimmung der Parteien erfolgten Gebot,[184] durch Gewährsmänner auf Geheiß des Königs[185] über die Verkündung im eigenen Namen[186] oder nur

---

183 Vgl. auch *Schubert*, Interterritoriale Gestaltung, S. 125; insoweit ist daher auch *von Graevenitz*, Landfriedenspolitk, S. 108 jedenfalls im ersten Punkt Recht zu geben, wenn sie ausführt: „lantfride ist ein Bündnis in Form einer Einung in sozial gemischter Zusammensetzung und mit landschaftlicher Begrenzung und Bezogenheit. Einungszweck ist die Bewahrung der allgemeinen und regionalen Friedensordnung in einem Land, Einungsziel ist das Wohl jedes Einzelnen".

184 Etwa die Landfrieden von 1347, 1366, 1381 und 1389; St. UB V, Nr. 116, 733; RTA I, Nr. 165; RTA II, Nr. 75; vgl. dazu etwa *Bock*, ZGO NF 46 (1933), S. 362.

185 So etwa der Landfrieden von 1395, St. UB VI, Nr. 989 mit der Bestätigung ebd., Nr. 991, und, mit einer äußerst ausladenden Titulatur, der Entwurf von 1398, St. UB VI, Nr. 1349.

dessen Bestätigung,[187] von der bloßen Teilnahme unter gleichen,[188] der Vertretung durch offenkundige Gewährsmänner[189] bis hin zur völligen Abstinenz[190] ein weit bunteres Bild.

Hiervon zu unterscheiden ist das tatsächliche Maß der Beteiligung des Königtums. Insbesondere am Anfang, aber auch gegen Ende der Entwicklung ging die Initiative für die Landfriedensentwicklung tatsächlich meist durchaus vom König aus, der noch im 13. Jahrhundert in der Regel selbst vor Ort die jeweilige Aufrichtung persönlich in Angriff nahm, wie etwa 1288 oder 1293.[191] Bisweilen, wie beim Frieden von 1278, handelte der anderenorts gebundene König durch persönliche Vertraute, die ihr Ansehen auch vom König ableiteten, wie hier der Reichslandvogt im Speyergau.[192] Überwiegendes Motiv war jedoch weniger die Sorge für die Herstellung und Aufrechterhaltung von Frieden und Recht, sondern aktuelle politische Interessen des Königtums, vor allem die Vorbereitung von größeren kriegerischen Auseinandersetzungen. Dabei fiel die zunehmende Ruhe im Kernland durchaus als erwünschtes Nebenprodukt ab, wichtiger war jedoch, die Anhängerschaft zu binden, zu organisieren und zu vermehren.

Nahezu immer sehen wir den König bzw. seine Vertrauten um die Beteiligung der *„primates"* im Lande werben,[193] voran an die Adresse der Metropole Straßburg, gefolgt von den anderen großen Rheinstädten und am Oberrhein, vor allem an die der beiden Bischöfe. Wie etwa die Entwicklung von 1293 zeigte, bedurfte es nicht selten der Initiative des Königs genauso

---

186 So etwa die Einung von 1310 und der Landfrieden Ludwigs IV. von 1317, sowie der Landfrieden Karls IV. von 1378, St. UB II, Nr. 284; MGH Const. V, Nr. 421; St. UB V, Nr. 1319; unrichtig zum letzteren *Lindner*, Wenzel, I, S. 65 f., 393 f.: Vereinbarung der Stände mit nachträglicher königlicher Genehmigung; dagegen richtig *Asche*, Landfrieden, S. 16 ff.; *Bock*, ZGO NF 46 (1933), S. 367.

187 Vgl. St. UB V, Nr. 1324; RTA I, Nr. 117.

188 Wie die Einung von 1301, St. UB II, Nr. 233.

189 Vgl. den Hagenauer Landfrieden; St. UB II, Nr. 68; *vgl. dazu oben Kapitel 2 I 2 c).*

190 Wie der mittelrheinische Landfrieden von 1322, sowie die oberrheinischen Einungen von 1338 und 1343, vgl. Rapp. UB I, Nr. 494; St. UB V, Nr. 116.

191 Vgl. St. UB II, Nr. 138 Anm. 1; vgl. dazu *Bock*, ZGO NF 46 (1933), S. 327; *vgl. oben Kapitel 2 I 2 e), 3;* zur Rolle des Königtums und der Notwendigkeit politischer Bündnispartner bei der Landfriedenserrichtung vgl. nur *Schubert*, Interterritoriale Gestaltung, S. 124 f.; *Becker*, Art. „Landfriede I. Deutschland", in: LexMA V, Sp. 1657 f.

192 Vgl. Einladungsschreiben des Reichslandvogts Friedrich an Straßburg zum Tag des Erzbischofs nach Mainz vom 11.8.1277, MGH Const. II, Nr. 155; vgl. *Martin*, Städtepolitik, S. 128 f.; *Gerlich*, Landfriedenspolitik, S. 58 ff.; *Schreibmüller*, Landvogtei, S. 37 ff.

193 Vgl. neben dem gerade genannten für die Einung von 1301 die mehrfache Aufforderung an die rheinischen Städte unter Betonung der Vorteile der Beeidung, MGH Const. IV, Nr. 134, sowie die Aufforderung König Adolfs von 1310/11, vgl. Chmel, Handschriften II, S. 322 f., 336; zit. nach *Wyneken*, Landfrieden, S. 6 f., 17.

wie der Überzeugung der Adressaten vom Nutzen des Friedens, um diesen zustande zu bringen.[194] Voraussetzung war jedenfalls in der Regel, dass die inneren Spannungen zwischen diesen Parteien nicht zu groß waren oder dass sie nicht gar große Fehden oder Doppelwahlen spalteten. Allerdings hatten die konkurrierenden Prätendenten vor allem im letztgenannten Fall ein besonderes Interesse, ihre Anhänger zu sammeln, wie in den Jahren 1316 - 1318. Andererseits konnte der regionale Landfriede auch als ein Mittel der regionalen Vormächte angesehen werden, um mit Hilfe königlicher Sanktion eine bevorzugte Sonderstellung zu behaupten (so etwa in den Jahren 1301 und 1310), insbesondere aber gegenüber einer gerade erfolgten zuvorliegenden allgemeinen Reichsrechtssetzung, die sie zu benachteiligen drohte, wie in den Jahren 1389 und 1398. Bisweilen trafen sich die unterschiedlichen Interessen im Rahmen eines Kompromisses, wie vor allem 1338, oder auf anderer Ebene zwischen Königtum und Ständen 1366,1378 oder eben nicht, wie beim Entwurf von 1398. Nicht selten dominierte aber völlig das regionale Sicherheits- und Ordnungsinteresse vor allem der Freistadt Straßburg, aber auch der Dekapolis-Bürgerschaften über das oft lediglich formalistisch eingebundene Königtum, wie unter der Regentschaft König Wenzels in den Frieden von 1381 oder 1395 oder in einer gänzlich städtisch initiierten und „autonomen" Einung wie 1322 oder 1343.

Für einen taktisch handelnden Herrscher konnte eine kluge Landfriedenspolitik aber durchaus dazu dienen, eben diese Autonomiebestrebungen zu binden und einzudämmen, wie Karl IV. es 1347 und vor allem 1353 vorexerzierte.[195] Hingegen zeigt die Art und Weise, wie sich Wenzel 1395 nach den Vorgängen der letzten beiden Jahrzehnte gewissermaßen hinter seinem Gewährsmann, dem aus Sicht der Bürger noch unbescholtenen Bischof Wilhelm von Diest aus Utrecht, verstecken musste, bereits jene Schwäche, die kurz darauf zu seiner Absetzung führen sollte.[196]

---

194 Vgl. Chron. Colm., S. 260 f; vgl. Reg. Bf. Stbg II, Nr. 2342 f.; *vgl. ausführlich oben Kapitel 2 I 3.*

195 *Vgl. dazu oben Kapitel 2 III 4;* 1353 war es Karl IV. nicht nur gelungen, die verselbständigte Entwicklung im Elsass wieder unter seinen Einfluss zu bekommen, sondern gleichzeitig als Retter in der Not des Landes zu erscheinen, *„do is gar ubil stund"*, wie er selbst am 6.1.1354 an Herzog Albrecht von Österreich schrieb; vgl. Eidenössissche Abschiede I, Nr. 99; *Ruser*, Städtepolitik, S. 100 f.

196 *Vgl. dazu bereits ausführlich oben Kapitel 2 V 3.*

2. Die Errichtung des Friedenstextes

a) Aushandlung, Abfassung und Vorarbeiten

(1) In den ersten Jahrzehnten erfahren wir nur sehr wenig über den konkreten Ablauf, der zur endgültigen Abfassung und Errichtung der jeweiligen Landfrieden führte.

Es erscheint insbesondere zweifelhaft, dass sich bei der Errichtung Diskussionen der einzelnen Teilnehmer an diesen, ganz vorwiegend politisch verstandenen und wirkenden Bünden auf konkrete Normen und deren Ausgestaltung bezogen haben sollten.

In praktischen allen spätmittelalterlichen Landfrieden am Oberrhein lässt die starke, oft wörtliche Orientierung an älteren Friedensdokumenten diese als Ausgangsbasis für die Verhandlungen vermuten. Für deren Vorlage hätten praktisch nur die bischöflichen Offiziale und städtischen Amtsträger von Straßburg, oder auch die königliche Kanzlei sorgen können.

Dem inhaltlich äußerst stark am Rheinischen Bund von 1254 orientierten Hagenauer Bündnis von 1278[197] könnte etwa eine Kompilation dessen Gründungsakte und Beschlüssen zugrunde gelegen haben. Diese Vorlage hätte beispielsweise durch das dort als erste Bürgerschaft unter den Parteien genannte Mainz als Vorort des früheren Bundes erfolgen können. Aber auch Straßburg als anderes vormaliges und neues Bundesmitglied hätte für die Vorlage Sorge tragen können, möglicherweise im Rahmen vorangegangener Verhandlungen mit den vor allem am Abschluss irgendeines Bündnisses interessierten königlichen Vertretern. Eine definitive Klärung dieser Fragen im Einzelfall scheint im hier vorgegebenen Rahmen allerdings unmöglich. Jedoch lässt sich im Einzelnen durchaus ein starker Einfluss der bündischen Friedenstradition mit dem Rheinischen Bund von 1254 als direktem oder indirektem Vorbild nachweisen, wie im Folgenden weiter zu zeigen sein wird.

Das harte politische Ringen, das meist dem jeweiligen Abschluss vorausging, bezog sich zunächst unvergleichlich stärker auf das „Ob" denn auf das „Wie" der zu diesem Zeitpunkt noch äußerst knappen und ohnehin in der Praxis kaum nachweisbar angewandten Rechtstexte und die im Kontext der Aushandlungen erfolgten Ausgleiche und tatsächlichen Befriedungen von Konflikten unter den Teilnehmern.[198]

Diese beiden Aspekte illustriert exemplarisch der Landfrieden von 1278, bei dem der Graf Friedrich von Leiningen als Reichslandvogt im Speyergau

---

197 *Vgl. zum Ganzen bereits oben Kapitel 2 I 2 c) (2) und (3).*

198 *Vgl. dazu ausführlich jeweils zu den einzelnen Landfrieden oben in Kapitel 2.*

und Gewährsmann des abwesenden Königs Rudolf dem Erzbischof von Mainz die Initiative für einen regionalen Landfrieden entwinden konnte. Dies, indem er den Straßburger Rat und vermutlich ebenso die anderen oberrheinischen Reichsstädte zur Teilnahme an einem solchen ermahnte und sich ausdrücklich mit dem Ziel einer neuen *„sancte pacis generalis"* auf das Vorbild des Rheinischen Bundes berief, der dann tatsächlich weithin den knappen Friedenstext prägte.[199]

(2) Die späteren, deutlich umfangreicheren Einungstexte des 14. Jahrhunderts lassen daran zweifeln, ob sie tatsächlich ohne größere Vorarbeiten und Vorberatungen an einem Tag vollständig ausgehandelt und verfasst wurden.[200] Dies gilt insbesondere für den ersten Vertreter dieses neuen Typs, den Landfriedensbrief von 1301.[201] Allerdings bestand dessen umfangmäßig größter Mittelteil zur Verfolgung von Friedensbrüchen aus Anordnungen der jeweiligen einzelnen Mitglieder, die sich- zwangsläufig leicht abgewandelt - wiederholten. Die voran- und nachgestellten Klauseln dagegen konnten durchaus eine aktuelle Textsammlung der Teilnehmer auf Grundlage der bisherigen bündischen und reichsrechtlichen Landfriedenstradition darstellen, durch die insbesondere eine enge Verbindung von Friedensschutz und Zoll in die späteren Frieden weitertradiert wurde. Dem gesamten Dokument lag dabei eine bemerkenswerte, an der Anwendungspraxis orientierte, klare und logisch durchdachte Struktur zugrunde, nach der dem Geltungsrahmen und den Rechtsgarantien, den Voraussetzungen für die Verfolgung durch die einzelnen Gerichte die Grundlagen für das Einschreiten, die Organisation und das Verfahren und schließlich die namentliche Bestellung von Landfriedenspflegern folgte.

Die Einung von 1310 übernahm diesen Text, wohl auf den Wunsch der elsässischen Reichsstände, und begnügte sich mit wenigen Abwandlungen, jedoch einigen Ergänzungen aus dem aktuellen Kontext des unmittelbar vorangegangenen Reichslandfriedens. Es handelte sich namentlich um die Regelungen einzelner Regalien, dazu der Landgrafengerichtsbarkeit, um ein Pfahlbürgerverbot, das vor allem den Bischof gegen die Straßburger Bürger begünstigte, sowie um eine Ersitzungsvorschrift.[202] Art. 20 der Ei-

---

199 *Vgl. ausführlich Kap. 2 I 2 c)*; sowie die Nachweise in Fn. 192. Das Ringen um die Initiierung eines Friedens zeigt ebenso die bereits angesprochene Anekdote, nach der König Adolf zunächst den Städten im Jahr 1293 einen Landfrieden angeboten hatte, den diese aber abgelehnt hatten und den er erst nach der Demonstration seiner tatsächlichen Stärke umso einfacher durchsetzen konnte, *vgl. oben Kapitel 2 I 3 c), d)*.

200 Wie dies für den Reichslandfrieden von 1310 aus Art. 20 der unmittelbar anschließend errichteten elsässischen Landfriedenseinung hervor zu gehen scheint, vgl. St. UB II, Nr. 284, Art. 11.

201 St. UB II, Nr. 233 (S. 187-190).

202 St. UB II, Nr. 284, Art. 1, 17 f., 21.

nung stellte eine direkte Verknüpfung mit dem Reichslandfrieden für den Bischof und den Reichslandvogt her, die an beiden teilnahmen.

(3) Allmählich wurde das Aushandlungsverfahren verfeinert. Dies galt zunächst im Hinblick auf die persönliche Teilnahme der oberrheinischen Reichsstände. Den ersten Schritt dazu bot der paritätische Friedensschluss von 1338, bei dem erstmals spätere Parteien nicht im Text als persönlich bei der Aushandlung beteiligt auftreten. Dadurch, dass die Bischöfe von Straßburg und Basel sowie der Abt von Murbach sich durch von ihnen bevollmächtigte Amtsleute beim Abschluss vertreten ließen, aber noch am gleichen Tag den Rechtsakt ihrer Vertreter in einer separaten Urkunde ausdrücklich anerkannten,[203] war mit kreativen juristischen Mitteln ein Weg aus dem Dilemma gefunden, dass ohne ihre Beteiligung der Frieden praktisch nicht hätte errichtet werden können beziehungsweise keinen Sinn gemacht hätte, sie aber andererseits dem bestehenden Gebot der Kurie nicht zuwider direkt mit dem Reichslandvogt als offiziellem Vertreter Kaisers Ludwig IV. kontrahieren wollten.[204] 1366 zeigt dann die Repräsentation der Habsburger Territorien nicht mehr bloß durch Amtsleute der Dynastie, sondern durch Pfandnehmer eine weitere Abstraktion des Landfriedens von den Personen der eigentlichen *Primates*,[205] von denen er einen Gutteil seiner Autorität und tatsächlichen Macht ableitete. 1381 schließlich fand sich eine Bestimmung, dass der Frieden auch dann gelten sollte, wenn einzelne Parteien entgegen dem königlichen Befehl ihn nicht siegeln, beziehungsweise ihm nicht beitreten wollten, das heißt, der Landfrieden sollte sogar gegen einen etwaigen Widerstand, vor allem der Städte, zur Durchführung gebracht werden.[206]

(4) Die Beschlüsse des Straßburger Rates zu den Landfriedensverhandlungen von 1353, 1366 und 1368, in denen dieser den von ihm ausgewählten Vertretern der Bürgerschaft für den Verhandlungstag nicht nur eine umfassende Vollmacht, sondern klare Instruktionen für den anzustrebenden Inhalt mit auf den Weg gab, an die sie allerdings nicht fest gebunden waren, zeigt, dass sich die Vorbereitung der wohl immer noch an einem einzigen Tag im Rahmen einer Zusammenkunft erstellten Landfrieden wesentlich intensiviert hatte.[207] So beschloss der Rat für den nicht verwirklichten Landfrieden von 1368,[208] *„daz man unsern botten vollen gewalt gebe, die zu[o]m*

---

203 Cart. Mulh. I, Nr. 195.

204 So überzeugend *Leupold*, Berthold von Buchegg, S. 104; *vgl. dazu bereits oben Kapitel 2 II 4 a).*

205 St. UB V, Nr. 733, S. 568 Z. 19 – 39.

206 RTA I, Nr. 165; vgl. auch *Bock*, ZGO NF 46 (1933), S. 372; was angesichts der Vorgeschichte dieses Friedens nur allzu verständlich war, *vgl. oben Kapitel 2 V 1.*

207 Zur Bedeutung und Detailiertheit dieser Instruktionen vgl. auch für den Dreibund Straßburgs mit Basel und Freiburg OSA I, Nr. 502; *Fürderer*, ZGO 153 (2005), S. 281.

208 St. UB V, Nr. 779.

lantfriden ritende werdent, daz man da rede, daz man von dez landfriden wegen diener und lu[i]te gewinne ..." Hierdurch erhielten sie die angesichts der oft sehr unterschiedlichen Interessen nötige Flexibilität, während sich der Rat mit der Bestätigung durch Anhängen seines Siegels an die ausgehandelte Urkunde und der Beeidung durch die Bürgerschaft wohl die letzte Kontrolle vorbehielt, wie etwa die Urkunde von 1398 zeigt, bei der es trotz Fertigstellung nicht zur Siegelung kam. Wie der Ratsbeschluss zum Ausdruck bringt, wurde jedenfalls im Rat nicht über den Landfrieden isoliert, sondern im Kontext anderer zentraler Punkte der Abwehr der Söldnerscharen verhandelt. Hierzu zählte 1368 insbesondere der unmittelbar anschließend gefasste Beschluss, von Karl IV. mit Rücksicht auf die akute Engländer-Gefahr die Befreiung von der Folgepflicht auf seinen unmittelbar bevorstehenden zweiten Romzug zu erhalten. Die Entscheidung bezog sich insoweit zwar auf ein gesondertes Anwortschreiben an den Kaiser und nicht auf den Landfriedenstag. Zusammen mit den weiteren beschlossenen Maßnahmen für eine wirksame Verteidigung des Landes gegen die Engländer könnte er wohl auch eine Rolle auf der Versammlung der regionalen Vormächte mit den Vertretern des Kaisers zur Errichtung des Landfriedens gespielt haben.

Noch detaillierter waren die Instruktionen der Straßburger Delegation für die Landfriedensverhandlungen von 1353 ausgefallen, deren Ergebnis leider nicht überliefert ist, allerdings indirekt über den wohl sehr ähnlichen Landfrieden von 1366 vermutet werden kann.[209] Hauptanliegen der Stadt waren die Absicherung des Bundes gegen einen Widerruf des Königs, das Nachwirken der Beistandsverpflichtung auf ein oder zwei Jahre, die Durchsetzung einer zwangsweisen Eidespflicht für alle Ansässigen, die Berücksichtigung aller bisher Ausgenommenen und insbesondere die Bemühungen um die Aufnahme des Bischofs, sofern dieser nicht als Partei am Landfrieden teilhaben wollte. Da Bischof Berthold im Sterben lag und nur wenige Tage nach der berichteten Errichtung dieses Landfriedens am 24.11.1353 aus dem Leben schied, ist sehr plausibel, dass die Straßburger für diesen Fall vorsorgen und eine Verzögerung der Errichtung verhindern wollten, auch da Karl IV. nur kurz in der Region weilte.[210] Das Bemühen um die Markgrafen von Hochberg scheint dagegen aktuellen politischen Bedürfnissen entsprungen zu sein. Viele dieser Bemühungen fanden ihren Niederschlag noch im Landfrieden von 1366,[211] so etwa die ausführlich ge-

---

209 St. AV Série III 49 Nr. 343; OSA II 2, Nr. 841; die genaue Datierung bleibt unklar, scheint aber eindeutig auf den Friedensschluss von 1353 bezogen.

210 Mathias v. Neuenburg, Beilage II, S. 258; Leupold, Berthold von Buchegg, S. 137; hierin liegt im übrigen ein Indiz für die Datierung des gerade genannten Dokuments auf 1353, vgl. OSA a.a.O.

211 St. UB V, Nr. 733 (S. 568-572).

regelte Eidespflicht mit der von dem Leitungsgremium abhängigen Möglichkeit nachträglicher Zulassung, der ausdrückliche Schutz gegen einen Widerruf und die vergleichsweise wenigen Ausnahmen von der allgemeinen Geltung der Beistandspflicht durch einzelne Mitglieder. Die unbefristete Nachwirkung der Verpflichtungen nach Ende der eigentlichen Geltungszeit ging sogar über die Instruktionen hinaus.

Aber auch die Verabschiedung des Landfriedens auf dem Tag von Schlettstadt am 10.1.1365 scheint außerordentlich gut von allen Parteien vorbereitet gewesen zu sein. Straßburg instruierte etwa seine Gesandten,[212] die Ernennung von Wernher von Landsberg zum Obmann zu besorgen. Wäre jener nicht durchsetzbar, sollten die Boten selbst über Alternativen entscheiden. Dass sich hier der Wunsch des Rates trotz der für ihn recht günstigen politischen Ausgangslage[213] nicht durchzusetzen vermochte, zeigte die dann tatsächlich erfolgte Kür von Lutzemann von Rottersdorf als Obmann. Ob es sich bei der nicht erfolgten Aufnahme des Grafen von Mömpelgard, über die die Boten nach dem Wunsch des Rates selbst entscheiden sollten, um eine Niederlage oder Einsicht der Boten handelte, ist nicht klärbar. Jedenfalls nahmen die Baseler den Grafen im Text sogar ausdrücklich von ihren Landfriedensverpflichtungen aus.

Auch mit ihrer zweiten eigentlichen Kernforderung, der zahlenmäßigen Festsetzung von Kontingenten, mit denen jeder Teil bei Auszügen dienen sollte, konnten sich die Straßburger (noch) nicht gegen das Land durchsetzen, was der Rat bereits in seinen Ersatzinstruktionen für diesen Fall vorausgesehen hatte. Danach sollten die Boten, wenn sie die Kontingentierung nicht zu erreichen vermochten, es wie beim Vorgänger belassen, bevor man den Landfrieden ganz aufgäbe. Gerade diese Rückfallposition auf das Bewährte zeigt mustergültig die Rolle der Vorlagen und damit eine gewisse, wenig überraschende „Pfadabhängigkeit" der Entwicklung, die dadurch

---

212 St. UB V, Nr. 614; die Datierung ist hier wie bei der Instruktion von 1353 umstritten, vgl. OSA II 2, Nr. 842; allerdings überzeugt das Hauptargument von *Bock*, S. 354 f. Fn. 5 und anschließend *Ruser*, OSA a.a.O. nicht, da die Erwähnung von 15 Landfriedenspflegern zwar sicher auf den Frieden von 1353 verweist, aber dessen Wiederherstellung ebenso gewiss von den Parteien als Ausgangspunkt für ihre neuen Verhandlungen betrachtet wurde. So sprach auch die Instruktion ausdrücklich von *„funfzehendenmann .. oder zu einem obeman"* (a.a.O., Z. 10) Auch passt hier der Tag von Schlettstadt, während die Verhandlungen von 1353 in Hagenau stattgefunden haben sollen. Auch die Bereitschaft, den Gesandten unbeschränkte Verhandlungsvollmacht zur Aufstellung von Truppenkontingenten zu geben, spricht eindeutig für die Ausnahmesituation des Jahres 1365.

213 *Vgl. oben Kapitel 2 IV 2 b), c)*; da Karl IV. ein großes dynastisches Interesse haben musste, sich das Wohlwollen der Stadt zu sichern, nachdem er bereits mit den Erben Herzog Rudolfs von Habsburg einen Ausgleich durch Zugeständnisse erreicht hatte; vgl. zur im Straßburger Urkundenbuch unmittelbar folgenden Aufforderung an die Stadt, seinem Bruder, Herzog Wenzel als Reichsvikar treu und gehorsam zu sein, vgl. St. UB V, Nr. 734 vom 27.10.1366.

mit moderner diplomatischer Praxis durchaus vergleichbar scheint. Straßburg erhielt aber wenigstens sehr ausdrückliche und ausführliche Befugnisse der Landfriedenswächter in dieser Frage zugestanden. Die immer noch kurzen Verhandlungen für die Landfrieden dieser Periode waren dadurch möglich, dass diese sich klar an den vorhandenen und im Wortlaut bei der Abfassung vorliegenden Vorbildern orientierten, wie dies bereits das Straßburger Urkundenbuch für den Frieden von 1366 dokumentiert, wonach wesentliche Teile mit dem Landfrieden von 1347 übereinstimmten, der wiederum weitgehend seinem Vorbild von 1343 glich.[214]

(5) Auch der endgültige Landfriedenstext von 1378 baute auf der bereits bekannten Entwicklung und seinen Vorgängern auf. Gleichwohl zeigen insgesamt drei überlieferte Fassungen, mithin zwei nahezu vollständig gefasste Entwürfe, dass der Landfrieden wenigstens dieses Mal eindeutig erst aufgrund längerer Verhandlungen verabschiedet werden konnte. Alle drei Fassungen gleichen sich zu sehr, als dass man sie als gegeneinander gesetzte Vorlagen unterschiedlicher Teilnehmer ansehen könnte, auch wenn sie in den Archiven verschiedener Reichsstände überliefert worden sind. Vielmehr wird man in ihnen Diskussionsgrundlagen zwischen verschieden Verhandlungsphasen erblicken müssen, die womöglich bereits im September 1377 in Straßburg begonnen hatten, wie ein Memorial, vermutlich des Bischofs von Straßburg, zeigt *„item an eine rede zu einem gemeinen Frieden umbe etliche stucke“*.[215]

Der erste Entwurf, ein erstes Reinkonzept nach Diktat, griff deutlich weniger als die spätere endgültige Fassung den Text und die Ideen des vorangegangenen Landfriedens von 1366 auf, sondern war weithin von städtebündischen Gedanken geprägt.[216] So stand namentlich der Schutz und Beistand der Teilnehmer untereinander an der Spitze der Überlegungen, nicht wie sonst Geltungsraum und Landfriedensbruch. Die Fassung des Art. 8[217] dürfte, entgegen RUSER, ohne die Annahme eines kaum in die Zeit passenden früheren Landfriedens als Abschreibfehler erklärlich sein, zumal die Artikel 1 - 10 ganz auf einen Städtebund zugeschnitten waren. Auch diese kannen, wie etwa das Bündnis von 1368 durchaus auch ein Obleutegremium, das zudem schon vor 1378, wie auch in diesem Entwurf, in einer paritätischen Weise von mehreren Teilen mit rotierendem Obmann besetzt war.[218] Die vorgesehene, aber noch freigelassene namentliche Benennung

---

214 Vgl. St. UB V, Nr. 733 (S. 568-572) und St. UB V, Nr. 159 (S. 152- 155).

215 AV Série III 49, Nr. 358; zur Datierung und Einordnung vgl. OSA II 2, Nr. 897, Anm. 68-70.

216 AM Hagenau EE 28, Rein-Konzept nach Diktat; vgl. OSA II 2, 898.

217 Dort werden neun statt richtigerweise sieben Mitglieder des Landfriedensgremiums vorausgesetzt.

218 Vgl. St. UB V, Nr. 787.

aller Mitglieder und die Regelung für den Fall von Streitigkeiten unter ihnen zeigen die Bedeutung, die dem Gremium zugemessen wurden. Auch die weitere wesentliche Neuerung, die Regelungen für eine Truppe zur militärischen Abwehr von Gefahren für den Frieden, fand sich bereits in Art. 11-14 des Konzepts und griff die gemeinsamen Beschlüsse zur Aufstellung einer Truppe anlässlich der Engländer-Abwehr aus dem Jahr 1368 auf, die im organisatorischen Rahmen des damals noch bestehenden Landfriedens erfolgt waren.

Der zweite Entwurf[219] kehrte wieder zur traditionellen Normfolge der Landfrieden zurück, nannte zunächst Zeitrahmen und Geltungsgebiet, dann den Landfriedensbruch durch allen Raub, Brand, Mord, Gefangennahme und unrechte Gewalt, bevor er sich den bündischen Elementen zuwandte. Hier wurde den Teilnehmern die Ernennung ihrer Vertreter überlassen, der Amtseid genauer gefasst, ebenso wie die Hilfe nach Ablauf der eigentlichen Geltungszeit, und der Sitzungsort wieder von Schlettstadt beziehungswiese Selz nach Hagenau zurückverlegt. Bemerkenswert ist hier der betonte Schutz der Klöster und Kirchen, vor allem aber die erstmals seit langem folgende umfassende Hervorhebung der ordentlichen Gerichtsbarkeit, nach der Lehen vor den Lehensherren und Eigen und Erbe vor die Gerichte, wo sie belegen waren, gehörten. Von der endgültigen, ausgefertigten Fassung[220] unterscheiden den Entwurf im wesentlichen zwei abschließende Punkte: In der zweiten Entwurfsfassung fanden sich nicht die umfangreichen, im einzelnen ausdifferenzierten Vorbehalte der einzelnen Mitglieder, die bereits das erste Konzept aufgenommen hatte, dafür aber ein später gelöschter Passus, dass man dafür Sorgen tragen sollte, dass der Bund auch beim sich abzeichnenden Tode Karls IV. in Kraft bleiben sollte. Am 21.6.1378 erfolgte die Bestätigung durch Karl IV., indem er Straßburg gebot, für die Einhaltung des Friedens, den er, wie sein Siegel beweise, gemacht habe, zu sorgen.[221]

Auch den späteren – in den schwierigen Auseinandersetzungen zwischen den Fürsten beziehungsweise Landesherren und den Bürgerschaften gegenüber den praktisch parallelen Reichslandfrieden durchgesetzen – oberrheinischen Einungen gingen mit hoher Wahrscheinlichkeit jeweils ein erhebliches inhaltliches Ringen und damit größere Verhandlungen zwischen

---

219 St. AV Série III 49, Nr. 71; OSA II 2, Nr. 899, sowie enthalten in den Anmerkungen zu St. UB V, Nr. 1319 unter HS B.

220 St. AV Série III 49, Nr. 72 als Rein-Konzept von der gleichen Hand wie der erste Entwurf; OSA II 2, Nr. 900, RTA I, Nr. 116 sowie in St. UB V, 1319 als HS A; Überlieferung A1: StA Mainz, Urk.; A2 St. AV a.a.O.

221 St. UB V, Nr. 1324; RTA I, Nr. 117.

den Teilnehmern voraus, soweit man sich nicht auf eine praktisch unveränderte Verlängerung einigen konnte.[222]

b) Landfriedensregelungen zur Lösung von Akzeptanzproblemen

(1) Angesichts der primär politischen Bedeutung, aber auch der Schwierigkeit, die Partner länger zu binden und eine breite Akzeptanz für die Unterwerfung unter das Friedensregime zu erreichen, kann die Befristung in allen Bündnissen nicht überraschen, deren Umfang bereits oben dargestellt wurde.[223]

(2) Ein weiteres Mittel, um die Annahme des Friedens zu erleichtern,[224] lag wohl in den ausführlichen Garantien, die in den umfangreicheren Frieden ab 1301 eine wichtige Rolle einnahmen, so insbesondere die Zusicherung, dass alle Städte, Burgen, Dörfer, Dinghöfe, Edle, Grafen, Herren und Dienstleute in ihren angestammten und gewohnten Rechten, Erblehen und Freiheiten bleiben sollten.[225] Dabei orientierte man sich auch erstmals an den Gewährleistungen der Reichslandfrieden,[226] während die älteren Bündnisse von 1254 Ähnliches durch ein Vetorecht der Vertreter der betroffenen Stadt zu sichern versucht hatten und die Einschränkung von anderen Rechten der Herren bereits von vornherein außerhalb ihrer Reichweite gelegen hatte. Dem folgend hatte auch das Bündnis von 1278 keinerlei solche Garantien enthalten.

(3) Schließlich musste noch auf fortbestehende Konflikte Rücksicht genommen werden. Dies geschah unter den Vertragsparteien durch die Aufnahme von Ausnahmebestimmungen, wie beispielsweise 1310, als die Straßburger alle wegen des Handwerkergeschelles von 1308 aus der Stadt Verwiesenen von der Geltung des Landfriedens ausnahmen.[227] Ebenso ist

---

222 *Vgl. etwa zur Einung von 1381 und zum Sonderbrief nach dem Egerner Reichslandfrieden ausführlich oben Kapitel 2 V 1, 3 a)*, sowie zum Letztgenannten OSA III 3, Nr. 2730.

223 So hat bereits *Hattenhauer*, Gottes- und Landfrieden, S. 153 die Befristung der Landfrieden als eine Konzession an das dem alten Recht verhaftete Volk gesehen, die notwendig war, um unüberwindlichen Widerstand gegen die neuen Normen zu vermeiden; darüber hinaus hat *Orth*, Fehden, S. 3 in diesem Zusammenhang zu Recht auch auf die Bedeutung der waffentragenden und damit fehdeführenden Schichten für die Herrscher verwiesen, die eine weitere Beschränkung verhinderte.

224 Vgl. dazu schon *Fischer*, Landfriedensverfassung, S. 12 f.; ähnlich *Gernhuber*, Staat, S. 54 ff.

225 Zu dieser in fast allen untersuchten Landfrieden enthaltenen Norm, vgl. nur St. UB II, Nr. 233, S. 188, Z. 4-9; vgl. allgemein *Bock*, ZGO NF 46 (1933), S. 330.

226 Vgl. etwa Einleitung und Art. 15 des Mainzer Reichslandfriedens, MGH Const. II, Nr. 196; *vgl. oben Kapitel 1 II 2*; dazu hier nur *Wyneken*, Landfrieden, S. 16.

227 St. UB II, Nr. 284, Art. 19.

die Bestimmung der Bischöfe von Basel und Straßburg von 1301 zu verstehen, dass sie niemand des Landfriedens wegen beholfen sein wollten, der in ihren Territorien gesessen war, um irgendein *„slahte Ding"*, das vor dem vorangegangenen Weihnachtsfest geschehen war.[228] Diese Ausnahmen von der Hilfspflicht waren zum anderen Teil auch der Rechtstreue zu bestimmten anderen Bündnissen geschuldet.[229] Andererseits dienten die regelmäßigen Ausnahmen von Papst und Reich ab 1301 daneben auch zur Sicherung gegenüber von Reichskonflikten und nicht zuletzt der Respektsbezeugung.[230] Wohl beide Gründe sorgten dafür, dass die Straßburger Bürgerschaft ebenso regelmäßig ihren Bischof als möglichen Gegner ihrer Hilfspflicht ausnahmen.[231]

c) Abschluss und Aufrichtung

Hatten die mehr oder weniger umfangreichen Aushandlungen ihr Ergebnis gefunden, wurde der Landfrieden an einem bestimmten Termin, zumindest zu Beginn der Entwicklung noch am Tag seiner Aushandlung von den auf dem „Landfriedenstag" versammelten Adeligen, Meistern und Ratsvertretern der Bürgerschaften geschlossen und, wie bei Verträgen üblich, beschworen, beurkundet und besiegelt.[232] Meist bestanden die Bischöfe - wohl vor dem Hintergrund des kanonischen Sonderrechts - darauf, dass ihnen der Eid erlassen sei, sie wollen diesen Landfrieden darum nicht weniger einhalten „ohne alle Arglist".[233] Diese Formel *„ane geverde"*, welche die gesamten Texte der oberrheinischen Landfriedenseinungen im 14. Jahrhunderts durchzog, zeigte besonders deutlich die Vertragsform dieser Bündnisse, da die Formel üblicherweise zur Begründung einer vertraglichen Haftung und zur Bekräftigung der vertraglichen Pflichten eingesetzt wurde.[234]

Hier kann nicht abschließend geklärt werden, inwieweit für jedes Mitglied eine eigene Urschrift der als Errichtungsurkunde gefassten Einung erstellt wurde, die dann jeweils besiegelt wurde. Jedenfalls sind nicht all zu selten mehrere Exemplare eines Textes überliefert.[235] Eine Besonderheit stellte in dieser Hinsicht erneut der Friedensschluss von 1338 dar, dessen besondere

---

228 St. UB II, Nr. 233, S. 188, Z. 9-12.

229 Vgl. bereits *Fischer*, Landfriedensverfassung, S. 12.

230 So jedenfalls *Kelleter*, Landfriedensbünde, S. 15 u. 32.

231 Vgl. hier nur *Leupold*, Berthold von Buchegg, S. 28.

232 Vgl. zur Bedeutung v.a. der Beurkundung und Besiegelung *Distler*, Städtebünde, S. 177 ff.

233 Vgl. hier etwa St. UB II, Nr. 284 S. 232 Z. 39 – S. 233, Z 4.

234 Vgl. bereits oben Fn. 22.

235 Vgl. z.B. die Anmerkungen zu St. UB V, Nr. 116, S. 117-122.

Funktion bereits in der Form der Ausstellung durch Austauschurkunden zwischen beiden Lagern zum Ausdruck kam.[236] Die späteren Einungen scheinen bei allen „Teilen" ausgefertigt vorhanden gewesen zu sein.[237]

Noch früher im Verlauf der Entwicklung scheint die Besiegelung, vor allem bei den durch Boten vertretenen Teilnehmern, nicht am Errichtungstag, sondern danach erfolgt zu sein. Nur so wird etwa die Vorschrift von 1343 erklärlich, dass der Landfrieden nicht nur selbst dann Wirkung haben sollte, wenn ein Siegel nachträglich abgefallen sei, sondern auch wenn dieses von Anfang an fehlen sollte, beziehungsweise ein Teilnehmer nicht, wie vorgesehen, beitreten wollte.[238] So blieb auch der vollständig in drei Exemplaren ausgefertige Landfrieden von 1398 schließlich nur Entwurf, weil er nur seitens des Reichslandvogts als Anhänger König Wenzels besiegelt worden war.[239]

Eine nachträgliche Erweiterung des Kreises der privilegierten Mitglieder war, anders als bei vielen Städtebündnissen, nicht vorgesehen und erfolgte auch nicht.[240]

3. Die Beteiligung des Landes und die „Eideslawine"

Mit der feierlichen Verkündung des Vertragsschlusses war der Übergang von einem bloßen Vertrag zur nach breiter Akzeptanz strebenden Landfriedenseinung erreicht. Wie bereits dargestellt, musste es dem Landfrieden vor allem zur eigenen sozialen Geltung und Legitimität darum gehen, die „öffentliche Meinung" auf seine Seite zu bringen, das heißt den Eindruck zu erwecken, „das Land" stünde hinter dem Abschluss der aufrich-

---

236 Schon die Besiegelung des Colmarer Briefes nur durch die habsburgische Partei erweist diesen als eine Ausfertigung, die alleine für den ehemaligen Gegner erfolgt war, so dass offensichtlich der Frieden in zwei Austauschurkunden errichtet wurde; vgl. bereits *Leupold*, Berthold von Buchegg, S. 105.

237 Vgl. ausführlich *Müller*, Die elsässischen Landstände, S. 26 f., Fn. 1; *Weizsäcker*, RTA III, S. 10.

238 St. UB V, Nr. 116, S. 121 Z. 24-27; nicht überzeugend daher *Schwalm*, Landfrieden, S. 81, der allgemein auf vorgekommene Missbräuche verwiesen hat; vielmehr handelte es sich auch um eine materiell wirkende salvatorische Klausel, nach der der Frieden, der gerade der königlichen Autorität entbehrte, auch beim Fehlen einzelner Vormächte gültig bleiben sollte, was die Verfasser bei der Errichtung nicht als gänzlich unwahrscheinlich ausschlossen und was gleichzeitig die fehlenden Durchsetzungsmöglichkeiten unter den genannten Parteien ausdrückte; allerdings war die Klausel auch in anderen Regionen zumindest später verbreitet, wie *Distler*, Städtebünde, S. 178 f. am Beispiel des schwäbischen Bundes von 1382 gezeigt hat.

239 *Vgl. ausführlich oben Kapitel 2 V 3 d).*

240 Vgl. zu den Städtebünden nur *Distler*, Städtebünde, S. 127 ff.

tenden Vertragspartner.[241] So zeigen sich alle Landfriedenstexte primär zur Verkündung abgefasst. Etwa bestimmten im Jahr 1278 die Parteien *„ad noticiam universorum litteris presentibus volumus pervenire"*.[242] Sicher galt diese Floskel auch bei anderen öffentlichen Urkunden. Aber die Begründung und Betonung der Einheit, zum Beispiel durch *„clara fide et unanimi consensu"*,[243] und des ordnungsgemäßen Verfahrens zeigte das Bemühen, den Adressatenkreis zu überzeugen.

Diese Absicht fand auch ihren Niederschlag im Sprachwechsel zur mittelhochdeutschen Umgangssprache. Er vollzog sich 1301, allerdings deutlich später als bei den Reichslandfrieden, aber ebenso markant früher als in anderen Bereichen. Die mittelhochdeutsche Sprache im elsässisch-alemannischen Dialekt zeigte eine zunehmende Orientierung an den Bedürfnissen des Adressatenkreises,[244] der sich von den primär an den *„cives"* der Städte in der Tradition von 1254 orientierten Frieden von 1278 hin zur gesamten männlichen Landesbevölkerung erweiterte, die ab 1301 den Frieden beschwören sollte.

Während das knappe Bündnis von 1278 sich nur auf den wesentlichsten Gedanken beschränkte, dass man den eidverweigernden *„cives rebelles et inobedientes"* nicht helfen sollte, zeigte vor allem das breit dokumentierte Vorgehen König Rudolfs 1281, wie die Akzeptanz des Landes für einen Landfrieden herzustellen war. Wie bereits dargestellt, reiste der König persönlich den Rhein hinab und ließ von September bis Dezember des Jahres in allen größeren Städten, darunter Straßburg und Oppenheim, in seiner Anwesenheit den Frieden „von allen Armen und Reichen" beeiden.[245] Allerdings wurde damals noch der Reichslandfrieden, um den es sich handel-

---

241 *Vgl. bereits oben ausführlich Kapitel 3 II 1 b) und 2.*; vgl. hier auch *Gernhuber*, Staat, S. 39 f.; zur Öffentlichkeit vgl. etwa allgemein *Brandt*, Öffentlichkeit; *Faulstich*, Öffentlichkeit.

242 MGH Const. III, Nr. 157, S. 151, Z. 18.

243 Ebd., Z. 21.

244 Insoweit bestätigt sich für die an eine breite, nicht allein klerikale Öffentlichkeit gerichteten Landfrieden die These, dass sich die Wahl der lateinischen oder mitteldeutschen Urkundensprachen am Empfänger orientierte, vgl. *Kunze*, Rudolf von Habsburg, S. 111; *Vancsa*, Sprache, S. 1 ff.; *Hirsch*, Urkundenforschung, S. 260 ff.; nicht zuletzt hatte bereits der Mainzer Reichslandfrieden das Vordringen der deutschen Urkundensprache angezeigt, das sich gerade im Interregnum unaufhaltsam vollzog, so dass gerade dessen deutsche Fassung Geltung erlangte und erneuert und weiterentwickelt wurde; *vgl. bereits oben Kapitel 1 II 2; Mitteis*, ZRG GA 62 (1942), S. 13, 33; zur Orientierung deutscher Urkunden insbesondere auf bürgerliche Kreise seit König Rudolf vgl. *Martin*, Städtepolitik, S. 202; *Distler*, Städtebünde, S. 78 ff., 88 f.

245 Vgl. dazu etwa MGH Const. III, Nr. 279, 280; RI IV, Nr. 1396a-d, 1407a; Ellenh. Chron., S. 125; Ann. Colm. Maiores, S. 52; *Gerlich*, Landfriedenspolitik, S. 67; *Bock*, ZGO NF 46 (1933), S. 326; *Kunze*, Rudolf von Habsburg, S. 139 ff.

te, erst anschließend auf einem Hoftag feierlich verkündet.[246] Wie weit diese Beeidung aber ansonsten den bekannten Formen von 1254 und 1278 entsprach, wird dadurch deutlich, dass auch die Chronisten nunmehr erstmalig diesen Frieden wie jenen Bund als *pax generalis* bezeichneten und den nachträglichen Verkündungshoftag praktisch übergingen.[247]

Die Einungen seit 1301 enthielten hingegen genaue Bestimmungen, wie die Beeidung sich zu vollziehen hatte. So sollte der Friede von Stadt zu Stadt, von Burg zu Burg, von Dorf zu Dorf verkündet werden und von dem Mann vor seinem Richter innerhalb von zwei Monaten beschworen werden.[248] Auch hier war die maßgebliche Bedeutung der traditionellen Gerichtsorganisation erkennbar. Wer diese Frist verstreichen ließ, der sollte nachträglich nicht mehr aufgenommen werden, „und niemand soll ihm richten, aber man soll ihn richten." Konnte aber jemand, von dem der Richter behauptete, er habe nicht geschworen, mit zwei Zeugen das Gegenteil beweisen, sollte er den kollektiven Friedensschutz genießen. War jemand aber zu dieser Zeit *„u[i]szewendig landes"*, also außerhalb des Landes, das nur an dieser Stelle als Begriff überhaupt in Erscheinung trat, oder siech oder gefangen, so sollte er, sobald dieser Hinderungsgrund wegfiel, den Eid beschwören und die Satzung gleichermaßen Anwendung finden. Die Prälaten, Domherren und Priester sollten von dieser Eidesleistung befreit sein, „durch ihre Ehrbarkeit", was wohl eher der Berücksichtigung des kanonischen Sonderrechtes bei Eiden diente.[249] Diese Regelungen scheinen insgesamt sehr an den Reichslandfrieden ab 1287 orientiert,[250] zeigen aber auch das Bemühen, in kurzer Zeit für klare Verhältnisse zu sorgen und gleichzeitig einen Schub öffentlicher Zustimmung zu erzeugen.[251] Letztere scheint auch im Vordergrund gestanden zu haben, da über Nachwachsen-

---

246 Vgl. MGH Const. III, Nr. 280, S. 280, Z. 33.

247 Vgl. Ellenh. Chron., S. 125; danach Closener, S. 44; *Kunze*, Rudolf von Habsburg, S. 139 f.

248 Vgl. nur St. UB II, Nr. 284, Art.12; zur nicht in den Einungen geregelten Eidesleistung selbst vgl. allgemein *Hofmeister*, Eidesformen.

249 Vgl. etwa St. UB II, Nr. 233, S. 190, Z. 10 f.; *vgl. dazu ausführlich unten Kapitel 4 I 2 b) (1)*; vgl. hier nur *Kolmer*, Promissorische Eide, S. 276 ff.

250 MGH Const. III, Nr. 390, Art. 37: Wer den Frieden nicht innerhalb einer Monatsfrist beschwor, für den sollte kein geistliches oder weltliches Gericht richten; allerdings traf ihn keine andere Sanktion.

251 Auch dieses insbesondere vor dem Hintergrund der aus der Landfriedensbewegung stammenden traditionellen Akzeptanz und mobilisierenden Wirkung der Landfrieden; vgl. *Gernhuber*, Landfriedensbewegung, S. 122, insbesondere zur *Pax Alsatiensis*, die vielleicht am besten das Bestreben zeige, das Volk einzubinden, ohne den alten Gerichtsaufbau zu zerstören; das Volk habe zwar noch über den Frieden zu wachen und notfalls Polizeidienste zu leisten, allerdings werde die Strafgewalt nicht mehr wie bei den Gottesfrieden aus dem Volk hergeleitet; zu den Mitteln der Akzeptanzschaffung gehörten dort neben der Besitzstands- und Rechtegarantie des Art. 10 auch die Lehranweisung für Priester in Art. 14; *vgl. oben Kapitel 1 II 1.*

de keine Aussagen getroffen wurden. Abschließend bleibt mit GÖRNER festzuhalten, dass noch keine Mediatisierung in dem Sinne eingetreten war, dass der Eid eines Landesherrn oder einer Stadtobrigkeit gleichzeitig die Bewohner beziehungsweise Bürger verpflichtete.[252]

Hatten schon die früheren Frieden, wie der von 1301, die Eidespflicht in knapper Form übernommen, die jeden Ansässigen zur Ablegung gegenüber seinem Gerichtsherrn verpflichtete, so wurden aus den mittelrheinischen Landfrieden, in denen Straßburg Mitglied war, die bereits regelmäßig ausführlicheren Vorschriften über die Beeidung des Friedenstextes durch „das Land" in Form der „Eidespyramide" durchgängig übernommen.[253] Alle ansässigen Herren, Ritter und Knechte sollten 1343 den Eid in einer Frist von weniger als zwei Monaten leisten, wobei die Ritter und Knechte vor ihren Herren und Amtsleuten oder aber in den Städten, deren Bürger sie waren, den Schwur leisten sollten, während die Herren und Amtsleute in der Regel den Eid vor dem Vorsitzenden des Landfriedens ablegen sollten, aber auch die Möglichkeit dazu vor dem Rat einer beteiligten Stadt hatten, deren Bürger sie waren.[254] Diese ganze Regelung unterstrich die starke Stellung der Städte und insbesondere die wohl dominante Rolle Straßburgs bei der Formulierung, da die Stadträte nicht nur auf gleiche Stufe mit dem Obmann gestellt wurden, sondern auch eine Beeidungspflicht der übrigen Bürger entsprechend den Adeligen im Text nicht vorgesehen war. Im Konzept wurde ein weiterer Artikel gestrichen, der alle Besitzer von Burgen und Burgteilen unabhängig von ihrer Zugehörigkeit zu einer Stadt oder einem Herren zur Eidesleistung verpflichten wollte, der wohl am Ende als überflüssig angesehen wurde.[255]

Diese gebotene Eidesleistung sollte kund getan werden: *„were och den eit alsus empfahet, der sol ez mit kuntscheften heissen anschriben und zeichen, daz man wisse daz er zu[o] dem lantfriden geho[e]re und daz man ime beholfe sulle sin."*[256] Damit war die Bedeutung dieser Publikation des Eides klargestellt: man wollte in der Lage sein, sofort in berechtigter Weise über das Bestehen einer Hilfspflicht entscheiden zu können. Als Beleg für die Befolgung dieses Gebotes fand sich eine Benachrichtigung über die erfolgte Eidesleistung der Bürger der Stadt Hagenau von 1347. Dort verkündete die Stadt öffentlich durch Urkunden, dass alle 25 namentlich aufgezählten „edlen" Bürger den Eid vor dem Rat in seiner durch die Verlängerungseinung vereinbar-

---

[252] Vgl. *Görner*, Raubritter, S. 170 m.w.N.

[253] Vgl. hier unpräzise *Bock*, ZGO NF 46 (1933), S. 351, der die bereits erfolgte Entwicklung im Hochmittelalter nicht hinreichend berücksichtigt hat.

[254] Vgl. etwa St. UB V, Nr. 116, S. 118, Z. 21-29; zu Sonderregelungen für die Edelausbürger vgl. auch *Schwalm*, Landfrieden, S. 81.

[255] Vgl. OSA I, Nr. 436, Art. 5.

[256] St. UB V, Nr. 116, S. 118, Z. 27-29.

ten Form abgeleistet hatten.[257] Auch hier fällt die abgesonderte Behandlung der adeligen Ein- und Ausbürger auf. Durch separate Urkunde machte etwa Edelknecht Walter von Mutensheim 1354 bekannt, dass er den Landfrieden als Bürger Hagenaus vor dessen Meister und Rat beschworen habe.[258] Unter den Edelbürgern Hagenaus, die in gleicher Weise öffentlich ihren Beitritt zum Landfrieden durch Eid vor dem Rat und nachfolgende Berichtsurkunde erklärten, fand sich auch Graf Volmar von Lützelstein und mit Abt Hugo vom Kloster Selz auch ein leitender Ordenskleriker.[259] Zumindest dem Eidesgebot wurde damit präzise Folge geleistet. Die herausgehobene Bedeutung der Städte können diese Belege jedoch nur insofern unterstreichen, da Urkunden über Eidesleistungen vor den Landfriedenspflegern selbst nicht erhalten sind. Allerdings zeigen auch die Register zum Reichslandfrieden von 1389 am Rhein, dass dem Eidesgebot weithin durch die landansässigen Adeligen Folge geleistet wurde.[260]

Insgesamt präsentierte sich die Beeidung ganz in der Traditionslinie, die bis zu den frühen Gottesfrieden und in der Region zur *Pax Alsatiensis* zurück reichte. Der Gedanke der Akzeptanz, der Legitimierung, für „das Land" zu sprechen, hatte allerdings die Notwendigkeit der „Aktivierung der Masse" jedenfalls zu diesem Zeitpunkt bereits verdrängt, da sich die Vormächte und privilegierten, eigentlichen Partner der Landfrieden in keiner Weise ihr Monopol beziehungsweise Oligopol bei der Durchsetzung der von ihnen verhandelten und ausgestalteten Landfriedensnormen mehr aus der Hand nehmen ließen.

---

257 Vgl. OSA II 2, Nr. 823.

258 Vgl. OSA II 2, Nr. 844 vom 1.3.1354; vermutlich handelt sich dabei um den gleichen Walter von Utenheim, der bereits in der Liste von 1347 aufgetaucht war.

259 Vgl. OSA I, Nr. 437 vom 14.6.1343; OSA II 2, Nr. 843 vom 7.1.1354.

260 Vgl. RTA II, Nr. 86, S. 24 ff.

Kapitel 4: Schutz und Sanktion

I. Landfriedensschutz und Landfriedensbruch

1. Die Struktur des Landfriedensbruchs als Tatbestandsnorm

a) Landfriedensbruch als normativer Begriff

Obwohl sich, wie bereits dargestellt, hinsichtlich des Umfangs und der Strukturierung zwischen dem Hagenauer Frieden vom 24.6.1278 und den Frieden des 14. Jahrhundert eine deutliche Zäsur erkennen lässt, sprechen alle hier untersuchten Landfrieden ausnahmslos von einem Bruch des Landfriedens als demjenigen Kerntatbestand, gegen den es einzuschreiten gelte. Im Zentrum der Urkunde von 1278 stand bereits die Verfolgung aller *violatores sancte pacis*, einschließlich aller ungerechtfertigten Zölle.[1] Sozusagen als Fundamentalnorm auch für die weitere Einungsentwicklung bestimmte der Frieden von 1301: *„swa mitte dirre fride gebrochen wirt, daz soll man widertu[o]n und bessern ...“*[2]

Dem Landfriedensbruch wurde weder in den früh- und hochmittelalterlichen Gottes- und Landfriedenstexten noch zunächst in der Reichslandfriedenssetzung die Bedeutung eines echten normativen Tatbestandes beigemessen. Die Einordnung eines Verhaltens als „Bruch des Landfriedens“ erfolgte dort nicht auf normativer Ebene im Rahmen der Friedenstexte selbst, sondern allenfalls in der deskriptiven Bewertung von zeitgenössischen oder späteren Beobachtern. So knüpfte etwa die *Pax Alsatiensis* Sanktionen nicht an ihren Bruch allgemein, sondern jeweils an Verstöße gegen die enthaltenen Sonderfrieden in Form von *pax* oder *treuga;* die dort ebenfalls erfolgte Anknüpfung an Delikte, wie Mord, Raub und Brandstiftung fand sich umgekehrt in den ersten Phasen der spätmittelalterlichen Einungen nicht.[3] Auch der Mainzer Reichslandfrieden, der eben jenes erstge-

---

1 Vgl. MGH Const. III, Nr. 157, S. 151, Z. 23 – 25; vgl. auch die Inhaltsübersicht bei *Gerlich*, Landfriedenspolitik, S. 61.

2 St. UB II, Nr. 233, S. 189, Z. 35 f.; vgl. St. UB II Nr. 284, Art. 12.

3 Vgl. zur *Pax Alsatiensis* MGH Const. I, Nr. 429, Art. 3; *Vgl. oben Kapitel 1 II 1 b);* dabei wurden auch andere Gewaltformen in die Strafandrohung aufgenommen, während die Gefangennahme neben Heimsuche und Raub als Hauptvergehen in Erscheinung trat, vgl. *His*, Strafrecht II, S. 142 f.; dabei ließen sich zumindest nach *Gernhuber*, Landfriedensbewegung,

nannte Prinzip des Sonderfriedensschutzes durch das Ideal eines allgemeinen Rechtsfriedens ersetzte, verknüpfte Sanktionen nur mit konkreten Verletzungen der jeweils einzelnen Sachregelungen, etwa des Vorrangs des Rechtsaustrags, des Handfriedens etc.[4] Die Verbindung mit einem abtrakten „normativen Landfriedensbruch"-Konzept fand erstmals Eingang in den Reichslandfrieden mit dem 1287 von Rudolf von Habsburg neu konzipierten Text, der dadurch seinerseits Elemente der (ober-)rheinischen Fortentwicklungen aufnahm. Dort wurde dem bisherigen Text zur Abstellung der unrechtmäßigen Zölle, damit der Arme und Reiche *„deste sicherliche gevarn und gevliezen mugen"*, angefügt:[5] *„Swer da wider tu[o]t, der hat den landfrieden gebrochen"*. Statt der Bestrafung als Straßenräuber wurde damit die Verknüpfung von Gewalt und Zollvergehen im Tatbestand des Friedensbruches übernommen. An die Stelle der getrennten Normenkomplexe von 1235 trat so nach und nach der Ansatz zu einem abstrahierenden Tatbestand mit seinen Vorzügen als dehnbarer und ergänzungsfähiger Sammelbegriff, der den rechtspraktischen Bedürfnissen entgegen kam.[6] Dennoch fanden sich in diesem Reichslandfrieden, wie auch in den späteren, weiterhin die einzelnen Normenbereiche wie Subsidiarität, Absageform, Handfrieden, Anmaßung von Regalienrechten, Rechtsbeugung etc. mit ihren jeweils eigenen Sanktionen.[7]

b) Begründung der Sanktionierung des Landfriedensbruchs

Auf die sich anschließende Frage des modernen Juristen, welcher Tatbestand den Landfriedensbruch nun eigentlich konstituierte, findet sich allerdings auch in den ausführlichen Einungen von 1301 und 1310 keine klare Antwort, etwa in Form auf den ersten Blick benannter und eindeutig ausdifferenzierter Tatbestandsmerkmale, sondern nur im ganzen Dokument verstreute Regelungen über die Verletzungen von Personen, Rechten und Regalien und andere Ordnungsvorschriften.

(1) Um eine fassbare Definition des Landfriedensbruches zu haben, hat die ältere Sekundärliteratur diesen als jede Verletzung einer in einem Landfrieden begründeten Pflicht umschrieben.[8] Allerdings hat diese Umschrei-

---

S. 235 unter die letzteren auch noch nicht ausgeformte Delikte wie Frauenraub und Notzucht subsumieren, was allerdings fraglich sein dürfte.

4 Vgl. MGH Const. II, Nr. 196, Art. 3,5,6; *dazu ausführlich oben Kapitel 1 II 2. c) (2), e) m.w.N.*

5 MGH Const. III, Nr. 390, Art. 17.

6 Vgl. MGH Const. III, Nr. 390, Art. 38; vgl. auch *Hattenhauer*, Gottes- und Landfrieden, S. 224.

7 Vgl. MGH Const. III, Nr. 390, Art. 8-10, 23 f.

8 So etwa insbesondere *His*, Strafrecht I, S. 19 f., der diese Formel durch phänomenologische Schwerpunkte, nämlich, dass es sich vorzugsweise um Gewalttaten und unrechte Fehde

bung wenig neue Erkenntnisse gebracht, sondern sich, im Gegenteil, als irreführend unpräzise erwiesen.[9]

(2) Daher ist versucht worden, der Gefahr der Tautologie und des Zirkelschlusses zu begegnen, indem der Bruch des Landfriedenseides als verbindendes und entscheidendes Kriterium angesehen worden ist. In der Tat sprechen beispielsweise die Reichslandfrieden von 1287 davon, dass wer den Frieden geschworen hat *und danach bricht*, Wiedergutmachung leisten sollte.[10] Damit ist man wiederum beim Problem der konstitutiven Wirkung des Eides und dem Problem des Eidesverweigerers angelangt, der in gleicher Weise als Friedensbrecher verfolgt werden kann. Hier müsste man nun erneut eine Gleichsetzung von Eidesverweigerer und Eidbrecher vornehmen, dergestalt, dass die Eidverweigerung gewissermaßen als „vorweggenommen" Eidbruch erschiene.[11] Doch wie bereits oben ausgeführt, ist dies abzulehnen, da der Eidesverweigerer ausdrücklich nur außerhalb des Schutzes der Einung gestellt wird, seine Verweigerung aber weder um ihrer selbst willen verfolgt wurde noch irgendwie die Ahndung eines späteren Landfriedensbruches berührte. Besonders aber verbietet sich ein Rückgriff auf die heute zu Recht aufgegebene „allgemeine Friedlosigkeitstheorie". Sie würde die präzise unterschiedenen Sanktionen unter einem gemeinsamen, diffusen Dach vermischen und damit einen erheblichen Rückschritt bedeuten.[12] Auch vermag die Begründung von GERNHUBER, der den Eidbruch als Gefahr des zukünftigen Verstoßes, damit in juristischen Kategorien als vorgelagerten Versuch einordnen wollte, nicht überzeugen.[13] Auf einen Eidbruch jedenfalls lässt sich der Landfriedensbruch daher ebenfalls nicht zurückführen.

(3) Scheitern somit die wissenschaftlichen Ansätze einer „extensiven" Definition, so verspricht eine Bestimmung des Landfriedensbruches über sei-

---

gehandelt habe, einzuschränken versucht hat; vgl. ähnlich etwa *Holzhauer*, Art. „Landfrieden II", HRG II, Sp. 1465.

9 Vgl. bereits *Hattenhauer*, Gottes- und Landfrieden, S. 222 ff.

10 MGH Const. III, Nr. 390, Art. 38.

11 *Vgl. oben Kapitel 3 II 1 b)*; vgl. hier nur nochmals *Gernhuber*, Landfriedensbewegung, S. 111.

12 Vgl. dazu maßgeblich *Brunner*, Rechtsgeschichte I, 232 ff. als umfassende primäre *ipso iure* und sekundäre bei Rechtsverweigerung eintretende, absolut und relativ mögliche Unrechtsfolge, mit der der Täter aus der schützenden Gemeinschaft ausgestoßen wurde, wobei die unterschiedlichsten Rechtsinstitute als Abspaltungen und Abstufungen untergeordnet wurden, darunter insbesondere die Acht oder die Verbannung als einer milderen Form, vgl. auch *Schmidt*, Einführung, S. 63 f.; ausführlich *Planitz*, ZRG GA 34 (1913), S. 68 ff.; *Osenbrüggen*, Alamannisches Strafrecht, S. 60 f.; vgl. dagegen etwa überzeugend *Kroeschell*, Germanisches Recht, S. 76 ff.; im Überblick *ders.*, Art. „Friedlosigkeit", in: LexMA IV, Sp. 930 f.; *Wadle*, peinliche Strafe, S. 236 f. m.w.N., die diese zu Recht als juristisch konstruiert und durch Einzelstudien widerlegt beurteilt hat.

13 *Gernhuber*, Landfriedensbewegung, S. 117.

nen konkreten Inhalt mehr Erfolg, insbesondere unter Berücksichtigung der historischen Entwicklung: Die Abstraktion des Friedensbruches als eines verknüpfenden Tatbestandes war eine Schöpfung des Rheinischen Bundes; die Wurzeln dieser Entwicklung lagen in Art. 3 und 3a von dessen Gründungsinstrument von 1254.[14] Art. 3a bestimmte: *„huius pacis violatores ac perturbatores ... totius viribus insurgemus, ipsos usque ad condignam satisfactionem compellendo"*. Unmittelbar zuvor gab der Normtext das Versprechen, *„verum universi minores cum maioribus clerici, seculares et omnes religiosi cuiuscunque sint ordinis, laici et Iudei, hac tuitione perfrui se gaudeant et in tranquillitate sancte pacis valeant permanere."* Bei diesem Frieden (*huius pacis*), dessen Verletzer und Störer von allen zu verfolgen waren, handelte es sich somit um den aufgerichteten Friedensschutz für alle höheren und niederen Kleriker, Laien und Juden, der den Kern des gesamten Dokumentes bildete. Die Urkunde von 1278 erscheint demnach geradezu als eine verkürzte Wiedergabe dieses Gründungsdokumentes, die jenen Friedensschutz voraussetzend, sich im wesentlichen auf die Regelung der Verfolgung aller *violatores sancte pacis* konzentrierte.[15] Offen wurde dieser Gedanke wieder in den ausführlicheren Einungen ab 1301 aufgegriffen: So bezog sich deren Einleitung in den „Verfahrensteil" mit den Worten *„und swer disen friden brichet..."* auf den unmittelbar zuvor geregelten unbedingten Schutz aller Geistlichen und Gotteshäuser sowie den Schutz der im Frieden verschworenen Adeligen, Freien, Dienstleute, Bürger und Dorfbewohner.[16]

(4) Zunächst war dieser personale Friedensschutz, gewissermaßen eine generelle Ausdehnung des *„pax"*-Gedankens, noch eng verbunden mit dem Gebot der Abstellung „neuer", unrechtmäßiger Zölle. Ohne der ausführliche Erörterung der Zollproblematik vorzugreifen,[17] ist diese in den Friedenstexten von 1254-1310 in einer engen systematischen und sprachlichen Verbindung mit dem herausgearbeiteten persönlichen Friedensschutz nachzuweisen. Hatte bereits der Rheinische Bund die Abstellung der *thelonea iniusta* noch unmittelbar vor dem eigentlichen Friedensschutz angeordet, so brachte der Landfrieden die enge Verbindung zwischen Landfriedensschutz, Zoll und Landfriedensbruch dadurch am stärksten zum Ausdruck, dass er die Abstellung der neuen Zölle zwischen beiden Friedenselementen einfügte. Ihre genaue gegenseitige Verknüpfung wurde damit allerdings nicht klar. Die gleichwohl vorhandene enge Verbindung spiegelte nicht nur die Bedürfnisse nach einer Klärung der Zollprobleme vor allem für die städtischen Landfriedensparteien. Durch die Gleichsetzung von unrechtmäßiger Zoll- und Grundruhrnahme mit dem Straßenraub war 1310

---

14 MGH Const. II, Nr. 428/I, S. 581, Z. 16 – 21; *vgl. hierzu ausführlich oben Kapitel 1 II 3 a) (2).*

15 MGH Const. III, Nr. 157 S. 151, Z. 23 – 25; *vgl. hierzu oben Kapitel 2 I 2 c (2).*

16 St. UB II, Nr. 233, S. 188, Z. 2-14.

17 *Vgl. unten Kapitel 4 III 2 a).*

eine weitere gesonderte Erwähnung der Zollerpressung wohl nicht mehr erforderlich, schien damit doch eindeutig die eigenmächtige Zollerhebung immer und unzweifelhaft unter den Bruch des Friedensschutzes zu fallen.[18] Dafür fanden sich immer mehr „materiellrechtliche" Ergänzungen, die entweder neue Tatbestände regelten, wann der Landfrieden einzuschreiten hatte, zum Beispiel bereits 1301 bei Verschleppungen, später bei nachträglicher Unterstützung des Friedensbrechers, Münzvergehen und Übergriffen auf die Organe des Friedens. Andere zeitgleiche Erweiterungen betrafen besondere Ausgestaltungen zur Lösung von Konflikten, insbesondere um Eigen und Erbe, Lehen, Forderungen, Pfändungen oder bereits begonnene Fehden beziehungsweise Blutrachen oder um die Pfahlbürger. Dazu trat vor allem seit 1366 der Gedanke des Schutzes des öffentlichen Friedens gegen Aufläufe, Aufruhr und fremdes Kriegsvolk, der seit 1338 zunächst den Gegenstand gesonderter Bündnisverträge gebildet hatte. Trotz nunmehr erfolgter formaler Integration in die eigentlichen Friedenstexte blieben seine Sondernormen regelmäßig von dem ordentlichen Landfriedensverfahren losgelöst.

2. Der Landfriedensschutz

Der Kerntatbestand eines Landfriedensbruches war über den gesamten untersuchten Zeitraum die Verletzung des durch die Friedenseinung anerkannten beziehungsweise gewährten und dadurch errichteten Friedensschutzes, der jedenfalls ab 1301 zeitlich, räumlich und personal genau eingegrenzt wurde.

a) Zeitliche und räumliche Geltung

Dieser Schutz begann mit dem Abschluss der Friedenseinung und endet mit deren Auslaufen, das heißt alle Übergriffe davor oder danach berührten den Frieden nicht. Die vereinbarten Nachwirkungen des Landfriedens betrafen lediglich die Beistandspflicht gegen neue Angriffe auf die Mitglieder wegen bereits im Frieden begründeter Sachen.[19] Der Friedensschutz galt grundsätzlich auch nur für Angriffe innerhalb des geschützten Gebietes, allerdings auch im Fall der danach erfolgten Verschleppung von im Frieden Gefangenen aus dessen Geltungsbereich.[20]

---

18 St. UB II, Nr. 284, Art. 3.

19 Vgl. auch St. UB II, Nr. 233, S. 188, Z. 12-14, S. 189, Z. 17-19.

20 St. UB. II Nr. 233, S. 189, Z. 10-14.

b) Geschützer Personen- und Sachkreis

(1) Gottesleute und kirchliche Güter

Geschützt waren zunächst ausdrücklich alle Priester, Ordensleute und Gotteshäuser, die auch in ihren Rechten bleiben sollen, ohne dass sie sich hierfür durch Eid oder Gelöbnis hatten zum Frieden bekennen müssen.[21] Das war eine noch 1254 durchaus nicht unwichtige Anspielung auf die früheren *paces* der frühen Gottes- und Landfrieden. Aber auch später wurde im Landfriedentext klargestellt, die Eidesleistung sei den Genannten durch ihre „*erberkeit*" erlassen.[22] Realistischer war diese Sonderregelung wohl aus den weithin noch fortgeltenden kirchenrechtlichen Besonderheiten für die Eide von Klerikern begründet.[23] Ihre privilegierte Stellung blieb grundsätzlich bis zum Ende des 14. Jahrhunderts erhalten.[24] Ausdrücklich geregelt war die Schutzpflicht in den Frieden seit 1343 allerdings nur noch für die Klöster, die im Friedensgebiet belegen waren, während der persönliche Schutz der Geistlichen von da ab unter den der Reisenden im Allgemeinen integriert wurden: „*... also daz wir in dez vorgenanten lantfrides ziln weren súllent allen ro[u]p, allen brant, gevengnússe und allen gewalt uf lande und uf wassern die den wider varent, di zu[o] disem lantfriden geho[e]rent und o[u]ch allen ko[u]lúten und allen gu[o]ten lúten, sie sint were sie sint, pfaffen oder leyen, geistlich oder weltlich, cristan oder juden, die in diz lantfrides ziln unargweneklich ritent odere varent oder wandelent a[u]ne alle geverde. Wir súllent o[u]ch schirmen alle clo[e]ster vor gewalt die uns zu[o] geho[e]rent odere unser burger sint alse verre wir múgent, daz sie nieman angriffe noch no[e]tige wider reht a[u]ne alle geverde.*"[25]

---

21 St. UB II, Nr. 233, S. 188, Z. 2 f.; vgl. den Mainzer Reichslandfrieden, MGH Const. II, Nr. 196, Art 33 RLF 1235; dazu auch *Wyneken*, Landfrieden, S. 14.

22 St. UB II, Nr. 233, S. 190, Z. 10 f.

23 Hierbei ist von der älteren Forschung auf ein Eidverbot für Geistliche hingewiesen worden, vgl. etwa *Fischer*, Landfriedensverfassung, S. 9; allerdings war die hierauf gerichtete Lehrmeinung der Patristik wohl bereits im 5. Jahrhundert überwunden, vgl. *Zapp*, Art. „Eid II. Kanonistische Eideslehre", LexMA III, Sp. 1675 f.; *Kolmer*, Promissorische Eide, S.476 ff.; dabei galten bis zum Ende des 14. Jahrhunderts in der Regel erhebliche Besonderheiten für den Eid der Kleriker zum Schutz des geistlichen Gerichts, das durch die Landfrieden gerade geschützt und nicht eingeschränkt werden sollte, *vgl. dazu unten Kapitel 4 III 4 (1)*; zu den verfahrensrechtlichen Besonderheiten vgl. etwa *Schlosser*, Prozesseide, S. 58 ff.; hingegen dürfte eine Tradition, aus der diese Sonderbehandlung, wie *Schubert*, Interterritoriale Gestaltung, S. 135 angenommen hat, abgeleitet werden konnte, nicht nachweisbar sein.

24 Nach einer gewissen Relativierung in der Einung von 1318, St UB II, Nr. 354 (S. 302-306) fand sich die entsprechende Regelung seit 1322 wieder regelmäßig in allen Landfriedenstexten, vgl. etwa MGH Const. V, Nr. 649, Art. 2.

25 Vgl. St. UB V, 116, S. 118, Z. 8-16.

(2) Eidgenossen

Die zweite Gruppe bildeten die Schwurgenossen, namentlich alle Edelleute, Grafen, Freie und Dienstleute, die den Frieden in seinem Geltungsgebiet bei seiner Errichtung beschworen hatten oder dies noch nachholen sollten, sowie alle Städte, Burgen, Festen, Dörfer und Dinghöfe, die in seinem Geltungsgebiet gelegen waren, insbesondere die Städte Straßburg und Basel. Auch hier verband sich der Friede mit der Garantie aller Rechte: *„alle edele lúte graven frien und dienstlúte, die disen friden gesworen hant zwisschen den vorgeschriebenen ziln oder noch swernde werdent ... der sol ieclichez bliben in sime rehte ... Und swer disen friden brichet ...“*[26]

(3) Gäste, Fremde und sonstige Reisende

Drittens schließlich sollten denselben unbedingten Friedensschutz wie die erste Gruppe zunächst alle Gäste und Fremden genießen, unabhängig davon, ob sie lediglich durch das Friedensgebiet durchzogen oder sich dort irgendwo aufhalten wollten, also im Umkehrschluss alle nicht fest Ansässigen.[27] Diesen war ebenso wie den Klerikern die Eidesleistung erlassen, wobei hier der Grund wohl in der mangelnden Praktikabilität gesucht werden muss: Eine Beschwörung durch alle Fremden war, da ein zuständiger Herr oder eine Stadtobrigkeit fehlte, kaum möglich und aus dem gleichen Grunde eine behauptete Eidesleistung kaum nachprüfbar. Diese durchziehenden Gäste wären vor allem aber auch für die Dauer des Friedens zu dessen Durchsetzung verpflichtet gewesen, was weder diesen noch den Ansässigen gelegen kommen konnte, bot dies doch auch die Gefahr einer unkontrollierbaren Ausweitung der dann folgenden gegenseitigen Beistandspflicht. Nach zaghaften Einschränkungsversuchen 1318 wurde zuerst im Landfrieden mit den mittelrheinischen Städten von 1322 erkennbar, dass man diese generelle Einbeziehung von allen Landfremden, unabhängig von ihren Absichten, nun als deutlich zu weitgehend empfand. Daher wurde der Kreis auf Kaufleute und alle anderen *„gu[o]ten lu[i]te, die in disen ziln ritent odir varent ungeargwenet ane alle geverde“* eingeschränkt.[28] Damit setzte eine klare Scheidung ein zwischen den *„gu[o]ten luten“*, die *„unargweneklich ritent odere varent, gant oder wandelent ...“* einerseits, die es zu schützen galt,[29] und andererseits den *„schedelich und argewenige luten, die in diz lantfriden ziln ritent oder gant,“* die man auf den Eid überall *„angriffen“*, stellen, festhalten und richten sollte.[30] Der Kreis der ers-

---

26 Vgl. nur exemplarisch St. UB II, Nr. 233, S. 188, Z. 4-9.

27 Vgl. St. UB II, Nr. 233, S. 189, Z. 8-10.

28 So etwa MGH Const. V, Nr. 649, Art. 2.

29 So St. UB V, Nr. 116 S. 118, Z. 10-13.

30 Ebd., S. 121, Z. 16-22.

teren wurde hingegen ab 1343 genauer umschrieben und umfasste alle *„unargweneklich"* reisenden „guten Leute", gleich ob *„pfaffen oder leyen, geistlich oder weltlich, cristan oder juden"*.[31] Diese Kategorien blieben, von der Eliminierung der Juden auch aus den Friedensdokumenten abgesehen, bis zum Landfrieden von 1389 erhalten, der den Kreis zusätzlich im Rahmen der präambelhaften Zweckbestimmung und in der bereits traditionellen Weise nannte.[32] Die einzige Ausnahme vom Schutz der Gäste und Fremden enthielt hingegen bezeichnenderweise die Einung von 1395,[33] in der die traditionelle Formel des Landfriedensschutzes der Fahrenden entfallen war. Jener Frieden, der unmittelbar auf die für die Straßburger so verheerenden Folgen des Angriffs auf den ohne jeden Argwohn durchreisenden „englischen Ritter" errichtet wurde,[34] begnügte sich nur mit einer unverbindlichen Präambel. Dass die Bürgerschaft angesichts der existenzgefährdenden Folgen keine Lust verspürte, eine Hilfspflicht des Landfriedens und aller Mitglieder für ähnliche künftige Fälle festzuschreiben, ist evident. Offen bleibt, ob die Bedenken die nächsten drei Jahre überdauerten und damit gar mit zum Scheitern des Entwurfes von 1398 führten, der wieder eine, nun sogar besonders ausführliche Landfriedensschutznorm für die Reisenden beinhaltete.[35]

(4) Andere Ansässige

Letztlich war lediglich der ansässige Waffen- und Wehrfähige, der den Eid nicht geleistet hatte, vom Friedensschutz ausgenommen, bis er diesen beschwor; verweigerte er dies, so war sein Ausschluss nochmals ausdrücklich in der Einung angeordnet.[36] Ungenannt blieben alle nicht wehrhaften Ansässigen, etwa Frauen oder Minderjährige, deren Schutz jedoch bereits lange zuvor anerkannt war und durch das traditionelle Recht sanktioniert wurde, somit keinen eigentlichen Regelungsgegenstand auch der folgenden Landfrieden darstellte; auch konnten deren Verletzungen wohl jedenfalls von dem Träger des Landfriedensschutzes, dem sie zugehörten, geltend gemacht werden.[37]

Einem mehrfachen Wandel war der Schutz der Juden unterworfen: Noch 1254 in prominenter Weise den Geistlichen gleichgestellt, wurden sie in einzelnen Landfrieden, wie etwa 1343, erneuert 1345 und 1347, ausdrück-

---

31 So ebd., S. 118, Z. 8-13.

32 RTA II, Nr. 75, Art.1 und 4.

33 St. UB VI, Nr. 989, S. 575, Z. 30 ff.

34 *Vgl. oben Kapitel 2 V 3 c).*

35 St. UB VI, Nr. 1349, S. 712, Z. 34-40.

36 St. UB II, Nr.233, S. 190, Z. 6 f.

37 *Vgl. dazu insbesondere die überlieferten Landfriedensfälle unten in Kapitel 6 II.*

lich unter beziehungsweise neben den Reisenden genannt.[38] Dieser Passus, der praktisch wörtlich dem mittelrheinischen Frieden seit 1322 entstammte, verdeutlicht die maßgebliche Rolle der Bürgerschaften bei der Formulierung, aber auch das (noch) fortbestehende verbreitete Interesse am Schutz der Juden.[39] Wie bereits 1338 war jedoch deren Schutz gegen Pogrome nicht eigentlicher Gegenstand der Einung, sondern einer parallelen Entwicklung von Bündnissen gegen Aufruhr, die das gesamte Ober- und Niederelsass einbezogen.[40] Parallel zu den mittelrheinischen Landfrieden, jedoch insbesondere unter Wenzels Landfrieden von 1378, waren die Juden nach den großen Pogromen von 1348/49 und zahlreichend immer wiederaufflammenden Übergriffen aus dem geschützten Personenkreis endgültig verschwunden.[41]

c) Schutzpflicht und Schutzermessen

Grundsätzlich traf bei allen diesen Fällen den einzelnen Gerichtsherrn und später die Friedensgemeinschaft nach dem Rat der eingesetzten Landfriedenswächter die Pflicht, alle gemeldeten Verstöße zu verfolgen. In anderen Fällen war man diesen Beistand ausdrücklich nicht schuldig, außer, wie 1343 formuliert, *„man tu[o] ez danne gerne."* Diese Ermessenfälle betrafen vor allem die Konflikte, in denen (auswärtige) Herren und Städte, die nicht zum Landfrieden gehörten, um Hilfe baten, oder wenn einem Teilnehmer bei einer solche Hilfe ein Unrecht entsprechend einem Landfriedensbruch widerfahren war.[42]

---

38 St. UB V, Nr. 116, S. 118, Z. 8-16; *vgl. dazu oben Kapitel 1 II 3 a) (2)*; auch hier bedurfte es wegen der rechtlichen Sonderbehandlung selbst bei ansässigen Juden keines Eides, vgl. zum sog. Judeneid etwa *Bernstein*, Judeneide; *Böcher*, Evangelische Theologie 30 (1970), S. 671; *Kisch*, Judeneid; *Röll*, Judeneide; *Zimmermann*, Judeneid; daher ist zumindest teilweise unrichtig die Behauptung von *Janssen*, Art. „Friede", Geschichtliche Grundbegriffe, S. 555 m.w.N., die mittelalterlichen Frieden hätten nie über die christliche Gemeinschaft hinaus gereicht; zwar waren die Juden keine „Mitverschworenen" gleichwohl sowohl als ansässige Nachbarn wie auch Fernreisende geschützt.

39 Zur Integration und Alltagsbedeutung der Juden vor den großen „Pest"-Pogromen vgl. etwa *Transier*, Speyer, S. 420 ff.; *Bönnen*, Worms, S. 432 ff.; *Barzen*, Regionalorganisation, S. 248 ff.; vgl. zu den Interessen des Königtums *Bork*, Zentralgewalt, S. 30 ff.

40 *Vgl. ausführlich oben Kapitel 2 II 4 b) ; sowie unten Kapitel 6 III 3.*

41 Vgl. auch die Beobachtung von *Fischer*, Landfriedensverfassung, S. 9.

42 Vgl. etwa St. UB V, Nr. 116, S. 119, Z. 8-13.

3. Der Bruch des Friedens

a) Friedensbruch in den frühen Landfrieden

Worin nun der Bruch des Friedensschutzes genau bestand, wurde in den Einungen bis 1310 noch nicht in bestimmten Formen und Merkmalen ausgeführt.[43] Die allgemeinen Kategorien für den Friedensbruch als Bruch eines Sonderfriedens, gelobten beziehungsweise gebotenen Friedens oder besonders schwerer (Körper-)Verletzungen, die etwa HIS gewonnen hat, sind hier nicht anwendbar.[44] Vielmehr erscheint als beste Deutung die, dass die Festlegung, welche Anforderungen ein Verhalten erfüllen musste, um als Bruch des Friedens gelten zu können, dem Gewohnheitsrecht beziehungsweise Rechtsgewohnheiten der jeweils mit der Entscheidung über den Friedensschutz Betrauten überlassen blieb, da jedenfalls in den ersten Phasen der Begriff des Bruches oder seine konkrete Verknüpfung mit dem Friedensschutz ungeregelt waren.

Ausschlaggebend schien damit auf den ersten Blick allein der Taterfolg zu sein, nämlich, dass den Geschützten ihre Person, Güter, Rechte und Freiheiten beeinträchtigt worden waren. Ein eingetretener Schaden war auch deswegen erforderlich, weil das Sanktionsziel des Landfrieden, Wiedergutmachung und Genugtuung, eine materielle oder immaterielle Einbuße voraussetzte. Ähnlich galt dies wohl auch für das mit dem Landfriedensbruch im engeren Sinn verknüpfte Zollvergehen, wo zwar jede Geltendmachung neuer, unrechtmäßiger Zölle einen Bruch darstellte, wie etwa auch die Reichslandfrieden ab 1287 klarstellten,[45] die Sanktionierung allerdings ebenfalls eine Einbuße oder Verletzung des Opfers voraussetzte. Tatsächlich wird man wohl auch in den frühen Frieden mit dem Blick auf die zu bekämpfenden Selbsthilfe- und Gewaltformen zentral auf ein manifestes, vorsätzliches Verhalten mit einer gewissen Relevanz für den Friedensschutz abgehoben haben. Damit dürfte ein gänzlich unabsichtliches oder unwissentliches Verhalten, oder ein solches unterhalb einer gewissen Beeinträchtigungsschwelle für den Betroffenen den Landfrieden nicht verletzt haben.

---

43 Im Dunkeln bleibt, woher *Müller*, Die elsässischen Landstände, S. 16 bereits für diese ersten Friedenstexte die Delikte „*roup*" und „*brant*" als Handlungsmerkmale für einen Landfriedensbruch gewonnen haben will; allerdings war bereits die Entwicklung abgeschlossen, die den Ankünpfungspunkt von dem zunächst maßgeblichen, den Frieden störenden Erfolg auf das Handeln verlagert hatte und damit das Unwerturteil des Landfriedensbruches eindeutig mit der konkreten Tat verknüpfte; vgl. dazu auch *Wadle*, peinliche Strafe, S. 242.

44 Vgl. *His*, Strafrecht I, S. 47, 216 ff.

45 Vgl. MGH Const. III, Nr. 390, Art. 17.

Wohl aufgrund dieser Unbestimmtheit bildete sich schon bald der Zentralbegriff der „Gewalt" heraus, der grundsätzlich den Bruch des Landfriedens beschrieb. Dieser hatte sich in den früheren Landfrieden, den Rechtsbüchern, neueren Reichslandfrieden aber auch den Kommentaren der Chronisten als Zentralbegriff für ansonsten anerkannte Fehde- oder sonstige Selbsthilfehandlungen, die gewaltsame Wegnahme oder Vernichtung von Gütern sowie Körperverletzungen und Gefangennahmen und bedingt auch der Tötungen, herausgebildet. Dass allerdings die Schwelle für die Annahme einer Gewalttat nicht allzu hoch gesetzt war, zeigt der unten noch ausführlich dargestellte Landfriedensfall der Abtei Neuenburg von 1354, dem eine, allerdings vorsätzliche, Beschädigung des Wagenparkes des Abtes durch einzelne seiner Mönche zugrunde lag.[46]

b) Herausbildung eines Deliktskanons

Schon früh zeigte sich das Bestreben, die mit dem Begriff des Landfriedensbruches verbundene Unsicherheit zu verringern. Bereits die Einung von 1310 hatte mit der Qualifizierung der unberechtigten Zoll- und Grundruhrnahme als Straßenraub diese Entwicklung eingeleitet: *„die nuwen zo[e]alle sulent o[u]ch abe sin, swo sie gemaht sint, uf dem lande oder uf dem wassere, es ensol o[u]ch nieman keine gruntru[o]re nehmen. Wer die neme, den sol man haben vu[i]r einen strazro[u]ber und sol der lantfride uf in beholfen sin."*[47] Schon kurz darauf fanden sich in den Landfrieden von 1318, nicht zuletzt unter dem Eindruck der einzelnen Regelungen der Reichslandfrieden, aus dem traditionellen Land- und Stadtrecht bekannte Delikte, die den Landfriedensbruch näher umschrieben: Ebenso wie die territorialen und städtischen Gerichte nach bestimmten Unrechtstatbeständen zu richten hatten, hatte auch der Landfrieden fortan eine *„missetat ... mit ro[u]be, mit brande, mit gevangnu[i]sse oder mit morde"* auf Klage zu ahnden.[48] Während die damit beschriebenen Unrechtsformen bereits zuvor ohne weiteres einen Landfriedensbruch darstellten, war die sprachliche Herausbildung dieser Delikte auch Ausdruck des insbesondere den ganzen Frieden von 1318 durchziehenden Bemühens, die Kompetenzen im Falle von Rechtsverletzungen klar zwischen den Gerichten und Instanzen abzugrenzen und dabei insbesondere die Rechte der bestehenden Gerichtsherren zu wahren.[49]

---

46 *Vgl. ausführlich unten Kapitel 6 II 3 (1).*

47 St. UB II, Nr. 284, Art. 3.

48 So St. UB II, Nr. 354, S. 303, Z. 16 f., S. 304, Z. 5-8.

49 Wie auch parallel in den Landfrieden anderer Regionen, vgl. etwa *Fischer*, Landfriedensverfassung, S. 9 am Beispiel des des schwäbischen Landfriedens von 1373, nach dem der Landfrieden nur bei diesen Delikten zuständig sein sollte, *„und umb anders niht"*; vgl. allgemein auch *Schwalm*, Landfrieden, S. 76; ein ähnlicher Prozess hatte bereits die frühe Landfriedensbewegung geprägt, vgl. nur *Kroeschell*, DRG I, S. 199 f.

Ähnlich wie früher die umgekehrte Abgrenzung durch Garantie der (Gerichts-)Rechte und ausdrückliche Ausnahme bestimmter Materien diente die nun *positive* Umschreibung neben der Klarstellung und Vermeidung von Interpretationskonflikten wohl besonders dazu, die Akzeptanz des königlich initiierten und politisch motivierten Friedensbundes für die Parteien zu steigern.

In allen späteren Frieden blieb diese Ausgestaltung erhalten, insbesondere entwickelte sich stets ein fester Kanon von zu verfolgenden Missetaten, nämlich *„ro[u]p, brant, gevencnu[i]sse und alle gewalt, die den widervaren wider demm rehten"*,[50] zu denen später auch wieder der *„mort"*,[51] dann schließlich ab 1389 das *„unrecht widersagen"* hinzutrat,[52] sowie zusätzlich als weiteres allgemeines Merkmal die Gewalt und schließlich seit 1378 jedes *„unreht"*, das dem Geschädigten widerfahren sei.[53] Lediglich 1395 entfiel, als Folge des fehlenden allgemeinen Friedensschutzes auch die Deliktsbeschreibung. Alle Tatbestände verband, dass es sich um Gewaltformen handelte, die typischerweise im Rahmen von Fehde- oder Selbsthilfemaßnahmen gebraucht wurden.[54]

(1) roup

Der Raub galt dabei geradezu als Inbegriff der unrechtmäßigen, gewaltsamen Eigenmacht und damit seine Bekämpfung als erklärtes Hauptziel der Landfrieden.[55] Allerdings ist in der heutigen Forschung, je nach untersuchten Quellen, noch nicht abschließend geklärt, ob unter dem mittelalterlichen *„roup"* nur die offene, vielleicht sogar nur gewaltsame Wegnahme im Gegensatz zum heimlichen Diebstahl, der nicht in den oberrheinischen Landfrieden auftauchte, zu verstehen war oder letzterer ebenfalls unter den Raubbegriff fallen sollte.[56] Angesichts der klaren Abgrenzung zu den

---

50 Vgl. zum ersten Auftreten den mittelrheinischen Landfrieden von 1322, MGH Const. V, Nr. 649, S. 512, Z. 33 f.

51 Ausdrücklich erst im Landfrieden von 1378, St. UB V, Nr. 1319; S. 960 Z. 11.

52 RTA II, Nr. 75, S. 174, Z. 7-9.

53 St. UB V, Nr. 1319, S. 960 Z. 11.

54 So allgemein etwa *Gernhuber*, Landfriedensbewegung, S. 196; vgl. *Terharn*, Fehden, S. 63 f.; besonders für den Raub ebd., S. 65, sowie *Brunner*, Land und Herrschaft, S. 7 f. m.w.N.; *Orth*, Fehden, S. 56 f.

55 Vgl. nur *Brunner*, Land und Herrschaft, S. 7, 9, 84; vgl. *Orth*, Fehden, S. 56 f. zur Vermischung von Raub und wegen fehlender Absage unrechtmäßiger Fehde; vgl. allgemein hierzu und zum Folgenden *Kaufmann*, Art. „Raub", in: HRG IV, Sp. 182 ff.

56 Vgl. insbesondere *His*, Strafrecht II, S. 201 ff., wonach der Raub (mhd. *roub*) regelmäßig die Wegnahme mittels Gewalt in einem weit verstandenen Sinne gewesen sei, wobei das Brechen von Widerstand nicht nötig war, sondern jedes Handeln gegen den Willen des Berechtigten ausreichte; ähnlich zum Raub als offene widerrechtliche Wegnahme vgl. *Schnel-*

anderen Merkmalen kann jedoch nicht von der konturlosen Verwendung des Ausdrucks ausgegangen werden, wie in den erzählenden Quellen.[57] Für eine enge Deutung des Raubes als offene, zwangsweise erfolgte Wegnahme und Aneignung fremden Gutes spricht der Zusammenhang mit der Gewalt und den anderen manifest-offenen Deliktsformen der Brandstiftung und Gefangennahme. Aber auch der Sinn und Zweck, der Kampf gegen die in aller Regel nur in offen-gewaltsamer Form als ehrbar denkbare Selbsthilfe sprechen gegen eine Einbeziehung heimlicher Wegnahmen oder Unterschlagungen. In diesem Sinn war der Begriff bereits weithin im Land- und Stadtrecht geprägt, allerdings in der konkreten Ausformung und Sanktionierung durchaus unterschiedlich ausgestaltet.[58] Auch der Mainzer Reichslandfrieden hatte, ebenso wie die unmittelbar nach einer von dessen Erneuerungen errichtete Landfriedenseinung von 1310, den qualifizierten Tatbestand der Straßenräuberei vorausgesetzt und illegale Grundruhr- und auch Zollnahme diesem gleichgesetzt.[59] Damit war auch der Schritt vollzogen, sich nicht mehr an dem (oft vorgeblichen) Begründungszusammenhang der erzwungenen Vermögensminderung zu orientieren, sondern sich, wenn man so will, ganz der „Opferperspektive" anzupassen. Dies hatte im übrigen bereits der Mainzer Reichslandfrieden für den Angriff im Geleit vollzogen.[60] Allerdings wurde diese verbreitete Unterscheidung des einfachen vom qualifizierten Straßenraub aus dem Reichslandfriedensrecht nicht übernommen, da dies bei der in den Einungen geltenden Einheitssanktionierung auch keinen Sinn gemacht hätte.[61] Unter diesen Raubbegriff

bögl, Deutschrechtliche Beiträge 13 (1932), S. 189, 331; zum Problem der Abgrenzung zum Diebstahl vgl. etwa *Hattenhauer*, Gottes- und Landfrieden, S. 228 f., und *Kaufmann*, Art. „Landfrieden I (Landfriedensgesetzgebung)", HRG II, Sp. 1452 ff.

57 Wo Räuber und Diebe oft *als pars pro toto* für alle „schädlichen Leute" verstanden wurden; vgl. etwa *Hirsch*, hohe Gerichtsbarkeit, S. 26; vor allem kirchliche Kreise neigten dazu, jede Beeinträchtigung ihrer Position als „Raub" zu bezeichnen, vgl. *Kaufmann*, Art. „Landfrieden I (Landfriedensgesetzgebung)", HRG II, Sp. 1453; auch *Brunner*, Land und Herrschaft, S. 7 ff.

58 Vgl. den Überblick bei *His*, Strafrecht II, S. 201 ff.; vgl. *Osenbrüggen*, Alamannisches Strafrecht, S. 311 ff. m.w.N.; vgl. auch SchwSp. W. 39 L., 32, 42, 174; vgl. dazu *Caspar*, Schwabenspiegel, S. 33.

59 MGH Const. II, Nr. 196, Art. 7; MGH Const. III, Nr. 390, Art. 17, wie auch die folgenden Reichslandfrieden; St. UB II, Nr. 284, Art. 3.

60 MGH Const. II, Nr. 196, Art. 9; sowie für die folgenden Reichslandfrieden vgl. MGH Const. III, Nr. 279, Art. 20.

61 *Vgl. dazu sogleich unten II 1, 2 b)*; zur Unterscheidung des ansonsten regelmäßig peinlich zu bestrafenden Straßenraubs gegenüber dem sonst eher nur durch Buße belegten einfachen Raub vgl. bereits Art. 4 der Treuga Heinrici von 1224, die große Wirkung über die Rechtsbücher auf die spätmittelalterliche Entwicklung entfaltete, vgl. umfassend His, Strafrecht II, S. 204 f., 210.

fiel wohl auch die eigenmächtige Pfändung, soweit sie die Grenzen des im Landfrieden jeweils geregelten Rahmens verließ.[62]

(2) mort

Als eine zweite Modalität des Landfriedensbruchs tritt der „*mort*" erst allmählich aus dem allgemeinen Landfriedensbruchtatbestand heraus. *Prima facie* scheint zwar der Begriff die qualifizierte, da unehrenhafte Tötung zu meinen, die meist an einem besonderen Vertrauensbruch oder der Heimlichkeit festgemacht wurde und aufgrund dieser besonderen Verwerflichkeit schon früh in vielen partikularen Rechtskreisen peinlich bestraft wurde.[63] Aber auch hier wird man in einer Gesamtschau der Delikte und vor dem eigentlichen Hintergrund und Ziel der Landfrieden von einer Einbeziehung, ja Ausrichtung auf die offene Tötung im Wege gewaltsamer Eigenmacht ausgehen müssen. Auch hier zeigt sich deutlich die kirchlich-städtische und später durchaus hoheitliche Perspektive, jede Tötung als Verbrechen anzusehen, gegen das es vorzugehen und vor dem es die Friedensangehörigen zu schützen galt. Deswegen dürfte die nachträgliche und späte Ausbildung dieser Modalität des Landfriedensbruches[64] auch wohl nicht dadurch zu erklären sein, dass der Totschlag in der klassischen Fehde zu Lasten des eigentlichen Fehdegegners praktisch nicht vorgekommen wäre, da es dem Erzwingungscharakter dieser Selbsthilfe widersprochen hätte. Vielmehr fanden sich auch schon in den ersten Einungen des 14. Jahrhunderts Regelungen, wie man über Verwundungen und Totschläge richten sollte.[65] Weiter wird klar, dass die Deliktsformulierung auch hier ebenfalls vor allem aus Sicht der (potentiellen) Opfer erfolgte, mithin nicht an einer klaren Unterscheidung von heimlichen und offenen Begehungsformen interessiert war, auch wenn in dem vorangehenden Landfrieden von 1310 das Erschlagen gerade begrifflich und mit der Zielrichtung offener Gewalt definiert worden war. Im Vergleich dazu fällt auf, dass für den früher ausdrücklich umfassten Fall der bloßen Körperverletzung bald kei-

---

62 *Vgl. dazu sogleich unten I 4 a).*

63 Zum insbesondere in Norddeutschland wohl sehr weiten Begriff vgl. *His*, Strafrecht I, S. 60 f. sowie II, S. 90 ff. ausführlich zu den besonderen, eine sittliche Verwerflichkeit begründenden Umständen, wie z.B. das Verbergen der Leiche, der Tatausführung zur Nachtzeit, aus verwerflichen Absichten, verbunden mit einem besonderen Treue- oder Sonderfriedensbruch, dem Einsatz verbotene Waffen etc., der sich allerdings sehr an dem Recht seiner Zeit orientiert hat.

64 Erst seit dem Landfrieden von 1378, vgl. St. UB V, Nr., S. 960 Z. 11.

65 So bereits in der ersten ausführlichen Einung von 1301 und danach 1310, vgl. St. UB. Nr. 233, S. 189, Z. 19-22.

ne Vorsorge getroffen mehr wurde, sofern sie nicht als Teilhandlung unter eines der vier Delikte subsumiert werden konnte.[66]

(3) brant

Unter „*brant*" war bereits seit dem so genannten Brandstifterbrief Friedrichs I. von 1186 das absichtliche Anzünden fremder Sachen zu verstehen, das aufgrund seiner besonderen Gefährlichkeit dort, in anderen älteren Frieden und vielen partikularen Rechten meist, wenn auch bisweilen auf qualifizierten, heimlichen „Mordbrand" reduziert, peinlich bestraft wurde.[67]

(4) gevencnu[i]sse

Schließlich zählte auch die als letzte der vier erwähnten „klassischen" Delikte, die Gefangennahme, zu den üblichen Fehdehandlungen, bei der allmählich das direkte Lösegeld des Gefangenen die erzwungene Sühne und Buße des Gegners als eigentliches Fehdeziel verdrängte. Neben den wirtschaftlichen Problemen, die die ungeklärte Haftung der Bürger untereinander und für ihre Stadt gegenüber Dritten aufwarf, war es auch die Personalexekution gegen den Schuldner oder seine Bürgen selbst, die eine Regelung im Landfriedenskontext erforderte.[68]

(5) unrecht widersagen

Dagegen passte die seit 1389 aufgenommene „unrechte Widersage" nicht recht in die Reihe der anderen Delikte, die mit dem Raub begann und mit „aller (anderen) Gewalt" zunächst endete. Während es sich bei den vorgenannten um typische Übergriffe im Rahmen einer Fehde handelte, stellte die Widersage, also die Fehdeansage, noch keine tatsächliche manifeste

---

66 Zur Spannweite der Körperverletzung (*letzunge*) von unblutigen Schlägen (*bliuwen, slahen*), Verwundungen (*wunde*) bis etwa zu Lähmungen und deren sehr heterogene Sanktionierung im Reich vgl. *His*, Strafrecht II, S. 95 ff.

67 Zum Brandstifterbrief 1186 siehe MGH Const. I, Nr. 318, Art. 13; der wohl nicht beschworen wurde und unbefristet gelten sollte und nicht zuletzt daher von der Wissenschaft oft als „erstes echtes Reichsgesetz" bezeichnet worden ist, stellte jede Brandstiftung (*brant*) als Friedensbruch unter Sanktion, insbesondere neben der Acht die Enthauptung; vgl. *Schnelbögl*, in: Deutschrechtliche Beiträge 13 (1932), S. 189, 236; *His*, Strafrecht I, S. 136, 477, nach diesem wurde die Brandstiftung als absichtliches Anzünden von der fahrlässiger Brandverwahrlosung deutlich geschieden, die nur mit Schadensersatz und Sühne verfolgt worden sein soll; seit den Rechtsbüchern bürgerte sich die Regelstrafe des Räderns ein, vgl. Ssp. Ldr. II 13, 4 f.; vgl. im einzelnen *His*, Strafrecht II, S. 348 ff.

68 Zur unrechten Gefangennahme (*vengenisse, gevencnisse*), und den Versuchen, die Auswüchse der Personalexekution auch mit hohen Strafen einzudämmen, vgl. *His*, Strafrecht II, S. 140 ff.; *Planitz*, ZRG GA 34 (1913), S. 75 ff, 112 ff.

Gewalt, sondern allenfalls die mehr oder weniger greifbare Gefahr zukünftiger Gewalttätigkeiten dar. Jeder spätere tatsächliche Gewaltakt hätte dann aber zusätzlich ohne weiteres den Tatbestand des Landfriedensbruches verwirklicht, mithin wäre jeweils ein doppelter Bruch vorgelegen. Daher stellte die Widersage jedenfalls in der Reihe der Delikte, wie sie sich in den oberrheinischen Einungen fand, einen Fremdkörper dar. Erklärlich wird dieser allerdings dadurch, dass die „unrechte Widersage" einfach aus den Hauptbriefen des Egerner Reichslandfrieden übernommen wurde, wo sie in einem gänzlich anderen Kontext stand.[69] Dort nämlich war nur von *„rawbe mort brande vahen und unrecht widersagen"*, aber nicht von sonstiger Gewalt oder auch von Gefangennahme die Rede, der Reichslandfrieden orientierte sich also in anderer Weise primär an der Fehde, die es zu bekämpfen galt, und knüpfte, wie schon seine Vorläufer, bei sonstigen Gewalthandlungen nicht an diese selbst, sondern an die vorgelagerte, eben diese nicht legitimierende Absage an.[70]

Daher wird man dieses Merkmal auch durchaus erneut aus der Sicht potentieller Opfer und vor dem Hintergrund des traditionellen Reichslandfriedensrechts weit auslegen müssen.[71] Unrecht war die Widersage nicht nur formell, wenn sie unleserlich oder schlicht unverständlich war, weil sie zum Beispiel in einer anderen Sprache abgefasst war, worüber sich kurz zuvor die Reichsstadt Hagenau empört hatte,[72] oder wenn ein nicht aktiv Fehde- bzw. Absagefähiger sich der Form bediente, um sein folgendes Tun

---

69 RTA II, Nr. 72, Art. 2.

70 Zur Bedeutung der Absage für eine ehrenhafte Fehde vgl. auch *Brunner*, Land und Herrschaft, S. 73 f., der allerdings die Aufkündigung aller Rechts- und Treuebeziehungen wohl noch vor dem Hintergrund der älteren Forschung überhöht hat; ob die ordnungsgemäße Absage tatsächlich, wie von *Orth*, Fehden, S. 68 dargestellt, für die (vor allem erzählenden) Quellen das allein entscheidende Kriterium zwischen rechtmäßiger Fehde und unrechtmäßigen Überfällen darstellte oder nicht vielmehr der jeweilige Rechtsstandpunkt des Autors in der jeweiligen Sache im Vordergrund stand, scheint zumindest fragwürdig, *vgl. dazu schon oben ausführlich in der Einleitung II.*

71 Allerdings ist hier durch den Transskriptionsfehler zwischen Art. 3 des Mainzer Reichslandfriedens, MGH Const. II, Nr. 196, der 1235 ursprünglich nur den gelobten Handfrieden und seine vorzeitige, unrechtmäßige Aufkündigung sanktioniert hatte und den Fassungen seit 1281, die statt *„hantfride"* teilweise *„lantfride"* wiedergeben, einige Verwirrung in der Forschung entstanden; vgl. etwa *His*, in: ZRG GA 33 (1912), S. 139, 195 Fn. 4; vgl. dagegen bereits Art. 18 der Const. contra incend. 1186, MGH Const I, Nr. 318; sowie die Bayerischen Landfrieden von 1244 und 1256, MGH Const. II, Nr. 427, Art. 9; Nr. 438.

72 So wurden unleserliche und unverständliche Widersagebriefe nicht als Fehdeerklärung akzeptiert, vgl. etwa den Bericht Hagenaus 1384 an den rheinischen Städtebund, die empfangenen Widersagebriefe seien *„welsch"* (also französisch), so dass diese bei ihnen niemand lesen und sich daher nicht danach richten könne, weshalb sie die Fehde nicht als rechtmäßig anerkennen wollten, vgl. StA Frankfurt, Kopialbücher 7 a, fol 67 v., zitiert nach *Orth*, Fehden, S. 39.

zu rechtfertigen.[73] Sie war es wohl auch, wenn sie gegen das Subsidiaritätsprinzip, also das vorrangige Rechtsweggebot verstieß[74] oder die Wartefristen zu Beginn der vermeintlichen Fehdehandlung nicht eingehalten wurden[75] oder aber, wenn sie ohne rechten Grund, also ohne tatsächlich erfolgte Verletzung oder Kränkung durch den Empfänger erfolgt war,[76] wodurch der Landfrieden selbstverständlich die umfassenden zugrunde liegenden und oft genug sehr komplexen Rechtsfragen aus allen Rechtsbereichen zu beurteilen hatte.

(6) Generalklauseln: alle Gewalt und Unrecht

Praktisch im gleichen Zuge, wie diese Delikte als nähere Ausgestaltung des Landfriedensbruchs Eingang in die Landfriedenstexte erhielten, wurden sie, jedenfalls spätestens 1322 um die speziellen Delikte *„allen ro[up], allen brant, alle gevencnu[i]sse"* durch *„und alle[n] gewalt, die den widervarent wider demme rehten"* ergänzt.[77] In diesem *Terminus technicus* wird man wohl einen Oberbegriff bzw. generellen Auffangtatbestand erkennen müssen,[78] so dass Raub, wenig später auch Mord, sowie Brandstiftung und Gefangennahme nur der Charakter von verdeutlichenden Regelbeispielen zukam, die alle durch das Merkmal der widerrechtlichen Gewalttätigkeit verwandt und verbunden waren. Damit war ein neuer, abstrakter Begriff für den Landfriedensbruch gefunden, nämlich die unrechtmäßige Gewalt gegen eine vom Landfriedensschutz umfasste Person, einerlei, ob diese nun in Form der Fehde, der nicht formgemäßen Pfändung, der unberechtigten Zollerhebung oder in anderer Weise erfolgte.[79]

---

73 Jedoch nur im gerade hier erkennbaren Ergebnis richtig *Brunner*, Land und Herrschaft, S. 74 ff., nach dem der absagende Bauer wegen dieser „unsühnbaren Missetat" dem Mörder gleichgestellt wurde.

74 Vgl. MGH Const. II, Nr. 196, Art. 6 RLF auch für die folgenden Reichslandfrieden; vgl. daneben insbesondere *Orth*, Fehden, S. 141 für die Landfrieden in Westfalen, am Mittelrhein und in der Wetterau, wo sich die Subsidiarität auf die vorherige Klage vor dem Landfriedensgremium bezogen habe, sowie den rheinischen Landfrieden von 1395, der dies auf irgendeine öffentliche Klage und die folgende Rechtsverweigerung des Gegners beschränkt habe.

75 Zur Rechtsgewohnheit gewordenen Absagefrist von drei Tagen vgl. *Brunner*, Land und Herrschaft, S. 74 ff.

76 Zur unrechten Widersage als Fehlen eines materiellen Rechtsgrundes vgl. *Osenbrüggen*, Alamannisches Strafrecht, S. 46.

77 Vgl. etwa St. UB II, Nr. 416, S. 363, Z. 29 f.; allerdings mit der Ausnahme des Landfriedens unter Karl IV. von 1347.

78 Vgl. auch bereits *Brunner*, Land und Herrschaft, S. 77 Fn. 6.

79 Die zunehmende Abstraktionsfähigkeit zeigte sich etwa auch in Art. 3 des Brandstifterbriefs MGH Const I, Nr. 318, der bei den Hilfeleistungen zunächst konkrete Sachverhalte

Allerdings handelte es sich dabei um einen Begriff, der aus der bisherigen Rechtsentwicklung heraus durchaus selbst unklar war.[80] Insbesondere dürfte auch für die Zeitgenossen nicht immer augenfällig gewesen sein, wann ein unrechtmäßiges Verhalten, zum Beispiel die Vielzahl der Feld- Garten- oder Holzfrevel, Rechtsanmaßungen,[81] Jagd- und Fischereivergehen derartig manifest war, dass es die Schwelle zur „Gewalt" erreicht hatte.[82] Wie die überlieferten Fälle der Landfrieden zeigen, wurde jedenfalls die Sachbeschädigung oder Rechtsanmaßung als Landfriedensbruch aufgefasst und musste damit wohl unter den Begriff der Gewalt fallen.[83]

Vielleicht gerade wegen der Unbestimmtheit des Begriffes erweiterten die späteren Einungen dieses Merkmal auf das *„allen gewalt und unreht, die den widerfarent, die disem gemeynen friden zu geho[e]rent"*,[84] bevor sie später unter dem Eindruck der parallelen Reichslandfriedensgesetzgebung ab 1389 das Augenmerk durch das Regelbeispiel des unrechten Widersagens wieder stärker auf die unerlaubte Selbsthilfe und die Fehde zurücklenkten.[85] Damit war der Landfrieden für praktisch alle Rechtsbrüche gegenüber den durch den Friedensschutz geschützten Personen und Sachen verantwortlich. Es stellte sich folglich erneut in aller Schärfe die Frage nach der Rolle der traditionellen Gerichte und dem Einfluss des traditionellen und sonstigen partikularen Rechts auf die Entscheidungen der Landfriedensorgane.[86]

---

aufzählte, um dann mit einer Generalklausel abzuschließen, vgl. dazu *Hattenhauer*, Gottes- und Landfrieden, S. 235.

80 So handelte es sich nach *His*, Strafrecht I, S. 52 ff. um Vergehen, die der hohen Gerichtsbarkeit unterstanden, aber noch gesühnt werden konnten, konkrete Typen seien hingegen nicht ersichtlich; am Mittelrhein sei „Gewalt" für Gewaltsachen, schwerere Vergehen, die gebüßt werden müssten, und nicht zuletzt Ungehorsam gegen das Gericht oder die unbefugte Selbsthilfe allgemein gebraucht worden.

81 Vgl. dazu die Anmaßung von Grundstücken als Landfriedensbruch in Ssp. Ldr. III 20,3, die nur teilweise dem Raub als *„lantroub"* zugeordnet wurde, vgl. *His*, Strafrecht II, S. 259 f., nachdem darunter bisweilen auch die unbegründete Herausgabeklage gefasst und wegen mit dem erhobenen Vorwurf verbundenen Ehrkränkung mit hohen Sühnen belegt wurde.

82 Worunter vermutlich jede Schädigung, einerlei ob durch Beschädigung, Wegnahme oder Aneignung zu verstehen war, vgl. *His*, Strafrecht II, S. 224 - 259.

83 *Vgl. unten Kapitel 6 II 3 (1).*

84 St. UB V, Nr. 1319 S. 960, Z. 11.

85 Vgl. RTA II, Nr. 75, S. 174, Z. 7-9.

86 *Vgl. dazu unten III 4 (4), sowie Kapitel 5 I 2.*

4. Das Verhältnis von Landfriedensbruch und Selbsthilfe

Besonders wichtig war aber das Verhältnis des Landfriedensbruchs zu den unterschiedlichen verbreiteten Selbsthilfeformen, zuvorderst der Fehde. Gerade das 1389 auftretende Deliktsmerkmal der „unrechten Widersage" und der Verknüpfung mit „aller Gewalt und Unrecht" könnte als Indiz dafür gesehen werden, dass der Landfrieden die erlaubte Selbsthilfe und insbesondere die Fehde in den traditionellen Formen anerkannte, mithin Sanktionen nur für den Fall der Übertretung des formalen Fehde- oder sonstigen Selbsthilferechtes vorsehen wollte, wie dies in der Literatur nicht selten vertreten worden ist.[87]

Für die eigenmächtige Sachzwangsvollstreckung in Form der Sachpfändung ist diese Frage am einfachsten zu beantworten. Vor allem die frühen Einungen des 14. Jahrhunderts sahen ausführliche, inhaltlich nur jeweils leicht variierte Regelungen vor, wann und in welchem Umfang eine Privatpfändung ohne gerichtliches Vollstreckungsverfahren und -aufsicht bewerkstelligt werden konnte, ohne dass es sich um eine Gewalttat, insbesondere einen Raub, handelte, die den Landfriedensschutz brach. Ebenfalls traditionell war wohl mit der als unmittelbare Reaktion auf einen gewaltsamen Angriff erfolgten Notwehr ein echter Rechtfertigungsgrund in allen Landfrieden anerkannt, auch wenn sie nur in den ersten Einungen angesprochen war.

a) Privatpfändung

Das Verhältnis von Selbsthilfe und Landfriedensbruch beziehungsweise die Anerkennung von bestimmten eigenmächtigen, in der Rechtsverfolgung durchgeführten Zwangshandlungen zeigt sich in den Einungen selbst für die Fälle der Privatpfändung.

(1) Die Privatpfändung stellte nicht nur eine traditionsreiche Form der Selbsthilfe, sondern, wenn sie über Gerichtsbezirksgrenzen erfolgte, sowohl eine wirtschaftliche Notwendigkeit wie auch eine permanente Gefahr möglicher Konflikte dar.[88] Gläubiger, wie überhaupt das Wirtschaftsleben, waren in Zeiten schlecht funktionierender Gerichtsbarkeit vital auf die

---

87 Vgl. etwa *Orth*, Fehden, S. 65, 69; Terharn, Herforder Fehden, S. 17 ff.; *Schnelbögl*, in: Deutschrechtliche Beiträge 13 (1932), S. 276 f.; ebenso bereits *Fehr*, ZRG GA 38 (1917), S. 8; wohl auch *Dilcher*, Friede durch Recht, S. 227; *Brunner*, Land und Herrschaft, S. 49 f., 364; differenzierend nach den Rechtsauffaungen der jeweiligen Stände *Leist*, Landesherr, S. 175.

88 Vgl. zum Genzen nur *Sellert*, Art. „Pfändung, Pfandnahme", HRG III, Sp. 1693 ff.; *Kisch*, ZRG GA 35 (1914), S. 41, 43; *Planitz*, Vermögensvollstreckung I, S. 158 ff. m.w.N.; dabei wurzelte die eigenmächtige Pfändung unter dem Eindruck fehlender durchsetzungsfähiger Autoritäten zumindest unstreitig seit dem 11. Jahrhundert tief im Volksbewusstsein.

Möglichkeit einer erfolgsversprechenden Realisierung und Befriedigung ihrer Forderungen angewiesen. Umgekehrt konnte unter dem Vorwand angeblicher Forderungen allzu schnell und kaum kontrollierbar versucht werden, eine gewaltsame Wegnahme zu rechtfertigen, oder andererseits die Abwehr berechtigter Ansprüche mit Gegengewalt eine Fehde provozieren.[89] Allzu schnell konnte aus der rechtlichen Frage der Vollstreckung von Ansprüchen eine politische Machtfrage werden. Fehden wie die große Auseinandersetzung zwischen der Bürgerschaft von Zürich und den Habsburgern im Frühjahr 1350 zeigten, welche Konflikte durch eine auf unklarer Grundlage erfolgte Privatpfändung auch und gerade zwischen unterschiedlichen Bürgerschaften erwachsen konnten.[90] Deswegen banden die Städte bisweilen die eigenmächtige Pfändung außerhalb ihres Gebiets an die Erlaubnis der Stadtbehörden oder untersagten diese ganz, weil sie Angst vor Retorsionsmaßnahmen gegenüber den unbeteiligten Schwurgenossen hatten.[91]

So hatte sich bereits das Hochmittelalter um regional höchst unterschiedliche Lösungen dieses erkennbaren Jurisdiktionsproblems bemüht. Ohne am Grundsatz der privaten Vollstreckung durch den Gläubiger mangels wirksamer Alternativen etwas ändern zu können, hatte man diese möglichst weitgehend der gerichtlichen Kontrolle zu unterwerfen gesucht. Modelle hierfür waren die ausnahmslose Bindung an eine Richtererlaubnis, die zwingende Beteiligung eines Gerichtsvertreters, oder etwa die Gestattung der Privatpfändung nur nach vergeblicher Anrufung eines zuständigen Gerichtes.[92] Auch die Landfrieden dieser Zeit hatten sich dem Problem gewidmet, jedoch die Unsicherheit bestehen lassen, wie im einzelnen bei Gerichtsgrenzen überschreitenden Sachverhalten zu verfahren sei.[93] Da selbst zu Beginn des 14. Jahrhunderts die Zeit für eine Überwindung des traditionellen Gerichtswesens mit der Zuständigkeit des Gerichts des Schuldners beziehungweise des Belegenheitsortes noch nicht reif war, blieben die

---

89 Vgl. etwa *Thomas*, Geschichte, S. 452, der die Selbstpfändung als fehdeträchtigste Friedensstörung überhaupt angesehen hat; sowie dazu auch *Sellert*, Pfändung, S. 250.

90 *Vgl. hierzu oben Kapitel 2 III 3 a).*

91 Vgl. hierzu und zum Folgenden *Planitz*, Vermögensvollstreckung I, S. 181 f., 184 f. mit umfangreichen weiteren Nachweisen; zum Ganzen auch *Naegeli*, Selbstpfändungsrecht; *vgl. auch oben Kapitel I 2 d).*

92 Vgl. ausführlich *Planitz*, Vermögensvollstreckung I, S. 154 ff., 186 m.w.N., *Sellert*, Pfändung, S. 237 ff.; *Kisch*, ZRG GA 35 (1914), S. 41, 43; *Brunner*, Rechtsgeschichte II, S. 451 Anm 36.

93 So ließ vor allem die dort besonders wichtige Pfändung außerhalb des eigenen Gerichtsbezirks des Gläubigers eine jedoch verzögerte Entwicklung bei der Unterwerfung unter die gerichtliche Kontrolle erkennen, vgl. *Planitz*, Vermögensvollstreckung I, S. 157 ff., 186 ff. nach dem Art. 18 der Treuga Henrici das „süddeutsche Verfahren" nach Sachsen übernommen werden sollte und von dort wieder Eingang in die Rechtsbücher fand, vgl. Ssp. Ldr. I 70, 2; dazu auch *Hattenhauer*, Gottes- und Landfrieden, S. 202.

Probleme bestehen.[94] Am Oberrhein bestanden zwischen den verschiedenen Rechtskreisen keine großen Differenzen hinsichtlich der Pfändungsregeln.[95] Dort hatten insbesondere die Reichs- und Landstädte bereits im 13. Jahrhundert in der ihnen eigenen Weise durch zahlreiche, meist unbefristete Pfändungsabkommen das Problem grenzüberschreitender Pfändungen zu lösen versucht.[96] Als wesentlicher Gedanke ließ sich dabei das Bemühen erkennen, der Haft- und Pfändbarkeit aller Bürger für die Schulden eines anderen Angehörigen der Bürgerschaft entgegen zu wirken, die vor allem die Gläubiger aus dem von ihnen eigennützig der bürgerschaftlichen *coniuratio* beigelegten Charakter eines Haftungsverbandes herleiteten.[97] Denn wie leicht konnte die Begründung als Vorwand für Angriffe auf Kaufmannszüge und auswärtige Bürgergüter, aber auch auf die sich zum Handel in anderen Städten oder Territorien aufhaltenden Reisenden genutzt werden!

Die Städte waren daher vor allem anderen bestrebt, die rechte Pfändung auf den richtigen bzw. "rechten" Haftungsgegner zu begrenzen, nämlich den Schuldner selbst und seine möglicherweise vorhandenen selbstverpflichteten Bürgen. Gleichzeitig wollten sie möglichst die Haftungsfrage der Kontrolle der eigenen, schützenden Stadtobrigkeit durch die Einschaltung des Rates unterwerfen. Gegen eine, jedenfalls im Falle der Rechtsverweigerung erfolgte, wirksame Privatpfändung ihrer häufigen, überwiegend adeligen Kreditschuldner in anderen Städten und auf dem Land hatten sie wenig einzuwenden. Sie mussten vielmehr bestrebt sein, ein solches effektives Vollstreckungsverfahren sogar noch zu fördern. Diese Interessen fanden auch ihren Eingang in die ausführlichen Pfändungsregeln der ersten Versammlung des Rheinischen Bundes vom 6.10.1254.[98]

---

94 Vgl. die entsprechenden Bündnisse in anderen Regionen, so etwa ein Bündnis aus der Fuldaer Region von 1311, vgl. *Sellert*, Pfändung, S. 237, mit weiteren Belegen.

95 Vgl. etwa *His*, Strafrecht I, S. 386 m.w.N. mit Nachweisen unter anderem aus Hagenau.

96 Vgl. *Ruser*, OSA I, S. 159, der zu Recht darauf hingewiesen hat, dass diese unbefristeten Abkommen von der Forschung bislang leider kaum beachtet worden sind, nicht zuletzt deswegen, weil vergleichsweise wenige tatsächlich erhalten wurden, obwohl sie als „statutarische Verwillkürungen", regelmäßig Teil des jeweiligen Stadtfriedens und Stadtrechts wurden; erhalten sind u.a. die Vereinbarungen von Straßburg mit Speyer von 1227, UB Speyer, Nr. 42; mit Saarburg von 1259, St. UB I, Nr. 437; und mit Rheinau von 1267, St. UB II, Nr. 13.

97 Zu den Haftungsverbänden bei der Pfändung herrschaftlicher oder genossenschaftlicher Schulden vgl. *His*, Strafrecht II, S. 268 - 271.

98 Vgl. Art. 8 f., 17 Bundesbeschlusses vom 6.10.1254, MGH Const. II, Nr. 428/II; *vgl. oben Kapitel 1 II 3 c).*

Während die Kirche ein ähnliches Schutzinteresse hatte, die Haftung dahingehend zu begrenzen, dass die Kirchengüter nicht für die Schulden ihrer Vögte hafteten, musste den oft erheblich verschuldeten Kirchenfürsten und -herren, voran den seit 1262 regelmäßig vor der Überschuldung stehenden Bischöfen Straßburgs, wie den weltlichen Gerichts- und Territorialherren an einer möglichst formalisierten und gerichtlich kontrollierten Pfändung gelegen sein, soweit es sich nicht um ihre Erträge aus Abgaben der noch persönlich freien Bauern und Pächter handelte.[99] Der erste Gesichtspunkt fand über den Mainzer Reichslandfrieden und seine Nachfolger unmittelbar Eingang in die oberrheinischen Einungen.[100] Gleiches galt für das dem dortigen umfassenden Rechtsfriedensschutz entsprechende allgemeine Rechtsweggebot, das Pfändungen überhaupt nur mit richterlicher Erlaubnis gestattete, und ansonsten dem Raub gleichstellte.[101] Die freie Pfändbarkeit der herrschaftlichen Abgaben bildete sich auf regionaler Ebene dagegen erst deutlich später nach dem Interregnum aus.

(2) Diese Entwicklung setzte allerdings erst mit den ausführlichen Einungen seit 1301 ein. Zuvor hatten die kurzen, auf die Organisation bündischer Landfriedenssorge gerichteten Landfriedenstexte das Thema nicht angesprochen, wohl auch vor dem Hintergrund der Revindikation der Landfriedenssorge durch König Rudolf und der von ihm wieder mit dem Inhalt von 1235 errichteten Reichslandfrieden.

Die ausführlichen Regelungen der Pfändung, die sich in dieser und den nachfolgenden Landfrieden bis 1378 nachweisen lassen, spiegeln die bereits dargestellten Interessen der Einungsteilnehmer wider. Sie stellten ausdrücklich klar, dass eine nach den in der Einung festgelegten Voraussetzungen und Verfahren ablaufende Pfändung einen Landfriedensbruch ausschloss, mithin kein Einschreiten und keine Sanktionen des Landfriedens und seiner Mitglieder im Falle dieser einungsgemäß erlaubten Gewalt auslöste. Die maßgebliche, im Laufe der Zeit nur wenig veränderte Klausel bestimmte: *„men pfendet o[u]ch wol umbe ku[i]ntliche wingu[i]lte und korngu[i]lte und zinse, und gât daz o[u]ch niht an den lantfriden, ander sol nieman den anderen pfenden ane gerihte. Het sich aber ieman verbunden mit sinen brieven, daz men in pfenden su[i]le ane gerihte, den sol men pfenden an sime eigene, an sime erbe, an sime lehene und an sime pfande.“*[102] Völlig ausgeschlossen wurde die Pfändung von Kirchengut und -leuten für Schulden ihres Vogts. Welches Gericht allerdings im Regelfall für die Gestattung der Pfändung zuständig sein sollte, nannten die Einungen ebenso wenig, wie sie Aussa-

---

99 Vgl. *Fischer*, Landfriedensverfassung, S. 9 ff. m.w.N.

100 Vgl. MGH Const. II, Nr. 196, Art. 2; Nr. 428/II, Art. 8 f., 17; *dazu ausführlich oben Kapitel 1 II 2 d) (3).*

101 Vgl. MGH Const. II, Nr. 196, Art. 14.

102 St. UB II, Nr., 233, S. 189, Z. 22-27.

gen zum dort anzuwendenden *Procedere* machten. Sie beließen es hier, wie die Reichslandfrieden, bei der vorgefundenen Zuständigkeitsverteilung und dem tradierten Verfahrensrecht.[103] Zeigt letzteres ebenso wie die prinzipielle Bindung an eine richterliche Erlaubnis die direkte Fortführung der restriktiven Pfandregelung der Reichslandfrieden seit 1235, so ergaben sich vor dem Hintergrund der genannten besonderen Interessen der maßgeblichen Errichtungspartner auch beachtliche Unterschiede. Zunächst fällt die geänderte Sanktion ins Auge, denn als Unterfall des Landfriedensbruches sollte auch nur die Wiedergutmachung des Schadens erzwungen werden, von einer Bestrafung als Räuber wie in den Reichslandfrieden[104] war jedoch hier nicht mehr die Rede, worauf im Rahmen der Sanktionen der Landfrieden allgemein einzugehen sein wird.

Selbstverständlich war in Abgrenzung dazu und zu anderen Selbsthilfeformen für eine Berufung auf das Pfändungsrecht stets erforderlich, dass eine Schuld beziehungsweise ein darauf gerichteter Anspruch behauptet wurde und werden konnte, der gerichtlich anerkannt worden war oder ausnahmsweise zu einer sofortigen außergerichtlichen Vollstreckung führen konnte.[105]

(3) Entscheidend waren so die von den Landfrieden vom Gerichtsgebot gemachten Ausnahmen, die sich auch in anderen Landschaften und Territorien des Reiches ausgebildet hatten und die einerseits für bestimmte „kundliche Zinsen und Gülten" andererseits nach urkundlicher Selbstunterwerfung unter die sofortige Pfändung galten.

(a) Die vereinbarte Pfändungsklausel war seit dem 13. Jahrhundert überaus häufig und aus dem Wirtschaftsleben schlicht nicht wegzudenken.[106] Die Möglichkeit der Unterwerfung unter die sofortige Vollstreckung bot eine bequeme Option insbesondere im Handelsverkehr, bei Darlehen, soweit der Gläubiger über eine entsprechende Macht verfügte. Ihre Bedeutung zeigte sich auch daran, dass sie rasch zum zuerst genannten, eigentlichen Ausnahmetatbestand von der grundsätzlich gerichtlichen Geltendmachung wurde.[107]

---

103 Vgl. zu den Reichslandfrieden insoweit *Sellert*, Pfändung, S. 235 f.; *Planitz*, Vermögensvollstreckung I, S. 160 f.; *Wyneken*, Landfrieden, S. 13 f.

104 Vgl. MGH Const. II, Nr. 196, Art. 27; dazu nur *His*, Strafrecht II, S. 206 f.; *Wyneken*, Landfrieden, S. 9 f.

105 Vgl. *Planitz*, Vermögensvollstreckung I, S. 200 ff. und 223 ff. m.w.N.

106 Vgl. hierzu und zum Folgenden *Sellert*, Art. „Pfändungsklausel", HRG III, Sp. 1703 ff.; *Kisch*, ZRG GA 35 (1914), S. 41 ff.; *ders.*, Arrestprozeß, S. 22 f.; *Planitz*, Vermögensvollstreckung I, S. 284 ff.; *Brunner*, Forschungen, S. 647; *Stobbe*, Handbuch I, S. 677.

107 Vgl. in der Einung von 1343, St. UB V, Nr. 116, Z. 16-20.

Wie auch im Eingungstext klar erkennbar, ermöglichte sie die sofortige Befriedigung durch eigenen Zugriff des Gläubigers, losgelöst von den Problemen der Gerichtsbarkeit und langwieriger Verfahren.[108] Da die Vollstreckungsunterwerfung damit allerdings eine weitgehende und einschneidende Möglichkeit zum gewaltsamen Zugriff auf fremdes Vermögen und Personen[109] ohne hoheitliche Kontrolle in sich schloss,[110] war sie von hoher Brisanz für die Landfrieden, wo sie aus diesem Grund besonders häufig geregelt wurde.[111] Die modern anmutende Frage, inwieweit durch die Unterwerfungserklärung auch Gegenrechte und -klagen des Schuldners ausgeschlossen wurden,[112] spielte für die Frage des Landfriedensbruches keine Rolle. Vielmehr war für die über ein Einschreiten des Landfriedens Entscheidenden alleine der formale, äußerliche Gesichtspunkt dafür ausschlaggebend, ob es sich um *unrechte*, friedensbrechende Gewalt handelte oder vom Landfrieden anerkannte Selbsthilfe. Diese nachträgliche Landfriedensperspektive zeigen insbesondere die Bestimmungen von 1343 bis 1347, wonach als Beweis der Unterwerfung unter die Pfändung ohne vorangegangene gerichtliche Erlaubnis nicht mehr nur Urkunden galten, sondern auch *„andern kundscheften, die man billich darumbe verho[e]ren sol."*[113]

(b) Dagegen zeigt die Ausnahme der Abgaben und Korn- und Weingülten, wobei letztere bei ihrer ersten Nennung 1301 erst nachträglich handschriftlich hinzugefügt worden waren, die Bedeutung der Abgaben für die regio-

---

108 Die Pfändungsklausel befreite konstitutiv vom Prozesserfordernis, wirkte wie ein bereits ergangenes Urteil und war sehr verbreitet, zumal auch die Schuld häufig nicht kundlich war und sie so alleine die Möglichkeit der außergerichtliche Vollstreckbarkeit begründete, die nicht im bloßen vorläufigen Arrest, sondern der endgültigen Befriedigung ohne gerichtliche Beteiligung bestand; vgl. zum Ganzen *Kisch*, ZRG GA 35 (1914), S. 41, 48 ff., 57 gegen *Planitz*, Vermögensvollstreckung I, S. 286 f. der die Klauseln unter Berufung auf die ältere Forschung als bloße Formalie zu bagatellisieren gesucht hat, da das Pfändungsrecht als ungeregelte Selbsthilfe immer vorhanden gewesen sei; vgl. dazu etwa *Wilda*, ZdtR 1 (1839), S. 206.

109 Zur Bedeutung des eng verwandten Sach- und Personalarrestes, während die Pfändung selbst wohl stets nur indirekt gegen Personen gerichtet war, vgl. *Kisch*, ZRG GA 35 (1914), S. 44 ff., 68.

110 Dass die Selbstunterwerfung unter die Pfändung auch von den Zeitgenossen als durchschlagendste Vollstreckungsmöglichkeit angesehen wurde, hat *Kisch*, ZRG GA 35 (1914), S. 65 ff. an Urkundenbelegen herausgearbeitet; während in anderen Regionen als dem Oberrhein sich die Obrigkeiten vor allem durch die Einschaltung des Fronboten eine gewisse Restkontrolle über die außergerichtliche bzw. außerprozessuale Pfändung zu erhalten, vgl. *Sellert*, Pfändung, S. 237 f.

111 Vgl. im Überblick *Kisch*, Arrestprozeß, S. 22 m.w.N.; *ders.*, ZRG GA 35 (1914), S. 44.

112 Dazu *Kisch*, ZRG GA 35 (1914), S. 54 f. m.w.N.: der Schuldner habe nicht nur faktisch den Verzicht auf tatsächlichen Widerstand, sondern konstitutiv den Verzicht auf Geltendmachung rechtlicher Einwendungen erklärt.

113 St. UB V, Nr. 116, S. 118, Z. 16-20.

nalen Grund- und Gerichtsherrschaften. Seit 1318 entfiel die Beschränkung auf Korn- und Weingülten, vielmehr umfasste sie nun alle entsprechenden kundlichen Zinsen und Gülten.[114]

Worum es sich bei dem damit allein entscheidenden Merkmal der Kundlichkeit der Schuld handelte, ist bis heute nicht zweifelsfrei geklärt, insbesondere, ob es sich um jede rechtmäßige und beweisbare, eine urkundlich verbriefte oder eine in dieser oder anderer Weise offenbare und bekannte Forderung handelte.[115] Diese drei Theorien stehen hinsichtlich der Beurteilung für die Zulässigkeit der eigenmächtigen Gewalt in einer gewissen Stufenfolge. Während nach der ersten Ansicht die Zulässigkeit nur anhand der materiellen Rechtslage festgestellt werden kann, vereinfachen die beiden anderen Auffassungen die formale Prüfung. Eine solche materielle Beurteilung war aber dem verbindenden Merkmal des Landfriedensbruches bei anderen Selbsthilfeformen fremd. Vielmehr sollten die Landfrieden ja über die eigentliche „zivilrechtliche" Rechtslage so wenig wie möglich entscheiden. Andererseits sollten klare objektive Unterscheidungsmerkmale und gerade nicht subjektive Rechtsvorstellungen die Gewalteindämmung fördern.[116] Gegen die zweite Deutung spricht dagegen vor allem die Gegenüberstellung mit der anderen Alternative, von der sie nur das Vorhandensein einer ausdrücklichen Vollstreckungsklausel unterscheiden würde. Vor

---

114 St. UB II, Nr. 354, S. 304, Z. 28-36; vgl. Ergänzung durch OSA I, Nr. 423 Art. 15-17.

115 Vgl. zum ersteren insbesondere *Planitz*, Vermögensvollstreckung I, S. 218 ff., der unter enger Verknüpfung mit dem tradierten alten Beweisrecht darunter jede Schuld verstanden hat, deren Beweis der Gläubiger gegen einen Unschuldseid des Schuldners erbringen könne; vgl. dazu ausführlich *v. Gierke*, Schuld und Haftung, S. 378 f.; *Wilda*, ZDtR 1 (1839), S. 202 hat kundlich hingegen „unleugbar" gleichgesetzt; für die zweite genannte Deutung vgl. etwa *Eichhorn*, Rechtsgeschichte III, § 463 als durch förmlich besiegelte Urkunde bewiesen; der weiterere Ansicht, die darunter die durch Gerichtszeugnis bzw. gerichtsbekannte Schuld verstanden hat, wie *Meibom*, Pfandrecht, 211 ff.; *Hübner*, Privatrecht, S. 430 ist bereits *Planitz*, a.a.O. unter Verweis auf Ssp. Ldr. I 18, 2 entgegengetreten, nach dem die Wissentlichkeit auch ohne Gerichtszeugnis möglich war; gänzlich anders hingegen *Bayer*, Pfändung, S. 70 f., der auf die Kenntnis des Schuldners durch Mahnung abgestellt hat.

116 So hat auch *Planitz*, Vermögensvollstreckung I, S. 232 ff. mit Verweis u.a. auf Schlettstadt den Bedeutungswandel von kundlicher Schuld in manchen spätmittelalterlichen Rechtsquellen dergestalt eingeräumt, dass nur bei besonderer Offenkundigkeit das Merkmal *„kundlich"* ohne vorherigen Beweis in der Verhandlung eine außerprozessuale Pfändung zugelassen habe; zur Beseitigung von Störungen des öffentlichen Friedens hätten die Städte bei der außerprozessualen Pfändung diese kundliche Schuld mit der gerichtlich festgestellten gleichgestellt, während die übrigen Formen nur noch untergeordnete Bedeutung gehabt hätten; da er dabei davon ausgegangen ist, dass die „Kundlichkeit" ohnehin nicht für den Pfändungsakt im Unterschied zu einem nachträglichen Verfahren über dessen Rechtmäßigkeit selbst nötig war, sondern zunächst nur ihre bloße Behauptung, ist er bereits im allgemeinen zu ähnlichen Ergebnissen gelangt, die allerdings wegen der Trennung eines Rechtszustandes während und nach der Pfändung sehr künstlich erscheint; zur Frage des Widerstandes und Widerspruchs gegen die Privatpfändung vgl. auch *His*, Strafrecht II, S. 268 ff.

allem erscheint aber die Forderung einer vorweisbaren Urkunde auch für alle Zinsen kaum realitätsnah. Schließlich fand sich an Stelle des einschränkenden Kriteriums der Kundlichkeit in den Frieden seit 1343 die Ausnahme, wegen Zinsen und Gülten, *„alse man untze har gewo[e]nlich getan hette,"* anzugreifen und zu pfänden.[117] Daher spricht hier vieles dafür, wie jüngst SELLERT herausgearbeitet hat, unter einer kundlichen Schuld eine öffentlich bekannte, wiederkehrende und daher nicht weiter beweisbedürftige Schuld zu verstehen,[118] deren unmittelbare Pfändbarkeit vor allem aus den alltäglichen Notwendigkeiten der feudalen Abgabenwirtschaft resultierte.

(4) Der bereits angesprochene Schutz von allenfalls nur mittelbar Beteiligten vor der Pfändung gewann im Verlauf der Einungen eine erkennbar noch zunehmende Bedeutung. Der Schutz der Kirchengüter und -leute bei Schulden ihrer Vögte entstammte bereits den Reichslandfrieden und wurde übernommen, beziehungsweise vorangestellt und diente etwa 1343 als Verknüpfungsglied zwischen dem eigentlichen Landfriedensschutz und den Pfändungsregeln.[119] Die in der Person des zu Pfändenden noch unbestimmte Formulierung konzentrierte sich bis 1343 auf den „rechten Schuldner".[120] Darüber hinaus sah die in den Thronkämpfen errichtete Einung von 1318 ausdrücklich vor, dass Pfändungen nur erfolgen durften, wenn sie weder Reichsschulden betrafen noch aus dem Krieg um die Krone herrührten.[121] 1366 fand sich die ebenfalls bemerkenswerte Einschränkung, dass niemand Land und Leute des Reiches und der Herrschaft Österreichs wegen Schulden des Reiches oder der Herrschaft angreifen sollte, außer um Zinsen und Gülten.[122] Diese Klarstellung, die diese Angehörigen den nicht genannten Bürgern gleichstellte, könnte vielleicht über den nicht erhaltenen Frieden von 1353 auf den bereits genannten, eskalierten Konflikt der Habsburger mit den Züricher Bürgern um eine eigenmächtige Pfändung zurückgehen. Jedenfalls war damit auch ein Schlusspunkt der Entwicklung in dieser Frage gesetzt, denn bereits mit dem völlig reorganisierten Landfrieden von 1378 verschwanden die Pfändungsregelungen, ebenso wie in dem elsässischen Landfrieden von 1389, während der kurz zuvor geschlossene rheinische Brief des Egerner Landfriedens unter dem Einfluss des fränkischen Landfriedens entsprechende Klauseln vorgesehen hatte.[123]

---

117 St. UB V, Nr. 116, S. 118, Z. 16-20.

118 *Sellert*, Pfändung, S. 238.

119 St. UB V, Nr. 116, Z. 16-20.

120 Vgl. etwa St. UB II, Nr. 233,S. 189, Z. 22-24; St. UB V, Nr. 116, Z. 16-20.

121 St. UB II, Nr. 354, S. 304, Z. 28-36; vgl. Ergänzung durch OSA I, Nr. 423 Art. 15-17.

122 St. UB V, Nr. 733, S. 569, Z. 25-29.

123 Vgl. RTA II, Nr. 72, Art. 25-27: „kundlich, redlich, möglich und unleugnenbar"; dazu *Sellert*, Pfändung, S. 236 ff., 242 f.

Offen bleibt damit, inwieweit die genannten Pfändungsformen mittlerweile gewohnheitsrechtlich so anerkannt waren, dass sie keine Erwähnung mehr fanden, oder ob der Landfrieden wirklich alle Angriffe und Bekümmernisse ohne seine oder gegebenenfalls andere gerichtliche vorherige Anrufung untersagen wollte. Letzteres darf aufgrund der genannten, nicht ab-, sondern eher zunehmenden wirtschaftlichen Bedeutung der beiden bislang ausdrücklich anerkannten außergerichtlichen Pfändungsrechte wohl ausgeschlossen werden, zumal sich 1395 wieder eine gänzlich verallgemeinerte Regelung fand. Danach sollte man demjenigen, der seine Schulden nicht bezahlte, nicht helfen, im Gegensatz zu demjenigen, von dem jemand unredliche Schulden einfordere und ihn deswegen angreife, sofern der angebliche Schuldner vor dem Landfriedensgericht *„darumbe des rehtes gehrsam sin"* wollte, sich mithin zum gerichtlichen Austrag bereit zeigte.[124] Damit kam es nun nicht mehr auf die Einhaltung bestimmter Formen, sondern lediglich auf die materielle Rechtslage und die Bereitschaft zum gerichtlichen Austrag an. Erwies sich die Schuld als begründet, brach jede eigenmächtige Pfändung oder sonstige Erzwingung nicht den Frieden, ansonsten konnte der Schuldner Vollstreckungsschutz durch den Landfrieden nach Feststellung der Unbegründetheit der Forderung erlangen, wodurch das Landfriedensgericht nunmehr die Kompetenz zur materiellen Überprüfung aller in dieser Weise vor es gebrachten Ansprüche übertragen bekam.

b) Fehde und Blutrache

Im Gegensatz zu diesen ausführlichen Normen enthalten alle untersuchten Einungen für die eigentlich entscheidende Frage, wie sich der Landfrieden zu den wohl wichtigsten und bedrohlichsten Selbsthilfeformen verhielt, nämlich der Fehde und auch der nicht völlig außer Übung gekommene Blutrache, keine entsprechenden Regelungen. Offen bleibt dabei insbesondere, ob Ausübung von Gewalt unter Berufung auf diese Rechtfertigungsmuster, sofern sie unter den dafür anerkannten Voraussetzungen und Formen durchgeführt wurden, den Landfrieden nicht verletzten, wie dies teilweise in der Literatur für andere Reichsteile angenommen worden ist.[125]

(1) Das Auftauchen des Merkmals der „unrechten Widersage" in den Landfrieden ab 1389 könnte dabei zu dem Schluss verleiten, dass die „rechte Widersage" und alle nach ihr begangenen Fehdehandlungen gerade nicht den Landfrieden brechen sollten. Allerdings widerspricht einer sol-

---

124 St. UB VI, Nr. 989, S. 577, Z. 25-34.

125 Vgl. etwa zum Ganzen *Fehr*, Waffenrecht, ZRG GA 38 (1917), 13; *Deicke*, Landfriede, S. 14; *Schnelbögl*, Entwicklung, S. 332; *Gernhuber*, Staat, S. 32; *v. Winterfeld*, Beträge zur Geschichte Dortmunds und der Grafschaft Mark 46 (1940), S. 74 ff.

chen Folgerung bereits die Reihenfolge der aufgezählten Delikte, wonach die unrechte Widersage als eine unter anderen gleichberechtigten Modalitäten, neben Raub, Totschlag etc. und allen anderen Gewalt und Unrecht eingeordnet wurde und nicht etwa als einzig entscheidender Grund des Landfriedensbruchs erscheint. Zwar könnte noch eingewandt werden, dass eben die in rechter Fehde begangenen Erzwingungshandlungen auch für die Verfasser nicht unter die Begriffe „Gewalt" oder „Raub" gefallen seien.[126] Dies verkennt jedoch die historische Tradition und Entwicklungslinie der Landfrieden. Dabei ist zunächst hervorzuheben, dass die genannten Gewaltformen sich deutlich früher in den Einungen finden als der letztlich Fremdkörper gebliebene vorgelagerte gesonderte Gefährdungstatbestand der unrechten Widersage.

(2) Der Rheinische Bund und, ihm implizit folgend, die frühen regionalen Landfrieden des 13. Jahrhunderts, hatten, gerade im Gegensatz zum Mainzer Reichslandfrieden, einen generellen, ausnahmslosen Friedensschutz und nicht eine Subsidiaritätsklausel vorgesehen. Das damit absolute Verbot eigenmächtiger Gewalt hatte sich prinzipiell auf die nicht aktiv oder passiv fehdefähigen, besonders anfälligen und traditionell durch die *pax*-Klauseln der frühen Gottes- und Landfrieden umfassend geschützten Personenkreise gerichtet und diesen Schutz weiter auf alle Eidgenossen und andere nicht in kriegerischer Absicht durchs Land Reisende ausgedehnt. In diesem ganz aus bürgerlicher und auch kirchlicher Sicht der Fehdeopfer und -gegner geprägten Friedenskonzept war für eine ausdrückliche oder implizite Selbstbeschränkung durch eine Anerkennung rechter Fehde kein Raum.[127] Deswegen erfolgte auch nie eine Regelung dieses Problemkomplexes, im Gegensatz zu anderen Selbsthilfeformen, wie der unmittelbaren Forderungsbefriedigung im Wege der Privatpfändung. Letztere war noch in den weiteren Verhandlungen des Rheinischen Bundes ausführlich beraten und aufgenommen worden, nicht zuletzt, weil sie ein Bedürfnis der dort anwesenden Kreise traf und von diesen, im Gegenteil vor allem zur adeligen Fehde sowie zur weithin als überkommen angesehenen Blutrache, als legitim anerkannt wurde.[128] Die Landfrieden am Oberrhein vom Rheinischen Bund an hatten das Fehde- und Blutracherecht eben nicht als Rechtfertigungsgrund berücksichtigt, sondern gerade diese autonome Gewalt der Landadeligen zum Ausgangspunkt für die umfassende Beistands-

---

126 Vgl. etwa *Orth*, Fehden, S. 54 ff.; *Rothert*, Fehdewesen, S. 151 ff.; *v. Klock*, Beiträge, S. 3 f., 7 f.; *Asmus*, Rechtsprobleme, S. 42; *Crößmann*, Sühneverträge, S. 58; *Mohrmann*, Landfriede, S.30; vgl. auch *Sprandel*, Legitimation, S. 54 f., 60 ff. *Kaufmann*, Rechtshilfe, S. 16 ff. m.w.N.; *Görner*, Raubritter, S. 166; *Tewes*, Lüneburger Blätter 21/22 (1970-72), S. 127; *Brunner*, Land und Herrschaft, S. 82.

127 *Vgl. zum Rheinischen Bund oben Kapitel 1 II 3 a) (2)*; vgl. weiterhin etwa *Kaufmann*, Rechtshilfe, S. 19 f.

128 *Vgl. nochmals oben Kap. 1 II 3 c).*

pflicht genommen. Die Subsidiaritätsregelung der Reichslandfrieden, die bereits die Fehde ohne Versuch des Rechtsaustrags bekämpfte,[129] wurde eben nicht übernommen, vielmehr gingen Bund wie Landfrieden davon aus, alle Gewalttaten als Landfriedensbrüche ausschließlich mit dem System des Landfriedens - durchaus im doppelten technischen und umgangssprachlichen Sinn - „richten" zu können.[130] Aus diesem Grund wird man nicht von einer Anerkennung des Fehderechts ausgehen können, vielmehr versuchte der Landfrieden, alle in seiner Geltung entstandenen Konflikte ausschließlich mit eigenen Mitteln zu lösen. Für die Selbsthilfe außerhalb der Notwehr und erlaubten Selbstpfändung war dabei aus Sicht der oberrheinischen Landfrieden ebenso wenig Platz wie für Normen über die Absage oder anderes formales Fehderecht.[131] Sie enthalten damit einen außerordentlichen Herrschaftsanspruch der Landfriedensparteien als Inhaber der Hoch- beziehungsweise Blutgerichtsbarkeit, die sonst eher bereits stärker zentralisierte Landesherrschaften, wie zum Beispiel das bayerische Herzogtum, charakterisierte. An die Stelle dieser dort überragenden Hegemonialgewalt trat allerdings am Oberrhein die Gemeinschaft der jeweiligen Vormächte, die zudem das Land, wie in der allgemeinen Beeidung des Landfriedens erkennbar, repräsentierten.

(3) Dass die in Konzeption des personalen und sachlichen Landfriedensschutzes und der kollektiven Selbsthilfe, um so gemeinsam zu einer umfassenden Befriedung des Landes zu gelangen, einer Anerkennung grundsätzlich jedes Fehderechts des Aggressors widersprach, wird auch im Umkehrschluss deutlich aus einer nur in den ersten beiden Einungen von 1301 und 1310 auftauchenden Regelung, die bestimmte: *„richet o[u]ch ieman deheine tot gevehte oder wunden, die untz her geschehen oder noch unversu[e]net ist, domitte ist dirre fride nu[i]t gebrochen. Swer aber vu[i]rbas wunt wird, dem sol men rihten, als men von wunden rihten soll. Und swer erslagen wirt, des fru[i]nden sol men rihten, alse men von wunden rihten soll, in den nehesten ahte tagen."*[132]

Mithin waren die „Altfälle", also jene Fehden und Blutrachen, die bereits vor dem Inkrafttreten des Landfriedens wegen Tötungen und Verwundungen begonnen beziehungsweise begründet und noch nicht gerichtlich oder außergerichtlich gesühnt waren, zunächst ausdrücklich generell von der Geltung des Landfriedens ausgenommen. Das heißt, die in ihrer Ver-

---

129 Vgl. Mainzer Reichslandfrieden von 1235, MGH Const. II, Nr. 196, Art. 5 f.; *vgl. dazu oben Kapitel 1 II 2 a).*

130 Allerdings ergab sich dadurch eine spannungsvolle Beziehung zum gerade nochmals angeführten Reichslandfriedensrecht, auf die im weiteren noch einzugehen sein wird.

131 Vgl. auch hierzu die neueren Erkenntnisse von *Pfeiffer*, S. 13 f.; *Schubert*, Interterritoriale Gestaltung, S. 143.

132 St. UB II, Nr. 233, S. 189, Z. 17-22.

folgung durchgeführten Fehdehandlungen stellten keinen Bruch des Friedensschutzes dar, so dass sie keine Sanktions- und Beistandspflicht des Landfriedens und seiner Mitglieder auslösten. Doch bereits kurz danach traten an die Stelle dieser pauschalen und kaum objektiv kontrollierbaren Abgrenzung lediglich jene punktuelle Ausnahmen, mit denen einzelne Landfriedensparteien die Beendigung einzelner von ihnen begonnenen Fehden aus dem Anwendungsbereich der Landfrieden ausschlossen.[133] In den späteren Landfrieden, in denen eine solche Regelung der Rache fehlte, sollten die in den Geltungszeiten entstandenen Verwundungen und Tötungen, unabhängig davon, ob diese in „Rache" erfolgt waren, sämtlich gerichtet und verfolgt werden. Der in der Regelung von 1301/10 explizit ausgedrückte Gegensatz von alten und neuen Fehden wäre auch ansonsten kaum erklärlich, wenn auch bei nach dem Beginn des Landfriedensschutzes begonenene Selbsthilfeformen das Recht auf Fehde oder Blutrache eine Ahndung durch die Landfriedensparteien ausschlösse. Vielmehr enthält die Norm eine Verpflichtung der Parteien, zugunsten des Geschädigten ein gerichtliches Urteil zu finden, im Todesfall sogar ausdrücklich innerhalb von acht Tagen. Eine Unterscheidung zwischen der in jedem Fall ungerechtfertigten auslösenden primären Verletzung und einer möglicherweise durch deren Privatahndung gerechtfertigten Folgeschädigungen fand, wie auch bei den anderen Brüchen des Friedensschutzes, in der Vorstellung der Einungsautoren nicht statt.

(4) Dies gilt im gleichen Maß für die Regelung von 1343:[134] *„Het o[u]ch ieman an den andern zu zu[o] sprechende anders wande da vorgeschrieben stat, ez sie von schulde oder von egen oder von erbe oder von anderen sachen wegen die dem glich sint, die sullent gegen enander in diesem lantfriden nit tu[o]n, wande sie sullent dage und stunde mit enander leisten und sullent enandere dez rehten gehorsam sin zu[o] tu[o]nde an den stetten, da sie ez ietwedersite billich unde zu[o] rehte tu[o]n sullent. Wolte aber ieman darúber den andern kriegen, der sol den krieg uzwendig dez landfrides ziln ziehen also daz wir und daz lant davon denheinen schaden noch kumber habent."* Bei allen Ansprüchen sollte also unbedingt der Rechtsweg zum zuständigen Gericht beschritten und die dort erlangte Entscheidung eingehalten werden. Jedoch sollten zusätzlich Fehden in jedem Fall nur außerhalb des Landfriedensgebiets erlaubt sein, um den Frieden im Land zu gewährleisten. Klar wie selten wird hier auch der enge Zusammenhang des Subsidiaritäts- beziehungsweise Rechtsweggebots mit der präventiven Zielrichtung des Landfriedens zum Schutz des Landes und seiner Bewohner erkennbar. Der Ausschluss von Zwangshandlungen von Einungsmitgliedern außerhalb des Friedensgebietes entsprach nicht den Regeln vieler Stadtfrieden, die auch in einem solchen, Gegenmaßnah-

---

133 *Vgl. oben Kapitel 3 III 2 b).*

134 St. UB V, Nr. 116, S. 119, Z. 31–37.

men provozierenden Verhalten eine Pflichtverletzung gegenüber der Stadt sahen, die es zu verfolgen galt. Die einfache anzuwendende Begrenzung entsprach aber den vorrangigen Zielen, die Beistands- und Hilfeverpflichtungen der Landfriedensmitglieder klar abzugrenzen und dem erklärten Zweck, das Land vor Gewaltakten zu schützen. Eine ähnliche Aussage machen die ausdrückliche Beistandspflicht für alle Fehden und Feindschaften der Parteien und im Falle von allen Angriffen gegen Landfriedensmitglieder ab 1378,[135] die beide keine Beschränkungen hinsichtlich vermeintlich erlaubter Selbsthilfe vornehmen.

(5) Abschließend ist also festzustellen, dass die Landfrieden Fehde und Blutrache, in welcher formellen Gestalt und unter welcher materiellen Berechtigung auch immer geführt, nicht als Ausnahme vom Landfriedensschutz anerkannten. Umgekehrt stellte allerdings nicht, wie für andere Gebiete behauptet worden ist,[136] schon jede Absage als solche einen Landfriedensbruch dar. Anknüpfungspunkt blieb, jedenfalls bis 1389, alleine die jeweilige Gewalt- und Unrechtshandlung, also der konkrete Rechtsübergriff, nach 1389 ergänzt um den vorgelagerten Gefährdungstatbestand der unrechtmäßigen Absage, die, aus der anders strukturierten Entwicklung auf Reichsebene übernommen, eigentlich ein Fremdkörper blieb, der jedoch dem Gesamtkonzept des zwar räumlich und zeitlich, aber ansonsten nicht beschränkten Friedensschutzes von Land und Leuten keinen Abbruch tat.

c) Notwehr

Zum Verhältnis von Notwehr und Landfriedensbruch schließlich findet sich im Text der Einungen kein unmittelbarer Hinweis. Jedoch dürfte echte Notwehr im Gegensatz zu Fehde und anderer eigenmächtiger Gewalt ohne weiteres als eine Ausnahme vom Landfriedensbruch gegolten haben, war diese doch längst unbestritten und in allen auf dem Mainzer Vorbild aufbauenden Reichslandfrieden ausdrücklich anerkannt.[137] Sie betraf Fallkonstellationen, in denen eine unverzügliche Reaktion auf eine widerrechtliche

---

135 St. UB V, Nr. 1319, Art. 5, 20.

136 So ausdrücklich *Brunner*, Land und Herrschaft, S. 65, 70 ff. der hier einen Ausnahmefall, in dem ein Absager so stark war, dass er das ganze Land bedrohte, unkritisch verallgemeinert hat.

137 Vgl. zum Begriff der echten Not und ihrer Anerkennung ausführlich den Mainzer Reichslandfrieden MGH Const. II, Nr. 196, Art. 5 und seine Nachfolger; dazu etwa auch Ssp. Ldr. III 78,6; vgl. dazu schon die Feststellungen von *Wyneken*, Landfrieden, S. 9; problematisch durch die Ableitung aus der Friedlosigkeit, jedoch mit weitern Beispielen aus hochmittelalterlichen Landfrieden des 12. Jahrhhunderts auch *Schnelbögl*, in: Deutschrechtliche Beiträge 13 (1932), S. 189, 315 f.; m.w.N. Fn. 1; vgl. insgesamt *Kaufmann*, Art. „Notwehr", in: HRG III, Sp. 1096 ff.

Rechtsverletzung erforderlich war, so dass das Gebot des friedlichen und gerichtlichen Rechtsaustrags hier nicht treffen konnte. Wer sich gegen einen Angriff, der ihm die rechtzeitige Erlangung des Schutzes des Landfriedens nach dessen Mahn- und Entscheidungsverfahren unmöglich machte, berechtigterweise wehrte, stellte sich nicht gegen den Landfrieden. Insofern wurde die Notwehr zumindest auch durch die Regelungen ab 1378 indirekt anerkannt, die im Falle eines Angriffs eine besondere Beistandspflicht der nächstgelegenen Mitglieder vorsahen, also wohl auch ohne deren Beistand dem Angegriffenen die Gegenwehr erlaubten.[138]

5. Erweiterungen des Landfriedensbruchtatbestandes

In den ausführlicheren Einungen des 14. Jahrhunderts fanden sich, wie bereits im Rheinischen Bund von 1254, neben den gesondert zu behandelnden Fragen von vermeintlichen Zoll- und anderen Rechten, der Gewährleistung bestimmter bestehender Rechte vor Übergriffen und Rechtsweggeboten, auch enge und direkt mit dem eigentlichen Landfriedensbruch verknüpfte Tatbestandsnormen, die zu der gleichen Sanktionierung wie jener führten und bisweilen auch damit ausdrücklich gleichgesetzt wurden.

a) Nachfolgende Unterstützungshandlungen

Die älteste Tradtion hatte dabei, obwohl sie in den spätmittelalterlichen Einungen am Oberrhein erst allmählich auftauchte, die Sanktionierung von nachträglichen Unterstützungshandlungen zugunsten des Landfriedensbrechers. Vielleicht schienen hierzu Regelungen, anders als in anderen regionalen Landfrieden,[139] entbehrlich, solange sie sich ausführlich bis 1323 in den relativ regelmäßig wiederholten Reichslandfrieden fanden. Der Mainzer Reichslandfrieden hatte zur Isolierung des Geächteten gemeinsam mit einem Verbot der Hehlerei ausführliche Regelungen getroffen und für die Folgevergehen zunächst eine Buße, im qualifizierten Fall dagegen die Bestrafung gleich dem Haupttäter angeordnet.[140] Auch der Rheinische

---

138 St. UB V, Nr. 1319, Art. 20.

139 Vgl. etwa den Landfrieden von 1282 in Bayern bzw. Schwaben; dazu etwa *Redlich*, Rudolf von Habsburg, S. 443 m.w.N.

140 Zu diesen bereits im Mainzer Reichslandfrieden und seinen Nachfolgern angeordneten Maßnahmen zur Isolierung des Übeltäters und daneben essentiellen Durchsetzung der Zwangswirkung der Acht vgl. MGH Const. II, Nr. 196, Art. 25-27 zur Unterstützung des Räubers, bei der die Gleichstellung erst allmählich erfolgte und zunächst nur ein Schadensersatz auf das *duplum* zu entrichten war, und Ächters, sowie zum „feilen Kauf", der für die Städte besonders scharfe Konsequenzen der Mauerbrechung oder vollständigen Nieder-

Bund hatte diese Gedanken für den Landfriedensbruch jedenfalls teilweise übernommen, indem er den „feilen Kauf" zugunsten des Friedbrechers untersagte, und damit die aus kaufmännischer Perspektive wohl wichtigste Form der Isolierung, nämlich des Verbot, mit dem Gegner im freien Marktverkauf Handel zu treiben, hervorhob.[141]

Bezeichenderweise fand das Verbot und die Ahndung von nachträglichen Unterstützungshandlungen 1322 aus der mittelrheinischen Entwicklung bis 1343 wörtlichen Eingang in die oberrheinischen Einungen, während es im kurzen Reichslandfrieden von 1323 erstmals nicht mehr enthalten war.[142] Mit dem Gebot, wer den Landfriedensbrecher „*huset oder hovet oder ieman ratet oder hilfet mit worten oder mit wercken, den oder die wer sie sint sol men anegrifen gelicher wis alse den der den schaden getan hat*", und dem anschließenden Verbot des feilen Kaufs für den Landfriedensbrecher fand die Regelung ihre Form, die bis zum Ende der Einungen im wesentlichen erhalten blieb. Bei ihr fällt sprachlich neben den typischen spruchartigen Alliterationen auch die explizite Gleichstellung des Unterstützers mit dem Landfriedensbrecher auf. Hier waren beide rechtlichen Formen der sozialen Isolierung in persönlicher und wirtschaftlicher Hinsicht vereint, als Abschreckung und zusätzliches Sanktionierungsmittel gegenüber dem Landfriedensbrecher.[143] Sie ließen mit den Mitteln, die den Einungen zur Verfügung standen, den alten Gedanken der Ächtung wieder aufleben, ohne auf dieses Institut selbst zurückgreifen zu können.

b) Verschleppung

Eine zeitweise gesonderte Regelung erfuhr auch die Verschleppung eines durch den Frieden Geschützten aus dessen Geltungsbereich. So bestimmten bereits die detaillierteren Einungen ab 1301 ausführlich, dass, wenn jemand im Gebiet des Friedens gefangen und aus diesem geführt würde, die Mitglieder alles zu unternehmen hätten, um für dessen Befreiung und die

---

brennung nach sich ziehen sollte; vgl. dazu *Wyneken*, Landfrieden, S. 13, 20; zur Herkunft der Formel vom „*auxilium et consilium*" in diesem Zusammenhang aus dem Lehensrecht vgl. etwa *Mitteis*, ZRG GA 62 (1942), S. 13, 43; *ders.*, Lehnrecht und Staatsgewalt, S. 59, 532; auch die oberrheinische Landfriedenseinung von 1310 hatte den Gedanken der akzessorischen Bestrafung des Gehilfen für den Sonderfall der Münzvergehen übernommen, vgl. St. UB II, Nr. 284, Art. 17, jedoch blieb diese Übernahme einmalig.

141 Vgl. Beschluss vom 15.8.1256, MGH Const. II, Nr. 428/11 entsprechend den Vorstellungen der Rechtsbücher; zum „feilen Kauf" vgl. Art. „feil", in: Deutsches Rechtswörterbuch III, Sp. 455-458; vgl. *Distler*, Städtebünde, S. 122.

142 Vgl. MGH Const. V, Nr. 649, Art 7; danach St. UB V, Nr. 116, S. 119, Z. 24 - 29; vgl. hingegen MGH Const. V, Nr. 735.

143 Vgl. zusammenfassend zu Sinn und Zweck dieser Vorschriften in den Landfrieden ab 1343 *Fischer*, Landfriedensverfassung, S. 15 f.

Besserung des Unrechts zu sorgen.[144] Diese Regelung, die ihrerseits an früheren Stadtfrieden orientiert gewesen sein könnte, fand sich noch bis 1318,[145] wurde dann aber durch die Neufassung des Landfriedensbruches, in der die Gefangennahme ausdrücklich aufgeführt war, wohl überflüssig. Eine gesonderte Regelung war auch nur solange erforderlich gewesen, als die Geltung und Vollstreckung im übrigen, wie bereits oben gezeigt, sich an den einzelnen Gerichtsbezirken der Parteien festmachte. Mit der erneuten Rezeption bündischer Organsationsformen nicht zuletzt vom Mittelrhein, auch auf Kosten einer aggressiven Tendenz gegenüber außerhalb des Landfriedens belegenen Gerichtsbezirken, war diese Sonderregelung nicht mehr erforderlich, sondern klargestellt, dass der Tatbestand des Landfriedensbruchs durch die Gefangennahme eines Geschützten im Friedensgebiet erfüllt war und die Sanktionierungs- und Beistandspflicht des Landfriedens dann auch nicht mehr an diesen Geltungsbereichen haltmachte.

c) Angriffe

Die Selbstverständlichkeit, dass auch die Amtsleute des Landfriedens, also diejenigen „die über den Landfrieden gesetzt waren", ihrerseits gegenüber Gewalttaten geschützt waren, die jemand aufgrund einer gegen ihn gerichteten Entscheidung verüben wollte, findet sich in den „autonom" errichteten Einungen ab 1343 zeitweilig ausdrücklich geregelt: *„Were och daz deheine herre oder ieman anders der núner einen oder die .. botten die die herren odere die stette zu[o] den núnen schicketent darumbe bekúmbern woltent, umbe daz daz sie urteile widere sie gesprochen hettent odere die botten úber sie gevordert hettent vor den núnen, den sol man in disem zile und nach disem zile beholfen sin uf den eit von dez angriffes wegen untze er sin entladen wirt a[u]ne alle geverde."*[146] 1366 wurde dieser Schutz noch einmal erweitert, nicht nur auf die eigentlichen, oft zuvor „*boten*" genannten Landfriedensrichter, sondern auch die echten Boten des Landfriedens oder seiner Mitglieder.[147]

Im Unterschied hierzu stellten die nach 1378 wieder, in gewisser Anlehnung an die frühesten Beistandsregelungen des 13. Jahrhunderts, aufgenommen Regelungen über den Angriff auf die im Landfrieden Geschützten keinen eigenen selbständigen Eingreifgrund und Tatbestand, sondern letztlich lediglich eine Verfahrensregelung dar: „*Wer ez ouch daz dehein ang-*

---

144 St. UB II, Nr. 233, S. 189, Z. 10-14.

145 St. UB II, Nr. 354, S. 304, Z. 20-22; vgl. dazu auch *Schwalm*, Landfrieden, S. 76 f.

146 Vgl. etwa St. UB V, Nr. 116, S. 120, Z. 34 - S. 121, Z 1; zur Geschichte dieses Schutzes vgl. auch zum Rheinischen Bund *Distler*, Städtebünde, S. 133, die allerdings wohl fälschlicherweise den Schutz auf die Immunität von fremder Gerichtsbarkeit bezogen hat.

147 St. UB V, Nr. 733, S. 571, Z. 5-10.

riff in den obgenanten zilen des frides den egenanten drien teilen oder ir deheinem geschêhe, da súllent ie die nehesten zu[o] ziehen furderlich und mit einem geschrey nachvolgende sin und daz weren und da zu beholffen sin getruwelich und daz beste denn da zu[o] tu[o]n, daz man dann vermag ane alle geverde.". Wenn ein Landfriedensbruch durch einen Angriff erfolgte, so dass das ordentliche Mahn- und Urteilsverfahren nicht Anwendung finden konnte, so sollten die Nächstgelegenen unmittelbar Beistand leisten.[148]

6. Landfriedensschutz im weiteren Sinn

(1) Die neuen sozialen, politischen und militärischen Herausforderungen, die erstmals um 1338 zu Tage traten, fanden ebenfalls ihren Niederschlag in den Landfriedenseinungen. Bis dahin war es der gegenseitige Schutz der Eidgenossen untereinander und für bestimmte hilfebedürftige Gruppen gegen die Auswirkungen gewaltsamer Selbsthilfe und Eigenmacht vor allem fehdefähiger Adelige und auch fehdeführender Bürgerschaften gewesen, der zur Ausprägung des klassischen Landfriedensbruchtatbestandes geführt hatte. Die neuen Gefahren durch Einfall fremder Truppen, Aufstände ländlicher und städtischer Unterschichten und gewaltsame Verfassungskonflikte innerhalb der Bürgerschaften bewirkten ein neues Verständnis des Friedensschutzes als Gewährleistung der Ruhe, Ordnung und Sicherheit im Lande und damit als Schutz der jeweiligen Obrigkeiten vor Unruhen und Invasionen.

Zugespitzt könnte man von einer Verlagerung des Schwerpunktes von einem personalen Rechtsfrieden hin zur öffentlichen Friedensordnung, und damit zum modernen Verständnis des Landfriedensbruchs in § 125 StGB sprechen.[149] Insofern ist auch SCHWALM zuzustimmen, der in „Auflauf und Stößen" eine Form des Hochverrats geahndet gesehen hat.[150]

(2) Beide Formen der Friedenssorge standen zunächst weitgehend unverbunden nebeneinander. Zwar hatte der Landfrieden von 21.2.1338 schon unter dem Eindruck der jüngsten Ereignisse, insbesondere der Pogrome der Armlederrotten gegen die Juden, den Deliktskanon des Landfriedensbruchs um die Formen *„uflu[o]fe"* und *„sto[e]zz"* erweitert und damit beide Formen und Methoden der „personalen" und „öffentlichen" Friedenssorge verbunden.[151] Der deutlich weitere Begriff der *„sto[e]zz"*, der alle tätlichen Angriffe umfasste, ersetzte im Sinne dieser weit umfassenderen Friedens-

---

148 St. UB V, Nr. 1319, Art. 20.

149 Vgl. etwa *Tröndle/Fischer*, StGB, § 125 Rn. 2 m.w.N.; *Heilborn*, ZStW 18 (1898), S. 1 ff.

150 *Schwalm*, Landfrieden, S. 78.

151 Rapp. UB I, Nr. 494, S. 367, Z. 5-8.

konzeption die bisherige Modalität des *„mort"*, bevor er alsbald in den wieder klarer auf die Selbsthilfe ausgelegten engeren Landfriedensbruchklauseln verschwand und in dem noch allgemeineren Begriff der *„gewalt"* aufging.

Der eigentliche Schutz von öffentlichem Frieden und öffentlicher Sicherheit vor gewaltsamen „Aufläufen" sollte aber von dem kurz darauf am 19.5.1338 gesondert und mit anderem Teilnehmerkreis geschlossenen Bündnis der elsässischen Herren und Städte geleistet werden, das den erklärten Zweck verfolgte, gegen jede dieser Massenunruhen vorzugehen: *„das dehein uflu[o]f hinnanthin geschêhe imme lande uf die juden von Arnleders wegen oder siner helfer."*[152] Hieran wird erkennbar, dass das Merkmal der *„uflu[o]fe"* eindeutig auf diese neue Friedenskonzeption und deren ebenso neuartige Bedrohungen und keinesfalls auf die traditionellen Selbsthilfeformen gerichtet war.[153] So sollte auch in dem vorangegangenen Landfrieden mit den dort gleichfalls an die Spitze gestellten „Aufläufen" auf die tatsächliche Situation, die Zusammenrottung einer gewaltbereiten Masse, geantwortet werden, die die vertragsschließenden Magistrate, Landes- und Gerichtsherren im unmittelbaren Vorfeld der Friedenserrichtungen als gewaltige Bedrohung erlebt hatten. Damit begann aber auch eine neue, ergänzende Funktionszuweisung an die Landfrieden, die über die bisherigen Formen der zumindest vermeintlichen eigenmächtigen Rechtsausübung und Selbsthilfe hinausgingen, wodurch sich Stadt- und Landfrieden annäherten.[154]

Umgekehrt griff das Schutzbündnis teilweise auf die Organisationsformen der Landfrieden zurück, in dem es allen Mitgliedern Beistand und gegenseitige Hilfe gegen derartige Übergriff gebot und Unterstützung der Unruhestifter untersagte. Es verzichtete jedoch auf eine gemeinsame Instanz und griff insbesondere die Bemühungen des Landfriedens um „Parität" in keiner Weise auf.

(3) Die Landfrieden der folgenden Phase überließen das Vorgehen gegen die „Aufläufe" den parallel und gesondert geschlossenen und verlängerten Schutzbündnissen, die weit mehr Teilnehmer einbanden als die autonomen

---

152 Vgl. St. UB V, Nr. 79 S. 87, Z. 16 f.

153 Daher unzutreffend die Gleichsetzung von *„uffläufe"* mit Fehden und *„stösz"* mit Kämpfen bei *Müller*, Die elsässischen Landstände, S. 18.

154 So bereits etwa *Ruser*, Städtepolitik, S. 103 f. mit der folgerichtigen Feststellung, dass sich der Landfrieden damit nicht mehr klar vom Stadtfrieden unterschied, innerhalb dessen ersterer an sich keine Befugnis hatte und haben sollte; vgl. ähnlich auch *Distler*, Städtebünde, S. 201 ff. m.w.N. mit der Funktion der Städtebünde für die Herrschaftsstabilisierung der patrizischen Stadteliten besonders in „Bürgerkämpfen" unter Verweis auf die „innere Funktion städtebündischer Politik" bei *Czok*, Städtebünde

unterelsässischen Landfriedenseinungen.[155] Nach dem katastrophalen Versagen dieser Bündnisse bei den Judenpogromen 1348/49 wurden die damit verbundenen Bemühungen erst 1361 wieder im Zuge der neuen Gefahren durch die Einfälle der ersten großen Söldnertruppen der „Engländer" aufgenommen. Bereits das erste, knappe und provisorische Bündnis sah vor, dass jeder Teilnehmer den anderen nach seinem Ermessen gegen die Engländer mit Rat und Hilfe beistehen, aber ebenso alle anderen Aufläufe unverzüglich unterdrücken, Beistand leisten und gegen Unterstützer vorgehen sollte.[156]

Das nach ausführlichen Beratungen erneut geschlossene Bündnis gebot Sanktionen nicht nur für diese Fälle, sondern immer, wenn jemand widerrechtlich „Stöße", Krieg oder fremdes Kriegsvolk ins Land zöge, derentwegen das Land Schaden nehmen könnte. Die gemeinsame Verfolgung von Angriffen fand aber noch in den Landfrieden von 1366 trotz der manifesten Bedrohung keinen Eingang, während in den 1370er Jahren nochmals ähnliche Abwehrbündnisse gegen die Truppen des Enguerrand de Coucy geschlossen wurden.[157] Nach dessen erneutem Einfall, gegen den eine gemeinsame Abwehr wieder einmal nicht gelang, und dem gewaltsamen Aufruhr in Basel schien jedoch die Zeit 1378 reif, im damaligen und den folgenden Landfrieden nicht nur eine feste Landfriedenstruppe zu etablieren, sondern auch zu gebieten, dass derjenige, der *„ein fro[e]mde volk oder krieg"* in das Gebiet eines der Parteien des Landfriedens *„brehte..., den sol daz teil, under dem er seszhaftig ist, herticlich und vesticlich straffen durch daz, daz sich sin ander lúte deste e erlaszent, zu glicher wise, als es dann die sibe erkennent oder der merreteil ane geverde."*[158] Fand damit die Bestrafung desjenigen, der fremde Truppen unterstützte, einen bleibenden Eingang in den Landfrieden, ohne in engeren Zusammenhang mit dem eigentlichen Landfriedensschutz- und -bruchtatbestand zu treten, so ist nachfolgend weiter zu klären, inwieweit die Verfolgung „schädlicher Leute", die ausdrücklich seit 1343 Eingang in die Landfriedensnormen gefunden hatte, die Bedrohungen der öffentlichen Sicherheit in anderer Weise, insbesondere durch Unruhestifter, aufgriff und fortführte.[159]

---

155 Vgl. etwa St. UB V, Nr. 130; ob tatsächlich konkret neue Judenverfolgungen befürchtet wurden, wie etwa *Leupold*, Berthold von Buchegg, S. 126 angenommen hat, scheint indes fraglich; *vgl. dazu oben Kapitel 2 III 1 b)*;.

156 St. UB V, Nr. 542, 560, 567; *vgl. ausführlich oben Kapitel 2 IV 2 b)*; vgl. auch *Müller*, Die elsässischen Landstände, S. 29.

157 *Vgl. oben Kapitel 2 IV 3 a), c)*; vgl. auch *Wackernagel*, Basel I, S. 284 ff.

158 St. UB V, Nr. 1319, Art. 18; vgl. ebenso der elsässische Landfrieden von 1389, RTA II, Nr. 75, Art. 18.

159 *Vgl. dazu ausführlich unten Kapitel 5 I 5.*

II. Sanktionen bei Verletzung der Landfriedensnormen

Das gerade herausgearbeitete Gebot, denjenigen, der die öffentliche Sicherheit durch Unterstützung fremden Kriegsvolks erheblich bedrohte, nach Maßgabe der Landfriedensamtsleute durch die Partei, wo er ansässig war, strafen zu lassen, leitet über zu einer weiteren zentralen Frage, die die Landfriedensforschung seit ihrem Bestehen intensiv beschäftigt hat, nämlich die nach den Sanktionen, die die Landfrieden vor allem für einen Landfriedensbruch, aber auch die Verletzung anderer Landfriedensnormen, wie etwa die Beistands- und Hilfspflichten der Eidgenossen vorsahen oder, vielleicht, neu einführten.

1. Peinliche Strafe oder Buße für den Landfriedensbrecher ?

Lange Zeit hat die Literatur einmütig die Entwicklung vom Kompositionensystem zur peinlichen Strafe als Regelsanktion als bereits im Hochmittelalter abgeschlossene, eigentliche Leistung und „staatliche Arbeit" der Gottes- und Landfriedensbewegung, wenn nicht sogar als bloße Wiederbelebung nie ganz aufgegebener, noch früherer autoritärer Rechtsvorstellungen angesehen.[160] Die Strafe an Leib und Leben ist geradezu zum Gradmesser der erreichten „Staatlichkeit" in Reich, Landschaften und Territorien gemacht worden. Hatte man andererseits doch wieder eine starke Anwen-

160 Vgl. so etwa *Mayer*, Verfassungsgeschichte I, S. 139; *Kaufmann*, Art. „Strafe, Strafrecht", HRG IV, Sp. 2011; *Glitsch*, ZRG GA 38 (1917), S. 251; *Osenbrüggen*, Alamannisches Strafrecht, S. 21; für das Elsass vgl. etwa *Lévy*, Elsassland 3 (1923), S. 373 ff.; allgemein *Gernhuber*, Landfriedensbewegung, S. 137 ff. mit den unterschiedlichen Begründungstheorien. Lange ist lediglich darum gestritten worden, wieweit die Idee und Praxis der Leibes- und Lebensstrafen bereits aus früheren Epochen herrührten oder eine Neuentwicklung des Hochmittelalters, namentlich unter Einfluss der scholastischen Kanonistik und der Frührezeption des römischen Rechtes durch die Rechtskirche nach den cluniaszensischen Reformen darstellt, vgl. dazu *Wadle*, peinliche Strafe, S. 230 ff.; Ansätze dazu schon bei *Fehr*, Rechtsgeschichte, S. 16; zum ersteren vgl. etwa etwa *v. Bar*, Geschichte, S. 69 f., 87 ff.; dagegen hat vor allem *Achter*, Geburt, S. 11 ff. sich gegen eine Kontinuität seit der Spätantike gewandt und eine Zeit ohne Ansätze zu einer peinlichen Strafe gesehen; ähnlich bereits *Nitzsch*, FDG 21 (1881), S. 277 ff.; *Huberti*, Friedenskonzilien, S. 13; *v. Zallinger*, Kampf, S. 455. Gegen beide hat *Wadle*, a.a.O., S. 229 bereits einen wichtigen Beitrag zur Differenzierung geleistet, indem er auf die unreflektierte Übertragung moderner Strafvorstellungen namentlich bei *His*, Strafrecht und einen zu „verwaschenem" Strafbegriff unter Verweis etwa auf *Hagemann*, ZRG GA 91 (1974), S. 1 ff. hingewiesen hat; vgl. dazu weiterhin die Literaturübersichten bei *Sellert/Rüping*, Strafrechtspflege I; *Wadle*, a.a.O., S. 230 ff., 238, Fn. 33; Werke wie jüngst von *Schubert*, Interterritoriale Gestaltung, S. 142 zeigen indes, dass diese Thesen noch heute unreflektiert vertreten werden; vgl. zum fortdauernden Diskurs etwa auch *Weitzel*, ZRG GA 111 (1994), S. 66 ff.; *Dickmann*, Friedensrecht, S. 107; *Jerouschek*, Geburt, S. 497 f.; *Kroeschell*, DRG I, S. 186 ff., 198 ff. m.w.N.

dung der Buße als Unrechtsfolge aufgedeckt, ist dies früher als Rückfall und „fiskalische Entartung“ gebrandmarkt worden:[161]

> „Wo Buße gezahlt wird, d.h. der Verletzte mehr erhält als zur Wiedergutmachung erlittenen Schadens erforderlich ist, da herrscht noch nicht allein die Staatsgewalt, sondern lugt noch immer die Sippengewalt hervor, auch wenn sie nicht mehr so offensichtlich in Erscheinung tritt wie bei einer tatsächlich ausgefochtenen Fehde.“[162]

a) Rechtsfolge des Landfriedensbruchs in den Einungstexten

Vor diesem Hintergrund scheinen die in allen Landfrieden angeordneten Sanktionen des Friedensbruches zu befremden: Die erste ausführliche Einung von 1301 spricht etwa davon, dass *„su[i]lent unsere pflegere zehant ... embieten dem, der den friden gebrochen het, daz er in den nehesten ahte tagen daz widertu[o] und bessere, daz er also begangen het. Tu[o]t er dies nu[i]t, ... so su[i]lent die denne ... uf den eit den twingen, der den friden gebrochen het, daz er widertu[o] und bessere, daz er wider den friden getan het.“*[163] Auch die späteren Landfrieden, etwa von 1347 und 1366, verwiesen mehr oder weniger eindeutig auf dieses Ziel, den Friedensbrecher erforderlichenfalls gemeinsam zur Wiedergutmachung und Besserung zu zwingen: *„wer ez aber, ez sein herren oder stet oder iemant, di zu disem lantfrid geo[e]rent, in ditz landfrids zilen oder von ditz lantfrides wegen beschedigt wu[e]rden oder in dheinen krieg gevilen, dem oder den sol man beholfen sein uf den aide, als lang untz der krig ain ende gewinnet und im widertan wirt und sein schade uzgeriht wirt on alle geverde“*,[164] beziehungsweise: *„wollte aber ieman des andern ungehorsam sin, wider den soll der lantfride beholfen sin und in solich han, daz er soliches rehtes gehorsam wirt.“*[165] 1395 sollten die Friedensrichter *„von ynen rihten nach dem rehten und nach der getat, also sie danne begangen hant mit den egenanten bo[e]sen stúcken nach gelegenheit der sachen mit einre solichen bu[o]szen und beszerunge, also sie*

---

161 So sei etwa nach *Mitteis*, ZRG GA 62 (1942), S. 13, 39 die Landfriedensbewegung „jene Bewegung, die das Strafrecht aus seiner fiskalischen Entartung wieder zu seiner wahren Natur zurückführen sollte.“; zum immerhin etwas relativierenden „dualistischen Gewaltenaufbau“ von Selbsthilfe und Staatsgewalt, ersteres „aktuell repräsentiert durch das Fehderecht der oberen Stände, potentiell durch die Reste der Bußgerichtsbarkeit“ vgl. nur *Gernhuber*, Landfriedensbewegung, S. 19, 227, 231; *Brunner*, Land und Herrschaft, S. 110; *Schmidt*, Einführung, S. 57 m.w.N.; *Becker*, Art. „Landfriede I. Deutschland“, LexMA V, Sp. 1658; allerdings ist dieses Urteil bereits von den neueren Werken zur Strafrechtsgeschichte relativiert bzw. revidiert worden, wie im Folgenden weiter auszuführen sein wird.

162 So *Gernhuber*, Landfriedensbewegung, S. 15.

163 St. UB II, Nr. 233, S.188, Z. 14-27.

164 St. UB V, Nr. 159, S. 153, Z. 21-26.

165 St. UB V, Nr. 733, S. 570, Z. 4-6.

denne nach dem rehten verschuldet hant nach erkentnisze der vorgenannten sibener oder des merrenteils under in."[166]

Zwar ist in der Literatur geltend gemacht worden, dass mit dem Begriffspaar „büßen und bessern" ausnahmsweise auch eine peinliche Bestrafung gemeint sein könnte.[167] Allerdings verwendeten die Landfrieden statt dessen weit überwiegend den praktischen, eindeutig auf einen Schadensersatz gerichteten Begriff der „Wiedergutmachung".[168] Noch genauer führte der Landfrieden von 1310 aus, dass *„wer also betwungen wird wider zu[o] tu[o]nde und zu[o]bessernde, den sol man twingen uf den eit, daz er gelte allen den schaden, der von u[i]szogendes wegen geschehen ist ... und het er so vil gu[ot]es nu[i]t, man sol in twingen mit sime libe durch daz, daz andere bizeichen bi ime nement."*[169] Hier wird erkennbar, dass jedenfalls das Hauptaugenmerk des Landfriedens ganz auf der Leistung eines Schadensersatzes lag und allein, übrigens nur in diesem Frieden auftauchend, für den Fall der Uneintreibbarkeit des Schadensersatzes die Person des Landfriedensbrechers Zwangsmaßnahmen unterworfen werden sollte. Ob aber damit wirklich eine generalpräventiv begründete peinliche Strafe[170] oder nicht vielmehr eine persönliche Schuldhaft gemeint war, muss zweifelhaft bleiben, da sich keine Anwendungsfälle dieser Norm finden lassen.

Auch die wesentlichen Vorläufer der spätmittelalterlichen Landfrieden hatten ihr Hauptaugenmerk weitgehend, wenn nicht vollständig auf Wiedergutmachung und Ausgleich zwischen den Konfliktparteien als Mittel zur Wiederherstellung des gebrochenen Friedens gelegt. Schon der Mainzer Reichslandfrieden und noch mehr seine Nachfolger sahen - bis auf besonders qualifizierte Amtsvergehen, Regalienverletzungen und zur notwendigen Sicherung der Acht - regelmäßig die Lösung des Konflikts durch Genugtuung und Schadensersatz vor, notfalls erzwungen in erster Linie eben durch die Ächtung, und verwiesen allenfalls in Blankettatbeständen zusätzlich auf peinliche Strafformen oder Strafmaße.[171] Vor allem aber der Rheinische Bund, auf dem die Landfrieden des 13. Jahrhunderts gänzlich

---

166 St. UB VI, Nr. 989, S. 758, Z. 20-25.

167 Zur *„buzze"* als Bezeichnung für eine echte Strafe, aber selbstverständlich auch Geldzahlungen, allerdings auch an das Gericht vgl. nur *Caspar*, Schwabenspiegel, S. 11 ff. m.w.N., unter anderem aus dem Schwabenspiegel; vgl. dazu SchwSp. L. 73, 169, 249, 111; sowie zu weiteren Bedeutungen L. 11, 46, 60, 82, 98, 117, 185, 280, 301, 304, 323.

168 Vgl. hier nur *Hagemann*, Art. „Besserung", in: HRG I, Sp. 394 ff.

169 St. UB II, Nr. 284, Art. 3, S. 230, Z 42 - S. 231 Z. 5.

170 So war die peinliche Strafe in anderen Bereichen als Ersatzsanktion bei nicht eintreibbarer Buße, bzw. spiegelbildlich die Ablösbarkeit der Strafe durch diese bereits früher weit verbreitet; vgl. *His*, Strafrecht I, S. 369; ähnlich, allerdings bisweilen in sich widersprüchlich bereits auch *Schnelbögl*, in: Deutschrechtliche Beiträge 13 (1932), S. 189, 442 f.

171 *Vgl. oben Kapitel 1 II 2 e).*

und die späteren Einungen noch weitgehend aufbauten, sah keinerlei peinliche Bestrafung durch die Mitglieder vor, denn gegen alle *„violatores ac perturbatores ... totius viribus insurgemus, ipsos usque ad condignam satisfactionem compellendo"*,[172] sie wollten gegen diese Friedensbrecher und -störer also nach besten Kräften vorgehen, um sie zur völligen Genugtuung zu zwingen. Auch hier wird man *satisfactionem*, wie bereits im Mainzer Reichslandfrieden, nur als Schadensersatz und Genugtuung deuten können, den das Städtebündnis vom April 1254, das seinerseits als Vorbild des Bundes gedient hatte, noch als *„compositio"* oder Buße bezeichnet hatte.[173] Obwohl die Terminologie in hoch- und spätmittelalterlichen Quellen schwankte, kann davon ausgegangen werden, dass unter „Widertun" ähnlich wie unter „Buße" [174] eine Vermögensleistung an den Geschädigten verstanden wurde.

b) Deutungsversuche der Literatur

Trotz ähnlicher früherer Quellenbefunde hat die Literatur lange versucht, am Paradigma der für Gewalttaten im Landfriedensrecht des Hoch- und Spätmittelalters voll herausgebildeten „peinlichen Strafen" festzuhalten. So hat etwa HIS gleich zwei Erklärungsstränge angeboten: Neben der, gerade für die Landfriedenseinungen des 13. und 14. Jahrhunderts wenig überzeugenden Ahndung des Ungehorsams gegen den Landfrieden gleichzeitig als *crimen laesae maiestatis*[175] hat er sich, wie viele andere Autoren, auf den Bruch des Landfriedenseides als gewissermaßen den Generalanlass für die peinliche Bestrafung der Landfriedensverletzung berufen, soweit in den Friedenstexten spezielle Strafregelungen fehlten.[176]

(1) Hierzu ist zu bemerken, dass es für eine allgemeine Rezeption des *crimen laesae maiestatis* in den weitgehend von Bürgerschaften und teils ohne Beteiligung der Krone getragenenen Friedensbündnissen gleich in doppel-

---

172 MGH Const. II Nr. 428/I, Art. 3a.

173 Vgl. hier nur nochmals *Quidde*, Rheinischer Landfriedensbund, S. 29.

174 Zur Buße „im engeren Sinne" als Leistung an Verletzten in Form von Wergeld, Totschlags- oder sonstiger Bußleistung gegenüber der grundsätzlich an das Gericht fallenden Brüche vgl. *His*, Strafrecht I, S. 583 ff. m.w.N.

175 Vgl. *His*, Strafrecht II, S. 30 f.,37 ff. m.w.N., nach dem seit dem Frankenreich eine kontinuierliche Tradition sei, das *crimen laesae maiestatis* als Sammelbezeichnung für Untreue gegen den König und „politische Verbrechen" überhaupt zu verwenden, worunter allmählich ausdrücklich auch jeder Landfriedensbruch gefallen sei.

176 Vgl. etwa *Holzhauer*, Art. „Meineid", HRG III, Sp. 451 f.; nach *His*, Strafrecht II, S. 16 f. konnte jeder Bruch des Landfriedens als Eidbruch bestraft werden, was jedoch wegen der üblichen besonderen Strafen für die einzelnen Delikte bis zum 13. Jahrhundert nicht hervor getreten sei; dies auch unter Berufung auf die missverständliche Formulierung in Art. 38 des Reichslandfriedens von 1287, MGH Const. III, Nr. 390; vgl. jedoch bereits dazu *oben Kapitel 3 II 1 b) (1)*.

ter Hinsicht völlig an einem geeigneten Anknüpfungspunkt fehlte:[177] Dass jedenfalls für die spätmittelalterlichen Einungen am Oberrhein bis zum Ende des 14. Jahrhunderts von keinem hoheitlichen Gehalt der Landfrieden gesprochen werden kann, zeigt sich noch eindeutiger darin, dass die regionalen Bündnisse auf die gegenseitige Hilfe beschränkt blieben, und zur Frage der peinlichen Bestrafung allenfalls negativ Stellung nahmen, indem sie erneut Regelungen zur Bußsanktion trafen beziehungsweise voraussetzten. Zwar hatte König Heinrich VII. in einer ersten Bestimmung anlässlich seines Italienzuges das antike Rechtsinstitut des *crimen laesae maiestatis* kurzfristig wiederbelebt und Friedrich der Schöne dies erstmals mit der Abstellung von Zöllen verknüpft, als er in der Hauptphase der Eskalation zwischen den beiden Thronprätenden am Mittelrhein dem Erzbischof von Köln ein besonders wirkungsvolles Mandat erteilen wollte.[178] Über diese propagandistischen Einzelfälle hinaus fand der Gedanke allerdings erst äußerst zögerlich und, jedenfalls im 14. Jahrhundert, zunächst beschränkt auf die Verletzung der Heerfolgepflicht auf königliches Gebot in das Reichsrecht Eingang.[179] Im 13. und 14. Jahrhundert als einer Hochzeit des Strebens der Städte und Landesherren nach Autonomie ist aber kaum vorstellbar, dass diese autonomen Gerichtsträger Strafen auf eine Verletzung der Königsmajestät zurückführten oder es bereits wagten, sich selbst die *maiestas* zuzuschreiben. Aus diesen Gründen findet sich auch in sämtlichen Einungen, unabhängig vom Maß der königlichen Beteiligung, keinerlei Hinweis auf dieses Rechtsinstitut. Eine solche Generalstrafermächtigungsnorm hätte aber auch den, wie oben dargestellt, klar durchdachten und ausdifferenzierten Landfriedensbruchtatbestand nicht nur überlagert, sondern praktisch überflüssig gemacht. Umso weniger ist es vorstellbar, dass die Landfrieden gerade in einer Phase, wo sie sich durch Einführung von phänotypischen Deliktsmerkmalen um Präzisierung und - gerade zwischen 1338 und 1343 - Begrenzung bemühten, sich gleichzeitig auf ein derartig unbestimmtes Institut stützen wollten.

(2) Das gleiche Argument lässt sich auch gegen den Versuch vorbringen, über den Eidbruch bezüglich des Landfriedenseids eine peinliche Bestrafung herzuleiten. Die Einungen sahen demgegenüber ihre allgemeinen Sanktionen vor, nämlich die Wiedergutmachung und Genugtuung. Nur im Falle bestimmter Verletzungen der für den Landfrieden geleisteten Eide, ob

---

177 Eine derartige Verbindung ist erstmalig 1467 im Reichsfrieden Friedrichs III. nachweisbar, vgl. *Most*, Reichslandfriede, S. 191 ff., 194; *Conrad*, ZRG GA 75 (1958), S. 393 ff.; *Gernhuber*, Staat, S. 70.

178 *Vgl. oben Kapitel 2 II 1 b) (3); zum crimen laesae maiestatis* in den Ronkalisches Gesetzen für Italien vgl. nur *Kroeschell*, DRG I, S. 185 m.w.N.

179 *Vgl. oben Kapitel 2 II 4 c)*; vgl. hier nur *Thomas*, Ludwig der Bayer, S. 322; hierzu und zum Folgenden auch *Gernhuber*, Staat, S. 32; *Lieberwirth*, Art. „*Crimen laesae maiestatis* (Majestätsverbrechen)", HRG I, Sp. 648 ff., 650.

durch Mitglieder, Teilnehmer oder Amtsträger, ordneten die Reichs- wie regionalen Landfrieden besondere Sanktionen an. Zu ihnen zählten, dass der, der nicht die geforderte Hilfe leiste, meineidig, recht- und ehrlos sein und außerhalb des Friedens stehen sollte.[180] Vor allem die Stellung außerhalb des Friedens hat dabei als Anhaltspunkt für die heute zu Recht als widerlegt anzusehenden Theorien der bedingten Selbstverurteilung und Friedlosigkeit gegolten.[181] Wie bereits oben ausführlich dargestellt, setzte die Sanktionierung des Landfriedensbrechers jedoch gerade nicht voraus, dass dieser zuvor den Landfriedenseid geleistet hatte,[182] wie auch die Einungen selbst ausdrücklich hervorhoben: *„were och diz lantfriden alsus nit swere, der sol och diz selben lantfriden nit geniessen und sol man ime unbeholfen sin von diz lantfriden wegen, waz in arbeite odere kumbers angienge, und sol och dirre lantfride wider in beholfen sin in allen den stúcken, da er disen lantfriden úbervert.“*[183]

(3) Es ist daher festzustellen, dass die Landfrieden für den Bruch des Landfriedensschutzes selbst keine peinlichen Strafen vorsahen und, von wenigen noch anzusprechenden Einsprengseln abgesehen, auch nicht indirekt voraussetzten. Die Verfolgung des Landfriedensbruches hatte vielmehr als zentrales Ziel die Wiedergutmachung und Genugtuung des Geschädigten durch den Friedensbrecher, was angesichts des Charakters des Landfriedens als allgemeines, offenes Verteidigungsbündnis für das Land nur folgerichtig erscheint. Dies trifft sich im übrigen mit neueren Erkenntnissen, wonach das Hauptziel bereits der Gottesfrieden eben nicht die Fehdebekämpfung, sondern die Schadensregulierung und der Gedanke der Wiedergutmachung war.[184] Der Landfrieden hatte dasselbe Ziel wie die sonst eigenmächtige Selbsthilfe in Form der Fehde: den erklärten Gegner zur Anerkennung der vom Landfrieden gefundenen und vertretenen Rechtsposition und dann zur Leistung der daraus folgenden Kompensation zu zwingen, soweit er sich dazu nicht freiwillig bereit fand. Dies entsprach auch seinem nach wie vor prägenden Hauptzweck, die Selbsthilfe vor al-

---

180 Vgl. St. UB II, Nr. 233, S. 180, Z. 32-35.

181 *Vgl. oben Fn. 12.* Diese begründet alle peinliche Strafen, ebenso wie die Acht und Verfestung als Entwicklung aus der germanischen Friedlosigkeit, die als Strafe entweder bei schweren Verbrechen *ipso iure* oder sonst durch hoheitlichen Akt eingetreten sei; ähnlich übrigens noch jüngst *Schubert*, Interterritoriale Gestaltung, S. 134 der die Sanktionierung ganz auf diesen Bruch abgestellt hat; vgl. zur Theorie der Entstehung der Einzelstrafen durch Abspaltung aus der Friedlosigkeit auch ausführlich *Holzhauer*, Art. „Landfrieden II“, HRG II, Sp. 1465, 1466.

182 *Vgl. oben Kapitel 4 II 1 b).*

183 So z.B. die Einung von 1343, St. UB V, Nr. 116, S. 118, Z. 30-33.

184 So die jüngst stark vordringende Ansicht; vgl. etwa *Wadle*, Praxis, S. 81; *Goetz*, Gottesfriedensbewegung, S. 41 unter Verweis auf *Achter*, Strafe, S. 17; für die Friedenspolitik Rudolfs I. speziell *Kunze*, Rudolf von Habsburg, S. 234 f.

lem der landansässigen Adeligen zu beschränken und Schäden der vom Landfrieden Geschützten, wenn nicht zu verhindern, dann doch wenigstens ausgleichen zu lassen. Von einer auf den Landfriedensbrecher angewandten peinlichen Bestrafung ist jedenfalls auch in keinem der überlieferten Fälle, in denen der Landfrieden, gestützt auf den Landfriedensbruchtatbestand, einschritt, in den Quellen die Rede:[185] Im Unterschied zu den häufig nachgewiesenen Strafen der Stadtobrigkeiten[186] ist kein Fall der Anwendung peinlicher Strafen über deren Autorität hinaus im Land für die Periode überliefert. Entsprechend hat die neuere Forschung für einige andere Landfriedensregionen festgestellt, dass die Androhung peinlicher Strafen noch im 14. Jahrhundert praktisch keine Rolle spielte, dagegen die Buße selbst in stark hoheitlich geprägten Frieden regelmäßig eine erhebliche Bedeutung hatte.[187] Die äußerst wenigen, nicht von den Städten oder Herren allein, sondern im Rahmen eines Bündnisses durchgeführten peinlichen Bestrafungen lassen sich alle entweder auf die direkte Exekution königlicher Weisungen oder aber auf andere Rechtsschichten zurückführen.

c) Buße und Wiedergutmachung

Hinsichtlich der konkreten Ausgestaltung der materiellen Leistungen, die der Landfriedensbrecher zu erbringen hatte, muss und kann zunächst auf die allgemeine Entwicklung der Praxis im Landrecht am Oberrhein zurückgegriffen werden. Dort hatten schon früh flexible, ausgehandelte oder angeordnete Wiedergutmachungen und Genugtuungen starre Bußkataloge als Maß für die auferlegte Buße abgelöst,[188] die sich allerdings nur bedingt

---

185 *Vgl. auch unten Kapitel 6 im Ganzen hierzu.*

186 So wurden, ohne dass dies hier vertieft werden kann, etwa 1275 in Colmar und 1276 in Ruffach zwei Falschmünzer gesotten, im gleichen Jahr dort ein Mörder erschlagen und ein Ketzer, sowie 1277 ein Sodomist auf Anordnung König Rudolfs verbrannt; vgl. Jahrbücher von Basel, S. 27 ff.; auch in der Mitte des 14. Jahrhunderts sind selbstverständlich Leibes- und Lebensstrafen angewandt worden, nur eben nicht vom Landfrieden; vgl. etwa ÄDC-Col. S. 13f. (Bl. 22)

187 Vgl. *Görner*, Raubritter, S. 251; *Stercken*, Landfrieden, S. 135 ff.; *Kaufmann*, Rechtshilfe, S. 61; *Holzhauer*, Art. „Landfrieden II", HRG II, Sp. 1474; vgl. auch *Hirsch*, hohe Gerichtsbarkeit, S. 169 f.; selbst Schnelbögl, in: Deutschrechtliche Beiträge 13 (1932), S. 189, 322, 325 hat für die bayerischen Landfrieden des 13. und 14. Jahrhunderts einen „entscheidenden Sieg des Kompositionensystems", am stärksten bei Körperverletzungen, einräumen müssen; zur wachsenden, jedenfalls faktischen Ungleichbehandlung zwischen den führenden und unteren Schichten vgl. auch *Sellert*, Friedensprogramme, S. 459 m.w.N.

188 Das Wergeld war spätestens im hohen Mittelalter in Süddeutschland verschwunden, und auch sonst gab es keine vorab „gesetzlich" fixierten Bußbeträge mehr seit Ende 12. des Jahrhunderts, vielmehr wurden diese vom jeweiligen Gericht nach eigenem Ermessen festgesetzt, vgl. *His*, Strafrecht I, S. 592, 602 ff., 643. Insoweit gab es auch keine Abgrenzung zur Brüche wie in anderen Reichsgebieten, so dass, auch wenn die Quellen von einer Brüche sprachen, wie etwa §§ 15,24,51 der Freiburger Handfeste, bei: Altmann/Bernheim, Urkun-

und allenfalls idealtypisch, nicht zuletzt unter dem Einfluss des in den Reichslandfrieden einfließenden römischrechtlichen Schadensersatzgedankens,[189] am tatsächlichen konkreten Schaden orientierten. Die zu leistende Buße war indes auch nicht identisch mit dem ohnehin kaum praktisch zu ermittelnden echten entstandenen Schaden oder einem daraus exakt berechneten doppelten oder dreifachen Betrag,[190] sondern war immer geprägt von ihrer primären Funktion der konkreten Genugtuung für die individuell erlittene Rechts- und Ehrverletzung,[191] und gerade dadurch der Wiederherstellung des Rechts und Friedens.[192] Dies muss trotz gewisser römisch-rechtlicher Einflüsse unter den Staufern und vor allem der Kirche unter dem Zeichen des *„duplum"* auch noch für die Landfriedenseinungen am Oberrhein gelten.[193] Aus diesem Grund ergab sich auch kein eigentlicher Unterschied zwischen den verwendeten Begriffen der *„compositio"*, *„condigna satisfactio"*, *„widertu[o]n"*, *„im widertan wirt und sein schade uzgeriht wirt"* bzw. *„bu[o]szen"* in den jeweiligen Einungstexten.

Interessant ist hingegen, dass die sehr auf das ordentliche Gerichtsverfahren vor den jeweiligen traditionellen Gerichten der Einungsparteien zugeschnittenen Landfrieden von 1301 und 1310 von *„widertu[o]n und bessern"* sprechen.[194] Das könnte im Sinne des Begriffspaares „büßen und bessern" angesichts der Beteiligung der Hochgerichtsträger für eine – neben der

---

den, Nr. 189 für die Verletzung eines Bürgers, damit eine derartige Ermessensbuße gemeint war.

189 Zur entsprechenden Deutung von *„duplum"* und *„triplum"* seit in Art. 4, 19,22,27 des Mainzer Reichslandfriedens, MGH Const. II, Nr. 196 und seinen Nachfolgern, vgl. hier nur *Wyneken*, Landfrieden, S. 14 *sowie oben Kapitel 1 II 2 e)*; dazu und zur Tradition auch über SchwSp. Ldr. L 70, 126, 232, 235, 258 auch *Mitteis*, ZRG GA 62 (1942), S. 13, 41 Fn. 111; *Kaufmann*, ZRG 78 (1961), S. 93 ff.; vgl. zu bereits frühen Verknüpfungen von Buße und römischrechtlichem Schadensersatz auch *Kroeschell*, DRG I, S. 39.

190 Zum Schadensersatzcharakter der Buße insbesondere bei Körperverletzungen und Vermögensdelikten, vgl. auch *His*, Strafrecht I, S. 597.

191 Zur „pönalen" Funktion der Buße, insbesondere als sogenannte „Kränkungsbuße", die die praktisch immer immanente Ehrverletzung wieder gutmachen sollte, die der Verletzte durch den Eingriff in seine Rechtssphäre erlitten hatte, vgl. *Kaufmann*, Art. „Buße", HRG I, Sp. 575 f.; *His*, Strafrecht I, S. 594, 598 ff., 607 m.w.N. auch aus den Rechtsbüchern; *Osenbrüggen*, Alamannisches Strafrecht, S. 68.

192 Zum Frieden als Rechtsfriede, d.h. Zustand rechtlich geordneten menschlichen Zusammenlebens, und dessen Wiederherstellung als stets oberstes „Strafziel" vgl. *Kaufmann*, Art. Friede, HRG I, Sp. 1275; *ders.* Art. Strafe, Strafrecht, HRG IV, Sp. 2011 f.; vgl. dagegen die Kritik von *Wadle*, peinliche Strafe, S. 235 f. m.w.N., an dem daraus folgenden zu verwaschenem Strafbegriff.

193 Vgl. zu den Reichslandfrieden und Rechtsbüchern gerade oben Fn. 189; zur Anwendung der Ermessensbuße etwa in Basel durch den Rat, zunächst aber durch das noch konkurrierenden Schultheißengericht vgl. His, Strafrecht I, S. 606 m.w.N.

194 Vgl. St. UB II, Nr. 233, S. 188, Z. 18 f., 26, 31, S. 189, Z. 3, 37 usw.

Wiedergutmachung an den Kläger - zu leistenden Abgabe an den Gerichtsherrn sprechen, die der Reichslandfrieden von 1323 noch strikt trennte und dabei die Besserung dem Reich zuführte.[195] Dies insbesondere, da dieses Wortpaar in späteren, an die Gerichtsobrigkeiten nicht mehr gebundenen Einungen, wie beispielsweise im bündisch-mittelrheinisch geprägten Text von 1343, nicht mehr auftauchte, bis in den spätesten Einungen, in denen die gemeinsame Instanz des Landfriedens praktisch den Status eines Landfriedensgerichts erworben hatte, 1395 plötzlich wieder von einer Besserung die Rede ist. Ob es sich dabei nicht doch tatsächlich nur um eine aliterative Doppelung zur Betonung (vielleicht mit größerem Akzent auf dem Ersatz des nicht einfach natural zu restituierenden Schadens)[196] handelte, muss leider offen bleiben, da sich keine tatsächlichen Aufstellungen von durch Friedensbrechern geleistete Zahlungen finden. Für letzteres würde jedenfalls sprechen, dass ja auch die Einungen von 1301 und 1310 ebenso wie die von 1395 auf dem bündischen Gedanken aufbauten und weder die Tradition von 1254 noch die Reichslandfrieden von vor 1323 eine echte Besserung kannten, sondern sich am ganz überragenden Ziel der Friedensherstellung orientierten, die die Übernahme von Kosten des traditionellen Gerichtsverfahrens zusätzlich erschwert hätte. Vor allem sprechen die Einungen von 1301 und 1310 gerade in dem Sonderfall, dass wegen der Verschleppung kein traditionelles Gericht zuständig war, nicht vom „Widertun", sondern nur von einer Besserung, die damit jedenfalls an dieser Stelle sicher eine Wiedergutmachungsleistung an den Geschädigten zum Inhalt hatte.[197]

---

[195] Vgl. etwa die Begründung beim Einzug des halben Vermögens im Ratsurteil von 1349 gegen Peter Swarber: *„weil es gewonheit was, das man die besserunge under die rotherren verteile"*; zit. nach *Schmoller*, Zunftkämpfe, S. 24; ähnlich sprach Art. 3 des Reichslandfriedens von 1323, MGH Const. V, Nr. 735, ausdrücklich von "bessern" nur gegenüber dem Gericht, hingegen „Schadenabtuen" gegenüber dem Kläger; weiterhin sollte, wer in Notwehr handelte, nach § 26 des Straßburger Stadtrechts von 1249 *„der ensol der stette deheine besserunge tun"*, während die §§ 153,161,163,168 des Stadtrechtes von 1323 bestimmten, dass, wer in Notwehr getötet oder verwundet hat, zwar gegenüber den Geschädigten frei sei, der Stadt aber zu bessern habe; vgl. Schoepflin, Alsatia Diplomatica II, Nr. 196; dazu *Osenbrüggen*, Alamannisches Strafrecht, S. 74, 158 f. m.w.N. zur Besserung bzw. *wette* als Leistung an die Obrigkeit, ebenso wie *His*, Strafrecht I, S. 608 ff.

[196] Vgl. dazu mit umfangreichen Belegen *His*, Strafrecht I, S.583 ff.; zur Doppelung „büßen und bessern" als Synonyme mit derselben lateinischen Übersetzung als *„emendare"* und Funktion der Wiedergutmachung des widerrechtlichen Schadens durch Geld und geldwerte Güter vgl. *Osenbrüggen*, Alamannisches Strafrecht, S. 64.

[197] St. UB II, Nr. 233, S. 189, Z. 10-14.

2. Einsprengsel peinlicher Bestrafung und das Verhältnis zum Reichslandfriedens- und Partikularrecht

a) Besondere Sanktionen und Strafgebote in den Landfriedenstexten

Die regelmäßige Folge eines Verstoßes gegen die Gebote des Landfriedens in Form einer notfalls erzwungenen Wiedergutmachungsleistung wurde in einzelnen Landfrieden durch weitergehende Sanktionen ergänzt.

(1) Die erste Sonderregelung galt in den Einungen von 1301 und 1310 für ein Mitglied oder andere Schwurgenossen, die der Mahnung um Hilfe und Beistand keine Folge leisteten. Der Betreffende sollte nicht nur aus dem Friedensschutz ausgeschlossen sein, sondern auch *„meineidig und trúwelos und erlos sin und sol uswendig dis frides sin."* [198] Dass die Verletzung der Folgepflicht wie ein Landfriedensbruch sanktioniert werden konnte, hatte 1296 König Adolf in einem Reichsweistum feststellen lassen.[199] Zur „Friedlosigkeit" im rechtlichen Sinn dürfen diese scharf getrennten Sanktionen jedoch nicht verallgemeinert werden.[200] Jedoch gingen die damit außerhalb des Landfriedens angedeuteten Sanktionen für den Meineidigen über die einfache Landfriedensbruchbuße und die zusätzliche Verstoßung aus dem Landfrieden weit hinaus. So hatte etwa die frühe peinliche Bestrafung des Colmarer Schultheißen Rösselmann, den König Adolf als Meineidigen wegen des Bruchs seines Amtseides aufs Rad hatte flechten lassen,[201] gezeigt, dass in diesen Fällen eine empfindlich härtere peinliche Strafe drohte als bei einem gewöhnlichen Bruch des Landfriedens. Die weiteren Auswirkungen dieser Rechtsfolge, die auch die Reichslandfrieden ebenso wie Verknüpfung der Meineidigkeit mit der Treue- und Ehrlosigkeit kannte, wurden nicht näher beschrieben, ergaben sich jedoch aus dem Landrecht und dem kanonischen Recht.[202]

Allerdings wurde nur an dieser, für die Wirksamkeit der Landfrieden entscheidenden Stelle auch klar der Eidbruch gesehen und entsprechend im

---

198 St. UB II, Nr. 233, S. 189, Z. 31-35.

199 Vgl. RI VI 2, Nr. 734 c; *Angermeier*, Königtum und Landfriede, S. 82, *vgl. oben Kapitel 2 I 3 a).*

200 So hat etwa *Wyneken*, Landfrieden, S. 91 in die Sanktion des Eidbruches des Landfriedens von 1301 die vermeintliche Friedlosigkeit interpoliert: Wer Hilfeersuchen nicht Folge leiste, solle meineidig, treu-, ehr-, *fried-* und rechtlos sein; vgl. auch *Landes*, Art. „Acht", in: HRG I, Sp. 26 ff. zur „Elosigkeit" als Abspaltung der Friedlosigkeit; zur Verknüpfung von Ehr- und Rechtlosigkeit vgl. *Erler*, Art. „Rechtlosigkeit, Rechtsminderung", in: HRG IV, Sp. 259 f.

201 *Vgl. oben Kapitel 2 I 3 b).*

202 Vgl. nur etwa Art. 6 des Mainzer Reichslandfriedens, MGH Const. II, Nr. 196; *Holzhauer*, Art. „Meineid", HRG III, Sp. 447 ff.; ausführlich *Kolmer*, Promissorische Eide, S. 314 ff.; *His*, Strafrecht I, S. 479 ff.; II, S. 12 ff.; zuletzt dazu *Distler*, Städtebünde, S. 166 ff. m.w.N.

Rahmen des allgemeinen Rechtes sanktioniert. Die Tatsache, dass in allen späteren Einungen diese Regelung nicht wiederkehrte, ja selbst am Ende der Entwicklung für den Fall einer schlechten oder verzögerten Erfüllung bestimmter Hilfspflichten lediglich Zinszahlungen an den Landfrieden anfielen, lässt die Frage offen, ob in dieser Konstellation auch nach Verschwinden der Regelung allgemein die Folgen des Eidbruchs eintreten sollten. Zumindest legen die ausführlichen Regelungen für die Entbindung der Landfriedensrichter vom Amtseid in der Einung von 1366 nahe,[203] dass dessen (vermeintlicher) Verletzung noch eine große, eben die 1301 ursprünglich genannte Bedeutung zukam, so dass nach wie vor beim Bruch des Amts- und wahrscheinlich auch des Beistandseides die allgemeinen Folgen des Eidbruchs gelten sollten.

(2) Weiterhin könnte auch der 1310 einmalig geregelte Fall, dass der zum Ersatz der den Teilnehmern entstandenen Schäden Zahlungsunfähige mit *„sinem libe"* zur Abschreckung gezwungen werden sollte, wie bereits geschildert, eine peinliche Ersatzstrafe darstellten. Allerdings scheint wenigstens ebenso wahrscheinlich, dass es sich lediglich um eine persönliche Schuldhaft handelte. Jedenfalls fand sich ein entsprechender Passus nicht bei der eigentlichen Sanktionierung des Landfriedensbruches und auch in keinem späteren Landfrieden mehr. Vielleicht handelte es sich um eine Reaktion auf einen Einzelfall, der leider nicht mehr nachweisbar ist, oder aber um eine Regelung, die, wie andere stärker autoritäre Normen, auf die sogleich einzugehen ist, einmalig den besonderen Hintergrund des stark französisch-römisch geprägten Königs Heinrichs VII. und seiner Kanzlei dokumentieren.

(3) Erst unter dem Eindruck ganz erheblicher neuer Gefahren wurde die Unterstützung von fremdem Kriegsvolk ein derart wichtiger Gegenstand für den durch die Einungen geschützten umfassenderen öffentlichen Frieden im Land, dass ab 1378 ausnahmsweise geboten wurde, den, der *„fro[e]mde volk oder krieg"* ins Land brächte *„herticlich und vesticlich* [zu, M.F.] *straffen durch daz, daz sich sin ander lúte deste e erlaszent"*.[204] In dem verwandten Fall der Aufrührer hatten es die Landfrieden und gesonderten Schutzbündnisse hingegen bei der üblichen Wiedergutmachung belassen.[205] Auch hier stand der generalpräventive Charakter also ausdrücklich im Vordergrund. Bemerkenswerterweise wurde nicht den Landfriedensrichtern selbst, sondern den errichtenden Parteien die Kompetenz und Pflicht zur Bestrafung zugesprochen, die allerdings nach dem Urteil des Landfriedensgerichts erfolgen sollte.

---

203 Vgl. St. UB V, Nr. 733, S. 570, Z. 30-35.

204 St. UB V, Nr. 1319, Art. 18; vgl. ebenso der elsässische Landfrieden von 1389, RTA II, Nr. 75, Art. 18.

205 Vgl. Rapp. UB I, Nr. 494, S. 367, Z. 24-34; vgl. *dazu auch oben Kapitel 2 II 4 b).*

b) Blankettatbestände

Neben diesen vereinzelten eindeutigen Strafgeboten fand sich ein weiteres Einfallstor für die den bündischen Landfrieden am Oberrhein wesensfremde peinliche Bestrafung. Es handelte sich dabei um Blankette, die in zweierlei Form auftauchen konnten: Entweder im allgemeinen Verweis wie 1301 und 1310 auf Verwundungen, dass man über sie richten sollte *„alse men von wunden rihten sol."*[206] Oder aber im konkreten Verweis auf einen bestimmten Delinquententyp, zum Beispiel 1310: Wer unberechtigterweise die Grundruhr nehme, *„den sol man haben vúr einen strazro[u]ber ..."*[207] Derartige Blankette wurden dabei nur in jenen genannten ersten beiden umfassenden Landfriedenseinungen verwendet. Dabei zeigte sich die deutliche Nähe zu der in dieser Zeit noch aktiven Fortentwicklung der Reichslandfrieden von 1235 bis 1298, die sich dieser Technik weithin bedient hatten, um auf bereits unterschiedlich entwickeltes Partikularrecht im Reich Rücksicht zu nehmen.[208] In diesen reichsrechtlichen Friedensordnungen war etwa bestimmt, dass man nach des jeweiligen Landes Recht und Gewohnheit richten sollte,[209] dass man den Täter bei Tötungen als Mörder,[210] bei unrechtmäßigen Erhebungen von Zöllen oder Angriffen auf Geleitsgeschützte wegen einer Fehde mit dem Geleitsinhaber als Räuber,[211] bei Pfändung ohne richterliche Erlaubnis ebenfalls als Räuber[212] und schließlich bei Verletzung des Münzregals als Fälscher verfolgen und bestrafen sollte.[213] Da-

---

206 St. UB. Nr. 233, S. 189, Z. 19-22.

207 St. UB II, Nr. 284, Art. 3.

208 Damit hängt eng die Anerkennung des partikularen Rechts auch in diesen Bereichen zusammen, die vor allem durch die großen Vereinbarungen mit den geistlichen und weltlichen *domini terrae* von 1220-1235 stattgefunden hatte. Waren die reichsweiten Landfrieden bis 1235 durch präzise Strafandrohungen gekennzeichnet, werden die Sanktionsfolgen seitdem nur noch höchstens pauschal erwähnt, jedoch nicht, weil sie als bekannt vorausgesetzt werden konnten, sondern weil der Partikularismus seit der *confoederatio cum principibus ecclesiasticis* und dem *statutum in favorem principum* dies erforderte; vgl. auch *Sellert*, Friedensprogramme, S. 461 f.; *Kroeschell*, DRG I, S. 283 ff., 291 ff. m.w.N.; *vgl. bereits oben Kapitel 1 II 2 e); Kapitel 2 I 2 e) (1).*

209 Vgl. etwa das Gebot an die Richter im Mainzer Reichslandfrieden von 1235, MGH Const. II, Nr. 196, zu richten *„als iedes landes sit und reht si und gewonheit"*, Art. 4; dass dem Kläger *„gerihtet werde nah des landes gewonheit"*, Art. 22; vgl. ebenfalls Art. 11-13 des Reichslandfriedens von 1281, MGH Const. III, Nr. 279 für alle folgenden.

210 Vgl. nur MGH Const. II, Nr. 196, Art. 3; MGH Const. III, Nr. 279, Art. 10.

211 Vgl. MGH Const. II, Nr. 196, Art. 7,9; MGH Const. III, Nr. 279, Art. 17-19; dies galt allerdings nur bis 1287, danach galt statt dessen: *„Swer da wider tu[o]t, der hat den* landfrieden *gebrochen"*, d.h. die Bestrafung erfolgte über die Verweisung auf den Landfriedensbruchstatbestand bei Zollvergehen; 1291 trat die Bezeichnung als Straßenräuber erneut hinzu; vgl. MGH Const. III, Nr. 390, Art. 17; MGH Const. III, Nr. 459, Art. 17.

212 Vgl. MGH Const. II, Nr. 196, Art. 14; vgl. *His*, Strafrecht II, S. 206 f.

213 MGH Const. II, Nr. 196, Art. 11; MGH Const. III, Nr. 279, Art. 23 für die Folgenden.

durch war explizit die peinliche Bestrafung durch partikulares Landfriedensrecht in den Territorien und Landschaften möglich, die bereits über starke autoritäre Ausprägungen verfügten. In den anderen Regionen mit vorherrschend traditioneller Struktur und Recht jedoch blieb eine andere althergebrachte Sanktionierung möglich. Damit wurde der entscheidende Gedanke der bereits im Mainzer Reichslandfrieden von 1235 enthaltenenen salvatorischen Klausel aufgegriffen und verfeinert.[214]

Nachdem der Landfrieden von 1301 lediglich bei Verwundungen und Tötungen im Laufe des Landfriedens begonnener Fehden und Blutrachen angeordnet hatte, diese zu *„rihten, alse men davon ze rehte rihten sol"*,[215] sah die 1310 auf dem Reichstag von Frankfurt mit den Kurfürsten errichtete oberrheinische Einung des stark französisch und römisch orientierten Luxemburgers König Heinrichs VII. zusätzlich vor, bei unrechtmäßiger Zoll- und Grundruhrnahme den Täter zu *„haben vu[i]r einen strazro[u]ber"*.[216] Bei nicht königlich gestatteter Münzerei sollte man ihn *„haben vu[i]r einen falschere"* und ihn *„rihten, alse man von falschern durch reht rihten sol"*. Darüber hinaus sollte aber gleichzeitig *„der lantfride uf sie beholfen sin uf den eit."*[217] Hingegen blieb es sowohl für den Bruch des Landfriedensschutzes wie die damit verknüpften Unterstützungshandlungen und Pfändungen bei der Sanktion der Wiedergutmachung und Besserung.

Führten diese Rechtsnormen damit die wesentlichen Gedanken der Reichslandfrieden teilweise fort, wie insbesondere der erst- und einmalig in die oberrheinische Einung aufgenommene Schutzes des Münzregals zeigte, so fand dieser Versuch in den folgenden Einungen keinen Wiederhall mehr. Der Bezug auf das Partikularrecht schien besonders in diesen beiden Einungen nahezuliegen, die für jede einzelne königliche, bischöfliche, landgräfliche und städtische Gerichtszuständigkeit das Verfahren beim Landfriedensbruch gesondert geregelt hatten. Die gemeinsamen Blankettnormen erlaubten unterschiedliche Rechtsformen auch für diese Bereiche, während die späteren Einungen auf diese traditionellen Gerichtsbarkeiten zugunsten des bündischen Elements weit weniger Rücksicht nahmen.

Andererseits ordnete der Reichslandfrieden Ludwigs des Bayern von 1323 wieder an, dass man Räuber, Diebe, Brenner und Mörder nach dem Recht des Ergreifungsortes richten sollte.[218] Die Fortentwicklung der strafrechtlichen Sanktionen war damit wieder ganz von den zaghaften Versuchen auf regionaler Einungsebene auf das Reichs- und Partikularrecht übergegan-

---

214 MGH Const. III, Nr. 390, Art. 43; *vgl. ausführlich oben Kapitel 2 I 2 e) (1) a.E. m.w.N.*

215 So St. UB II, Nr. 233, S. 189, Z. 19-22.

216 St. UB II, Nr. 284, Art. 3.

217 Ebd., Art. 17.

218 MGH Const. V, Nr. 735, Art. 3; *vgl. oben Kapitel 2 II 2 a).*

gen. So gelang auf Reichsebene durch ein Reichsweistum vom 5.9.1338 jedenfalls (wieder) die Herstellung der Rechtseinheit bei der Bestrafung von Straßenräubern mit dem Tod.[219] Dies war aber keine unmittelbare Angelegenheit des regionalen Landfriedens, wie eine der nachgewiesenen Hinrichtungen von 53 Räubern zeigte: Sie geschah gerade nicht in der Geltung oder unter Berufung auf eine Landfriedenseinung, vielmehr wurden jene, wie König Karl IV. ausdrücklich bestätigte, *„nach des reichs recht gerichtet"*.[220] Eine nähere Begründung blieb zwar offen, jedoch erscheint der Bezug zu dem genannten Weistum evident. Nicht nach dem eigentlichen Landfriedens-, sondern nach dem jeweiligen Partikular- oder Reichsrecht wurden somit nach dem Auslaufen der Einung von 1310 Straßenräuber peinlich bestraft, folglich ganz unabhängig vom Landfrieden.

Auch beim Münzrecht, das sich noch eine enge Nähe zur königlichen Hoheit hatte bewahren können, hatten sich schon früh peinliche Strafen ausgebildet, die meist dem Prinzip der *talion* folgten.[221] Auch hier hatten sich jedoch bereits Ende des 13. Jahrhunderts stark unterschiedliche regionale Ausbildungen ergeben, so dass die Reichslandfrieden sich mit einem Verweis auf die Strafbarkeit des Fälschers im allgemeinen begnügten, was auch dann die Einung von 1310 übernahm.[222] Dieser Verweis konnte aber auch auf ein Reichsweistum König Rudolfs vom 13.7.1285 gegen Falschmünzer bezogen werden, das im Sinne spiegelnder Strafen für die Herstellung das Sieden, für die Verwendung den Handverlust und für Beherbergungen die akzessorische Bestrafung angeordnet hatte.[223]

c) Das Verhältnis zum Reichs- und Partikularrecht am Beispiel von Körperverletzungen und Tötungen

Das wohl wichtigste Beispiel, die Behandlung von Körperverletzungen und Tötungen zeigt, wie unterschiedlich sich die Sanktionen der jeweiligen Rechtskreise bereits zu Beginn des 14. Jahrhunderts entwickelt hatten. Eine

---

219 Böhmer, Fontes I, S. 219; RI VII, Nr. 3075; vgl. auch *Thomas*, Ludwig der Bayer, S. 322.

220 So St. UB V, Nr. 1077.

221 Zum Fälscherblankett für Münzvergehen und den damit implizierten Handverlust als Strafe vgl. etwa das Reichsweistum über das Münzrecht von 1231, MGH Const. II, 416; Art. 9; sowie MGH Const. II, Nr. 196, Art. 11; vgl. auch *Mitteis*, ZRG GA 62 (1942), S. 13, 42 f.; dazu und zur regionalen Ausdifferenzierung vgl. den Überblick bei *His*, Strafrecht II, S. 279 ff.; - 282.

222 Vgl. zu letzterem St. UB II, Nr. 284, Z. 24-31.

223 Vgl. die Sentenz gegen die Falschmünzer durch Kg. Rudolf, mit der wieder eine (vorübergehende) Rechtsvereinheitlichung eintrat; MGH Const. III, Nr. 368 a; vgl. dazu auch, allerdings insoweit ungenau alle Delikte auf den Handverlust verengend *His*, Strafrecht I, S. 503, II, 275 ff.

materielle Rechtseinheit ließ sich daher auch in den regionalen Landfrieden nur noch formell durch die verwendeten Blankette erreichen.

Einigkeit bestand zwar weitestgehend über die Tatbestände von Totschlag und „Wundung". Beide Definitionen orientierten sich weitgehend am Taterfolg: So umfasste der Totschlag jede vorsätzliche Tötung[224], die „Wundung" alle Körperverletzungen, bei denen Blut floss.[225] Problematisch erwies sich jedoch gerade die jeweils angeordnete Rechtsfolge. Die ersten beiden Einungen des 14. Jahrhunders trafen noch die ausdrückliche Anordung: *„swer aber vu[i]rbas wunt wirt, dem sol men rihten, alse men von wunden rihten sol. und swer erslagen wird, des fru[i]nden sol men rihten, alse men davon ze rehte rihten sol"*,[226] während sich später keine Regelung mehr fand. Dies könnte zwar, wie es die Literatur weithin getan hat, als Verweis auf ein im Hochmittelalter bereits erreichtes peinliches Strafgewohnheitsrecht des Landes angesehen werden, dessen Ausgangspunkt möglicherweise sogar in der peinlichen Bestrafung seit der ersten *Pax Alsatiensis* gelegen haben könnte.[227]

Allerdings zeigt bereits ein Vergleich der etwa zeitgleichen Stadtrechte am Oberrhein zwar durchaus die Anordnung peinlicher Strafen,[228] aber ebenso höchst unterschiedlich ausdifferenzierte Regelungen mit ganz unterschiedlichen Ausprägungen, Variationen, Erschwernissen, Straf- und Gnadenformen etc.[229] Lässt man besondere Deliktsformen wie die Kinds- oder

---

224 Der Totschlag (*homicidium, manslacht*) umfasste begrifflich wohl jede Tötung, auch wenn sie absichtslos und in Notwehr geschehen war, vgl. *His*, Strafrecht II, S. 78 f.; *Allfeld*, Mord, S. 66.

225 Vgl. zur Verwundung (*wunde*) als Unterfall der Körperverletzungen und dem im Südwesten wohl nicht vorkommenden, Sonderfall der *„blutruns"* *His*, Strafrecht II, S. 95 ff.; vgl. auch *Hirsch*, hohe Gerichtsbarkeit, S. 29 f. m.w.N., nach dem „die Leitkategorie der Verwundung", die alle blutigen Verletzungen unabhängig von ihrer Schwere und, vor allem in Stadtrechtsquellen, möglicher späterer Todesfolgen vereinte, „bedeutet Schaden, der angerichtet wurde und gutgemacht werden muss."

226 St. UB II, Nr. 233, S. 189, Z. 19-22.

227 So seien insbesondere nach der *Treuga Henrici* alle Strafen als bekannt vorausgesetzt worden; vgl. etwa *His*, Strafrecht I, S. 14; *Hirsch*, hohe Gerichtsbarkeit, S. 152; *Glitsch*, ZRG GA 38 (1917), S. 242; *Schmidt*, Inquisitionsprozeß, S. 12; wohl zustimmend auch *Schnelbögl*, in: Deutschrechtliche Beiträge 13 (1932), S. 189, 241, 330 ff. unter Verweis auf Bayerische Quellen für Diebstahl und Raub, deren konkrete Bestrafung ebenfalls seit 1300 nicht mehr geregelt gewesen sei.

228 So ist auch der früheste mittelhochdeutsche Wortbeleg für „Strafe" im Sinne peinlicher Bestrafung in § 58 IV. Stbg StadtR (1322) enthalten, vgl. St. UB. IV 2, S. 70; ausführlich zur Wortgeschichte *His*, Strafrecht I, S. 342 f. m.w.N.

229 So sollte in Basel der Totschlägerin das Leben geschenkt werden, wenn sie beim Ertränken über den Rhein schwimmen konnte; zu den Stadtrechten von Colmar und Hagenau vgl. Gaupp, Stadtrechte I, S. 98, 115; vgl. *Osenbrüggen*, Studien, S. 348 f.; vgl. ausführlich *His*, Strafrecht I, S. 95 ff., 162, 211, 490.

Ehegattentötung außer Betracht,[230] so war für Verwundungen und Tötungen bis Anfang des 14. Jahrhunderts allerdings neben Buße und Besserung nur die, meist befristete, Verbannung angedroht, von einer Strafe an „Hals und Hand" war zunächst allenfalls vereinzelt als einer ablösbaren, wohl rein generalpräventiven, Strafandrohung die Rede.[231]

Zwar ließe sich daraufhin einwenden, dass es außerhalb dieser bereits aus dem allgemeinen Landrecht herausgelösten Sondergerichtsbezirke wenigstens im allgemeinen Landrecht ein gewohnheitsrechtlich entwickeltes peinliches Strafsystem gegeben habe, das also wesentlich von den Landgrafen und den bereits gleichgestellten ländlichen Hochgerichtsträgern angewandt worden wäre.

Obwohl eine allgemeine Untersuchung landrechtlicher Quellen den Rahmen dieser Untersuchung sprengen würde, ergibt sich bereits aus der in der Zeit der Landfrieden entstandenen älteren Straßburger Statutensammlung ein gegenteiliges Bild:[232] Das Stadtrecht unterschied bei in den Mauern erfolgten Verwundungen *zwischen Landleuten* den Fall, in dem man den Täter unmittelbar nach der Tat ergreifen konnte und in dem man, in bemerkenswerter Parallele zum (Reichs-)Landfriedensrecht, *„rihten"* sollte *„als reht ist uf den eyt"*, von der sonstigen Tat, die man lediglich mit der Leistung der Besserung und der Erzwingung der Zahlung durch eine drohende Verbannung sanktionieren sollte.[233] Entsprechendes galt übrigens auch für einen Landmann, der einen Bürger tötete oder verwundete: Er konnte, außer bei der handhaften Tat, lediglich bis zur Besserungsleistung verbannt werden.[234] Offenkundig sollten hier, wo eine persönliche Unterwerfung unter das Stadtrecht und seinen Sonderfrieden durch den Bürgereid nicht stattgefunden hatte, althergebrachten Kategorien des Landrechtes, eben die auch in den Landfrieden zugrunde gelegte Wiedergutmachung Anerken-

---

230 Wie etwa in Basel für Tötungen von Kindern und Ehemännern, vgl. *His*, Strafrecht II, S. 86 ff. m.w.N.

231 So etwa in Straßburg seit dem Stadtrecht von 1270, Art. 29, das allein die Verbannung auf 20 Jahre vorsah, vgl. St. UB. IV 2, S. 7; ähnlich sanktionierte der 1286 von König Rudolf initiierte Basler Stadfriede Täter und Gehilfen bei einer Verwundung eines Bürgers durch einen Mitbürger mit Stadtverweisung, während es sonst bei einer doppelten Buße blieb, vgl. Schnell, Rechtsquellen Basel I, Nr. 6; erst im neuen Recht von 1444, ebd., Nr. 133 fand sich eine mit 10 Pfund lösbare peinliche Bestrafung des Handverlustes; während dessen hielt das Hagenauer Stadtrecht weithin an Bußen selbst für den Totschläger fest, vgl. Hagenauer Statutenbuch, S. 131; vgl. zum Ganzen *His*, Strafrecht I, S. 33, 663; II, S. 80 ff., der insoweit missverständlich von einer „Verbannung statt Todesstrafe" gesprochen hat, da sich eine Tötungsandrohung in den zitierten Quellen für den Totschlag, jedenfalls soweit es sich nicht um eine handhafte Tat handelte, nicht fand.

232 Vgl. St. UB. IV 1, Nr. 2,1, S. 19 ff.

233 Ebd., Art. 35 Abs. 2 (S. 30).

234 Ebd., Art. 35, Abs. 6, sowie 3-5.

nung und Anwendung finden. Aber auch der Bürger, der im umgekehrten Fall einen Landmann geschädigt hatte, sollte nur eine Buße von pauschal 30 Schillingen an diesen und eine Besserung an die Stadt zahlen.[235]

Bemerkenswerterweise nahm also das Stadtrecht gewissermaßen in Form eines Peregrinenrechtes Rücksicht auf das Recht der freien Landleute, die nicht dem Bürgereid, sondern dem Landrecht unterlagen, und sah nur für den besonderen Fall der handhaften Tat eine weitergehende Strafe vor, wie es auch anderenorts den hochmittelalterlichen Landrechten entsprach. Daher liegt der Rückschluss nicht fern, dass auch das Landrecht am Oberrhein für lediglich dem Landgericht unterworfene Freie weitestgehend statt Strafen die Wiedergutmachung als richtige Sanktion ansah. Dafür spricht zusätzlich, dass die in der Region immer weiter geschwächte untere Landgrafschaft nach dem Ende von staufischer Herrschaft und Herzogtum kaum über Autorität und Mittel zur peinlichen Bestrafung von Rittern und landadeligen Territorialherren verfügte. Jedenfalls musste die von den Stadtrechten gesehene Schwierigkeit, ihnen personal nicht Unterworfene selbst bei gewaltsamen Rechtsbrüchen anders als mit der Pflicht zur Wiedergutmachung zu sanktionieren, umso mehr für die bündisch verwurzelten Landfriedenseinungen gelten.

Von einem allgemeinen gewohnheitsrechtlichen Landesstrafrecht konnte jedenfalls am Oberrhein keine Rede sein. Der Blankettverweis, zu *„rihten, alse men davon ze rehte rihten sol"* konnte daher nicht auf ein solches verweisen, sondern war als besondere salvatorische Klausel zugunsten des bereits ausdifferenzierten Partikularrechtes zu verstehen. Es handelte sich also gleichzeitig um eine Ausprägung des bereits im Rheinischen Bund konkretisierten Grundsatzes, dass alle Städte und Orte *in ihrem Recht* bleiben sollen.[236] Erforderlich war dieser nicht nur wegen der bereits höchst unterschiedlich ausdifferenzierten Regelungen der städtischen, örtlichen und herrschaftlichen Rechtskreise, sondern maßgeblich wegen der verschobenen Entwicklungsphasen zwischen Stadt und Land auf dem Weg zur verdichteten Herrschaft, für die auch das Strafrecht ein Kennzeichen war. Eine einheitliche materielle Strafbestimmung sollte und konnte im Spätmittelalter jedenfalls keine Aufgabe des Landfriedens oder des „Landes", sein, sondern allenfalls der einzelnen Herrschaften und Städte. Dies deckt sich im übrigen mit den neueren Beobachtungen anderer Landfriedensnormen, dass in gleicher Weise die Lücken und Blankettverweisung der (Reichs-)Landfrieden als Öffnungsklauseln auf vielfältiges anderes Recht zu inter-

---

235 St. UB IV 1, Nr. 3, Art. 194 (S. 97) von 1322.

236 Vgl. St. UB II, Nr. 233, S. 188, Z. 5–9; zum Rheinischen Bund vgl. MGH Const. II Nr. 428/I, Art. 5; *vgl. oben Kapitel 1 II 2 a) (1), (4).*

pretieren sind, und eben nicht mit der, noch der historischen Rechtsschule geschuldeten, Fiktion eines monolithischen Rechtes.[237]

Selbst welches partikulare Recht zur Geltung kommen sollte, ließ diese Regelungsmethode in den Einungen von 1301 und 1310 offen. Fanden sich hierzu keine differenzierten Regelungen wie ausnahmsweise die genannten in Straßburg, so ergab sich die Lösung wohl allein durch die Regelungen der Gerichtszuständigkeit und die dortige *lex fori*, wie auch der Reichslandfrieden von 1323 zu bestätigen scheint.

3. Die Burgbrechung als Sanktion und ihr Platz in der Ordnung der Landfrieden

Es ist bemerkenswert, dass gerade die Sanktion, die für zeitgenösssische wie spätere Beobachter geradezu den Inbegriff des gemeinsamen Vorgehens gegen Gewalt und Raub darstellte, lange Zeit in keinem Landfrieden ausdrücklich als solche festgehalten wurde. Es handelt sich um die Brechung von Raubburgen, die etwa Rudolf von Habsburg vor allem anderen als Friedensleistung zugerechnet wurden.[238]

a) Erst seit 1343 sahen die Einungen ausgefeilte Regelungen vor, wie eine Burgbelagerung und -einnahme organisiert und, vor allem, finanziert werden sollte.[239] Der unter dem Eindruck des Egerner Reichslandfriedens errichtete elsässische Landfriede von 1389 bestimmte, übrigens ohne Entsprechung in dessen Hauptbriefen, erstmals darüber hinaus für den Fall, dass man aufgrund einer im Rahmen von Hilfe und Beistand erfolgten Belagerung ein Burg eingenommen habe: „*were es ouch ob diser lantfride dehein schloß oder vestin gewúnne, wo denn die sibene oder der merteil under in erkennent das man das schloß oder die vestin brechen sol, da sol man das schloß oder die vestin unverzogenlich brechen mit gemeinem kosten des lantfriden.*“[240] Diese Re-

---

237 Vgl. insbesondere die Generalklausel im Reichslandfrieden von 1323, MGH Const. V, Nr. 735, Art. 3: Wo der Kläger einen Landfriedensbrecher ergreifen könnte, sollte man ihm richten, „*als reht ist*“; vgl. etwa auch das Blankett in Art. 29 des bayerischen Landfrieden von 1281 im Falle des Totschlags „*da sol man ueber rihten als reht ist*“; was *Schnelbögl*, in: Deutschrechtliche Beiträge 13 (1932), S. 189, 311 als Verweis auf das etablierte einheitliche Gewohnheitsrecht gesehen hat; demgegenüber hat bereits *Osenbrüggen*, Alamannisches Strafrecht, S. 10 f., 272 f. die Blanketthaftigkeit der Bußandrohnungen im Schwabenspiegel und dem Landrecht eingeräumt; ebenso *Fehr*, ZRG GA 35 (1914), S. 187; zur Ablehnung der „Gewohnheitsrechtsthese“ zumindest für die Reichslandfrieden vgl. auch *Gernhuber*, Landfriedensbewegung, S. 96 f.; *Sellert*, Friedensprogramme, S. 461 f.

238 Vgl. hier nur nochmals *Kunze*, Rudolf von Habsburg, S. 156 ff.; zur sozialen Bedeutung und fraglichen Kriminalisierung der „Raubburg“ vgl. *Andermann*, Ritterliche Gewalt, S. 112 f.; *Orth*, Ritter und Burg, S. 28 f., 73.

239 Vgl. St. UB V, Nr. 116, S. 121, Z. 1-10.

240 So RTA II, Nr. 75, Art. 9 b.

gelung wurde dann auch in die Einung von 1395 und den Entwurf von 1398 übernommen, wobei zusätzlich noch Regelungen für Gefangene und gewonnenes Gut getroffen wurden.[241] Ähnlich wird man die über 150 Jahre früheren Beschlüsse des Rheinischen Bundes von 1254 verstehen müssen, dass die dort geregelten Auszüge auch die Belagerung und Zerstörung von Raubburgen einschließen sollte, wie die von dem Bund durchgeführte Brechung der Burg Werners von Bolanden zeigt.[242]

b) Neben der auffälligen Diskrepanz zwischen den äußerst spärlichen Regelungen und der überaus häufig vorkommenden Wirklichkeit der Burgbrechung stellt sich aber auch die grundlegende Frage, mit welcher rechtlichen Begründung sich der Landfrieden eine derart einschneidende Kompetenz überhaupt zumaß. Denn vom Rheinischen Bund bis einschließlich zu den genannten spätesten Einungen fand sich dazu keine Andeutung in den Friedenstexten.

(1) Angesichts der in allen anderen wesentlichen Punkten deutlich erkennbaren rechtlichen Stringenz der Einungen kann über die Frage nach der Legalität dieses Vorgehens des Landfriedens auch nicht einfach, wie noch in der jüngeren historischen Forschung geschehen, durch eine allgemeine Definition des Landfrieden als *per se* legitimierter bzw. legalisierter Friedens- und Rechtssorge oder einen Hinweis auf die präventive Wirkung dieser Nebenstrafe, die einfach diskussionslos notwendig gewesen sei, hinweggegangen werden.[243]

(2) Auch die damit durchaus verwandte, heute jedoch zu Recht aufgegebene Lehre von der Friedlosigkeit, wonach der Täter sich durch einen Verstoß gegen „das" Recht außerhalb des Friedens gestellt habe und das Niederreißen seines Hauses lediglich eine begleitende Maßnahme dieser Ausstoßung aus der Gemeinschaft gewesen sei,[244] vermag hier nichts beizutragen. Die archaische Vorstellung der Ausstoßung aus der Rechts- und Friedens-

---

241 Vgl. St. UB VI, Nr. 989, S. 577, Z. 3-13.

242 *Vgl. oben Kapitel 1 II 3 b), c).*

243 So insbesondere die Begründungen, insbesondere als „Nebenstrafe" von *Gernhuber*, Landfriedensbewegung, S. 261; dagegen hat *Fischer*, Hauszerstörung, S. 29 eingewandt, zur Abwehr der Wiederholungsgefahr würde auch die Wegnahme und Übertragung an einen zuverlässigen Burgherren genügen; allerdings kam auch diese nicht selten vor; zur modernistischen Einordnung als „Polizeiaktion" vgl. *Poetsch*, Reichsacht, S. 186; dagegen überzeugend sowie zum Ganzen auch *Mohrmann*, Landfriede, S. 131, 164; vgl. auch etwa *Kunze*, Rudolf von Habsburg, S. 51 ff, 158 ff. insbesondere zu einer zuvor erforderlichen gerichtlichen Entscheidung.

244 So soll diese Vernichtung des durch die Burg noch bestehenden Hausfriedens zwar seit „uralter Zeit" vorhanden gewesen sein, jedoch musste auch etwa *Osenbrüggen*, Alamannisches Strafrecht, S. 62 einräumen, dass sich gerade in den Volksrechten keine Hinweise darauf finden lassen; vgl. insbesondere *Wilda*, Geschichte I, S 293; *Grimm*, Rechtsalterthümer, S. 729; missverständlich aber jüngst noch *Kunze*, Rudolf von Habsburg, S. 168.

gemeinschaft insgesamt darf in keiner Weise verwechselt werden mit den Folgen des Bruchs des durch die Einungen errichteten Landfriedensschutzes, nämlich dem in konkreten rechtlichen Regeln ablaufenden gemeinsamen Erzwingungsverfahren zur Wiedergutmachung. Weder durch dieses noch den vorangegangenen Bruch des vereinbarten Landfriedensschutzes wurde der Verletzer dieser unabhängig vom Reichs-, gemeinen Land- und Partikularrecht geltenden Rechtsnormen seiner aus jenen anderen Rechtsschichten rührenden Rechte beraubt. Hierzu wären jedenfalls die Landfriedenseinungen ohne königliche Beteiligung keinesfalls fähig gewesen.

(3) Zwar hat die Lehre von der Wüstung als Nebenstrafe der Acht den Ansatzpunkt in richtiger Weise fortentwickelt, für den Fall der Burgbrechung nach Verletzung der regionalen Landfriedenseinungen vermag sie allerdings auch keine Lösung anzubieten. Nach ihr hätte die Nebenstrafe konsequenterweise eine formwirksame Ächtung des Landfriedensbrechers durch das königliche oder sonst zuständige ordentliche Gericht entsprechend den Regeln der Reichslandfrieden vorausgesetzt.[245] Diese Gerichte wurden aber offensichtlich gerade von allen Landfrieden seit 1254, außer vielleicht den Einungen von 1301 und 1310 geradezu bewusst übergangen.

(4) Aus dem gleichen Grund führt auch ein anderer Begründungsstrang nicht weiter, nach dem die Burgbrechung zur Durchsetzung territorialer Oberansprüche des zur „Baugenehmigung" berechtigten Gerichtsinhabers gegen einen unberechtigten Bau oder schädliches Verhalten in seinem Bezirk ausgeführt werden durfte.[246] Es erscheint dabei bereits sehr fraglich, ob die Verletzung des durch Einung errichteten Landfriedensschutzes durch Insassen oder den Inhaber einer Burg überhaupt ein solches Brechungsrecht des zuständigen Gerichtsherrn begründen konnte. In jedem Fall muss nach den vorliegenden Quellen mit gutem Grund bezweifelt werden, dass eine solche Ermächtigung gerade dieses zuständigen traditionellen Gerichtsträgers vorlag, wenn die Landfriedensamtsleute eine solche Brechung beschlossen.

c) Kehrt man zu den zur Verfügung stehenden Quellen der Zeit zurück, so ist zunächst festzustellen, dass sich auch im Reichslandfriedensrecht zum Bruch ritterlicher Burgen keine Aussage findet. Der Mainzer Frieden von 1235 und seine Nachfolger sahen zwar die Sanktionierung des wissentlichen Hehlers oder Begünstigers eines Räubers, Diebes oder Geächteten

---

245 Vgl. *Battenberg*, Reichsacht, S. 380; vgl. auch allgemein hierzu *Laubenberger*, Art. „Wüstung (als Strafe)", HRG V, Sp. 1586 ff.

246 Vgl. dazu *Görner*, Raubritter, S. 258; *Kunze*, Rudolf von Habsburg, S. 156 f., 161 ff., 167 unter Verweis auf die Finanzierungsvorschriften für den Burgenbau im Zusammenhang mit unberechtigten Zoll- und Geleitgelderhebungen im Reichslandfrieden von 1281, die sie geradezu in das Zentrum der Landfriedenssorge gerückt hat.

vor.[247] Den Bruch von Ummauerungen regelten sie jedoch nur für den Fall, dass eine Stadt „gemeinlich und wissentlich" einen Ächter in ihren Mauern beschützte; verfügte sie über keine Mauern, so sollte sie niedergebrannt werden.[248]

Zwar scheint es hier, nicht zuletzt unter Berücksichtigung anderer hochmittelalterlicher Rechtsquellen, nahe zu liegen,[249] dass ein bereits unstreitig anerkannter Rechtssatz für Adelsburgen nun auch auf städtische Befestigungen ausgedehnt wurde, dessen ausdrückliche Anordnung deswegen geboten schien, weil regelmäßig zahlreiche, unterschiedliche Bürger von der Mauerschleifung oder Brandschatzung der Stadt betroffen waren. Allerdings war auch hier in jedem Fall eine vorherige Entscheidung beziehungsweise im Handhaftverfahren eine Beteiligung des dazu nach traditionellem Recht berufenen ordentlichen Richters erforderlich.

Nach der von König Rudolf kurz nach seiner Krönung 1274 ausdrücklich erlangten Bestätigung der umfassenden königlichen Gerichtsgewalt konnte neben diesem Richter auch der Monarch im Rahmen persönlicher Entscheidung und Friedenssorge eine solche Burgbrechung unter den genannten Voraussetzungen ohne weiteres anordnen oder rechtfertigen, wie etwa die von König Adolf angeordnete Brechung der Mauern der Burg Erstein zeigten.[250] Hier findet sich wohl auch der rechtliche Grund für die von Rudolf selbst oder durch seine unmittelbaren persönlichen Vertreter durchgeführte personale Friedenssorge, die völlig unabhängig von den bündischen Landfrieden der Zeit war, und gerade im Bereich der Burgbrechungen große Erfolge verzeichnen konnte.

Damit übernahm das wiedererstarkte Königtum wieder das „Gesetz des Handelns", was bereits Wilhelm von Holland gegenüber dem Rheinischen Bund dadurch versucht hatte, dass er dessen Exekutionen an die vorherige Klage vor dem König oder dem ordentlichen Richter gebunden hatte.[251] Zuvor jedoch konnte sich der Bund auf eine derartige Legalisierung nicht stützen. Ob eine solche Berechtigung aus dem Fehderecht selbst gezogen werden konnte, das sonst dem Mechanismus der Landfrieden, Wieder-

---

247 Vgl. MGH Const. II, Nr. 196, Art. 25-27; MGH Const. III, Nr. 279, Art. 28 f.

248 Sollte sich jemand gegen diese Strafe wehren, sollte die ganze Stadt ehr- und rechtlos werden; reichte die Macht des Richters zum Vollzug nicht aus, sollte er dies dem Kaiser mitteilen, der es dann mit seiner kaiserlichen Gewalt ausführen sollte, vgl. MGH Const. II, Nr. 196, Art. 27; MGH Const. III, Nr. 279, Art. 30.

249 Vgl. nur Ssp. Ldr. II 63 u. 64.

250 *Vgl. oben Kapitel 2 I 2 b) (2), c) und 3 c).*

251 *Vgl. oben Kapitel 1 II 3 d).*

gutmachung durch gemeinsame Erzwingungsmaßnahmen zu erreichen, ohne weiteres entsprach, scheint jedenfalls fraglich.[252]

Während nicht wenig für eine rechtsgewohnheitliche Anerkennung eines alten Sonderschutzes der Wohnung des Gegners und seiner Befestigung insbesondere unter den fehdeberechtigten Adeligen spricht,[253] scheinen die Städte auch in ihren ohne einen Landfrieden erfolgten Auszügen und Hilfsbündnissen ohne jede Bedenken Raubburgen beziehungsweise Festungen von Gegnern angegriffen und verwüstet zu haben.[254] Unbestreitbar hatten die Bürgerschaften hierfür keine hoheitliche Berechtigung. Selbst als sie allmählich die Exemtionsgerichtsbarkeit rund um den Stadtfrieden erhalten konnten, blieb ja weiterhin das Gericht des beschuldigten Landadeligen hierfür zuständig, das jedoch in aller Regel von den Bürgerschaften aus verständlichen Gründen ignoriert wurde.[255]

Mit einem „Friedensbruch" kann ein solches Vorgehen jedenfalls nicht begründet werden, wie insbesondere die Dreierbündnisse zwischen Basel, Freiburg und Straßburg zeigen, die ihrer Natur entsprechend auf den Friedensschutz- und -bruchtatbestand verzichteten und statt dessen auf Angriffe auf die Städte selbst und indirekt ihre Bürger und Einwohner abhoben, jedoch detailliert wie kein Landfrieden die Fragen der Burgbelagerung und -brechung regelten. Auf eine hoheitliche Legalisierung konnten sich diese Bündnisse ebenso wenig berufen wie auf eine Legitimierung als Friedensgemeinschaft. Offenkundig betrachteten die Städte das Haus des Gegners nicht als eine gebotene Fehdeschranke oder setzten sich über entsprechende Rechtsgewohnheiten bewusst hinweg. Innerhalb ebenso wie außerhalb der Geltung eines Landfriedens gingen die Städte im Kampf gegen adelige Gegner und Burgen, die Räuber Unterschlupf gewährten, in dieser Weise vor, was sie nunmehr lediglich in ihren rechtlichen Vereinbarungen zugrunde legten.[256]

---

252 Vgl. dazu etwa *Vogel*, Fehderecht, S. 220 ff.

253 Aber auch die Städte beanspruchten von Anfang an das Verbot der Heimsuchung innerhalb der Stadt ohne gerichtliche Beteiligung und die Bestrafung der Zuwiderhandlung, vgl. nur § 30 ff. des IV. Stadtrechts von Straßburg von 1273, St. UB IV 2, Nr. 1, S. 7; ähnlich § 10 StR Freiburg 1120; SchwSp. W. 124, 173, 207 L. 144, 202, 253; vgl. *Strobel*, Geschichte des Elsaßes I, S. 319; zum Ganzen im Überblick *Osenbrüggen*, Alamannisches Strafrecht, S. 62 f. m.w.N.; *ders.*, Hausfrieden.

254 Vgl. etwa *Bielfeldt*, Rheinischer Bund, S. 36 f. m.w.N.; *vgl. dazu auch unten Kapitel 6 I 3, II 2 a)*; hierzu erhielten in Nordfrankreich / Flandern Bürgerschaften ausdrückliche Privilegien, die sie zu einem solchen Vorgehen ermächtigten, vgl. *Fischer*, Hauszerstörung, S. 29, 101 ff.; vgl. auch *Andermann*, Ritterliche Gewalt, S. 247 ff., 251 zur Entbehrlichkeit eines entsprechenden Urteils.

255 *Vgl. oben Kapitel 1 I 3.*

256 Vgl. etwa St. UB II, Nr. 470, S. 420, Z. 10 – 16.

Zumindest die Landfriedensbündnisse seit dem Rheinischen Bund konnten zusätzlich besondere Legitimierungen anführen, darunter die Autorität durch Beteiligung nahezu aller wichtiger Repräsentanten des Landes und häufig der Krone, die weithin erfolgte allgemeine Beeidung und die damit zum Ausdruck gebrachte Akzeptanz sowie der Verweis auf die Nützlichkeit und schließlich gerade am Anfang die Tradition der alten Gottes- und Landfrieden. Damit konnten sie zumindest mit gewisser Berechtigung behaupten, über die fehderechtlichen Gleichordnung mit ihren Gegnern hinaus übergeordnete Ordnungsfunktionen gegenüber Verletzern des allgemeinen beschworenen und zum Nutzen aller errichteten Friedens wahrnehmen zu dürfen, so dass dies zumindest aus Sicht der fortschrittsorientierten und rationalen bürgerlichen und kirchlichen Rechtsauffassungen ausreichen konnte, ein solches hartes Vorgehen gegen einen „Friedensfeind" nicht nur zu legitimieren, sondern sogar zu legalisieren.

Auf welch dünnem Boden eine solche Begründung jedenfalls in den Augen des traditionellen Reichs- und Landrechtes und seiner königlichen und adeligen Verfechter stand, wird nicht nur an den bereits gezeigten Absicherungen der Städte im Falle von allein betriebenen Burgbrechungen deutlich. Insbesondere ein Mandat König Albrechts vermag das Bemühen des Königtums zeigen, das Vorgehen gegen Raubburgen wieder an sich zu binden:[257] Darin forderte der König, weil ihm zur Kenntnis gelangt war, dass von vielen Befestigungen durch deren Insassen zahlreiche Raubzüge und Plünderungen ausgegangen waren, seine nicht genannten Getreuen auf, solche *„predones et turbatores pacis et patrie"* zur vollständigen Rückgabe und zusätzlich zum Ersatz des gesamten weiteren Schadens innerhalb einer bestimmten Frist anzumahnen; wenn diese allerdings *„in eo rebelles"* seien, sollten sie *„invocato pacis communis et terrarum circumpositarum omnium auxilio incolarum"* die genannten Burgen belagern und *„auctoritate regia"* zerstören.

Mit der allmählichen Verschmelzung personaler, traditioneller und bündischer Landfriedenssorge in den Einungen des 14. Jahrhunderts fanden die Landfrieden durch die Beteiligung des Königtums und seiner Vertreter, namentlich des Reichslandvogts und des von ihm oder dem König gestellten Obmannes oder sonstigen Mitglieder unter den Landfriedensrichtern sowie ergänzend der Vertreter der Hoch- und Landgerichtsinhaber eine geeignete Legalisierung für ihr Vorgehen im propagierten Dienst des Landes. Auch ergab sich wohl vor dem Hintergrund der möglichen Delegation der königlichen personalen Friedensgewalt kein Problem daraus, dass nicht die Gerichtsinhaber selbst, sondern von ihnen beauftragte Amtsleute als Sonderinstanzen, dazu alsbald ausdrücklich nach dem Mehrheitsprinzip, mit der Anordnung beauftragt waren. Für eine besondere Regelung

---

[257] MGH Const. IV 1, Nr. 34.

der damit anerkannten und eingeübten, aus dem Reichsrecht stammenden Rechtspraxis, deren Ausformulierung sich ohnehin nur negativ auf die Akzeptanz seitens der Landadeligen oder umgekehrt der Bürgerschaften hätte auswirken können, bestand somit in den Landfrieden kein Bedarf.

III. Der Schutz vor Eigenmacht bei Rechten und Regalien

1. Überblick

Schon früh ist festgestellt worden, dass die Landfrieden über ihren Kern, der der Bekämpfung gewalttätiger Selbsthilfehandlungen galt, hinaus in geradezu eklektischer Manier viele Materien aus dem übrigen Reichs- und Landrecht aufgriffen. Diese höchst heterogenen Normen schienen auf den ersten Blick kaum etwas mit dem Landfriedensschutz zu tun zu haben und gelten bis heute häufig lediglich als „Tatbestände, die ein mehr oder weniger zufälliger Anlass oder ein besonderes staatliches Interesse oder auch eine tief verwurzelte Ideenassoziation in die Friedenstexte führte."[258]

Darunter fanden sich zum Ersten Regelungen zu jenen Regalienrechten, die Friedrich I. noch vor Eintritt des Interregnums zunächst in Roncaglia festschreiben ließ,[259] deren Erosionsprozess aus Sicht der Krone aber bereits kurze Zeit später wieder einsetzte und sich besonders zwischen 1254 und 1273 weitestgehend vollzogen hatte. Hier sahen sich König Rudolf und seine Nachfolger dem mühsamen Prozess der Revindikation ausgesetzt, mit dem die personale und bündische Landfriedenspolitik der Zeit aufs engste verknüpft war.[260] Unter den umkämpften Kronprärogativen stechen am Mittel- und Oberrhein vor allem die Zoll-, Brücken- und Geleitgelderhebung hervor. Ihr Missbrauch war bereits seit dem Rheinischen Bund aufs Engste mit dem eigentlichen Landfriedenstatbestand verbunden. Aber auch Regelungen etwa zum Münzrecht fanden, wenn auch nur als Episode, Eingang in die spätmittelalterlichen Friedenseinungen.

---

258 So *Gernhuber*, Staat, S. 32; vgl. auch *Schwalm*, Landfrieden, S. 2 am Beispiel eines Pferdeexportverbots im bayerischem Landfrieden von 1094.

259 Vgl. die *Lex regalia sunt haec* des Reichstages von Roncaglia, MGH Const. I, Nr. 175; vgl. dazu *Kroeschell*, DRG I, S. 174 f., 181 ff.

260 Vgl. zur so genannten Revindikationspolitik oben Kapitel 2 I 2 a), b); vgl. hier nur ausführlich *Thieme*, ZRG GA 62 (1942), S. 57, 75 ff. und 85 f. auch zur nicht nur fiskalischen Bedeutung der Regalien.

Zum Zweiten fanden sich neben den bereits im Sinne des Landfriedensschutzes interpretierbaren Garantien für die Leute, Güter und Rechte der Kirche und zu den Rechten der Teilnehmer im Allgemeinen Regelungen, die das Verhältnis zwischen Stadt und Land empfindlich betrafen, namentlich zu den Pfahl- und Ausbürgern.[261] Dem wiederum verwandt waren ausdrückliche Gewährleistungen für den Bestand der traditionellen Gerichtskompetenzen und damit wiederum Regelungen, welche Sachen, Schulden, Eigen, Erbe, Lehen etc. dort einzuklagen waren. Den Abschluss dieser Reihe bilden Normen zum Schutz eines gewissen Besitzstandes und des *status quo*, insbesondere von in *gewere* gehaltenen oder erbgeliehenen Gütern und sogar allgemeine Ersitzungsregelungen.

Überblickt man diese „Annexmaterien", so wird deutlich, dass es sich dabei keineswegs um eine völlig willkürliche Zusammenstellung handelte, die bloß bei Gelegenheit einer Einung aus dem einen oder anderen zufälligen Grunde gleich mitgeregelt werden sollte. Vielmehr erscheinen alle diese Ideen als Versuch, durch rechtliche Klarstellungen Konflikte bereits im Vorfeld zu vermeiden und die Grenze zwischen erlaubter und unrechtmäßiger Eigenmacht zu ziehen. Ein Beispiel dafür ist der spektakuläre, aber gescheiterte Versuch im Landfriedensentwurf von 1398, das Fehderecht an die Wappenbürtigkeit oder die Garantie eines ansässigen Herren oder einer Stadt für etwaige Schäden zu binden.[262]

Damit konnte nicht nur die unrechtmäßige Eigenmacht als solche regelmäßig als Gewalt im Sinne des Landfriedens eingeordnet werden, ohne dass eine ausdrückliche Verknüpfung der beiden Materien erforderlich war. Es war damit auch ein Anreiz gegeben, auf ein entsprechendes Verhalten nicht im Wege der gewaltsamen Selbsthilfe, sondern im Verbund des Landfriedens oder sonst auf rechtlichem Wege zu reagieren. Überdies waren viele der genannten Punkte nicht nur geeignet, als Garantien den Parteien und einfachen Schwurgenossen die Ängste vor zu weit um sich greifenden Folgen der Landfrieden zu nehmen. Darüber hinaus konten sie den einzelnen und gemeinsamen Interessen dienen, ja gerade typische Konflikte zwischen den Einungsparteien selbst klären und den Ausbruch von Gewalttätigkeiten vermeiden, wie etwa in der Pfahlbürgerfrage, oder etwa im Verhältnis von Stadt- und Landgericht. Aber auch viele der anderen Punkte eigneten sich, um Konflikte aufgrund von Sachverhalten, die die Gerichtsgrenzen überschritten, zu reduzieren. Wieder andere waren trotz ihrer fortbestehenden Aktualität bereits historisch begründet, wie etwa die Garantie der Rechte der Kirche und die daraus folgenden Ausformungen.

---

261 Vgl. zu diesen bereits lange aus diesem Grund in der Reichsgesetzgebung prominenten Materien hier nur die Aufreihung des Statutum in favorem principum, Zeumer I, Nr. 53; *Kroeschell*, DRG I, Nr. 81.

262 St. UB VI, Nr. 1349, S. 718, Z. 25-38.

Schließlich betrafen diese Punkte zentrale wirtschaftspolitische Interessen, nicht nur der Städte, in dieser in großem Umfang am Fernhandel orientierten Region, die ebenfalls die Grenzen der Herrschaftsbezirke überspannten, so namentlich die Zoll- und Geleitsproblematik auf den Fernhandelswegen des Reiches und das Münzwesen als Grundlage der immer stärker dominierenden Geldwirtschaft.

Zwar konnte dies alles gleichzeitig im Sinne von WADLE als Versuch gelten, neue, weitergehende Regelungmaterien ins kollektive und individuelle Bewusstsein einzuführen und so den Landfriedensschutz auf ihm benachbarte Gebiete auszuweiten.[263] Wie HATTENHAUER bereits bemerkt hat, erprobte der „Gesetzgeber" mit Energie und Phantasie alle denkbaren Möglichkeiten, um die Rechtsordnung zu stabilisieren und den Kampf gegen die Selbsthilfe mit möglichst vielfältigen Mitteln zu führen.[264]

Gerade für die Landfrieden am Oberrhein verbietet es sich aber, dabei von einer umfassenden Regulierung im Sinne eines ersten Ansatzes eines allgemeines Strafgesetzbuches zu sprechen.[265] Im Vergleich etwa zu den nahezu umfassenden zeitgleichen bayerischen Landfrieden enthalten am Oberrhein nur die ausführlicheren Einungen in ihrer ersten Phase umfangreichere derartige Regelungen, während auch in den späteren Dokumenten in der Regel nur wenige derartige Normen auftauchten.

2. Grundlagen des Wirtschaftsverkehrs: Zölle und Münzen

a) Wegezölle, Brücken- und Geleitgelder

Bereits seit dem Hochmittelalter war die Frage der Zölle und der mit ihnen verwandten von Reisenden erhobenen Abgaben am (Ober-)Rhein aufs Engste mit dem Landfrieden verknüpft.

(1) Mit der Bedeutung des Fernhandels, der in dieser Region seit der Römerzeit nie wirklich aufgehört hatte, und der für das Reich und die Region vitalen überregionalen Verkehrsverbindungen über den Rhein selbst, der alten Römerstraßen und der wenigen neuen Fernverbindungen kam den Zollfragen hier ein zentrales Gewicht zu.[266] Während sich der Wohlstand

263 *Vgl. dazu oben Kapitel 3 II 2 c)*

264 *Hattenhauer*, Gottes- und Landfrieden, S. 192, 197 f.; vgl. auch zur Prävention der Burgbauvorschriften zur Vermeidung besonderer Störungen, vgl. *Fleckenstein*, Rittertum, S. 158 f.

265 Wie dies etwa wohl zuerst Mitte des 19. Jahrhunderts *Osenbrüggen*, Alamannisches Strafrecht, S. 42 f. getan hat.

266 Schon lange waren sowohl der Rhein als auch die wichtigste linksrheinische Nord-Süd-Verbindung als Reichsstraßen anerkannt; vgl. nur *Kunze*, Rudolf von Habsburg, S. 158

der vom Fernhandel geprägten Metropolen, am Oberrhein unangefochten Straßburgs, aber auch der vor allem am Weinexport stark interessierten kleineren Reichs- und Landstädte auf einen möglichst unbeschränkten und ungefährdeten Wirtschaftsverkehr auf den Straßen und Wasserstraßen gründete, die sich als Regalien rechtlich noch in der Hand des Reiches befanden, machten die Zölle einen großen Teil der Einnahmen der an diesen Straßen liegenden Adeligen aus, bis hin zu den mittelrheinischen Kurfürsten.[267] Ihre ursprüngliche Berechtigung als Entgelt für den Straßen- und Brückenbau und -erhalt hatten diese Abgaben bereits seit langem verloren,[268] umso weniger aber ihren Reiz als einfache und lukrative Einnahmequelle der großen und kleinen Territorialherren. Es waren aber nicht nur die Bürgerschaften, sondern ebenso, solange noch in die Stadtherrschaft eingebunden, ihre Stadtherren und andere mit den Städten gerade im Elsass eng wirtschaftlich verbundene Adelige, die vom Handel profitierten und so an der Begrenzung fremder Zölle stark interessiert waren. Ebenso musste das Königtum ein großes Interesse daran haben, die Zollprivilegierung als eigene Einkommensquelle, aber auch im Interesse eines blühenden Handels und der Anerkennung des jeweiligen Herrschers durch die Städte in den Händen zu behalten. Dennoch hatten die Staufer und die mit ihnen konkurrierenden Thronprätendenten gerade am Rhein oft genug Anhänger mit neuen Zöllen oder, wenn auch deutlich seltener, Zollfreiheitsprivilegien gewonnen und belohnt, hatten derartige durch ihren Vorgängern gewährte Vergünstigungen nach dem Thronwechsel aber häufig widerrufen.

Angesichts der darin angelegten, in Zahl und Ausmaß mit dem Eintritt in das Interregnum noch erheblich verschärften Konflikte um Zollstellen am Rhein kann es nicht überraschen, dass die Zollfrage sowohl in den Reichslandfrieden seit 1235 als auch im Rheinischen Bund von 1254 aufs Engste mit dem engeren Landfriedensschutz verknüpft war. So regelt die Mainzer Gesetzgebung eine ausführliche Zollverfassung, die nicht nur unberechtigt eingerichtete und überhöhte Zölle verbot, sondern auch die sachgerechte

---

m.w.N.; zu den zahlreichen Zollstellen am Rhein vgl. *Stolz*, VSWG 41 (1954), S. 26 ff.; *Dollinger*, Art. „Elsass",LexMA III, Sp. 1857 f.; zum Zollwesen in Basel vgl. *Saxer*, Zollwesen; zu dem in Straßburg *Blum*, Geschichte des Zollwesens.

267 So machten die Zölle etwa ein Drittel bis die Hälfte der territorialen Einnahmen der rheinischen Kurfürsten aus, vgl. *Hergemöller*, Nürnberg, S. 96; *Thomas*, JbWestdtLG 1 (1975), S. 59-96, 73; *Stolz*, VSWG 41 (1954), S. 11 ff.

268 Spätestens seit 1230 hatten sich auch die Geleitsabgaben wie bereits zuvor die Zölle von einem echten Dienstleistungsentgelt zu reinen fiskalischen Abgaben entwickelt; vgl. *Lamprecht*, Wirtschaftsleben II, S. 290 ff.; *Hergemöller*, Nürnberg, S. 93; vgl. auch *Koehler*, Art. „Geleit", HRG I, Sp. 1481 ff.; *Stolz*, VSWG 41 (1954), S. 1 ff., 18 ff.; zum städtischen Geleit ferner *Haferlach*, Hansische Geschichtsblätter 41 (1914), S. 1 ff.; *Schönberger*, Geleitswesen.

Verwendung der Einnahmen anordnete.[269] Andererseits ist die Bedrückung durch zweifelhafte und eigenmächtige Zölle in den Zeiten des Machtvakuums im Reich sicher zu Recht als ein wesentliches Motiv für die Entstehung des Rheinischen Bundes erkannt worden.[270] Das Königtum konnte sich zur Revindikation des finanziell wichtigen Regals durchaus anderer Formen bedienen als die Landfriedensbündnisse und -einungen, bei denen die Zollfragen in die Verhandlungen und Machtkonstellationen der Errichtungsparteien eingebunden war. Dies zeigte insbesondere das frühe Vorgehen König Rudolfs, der zur Abstellung der Zölle lieber handelte, als lange zu verhandeln.[271] Mehr und mehr schien eine derartige Revindikation nicht mehr durchsetzbar und trat hinter das Bestreben zurück, der Anerkennung des jeweiligen Throninhabers und der Stärkung seiner Position zu dienen. Die Behandlung der Zollfragen im Rahmen der Landfriedenseinungen war dann das beste verfügbare Mittel, um zumindest propagandistisch die Städte auf die Seite des Throninhabers zu ziehen, wie insbesondere König Albrecht 1301 bei seinem Kampf zeigte, seiner Absetzung durch die Kurfürsten zuvorzukommen.[272]

(2) Stand der Zollkomplex in den Reichslandfrieden noch ganz im Kontext der anderen Hoheitsrechte und den zwischen den Ständen wichtigen Konfliktfragen, also Gerichtsrechten, der Pfahlbürgerfrage oder dem Burgbau, so griff der Rheinische Bund zwar dessen materiellen Regelungen der Zollfrage implizit auf, stellte den Tatbestand der unrechtmäßigen Erhebung aber unmittelbar dem errichteten Friedensschutz voran. Danach hatten die

---

269 Vgl. MGH Const. II, Nr. 196, Art. 7,9,12 auch für die folgenden Reichslandfrieden, die alle durch die selben Punkte gekennzeichnet waren: die seit einem Stichtag ohne köngliche Privilegierung eigenmächtig neu eingeführten und überhöhten Zölle und Geleitgelder wurden verboten und unter harte Sanktionen, insbesondere der Behandlung als Straßenräuber bzw. Landfriedensbrecher gestellt; während die Zweckentfremdung der an sich rechtmäßig eingenommenen Gelder gebüßt werden sollte; vgl. dazu auch *Wyneken*, Landfrieden, S. 12.

270 *Vgl. oben bereits Kapitel 1 II 3 a)*; vgl. hier nur *Hergemöller*, Nürnberg, S. 94.

271 Vgl. etwa die *Sententia contra thelonea iniusta* vom 20.1.1290, MGH Const. III Nr. 422; vgl. dazu aber auch das Mandat König Richards an Straßburg von 1269, unrechte Zölle, Geleite und Ungelte abzustellen, MGH Const. II, Nr. 391; vgl. dazu auch *Weizsäcker*, Rheinischer Bund, S. 156; *Redlich*, Rudolf von Habsburg, S. 430; *vgl. oben Kapitel 2 I 1, 2.*

272 Zunächst hatte Albrecht alle ab 1250 eingeführten Rheinzölle aufgehoben und den Zug von 1302-1303 gegen die Kurfürsten als „Zollkrieg" begründet, um sich der Gunst der Städte zu versichern, die bereits mit ihren Beschwerden an ihn herangetreten waren; vgl. auch das Anschreiben an die Städte Köln, Mainz, Trier, Worms, Speyer, Straßburg und Basel vom 7.5.1301; vgl. MGH Const IV 1, Nr. 134; St. UB II, S. 188 Fn. 1; *Kopp*, Geschichte III 2 (7), S 69; zum weiteren politischen Umfeld *vgl. bereits oben Kapitel 2 I 4 b)*; zum Ganzen weiterhin *Wetzel*, Zollrecht, S. 89 f., 98 ff.; *Troe*, Münze, S. 243 ff.; *Klüssendorf*, Währung, S. 70; *Sommerlad*, Rheinzölle, S. 146; *Gönnenwein*, Stapel- und Niederlagsrecht, S. 97; *Hergemöller*, Nürnberg, S. 94 f.; diese Begründung war umso mehr geboten, nachdem einzelne rheinische Stände im Mai 1301 den Papst gegen die unerträglichen Zölle zu Hilfe gerufen hatten, vgl. *Wyneken*, Landfrieden, S. 79 f., 90 m.w.N.

Erzbischöfe, Grafen und adeligen Landesherren geschworen, *„sua thelonea iniusta sicut et nos tam in terris quam in aquis benigne et liberaliter relaxantes."*[273] Anders als in den Reichslandfrieden stellte das Ausschalten der ungerechtfertigten Zölle ebenso eine Verpflichtung der Eidgenossen dar wie die Hilfe im Falle eines Friedensbruches. Das erste Hagenauer Landfriedensbündnis König Rudolfs verband diesen bündischen Ansatz noch stärker mit dem Reichslandfriedensrecht und der personalen Landfriedenssorge und lenkte damit die Bekämpfung gerade auf Zölle, die nicht von den Landfriedensmitgliedern erhoben worden waren. In dieser doppelten Tradition sollten diese nun gegen alle *„thelonia inconsecuta et iniusta super alveum Reni"* vorgehen,[274] womit die beiden Fallalternativen verkürzt, aber präzise die doppelte Zielrichtung der Reichslandfrieden seit 1235 widerspiegelten, die sich gegen neu eingerichtete und gegen überhöhte Zölle richtete.

(3) Die beiden Einungen von 1301 und 1310 bestimmten schließlich, ohne eine Rechtsfolge zu benennen, schlicht: *„Die nu[i]wen zolle su[i]lent ouch abe sin, swa si gemachet sind uf dem lande oder uf dem wassere."*[275] Trotz der „neuen" Bestimmung der unrechtmäßigen eigenmächtigen Zölle stellte sich diese Norm ganz in die bisherige Tradition. Aus der 1254 begründeten engen Verbindung von Zollfrage und Landfriedensschutz erklärt sich der höchstens auf den ersten Blick unsystematisch erscheinende Einschub der Norm zwischen den Landfriedensschutz- und den -bruchstatbestand; bereits 1278 hatte man die Zollaufhebung unmittelbar nach dem Landfriedensschutz angeordnet. Die Betonung der Zollfreiheit zu Wasser und zu Lande griff hingegen einen Gedanken des Bundes von 1254 wieder unmittelbar auf, der wiederum seinerseits an die Form Aufzählung als Regalien von 1158 erinnerte hatte.[276] Auch lag die Betonung der Wasserwege und -zölle am Rhein besonders nahe.

Mit dem Begriff der „neuen Zölle" verwiesen die genannten oberrheinischen Einungen wiederum auf die Definition der noch in dieser Zeit aktiv erneuerten Reichslandfrieden, nach denen alle Zölle dann als neu verboten waren, wenn sie nach einem bestimmten Stichtag eingerichtet worden waren und ihre Berechtigung nach dem Reichsrecht nicht wirksam bewiesen werden konnte.[277] Dieser Stichtag schwankte je nach geltendem Reichslandfrieden, in der Regel handelte es sich jedoch um den Todestag Fried-

---

273 Vgl. das Gründungsdokument von 1254, MGH Const. II Nr. 428/I, Art. 2.

274 MGH Const. III, Nr. 157, S. 151, Z. 25.

275 St. UB II, Nr. 233, S. 188, Z. 13 f.; St. UB II, Nr. 284, Art. 3

276 Vgl. MGH Const. I, Nr. 175; zur Bezeichnung des Rheins als (Wasser-) „Straße" vgl. MGH Const. I, Nr. 115; dazu *Kunze*, Rudolf von Habsburg, S. 158.

277 Vgl. MGH Const. II, Nr. 196, Art. 7; MGH Const. III, Nr. 279, Art. 17-19; MGH Const. III, Nr. 390, Art. 17.

richs II., während der Frieden von 1287 darunter den Tag seiner eigenen Errichtung verstand. Somit konnte der beschuldigte Zollnehmer seiner Ahndung entgehen, wenn er entweder nachweisen konnte, dass sein Zoll bereits vor dem Stichtag bestanden hatte, oder er aber dessen Rechtmäßigkeit beweisen konnte, wofür praktisch nur ein verbrieftes königliches Privileg in Frage kam. Aufgrund der am 7.5.1301 erlassenen *„Cassatio theloneorum apud Rhenum"*, die ausdrücklich alle neuen Rheinzölle seit Friedrich II. aufhob, konnte in der nahezu zeitgleich errichteten Einung jedenfalls nur dieses Datum gemeint sein.[278] Anders als auf der Ebene der Reichslandfrieden wurden die Ausnahmen, nämlich eine beweisbare, in der Regel also eine verbriefte Berechtigung, nicht ausdrücklich erwähnt,[279] vielleicht, weil dies auf eine Beschränkung der Regalienhoheit hätte hinauslaufen können.

Wohl aus einem ähnlichen Grund enthielten auch alle regionalen Landfrieden keine Regelung der damit eng zusammenhängenden und in den Reichslandfrieden im gleichen Komplex behandelten Fragen der Geleitgelder, der Zollverwendung und des Burgenbaus.[280] Allerdings bezog die Einung von 1310 unter Heinrich VII. sich noch stärker auf den von diesem König gerade nicht verlängerten Reichslandfrieden und ergänzte ein Verbot der Grundruhrnahme, was gezielt gegen die Markgrafen von Baden gerichtet war, gegen die der Landfrieden tatsächlich 1313/14 auf dieser Grundlage einschritt.[281]

Zwar gebot die letztgenannte Einung als erster regionaler Frieden, wie bereits der Mainzer Reichslandfrieden von 1235, die Behandlung der unberechtigten Zollnehmer als Straßenräuber. Aus der bündischen Tradition, der systematischen Verbindung der Zollvergehen mit dem Friedensschutz und -bruch und dem Sinn und Zweck der Landfriedensbündnisse, nach der Verletzung der genannten Verbote notfalls durch kollektive Sanktionen Sühne und Wiedergutmachung zu erzwingen, galt die Bußleistung aber auch weiterhin für die Zollvergehen. Dieser Rechtsfolge näherten sich ihrerseits die Reichslandfrieden schrittweise bis 1287 an.[282]

---

278 Vgl. MGH Const IV 1, Nr. 134; *Weizsäcker*, Rheinischer Bund, S. 157.

279 Vgl. St. UB II, Nr. 233, S. 188, Z. 13 f., dessen Regelungen nahezu wortgleich mit dem entsprechenden Passus des Reichslandfriedens von 1298, MGH Const. IV 1, Nr. 33, Art. 19, sind, bis auf den letzten Halbsatz, der diese Ausnahmen betraf und in der Einung fehlte.

280 Zur engen Zusammengehörigkeit der drei Teilfragen vgl. MGH Const. II, Nr. 196, Art. 7; SSp. Ldr. II 27,2; *Mitteis* ZRG GA 62 (1942), S. 13, 29. Zu den Pflichten des Geleitinhabers vgl. ausführlich *Wyneken*, Landfrieden, S. 10 f.; *Schaab*, ZwürttLG 40 (1981), S. 398 ff.

281 St. UB II, 284 (S. 229-233), Art. 3; vgl. ausführlich Rosenkränzer, Johann I. von Straßburg, S. 70 m.w.N.; *dazu auch oben Kapitel 2 I 5 c) sowie unten Kapitel 6 I 3.*

282 Hatten die Reichslandfrieden von 1235 und 1281 als Sanktion die Behandlung als Straßenräuber bzw. Fälscher festgesetzt, so verwendete ihr Nachfolger von 1287 eine neue Konstruktion, indem er diese Handlungsweisen als Landfriedensbruch qualifizierte; vgl. MGH

(4) Mit der Ausformung von Delikten im Tatbestand des Landfriedensbruches verschwand bald auch die traditionelle Sonderbestimmung zum Zoll, während sie in den mittelrheinischen Landfrieden wegen der noch stärkeren Brisanz etwas länger andauerte.[283] Hatte sich schon von Anfang an die enge Verknüpfung beider Fragen für die Landfriedensparteien gezeigt, war nunmehr, auch nach der Loslösung von der entsprechenden Reichslandfriedensgesetzgebung, eine gesonderte Regelung nicht mehr erforderlich.[284] Aus Sicht der reisenden Kaufleute bestand zwischen der Wegnahme von Gütern unter der Begründung der Fehde oder Selbstpfändung einerseits und andererseits eigenmächtig erzwungenen Barabgaben für unrechtmäßig Zölle und Geleite kein prinzipieller, allenfalls ein gradueller Unterschied. In einer kirchlich und städtisch geprägten Ordnungsvorstellung, die auch die Chronisten auszeichnete, mussten beide als Formen der offenen Zueignung durch unberechtigte private Gewalt, mithin als Raub erscheinen.

Die Gleichsetzung mit dem Straßenraub, die bereits lange Tradition in den Reichslandfrieden und im Partikularrecht hatte, wurde damit, wie auch schrittweise im Reichslandfriedensrecht konsequent auf die Tatbestände selbst ausgeweitet. Das Reichsrecht versuchte zwar zunächst noch weiterhin zu bestimmen, wann ein Zoll als unrechtmäßig zu gelten habe.[285] Die weiteren Zollvergaben Karls IV. und das Scheitern der städtischen Vorstellungen bei den Verhandlungen zur Goldenen Bulle von 1356 ließen diesen Prozess aber zunächst an ein Ende kommen.[286] Währenddessen hatte sich die Sanktionierung der Zollvergehen als Räuber nach partikularem Recht insgesamt durchgesetzt. Damit verblieb den Landfrieden die Aufgabe, im Falle einer gewaltsamen beziehungsweise unrechtmäßigen Einforderung eine gemeinsame Exekution mit dem Ziel der Wiedergutmachung zu organisieren. Dennoch war ihnen dabei, trotz mancherlei Aktionen, insbesondere gegen die Markgrafen von Baden, ein nachhaltiger Erfolg nicht beschert. Vielmehr erreichten Zölle und Geleite am Rhein bis 1350 einen (absoluten) Höhepunkt und blieben das ganze 14. Jahrhundert ein konstantes

---

Const. II, Nr. 196, Art. 7; MGH Const. III, Nr. 390, Art. 17; vgl. auch *His*, Strafrecht II, S. 72; zur Delegation vom Reichshofrichter an die traditionellen Gerichte im Reichslandfrieden von 1281 vgl. *Graevenitz*, Landfriedenspolitk, S. 115; diese war zwar seit 1287 entfallen, allerdings waren neben der Buße die weiteren Sanktionen, insbesondere Reichsacht und kirchlicher Bann geblieben, die aber wie der Entzug des missbräuchlich genutzten Zollrechts aus ihrer Natur heraus keinen Eingang in die regionalen Friedensbündnisse finden konnten.

283 Vgl. etwa MGH Const. V, Nr. 421, Art. 1; Nr. 649, Art. 1.

284 Vgl. zum *Martin*, Städtepolitik, S. 130 ff.; sowie den Reichslandfrieden von 1323, MGH Const. V, Nr. 735, Art. 1.

285 Ebd.

286 *Vgl. oben Kapitel 2 III 3 a), IV 1 b).*

Problem, das die Wirtschaft am Rhein schädigte.[287] Die verschiedenen Bestrebungen des Königtums, der Städte und der größeren Adeligen, namentlich der mittelrheinischen Kurfürsten, blieben in gleichem Maße bestehen. Allerdings spielten sich diese bald auf anderen Ebenen, außerhalb der engeren Landfriedenspolitik, ab, namentlich auf Reichsebene ebenso wie in verschiedenen speziellen Bündnissen und Vereinbarungen.[288]

b) Münzrecht

Bereits wegen der technischen Erfordernisse kam dem Problem der eigenmächtigen Münzherstellung lange nicht die Brisanz der Zollerhebungsfrage zu. Es handelte sich aber um verwandte Problemkomplexe, gehörte das Münzrecht doch auch zu den Regalien, die nicht nur erheblichen fiskalischen Nutzen bringen konnten, sondern auch über die Territorien hinweg die unverzichtbare Grundlage für ein funktionierendes Wirtschaftswesen nach Ablösung der Subsistenz- und Naturalwirtschaft war.[289] Wie beim Zoll verbanden sich die Interessen der überwiegend am Handel orientierten Städte und Adelsgruppen mit denen des Königtums an Kontrolle und effektiver Ausgestaltung der Regalie.

Da Münzkonflikte allerdings keine Gewaltakte im eigentlichen Sinn darstellten wie etwa das, regelmäßig unter Zwang erfolgte, Kassieren eines zweifelhaften Zolles, lag hier der Bezug zum Friedensschutz nur in der

---

287 Vgl. *Stolz*, VSWG 41(1954), S. 18; *Sommerlad*, Rheinzölle, S. 60; *Hergemöller*, Nürnberg, S. 92; vgl. auch die Rheinsperrung von 1349, *dazu oben bereits Kapitel 2 III 3 a)*; sowie *Löper*, Rheinschiffahrt, S. 40 ff.

288 Vgl. zur Goldenen Bulle und den Bündnissen der einzelenen Fürsten und Städte vgl. *Hergemöller*, Nürnberg, S. 92 ff. m.w.N.; *Thomas*, JbWestdtLG 1 (1975), S. 73.

289 So erlebte insbesondere der vom Handel überaus abhängige Mittel- und Oberrhein seit den 1280er Jahren, nicht zuletzt durch den Niedergang der monetären Ordnung in Folge der Münzvielfalt einen Verfall des regionalen Pfennigs, durch den die wirtschaftliche Grundlage der wiedererstarkten Geldwirtschaft erschüttert wurde; vgl. St. UB. V, Nr. 352; *Nau*, BlDtLG 105 (1959), S. 295; *Hess*, Münzwesen, S. 266 ff.; da sich beim Münzregal ähnliche Territorialisierungsentwicklungen wie beim Zoll bereits bis zum Mainzer Reichslandfrieden vollzogen hatten, lag es im Interesse der stets wachsenden Münzherren wie der sonstigen Reichs- und Partikularmächte, die Verlässlichkeit der Münzen und den Bestand des geschützten Oligopols sicherzustellen, was nicht zuletzt in den Reichslandfrieden seit 1235 seinen Ausdruck fand im Verbot aller unrechtmäßigen Münzstätten und der Strafbarkeit der unrechtmäßigen Münzherstellung als Fälscherei, vgl. MGH Const. II, Nr. 196, Art. 11; das große Interesse der Städte an der Vereinfachung und Reform des Münzwesens zeigte sich wohl am besten an zahlreichen Münzbünden Ende des 14. Jahrhunderts, wobei im Elsass die unversöhnliche Ablehnung des Hellers durch das mit seiner Münze bestimmende Straßburg den Beitritt zum Rappenmünzerbund bestimmte, vgl. zusammenfassend *Hergemöller*, Nürnberg, S. 74 ff., 81 f., 129 f.; zum Münzwesen allgemein vgl. die Bibliografie von *Nau*, BDLG 105 (1959), S. 260 ff.; zum Münzwesen im Elsass vgl. insgesamt *Cahn*, Geldgeschichte.

Prävention künftiger Konflikte. Wohl auch deswegen tauchte das unrechtmäßige Münzenschlagen nur in der Einung König Heinrichs VII. von 1310 auf,[290] die vielleicht den Versuch darstellte, Materien aus den vorerst nicht erneuerten Reichslandfrieden auf regionaler Ebene fortzuführen. So enthielt die genannte Vorschrift im wesentlichen den in den Reichslandfrieden seit 1235 entwickelten Rechtsatz, der an allen Orten das Münzenschlagen unter Androhung der Bestrafung als Fälscher verbot, sofern das Recht nicht dazu vom Reich oder in sonstiger rechter Weise erworben worden war. Die Vorschrift verband dies aber ausdrücklich mit der Pflicht, *„und sol der lantfride uf sie beholfen sin uf den eit."*

Daneben fand sich auch die Gleichstellung des Unterstützers, die ein Reichsweistum König Rudolfs vom 13.7.1285 gegen Falschmünzer bestätigt hatte.[291] Dagegen wurde auf die dort präzise Unterscheidung zwischen der unberechtigten Herstellung wertgerechter Münzen, der Herstellung nicht ihrem Nennwert entsprechenden Münzen und der bewussten Verwendung dieser Münzen, wie zuvor in den Reichslandfrieden, verzichtet.[292] Die gleichfalls bestraften Beihilfehandlungen bezogen sich, anders als jene bezüglich des allgemeinen Landfriedensbruches, auch nicht auf die nachträgliche Unterstützung oder Beherbergung, sondern die Weisung sowie Leistung von Hilfe und Rat zur Tat selbst. Es handelte sich bei dieser akzessorischen Teilnehmerhaftung um einen Rechtsgedanken, der sich bereits im Mainzer Reichslandfrieden aus der Verschmelzung lehnsrechtlicher und kanonischer Gedanken entwickelt hatte.[293]

Da auf die Strafsanktionen bereits oben ausführlich eingegangen wurde,[294] bleibt nur festzustellen, dass sich die Münzfrage seit dieser Norm wieder gänzlich außerhalb des Friedensrechtes fand, aber weit über das 14. Jahrhundert hinausreichend in der Region aktuell blieb.[295] Der Bezug zum eigentlichen Anliegen des Landfriedens war doch allzu fern und eher unter der aktuellen Absicht König Heinrichs VII. erfolgt. Die privilegierten Inhaber der wenigen Münzprägestätten, voran die der bedeutendsten in Straß-

---

290 St. UB II, Nr. 284, Art. 17.

291 MGH Const. III, Nr. 368a.

292 Vgl. zur Erweiterung bereits den Frieden von 1287; MGH Const. III, Nr. 390, Art. 23 f.; auch in den späten Reichslandfrieden lag der Schwerpunkt der Verfolgung jedoch eindeutig in der fehlenden Berechtigung; so betonte etwa der Text von 1298, dass die Güte der Münze bei der Sanktionierung keine Rolle spielte, vgl. MGH Const. IV 1, Nr. 33, Art. 25; dazu *Wyneken*, Landfrieden, S. 12 f., 76.

293 St. UB II, Nr. 284, S. 232, Z. 24-31; zu den Ursprüngen des Behilfetatbestandes innerhalb des Reichsfriedensrechts vgl. auch hier *Mitteis*, ZRG GA 62 (1942), S. 13, 43; *ders.*, Lehnrecht und Staatsgewalt, S. 59, 532.

294 *Vgl. oben Kapitel 4 II 2 b).*

295 Vgl. etwa *Hergemöller*, Nürnberg, S. 76 ff.

burg, die schon seit 1296 fast ununterbrochen in der Hand der patrizischen Münzgenossen war,[296] hatten kein Interesse daran, bei der Ausübung des Münzrechts und der Regelung ihrer Rechte untereinander den vollen Kreis aller Landfriedensparteien gleichberechtigt einzubinden. Vielleicht bedurfte es aufgrund der klaren reichsrechtlichen Vorgaben, die immer wieder in den Reichslandfrieden und dem genannten Reichsweistum wiederholt worden waren, auch keiner materiellen Regelung mehr im Lande. Jedenfalls schlossen die Straßburger seit 1377 lieber gesonderte Münzvereinbarungen ab und gingen eigenmächtig und mit ihren konkreten Verbündeten gegen Verstöße vor, wobei der Schwerpunkt auf der Münzgüte und -verschlechterung lag.[297] So ist auch keine Aktion des Landfriedens gegen Falschmünzer belegt, wohingegen bereits zuvor die Chroniken von mehreren vollzogenen peinlichen Bestrafungen durch die Städte selbst berichteten.[298] Erst im 15. und 16. Jahrhundert sollte sich die Frage der Münzkonventionen wieder mit der allgemeinen Rechts- und Friedenssorge im Land verbinden.[299]

3. Besitzstandsgarantien: Erbleihe, Gewere und Ersitzung

Neben der Pfändung als regelmäßigem Bestandteil der Landfrieden finden sich aber in den ausführlichen Einungen von 1301 und 1310 auch mehrere Gewährleistungen, die sonst eher selten in Landfrieden auftraten. Die Garantien der Erbleihegüter und der Besitzlage konnten zunächst einen Schutz gegenüber dem neuen Recht der Landfrieden bedeuten und damit eine Ausprägung der allgemeinen Rechtsgarantie bei der Errichtung dieser jeweils neuen, „ungewohnten" Normen. Es handelte sich durchgehend um *leges imperfectae*, die sich auf die materielle Regelung beschränkten, so dass offen blieb, inwieweit ihre Verletzung bereits für sich genommen die üblichen Sanktionen eines Landfriedensbruches nach sich zogen. Allerdings

---

296 Vgl. *Rosenkränzer*, Johann, S. 67 mit einzelnen Nachweisen von Verpfändungen und Übertragungen durch die Bischöfe von Straßburg und das zentrale Interesse des Rates, sich die Münzrechte auch nach dem jeweiligen Auslaufen der Verträge und Verpfändungen, z.B. 1306 zu sichern.

297 So bedrohte der oberrheinische Münzvertrag von 1377 das Beschneiden von Pfennigen mit Fingerabhauen oder Erhängen, das Auslesen mit dem Verlust von Leben und Vermögen, ebenso wie auch der Freiburger Münzbrief 1399 vgl. Eidgenössische Abschiede I 2, Nr. 57; UB Freiburg II, Nr. 130; insoweit hatte sich der Fokus der Strafbarkeit nunmehr auf die Fälschung im materiellen Sinne eines falschen Realwertes verschoben, vgl. *His*, Strafrecht II, S. 274 f., 280.

298 So das Sieden von Falschmünzern 1275 in Colmar und im folgenden Jahr in Ruffach; vgl. Jahrbücher von Basel, S. 27 f.

299 *Vgl. unten Kapitel 7 II 2.*

dürfte aus dem bereits Ausgeführten ohne weiteres erkennbar sein, dass zumindest ein gewaltsamer Übergriff auf Eidgenossen oder sonst vom Frieden Geschützte insoweit einen Bruch des Landfriedensschutzes darstellte, als er diese materiellen Besitzstandsgarantien verletzte oder überschritt. Interessanterweise verschwanden diese Normen, die sich vor allem in der Einung von 1310 ausgeprägt hatten, weitgehend mit der Einführung der Deliktskataloge, so dass eine gewisse funktionelle Nähe beider den Landfriedensschutz konkretisierender und ausgestaltender Regelungsmethoden erkennbar wird.

(1) So sollen zunächst 1301 alle seit alters her zu Erbe geliehenen Güter in der Gewohnheit stehen, wie es Herkommen war, solange der Frieden währte.[300] Ob damit auch ein aktiver Schutzauftrag an den Landfrieden ausgesprochen war, lässt die Norm allerdings nicht erkennen. Während der Schwerpunkt der Norm sicher auf der Garantie gegenüber dem Landfrieden lag, ließ sich die Regelung jedoch daneben auch als eine besondere Ausformung des Schutzes weniger der Durchreisenden als vor allem der Eidgenossen und Kleriker vor unrechtmäßiger Eigenmacht ansehen. Diese konnte eben, wie bei der Pfändung, im eigenmächtigen Vorgehen ohne Einschaltung des zuständigen Gerichtes liegen. Damit aber mussten die Landfriedenspfleger gerade nicht über die materielle Rechtslage entscheiden, was eigentlich nur den ordentlichen Land- und Lehensgerichten zukam, sondern konnten sich, wie bei der Verletzung des Landfriedensschutzes sonst auch, auf formale Kriterien der unerlaubten Eigenmacht beschränken.

(2) Noch deutlicher trat dies bei dem erst 1310 gebotenen Schutz der *gewere* zu, der seine Wurzeln in Art. 12 der *Treuga Henrici* haben konnte und insbesondere wohl über die Rechtsbücher, jedoch nicht über die Reichslandfrieden nach 1235 transportiert wurde.[301] Wurde jemand im zuständigen Gericht eines der beiden Landgrafen oder eines anderen Richters ein Gut zugesprochen, so sollte ihm der Landfrieden seit 1310 helfen, wenn ihn jemand am Zugriff auf dieses Gut hinderte und der Richter die Übernahme

---

300 Vgl. St. UB II, Nr. 233, S. 190, Z. 1-3.

301 Vgl. Art. 12 der Treuga Henrici von 1224: „*Nullus a possessione rerum quas possidet eicietur nisi possessio ab eo in iuditio evincatur*", MGH Const. II, Nr. 284; danach Ssp. Ldr. II 24,1; II 70 Lnr. 38, 4; Dsp. Ldr. 128, Lnr. 110; SchwSp. Ldr. 191 b, 276a , Lnr 68 a; vgl. dazu *Hattenhauer*, Gottes- und Landfrieden, S. 201 f.; *Schnelbögl*, in: Deutschrechtliche Beiträge 13 (1932), S. 189, 342 ff.; *Hübner*, Privatrecht, S. 176 ff.; *Stobbe-Lehmann*, Handbuch II 1, S. 213 f.; danach wurde der *gewere*-Bruch als gewaltsame Entwerung des bisherigen Gutsinhabers in der Regel zu Raubdelikten gerechnet und fand sich als Ausdruck des Verbots jeder Eigenmacht häufig in den süddeutschen Rechtsquellen, die gebotene Wiedereinsetzung des Klägers, nicht wegen seines Rechts, sondern allein zur Beseitigung der Friedensstörung habe dieses Institut sich der *actio spolio* des kanonischen Rechts angenähert, sei vielleicht sogar darauf zurück gegangen.

mit seiner Macht nicht durchsetzen konnte; so sollte der gerichtlich erfolgreiche Kläger in der *gewere* bleiben, bis ihm das Gut mit besserem Recht abgewonnen würde.[302] Bemerkenswert aus Sicht der Landrechtsforschung ist dabei die Bestimmung der Gewere nicht durch die tatsächliche Sachherrschaft, sondern durch die (vorläufige) Rechtslage kraft Urteils. Insgesamt trat auch hier der Befriedungszweck des Landfriedens durch Schutz des rechtlich wirksam geschaffenen *status quo* vor unrechtmäßiger Eigenmacht klar zu Tage.

(3) Schließlich erschien einmal sogar eine an die spätrömische Ersitzung erinnernde Vorschrift:[303] Danach sollte niemand einem Mann, welches Vermögen auch immer er zehn Jahre und mehr unbescholten und ohne beklagt worden zu sein, in seiner Gewalt und *gewere* gehabt hatte, während sein Widersacher im Lande war und zu den Gerichtstagen erschienen war, dieses Vermögen abschwören oder zu Allmende machen können, solange der Landfrieden währte. Wäre es aber der Fall, dass jemand ihm irgendetwas von seinem Gut innerhalb der vergangenen fünf Jahre durch einen Sieg in der zuvor beschriebenen Weise abgewonnen oder zu Allmende gemacht hätte, sollte man ihn wieder in seine *gewere* setzen, bis es ihm mit Recht vor seinem Richter abgewonnen würde.

Bemerkenswert ist diese Vorschrift nicht zuletzt deswegen, weil der Geltungsdauer der Landfriedenseinung deutlich kürzer war als der vorausgesetzte Ersitzungszeitraum. Das illustriert mustergültig, dass es dem Landfrieden bei allen diesen Regelungen vor allem um die Vermeidung von potentiell gewaltsamen Eigentumskonflikten ging, eine Verknüpfung, die noch im heutigen Recht in der Besitz und Ersitzung ausdrücklich zugesprochenen Befriedungsfunktion aktuell ist.[304]

(4) So muss auch keineswegs mit WYNEKEN erst auf das Anleiteverfahren zurückgegriffen werden, um den Zusammenhang der Besitzstandsregelungen mit den Landfrieden offenzulegen.[305] Bekanntermaßen stellte der *gewere*-Entzug an Liegenschaften ein profitables Mittel des Fehdeführenden dar, das auch in anderen Regionen geahndet wurde und das zu ver-

---

302 Vgl. St. UB. II, Nr. 284, Art. 18.

303 St. UB. II, Nr. 284, Art. 21; zu den römischrechtlichen Einflüssen auf die Landfriedensentwicklung vgl. nur *Wadle*, Fehdebrief, S. 548 ff.

304 So ist der Zweck des rechtlichen Schutzes des Besitzes die Bewahrung des äußeren Friedens, so dass bis auf den Sonderfall einer „frischen Tat" der Rechtsweg einzuhalten ist, vgl. nur *Schwab/Prütting*, Sachenrecht, § 6 III; zur Ersitzung vgl. etwa *Finkenauer*, Eigentum; *Wieling*, Sachenrecht, § 11 I 1.

305 Vgl. *Wyneken*, Landfrieden, S. 25; zur Besitzeinweisung im Wege der Anleite vgl. nur *Ogris*, Art. „Anleite", HRG I, Sp. 175 ff.

hindern gesucht wurde.[306] Die neuere Forschung hat dann auch in der Vermeidung von Gewalt bei Besitzansprüchen das zentrale, gerade angesichts der Kommerzialisierung und Mobilisierung von Herrschaftsrechten eminent politische Anliegen der Einungen des 14. Jahrhunderts gesehen:[307] „Obwohl Eigen und Erbe niemals zu den Rechtskompetenzen der Landfrieden gehörten, standen sie doch indirekt immer im Mittelpunkt der Friedensbemühungen."

Durch Konservierung des *status quo*, vor allem aber durch Einschaltung gerichtlicher Überprüfung durch die hierzu berufenen ordentlichen Gerichte sollte unkontrollierte Gewalt infolge von Rechtsunsicherheit vermieden werden. Aus diesem Grund wird auch erklärlich, warum die späteren und im Folgenden zu behandelnden Gerichtsrechtsgewährleistungen und Verfahrensregulierung nach relativ kurzer Zeit an die Stelle der materiellen Rechtsregelungen traten. Letztere blieben ihrer Natur und Funktion nach letztlich aus dem Land- und Partikularrecht entlehnt und trugen damit einen potentiellen Konflikt mit diesen und der Rechtsetzungkompetenz seiner Träger in sich, so dass sie unter dem Druck immer weitergehender Partikularisierung des Rechts nachgeben mussten. Für eine aktive, kontinuierliche Weiterentwicklung dieser Normen war das allzu häufig für lange Zeit unterbrochene Landfriedensrecht ohnehin nicht geeignet. Das Verschwinden dieser materiellen Präventionsregelungen markiert dann auch gewissermaßen den Endpunkt ausklingender Tendenzen des Hochmittelalters im Bemühen um materielle Rechtseinheit und die folgende Konzentration auf ein weitgehend formal-prozessual orientiertes Landfriedensrecht.

4. Kirchen- und Teilnehmerrechte, Pfahlbürger und Gerichtsbarkeit

Die Betonung der Rechte der Teilnehmer, voran der Kirchen und Klöster erfüllte eine dreifache Funktion, wenn auch mit unterschiedlichem Schwerpunkt: Einerseits handelte es sich um eine Hervorhebung und Präzisierung oder gar Erweiterung des Landfriedensschutzes gegenüber Übergriffen von Dritten, andererseits um ein Gebot an die Landfriedensteilnehmer, in ihrem Innenverhältnis diese Rechte zu wahren, schließlich aber auch um eine Begrenzung der Kompetenzen des Landfriedens selbst.

---

306 Vgl. zum Entzug der Gewere an Grund und Boden durch Besitzergreifung und Vertreibung, aber auch Hinderung der Bebauung und Ernte und der eigenmächtigen Aberntung vgl. *Orth*, Fehden, S. 71 m.w.N.; dazu auch Ssp. Ldr. III 20,3; zur Sanktionierung als Raub oder durch hohe Sühnen vgl. *His*, Strafrecht II, S. 259 f.

307 Insoweit lehrreich *Schubert*, Interterritoriale Gestaltung, S. 142 f.; vgl. *Pfeiffer*, S. 17.

(1) Der besondere Schutz der Kirchen entstammte dabei nicht alleine den Anfangszeiten der Gottes- und Landfriedensbewegung, sondern auch der besonders Kaiser Friedrich II. geschuldeten, weit umfassenderen Vorschrift zum Schutz der kirchlichen Rechtsstellung im Reich im Frieden von 1235. Sie fand sich in dessen lateinischer Fassung in prominenter Stellung am Kopf der eigentlichen Friedensnormen.[308] In dieser Form reichte sie auch über den eigentlichen Landfriedensschutz hinaus. Dieses allgemeine Rechtsgewährleistungsgebot spiegelte sich nicht nur in den deutschen Fassungen dieses und der nachfolgenden Reichslandfrieden, sondern auch noch in den oberrheinischen Einungen des 14. Jahrhunderts wieder: So sollten *„alle pfaffen und alle geistlichen lu[i]te und alle gotzhuser"* eben nicht nur *„in diseme friden sin"*, sondern sie *„su[i]lent in irme rehte und in irre vriheite bliben."*[309] Allerdings handelte es sich wohl eher um eine Generalnorm ohne eindeutigen Bezug zum Landfriedensschutz. Unklar blieb ebenfalls, in welcher Weise der Landfrieden zu ihrer Beachtung über den eigentlichen Landfriedensschutz hinaus beitragen sollte oder konnte. Vielleicht auch deswegen reduzierte sich die Garantie für die Kirchen und Klöster seit 1343 auf den üblichen Landfriedensschutz vor Gewalt.[310] 1389 trat hingegen der Schutz vor dem Landfrieden und die vernünftiger Abwägung beider Interessen sprachlich in den Vordergrund. Danach hatte dieser den Schutzbereich von Kirchen und Klöstern (nur) dann zu beachten, wenn nicht gerade von dort aus Schädigungen und Gewalttaten vorgenommen wurden.[311]

(2) Ebenso wie bei dem gerade zuletzt genannten Kirchenschutz lag bei den in den Einungen genannten Garantien der Freiheiten, Rechte und guten Gewohnheiten der Teilnehmer der Schwerpunkt eindeutig auf der Einschränkung der Kompetenzen der Landfriedensnormen und -organe, um die Akzeptanz für die Einung zu sichern. Allerdings waren die Gewährleistungen auch, und gerade am Anfang untrennbar, mit dem eigentlichen Landfriedensschutz verknüpft.[312] Seit den stark politisch geprägten Landfrieden von 1317 wurde diese Rechtsgarantie, die zunächst König Ludwigs IV. gegenüber den Fürsten und Herren abgab, systematisch deutlich vom

---

308 MGH Const. II, Nr. 196, Art. 1; *vgl. oben Kapitel 1 II 2.*

309 St. UB II, Nr. 233, S. 188, Z. 2-4.

310 St. UB V, Nr. 116, S. 118, Z. 14 f.

311 RTA II, Nr. 75, Art. 22.

312 Zur umfassenden Rechtsgarantie für alle Edelleute, Grafen, Freie und Dienstleute, die sämtlich in ihren Rechten und Freiheiten bleiben sollten vgl. etwa St. UB II, Nr. 233, S. 188 Z. 4-9; *dazu schon oben Kapitel 3 III 2 b) (2);* nicht zuletzt wegen der Garantien des Reiches gegenüber den Territorialherren etwa in Art. 6 des Statutum in favorem principum, Zeumer I, Nr. 53; *Kroeschell,* DRG I, Nr. 81.

Landfriedensschutz getrennt.[313] Noch ausdrücklicher betonten die Einungen seit 1343 den Schutz vor dem Landfrieden für alle Herren und Städte, die zu ihm gehören sollten: Sie sollten in ihren Rechten und Freiheiten bleiben *„alse sie harkomen sint und sol in daran dirre lantfride kein schade sin."*[314] Interessanterweise ergänzte dies Karl IV. 1347 dahingehend, dass auch ihm als König der Landfrieden hinsichtlich der genannten Rechte und Freiheiten der Herren und Städte kein Schaden sein sollte.[315] Die folgerichtige Einordnung bei den Ausnahmen und Vorbehalten der Mitglieder wurde dann 1366 erreicht.[316] Der Text von 1378 konkretisierte dies noch weiter, indem er bei den Freiheiten und Rechten auch namentlich die Gerichte, also die Gerichtskompetenzen einbezog.[317] Weitgehend diese Fassung und nicht die des kurz vor ihr verabschiedeten Egerner Reichslandfriedens übernahm dann die Einung von 1389; so fehlte hier insbesondere die Einschränkung, dass die Rechtsgarantien nur insoweit galten, als der Landfrieden selbst nichts anderes bestimmte.[318] Von dort übernommen wurden aber der nun eindeutige Vorbehalt der Rechte des Reiches gegenüber derartigen Freiheiten und Privilegien.[319]

(3) Wie bereits dargestellt, war die Frage der Pfahl- beziehungsweise Ausbürger eng mit der Abgrenzung der Herrschaftsrechte und Gerichtsbarkeiten sowie den städtischen Freiheiten und Privilegien verbunden. Der Zustrom an Arbeitskräften und Kapital steigerte die Leistungsfähigkeit der Städte auf Kosten der Landesherren, denen unkontrolliert Untertanen und Abgaben entzogen wurden, erhöhte aber gleichzeitig die Spannungen zwischen beiden und wirkte so Landfriedensbestrebungen entgegen. Die Aus- und Pfahlbürger blieben ein beständiger Streitherd zwischen den Städten und den umliegenden Territorialherren, zu dessen Befriedung und vertraglicher Regulierung zwischen den Einungsteilnehmern die Landfrieden ein geeignetes Mittel darstellten.[320] Wie schon 1254 handelte es sich daher bei

---

313 Vgl. MGH Const. V, Nr. 421, Art. 5.

314 St. UB V, Nr. 116, S. 121 Z 9-11.

315 St. UB V, Nr. 159, S. 155, Z. 8-11.

316 Unter den Ausnahmen, dass dem König wie allen Parteien alle ihre Freiheiten, Rechte und gute Gewohnheiten behalten und der Landfrieden daran kein Schade sei; vgl. St. UB V, Nr. 733; S. 571, Z. 30-32.

317 *„Als si die bisher braht und gehabt hant"*, vgl. St. UB V, Nr. 1319, Art. 23.

318 Vgl. RTA II, Nr. 72, Art. 43

319 St. UB V, Nr. 1319, Art. 23.

320 Vgl. zu den Bemühungen König Wilhelms im Juni 1255 zwischen dem Rheinischen Bund und den rheinischen Territorialherren *bereits oben Kapitel 1 II 3 d)*; zu Streitigkeiten zwischen Bischof und Bürgerschaft Straßburgs hierüber *ausführlich oben Kapitel 2 III 1 a)*; zu den bis weit in das Hochmittelalter zurück reichenden früheren Ausseinandersetzungen und rechtlichen Reaktionen vgl. nur Art. 10 des *Statutum in favorem principum*, Zeumer I, Nr. 53; *Kroeschell*, DRG I, Nr. 81; vgl. dazu *Schrader*, ZRG GA 68 (1951), S. 375 mit besonderer Be-

der Übernahme des Pfahlbürgerverbotes in die Einung von 1310 konsequenterweise weniger um städtefeindliche Politik als um eine präventive Maßnahme, um die im gesamten Spätmittelalter häufigen Konflikte mit Stadt und Umland zu vermeiden,[321] die eng mit der Jurisdiktionsfrage in Zusammenhang standen. So waren die Pfahlbürger auch bereits seit 1235 in den Reichslandfrieden geregelt gewesen und hatten 1298 eine wesentliche Präzisierung erhalten, wonach jeder Bürger mit Wohnung und Habe im Sommer und Winter in seiner Stadt sein musste, und ihm allenfalls eine Frist zur Entscheidung beziehungsweise zum Umzug eingeräumt wurde.[322]

Nicht zuletzt die Verhandlungen um die Goldene Bulle von 1356 hatten gezeigt, wie verhärtet sich in dieser Frage vor allem die Freie Stadt Straßburg und der wichtigste Territorialherr in ihrem Umland, ihr Bischof, gegenüberstanden.[323] Daher verwundert, dass sich derartige Regelungen, im Gegensatz etwa zu den älteren und neueren Reichslandfrieden und sonstigem Reichsrecht nur einmalig in der Einung von 1310, dort jedoch bereits in Art. 1, noch vor der eigentlichen Friedensschutzvorschrift fanden.[324] Die Regelung baute inhaltlich auf den früheren Reichslandfrieden auf, indem sie im Interesse klar abgrenzbarer Gerichts- und Herrschaftsrechte und zugunsten der Landesherren, namentlich des Bischofs von Straßburg, ein grundsätzliches Verbot der Pfahlbürger anordnete, denen eine Frist zur Entscheidung eingeräumt wurde, ob sie Bürger sein wollten oder nicht.[325] Die konkreten Möglichkeiten, doch als Bürger teilweise außerhalb der Stadt zu leben, wurden hingegen damals nicht übernommen, ebenso wenig wie das Verbot der Aufnahme von Eigenleuten.

Das Pfahlbürgerverbot verwunderte insbesondere angesichts der großen Bedeutung, die adeligen Ausbürgern namentlich Straßburgs wirtschaftlich und politisch zukam. So hatten dort ja sehr viele Ritter des Umlandes das Bürgerrecht erworben und waren eng mit dem eingesessenen Patriziat verbunden. Indes entfalteten die Pfahlbürgerverbote ohnehin kaum nach-

---

rücksichtigung der Pfahlbürgerfrage im Verhältnis von Friedrich II. und dem Bischof von Straßburg.

321 Trotz Art. 8 des Nürnberger Reichsabschieds von 1274 blieb die Regelung des Pfahlbürgerproblems eine stets von regionalen Kräftekonstellation abhängige Machtfrage, vgl. *Martin*, Städtepolitik, S. 145 ff.

322 Vgl. *Wyneken*, Landfrieden, S. 9 f.

323 *Vgl. oben Kapitel 2 IV 1 b).*

324 St. UB II, Nr. 284, Art. 1; vgl. nur den Mainzer Reichslandfrieden und seine Nachfolger MGH Const. II, Nr. 196, Art. 13; MGH Const. III, Nr. 279, Art. 14 f.; zu Fortentwicklungen nach dem Interregnum vgl. *oben Kapitel 2 I 2 b) (2)*; zum Reichslandfrieden von 1298 und seinen Fortentwicklugnen vgl. MGH Const. IV 1, Nr. 33, Art. 13 f.; sowie *oben Kapitel 2 I 4 a)*; zur Goldenen Bulle vgl. *oben Kapitel 2 IV 1 b) (2)*; zum Egerner Reichslandfrieden RTA II, Nr. 72, Art. 37.

325 *Vgl. auch oben Kapitel 2 I 5 b).*

weisbare Wirkungen. Zudem konnte die Stadt auch mit dem Unterschied von meist bäuerlichen Pfahl- und sie vor allem interessierenden adeligen Ausbürgern argumentieren. Allerdings hatte Heinrich VII. das Pfahlbürgerverbot nur im Gegenzug für eine parallel erfolgte umfasssende Zollprivilegierung der Straßburger in den Landfrieden aufnehmen können. Die Norm sollte daher auch mit dem Auslaufen der Einung 1315 nicht mehr in den oberrheinischen Landfrieden auftauchen, bei deren Errichtung die Thronprätendenten und Herrscher auf die Städte und vor allem Straßburg angewiesen waren. In diesem weiteren Verlauf wurde die Sonderrolle der Freistadt und ihre ungebrochene Macht bis zum Ende der Landfriedensentwicklung deutlich, die einschränkende Regelungen regelmäßig verhinderte.[326] Ganz besonders galt dies für das Jahr 1389, als die einzig ungeschlagene Straßburger Bürgerschaft ihren eigenen Landfrieden ohne die entsprechenden unterordnenden Bestimmungen des Egerner Hauptbriefes in dieser Frage durchsetzen konnte.[327]

(4) Die verschiedenen Gerichtsgebote und Gewährleistungen hatten im Vergleich hierzu weniger eine Bedeutung zwischen den Landfriedensparteien, sondern betonten das Rechtsweggebot, sicherten vor allem aber die tradierten Gerichtskompetenzen gegenüber den Organen und Verfahren der Landfrieden selbst ab. Hier griffen zunächsten die autonomen Einungen von 1343 den Subsidiaritätsgedanken des Mainzer Reichslandfriedens wieder auf, wonach jedermann im Geltungsbereich des Landfriedens wegen angeblicher Ansprüche aus Schulden, Eigen, Erbe und vergleichbaren Sachen seinen Gegner nicht bekriegen sollte, sondern sich an das Gericht *„an den stetten, da sie ez ietwedersite billich und zu[o] rehte tu[o]n súllent"* wenden und dessen Urteilsspruch gehorsam sein sollte.[328] War damit gleichzeitig eine Abgrenzung zwischen den Zuständigkeiten des Landfriedens und der traditionellen Gerichte getroffen, auf die sogleich unten einzugehen sein wird, so trat dieser Gedanke in den folgenden Einungen in den Vordergrund, wenn etwa bestimmt wurde: *„Ouch so[e]llent lehen für die lehen herren geho[e]ren und eygin und erbe für die gerihte da sú gelegen sint."*[329]

326 *Vgl. oben etwa Kapitel 2 IV 2 b).*

327 *Vgl. oben Kapitel 2 V 3 a).*

328 St. UB V, Nr. 116, S. 119, Z. 31-36.

329 St. UB V, Nr. 1319, Art. 24.

Kapitel 5: Organisation und Verfahren

I. Landfriedensgerichtsbarkeit

1. Die Amtsträger des Landfriedens

a) Hatten nach dem Stand der Forschung die frühmittelalterlichen Gottes- und Landfrieden ihre Durchsetzung wohl der von ihnen geradezu neu konstituierten Öffentlichkeit in Form einer *„levée en masse"* überlassen, so konzentrierten sich ihre hochmittelalterlichen Nachfolger vor allem auf die normative Evolution in den traditionellen Gerichten. Die Landfrieden nach dem Interregnum stehen demgegenüber in dem Ruf, sich zentral um neue effektive Möglichkeiten der Durchsetzung der bereits in den früheren Phasen geschaffenen und normativ als Gewohnheitsrecht und Rechtsgewohnheiten etablierten Friedensnormen bemüht zu haben.

Dabei kam nicht nur der Ausbildung besonderer Vollzugsnormen zwischen den als Parteien führenden Autoritäten und sonstigen Teilnehmern der Einungen eine essentielle Bedeutung zu, sondern auch den von ihnen eingesetzten besonderen Institutionen. Das Bestehen eines besonderen Gremiums von Vertretern der maßgeblichen Mitglieder zur Durchsetzung des Landfriedens, wie es die Einungen seit 1293 kennzeichnete, ist geradezu als Wesensmerkmal für die spätmittelalterlichen Landfriedenseinungen angesehen worden.[1] In Vorhandensein eines gemeinsamen Ausschusses und Hauptmanns, die direkt auf die Bewohner der Städte und Territorien zugreifen konnten, hat etwa SCHUBERT den Unterschied zwischen Landfriedenseinung und bloßem, in der Goldenen Bulle verbotenen Bündnis gesehen.[2] Richtig ist daran, dass die Besonderheit des spätmittelalterlichen Landfriedensrechts gegenüber den früh- und hochmittelalterlichen Friedensformen in der Herausbildung eigener Organisationsformen und eigener Organe lag, die neben und gegebenenfalls an die Stelle der traditionellen Gerichte und ihrer Funktionsträger wie Richter, Schöffen und Fronboten traten.

Die im Friedenstext eingesetzte, die gemeinsamen Friedensbemühungen bündelnde und koordinierende institutionalisierte Zusammenkunft von Vertrauensträgern und Amtsleuten der hervorgehobenen Landfriedenspar-

---

1 Vgl. *Angermeier*, Königtum und Landfrieden, S. 220 ff.; *Mohrmann*, Landfriede, S. 65; *vgl. hierzu oben Kapitel 3 II 3.*

2 *Schubert*, Interterritoriale Gestaltung, S. 128 f.

teien, die bald unter dem Vorsitz eines Obmanns erfolgte, war lange Zeit das einzige gemeinsame Organ des Landfriedens. Erst seit 1378 trat ergänzend eine Landfriedenstruppe unter einem Hauptmann oder Hauptleuten ausdrücklich in den Einungstexten hinzu. Diese beiden Einrichtungen blieben aber von einander bis zum Ende der Entwicklung durch eigene Aufgaben und Befugnisse getrennt, wobei auf die Landfriedenstruppe unten gesondert einzugehen sein wird.[3] Noch später wurden dem Kollegialorgan des Landfriedens Hilfspersonen in Form eines Schreibers und von Boten ausdrücklich zugeordnet.

b) Bevor die Organisation der Landfrieden eingehender untersucht werden kann, gilt es das Problem auszuräumen, dass durch die Wahl der übersetzten beziehungsweise gewählten Bezeichnung dieses Gremiums durch die Landfriedenforschung - *„nomen est omen"* - bereits unterschiedliche Assoziationen von seiner möglicher Ausgestaltung hervorgerufen worden sind. Die begrifflichen Etiketten der modernen Forschung reichen bis heute von einem - gänzliche Formlosigkeit, aber auch rein politische Bestimmung suggerierenden - „Gesandtentreffen" bis zu einer „Behörde" mit „Beamten" und haben damit entscheidend das jeweilige Vorverständnis geprägt. Vor allem die letztgenannten, noch weithin verwendeten Begriffe lassen denn auch weit mehr den etatistisch-modernistischen Ausgangspunkt der Beobachter als den Untersuchungsgegenstand zu Tage treten, und sind den Quellen in ihren historischen Kontext gänzlich fremd.[4] Von einer bürokratischen Ausformung und institutionellen Verfestigung kann, wie im Folgenden erkennbar, mit geringen Ausnahmen allenfalls für die späten Projekte König Wenzels, nicht gesprochen werden.

Aber schließlich birgt auch die Bezeichnung als „Landfriedensgericht"[5] die Gefahr, diesem Gremium Eigenschaften, Befugnisse und Verfahren zuzuordnen, die, jedenfalls zu Beginn der Entwicklung, nicht gegeben waren. Insbesondere muss hier der Versuchung begegnet werden, dieses besondere Landfriedensgericht in die Reihe der partikularen traditionellen Gerichte zu stellen und Aussagen zu letzteren unreflektiert zu übernehmen.

---

3 *Siehe unten Kapitel 5 II 2.*

4 Vgl. etwa *Wyneken*, Landfrieden, S. 25; an einer Formulierung, wie der von *Gerlich*, Landfriedenspolitik, S. 10, nach dem sich die „Behörden der Reichslandfrieden im allgemeinen mit denen der regionalen Landfrieden" gedeckt hätten, zeigt sich vielleicht am deutlichsten, welche konstruierten Blickwinkel hier zu Grunde lagen; vgl. aber auch die unkritische Übernahme dieser Bezeichnungen etwa bei *Bock*, ZGO NF 46 (1933), S. 335 f.; sowie etwa auch *Angermeier*, Königtum und Landfrieden, S. 109 f., der durchweg von „Behörden" und „Beamten" gesprochen hat; jüngst etwa noch *Berns*, Bündnispolitik, S. 88 für Westfalen; vgl. auch *Andermann*, Ritterliche Gewalt, S. 212 ff. zu diesen Modernismen.

5 So etwa *Gössgen*, Beziehungen, S. 31; vgl. dagegen die wie hier gleichgerichtete Kritik von *Distler*, Städtebünde, S. 148.

Eine besonders griffige eigene Bezeichnung hat dieses zentrale Organ des Landfriedens in keinem überlieferten Text erhalten. Die mittelhochdeutschen Einungen umschreiben die Vertreter der Parteien regelmäßig mit der offiziellen Bezeichnung als *„die wir u[i]ber den lantfriden gesetzt hant"*,[6] die sich als Kurzbezeichnung als unhandlich erweist. Die älteren lateinischen Quellen sprechen hingegen, dem in anderen Reichsteilen üblichen Gebrauch folgend,[7] von *„conservatores pacis"*, also von jenen, die den Frieden bewahren beziehungsweise unverletzt aufrecht erhalten, und, implizit, nötigenfalls wiederherstellen. Neben den beiden genannten Orginalbezeichnungen und eher neutralen Titulierungen etwa als „Landfriedenspfleger" scheinen daher solche als „Landfriedensbewahrer", „-schützer" oder „-wächter" nicht allzu vorprägend zu wirken und sollen daher im Folgenden Verwendung finden.

2. Entwicklung der Landfriedensbewahrer im Verhältnis zur traditionellen Gerichtbarkeit

a) Bündische Ursprünge

Kannte der Reichslandfrieden von 1235 als Abschluss der hochmittelalterlichen Friedensnormen noch keine besonderen Friedensorgane, so führt die Suche nach den Ursprüngen des Gremiums der Landfriedenspfleger zurück auf den Rheinischen Bund und von diesem auf dessen Vorbild, den Dreistädtebund zwischen den Bürgergemeinden von Mainz, Worms und Oppenheim vom April 1254.[8] Die Existenz einer solchen Einrichtung kennzeichnet die bündische Landfriedenssorge, die geradezu notwendigerweise eine gemeinsame, zwischen den tragenden Mitgliedern koordinierende und schlichtende Instanz voraussetzte. Ihre Wurzeln hatte sie jedoch bereits im genannten vorgelagerten und, wie bereits gezeigt, wesensähnlichen Städtebündnis.

---

6 St. UB. II, Nr. 284, Art. 11 f., 23; vgl.schon St UB II, Nr. 233, S. 190, Z. 11.

7 Zu den üblichen Bezeichnungen als *Conservatores, Assessores* oder *Judices pacis generalis*, oder *advocatus provincialis* für die Landfriedenshauptleute der älteren Art vgl. etwa *Wyneken*, Landfrieden, S. 32 f., 35 m.w.N.; Der Begriff des *conservator pacis, qui pacem et iustitiam providit* wurde zunächst auf Christus, als Herrscher und Friedensfürst, dann auf den König bezogen, so dass in der Bezeichnung der mit der Landfriedenswahrung Betrauten die Delegation und Herleitung ihres Amtes wohl für die Zeitgenossen auch in dieser Form erkennbar war, vgl. etwa *Sellert*, Friedensprogramme, S. 456 f. m.w.N.

8 Vgl. UB Worms I, Nr. 252; sowie die Bündnisse zwischen Mainz und Worms, UB Worms I Nr. 253, sowie zwischen Mainz und Bingen; vgl. *Weizsäcker*, Rheinischer Bund, S. 41 ff., 53 ff.; *Schaab*, rheinischer Städtebund I, 45 ff.

(1) Diese Bündnisse, die ihrerseits wohl wiederum auf ältere Vorbilder zurückgriffen, nicht zuletzt jene lombardischen Bünde, die den Staufern ihre Herrschaft in (Ober-)Italien so schwer gemacht hatten, sind somit zentral für das Verständnis der gemeinsamen Institutionen der Landfrieden, ihre Aufgaben und Funktionsweise.[9] In ihrer „Vertreterversammlung" fielen zwei, zumindest aus heutiger Sicht klar getrennte Aufgaben zusammen: Einerseits hatten die Repräsentanten die Aufgabe, als ein Schiedsgericht im Falle interner Streitigkeiten nach Minne und Recht zu richten.[10] Damit dienten sie als ein Mittel zur Rationalisierung der Konfliktschlichtung und Sicherung der Autonomie und Effizienz gegenüber den traditionellen, feudalen Gerichten. Mit dieser Aufgabe wurzelte das Gremium durchaus in der bereits lange bekannten, durch das kanonische Recht mitgeprägten Schiedsgerichtsbarkeit.[11] Allerdings wiesen die Städtevertreter den signifikanten Unterschied auf, dass sie nicht lediglich *ad-hoc* für einen konkreten Anlass eingesetzt wurden, sondern für alle künftigen möglichen Konflikte zwischen den Vertragsparteien und ihren Angehörigen. Dies brachte es auch mit sich, dass das Gremium nicht mehr nur paritätisch von den aktuellen Konfliktparteien mit einem gemeinsamen Vorsitzenden besetzt wurde, sondern im gleichen Maß von allen Mitgliedern des Bündnisses. Ein die Sitzungen präsidierender Oberschiedsrichter war demnach ebenfalls nicht vonnöten, konnten doch die Vertreter der jeweils dritten Bürgerschaft ohne weiteres diese neutrale Aufgabe bei Streitigkeiten zwischen den beiden anderen erfüllen, da das Vertrauen zwischen ihnen die Geschäftsgrundlage des Bündnisses überhaupt darstellte. Die möglicherweise mühsame Einigung auf einen, für alle drei annehmbaren, neutralen und vertrauensvollen Obmann konnte man sich demnach sparen und gleichzeitig dem Gremium die vollkommene und daher häufig angestrebte Zahl von zwölf Räten geben.

---

9 *Vgl. ausführlich oben Kapitel 1 II 3 a) (1)*; vgl. hier nur nochmals *Busson*, Landfriedensbund, S. 9 f.; *Distler*, Städtebünde, S. 1 ff.

10 Vgl. *Distler*, Städtebünde, S. 134 ff., 142 ff.; zu dem wohl erstmals in dem erstem Dreibund von 1254 nicht konkret für einen Streitfall eingesetzten, permanenten Schiedsgericht *Angermeier*, Königtum und Landfriede, S. 44 f.; dies bedeutete auch die klar erkennbare Trennung von den früheren kirchlichen Wurzeln des Schiedsgerichts, als ein fester Richter als *arbiter* gerade abgelehnt, der von den Parteien jeweils *ad-hoc* gewählte *arbitrator* aber zugelassen war, vgl. ausführlich *Bader*, Schiedsverfahren; *Krause*, Schiedsgerichtswesen, S. 8; *Hattenhauer*, ZRG 80 (1963), S. 325 ff.; zur Herkunft der Landfriedensausschüsse aus der Schiedsgerichtsbarkeit vgl. *Schubert*, Interterritoriale Gestaltung, S. 138; *Stercken*, Landfrieden, S. 116 f. m.w.N.; *Kaufmann*, Rechtshilfe, S. 91 f. m.w.N.; *Planck*, Gerichtsverfahren, S. 217; *Köbler*, ZRG GA 87 (1970), S. 57 ff.; vgl. auch die Bibliografie zum Thema Schiedsgericht bei *Maleczek*, Frieden, S. 291 f.

11 Vgl. ausführlich *Nehlsen-von Stryk*, Zivilprozeß, S. 317 ff. m.w.N.; *Bader*, Schiedswesen; *ders.*, ZRG GA 77 (1960), S. 239 ff.; *Trusen*, Anfänge, S. 146 ff.; *Distler*, Städtebünde, S. 144 ff.

Neben dieser schiedsrichterlichen Funktion hatte dieses Gremium des Städtebündnisses bereits die ausdrücklich erklärte Aufgabe, bei Schäden durch Dritte die Reaktion der Bürgerschaften nach außen zu koordinieren. Es oblag ihm, den vereinbarten gegenseitigen Beistand durch Rat und Hilfe zu vermitteln und zu lenken und über Schadensersatzleistungen im Namen der geschädigten Bürgerschaft zu verhandeln. Diese Beratungen hatten mit einem schiedsrichterlichen Verfahren nichts gemein, das Gremium stand nicht über dem Streit zweier Parteien, sondern vertrat eindeutig die verbündeten Bürgerschaften gemeinsam als eine Konfliktpartei gegenüber ihren Gegnern. Entscheidungen, die die Gesandten der Parteien in diesen Angelegenheiten trafen, konnten zwar auch auf die Feststellung gerichtet sein, dass einer Bürgerschaft beziehungsweise ihrem Angehörigen ein Unrecht zugefügt worden sei, das durch eine angemessene Wiedergutmachungsleistung ausgeglichen werden müsse. Ihr Ausspruch konnte jedoch allenfalls als Richtschnur und Orientierungsrahmen für das gemeinsame Vorgehen dienen, bestenfalls eine politische oder interne Bindungswirkung für die Bündnisparteien entfalten. Für den außenstehenden Gegner hatten er jedenfalls keinerlei Rechtswirkung, und die Bündnisse erhoben einen derartigen Anspruch auch nicht. Die eigentliche, autoritative Konfliktlösung blieb vielmehr dem allgemeinen Austrag überlassen. Dieser konnte, allerdings weitgehend nur theoretisch, durch den Rechtsgang vor dem zuständigen traditionellen Gericht erfolgen, ganz vordringlich aber durch das Vorgehen im Wege der kollektiven Selbsthilfe bis zum Abschluss entsprechender Urfehden und Wiedergutmachungen, gebenenfalls unter Vermittlung wirklicher neutraler *ad-hoc* Schiedsgerichte oder anderer Vermittlungspersonen.

Mit diesen beiden Aufgaben ähnelte der sich daran anschließende Ausschuss der Landfriedenspfleger durchaus den Räten der Bürgerschaften in den Städten, deren judikative und politisch-aministrative Verantwortungen sich erst allmählich im Lauf der Jahrhunderte schieden. Daher bleibt auch fraglich, ob die damaligen Zeitgenossen die aus Sicht des heutigen Beobachter klar zu differenzierenden Funktionen selbst überhaupt entsprechend trennten.

(2) Auch im dem gegenüber quantitativ und qualitativ deutlich erweiterten Rheinischen Bund von 1254 blieben diese beiden (internen und externen) Aufgaben, ebenso wie die Prinzipien zur Konstituierung des Vertretergremiums in vollem Umfang bestehen. Während seine schiedsrichterliche Funktion erneut im Gründungsdokument vorangestellt und damit betont wurde, bezog sich jetzt die koordinierende Rolle statt auf die Verletzung einer Bürgerschaft und ihrer Angehörigen auf alle Verletzungen des neu errichteten Friedensschutzes. Der Bund organisierte weiterhin nur die kollektive Selbst- und Fremdhilfe, in fremde Gerichtsrechte griff er, jedenfalls

formal, nicht ein. Wie bereits ausgeführt,[12] ermöglichte er durch die große Macht seiner vereinten Mitglieder notfalls im Wege der Selbsthilfe den Gegner an den schwerfälligen und oft parteiischen traditionellen Gerichten vorbei zur Wiedergutmachung anzuhalten und so den Frieden wiederherzustellen. Da eine ausdrückliche Anerkennung dieser traditionellen Gerichte fehlte, konnten und mussten die hochadeligen Gerichtsherren die dadurch mögliche Ausdehnung der Macht und Autorität des „Bundesgerichts" durchaus als Bedrohung der eigenen wohlerworbenen, statusbegründenden und nicht zuletzt lukrativen Gerichtsrechte begreifen.

b) Auseinandersetzung mit der königlichen Friedenssorge

(1) Der Machtanspruch, der sich in der im Oktober 1254 von der Bundesversammlung propagierten Ausdehnung des Friedensschutzes auf alle Dorfbewohner noch verstärkte, rührte an die Grundfesten der traditionellen feudalen Grundordnung des Reiches.[13] Umso mehr gewannen die Bedingungen, die König Wilhelm von Holland für eine Bestätigung und Zusammenarbeit mit dem Bund im März 1255 festlegte, erheblich an Bedeutung. Indem er das Subsidiaritätserfordernis aus Art. 5 des Mainzer Reichslandfriedens aufgriff und betonte, setzte er nicht nur den möglichen Bestrebungen des Bundes, die feudale Gerichtshoheit überhaupt auszuhöhlen, ein Ende, sondern verknüpfte die bündische Selbst- und Fremdhilfe wie das sie koordinierende und leitende Verfahren vor den Vertretern der beteiligten Bürgerschaften mit der traditionellen Gerichtsverfassung. Dass der Bund selbst bei Verletzungen durch Außenstehende Partei blieb und diesen nicht etwa übergeordnet war, zeigte das paritätische Schiedsgericht zwischen ihm und den Landadeligen in der Bauernfrage, das unter dem Vorsitz des königlichen Reichshofrichters im Juni 1255 einen Waffenstillstand vermittelte, während die eingesetzten Amtsleute des Bundes allenfalls eine untergeordnete Rolle spielten.

(2) Schritt für Schritt verfestigte sich auch der persönliche Einfluss des jeweiligen Herrschers auf die Nachfolger dieses ersten bündischen Landfriedens am Oberrhein und führte zu einer allmählichen Verschmelzung, zunächst des konjurativen mit dem personalen Organisationsmodell der Friedenssorge. Die bündische Friedenssorge konnte trotz faktischer Bemühungen keine über die bisher verbundenen Aufgaben hinausgehenden Funktionen für ihr Schieds- und Leitungsgremium in legaler und legitimer Weise schaffen. Dies wäre alleine in den Aufgaben- und Befugnisbereich des Reiches und damit des Königs, vielleicht allenfalls unter die Kompetenz der am Rhein nicht mehr vorhandenen Herzöge gefallen.

---

12 *Vgl. oben Kapitel 1 II 3 b).*

13 *Vgl. ausführlich oben Kapitel 1 II 3 d)*

Nachdem bereits seit langem das Papsttum, dann die geistlichen Gerichtsherren vor Ort und schließlich vor allem in den 1260er Jahren weltliche regionale Gerichtsinhaber persönliche Vertreter und Sonderinstanzen im Rahmen ihrer Kompetenzen eingesetzt hatten,[14] verband erstmals König Richard den Pragmatismus seines Vorgängers Wilhelm mit dem bereits unter den Staufern etablierten Institut persönlicher Stellvertretung des Königs durch Reichsvikare, die zuletzt Friedrich II. in Italien geradezu planmäßig betrieben hatte.[15] Die beispielsweise im Sachsenspiegel in Ldr. III 26,1; 60,2 belegten umfassenden königlichen Prärogativen im Gerichtswesen konnten demnach auch auf persönliche Stellvertreter des Herrschers delegiert werden - und dies nicht nur für einzelne Fälle, wie es schon der Mainzer Reichslandfrieden für den Reichshofrichter vorausgesetzt hatte. Ein solches Vorgehen bot die grundsätzliche Möglichkeit, nicht nur die Beurteilung und Verfolgung von Gewalttaten in legaler und legitimer Weise den partikularen Gerichten zu entziehen, sondern auch vor Ort bei Abwesenheit des Herrschers weitgehende Anordnungen mit Folgeverpflichtung gegenüber allen Herrschaftsträgern und Untertanen im Reich zu treffen.[16] Diesem Gedanken folgend, hatte König Wilhelm den Erzbischof Werner von Mainz ausdrücklich *„auctoritate et vice regia"* zur Sorge für die Durchsetzung des Friedens am Rhein bevollmächtigt.[17] Ob der Erzkanzler sich bereits in dem Landfrieden vom April 1269 an Stelle des Königs formal an die Spitze der aus der bündischen Tradition wurzelnden Versammlung der Vertreter der Bündnispartner stellte, muss leider aufgrund der fehlende Überlieferung offen bleiben. Jedenfalls zeigen die Berichte über den Auszug von 1270 ein erfolgreiches Zusammenwirken der Organisationselemente bündischer und personaler Friedenssorge.

(3) Es war dann aber Rudolf von Habsburg, der, vielleicht auch vor dem Hintergrund noch persönlicher Erfahrung mit der Herrschaftstheorie und -praxis der Staufer in Schwaben und im Elsass, das Modell unmittelbarer und durch persönliche Stellvertreter vermittelter personaler Friedenssorge des Herrschers systematisch anzuwenden, planmäßig durchzusetzen und gewinnbringend zu nutzen verstand. Vor diesem Hintergrund stellte die

---

14 Vgl. für die Richterdelegation in der kirchlichen Gerichtsbarkeit ausführlich *Nehlsen-von Stryk*, Zivilprozeß, S. 322 ff.; *Hageneder*, geistliche Gerichtsbarkeit, S. 24 ff.; So 1260 in Schwaben, vgl. RI V, Nr. 11854; 1265 in Thüringen, vgl. MGH Const. II, Nr. 443 und in der Mainzer Diözese, vgl. MGH Const. II, Nr. 444; vgl. ausführlich *Angermeier*, Königtum und Landfriede, S. 50 f.

15 Vgl. *Heckmann*, Stellvertreter, S. 335 ff., 356 ff.

16 Insoweit basierte auch das Prinzip der *custodia* über die elsässischen Städte, die zum Vorbild der Reichslandvogtei wurde, auf der persönlicher Stellvertretung des Königs, vgl. *Erkens*, Tradition, S. 43; *Kaiser*, ZGO 19 (1904), S. 337 ff.; *Becker*, Reichslandvogtei, S. 6; *Redlich*, Rudolf von Habsburg, S. 455.

17 Vgl. MGH Const. II, Nr. 446.

formelle Anerkennung der umfassenden königlichen Gerichtsgewalt *„civilibus et criminalibus"* auf dem Nürnberger Reichstag 1274 geradezu den planmäßig gesetzten ersten Grundstein und das Fundament, nicht nur für eine Revindikation, sondern eine neue Perspektive königlicher Machtentfaltung dar. Durch sie wurden die staufischen Zugeständnisse an die partikularen Herrschaftsträger von 1220, 1231 und 1235 wieder relativiert, namentlich das darin durch die Krone selbstauferlegte Verbot, neue Gerichte zu Lasten der wohl erworbenen Gerichtsrechte zu schaffen.[18] Hätte der König als oberster Gerichtsherr nicht bloß eine aufsichtsmäßige, sondern noch die umfassende Gerichtsgewalt *plena potentate* inne und sie stets innegehabt, so könnte es kaum eine verbotene Einschränkung der feudalen Gerichte sein, wenn er diese lediglich selbst wieder tatsächlich wahrnahm. Ebensowenig durfte es hier von Belang sein, wenn er deren Ausübung, wie bereits für die Delegation und Substitution in eben diesen ordentlichen Gerichten seit dem Hochmittelalter üblich, persönlichen Vertretern überließ.[19] Die Gerichtsverfassung des Reichslandfriedens von 1235 blieb gewahrt und konnte ohne weiteres mit diesem erneuert und verlängert werden, während sich eine neue dynamische Möglichkeit der Friedenssorge eröffnete.

Während König Rudolf Reichsvikare vor allem in königsferneren Regionen einsetzte, wählte er am ihm offenen und seinem Hausgut benachbarten Oberrhein die Einrichtung der eher administrativ-fiskalisch ausgeprägten (Reichs-) Landvogteien,[20] deren Inhaber im Unterschied zu den Reichsvikaren aus etwas niedrigeren adeligen Schichten stammten und daher zwar aus eigener Autorität weniger durchsetzungsfähig sein konnten, aber ihm umso stärker persönlich verpflichtet blieben. Wohl vor allem die Erfahrungen mit den wiederaufflammenden Konflikten während seiner ersten längeren Abwesenheit vom Elsass bewegten dann aber Rudolf, auch in den ihm offenen Gebieten die königliche Friedenssorge generell seinen Vertrauten zu übertragen, an erster Stelle den Reichslandvögten, wie etwa im Elsass namentlich Otto von Ochsenstein.[21]

---

18 Vgl. Art. 6 des Statutum in favorem principum, Zeumer I, Nr. 53; *Kroeschell*, DRG I, Nr. 81; so schon *Angermeier*, Königtum und Landfriede, S. 30.

19 Vgl. *Mitteis/Lieberich*, DRG, § 28 II 2 d) m.w.N.; *Heckmann*, Stellvertreter, S. 694; *Buchda*, Art. „Delegation", HRG I, Sp. 674 ff.

20 Vgl. *Redlich*, Rudolf von Habsburg, S. 407 Fn. 1 unter Verweis auf *Teusch*, Die Reichslandvogteien, S. 56 ff; *Gössgen*, Beziehungen, S. 25 ff.; *Wyneken*, Landfrieden, S. 33; *Heckmann*, Stellvertreter, S. 360 ff.

21 Die Abwesenheit König Rudolfs direkt nach seinen ersten Friedensbemühungen 1273 hatte gezeigt, dass Abhilfe nicht allein durch persönliches Eingreifen des Königs selbst möglich war, während weder das Hofgericht noch die ordentlichen Richter zu einem wirksamem Vorgehen im Stande waren und dadurch vor allem dort, wo auch keine starke Fürstengewalt vorhanden war, die ein eigenes Interesse an der inneren Befriedung hatte, andere Mit-

(4) Bemerkenswerterweise hatte das erste Hagenauer Landfriedensbündnis von 1278 unter und für König Rudolf gerade kein Gremium von aus dem Kreis der Bündnisparteien bestellten Landfriedenspflegern vorgesehen, das in Konkurrenz zum königlichen Machtanspruch und dessen propagandistischer Wirkung treten konnte. Gerade in den alten Kernlandschaften am oberen Rhein war aber wegen der herausragenden Bedeutung der kleinen und mittleren Reichsstände, insbesondere der Grafen und großen Städte, keine Landfriedensaktion ohne deren Mitwirkung durchführbar.[22]

Allmählich schien sich jedoch die bereits von den Vorgängern unternomich Verbindung der beiden Organisationsformen auf zwar nicht ununterbrochener, aber doch regelmäßiger Basis anzubieten. Dies zeigte sich bereits im schwäbischen Landfrieden von 1282: er traf wieder ausführliche Regelungen über die Bestellung, einen Amtseid und die Aufgaben der nunmehr als *Conservatores Pacis* benannten Repräsentanten,[23] die durch ihren Eid verpflichtet waren, alles für den Frieden Notwendige und Nützliche zu unternehmen, und dabei auf die Mithilfe aller Adeligen, Städte und Landbewohner ihres Bezirkes zurückgreifen konnten. Da sich vor allem auch Freiburg an ihm orientierte, mag auch über diesen Weg diese Landfriedenskonstruktion ihren Gang zurück an den Oberrhein gefunden haben.[24]

Neben dem König *in persona* im Falle seiner Anwesenheit und den genannten „Landfriedenshauptleuten der älteren Form"[25] entsandten bald auch am Oberrhein die wichtigsten regionalen Partikularmächte als Parteien der Landfriedensbündnisse Vertreter zur Koordinierung ihres Anteils an der kollektiven Friedenssorge.[26] Diese erscheinen aber in einer deutlich untergeordneten Funktion gegenüber dem König oder seinem jeweiligen königlichen Vertreter, ja geradezu als dessen Gehilfen. Darin spiegelte sich auch

---

tel nötig waren, so dass Rudolf seit 1282 durch die Verbindung der Landfriedenssorge mit Reichslandvögten und anderen persönlichen Beauftragten neue Wege der Friedenssorge fand; vgl. *Redlich*, Rudolf von Habsburg, S. 439 f.; *Wyneken*, Landfrieden, S. 77.; vgl. zu Ansätzen des hier entwickelten Modells „personaler Landfriedenssorge i.w.S." jüngst *Graevenitz*, Landfriedenspolitk, S. 162 ff.; vgl. auch *Martin*, Städtepolitik, S. 140 f.; *Erkens*, Tradition, S. 39; *vgl. oben ausführlich Kapitel 2 I 2.*

22 Vgl. *Wyneken*, Landfrieden, S. 88 f.; *Bock*, ZGO NF 46 (1933), S. 327.

23 Vgl. UB Freiburg I, Nr. 356; *Kunze*, Rudolf von Habsburg, S. 141 f.

24 So jedenfalls *Kunze*, Rudolf von Habsburg, S. 142 nach MGH Const. II, Nr. 346.

25 Zu diesen Ende des 13. Jahrhunderts erscheinenden Funktionsträgern, die meist Hochadelige oder enge Vertraute des jeweiligen Herrschers waren, häufig den Vorsitz in einem Gremium von Landfriedenspflegern führten, wo dieses bestand, und die gesamte Tätigkeiten für den Landfriedens leiteten, vgl. *Orth*, Art. „Landfriedenshauptmann", HRG II, Sp. 1488 f.

26 Zur Entstehung dieses Modells der bündisch-personalen Friedenssorge wohl 1282 in Bayern bzw. Schwaben, vgl. etwa RI VI 1, Nr. 1748, 1998; *Redlich*, Rudolf von Habsburg, S. 443 m.w.N.; *Wyneken*, Landfrieden, S. 66 ff.

die vordringliche Aufgabe, bei den regionalen Machtfaktoren politische Unterstützung für den König zu organisieren, hinter der die schiedsrichterliche Funktion des Vorbilds von 1254 zurücktrat. Sie setzte keine umfassende und dauerhafte normative Verbindung eines möglichst großen Teils der Bürgerschaften, Territorial- und Gerichtsherren oder eine formale und paritätische Organisation voraus, sondern eher kleine, flexible, überschau- und beherrschbare Bündnisse. Vielleicht sind aus diesem Grund nur vereinzelte entsprechende Vereinbarungen überhaupt überliefert, ebenso wie wenige Urkunden über deren tatsächliches Tätigwerden. Gleichwohl sind Aktivitäten mehrerer solcher Vereinigungen von *Conservatores* nachweisbar, wie 1288/89 die eines Gremiums von elf Landfriedenspflegern im Elsass[27] und, etwa parallel, von fünf *Conservatores* im Breisgau.[28] Allerdings ist nur für erstere aus späterer Zeit, in einem Landfriedensbündnis König Adolfs von 1293, eine formelle Einsetzung überliefert.[29]

In dem Hagenauer Landfrieden von 1278 wurde nicht nur ein Friedenszoll eingeführt, sondern auch dessen Vorgehen gegen die (lediglich eidunwilligen) *„cives rebelles et inobedientes"* geboten. Daraus hat GERLICH vermutet, dass der Landfrieden über ein starkes und streng organisiertes militärisches Aufgebot verfügte, das auch gegen lokale Unruhen vorgehen und über dessen Kommandostruktur und Sanktionierung klare Regelungen bestanden haben sollten. Eine derartige Vermutung geht jedoch völlig an der Realität der Zeit vorbei.[30]

(5) Einen weiteren Schritt zur Verschmelzung der personalen mit der bündischen Friedenssorge bedeutete das *„Mandatum contra turbatores pacis"* König Adolfs von 1287, in dem der König seine zur Erzwingung von Rückgabe und Wiedergutmachung angemahnten Getreuen als solche ermächtigte, die genannen Burgen *„auctoritate regia"* zu zerstören.[31] Diese königliche Autorität wurde damit ausdrücklich nicht mehr nur auf einen benannten Stellvertreter, sondern auf die Verbündeten insgesamt ausgedehnt. Damit war auch die Grundlage für die Eingliederung des bisherigen persönlichen Stellvertreters des Königs in das Gremium der von den Par-

---

27 Vgl. Colmarer Annalen, S. 215; Schoepflin, Alsatia Illustrata II, S. 561; *Teusch*, Reichslandvogteien, S. 59; *Wyneken*, Landfrieden, S. 32; *Angermeier*, Königtum und Landfriede, S. 73; missverständlich dagegen *Kunze*, Rudolf von Habsburg, S. 141 f., die in den entsprechenden Regelungen des ostschwäbischen Landfriedens von 1282 eine Modifikation des am Rheins beschworenen Reichslandfriedens gesehen hat.

28 Vgl. MGH Const. IV 1, Nr. 203; *Wyneken*, Landfrieden, S. 90 Anm. 1; *Bock*, ZGO NF 46 (1933), S. 329; *vgl. oben Kapitel 2 I 4 c).*

29 Vgl. die Nachricht in St. UB II, Nr. 193; MGH Const. III, Nr. 641.

30 *Gerlich*, Landfriedenspolitik, S. 62; vgl. MGH Const. III, Nr. 157, S. 151, Z. 26 f.

31 MGH Const. IV 1, Nr. 34; so fanden sich auch später am Oberrhein keine Reichsvikare mit dezidierter Funktion für die Friedenssorge mehr, vgl. etwa *Hüttenbräucker*, Vikare, S. 546 ff.

teien entsandten Landfriedenspfleger gelegt. Von einer Berücksichtigung der traditionellen Gerichtsbarkeit, etwa im Wege des bekannten Subsidiaritätsprinzips, das der kurz zuvor erneuerte Reichslandfrieden nach wie vor bestätigt hatte, war jedoch - aus der beanspruchten und deligierten königlichen Friedensgewalt nur allzu konsequent - keine Rede mehr.

(6) Waren die modellhaften personalen und bündischen Friedensorganisationsformen damit weitestgehend verbunden, so setzte sich bald wieder die Annäherung der Landfriedensorganisation am Oberrhein an das System der traditionellen Friedenssorge durch die Gerichte der etablierten Rechtskreise bis hin zu dem des Reiches durch. Zunächst griffen die erneuerten Reichslandfrieden nun erstmals bündisch-personale Organisationselemente auf, die dem System der in den althergebrachten Gerichten monopolisierten Rechtspflege und ihrem überlieferten Verfahren fremd waren, insbesondere die Hilfeleistung durch die Nächstgesessenen.[32] Umgekehrt nahmen die regionalen Landfriedensorganisationen am Oberrhein verstärkt Formen und Verfahren der traditionellen Gerichte der verschiedenen Rechtskreise an. Dazu gehörte etwa die Verknüpfung der in dem genannten *Mandatum* gebotenen ordnungsgemäßen Mahnung zur Wiedergutmachung mit einer Fristsetzung, die einem gewaltsamen Einschreiten der kollektiven Selbsthilfe des Landfriedens vorauszugehen habe. Ein überlieferter früher Fall des Landfriedens, der Streit des Straßburger Bürgers Ruleman mit der Bürgerschaft des badischen Selz aus dem Jahr 1294, der die damals amtierenden elf *Conservatores* des Landfriedens am Oberrhein gleich zwei Mal beschäftigte, illustrierte weitere derartige Konvergenzen:[33] Beim ersten Mal hatte besagter Rulemann sich wegen eines ihm von Selzern zugefügten Unrechts an die Landfriedenspfleger gewandt, aber nicht mit dem Ziel, entsprechend dem Landfriedensschutz Hilfe und Beistand des Landfriedens gegen die Bürgerschaft, und schon gar nicht deren „Bestrafung" zu bewirken. Vielmehr wollte er lediglich eine Erlaubnis dergestalt erreichen, dass er seine Schädiger selbst angreifen konnte, um sie zum Schadensersatz zu zwingen, ohne dass ihm dies als Landfriedensbruch ausgelegt würde. Diese *„licentia et indultum occupandi"* zum eigenmächtigen Vorgehen zeigte erstmals eine weitere Funktion des Gremiums der Landfriedenswächter neben der Schiedsgerichtsbarkeit und der Koordinierung der kollektiven Hilfeleistung: Es konnte im Vorfeld entscheiden, ob ein Vorgehen den Landfriedensschutz, mithin das Recht des Landfriedens als eines eigenen Rechtskreises *sui generis* verletzte. Weder handelte es sich um ein kontradiktorisches Verfahren wie im Fall eines Schiedsverfahrens noch um ein nachträgliches aktives Einschreiten, sondern geradezu

---

32 *Vgl. oben Kapitel 2 I 4 a).*

33 Vgl. dazu St. UB II, Nr. 193; OSA I, Nr. 416 mit Zusammenfassung und weiteren Druckorten.

um dessen Negation. Die Landfriedensgemeinschaft nahm durch ihre Amtsträger in Anspruch, Eingriffe in die von ihr errichtete Rechts- und Friedensordnung zu gestatten, genau wie dies die traditionellen Gerichte, etwa die städtischen Obrigkeiten im Falle der Pfändung eines Einheimischen durch einen Außenstehenden, vornahmen. Obwohl für Rulemann wohl ganz der Selbstschutz vor Repressalien durch den Landfrieden im Vordergrund stand, rückte sein Verhalten, vor der eigenmächtigen Gewaltausübung eine dem Frieden verpflichtete Instanz anzurufen, in die Nähe des reichsfriedensrechtlichen Subsidiaritätsprinzips - allerdings gerade nicht gegenüber den dort allein maßgeblichen jeweils zuständigen territorialen obrigkeitlichen Gerichten. In den Augen des Reichslandfriedens dürfte dieses Verfahren denn auch nicht für eine berechtigte Fehde ausgereicht haben, wenn nicht die neu in die Reichsfriedensordnung eingefügten bündischen Hilfselemente dieses Gebot relativiert hätten. Ob Ruleman in dieser Sache darüber hinaus noch bei den Markgrafen von Baden oder anderen möglicherweise zuständigen ordentlichen Richtern um gerichtliche Beilegung oder Autorisierung seiner geplanten Selbsthilfe nachsuchte, wissen wir nicht.

Als ihm die Landfriedenswächter ihre Erlaubnis erteilt hatten, brachte er kurz darauf einen Selzer Bürger in seine Gewalt. Hierauf reagierten dessen Mitbürger, indem sie sich zunächst an den mittelrheinischen Reichslandvogt Rheinsberg im Speyergau und dessen Untervogt Rindfleisch wandten, dann aber ihrerseits zur Vergeltung dieser Tat „ohne Gericht" zwei Straßburger Mitbürger Rulemans gefangen nahmen und der Bürgerschaft eigenmächtig einen neuen Rheinzoll für Wein auferlegten. Nunmehr beklagten die Straßburger Bürger öffentlich und in Anwesenheit des Bischofs Peter von Basel vor den *Undecim* die Angelegenheit und baten um Hilfe. In dieser Situation der drohenden Eskalation sah der Bischof keinen anderen Ausweg, als den König um sein Einschreiten zu bitten, damit nicht durch Krieg der Friede zum Nachteil des Landes zerstört werde. Ob Adolf dieser Bitte entsprach und ob er ihr angesichts seines akuten Machtverfalls in der Region überhaupt entsprechen konnte, wissen wir nicht. Jedenfalls hielt sich Bischof Peter wortgetreu an die neue Vorschrift des Reichslandfriedens von 1287, als er, nachdem die Hilfe der dazu von Straßburg angemahnten Nächstgesessenen, die die Mitglieder des Landfriedens darstellten, nicht zur Befriedung beizutragen schien, den König einzuschalten suchte.[34] Damit hatte also der regionale, bündisch-personal begründete Landfrieden seine Einpassung in das traditionelle Friedenssystem nach 1235 gefunden. Einer scharfen Gegeneinandersetzung von Reichslandfrieden und regionalem Landfriedensbündnis bedurfte dies, entgegen der von

---

34 MGH Const. III, Nr. 390, Art. 25 f., übernommen auch in die folgenden Reichslandfrieden.

WYNEKEN entwickelten Ansicht, gerade nicht.[35] Allerdings lohnt es, erneut festzuhalten, dass der regionale Landfrieden trotz dieser allmählich erfolgenden Annäherung an das sich ebenfalls öffnende Organisationssystem der Reichslandfrieden stets eine eigenständige und, wie bereits dargestellt, selbst davon unabhängig begründete Rechtsordnung blieb. Er wirkte nicht etwa als Vollzugsorgan des Reichslandfriedens, wie von WYNEKEN vermutet, sondern hatte die Gewährleistung einer eigenen Friedensordnung mit dem Ziel der Wiedergutmachung durch personal und kollektiv organisierte Hilfe zum Zweck. Diesen Verfahrenskern verlor der Landfrieden auch nicht durch die Verknüpfung mit den personalen und traditionellen Landfriedenselementen. Durch die sich allmählich vollziehende Eingliederung in das traditionelle System gewann er aber einiges an Legalität, Legitimität, Autorität und nicht zuletzt Einflussmöglichkeiten.

c) Verbindung mit der partikularen Gerichtsbarkeit

(1) Die ersten ausführlichen Einungen des 14. Jahrhunderts setzten diese Tendenz fort. Der 1301 und in diesem Teil praktisch unverändert 1310 erneut errichtete Landfrieden verband erstmals die „Sonderinstanz" der *Conservatores Pacis* mit der traditionellen Gerichtsbarkeit in einem weitgehend geschlossenen System. Die bündisch-personalen Elemente der traditionellen-territorialen Organisation unterzuordnen lag im Interesse der beiden führenden Territorialherren der Region, nämlich König Albrechts von Habsburg und des ihm nahestehenden Bischofs Friedrich von Straßburg. Für den Bischof, der, wie gleich zu zeigen sein wird, in den Verfahrensregelungen neben dem König in einer hervorgehobenen Stellung erschien, ging es dabei in erster Linie um eine Eindämmung der Straßburger Bürgerschaft. Albrecht wollte sich dagegen vor allem die Reichsstädte unterordnen und seine Hausmacht im Falle eines erneuten Thronwechsels, der als sicher zu befürchten war, gegenüber Einflüssen der Krone bewahren. Von einer „völligen Dezentralisierung" der bisherigen Entwicklung durch diese Frieden hat BOCK hingegen nur deshalb in berechtigter Weise sprechen können, weil er den bündischen Ursprung der Entwicklung am Oberrhein nicht verfolgt hat, sondern den Einfluss des Königs in der vorangegangenen Epoche durch die personale und traditionelle Form der Landfriedenssorge vor dem Hintergrund der überkommenen etatistisch-monarchistischen Vorstellung überhöht hat.[36]

---

35 Insofern stellte sich auch das Problem der klaren Zuordnung zu einer Vollstreckung des Reichslandfriedens oder der regionalen Einung nicht, das vor allem *Wyneken*, Landfrieden, S. 33 an diesem Fall als scharfen Gegensatz angesehen hat.

36 Vgl. *Bock*, ZGO NF 46 (1933), S. 331; vgl. auch den von ihm gebrauchten Begriff „Zentralbehörde".

Richtigerweise hat er hingegen auf die ungewöhnliche Form der verfahrensrechtlichen Kernregelungen dieser beiden Einungen hingewiesen, die sich nunmehr an den ersten Abschnitt, der im Wesentlichen dem Text der früheren, kurzen Bündnisverträge ähnelte, mit den Worten anschlossen: *„und swer disen friden brichet, beschihet daz in unserme dies ku[i]niges gerihte ...“*. Zunächst gab der König, nachdem die bisherigen Normen objektiv gehalten waren, in direkter Rede der ersten Person ausführliche Anweisungen für die Ahndung eines Landfriedensbruches in seinem *„gerihte“*. Ihm folgte in der gleichen Weise der Bischof von Straßburg, bevor die Anweisungen für den Bischof von Basel und die Landgrafen wieder in einer objektivierten Form zusammengefasst wurden. Wurde damit rein formal der bündische, geradezu vertragliche Charakter der Einung zwischen den Parteien als Trägern der Gerichtsbarkeit in der Region zumindest zwischen König Albrecht und Bischof Friedrich von Straßburg betont, trat andererseits der territorial-partikulare Gedanke deutlich in den Vordergrund.

(2) Inhaltlich waren die Regelungen für die Territorialgerichte aller dieser Parteien praktisch inhaltsgleich, was an Verweisungen für die Landgrafen und den Basler Bischofs erkennbar wird.[37] Den von den jeweiligen Parteien für sich erklärten Regelungen war gemein, dass sie zunächst jeweils ihren eigenen Landfriedenspflegern das Verfahren überließen: Wurde der Friede *„in unserme* [des Königs / Bischofs etc.] *gerihte“* gebrochen, sollten der Geschädigte oder seine Freunde mit zuverlässigen Boten und Briefen die Angelegenheit vor den zuständigen der im Text weiter unten genannten Pfleger bringen, der darauf sogleich *„uf den eid“* Botschaften an den Friedensbrecher zu schicken und ihm die Wiedergutmachung und Entschädigung innerhalb von acht Tagen zu gebieten hatte.[38]

Zuständig für die Annahme der Klagen bzw. Anzeigen waren also weder die Gerichtsinhaber selbst, namentlich nicht der königliche Reichslandvogt, noch die Landfriedenswächter als Gremium, sondern allein der oder die Amtsträger der jeweiligen Einungspartei, bzw. der jeweilige Bürgermeister von Straßburg bzw. Basel.[39] Unter diesen bestimmte sich die Zuständigkeit nach ihrem *„gerihte“*.[40] Aus der Gleichordnung des Königs, der Landgrafen und der Bischöfe sowie der beiden größten reichsunmittelbaren Städte wird deutlich, dass unter diesem *„gerihte“* nicht die gesamten, umfassenderen Gerichtskompetenzen des Königs- bzw. geistlichen Synodalgerichts, sondern die klar abgegrenzten territorialen Gerichtszuständigkeiten der Landgerichte und der großen Exemtionen zu verstehen waren, die bereits

---

37 St. UB II, Nr. 233, S. 188, Z. 14 - S. 189, Z. 8.

38 Vgl. ebd., S. 188, Z. 14-19.

39 Ebd., S. 190, Z. 19 f.

40 Ebd., S. 188, Z. 14 f, 28 f., 33-35; zum *„gerihte“* als räumlichem territorialem Gerichtsbezirk vgl. auch *Ishikawa*, Gericht, S. 445.

die für die Ahndung von Gewalttaten wichtige Hochgerichtsbarkeit hatten erlangen können. Hierzu zählten als Gericht des Königs die reichsunmittelbaren Gebiete der Reichslandvogtei, also die Reichsstädte, Reichsdörfer und Reichsbauern, sowie daneben die Territorien der Bischöfe mit den entsprechenden „geistlichen" Exemtionen sowie die beiden großen Freistädte, die den Schutz des Stadtfriedens bereits durch die eigene Ratsgerichtsgewalt übernommen hatten. Im scharfen Gegensatz zu ihnen blieben die kleineren, nach gleichem Status strebenden Reichsstädte entgegen ihren Privilegien und die kleineren geistlichen Immunitäten klar ausgegrenzt.[41]

War entscheidend, in welchem territorialen Gerichtsbezirk der Friedensbruch geschah, so sollte nun eindeutig zwischen den verbundenen Parteien grundsätzlich das Tatortprinzip[42] die Zuständigkeit klar abgrenzen, also die Amtsleute desjenigen Gerichtsherrn unter ihnen zuständig sein, in dessen Gerichtsbezirk der Frieden verletzt worden war, unabhängig von der Zugehörigkeit des Täters etwa zu einer Immunität. Dies hätte insbesondere für die Stadtbürger eine nicht hinnehmbare Einschränkung ihrer hart erkämpften und verbrieften Rechte bedeutet, die der Landfrieden nach seinem Wortlaut gerade ausdrücklich bewahren sollte.[43] So war es vor diesem Hintergrund nur konsequent, wenn die Vertreter Straßburgs und Basels vorrangig dann zuständig waren, wenn es ihre Bürger *„anegât"*.[44] Dieser unklare Terminus wurde im Näheren dadurch präzisiert, dass die Meister und Räte *„swelich burger ... den friden gebrochen het"* zur Wiedergutmachung anhalten sollten, dass also hier das aktive Personalitätsprinzip zugunsten dieser beiden Städte hervorgehoben und bestätigt wurde.

Insgesamt wurde so die bestehende Jurisdiktionsabgrenzung zwischen den Parteien einschließlich der städtischen Gerichtsstandsprivilegien bestätigt.[45] Die bestehenden Bruchstellen zwischen Territorial- und Personalprinzip wurden ebenfalls aufgegriffen: Beim Bruch des Friedens im Land durch einen Bürger der beiden Städte war nach dem klaren Wortlaut der spezielleren Regelung die jeweilige bürgerschaftliche Gerichtsbarkeit zuständig. Für den umgekehrten Fall, dass ein Landmann innerhalb der Grenzen der städtischen Immunität eine Gewalttat begangen hatte, fehlte hingegen eine Regelung. Hier war aber bereits fraglich, ob es sich in den Augen der Parteien um einen Bruch des *Land*friedens handelte. Noch vor ihrem ausführlich geregelten „Peregrinenrecht" schrieb sich die Bürgerschaft Straßburgs

41 *Vgl. hierzu schon oben Kapitel 3 I 2 b).*

42 Insoweit auch richtig der Verweis von *Stercken*, Landfrieden, S. 126 auf das Handhaftverfahren, das ebenfalls alleine am Tatort anknüpfte.

43 St. UB II, Nr. 233, S. 188, Z. 7-9.

44 Ebd., S. 188, Z 37 - S. 190, Z. 7.

45 *Vgl. dazu schon oben ausführlich Kapitel 1 I 3,4.*

bereits seit ihrem ersten Stadtrecht ohne Weiteres die Befugnis zu, über Landleute bei Gewalttaten innerhalb des räumlichen Geltungsbereiches des *Stadt*friedens zu richten, wie in Art. 1 des ersten Straßburger Stadtrechts: *„Ad formam aliarum civitatum in eo honore condita est Argentina, ut omnis homo tam extraneus quam indigena pacem in ea omni tempore et ab omnibus habeat."*[46] Wie bereits oben dargestellt, sah zumindest das Anfang des 14. Jahrhunderts geltende Stadtrecht aber für den Landmann im Falle eines Vergehens innerhalb der Stadtmauern weithin nur die Sanktionen vor, die denen des Landrechts entsprachen, nämlich (bis auf die handhafte Tat) bei Verwundungen und Totschlägen in der Regel nur eine Bußleistung.[47] Der Landfrieden könnte hierauf sogar mit der vagen Formulierung *„do ez die burgere von Strazburg anegât"* angespielt haben, nach der die Bürgermeister zuständig sein sollten, während sich die nachfolgenden Verfahrensregelungen dann allerdings allein auf das Vorgehen gegen den Bürger konzentrierten.[48] Gleichzeitig ergab sich aber ein gewandeltes Bild der Gerichtsbezirke untereinander. Wies das bisherige Bild der als Sonderrechtsbereich innerhalb der (Land-)Grafschaften liegenden Exemtionen in die Vergangenheit, so wandelte es sich nun in die zukunftsweisende Vorstellung formal gleichrangiger, territorialer Gerichtsbezirke mit persönlich abhängigen Amtsträgern. Damit hatte auch auf dieser symbolischen Ebene die Landgrafschaft ihre Integrationsfunktion zugunsten der übergeordneten Landfriedenseinheit unwiederbringlich verloren.

(3) Wie unten ausgeführt,[49] lag es damit zunächst an den bestimmten Amtsleuten des zuständigen Gerichtsträgers, darüber zu befinden, ob ein Friedensbruch vorlag, und dann gegebenenfalls für dessen Wiedergutmachung zu sorgen. Mit welchen friedlichen oder gewaltsamen Mitteln und nach welchem Vorgehen sie diesen Ausgleich für sich genommen herzus-

---

46 So bereits an prominenter Stelle im ersten Stadtrecht von 1129, St. UB I, Nr. 616, Art. 1; sowie das von 1322, vgl. St. UB. IV 1, Nr. 2,1, S. 19 ff., Art. 35; *Kroeschell*, DRG I, Nr. 59, S. 228 ff.; vgl. hierzu *Isenmann*, Stadt, S. 74; *Dilcher*, Friede durch Recht, S. 223; *vgl. hierzu auch oben Kapitel 4 II 2 c).*

47 *Vgl. oben Kapitel 4 II 2 c).*

48 Bemerkenswerterweise griff das Stadtrecht von 1322 in seinem Art. 172 eben auf diesen Terminus zurück, indem es bestimmte, dass wenn ein Bürger ins Land *„fure"*, also einen Kriegsauszug unternähme, ihm dann die *„geburen"* nachzögen und ihnen Straßburger Bürger, Ausbürger, Knechte, Gesinde oder jemand anders helfen würden, welche dann den Bürger totschlagen oder ihm sonst etwas antuen würden, das die Bürgerschaft nichs angehe zu richten. Während sich die Deutung von *Osenbrüggen*, Alamannisches Strafrecht, S. 215, es handele sich um ein Notwehrrecht kaum halten lässt, könnte hier tatsächlich auf das sogleich zu erläuternde Verfahren des Landfriedens von 1318 bezug genommen worden sein, nachdem dieser Fall nicht von der Bürgerschaft, sondern allein von dem zuständigen Territorialgericht des Tatortes, allerdings mit gewissen verfahrensrechtlichen Schutzvorschriften für den Täter mit Bürgerrecht abgeurteilt werden sollte.

49 *Vgl. unten Kapitel 4 I 4 b) (1).*

tellen hatten, darüber sagt der Landfrieden nichts aus. So blieb den Amtleuten und damit den verbündeten Parteien die primäre Verantwortung für die Beurteilung, aber auch die Ahndung von Landfriedensbrüchen völlig überlassen. Nur soweit sie es für notwendig ansahen, konnten die gemeinsamen Einrichtungen des Landfriedens tätig werden. Und nur, wenn nach ihrer Beurteilung ihre eigene bzw. die Macht ihrer Obrigkeit nicht ausreichte, um selbst eine solche Wiedergutmachung zu erzwingen - *„ob er ez mit siner maht ane sie nit volle enden mag"*[50] - hatten sie durch Mahnboten und -briefe ihre Kollegen einzuschalten, die dann die Aufgabe hatten, eine wirksame kollektive Erzwingung zu organisieren. Weder stand den anderen Mitgliedern der „Landfriedenskommission" noch den sie bestellenden Parteien die Möglichkeit zu, das Wächterkollegium zu befassen, noch konnte der Geschädigte direkt oder im Weg eines Rechtsmittels den Fall vor die Gesamtheit der Landfriedenspfleger ziehen.[51] Auch von einer schiedsrichterlichen Funktion fand sich in dem Text nichts. Eine eigene Beurteilungskompetenz stand dem Gremium der Landfriedenspfleger zunächst nur in dem Sonderfall einer Verschleppung aus dem Friedensbezirk zu,[52] sowie 1310 zusätzlich bei der Frage, ob der Landfriedensbrecher über genügend Geldmittel zur Wiedergutmachung verfügte. Zwar in einer anderen Weise als durch die Berufung auf eigenes Recht wie zwischen den Bündnispartnern von 1254, aber mit gleichem, vielleicht noch stärkerem Vetopotential wurde so die Autonomie der Teilnehmer und ihr Schutz voreinander abgesichert. Damit konnten die Parteien der Einung in diesem Rahmen unbeschränkt und unkontrolliert, bis auf ihre Verpflichtung „auf den Eid", gegen nach ihrer Ansicht erwiesene Friedensgegner vorgehen und hierfür die Autorität des Landfriedens in Anspruch nehmen, so dass ihre eigenmächtige Gewalt gewissermaßen in den Dienst des Landfriedens gestellt wurde. Interessanterweise sagt der Landfrieden nicht, ob für dieses Vorgehen noch die alten Gerichtsgrenzen galten. So verbanden sich aus Sicht der Parteien in der maximal möglichen Weise die Autorität als Gerichtsträger mit der Formlosigkeit und buchstäblichen „Grenzenlosigkeit" der fehderechtlichen Hilfe.

(4) Der fragmentarisch überlieferte Landfrieden Friedrichs von Habsburg von 1318 führte die Verknüpfung des Landfriedens mit den partikularen Gerichtsbarkeiten fort und war geradezu geprägt von der Abgrenzung der Zuständigkeiten der Stadt- und Landgerichte. Anders als bei seinen Vorläufern erfolgte diese in einer einheitlichen, objektivierten sprachlichen Form, die erneut klar zwischen den städtischen und ländlichen Gerichten

---

50 St. UB II, Nr. 233, S. 188, Z. 22.

51 Im Unterschied etwa zu den Feststellungen von *Stercken*, Landfrieden, S. 171 für den Niederrhein.

52 Ebd., S. 189, Z. 10-14.

unterschied. Grundsätzlich sollten die Stadtgerichte den Landfriedensbruch in Form der vier Landfriedensdelikte von allen Bürgern und von jedem anderen, *„der reht in der selben stat het"*, richten.[53] Das Problem dieser Stadtangehörigen, die einen Landfriedensbruch außerhalb des städtischen Territoriums begangen hatten, wurde aber nunmehr ausdrücklich geregelt: Die anschließende, leider sehr verderbte Regelung betonte die Zuständigkeit des Stadtgerichts auch für diese Fälle; falls dennoch vor dem Gremium der Landfriedenswächter geklagt würde, sollten diese unverzüglich den zuständigen Schultheißen, Meister und Rat auffordern, dem Kläger Recht zu sprechen, und dieser sollte sich mit dem vom Rat mit Mehrheit gefundenen Urteil begnügen und keine andere Genugtuung suchen.[54] Gleichermaßen sollte das städtische Gericht gegenüber dem angeblichen Landfriedensbrecher richten, wobei wohl zu ergänzen wäre: nach der konkreten Tat, die er (angeblich) begangen hatte.[55]

In bemerkenswertem Kontrast hierzu stehen die Bestimmungen für die Landgerichte: Deren zuständige Richter sollten den *„uffe der geta[o]t"* in ihrem Bezirk ergriffenen Täter nach seiner Schuld verurteilen, allerdings nur, sofern es *„ku[i]ntlich und offenlich"* ist, *„daz er ein ubeltetig man ist."*[56] Anderenfalls sollten die Landfriedenspfleger gemeinsam innerhalb von 14 Tagen in Erfahrung bringen,*"waz mannes er si,... schedelich oder unschedelich"* und der Richter sollte nach dieser *„ervarunge"* auf seinen Eid diesen verurteilen und dafür die billigen Gerichtsgefälle erhalten. In der Zwischenzeit sollte der Verdächtigte festgehalten, aber nicht verurteilt werden.[57]

Auch wenn aufgrund der Überlieferungslücken unklar ist, ob diese Regelung nur auf die Städter zugeschnitten war, lag in deren privilegierter Behandlung wohl die vorangige Bedeutung der Norm, hatte doch bereits nach traditionellem Landrecht das Landgericht jeden handhaften Täter verurteilen können. Nun wurde diese Unterscheidung aber überlagert durch das Kriterium der Schädlichkeit bzw. Übeltätigkeit, die entweder of-

---

53 St. UB II, Nr. 354, S. 303, Z. 7-15.

54 Ebd., S. 303 Z. 16–27, leider sehr lückenhaft überliefert; dennoch ergibt sich aus den überlieferten Fragmenten in Zusammenschau auch mit deren Vorgeschichte, dass die Interpretation und Interpolation von *Ruser*, OSA I, Nr. 423 wohl nicht zutreffen dürften, wonach die Zuständigkeit außerhalb des Friedensbezirkes hier besonders hervorgehoben war; gegen diese Deutung dürfte die spätere Wiederholung (s.o.) sprechen, die an der eigentlich hierfür richtigen Stelle, zwischen den gerichtsübergreifenden bzw. alle Gerichte betreffenden Bestimmungen steht. Die hier vertretene Deutung passt sich dagegen viel besser in den Konflikt zwischen Stadt und Land und die bestehenden Jurisdiktionsprobleme ein, wie sie sich bereits ab 1301 fanden.

55 St. UB II, Nr. 354, S. 303, Z. 29 – 30.

56 Hierzu und zum Folgenden siehe St. UB II, Nr. 354, S. 303, Z. 36 – S. 304, Z. 7.

57 Diese beiden komplementären Funktion hat etwa *Bock*, ZGO NF 46 (1933), S. 334 f.vermischt.

fenkundig sein oder gesondert in Erfahrung gebracht werden musste. Bemerkenswert ist dies insbesondere vor dem Hintergrund, dass selbst eine handhafte Tat, d.h. die Ergreifung des Täters während der Tat oder im unmittelbaren, nachvollziehbaren Anschluss an diese nicht mehr zu dessen Verurteilung ausreichen sollte. Die Übeltätigkeit erschien damit als ein einschränkendes Korrektiv, um Konflikte aus für einen Vertragspartner ansonsten nicht akzeptablen Urteilen vorzubeugen.[58] Diese verfahrensmäßige Verknüpfung des eigentlichen Landfriedensbruchtatbestandes mit dem Element der offenkundigen Übeltätigkeit oder nachgeforschten und beurteilten Schädlichkeit erlangte auch für die nachfolgenden Landfrieden eine grundlegende Bedeutung. Allerdings fand sie nicht Eingang in den Landfriedensbruchtatbestand selbst, sondern ging im Sonderverfahrensrecht für die sogenannten „landschädlichen Leute" auf.[59]

In diesen Verfahrensregelungen ist ein außerordentliches Zugeständnis an die im Konflikt zwischen Friedrich dem Schönen und Ludwig dem Bayern entscheidenden oberrheinischen Bürgerschaften erkennbar, die besonderes Misstrauen gegenüber den feudalen Landgerichten hatten, aber selbst eine uneingeschränkte Gerichtsbarkeit beanspruchten; gleichzeitig schloss der habsburgische Thronprätendent, wie bereits sein Vorfahre Albrecht, weiterhin jedes bündische und königlich-personale Element mit Rücksicht auf seine Hausmacht soweit wie möglich aus. Für die Reichsverfassung war indes vor allem die Anerkennung der umfassenden Ratsgerichtsbarkeit aller beteiligten Städte, also neben Straßburg und Basel auch der beteiligten kleineren Reichsstädte und selbst der genannten, nicht reichsunmittelbaren Städte am Oberrhein für alle Friedensbruchsfälle innerhalb und außerhalb der Stadtgrenzen entscheidend.

Nur insoweit trifft das Urteil der Literatur zu, der Landfrieden von 1318 gehe in der Verselbständigung der Mitglieder über das bisherige Maß hinaus.[60] Ansonsten findet sich in der weitestmöglichen Zuordnung der Landfriedenssorge zu den ordentlichen Gerichten lediglich das System von 1301 bestätigt.[61] Den eigentlichen Landfriedenswächtern als Kolleg wurde

---

58 *Ruser*, OSA I Nr. 423 Nr. 7 hat hier zu sehr vereinfachend den Sachverhalt mit „wenn er der erwiesene Übeltäter ist" zusammengefasst. Gerade für dieses Erweisen wird nun aber nicht mehr die handhafte Tat für ausreichend angesehen, sondern *zusätzlich* auf die Schädlichkeit abhoben. Richtigerweise hat bereits *Fischer*, Landfriedensverfassung, S. 16 f. allgemein auf das Bestreben hingewiesen, mit dem Merkmal der Schädlichkeit und der Einteilung in bescholtene und unbescholtene Personen, möglichen Opfern falscher Anschuldigungen die Enschuldigung zu ermöglichen, „freilich ... mit der grössten Vorsicht ..., damit kein wirklicher Schuldiger entschlüpfe.", letzteres wieder im Geist einer stark autoritären Perspektive.

59 *Vgl. dazu unten Kapitel 5 I 5.*

60 Vgl. dazu *Bock*, ZGO NF 46 (1933), S. 334 f.

61 Unzutreffend daher auch die ausschließliche Kompetenzabgrenzung zwischen städtischem Rat und „Behörde" des Landfriedens von *Schwalm*, Landfrieden, S. 76 f., nach der letztere

die Ermittlung und Beurteilung der Schädlichkeit des vermeintlichen Delinquenten als eine nicht unwesentliche zusätzliche Aufgabe, Befugnis und Vertrauensstellung zugewiesen. Hierzu war dieses Gremium als Ort des Austausches von Informationen aus allen Städten und Territorien der Raumschaft ideal geeignet. Das richterliche Urteil ersetzte die vor dem ordentlichen Gerichtsverfahren stehende Erforschung der Person des Täters, ähnlich wie im Inquisitionsverfahren, jedoch nicht. Dem bündischen Element des Landfriedens kam somit zwar nach wie vor eine augenfällig sekundäre Rolle zu, namentlich gegenüber den Stadtgerichten, aber auch den Landgerichten. Diese wurde jedoch weit genauer definiert und verdichtet. So umfasste die Kooperation zusätzlich gemeinsame Maßnahmen für den Fall, dass ein ordentlicher Richter sein im traditionellen Gericht gefälltes Urteil nicht durchsetzen und dem Kläger damit nicht die zuerkannte Genugtuung verschaffen konnte. Überdies sollten die Mitglieder ebenso auf ihren Eid aktiv werden, wenn der Täter dem Stadtgericht entfloh und *„sin lip und sin gu[o]t angriffen"*, ihn also mit Zwangsmaßnahmen zur Wiedergutmachung zwingen.[62]

Umgekehrt gewann in diesem Landfrieden das bündische Element weiteren Einfluss, nunmehr aber gerade gegen die Autonomie der Städte, verpflichtete doch die Einung ihre Mitglieder, gegen jede Bürgerschaft *„beholfen"* zu sein, die den Täter nicht richten wollte, damit sie dieser Pflicht nachkomme.[63] Diese Kontrolle der Landfriedensparteien untereinander lag durchaus in der Logik des bündisch-fehderechtlichen und personalen Ansatzes, trat jedoch in Konkurrenz zu den Kontrollen der Gerichte durch die übergeordneten Richter bis hin zum König, die das Kernstück des Mainzer Reichslandfriedens dargestellt hatte. Sie bedeutete ebenfalls eine Stärkung des regionalen Machtgefüges gegenüber dem Reich, mithin einen Erfolg, den der Thronprätendent Friedrich von Habsburg als Initiator der Einung jedenfalls während seinem Kampf um die Krone und für den Fall seines Scheiterns der Stärkung der Kronrechte vorziehen musste.

(5) Bereits bis 1318 war damit die traditionellen Gerichtsbarkeit mit dem bislang außerhalb von ihr stehenden Landfrieden verbunden. Dadurch wurden die Rechte sowohl der Stadt- als auch Landgerichte gewahrt und die Macht ihrer Inhaber wesentlich gesteigert. Dem früher daneben stehenden und für die Stellung vor allem der Landgerichte durchaus bedrohlichen bündischen-personalen Element, das die Landfriedenspfleger verkörperten, kam lediglich eine sekundäre Bedeutung zu. Gleichzeitig aber

---

nur für Friedbrücher auf dem plattem Land zuständig gewesen sei, weil Land- und Stadtfrieden bekanntlich konträre Gegensätze seien

62 St. UB II, Nr. 354, S. 303, Z. 31 – 34; hier im übrigen unzutreffend *Distler*, Städtebünde, S. 167, die „Leib und Gut" auf den Einsatz der Hilfsverpflichteten bezogen hat.

63 So auch zutreffend *Schwalm*, Landfrieden, S. 76 f.

wurde - wenigstens im Text der Einungen - eine engere Kooperation zwischen den Rechtskreisen erreicht. Dabei bekamen die Städte zwar ihre privilegierte Jurisdiktionsgewalt bestätigt, wurden allerdings der Kontrolle und Erzwingung durch die Gemeinschaft unterworfen. Wiederum im Gegenzug wurde dem Landgericht zwar nicht die Verurteilungs-, aber jedenfalls die umfassende eigene Beurteilungskompetenz beschnitten. Darüber hinaus war der Weg für eine dritte Begründung und Ausgestaltung der Befugnisse des Landfriedens bereitet, konnten doch dessen Aktionen durchaus auch ohne einerseits den Gedanken kollektiver Selbst- und Fremdhilfe und andererseits der königlichen Stellvertretung begründet werden: Analog zur Stellvertretung des Königs stand einer Bevollmächtigung territorialer und städtischer Amtsleute zur Ausübung der partikularen Gerichtsbarkeit nichts entgegen, jedenfalls solange dies mit der Billigung des Königs als Ursprung der Gerichtshoheit und -gewalt geschah. Ein solches Verfahren setzte sich im Spätmittelalter in allen Territorien durch. Eine derartige Delegation zugunsten der Friedenswächter der jeweils anderen Einungsparteien war ebenfalls nicht ausgeschlossen, soweit diese tatsächlich richterliche Aufgaben für den zuständigen Gerichtsherrn wahrnahmen. Damit stand dem Landfrieden und seinen Amtsleuten auch die grundsätzliche Möglichkeit offen, ihr Vorgehen aus der traditionellen Gerichtsbarkeit zu begründen, etwa bei der Verfolgung aus dem eigenen Gerichtsbezirk hinaus auf das alte Institut des Gerüftes, wie etwa Ssp. Ldr. II 71, 4 f. bestimmte.[64] Allerdings fand sich der dort mitgeregelte Schutz fremder Gerichtsrechte im Falle der Nacheile gerade nicht in den Bestimmungen der Einung, so dass der insoweit bestenfalls unterstützende Charakter eines solchen Legitimations- und Legalisierungsmuster gegenüber dem bündisch-personalen Ansatz sichtbar blieb.

d) Experimente mit neuen Organisationsformen

Die enge Verknüpfung des Landfriedens mit den traditionellen Gerichtsgewalten sollte allerdings nur eine kurze Wirkung entfalten.

(1) Schon mit der mittelrheinischen Pax Rheni Generalis vom 22.6.1317 hatte Ludwig der Bayer, wohl als ein Zugeständnis seinerseits an die mächtigen rheinischen Bürgerschaften, dem Modell Friedrichs die Rückkehr zu den Grundsätzen von 1254 entgegen gesetzt, diese Einung aber zumindest mit drei von ihm für die Regionen am Niederrhein, der Wetterau und für die „oberen Städte" eingesetzten Hauptleuten verbunden.[65] Zumindest für

---

64 Vgl. dazu nur *Planck*, Gerichtsverfahren I, S. 42; zum Ganzen *Meyer*, Gerüft; vgl. auch zum Verhältnis zum Gerüft und den Beistandspflichten in den Landfrieden *Meyer*, Landfrieden, S. 82.

65 Vgl. MGH Const. V, Nr. 421, Art. 6.

die „oberen Städte" von Mainz bis Speyer wurde dem Gremium der Landfriedenswächter unter ihrem Hauptmann die ausdrückliche und umfassende Befugnis gegeben, alle vor ihnen geklagten Friedensbrüche zu richten und dazu mit Hilfe der Bündnisgenossen Zwang anzuwenden.[66] Die daneben stehende Aufgabe der Gerichts- und Landesherren, bei jedem Friedensbruch, der in ihrem *„gerihte oder lande ... geschiht"*, entweder selbst für eine Richtung zu sorgen oder die Nächstgelegenen einzuschalten,[67] trat ergänzend neben diese Befugnis. Für die weitere Entwicklung aber noch bedeutsamer war, dass sie nicht exklusiv an die Gerichtsgewalt, sondern zusätzlich an den tatsächlichen Einflussbereich des Territoriums anknüpfte. Da Ludwig durch die von ihm abhängigen Hauptleute die personale Friedenshoheit der Krone bestätigt hatte, fiel ihm die Rückbesinnung auf die bündischen Organisationen am Rhein nicht allzu schwer, zumal er dort über keine nennenswerten Hausmachtinteressen verfügte. Mit dem politischen Triumph des Wittelsbachers setzte sich dieses Modell auch am Oberrhein allmählich durch.

(2) Der unter König Ludwigs Führung errichtete Reichslandfrieden von 1323 übernahm diese Regelungen insoweit, als er alle Fürsten, Grafen, Freien und Dienstmannen und alle Städte, jeweils in ihrem *„gebiete oder gerihte"* in die Pflicht nahm, für den Friedensschutz zu sorgen.[68] Statt der bündischen Organisation, die zumindest einschreiten konnte, wenn die Möglichkeiten eines dieser Verpflichteten alleine nicht ausreichte, sah der Reichslandfrieden allerdings nur im Fall der Nacheile nach einem Raub aus dem ursprünglichen Gerichtsbezirk oder Gebiet die gegenseitige Hilfe vor, dass der Herr, Amtmann oder Diener des benachbarten Bezirkes *„beholfen sein und mit eylen"* sollte.[69] Räuber, Diebe, Brandstifter und Mörder sollten von niemand Geleit erhalten, sondern an jedem Ort, an dem der Verletzte sie ergriff, gerichtet werden; auch hier galt es bei Säumnis den Schaden wiedergutzumachen und dem Reich zu bessern.[70] An die Stelle aller übergeordneten bündischen oder personal begründeten Sonderinstanzen und sogar der allgemeinen Hilfspflicht der Umlieger, wie in den früheren Reichslandfrieden seit 1287, trat die förmliche, an traditionelle Institute anknüpfende Rechtshilfe der Gerichtsträger und, wie bereits am Rhein, der Landesherren für ihren Herrschaftsbereich. Vor allem gab der Reichslandfrieden den Obrigkeiten an jedem Ort, wo der Täter durch den

---

66 Vgl. ebd., Art. 7.

67 Ebd. Art. 4.

68 Hierzu und zum folgenden MGH Const. V, Nr. 735, Art. 2; vgl. ausführlich *Schwalm*, Landfrieden, S. 8 ff.

69 Vgl. zur Wirkung dieser "Nacheile" in Anknüpfung an die handhafte Tat in späteren schwäbischen Städtebünden *Distler*, Städtebünde, S. 200 m.w.N.

70 Vgl. MGH Const. V, Nr. 735, Art. 3.

Verletzten ergriffen wurde, jedenfalls für die genannten vier wichtigsten Landfriedensdelikte das Recht und die Pflicht, ihn zu richten. Dies bedeutete nichts weniger als die zukünftige Unbeachtlichkeit aller persönlicher Immunitäten und Rechtskreiszugehörigkeiten. Dennoch stand dieser Reichslandfrieden weitergehenden bündischen Verpflichtungen regionaler Einungsmitglieder und von ihnen begründeter Sonderinstanzen nicht im Weg, sondern erwies sich vielmehr als eine an die Grenzen der noch möglichen Einheitlichkeit gehende Verklammerung zwischen den ganz unterschiedlich ausgeprägten regionalen Organisationsformen des Landfriedens und Entwicklungsgeschwindigkeiten zur Ausbildung der Territorialhoheit.[71]

(3) Daher konnten auch die mittel- und oberrheinischen Einungen ohne weiteres sowohl an die Neuerungen dieses Reichsfriedens wie auch ihre bisherige regionale Tradition anknüpfen. Denn das Schema des Reichslandfriedens wurde dem Stand und den Erfordernissen der hier stark städtisch dominierten Landfriedenspflege alleine nicht gerecht. Allerdings sah auch die bereits 1322 von den mittelrheinischen Städten mit den Straßburgern errichtete Landfriedenseinung - ähnlich wie die Friedensorganisationen von 1254 und 1278 und der Reichslandfrieden vom Jahr 1287 - die Zuständigkeit der nächstgelegenen Partei für Landfriedensbruchklagen, eine nach Entfernung gestaffelte Hilfeleistung sowie feste Truppenkontingente vor, jedoch keine gemeinsame koordinierende oder schiedsrichterliche Instanz.[72] Für den einzigen als Partei beteiligten Territorialherrn, Erzbischof Matthias von Mainz, wurden ausführliche Sonderregelungen getroffen,[73] die übrigen adeligen Gerichte fanden aber keinerlei Erwähnung.

Auch die anschließenden mittelrheinischen Bündnisse, an denen oberrheinische Akteure beteiligt waren, und der Dreibund zwischen Straßburg, Basel und Freiburg enthielten keine Sonderinstanz; letzterer wies die Schiedsaufgabe dem Rat der jeweils unbeteiligten Stadt zu. Dies entsprach dem politischen Interesse der Akteure, sich angesichts der Wirren nicht zu sehr

---

71 Vgl. *Schwalm*, Landfrieden, S. 11 mit Hinweis auf die unterschiedlichen Entwicklungsgeschwindigkeiten und -formen etwa zwischen dem bereits zentralisierten Landfriedenswesen in Bayern und dem Elsass.

72 Vgl. St. UB II, Nr. 416, S. 363, Z. 34 - S. 364, Z. 2; wie 1254 fand sich die nicht eindeutig gegen die traditionellen Gerichte gerichtete Formulierung, dass sie *„dar zu[o] tu[o]n"* soll *„„daz ez gerihtet werde"*. Die fehderechtlichen Wurzeln kommen hier besonders deutlich zum Vorschein, indem die gemeinsame Hilfe gegen Feinde der Städte geboten wurde. Gleichzeitig wurde durch das Vokabular die Zuschreibung der Gerichtszuständigkeit im Vergleich zu früher deutlicher; so sprach das Bündnis zwar wie 1318 vom In-Erfahrung-Bringen, ob ein Landfriedensbruch vorlag, gebrauchte aber mit den Begriffen der Klage und des über die Rechtslage *„Bevinden"* deutlicher Begriffe der traditionellen Gerichtsbarkkeit, vgl. ebd., S. 364, Z. 38 - S. 365, Z. 6.

73 Vgl. ebd. S. 364, Z. 12 - 29.

zu binden oder eine gemeinsame Instanz über sich zu setzen. Während der mittelrheinische Landfrieden von 1334 ein starkes Landfriedensgericht mit umfassender Entscheidungsbefugnis über Friedensbrüche schuf, kam es 1338 im Elsass erst unter dem Eindruck der Armleder-Unruhen zu einem neuen Landfriedensgremium mit der Hauptaufgabe der Schiedsgerichtsbarkeit und Koordinierung des Vorgehens gegen Aufrührer und Aufläufe, das sich selbst als *„landfrid in Elsazzen"* bezeichnete.[74]

(4) Die autonome Einung von 1343 griff wieder auf die davor liegenden Entwicklungen zurück und schuf ein einheitliches Gremium der über den Landfrieden im Unterelsass Gesetzten.[75] Bis 1378 blieb die Verteilung der Aufgaben zwischen diesen und den Mitgliedern unverändert: In der Tradition der mittelrheinischen Entwicklung und des Reichslandfriedens von 1323 sollte wegen Landfriedensbrüchen vor den dem Ort der Begehung nächstgelegenen Herren, die zu dem Landfrieden gehörten, beziehungsweise ihren Amtleuten oder aber in der nächsten Stadt geklagt werden. Das Gremium der Landfriedenspfleger sollte, wie bereits in der Periode von 1301 bis 1318, nur dann angerufen werden, wenn sie eine Erledigung des Konflikts aus eigener Macht nicht zustande brachten. In diesem Fall aber sollten sie, wie ihr ausführlich geregelter Amtseid erkennen ließ, wie ein Gericht nach Recht Urteil sprechen, danach das gemeinsame Vorgehen der Landfriedensteilnehmer leiten[76] und etwa die Kosten von Belagerungen mit Bindungswirkung für die Mitglieder aufteilen.[77] Zusätzlich regelte die Einung, wie der Reichslandfrieden von 1323, die Verpflichtung der Teilnehmer, die den Landfriedensbrecher überall *„angriffen und halten uf den eit"* sollten, allerdings nur, wenn das Landfriedensgremium den Landfriedensbruch festgestellt hatte und *„darnach ez in verkúndet wirt"*, also nach Kundgabe an die entsprechende Obrigkeit.[78] Die gesteigerte Bedeutung der Landfriedensorgane kam auch in den neuen Vorschriften zu ihrem Schutz gegen Angriffe zum Ausdruck.[79] Allerdings fand sich nun erstmals auch eine Beschränkung der Beurteilungbefugnisse der Landfriedensamtsträger: Für Fälle *„von schulde oder von egen oder von erbe odere von anderre sache we-*

[74] Der Frieden von 1338 schränkte aus politischen Gründen die Aufgaben der gemeinsamen Amtsleute wieder auf das Mindestmaß in Form eines allgemeinen Mahnens ein, wenn die Kräfte jeder Seite nicht alleine ausreichten; vgl. Rapp. UB I, Nr. 494, S. 366, Z. 24- 37, S. 367, Z. 25-41; vgl. auch *Schwalm*, Landfrieden, S. 75, 78 f.; in ähnlicher Zeit entstanden auch erstmals in Schweizer Landfrieden ein eigenes Gremium von Landfriedensamtleuten, vgl. ausführlich *Meyer*, Landfrieden, S. 77 f.

[75] St. UB V, Nr. 116, S. 119, Z. 38 – S. 120, Z. 14; siehe auch *Angermeier*, Königtum und Landfrieden, S. 189; *Schwalm*, Landfrieden, S. 80.

[76] St. UB V, Nr. 116, S. 119, Z. 5-8; vgl. *Schwalm*, Landfrieden, S. 78.

[77] St. UB V, Nr. 116, S. 121, Z. 5-9.

[78] Ebd., S. 119, Z. 18-24.

[79] vgl. ebd., S. 120, Z. 34 – S. 121, Z 1.; *dazu oben auch Kapitel 4 I 5 c).*

gen die dem glich sint", sollten die Parteien einander vor den ordentlichen Gerichten *„dage und stunde mit einander leisten und súllent enandere dez rehten gehorsam sin"*, jedenfalls solange die daraus folgenden Ansprüche anders als aus dem Landfriedensschutz und seiner Verletzung folgend begründet waren.[80] Die Zuständigkeit des Landfriedens griff nur dann wieder ein, wenn sich eine Konfliktpartei nicht an den gebotenen Gewaltverzicht im Landfriedensgebiet hielt und daher wiederum nach den allgemeinen Regeln das Einschreiten des Landfriedens auslöste.

e) Abschluss der Ausbildung des Landfriedensgerichts

Diese Zuständigkeitsabgrenzung, die später Eigen und Lehen den zuständigen Gerichten zuwies,[81] gewann durch die mit der Einung von 1378 eingetretene letzte strukturelle Neuausrichtung der Landfriedensorganisation eine noch stärkere Bedeutung.[82] Denn nunmehr waren die *„siben mann"* in ihrer Gesamtheit unmittelbar beauftragt, *„daz reht zu[o] sprechen umbe alle die sachen, die vor sú koment von dez egenanten gemeynen friden wegen."*[83] Eine vorherige Befassung einzelner Landfriedensrichter, anderer Amtsleute oder der Gerichtsträger selbst war hingegen, wie aus ihrem Amtseid und der Gesamtregelung des Verfahrens erkennbar, nicht mehr vorgesehen.[84] Begründet auf der personalen-bündischen Friedenssorge im Wege der durch sie organisierten kollektiven Hilfeleistung hatten die *Conservatores* sich zu einem allgemeinen Landfriedensgericht entwickelt, das sich völlig von der traditionellen Gerichtsverfassung gelöst hatte. Stattdessen sollten 1389 die sechs Landfriedensrichter sich auf dem *„lantage"* versammeln um

---

80 St. UB V, 116 (S. 117-122), 119 Z. 31-36; *vgl. dazu auch oben Kapitel 4 III 4 (4)*; für die aufgezählten Anspruchskategorien war damit die Zuständigkeit des Landfriedens, namentlich die Hilfspflicht der Mitglieder ausdrücklich ausgeschlossen, vgl. hier zutreffend *Bock*, ZGO NF 46 (1933), S. 352.

81 St. UB V, Nr. 1319, Art. 24; im Landfrieden von 1395 wurden hingegen Schulden jetzt vollumfänglich einbezogen, vgl. St. UB VI, Nr. 989, S. 576, Z. 30-34, S. 577, Z. 25-33 das Landfriedensgericht war damit für alle Konflikte zuständig *„usgenomen kúntliche lehen"*; *vgl. dazu auch oben Kapitel 4 III 4 (4)*.

82 Zu vergleichbaren Institutionalisierungs- und Verdichtungsprozessen in Norddeutschland bei gleichzeitiger Steigerung des fürstlich-städtischen Gegensatzes vgl. etwa *Mohrmann*, Landfriede, S. 225, 234 f., 241 ff. m.w.N.

83 St. UB V, Nr. 1319, Art. 7.

84 Auch wenn die eigentlichen Aufgabenzuschreibungen an den Landfrieden nur von Verstößen gegen einen der drei Teile sprechen, war damit, wie aus dem Amtseid, Art. 7 erkennbar, wohl nicht gemeint, dass nur diese Einungsparteien Klagen vor den Landfriedensrichtern vorbringen durften, was praktisch in etwa der alten Lage entsprochen hätte. Sie schloss im Gegenteil die direkte Anrufung durch einzelne Personen und Korporationen, die im Geltungsbereich des durch die vereinten Parteien errichteten Friedensschutzes geschädigt worden waren, gerade nicht aus.

dann auf die Rechtsfragen des Obmannes, des *„fre[a]gers“* zu antworten. Nach ihrem Rat sollte jener schließlich *„ouch urteil sprechen“*.[85]

Einen wirklichen Bruch mit dem Selbstverständnis des Landfriedens als bündische Organisation der kollektiven (Selbst-)Hilfe zeigte das Privileg König Wenzels bei der offiziellen Bestätigung der elsässischen Einung von 1395. Es legte fest, dass die Entscheidungen des Landfriedensgerichtes Bestand haben sollten, das heißt, dass in der gleichen Sache keine Ladung mehr an ein anderes Gericht erfolgen sollte, insbesondere nicht an das königliche Hofgericht.[86] Als bündische Organisation war der Landfrieden trotz aller Änderungen in seinem Verfahren letztendlich eine formal gleichrangige Partei in dem Konflikt mit dem Landfriedensbrecher gewesen. Eine rechtlich übergeordnete Gerichtsbarkeit konnte sich daraus grundsätzlich nur gegenüber den Eidgenossen als Adressaten entwickeln, einerseits bei der Streitentscheidung untereinander, andererseits bei den Entscheidungen, ob und wie im Falle eines angeblichen Landfriedensbruches gemeinsam bis zu einer angemessenen Wiedergutmachung vorzugehen war. Von dem Streit des Rheinischen Bundes mit den Adeligen über die Bauernfrage 1256[87] an bis hin zum Fall der Feste Fründesberg im Jahre 1349[88] blieb der Landfrieden eine solche Konfliktpartei, die rein rechtlich, wenn eine einvernehmliche Streitbeilegung mit dem Gegner nicht erfolgreich war, selbst eigentlich nur gleichberechtigt neben dem Gegner in einem Schieds- oder gerichtlichen Verfahren, insbesondere vor den Reichsgerichten, stehen konnte. Praktisch war es zwar vom „Richten“ eines Friedensbruches in der bisherigen Form des Landfriedens zum „Richten“ als (letzt-)verbindliches Gericht kein so großer Schritt, hatten doch die Landfriedenspfleger bereits vorher entschieden, ob, von wem und an wem ein Landfriedensbruch vorlag, und gegebenenfalls, welche Wiedergutmachung angemessen sein sollte. Mit der Zuschreibung der Verbindlichkeit bekam jedoch das Verfahren vor ihnen und eine etwaige Säumnis vor allem für den vermeintlichen Landfriedensbrecher eine gänzlich neue Bedeutung, war ihm doch nunmehr die Behauptung der eigenen Rechtsposition in anderen Gerichten nicht mehr möglich. Mit diesem vergleichsweise frühen Appellations- und Evokationsprivileg fand der Landfrieden nunmehr

---

85 Vgl. RTA II, Nr. 75, Art. 6, 6a, 8.

86 St. UB VI, Nr. 991; *Battenberg*, Gerichtsstandsprivilegien, Regesten Nr. 966a mit der Anmerkung, dass es sich möglicherweise nur um einen Entwurf der Stadt Straßburg gehandelt haben könnte; zu weitgehend allerdings *Angermeier*, Königtum und Landfrieden, S. 312 f., das Königtum habe damit auf jede Gerichtsgewalt innerhalb und außerhalb der Landfrieden verzichtet.

87 *Vgl. oben Kapitel 1 II 3 d).*

88 *Vgl. dazu unten Kapitel 6 II 2 d).*

eine königliche Anerkennung, die über die der meisten traditionellen partikularen Gerichte weit hinausging.

Damit war, auch nach außen erkennbar, endgültig ein neuer, allerdings jeweils periodenweise zu erneuernder Rechtskreis enstanden, der seine eigene Geltung unabhängig von den bisherigen Rechtskreisen beanspruchte. Seinen Ausdruck fand dies etwa in dem Amtssiegel, das das oberrheinische Landfriedensgericht erstmals in der Einungsurkunde von 1395 ausdrücklich verliehen bekam und das danach von seinem jeweiligen Vorsitzenden zur Siegelung aller seiner Urkunden geführt wurde.[89] Schon deutlich früher war wohl bereits *de facto* ohne diese Grundlage ein eigenes Siegel verwendet worden.[90] Dabei handelte es sich nicht nur um eine rein praktische Maßnahme, um die immer zahlreicheren Dokumente des Landfriedens zu authentisieren, sondern um eine symbolische Anerkennung der Autorität des Landfriedensgerichts, wie dies 160 Jahre zuvor im Mainzer Reichslandfrieden für den königlichen Hofrichter der Fall gewesen war. Damit folgte das Elsass einer Entwicklung, die sich rheinabwärts schon viel früher vollzogen hatte:[91] Hatte der Mainzer Erzbischof bereits 1287 als „*Capitanei pacis et duodecim conservatores eius*" ein Siegel geführt,[92] so verfügte der mittelrheinische Landfrieden bereits seit 1334 bzw. 1341 dauerhaft über ein großes und ein kleines Siegel, das mit der Umschreibung „*Sigillum pacis generalis ad causas*" und unter anderem mit dem Reichsadler und einem Symbol des Landfriedensobmannes ausgestaltet war.[93] Nicht zuletzt im Rahmen der kommunalen Autonomiebewegung hatte die Siegelführungsbefugnis ein erhebliches Gewicht erhalten, kennzeichnete sie doch die beanspruchte bzw. anerkannte Rechtsfähigkeit und damit den Status einer solchen Korporation.[94] Wie am Mittelrhein bedeutete dieses Siegel auch die

---

89 Vgl. St. UB VI, Nr. 989, S. 580, Z. 10 f.

90 Nachgewiesene Verwendungen eines Landfriedenssiegels finden sich jedenfalls seit 1368, vgl. St. AV AA 118, Nr. 6, Druck OSA II 2, Nr. 881; StA Basel, Polit. A 1, Druck bei OSA II 2, Nr. 884; den frühesten Nachweis stellt aber wohl die Urkunde vom 11.2.1349, OSA II 2, Nr. 828 dar, in dem Rechtsstreit nach Zerstörung der Fröndsberg durch den Landfrieden, ein ausgefertigtes Pergament mit vier Siegeln, des Straßburger Turmdekan, des Pfalzgrafen am Rhein, sowie den Neun des Landfriedens und des Herrn von Sickingen.

91 Vgl. zum seit 1266 verwendeten hessischen Landfriedenssiegel, seiner Symbolik und Deutung *Kroeschell*, DRG I, S. 284 f.; 292 ff.; *Stercken*, Landfrieden, S. 168.

92 Vgl. *Redlich*, Rudolf von Habsburg, S. 447; *Wyneken*, Landfrieden, S. 39 f.

93 Und zwar mit einem zweiköpfiger Reichsadler und einem dreieckigen Schild mit drei Sternen im Felde, was schon seit 1335 wohl immer kombiniert mit dem Wappen des jeweiligen Landfriedensobmanns verwendet wurde; vgl. *Schwalm*, Landfrieden, S. 74 f. m.w.N.

94 Das Siegel brachte äußerlich die Rechts- und Handlungsfähigkeit einer Gemeinschaft zum Ausdruck; vgl. *Planitz*, Stadt, S. 115, 296; *Zorn*, Bündnisverträge, S. 9, dieser sei als Korporation damit ein rechtlicher Status wie einer heutigen juristischen Person zugekommen; dagegen vor allem letzteres einschränkend *Orth*, Fehden, S. 38; zur Repräsentationsfunktion der Siegel vgl. etwa jüngst *Sauter*, Herrschaftsrepräsentation, S. 88 ff. am Beispiel der Habs-

endgültige Verbindung der bündischen Struktur mit der hoheitlichen Autorität des Königtums. Dies galt noch stärker für *„des reiches fenlin"*, das Reichsbanner, das die bis dahin aufgestellte eigene Landfriedenstruppe als Ausdruck der königlichen Autoriät und als Zeichen „größeren Glanzes und größeren Ansehens"[95] seit 1395 bei jedem Auszug ausgerollt führen durfte.[96]

Äußerlich hatte sich die Gemeinschaft der über den Landfrieden Gesetzten einem partikularen Gericht im traditionellen Sinne, vergleichbar einem Pendant des städtischen Rats(-gerichts), weitestgehend angenähert. Dennoch trennten auch die Zeitgenossen noch klar zwischen den ordentlichen Gerichten und eben dieser Sonderinstanz.[97] Ferner hatten für die Landfriedensrichter die klassischen Exemtionsprivilegien und die daraus folgenden Gerichtsstände keine Bedeutung, wie dies zahlreiche Fälle mit Bürgern, aber auch Klerikern als beklagter Partei zeigen, so etwa das Vorgehen im internen Konflikt der Abtei von Neuenburg.[98] Hierin lag der überragende Vorteil des Landfriedens gegenüber allen anderen Gerichten, deren Funktion er zunehmend übernahm. Begründet war dieser Vorteil aber gerade in der völlig andersartigen Wurzel, die durch die Idee des Beistandes begründet und durch die bereits herausgearbeiteten Elemente legitimiert war.

3. Organisation der Arbeit

a) Bestellung

(1) In allen Landfriedensbündnissen und -einungen, die Landfriedenswächter vorsahen, wurden diese von den jeweils privilegierten Mitgliedern bestellt, die als Vertragsparteien in Erscheinung traten. Die Gesamtzahl der Pfleger wie auch ihre Verteilung auf die Parteien schwankte jedoch zwischen den unterschiedlichen Landfrieden erheblich. Die paritätische Aufteilung unter allen Mitgliedern, die noch aus der Zeit des mittelrheinischen

---

burger; gegen die Überbewertung des Siegels in diesem Zusammenhang jünst *Distler*, Städtebünde, S. 156 ff., 178 ff. m.w.N.

95 Vgl. *Fischer*, Landfriedensverfassung, S. 90.

96 Vgl. *Angermeier*, Königtum und Landfrieden, S. 291 f.

97 So trennte etwa die Pfändungsunterwerfung in der Richtung zwischen Wilhelm von Greifenstein und Werner von Ramberg deutlich: *„Und sol och der angrif ga[u]n an deheime gerihte, ez sie geistlich oder weltlich, noch an deheinen lantfriden, er sie gemeine oder sunder."*, vgl. St. UB V, Nr. 147 S. 143 Z. 37 f.

98 *Vgl. allgemein die Landfriedenssachen unter Kapitel 6 II 3 und III; zur Abtei von Neuenburg vgl. unten Kapitel 6 II 3 (1).*

Dreierbündnisses von 1254 herrührte, überdauerte das Ende des großen Rheinischen Bund nicht. Nach den Neuanfängen ohne jedes kollektive Landfriedensgremium setzte sich zunächst eine Aufteilung der Gehilfen des Königs oder seines persönlichen Stellvertreters unter den wichtigsten Vormächten der Region allein unter politischen Erwägungen durch. Über ihre Bestellung erfahren wir nichts, sie dürfte allerdings sehr informell und mit Rücksicht auf die Erfordernisse zur Zeit der jeweiligen Einberufung stattgefunden haben.

(2) Während der Kreis derer, die die Landfriedenswächter zu bestellen hatten, sich 1301 und 1310 auf die Inhaber der hohen Gerichtsbarkeit beschränkte, zeigte die Verteilung der elf über den Landfrieden Gesetzten keinen zwingenden sachlichen Grund, sondern vielmehr eine unter politischen Gesichtspunkten sorgfältig austarierte Gewichtung: So wurden der König von drei, Bischof und Stadt Straßburg von je zwei, beide Landgrafen, der Bischof und die Stadt Basel von je einem Vertreter repräsentiert, so dass sich nach der politischen Wichtigkeit drei Klassen ergaben.[99] Während 1301 noch alle Repräsentanten des Königs und der adeligen Herren für die gesamte Dauer des Friedens bereits namentlich in der Errichtungsurkunde berufen wurden, wurde der jeweilige amtierende Bürgermeister von Straßburg und Basel für seine Amtszeit *ex officio* Mitglied, wobei der Straßburger Meister einen weiteren Bürger für 13 Wochen ernannte, also in etwa für ein Quartal. Unter den Ernannten fanden sich auf adeliger Seite vor allem ansässige und wohl lehnsabhängige Ritter, die häufig andere Verwaltungsämter, etwa als Schultheiß in den Reichsdörfen ausübten, so beispielsweise Johannes, Schultheiß von St. Pilt, und sein Namensbruder, der dieses Amt für den König in Ehenheim innehatte, oder Johannes von Wartenfels als Pfleger zu Schwarzenberg für den Basler Bischof.[100] 1310 wurde dieser Verteilungsschlüssel wohl beibehalten, zumal die Einung mit wenigen Ergänzungen den Text von 1301 wortgenau übernahm; jedoch ernannte nur noch König Heinrich VII. seine Amtsleute bereits in der Errichtungsurkunde,

---

99 St. UB II, Nr. 233, S. 190, Z. 11-20; unzutreffend hingegen *Müller*, Die elsässischen Landstände, S. 16 f., der von „zehn Obmännern" ausgegangen ist.

100 St. UB II, Nr. 233, S. 190, Z. 11-20; so für den König Johannes Ulrich von Hus; Johannes, der Schultheiß von St. Pült sowie Johannes, Schultheiß von Ehenheim; für den Bischof von Basel Johannes von Wartenfels, der sein Pfleger zu Schwarzenberg war; ähnlich wohl für den Bischof von Straßburg Kuno von Heispoltzheim und Kuno von Bütenhein, für die Habsburger ein nicht mit Vornamen genannter Herr von Schönenberg aus Ensisheim und für den Landgrafen im Unterelsass Walter von Matzenhein; zur ähnlichen sozialen Herkunft der Landfriedensamtsleute aus der Ritterschaft und Ministerialität in anderen Gebieten und ihrer engen Verbindung zu den regionalen Vormächten als Ratgeber, Freunde, Amtsleute und Vertrauensträger vgl. etwa *Stercken*, Landfrieden, S. 83; *Leist*, Landesherr, S. 109 m.w.N.; zur Indienstnahme von Niederadeligen durch Städte und Fürsten als Befriedungsmaßnahme, aber auch mit der Folge innerständischer Abschichtung vgl. bereits *Radbruch / Gwinner*, Geschichte des Verbrechens, S. 62 ff.

nämlich den Burggrafen Heinrich von Doroltzheim, sowie die Ritter Matthias von Heringheim und Johannes von Eckerich, während die Auswahl der übrigen acht Amtsleute, wie alsbald allgemein üblich, offen gelassen wurde, so dass wir auch später nur noch indirekt die Namen einzelner Mitglieder erfahren.[101]

(3) In dem von der habsburgischen Seite initiierten Frieden von 1318 sehen wir ein Gremium von 19 Friedenspflegern eingerichtet, von denen wohl elf sich nach dem Schlüssel von 1301 verteilten. Für König Friedrich sollte sein Reichslandvogt die Ernennungen vornehmen.[102] Die zusätzlichen acht Pfleger wurden wohl von den anderen bedeutenderen Städten der Region, die nicht der Reichslandvogtei angehörten, sowie den Herren von Geroldseck ernannt.

Während der Bund gegen die Armleder und andere Aufstände von 1338 kein gemeinsames Gremium kannte, wies das Kollegium der über den Landfrieden des gleichen Jahres Gesetzten eine bemerkenswerte Struktur auf: Vielleicht in Anlehnung an die älteste Tradition dieses Gremiums von 1254 sollten beide Seiten, die habsburgischen und die wittelsbachischen Parteigänger, darunter auch die Vertreter der Bischöfe von Straßburg und Basel, die erst später persönlich den geschlossenen Frieden sanktioniert hatten,[103] jeweils vier Pfleger stellen, die nun erstmals zusätzlich einen detailliert geregelten Vorsitz erhielten. Klar wie sonst nie zuvor standen sich die beiden Anhängerschaften gegenüber, war doch der Frieden ganz vom gegenseitigen Misstrauen und dem Bestreben geprägt, eine Majorisierung zu verhindern.

(4) Die autonomen Einungen nach 1343 sahen zwar ebenfalls ein Gremium von insgesamt neun Amtsleuten vor, die aber nach dem Schlüssel von 1301 unter den unterelsässischen Parteien aufzuteilen waren: Die Straßburger

---

[101] St. UB II, Nr. 284, Art. 23; so wissen wir etwa, dass ein Herr von Grostein 1353 Mitglied für die Straßburger Bürgerschaft in dem dort neu eingesetzten Gremium war, vgl. St. UB V, Nr. 339.

[102] Vgl. St. UB II, Nr. 354, S. 305, Z. 7, 13 und 32-38; über die Besetzung hat, wie auch über die Datierung aufgrund der Lückenhaftigkeit der Überlieferung erhebliche Unsicherheit bestanden, vgl. etwa *Schwalm*, Landfrieden, S. 76 f.; *Bock*, ZGO NF 46 (1933), S. 333 f.; *Ruser*, OSA I, Nr. 423.

[103] Vgl. Rapp. UB I, Nr. 494, S. 366, Z. 35 – S. 367, Z. 14, auf Seiten des Kaisers stellte Colmar Johannes Wolleben, Hagenau Nicolaus gen. der Meier, Schlettstadt, Ehenheim und Rosheim gemeinsam Johannes von Bötzen und der Kaiser für die Herren und übrigen Reichsstädte der Dekapolis, voran Mühlhausen den Herzog Konrad von Ürslingen. Dem gegenüber stellte die Habsburger Seite von der Herrschaft Österreich wegen Johannes Ulrich vom Hus, Rudolf von Andlau als Vitztum des Bischofs Berthold von Straßburg und Graf Walraf von Tierstein für den Baseler Bischof jeweils sich selbst, daneben für die Städte von Breisach, Neuenburg und Rheinfelden den Herrn Werner Gotzkuchen aus Breisach; *dazu ausführlich oben Kapitel 2 II 4 a)*; daneben auch zum Ganzen *Schwalm*, Landfrieden, S. 78 f.

Bürgerschaft und der Bischof stellten je zwei Vertreter, einer wurde *„von dez nidern lantgraventu[o]mes wegen"* bestellt; die drei ursprünglich vom König für die reichsunmittelbaren Gebiete der Reichslandvogtei Ausgewählten wurden nunmehr von den Reichsstädten ernannt,[104] worin sich die Emanzipation und der ehrgeizige, rechtliche wie politische Geltungsanspruch der jüngst zusammengeschlossenen Dekapolisstädte ausdrückte.

In den gesamtelsässischen Einungen von 1353 und 1366 lässt sich eine entsprechend auf 15 beziehungsweise 13 vergrößerte Zahl der Landfriedenswächter nachweisen. Die Reichsstädte, wie auch die Straßburger und ihr Bischof, erhielten dabei nur noch zwei Vertreter, ebenso wie die Herrschaft von Österreich und die Vogtei von Reichenweiher, neben je einem Mitglied für die anderen Herren, die Basler Bürgerschaft und den dortigen Bischof.[105]

(5) 1378 kam es auch in dieser Frage zu einer grundlegenden Neuorganisation[106], da das in den vergangenen Jahrzehnten auch personell ständig gewachsene Gremium für die zunehmenden neuen gerichtlichen Aufgaben zu schwerfällig geworden war und es immer schwieriger wurde, alle Vertreter zu den zunehmenden außerordentlichen Treffen zusammen zu bekommen. Die Verringerung des Landfriedensgerichts auf eine schlagkräftige Zahl von sieben, später neun Mitgliedern war vielleicht sogar ein Grund für die Aufteilung der Einungsmitglieder in drei Teile, die jeweils zwei Vertreter entsenden sollten.[107] Die Maßnahme fügte sich ein in die weiteren Vorkehrungen, das Verfahren effizienter zu gestalten, ebenso wie die bereits in anderen Regionen eingeführte Untergliederung des Landfriedens in Untergebiete.[108] Anderseits knüpfte die Aufteilung – je zwei für die Straßburger Bürger und für die Städte der Reichslandvogtei, die aller-

---

104 St. UB V, Nr. 116, S. 119, Z. 38 – S. 120, Z. 4; vgl. *Schwalm*, Landfrieden, S. 80 f.

105 Von den 15 Landfriedensrichtern sollten 1353 der Bischof und die Bürger von Straßburg je zwei, die Reichsstädte unter dem Reichslandvogt drei, der Basler Bischof, die dortige Bürgerschaft, die Landgrafen im Unterelsass und die Herren von Lichtenberg, Ochsenstein, Geroldseck im Wasgau jeweils einen, sowie der Abt von Murbach gemeinsam mit den Herren von Rappoltstein, Geroldseck in Ortenau und Usenberg einen Pfleger stellen; zu dem nicht unmittelbar überlieferten Landfrieden vgl. Mathias v. Neuenburg, erste Fortsetzung, S. 208 f. vgl. dazu *Fischer*, Landfriedensverfassung, S. 4, 17 f.; *Müller*, Die elsässischen Landstände, S. 21, Fn. 1; zu den dreizehn Vertretern in der Einung von 1366 vgl. St. UB V, Nr. 733, Z. 14-26, wobei die gennanten Landherren zwei Repräsentanten einbüßten.

106 St. UB V, Nr. 1319, S. 960, Z. 21 f.;vgl. *Asche*, Landfrieden, S. 17; *Angermeier*, Königtum und Landfriede, S. 262 f.; vgl. schon *Fischer*, Landfriedensverfassung, S. 43 f.; *Müller*, Die elsässischen Landstände, S. 24 f.

107 St. UB V, Nr. 1319, S. 959, Z. 12-35.

108 Vgl. zu ähnlichen Tendenzen in der 2. Hälfte des 14. Jahrhunderts im Maas-Rhein-Gebiet, vgl. *Kelleter*, Landfriedensbünde, S. 17 ff.; *zur Verfahrensbeschleunigung vgl. unten Kapitel 5 I 3 c), 4.*

dings wieder durch den Reichslandvogt vertreten wurden, sowie ergänzt um zwei der rheinischen Pfalzgrafen - an die bisher gewohnte Repräsentation an. Sie spiegelte aber auch die ausgeklügelten strategischen Erwägungen Karls IV. wider, da die königlichen Vertreter das Zünglein an der Waage zwischen den fürstlich-pfälzischen und den Repräsentanten der Straßburger Bürgerschaften wurden. Damit wurde also der allgemeine Strukturplan der luxemburgischen Landfrieden mit dem Königtum als eigentlichem Entscheidungsträger zwischen Bürgern und Adeligen auch am Oberrhein angewandt und gleichzeitig die Reichsstädte von den Straßburgern dauerhaft isoliert und ihre Unterordnung unter den Reichslandvogt konsequent gesichert.[109] Die zwischen dem 23.4. und 14.6.1379 erfolgte Einbeziehung von weiteren zwei Vertretern Bischof Friedrichs von Straßburg als viertem Teil[110] verstärkte diese gewünschte Entwicklung nur.

Später verändert sich diese Einteilung nicht mehr wesentlich: Seit 1389 entfielen die Vertreter der Pfalzgrafen, während Basel einmalig als vierter „halber" Teil nur einen Landfriedensrichter stellte. Danach sollten 1395 und 1398 jeweils zwei Repräsentanten des Bischofs, der Reichslandvogtei und der Straßburger Bürgschaft das Landfriedensgericht verkörpern.[111]

b) Amsteid, Verhinderung und Stellvertretung

(1) Nicht überraschend belegte bereits die Einung von 1301 indirekt, dass kein Vertreter ohne Ablegung eines besonderen Eides sein Amt im Landfriedensgremium antreten konnte.[112] Jedoch auch bereits zuvor dürften die *Conservatores*, wie Zeugnisse aus Nachbarregionen und die allgemeine Funktion des Eides in der Zeit nahe legen, sich jeweils durch einen besonderen Eid auf ihre Tätigkeit verpflichteten.[113]

---

109 *Vgl. bereits oben ausführlich Kapitel 2 IV 2 c)*; hier nur nochmals *Bock*, ZGO NF 46 (1933), S. 367 f.

110 Vgl. OSA II 2, Nr. 908, Anm. 83; *Bock*, ZGO NF 46 (1933), S. 367.

111 St. UB VI, Nr. 989, S. 575, Z. 13-22, Z. 37 – S, 576, Z. 1; S. f.) und St. UB VI, Nr.1349, S. 713, Z. 5-8; *Asche*, Landfrieden, S. 106; *Angermeier*, Königtum und Landfriede, S. 313.

112 St. UB. II, Nr. 233, S. 189, Z. 39- S. 190, Z. 1; *vgl. dazu noch sogleich unten (2).*

113 Für die entsprechenden ausdrücklichen Bestimmungen in den schwäbischen Landfrieden seit 1282, wonach die *conservatores pacis* durch ihren Eid verpflichtet waren, alles für den Frieden Notwendige und Nützliche zu unternehmen, und dabei auf die Mithilfe aller Adeligen, Städte und Landbewohner ihres Bezirkes zurückgreifen konnten, so dass über den Breisgau eine Fortentwicklung aus dieser Tradition ins Elsass möglich scheint, vgl. MGH Const II, Nr. 346; Freiburger UB I, Nr. 356; dazu etwa *Kunze*, Rudolf von Habsburg, S. 141 f.; zur Bedeutung des Amtseides als Mittel „in einer Zeit, in der die ‚beinahe instinktive Sicherheit des Rechtsfindens' geschwunden ist, eine Garantie für den Rechtsfrieden zu etablieren" vgl. *Stercken*, Landfrieden, S. 114; *Scheyhing*, Eide, S. 157 f.

Allerdings wurde dessen Wortlaut und Verfahren erst später genauer in der Errichtungsurkunde der jeweiligen Einung festgelegt. Der mittelrheinische Landfrieden von 1317 bestimmte kurz und bündig, dass seine Hauptleute und sonstigen Landfriedensrichter schwören sollten, „*den friden reht ze rihtene unde ze beschirmene ane geverde*".[114] Als dem Landfriedenskolleg am Oberrhein auch äußerlich stärker Charakterzüge eines Ratsgerichts beigelegt wurden, erfuhr auch der Amtseid hier eine detailliertere Regelung: Jedes Mitglied des Gremiums sollte „*lipplich*", das heißt höchstpersönlich und mündlich, schwören, allen Geschädigten, „dem Armen gleich dem Reichen" darüber Urteil zu sprechen, ob der Beklagte den Landfrieden gebrochen habe oder nicht, und sich dabei nicht durch Liebe oder Gunst oder Fürsprache der Herren oder Städte, des Klägers oder irgendeines anderen davon abbringen zu lassen und von niemand Geschenke oder Versprechungen als Bestechung anzunehmen oder jemand an ihrer statt annehmen zu lassen, in einer Sache, die das Gericht betraf.[115] Von Sanktionen bei dem Bruch dieses Eids ist zwar nicht die Rede, aber sie dürften die gleichen wie bereits 1301 gewesen sein.[116] 1378 wurde der Eid stärker in Bezug auf die Parteien formuliert, die die Landfriedensrichter entsandt hatten: Sie sollten schwören, das Recht förderlich und ohne Verzug zu sprechen in allen Sachen, die vor sie kommen, und dabei so unparteiisch zu sein, als ob die Parteien in der Fremde wären und sie nicht zu ihnen gehörten.[117]

(2) Die Amtspflicht der über den Landfrieden Gesetzten und insbesondere ihre harte Sanktionierung bei mutwilliger Verweigerung wurden bereits in den Regelungen von 1301 vor Augen geführt: „*were aber, daz sie sich davon mahtent und die besserunge verzu[i]gent durch mu[o]twillen, so su[i]lent sie meineidige sin und uswendig diz frides sin.*"[118] In diesem Fall der „Entscheidungsflucht" war also neben dem Ausschluss aus der Friedensgemeinschaft nun ausdrücklich auch die Meineidigkeit die Folge, wohl auch gestützt auf das Mandat König Adolfs von 1296 gegen Versäumnisse bei der Verfolgung von Friedensbrechern.[119]

---

114 MGH Const. V, Nr. 421, Art. 7.

115 St. UB V, Nr. 116, S. 120, Z. 3-14; die verwendeten Begriffe "*miete*" und "*mietwon*" für die Annahme von Bestechung spiegeln auch die Bestechungsvorwürfe gegen den Straßburger Rat im Rahmen der Zunftrevolutionen, vgl. *Schmoller*, Zunftkämpfe, S. 46.

116 Zwar sah das Straßburger Stadtrecht von 1405 für die Entgegennahme von *miete* bzw. *mietwon* lediglich eine hohe Brücheleistung vor, jedoch wurde der Bürgermeister in Speyer 1346 auf die Anklage eines solchen Vergehens als meineidig behandelt und ewig verbannt; vgl. nur *His*, Strafrecht II, S. 72 f.

117 St. UB V, Nr. 1319, Art. 7.

118 St. UB II, Nr. 233 S. 189, Z. 37-39.

119 Vgl. RI VI 2, Nr. 734, Art. 4.

(3) Der Amtseid war jedoch dann ausdrücklich nicht gebrochen, wenn eine *„eheftigu[i] not"* des Amtswalters oder dessen Herren seine Teilnahme verhinderte, sowie - natürlich - im Falle des Todes des Amtswalters.[120] Die „echte" oder „ehafte Not" war als Rechtsbegriff bereits im Landrecht, etwa im Ssp. Ldr. II 7, präzise definiert und umfasste Gefangenschaft, Krankheit, Pilgerfahrt oder Kreuzzug und Reichsdienst. Ihr Vorliegen war gegebenenfalls von einem Boten des Abwesenden zu beweisen. Ebenso wurde der Begriff der echten Not in Reichslandfrieden seit 1235 als Rechtsbegriff innerhalb der Sonderbestimmungen gegen den treulosen Sohn für die Säumnis des gegen den Sohn klagenden Vaters gebraucht.[121] Den Amtsträgern und ihren Herren wurde damit auch zugestanden, dass ihren Lehns- und anderen Dienstpflichten vor den Amtspflichten für den Landfrieden Vorrang eingeräumt wurde. Der Begriff der ehaften Not wurde bald durch die deskriptiven Aufzählungen der entschuldigenden Verhinderungsgründe selbst ersetzt, nämlich Tod, Siechtum,[122] und (berechtigte) Abwesenheit außer Landes.[123] 1366 endete der Amtseid auch durch den eigenen Rücktritt, sofern dieser, wie jetzt auch die anderen Verhinderungsgründe, rechtzeitig gegenüber der Partei, die der Pfleger repräsentierte, erklärt worden war.[124] 1378 wurde die Entscheidung über eine Abberufung eines Landfriedenswächters in die Hand der jeweiligen Partei, also dessen Herren beziehungsweise Stadtrates gelegt, der frei nach seinem Willen seine Repräsentanten durch einen Vertreter ersetzen und diesen auch später wieder entsenden konnte.[125]

(4) Im gleichen Atemzug wurden bereits 1301 Vorkehrungen für den Fall der gerechtfertigten Verhinderung, den Tod oder später die sonstige Abberufung eines Vertreters vor Ablauf des Friedens getroffen. Dann sollte, wie bereits 1254, die Partei, als deren Vertreter er an den Beratungen teilnahm, „ohne Arglist" an seiner Stelle einen anderen ehrbaren Mann schicken, der dann denselben Eid wie sein Vorgänger schwören sollte, wodurch der Landfriedenseid insgesamt Bestand haben sollte.[126] Vielleicht waren auch diese Vertretungsregelung sowie die flexible Handhabung bei den Städten der Grund, dass seit 1301 nur noch ausnahmsweise die Vertreter bereits in

---

120 St. UB. II, Nr. 233 S. 189, Z. 39 - S. 190, Z 1.

121 MGH Const. II, Nr. 196, Art. 6; MGH Const. III, Nr. 390, Art. 6; vgl. *Wyneken*, Landfrieden, S. 8; *Sellert*, Art. „Not, echte", HRG III, Sp. 1040 ff.

122 St. UB V, Nr. 116, S. 120, Z. 28-32.

123 Erstmals ausdrücklich in St. UB V, Nr. 159, S. 154, Z. 32-38.

124 St. UB V, Nr. 733, S. 570, Z. 30-35.

125 St. UB V, Nr. 1319, Art. 10.

126 St. UB II, Nr. 233, S. 189, Z. 39 - S. 190, Z 1.

der Errichtungsurkunde benannt wurden.[127] Seit 1343 wurde noch ergänzt, dass, wenn die Verhinderung des ursprünglichen Landfriedenspflegers entfallen war, dieser wieder sein Amt wahrnehmen sollte, während sein Vertreter, *„der in verwesen het"*, seines Amtseides und damit Amtes wieder ledig sein sollte.[128]

c) Obleute

Am Ausgangspunkt der bündischen Landfriedensentwicklung war ein gesonderter Obmann, der das Gremium leitete, unbekannt.[129] Aufgrund der Struktur des Dreibundes von 1254 war ein oberster Schiedsmann mit Letztentscheidungsrecht nicht erforderlich, und zur Leitung schien er auch noch in den Zeiten des großen Rheinischen Bundes entbehrlich; für die erforderliche Koordinierung, vor allem die Einberufung der Vertreter zu gemeinsamen Beratungen war, wie noch später bei Städtebünden üblich, ein oder mehrere „Hauptstädte" zuständig.[130]

Hingegen war ein Anführer, sei es der König selbst oder sein Repräsentant, der Träger und Inbegriff der personalen Friedenssorge, so dass dieser „Hauptmann der älteren bzw. früheren Art" auch am Oberrhein in der dadurch besonders geprägten Periode bis etwa 1300 auftrat. In den anschließenden Einungen, bei denen dem Gremium der Landfriedenspfleger nur eine unterstützende Rolle bei der Ahndung von Friedensbrechern zukam, und bei der anschließenden zeitweisen Rückbesinnung auf bündische Ursprünge erschien ein solcher Vorsitzer wieder entbehrlich und ist daher auch in keiner Errichtungsurkunde bezeugt.

Einen als solchen auch erkennbaren Obmann kannte daher erst wieder der Landfriedensschluss von 1338, bei dem der Schiedsgedanke zwischen den Parteien und damit das Erfordernis eines Oberschiedsrichters mit Letztentscheidungsrecht eine neue, zentrale Bedeutung erlangte. Diese Aufgabe wurde aber nicht etwa, wie bereits in anderen Regionen üblich, einem einzelnen Obmann anvertraut, sondern beide Seiten stellten zu ihren Landfriedenspflegern noch jeweils einen eigenen Obmann, die zusammen als *„gemeinen ein Mann"* nur einvernehmlich handeln konnten. Nur wenn sich keine Einigung zwischen diesen beiden herstellen ließ, sollte an ihrer Stelle

---

127 Vgl. St. UB II, Nr. 284, Art. 23; vgl. dazu *Müller*, Die elsässischen Landstände, S. 17 mit der falschen Schlussfolgerung, es wären nur drei „Obleute" insgesamt ernannt worden.

128 Vgl St. UB V, Nr. 116, S. 120, Z. 32-34; vgl. dazu auch St. UB V, Nr. 733, S. 570, Z. 38-40.

129 Damit nicht unähnlich der wesentlich älteren Entwicklung des traditionellen Gerichtes, vgl. *Köbler*, ZRG GA 87 (1970), S. 57 ff.

130 vgl. ausführlich *Distler*, Städtebünde, S. 138 ff. m.w.N.

der wohl von beiden Seiten anerkannte Johann von Rappoltstein die richterähnliche Leitung übernehmen und den Ausschlag geben.[131]

Der damit etablierte Posten eines Obmanns oder „Fragers"[132] blieb dem Landfrieden bis zu seinem Ende erhalten. Er war für die Einberufung und Vorsitz in dem Gremium, die Verfahrensleitung und Entscheidungsabfrage unter den Beisitzern wie ein Richter im Schöffengericht zuständig. Als symbolische und reale Schlüsselposition entwickelte sich der *„gemeine Mann"* des Landfriedens, wenig überraschend,[133] bald zum Brennpunkt der unterschiedlichen Ambitionen von Königtum, Reichsstädten sowie Straßburger Bürgern und Bischöfen und zu einem guten Indikator für die jeweilige Machtkonstellation. Wie zu Zeiten alleiniger personaler Stellvertretung sicherte ein dem König verbundener Obmann diesem direkten Einfluss und Information, die über die reine Bündnishoheit weit hinaus reichten. Andererseits konnte ein Obmann, der tatsächlich von einer regionalen Vormacht gestellt wurde, deren Vorrangstellung verfestigen und den Einfluss des Königtums weitgehend negieren.

So führte als *„gemeiner núndeman"*, also als gemeinsamer neunter Mann,[134] zunächst nach 1343 der Stettemeister Ritter Berthold Swarber von Straßburg die von der Stadt initiierte und geprägte autonom-ständische Einung an.[135] Er scheint dieses Amt auch noch bei der Verlängerung des Friedens 1345 behalten zu haben, obwohl ihn sein Bruder Peter Swarber in diesem Jahr als Stettemeister ablöste.[136] Erst 1347 folgte ihm dieser auch im Landfrieden in seiner Funktion, sollte als *„amman maister ze Strazbu[o]rg" „ein gemein nunde man sein von unser der herren und stete wegen aller gemeinlichen."* [137] Durch wohl geschickt geschürten Konflikt um die Obmannbestellung konnte Karl IV. 1353 das Ernennungsrecht der Krone erreichen.[138] In der Einung von 1366 wurde dieser Einfluss aber bereits wieder durch die namentliche Vereinbarung bei der Errichtung des Landfriedens sichtbar rela-

---

131 Vgl. Rapp. UB I, Nr. 494, S. 367, Z. 4-14; vgl. auch *Schwalm*, Landfrieden, S. 78 f.

132 1389 tauchte erstmals die neue Bezeichnung als *„freger"* also als Frager auf; vgl. RTA II, Nr. 75, Art. 6.

133 Vgl. allgemein zur politischen Bedeutung der Obmann-Stellung (im doppelten Sinn) *Gernhuber*, Staat, S. 60 ff.; vgl. Schuler, Städtebünde, S. 686; zur Strategie vor allem Karls IV., die Obleute planmäßig für seine Repräsentation und seine Zwecke zu nutzen vgl. *Hergemöller*, Nürnberg, S. 106 m.w.N.; *Ruser*, Städtepolitik, S. 95.

134 Unzutreffend hier *Fischer*, Landfriedensverfassung, S. 42, der von einem *„gemeinen Mundmann"* spricht; vgl. bereits dagegen *Schwalm*, Landfrieden, S. 80.

135 St. UB V, Nr. 116, S. 120, Z. 2-4.

136 Vgl. St. UB V, Nr. 133, S. 136; vgl. OSA II 1, Nr. 440, Fn. 19.

137 St. UB V, Nr. 159, S. 154, Z. 8-10.

138 *Angermeier*, Königtum und Landfriede, S. 210; vgl. auch *Fischer*, Landfriedensverfassung, S. 43; *vgl. ausführlich oben Kapitel 2 III 4.*

tiviert. Zwar sollte der Obmann, Ritter Lutzemann von Rottersdorf, ausdrücklich, vielleicht in Erinnerung an alte personale Traditionen, *„von des vorgenanten unsers herren des keysers und des heiligen Romischen riches wegen ein gemein dritzehende man sin uns den egenanten herren, stetten und allen den, die zu[o] disem lantfriden gehorent gemeinlich"*.[139] Dass Karl IV. damit aber kein freies Ernennungsrecht behauptet hatte, zeigte die erstmals eingeführte Neuregelung für den Fall des Todes oder der Verhinderung dieses Obmannes, der noch wie alle seine Vorgänger namentlich in der Errichtungsurkunde des Landfriedens bestimmt worden war: Denn dann sollten die anderen zwölf Landfriedenspfleger unverzüglich an einem vereinbarten Termin innerhalb der nächsten acht Tage in Colmar zusammentreffen und nicht auseinander gehen, bis sie nicht, falls nötig mit Mehrheit, denjenigen, den sie am nützlichsten und fähigsten im Land hielten, *„gekosen und erwelt"* hätten, dass er im Namen aller richte und so der Obmann sei, wie der erste.[140] Wie bei einem Schiedsgericht wurde den von den Parteien selbst Gewählten damit die Aufgabe zugesprochen, um Streit und Blockaden unter den Vertragsparteien zu vermeiden.

Damit war bereits ein Übergangsstadium zu der Form erreicht, mit der dem immer schwelenden Konflikt um die Obmannbestellung nach der Einteilung der Teilnehmer in die drei bis vier Gruppen seit 1378 elegant begegnet werden konnte: Der Vorsitz sollte danach jeweils vierteljährlich rotierend jeder Gruppe zustehen, die dazu einen weiteren zusätzlichen Vertreter - *„wen sú wellent"* - berufen sollte, der im Namen aller sowie vor allem von Kaiser und Reich sein Amt versah.[141] Der König hielt damit keine Schiedsposition wie, vor allem nach 1389, in anderen Landfriedensregionen, sondern seine Repräsentanten blieben mit den Bürgern gleichrangig.[142]

---

139 Vgl. St. UB V, Nr. 733, S. 570, Z. 23-26; auch hier hat *Bock*, ZGO NF 46 (1933), S. 363, die frühere Entwicklung vor dem ohnehin nicht überlieferten Landfrieden von 1353 vernachlässigt und dadurch die vermeintliche Schwächung der königlichen Landfriedensgewalt deutlich überbewertet; richtig bleibt allerdings, dass der vorgesehene Obmann Lutzmann von Rottersdorf tatsächlich habsburgischer Lehensträger und damit wohl in deren Lager anzusiedeln war.

140 So St. UB V, Nr. 733, S. 570, Z. 40 - S. 571, S.5.

141 Vgl. St. UB V, Nr. 1319, Art. 6; vgl. hierzu und zum Folgenden auch *Asche*, Landfrieden, S. 104.

142 Dies machte auch eine der wesentlichen Differenzen zwischen dem allgemeinen Egerner Reichslandfrieden und der späteren elsässischen Separateinung aus, was nicht zuletzt noch einmal die große Bedeutung des Vorsitzes gerade für die oberrheinischen Teilnehmer zeigte; vgl. dazu etwa *Fischer*, Landfriedensverfassung, S. 44, der allerdings nicht überzeugend behauptet hat, die kaiserliche Partei sei doch dadurch bevorzugt worden, dass ihr neben dem 1. auch jeweils für das 4. Quartal der Vorsitz zugestanden habe, was schwerlich mit der Quelle in Einklang zu bringen ist; dagegen überzeugend bereits *Asche*, Landfrieden, S. 17; *Gernhuber*, Staat, S. 61; sowie ausführlich *Müller*, Die elsässischen Landstände, S. 24 Fn. 1.

Damit es durch diese permanente Rotation zu keiner Verschleppung und Anhäufung der Verfahren vor dem Landfrieden kam, wurde ein weiterer Passus eingefügt, nach dem jeder Obmann die Verfahren, die unter ihm anhängig geworden waren, zu Ende zu führen hatte, auch wenn der Vorsitz zwischenzeitlich schon gewechselt hatte.[143] Die Stadt Basel, die als „halber Teil" 1389 dem Landfrieden angehörte, sollte jedes siebte Quartal den Vorsitz stellen. Damit jedoch die ungerade Zahl an Mitgliedern des Entscheidungsgremiums gewahrt blieb, sollte der Vorsitzende jeweils aus dem Kreis der bereits ernannten Landfriedenswächter rekrutiert werden. Diese Sonderregelung blieb allerdings, wie die Zugehörigkeit der Baseler, nur eine einmalige Episode.[144]

1395 wurde das Rotationsprinzip schließlich wieder abgeschafft. Stattdessen erfolgte eine Einigung der Landfriedensparteien bereits beim Abschluss des Landfriedens, der sich, wie in früherer Zeit, in der namentlichen Ernennung des Obmannes in der Errichtungsurkunde selbst niederschlug. Dabei handelte es sich 1395 und im Entwurf von 1398 um Jeratheus von Ratsamhausen vom Steine, für dessen Tod oder Verhinderung allerdings keine ausdrücklichen Vorkehrungen getroffen waren.[145]

d) Ort und Zeit der Zusammenkünfte

Waren zunächst die ordentlichen Zusammenkünfte des bündischen Koordinierungsgremiums von 1254 an den entsprechenden „Vorort" geknüpft, so dürften diese unter dem politisch-personalen Vorzeichen Ende des 13. Jahrhunderts nur noch jeweils *ad hoc* stattgefunden haben, wenn es dem König oder seinem Hauptmann notwendig schien. In den frühen ausführlichen Einungen wurden entsprechende Reglements der Zusammenkünfte auch noch nicht für erforderlich gehalten, zumal sich die Landfriedenssorge weitgehend vor den einzelnen Amtsleuten als gewissermaßen erster Instanz abspielen sollte.

Finden sich daher in den Landfrieden vor 1338 keine genauen Bestimmungen über Ort und Häufigkeit der Zusammenkünfte, außer dass die Landfriedenspfleger auf Mahnung eines Teils innerhalb von acht Tagen helfen sollten,[146] so wurden nach diesem Zeitpunkt die Modalitäten der Treffen genau ausformuliert. Regelmäßig sollte sich das Kollegium seit 1338 an einem Wochentag nach jeder *„fronfasten"*, einem vierteljährlichen Kirchen-

---

143 St. UB V, Nr. 1319, Art. 12; ausführend *Fischer*, Landfriedensverfassung, S. 44; sowie *Angermeier*, Königtum und Landfriede, S. 262.

144 Vgl. nur *Asche*, Landfrieden, S. 104.

145 Vgl. St. UB VI, Nr. 989, S. 575, Z. 38 – S. 576, Z. 1.

146 Vgl. etwa St. UB II, Nr. 284, Art. 3; vgl. dazu *Schwalm*, Landfrieden, S. 78.

feiertag, an einem in der jeweiligen Einung vorher bestimmten Ort treffen.[147] Während dies für den gesamtelsässischen Landfrieden von 1338 das zentral gelegene Colmar war, wechselte der Sitzungsort mit der Beschränkung auf das Unterelsass seit 1343 auf das dort leicht von allen Mitgliedern erreichbare Schlettstadt, dann 1366 mit der erneuten Einbeziehung des Oberelsass wieder nach Colmar.[148] 1378 wanderte der regelmäßige Versammlungsort noch weiter nach Norden, nach Hagenau, vielleicht um den Amtsleuten der pfälzisch-luxemburgischen Partei entgegenzukommen und das Unterelsass deren Machteinfluss weiter zu öffnen.[149]

Daneben waren aber auch weiterhin jederzeit außerordentliche Zusammenkünfte möglich. So bestimmte etwa die Einung von 1343 *„were aber daz man ir dicker bi enander bedo[e]rfte dann die vorgenanten vier zile, wa si danne der vorgenannte núndemann hine manet zo[e] komende an eine stat die gelegenlich ist, da súllent sie hin komen."*[150] Die Einberufung an eine geeigneten Stätte lag damit im Ermessen und der Pflicht des entsprechenden Obmanns. Tatsächlich scheinen, als sich das Landfriedensgericht endgültig etabliert hatte und seine Wirkungen entfalten konnte, Sitzungen in der Regel einmal im Monat an einem Montag, bisweilen alle 14 Tage oder sogar wöchentlich abgehalten worden zu sein.[151] Dabei konnten durchaus mehrere Verfahren verhandelt und entschieden werden.[152]

Seit 1389 wurde, anders als im zeitgleichen Egerner Reichslandfrieden, im Elsass der Unterschied zwischen ordentlichen und außerordentlichen Sitzungen aufgegeben. Es setzte sich dafür eine Rotation der Sitzungsorte, jedoch unabhängig vom jeweiligen Vorsitz, durch.[153] Vielmehr sollte bei je-

---

147 Rapp. UB I, Nr. 494, S. 368, Z. 15-18.

148 Ebd.; St. UB V, Nr. 116, S. 120, Z. 23-26; Nr. 733, S. 570, Z. 30.

149 St. UB V, Nr: 1319, Art. 8.; unzutreffend daher die Annahme von *Fischer*, Landfriedensverfassung, S. 44 f., nach der es sich um den jeweiligen Ort des Obmanns gehandelt habe.

150 St. UB V, Nr. 116, S. 120, Z. 26-28.

151 Vgl. etwa die gesetzte 14-Tagesfrist für einen neuen Termin im Streit zwischen Straßburg und Hagenau vom 6.9.1367, St. UB V, Nr. 763; OSA II 2, Nr. 872; vgl. dazu unten Kapitel 5 I 4 e) (1); sowie die Vertagung um 14 Tage im Fall des Ritters Claus Zorn Lappe gegen die Stadt Freiburg, OSA II 2, Nr. 874.

152 Wie vor allem die allein von der Sitzung am 20.12.1368 überlieferten Urkunden zeigen, vgl. OSA II 2, Nr. 882-887, St. UB V, Nr. 800.

153 Vgl. RTA II, Nr. 72, Art. 7; Nr. 75, Art. 8; offensichtlich hatte sich die Praxis nicht bewährt, wie Königshofen, S. 854 ausführte: sie sollten zwar nach jeder *fronfasten* zu Gericht sitzen und die *„clage verhoeren und besorgen wie alle getot und schaden wider reht geschehen, solt widerkert und gebessert werden noch dem rehten. ... doch weis got wol, wie es gehalten wart."*; eine solche Rotation war im übrigen auch den traditionellen Grafengerichten nicht fremd, vgl. *Hirsch*, hohe Gerichtsbarkeit, S. 191 m.w.N.

der Einberufung der Sitzungsort für die *„landtage"*[154] der Reihe nach zwischen Straßburg, Benfeld und Colmar wechseln, Orte, die die drei wichtigsten Teile, die Bürgerschaft der Elsassmetropole, ihren Bischof und die Reichsstädte repräsentierten und gleichzeitig relativ bequem von allen Amtsleuten aus den Gebieten der Parteien erreichbar waren. Mit der endgültigen Reduzierung auf das Unterelsass wurden 1395 neben Straßburg Molsheim und Hagenau Sitzungsorte des Landfriedensgerichts.[155]

e) Schreiber, Kanzlei und Boten

1395 trat als letztes Hilfsorgan des nunmehr ausgebildeten Landfriedensgerichts auch ein eigener gemeinsamer und vereidigter Schreiber hinzu, der nichts ohne Kenntnis und Geheiß des Obmannes siegeln und keine Vorladung ohne den Willen des Vorsitzenden herausgeben sollte.[156] Damit erhielt der Landfrieden, der gewollten dauerhaften Institutionalisierung entsprechend, zum Abschluss seines weithin durch schriftliche Kommunikation geprägten Verfahrens eine eigene, feste Kanzlei, womit die Entwicklung, die sich in anderen Regionen weit früher ereignet hatte und die bereits der Reichslandfrieden 1235 für den Reichshofrichter besonders geregelt hatte, nachvollzogen wurde.[157] Bis zu diesem Zeitpunkt bestand auch *de facto* keine solche eigene Schreibstube, vielmehr erfolgte die Ausfertigung der notwendigen Korrespondenz, im Einzelfall belegbar, durch die Kanzlei der Stadt, in der die Treffen des Kollegs abgehalten wurden. Aus der Quellenüberlieferung kann wohl geschlossen werden, dass eingehende Schreiben ebenso wie die jeweiligen Einungen von der Kanzlei in Straßburg verwaltet wurden, von der die Mitglieder Abschriften erhalten konnten. Allerdings könnte aus der Überlieferung eines in Mainz liegenden Entwurfes auch darauf geschlossen werden, dass dieser ursprünglich in Hagenau verfasst wurde.[158]

---

154 Zum ähnlichen Gebrauch der Bezeichnung für die "Landtage" mit gerichtlicher Funktion im Schweizer Gebiet vgl. etwa *Osenbrüggen*, Alamannisches Strafrecht, S. 49.

155 St. UB VI, Nr. 989, S. 567, Z. 6-13.

156 Vgl. ebd., S. 580, Z. 10-13.

157 Vgl. bereits die ausführliche Regelung des Mainzer Reichslandfrieden, MGH Const. II, Nr. 196, Art. 29; vgl. dazu auch *Wyneken*, Landfrieden, S. 23; bereits seit Mitte des 13. Jahrhunderts verfügten die Stadtobrigkeiten bereits über eine Kanzlei mit fest angestelltem Schreiber, vgl. etwa *Andermann*, Ritterliche Gewalt, S. 275 m.w.N.; *Burger*, Stadtschreiber; vgl. weiterhin *Keller*, Schriftlichkeit.

158 Vgl. OSA II 2, Nr. 835: Die Colmarer richteten sich darin in einer Landfriedenssache an den Straßburger Rat, da sie die Urkunde der Urfehde des Landfriedensbrechers benötigten, mit der Begründung, dass der Gefangene Briefe über sich gegeben (also Urkunden ausgestellt) habe, die den Landfrieden und alle seine Angehörigen gemeinsam angingen, und dass es vom Landfrieden her bestimmt sei, dass derartige Briefe jedem zugänglich sein sollten, der

4. Verfahren vor den Landfriedenspflegern

Die allmähliche Übernahme gerichtlicher Formen trotz fortbestehender, den fehderechtlichen Ursprüngen geschuldeter Besonderheiten zeigte sich erneut im Verfahren, für das sich im Zeitraum von 1345 bis 1380 die meisten urkundliche Belege finden, wobei allerdings in der Regel nur kurze Ausschnitte einzelner Verfahren überliefert sind. Insgesamt wird darin zwar eine Orientierung an den traditionellen Prozessregeln in den unterschiedlichen partikularen Gerichten deutlich, aber doch häufig ein modernerer, informellerer und entwicklungsoffener Ansatz.

a) Einleitung des Verfahrens

Die Einleitung eines Verfahrens konnte nicht nur formlos durch die mutmaßlichen Geschädigten, sondern ebenso durch *„ieman von ihren wegen"*[159] erfolgen. Diese Anklagemöglichkeit für den eigentlich Verletzten war nicht auf den Fall des Todes des Opfers beschränkt,[160] sondern stand generell allen seinen *„fru[i]nt"* offen.[161] Mit dem Verweis auf die „Freunde", wurde einmal mehr der ursprünglich fehderechtliche, „bündische" Ansatz deutlich.[162] Es handelte sich also auch nicht um eine förmliche Prozessstandschaft oder Stellvertretung. Die Möglichkeit dieser weitgehend informellen Anzeige eines Landfriedensbruches unterschied das Verfahren bereits deutlich vom traditionellen Gerichtsverfahren. Unter den vorhandenen Fällen finden sich allerdings keine Anzeigen von persönlich Unfreien oder Frauen, sondern praktisch nur solche von Adeligen, Klerikern und Bürgern. Umgekehrt wird jedoch auch kein Anhaltspunkt dafür ersichtlich, dass etwa freien Bauern von vornherein das Recht zur Einleitung eines Verfahrens abgesprochen worden wäre.[163]

Das Initiativrecht stand ebenfalls den Einungsparteien zu. Dabei spielte es keine Rolle, ob der Geschädigte ihr Bürger oder Lehensmann war. So klag-

---

ihrer bedurfte; nun bräuchten sie, die Colmarer Bürger, der Briefe, deshalb bäten sie ernstlich, sie den Brief sehen zu lassen oder eine mit dem kleinen Stadtsiegel beglaubigte Abschrift zu schicken, damit ihre Bürger sich umso mehr danach richten könnten; gemeint war damit wohl eine Ausleihe des Briefs, eventuell für eine eigene Abschrift. Offensichtlich führte zu diesem Zeitpunkt Straßburg die Kanzlei. Vgl. zum ganzen *Ruser*, OSA II 2, S. 808.

159 St. UB V, Nr. 116, S. 118, Z. 35; eine schriftliche Klage, wie etwa von *Stercken*, Landfrieden, S. 92, 110 für den Niederrhein vorausgesetzt, war jedenfalls nicht gefordert.

160 Wie man die Regelung über Totschläge und Verwundungen für sich genommen missverstehen könnte, vgl. St. UB II, Nr. 233, S. 189, Z. 19-22.

161 Vgl. St. UB II, Nr. 233, S. 188, Z. 14-16.

162 Vgl. etwa *Brunner*, Land und Herrschaft, S. 20 f., 52 ff.; *Orth*, Fehden, S. 27 ff.

163 So aber *Schubert*, Interterritoriale Gestaltung, S. 143 unter Berufung auf die bayerischen Landfrieden und *Pfeiffer*, S. 18.

te etwa am 29.9.1380 die Straßburger Bürgerschaft für einen der ihren.[164] Andererseits initiierte etwa Herzog Leopold III. von Österreich ein Verfahren, weil ein Herr von Weinsberg im Landfrieden Städte und deren Kaufleute angegriffen habe.[165] Schließlich nahmen auch die Könige das Recht in Anspruch, ein Verfahren durch direkte Anweisung an die Landfriedensrichter zu beginnen. Am 29.10.1379 gebot beispielsweise König Wenzel allen Reichsständen im Elsass und insbesondere den über den Landfrieden Gesetzten, gegen Hartmann Rot und seine Bande landschädlicher Leute einzuschreiten, wobei er androhte, selbst gegen alle, die dem nicht Folge leisteten, auch mit der Strafe des Widerrufs aller ihrer Freiheiten vorzugehen.[166]

Was nicht in den Einungstexten selbst vorgesehen war, aber ebenfalls nachweisbar ist: Auch der vermutliche Landfriedensbrecher selbst konnte ein Verfahren einleiten, ohne dass dem eine Klage vorausgegangen wäre. So hatten sich nach einer Mitteilung der Landfriedensrichter vom 16.11.1379 Meister und Rat der Stadt Offenburg an sie gewandt, weil sie die Ungnade der Straßburger fürchteten, da Offenburger einem Straßburger Vieh weggenommen hatten.[167] Die darauf ergangene Mitteilung informierte die Straßburger über die Bereitschaft der Offenburger, sich dem Frieden und seinem Urteil zu unterwerfen, und mahnte sie, die Sache gütlich zu richten und zu vertragen oder am 12.1.1380 den Streit vor dem Landfriedensgericht in Hagenau auszutragen und dazu den Offenburgern Sicherheit zu geben. Auch hier zeigte sich einmal mehr der Charakter der Streitschlichtung als Kern der Konfliktlösung durch den Landfrieden sehr deutlich.

b) Behandlung nach Anrufung des Landfriedens

Bis 1378 war, wie bereits dargestellt, ein Vorverfahren in der Verantwortlichkeit der einzelnen Landfriedenspfleger im Rahmen einer festen Kompetenzabgrenzung vorgeschaltet, bevor sich das Landfriedenskollegium, soweit ein solches überhaupt bestand, mit der Sache befasste.

(1) 1301 hatte der zuständige Landfriedenspfleger die „*vorderunge*" des Verletzten beziehungweise von dessen Verwandten oder Freunden entge-

---

164 Vgl. nur etwa St. UB V, Nr. 1392.

165 Indem er am 25.10.1378 die Mitglieder bat, ihre Landfriedenspfleger bis zum 29.10. nach Hagenau zu senden, vgl. St. UB V, Nr. 1333.

166 Vgl. BUB IV, Nr. 449.

167 Vgl. St. UB V, Nr. 1367.

genzunehmen.[168] Im normalen Verfahrensgang hatte er darauf den angegebenen mutmaßlichen Landfriedensbrecher zur Wiedergutmachung aufzufordern.[169] Die Form dieses Verfahrens durch Boten und Briefe war den Regelungen des Reichslandfriedens über das Fürgebot beim Hofgericht nachgebildet,[170] um dem möglichen Einwand des Friedbrechers, man habe ihm nicht die Chance zu einem friedlichen Ausgleich gegeben, von Anfang an entgegenzutreten. Der Aufforderung zur Wiedergutmachung ging, da sie nur an den (tatsächlichen) Landfriedensbrecher zu ergehen hatte, eine Entscheidung des Amtswalters über die Sach- und Rechtslage voraus. Er entschied dabei also anscheinend selbst, wobei seine Entscheidung nicht an bestimmte Formen gebunden war. Auch über das Verfahren zur Sachverhaltsermittlung, insbesondere das Beweisrecht, finden wir, wie im übrigen auch in den Reichslandfrieden, keine Regelungen.[171] Insgesamt dürfte auch das Verfahren somit mehr von den formlosen Verhandlungen der Verbündeten etwa im Rheinischen Bund, nun allerdings übernommen für Entscheidungen eines einzelnen, als von den fortbestehenden formellen Prozessformen vor den ordentlichen Gerichten ihrer Herren bestimmt gewesen sein.

Leistete der Schädiger der Aufforderung innerhalb einer Frist von acht Tagen keine Folge, so hatten der oder die zuständigen Pfleger erneut zu entscheiden, ob sie die Sache selbst beizulegen vermochten, das heißt eine Sühne und Wiedergutmachung herstellen konnten.[172] Nur wenn hierzu seiner Meinung nach seine Macht nicht ausreichte, hatte der zuständige Pfleger alle seine Kollegen zu *„manen mit botten und mit brieven uf den eit"*.[173] Ein solches zweistufiges Verfahren mit Amtleuten war auch zeitweise in anderen Regionen bekannt.[174]

(2) Seit 1343 entfiel, jedenfalls im Einungstext, die zwingende vorherige Bemühung um einen friedlichen Ausgleich.[175] Die am nächsten beim Tatort

---

168 Vgl. St. UB II, Nr. 233, S. 188, Z. 14 - Z. 16; im Vergleich zu den früheren Landfrieden zeigt der verwendete, eher formale Begriff der *„vorderunge"* eine allmähliche Annäherung an die Vorstellungen des traditionellen Gerichtsprozesses.

169 Ebd., Z. 17 - Z. 19.

170 Vgl. etwa die Reichslandfrieden von 1281 und 1298, MGH Const. III, Nr. 279, Art. 32; MGH Const. IV 1, Nr. 33, Art. 39 f.; vgl. auch *Wyneken*, Landfrieden, S. 24 m.w.N.

171 Vgl. zu letzterem *Wyneken*, Landfrieden, S. 22.

172 Vgl. St. UB II, Nr. 233, S. 189, Z. 27-33.

173 Ebd., S. 188, Z. 19-28.

174 Vgl. etwa die Belege bei *Görner*, Raubritter, S. 137 f.; ein ähnliches Verfahren lässt sich auch für den Frieden Ottos von Ochsenstein für die obere Lande vom 22.5.1294 nachweisen, vgl. *Wyneken*, Landfrieden, S. 34.

175 Vgl. St. UB V, Nr. 116, S. 118, Z. 34 - S. 119, Z. 8; siehe auch *Angermeier*, Königtum und Landfriede, S. 189; *Schwalm*, Landfrieden, S. 80.

gelegenen Herren, Städte oder ihre Amtsleute sollten nach der Anzeige auf ihren Eid dem Geschädigten behende und ohne Verzug beholfen sein, damit ihm der Schaden gerichtet werde. Wenn sie sich nicht in der Lage sahen, dies allein zu *„gerehtvertigen"*, sollten sie die Angelegenheit unverzüglich vor die Gesamtheit der Landfriedenspfleger bringen.[176] Gleichwohl erfolgte die Entscheidung, das Landfriedenskollegium anzurufen, häufig nicht unverzüglich, sondern oft erst nach längeren eigenen Bemühungen der Landfriedenspartei um einen Ausgleich.[177]

So informierte 1353 der Straßburger Bischof Johann den Meister und Rat der Stadt in der Sache des Abts von Windeck und seines Bruders Conrad gegen Georg von Geroldseck, Bürger von Freiburg:[178] Eine Abordnung, bestehend aus dem Schultheiß von Freiburg und Walter von der Dicke habe ihm mitgeteilt, dass er die Sache richten solle. Zusätzlich wolle der Freiburger Stadtrat zum Landfriedenstag am kommenden Montag eine weitere Abordnung schicken, die auch dort ihre Bereitschaft zum Rechtsaustrag dartun solle. Sollte der Landfrieden dennoch gegen Georg von Geroldseck vorgehen wollen, so meinte der Rat von Freiburg, müssten ihm Straßburg und Basel - wohl wegen des bestehenden Dreistädtebündnisses - beistehen. Sollte der Bischof sich Georgs Anliegen nicht annehmen, dann dürfe dieser nur vor ihnen in Freiburg vor Gericht stehen. Die nicht zum elsässischen Landfrieden gehörenden Freiburger beriefen sich also in der Sache auf ihr Exemtionsprivileg, unterwarfen sich aber der Gerichtsbarkeit des Landfriedens und wandten sich an die wohl zuständige Partei, den Bischof von Straßburg, dessen Landfriedenspfleger der Austrag der Sache zunächst zukam.

Etwa zeitgleich teilten die Meister und der Rat von Basel in einem Schreiben an die „besonders guten Freunde" in Straßburg in ganz ähnlicher Weise mit, dass in ihrem Streit mit dem Edelherrn Theobald von Neuenburg dieser sich erboten habe, wegen der bestehenden Streitigkeit vor dem Herzog von Österreich, dem Rat Straßburgs oder dem Landfrieden zu erscheinen.[179] Sie informierten den Rat auch über ihre Bereitschaft zum Rechtsaustrag in allen Sachen, die der Edelherr gegenüber Graf von Mömpelgard, dem Herrn zu Munffatum, den Straßburgern oder ihnen selbst benenne. Vielleicht lag dieser Aufforderung auch die Festsetzung der 15 Landfrie-

---

176 Vgl. etwa St. UB V, Nr. 161.

177 So etwa im Streit Straßburgs mit Hagenaus von 1367, vgl. St. UB V, Nr. 762; *sowie sogleich unten e) (1).*

178 Vgl. St. UB V, Nr. 603; zur umstrittenen Datierung vgl. überzeugend *Ruser*, OSA II 2, Nr. 848 Anm. 30, durch Eingrenzung auf den bestehenden Landfrieden von 1353-1356 und den Amtsantritt von Bischof Johann 12/1353.

179 OSA II 2, Nr. 851.

denswächter vom 18.11.1354 zugrunde.[180] Diese hatte in Form einer ausdrücklich widerruflichen Übereinkunft bestimmt, dass bei einem Streit oder Angriff nördlich des Eckenbaches die Straßburger dafür zuständig sein sollten, nach ihrem Ermessen den Angreifer zu ermahnen, er solle den Schaden gut machen und weitere Angriffe unterlassen, bis die Rechtslage vom Landfrieden festgestellt sei. Weiter sollten die Straßburger alle Mitglieder mahnen, und wenn jeden Landfriedensangehörigen der im Geltungsgebiet einen nicht zum Landfrieden Gehörenden angegriffen hätte, vor Gewalt schützen, wenn er vor dem Landfrieden sein Recht nehmen und damit diesem gehorsam sein wollte.

Wie bereits zuvor bestimmten auch die Landfrieden dieser Phase, dass der Landfrieden nur subsidiär tätig werden konnte, um die Gerichtsrechte der Einungsparteien zu wahren. Bevor die Klage eines Bürgers vor das Landfriedenskollegium kam, musste der Rat der entsprechenden Stadt zustimmen. Diese Vorentscheidung wurde stichpunktartig in den Stadtakten festgehalten, wie etwa im Fall eines ungenannten Straßburgers gegen Arnold Spring. Auf dessen Bitte ließen die Schöffen und Amtsleute der Stadt ausdrücklich ein Verfahren vor dem niederen Landfrieden zu, namentlich, da dieser den Spruch des Landfriedens vorab anerkannte und *„durch daz o[u]ch unsere burger a[o] sorge von ime sint“*.[181] Praktisch waren den Landfriedenshütern so aber künftig alle Fälle entzogen, die sich die patrizischen und zünftischen Stadtherren beziehungsweise die adeligen Gerichtsherren selbst vorbehielten oder nicht verfolgt sehen wollten. Für die Streitigkeiten innerhalb der Stadt blieb ohnehin immer der Stadtfrieden alleine maßgeblich. Nun hatte sich die örtliche Zuständigkeit der tatnächsten Partei, mithin das vor allem von den Städten favorisierte Prinzip des Begehungsortes endgültig gegen das Personalitätsprinzip durchgesetzt.[182] Ersteres hatte sich bereits in den Zeiten der größeren Bünde als deutlich praktikabler erwiesen, setzte jedoch ein gegenseitiges Vertrauen in die Beurteilung von Fällen und die daraus folgende Bereitschaft voraus, auf den verbrieften umfassenden Schutz der eigenen Bürger und Untertanen gegenüber fremden Partikulargerichten zu verzichten.

(3) Die Einung von 1378, der lange kontroverse Verhandlungen voraus gegangen waren, zeigte sich in der Frage, wer dem Landfriedensgericht eine Beschwerde unterbreiten durfte, zweideutig: So betonte der Frieden einerseits den Beistandsgedanken unter den drei Teilen besonders und gab jedem Teil im Falle, dass er selbst angegriffen, bekriegt oder geschädigt

---

180 St. UB V, Nr. 315; diese umfassende Delegation der 15 Landfriedensrichter sollte bis zum Widerruf gelten. Darüber hinaus behielten sich die über den Landfrieden Gesetzten das jederzeitige Eingriffsrecht in allen bedeutenden Angelegenheiten vor.

181 St. UB V, Nr. 168.

182 Vgl. St. UB V, Nr. 116, S. 118, Z. 34- S. 119, Z. 1.

würde, das Recht, selbst die Landfriedensrichter bei den anderen Teilen zu einem Treffen zu mahnen.[183] Daraus könnte abgeleitet werden, dass es nach wie vor im Ermessen der einzelnen Teile lag, ob sie dem Landfriedensgericht überhaupt eine Klage unterbreiteten. Andererseits bestand der allgemein gültige Friedensschutz explizit fort, oblag es den Parteien ausdrücklich, sich nicht nur bei Angriffen gegen eine von ihnen zu helfen, sondern gegen alle vorzugehen, die eines der zuvor geschilderten Friedensbruchsdelikte begangen hätten. Zudem wurden die Landfriedensrichter ausdrücklich darauf vereidigt, in allen vor sie gebrachten Sachen Recht zu sprechen,[184] während das bislang etablierte Vorverfahren keine Regelung mehr erfuhr. Daher liegt die Annahme nahe, dass die besondere Bündnispflicht, die aus den unmittelbar zuvor erlebten Einfällen der Engländer leicht begründet werden konnte, nur neben die traditionelle allgemeine Schutz- und Hilfspflicht des Landfriedens trat, mithin nunmehr, zwar etwas versteckt, jedermann ein direktes Klagerecht eingeräumt wurde. Dies entsprach auch den tatsächlich vor dem Landfrieden anhängigen Fällen, in denen auch Außenstehende mit ihren Klagen unmittelbar vor dem Landfriedensgericht gehört wurden.[185] Noch deutlicher spiegelte sich dies schließlich in der Einung von 1389 wider, da parallel zu dem Einberufungsrecht der geschädigten Teile oder, neu, einzelner Parteien innerhalb eines Teils, zusätzlich die Befugnis, außerordentliche Sitzungen einzuberufen, durch den jeweiligen amtierenden Obmann vorgesehen wurde, wenn nach seinem Urteil wegen Landfriedensverstößen ein früheres als das regelmäßige Zusammentreten erforderlich war.[186] Eindeutig legte jedenfalls der letzte Einungsentwurf von 1398 fest, dass *„were ouch, das andern kouflúten und andern erbern lúten, sie sein geistlich oder weltliche, die unargwenekliche ritent oder varent, gent oder wandelnt und dieser eynunge nit sind, dehein unlust geschee von den vorgenanten stu[e]cken, dazu mogend die súbene oder das neheste teil, do sogetone sache bescheen ist, tun, so es vúr sy broht wurt oder von in selbs empfinden, noch gelegenheit der sachen alse si truwent, daz es dieser eynungen nútziche und erliche si one alle geverde."*[187] Damit bestand bei der Ahndung der zuvor beschriebenen Landfriedensbruchdelikte eine konkurrierende Zuständigkeit des Landfriedensgerichts und der Einungsteile, die aber selbstverständlich ihrerseits den Fall wieder vor die Gesamtheit der Landfriedensrichter bringen konnten.

---

183 St. UB V, Nr. 1319, Art. 5,7.

184 Ebd., Art. 4,5,7.

185 St. UB V, Nr. 1333.

186 Vgl. RTA II, Nr. 75, Art. 10.; vgl. dazu auch *Asche*, Landfrieden, S. 107 ff.; *Fischer*, Landfriedensverfassung, S. 44 f.

187 Vgl. St. UB VI, Nr. 1349, S. 712, Z. 34-45.

c) Ablauf des ersten Verhandlungstermins vor dem Landfrieden

Kam es nun zu einer Sitzung des Landfriedenskollegs, sollte dieses, wie die Einungen bereits früh bestimmen, die vorgebrachte Sache unverzüglich behandeln und die notwendige Hilfe veranlassen, damit der Schaden ausgerichtet und wieder gut gemacht werde.[188] Die Möglichkeit einer Vertagung war zunächst nicht vorgesehen, vielmehr galt dies 1301 als Bruch des Amtseides und zog die Meineidigkeit und Ausschluss aus dem Frieden mit sich.[189] Später wurde diese Option, wohl aus Praktikabilitätsgründen unumgänglich, und im Einvernehmen mit dem Kläger möglich: *„die sollent o[u]ch bi iren eyden unverzogenlich dar faren die sach verho[e]ren und nút von dannen kommen, sú oder der merreteil under yn haben dann erkant bi iren eyden waz sú dunket, daz dann zu[o] der selben sache zu[o] tu[o]nde si, es were denn daz sú es mit des clagenden teils willen úbirtragen mo[e]htent.“*[190]

Im Gegensatz zum traditionellen Landgericht wiesen die Verhandlungen vor den Landfriedenspflegern eine weniger strenge Form auf, was auf ihre Wurzeln als Schiedsgericht und politische Beratungen unter Verbündeten rückschließen lässt.[191]

(1) Ein schönes Beispiel für ein solches Verfahren bieten die ausführlichen Verhandlungsprotokolle der Klage von Herzog Leopold III. von Österreich, der Stadt Luzern und des schwäbischen Städtebundes gegen Ritter Engelhard von Weinsberg vom Oktober 1378.[192] Am 21.10.1378 hatte der Herzog mit Schreiben an die Stadt Straßburg dieser für ihre bereits erwiesene Hilfe gegen den Ritter Engelhard von Weinsberg gedankt, die ihm durch den Landvogt im Breisgau, Walter von der Dicke, und den Vogt zu Schaffhausen, Heinrich von Randegg, mitgeteilt worden war. Weiter hatte er ihre Landfriedenspfleger zum Landtag am 29.10. nach Hagenau gebeten, um seinen Räten und Städten zu raten und zu helfen, damit die durch den Ritter begangenen Taten unverzüglich wieder gutgemacht würden.[193] Am 25.10.1378 schloss sich der schwäbischen Städtbund diesen Klagen an:[194] Die Städte hätten von der Klage des Herzogs gehört, mit dem sie gerade verbunden seien, und davon, dass Luzerner Bürger im Elsass bei Beinheim beraubt worden seien; unter recht blumiger Berufung auf die Aufgabe des

---

188 Vgl. St. UB V, Nr. 159, S. 153, Z. 13-15.

189 Vgl. St. UB II, Nr. 233 S. 189, Z. 37-39; *vgl. schon oben zum Amtseid, Kapitel 5 I 3 b) (1).*

190 St. UB V, Nr. 1319, Art. 8.

191 vgl. zum Rheinischen Bund und den folgenden Städtebündnissen und –vereinbarungen *Distler,* Städtebünde, S. 148 ff.

192 OSA II 2, Nr. 905.

193 St. UB V, Nr. 1333.

194 OSA II 2, Nr. 903.

Landfriedens baten sie darum, für die Wiedergutmachung zu sorgen, sie wollten im umgekehrten Fall mit dem gleichen Eifer helfen.

Darauf fand am 16.11.1378 die Sitzung des Landfriedensgerichtes statt, bestehend aus Tham Knebel, Cuntze von Schowenburg, Cuntzemann zum Ruste, Cuntze Bock, Johannes Heilmann und Cuntze Rosenbaum zu Hagenau unter dem amtierenden Obmann Volmar von Wickersheim, dem Schultheiß von Hagenau, in Vertretung des Reichslandvogtes Ulrich zu Finstingen. Erschienen waren für die Kläger, vor allem für die Bürger von Luzern, die Amtmänner Heinrich Tribescher und Johann von Burron, sowie der Beklagte Ritter Engelhard von Weinsberg.

Nach dem der Protokollant die Legalität und Autorität des Gerichts von König und Reich hergeleitet hatte, gab die Niederschrift den Verlauf der Verhandlungen wieder: Zunächst sprachen die Vertreter der Kläger den Beklagten an, dass er der Stadt von Luzern und ihren Bürgern ihr Gut und Handelsware beschlagnahmt und *„behebt hett mit dem selben gerichte uber daz daz sie sich nit wusten vor ime zu huetende und ervolget dez selben friedens“*. Weiter brachten sie vor, dass sie selbst für etwaige Schulden der Herzöge von Österreich nicht pfändbar seien, wegen derer er sie angegriffen habe.[195]

Darauf antwortete der Beklagte, die Herrschaft von Österreich sei ihm eine große Summe Geldes schuldig, dafür habe er gute Urkunden. Wegen dieser Schuld habe er die Bürger von Luzern angegriffen und *„mit geriht behebt“* vor dem selben Gericht in Beinheim. Er habe sich mit dem Recht begnügen wollen, also sich der dortigen Entscheidung unterworfen; wären die Luzerner aber nicht gefügig, dort das Recht anzunehmen, so sei er zum rechtlichen Austrag vor dem Herzog von Bayern bereit, dessen Mann und Diener er sei.

Nach Klage und Antwort und nach „Verhör“ der Sache und der Prüfung der von beiden Seiten vorgelegten Urkunden, erkannte das Landfriedensgericht zunächst, dass es über die Sache selbst zu richten hätte, urteilte und sprach zu Recht auf den Eid: Wenn die Klägervertreter die Unpfändbarkeit Luzerns für Schulden der Herrschaft Österreich beschwören würden, dann solle dies gelten. Die Eide wurden nachfolgend von beiden Vertretern vor dem Landfriedensgericht geleistet, das daraufhin den Beklagten anwies, das einbehaltene Gut freizugeben. Die Urkunde endeten noch einmal mit einer Betonung der ordnungsgemäßen Zusammensetzung und Verfahrens des Landfriedensgerichts: *„Und wande wir die vorgenannten Volkmar von Wickersheim an stat dez vorgenant herren dez lantvogtes, Tham Knebel, Cu[o]ntze von Schowenburg, Cu[o]nzeman zum Ru[o]ste, rittere, Cu[o]nze Bocke, Johans*

---

195 Vgl. OSA II 2, Nr. 905; zur durch den Begriff "*bekummert*" wohl ausgedrückten Beschlagnahme beziehungsweise Arrestierung vgl. *Buchda*, Art. "Beschlagnahme", in: HRG I, Sp. 386 f.

Heilman und Cu[o]ntze Rosenbo[u]m selber von dez vorgenannt gemeinen friden wegen zu[o] Hangenowe zu[o]gerihte saßen, da mit rehter urteile erteilt wart, alse da vor ist bescheiden und wir es ouch selber erteiltent un zu[o] rehte gesprochen hant uf unsere eyde, so hant wir zu[o] einem urkunde der selben vorgeschriben dinge unsere ingesigele an disen brief gehenckt."

Deutlich wird an diesem Beispiel der gerichts- und vor allem schiedsgerichtsähnliche Ablauf. Es handelte sich hier um ein tatsächlich kontradiktorisches Verfahren mit Parteibetrieb, Urkundenbeweis, aber auch noch befreiendem Parteieid, hier der Klägerseite. Bemerkenswert an der Entscheidung war nicht nur der Vorbehalt des Parteieides im eigentlichen Urteil, sondern die Zwischenentscheidung zur eigenen Rechtsprechungskompetenz, wohl wegen der alternativen Gerichtsangebote des Beklagten.

(2) Anders als im traditionellen Landgericht hielt sich das Landfriedensgericht nicht an ein gesondertes Säumnisverfahren im Falle des Ausbleibens des Beklagten. Wie aus zahlreichen Verfahren erkennbar,[196] handelte es sich eben nicht notwendigerweise um ein formales kontradiktorisches Verfahren, sondern um ein Vorbringen von angeblichen Verstößen gegen den Landfrieden und nur falls der so Beklagte selbst oder jemand für ihn sprechen wollte, erfolgte eine rechtliche oder tatsächliche Verteidigung. In der Regel war eine gesonderte Ladung oder auch nur Benachrichtigung des Beklagten zu diesem Termin nicht erforderlich. Zudem gab es die bereits dargestellte Möglichkeit, dass ein Opfer eines Landfriedensbruchs lediglich die Gestattung einer eigenmächtigen Selbsthilfehandlung erwirken wollte, wie 1294 Rulemann gegen die Bürgerschaft von Selz.[197].

(3) Die der Entscheidung zugrunde liegenden Tatsachen sollten neben dem Vortrag der jeweils anwesenden Partei(en) durch die Landfriedensrichter möglichst vollständig ermittelt werden. Dazu konnten sie sich grundsätzlich aller Mittel bedienen, insbesondere der Aussagen der Verfahrensbeteiligten und von Zeugen[198] und von Urkunden, wie bereits bei der Frage der

---

196 Vgl. etwa unten die beiden Verfahren vor dem Landfrieden im Fall der so genannten Lichtenberger Fehde, *dazu unten Kapitel 6 III 1 b)*; das Verfahren vor dem Landfrieden vor der Brechung der Fröndsberg, *vgl. dazu unten Kapitel 6 II 2 d)*; der Streit unter den Mönchen von Neuenburg, *unten Kapitel 6 II 3 (1)*; ebenso in diesem Punkt St. UB V, Nr. 330; 344; OSA II 2, Nr. 855; 857.

197 Vgl. nochmals St. UB II, Nr. 193, bei der der Editor *Wiegand* in S. 153 Anm. a), leider wohl unzutreffende Schlüsse gezogen hat.

198 Während sich leider in den Einungstexten - vielleicht wegen der unterschiedlichen städtischen und ländlichen Auffassungen keine Regelungen zum Beweisrecht finden - schritt die Verbreitung des Inquisitionsgedanken im Südwesten allgemein schneller voran und war darüber hinaus die Überführung jedenfalls durch zwei Zeugen in den oberrheinischen Stadtrechten schon lange anerkannt, etwa im Freiburger Stadtrecht von 1120; ausführlicher regelte die Colmarer Handfeste von 1293, dass der Reinigunseid nur noch möglich war, wenn der Beschuldigte nicht zuvor durch zwei Zeugen überführt worden war, wobei hier

Rechtmäßigkeit einer Pfändung ausführlich dargestellt wurde.[199] Aufgrund der weit geringeren Förmlichkeiten aus den Wurzeln des Schieds- und des verwandten bürgerschaftlichen Ratsverfahrens trug damit das Verfahren trotz Akkusationsgrundsatz bereits weithin inquisitorische Züge.[200]

d) Urteil und Entscheidungen nach dem ersten Rechtstag

(1) An die Ermittlung der Sach- und Rechtslage schloss sich die eigentliche Entscheidungsfindung an. Soweit ein Obmann existierte, kam diesem die Rolle als *„freger"* zu: er hatte wie ein Richter im Schöffengericht die Ansicht seiner Beisitzer abzufragen und dann den gefassten Rechtsspruch im Namen aller zu verkünden.[201] Dazu begab sich das Kollegium wohl in eine geschlossene Beratung und kehrte dann zur Verkündung in die Verhandlung zurück.[202] Bereits früh galt ausdrücklich das einfache Mehrheitsprinzip, wenn keine Einigkeit unter den Pflegern hergestellt werden konnte.[203]

---

eindeutig erkennbar Tat- bzw. Augenzeugen und nicht Leumundszeugen bzw. Überführungseidhelfer gemeint waren; vgl. ebenso das Straßburger Stadtrecht, durch die ein Zeuge die Sache kundlich, d.h. notorisch machte, allerdings nur, wenn seine Wahrnehmung nicht auf Hörensagen beruhte, wie die Quelle selbst betonte; vgl. zum Ganzen nur *Schmidt*, Einführung, S. 78 f. Galt dies für das förmliche Verfahren, wobei die bürgerschaftlichen Ratsgerichte dem Ablauf im Landfrieden wesentlich näher standen als die Landgerichte, so musste dies erst recht für das noch formfreiere Landfriedensverfahren gelten; Platz für ein besonderes Institut des Geständnisses gab es in diesem Verfahren, wohl im Unterschied zum Verfahren vor den traditionellen Gerichten nicht, vgl. auch *Kleinheyer*, Geständnis; vgl. zum Ganzen *Nehlsen-von Stryk*, ZRG GA 117 (2000), S. 7 ff. m.w.N., v.a. Fn. 29 zu Straßburg; hier auch *Livet / Rapp*, Histoire de Strasbourg II, S. 42 f.

[199] *Vgl. dazu oben Kapitel 4 I 4 a).*

[200] Vgl. zu den ähnlichen Verfahren vor den Ratsgerichten *Nehlsen-von Stryk*, ZRG GA 117 (2000), S. 24.

[201] Vgl. RTA II, Nr. 75, Art. 6; schon früher hatte sich das Verfahren an das der Schiedsgerichtsbarkeit und an die ordentlichen Gerichte angelehnt; so sollten etwa Landfriedenspfleger nach den Klagen und über die Rechtslage *„bevinden"*; vgl. auch St. UB II, Nr. 416; vgl. auch *Stercken*, Landfrieden, S. 113 für Niederrhein, nach deren Vermutung der Obmann grundsätzlich nicht stimmberechtigt gewesen sein soll.

[202] Galt die Nichtöffentlichkeit der Entscheidungsfindung wohl ohne weiteres für das Schiedsgericht, wie ausdrücklich das Protokoll im Falle der Festung Fründsberg festhielt, *vgl. dazu unten Kapitel 6 II 2 d)*, sowie im städtischen Rat, liegt dies auch für das Landfriedensgericht nahe, das sich maßgeblich aus einer Kombination beider Formen herausgebildet hatte; vgl. auch *Weitzel*, Gerichtsöffentlichkeit, S. 76 überzeugend gegen *Hölscher*, Öffentlichkeit, S. 19 ff.

[203] St. UB II, Nr. 233, S. 189, Z. 27-33; dies war für den Rheinischen Bund von 1254 noch zweifelhaft, vgl. etwa *Quidde*, Rheinischer Landfriedensbund, S. 36 ff.; *Gernhuber*, Staat, S. 62; vgl. für Westfalen auch *Berns*, Bündnispolitik, S. 80; vgl. auch *Elsener*, ZRG KA 73 (1956), S. 73 ff.; zum Mehrheitsprinzip bei Städtebünden und seine Wechselwirkung mit dem Reichsrecht, insbesondere der Königswahl vgl. ausführlich *Distler*, Städtebünde, S. 135 ff., aller-

(2) Die zentrale Frage, die das Landfriedensgericht zu entscheiden hatte, war stets, ob jemandem durch die Mitglieder Schutz und Hilfe zu gewähren war. Dazu war erforderlich, dass der Landfrieden gebrochen worden und eine Hilfeleistung zur Wiederherstellung des Friedens und Wiedergutmachung des eingetretenen Schadens erforderlich war. Ersteres knüpfte zwar zunächst alleine an die formalen Regeln des Landfriedensschutzes, der Landfriedensdelikte oder sonstigen Schutznormen des Landfriedens vor Eigenmacht an. Jedoch prüften die Landfriedenswächter inzident durchaus, ob ein mutmaßlicher Landfriedensbruch nicht gerechtfertigt war, etwa als erlaubte Selbsthilfe im Wege der rechtmäßigen Pfändung, als Notwehr oder, in den ersten Frieden, als vor Beginn ihrer Wirksamkeit veranlasster Blutrache. Trotz der Garantien für die ordentliche Gerichtsbarkeit konnte das Landfriedensgericht zur Feststellung eines Landfriedensbruchs durchaus der Frage nach der materiellen Rechtslage von Eigentumsrechten, Ansprüchen und Haftungszurechnungen nachgehen.[204] Dieses Urteil war, ebenso wie die anschließende Entscheidung, inwieweit eine Hilfe durch die Mitglieder der Landfriedenseinung erfolgen sollte, - modern gesprochen - in das pflichtgemäße und eidgebundene Ermessen der Landfriedensrichter gelegt, die sich dabei weder von Geschenken noch Versprechungen oder den Parteien, die sie ins Amt berufen hatten, beinflussen lassen durften sondern allein gemäß Eid, Sachlage und Notdurft des Landes handeln durften.[205]

Danach konnten die Landfriedenswächter die Entscheidung treffen, dass der Landfrieden gar nicht gebrochen worden war, etwa, weil der vermeintliche Täter sein Handeln rechtfertigen konnte, oder dass ein Einschreiten nicht erforderlich war, da die Geschädigten (zeitweise mit Hilfe der örtlichen Verbündeten) selbst für die Wiedergutmachung sorgen konnten. Wenn alle Seiten anwesend und dazu bereit waren, konnte der Beklagte durch Versprechen einer Sühne und Wiedergutmachung ein zwangsweises Vorgehen vermeiden. Als ein *minus* zur Anordnung eines gemeinsamen Vorgehens konnte der Geschädigte auch die Gestattung erwirken, dass seine eigene Selbsthilfe ohne Mithilfe des Landfrieden keinen neuen, von diesem zu ahndenden Friedensbruch darstellte. Die Feststellung eines Landfriedensbruchs beinhaltete damit immer die Folge, dass der Geschädigte seinerseits den Landfrieden nicht brach, wenn er zur Erzwingung der Wie-

---

dings mit der zweifelhaften Annahme, der rheinische Städtebun von 1381 habe dieses nicht angewendet.

204 Nur insoweit trifft auch die Behauptung von *Quidde*, Rheinischer Landfriedensbund, S. 32, alle mittelalterlichen Landfriedensgerichte würde die materielle Rechtslage nichts angehen.

205 *Vgl. oben Kapitel 5 I 3 b).*

dergutmachung alleine oder mit anderen im Wege der Selbsthilfe vorging.[206]

e) Maßnahmen und weiterer Ablauf nach dem Termin

(1) Schien jedoch ein gemeinsames Vorgehen gegen einen erwiesenen Friedensbrecher erforderlich, so konnten die Landfriedenspfleger zunächst den Schädiger und gegebenenfalls zusätzlich den Geschädigten zur gütlichen Beilegung des Konflikts, gegebenenfalls mit einer Fristsetzung, auffordern.[207]

Dies konnte zur Folge haben, dass sich der Beklagte nunmehr unter dem Druck möglicher drohender Zwangsmaßnahmen der Landfriedensgemeinschaft auf Verhandlungen einließ, wie etwa die Antwort des Propst von Lautenbach, Dietrich vom Huse, vom 20.11.1380[208] auf ein Schreiben des Landfriedensgerichts vom 29.9.1380 zeigt.[209] Der Probst war dort wegen der unrechtmäßigen Gefangennahme eines Bürgers von Straßburg durch einen seiner Diener mit Namen Ritter und der Wegnahme von Sachen des Bürgers „zu rechter Tageszeit" auf einen Tag am 9.10. in Straßburg vor das Kollegium geladen worden. Die Straßburger hatten vor dem Landfrieden gegen den Probst geklagt, da sie von keiner, eine solche Tat rechtfertigenden Streitigkeit mit ihm wüssten. Daher forderten die *Conservatores* die Freilassung des Bürgers und Wiedergutmachung. Daraufhin antwortete Dietrich vom Huse, dass er die Mitteilung über Straßburg und Colmar in der genannten Angelegenheit erhalten habe, ebenso wie eine (erneute?) Ladung zum 22.11. nach Straßburg. Allerdings traue er sich wegen der bestehenden Feindschaften im Augenblick nicht, in die Stadt zu kommen. Darüber hinaus habe er den Brief des Landfriedens erst an diesem Tag von Baseler Ratsboten erhalten. Wollten sie ihn und die Seinen aber *„troesten und wider umbe gen Ensisheim in die stat"* laden, so würde er vor ihnen erscheinen und auf die Klagen von Straßburg und Colmar antworten. Ob dieser Tag tatsächlich stattfand und Erfolg hatte, wissen wir nicht, allerdings ist von einer Fortsetzung des Konfliktes nichts bekannt. Eine Anmerkung wert scheint, dass der Probst die Nachricht über die damals nicht im

---

[206] Hierin lag auch, wie *Orth*, Fehden, S. 147 zu Recht hingewiesen hat, ein Nutzen auch durchsetzungschwacher Landfrieden für den Geschädigten, da dieser auch bei einer ansonsten folgenlosen Verurteilung seines Gegners nunmehr legitimiert gegen diesen vorgehen konnte; andererseits wird hier nochmals erkennbar, wie sehr sich diese Entscheidung von den Urteilen in den traditionellen Gerichten unterschied, vgl. dazu nur *Kaufmann*, Art. „Urteil (rechtliches)", HRG V, Sp. 604 ff.

[207] Vgl. bereits St. UB II, Nr. 233, S. 188, Z. 14-19.

[208] Vgl. OSA II 2, Nr. 916.

[209] Vgl. St. UB V, Nr. 1392.

Landfrieden eingeschlossenen Basler Bürger erhalten hatte und nicht unmittelbar von Boten des Landfriedens. Auch scheint es, wie weitere Fälle bestätigen,[210] durchaus üblich gewesen zu sein, trotz ambitiös kurzer Fristen und naher Verhandlungstermine häufig zu verlängern beziehungsweise zu verlegen, wenn das die Aussicht auf einen Erfolg und Fortgang des Verfahrens bot.

Häufig war die Mahnung an den Beklagten bereits formalisiert und mit einer Fristsetzung versehen, wie in dem Verfahren, das Straßburg im Jahr 1367 gegen Hagenau anstrengte:[211] Nachdem ihre unmittelbare Aufforderung zur Wiedergutmachung im August des Jahres gescheitert war,[212] erfolgt am 6.9.1367 eine Mahnung der Pfleger an Hagenau und Oberehnheim, die Straßburger bis zum 20.9. unklaghaft zu machen oder sich vor dem Landfrieden zu verantworten.[213]

(2) Vor allem aber hatten die Landfriedenspfleger die Mitglieder um Hilfe zur Durchsetzung der beschlossenen Maßnahmen anzumahnen, insbesondere wenn vorherige Aufforderungen nichts gefruchtet hatten. Zeigte sich nur der Beklagte bereit, sich einem Spruch des Landfriedensgerichts zu unterwerfen, dann sollte der Landfrieden nunmehr ihm gegen den eigenmächtig Selbsthilfe übenden Geschädigten beistehen.[214]

Die Mahnschreiben gehören zur am zahlreichsten überlieferten Quelle für die Tätigkeit der Landfriedenwächter. Sie hatten eine weitestgehend identische, formularmäßige Ausgestaltung. So teilten beispielsweise in einem Schreiben vom 14.7.1355 die damals „15 über dem Landfrieden“ den Mitgliedern der Einung mit, dass sie den Bürgern von Colmar gegen den Herrn von Üsenberg Rat und Hilfe erteilt hatten und forderten sie gemäß ihrem Eid auf, sich zu einem bestimmten Termin auf einem nahegelegenen Feld zum Kampf einzufinden.[215] Ähnlich entboten die dreizehn Landfriedenswächter am 20.12.1368 allen, die zu dem Landfrieden gehörten, ihren Dienst und gaben zur Kenntnis, dass sie dem Bürger Berschin Bermenter von Basel gegen Andres, den Schultheißen von Ottenheim, Hilfe und Rat erteilt hatten. Sie mahnten alle, die die Hilfspflicht traf, den Beklagten und sein Gut unverzüglich festzuhalten, wenn er oder sein Gut in eine der Städ-

---

210 *Vgl. hierzu bereits die Nachweise oben in Fn. 151.*

211 Insoweit entspricht dies den Feststellungen von *Leist*, Landesherr, S. 172, dass die Landfrieden einen eigenen Urteils- bzw. Entscheidungsstil entwickelt hatte; vgl. auch *Orth*, Fehden, S. 13 f. zum Formular des Rheinischen Landfriedens nach dem Egerner Hauptbrief von 1389, mit dem der Kläger am Aufenthaltsort des Gegners um Rechtshilfe bitten konnte.

212 St. UB V, Nr. 762.

213 St. UB V, Nr. 763; OSA II 2, Nr. 872.

214 St. UB VI, Nr. 989, S. 576, Z. 23-30.

215 Vgl. St. UB V, Nr. 344.

te, Burgen oder Gerichte käme, und dies so lange, bis der Kläger vollständig Wiedergutmachung erhalten hätte.[216] Praktisch wortgleich lauten die ebenfalls am 20.12.1368 erteilten Ermahnungen zugunsten von Meister, Rat und Bürgern von Straßburg gegen Herzog Rudolf von Habsburg[217], zugunsten des Straßburger Bürgers Sigelmann zu der Megde wegen seines Bruders (wohl wegen dessen Tötung) gegen Ritter Johannsen zu dem Wiger[218] und zugunsten der Konstanzer Bürger Hans dem Hutter und Hans Verre gegen Heinrich von Geroldseck zu Lahr, seinen Schultheißen Andres von Ottenheim und Andres von Waldstein.[219] Allein die in dieser Sitzung behandelten Fälle zeigen den durchaus beachtlichen Arbeitsanfall des Landfriedens zu seinen Hochzeiten und sein Wirken auch gegen die ihn tragenden Parteien ebenso wie gegen bedeutende Territorialherren und landansässige Ritter. Seine Mahnungen bestanden, wie gesehen, immer in der formelhaften Feststellung, dass die Landfriedensrichter einem Geschädigten Hilfe und Rat erteilt hatten, und geboten anschließend, jeweils abhängig von dem konkreten Fall, dem bzw. den angeschriebenen Mitgliedern spezifische Maßnahmen zu unternehmen.

In der Regel scheint eine Mahnung durch mit Schreiben versehene Boten an die Landfriedensparteien erfolgt zu sein. Daneben finden sich auch indirekte Benachrichtigungsformen. So erfolgte im Falle der Invasion des Herzogs von Lothringen eine Mahnung des Landfriedens an Schlettstadt mit dem Auftrag, alle anderen zu mahnen, die ihrerseits, zum Beispiel Straßburg, die um ihre Stadt Ansässigen mahnen sollen.[220]

(3) Leistete der festgestellte Landfriedensbrecher keine Abhilfe in Form von Wiedergutmachung und Genugtuung, wurde er durch den Landfrieden, das heißt durch dessen Organe und vor allem die Mitglieder unter der Führung und Koordinierung der über den Landfrieden Gesetzten, gewaltsamen Zwangsmaßnahmen ausgesetzt, die dieses Ziel weiter verfolgten.[221]

---

216 Vgl. OSA II 2, Nr. 884.

217 OSA II 2, Nr. 885.

218 Ebd., Nr. 886.

219 St. UB V, Nr. 800.

220 Vgl. OSA II 2, Nr. 894.

221 *Vgl. ausführlich unten Kapitel 5 II 1.* Hierfür den Kunstbegriff der „Verlandfriedung" zu gebrauchen, wie etwa *Orth,* Fehden, S. 14 unter Gleichsetzung mit der Acht, erscheint wenig hilfreich, umso mehr damit gerade wieder die von Orth angegriffenen Assoziationen des Entfallen des Friedensschutzes im Sinne einer absoluten oder relativen „Friedlosigkeit" geweckt werden könnten; zwar ist richtig, dass mit der Entscheidung des Landfriedens dessen Schutz für den Gegner selbstverständlich entfiel; aber diese Entscheidung hatte vor allem konkrete Maßnahmen im Wege der Fehde bzw. Selbsthilfe zum Gegenstand, das Entfallen des einungsmäßig erst errichteten und gewährleisteten Landfriedensschutzes war hierbei alleinfalls ein Reflex, keineswegs die Sanktion selbst, und zu alledem selbstverständlich kein Eingriff in den *status* des Fehdegegners nach dem allgemeinen Recht.

Die noch 1301 selbstgesetzte Frist der Landfriedensparteien, den Ausgleich innerhalb von acht Tagen zu erzwingen,[222] wurde schon bald fallen gelassen, da mehr als zweifelhaft war, ob in so kurzer Zeit überhaupt eine wirksame Koordinierung der weit verstreuten Partner gegen größere Gegner möglich war. Es dürfte sich also speziell in diesem Punkt um eine Wunschvorstellung und ein propagandistisches Konzept gehandelt haben. Stattdessen war der weitere Verlauf des Verfahrens nunmehr allein von den tatsächlichen militärischen und politischen Gegebenheiten abhängig.

f) Abschluss des Verfahrens

(1) War die Erzwingung erfolgreich, fand gegebenenfalls vor dem Landfrieden ein abschließender Rechtstag statt, an dem die zu zahlenden Leistungen festgelegt und weitere Rechtsfragen zum Abschluss des Konfliktes in einer Richtung mitgeregelt wurden.[223]

(2) In der Regel markierte eine Urfehde oder Sühneerklärung das endgültige Ende des Konfliktes und damit auch den Erfolg für den Mechanismus des Landfriedens. Ein schönes Beispiel für einen Abschluss mit einem erfolgreichen Schiedsverfahren liefert die Sühne des Joffrid von Leiningen, Graf von Rixingen, vom 11.7.1369, die neben dem Grafen auch der Schiedsrichter der Sache, Burkhard von Finstingen und Schöneck, besiegelte.[224] Joffrid erklärte, dass in seinem Streit mit Symunt von Lichtenberg – dieser hatte sich mit dem Landfrieden wegen der Angelegenheit am 1.2.1369 verbunden[225] – und im Streit mit der Stadt Straßburg er wegen allen Schadens und aller Verluste gerichtet, geschlichtet und gesühnt sei. Er gelobte für alle seine Freunde, Diener und Helfer, die Richtung und Sühne seinen ehemaligen Kontrahenten gegenüber zu halten. Wollte ein Ausbürger Straßburgs die Richtung nicht einhalten, so sollte, sofern es ihm mitgeteilt würde, dies ihre Wirksamkeit nicht in Frage stellen. Weiterhin stimmte der Graf von Rixingen folgender Vorkehrung zu: „*Geschehe o[u]ch daz der vorgenante her Symont oder die von Strazburg von der wegen, die zu[o] dem vorgeschriben lantfriden zu[o] Elsaz gehortent, gemant wúrdent helfe uf mich und die minen zu[o] tu[o]nde, und sie duhte, daz sie dez von iren eren nit úbergesin mo[e]htent, nach dem alse dez selben lantfriden brief wisete, so múgent sie in wol also beholfen sin, untze daz daz ein ende genimet, dar umbe sie uf mich gemanet werent. Und sol doch dar umbe diese rihtiunge und su[o] nit gebrochen noch gekrencket sin, also daz sie mich daz vorhin viertzehen dage laszent wiszen, als iren eren wol anst[u] a[u]n alle geverde.*“ Ausdrücklich sollten damit auch in Zu-

---

222 St. UB II, Nr. 233, S. 188, Z. 23-28.

223 Vgl. auch St. UB II, Nr. 233, S. 189, Z. 35-17.

224 Vgl. St. UB V, Nr. 826.

225 Vgl. St. UB V, Nr. 811.

kunft Maßnahmen des Landfriedens gegen ihn möglich sein, allerdings eine vorherige Absage mit einer Frist von zwei Wochen erfolgen.

(3) Sowohl im Fall einer erfolgten Schlichtung als auch, wenn der Landfrieden einen von ihm identifizieren Landfriedensbrecher geschädigt hatte, blieb diesem lange die Möglichkeit, die Sache vor ein traditionelles Gericht, insbesondere die unmittelbaren Gerichte des Königs und Reiches zu bringen. Von dem Streit des Rheinischen Bundes mit den Adeligen über die Bauernfrage 1256[226] bis hin zum Fall der Feste Fründesberg 1349[227] konnte der Landfrieden Partei von Gerichts- und Schiedsverfahren sein, die sich mit seinem Verhalten auseinandersetzten. Daher änderte das Privileg König Wenzels für den Landfrieden von 1395 dessen Rolle fundamental, als es ihm einräumte, dass seine Entscheidungen Bestand haben sollten. Das heißt, es sollte keine Ladung mehr an ein anderes Gericht, insbesondere nicht an das königliche Hofgericht in der gleichen Sache erfolgen.[228] Mit diesem frühen Appellations- und Evokationsprivileg hatte sich der Landfrieden zu einem nach oben abgeschlossenen Rechtskreis mit besonderer Autorität und Letztentscheidungsrecht entwickelt.

5. Landschädliche Leute

Neben dem erörterten allgemeinen Verfahren im Falle eines Landfriedensbruches hatten sich schon früh besondere Normen für die Behandlung der sogenannten „schädlichen Leute" etabliert.

a) Landschädlichkeit in der rechtshistorischen Forschung

(1) Darüber, was die landschädlichen - oder, synonym: bösen und übeltätigen - Leute eigentlich ausmachte, hat die Literatur bis heute keine endgültige Klarheit herstellen können.[229] Auch scheint sich die Bedeutung im Laufe der Zeit gewandelt zu haben. Einig dürfte sich die Forschung zumindest darüber sein, dass für diese Kategorie der dem Lande schädlichen,

---

226 *Vgl. oben Kapitel 1 II 3 d).*

227 *Vgl. dazu unten Kapitel 6 II 2 d).*

228 Vgl. St. UB VI, Nr. 991; Battenberg, Gerichtsstandsprivilegien Regesten Nr. 966a mit der Anmerkung, dass es sich möglicherweise nur um einen Entwurf der Stadt Straßburg gehandelt haben könnte; vgl. auch *Angermeier*, Königtum und Landfrieden, S. 312 f.

229 Vgl. im Überblick etwa *Sellert*, Art. „Landschädliche Leute", HRG II, Sp. 1555 ff.; *Schmidt*, Einführung, S. 82 ff.; grundlegend *Zallinger*, Landschädliche Leute, S. 5; im Anschluss daran *Andermann*, Ritterliche Gewalt, S. 294 m.w.N.; vgl. hier auch *Brunner*, Land und Herrschaft, S. 75.

verdächtigen Personen, jener *„nocivus terrae, a populo suspicetur"*[230], sich eine besondere rechtliche Behandlung in den Städten wie auf dem Lande durchsetzte, die bereits im Hochmittelalter begann und durch die Landfrieden befördert wurde:[231] Einerseits sollte ihnen ein Reinigungseid verstellt sein, dagegen eine Verurteilung nur nach Klägereid, Leumundszeugnis oder ähnlichen formellen Überführungserweisen, oder aber im Offizial-/Inquisitionsverfahren möglich sein.[232] Insbesondere hätten sich verschiedene Rechtsinstitute zur schnellen Aburteilung herausgebildet. Dazu werden vor allem die Ausdehnung des Handhaftverfahrens, die Einführung des Rügeverfahrens als summarisches Offizialverfahren und vor allem in Süddeutschland die Übersiebnung des schädlichen Mannes gezählt.[233] Andererseits sollten diese schädlichen Leute überall ohne Weiteres festgehalten und gefangen gesetzt werden können und müssen, ohne dass dafür weitere Voraussetzungen erforderlich gewesen seien.[234] Damit habe sich eine Ausgrenzung der Angehörigen dieser Personengruppe, die ohne weiteres den partikularen Obrigkeiten unterworfen wurden, gegenüber den anderen vollzogen, deren persönlicher *status* etwa durch das Fehderecht anerkannt war.[235] Den landschädlichen Leuten gegenüber, so hat ANDERMANN zugespitzt, sei nirgends von einem förmlichen Verfahren zu lesen,

---

230 Vgl. zu diesem bis ins Frühmittelalter zurück reichenden Begriff umfassend *Sellert*, Friedensprogramme, S. 454 f. m.w.N.

231 Zu diesen „Sonderverfahren" vgl. allgemein etwa zuletzt *Jerouschek*, ZStW 104 (1992), S. 328 ff., v.a. S. 353 ff.; *v. Kries*, Beweis, S. 209 ff.; *Schnelbögl*, Deutschrechtliche Beiträge 13 (1932), S. 189, 487; vgl. dazu auch die Literaturübersicht bei *v. Zallinger*, landschädliche Leute, S. 156 Fn. 1; zur königlichen Privilegierung der Städte im Verfahren gegen landschädliche Leute vgl. *Holzhauer*, Art. „Landfrieden II", HRG II, Sp. 1477; zum Streit, ob es sich um außerordentliche oder ordentliche Rechtsverfahren handelte, vgl. auch *Meyer*, Gerüft, S. 426 f.

232 Vgl. *Kornblum*, Art. „Beweis", HRG I, Sp. 306 f.; *Holzhauer*, Art. „Landfrieden II", HRG II, Sp. 1475 f.; *Schmidt*, Einführung, S. 81 ff.; *Brunner*, Grundzüge, S. 24, nach dem in diesem außerordentlichen Sonderverfahren immer die Todesstrafe gedroht habe; *Andermann*, Ritterliche Gewalt, S. 257, 283; zum damit verbundenen Wandel von der Dispositions- zur Offizialmaxime und dem Inquisitionsprozess vgl. *Adalbert*, Art. „Inquisition", HRG II, Sp. 370 ff.; *Kaufmann*, Art. „Inquisitionsbeweis", ebd., Sp. 378 ff.; *Kornblum*, Art. „Beweis", HRG I, Sp. 401 ff.; *Nehlsen-von Stryk*, Reinigungseid, S. 623 ff.

233 Vgl. *Hirsch*, hohe Gerichtsbarkeit, S. 100 ff.; *Andermann*, Ritterliche Gewalt, S. 288 ff. m.w.N. 289 Fn. 1; speziell zum Übersiebnen ausführlich S. 291 Fn. 2; vgl. *Lindner*, Veme, S. 458 f. mit ausführlichem Beleg aus Goslar von 1385.

234 Insbesondere ohne Vorliegen einer handhaften Tat auch nach Übernächtigkeit, vgl. *Schmidt*, Einführung, S. 83; *Kaufmann*, Rechtshilfe, S. 39, nach dem der Reinigungseid zuvor bereits neben diesen beiden Fällen auch bei Verfestung nach dreimaliger Gerichtsverweigerung oder Flucht verstellt war; vgl. auch *Andermann*, Ritterliche Gewalt, S.259.

235 Bei den Großen sei es stets vor allem um die freiwillige Einbindung in den Frieden gegangen, während sich im Hochmittelalter ein besonderes, rücksichtsloses Abwehrrecht gegen landschädliche Leute heraus gebildet habe, vgl. etwa *Dilcher*, Friede durch Recht, S. 220 mit Verweis auf die publici latrones in Art. 16 des Reichslandfriedens von 1152.

das Interesse an ihrer Ausschaltung sei ganz im Vordergrund gestanden.[236] So sei ihre Gefangennahme keine Strafe und kein Teil des eigentlichen Strafverfahrens gewesen, sondern habe allenfalls die Durchführung eines Ermittlungsverfahrens ermöglicht. Ansonsten sei die Gefängnishaft im wesentlichen nur als Zwangsmittel bei Ungehorsam gegen das auf Bußzahlung, Sühneabschluß oder Sicherheitsleistung gerichtete Urteil, gegebenenfalls als Ersatzstrafe bei Zahlungsunfähigkeit in Frage gekommen.[237] Diese Untersuchungs- und Sicherungshaft habe im letzeren Sinne zwar auch den bußrechtlichen Interessen des Verletzten, doch nach und nach immer einseitiger der Sicherstellung des öffentlichen Strafvollzugs gedient.[238] Danach stand die Festsetzung im Rahmen der kommunalen Strafgerichtsbarkeit jenseits des Fehderechtes, die Stadt handelte gegenüber dem Gefangenen, den sie als Rechtsbrecher als ihren erklärten Feind ansah, „ebenso als faktisch überlegene Gegenpartei wie als Obrigkeit".[239]

(2) Durch welche Merkmale landschädliche Leute eine solche Behandlung legitimierten, ist bis heute in der Literatur umstritten geblieben: Für viele Forscher handelte es sich kategorisch um alle Landfremden und Deklassierten, die vor allem aufgrund ihrer besonderen, abstrakten Gefährlichkeit für das Land verfolgt wurden.[240] Dies mit der Begründung, dass sie für die Fehdeführung ein Dienerreservoir darstellten und keinen Herrn zu ihrem Schutz fanden, der sie bei geringsten Verstößen vor dem Galgen rettete,[241]

---

236 So hierzu und zum Folgenden *Andermann*, Ritterliche Gewalt, S. 260 ff., 282 f.; danach habe der „kurze Prozess" der Städte mit den Raubrittern in ihrem Machtbereich die „kühle Rationalität eines Verwaltungsaktes" ausgestrahlt; vgl. dazu auch *Görner*, Raubritter, S. 252 und *Radbruch/Gwinner*, Geschichte des Verbrechens, S. 60.

237 Vgl. auch *Ebel*, Urfehden, S. 22; *Mahnke*, Arrestverfahren; *Lieberwirth*, Art. „Freiheitsstrafe", HRG I, Sp. 1238 ff..

238 Vgl. insbesondere *Ebel*, Urfehden, S. 128 unter Bezugnahme auf die Sicherheitshaft der späteren §§ 176, 195 CCC.

239 Die Festsetzung habe man Gefangennahme, Verurteilung und Bestrafung auswärtiger Feinde unabhängig von Stand durch Städte vom Prinzip als rein hoheitliche Maßnahme zu werten, vgl. *Andermann*, Ritterliche Gewalt, S. 273 f. mit dem Versuch einer klaren Abgrenzung zum Fehderecht; vgl. auch *Ebel*, Urfehden, S. 52.

240 „Wir haben es hier mit einer durchaus ernst zu nehmenden Gefahr zu tun. Der beschäftigungslose .. Knecht war eine stete Plage ... Für ihn haftet kein Herr, er ist ein Fremder ... den schon allein der Verdacht, nicht bloß die Tat hinabstößt in die Welt der ‚schädlichen Leute', der streichenden Diebe, den man als Friedlosen behandeln kann", vgl. *Brunner*, Land und Herrschaft, S. 35, 58 ff., 93 ff.: es handle sich um eine „halb unterirdische Welt von Deklassierten, von Fahrenden und Verbrechern", deren Feindschaft als „Entfesselung ... dämonischer Kräfte" wirke. Auslöser der Verfolgung sei die besondere Gefährlichkeit des abgestumpften und gewissenlosen Massenverbrechers gewesen, so etwa auch *Gwinner*, Einfluß, S. 43 f.; vgl. dazu auch in die selbe Richtung *Andermann*, Ritterliche Gewalt, S. 314.

241 So *Brunner*, Land und Herrschaft, S. 267.

was besonders für herrenlose Söldnerknechte galt.[242] Nach der Gedankenwelt von BRUNNER habe der dem Lande Schädliche, wozu auch der landfremde Fehdeführende gehört, die „Landeshuld" verloren und sei so zum „Landesfeind", und zum Friedlosen geworden:[243]

> „Zur Gruppe der Gäste, den in ihrer Rechtstellung prekären Landfremden gehören schließlich alle Menschen, die vorübergehend auf den Straßen des Landes ziehen. Von den wichtigsten Gruppn ist die Unterwelt der 'schädlichen' Leute, der Landstreicher, eo ipso friedlos und unterliegt der Vernichtung, wo man ihrer habhaft wird."[244]

Andere, wie etwa LÖNING, haben neutraler als landschädlichen Mann einfach jeden Gewohnheitsverbrecher gesehen.[245] Dieselbe kriminologische Deutung kommt besonders deutlich bei RADBRUCH/GWINNER zum Tragen, die in den schädlichen fahrenden Leuten das gesamte Gaunertum der Zeit erkannt zu haben glaubten, zu dem neben den Geächteten als „Kerntrupp des Verbrechertums"[246] auch Spielleute, das „Bettlervolk", das durch Betrug und andere Kleinkriminalität die Tugend der Mildtätigkeit und Barmherzigkeit besonders auffällig ausnutzte und Misstrauen schuf, die Vaganten, dann später im 15. Jahrhundert auch Juden und Zigeuner, sowie herrenlose Landsknechte gehört haben sollen. Entscheidend sei bei ihnen nicht mehr die Tat oder der Täter an sich gewesen, sondern der zu bestrafende soziale Unwert des Beschuldigten.[247]

---

242 Von denen ein besonderes Gefahrenpotential für Fehden und Plünderungen ausging, die besonders rücksichtslos waren, weil sie eben nicht in den Sozialverband des Landes und den Haftungsverband eines Herren eingebunden waren; insoweit der richtige Kern bei *Brunner*, Land und Herrschaft, S. 60 f., 94 f., der im Kampf gegen schädliche Leute und herrenlose Söldnerbanden ein zentrales Problem der europäischen Staaten vom 12. bis 15. Jahrhundert gesehen hat.

243 Vgl. *Brunner*, Land und Herrschaft, S. 45, 75 mit der zusätzlichen, sicher am fragwürdigsten Gleichsetzung des landschädlichen Mannes mit einem Dieb.

244 So *Brunner*, Land und Herrschaft, S. 382.

245 Vgl. *Löning*, Reinigungseid, S. 69 ff.

246 Vgl. ausführlich *Radbruch/Gwinner*, Geschichte des Verbrechens, S. 85 ff.; dort auch zu den Spielleuten als unehrlichen, verhöhnten Leuten mit verminderter Rechtsfähigkeit unter Verweis auf die Sagen von Till Eulenspiegel und den Rattenfänger von Hameln, sowie zu den Vaganten, die sich aus den ursprünglichen asketischen Studenten und Pilgern den anderen genannten Gruppen angeglichen hätten; wie die Zigeuner seien die Juden allerdings erst nach ihrer Vertreibung im 15. Jahrhundert zu diesen gestoßen, während die Landsknechte bereits im 14. Jahrhundert aufgrund der Auflösung der mittelalterlichen Lehnsheere nach einer Heerfahrt „in größeren oder kleineren Trupps bewaffnet und gewalttätig über das Land, eine Plage und ein Schrecken besonders für das wehrlose Landvolk" dargestellt hätten.

247 Vgl. nur etwa *Conrad*, DRG I, S. 438 f., 449, nach dem insbesondere ein Sonderstrafrecht für die Juden bestanden haben soll.

Diese Ansicht hat vor allem VON ZALLINGER mitbegründet, für ihn handelte es sich um ein gewohnheitsmäßiges, sozial deklassiertes Berufsverbrechertum, das sich als Gaunertums in den Städten und Raubrittertum im Lande festgesetzt hatte und gegen das eine besondere Schädlichkündung sowie die Landfrage und das Übersiebnen bei der Gefangennahme nach bösem Leumund eingesetzt wurde.[248] SCHNELLBÖGL hat insbesondere diese Annahme besonderer Verfahrensinstitute angegriffen und die Schädlichkündung als widerlegt betrachtet, während für ihn das Verfahren gegen landschädliche Leute nichts anderes war als das Offizialverfahren, die Folge des Rügeverfahrens gegen verdächtige Leute, verbunden mit dem Achtverfahren, und das unabhängig davon, ob eine handhafte Tat vorlag. Der Status der Landschädlichkeit folgte bei ihm alleine aus der Bekanntheit, die beim Übersiebnen beschworen worden sei, also weder aus einer bestimmten Straftat noch aus dem allgemeinen bösen Leumund wie bei VON ZALLINGER.[249] Für KNAPP hat hingegen nicht nur der Gewohnheitsverbrecher, sondern jeder, egal aus welchen Gründen ungerichtete todeswürdige Übeltäter als landschädlich gegolten; die „Schädlichkündung" sei daher nichts anderes als das Achtverfahren, während die Übersiebnung aus dem Handhaftverfahren herrühre.[250] HIRSCH hat versucht, zwischen diesen Standpunkten zu vermitteln, indem er sie als Entwicklungsunterschiede vom 13. zum 14. Jahrhundert gedeutet hat, der zu einer Verbreiterung der von VON ZALLINGER festgestellten Elementen zu jener allgemeinen Aussage KNAPPs geführt habe; jedoch, auch für ihn waren schädliche Leute jedenfalls unehrliche, „lichtscheue" Verbrecher.[251]

(3) Das Attribut „schädlich" selbst hatte für HIRSCH in der Gerichtssprache eine doppelte Bedeutung. In der allgemeineren konnte ein Verfahren gegen schädliche Leute auch eine bloße Polizeimaßnahme sein, durch die man Städte von lichtscheuem Gesindel verschiedenster Art befreien wollte.[252] In seiner besonderen Verwendung habe der Begriff aber an eine konkret be-

---

248 Vgl. insgesamt *v. Zallinger*, landschädliche Leute, S. 38 ff.; ausgebaut durch *Mayer*, Verfassungsgeschichte I, S. 266 ff.

249 Vgl. *Schnelbögl*, Deutschrechtliche Beiträge 13 (1932), S. 189, 486 f, 494 ff., 512 m.w.N. Fn. 2; *Planitz*, ZRG GA 32 (1911), 532.

250 Vgl. *Knapp*, ZStW 12 (1892), S. 245, ausführlich *ders.*, Nürnberger Kriminalrecht; zustimmend etwa *Rietschel*, ZRG GA 29 (1908), S. 399; differenzierend *Planitz*, ZRG GA 32 (1911), S. 529 ff.; vgl. zur folgenden Diskussion auch die Nachweise bei Schnelbögl, Deutschrechtliche Beiträge 13 (1932), S. 490 ff.

251 Vgl. *Hirsch*, hohe Gerichtsbarkeit, S. 26, 90 ff., auch habe das Übersiebnen zunächst nicht gegen Einheimische sondern gegen Fremde, in erster Linie lichtscheues Gesindel, Straßenräuber und Raubritter statt gefunden; vgl. schon *von Bar*, Geschichte, S. 100.; gegen Hirsch dagegen erneut allerdings *Knapp*, ZStW 44 (1924), S. 379 ff., 515 ff.

252 Vgl. *Hirsch*, hohe Gerichtsbarkeit, S. 93 und Fn. 2; vgl. *Knapp*, Zenten II, S. 492 ff.; *ders.*, Übersiebnen, S. 76 ff.

reits begangene Tat angeknüpft, im Wortsinne „landschädlich" war also derjenige, dem ein Landschaden zur Last fiel. In seinen Quellen sei der Begriff des Landschadens oder *„dampnum terrae generale"* benutzt worden für einen Diebstahl, der außerhalb des Ortes verübt worden sei, an dem der Dieb ergriffen wurde. Der „landschädliche Mann sei also der fremde Übeltäter, der flüchtig einen Gerichtssprengel erreicht und dort entweder von den Verfolgern ergriffen wird, oder gegen den der Richter eben deshalb von Amts wegen einschreitet."[253] Daraus folge, dass „das Verfahren gegen die landschädlichen Leute eine vom Standpunkt der Pflege von Ordnung und Sicherheit sehr notwendige Ergänzung darstelle zu dem normalen Vorgehen des Hochrichters in jenen Fällen, in denen sich gerichtsbekannte und im Bezirk ansässige Bewohner einer Sache schuldig gemacht hatten". Danach war dieses Verfahren als Ergänzung nötig gegenüber dem Ortsfremden, dem gegenüber die Ausstoßung aus der Rechts- und Friedensgemeinschaft des Rechtskreises keine wirksame Sanktion darstellte, zumal hier auch umgekehrt keine Rücksichten innerhalb der Gemeinschaft zu nehmen waren.[254]

(4) Im Gegensatz zu dieser Auffassung haben neuere Interpretationen, mit Ausnahme etwa von JEROUSCHEK,[255] bei der Frage der Landschädlichkeit erneut nicht an einer konkret begangenen Tat, sondern wieder an der abstrakten Gefährlichkeit des Betroffenen angesetzt. Für ANDERMANN verbinden sich im Begriff der Landschädlichkeit im Wesentlichen zwei Elemente: eine habituelle Bösartigkeit und deren Notorietät, wobei allein ein schlechter Leumund der „Landschädlichkeit" bzw. „Gefährlichkeit" zur Überführung ausgereicht habe.[256] Dieser Leumund sei in den Landfrieden bereits seit 1224 als fester Faktor für die rechtliche Behandlung etabliert gewesen. Ähnlich hat etwa HOLZHAUER darauf abgestellt, dass der Landschädliche nicht ortsanssäsig, ohne festen Dienst und, ohne dass die Tat konkret von Belang war, in irgendeiner Form vorbestraft war.[257] Schließlich hat LEIST in den thüringischen Landfrieden festgestellt, dass dort der Beobachtung verdächtiger Leute eine besondere Bedeutung zukam: Sie sollte

---

[253] So *Hirsch*, hohe Gerichtsbarkeit, S. 95 m.w.N., vgl. zum Folgenden ebd., S. 94 ff. m.w.N.

[254] Vgl. nochmals im einzelnen *Hirsch*, hohe Gerichtsbarkeit, S. 90, 97 ff.; sowie nicht zuletzt *Schmidt*, Einführung, S. 82 ff.

[255] Vgl. *Jerouschek*, ZStW 104 (1992), S. 357 f.

[256] Vgl. *Andermann*, Ritterliche Gewalt, S. 258, 294; unter Verweis auf *Schmidt*, Einführung, S. 159 ff.; zur dadurch gerechtfertigten Gleichbehandlung mit dem handhafter Täter vgl. *v. Zallinger*, landschädliche Leute, S. 1 ff.; *Sellert*, Art. „Leumund", HRG II, Sp. 1856 f.

[257] Vgl. *Holzhauer*, Art. „Landfrieden II", HRG II, Sp. 1475 f.

zum Zwecke der Prävention dem Nachweis dienen, ob es sich tatsächlich schädliche Leute handelte.[258]

(5) Bereits MOHRMANN hat festgestellt, dass sich die norddeutschen Landfrieden auf „herumreisende Leuten" bezogen, nicht auf landschädliche Leute im Sinne eines berufsmäßigen Gaunertums bei ZALLINGER, sondern primär auf führungslos umherziehende Krieger und Söldner.[259] Bei ihnen schien eine soziale Kontrolle und Durchsetzung von angerichteten Schäden nahezu ausgeschlossen, so dass die Landeseinwohner zu einer besonderen Überwachung verpflichtet wurden.[260] Demgegenüber trennten allerdings die Einungen und Bündnisse am Oberrhein klar zwischen Söldnertruppen und anderen gefährlichen Personenansammlungen, wie den Armledern, einerseits und andererseits eben jenen schädlichen Leuten.[261]

b) Begriff der landschädlichen Leute im oberrheinischen Landfriedensrecht

(1) Bei einer Untersuchung der für die Landfriedensentwicklung am Oberrhein relevanten Quellen finden sich befriedigende Ausgangspunkte für deren Regelungen wieder einmal im Mainzer Reichslandfrieden von 1235. Dieser hatte ein zentrales Register beim Schreiber des Reichshofrichters vorgesehen, der nicht nur die Ächter zu verzeichnen hatte, sondern auch *„aller der namen, die dem lande zu scheidenlichen luten gesatzt werden, und wann sie sich der schuld entredent, so sol er ir namen abschriben und abestrichen,"* bzw. wie die lateinische Fassung angibt: *„scribet nomina eorum, qui accusantur vel denunciantur tanquam nocivi terre et infamium et eorum nomina, quando a suspitione absolvuntur, delebit"*.[262] Die Unklarheit dieser Stelle für die rechtshistorische Forschung ergab sich außer dem Inhalt der „Schädlichsatzung" vor allem aus der Bedeutung von *„der schuld entredent"* bzw. *„a suspitione absolvuntur"*. Bei diesen Formulierungen blieb unklar, ob vor der Löschung eine konkrete Schuld getilgt wurde oder aber bloß der Vorwurf der, dann möglicherweise abstrakten Landschädlichkeit nachträglich aufgehoben werden sollte. Während letzteres für diese beiden Sprachfassungen näher zu liegen scheint, gab die zweite deutsche Überlieferung die Stelle als *„unde wi unde*

---

258 Dabei sollten nach dem thüringischen Landfrieden von 1338 Städte und Dörfer verdächtige Leute beobachten, die in den Gaststätten viel verzehrten und wenig haben, und sie vertreiben, wenn sie ihre Unschädlichkeit nicht zu beweisen vermögen; vgl. Michelsen, Urkundliche Beitrag, Nr. 3, S. 24, Z. 6; *Leist*, Landesherr, S. 161.

259 Vgl. *Mohrmann*, Landfriede, S. 129.

260 Insbesondere durch die Betonung des Gerüfts und der Strafandrohung bei Verweigerung von dessen Befolgung.

261 *Vgl. bereits oben Kapitel 4 I 6.*

262 MGH Const. II, Nr. 196, Art. 29.

von wenne si us den schulden kumen" ganz im Sinne der ersten Deutung wieder, die sich dann auch im Reichslandfrieden von 1281 durchsetzte, bevor das zentrale Register 1287 seinerseits aus den Reichslandfrieden getilgt wurde.[263] Jedenfalls war der landschädliche Mann strikt getrennt vom Ächter, wie auch die erneute Erwähnung im gleichen Reichslandfrieden zeigt, wo lediglich die Unterkunftgewährung für einen übeltätigen, dem Lande schädlichen Mann geregelt und als Landfriedensbruch angesehen wurde, während die Beherbergung des Ächters besonderen Regelungen unterworfen wurde.[264] Im Reichslandfrieden von 1323 schließlich sollte man bei einer angeklagten Übertretens des Fouragierrechts den Angeklagten richten *„als uber einen schedelichen man, swo er beclagt wird,"* außer wenn er zwei Zeugen zu seiner Verteidigung aufbringen konnte.[265] Wurde er aber auf der handhaften Tat ergriffen, so sollte er ohne Zögern, also vor allem ohne Verteidigungsmöglichkeit dort, wo man seiner handhaft wurde, gerichtet werden. Mit dem Handhafttäter verband daher den schädlichen Mann die Möglichkeit, ihn an jedem Ergreifungsort, ungeachtet aller persönlichen Jurisdiktionsprivilegien zu richten, auch wenn ihm mit der Möglichkeit der Verteidigung gegen den Vorwurf der Landschädlichkeit noch eine realistische rechtliche Abwehrchance offen stand.

Wie bereits gezeigt,[266] stellte die Übeltätigkeit beziehungsweise Schädlichkeit in der oberrheinische Landfriedenseinung von 1318 sogar noch ein einschränkendes Korrektiv bei einer handhaften Tat dar, denn die Richter konnten den *„uffe der geta[o]t"* in ihrem Bezirk ergriffenen Täter nur dann nach seiner Schuld verurteilen, wenn es *„ku[i]ntlich und offenlich"* war, *„daz er ein ubeltetig man ist."*[267] Anderenfalls sollten die Landfriedenspfleger gemeinsam innerhalb von 14 Tagen in Erfahrung bringen,*"waz mannes er si,... schedelich oder unschedelich"* und der Richter sollte nach dieser *„ervarunge"* auf seinen Amtseid den Täter verurteilen und dafür die billigen Gerichtsgefälle erhalten. In der Zwischenzeit sollte der Verdächtigte festgehalten, aber nicht verurteilt werden.

Das Kriterium der Handhaftigkeit der Tat wurde überlagert durch die Schädlichkeit oder Übeltätigkeit, die entweder offenkundig sein oder gesondert in Erfahrung gebracht werden musste. Diese erschien als einschränkendes Korrektiv, um bei Sachverhalten, die einen Rechtskreis überschritten, Konflikten aus für einen Vertragspartner ansonsten nicht akzep-

263 MGH Const. III, Nr. 279, Art. 32.

264 Vgl. etwa den Reichslandfrieden von 1298, MGH Const. IV 1, Nr. 33,Art. 48, 34, 36; vgl. ähnlich ein Befreiungsprivileg Karls IV. für die Habsburgischen Territorien von 1366, das ebenfalls klar beide Gruppen trennte bei Lünig, Reichsarchiv XII, Nr. 17.

265 Vgl. MGH Const. V, Nr. 735, Art. 4.

266 *Vgl. oben Kapitel 5 I 2 c) (4).*

267 Hierzu und zum folgenden vgl. St. UB II, Nr. 354, S. 303, Z. 36 – S. 304, Z. 7.

tablen Urteilen vorzubeugen, war aber zunächst gerade keine Erweiterung der „Strafbarkeit".[268] An die Stelle der äußeren, objektiven Merkmale, die die handhafte Tat auszeichneten, traten nun *ergänzend* subjektive Kriterien, die sich an der Gesinnung beziehungsweise sozialen Einschätzung des Täters festmachten und deren Ermittlung in der Hand der Vertreter aller regionalen Parteien liegen sollte. Ein gewisser Einfluss kanonischer und städtischer Unrechtsvorstellungen scheint hier schwer zu leugnen. Im Vordergrund stand dabei der Schutz des Täters in einem ihm fremden Rechtskreis. Die Regelung spiegelte damit auch den Widerstreit der auf ihren Jurisdiktionsprivilegien beharrenden Ständen unter dem Druck der eklatanten Jurisdiktionsdefizite wider, zumal die Einschränkung selbst der handhaften Tat in der Situation des Doppelkönigtums ein nicht unerhebliches Zugeständnis an die Städte zum Schutz ihrer Bürger im Land darstellte. Einen ähnlichen Schutzmechanismus hatte bereits 1254 der Veto-Einwand des eigenen Rechtes unter den Mitgliedern des Rheinischen Bundes dargestellt.

(2) In der weiteren Entwicklung zeigte sich, dass, wie bereits von HIRSCH vorgeschlagen, der Begriff der landschädlichen Leute in einem doppelten Sinn gesehen werden muss: Es gab eine sehr weite und unpräzise gefasste propagandistische Verwendung des Begriffs, um unliebsame und gefährliche Gegner zu diskreditieren, die aber in der Regel gerade nicht jenen berüchtigten „asozialen Schichten" angehörten. Denn mit diesen befassten sich seit langer Zeit in aller Regel nicht die Landfrieden, Beistandsbündnisse oder überhaupt „das Land" als solches, sondern allein die partikularen Obrigkeiten, sofern sie nicht ausnahmsweise angesichts ihrer Zahl eine empfindliche Gefahr für die gemeinsame Sicherheit darstellten, wie etwa die Armlederhaufen um 1338. Gerade die Angehörigen dieser Volksmassen wurden aber, soweit aus den Quellen erkennbar, nie als „landschädliche Leute" bezeichnet oder eingeordnet. Auch die Aufforderungen Papst Clemens VI., die Geißler von 1348/49 als *„üble, argwöhnische Leute"* öffentlich zu brandmarken, blieb eine einmalige Ausnahme.[269]

Ein weiteres Beispiel für die weite Verwendung des diskreditierenden Attributs war der Fall des Basler Bürgermeisters Rot, der nach einer städtischen Verfassungsrevolution in den 1370er und -80er Jahren verbannt, dann aber in Straßburg aufgenommen wurde, was zum Konflikt der bei-

---

268 *Ruser*, OSA I, Nr. 423, Nr. 7 hat dies hingegen zu sehr vereinfachend mit „wenn er der erwiesene Übeltäter ist" zusammengefasst; denn gerade für dieses „Erweisen" wird jetzt nicht mehr die handhafte Tat als ausreichend angesehen, sondern *zusätzlich* auf die Schädlichkeit abgestellt; vgl. bereits auch *Fischer*, Landfriedensverfassung, S. 16 f., allerdings mit zeitlich etwas späteren Nachweisen.

269 *Vgl. oben Kapitel 2 III 2.*

den Städte führte.[270] Zum anderen illustrierte die Begriffsverwendung die so genannte „Herlisheimer Fehde". Hier rechtfertigte der Kaiser nachträglich das Vorgehen seines Reichslandvogts mit den Städten mit den Worten, dass dieser *„vor Herlsheim geczogen ist und das gewunnen und ouch dorynne schedlich lewte dem lande gevangen hat und zu den nach des reichs recht gerichtet"* habe, wie er ihm berichtet habe.[271] Während das Opfer dieser Aktion, der Straßburger Edelausbürger und Ritter Johann Erbe, dem wichtigen Patriziergeschlecht der Mülnheimer angehörte und darüber hinaus wohl im Recht war, hatte er doch jedenfalls eine nach der Goldenen Bulle formal einwandfreie Fehde geführt.[272] Wohl weil die Reichsstädte die Rache der Familien der insgesamt 53 von ihnen Ermordeten fürchteten, die weitestgehend dem mittleren und höheren Landadel angehörten, griffen die Städte danach zum Mittel dieser Diskriminierung als landschädliche Leute zur Rechtfertigung der eigenen Tat.

Insgesamt handelte es sich selbst bei dieser weiten, jedoch nur vereinzelt aus den Quellen nachweisbaren propagandistischen Verwendung der Bezeichnung gerade nicht um jene Landfremden und Deklassierten, Gewohnheitsverbrecher oder gar die vielen anderen sozial unterprivilegierten Gruppen, die ihr später kriminologisch zugeordnet wurden, sondern vielmehr um Angehörige der städtischen bzw. landadeligen Ober- bzw. Führungsschicht.

(3) Hingegen lässt sich aus den juristischen Quellen in der zweiten Hälfte des 14. Jahrhunderts eine wesentlich präzisere und engere Bedeutung der „Schädlichkeit", „Argwöhnlichkeit" und „Übeltätigkeit" gewinnen: Nachdem der Begriff der landschädlichen Leute erstmals Eingang in die Einung von 1338 gefunden hatte,[273] wurde er 1343 mit einem präzisen Gehalt gefüllt: *„Wir sint och gemeinlich úbereinkomen, daz wir uf den eit súllent alle schedelich und argwenige lúte, die in diz lantfrides zilen ritent oder gant, alse verre wir múgent und súllent uf sie stellen a[u]ne alle geverde und súllent sie och uf den eyt behaben und von in rihten nach der misseta[u]t, alse sie danne begangen hant und alse wir danne erkennent, daz ez dem lande nútzelich und notdúrftig sie und sol sie davor denheine friheit schirmen, die die herren oder die stette hant a[u]ne alle geverde."*[274] Damit treten die schädlichen Leute zunächst in Gegensatz zu den „unargwöhnigen" Reisenden, die den Landfriedensschutz genießen sollen. In die allgemeinen Regelungen fällt auch, dass sie von al-

270 *Vgl. unten Kapitel 6 II 2 c).*

271 St. UB V, Nr. 1077.

272 *Vgl. ausführlich oben Kapitel 2 IV 3 b).*

273 Vgl. Rapp. UB I, Nr. 494, S. 369, Z. 2-5: *"Ez mùgent och die uber den lantfriede gesetzt sind, bedenchen und ze rat werden umb alle schedlich lùt, die in dem lande sind, si sin ze rosse oder ze fùzzen, also daz die und och die lùt von solichen bosen lùten erledigt und besorgt werden."*

274 St. UB V, Nr. 116, S. 121, Z. 16-22.

len Teilnehmern des Friedens angegriffen, gestellt und auf den Landfriedenseid festgehalten werden sollten. Deutlich wird aber auch erkennbar, dass sie nach einer bereits begangenen, konkreten Tat gerichtet werden sollten, und zwar dort, wo sie ergriffen wurden, und dies ohne Rücksicht auf etwaige städtische beziehungsweise feudale Freiheiten, also vor allem ohne Rücksicht auf irgendwelche besonderen Gerichtsstandsprivilegien. Urteilsmaßstab war dabei die auf den Landfriedenseid ohne alle Arglist getroffene Erkenntnis, was für das Land nützlich und notwendig wäre, also eine stellvertretende Rechtspflege für „das Land", genauer für die an sich zuständige Landfriedenspartei oder aber den Landfrieden selbst.

Fraglich jedoch bleibt danach, ob die Landschädlichkeit durch jede bereits begangene, nicht wieder gut gemachte Tat begründete oder ob noch weitere Merkmale hinzukommen mussten, wie etwa eine besondere Gefährlichkeit oder ein über die Sphäre eines partikularen Rechtskreises hinaus reichender Schaden, da sonst *de facto* alle Jurisdiktionsprivilegien unter den Landfriedensparteien aufgehoben worden wären. Gegen derartige zusätzliche Merkmale spricht indes, dass sich 1343 eine weitere, erst 1366 aufgegebene Regelung fand, die auf den Begriff der besonderen Schädlichkeit abstellte: „*Were o[u]ch daz ieman denheinem herren odere ieman anders in disem lantfriden denheinen schaden deite oder geta[u]n hette oder daz reht von in versprochen hette, also daz die núne sich dez erkant hettent, daz er den friden úbervarn und gebrochen hette, wa der ko[e]me in der vorgenannten herren stete, slos odere gewalt, die zu[o] disem lantfriden geho[e]rent, den sol man angriffen und halten uf den eit glicher wise als were in daz unreht selber von ime widervarn, darnach so ez in verkúndet wirt a[u]ne alle geverde.*"[275]

Landschädlich war also jeder, der „in dem Landfrieden" einen Schaden getan hatte. Ähnlich bestimmte ein Städtebündnis zwischen Straßburg, Basel und den mittelrheinischen Metropolen: „*Item et ist auch geratslahet, ob ez were, daz in keinre stat ymans were, der schedelich were und mit namen die, die lant wandern hiene und her, die in der stedte eine oder me mort, dupstal oder andere boisheit getan hettent und die selbe stat schribe der andern stat, dar inne er were, uff irn eit, daz der ein schedelich man were, von dem sal die selbe stat riehten in aller maße, als ob die geschit by en in ir stat gescheen were.*"[276]

---

275 Ebd., Z. 18-24.

276 Vgl. OSA II 1, Nr. 497; erstmalige Edition aus AV St. Ordnungen und Dekrete 29 fol.199a. im Rahmen eines gemeinsamen Bündnisses zwischen Köln, Mainz, Worms, Speyer, Straßburg und Basel. Hier wird allerdings deutlich, dass anders als bei den Landfrieden zwischen den Städten der Diebstahl als ein zentraler Fall der Landschädlichkeit angeführt wurde und zudem der Mobilität der Täter eine wichtige, allerdings eben nicht entscheidende Rolle zukam.

c) Behandlung landschädlicher Leute im System der elsässischen Landfrieden

(1) Der landschädliche Mann, der einem Anderen einen Schaden durch ein Landfriedensbruchsdelikt zugefügt hatte, sollte also überall ergriffen und an seinem Ergreifungsort - wie bei einer handhaften Tat oder der an diese anschließenden Nacheile ohne Beachtung jedes Gerichtsstandsprivilegs - vor Gericht gestellt und verurteilt werden: *„In weliches teils gebiete oder geriht o[u]ch ieman kême, der ein schedelich úbeltêtig man were und den andern zwein teiln oder ir eim einen schaden hette getan in den ziten des friden, und daz selbe teil oder der rat des selben teils uf iren eyt erkantent, daz er ein schedilich man were und sú wider reht geschediget hette, do sol daz teil, da hin er kommen ist, yn angriffen und yn bu[e]szen und bessern nach dem rehten zu glicher wise, als ob dem selben teil daz selb unreht geschehen were.“*[277] Mit dieser Form der stellvertretenden Rechtspflege als besonderer Form der Rechtshilfe fand ein neues Verfahren gegen den Landfriedenbrecher Einzug, das neben das bisherige ordentliche Vorgehen der Landfrieden trat.[278] Hatte dieses die gemeinsame Erzwingung von Wiedergutmachung gegenüber einem letztlich gleichgeordneten Gegner des Landfriedens durch Fehdemaßnahmen und Burgeinnahmen vorgesehen, so konnten jetzt die verbündeten Obrigkeiten auch in Vertretung füreinander einen solchen Friedbrecher nicht nur persönlich inhaftieren,[279] sondern auch, wie der Landfrieden von 1366 ausdrücklich angab, *„rihten“*. Damit schrieben sich die Landfriedensparteien aufgrund ihrer eigenen Gerichtsbarkeit und der königlichen Sanktionierung selbst die Befugnis zu, im Falle eines Landfriedensbruchsdelikts ohne Beachtung von persönlichen Gerichtsstandsprivilegien nicht nur die ihrer Gerichtsbarkeits sonst Unterworfenen oder die innerhalb ihres Gerichtes erfolgten Schädigungen, sondern jeden ihrer Schädiger zu richten.[280] Vorsichtiger formulierten hingegen die autonome Einung von 1343 und der Landfrieden von 1378; sie sprachen lediglich von der Erzwingung der Wiedergutmachung, die ohne weiteres aus dem fehderechtlichen System abgeleitet werden konnte.

(2) Allerdings sah der elsässische Landfrieden von 1378 weiter als Aufgabe der neugeschaffenen Landfriedenstruppe vor: *„... und stellende sin nach bo[e]sen argwenigen und úbeltetigen lúten, die mit nome, roup, mort, brande, ge-*

---

277 So St. UB V, Nr. 1319, Art.17.

278 Vgl. zur Vorgeschichte, namentlich dem mittelrheinischen Bund von 1325 *Distler*, Städtebünde, S. 165 m.w.N.

279 Zum Begriff des „Ergreifens“ und die Nähe zum Rechtsinstitut zur handhaften Tat vgl. *Andermann*, Ritterliche Gewalt, S. 256 m.w.N.

280 Zu ähnlichen Entwicklungen, die sich im Übergang zum reinen Territorialprinzip zwischen den beiden Lübischen Landfriedensbündnissen von 1349 und 1353 nachweisen lassen, vgl. *Mohrmann*, Landfriede, S. 159, 167 m.w.N.

fengnisz oder andern bo[e]sen werken den stúcken gelich ieman schedigetent an libe oder an gu[o]te, so verre daz sú soliche getat nút verantwortenmo[e]gen mit dem gemeinen glichen rehte und dar umbe sú nút gemeins glichs rehtes sich erbietent zu nemende, zu geben oder des gehorsam ze sinde. Und wo yn soliche lúte fúrkement oder sú sú wústent oder befúndent, die sollent sú bi iren eyden vahen, angriffen, ufenthalten und die zu stunt antwurten dem teil, daz zu der selben zit sinen sibenden man hette; und sol man o[u]ch do von yn rihten nach dem rehten und nach der getat, als sú dann begangen haben mit den egenanten bo[e]sen stúcken, nach gelegenheit der sachen und mit einre solichen bu[e]sze und besserung, als sú dann nach dem rehten beschuldet hant nach erkantnisz der vorgenannten sibenre oder des merrenteils under yn, und soll man die o[u]ch von handen nút laszen ane aller der driger teil willen."[281]

Damit hatte das Landfriedensgericht über den von der Landfriedenstruppe festgenommenen Landfriedensbrecher zu „*rihten*", wie es sonst auch im Falle eines Landfriedensbruches zu richten hätte. Auch hier bezog sich das „Richten" auf das Endergebnis der Wiedergutmachung, nicht etwa auf eine peinliche Bestrafung, anhand der Frage, ob ein sanktionierbarer Landfriedensbruch durch den Betroffenen vorlag. Der Beschuldigte behielt seine Verteidigungsmöglichkeiten, wenn auch nur solche nach dem „gemeinen gleichen Recht", also gerade nicht auf Grund besonderer Privilegien. Bemerkenswert bleibt dabei das Zusammenwirken der Landfriedenstruppe und dem Teil, also den Städten oder Herren, die den Obmann stellten, mit dem Landfriedensgericht. So erfolgte die Überstellung an den jeweiligen Teil nicht zuletzt, weil der Landfrieden selbst über keine Möglichkeiten zur Gefangensetzung verfügte. Eine Entlassung sollte nur mit Zustimmung aller drei Teile des Landfriedens erfolgen. Dagegen bleibt das Verfahren zwischen den Obrigkeiten und dem Landfriedensgericht unklar; letzteres sollte wohl lediglich über die Verpflichtung einer Wiedergutmachung und ihre Höhe entscheiden, während die „Richtkompetenz" im Übrigen dem jeweiligen Teil übertragen war.

1395 wurde dies dahingehend präzisiert, dass „*der stettemeister ... dieselben in der gefengnisse also enthalten untze uffe der sibener sprachen. Und was in denne die sibene heiszent fúrbasser antworten oder damitte tu[o]n, das sol denne der stettemeister, dar er danne geanwurtet ist, unverzogenliche halten, tu[o] und vollefu[e]ren. Und sol o[u]ch kein stettemeister noch nieman solichen gefangen anders deheine zil oder tag geben, ane der sibender geheisze und wille.*"[282] Damit wurden die städtischen Obrigkeiten ganz in den Dienst des Landfriedens genommen und der Weisung der Landfriedensrichter unterstellt und durften ohne diese weder den Gefangenen frei lassen noch ihn richten. Auch hier blieb es bei der für den Landfrieden üblichen Sanktionierung, die auch

---

281 St. UB V, Nr. 1319, Art. 14 f.

282 St. UB VI, Nr. 989, S. 578, Z. 8-14.

weiterhin, jedenfalls aus städtisch-autoritärer Sicht, aus dem Fehderecht begründet werden konnte. Desgleichen findet sich kein Beleg für eine über das Entfallen des Gerichtsstandsprivilegs hinaus reichende prozessuale Sonderbehandlung, etwa im Sinne einer vereinfachter Überführung oder Verurteilung.

Dem gefangen vor das Landfriedensgericht Geführten, der mit dem, zumindest in anderem Kontext zur Diskreditierung gebrauchten, Attribut der Landschädlichkeit bereits behaftet war, kam jedoch jedenfalls graduell eine andere Stellung zu als dem freien Landfriedensgegner, dessen fehderechtliche Gleichrangigkeit jedenfalls grundsätzlich respektiert worden war. Umso mehr galt dies, wenn er nicht vor der Gesamtheit der mit königlicher Mitwirkung eingesetzten Landfriedensrichter als Repräsentanten praktisch des ganzen Landes, seiner wichtigsten Vormächte und eidgebundenen sonstigen Einwohner, sondern vor dem traditionellen partikularen Gericht eines der Landfriedensparteien zu Gericht stand. Die Kompetenz eines solchen Gerichts ohne jede Beachtung von Gerichtstandsprivilegien war zwar etwas neues. Sie konnte aber letztendlich nur als konsequent aus der bisherigen Entwicklung der Landfriedensgerichtsbarkeit erscheinen und fand zudem ihre Stütze im Reichslandfrieden von 1323. Für jene landschädlichen Leute, die ohnehin der Gerichtsbarkeit einer, wenn auch typischerweise anderen Einungspartei unterworfen waren, konnte die Kompetenz aus der gegenseitig in der Einung erfolgten Delegation der Gerichtsbarkeit hergeleitet werden. Hier machte es keinen Unterschied, ob der König oder die territorialen Gerichtsherren ihre Gerichtsgewalt teilweise, wie bereits seit 1301 üblich an die besonderen Landfriedenspfleger deligierten oder eben an andere Amtsleute der Einungspartner. Aus dem fehderechtlichen Begründungszusammenhang musste es noch weniger ein Rolle spielen, wer hier mit Bindungswirkung für alle Eidgenossen beschloss, Maßnahmen gegen einen Landfriedensbrecher zu Gunsten eines geschädigten Einungsmitgliedes zu ergreifen. Legte man diese Überlegung als maßgeblich zu Grunde, so spielte es auch keine Rolle, dass der landschädliche Mann ein Ortsfremder war, der möglicherweise einen eigenen privilegierten Gerichtsstand vorweisen konnte. Allerdings scheint den Teilnehmern doch vor Augen gestanden zu haben, dass sie hier - zwar in sich folgerichtig - rechtliches Neuland betraten, wobei ihnen mit diesem Schritt gelungen war, die bisherigen Gerichtsprivilegien unbeachtlich zumachen. Die „doppelt stellvertretende" Gerichtsgewalt für die geschädigte Landfriedenspartei und für das durch den landschädlichen Mann geschädigte „Land" bedeutete einen gänzlichen Strukturwechsel der Friedenssorge. Die starke Betonung der Verpflichtungsklausel *„ane geverde"* und der Nützlichkeit einer solchen Regelung in den Friedenstexten drückte die gleichwohl bestehende gewisse Unsicherheit und Skrupel der Einungsinitiatoren dabei aus.

Neben die möglichst lückenlose und hierarchisch gebundene traditionelle Friedenssorge im jeweiligen Rechtskreis, die bündisch vereinbarte Erzwingungshilfe und die delegierte umfassende königliche Friedensgewalt trat so eine neue obrigkeitliche, strikt dem tatsächlichen Ergreifungsortprinzip verbundene Gerichtsgewalt. Sie sollte sich von diesen vier Ansätzen am Ende als der bestgeeignete erweisen, das Grundproblem der beschränkten Gerichtsgewalten nicht nur theoretisch, sondern auch praktisch zu lösen. Reichsrechtlich begründet etwa durch die Reichslandfrieden von 1235 und 1323, war damit ein Weg gefunden, der letzten Endes die Konstruktion der Landfriedenseinungen am Oberrhein, jedenfalls rechtlich, überflüssig machen konnte. Denn wenn jeder partikularen Obrigkeit nunmehr das Richten jedes von ihr ergriffenen Landfriedensbrechers rechtlich möglich war, konnte dem Landfrieden lediglich die Aufgabe verbleiben, solche Landfriedensbrecher zu verfolgen und zur Wiedergutmachung zu zwingen, bei denen die jeweilige Obrigkeit bei allem Willen allein aus tatsächlichen Gründen nicht mächtig genug war, die Sanktionierung alleine durchzusetzen, und eventuell unterstützend für einen Informationsaustausch bei der Beurteilung der Landschädlichkeit zu sorgen. Gegen das weiter bestehende Problem einer möglichen Parteilichkeit oder Nachlässigkeit der jeweiligen Obrigkeit konnte der Landfrieden hingegen kaum mehr etwas unternehmen.

(3) Zusammengefasst drückte sich also im Begriff der Landschädlichkeit im Landfriedensrecht des Oberrheins keine allgemeine Zugehörigkeit zu einem sozial deklassierten Stand oder eine allgemeine Gefährlichkeit aus. Die Landschädlichkeit im Sinne der oberrheinischen Einungen knüpfte vielmehr tatbestandlich an einen begangenen Landfriedensbruch an. Als Folge löste sie lediglich eine besondere Kompetenz zur Unrechtsahnung der beteiligten traditionellen Gerichtsträger aus. Bei ihr wurde, wie bei einer handhaften Tat das sonst weitgehend durch Jurisdiktionsprivilegien abgesicherte aktive Personalitätsprinzip zu Ungunsten des Täters aufgehoben. Bei der der Landschädlichkeit notwendigerweise zugrunde liegenden Tat handelte es sich um ein anerkanntes Landfriedensbruchsdelikt, dem weder eine „Todeswürdigkeit" noch eine besondere Unehrlichkeit oder Gefährlichkeit für „das Land" anhaften musste. Die „Schädlichkeit" bezog sich wie auch die „Übeltätigkeit" nicht auf eine Zukunftsprognose, sondern alleine das begangene Unrecht. Auch auf eine unter Beweis gestellte böse Gesinnung kam es nicht mehr an. Der fehlende Schutz durch einen festen Wohnsitz und damit durch ein Bürgerrecht oder durch die Protektion einer Herrschaft oder eines von Standesgenossen und Nachbarn gebildeten Gerichtsstandes konnte die Durchsetzung dieses Verfahrens rein tatsächlich vielleicht begünstigen, war aber nicht dessen Ursache oder Voraussetzung. Die Mobilität möglicher Täter war allenfalls abstrakt ein wesentlicher Grund gewesen, durch dieses neue Verfahren das Problem der abgeschlossenen Gerichtsbezirke in möglichst effizienter Weise zu lösen. Von einem besonders rücksichtslosen Abwehrrecht gegen landschädliche Leute kann angesichts des Verweises auf die übliche Bußgerichtsbarkeit sicher nicht gesprochen werden. Eines besonderen rechtlichen Aktes zur Begründung der Landschädlichkeit scheint es, soweit dies aus den insoweit nicht eindeutigen Quellen ersichtlich ist, ebenfalls nicht bedurft zu haben. Die Mitteilung einer Einungspartei an ihre Eidgenossen, dass es sich bei jemandem um einen landschädlichen Mann handelte, hatte, wie auch die Anzeige eines Landfriedensbruches, lediglich einen faktischen informatorischen Charakter, aber als solche wohl keine Rechtswirkung. Entscheidend dürfte alleine gewesen sein, ob ein Landfriedensbruch vorlag. Auch in diesem Sinn wird man die obene angesprochene Stelle verstehen dürfen, nach der eine Einungspartei die Landschädlichkeit mit Bindungswirkung für die Eidgenossen festzustellen hatte.[283] Auch für die Landfriedenstruppe dürfte allein das tatsächliche Vorliegen eines bereits begangenen Landfriedensbruches die Voraussetzung für eine Ergreifung gewesen sein, soweit sie ihr nur in irgendeiner Form, etwa durch Mitteilung einer Einungspartei oder eines Betroffenen, zur Kenntnis gebracht worden war. Für die Überführung des landschädlichen Mannes galten indes keinerlei andere Beweismaßstäbe als bei einem Landfriedensbruch überhaupt, ihm blieben also alle Verteidigungsmöglichkeiten bis auf den Verweis auf einen privilegierten Gerichtstand, eben auch wenn es sich nicht um eine handhafte Tat handelte.

II. Die Erzwingung des Landfriedens

„Wolte aber ieman des andern ungehorsam sin un des rehten also uszgan, wider den sol der lantfride beholfen sin und in solich han, daz er solich rehtes gehorsam wird."[284]

1. Das Erzwingungsverfahren in der Hand der Mitglieder und der Landfriedenswächter

a) Grundlage und Ablauf

Im Kern der spätmittelalterlichen Friedenseinungen am Oberrhein stand ihr Zweck, durch die Gemeinschaft ihrer Eidgenossen eine Wiedergutmachung des durch einen Landfriedensbruch verursachten Schadens zu er-

283 *Vgl. gerade oben Kapitel 5 I 5 c) (1).*

284 So die Errichtungsurkunde der Landfriedenseinung von 1366, St. UB V, 733, S. 570, Z. 4-6.

zwingen. Diese „Vollstreckung" des Landfriedensrechts durch die Mitglieder, voran durch die privilegierten Einungsparteien des jeweiligen Landfriedens, war und blieb charakteristisch für die gesamte Entwicklung vom Rheinischen Bund von 1254 bis zum letzten Landfriedensentwurf von 1398. Sie wurde weder durch die allmähliche Konstituierung und Stärkung des Landfriedensgerichts bzw. „-rates" noch durch die spätere Aufstellung einer eigenen Landfriedenstruppe in Frage gestellt. Allen untersuchten Landfrieden ist ebenfalls gemein, dass die Art und Weise, wie diese Erzwingung sich vollziehen sollte, allenfalls kursorisch und in einzelnen Aspekten in den Einungstexten geregelt war. Gerade hier blieb, zumindest in der eigenen Rechtsordnung der Landfrieden, ein weitgehend regelungsfreier Raum.

Die Beistand- und Bündnispflicht wurde durch Abschluss und Beschwörung der Einung oder nachträglichen Schwur im Verlauf der Eideslawine begründet. Die kurzen Landfriedensbündnisse Ende des 13. Jahrhundert überließen es dem jeweiligen Anführer des Landfriedens, also dem König oder dessen persönlichen Vertreter, ein gemeinsames Vorgehen *ad hoc* zu organisieren. Die Bedeutung der *Conservatores Pacis* als Gehilfen bei der rein tatsächlichen Organisation gemeinsamer Maßnahmen wirkte auch noch in den Einungen von 1301/1310 nach. Dort war den Landfriedenspflegern jeder Partei nicht nur im Rahmen des gestuften Verfahrens die Entscheidung anvertraut, ob man einer gemeinsamen Aktion überhaupt bedurfte[285] oder ob der einzelne Gerichtsträger oder die einzelne Stadt, die Burg oder das Dorf, wo der Friede gebrochen war, selbst die Macht hatte, die Wiedergutmachung und Wiederherstellung des Friedens zu erzwingen.[286] Vielmehr wurden sie geradezu als Organisatoren des Hilfsbeitrags in ihrem Verantwortungsbereich in die Pflicht genommen, als ein weiterer Pfeiler neben der allgemeinen Hilfspflicht jedes Eidgenossen.[287] Dabei nahm der Landfrieden sie in die ehrgeizige Pflicht, innerhalb von acht Tagen nach einer entsprechenden Mahnung *„mit solicher hilfe und mit solicher maht, als sie alle oder die zweiteil under in uberein ku[o]ment, uf den eit den twingen, der den friden gebrochen het ...*"[288] Von Anfang lag es damit in der Hand der Landfriedenswächter, die notwendige Hilfe zu bestimmen und zu koordinieren, während die privilegierten Parteien und die einfachen Eidgenossen diese notwendige Hilfe auf ihren Landfriedenseid zu leisten hatten.

---

[285] Vgl. St. UB II, Nr. 233, S. 188, Z. 14 – S. 189, Z. 8.

[286] Vgl. ebd., S. 189, Z. 27-31.

[287] Vgl. ebd., S. 189, Z. 31-35.

[288] So ebd., S. 188, Z. 23-27.

b) Mittel

Die zur Erzwingung angewandten Mittel selbst wurden allenfalls punktuell in den Einungen beleuchtet.[289]

(1) So sollten nach dem Landfrieden von 1318 die Friedensgenossen einem Rechtsverweigerer *„sin lip und sin gu[o]t angriffen"*, ihn also mit entsprechenden Zwangsmaßnahmen an seinem Vermögen und seiner Person zur Wiedergutmachung zwingen.[290] Es handelte sich aber, wie bereits ausgeführt, dabei nicht etwa um peinliche Strafen, sondern um die nötigen Erzwingungsmittel zur eigentlichen Sanktion, der Zahlung eines angemessenen Schadensersatzes. Andererseits waren es die selben Erzwingungsmaßnahmen wie in privaten Fehden, mit denen der Landfriede agierte und Güter aber auch Leute seines Gegners schädigte. So hat etwa KUNZE zu Recht festgestellt: „Die Gegner, die sich gegenüber standen, kannten dabei nur die Regeln des Fehderechts, nahmen sie nun als Landvögte oder Stadtgemeinden an der Auseinandersetzung teil."[291]

Hierzu gehörten vor allem Auszüge von Mannschaften der Verbündeten gegen die größeren ritterlichen, landesherrlichen oder städtischen Gegner, aber auch Burgbelagerungen und -eroberungen.[292] Entsprechend sah der Landfrieden von 1343 etwa die Mahnung vor *„zu[o] einem uzzoge odere zu[o] einem sesse ein vestin zu[o] gewinnende"*,[293] wobei er für letzteres die unterschiedlichen Belagerungstechniken und -maschinen als *„mit grebern, dumblern, werkcken, mit werklúten"* aufführte.[294] Bei der Burgbelagerung und -einnahme handelte es sich um eine Erzwingungsmaßnahme, die jedenfalls eindeutiger als die Burgbrechung fehderechtlich gerechtfertigt werden konnte. Auch hier stellte sich allerdings das Problem des vermeintlichen

---

289 Vgl. bislang wohl allenfalls *Gerlich*, Landfriedenspolitik, S. 61: „mit allen nötigen Mitteln".

290 St. UB II, Nr. 354, S. 303, Z. 31 - 34; hier unzutreffend *Distler*, Städtebünde, S. 167, die „Leib und Gut" nicht auf den Schädiger, sondern den Einsatz der Hilfsverpflichteten beziehen will, was jedoch keine Stütze im Text findet und auch schwer plausibel gemacht werden könnte.

291 Vgl. etwa *Kunze*, Rudolf von Habsburg, S. 179, allerdings zu ungenau, wenn sie auch den Vollzug des Reichsrechtes als im Wege der Fehde erfolgend charakterisiert; daneben etwa *Orth*, Fehden, S. 73, 154, allerdings wohl zu weitgehend mit der Behauptung, der Landfrieden habe sich immer der Formen des Fehderechtes einschließlich der Widersage an den „Verlandfriedeten" bedient.

292 Vgl. etwa für andere Regionen auch *Orth*, Fehden, S. 14.

293 So St. UB V, Nr. 116, S. 121, Z. 1-5.

294 Vgl. ebd., S. 121, Z. 5-9; selbstverständlich waren unter „wercken" bzw. den Werkzeugen die unterschiedlichen Belagerungsmaschinen und -hiflsmittel zu verstehen, darunter auch die „Katzen"; *vgl. dazu unten auch Kapitel 5 III 3 zur Finanzierung*; vgl. hier etwa auch die Belagerungsschilderungen der Chronisten, wie z.B. Königshofen, S. 789, vgl. dort auch Anm. 3; vgl. daneben etwa *Fischer*, Landfriedensverfassung, S. 91.

Schutzes des Hauses des Gegners, aber davon ließen sich vor allem die Bürgerschaften zu keinem Zeitpunkt von ihren Aktionen abhalten.[295]

(2) Dazu kam der Gefangennahme des Gegners eine immer stärkere Bedeutung zu, einer Maßnahme die allmählich in dem sich herausbildenden Verfahren gegen „landschädlichen Leute" konzentriert und zusehends verrechtlicht wurde.[296] Über das weitere Verfahren der Gefangennahme geben dabei mehrere überlieferte Urfehden Auskunft.[297] Diese Selbstverpflichtungserklärungen des Gefangenen beendeten nicht das Verfahren insgesamt, sondern zeigten das Ende der Gefangenschaft an. Die Freilassung erfolgte in der Regel im Gegenzug gegen die Unterwerfung unter die Gerichtsbarkeit und das Urteil des Landfriedensgerichts oder eventuell eines Schiedsgerichts. Einen exemplarischen Beleg dafür liefert die Urfehde des Ritters Johann des Jüngeren von Oberkirch vom 4.11.1378.[298] In dieser erkannte der Gefangene zunächst an, dass er aufgrund des gemeinen Friedens, den Kaiser Karl IV. errichtet habe, nach Ausweis des von diesem besiegelten Einungsbriefs angegriffen und gefangen genommen worden sei und er im Gefängnis der Stadt Straßburg eingesessen sei. Die überraschend ausführliche Hervorhebung der Grundlagen des Landfriedens erfolgte wohl, um dem Gefangengenommenen das spätere Bestreiten der Legalität des Landfriedens abzuschneiden; hier hatte man wohl aus früheren Verfahren, wie dem Fall der Feste Fründesberg, gelernt.[299] Da Ritter Johann - der Anlass für die Urfehde - bis zum 22.11.1378 von den Landfriedensrichtern freigelassen wurde, versprach er, sich danach wieder dem Gefängnis überantworten, sofern die Sache bis dahin nicht zur vollen Zufriedenheit des Landfriedengerichtes gerichtet und gesühnt wäre. Dieses Versprechen sollte erst dann erfüllt sein, wenn er tatsächlich wieder eingeschlossen sei. Bis zu der genannten Frist versprach er ferner, in einem genau bezeichneten Haus eines Priesters in der Stadt zu bleiben. Zur Sicherheit der sieben Landfriedenswächter und aller Angehörigen des Landfriedens gab er sechs Edelknechte, die Straßburger Ausbürger waren, sowie vier weitere Männer zu Bürgen, die sich zum Einlager bereit erklärten, dass sie, wenn er dieser Verpflichtung nicht Genüge leisten wollte, sich alle in ein öffentliches Wirthaus überantworten würden, bis er selbst wieder dem Gefängnis über-

---

295 Vgl. dazu ausführlich *Terharn*, Herforder Fehden, S. 73 ff. m.w.N.; zum Problem des Hausfriedens und den Schädigungen der Befestigungen *vgl. ausführlich oben Kapitel 4 II 3.*

296 *Vgl. dazu oben Kapitel 5 I 5 c).*

297 Vgl. beispielsweise die typische und äußerst detaillierte Gefangenschaftsurfehde der Herren von Wittenheim am 23.4.1379 gegenüber der Stadt Colmar, die sie gefangen gesetzt hatte, St. UB V, Nr. 1352.

298 Vgl. St. UB V, Nr. 1335.

299 *Vgl. unten Kapitel 6 II 2 d).*

antwortet wäre, es sei denn, der Rechtsstreit würde zuvor ordnungsgemäß erledigt.

(3) Zuletzt blieb, den Landfriedensbrecher sozial und wirtschaftlich zu isolieren, also das bereits an anderer Stelle angesprochene Verbot der Beherbergung, Unterstützung und wirtschaftlicher Kontakte.[300]

c) Aufgaben der Landfriedenswächter bei der Exekution des Friedens

Schon von Anfang an hatten die Landfriedenswächter ihre eigentliche Kernaufgabe in der Koordinierung der durch die Mitglieder angewandten Erzwingungsmittel. Von deren tatsächlicher Ausübung sind mit fortschreitendem Zeitablauf und zunehmender Verschriftlichung innerhalb der Untersuchungszeit immer mehr Zeugnisse in Form von Mahnungsbriefen erhalten. Auch in den Errichtungsurkunden der Einungen fand dies einen stärkeren Widerhall, etwa bei Regelungen zur Verteilung der Lasten, Kosten und etwaiger Gewinne.[301] Zu den eigentlichen Hilfsbeiträgen wurde etwa 1366 ausgeführt, wenn jemand, der zum Landfrieden gehörte, von den Landfriedenswächtern zu einem Auszug gemahnt wurde oder dazu, durch eine Belagerung eine Burg zu gewinnen, so sollte er auf seinen Eid nach ihrer Maßgabe darauf dienen.[302] Dazu sollte das Gremium die Macht haben, auf den Eid über den Umfang und die Art der einzelnen Hilfsbeiträge zu entscheiden, egal ob es wenig oder viel, *„zú rosz oder zú fusz, gelt und gút zu gebende"*, und soviel Gut und Geld zu verlangen, wie die Pfleger für die Notdurft des Landes für erforderlich hielten.

Nicht selten sahen die Mahnungen an die Mitglieder nach einer Entscheidung der Landfriedenswächter, dass ein konkreter Landfriedensbruch ein gemeinsames Vorgehen erforderte, bereits bestimmte Maßgaben für die zu leistende Hilfe vor: So mahnten am 21.12.1355 die 15 Landfriedenspfleger Straßburg zu Rat und Hilfe für den Abt von Selz in seinem Streit gegen die Bürger der Stadt Selz.[303] Die Straßburger sollten dazu, sobald sie diese Mahnung empfangen würden, alle Selzer Bürger festhalten, wenn sie zu ihnen kämen, bis der Schaden und die Klage des Abtes von ihnen erledigt würde. Darüber hinaus wurden die Straßburger zu allen Maßnahmen ermächtigt, von denen sie annehmen konnten, dass die Landfriedenswächter sie selbst vornehmen würden.

---

300 *Vgl. oben Kapitel 4 I 5 a)*; zum Rheinischen Bund vgl. *Distler*, Städtebünde, S. 122 ff.

301 *Vgl. unten Kapitel 5 III 3.*

302 Vgl. hierzu und zum Folgenden St. UB V, Nr. 733, S. 571, Z. 10-28.

303 Vgl. St. UB V, Nr. 363.

Die Landfriedenspfleger konnten Landfriedensmitgliedern auch aufgeben, ihrerseits andere zu Friedensmaßnahmen aufzufordern und anzuhalten. So teilten am 21.9.1355 die 15 Landfriedensamtsleute den Straßburgern mit, dass wegen der Gewalt, die Burcklin Baltram von Buchswilre dem Dyetschin Kurdewan von Selze getan habe und noch tue, letzterer vor ihnen geklagt habe und ihm darauf Hilfe und Rat erteilt worden sei.[304] Nunmehr sollten die Straßburger ihren Bürger, den Edelmann Hannemann von Lichtenberg anweisen und anhalten, dass er den Burcklin dazu zwingen und dessen Leib und Gut nachstellen sollte, bis der Dyetschin Kurdewan unklaghaft werde; gleichermaßen sollten sie, die Bürger von Straßburg, dies selber tun, soweit es ihren Ehren wohl anstehe. Ähnlich kann auch die allgemeine Anweisung der Landfriedenspfleger vom 18.11.1354 aus Colmar an die Straßburger aufgefasst werden, unterhalb beziehungsweise nördlich des Eckenbachs jeden zur Befolgung der Landfrieden anzuweisen. Damit delegierten die Landfriedenspfleger Teile ihrer Administrativaufgaben für diesen Bereich an den Straßburger Rat.[305] Gleichwohl behielten sich die Landfriedenswächter die nachträgliche Kontrolle wie auch den Widerruf ihrer Ermächtigung vor.

d) Hilfe von Dritten – Bündnisse mit dem Landfrieden

Häufig kam es vor, dass sich der Landfrieden vertraglich der Hilfe Dritter in einer konkreten Sache versicherte beziehungsweise sich mit Fehdeführenden, die den gleichen Gegner hatten, verbündete. Solche Verträge unterschieden sich in keiner Weise von den normalerweise zwischen Fehdeführenden geschlossenen Bündnissen, so etwa von der Vereinbarung des Symunt von Leiningen vom 1.2.1369 mit der Stadt Straßburg. In dieser zeigte Symunt an, dass er sich mit der Bürgerschaft geeinigt habe, ihr zu raten und zu helfen gegen Graf Joffrid von Leiningen und seine Helfer während des Krieges, den sie mit ihm hätte.[306] In der Regel wurde die Zusage gegeben, ohne Zustimmung des Landfriedens weder Frieden oder Sühne zu schließen noch Gefangene ganz oder unter Bedingung freizugeben, wobei die Einigung bis zum Ende des Krieges dauern sollte.

Hatte der zu gewinnende Alliierte kein eigenes Interesse an dem Vorgehen gegen den Landfriedensgegner, kam es nicht selten vor, dass ihm der Landfrieden für seine Dienste finanzielle Zusagen machte. Dies galt etwa

---

304 Vgl. St. UB V, Nr. 354.

305 Auch diese Innovation der Weiter- bzw. Rückdelegation der Landfriedenssorge wurde mit der Berufung auf den gemeinsamen Nutzen begründet: „den Herren, Städten und dem Lande zu Nutzen übereingekommen", vgl. St. UB V, Nr. 315; *vgl. schon oben Kapitel 4 I 4 b) (2).*

306 Vgl. St. UB V, Nr. 811.

für die am 28.9.1380 mit Graf Heinrich von Lützelstein geschlossene Allianz, die sich auf zwei getrennten Kriegen einerseits des Landfriedens gegen Johann von Vergey und gegen Ulrich von Rosiers, sowie andererseits der Stadt Hagenau gegen Ulrich, bezog.[307] Wiederum wurde die Öffnung aller Burgen, Städte und Dörfer erklärt. Der Graf versprach, etwaige Ansprüche aus der Sache zu seinen Lebzeiten nur vor dem Landfriedensgericht oder dem Rat in Straßburg geltend zu machen. Ferner verzichtete er auf Schadensersatz im Falle der Tötung eines Gefolgsmannes durch Landfriedensangehörige auch im Namen der Erben des Verstorbenen und versprach, keinen Separatfrieden abzuschließen.[308] Das fehlende Eigeninteresse Heinrichs zeigte sich nicht nur darin, dass er dem Landfrieden jeden Friedensschluss mit den Landfriedensbrechern überließ und diesen bereits vorab pauschal als für sich bindend anerkannte, sondern auch in der Tatsache, dass ihm der Landfrieden 1400 fl. In drei Raten bis zum folgenden Osterfest für seine Dienste zusagte. Offensichtlich hatte der Landfrieden trotz seiner mittlerweile aufgestellten eigenen Truppe ein Bedürfnis nach starken Alliierten beim Vorgehen gegen die beiden Ritter. Die Leistungen des verbündeten Grafen beschränkten sich dabei, wie aus der Regelung für den etwaigen Tod seiner Gefolgsleute erkennbar, nicht nur auf die Öffnung seiner befestigten Besitzungen.

Schließlich kam es aber auch zu Verbindungen mit dem Landfrieden, die nicht nur für eine konkrete Fehde Hilfe und Unterstützung für diesen begründeten. Sie konnten unmittelbar aus dem Friedensschluss in einer Sühne und Richtung herrühren, die der Landfrieden gegenüber seinem meist unterlegenen Gegner durchsetzte, und die aktive Unterstützung, zumindest durch Öffnung der Befestigungen zum Gegenstand haben. Darüber hinaus gab es aber auch umfangreichere Assoziierungen wie die zwischen dem Landfrieden und dem Markgrafen von Baden nach einem Vorgehen des Landfriedens gegen eine von diesem betriebene eigenmächtige und unrechtmäßige Grundruhrnahme. In dem auf Vermittlung des Straßburger Bischofs am 10.3.1317 geschlossenen Vertrag trafen die Parteien Abmachungen über Zölle, Geleit und Rechtsschutz, die fast einem Beitritt des Markgrafen beikamen und große Teile des rechtsrheinischen Gebietes *de facto* in den Geltungsbereich des Landfriedens einbezogen.[309] Trotz seiner kurzen Laufzeit war also bereits in dieser frühen Phase die Fähigkeit des Landfrieden zum Vertragsschluss anerkannt, ebenso wie seine Machtposition, um eine solche Vereinbarung gegenüber den mächtigen Markgrafen

---

307 Vgl. OSA II 2, Nr. 912; besiegelt durch den Grafen und den Reichslandvogt Ulrich von Vinstingen als Vertreter des Landfriedens.

308 Zum Öffnungsrecht vgl. nur *Hillebrand*, Öffnungsrecht.

309 Vgl. MGH Const. V, Nr. 398; vgl. dazu *Bock*, ZGO NF 46 (1933), S. 333 f.; *Schwalm*, Landfrieden, S. 81.

durchzusetzen. Die wohl bedeutendste Assoziation mit dem Landfrieden schloss allerdings wohl Herzog Johannes von Lothringen am 12.1.1375 nach einer militärischen Auseinandersetzung.[310]

e) Friedensschluss unter Vorbehalt von Richtung oder Schiedverfahren

Die Erzwingung im engeren Sinne konnte in einen Rechtstag vor dem Landfrieden einmünden oder aber aus anderen Gründen, etwa einem Vergleich oder einer Intervention von höherer Stelle, nicht mehr weiter verfolgt werden. In der Regel endeten die eigentlichen Erzwingungshandlungen durch eine Sühne, die mit einer endgültigen Richtung verbunden werden konnte.[311] Jedenfalls war den einzelnen Mitgliedern des Landfriedens die Möglichkeit zum Separatfrieden seit der Einung von 1378 ausdrücklich verboten; diese sollten *„von keiner sache wegin, da von krieg uferstanden were, in disem friden dehein tegedinge, fride, su[o]ne, rihtung oder ursage nút ufnemmen an der egenaten drier teile willen und gehelle ane alle geverde."*[312] 1389 wurde dann die Entscheidung der Landfriedensrichter auch in der Frage der Beendigung des Vorgehens maßgebend.[313] Damit fand sich - bis zum Ende des Untersuchungszeitraums - ein weiteres Indiz dafür, dass der Landfrieden sich bei seinem Vorgehen nach wie vor im Metasystem der Fehde bewegte und dies auch selbst so wahr nahm.

---

310 Am 12.1.1375 kam es zu dem Abkommen von Herzog Johannes mit dem Landfrieden und allen Teilnehmern, in dem er alle namentlich bis auf die Stadt und den Bischof von Straßburg aufführt, bis zum 23.4.1376; vgl. OSA II 2, Nr. 896, *„umb nutz und nothdurft unser und unsers lande und aller der unsern, die in dem lande seshaft und wonende sind"* in entsprechender Begründung wie so viele Landfrieden; die Nichtangriffsverpflichtung galt für alle beidseitigen Untertanen, denen die Möglichkeit und Pflicht der Rechtsverfolgung durch Gericht eingeräumt und im Falle des Verstoßes die Beistandspflicht des Herzogs zugunsten des Landfriedens bei deren Verfolgung angedroht wurde; dazu hatte der Herzog bei einer Invasion einer Kriegsgesellschaft ins Elsass unverzüglich Hilfe zu leisten; von der Beistandspflicht ausgenommen wurden neben dem deutschen und französischen König auch die Herzöge Albrecht und Leopold von Österreich, der Graf von Württemberg und früher geschlossene Bündnisse, entgegenstehende neue Abschlüsse dagegen verboten; *vgl. zum zugrunde liegenden Konflikt unten Kapitel 6 III 2 (3)*. a.

311 Zur Sühne vgl. hier nur *Kaufmann*, Art. „Sühne", in: HRG V, Sp. 72 ff.

312 So St. UB V, Nr. 1319, Art. 20.

313 So RTA II, Nr. 75, Art. 21.

2. Die Landfriedenstruppe

a) Aufstellung, Kontingente und Ausrüstung

(1) Hatte es in anderen Regionen schon früh im 14. Jahrhundert fest vereinbarte Kontingente gegeben, die die privilegierten Landfriedensparteien auf Abruf für gemeinsame Aktionen vorzuhalten hatten, so setzte diese Entwicklung am Oberrhein vergleichsweise spät ein. Die benachbarten mittelrheinischen Landfrieden sahen derartige Kontingente häufig vor, an denen sich 1322 oder 1334 auch Straßburg mit 40 von 190 beziehungsweise 290 vorgemerkten Rittern und Knechten beteiligte.[314] Aber am Oberrhein konnten die häufig tief zerstrittenen regionalen Vormächte sich erst allmählich in den 1360er Jahren unter der übermächtigen Bedrohung der „Engländer"-Söldner mit dem Gedanken einer derart engen, vertrauensvollen Zusammenarbeit anfreunden.[315] Angesichts dieser lange latenten Gefahr, die durch den anstehenden Italienzug Kaiser Karls IV.[316] selbst für Straßburg eine akute Bedrohung wurde, kam es zur Anwerbung von Söldnern, die nicht durch die Bürgerschaft, sondern durch den Landfrieden erfolgte. Wohl im Mai 1363 wurden sechs Hauptleute der wichtigsten Verbündeten eingesetzt, die insgesamt 20.000 Mann zu Fuß und 1.200 Glefen anführen sollten.[317] Ihre Befugnisse zur Mobilisierung des Landes wurden im Januar 1364 detailliert geregelt.[318]

Die Art der Truppe spiegelte die damalige Kriegstechnik wider; sie bestand im Kern aus den eher traditionellen Glefen, also Einheiten von je einem Ritter, ritterlichen Knappen und Knechten, die als Kampfeinheit hier mit jeweils vier Personen statt, wie sonst üblich, mit zwei oder drei Köpfen gerechnet wurden.[319] Hinzu traten die einzeln gezählten, mit Armbrüsten

---

314 Vgl. MGH Const. V, Nr. 649, Art. 10; St. UB V, Nr. 37; neben den genauen Regelungen auch für die Aufnahme der verbündeten Truppen im Falle eines Auszugs wurden auch die Kontingente je nach Größe des Mitglieds genau festgelegt, danach hatten Mainz und Straßburg je 40, Worms und Speyer je 25 und Oppenheim 10 Gleven zu stellen; die zeitweise beteiligten Erzbischöfe von Mainz und Pfalzgrafen am Rhein sollten 100 bzw. 50 Mann beisteuern; vgl. weiterhin dazu *Schwalm*, Landfrieden, S. 58 ff.; *Bock*, ZGO NF 46 (1933), S. 346; noch früher, nämlich 1319 setzte die Entwicklung in Westfalen ein, vgl. *Berns*, Bündnispolitik, S. 83 ff.

315 Insofern allerdings unrichtig *Fischer*, Landfriedensverfassung, S. 87 f., nach dem es am Oberrhein im Unterschied zum Mittelrhein überhaupt keine festen Kontingente gegeben haben soll.

316 Den er dann jedoch erst im April 1368 begann, vgl. RI VIII, Nr. 4650 f.

317 Vgl. St. UB V, Nr. 644, zur Datierung vgl. *Ruser*, OSA II 1, Nr. 402.

318 Vgl. St. UB V, Nr. 615.

319 Die Glefe stellte die kleinste traditionelle Kampfeinheit der schweren Reiterei dar, die jedoch seit Mitte des 14. Jahrhunderts immer stärker durch größere Fußtruppen und Bogen-

bewaffneten Knechte, die im Verlauf des Spätmittelalters zunehmend bei militärischen Auseinandersetzungen eingesetzt wurden.

Angesichts des Scheiterns dieser ambitionierten Projekte, als die Invasion der Söldnertruppen tatsächlich erfolgte, und des latent herrschenden Misstrauens vor allem Straßburgs nach dem Taktieren des Kaisers[320] wurde eine solche gemeinsame Truppe allerdings noch nicht in den Landfrieden von 1366 aufgenommen.

Erst in seiner besonders angreifbaren Lage nach der Ächtung der Stadt und der Einnahme Freiburgs konnte sich der Straßburger Rat 1368 dazu durchringen, seinen Boten zum Landfrieden die Vollmacht für die Beratungen über die Anwerbung von Leuten aus dem Lande für eine eigene Truppe zu geben.[321] Im gleichen Zug wurden weitere Maßnahmen wie die Besetzung der Wehren, die Instruktion und Organisation der Wächter, die Ausrüstung der Vorstädte, das Einfordern von Unterstützung von Klöstern und Ausbürgern und die Anordnung der Flucht der Landbevölkerung beschlossen. Auf Antrag des Ratsmitgliedes Lösselin wurde auch der Kaiser um Dispens für den Romzug ersucht. Aufgestellt werden sollten nach diesem Beschluss 19 Mann unter einem Hauptmann, der 100 fl. für die Ausrüstung und 60 fl. für sich, drei fahrende Leute und einen Schmied und dazuhin die nötigen Pferde von der Stadt erhalten sollte.

In der Folge schlossen dann am 30.6.1368 angesichts des nunmehr unmittelbar bevorstehenden Romzuges Karls IV. der Straßburger Bischof, die Herren Ottemann von Ochsenstein, Ludwig, Symunt und Heinrich der Ältere von Lichtenberg, Friedrich von Geroldseck und fünf der Dekapolis-Reichsstädte, nämlich Hagenau, Schlettstadt, Oberehnheim, Rosheim und Weißenburg mit Straßburg ein Sonderbündnis über die Aufstellung von 60 Glefen unter drei Hauptleuten und deren Besoldung bis Weihnachten, bei Bedarf auch darüber hinaus, wobei jede Partei den Sold entsprechend einem festen Verteilungsschlüssel beisteuern sollte.[322] Während der Straßburger Beitrag mit 19 Glefen entsprechend ihrem Ratsbeschluss übernom-

---

schützen zu Fuß ergänzt und schließlich verdrängt wurden, wie sich auch an den Verhältnissen in den Landfrieden ablesen lässt; zu den *Gamber*, Art. „Glefe", LexMA IV, Sp. 1494; vgl. dazu auch *Fischer*, Landfriedensverfassung, S. 88 f.

320 *Vgl. dazu oben Kapitel 2 IV 2 b).*

321 Vgl. St. UB V, Nr. 779; daneben wurde über die Finanzierung der bereits angefallenenen und zukünftigen Kosten für den gemeinsamen militärischen Schutz verhandelt, wobei die Straßburger Gesandten hier zunächst persönlich Instruktionen beim Rat einholen wollte; angesichts der Sondersituation wurde schließlich eine Umlage innerhalb des Landes durchgesetzt, deren Eintreibung allerdings schwerfiel, *vgl. dazu unten Kapitel 5 III 3*; sowie hier nur OSA II 2, Nr. 304, 313, 314; St. UB V, Nr. 617; dort allerdings Datierung um den 10-14.1.1365 trotz des eindeutigen Bezugs zum Landfrieden von 1366.

322 Vgl. St. UB V, Nr. 790.

men wurde, wurden die Quoten der anderen Beteiligten noch im überlieferten Memorial geändert. In der Endform stellen der Bischof 18 (statt wie geplant 19), Lichtenberg sieben (statt sechs), Ochsenstein sieben (statt sechs), Geroldseck sieben und die Reichsstädte neuen (statt zwölf) Glefen. Insgesamt war damit die Unterhaltung von 57 Glefen geregelt. Die in der Gesamtzahl mit enthaltenen Hauptleute bekamen einen besonders festgesetzen Sold, nämlich Johann von Oberkirch als, wenn auch noch nicht so bezeichneter, Oberhauptmann oder Oberst 100 fl. einmalig für die Ausrüstung und 30 fl. je Monat sowie 100 fl. für eine persönliche Glefe und zwei Schützen. Johann von Ramstein und Berthold zum Riet als weitere Hauptleute sollten jeweils 50 fl. (statt ursprünglich ebenfalls 100 fl.) für Ausrüstung, 30 fl. im Monat sowie weitere 30 fl. monatlich für zwei Schützen und 25 fl. einmalig erhalten.

Weiterhin sollten am 6.7. „fünf, die man für das Land gewählt hat" mit dem Rat der Hauptleute die Kandidaten für die Truppe in Straßburg mustern und bei Billigung anwerben. Während offen blieb, wer diese fünf besonderen Delegierten waren, wurde deutlich, dass die Organisation von dem kaiserlich mitbestimmten Landfrieden zunächst strikt getrennt war. Nur schwer lässt sich mit diesem Truppenkontingent eine mutmaßlich am 27.8.1368 erfolgte Mahnung der Landfriedenswächter an die Stadt Straßburg vereinbaren, „die große Summe zu Ross und zu Fuß" bewaffnet und „wohl ausgerüstet" vor Ensisheim zu verlagern und für deren Versorgung für vier Wochen zu sorgen.[323] Denn anders als in anderen Regionen und späteren Truppenvereinbarungen war nur ein einheitliches und zudem vergleichsweise sehr kleines Kontingent vereinbart worden.[324] Wahrscheinlich handelte es sich um zwei zusätzlich innerhalb des Landfriedens beschlossene Kontingente, die die Stadt, wie in dem Landfrieden von 1322, lediglich bei einer Aufforderung aus ihren Reihen zu senden hatte und die nunmehr im Rahmen des allgemeinen Anordnungsermessens und der Hilfs-/Folgepflicht angefordert wurden.

(2) Eine offizielle Einbeziehung eines festen Truppenkontingents in den Landfrieden ließ noch bis 1378 auf sich warten. *„Und umbe daz die strasse uf lande und waszer deste basz gefridet werden mo[e]get"*, sollte jeder der drei Teile acht Mann mit Glefen, Hengsten, Pferden und Bereitschaften sowie vier Knechte mit Armbrüsten „und was dazu gehört" aufstellen, jeweils wohl ausgerüstet auf seine Kosten und sein Risiko.[325] Dieses Kontingent von je 36 Mann je Teil, also einer Gesamtsollstärke von 108, wurde gesondert mit

323 Vgl. OSA II 2, Nr. 881.

324 Dort waren selten unter 300 Gleven, in den mittel- und v.a. niederrheinischen Landfrieden mittlerweile meist über 1000 Mann vereinbart, vgl. nur *Fischer*, Landfriedensverfassung, S. 87 f.

325 St. UB V, Nr. 1319, Art. 13.

dem Ziel einer verbesserten Friedenssicherung auf den Landes- und Wasserstraßen begründet. Im Sonderbrief zum Egerner Reichslandfrieden, der eine entsprechende Kontingentierung in alle Hauptbriefe übernahm, wurde die Zahl der Glefen auf 15 zu je drei Mann fast verdoppelt, während es bei je vier Armbrustschützen blieb, und Basel sich als „halber Teil" zusätzlich mit sieben Glefen und drei Schützen beteiligte.[326] Jedoch wurde 1395 und 1398 die Anzahl der Glefen auf 10 je Teil reduziert, während die der Schützen auf jeweils ebenfalls 10 deutlich erhöht wurde, wobei die Landfriedenswächter die Kontingente nach ihrem pflichtgemäßen Ermessen erweitern konnten.[327]

(3) Bereits bei der Aufstellung der Truppe 1378 wurde ausdrücklich geregelt, dass diese Kontingente *„wol uszgerihtet"* und jederzeit bereit zu stehen hatten.[328] Nach der Einung 1395 hatten jede Glefe mit zwei Pferden und jeder gewaffnete Knecht mit einem Pferd ausgestattet zu sein, *„und das der gewoffente knecht habe mit namen: sine pantzer, ein ysin hu[o]t und ein spiesz in der hant oder sin armbrost."*[329] Seit 1389 fanden sich ausführliche Verfahrensvorschriften, um die Tauglichkeit und Qualität der Truppe sicherzustellen: Danach sollten die Teile ihre Kontingente vollständig zu Beginn ihrer Dienstzeit vor den Hauptmann und die Landfriedensrichter schicken. Bewaffnete, die diese Musterung nicht bestanden, konnten abgelehnt und zurückgeschickt werden, verbunden mit der Aufforderung, innerhalb von acht Tagen einen voll tauglichen Ersatz zu stellen mit Männern, *„die da gu[o]t redelich und reisig sint ze ritende"*. Bis Ersatz eingetroffen war, sollten erstere allerdings bei dem Hauptmann verbleiben und so die Einsatzfähigkeit der ganzen Truppe zumindest in dieser Verfassung sicherstellen.[330] Im Falle der Säumnis, also wenn nicht genügend und angemessen ausgerüstete Kontingente zur festgesetzten Zeit bereit gestellt worden waren, sollte der Hauptmann dies den Landfriedenswächtern bei ihrer nächsten Sitzung vortragen, die der schuldigen Partei eine Buße von zwei Gulden je Glefe

---

326 RTA II, Nr. 73, Art. 4; Nr. 75, Art. 13; dabei fanden sich die festen Kontigente im Egerner Reichslandfrieden nur im Rheinischen Brief, der seinerseits insoweit wohl von den oberrheinischen Einungen beeinflusst war, vgl. auch *Gernhuber*, Staat, S. 66 f.; *Deicke*, Eger, S. 54 ff., 91 ff.; *Asche*, Landfrieden, S. 105 f.; dabei waren die Kontingente dieses durch die elsässische Einung bereits vor seinem möglichen Wirksamwerden überholten Teilbriefs deutlich größer geraten, Straßburg mit 40 Gleven auf eine Stufe mit dem Pfalzgrafen und dem Mainzer Erzbischof gestellt, dagegen erschien der Bischof von Straßburg mit 25 Gleven auf der nächst niedrigeren Stufe, etwa gemeinsam mit der Stadt Speyer, während die im Brief genannten vier großen Reichsstädte der Dekapolis gemeinsam ebenfalls 40 Gleven stellen sollten.

327 Vgl. St. UB VI, Nr. 989, S. 579, Z. 19 f.; St. UB VI, Nr. 1349, S. 714, Z. 38-42.

328 St. UB V, Nr. 1319, Art. 13.

329 So St. UB VI, Nr. 989, S. 577, Z. 33-38.

330 Vgl. RTA II, Nr. 75, Art. 24 b.

und einen Gulden je Bogenschütze und Tag aufzuerlegen hatten und dabei auf ihren Eid keine Ausnahmen machen durften.[331] Offenbar fürchtete man Missstände dieser Art oder hatte schon bei früheren Auszügen schlechte Erfahrungen gemacht.

b) Hauptmann und Hauptleute

Von Anfang an verfügte die Streitmacht über einen eigenen Hauptmann, der sich jedoch ganz auf die Führung der Truppe konzentrierte und seinerseits unter der Aufsicht des Landfriedensrates stand. Insofern unterschied er sich deutlich von den früheren „Landfriedenshauptleuten" Ende des 13. Jahrhunderts,[332] als seine Befugnisse auch nicht unmittelbar aus einer persönlichen Vertretung der Krone, sondern aus der Landfriedenseinung abgeleitet wurden und damit auch durch diese auf einen unvergleichlich engeren und verrechtlichten Aufgabenbereich begrenzt wurden. Im übrigen war jener frühere Anführer am Oberrhein in den Quellen gerade nicht als „Hauptmann" bezeichnet worden.[333]

Der neu geschaffene Landfriedenshauptmann sollte seit 1378 aus den Männern des Teiles des Landfriedens entnommen werden, der gerade den Vorsitz im Landfriedensgericht stellte.[334] Damit wurden zwar ein Missbrauch des Amtes durch einen Teil effektiv verhindert und die zusätzliche Besoldung eines, wie sich zuvor gezeigt hatte, durchaus kostspieligen Offiziers eingespart. Die sich daraus ergebende vierteljährliche Rotation erwies sich jedoch in der Praxis schnell als völlig unzureichend.

Ob der am 16.9.1380 geschlossene erste überlieferte Anstellungsvertrag mit einem Landfriedenshauptmann das Ende dieses Rotationsprinzips bedeutete, ist zweifelhaft.[335] Der Edelknecht Ludwig von Ammolter erklärte in dieser Vereinbarung, dass er mit den über den Landfrieden Gesetzten übereingekommen sei und ihnen geschworen habe, als Hauptmann bis mindestens 11. November und auch nach diesem Termin dem Landfrieden zu dienen, solange dies das Landfriedensgericht wollte. Eigene Forderungen gegen die Landfriedenspfleger oder andere Angehörige des Landfriedens versprach er, zu seinen Lebzeiten nur vor dem Landfriedensgericht selbst oder aber dem Meister und Rat von Straßburg geltend zu machen, deren Entscheidung er sich unterwerfe. Bei Schäden im Dienst des Landfriedens sollten die Regelungen des Straßburger Rates für dessen Diener

---

331 Ebd., Art. 24; vgl. dazu *Asche*, Landfrieden, S. 107.

332 *Vgl. dazu bereits oben Kapitel 2 I 1; 2 I 2 a).*

333 *Vgl. etwa oben Kapitel 2 I 2 c) (5).*

334 Vgl. St. UB V, Nr. 1319, Art. 13.

335 Vgl. St. UB V, Nr. 1390.

und Söldner gelten, beim Tod eines seiner Diener oder Knechte schloss er alle Ansprüche von dessen Erben gegen die Friedensparteien oder die Stadt Straßburg aus. Für seinen Dienst mit zwei Schützen und vier Hengsten sollte er von den Landfriedenswächtern zunächst 150 fl. in ihrem und dem Namen des Landfriedens erhalten. Im Falle einer Verlängerung über den 11. November hinaus sollen sie ihn im Verhältnis zur Dauer seines Dienstes weiter entlohnen, außer wenn die Vertragsparteien etwas anderes vereinbaren würden.

Ob es sich bei dem 11.11. um das Ende einer Art Probezeit handelte, erscheint fraglich. Denn da Straßburg wohl vom August bis November 1380 den Obmann und damit den Landfriedenshauptmann stellte,[336] könnte die Befristung sich auch darauf bezogen haben, zumal der genannte Vertrag auf eine Rechtsbeziehung mit Landfrieden und zugleich mit der Stadt Straßburg zugeschnitten war.

Jedenfalls wurde 1389 die allzu schnelle Rotation aufgegeben und stattdessen durch die Gesamtheit der Landfriedenswächter ein Hauptmann im Namen des Landfriedens auf mindestens ein Jahr angestellt. Das Amtsverhältnis konnte, wie zuvor in dem Vertrag mit Ludwig von Ammolter, durch Mehrheitsbeschluss verlängert werden.[337] Ab 1395 erhielt dann das Kontingent jedes Teiles einen eigenen Hauptmann, allerdings sollte der Reichslandvogt bei seiner Anwesenheit als „gemeiner Hauptmann" das Oberkommando führen. König Wenzel versuchte damit einmal mehr, seine Kontrolle über den Landfrieden auszudehnen, zumal dieser Hauptmann auch bei strategischen Beratungen der Landfriedensleute über drohende Angriffe von außen hinzugezogen werden sollte.[338]

c) Aufgaben und Befugnisse

Trotz der Erfahrungen mit dem unkontrollierten Söldnerheer der „Engländer" wurde der Landfriedenstruppe in den Einungstexten lange Zeit nicht der militärische Schutz des öffentlichen Friedens im weiteren Sinne übertragen, sondern spezifisch nur das Vorgehen gegen schädliche Leute im engen technischen Sinn.

(1) So war 1378 sprachlich bereits die erste Anordnung zur Aufstellung der Truppe unmittelbar mit dem Vorgehen gegen diese Personengruppe verknüpft. Die Landfriedensmannschaften sollten den, der Landschädlichkeit

---

336 Nach dem Landfrieden hatten ab Mai 1378 zunächst der Teil der Fürsten, dann die Straßburger, dann die Reichsstädte usw. und nach dem Beitritt des Straßburger Bischofs im Frühjahr 1379, diesen in den Turnus eingerechnet, die Straßburger vom August bis November 1380 den Obmann zu stellen.

337 Vgl. RTA II, Nr. 75, Art. 14

338 Vgl. St. UB VI, Nr. 989, S. 578, Z. 38 - S. 579, Z. 9.

verdächtigen, Reisenden nachstellen, sie ergreifen und dem Teil, der den Vorsitzenden im Landfriedensgericht und damit damals auch den Landfriedenshauptmann stellte, unverzüglich zuführen.[339] 1395 wurde dieses Verfahren ausführlich geregelt:[340] War der Reichslandvogt als Landfriedenshauptmann bei der Gefangennahme persönlich anwesend war, sollte er selbst den bösen, argwöhnischen und schädlichen Leuten nachstellen, die nicht zum Rechtsaustrag und zur Rechtfertigung vor dem Landfriedensgericht bereit waren, und sie gefangen nehmen. Er durfte sie nicht ohne Zustimmung des Landfriedensgerichts freilassen, sondern hatte sie nach dessen Spruch selbst zu richten. War der Reichslandvogt abwesend, sollte die Truppe dagegen unter ihren Unterhauptleuten die von ihnen Aufgegriffenen der nächsten Stadt, die zu der Einung gehörte, zuführen und dort dem obersten Meister zur Inhaftierung und Vollzug des Richtspruches der Landfriedensrichter anvertrauen. Offenkundig waren die Parteien auf das Drängen Wenzels zwar bereit, dem Reichslandvogt persönlich die Ahndung der landschädlichen Leute im Namen aller, wenn auch nach dem Spruch des Landfriedensgerichts, zu überlassen, nicht aber den Landfriedensknechten und ihren anderen angestellten Unterhauptleuten.

Eine Eingliederung in die allgemeine Friedenssorge und den Erzwingungsmechanismus fand hingegen nach dem Buchstaben der Einungen nicht statt. Vielmehr wurden die Parteien noch gesondert verpflichtet, dafür Ritter und Fußvolk auf eigene Kosten zu stellen.[341] Obwohl sie gerade im Verfahren gegen landschädliche Leute eng zusammenwirkten, blieben Landfriedenstruppe und Landfriedensgericht, jedenfalls in den Einungsurkunden, wenig verbunden. Insbesondere hatten die *Conservatores* über dieses besondere Verfahren, sowie ihre Mitwirkung bei der Musterung der Truppe und bei der Anstellung der (Unter-)Hauptleute hinaus keine verbrieften Aufsichtsrechte.[342] In der Praxis dürfte jedoch die Autorität des von den Mitgliedern als Führungsorgan eingesetzten Rates der Landfriedenswächter auch ihr Verhältnis gegenüber den von ihnen letztlich abhängigen Landfriedensknechten geprägt haben, jedenfalls, solange der Hauptmann nicht eine konkurrierende Autorität wie das Amt als Reichslandvogt ins Feld führen konnte. In manchem scheinen gleichwohl die Landfriedensknechte, bei aller gebotenen Vorsicht mit solchen historischen Vergleichen, funktional an einen frühen „Polizeivollzugsdienst" zu erinnern, der institutionalisiert und mobil vor Ort für den Vollzug des Landfriedensrechts im Lande sorgte, und dessen bloße Existenz und Präsenz bereits eine nicht zu unterschätzende präventive Wirkung entfaltete. Auch die Kernkompetenz

---

339 St. UB V, Nr. 1319, Art. 14 f.; *vgl. dazu oben bereits Kapitel 5 I 5 c).*

340 Vgl. St. UB VI, Nr. 989, S. 577, Z. 41 – S. 578, Z. 26.

341 Vgl. St. UB V, Nr. 1319, Art. 9.

342 Insoweit unzutreffend *Angermeier*, Königtum und Landfriede, S. 291 f.

und Aufgabe, den im Land angetroffenen und eines Landfriedensbruchs verdächtigen schädlichen Mann anzuhalten, sich dessen Vorbringen anzuhören und das Vorliegen und die Umstände eines etwa vorgefallenen Landfriedensdeliktes in Erfahrung zu bringen, und diesen gegebenenfalls dann gefangen zu nehmen und bis zur gerichtlichen Klärung in sicheren persönlichen Gewahrsam zu überführen, sprechen für ein solches Bild. Ob sich darin tatsächlich die Aufgabe der knapp 100-200 Mann erschöpfte, die dazu stets einsatzfähig sein mussten, bleibt allerdings fraglich. So wird man wohl annehmen können, dass bei bedeutenderen Auszügen und Burgbelagerungen - über den Wortlaut der Einungen hinaus - selbstverständlich auch die Truppe zum Einsatz kam und sie in die gewöhnliche Verfolgung eines Landfriedensbruchs eingeschaltet war, was indes in den Einungen offenbar als nicht besonders regelungsbedürftig angesehen worden war.

(2) Beim militärischen Schutz und Vorgehen gegen Söldner und andere größere aggressive Massen - Hintergrund und Ursprung der Landfriedenstruppe - kam dieser überraschenderweise ebenfalls keine in den Einungen geregelte Funktion zu. So behielten die Mitglieder zunächst sich selbst die Ahndung und Bestrafung von Hilfsleistungen für derartige Invasoren vor.[343] Selbst in der letzten wirksamen Einung von 1395 wurden nicht der Landfriedenstruppe, sondern den Landfriedenspflegern ausdrücklich Aufgaben zum Schutz gegen fremdes Kriegsvolk übertragen: Wie bisher behielten die Teile selbst die Befugnis vor, denjenigen, der derartige Truppen ins Land brachte, zu bestrafen, allerdings nach dem Urteil der Landfriedensrichter. Vor allem aber sollte, wenn irgend ein Angehöriger des Landfriedens von einer möglichen oder geplanten Invasion fremden Kriegsvolks erfuhr, er dies sofort dem Obmann des Landfriedens berichten. Der Vorsitzende sollte dann unverzüglich die anderen Landfriedensrichter gemeinsam mit dem Hauptmann an einen der vereinbarten Sitzungsorte einberufen, um über mögliche Gegenmaßnahmen zu beratschlagen, die dann von allen drei Teilen des Landfriedens ausgeführt werden sollten.[344]

Bereits hier wird deutlich, dass über den Buchstaben der Errichtungsurkunden hinaus sicher auch die Landfriedenstruppe in eine solche Abwehr eingebunden war. In ihrem militärischen Potential, obgleich es deutlich geringer als in anderen Regionen war, wurde, jedenfalls im Vorfeld und für kleinere Herausforderungen ein wichtiges Abschreckungs- und Verteidigungsmittel gesehen. Die genauen Regelungen für den Fall einer Invasion blieben dagegen den Landfriedenspflegern oder, falls eine Ergänzung notwendig war, den Landfriedensparteien überlassen. Dies entsprach auch

343 Vgl. St. UB V, Nr. 1319, Art. 18.

344 Vgl. St. UB VI, Nr. 989, S. 578, Z. 38 – S. 579, Z. 9.

den Verteidigungsbündnissen aus der Zeit vor der Aufstellung der Landfriedenstruppe 1378, die sich in ihrem normativen Gehalt auch weitgehend im Gebot der Aufstellung einer solchen Truppe erschöpften. Eine detailliertere rechtliche Regelung erschien angesichts der gleichgerichteten Verteidigungsinteressen im Falle eines solchen Einmarsches nicht erforderlich, angesichts der Unvorhersehbarkeit der Ereignisse aber auch kaum möglich.

(3) Zur Erfüllung ihrer Aufgaben verlieh König Wenzel der Landfriedenstruppe bei ihrer erstmaligen Aufstellung 1378 das Recht, dass die Hauptleute und die übrige Truppe das Reichsbanner („*unsir und des riches venlin*“) mit sich führen und unter ihm die landschädlichen Leute aufspüren und aufgreifen durften.[345] Dieses Recht hatte bereits der mittelrheinische Landfrieden von 1334 vorgesehen,[346] es war aber auch am Oberrhein nachweislich schon früher in Anspruch genommen worden.[347] Damit sollte die besondere Autorität des Landfriedens, aber auch wieder dessen Rückbindung an den König dokumentiert werden. Dass ausgerechnet dem Landfrieden von 1395, der als einziger auf den ausdrücklichen allgemeinen Landfriedensschutz verzichtete, dieses Privileg nicht *expressis verbis* in der Errichtungsurkunde zuerkannt wurde,[348] dürfte allerdings auf einem Versehen im Zuge der komplizierten Neufassung der entsprechenden Vorschrift beruhen. So fand sich auch in dem Entwurf von 1398 das Reichsbannerprivileg wieder bestätigt.[349]

Die Angehörigen des Landfriedens waren aufgefordert, die Landfriedensknechte bei ihren Aufgaben zu unterstützen, namentlich durch Öffnung aller ihrer Befestigungsanlagen, Städte, Burgen, Schlösser und anderer Orte und sie bei ihrem Aufenthalt innerhalb und außerhalb der Mauern nach Kräften zu unterstützen. Dazu bildeten sich allmählich, wohl vor dem Hintergrund konkreter Vorfälle, Regelungen bei Konflikten sowie im Falle eines Schadens heraus, auf die sogleich einzugehen sein wird.[350]

---

345 St. UB V, Nr. 1319, S. 961, Z. 35-38; vgl. dazu auch *Bock*, ZGO NF 46 (1933), S. 368, 371.

346 Vgl. *ebd.*, S. 346.

347 So kündigten die Landfriedensamtsleute am 14.7.1355 in einer Mahnung an Straßburg an, sie würden selbst mit dem Reichsbanner zu den Mannschaften der Landfriedensparteien stoßen, um gegen den Landfriedensbrecher zu ziehen; vgl. St. UB V, Nr. 344.

348 St. UB VI, Nr. 989, S. 577, Z. 33 - S. 578, Z. 26.

349 St. UB VI, Nr. 1349, S. 715, Z. 6-11.

350 Vgl. St. UB V, Nr. 1319, Art. 16; vgl. auch *Groote*, Art. „Öffnungsrecht“, in: HRG III, Sp. 1225 ff.

III. Binnenrecht

1. Rechte und Pflichten zwischen den Landfriedensmitgliedern

Die beiden Primärpflichten, denen sich die Teilnehmer des Landfriedens, ob als Einungspartei oder nachträglich in der Eideslawine, mit ihrem Landfriedenseid unterworfen hatten, waren die Achtung des Friedensrechtes, also vor allem des aufgerichteten Friedensschutzes, und die Leistung der eingeforderten Hilfe beim Vorgehen gegen gemeinsame Gegner, im wesentlichen die Landfriedensbrecher. Seit 1301 klar erkennbar, hatten diese beiden Grundverpflichtungen für die beiden Teilnehmerklassen eine unterschiedliche Bedeutung. Während das Gewicht bei der Ahndung der Friedensbrüche ganz vorrangig den vertragschließenden Gerichtsträgern zukam, traf die anderen Eidleistenden vor allem die Pflicht, die friedliche Konfliktlösung und den Verzicht auf eigenmächtige Gewalt anzuerkennen.

a) Gleichwohl wurde ein Eidgenossen für einen Landfriedensbruch nicht erkennbar schärfer sanktioniert als ein Außenstehender. Anders als noch 1254 gab es ferner keine besonderen Verfahrensvorschriften mehr für Konflikte zwischen den Mitgliedern oder bei Verstößen von Mitgliedern gegen das allgemeine Landfriedensrecht, insbesondere keine ausdrückliche umfassende Schiedsgewalt der Landfriedenskommission. Auch in diesen Fällen blieb es bei den allgemeinen Regeln. Das bedeutete allerdings, solange ab 1301 ein zwingendes Vorverfahren bei den einzelnen Einungsparteien bestand, dass ein Vorgehen des Landfriedens gegen seine tragenden Vertragsmitglieder praktisch ausgeschlossen war.

b) Hingegen wurde die Verletzung der Beistands- beziehungsweise Folgepflicht vor allem in den frühen Einungen des 14. Jahrhunderts als Eidbruch weitaus schärfer geahndet. Die Hilfspflicht war geradezu der Kern der Landfriedensbündnisse und das Fundament für ihre Wirksamkeit, sowohl präventiv als Abschreckung wie auch bei der Verfolgung tatsächlicher Landfriedensbrüche.

(1) Die Bedeutung dieser Folgepflicht zeigt sich auch daran, dass sie in den frühen Frieden wie etwa 1278 und 1301 die einzige Binnenpflicht der Landfriedensmitglieder war, die ausdrücklich geregelt wurde. Wenn die Pfleger einstimmig oder mehrheitlich entschieden hatten, dass man gemeinsam gegen einen Landfriedensbrecher helfen sollte, hatte jeder ohne Arglist mit den angeforderten Mitteln und Kontingenten dazu zu kommen.[351] Insbesondere die am nächsten Gelegenen sollten das zu Belagerung und Auszug Erforderliche an Mannschaften und Material stellen und für Verluste und

---

351 Vgl. St. UB II, Nr. 233, S. 189, Z. 32–35.

Schäden nach dem Urteil der Landfriedensrichter vom Landfrieden entschädigt werden.[352]

(a) Wer der Mahnung nicht Folge leistete, sollte aus dem Landfrieden ausgeschlossen werden, so dass er *de facto* zukünftig wie ein Eidesverweigerer außerhalb des Friedensschutzes stand. Darüber hinaus sollte er - anders als im Falle eines „gewöhnlichen" Landfriedensbruchs - aber auch „*meineidig, tru[i]welos und erlos sin*" und damit den üblichen Sanktionen für einen Meineid unterliegen. Die reichsrechtliche Grundlage für die zusätzliche Qualifizierung als Friedensbrecher hatte König Adolf auf einem Reichstag in Frankfurt 1296 durchsetzen können, wonach, wer einer Mahnung eines gemeinsamen geschworenen Friedens nicht folgte, als Friedensbrecher zu behandeln war.[353] Allerdings dürfen auch hier die präzisen Konsequenzen, die der Landfrieden zog, keinesfalls als „Friedlosigkeit" im überkommenen Sinn verallgemeinert werden, ebensowenig wie die weiteren genannten und jeweils wohl definierten Sanktionen der Meineidigkeit, Treue- und Ehrlosigkeit.[354] Bemerkenswert ist vielmehr, dass in den elssässischen Einungen allein im Verstoß gegen die Folgepflicht kein Bruch des Friedensschutzes gesehen, aber die reichs- und gewohnheitsrechtlichen Sanktionen, die hier ausdrücklich an den Eidbruch anküpften, übernommen wurden.

(b) In gewisser Hinsicht lehnte sich diese Hilfepflicht zwar an das funktional verwandte Gerüft und die Landfolge an,[355] insbesondere in dem Augenblick, als die territorialen Gerichtsherren und die umfassende Gerichtsgewalt des Königs in den jeweiligen Landfrieden besonders in den Vordergrund traten, wie etwa unter Rudolfs personaler Friedenssorge und in den Einungen von 1301 und 1310. Allerdings war es weit stärker die vertragli-

---

352 Vgl. St. UB VI, Nr. 989, S. 576, Z. 38-43.

353 Vgl. RI VI 2, Nr. 734 Art. 4; siehe auch *Angermeier*, Königtum und Landfriede, S. 82.

354 *Vgl. dazu bereits oben Kapitel 4 II 2 a) (1)*, insbesondere zur unzutreffenden Interpolation von *Wyneken*, Landfrieden, S. 91, der unter die Sanktionen der Einung von 1301 ergänzt hatte, dass der Folgeverweigerer meineidig, treu-. ehr-, *fried-* und rechtlos sein sollte; später verpflichten sich, wie beispielsweise 1343, die Mitglieder, ausdrücklich auf ihren Eide einander getreulich (also auch auf ihre Treue) zu helfen und beizustehen; während alle Angehörigen des Landfriedens bei Besatzungen und Auszügen gegen Friedensbrecher auf ihren Eid und Ehre dienen sollen; vgl. nur St. UB V, Nr. 116, S. 121, Z. 1-5; zur Bedeutung der Ehre in diesem Zusammenhang vgl. auch *Schwalm*, Landfrieden, S. 81; erst im 15. und 16. Jahrhundert sollte sich bei unterlassener Hilfe zur Nacheile allmählich auch eine peinliche Strafe durchsetzen, so jedenfalls *Kaufmann*, Rechtshilfe, S. 48 m.w.N.

355 Zur Verknüpfung der Hilfepflicht der Landfrieden mit dem traditionellen Gerüfte, also der Verpflichtung, gegen den handhaften Täter auf Geschrei herbeizueilen vgl. *Kroeschell*, DRG I, Nr. 79, Art. 21; *Mohrmann*, Landfriede, S. 61 f. m.w.N.; *Schröder/Künßberg*, Rechtsgeschichte, S. 95, 849 f.; zur Landfolge als Pflicht zur Abwehr äußerer Angriffe und Ergreifung von Friedbrechern nach Aufgebot durch das Landgeschrei bzw. zum Gerüft, das zunächst nur durch den Blutrichter, später auch durch landherrliche Amtsleute erfolgen konnte, vgl. nur *Kroeschell*, Art. „Landfolge", in: LexMA V, Sp. 1656 f.

che begründete Beistandspflicht in der Tradition von 1254, die die regionalen Landfrieden als Konstante prägte, was 1278 besonders deutlich hervortrat.[356] Von einer Kontinuität der Aktivierung der Masse in der Tradition der Gerichtsfolge, wie sie GERNHUBER für die früheren Frieden angenommen hat, kann bereits aus diesem Grund nur höchst begrenzt gesprochen werden.[357] Zudem blieben zwar formell alle Teilnehmer, ob als Einungspartei oder als einfacher Schwurgenosse, gleichermaßen verpflichtet. Von einer *„levée en masse"*, oder einer „Polizeitruppe der Masse", also einer allgemeinen Vollstreckung durch „das Land", wie es sie allenfalls in früheren Zeiten gegeben haben könnte, waren die spätmittelalterlichen Einungen jedoch weit entfernt. Während sich der Rheinische Bund und alle danach folgenden Bündnisse propagandistisch an dieser alten Vorstellung orientierten, um „das Land" einbinden und repräsentieren zu können, behielten sich die führenden Garantiemächte der Landfrieden in Wirklichkeit die Unrechtsverfolgung ausnahmslos selbst vor und ließen sich die geradezu idealtypisch im Landfrieden oligarchisierte Gewalt ebensowenig wie die Bestellung der Landfriedenswächter als Kontroll- und Führungsorgan aus der Hand nehmen.

(c) Unabhängig davon konnte die Hilfspflicht räumlich beschränkt oder, häufiger, wie bereits in den Reichslandfrieden von 1287 oder 1298 in der Weise gestaffelt sein, dass sie zunächst nur die unmittelbar angerufene oder nächstgelegene Landfriedenspartei traf und nur, wenn deren Macht nicht ausreichte, die Nachbarn und erst dann alle Landfriedensmitglieder gleichermaßen.[358] Angesichts des großen Friedensgebietes und der äußerst knapp bemessenen Zeit zur Bereitstellung der Hilfe erwies sich etwa 1301 wie bereits 1254 eine Beschränkung der Beistandspflichten für die entfernt sitzenden Friedensgenossen als unabdingbar.[359] So sollten 1301 die Mitglieder, die unterhalb des Eckenbaches ansässig waren, nicht zur Hilfe verpflichtet sein, wenn der Landfriede oberhalb der Birs bis an den Hauenstein und an den Goldenfels gebrochen war, aber die oberhalb Gesessenen sollten bis dorthin zur Hilfe verpflichtet sein.[360] Ähnlich waren auch der Bischof und die Bürger von Basel jenseits des Rheines, also vor allem in

---

[356] Vgl. St. UB II, Nr. 68; *dazu oben bereits ausführlich Kapitel 2 I 2 c); Kapitel 5 I 2 a)*; vgl. hierzu auch *Angermeier*, Königtum und Landfriede, S. 44 allerdings unter Verkennung des fehderechtlichen Ursprungs.

[357] Vgl. nur Gernhuber, Landfriedensbewegung, S. 47 f., 119 ff.; der die These von der Aktivierung der Masse in jüngeren Arbeiten bereits deutlich zurück genommen hat, vgl. *ders.*, Staat, S. 41, wonach die Bewegung bereits im 11. Jahrhundert abgeflacht sein soll; weiterführend *Wadle*, Peinliche Strafe, S. 243.

[358] *Vgl. dazu sogleich unten Kapitel 5 III 1.*

[359] Vgl. ausführlich *Weizsäcker*, Rheinischer Bund, S. 184 f.

[360] Vgl. St. UB II, Nr. 233, S. 189, Z. 14-17.

den rechtsrheinischen Exklaven des Straßburger Bistums und außerhalb des Gebiets von der Birs bis an die Zorn nicht zum Beistand für den Landfrieden verpflichtet.[361] Schließlich galt die Ermessensentscheidung zur Hilfe bei unrechtmäßigen Gewalttaten außerhalb des Landfriedensschutzes natürlich auch für die Mitglieder.[362]

(2) Zum erweiterten Kreis der Vollziehungspflicht des Landfriedens gehörte in diesen Zusammenhang auch die Sanktionierung der Nichtahndung von Landfriedensbrüchen, soweit diese noch in den Händen der Mitglieder mit Jurisdiktionsgewalt lagen. Die Regelung von 1318 verpflichtete alle Friedensgenossen, in gleicher Weise auch gegen die Stadt, die den Täter nicht richten wollte, „*beholfen*" zu sein, damit sie dieser Pflicht nachkomme.[363] Mit dem schrittweisen Übergang der gerichtlichen Kompetenzen auf das Landfriedensgericht verschwand folgerichtig auch diese Klausel. Entsprechende ausdrückliche Regelungen finden wir zwar später nicht mehr, doch dürfte nach dem oben Gesagten nahe liegen, dass auch beim Verstoß gegen die Pflicht, den Landfriedenstäter oder landschädlichen Mann anzuhalten und zu richten, obwohl die Möglichkeit dazu bestand, eine entsprechende Sanktionierung durch den Landfrieden erfolgen sollte.

(3) Bisweilen fand sich darüber hinaus eine Pflicht der Landfriedensmitglieder, einander bei allen ihren Kriegen zu helfen, zumindest soweit diese im Zusammenhang mit dem Landfrieden entstanden waren.[364] Wie bereits angesprochen, trat 1395 eine solche allgemeine Beistandspflicht „*zu[o] allen iren kriegen und no[e]ten ... die die gemeine eynigunge anru[o]rent*"[365] an die Stelle des Friedensschutzes, bevor dieser 1398 wieder wie üblich seine zentrale Funktion wahrnahm.

c) Daneben traten weitere, allmählich stärker ausdifferenzierte Unterstützungs- oder Nebenpflichten der Landfriedensteilnehmer, für die es etwa auch keiner besonderen Mahnung bedurfte.

(1) So hatten sie etwa ihre Burgen und Städte für alle, die in Sachen des Landfriedens unterwegs waren, offen zu halten, wie die Einungen seit 1378 immer ausführlicher regelten. Jedermann, der sich in ihrem Verantwortungsbereich befand, sollte vor allem den reisenden Landfriedenstruppen innerhalb und außerhalb der Befestigung jede für den Landfrieden nötige Hilfe leisten und dafür sein Bestes tun.[366] Insbesondere sollten alle Teile des

---

361 Vgl. ebd., S. 187, Z. 36 – S. 188, Z. 2.

362 *Vgl. dazu oben Kapitel 4 I 2 c).*

363 Vgl. nur *Schwalm*, Landfrieden, S. 76 f. m.w.N.

364 So insbesondere seit 1378, vgl. St. UB V, Nr. 1319, Art. 5.

365 So St. UB VI, Nr. 989, S. 575, Z. 30-37.

366 St. UB V, Nr. 1319, S. 962, Z. 9-14; vgl. dazu allgemein im Vergleich der Landfriedensregionen *Fischer*, Landfriedensverfassung, S. 90.

Landfriedens dafür sorgen, dass die Landfriedenstruppe in allen Städten und Burgen gegen ein bescheidenes Entgelt versorgt werden konnte.[367] Auf eine detailliertere Regelung der Fütterungsrechte bzw. Versorgungspflichten wie am Mittelrhein verzichteten die oberrheinischen Eingungen allerdings bis zuletzt.[368] Weder die Burginsassen noch die zum Landfrieden Gehörenden sollten einander schaden und die geltenden Burgfrieden den Landfrieden nicht berühren[369] beziehungsweise keine Aufnahme in die Städte, Burgen oder Schlösser stattfinden, ohne dass bei der Beschwörung des dortigen Friedens die Landfriedenseinung ausgenommen worden war, ihr Vorrang vor etwaigen Stadt- und Burgfrieden also bestehen blieb.[370]

(2) Allgemein war seit 1366 bestimmt, dass bei einer Reise wegen des Landfriedens, vornehmlich mittels einer angemessenen Ausrüstung, darauf zu achten sei, dass den Einungsfreunden kein Schaden durch Raub und Brand geschähe. Entstünden dennoch unrechtmäßige Nachteile, insbesondere bei der Beherbergung von Truppen, so sollte der Schuldige sie nach seinen Möglichkeiten in der von den Landfriedenspflegern festgesetzten Höhe büßen.[371] Ausgangspunkt hierfür waren wohl Ereignisse, die später zu den Mahnungen der Landfriedenswächter an Hagenau und Schlettstadt vom 6.9.1367 führten.[372] Meister und Rat von Straßburg hatten ihnen vorgetragen, dass Bürger und Mannschaften von Hagenau und Schlettstadt, die dem Landfrieden für dessen Kriegszug geschickt worden waren, Straßburger Mitbürger und Diener gebrandschatzt und beraubt hatten. Darauf mahnten die Landfriedenswächter beide Bürgerschaften beim gemeinsamen Landfriedenseid, die geschädigten Straßburger zu entschädigen, ansonsten müssten sie sich vor ihnen in Colmar am 20.9. gegen die Klage der Metropole verantworten, oder es würde bei Weigerung gar der Landfrieden gegen sie vorgehen.

d) Des Weiteren übernahmen die Einungsparteien auch, wie bereits ausgeführt, anlässlich des Landfriedens wechselseitig die Pflicht, denjenigen, der es wagte, fremdes Volk oder Truppen oder offenen Krieg in den Landfrieden zu tragen, dort, wo er ansässig war, aufs härteste und festeste zu strafen, damit andere davon abgeschreckt würden.[373] Erst 1395 wurden dem Landfriedensgericht hier ausdrücklich Mitwirkungsaufgaben übertragen. Wie bisher behielten die Teile selbst die Befugnis, den, der derartige Trup-

---

367 Vgl. RTA II, Nr. 75, Art. 16a.

368 Vgl. den Vergleich bei *Fischer*, Landfriedensverfassung, S. 89 f.

369 Vgl. RTA II, Nr. 75, Art. 16.

370 Vgl. St. UB VI, Nr. 989, S. 579, Z. 9-11.

371 Vgl. St. UB V, Nr. 733, S. 571, Z. 22-28; St. UB VI, Nr. 1349, S. 715, Z. 39 – S. 716, Z.6.

372 Vgl. St. UB V, Nr. 763 sowie St. AV Série III 49 Nr. 43, erwähnt in St. UB V, Nr. 596 Anm. 1.

373 Vgl. St. UB V, Nr. 1319, Art. 18; *vgl. oben Kapitel 4 II 2 a) (3).*

pen ins Land brachte, zu bestrafen, nunmehr allerdings nach dem Urteil der Landfriedensrichter. Wenn irgend ein Angehöriger des Landfriedens von einer möglichen oder geplanten Invasion fremden Kriegsvolks erfuhr, sollte er dies sofort dem Obmann des Landfriedens berichten, der dann die nötigen Beratungen und Maßnahmen veranlassen sollte.[374]

e) Abschließend ist nochmals auf die in den Landfrieden enthaltenen friedensfördernden bzw. Konflikte vermeidenden Regelungen hinzuweisen. Die Bündnisse an sich hatten schon eine befriedende Wirkung für die Konflikte, da sie die möglichen und oft genug tatsächlichen Gegner zu einem gemeinsamen Vorgehen zumindest auf normativer Ebene zusammenbrachten und ihnen so den Bruch des von ihnen auf ihre Ehre geschworenen Friedens untereinander stark erschwerten.

(1) Hinzu kamen aber jene Normen und Selbstverpflichtungen, die dem Schutz der gegenseitigen Rechtspositionen vor Eigenmacht auch der Landfriedensgenossen untereinander und vor den Landfriedenspflegern dienten.[375] In diesem Zusammenhang sind nochmals die allgemeinen Garantien des *status quo* und insbesondere der alten Rechte der Bürgerschaften, der Kirchen, Gerichtsinhaber, des Lehngerichts und Landgerichts, und die weiteren Besitzstandsgarantien seit 1301 zu sehen.[376] Zu den von den Einungen übernommenen Aufgaben gehörte nicht zuletzt die Lösung der Konflikte, denen sich bisher die Reichslandfrieden besonders gewidmet hatten; genannt seien hier nur nochmals das Jurisdiktionsproblem, das Verhältnis der Städte zu ihren Stadtherren und ihrem Umland und besonders die Aus- / Pfahlbürgerfrage.

(2) Die Pflicht zum gewaltfreien Austrag interner Konflikte endlich wohnte dem Landfriedensschutz und dem darauf geleisteten Landfriedenseid auch ohne ausdrückliche Regelung inne. Dies bedeutete aber nicht, dass die Streitigkeiten zwingend vor dem Landfrieden auszutragen waren, vielmehr konnten die Parteien sich ohne Weiteres jeder Möglichkeit einvernehmlicher, schiedrichterlicher und traditioneller gerichtlicher Hilfe bedienen. Nur im Falle eines angeblichen Landfriedensbruchs hatte ein Mitglied der Einung, dessen Gegner die Sache vor die Landfriedensgerichtsbarkeit gebracht hatte, dem bei ansonsten drohender Gefahr von Sanktionen des Landfriedens zu folgen.

---

374 Vgl. St. UB VI, Nr. 989, S. 578, Z. 38 – S. 579, Z. 9.

375 *Vgl. hierzu ausführlich oben Kapitel 4 III.*

376 Vgl. St. UB II, Nr. 233, S. 188, Z. 8 f.; *vgl. hierzu ebenfalls oben Kapitel 4 III 3, 4.*

2. Verhältnis des Landfriedens zum Königtum

Wie bereits gezeigt, wirkte der König regelmäßig in stärkerer oder schwächerer Form bei der Errichtung der Landfrieden mit. Die Möglichkeit der Krone, die Einungen vorzeitig aufzulösen blieb eine Herausforderung für die beteiligten Regionalmächte.[377] So war der Landfrieden, besonders natürlich in seiner Frühzeit, aber auch bis zum Ende des 14. Jahrhunderts stets abhängig von der Person des Königs. Nicht zuletzt leitete der Landfrieden daraus eine hervorgehobene Autorität her, die in der Endphase an dem Reichsbanner erkennbar war,[378] auch wenn er im Kern ein Beistandsbündnis blieb. In allen Einungen fanden sich über die bereits genannten hinaus keine förmlichen Eingriffsrechte der Krone in das Verfahren und die interne Organisation des Landfriedens. Auch die dokumentierten Mahnungen des Königs an den Landfrieden, in gewissen Sachen tätig zu werden, wiesen kaum eine andere Form auf als die Anzeigen und Klagen anderer Herren, Städte oder Geschädigter, wie etwa die Lichtenberger Fehde zeigte.[379] Dies galt jedenfalls, solange sie nicht mit einer Aktion eines persönlichen Stellvertreters des Königs unter der unmittelbaren Autorität des Reiches verbunden wurden, etwa bei einzelnen Aktionen gegen vermeintliche Raubritterburgen oder landschädliche Leute.[380] Natürlich wohnte den königlichen Initiativen eine besondere Autorität inne, so dass in diesen Fällen eine förmliche ergebnisoffene Verhandlung und Prüfung durch die Landfriedensamtsleute offensichtlich ausschied. Allerdings kam es durchaus vor, dass der Landfrieden den königlichen Mahnungen keine Folge leistete, wenn sich die Mitglieder oder einflussreichere Teile unter ihnen sperrten, wie im Fall des Hartmann Rot;[381] denn, wie gerade gesehen, blieb der Landfrieden stets von dem Wohlwollen seiner Mitglieder weit stärker abhängig als von dem des meist fernen Monarchen. Wirkliche Eingriffe des Königs in schwebende Verfahren, wie etwa noch 1305,[382] kamen in späteren Zeiten nicht mehr vor.

War der Erhalt und die Durchsetzung der Landfrieden angesichts großer Konflikte innerhalb der regionalen Vormächte gerade in den frühen Zeiten nur durch das Eingreifen des Königs zu gewährleisten,[383] so fand nach ih-

---

377 *Vgl. oben Kapitel 3 III 1.*

378 *Vgl. dazu oben Kapitel 5 II 2 c), sowie unten Kapitel 6 II 2 a).*

379 Vgl. insbesondere die Mahnung Kaiser Ludwigs gegen den Straßburger Bischof in der so genannten Lichtenberger Fehde, Cart. Mul. I, Nr. 199; *dazu unten Kapitel 6 III 1 b).*

380 *Vgl. dazu unten Kapitel 6 II 2 a), c),* sowie hierzu *Fischer*, Landfriedensverfassung, S. 93 sowie 93 ff. zu entsprechenden Anweisungen von Karl IV. an den Landfrieden.

381 *Vgl. dazu unten Kapitel 6 II 2 c).*

382 Vgl. MGH Const. IV 1, Nr. 203; *Wyneken*, Landfrieden, S. 90, Fn. 1; *Bock*, ZGO NF 46 (1933), S. 329 Fn. 2.

383 *Vgl. dazu insgesamt oben Kapitel 2, Kapitel 5 I 2 b) (5); sowie unten Kapitel 6 I.*

rem Höhepunkt unter König Rudolf eine Abkehr von der personalen Friedenssorge statt. Sie hatte sich bereits durch die immer breitere Delegation beziehungweise Substitution der königlichen Gerichtsgewalt, dann durch die allmähliche Verbindung mit den traditionellen und bündischen Landfriedensformen abgezeichnet. Der Landfrieden war schon immer vor allem ein politisches Mittel für das Königtum gewesen, sich seine Anhängerschaft zu sichern. Er entwickelte gleichwohl eine starke Eigenständigkeit. So hatte bereits Friedrich von Habsburg im Thronstreit 1318 vor allem auf Wunsch der Baseler und Freiburger Bürger den Vorrang der Landfriedenspflichten vor der unmittelbaren königlichen Inanspruchnahme der Mitglieder zugestanden.[384] Damit war vielleicht, wie BOCK moniert hat, in der Tat eine Preisgabe von königlichen Herrschaftsrechten zugunsten des Landfriedens erfolgt, dessen Abschluss aber ansonsten unmöglich gewesen wäre, so dass die Taktik des Habsburgers, die Stände an sich zu binden, letztlich nicht erfolglos war.[385] BOCK hat allerdings sowohl die starke bündische Fundierung verkannt, die der Landfrieden immer besessen hatte, als auch die bereits 1301 erfolgte formale Gleichstellung des Königs mit den partikularen Hochgerichtsträgern, ohne dass hierauf erneut eingegangen werden muss.[386]

Jedenfalls hatte diese Entwicklung zur Folge, dass der König nicht mehr als Anführer oder Garant der Landfrieden auftrat und auch über keine formalisierten Organisations-, oder jetzt vielmehr: Eingriffsrechte in den Landfrieden verfügte. Statt dessen trat etwa Ludwig der Bayer 1346 wie ein Hilfsempfänger des Landfriedens auf, als er diesen und seine Mitglieder um Hilfe in der Reichspolitik bat.[387] Umgekehrt entwickelte sich der Landfrieden zu einem Gegenstand von Privilegien. Beispielsweise ließen sich die Reichsstädte unter anderem neben der Garantie ihrer alten Gewohnheiten, städtischen Freiheit und Rechts, der Unverpfändbarkeit, ausdrücklichen Reichsunmittelbarkeit und Exemtion vom Landgericht von Domdekan Johann von Lichtenberg als Vertreter Karls IV. am 14.11.1347 verbriefen, dass der von ihnen noch unter Kaiser Ludwig beschworene Landfrieden von 1347 für seine gesamte Dauer in Kraft bleiben sollte.[388] Der Land-

384 *Vgl. oben Kapitel 2 II 1; Kopp,* Geschichte IV 2 (10), S. 81 f., 330 f.; *Bock*, ZGO NF 46 (1933), S. 335.

385 Vgl. *Bock*, ZGO NF 46 (1933), S. 336: „durch diese kurzsichtige, ganz aus einer momentanen Verlegenheit geborenen und nur auf Augenblickserfolg zugeschnittene Politik machte Friedrich der Schöne auf Jahrzehnte hinaus jede Landfriedensgesetzgebung von seiten der Reichsgewalt so gut wie unmöglich".

386 *Vgl. dazu ausführlich bereits oben Kapitel 5 I 2 a), b).*

387 So mahnten die Neun des Landfriedens am 30.8.1346 die Mitglieder auf ihren Eid, Kaiser Ludwig zu Hilfe zu kommen, vgl. St. UB V, Nr. 144.

388 Vgl. OSA II 2, Nr. 824.

frieden war dabei nicht nur als Ausdruck der vor dem Hintergrund der Reichslandvogtei ohnehin beschränkten Bündnisfreiheit zu werten, sondern schien für die kleineren Reichsstände bereits eine eigene Qualität erlangt zu haben, die ihn in seiner Bedeutung durchaus mit den anderen traditionellen Privilegienbestandteilen vergleichbar erscheinen ließ. Aufbauend auf dem einmaligen Zugeständnis Friedrichs konnten die vorrangigen Notwendigkeiten des Landfriedens sogar als mehr oder weniger trefflicher Vorwand für die Absage der Reichspflichten angeführt werden, wie 1368 gegen die Pflicht zum Romzug.[389]

3. Finanzierung

(1) Die ausdrücklichen Finanzierungsregelungen im ersten Hagenauer Landfrieden von 1278, wonach alle rheinaufwärts und -abwärts Durchreisenden, einerlei ob Kleriker oder Laien, einen Friedenszoll entrichten sollten,[390] waren die einzige wesentliche sachliche Ergänzung dieses Bündnistextes gegenüber der Gründungsurkunde des Rheinischen Bundes von 1254. Allerdings blieben sie am Oberrhein eine einmalige Episode, die spätestens 1301 endete. Die beiden in Mainz und Boppard eingerichteten Friedenszölle befanden sich außerhalb des Wirkungsraumes der späteren elsässischen Einungen, nachdem sich die oberrheinische Friedensregion spätestens mit der Auseinandersetzung von König Albrecht I. mit den rheinischen Kurfürsten von der Entwicklung am Mittelrhein vorerst abgekoppelt hatte, die die Praxis der Zoll-/Geleiterhebung übernahm.[391] Dort konnten nicht nur die Landfrieden weitgehend durch die Belastung der auf den wichtigen Handelswegen transportierten Waren finanziert werden. Vielmehr stellten die mittelrheinischen Friedenszölle vor allem ein begehrtes Lockmittel dar, um die rheinischen Kurfürsten dazu zu bewegen, in den Landfrieden als ein auf Unterstützung gerichtetes Bündnis zugunsten des jeweiligen Thronprätendenten einzutreten.

---

389 *Vgl. dazu unten Kapitel 6 III 2. (2).*

390 Vgl. MGH Const. III, Nr. 157, S. 151, Z. 26 – 30; vgl. auch *Martin*, Städtepolitik, S. 132; *Gerlich*, Landfriedenspolitik, S. 61.

391 So verfügte etwa der mittelrheinischen Landfrieden von 1322 über ein eigenes Geleit bei Oppenheim als Einnahmequelle, vgl. MGH Const. V, Nr. 649, Art. 10. Schon 1281 hatten im Rahmen der Richtung der sogenannten Sponheimer Fehde die Grafen von Katzenellenbogen den offenbar fortbestehenden Landfriedenszoll von 1278 in Boppard zur Finanzierung ihrer für den Grafen von Sponheim übernommenen Zahlungen an den Erzbischof von Mainz auf Druck König Rudolfs erhalten, vgl. dazu *Gerlich*, Landfriedenspolitik, S. 69. Zu den späteren ausführlichen Regelungen des mittelrheinischen Landfriedenszolls vgl. insbesondere *Fischer*, Landfriedensverfassung, S. 13 f.

Am Oberrhein, wo die wichtigsten, im Reichsmaßstab eher mittleren regionalen Vormächte, nämlich die Stadt Straßburg, aber auch das Straßburger Bistum ebenso wie die Reichsstädte und bedeutenderen Territorialherren und viele ritterliche Straßburger Ausbürger vom eigenen Fernhandel, speziell mit Wein, profitierten, war das Interesse an einem solchen Zoll naturgemäß geringer. Die Einrichtung einer solchen Finanzierungsquelle wurde daher nie in einer Einung aufgegriffen. Die Betonung lag hier von Anfang an, wie bereits im Rheinischen Bund, auf der Abstellung der Zölle und einem möglichst unbeeinträchtigten Fernhandel.

Zunächst blieb es daher bei dem Grundsatz, dass jeder Beteiligte seine Kosten selbst zu tragen hatte.[392] Da die führenden Parteien ab 1301 ohnehin die zuständigen Gerichtsinhaber waren und dem Landfrieden im Großen und Ganzen nur unterstützende Wirkung zukam, schienen die Kosten durch die allgemeinen Gerichtsgefälle wohl auch genügend abgegolten.

(2) Kosten entstanden bei den Landfrieden vor allem für die Versorgung der Landfriedenswächter und der Boten bei ihren Dienstreisen, später für den Hauptmann, seine Hauptleute, ihr persönliches Gefolge und die übrige Landfriedenstruppe, vor allem aber für die teueren Auszüge und Burgbelagerungen. Die Bedeutung einer gesicherten Finanzierung zeigt sich schon daran, dass wegen fehlender Mittel manche kostspieligen Landfrieden nicht eingehalten wurden und sich selbst auflösten.[393] Dass durch den Landfrieden tatsächlich nicht unerhebliche Kosten anfielen, die durch die Mitglieder zu tragen waren, geben die Straßburger Ratsakten wieder, nach denen 1354 etwa Werner von Lymperg, der Meister von Colmar Hans Wurmel und Peter Koch der Ältere von den Straßburgern 300 lb. In Sachen des Landfriedens erhielten.[394] Auch später finden sich einzelne Abrechnungen insbesondere für die Boten zum Landfrieden.[395]

Den besten Einblick gewähren jedoch die Baseler Rechnungsbücher: So musste diese Stadt für den Landfrieden im Jahr 1366 insgesamt 400 lb. und

---

392 Vgl. ebenso für spätere Entwicklungen *Kaufmann*, Rechtshilfe, S. 76; für die Schweizer Bündnisse *Meyer*, Landfrieden, S. 78 m.w.N. mit Sonderregelungen für die kostspieligen Burgbelagerungen; dagegen galten in anderen Landfriedensregionen andere Regelungen, so etwa, dass der Kläger zumindest einen Teil der von ihm veranlassten Kosten zu zahlen hatte und die allgemeinen Kosten durch einen Friedenszoll finanziert werden sollten, vgl. *Stercken*, Landfrieden, S. 86, 162 ff., oder sich die Parteien die Kosten gleichmäßig teilen sollten, vgl. *Andermann*, Ritterliche Gewalt, S. 177 ff. m.w.N., der in der solidarischen Kostentragung geradezu einen Hauptzweck der frühen spätmittelalterlichen Bündnisse gesehen hat; in Thüringen wurde hingegen bereits um 1287 eine eigene Landfriedenssteuer eingerichtet, vgl. *Leist*, Landesherr, S. 31 f.

393 Vgl. dazu etwa *Fischer*, Landfriedensverfassung, S. 13 f.; *Ennen*, Quellen V, Nr. 87.

394 Vgl. OSA II 2, Nr. 850 a.

395 So werden weitere Ausgaben für Boten im Jahr 1379 berichtet, leider ohne Angabe der Beträge; vgl. St. AV, Thomasarchiv, Varia ecclesiastica Bd. 167, S. 334; OSA II 2, Nr. 909.

14 sh. aufwenden, insbesondere für die auf Auszügen eingesetzten Mannschaften.[396] Im folgenden Jahr zahlte die Bürgerschaft Ottman Schaler und Hannemann vom Ramstein für ihre Arbeit und ihren Dienst wegen des Landfriedens 87,5 lb., während die Sachausgaben für 45 Glefen, Schützen und Wagen für den „ersten Zug ins Welschland" sowie für 13 Glefen nach Belfort insgesamt 663 lb. 8 sh. betrugen.[397] Noch ein Jahr später betrugen die allgemeinen Kosten Basels wegen des Landfriedens 291 lb. 4 sh., sowie zusätzlich für zwei Auszüge nach Altkirch 286 lb. 2 sh. bzw. 523,5 lb.[398] Zwar unverhältnismäßig geringer, aber dennoch ausgewiesen waren 1374 Ausgaben Basels für den Landfrieden in Höhe von 9,5 lb., obwohl zu diesem Zeitpunkt ein solcher nicht bestand. So bleibt offen, ob es sich um Kosten für eine Nachwirkung des alten Landfriedens von 1366, für erfolglose Verhandlungen über einen neuen, oder aber um die irrtümliche Zuordnung des Bündnisses mit den wichtigsten sonstigen Landfriedensparteien im Unterelsass im Umfeld der Herlisheimer Fehde handelte.[399] Deutlich höher lagen dann auch wieder die Ausgaben unter der neuen Einung, an der sich allerdings Basel nicht unmittelbar beteiligte, im Jahr 1379/80 in Gestalt von 400 fl. für den Landfrieden „von Wernlin von Buchs wegen".[400]

(3) Die ersten internen Kostentragungsregelungen am Oberrhein enthielt der Dreibund vom 1326, in dem für eine Belagerung die dazu mahnende Stadt die Kosten, namentlich der Handwerker, zu tragen hatte, aber die übrigen Belagerer von den Verbündeten zu stellen waren.[401] 1343 sah man in der elsässischen Landfriedenseinung für diese mit Abstand teuerste Aktionsform ebenfalls Handlungsbedarf. Allerdings sollte hier die Friedensgemeinschaft zusammen die Kosten tragen, wobei die Höhe der Beiträge aller Herren und Städte beziehungsweise seit 1366 aller anderen Eidgenossen durch Spruch des Landfriedenskollegiums bestimmt werden sollte.[402] 1395 wurde versucht, die insgesamt umzulegenden Kosten zu senken, ohne die finanzielle Solidarität zwischen den Mitgliedern zu schwächen. Die Nächstgelegenen sollten daher dem Landfrieden das zu Belagerung und Auszug Erforderliche an Mannschaften und Material leihen. Wenn ihnen allerdings dabei etwas verloren oder beschädigt würde, sollte es ihnen

---

396 Vgl. Stadthaushalt Basels II, S. 6; vgl. auch *Rosen*, Stadtrechnung, S. 45 ff.

397 Vgl. ebd., S. 7.

398 Vgl. ebd., S. 8.

399 Vgl. OSA II 2, Nr. 895.

400 Vgl. Stadthaushalt Basels II, S. 23.

401 Vgl. St. UB II, Nr. 470, S. 420, Z. 10 - 16.

402 St. UB V, Nr. 733, S. 571, Z. 17-22; St. UB V, Nr. 116, S. 121, Z. 5-9; zu alternativen Kostenverteilungsschlüsseln in anderen Landfriedensbezirken vgl. *Fischer*, Landfriedensverfassung, S. 91 f., wobei sich bis auf Schwaben meist die gleichmäßige anteilige Verteilung durchgesetzt hatte.

nach dem Urteil der *Conservatores* vom Landfrieden erstattet werden, und zwar durch Beiträge aller Mitglieder.[403] Schließlich hatte auch der Säumige besondere Strafzahlungen zu leisten, die sich ganz erheblich auswirken konnten. So galten ab 1389 bei Zahlungsverzug und säumiger Pflichterfüllung feste Strafzinssätze: Danach waren je fehlender Glefe und je Fehltag 2 Gulden, je Armbrustschütze 1 Gulden am Tag zu zahlen; offenbar waren diese Maßnahmen notwendig geworden.[404] Beschlossen die Landfriedensrichter aber, dass eine erstürmte Festung vom Landfrieden in Besitz behalten werden sollte, so sollte diese den drei Landfriedensteilen gemeinsam zustehen.[405] Andere bei einer Burgeinnahme oder einer Aktion des Landfriedenstrupps gewonnene Güter und Gefangene sollten einbehalten und gleichmäßig zwischen den drei Teilen aufgeteilt werden.[406] Hier zeigte sich ein ziemlich freigiebiger Umgang mit den Gütern des Landfriedensgegners, der nicht zuletzt dem Verhalten König Wenzels entsprach, aber nach Beendigung der fehdemäßigen Auseinandersetzung schwerlich aus der Struktur und Autorität des Landfriedens - trotz dessen offizieller königlicher Sanktionierung - rechtlich haltbar war. Hatte der Landfrieden einen sonstigen Bedarf an Zahlungsmitteln, sollte die Verteilung durch den Rat der Landfriedenspfleger nach dem Landfriedenseid ohne jede Arglist erfolgen. Später wurde jedoch noch ausdrücklich festgeschrieben, dass Kosten und Schaden auf alle Mitglieder, beziehungsweise ab 1378 alle 3 oder 4 Teile, gleichmäßig zu verteilen waren.[407] Auch hier leistete Basel ab 1389 als „halber Teil" nur einen entsprechenden Teilbeitrag.

(4) Da es offensichtlich, wie immer in historischen Korporationen, bei denen der Zentralinstanz die Möglichkeit zur zwangsweisen Eintreibung der Matrikularbeiträge fehlte, um die Zahlungsmoral der Mitglieder nicht allzu gut bestellt war, sah die Einung von 1395 vor, dass die Beiträge nach Mahnung des Obmanns ohne Verzug innerhalb eines Monats zu begleichen waren.[408] Gleiches galt für die Kosten einer Burgbrechung, soweit diese vom Landfrieden gemeinsam zu tragen waren.[409] Die Anmahnung des Straßburger Mitgliedsbeitrages am 20.12.1368[410] illustrierte, wie sehr der Landfrieden bei aller organisatorischer Selbständigkeit von seinen Mitgliedern abhängig war und wie schlecht es um die Zahlungsmoral auch unter

403 So allerdings erst die Einung von 1395; St. UB VI, Nr. 989, S. 576, Z. 38-43; unzutreffend daher *Asche*, Landfrieden, S. 106, der dies bereits 1389 festgestellt haben will.

404 RTA II, Nr. 75, Art. 24 b; vgl. auch *Asche*, Landfrieden, S. 107f.

405 Vgl. St. UB VI, Nr. 989, S. 577, Z. 7 f.

406 Vgl. ebd, Z. 9-13; vgl. dazu *Fischer*, Landfriedensverfassung, S. 92 f.

407 Vgl. St. UB V, Nr. 1319, S. 961, Z. 14-16.

408 Vgl. St. UB VI, Nr. 989, S. 576, Z 43 - S. 577, Z. 2.

409 Vgl. ebd., S. 577, Z. 2-7.

410 Vgl. St. UB V, Nr. 802.

den am Landfrieden am meisten interessierten und liquidesten Mitgliedern bestellt war.

Dass der Landfrieden aber durchaus gewillt war, seine Macht zumindest gegenüber den nicht privilegierten Teilnehmern einzusetzen, um seine finanzielle Grundlage zu sichern, wird aus einer Mitteilung der Boten Straßburgs über ein Treffen wegen des Landfriedens in Schlettstadt an ihren Rat deutlich.[411] Dort war nicht nur über die später in dem Sonderbündnis aufzustellenden Truppen beraten, sondern auch beschlossen worden, das Bischof, Stadt und die Reichsstädte je vier Bewaffnete bis zum nächsten Dienstagabend nach Colmar schicken sollten, um die Eidgenossen anzugreifen, die sich weigerten, die umgelegten Kosten des Landfriedens zu erstatten.

In einem Entwurf, wohl vom 26.8.1367, antworten Meister und Rat Straßburgs der Stadt Hagenau wegen der Nachricht über die Steuereintreiber, die sie nach Schaffhausen geschickt hatten, das zwei Hagenauer Bürger zu Lehen hatten.[412] Diese seien zur Eintreibung der Steuer unterwegs, die der Bischof, die Stadt Straßburg gemeinsam mit den Reichsstädten beschlossen hätten und die auch sie selbst geben müssten. Darüber hinaus hätten sie alleine keine Vollmacht, das zu verändern, was vereinbart wurde und der Landfriede gemacht habe. Nach diesem Schreiben hatten sich also die Hagenauer wohl über die Eintreibung der gemeinsam beschlossenen Abgabe bei den dafür wohl als maßgeblich angesehenen Straßburgern beschwert. Sie hatten damit allerdings keinen Erfolg, da sich Straßburg gerade auf die bindenden getroffenen Regelungen berief.

Am 20.12.1368 mahnten die Landfriedenswächter alle Herren, Klöster und Städte im „mittleren Teil des Landfriedens, dass von der Abgabe für den Landfrieden dem Ritter Walter von Beblenheim noch 110 lb. Straßburger Pfennige von diesem Teil des Landfriedens ausstünden.[413] Sollten sie dieser Mahnung nicht nachkommen, so könnte der Ritter ihre Leute und ihr Gut pfänden und sie mit Unterstützung des Landfriedens angreifen, auch nach dessen Ablauf. Auch sollten sie dem Beblenheim alle dadurch entstehenden weiteren Kosten und allen Schaden ersetzen.

Dass die Landfriedenspfleger die Teilnehmer nach regionalen Gesichtspunkten in drei Gebiete eingeteilt hatten, die vielleicht sogar modellhaft für die spätere Einteilung waren, die allerdings nach Zugehörigkeit zu

---

411 Vgl. St. UB V, Nr. 617; die dortige Datierung um den 10 – 14.1.1365 widerspricht aber dem klaren Bezug zum Landfrieden von 1366; vgl. auch dazu OSA II 2, Nr. 304, 313, 314, die die Schwierigkeiten der Umlage der entstandenen Kosten auf das Land durch eine allgemeine Abgabe zeigen.

412 Vgl. St. UB V, Nr. 762.

413 Vgl. Cart. Mulh. I, Nr. 300.

einem Machtbereich der jeweiligen Vormächte erfolgte, zeigt die ebenfalls am 20.12.1368 ausgesprochene Mahnung der „Dreizehn über dem Landfrieden" an Straßburg: Man habe in Anwesenheit der Straßburger Boten festgestellt, dass die Bürgerschaft nach Abzug von 243 lb., die ihnen der Landfrieden, und 100 lb., die ihnen von Beblenheim schulde, noch 467 lb. Vom nördlichen Teil des Elsass für den Landfrieden einziehen sollte.[414] Zugunsten des Anteils des Bischofs, Straßburgs, Hagenaus und Weißenburgs sollten dabei 135 lb. Verrechnet werden, die der Landfrieden von den Reichsdörfern einziehen sollte. Diese Beitreibung sollte für die Dörfer nördlich der Zorn durch Hagenau und Weißenburg, südlich der Zorn bis Schlettstadt durch den Bischof und die Stadt Straßburg erfolgen. Maßstab sollte dabei die Mitteilung der Straßburger Boten sein und wie es in einem für den Landfrieden angelegten Buch verzeichnet worden sei. Die Landfriedenswächter mahnten auf den Eid, den Rest der Schuld einzuziehen und Johan von Merswi zu Straßburg zu geben, ansonsten dürfe man die Straßburger seitens des Landfriedens angreifen.

Es zeigte sich, dass der Landfrieden durchaus hohe Geldbeträge umsetzte, die ihm wohl von einzelnen Mitgliedern, voran Straßburg, oder aber von einzelnen Verleihern kreditiert wurden. Bei der Einziehung der für alle Teilnehmer bindend durch die Landfriedenspfleger festgelegten Beiträge war der Landfrieden immer weniger zimperlich und setzte seine zunehmenden Machtmöglichkeiten durchaus effektiv ein. Die Abrechnungen und das Vorgehen nach innen zeigen jedenfalls eine durchaus schlagkräftige Organisation, die jedenfalls unter ihren Teilnehmern effektiv zu wirken verstand und auch kostspielige Aktionen im Rahmen ihres Zweckes vorweisen konnte, den Landfrieden zu wahren und wiederherzustellen. Über ihre tatsächliche Effektivität nach außen ist damit jedoch nichts ausgesagt.

---

414 Vgl. St. UB V, Nr. 801.

III. Teil:

Wirkung der Landfrieden

Kapitel 6: Rechtliche und politische Wirklichkeit der Landfrieden

I. Beurteilungsprobleme und Wirkung in der Frühphase

„Und über ieden lantfriden wurden 9 manne gesetzet, fünfe von den herren und vier von den stetten. Diese nün manne oder ir das mereteil soltent alletwegen zesamene kumen am nehesten sunnentage noch ieglicher fronevasten oder e ob es notdurftig were, und zu[o] gerihte sitzen und clage verho[e]ren und besorgen wie alle getot und schaden wider reht geschehen, solt widerkert und gebessert werden noch dem rehten. Und vil andere stücke unde artikel wurden beret und gesworen von herren und stetten zu[o] haltende in disem lantfriden, also die briefe seitent die darüber gemaht wurdent. Doch weis got wol, wie es gehalten wart."[1]

1. Allgemeine Beurteilung und Beurteilungsprobleme

Der letzte Satz dieser Aussage eines unmittelbaren Zeitzeugen bringt in Erinnerung, dass von dem ausgeprägten Normensystem, das die Landfriedensentwicklung bis zum Schluss erreichte, keinesfalls unkritisch auf die tatsächliche Wirkung der Landfriedenseinungen geschlossen werden darf. Vielmehr ist im abschließenden dritten Teil der Untersuchung zu fragen, wie diese Auswirkungen auf die regionale Entwicklung und insbesondere auf die gewaltsame Eigenmacht, deren Bekämpfung das Ziel der Frieden war, in der Realität aussahen. Hierbei stößt man jedoch, gerade in der ersten Entwicklungsphase, die von einer geringen Formalisierung des Landfriedens geprägt war, auf erhebliche Probleme. Dazu zählt vor allem die noch recht spärliche Überlieferung, die eine Beurteilung der Wirksamkeit der Landfrieden in diesem ersten Zeitabschnitt schwierig gestaltet.

In ihren politischen Wirkungen scheint zumindest eine allgemeine Bewertung der Landfriedenspolitik möglich, jedenfalls aus Sicht des Königtums. So wird der Revindikationspolitik König Rudolfs ebenso Erfolg bescheinigt[2] wie seinem tatkräftigen Vorgehen gegen friedensstörende Zollverbrecher und Gewalttäter und seinem mit beidem verbundenen Wiederanknüpfen an die Staufer.[3] Die kurzfristigen Erfolge durch die Befriedung im

---

1 So Königshofen, S. 854; vgl. *Wencker*, Ussburgeris II, S. 150 ff.

2 Vgl. dazu etwa *Gössgen*, Beziehungen, S. 20 ff. mit genaueren Einzelheiten.

3 So etwa *Redlich*, Rudolf von Habsburg, S. 433.

„Hinterland" und die Mobilisierung von Anhängern für wichtige Auseinandersetzungen sind für die Friedensaufrichtungen von 1278 im Kampf gegen Ottokar von Böhmen, 1281 und 1301 im Konflikt mit den Kurfürsten am Rhein unbestritten.[4] Auch sind ökonomische Erfolge der Landfrieden bereits festgestellt worden.[5]

Generelle Beurteilungen der Wirksamkeit der Landfrieden für die tatsächliche Befriedung durch Eindämmung von Gewalt und Eigenmacht fallen dagegen verhalten aus.[6] Dies liegt auch zu einem großen Teil an der schwierigen Begründung einer solchen Würdigung, da nur wenige taugliche urkundliche Belege für die Zeit der politisch-personalisierten ebenso wie der stark territorial dezentralisierten Friedenssorge des frühen 14. Jahrhunderts vorhanden sind. Eigene Urkunden der Landfriedensbewahrer sind auch nach deren Konstituierung nicht überliefert, was erneut die starke Dezentralisierung der Friedenssorge zeigt. Ein ausdrücklicher Bezug anderer normativer Quellen zu den aufgerichteten regionalen Landfrieden findet sich nur ganz ausnahmsweise.[7]

Die für diese noch recht überlieferungsarme Zeit zentralen historiografischen Quellen schildern neben peinlichen Bestrafungen durch die einzelnen Städte, die, wie oben gezeigt, sicher aus dem Landfriedenskontext herausfallen, lediglich gewaltsame Auszüge, vor allem gegen Adelige und auch Raubburgen. Allerdings erscheint ein Bezug zu den Landfrieden im technischen, juristischen Sinne schwer herstellbar, wenn man sich nicht allein mit der Friedenswirksamkeit oder dem Vorgehen gegen einen Rechtsbruch im Allgemeinen begnügen will, wie es etwa neuere historische Forschungen getan haben.[8]

Dies kann eigentlich nach dem oben Gesagten nicht verwundern, da einerseits die Ausführung der Friedensnormen noch ganz in den Händen der einzelnen Mitglieder lag und somit allenfalls ein „politischer" Zusammenhalt bestand. Die Landfriedenspfleger traten dabei auch dann noch nicht in den Quellen in Erscheinung, als sie mit Beginn des 14. Jahrhunderts allmählich rechtlich gebundene koordinierende Aufgaben wahrnahmen. Da andererseits die Zwangsmaßnahmen weitgehend in Fehdehandlungen und

---

4 Vgl. etwa *Kunze*, Rudolf von Habsburg, S. 196.

5 So zur Bedeutung der Einung von 1301 für den Handel am Rhein etwa *Schulte*, Handel I, S. 205.

6 Anders dagegen Wyneken, Landfrieden, S. 3: danach hätten die Landfrieden, wenn sie einmal mit der Schärfe, die sie selbst verlangten, gehandhabt wurden, wie unter Rudolf und Albrecht, auch in der Praxis ihren Zweck, Ruhe und Ordnung zu bringen erreicht. Nicht zu leugnen ist, dass wenigstens für den Oberrhein eine wirksamere Handhabung von Friede und Recht als zuvor erreicht wurde, vgl. *Bock*, ZGO NF 46 (1933), S. 332.

7 Vgl. St. UB II, Nr. 193 vom 26.10.1294.

8 So etwa *Kunze*, Rudolf von Habsburg, S. 163 ff, v.a. S. 183.

Burgbelagerungen bestanden, die die Städte schon seit langem ohne Frage nach ihrer Berechtigung durchgeführt hatten, fällt eine Unterscheidung zwischen Landfriedensvollzug und „rein privater" Interessenverfolgung schwer.[9] Aus diesem Grund bleibt bis heute meist unklar, welche der Auszüge und „Strafaktionen" und welche der dabei mehr oder weniger deutlich zu Tage tretenden Allianzen tatsächlich einem Landfrieden zuzuordnen sein könnten, und welche dagegen rein privaten Fehden oder dem traditionellen Verfahren wie der Landfolge auf handhafter Tat über Gerichtsbezirksgrenzen entsprangen. Es handelt sich um ein Problem, das auch für die spätere Zeit anhalten sollte, soweit klar auf den Landfrieden rückführbare Dokumente fehlen.

Damit eine Maßnahme überhaupt als Verwirklichung der Landfriedensnormen angesehen werden kann, müsste sie nicht nur in den zeitlichen und räumlichen Geltungsbereich der wenigen regionalen Landfrieden fallen, eine (mutmaßliche) Verletzung einer ihrer spezifischen Normen als Ausgangspunkt haben, sich an dessen Sanktion und Verfahren orientieren und auf dessen „Infrastruktur", namentlich die im Landfrieden Verbündeten und möglichst auch auf die allmählich eingesetzten Landfriedenspfleger, zurückgreifen. Fraglich ist dies insbesondere bei direkten Befriedungsaktionen des Königs oder seines Reichslandvogtes gemeinsam mit mehreren Reichsstädten. Solche Aktivitäten finden sich häufig in dieser Phase in den historiografischen Quellen hervorgehoben.

Wie schwierig die Motivationslage für Burgenzerstörungen zu beurteilen ist, zeigt etwa eine Chroniknotiz, wonach der habsburgische Landvogt im Elsass, Albrecht von Hohenberg, 1284 die Burg Eckerich mit Gewalt übernommen habe, wobei private und persönliche Motive, jedenfalls nach Ansicht des Zeitzeugen, wohl überwogen.[10] Unklar bleibt auch die von den Chronisten höchst unterschiedlich datierte Einnahme der Raubburg Wegelnburg an der Grenze zur Rheinpfalz.[11] Dagegen scheint die völlige Zerstörung der Burg der schwäbischen Herren von Waldeck durch König Rudolf im Jahr 1284 ein gelungenes Beispiel für die Wirksamkeit der Landfriedenssorge darzustellen, *„pro eo quia domini castrorum predis insistebant contra pacem generalem"*.[12] Umso bezeichnender für die Herrschaft Rudolfs

---

9 Vgl. etwa *Gerlich*, Landfriedenspolitik, S. 9, der dies aus seiner Perspektive sehr treffend als einen eigentümlichen Schwebezustand zwischen dem altem Königsanspruch und der Selbsthilfe der Mächte in einer Landschaft bezeichnet hat, der bis zur Goldenen Bulle reichte; vgl. auch *Kunze*, Rudolf von Habsburg, S. 177 ff.

10 Vgl. Ann. Colm. Maiores, S. 64; vgl. zu diesem Fall auch *Kunze*, Rudolf von Habsburg, S. 159.

11 *Vgl. oben Kapitel 2 I 2 c)*; vgl. Closener, S. 101; Ellenh. Ann. S. 103; Königshofen, S. 795 mit sicher falschem Datum 1272; vgl. dazu *Becker*, Reichslandvogtei, S. 16.

12 So. Ellenh. Chron., S. 125; Ann. Sindelfingenses, S. 303; vgl. ausführlich *Kunze*, Rudolf von Habsburg, S. 159.

ist es, dass der König hier persönlich handelte, ohne dass ein Landfriedensbündnis oder seine Begleiter in Erscheinung traten und das Eingreifen durch persönliche Interessen der Habsburger und ihres Landvogtes zumindest erkennbar überlagert waren.[13] Eine ähnlich mehrdeutige Motivlage ergab sich bei der Belagerung und Zerstörung der Burg Weißenburg unter der Führung des als Herzog von Schwaben bezeichneten Sohnes König Rudolfs im Jahr 1288. Auch hier scheint den Habsburgern der Vorwurf an die Eigentümer, die Herrn von Krenklingen, sie hätten unrechtmäßige Zölle erhoben, zur Verfolgung ihrer Hausmachtinteressen gerade recht gekommen zu sein.[14] Ähnliches schließlich galt für die Belagerung des Herren von Fleckenstein durch König Rudolf, weil dieser den Bischof von Speyer wegen vorenthaltener Hilfsgelder gefangengenommen hatte, worauf der Fleckensteiner seine Habe und Person in die Gewalt des Königs übergeben musste.[15]

2. Landfrieden und Revindikation: Die Markgrafen von Baden und Graf Egino von Freiburg

Überblickt man die einzelnen überlieferten Fälle gemeinsamen Vorgehens elsässischer Vormächte gegen potentiell friedensstörende Eigenmacht, so trifft man zunächst auf die von Straßburg geführten und seit 1278 verstärkten Aktionen gegen die beiden gräflichen Repräsentanten benachbarter Gebiete am Oberrhein, Graf Egino von Freiburg und die Markgrafen von Baden, die bereits im Interregnum versucht hatten, sich am staufischen Haus- und Reichsgut der Region zu bereichern.[16] Sie sollten sich noch lange Zeit als beständige Störfaktoren für den Frieden am Oberrhein erweisen.

(1) Die Markgrafen hatten sich bereits als heftige Gegner der *Pax Generalis* von 1254 und durch unberechtigte Zollerhebungen hervorgetan, so dass die Chronik sie durchaus mit Recht als Friedensstörer bezeichnen konnte.[17] Auch aus diesem Grund kam es bald nach dem Scheitern des Rheinischen Bundes 1268 zu einem neuen Bündnis zahlreicher ehemaliger Mitglieder gegen den in badischem Besitz befindlichen Ort Selz, der danach gebrand-

---

13 Vgl. *Kunze*, Rudolf von Habsburg, S. 159 f., Fn. 478 m.w.N. zu einem bereits 1279 aus hausmachtpolitischen Gründen geführten Vorstoß des habsburgischen Landvogtes von Hohenberg gegen eben jene Herren von Waldeck.

14 Vgl. das Mandat vom 21.4.1274 bei RI VI, Nr. 150; zur Beurteilung vgl. neben *Kunze*, Rudolf von Habsburg, S. 160 f. auch bereits *Redlich*, Rudolf von Habsburg, S. 552, Anm. 4.

15 Vgl. Jahrbücher von Basel, S. 30.

16 Vgl. Ann. Sindelfingenses, S. 302; vgl. hierzu und zum Folgenden *Kunze*, Rudolf von Habsburg, S. 217 ff.

17 *Vgl. oben bereits Kapitel 1 II 3 d).*

schatzt wurde.[18] Etwa zur gleichen Zeit hatte sich Graf Simon von Eberstein-Zweibrücken mit Markgraf Rudolf von Baden verbündet und der Stadt Straßburg abgesagt. Derart gestärkt, verlangte Rudolf Schadensersatz wegen der Zerstörung von Selz, wollte aber die wohl zuvor unter Vermittlung von Graf Emicho von Leiningen geschlossene *treuga* einhalten. Emicho bemühte sich unterdessen weiterhin durch verschiedenste gute Dienste um die endgültige Beilegung des Konflikts.[19] Erst nach dem persönlichen Eingreifen König Rudolfs[20] schloss der Markgraf eine Sühne mit mehreren Herren am Mittelrhein, darunter den beiden Grafen von Leiningen sowie den Bürgern von Straßburg, die, wie die Urkunde einräumte, bei der Zerstörung von Selz und Seldenau *„ex jusso et mandato serenissimi domini nostri Rud. Romanorum regis"* gehandelt hätten.[21] Hier wird deutlich, dass das Vorgehen der wichtigsten ehemals im Rheinischen Bund Verbündeten unter der Befehlsgewalt und Autorität des Königs gegen die unrechtmäßige Eigenmacht des Markgrafen geführt wurde. Die Sühne des Markgrafen wurde am 1276, vereinbarungsgemäß von König Rudolf persönlich, auf 180 M. festgesetzt.[22] Insoweit wird man dieses Vorgehen ohne weiteres als Ausdruck der königlichen personalisierten Friedenssorge betrachten können, auch wenn ein echtes Landfriedensbündnis zu dieser Zeit gerade nicht bestand. Das unmittelbar darauf geschlossene Hagenauer Landfriedensbündnis von 1278 allerdings hing zumindest für die oberrheinischen Teilnehmer eng mit dem Vorgehen gegen den Markgrafen zusammen.[23]

Zwar kam es 1279 bald zu erneuten, wohl von badischer Seite provozierten Feindseligkeiten gegen den „alten Frieden" mit Bischof Konrad von Straßburg, den Städten Basel und Straßburg und anderen elsässischen Herren, ein Konflikt, der erst 1281 durch die Umwandlung von Selz in ein Lehen des Straßburger Bistums an die Markgrafen endgültig beigelegt werden konnte.[24] Insgesamt wurde jedoch das Vorgehen gegen die Badener und

---

18 Vgl. St UB II, Nr. 30, darin in S. 18, Fn.1 umfassend zur unklaren historischen Abfolge.

19 Vgl. St. UB II, Nr. 30 f.

20 Vgl. zum erfolgreichen Kriegszug König Rudolfs gegen den Markgrafen wegen unrechtmäßiger Zölle in Selz von 1274, vgl. nur *Redlich*, Rudolf von Habsburg, S. 433, 513; *sowie oben Kapitel 2 I 2 a).*

21 Vgl. St. UB II, Nr. 35.

22 Am 30.6.1276, vgl. St. UB II, Nr. 50.

23 *Vgl. oben Kapitel 2 I 2 c (2).*

24 So hatte 1279 unter anderem der Straßburger Bischof erneut das Schloss Durlach des Markgrafen geplündert, vgl. Ann. Colm. Maiores, S. 46 f.; 1281 Städte des Badeners gemeinsam mit 50 Rittern seines Baseler Amtsbruders und Straßburger Bürgern belagert und dabei den Markgrafen gefangen genommen, wonach der „alte Friede" wieder hergestellt worden sein soll, vgl. Ann. Colm. Maiores, S. 53; zur Beilegung vgl. nur Reg. Baden, I, Nr. 531.

das Abstellen ihres eigenmächtigen Zolls am Rhein als ein wichtiger Erfolg König Rudolfs angesehen.[25]

(2) Gleiches galt für die Auseinandersetzungen und Unternehmungen am Oberrhein gegen Graf Egino II. von Freiburg, die dessen gesamte Herrschaftszeit andauerten. Hatte Egino 1271 noch gemeinsam mit seinem Bruder Heinrich und vor allem mit dem damaligen Graf Rudolf von Habsburg erfolgreich im Wege einer Fehde die Stadt Neuenburg dem Bistum Basel abgewonnen, so geriet er mit der Revindikationspolitik Rudolfs nach dessen Krönung alsbald in Widerspruch. Der Interessengegensatz bezog sich nicht nur gerade auf Neuenburg, sondern auch auf die Orte und Burgen Zähringen, Villingen, Rheinfelden und Breisach.[26] Nach einer zweiwöchigen Belagerung im August 1275 musste Egino zunächst klein beigeben, zerstörte jedoch 1278 erneut mit den Freiburger Bürgern die nunmehr wieder im Reichsbesitz befindliche Burg Zähringen. Auch nach Abschluss des Hagenauer Landfriedens unternahm er mehrere Fehdehandlungen gegen die Bürger von Offenburg, denen er 20 Pferde raubte; die Ortenauer setzen ihm aber nach und lieferten ihm ein blutiges Treffen mit mehreren Verwundeten auf beiden Seiten.[27] Nach Belagerungen und Verwüstungen von Freiburg erzwang König Rudolf schließlich 1281 mit einem großen Aufgebot die Übergabe der Stadt.[28] Dabei wurde das Kloster Adelshausen zerstört, für das der König selbst 320 M. Schadensersatz leistete.[29] Nach einer durch den elsässischen Reichslandvogt vermittelten Sühne Eginos in der Neuenburger Sache[30] versuchte dieser, die Kriegskosten auf die Bürgerschaft Freiburgs abzuwälzen und hierzu als Druckmittel das noch nicht von ihm bestätigte Stadtrecht zu benutzen. Freiburg reagierte, indem es sich an König Rudolf wandte, der prompt die Chance zu größerem Einfluss nutzte und der Stadt das Recht der Reichsstadt Colmar und insbesondere das begehrte Exemtionsprivileg verlieh, das die Freiburger bislang nur mühsam im Landgericht hatten behaupten können.[31] Um der damit ver-

---

25 Vgl. nur *Krieger*, Habsburger, S. 34.

26 Hierzu und zum folgenden vgl. *Haumann/Schadeck*, Freiburg, S. 148 ff.; *Redlich*, Rudolf von Habsburg, S. 408 ff. m.w.N.

27 Vgl. Ann. Colm. Maiores, S. 44 zum November 1278.

28 Am 15.8.1279 wurde darauf Freiburg erneut von den Habsburgern und den Reichsstädten belagert und die Vorstadt verwüstet, weil, so der elsässische Chronist, die Bürger Graf Egino unterstützt hatten, der die Reichsstädte nach Kräften bekämpfte; vgl. Closener, S. 103 dort Anm. 2 zum Problem, ob es sich nicht um Freiburg im Üchtland gehandelt habe; Königshofen, S. 792; RI VI 1, Nr. 1396 a ff, 1407 a; vgl. *Kopp*, Geschichte, I 1 (1), 636 ff.; *Schreiber*, Freiburg I, S. 66 ff.; Ann. Colm. Maiores, S. 48 f.; vgl. auch dazu Redlich, Rudolf von Habsburg, S. 438, 465.

29 Vgl. Ann. Colm. Maiores, S. 56.

30 Vgl. UB Fürstenberg I, Nr. 561; *Becker*, Reichslandvogtei, S. 16.

31 Vgl. UB Freiburg I, Nr. 26 f.; *Haumann/Schadeck*, Freiburg, S. 148 ff.

bundenen akuten Gefahr zu begegnen, blieb Egino nur 1282/83 die Aussöhnung mit der Stadt, die dennoch zumindest finanziell zu seinen Gunsten ausfiel.[32] Gleichzeitig bemühte sich die Kommune jedoch zur Sicherung ihrer Stellung um Aufnahme in den ostschwäbischen Landfrieden.[33]

Auch diesen, in den Bahnen des Fehderechts ausgetragenen Konflikt prägte das unter königlicher Führung koordinierte Vorgehen mehrerer oberrheinischer Vormächte. Dabei schien ein politischer Zusammenhang mit den Landfrieden von 1278 und 1281, wie bereits in Kapitel 2 dargestellt, ebenso offenkundig, wie ein rechtlicher fragwürdig. Zwar konnte der Hagenauer Landfrieden durchaus als ein Mittel begriffen werden, die gemeinsame Reaktion auf die Übergriffe des Grafen am Oberrhein zu organisieren. Ähnlich hat GERLICH die Eidesleistungen von 1281 als Maßnahme zur Isolierung und Einkreisung des Grafen gedeutet, den Angriff gegen diesen aber ebenso richtig als Fehde erkannt.[34] Umgekehrt ist von anderen Beobachtern der erfolgreiche Feldzug gegen Egino als vom König geplante Vorbereitung für die Beschwörung des Reichslandfriedens angesehen worden.[35] Eine erkennbare Berufung auf die genannten Landfrieden erfolgte jedoch weder durch die beteiligten Parteien noch durch die Chronisten. Schließlich fehlte es an einer nachgewiesenen Beteiligung der Landfriedensteilnehmer über den engen Kern der habsburgischen Gefolgschaft und der jeweils selbst Geschädigten hinaus. Gleiches galt auch für die späteren Konflikte von Reichslandvogt und Reichsstädten mit dem Grafen, etwa bei einer Vergeltung für die Tötung von 40 Reichsbauern im Jahr 1297.[36]

(3) Hingegen wird man im Vorgehen des Straßburger Bischofs Johann, Landgraf Ulrich, Reichslandvogt Otto von Ochsenstein und der Stadt Straßburg gegen die Markgrafen Rudolf und Friedrich von Baden wegen deren unberechtigter Grundruhrerhebung im Jahr 1313/14 den ersten wirklich belegbaren gemeinsamen Auszug auf Grundlage der elsässischen Eingung von 1310 ansehen können.[37] Diese hatte explizit diese Form der unberechtigten Abgabenerhebung untersagt und als Landfriedensbruch qualifiziert. Zwar traten die Landfriedenspfleger, anders als in den folgenden Zeiten, noch nicht als eigenständige Akteure in Erscheinung, wohl aber alle unterelsässischen Landfriedensteilnehmer. Dagegen waren die oberelsässischen Parteien, ebenfalls nach dem Buchstaben der Einung, von

---

32 Vgl. UB Freiburg I, Nr. 30; vgl. Ann. Colm. Maiores, S. 58, 61, wonach die Freiburger Bürger ihm noch 100 M. mehr zu zahlen hatten, aber dafür die Bestätigung aller ihrer Rechte erhielten.

33 Vgl. UB Freiburg I, Nr. 356; dazu auch *Kunze*, Rudolf von Habsburg, S. 142 f.

34 So *Gerlich*, Landfriedenspolitik, S. 67.

35 Vgl. nochmals RI VI 1, Nr. 1396 a ff, 1407 a; *Redlich*, Rudolf von Habsburg, S. 438.

36 Vgl. dazu Chron. Colm., S. 263.

37 Vgl. ausführlich *Rosenkränzer*, Johann, S. 70 m.w.N.; *vgl. auch oben Kapitel 2 II 1 a)*.

einer Teilnahme entschuldigt, da das Handlungsgebiet rechts des Rheines lag. In der Folgezeit konnten dann endlich Friedrich der Schöne und Bischof Johann einen Friedensschluss zwischen den Markgrafen und den mittlerweile 19 Amtsleuten des neuen Landfriedens vermitteln.[38]

3. Personale Friedenssorge und Vorgehen einzelner verbündeter Landfriedensmitglieder

Wieweit das Vorgehen mehrerer Mitglieder eines Landfriedens gegen Eigenmacht, Gewalt und unerlaubte Selbsthilfe dem Landfrieden zugeordnet werden kann, stellt auch für zahlreiche weitere Fälle das zentrale Beurteilungsproblem dar.

(1) Vielleicht noch am plausibelsten als eine direkt auf den Hagenauer Landfrieden von 1278 gestützte Aktion mag ein Auszug erscheinen, den der Bischof und die Stadt Straßburg am 5.4.1280 gemeinsam mit den kleineren elsässischen Reichsstädten gegen den Herrn von Lobegassen in Ruffach unternahmen, weil dieser Straßburger Bürger als Gefangene genommen hatte.[39] Dieses erfolgreiche Vorgehen, in dessen Folge die Gefangenen freikamen und sich der Herr von Lobegassen selbst „aus Furcht" auslieferte, fand noch innerhalb des am 5. Juni ablaufenden Landfriedens statt und kann als typischer Fall eines Landfriedensbruches auch nach dessen Vorschriften beurteilt werden. Allerdings ist eine Mitgliedschaft des Bischofs ebenso wie der anderer Teilnehmer der Maßnahme in dem genannten Landfrieden nicht belegt.[40] Die nach dem Friedensbündnis eigentlich zur Hilfe berufenen mittelrheinischen Verbündeten traten hingegen nicht in Erscheinung, wobei dies allerdings seinen Grund auch darin gehabt haben könnte, dass diese noch stark durch eigene Konflikte wie die Sponheimer Fehde gebunden waren.[41]

(2) Bei einer Auseinandersetzung mit Herzog Friedrich von Lothringen sehen wir bis 1285 den Reichslandvogt gemeinsam mit dem Bischof und der Bürgerschaft von Straßburg gewaltsam in Wasselnheim vorgehen.[42] Aber auch hier handelte es sich wohl eher um eine reine Fehde, die aus dem Streit über das ursprünglich als herzogliches Lehen der Straßburger Kirche

---

38 Vgl. MGH Const. V, Nr. 398, Art. 1.

39 Vgl. Ann. Colm. Maiores, S. 51.

40 Vgl. St. UB II, Nr. 68; *siehe oben auch Kapitel 2 I 2 c).*

41 Vgl. nur Ann. Colm. Maiores, S. 49, danach hatte de Erzbischof von Köln die Grafen von Sponheim besiegt und Emicho von Leiningen ebenso wie drei weitere Grafen gefangen genommen.

42 Vgl. St. UB II, Nr. 99 f.; vgl. *Kunze,* Rudolf von Habsburg, S. 179.

überlassene Reichenhofen entstand und erst 1286 endgültig zu Lasten der Lothringer beigelegt werden konnte.[43] Die Relevanz des Landfriedens kann nicht mit der fehlenden Beteiligung des Königs abgetan werden,[44] da ja Reichslandvogt Otto von Ochsenstein als persönlicher Stellvertreter Rudolfs solche Maßnahmen hätte treffen können. Gleichwohl bestand auch kein allgemeines Landfriedensbündnis zu diesem Zeitpunkt, an das die Beteiligten hätten anknüpfen können.

(3) Den Fall der Herren von Girsberg schließlich, *„pro eo, quod occiderunt Sifridum militum de Gundolzheim fraudulenter"*[45] ist jüngst von KUNZE eingehend untersucht worden.[46] Die Herren hatten am 27.3.1289 den ehemaligen Schultheiß von Colmar und, bis zu seiner Amtsenthebung durch den Reichslandvogt, dem König nahe stehenden Ritter[47] heimtückisch erschlagen, ohne dass ihre Motive bekannt wären. Beide Seiten hatten sich als niederadelige Nachbarn weder bei der Stadt Colmar noch bei den Straßburgern beliebt gemacht: Während Siegfried erst mit gewaltsamen Fehdemitteln zur Anerkennung seiner Amtsenthebung als Schultheiß gezwungen werden musste, hatten die Herren von Girsberg etwa gleichzeitig durch unberechtigte Burgbauten den Zorn des Bischofs von Straßburg als dem nach dem Reichslandfriedensrecht zuständigem Hochrichter auf sich gezogen.[48] Umso mehr verwundert, dass die Colmarer unverzüglich nach dem Totschlag und der Ächtung der Herren durch König Rudolf am 28.4. gemeinsam mit diesem die Burg der Herren von Girsberg belagerten.[49] Nach einer von Rudolf reich belohnten Untergrabung des Schlosses ergaben sich am 6.2.1290 die Insassen dem Landvogt bedingungslos.[50] Die Burg wurde verwüstet und der Herr von Girsberg bis zu einem erneuten Aufenthalt des Königs am 12.3.1291 in Colmar gefangen gesetzt und erst unter schwe-

---

43 Vgl. Reg. Bf. Stbg. II, Nr. 2173.

44 Wie etwa *Kunze,* Rudolf von Habsburg, S. 179 angenommen hat.

45 Vgl. hierzu und zum Folgenden Ann. Colm. Maiores S. 49 ff.

46 Vgl. *Kunze,* Rudolf von Habsburg, S. 161 ff.

47 Vgl. zur Amtsenthebung im Frühjahr 1281 durch Otto von Ochsenstein, der hierzu ausdrücklich am 17.12.1280 in seiner Ernennungsurkunde bevollmächtigt worden war, MGH Const. III, Nr. 264; vgl. *Kunze,* Rudolf von Habsburg, S. 161 f.

48 Ersteren hatten die Colmarer unter der Leitung des Reichslandvogtes von Ochsenstein, dann die Straßburger auf seiner neuen Burg belagert und diese ausgeplündert und zerstört, letzterem wurde seine Feste durch den Bischof und den habsburgischen Landvogt Konrad Werner von Hattstatt zerstört, vielleicht auch noch im Zusammenhang mit dessen Eroberung von Türkheim im Herbst 1280; vgl. auch zu beidem *Kunze,* Rudolf von Habsburg, S. 162 f.

49 Vgl. Ann. Colm. Maiores, S. 76 f.; Ellenh. Chron., S. 132.

50 Vgl. Ann. Colm. Maiores, S. 79; Ellenh. Chron., S. 133; Rudolf soll danach „1900 libras per victum" gegeben haben; vgl. *Kunze,* Rudolf von Habsburg, S. 166; vgl. auch *Gössgen,* Beziehungen, S. 33.

ren *conditiones* entlassen.[51] Auch später kam es nochmals zu gewaltsamen Auseinandersetzungen zwischen den Girsbergern und mehreren Reichsstädten, die erst mit deren Lehensantrag an den Bischof von Straßburg 1302 ihr Ende fanden.[52]

Zu Recht hat KUNZE hierbei die Bedeutung der Acht betont, die als Maßnahme zur Erzwingung der schließlich als *conditiones* festgelegten Bußen diente und der Burgbelagerung zugrunde gelegen habe.[53] Deutlich erkennbar ist damit auch, dass der Totschlag trotz seiner Bezeichung als heimtückischer Mord nicht etwa peinlich „an Haut und Haaren" gestraft, sondern nach dem alten Kompositionensystem, wenn auch nach einer längeren Gefangenschaft, gesühnt wurde.

Gleichwohl bleibt in der Sache ein schlüssiger Bezug zum Landfrieden offen.[54] Dafür käme allenfalls das 1288 nachrichtlich überlieferte Landfriedensbündnis in Betracht, sofern Ritter Siegfried als Ansässiger dieses zuvor beschworen hätte. Allerdings ist weder dessen Beitritt bekannt noch die Teilnahme der anderen dort Verbündeten an der Aktion, über die Colmarer hinaus, bezeugt. So hat sich KUNZE stattdessen auch neben der allgemeinen Friedlosigkeit nach der Acht auf einen nach 1287/1291 wieder korrigierten Transkriptionsfehler in Art. 10 des Reichslandfriedens von 1281 berufen, in dem ursprünglich eindeutig vom Hand- und gerade nicht vom Landfriedensbruch die Rede war.[55] Ein spezifischer Bezug zum Reichslandfrieden war indes gerade nicht gegeben, da weder ein Handfrieden noch das Subsidiaritätsgebot verletzt wurde, sondern ein „normales", durch Klage vor dem zuständigen Gericht nach dessen Gewohnheit zu ahndendes Verbrechen vorlag. Nur wenn man wie KUNZE unspezifisch in jeder Rechtsverletzung einen Landfriedensbruch sehen wollte, ließe sich dieser

---

51 Vgl. Ann. Colm. Maiores, S. 82 f.; vgl. *Gössgen*, Beziehungen, S. 33, allerdings ungenau darin, dass die Gefangennahme bis zur Burgzerstörung gedauert habe.

52 So erlangten die Herren von Girsberg, wie die Ann. Colm. Maiores, S. 86 f. hervorheben, 1293 in diebischer Weise die Feste Froburg, bevor sie 1295 nach endlich erfolgter Aussöhnung in Colmar einziehen konnten (vgl. ebd., S. 91); als 1298 dann die Reichsstädte gegen die Herren von Horburg zogen, wurde Johann von Girsberg erneut gefangen, wahrscheinlich, weil er diesen gegen die Städte aktiv unterstützt hatte (vgl. ebd., S. 100). Eine Lösung fand die ständige Auseinandersetzung erst, als die Herren von Girsberg endlich 1302 ihre Burg dem Straßburger Bischof übergaben, vgl. ebd., S. 113 f.

53 *Kunze*, Rudolf von Habsburg, S. 167.

54 So hat *Kunze*, a.a.O., S. 168 nebulös von einem „schweren Landfriedensbruch" gesprochen, dessen sich die Herren durch den Mord schuldig gemacht hätten und der gesühnt werden müsse, ohne dies weiter auszuführen; als stichhaltige Begründung hierfür können jedenfalls weder die Burgbauvorschriften noch die Ächtung wegen Ungehorsams genügen, die sie beide zuvor in diesem Zusammenhang genannt hat.

55 Vgl. MGH Const. III, Nr. 279, Art. 10; vgl. auch MGH Const. II, Nr. 196, Art. 3; *Kunze*, Rudolf von Habsburg, S. 168 f.

Fall als solcher einordnen. Zu Recht hat sie selbst im Folgenden darauf hingewiesen, dass die beteiligten Colmarer nur im Zuge der allgemeinen Landfolge handelten;[56] dies auch, weil der König hier direkt seine allgemeine Jurisdiktionsgewalt ausübte – ohne dass es eines Rückgriffs auf die besonderen Regeln des spätmittelalterlichen (Reichs-)Landfriedensrechts, auch in seiner personalen Konstruktion bedurft hätte. Nur im ganz allgemeinen, finalen Sinn kann daher hier von einer erfolgreichen (personalen) Landfriedensmaßnahme König Rudolfs gesprochen werden.[57]

(4) Ähnlich verhielt es sich mit dem Erbschaftsstreit der oberelsässischen Herren von Rappoltstein, der in den 1280er und 1290er Jahren weite Kreise im Elsass zog. Auch hier scheint ein technischer Bezug zum Landfriedensrecht, entgegen etwa GÖSSGEN, der hier ein allgemeines Aufgebot nach Klage und Mahnung gegen einen Landfriedensbrecher gesehen hat,[58] bei näherer Betrachtung zumindest fragwürdig.

Über die genaue Datierung des Streites besteht zwischen den unterschiedlichen Chronisten ebenso Uneinigkeit wie über seinen Ursprung. Die meisten stellten den Zwist innerhalb der Familie jener bedeutenden Territorialherren im mittleren Elsass in den Vordergrund. Ob allerdings auch die illegal von Anselm von Rappoltstein geschlagenen Münzen,[59] der Verfassungskonflikt in Colmar, die Eigentumsstreitigkeiten um Gemar mit dem Straßburger Bischof[60] oder weitere Auseinandersetzungen mit der Stadt Straßburg[61] dem Konflikt zusätzliche Ebenen gaben, bleibt aus den sich widersprechenden Quellen offen. Jedenfalls hatten sich die Rappoltsteiner bei den wichtigsten regionalen Machtfaktoren keine Freunde gemacht.

---

56 Vgl. *Kunze*, Rudolf von Habsburg, S. 170 f.; eine Beteiligung an dem Auszug aufgrund der Zugehörigkeit des Ritters von Siegfried zur Bürgerschaft kann praktisch ausgeschlossen werden, da ein großer Teil des teilweise gewaltsamen Konflikts der Bürgerschaft mit dem früheren Schultheißen während seiner Amtszeit sich gerade um dessen fehlende Bürgereigenschaft entgegen dem 1278 von Rudolf erteilten Stadtprivileg drehte, vgl. ausführlich ebd., S. 162 m.w.N.; *Martin*, Städtepolitik, S. 141.

57 Wiederum mit *Kunze*, Rudolf von Habsburg, S. 167.

58 So *Gössgen*, Beziehungen, S. 32 f.; nach Chron. Colmar., S. 255.

59 Die der Rappoltsteiner wohl 1291 mit dem ungefähren Wert Freiburger Pfennige schlug, vgl. Ann. Colm. Maiores, S. 82 f.

60 So hatten die Reichsstädte nach Closener, S. 102 und Königshofen, S. 789 bereits am 29.11.1278 das Herrschaft Rappoltstein zugehörige Gemar gebrochen, auf das auch der Bischof Anspruch erhob, vgl. Ellenh. Ann. S. 103, 41, der 1281 mit vielen Unterstützern gerne gegen die Rappoltsteiner gezogen wäre, Ann. Colm. Maiores, S. 55.

61 Vgl. zu der jedenfalls nach dem Chron. Colm., S. 190 ohne näher genannten Grund von den Rappoltsteinern 1288 begonnenen Fehde mit Straßburg.

Heinrich von Rappoltstein sah sich und seine Neffen durch die Erbschaftsteilung von Anselm von Rappoltstein übervorteilt[62] und hatte sich zunächst mit der Bitte um Vermittlung an den Landvogt Eppe von Hattstatt und dann direkt an den König gewandt.[63] Anselm folgte der Ladung vor dessen Schiedsgericht, rechtfertigte sein Tun mit der Begründung, die beanspruchte Erbteilung würde ihn arm machen, und verweigerte selbst nach einer Strafandrohung jedes Einlenken.[64] Darauf ging König Rudolf, wahrscheinlich persönlich, gemeinsam mit seinem *procurator*, Hermann von Waldeck, und den Reichsstädten Kaysersberg und Colmar gegen Anselm vor und belagerte drei Tage dessen Burg. Als der König, für alle Beteiligten völlig überraschend, die Belagerung abbrach und aus dem Elsass abreiste, übernahmen der Reichslandvogt und die Colmarer die Aktionen gegen den Rappoltsteiner. Zunächst sorgten sie für einen Boykott durch die Reichsstädte, um zu verhindern, dass Anselm Nachschub und Nahrungsmittel von anderen erhalten würde.[65] Während die Colmarer und andere unbekannte elsässische Verbündete um Bergheim die Weinberge des Rappoltsteiners abernteten und brandschatzten und andere Güter Anselms zerstörten, raubte dieser aus dem Bistum Straßburg viel Vieh und tötete mehrere Menschen, fing im Dorf Sigolzheim 130 Bauern und fing von den Colmarer Ausbürgern, so vieler er habhaft werden konnte.[66] Anselm bat darauf viele seiner adelige Nachbarn um ihre Neutralität, die auf diese Bitte auf den ausdrücklichen Rat des Königs eingingen. Nur der Herr von Horburg folgte dem nicht, weil Anselm seine Leute zusammen mit zahlreichen anderen Untergebenen des Bischofs von Basel bei Prunstut getötet und gefangen genommen und erst gegen ein Lösegeld von 2000 M. freigelassen hatte.[67] Bei Zellenberg kam es zu einem Zusammenstoß zwischen diesen beiden

---

62 Anselm habe seinen Bruder Heinrich von der Stammburg Rappoltstein bzw. der Froburg vertrieben und ihn aller Güter beraubt, heißt es, nicht unpolemisch, in den Colm. Maiores, S. 87 f.; sehr ausführlich auch Chron. Colm., S. 194 f.; wobei wohl auch dessen Sohn Ulrich eine zentrale Rolle spielte, der die Burg Hohenack und den Ort Minneweiler mit List seinen Vetter entwendet und den Colmarer Bürgern übergeben hatte; vgl. Ann. Colm. Maiores, S. 45, 76;

63 Vgl. Chron. Colm., S. 255 f.; vgl. dazu auch *Kunze*, Rudolf von Habsburg, S. 171 ff.

64 Vgl. hierzu und zum Folgenden Ann. Colm. Maiores, S. 56, 71 f.; Chron. Colm., S. 188 f.; mit dieser Begründung verweigerte Anselm, den gegen ihn ergangenen Mahnungen Folge zu leisten, worauf das Aufgebot gegen Anselm und Hartmann von Baldeck erteilt wurde, das allerdings trotz der anschließenden Belagerung ohne erkennbare Folgen blieb; vgl. *Gössgen*, Beziehungen, S. 32 f.

65 Vgl. Ann. Colm. Maiores, S. 72; Chron. Colm., S. 189; dabei fanden die Chronisten keine andere Erklärung für den Aufbruch des Königs als ein vermeintliches mysteriöses „Mordkomplott" gegen ihn, worauf er aus der Region enteilt sei.

66 Vgl. Ann. Colm. Maiores, S. 51, 53 mit problematischer Datierung.

67 Vgl. Ann. Colm. Maiores, S. 71 f.; Chron. Colm., S. 188 f.

Kontrahenten, in deren Verlauf Anselm acht Pferde und 21 Ritter verlor.[68] Hingegen vereitelte er erfolgreich eine weitere Weinvernichtung durch den Herren von Veldenz. Schließlich konnte Anselm zeitweise sogar Kuno von Bergheim auf seiner Burg Germersheim gefangen nehmen, der nur unter schweren Verlusten fliehen konnte.[69] Währenddessen wurden weitere Orte und Herren im weiteren Umfeld der Auseinandersetzung geschädigt.[70]

Die Lage eskalierte weiter, als Anselm neben den Horburgern auch die Straßburger Bürger angriff. Grund hierfür war, dass die Straßburger ihm zusammen mit dem Straßburger Ausbürger Kuno von Bergheim, Heinrich von Andlau und Werner von Landsberg zu einem Tag für ihren Ein- und Ausritt in der Stadt Geleit gegen Sicherheitszusagen gewährt hatten.[71] Diese Zusage wurde von dem Straßburger Bürger Anselm Heidene von Wasselnheim gebrochen, vielleicht noch wegen einer fortbestehenden Feindschaft mit der Bürgerschaft.[72] Kuno von Bergheim erbot sich der Stadt zum Beweis als Zeuge,[73] während Anselm selbst einen kurzen Waffenstillstand erklärte.[74] Nachdem sich Bischof Konrad nochmals ausdrücklich gegenüber der Stadt verpflichtet hatte, keinen Sonderfrieden abzuschließen,[75] kam es am 3.4.1292 zu einem gemeinsamen Frieden Kunos mit den beiden Straßburger Parteien.[76] Während die Straßburger Bürger schon bald einen Sonderausgleich mit Anselm suchten, musste auch Hartmann von Waldeck wegen zu geringem Engagment der Colmarer und Kaysersberger Bürger die Belagerung Rappoltsteins abbrechen.[77]

Auch Colmar wechselte zeitweise unter dem Einfluss des später vertriebenen Schultheißen Rösselmann und wohl auch des enttäuscht von der Kür nach Zürich ziehenden Herzogs Albrecht[78] kurzzeitig auf die Seite Anselms und öffnete ihm die Stadttore. Dabei wurde der Herr von Hunaweier von

---

68 Vgl. Ann. Colm. Maiores, S. 70 f.

69 Vgl. Ann. Colm. Maiores, S. 80 f.

70 So verwüstete Anselm nicht nur St. Hippolyt, sondern verbrannte und beraubte in Lothringen viele Dörfer; vgl. Ann. Colm. Maiores, S. 70 f.

71 Vgl. die von diesen vier geschworenen Sicherheit für den Tag ihres Ein- und Ausrittes, St. UB II, Nr. 124; vgl. zum Ausbürgereid Bergheims St. UB II, Nr. 110.

72 Anselm Heidene hatte 1285 gemeinsam mit dem Herzog von Lothringen gegen die Stadt und Otto von Ochsenstein gekämpft; vgl. St. UB. II, Nr. 100, 135.

73 Vgl. ebd., Nr. 136.

74 Vgl. ebd., Nr. 137.

75 Vgl. ebd., Nr. 181.

76 Vgl. ebd., Nr. 182.

77 Vgl. dazu auch *Kunze*, Rudolf von Habsburg, S. 175 f.

78 Vgl. Ann. Colm. Maiores, S. 84 f.; danach verweilte am 14.5.1292 Hz. Albrecht mit vielen Rittern in Colmar.

den Colmarern getötet und andere Ritter vertrieben. Bischof Konrad von Straßburg nahm dies zum Anlass, um nun seinerseits die Stadt zu belagern.[79] Während der Rappoltsteiner die Reichsstadt Türkheim beraubte und sich anschickte, auch dort die Herrschaft zu übernehmen, zog endlich König Adolf mit einem in Schlettstadt gesammelten Heer, dem der Reichslandvogt und viele elsässische Herren und Städte angehörten, selbst gegen Colmar und das Rappoltsteinische Gebiet, belagerte wenige Tage später die Stadt Rappoltsweiler, zerstörte Weinberge Anselms und begann schließlich die Belagerung Colmars sowie der Burg und des Flecken Weier, die sich bald ergaben, ebenso wie die Burg Wörth.[80]

Herzog Albrecht hatte sich, noch gekränkt durch den Verlauf der Königswahl, der Aufforderung des Königs entzogen und verlauten lassen, er wolle nur erscheinen, wenn die restlichen Verbündeten Adolfs nicht ausreichten. Zu diesen zählten der Erzbischof von Mainz sowie die Bischöfe von Speyer und Basel, während der den Habsburgern nahe stehende Bischof Konrad von Lichtenberg erst erneut vor Colmar erschien, als sich dieses dem König unterwarf.[81] Bei der Übergabe der Stadt entkamen viele Herren, darunter der Neffe des Straßburger Bischofs nach Rappoltsweiler, während andere Mitglieder der Rappolsteinischen Familie gefangen genommen vor den König geführt wurden, bevor dieser sich nach Gemar wandte.

Wohl im November 1293 konnten die Verbündeten unter Führung von König Adolf die Burg Gemar einnehmen, deren Mauern sogleich gebrochen wurden.[82] Anselm von Rappoltstein und viele seiner Helfer wurden

---

79 Der 1291 abgesetzte Rößelmann warb herumreisende mittellose Knechte an, vertrieb seinen Nachfolger und bemächtigte sich erneut des Schultheißenamts, tötete einen Herrn von Hunaweier „ohne Grund und Ursache gegen göttliches und menschliches Recht", zwang die Herren von Nortgassen und Rustarius aus Stadt, raubte jeweils deren Habe, stellte sich dem König entgegen und überantwortete schließlich Colmar dem Anselm von Rappoltstein; vgl. Chron. Colm., S. 184 f.; vgl. auch Ann. Colm. Maiores, S. 82.

80 Vgl. Ann. Colm. Maiores, S. 87 f.; sehr ausführlich Chronicon Colm., S. 194 f.; auf dem Zug Adolfs wurde dieser begleitet von Reichslandvogt Otto von Ochsenstein, Kuno von Bergheim, der damals ohne Amt war, was die Chronik falsch einordnet, und den Reichsstädten ohne Colmar, die die Colmarer bei Winzenheim und Ungersheim angriffen und das rappoltsteinische Dorf Weier im Münstertal sowie Gemar einnahmen und dessen Mauern erneut brachen, vgl. ausführlich *Becker*, Reichslandvogtei, S. 20 m.w.N.

81 Vgl. hierzu und zum Folgenden Ann. Colm. Maiores, S. 87 f.; sehr ausführlich Chron. Colm., S. 194 ff.; Mathias v. Neuenburg, S. 34; die Flüchtenden gehörten ohne Zweifel der Partei des Anselm in der Stadt an und zeigten dessen Nähe zum Straßburger Bischof Konrad von Lichtenberg, aber auch den Habsburgern, so dass Albrechts Verweigerungshaltung durchaus auch mit der Parteinahme für Anselm erklärt werden kann; die Gefangennahme eines Herren von Rappoltstein, als den die Chronik Anselm identifiziert haben will, bleibt allerdings aus dem Weiteren zweifelhaft.

82 Dabei kam es wohl zur Errichtung einer hölzernen Belagerungsburg der gegen den Rappoltsteiner Verbündeten vor Gemar; vgl. Chron. Colm., S. 255; *Gössgen*, Beziehungen, S. 32 f.; nach

gefangen genommen.[83] Nur knapp entging der Herr von Rappoltstein der Todesstrafe.[84] Zu einem förmlichen Verfahren kam es jedoch nicht, vielmehr ließ sich der König zu dem Vergleich herbei, dass die rappoltsteinischen Güter zu gleichen Teilen zwischen Anselm und Hermann und der Krone gedrittelt wurden, wobei Gemar an den König fiel und ihm übergeben wurde.[85] Anselm wurde nach Schloss Achalm bei Reutlingen verbracht und erst am 2.2.1296 wieder freigelassen.[86]

Auch hier scheint zweifelhaft, inwieweit man die Vorgänge als Vorgehen des Landfriedens auffassen kann. Das Landfriedensbündnis Rudolfs von 1288 dürfte wahrscheinlich zum maßgeblichen Zeitpunkt bereits ausgelaufen gewesen sein, so dass kein regionaler Friedensschutz verletzt worden sein konnte. Sicherlich kann zumindest die Durchsetzung des königlichen Rechtsspruches und der bestehenden Rechtsordnung gegenüber der Eigenmacht Anselms als Ausweis einer königlichen personalen Friedenssorge im weiteren Sinne verstanden werden. Diese bemühte sich auch um möglichst alle regionalen Vomächte als Verbündete für den konkreten Konflikt. Ebenso reagierte mit den später in den Landfrieden ausführlich beschriebenen Mitteln, mit Fehdemaßnahmen ebenso wie mit Burgbelagerungen und -brechungen und mit einem Verbot der wirtschaftlichen Unterstützung, auf die vielseitigen Rechtsverletzungen.

(5) Ähnliche Streitigkeiten und Auszüge finden sich in der gesamten Entwicklung. So soll lediglich noch ein Beispiel aus dem Ende dieser Phase herausgegriffen werden. Im Jahr 1314 zogen die Straßburger und Hagenauer Bürger gemeinsam gegen die Burg Berwartstein, weil von dort Straßen beraubt worden waren, brachen die Feste schließlich nach fünf Wochen Belagerung und führten 25 Gefangene nach Straßburg. Gleiches geschah kurz darauf in Sulz am Selzbach, wo 26 Gefangene nach drei Wochen gemacht werden konnten.[87] Dabei ließe sich zunächst an eine Maßnahme gegen Räuber und „Friedbrecher" denken, die sogar noch auf der Basis des Landfriedens von 1310 getroffen worden sein könnte. Die Plünderung der Burgen und die Verteilung der großen gefundenen Vorräte stehen einer solchen Einschätzung nicht entgegen, auch nicht, dass der Auszug schließlich mit der Zerstörung von Weinheim durch Brandschatzung endete. Aller-

83 Vgl. Closener, S. 97; Königshofen, S. 789 mit irrtümlicher Datierung.

84 So jedenfalls Mathias v. Neuenburg, S. 34; Ann. Colm. Maiores, S. 88.

85 Zur Aussöhnung vgl. RI VI 1, Nr. 2432; *Kunze*, Rudolf von Habsburg, S. 176 f.; sowie zur möglichen Rolle Konstanz' dabei *Redlich*, ZGO NF 11 (1869), S. 15 f.; Hermann von Rappoltstein war wohl bereits am 4.6.1292 „auf Bitten einer armen Frau" durch die Straßburger gefangen genommen worden, vgl. Ann. Colm. Maiores, S. 84 f.

86 Vgl. Ann. Colm. Maiores, S. 91. sehr ausführlich, aber leider auch etwas in sich widersprüchlich Chron. Colm., S. 196 ff.

87 Vgl. Closener, S. 97; Königshofen, S. 795, der allerdings von 30 Gefangenen ausging.

dings erfolgten diese Aktionen gerade nicht unter Beachtung der Verfahrensvorschriften des Landfriedens von 1310, sondern beruhten auf einem besonderen Bündnisvertrag zwischen den beiden beteiligten Städten.[88] Neben der Wiederholung der generellen gegenseitigen Schuldenanerkennung von Bürgern untereinander enthielt dieser ausdrücklich die Vereinbarung von gemeinsamene Auszügen gegen die Burgen in der Reihenfolge, in der sie dann tatsächlich stattfanden.[89] Beide Städte sollten einander die gleiche Hilfe leisten und nur gemeinsam eine Sühne schließen.[90] Diese und weitere Bestimmungen,[91] erinnerten zwar stark an die Einung von 1310. Dieser Landfrieden hatte jedoch erkennbar für den Auszug keine rechtliche Relevanz mehr.

(6) Ein Schlaglicht auf eines der wenigen Verfahren, die tatsächlich zweifelsfrei in dieser frühen Phase dem Landfrieden zugeordnet werden können, wirft der bereits mehrfach angesprochene Konflikt des Rulemann mit der Bürgerschaft von Selz aus dem Jahr 1294. Hier hatte der geschädigte Straßburger Bürger Rulemann vor den elf *Conservatores* geklagt und von diesen die Erlaubnis erhalten, Bürger des badisch-bischöflichen Ortes, aus deren Reihen er wider den Landfrieden geschädigt worden war, anzugreifen und zur Wiedergutmachung zu zwingen.[92] Als er daraufhin einen Selzer gefangen nahm, wandte sich dessen Bürgerschaft an den Reichslandvogt im Speyergau und dessen Untervogt Rindfleisch, nahm ihrerseits „ohne Gericht“ zwei Straßburger gefangen, und legte als Vergeltung eigenmächtig den Straßburgern einen neuen Rheinzoll für Wein auf. Jetzt klagten auch die Straßburger in Anwesenheit ihres Bischofs öffentlich vor den oberrheinischen *Undecim* die Angelegenheit und baten um Hilfe. In dieser Situation der drohenden Eskalation sah der Bischof keinen anderen Ausweg, als den König um sein Einschreiten zu bitten, damit nicht durch Krieg der Friede zerstört werde zum Nachteil des Landes. Hier zeigte sich, dass der Landfrieden durchaus aktiv werden konnte, aber seine Macht und Autorität, wirksam den Frieden wiederherzustellen, gerade in der Frühzeit noch Grenzen hatte. Die Lösung der bei der Durchsetzung der Entscheidungen auftretenden Konflikte blieb 1294 allerdings außerhalb des Land-

---

88 Vgl. St. UB II, Nr. 316.

89 Wobei am Ende die Burg Lützelstein stehen sollte, deren Herr, Junker Nikolaus, gemeinsam mit Hügelin von Fleckenstein und Eberhard von Berwartstein zu den im Bündnis namentlich genannten Gegnern gehörte.

90 Beides unabhängig davon, ob ein neuer König gewählt würde.

91 Etwa die, dass die seit 1308 verbannten Straßburger nur in Hagenau Frieden haben sollten, aber Klagen gegen sie sofort gerichtet werden sollten.

92 Vgl. St. UB II, Nr. 193; OSA I, Nr. 416; vgl. auch bereits *Wyneken*, Landfrieden, S. 33.

friedens stehenden Mitteln überlassen, namentlich der Bitte des Bischofs um durch den König.[93]

4. Zwischenergebnis

Überblickt man zusammenfassend die Fälle gemeinsamen Vorgehens unrechtmäßige Eigenmacht am Oberrhein, so ist zunächst unproblematisch festzuhalten, dass sich alle diese Reaktionen mit den Mitteln und nach den Mechanismen der Fehde vollzogen. Der Burgbrechung kam dabei eine besondere Bedeutung zu. Wo diese Erzwingungsmaßnahmen stattfanden, ist häufig die vorhergehende Ächtung erkennbar, die oft, aber nicht zwingend auf den Regelungen der Reichslandfrieden seit 1235 beruhte. Von einem Auftreten „des Landfriedens" oder seiner Teilnehmer in dieser Eigenschaft ist jedoch weder in den urkundlichen noch in den erzählenden Quellen die Rede, allenfalls vom Ziel der Friedenswahrung beziehungsweise -herstellung. Andererseits scheint zwischen den für die Zeitgenossen spektakuläreren Konflikten und den Landfrieden durchaus häufig ein politischer Zusammenhang erkennbar, der in der Absicherung und Mobilisierung für Aktionen des Königs, seiner Stellvertreter oder anderer Vormächte oder aber in der Vorbereitung von Friedensschlüssen durch tatsächliche eindrucksvolle Befriedungserfolge bestehen konnte. Die allmählich durchdringende Normierung des Landfriedensregimes stand aber noch unverbunden neben ihrer Durchsetzung, die völlig von aktuellen politischen Konstellationen und insbesondere von *ad hoc*-Bündnissen von Fehdepartnern abhängig blieb.

II. Der Alltag des Landfriedens - Kampf gegen Selbsthilfe und Eigenmacht

1. Zeugnisse für Erfolge und Scheitern in der Sicherung des Landfriedens

Etwa Mitte des 14. Jahrhunderts ist ein plötzlicher Anstieg der urkundlichen Zeugnisse für das Vorgehen des Landfriedens gegen Landfriedensbrüche zu beobachten. Dies ist einerseits ein Beleg für die allgemein stark ansteigende Schriftlichkeit und Überlieferung auch alltäglicher Rechtsakte, andererseits aber auch Ausdruck der zunehmenden Bedeutung des Landfriedens. Dessen Rolle kann durch Zusammensetzen zahlreicher un-

---

[93] Vgl. ebd., S.40 f.

terschiedlichster Mosaiksteine erfasst werden. Allerdings beleuchten die einzelnen Quellenbelege oft nur schlaglichtartig einzelne Momente, in denen der Landfrieden Bedeutung erlangte. Längere Überblicke über konkrete Verfahren finden sich hingegen nur selten, etwa im Fall der Feste Fröndsberg.[94]

Zu den quantitativ umfangreichsten Nachweisen gehören neben den Mahnungen der Landfriedenswächter an die Mitglieder die Urfehden gefangener mutmaßlicher Landfriedensbrecher beziehungsweise landschädlicher Leute, auf die sogleich einzugehen sein wird.

(1) Die Mahnung der Landfriedenspfleger offenbaren eine rege und vielfältige Tätigkeit, die sich in der Verwendung bestimmter Formulare äußerte. Typisch war etwa eine Mahnung der Landfriedensleute an Meister und Rat von Straßburg in der Klagsache der Kinder des verstorbenen Eberhardt Puller von Hohenburg gegen ihren Bruder Ritter Eberhardt Puller den Jüngeren vom 2.3.1355.[95] Zunächst teilen sie mit, dass sie erkannt hätten, dass den Kindern von des Landfriedens wegen zu helfen und zu raten sei, und mahnen sodann die Straßburger bei ihrem Eid, sofort zu helfen, wenn sie diesen Mahnungsbrief erhalten hätten. Widrigenfalls müsse man gegen sie selbst entsprechend dem Landfrieden vorgehen.

Eine sehr ähnliche Mahnung erfolgte am 14.7.1355. Die Landfriedenswächter sprachen darin Colmar Rat und Hilfe gegen die Herren Johann und Hesse von Üsenberg zu wegen des Schadens, den diese der Bürgerschaft zugefügt hatten.[96] Sie mahnten die Straßburger, bei ihrem Eid nach ihrem Vermögen auf ein Feld bei Üsenberg zu ziehen.

Am 10.8.1355 mahnte das Landfriedenskolleg wegen Ludeman von Lichtenberg, der den Hagenauern an ihren Bürgern in Gunstetten, Rorweiler und Herbolzheim Schaden zugefügt habe und darin fortfahre.[97] Sie hätten darauf den Hagenauern Rat und Hilfe erteilt und mahnten daher auf den Eid, ihnen gegen den vorgenannten Herrn unverzüglich beholfen und beraten zu sein, bis die Klage erledigt sei. Sie selbst würden ebenfalls ihren Beitrag leisten.

Ganz ähnlich lautete schließlich das Mahnschreiben vom 8.2.1356 in der Sache des Edelknechts Rudolf von Lampertheim gegen Edelknecht Arnold von Girbaden.[98]

---

94 *Dazu sogleich unten Kapitel 6 II 2 d).*

95 Vgl. St. UB V, Nr. 330.

96 Vgl. St. UB V, Nr. 344.

97 Vgl. St. UB V, Nr. 348.

98 Vgl. St. UB V, Nr. 372.

(2) Zahlreiche Friedensschlüsse[99] in Form von Sühnen und, sogar häufiger, Urfehden von Rittern und Edelknechten, in denen die Beteiligten gegenüber dem Landfrieden Wiedergutmachung und Besserung geloben, zeigen die Vielzahl von Fällen, in denen der Landfrieden ohne große Aktionen erfolgreich seine Ziele erfüllen konnte.

Die wirksame Abschreckung durch die Landfriedenssanktionen war ja die Hauptmotivation dafür, eine friedliche Lösung zu suchen und sich der Landfriedensgerichtsbarkeit zu unterwerfen. So schwor am 10.3.1352 der Edelknecht Reinhard Kage der Stadt Colmar und den Neun über dem Landfrieden die Urfehde und verpflichtete sich unter Bürgschaft von fünf weiteren Edelknechten und Rittern, Ansprüche gegen Bürger von Colmar oder Landfriedensangehörige zukünftig immer gerichtlich geltend zu machen und seine Gegner nur solange anzugreifen, wie diese sich nicht dem Gericht stellten; bei einem Verstoß sollten sich seine Bürgen nach Colmar oder Straßburg auf eigene Kosten in Wirtshaushaft überantworten, bis seine Übertretung gerichtet sei.[100] Von dieser Urfehde erbat Colmar von Straßburg, wo die Urkunde verwahrt wurde, eine Abschrift für zahlreiche seiner Bürger, die diese benötigten.[101]

In ähnlicher Weise bescheinigte Graf Walram von Sponheim am 1.4.1353 den Straßburgern, dass er ihnen ihre Fehdeansage gegen Pfalzgraf Ruprecht den Älteren aufgrund des Landfriedensbündnisses und ihre Feindschaft aufgrund erwiesener Freundschaft verzeihe.[102] Erneut wird hier aus Sicht des adeligen Gegners die Auffassung des Landfriedens als Fehdepartei deutlich.

Umgekehrt konnte der Landfrieden auch in einer nicht mit ihm verbundenen Fehde Berücksichtigung finden. Der Edelknecht Kuno von Hüneburg erklärte 19.12.1352 seine Sühne gegenüber der Stadt Straßburg, da er von dieser wegen seines eigenen Schadens und dem seiner Diener und Helfer in gütlicher Weise Recht bekommen habe. Allerdings behielt er sich vor,

---

99 Vgl. nur St. UB V, Nr. 160, 267, 755, 1326, 1361; zu den vergleichbaren Urfehden der Zeit etwa mit der Bürgerschaft Freiburg vgl. insgesamt *Asmus*, Urfehdewesen; für andere Regionen etwa *Boockmann*, Urfehde; *Crößmann*, Sühneverträge; zuletzt umfassend für den deutschen Südwesten *Blauert*, Urfehdewesen; für Sicherheitserklärungen eines Gefangenen bei seiner Freilassung vgl. nur allgemein *Knorr*, Kriegsgefangene.

100 Vgl. St. UB V, Nr. 262.

101 Vgl. OSA II 2, Nr. 835: Als Kage vom Landfrieden gefangen gewesen sei, habe er Briefe über sich gegeben, und es sei vom Landfrieden bestimmt, dass die Briefe jedem zugänglich sein sollten, der ihrer bedurfte, indem die Straßburger ihm diese zeigten; nun bedürften sie, die Colmarer, der Briefe, deshalb bäten sie ernstlich, sie den Brief sehen zu lassen oder eine mit dem kleinen Stadtsiegel beglaubigte Abschrift zu schicken, damit ihre Bürger sich umso mehr danach richten könnten; gemeint war damit wohl eine Ausleihe des Briefs, eventuell für eine eigene Abschrift; *vgl. dazu schon oben Kapitel 5 I 3 e)*.

102 Vgl. St. UB V, Nr. 274; OSA II 2, Nr. 839.

sich gegen die Straßburger zu wehren, wenn sie ihm wegen des bereits abgelaufenen Landfriedens die Fehde ansagen würde. In diesem Fall würde seine Gegenwehr die Sühne nicht brechen.[103] Offensichtlich trennte Kuno genau zwischen den eigenen Aktionen der Stadt Straßburg, die für ihn der Ausgangspunkt des durch die Sühne beendeten Konfliktes waren, und solchen des Landfriedens und den von ihm veranlassten Hilfsmaßnahmen der Bürgerschaft.

Eine Urfehde oder Sühne konnte darüber hinaus für den eines Landfriedensbruchs Beschuldigten ein Mittel sein, um sich zum Rechtsaustrag vor dem Landfrieden zu erbieten, wenn er selbst die Verfolgung durch die Mitglieder oder den Geschädigten fürchtete.[104] Bisweilen kam es auch vor, dass Herren ausdrücklich erklärten, dass der Landfriede ihrem Recht genüge getan hatte und sie sich weiterer Schritte enthalten wollten, so geschehen durch den Herzog von Braunschweig am 15.4.1355, der bestätigte, durch den Landfrieden gegen Graf Berthold, Herrn zu Neu-Ebertstein, vollständig Recht erhalten zu haben und alles wegen dieser Tat Geschehene zu verzeihen.[105]

2. Vorgehen gegen Raubritter und landschädliche Leute

a) Burgbrechungen und „Raubritterhäuser"

Die nicht wenigen und vor allem in den erzählenden Quellen dokumentierten, bau- lokal- und regionalgeschichtlich ausgewerteten und bis heute häufig erkennbaren Burgbrechungen des 14. Jahrhunderts wurden fast immer von einer oder mehreren Parteien der Landfrieden durchgeführt. Allerdings lässt sich daraus, wie bereits ausgeführt, nicht automatisch auf ein Vorgehen des Landfriedens schließen, da auch häufig *ad-hoc* Verbündete oder Mitglieder von Städtebündnissen oder anderen Fehdeallianzen Burgbrechungen vornahmen. Viellmehr ließe sich beinahe umgekehrt aus den Datierungen fast der Hälfte der Burgschleifungen in einer Zeit, in der ein elsässischer Landfrieden nicht bestand,[106] die Schlußfolgerung ziehen, dass die Burgbrechungen weitgehend unabhängig von den Einungen erfolgten. Der Landfrieden war dann wohl kaum mehr als eine Scheinlegitimation für die gewaltsame Abwehr der Raubritterplage durch die Städte.

---

103 Vgl. St. UB V, Nr. 267 OSA II 2, Nr. 838.

104 *Vgl. dazu auch bereits oben Kapitel 5 I 4 a), b).*

105 Vgl. St. UB V, Nr. 297.

106 Wie etwa die von Burg Ramstein und Burg Drachenfelsen am 28.6.1335 unter Führung der Straßburger Bürger, vgl. Closener, S. 99, vgl. auch dort Anm. 4; Königshofen, S. 800.

Vergessen werden darf dabei aber zunächst nicht, dass Straßburg zwischen 1322 und 1338 ein Mitglied des mittelrheinischen Landfriedens war und mit diesem ebenfalls einzelne Auszüge unternahm, etwa gegen die Burg Reichenberg bei Merxheim,[107] auch wenn die Beteiligung Straßburgs bei solchen Aktionen trotz weiterer Mitgliedschaft immer sporadischer wurde.[108]

Im Überblick über die Burgbrechungen wird deutlich, dass auch ohne einen Landfrieden und die königlich legitimierte personale Landfriedenssorge zumindest die Städte jederzeit es als ihr Recht beanspruchten, „Raubhäuser“ oder andere Burgen, die Schädiger beherbergten, zu belagern, einzunehmen und zu zerstören. Das zeigt etwa der Auszug der Straßburger gegen die Burg Homburg im Jahr 1383. Deren beide ritterliche Besitzer hatten dort den erklärten Feind der Straßburger, Symunt von Schönecke, beherbergt, auf dessen Tötung eine Belohnung von 2000 fl. Ausgesetzt worden war, nachdem alle andere Möglichkeiten, ihn zu fassen, fehlgeschlagen waren. Offensichtlich genügte diese Unterstützung für sich der Bürgerschaft als Grund für die Zerstörung. Unter den von den Straßburgern ergriffenen umfangreichen Maßnahmen tauchte gleichwohl der 1381 verlängerte Landfrieden von 1378 nicht auf, war dieser doch durch den Ständekonflikt der großen Städtebünde mit den Herren bereits wirkungslos geworden. Daraus erklärt sich auch ohne Weiteres, warum sich trotz der sonst vergleichsweise guten Überlieferungssituation keine Zeugnisse für eine entsprechende Befassung der elsässischen Landfriedensrichter oder deren Tätigwerden im Vorfeld oder Nachhinein dieser eigenmächtigen Burgbrechung finden. Auch ohne die Hilfe anderer Landfriedensmitglieder erwiesen sich die Straßburger Besatzer als erfolgreich. Die beiden Burgherren ergaben sich und übergaben Burg und Dorf in die Gewalt der Straßburger. Beides wurde ihnen nach Abgabe einer Verpflichtung, den Symunt nicht mehr zu beherbergen, wieder zurückgegeben.[109]

Ähnlich trat 1392 bei der Belagerung der Herren von Rappoltstein durch die Straßburger wegen der erneuten widerrechtlichen Einnahme Gemars der Landfrieden weder auf Seiten der Straßburger noch anschließend bei der vermittelten Sühne und Richtung in Erscheinung.[110] Der von König

---

107 Vgl. hierzu der Verzicht der Raugrafen und des Edelknechts Wirich Landir auf Rache für die Hinrichtung der dort Gefangenen und die zukünftige Anerkennung des Landfriedens, MGH Const V, Nr. 660; vgl. *Schwalm*, Landfrieden, S. 68 ff. m.w.N.; zum Erwerb der Burg durch die Grafen von Habsburg vgl. *Feine*, ZRG GA 67 (1950), S. 221.

108 Später zeigt sich immer häufiger, dass trotz formell fortbestehender Mitgliedschaft Straßburg die anderen Bündnisstädte alleine aktiv handelten, wie etwa bei einem Schiedsspruch zwischen dem Erzbischof und den Bürgern von Mainz wegen eines Totschlags bei Ingelheim vom 20.7.1327, vgl. OSA I, Nr. 314.

109 Vgl. Königshofen, S. 809 f.

110 Letztere erfolgte durch den Herzog von Österreich, vgl. hier nur Königshofen, S. 789.

Wenzel im Rahmen des Egerner Reichslandfriedens errichtete Frieden scheint für die Straßburger hier nicht besonders attraktiv, aber auch nicht nötig gewesen zu sein. Gleiches galt bei der Einnahme der Burg Herrenstein durch die Straßburger im Jahr 1397. Sie wurde der straßburger Verwaltung unterworfen, nachdem die Burgbesatzung in die Stadt abgeführt worden war und erst gegen hohe Geldleistung freigelassen wurde.[111] Andererseits konnte sich eine durch einzelne Verbündete durchgeführte Burgeroberung im Nachhinen natürlich auch als unrechtmäßig erweisen und zu Sühneleistungen führen, wie im Falle der Burg Hohenstein.[112]

b) Umgang mit vermeintlichen Raubrittern

(1) Auf der Suche nach Nachweisen für ein Vorgehen der oberrheinischen Landfrieden gegen „Raubritter", also jene Niederadeligen, die sich im Rahmen einer lediglich vorgeschobenen Fehde oder sonstigen Selbsthilfe aus den Gütern vor allem der Bürgerschaften, voran der reisenden Kaufleute bereichert haben sollen, findet sich unter wenigen Belegen der Fall des Ritters Matthias von Signau. Dieser hatte innerhalb des Geltungsraumes des elsässischen Landfrieden dem Baseler Bürger Salzmann vier Pferde weggenommen und wurde durch den Landfrieden am 24.11.1366 im Rahmen der allgemeinen Sühneverhandlungen über die Freiburger Fehde verpflichtet, den angerichteten Schaden wieder gutzumachen.[113] Ähnlich hatten zwei Mainzer Bürger vor dem elsässischen Landfrieden Wegnahmen und Schäden durch den Ritter zu beklagen, denn der Rat von Speyer kündigte den mit ihnen verbündeten Straßburgern das Eintreffen von

---

111 Nach der heimlichen Einnahme der Burg, die sich zunächst im Teilbesitz der Grafen Zweibrücken-Bitsch und der Herren von Lichtenberg befand, hatten die Straßburger zehn Gefangene in ihre Stadt geführt, die mit einer hohen Bürgschaft freikamen, während der Rat einen eigenen Vogt für die Burg bestellte und diese bewachen ließ, bis er 1398 den Grafen ihren Teil für 1390 fl. abkaufte, vgl. Königshofen, S. 813; Schoepflin, Alsatia Illustrata II, S. 219.

112 Der Eroberung lag zunächst ein am 10.11.1400 geschlossenes heimliches Bündnis des Straßburger Bischofs, der Herren von Lichtenberg, Finstingen, Bitsch und ein anderer Vertrag mit einem gewissen Michel Volk zugrunde, die heimlich die Burg und Stadt, die Rudolf von Hohenstein innehatte, einnahmen, diesen mit seinen zwei Söhnen und anderen gefangen nach Lichtenberg führten und die Stadt und Burg plünderten. Darauf plante der badische Markgraf, dessen Rat und Diener der Herr von Hohenstein war, mit vielen schwäbischen Herren das Bistum zu schädigen. Da jedoch dadurch auch den Straßburger Bürgern Schaden drohte, erzwangen diese einen Vergleich beider Seiten, bei dem Bischof Wilhelm zur Wiedergutmachung verpflichtet wurde, vgl. Königshofen, S. 789 f.

113 Vgl. OSA II 2, Nr. 862.

Mainzer Boten an, mit der Bitte, deren Klagen vor den Landfrieden zu bringen und für eine Wiedergutmachung zu sorgen.[114]

Deutet hier vieles - natürlich bis auf die aus den Landfriedensnormen selbstverständlich ausgeschlossene peinliche Sanktionierung - auf einen geradezu typischen Fall eines „Raubritters" hin, so mahnt ein Schreiben des Mathias von Signau, in dem er sich gegenüber den Landfriedenswächtern rechtfertigte, zur Vorsicht vor allzu klischeehaften Deutungen:[115] Es sei ihm zu Ohren gekommen, dass die Straßburger ihn angeklagt und ihm übel nachgeredet hätten wegen Gutes, das er seinen Feinden genommen habe. Als er darauf von einem Teil angesprochen worden sei, habe er zurückgegeben, was sie mit ihren Briefen und Boten gefordert hätten: 18 Ballen Tuch, zwölf Ellen silberne breite Bändel, zwölf Ellen kleine silbernerne Bändel und zwei Spulen mit Silberfaden. Auch habe man sich wegen dieses Gutes auf die Einsetzung eines Schiedsgerichts unter Werlin von Landsberg, dem Vogt der Herrschaft von Württemberg zu Reichenweiher, geeinigt und einen Tag in Haselo anberaumt zur Wiedergutmachung. Aus diesem Grund sei die Klage gegen ihn unbegründet. Als er aber auf den Tag gekommen sei und habe vorbringen wollen, dass es Gut seiner erklärten Feinde gewesen sei, dass er sich aber dennoch dem Spruch unterwerfen wollte, da seien sie nicht erschienen. Statt dessen hätten sie ihm ihrerseits gewaltsam und ungerechtfertigt das Gut entwendet. Aus diesen Gründen bat er den Landfrieden darum, ihm einen Tag zu machen, auf dessen Urteil er vertrauen wolle. Wollten sie dies nicht tun, so dünke es ihn, dass sie sein Recht übergehen wollten. Da viele Klagen über ihn von zahlreichen Städten bestünden, wollte er sich gerne auf dem Tag rechtfertigen und vertraue sich ihrem Urteil an. Sie sollten auch wegen des Gutes, das zu Kappel genommen wurde, wissen, dass er davon weder Kenntnis hatte noch den Tätern etwas geraten oder geheißen hätte und ihm die Sache völlig fremd gewesen sei, bis ihm Claus Marxer einen Brief gesandt hätte.

Mag man vieles hiervon als Ausflüchte aus Sorge vor Sanktionen des Landfriedens ansehen, so fällt doch auf, dass sich Mathias von Signau jedenfalls bereitwillig zum Rechtsaustrag, also zur Verhandlung vor dem Landfrieden erbot und im Übrigen auch im Falle der entwendeten Pferde ohne weiteres Schadensersatz leistete. Aus dem Protokoll der Sühneverhandlung vor dem Landfrieden wird überdies deutlich, dass die einzelnen Vorfälle in den Zusammenhang mit der großen Freiburger Fehde der Freiburger Bürgerschaft mit Graf Egino und den Grafen von Geroldseck gehören, mithin

---

114 Vgl. OSA II 2, Nr. 879, zur Datierung am 6.6.1367 bzw. 28.5. 1368 s. dort Anm. 52; zum Bund zwischen Speyer und Straßburg, der vom 15.5.1365 bis 11.11.68 dauerte, vgl. OSA II 1, Nr. 500.

115 Vgl. OSA II 2, Nr. 888.

ihre Unrechtmäßigkeit durchaus zweifelhaft scheint und es sich jedenfalls nicht um typische Raubzüge eines Raubritters handelte.[116]

(2) Hingegen zeigten die Bürgerschaften, wenn sie ohne den Landfrieden vorgingen, bisweilen eine rücksichtlose Härte gegen die Niederadeligen, die die Sicherheit der Kaufleute gefährdet und sich auf deren Kosten bereichert hatten. So hatten die Hagenauer den Ritter Johannes von Fegersheim in der kurzen Zwischenzeit vor der Neuerrichtung des Landfriedens von 1353 kurzerhand in ihrer Stadt enthauptet, weil er im heiligen Forst im Jubeljahr 1350 einige Pilger aus England geplündert hatte. Hiervon konnte sie weder der zu Gunsten des Ritters geführte Beweis, dass er den König von England, in dessen Dienst er schon viele Auslagen gehabt hatte, habe plündern wollen, noch die Bitten vieler edler Herren und Frauen aus Straßburg und der Adeligen des Elsasses abhalten. Seinem Bruder, dem Straßburger Ausbürger Ritter Rudolf von Fegersheim blieb nur die Fehde gegen die Reichsstadt, in deren Folge er zumindest eine große Bußleistung erzwingen konnte.[117]

(3) In einem sehr ähnlichen gelagerten Fall, der sich *nach* der Errichtung des Landfriedens von 1353 abspielte, ergab sich ein völlig anderes Resultat. Hier war es Ludemann von Lichtenberg, ein weiterer Straßburger Ausbürger, der die Hagenauer Bürger mit Gewalt zu Gunstetten, Rorweiler und Herbolzheim geschädigt hatte. Jetzt beschränkten sich die Hagenauer darauf, vor dem Landfrieden zu klagen, worauf dieser die Straßburger ermahnte, Ludemann anzumahnen, den Bürgern Wiedergutmachung zu leisten.[118]

(4) Auch im so genannten „Safrankrieg" vom April 1374, bei dem der Freiherr Hermann von Bechburg auf der Straße bei seiner Feste Falkenstein einen nach Basel reisenden Kaufmannszug ausgeplündert und Gut, insbesondere acht Zentner Safran, erbeutet hatte, das nach Straßburg, Basel, Frankfurt und Köln gehörte, zeigten die Baseler unter der Führung des Landgrafen Rudolf von Nidau Härte. Sie enthaupteten nach der Eroberung der Burg alle Knechte und nahmen den Bruder des Freiherrn gefangen.[119]

---

116 Vgl. OSA II, Nr. 862; *vgl. dazu auch unten Kapitel 6 III 1 a) (2)*; interessanterweise hatte Matthias von Signau vor dem königlichen Landgericht zu Rottweil eine empfindliche Niederlage durch direkte Intervention Kaiser Karls IV. hinnehmen müssen, da seine Klagen gegen die Bürgerschaft von Bern wegen der Ermordung seiner Leute in der Stadt niedergeschlagen, die Ächtung der Bürgerschaft aufgehoben und ihm jede weitere Klage in der Angelegenheit verboten wurde, allerdings ohne dass hierfür Gründe überliefert sind, vgl. OSA II 1, Nr. 30 m.w.N.

117 Vgl. Mathias v. Neuenburg, erste Fortsetzung, S. 207.

118 Vgl. OSA II 2, Nr. 855.

119 Ob der Freiherr von Bechburg sich dabei mit Recht auf eine Streitigkeit seines Lehensherrn, des Bischofs von Basel, mit der Bürgerschaft als rechtliche Grundlage für seine Eigenmacht

Rückblickend fällt bei allen diesen Verfolgungen zunächst auf, dass die mutmaßlichen Raubritter, jedenfalls aus ihrer Sicht, über einen tauglichen Grund für die jeweiligen Wegnahmen verfügten. Ihre Übergriffe konnten in diesem Fall nach traditionellem Recht durchaus als erlaubte Fehde oder Pfändung angesehen werden, wobei sich allerdings regelmäßig die Frage nach der Haftung der Kaufleute für ihre Mitbürger oder ihre Stadtherren stellte. Dagegen bedeuteten derartige Übergriffe ohne weiteres einen Bruch des Friedensschutzes, den die Fehde nie und die Pfändung ohne Anrufung gerichtlicher oder eben landfriedensmäßiger Hilfe nur in einem eng begrenzten Rahmen gestattete. Die Sanktionierung derartiger Eigenmacht selbst mit peinlichen Strafen und Burgbrechungen machten die Bürgerschaften allerdings keineswegs vom Bestehen eines Landfriedensschutzes abhängig. Umgekehrt vielmehr scheint der Landfrieden dazu beigetragen zu haben, dass solche Landfriedensbrüche entsprechend der traditionellen Landrechtsauffassung nur durch Buße, also finanzielle Wiedergutmachungsleistung geahndet wurden. Auch dadurch wurden weitere Konflikte wie die Anschlussfehde des Ritters von Fegersheim vermieden.

c) Landschädliche Leute: Das Beispiel des Hartmann Rot

Ähnlich gestaltete sich auch die Wirklichkeit der landschädlichen Leute, wie bereits angesprochen, wesentlich komplexer als es das Klischee der gefährlichen Räuberbanden, sozial Deklassierten und Herrenlosen besagt. Das beste Beispiel hierfür liefert am Oberrhein der Fall des Hartmann Rot. Der im Zuge der bösen Fasnacht verbannte Basler Bürgermeister erhielt, trotz ernster Verbote noch des alten Kaisers Karl IV., Aufnahme in Straßburg und gewann im Elsass rasch Anhang und Freunde für seine Sache, vor allem bei den Amtsleuten des Reiches und den Städten. Obwohl sich dann König Wenzel wiederholt gegen ihn wandte und am 29.10.1379 allen Reichsständen im Elsass und insbesondere den Landfriedensrichtern gebot, gegen Hartmann Rot und seine Bande landschädlicher Leute einzuschreiten, und androhte, gegen jeden Widerspenstigen auch selbst bei Strafe des Widerrufs aller Freiheiten vorzugehen,[120] erhielt Basel in kurzer Zeit zahl-

---

berufen konnte, bleibt offen; jedenfalls geschah der Übergriff im Frieden und Geleit der Landgrafen im Buchsgau; nachdem unverzüglich Landgraf Rudolf von Nidau gegen die Burg der Freiherren gezogen war, hielt diese der Baseler Hilfe von 100 Schützen und einer Wurfmaschine mit Meister nur bis zum August stand; nachdem sich die Burgbesatzung ergeben hatte, wurden die Knechte enthauptet, der Bruder des Hermann von Bechburg in Gefangenschaft genommen und die Beute ebenso wie das ursprünglich gestohlene Kaufmannsgut unter den Eroberern aufgeteilt, was ihnen den Vorwurf eintrug, es nunmehr selbst geraubt zu haben, so dass zumindest Basel seinen Beuteanteil i.H.v. 170 fl. herausgab; BUB IV, Nr. 363; BChr V, S. 65 f.; VI, S. 263; Justinger, S. 139; *Wackernagel*, Basel, I, S. 288 f.

120 Vgl. BUB IV, Nr. 449.

reiche Absagebriefe von Anhängern Rots, darunter von Graf Hannemann von Zweibrücken, dem Straßburger Domkustos Johann von Ochsenstein und selbst Reichslandvogt Ulrich von Finstingen und vielen anderen. [121] König Wenzel begründete sein Vorgehen gegen den „landschädlichen Mann" damit, dass Herzog Leopold von Österreich über wiederholten Frevel und Mord, den Rot und andere aus Basel Ausgewiesene begangen hätten, gegen diesen und die Stadt Basel geklagt habe. Daher gebot er zunächst, Rot und seine Leute nirgends aufzunehmen oder zu unterstützen, sondern sie als verrufene, „argwöhnische" Leute sofort zu richten, falls einer oder mehrere von ihnen in Stadt, Haus und Hof des Empfängers kämen.

Dem leisteten die Stände jedoch keine Folge, vielmehr kam es am 6.10.1380 zu einem Schiedsverfahren zwischen dem Landfrieden und der Stadt Basel, darunter insbesondere dem Erzpriester von Bärenfels, Wernher Schaler, und seinen Helfern.[122] Alles, was von einer Seite der anderen weggenommen worden war, sollte zurückgegeben werden; Hartmann Rot durfte zwar die Gebiete der Städte und aller anderen Landfriedensangehörigen frei betreten, jedoch nicht von dort aus die Baseler Bürger schädigen, angreifen oder mit oder ohne Gericht pfänden, mit Ausnahme des Schuldners, gegen den er mit gerichtlicher Erlaubnis pfänden durfte. Entsprechendes versprachen die Baseler Bürger ihm gegenüber. Waren dies übliche Regelungen zum Abschluss einer Fehde, so war die folgende Bestimmung außergewöhnlich: Die Vereinbarung ordnete an, dass die beiden königlichen Briefe an Basel in dieser Sache im Beisein von Boten des Landfriedens vernichtet werden sollten, ebenso sollten alle Einträge im Achtbuch wegen dieser Sache, aus denen ein Schaden entstehen könnte, in Basel auf dessen Kosten gelöscht werden. Graf Walraf von Tierstein und vier weitere Vertrauensträger sollten den Landfriedensrichtern bis zum 14. Oktober mitteilen, ob Basel und der Erzpriester diese Sühne, Richtung und Übereinkunft halten wollten, damit diese innerhalb der folgenden 14 Tage vollständig umgesetzt werde. Andernfalls sollte die Richtung ungültig sein und jeder Teil bei seinem Recht bleiben, jedoch sollten bis zum 14.10. zumindest beide Seiten Sicherheit haben.

Am 19.10.1380 informierten diese fünf Abgesandten die Landfriedenswächter, dass die Richtung gelten solle und in Basel vollzogen worden sei.[123] Jedermann könne das Gut vom anderen zurückfordern. Sie hätten den Brief an Basel, den der Herzog von Österreich beim König erwirkt hatte, und den weiteren, vom König unmittelbar an die Bürgerschaft gesandten, in ihrem Besitz und würden diese auf dem Treffen in Colmar dabei

---

[121] Vgl. *Wackernagel*, Basel I, S. 298 m.w.N.

[122] Vgl. St. UB V, Nr. 1393.

[123] Vgl. St. UB V, Nr. 1395.

haben und mit ihnen verfahren, wie es Recht sei und beide Teile sich in der Sühne versprochen hätten. Damit wurde gegen Ende des Jahres der Frieden zwischen Basel und den Landfriedensangehörigen wiederhergestellt.[124] Die Kosten Basels in der Angelegenheit waren erheblich: So musste die Bürgerschaft alleine an die Straßburger 562 ½ fl. leisten, von denen 55 fl. unmittelbar durch den Erzpriester Werner Schaler verursacht worden waren, der jedoch lediglich 32 fl. zur Begleichung beisteuerte; auch andere mussten Wiedergutmachung an Straßburg leisten, wie Hannemann von Mömpelgard, der 10 fl. für ein Pferd und noch weitere Resitutitionen zahlte.[125]

Wie bereits festgestellt, handelte es sich bei dem „landschädlichen Mann" Hartmann Rot keinesfalls um einen sozial Deklassierten, verdächtigen Durchreisenden oder gar einen Räuberhauptmann, sondern um einen angesehenen Politiker und Angehörigen der städtischen Führungsschicht in der Stadt Basel. Zur Feststellung seiner Landschädlichkeit genügte König Wenzel der Verweis auf die dem Herzog von Österreich und der Stadt Basel entstandenen Schäden, wobei bemerkenswert ist, dass deren beide Gebiete gerade nicht in den elsässischen Landfrieden von 1378 mit einbezogen waren. Wenn man weiterhin annimmt, dass die Landschädlichkeit im Sinne der Landfrieden einen schädigenden Landfriedensbruch voraussetzte, dürfte wahrscheinlich doch der nicht überlieferte Landfrieden von 1374, in den Basel einbezogen war, die Grundlage geliefert haben oder der Begriff wurde in einem weiteren, eher untechnischen Sinn gezielt von König und Herzog gebraucht. Die Eintragung in das Baseler Achtbuch erfolgte zwar bereits vor der Mitteilung Wenzels. Die Landschädlichkeit dürfte nach den Regelungen der Landfrieden aber nicht ihre unmittelbare Folge gewesen sein, vielmehr dürften die städtischen und landfriedensrechtlichen Sanktionen als Reaktion auf die von Rot (mutmaßlich) begangenen Schädigungen unabhängig voneinander gestanden haben. Es dürfte sich daher durchaus um eine „technische" Verwendung des Begriffes der Landschädlichkeit gehandelt haben, die in ihren Voraussetzungen, wie dem weiteren Vorgehen weitgehend den oben herausgearbeiteten Regelungen zu den landschädlichen Leuten entsprach.[126] Statt der stellvertretenden Richtung der angeblichen Rots, wie sie eigentlich aus dem Landfrieden oblegen hätten, kam es allerdings zu einem Schiedsverfahren, in dem der Landfrieden, der Hartmann Rot offensichtlich insgesamt unterstützte, sich mit dessen Gegnern auf einen Vergleich einigte, bei dem keine Seite als Sieger hervorging. Damit erreichten die Landfriedenswächter, dass die Achteintragung und die königlichen Briefe, die die vermeintliche Land-

---

124 Vgl. *Wackernagel*, Basel I, S. 298.

125 Vgl. ebd., S. 298, 628.

126 *Vgl. oben Kapitel 5 I 5 b) und c).*

schädlichkeit dokumentierten, aufgehoben beziehungsweise vernichtet wurden, so dass zukünftig für Rot keine Gefahr mehr bestand, dass diese zu seiner Ergreifung oder sonstigen nachteiligen Folgen führen würden. Die köngliche Autorität spielte dabei für die Teilnehmer ebenso wenig eine Rolle wie eine Beteiligung des eigentlich ursprünglich geschädigten Herzogs von Österreich.

d) Der Fall der Feste Fröndsberg

Einen Glücksfall für die Erforschung des Vorgehens und Wirkens des Landfriedens stellt der Fall der Feste Fröndsberg oder Fründesberg dar, da die überlieferten Quellen über ein Schiedsverfahren, in dem über die Rechtmäßigkeit der durch den Landfrieden erfolgten Burgbrechung gestritten wurde, die Verfahrensschritte im Nachhinein bis ins Einzelne beleuchten.[127]

Der Straßburger Domdekan Johann von Lichtenberg hatte als Reichsvikar im Elsass und Speyergau Kenntnis davon erhalten, dass im Geltungsbereich des unterelsässischen Landfriedens von 1347 Bürger der schwäbischen Reichstadt Weil beraubt worden waren und auf der Burg Fröndsberg gefangen gehalten wurden.[128] Er zeigte darauf die Angelegenheit persönlich vor den Neun über den Landfrieden Gesetzten an und mahnte sie auf ihren Amtseid, dass sie ihm und dem Reich Hilfe gegen die Burg erteilen sollten. Darauf erkannten die Neun auf ihren Eid, dass der Landfrieden tatsächlich an den Reichsleuten *„verbrochen"* sei und die Mitglieder vor die Burg Fröndsberg ziehen sollten. So mahnten sie auch die Herren und Städte, die zu dem Landfrieden gehörten, nach ihrem Beschluss mit Boten und Briefen. Unter den Teilnehmern befanden sich Kontingente der Stadt Straßburg und der Reichsstädte, wohl auch Truppen des Straßburger Bischofs Berthold, der aber wegen seines hohen Alters nicht mehr selbst teilnehmen konnte.[129] Gemeinsam zogen die verbündeten Truppen im Sommer 1348 mit dem Reichsbanner vor die Burg. Schließlich wurden nach einer Belagerung die Befestigung eingenommen und die Gefangenen mit einem Teil der Beute vorgefunden. Hierauf beschlossen nun die Landfriedenspfleger, dass man die Burg brechen sollte, weil Reichsbürger darauf gefangen gefunden worden waren und ein Teil ihres widerrechtlich weg-

---

127 Vgl. auch *Ruser*, OSA II 2, S. 808; zur Burg allgemein vgl. *Wolff*, Elsässisches Burgenlexikon, S. 101.

128 Vgl. St. UB V, Nr. 216; OSA II 2, Nr. 827; vgl. ergänzend den Bericht der Landfriedensleute an den mittelrheinischen Landfrieden vom 20.9.1352, OSA II 2, Nr. 836, vgl. auch OSA II 2, Nr. 828; sowie Mathias v. Neuenburg, S. 170.

129 Berthold von Buchegg war damals bereits über 70 Jahre alt, vgl. Leupold, Berthold von Buchegg, S. 133 f.

genommenen Gutes. Diese Burgbrechung wurde auch unmittelbar durchgeführt[130] und ihr Erfolg durch den Domdekan Johann von Lichtenberg unverzüglich am 18.8.1348 verkündet.[131]

War das eigentliche Landfriedensverfahren damit wohl beendet, so gaben sich die Burgeigentümer mit diesem Vorgehen doch nicht zufrieden. Es kam zu zwei Verfahren vor unabhängigen Schiedsgerichten. Zunächst leistete Else von Fründesberg mit ihrem Mann Siegfried Lymeltz von Löwenstein am 11.2.1349 eine Sühne mit dem Landfrieden unter Graf Walraf von Zweibrücken und Rudolf von Ochsenstein als Obleuten.[132] Siegfried und Else gelobten, auch für ihre Erben, ewig Sühne zu halten wegen der Zerstörung der Burg durch den Landfrieden. Im Gegenzug gelobten auch die Neun *„von des selben landfriden wegen"* die Sühne zu halten, wobei sie wohl auch als Vertretung für die übrigen Landfriedensmitglieder handelten, da sonst diese Sühne kaum Sinn gemacht hätte. Jedenfalls schien dies den beiden Miteigentümern der Burg zu genügen, so dass sie im Wege eines „rechten Kaufs" alle Rechte an der Burg für 500 kleinere Florentiner Gulden abtraten; gleichzeitig bestätigen sie *„ane geverde"*, dass diese ihnen bereits vollständig gezahlt worden wären und sie völlig Gewere und Nutzung vom Landfrieden daran erhalten hätten. Aus diesem Grund erklärten sie gleichzeitig die restlose Übertragung aller Rechte an der Burg Fröndsberg, allerdings mit Ausnahme etwaiger nachträglich anfallender Erbteile, und verzichteten durch Eid auch für ihre Erben auf alle Ansprüche wegen Bruch und Brand an der Burg Fröndesberg gegen den Landfrieden und alle seine Angehörigen. Siegfried von Löwenstein verpflichtete sich zusätzlich, dem Landfrieden zukünftig auf dessen Mahnung zu Hilfe zu kommen und selbst zu den Landfriedenstagen zu fahren und vor allem mit *„gezugnissen"* an alle Orte zu fahren, wo man seiner gegen Reinhard Hovewart von Sickingen und dessen Helfer und Diener bedürfte. Allerdings sollte dies ausdrücklich auf Kosten des Landfriedens geschehen. Sollte ihn ein Fall der echten Not hindern, so sollte er zwar von seiner körperlichen Hilfe befreit sein, aber weiter mit Briefen und Worten helfen.

Damit deutete sich bereits an, dass allen Beteiligten klar war, dass der Landfrieden mit dem anderen Miteigentümer, Reinhard Hovewart von Sickingen, keine derart schnelle und für den Landfrieden bequeme Einigung der Angelegenheit finden würde. Erst am 25.8.1349 kam es zu einer unter dem Vorsitz des Pfalzgrafen, des bayerischen Herzogs Ruprecht, vermittelten Sühne des Landfriedens mit dem genannten Ritter von Sickingen. Durch sie wurde ein Schiedsgericht unter dem Deutschordensmeister Wolfram von Nellenburg mit vier beisitzenden Schiedsrichtern wegen der

---

130 Vgl. Mathias v. Neuenburg, S. 170; Königshofen, S. 800.

131 Vgl. St. UB V Nr. 216, S. 204 Anm. 1; OSA II 2, Nr. 827.

132 Vgl. OSA II 2, Nr. 826.

Streitigkeit und Zerstörung von Fröndsberg und allen deswegen entstandenen Sachen eingesetzt.[133] Ausführlich wurde geregelt, dass je zwei Schiedsleute der Parteien gemeinsam oder aber eine Seite mit dem Obmann Recht sprechen sollte, allerdings durfte ihre Entscheidung ausdrücklich niemand an das Leben gehen. Des Weiteren wurde der genaue Ablauf der Verhandlung vor den Schiedsleuten bestimmt: Zuerst sollte der Sickinger alle seine Ansprüche darlegen, auf die dann die Vertreter des Landfriedens mit ihren Forderungen antworten sollten. Sollten die Schiedsleute einer Seite nicht bis zum 8.9.1349 entscheiden, so sollte nur der Spruch der anderen gelten; sollte der Vorsitzende Deutschordensmeister von Nellenburg bis 6.10.1349 nicht urteilen, so sollte der *status quo* bestehen bleiben; selbst für dessen Tod war eine genaue Nachfolgeregelung getroffen.[134] Während Reinhard für sich und seine Helfer und Diener schwor, die Sühne zu halten und sich dem Schiedsspruch zu unterwerfen, taten dies die neun *Conservatores* für alle Helfer und Diener des Landfriedens.

Tatsächlich kam es demgemäß am 3. September 1349 zur Verhandlung vor dem Schiedsgericht, über die ein ausführliches Protokoll Auskunft gibt.[135] Das Gremium, bestehend aus dem Straßburger Patrizier Claus Zorn von Bülach und Johann von Wickersheim für den Landfrieden sowie Heinrich von Erenberg und Diether von Hentschuchesheim für den Herren von Sickingen urteilte unter dem Vorsitz des Deutschordensmeisters von Nellenburg über alle bis zu diesem Tag ergangene Kosten und Schäden:

(1) Zunächst forderte Reinhard von Sickingen die Wiederherstellung der Burg Fröndsberg und umfassenden Schadensersatz, mit der Begründung, dass die Burg von den Neun unangekündigt zerstört und seine Habe weggenommen worden sei, ohne dass er diesem irgendeinen Grund dazu gegeben habe. Mit der Betonung der fehlenden Ankündigung schien der Herr von Sickingen vor allem auf eine fehlende Fehdeansage, also eine Ab-

---

133 Vgl. OSA II 2, Nr. 828; St. UB V, Nr. 216, S. 204 Anm. 2; beachte hier die erstmalige Besiegelung eines Dokumentes durch die Neun des Landfriedens mit ihrem Siegel; mit Wolfram von Nellenburg fand sich ein sehr hoch stehender und angesehener Vorsitzender; der aus dem schwäbischem Hegau stammende Ritter führte seit 1323 die Landkomtur Elsass-Burgund, und unterhielt seit seiner Ernennung zum Deutschmeister des Ordens als unmittelbarer Verteter des Hochmeisters für die Deutschen und Welschen Lande im Jahr 1330 enge Beziehungen nicht nur zur Marienburg, sondern ebenso zum Kapitel in Straßburg und zu Karl IV., für den er wichtige diplomatische Erfolge vollbrachte; vgl. *Jähnig*, Deutscher Orden, S. 108 ff. m.w.N.; zum Deutschen Orden im Elsass vgl. *Walter*, JbGEL 14 (1898), S. 6 ff.

134 Bei seinem Tod sollten der Turmdekan Johann von Lichtenberg und der Pfalzgraf seine Stelle einnehmen.

135 Vgl. hierzu und zum Folgenden St. UB V, Nr. 216; Schoepflin, Alsatia Diplomatica II, Nr. 1037; OSA II 2, Nr. 829.

sage, zu verweisen, womit jedenfalls aus seiner ritterlichen Sicht, der Landfrieden nichts anderes als eine unrechtmäßige Fehde begangen hätte.

Ein Sprecher der Neun über den Landfrieden Gesetzten anwortete hierauf mit einem mit Rechtfertigungsgründen versehenen Überblick über das gesamte Verfahren vor dem Landfrieden, das zur Zerstörung der Burg führte. Zuerst verwiesen sie auf die Existenz eines gültigen und allgemein verbindlichen, von König Karl IV. selbst „von den Herren, Städten und des Reiches wegen“ aufgesetzten Landfriedens. Die Vertreter des Landfriedens hoben also zunächst ihre herausgehobene Stellung hervor, die zwar stark, aber nicht allein auf der Bestätigung durch den König beruhte, sondern auch auf der Beteiligung der Herren, Städte und des Reichs (hier wohl verstanden als Gebiet der Reichslandvogtei) und der damit verbundenen Allgemeinverbindlichkeit für das Land. Danach zitierten die Neun wörtlich die Mahnung des Straßburger Turmdekans, die, wie oben bereits ausgeführt, zu Anfang das Verfahren eingeleitet hatte.[136]

Anschließend beantragten die Landfriedensrichter das Verlesen ihrer Mahnbriefe. Dagegen erhob der Herr von Sickingen Einspruch, da dies nicht in Sühne und Schiedseinsetzung enthalten sei. Die vier Schiedsrichter kamen jedoch überein, die Briefe öffentlich zu verlesen, was in ihrer und der Anwesenheit des Bischofs von Speyer, sowie der Städteboten von Freiburg und Speyer geschah, die man dazu gebeten hatte. Zur Sicherung der formalen Gleichstellung erhielt Reinhard Hovewart, wohl auf eigenen Wunsch, das gleiche Recht zuerkannt, von dem er aber keinen Gebrauch machte.

Darauf sprachen die Schiedsleute hinsichtlich dieser Ansprüche ihr Teilurteil, dass alle Sachen um Fröndsberg „von des Reiches und des Landfriedens wegen“ mit rechtem Gericht und Urteil des Landfriedens angeordnet und geschehen seien und dies mit besiegelten Briefen des Reiches, des Landfriedens und des Domdekans bewiesen worden sei und daher keine Ansprüche Sickingens oder eines Dritten bestünden.

(2) Nunmehr begründeten die Vertreter des Landfriedens ihre Forderungen gegen den Herren von Sickingen. Er habe auf der Reichsstraße Bürger von Straßburg, die unter dem Landfriedensschutz standen, ohne Absage, Gericht und Recht angegriffen, verwundet, getötet und beraubt, dies solle er nun wiedergutmachen.

Dieser antwortete zunächst, dass er nach der Zerstörung der Burg Fröndsberg Pfänder gegen den Landfrieden erhalten wollte, drang allerdings damit nach dem erfolgten Teilurteil nicht durch. Danach machte er geltend, dass man seinen Helfer Frye bei der Burgbrechung erschlagen habe, für den er eine Entschädigung wolle; gegen diese Forderung beriefen sich die

136 Vgl. dazu nochmals OSA II 2, Nr. 827.

Landfriedensvertreter nunmehr auf Notwehr, wofür niemand Entschädigung geben müsse.

Hierauf kamen alle vier Schiedsrichter überein, dass der Sickinger den Straßburgern alles binnen 14 Tagen wiedergutmachen sollte, da der Überfall *ohne vorherige Klage und Urteil geschah*, doch ohne eine Leibesstrafe, entsprechend dem Anlassbrief, der eine solche ja ausgeschlossen hatte. Umgekehrt konnte auch er wegen der Tötung des Frye keine Entschädigung geltend machen, da diese auf Notwehr beruhte.

Schließlich erhielten die Landfriedensrichter eine besiegelte Urkunde des Schiedsgerichts über die Verhandlung und Entscheidung. Der gegen ihre Ausstellung gerichtete Einspruch des Sickingers, dass dies ebenfalls nicht im Anlassbrief vorgesehen sei, wurde durch Erklärung der Schiedsleute verworfen, die dann auch den schriftlich festgehaltenen Schiedsspruch ohne den Kläger siegelten.[137] Weitere Anwesende, darunter vor allem Abgesandte aus Freiburg und Speyer, beglaubigten den Schiedsspruch am folgenden Tag.

Am 6. Januar 1350 schließlich wurde die Richtung und Sühne endgültig vollzogen. Reinhard von Sickingen und sein Schwiegersohn, der Edelknecht Ludwig von Frönsberg, bestätigten, dass Wolfram von Nellenburg als Obmann sie und den Landfrieden gütlich gerichtet und gesühnt habe in der folgenden Weise:[138] Um die Schadensersatzansprüche des Landfriedens bzw. seiner Mitglieder, vor allem der straßburger Bürger, befriedigen zu können, verkaufte Reinhard die Hälfte, Ludwig das Viertel, das ihnen an Fröndsberg gehörte, vorbehaltlich der Äcker, des Waldes und der Weiden um 1400 kleine Gulden an den unterelsässischen Landfrieden. Sie verpflichteten sich zur Gewährleistung gegen alle Ansprüche seitens Dritter und zur unverzüglichen Übergabe aller die Burg Frönsberg betreffenden Dokumente und verzichteten restlos auf eigene Rechte, auch für ihre Tochter beziehungsweise Ehefrau. Abschließend beschworen sie eine ewige Sühne wegen aller Schäden im Verlauf des Konflikts zugunsten aller Beteiligten. Die vier Straßburger Bürger Claus beziehungsweise Nikolaus Großstein, der selbst Mitglied des Landfriedenskollegs war, Albrecht Judenbreter, Claus zur Megede und Meister Gerlint verpflichteten sich am selben Tag, den Kaufpreis bis zum 28.2.1350 bei den Deutschordensherren in

---

137 Vgl. die Urkunde über Urteil des Schiedsgerichts, OSA II 2, Nr. 830; St UB V, Nr. 216, S. 205 Anm. 1 vom 4.9.1349, beglaubigt mit 8 Siegeln, von Dietrich von Weisweiler, Bürgermeister Hesse Schöwlin, Hannemann Durner und Dietrich Schnowelin, alle Ritter und Edelknechte von Freiburg, sowie Bürgermeister Hun Knoltze, Johans Bernhoch, Dolde Retztel und Ulrich Kluphel Bürger von Speyer.

138 Vgl. OSA II 2, Nr. 831, beeidet und gesiegelt von Reinhard und Ludwig, Wolfram von Nellenburg, Rittern Johann und Eberhard von Sickingen, Johann von Hohenhart und Edelknecht Reinhard von Durmentze; vgl. St. UB V, Nr. 216, S. 206, Anm. 1.

Speyer für die Verkäufer zu zahlen; sobald die Zahlung erfolgt war, sollte der Schuldbrief vom Deutschenordenskomtur herausgegeben und eine Quittung ausgestellt werden; bei Verzug sollten sie sich ohne Mahnung innerhalb von zwei Tagen in Speyer verantworten[139] Die zugehörige Zahlungsquittung wurde schließlich am 17.2.1350 nach ordnungsgemäßer Aushändigung des Betrages durch Claus zu der Megede an den Deutschordenskomtur ausgestellt.[140] Im September 1350 wurden schließlich die auf der Burg Gefangenen von den elsässischen Landfriedenswächtern freigelassen, wie diese an ihre Kollegen am Mittelrhein vermeldeten.[141] Am 29.6.1354 wurde Nikolaus Großstein, der sich zur Kaufpreiszahlung verpflichtet hatte, höflich gebeten, den Neubau Eberhards von Fröndsberg an der Stelle der zerstörten Burg für die Landfriedenswächter von 1353 zu besichtigen, gemeinsam mit seinem Mitbürger Cunzen Rosenbaum.[142] Offensichtlich war die Familie von Fröndsberg trotz der obengenannten Transaktionen im Besitz oder Untereigentum der Burg verblieben, während der Landfrieden durch die als Käufer auftretenden Straßburger Bürger gewisse Aufsichtsrechte für den Neuaufbau der Burg geltend machen konnte. Die alteingesessene Edelknechtsfamilie konnte sich jedoch von diesem einschneidenden Vermögenseingriff auf lange Sicht nicht mehr erholen. Sie unterlag einem längeren sozialen Abstieg, bevor sich ihre letzten Spuren schließlich verloren.[143]

Die Fröndsberger hatten damit auch den zweiten, nunmehr rechtlichen Kampf um ihre Burg verloren, der allerdings nicht von vornherein entschieden schien. An den prominenten Garanten der ersten Sühne und des Schiedsgerichts, dem Pfalzgraf und dem Deutschordensmeister von Nellenburg, ebenso wie an der noch ungewöhnlich ausführlichen Dokumentation der Verhandlungen und Beobachtung durch Vertreter der wichtigstens Städte der Nachbarregionen zeigte sich, dass sich hier, modern gesprochen, vielleicht geradezu ein „Musterprozess" vor dem Schiedsgericht vollzog, der die Stellung und Befugnisse des Landfriedens zum Gegenstand hatte. Offensichtlich war das Vorgehen des Landfriedens gegen einen „Raubritter" und sein „Raubhaus" keineswegs zweifelsfrei und unbestritten. Auch war der Landfrieden selbst von einer unangefochtenen obrigkeitlich-hoheitlichen Stellung offensichtlich weit entfernt, im Gegenteil musste

---

139 Vgl. OSA II 2, Nr. 832; gesiegelt nur von Wolfram von Nellenburg und Albrecht Judenbreter, dazu ein Konzept; vgl. auch St. UB V, Nr. 216, S. 206 Anm. 1.

140 Vgl. die Quittung über die Kaufsumme von 1400 fl., OSA II 2, Nr. 833.

141 Vgl. den Bericht über die Einnahme der Burg und Freilassung der Gefangenen von den elsässischen Landfriedenspflegern an ihre Kollegen am Mittelrheins vom 20.9.1350; OSA II 2, Nr. 836.

142 Vgl. OSA II 2, Nr. 847 mit überzeugender Datierung.

143 Vgl. *Wolff*, Elsässisches Burgenlexikon, S. 74.

er sich im Einzelnen vor einem paritätischen Schiedsgericht besonders rechtfertigen. Er blieb in seinem gesamten Vorgehen, trotz aller königlicher Mitwirkung, letztendlich gegenüber seinem Gegner eine Partei, die ihre Aktionen innerhalb der bisherigen Metasysteme des Fehde- und Reichsrechts begründete. So rekurrierte der Edelknecht von Sickingen ohne Zweifel auf das traditionelle Fehderecht und insbesondere auf die erforderliche fristgemäße Absage, während der Landfrieden sich zunächst auf seine besondere Legitimation durch den König und das Land berief. Die Schiedsleute anerkannten diese Sonderstellung des Landfriedens „von des Reiches und des Landfriedens wegen“, was ihnen dadurch leicht fiel, dass der Reichsvikar Auszug und Belagerung mit direkter personaler Landfriedensgewalt, ausgedrückt durch das Reichsbanner, angeführt hatte. Sie stellten gleichwohl auch das Gericht und Urteil des Landfriedens als Grundlage der Vollstreckung heraus. Unklar bleibt insoweit, ob dadurch der Einwand der Subsidiarität der Fehde, die für den Landfrieden als reine Fehdepartei neben der offensichtlich nicht eingehaltenen fristgemäßen Absage hätte gelten müssen, beiseite geschoben wurde, oder ob doch dem Reichsvikar hier die entscheidende Stellung zukam.

Jedenfalls war für den Landfrieden eine Sonderstellung anerkannt. Sie bestand darin, dass das Fehderecht zwar den Denk- und Argumentationsrahmen für seine Tätigkeiten darstellte, dass er jedoch dieses Rahmens in wesentlichen Punkten enthoben wurde, nicht zuletzt durch die Autorität des Reiches und den Vertretungsanspruch für „das Land“ durch seine wichtigsten Reichsstände. Weder der König noch sein umfassend bevollmächtigter Reichsvikar hätten vor einer Fehde ein partikulares Gericht anrufen müssen. Insoweit stand der König doch über seinen eigenen Gesetzgebungsakten von 1235 und später 1356 und hatte zumindest theoretisch eine umfassende Zwangshoheit, die ihn über das Fehderecht stellte. Dies galt umso mehr, als die Reichslandfrieden klar die Verfolgung von Räubern und den gleichermaßen zu bestrafenden Beherbergern in die Hände der Richter legte, also auch in die des Königs als obersten Richters beziehungsweise in die seines umfassenden Stellvertreters, ohne dass hier das Fehderecht relevant wurde. Deswegen war die doppelte Begründung des Vorgehens aus dem Reichsrecht und dem Recht des Landfriedens durchaus folgerichtig, lagen doch ein Verstoß sowohl gegen die im letzten Reichslandfrieden von 1323 reichsrechtlich gebotene Sanktionierung des Räubers und ein Bruch des aufgerichteten Landfriedensschutzes der Einung vor. Diese doppelte Fundierung einer Landfriedensmaßnahme zeigte sich auch in einer Mitteilung der elsässischen Landfriedenspfleger gegenüber ihren mittelrheinischen Kollegen:[144] Sie hätten mit rechtem Urteil erkannt, dass der Landfrieden dem Reich und seinen Leuten „beholfen“ sein

---

144 OSA II 2, Nr. 836.

sollte, da Reichsleute gefangen lagen wider Recht, und dass *auch* der Landfrieden an den Reichsleuten verbrochen wäre. Schließlich sah auch das wenig zuvor ergangene Reichsweistum vom 5.9.1338 die reichsweite Bestrafung von Straßenräubern mit dem Tod vor.[145] Auf dieses bezog sich vielleicht sogar der ausdrückliche Sühnevorbehalt des Reinhard von Sickingen, dass das Schiedsgericht keine peinlichen Strafen, insbesondere also die danach eventuell gebotene Todesstrafe sollte verhängen können. Bemerkenswert bleibt allerdings, dass der Edelknecht offensichtlich davon ausging, dass ein solches Schiedsgericht überhaupt ein derartiges Urteil aussprechen könnte.

Jedenfalls konnte die Entscheidungsbegründung des Schiedsgerichts später durchaus dahin gedeutet werden, dass dem mit Billigung des Königs geschlossenen Landfrieden unabhängig von dem hier zusätzlich gegebenen reichsvikarlich geahndeten Verstoß gegen Reichsrecht das Recht zukam, ohne Anrufung eines traditionellen Gerichts, was ohnehin seit 1254 nicht mehr vorkam, und ohne eine Absage fehdeartige Erzwingungsmaßnahmen zu ergreifen. Vielleicht versuchte der Herr von Sickingen auch deswegen, eine schriftliche Fixierung dieses Rechtsspruches zu verhindern.

Bei der Gegenklage des Landfriedens fällt zunächst ins Auge, dass dieser offensichtlich die Ansprüche der geschädigten und beraubten Weiler Bürger im eigenen Namen geltend machte, ohne dass seine Legitimation hierzu von der Gegenseite bestritten wurde. Seine Berechtigung leitete der Landfrieden wohl von seiner Stellung als Hilfsbündnis gerade für die Durchsetzung von Wiedergutmachungsansprüchen her, die er auch vor dem Schiedsgericht auszufüllen trachtete. Reinhard von Sickingen wandte sich dann auch nicht mehr gegen den Grund dieses Anspruches, sondern versuchte Gegenrechte geltend zu machen, wobei sein Wunsch nach einem Pfand für die eigenen Schäden ohne Weiteres in Folge des zuvor ergangenen Teilurteil abgelehnt wurde. Interessanter blieb sein Versuch, mit einem Schadensersatzanspruch für die Tötung seines Helfers oder Dieners Frye gewissermaßen aufzurechnen. Denn diesem begegnete der Landfrieden nicht mit der Berufung auf sein eigenes, gerade zuvor bestätigtes Erzwingungsrecht, sondern mit dem Hinweis auf das allgemeine Institut der Notwehr.[146] Sicherlich waren dessen Voraussetzungen ebenfalls erfüllt, war doch die Abwehr des Burgmanns Frye ihrerseits ein rechtswidriger Angriff, den die bei der Burgeinnahme Beteiligten auch mit tödlichen Mitteln abwehren durften.

---

145 *Vgl. dazu oben Kapitel 2 II 4 c);* vgl. hier nur nochmals *Thomas*, Ludwig der Bayer, S. 322.

146 *Zur Notwehr vgl. oben bereits ausführlich Kapitel 4 I 4 c).*

3. Friedenssorge durch Schlichtung, Richtung und Unrechtsahndung

Der Landfrieden war keineswegs auf Konflikte der Bürgerschaften mit Landadeligen beschränkt; vielmehr spiegeln die vor ihn gebrachten und von ihm verhandelten oder verfolgten Fälle praktisch die gesamte Spannweite der Konflikte innerhalb der mittleren und führenden Schichten und Kreise seiner Zeit.

(1) So wurde der Landfrieden im Rahmen seiner Aufgaben ohne Weiteres in einem Streit im Umfeld einer klösterlichen Gemeinschaft aktiv, wenn ein gewaltsamer Landfriedensbruch vorlag, wie der Fall des Klosters Neuenburg belegt. Am 9.6.1354 baten die Landfriedenspfleger den Rat Straßburg, Dietrich von Kintweiler und die in seiner Gesellschaft befindlichen Mönche von Neuenburg, nicht zu hausen und zu hofen oder sonst zu unterstützen, da diese sich, anders als der Abt Johannes von Neuenburg nicht zum Austrag ihres Streits bereit gezeigt hatten. Mit der Befolgung dieses Anliegens täten die Straßburger ihnen besondere Liebe und Freundschaft an.[147] Bereits im Februar 1354 hatte sich Karl IV. an die Stadt mit der Bitte gewandt, Dietrich, der sich das Amt des Abtes angemaßt habe und mit gestohlenen Klosterschätzen, insbesondere Büchern, Kelchen, Messwein, Korn, Vieh und weiterer Klosterhabe geflohen sei, nicht in ihrem Stadtgebiet zu dulden.[148] Auch der weithin als Abt anerkannte Johannes von Neuenburg hatte sich kurz darauf an die Stadt gewandt.[149]

Nach dieser vorläufigen Maßnahme, die dazu diente, den beschuldigten Landfriedensbrechern keine Unterstützung zu gewähren, mahnten am 13.10.1354 die Landfriedenswächter erneut die Straßburger: Mittlerweile hatte Abt Johann von Neuburg persönlich vor ihnen wegen des Ungehorsams seiner Mönche geklagt, die ihm innerhalb der Geltung des Landfriedens Geschirre, die zu Wagen seines Klosters gehörten, frevelhaft zerhauen hätten und ihn unter anderem auf der Reichsstraße bei Tannenheim beraubt hätten. Darauf baten die Landfriedensrichter die Bürgerschaft, diese Mönche festzuhalten, falls sie sich in Straßburg aufhielten, bis sie dem Abt Wiedergutmachung leisteten und weitere Schädigungen in Zukunft zu unterlassen versprächen, oder sich in dieser Sache in Colmar vor dem nächsten Treffen des Gerichts am 18.11. verantworten wollten. Sollten die Straßburger dies nicht befolgen, müssten sie, die Landfriedenswächter, gegen sie einschreiten, wie es der Landfrieden bestimme. Eine Unterredung, die in der Sache zwischen dem Landvogt Hugo von Dirnsteig, Bischof Jo-

---

[147] Vgl. OSA II 2, Nr. 846; vgl. auch *Schindele*, Abtei Lichtenthal, S. 96 f.

[148] Vgl. St. UB V, Nr. 289.

[149] Vgl. St. UB V, Nr. 291.

hann von Straßburg, Vertretern der Stadt und des Abtes am 17.11. angesetzt war, musste zunächst verschoben werden.[150] Offensichtlich hatte die Stadt Dietrich als Abt anerkannt, zumindest aber in den Gütern der Abtei nicht angegriffen, denn noch am 27.5.1355 kündigte Pfalzgraf Ruprecht der Ältere eine Wiedervereinigung von Abt und Konvent an und verband dies mit der Bitte, in der Zwischenzeit einen Verkauf der in der Stadt belegenen Klostergüter zu verhindern.[151]

Bemerkenswert ist hier, dass der Landfrieden offensichtlich keine Hindernisse sah, auch Personen des geistlichen Standes zu belangen. Er betrachtete vielmehr seine regelmäßigen ausdrücklichen Rechtsgarantien als Auftrag gegenüber möglichen Gewalttätern, sah sich selbst aber an keine Exemtion zugunsten der kirchlichen Gerichte gebunden. Insoweit wirkte der Landfriedensschutz der Kleriker auch gegenüber ihren Mitbrüdern und eröffnete so dem Landfrieden grundsätzlich den Eingriff in innerkirchliche Streitigkeiten, soweit sie in seinen räumlichen und zeitlichen Anwendungsbereich fielen und einen Bruch des Friedens, also regelmäßig eine ungerechtfertigte gewaltsame Eigenmacht darstellten. Interessant ist auch, dass der Landfrieden hier Maßnahmen in zwei Stufen anordnete: Zunächst beschloss er, wohl noch ohne eine formale Untersuchung, eine wirtschaftliche Sanktionierung der Beschuldigten durch seine Mitglieder, bevor er nach näherer Erforschung des Sachverhaltes deren Gefangennahme anordnete, allerdings auch diese nicht nur mit dem Ziel der Wiedergutmachung, sondern auch mit der Möglichkeit des Rechtsaustrags und damit einer rechtfertigenden Verteidigung. Auffallend ist schließlich eine deutlich schnellere Aufeinanderfolge von Sitzungen des Landfriedenskollegs: Statt im vierteljährlichen Abstand, wie in den Einungen vorgesehen, tagte es hier etwa einmal im Monat.

(2) Einen besonders delikaten Fall sah wohl Bischof Johann von Straßburg, als er den Meister und Rat der Stadt bat, ihm Boten zu schicken, damit er ihnen mündlich wegen des Grafen von Werdenberg berichten könne, was er nicht schreiben wollte.[152] Besonderen Wert legte der Oberhirte bei diesem Treffen auf die Anwesenheit des Straßburger Bürgers von Großstein, weil dieser ein Angehöriger des Landfriedenskollegiums sei. Offensichtlich wollte der Bischof nicht nur den Rat, sondern auch den Landfrieden in einer besonderen vertraulichen Weise in ein mögliches Vorgehen gegen den Grafen einbeziehen. Grund dafür waren die gewaltsamen Auseinandersetzungen der adeligen Trinkstubengesellschaft zu der Krone und der Gesell-

---

150 Vgl. St. UB V, Nr. 314.

151 Vgl. St. UB V, Nr. 341.

152 Vgl. St. UB V, Nr. 339.

schaft mit dem Panther in Colmar.[153] Nach einer am 18.2.1356 erfolgten, bis zum 13.3.1356 befristeten Sicherheitsleistung des Grafen für alle seine Helfer und Diener gegenüber allen, die zum Landfrieden gehören, erfahren wir leider nichts mehr über den weiteren Fortgang der Sache.[154]

(3) Auch zwischen verschiedenen Bürgerschaften konnte der Landfrieden ohne weiteres aktiv werden. Dies scheint jedenfalls dann der Fall gewesen zu sein, wenn keine spezielleren Schiedsvereinbarungen und Städtebündnisse bestanden. Ein leider kaum datierbares Schreiben Colmars an Straßburg zeigt den Landfrieden in der Auseinandersetzung zwischen den Colmarern und den Breisachern.[155] Wie die besonderen Rechtfertigungen nahe legen, scheint dies allerdings recht ungewöhnlich und begründungsbedürftig gewesen zu sein. Ursache des Konflikts war die Gefangennahme von Colmarer Kaufleuten durch fünfzig bewaffnete Breisacher bei einer Fahrt auf dem Rhein zur Messe nach Frankfurt, die eine Meile flussabwärts von der Stadt unter Wegnahme aller von ihnen mitgeführten Sachen und ihrer Barschaft erfolgte. Dies, so beklagten die Colmarer, habe noch keine Reichsstadt einer anderen angetan. Die Breisacher hätten ihnen keine Gründe hierfür genannt, auch eine Aufforderung, solche und gegebenenfalls Konditionen zur Auslösung der Gefangenen mitzuteilen, hätten sie nicht beantwortet. Darauf hätten sie ihnen einen Rechtstag angeboten, worauf die Breisacher geantwortet hätten, sie wollten selbst einen Antwortboten schicken, was aber wohl nicht geschehen war. Noch einen Tag vor dem jetzt erfolgten Schreiben an die Straßburger hätten sie den Breisachern nochmals einen zuverlässigen Boten mit der Bitte gesandt, die Bürger freizulassen, da doch dieser Zustand nicht sein dürfe. Da die Straßburger gerne Frieden sähen und machten und die Colmarer ihnen vertrauten, hätten sie dies ihnen und dem Landfrieden geklagt, um nicht das Land mit einem Auszug schädigen zu müssen. Ob das Landfriedenskollegs durch die Straßburger mit der Sache befasst wurde und tatsächlich eingriff, oder in anderer Weise eine Richtung der Sache zustande kam, ist leider nicht bekannt.

(4) Eine ähnliche Auseinandersetzung zwischen Straßburger und Freiburger Bürgern hatte der Landfrieden um den Jahreswechsel 1367/1368 zu schlichten. Im Schatten der großen Freiburger Fehde um die Autonomie der Dreisamstadt kam es zur Klage der Straßburger Bürger Ritter Claus Zorn, genannt Lappe, aus der führenden Patrizierdynastie der Stadt und

---

153 Vgl. insgesamt St. UB V, Nr. 339, 359; vgl. das Bündnis mit Colmar vom 24.6.1355; OSA II 2, Nr. 854 und 859.

154 Vgl. St. UB V, Nr. 373; BUB IV, Nr. 221.

155 Vgl. OSA II 2, Nr. 917; zur Datierung ebd. Anm 86; der Schriftcharakter spricht dabei für Einordnung um das Jahr 1360, die Form der Benachrichtigung und Rechtfertigung spricht hingegen eher für die Zugehörigkeit zum früheren Frieden von 1353.

Edelknecht Claus Maler wegen der Tötung ihrer beiden Söhne sowie Bertold Zorns gegen die Freiburger Bürgerschaft. Die Freiburger Bürger waren mit ihren Helfern, vermutlich aus Breisach, Neuenburg und Basel, vor das Weiherschloss bei Emmendingen gezogen und hatten dort Ritter Johann Zorn und Edelknecht Cuno Maler gefangen genommen.[156] Diese hatten, jedenfalls aus der Sicht des Straßburger Chronisten, mit dem Krieg nichts zu tun, wurden aber trotzdem von den Freiburgern erschlagen. Ritter Berthold Zorn, genannt Schultheiß, brachte 100 Glefen zusammen, um diesen Mord zu rächen, und half fortan Graf Egino in dem Krieg gegen die Bürgerschaft seiner Stadt. Dazu sammelten die Verbündeten des Grafen, unter anderem die Grafen von Salm, Leiningen und Finstingen, insgesamt 500 Glefen, bevor es am 18.10.1367 zur Schlacht bei Endingen gegen 400 Glefen und 4000 weitere Freiburger und Verbündete kam, die mit einem Fiasko für Freiburg endete: 4000 Freiburger ertranken allein bei der Flucht, etwa 300 wurden gefangen genommen und viele weitere erschlagen.[157]

Nachdem diese gewaltsamen Auseinandersetzungen den Oberrhein erschüttert hatten, kam es am 4.1. zu einem der üblichen Ladungsschreiben der Landfriedensrichter an Meister und Rat von Straßburg. In diesem baten sie sie wegen des Scheiterns des Rechtstages am vorangegangenen Montag mit allem Ernst um die Teilnahme an einem weiteren Gerichtstag am übernächsten Montag erneut nach Schlettstadt, insbesondere die Bürger Herrn Johannsen Zorn und Cuntzen Bok.[158] Demgemäß kam es am 15.1.1368 zu einer weiteren Verhandlung vor dem Landfriedensgericht, an der die Kläger sowie wohl Vertreter der Freiburger Seite teilnahmen und sich dem Mehrheitsurteil des Gerichts im Voraus unterwarfen.[159] Die endgültige Richtung sollte kurz darauf am 25. Januar erfolgen, es sei denn, die Freiburger hätten keinen Frieden wegen des fortbestehenden Krieges mit „den Herren", dann sollten die Landfriedensleute einen anderen Termin bestimmen und ihnen dazu Sicherheit geben. Am gleichen Tag erklärten die drei Kläger, dass sie in der Angelegenheit mit Meister, Rat, Bürgern und Eidgenossen Freiburgs gesühnt und gerichtet seien und gelobten, diese Richtung einzuhalten.[160]

(5) Knapp elf Jahre später teilte am 16.11.1379 das Landfriedensgericht dem Meister und Rat Straßburgs mit, dass ihnen von Boten der Stadt Offenburg vorgetragen worden war, dass diese sich in deren Ungnade glaubte, weil die Straßburger behaupteten, Offenburger Bürger hätten ihnen zu Unrecht

156 Vgl. Königshofen, S. 793 f.; UB Freiburg I 2, Nr. 268 f.

157 Vgl. Königshofen, S. 794 f.

158 Vgl. OSA II 2, Nr. 874 mit Vorschlag zur Datierung am 4.1.1368.

159 Vgl. UB Freiburg I 2, Nr. 268.

160 Vgl. ebd., Nr. 269.

Vieh weggenommen.[161] Die Offenburger wollten sich deswegen verantworten und auf den Rechtstag des Landfriedens kommen. Da die Straßburger zu diesem allgemeinen Frieden gehörten, forderten sie die Landfriedenspfleger auf, sich des Friedens wegen gütlich mit den Offenburgern zu richten und zu vertragen, oder am 12.1.1380 vor dem Landfriedensgericht zu Hagenau in dieser Sache zu verhandeln und denen von Offenburg Sicherheit zu geben, da sie sich in dieser Sache dem Rechtsspruch der *Conservatores* unterworfen hätten. Erneut wurde der Landfrieden zugunsten eines Landfriedensbrechers, der sich der Gerichtsbarkeit im Vorhinein unterworfen hatte, aktiv, um den Geschädigten von eigenmächtiger Selbsthilfe abzuhalten.

III. Die politische, militärische und gesellschaftliche Rolle der Landfrieden

1. Der Landfrieden und die Reichs- und Partikularpolitik

Die Wirkung des Landfriedens beschänkte sich, wie bereits teilweise in Kapitel 2 gezeigt, nicht nur auf die Verfolgung von Landfriedensbrüchen. In der Reichspolitik spielten die Landfrieden über ihre eher indirekte politische Wirkung hinaus, die Anhänger einer Partei zu sammeln beziehungsweise zu isolieren, bisweilen eine unmittelbarere Rolle. Dies illustriert die Mahnung der Neun des Landfriedens vom 30.8.1346 an die Straßburger, auf ihren Eid dem bedrängten König Ludwig zu Hilfe zu kommen.[162] Durch seine Autorität als Zusammenschluss der wichtigsten Vormächte der Region konnte der Landfrieden durchaus auch bei Konflikten, die nicht in seiner Zuständigkeit lagen, gute Dienste leisten und so die möglichen Gefahren gewaltsamer Auseinandersetzungen für das Land entschärfen.

a) Auseinandersetzungen zwischen Stadtherr und Bürgerschaft

(1) Ein Beispiel für solche guten Dienste stellt das Eingreifen der Landfriedenswächter in den innerstädtischen Konflikt zwischen der Bürgerschaft Basels und ihrem Bischof in den Jahren 1365/66 dar.[163] Der am 13.5.1365 vom Papst, seit langem erstmals ohne Gegenwahl des Kapitels, als Bischof

---

161 Vgl. St. UB V, Nr. 1367.

162 Vgl. St. UB V, Nr. 144.

163 Zu den umfangreichen Akten, auf die hier leider nicht näher eingegangen werden kann, und zum Folgenden, vgl. nur *Wackernagel*, Basel I, S. 277 ff. m.w.N.; vgl. daneben BUB IV, Nr. 301 f.

eingesetzte Johann von Vienne stand bereits vor seinem Amtsantritt im Ruf starker und streitbarer Durchsetzung seiner Rechte und des Friedens. Dementsprechend kam es noch im gleichen Jahr wenig überraschend zu einem schweren Konflikt mit den Baseler Bürgern wegen der Erhebung von Umgeld von Bistumsangehörigen und der Aufnahme von Eigenleuten des Bistums als Bürger. Bischof Johann verweigerte der Bürgerschaft die Handfeste, die im Grunde nur noch symbolische Ermächtigung des Rates durch den Stadtherrn. Sein Ziel war kein geringeres, als die gewachsene städtische Autonomie auf den Stand von 1218 zurückzustutzen. Nachdem er alle Anklagen gegen die Bürgerschaft am 14.4.1366 urkundlich niedergelegt hatte, diese sich aber nicht fügte, verhängte Johann, einmal mehr, das Interdikt über die Stadt und bat Karl IV. um Hilfe. Dieser gab darauf zunächst den Bischöfen von Speyer und Straßburg den Auftrag, den Streit beizulegen. Erfolg war ihnen jedoch offensichtlich nicht beschieden, denn Ende des Jahres griffen die *Conservatores* des gerade erst im Oktober errichteten Landfriedens ein und eilten nach Basel. Ihre Verhandlungen und ihr gutes Zureden brachten schließlich einen Ausgleich zwischen beiden Streitparteien zustande: Der städtische Rat versprach, die rechtswidrigen Verordnungen aufzuheben, und erhielt dafür die Bestätigung seiner Rechte in Gestalt der Handfeste in ihrer üblichen Form. Auch der Kaiser versuchte, beide Seiten durch Privilegien zu besänftigen.[164] Eine endgültige Aufhebung des Interdikts sollte allerdings erst 1372 erfolgen.[165]

Der Landfrieden wurde damit in einem Fall tätig, der nicht als Verfahren wegen Verstoßes gegen die Landfriedensnormen betrachtet werden kann, da sich der Konflikt im Wesentlichen vor Inkrafttreten des Friedens abgespielt hatte. Zudem handelte es sich wohl um einen rein stadtinternen Streit, von dem keine erkennbaren Gewalttaten auf dem Land ausgingen. Der Landfrieden wurde hier also ohne eigentliche Ermächtigung durch seine Errichtungsurkunde, aber dafür umso mehr mit Erfolg tätig. Dieser beruhte wohl auf der Vertretung aller wichtigen Herren und gleichermaßen der bedeutenden Bürgerschaften des gesamten Elsass.

(2) In ähnlicher Weise bemühte sich derselbe Landfrieden um die fast gleichzeitig stattfindende Auseinandersetzung Freiburgs mit seinem Stadtherrn, dem Grafen Egino, und verabschiedete bereits am 24.11.1366 einen ersten Schiedsspruch.[166] Das ausführliche Sühneprotokoll sah vor allem die Bürgerschaften von Freiburg, Basel und Breisach als nicht nur von Graf Egino, sondern auch durch andere adelige Herren, Geschädigte an, wenn auch noch teilweise unter Beweisvorbehalt. Andere Ansprüche wur-

---

164 Insbesondere durch einen der Bürgerschaft im Frühjahr 1368 Basel bewilligten neuen Rheinzoll, vgl. *Wackernagel*, Basel I, S. 281.

165 Vgl. BUB. IV, Nr. 301 f.

166 Vgl. OSA II, Nr. 862.

den mit der Begründung nicht einbezogen, dass es sich nicht um solche unter den Kriegsparteien handeln würde. Die sehr umfassenden und komplexen Sühneverhandlungen vor dem Landfrieden zogen sich bis in den zweite Hälfte des folgenden Jahres hin.[167]

b) Der Landfrieden zwischen König und Kirche - die „Lichtenberger Fehde"

(1) Wie bereits dargestellt, schlossen auch innerkirchliche Auseinandersetzungen wie im Falle des Klosters Neuenburg das Eingreifen des Landfriedens im Falle eines gewaltsamen Landfriedensbruches nicht aus.[168] Auch in einem anderen Fall zeigte sich, dass der Landfrieden seitens der Kirchen und Klöster Beachtung fand: In einer Urkunde des Abtes und des Dekans des Klosters Weißenburgs vom 6.8.1348 unterwarfen sich die Brüder indirekt dem Landfrieden, indem sie gelobten, alle, die zu der Einung gehörten, und besonders die Stadt Straßburg nicht von ihren Befestigungen aus zu schädigen.[169]

Umgekehrt konnten kirchliche Auseinandersetzungen durchaus die Errichtung eines Landfriedens verhindern, wie bis 1338 die Querelen um den Straßburger Bischof Berthold von Buchenegg.[170] Nach dem in der Landfriedenseinung besiegelten Friedensschluss setzte sich zwar unter den wichtigsten Vormächten am Oberrhein eine gewisse Beruhigung durch. Der Konflikt innerhalb des Straßburger Kapitels und mit den Herren von Lichtenberg und Kirkel schwelte jedoch fort, auch wenn Berthold zunächst unter dem Druck seiner Gefangenschaft auf die Bedingungen seiner Gegner eingegangen war und den bereits oben genannten Vertrag abgeschlossen hatte. Dem leistete zunächst der Bischof Johann von Basel als vorläufiger päpstlicher Administrator des Bistums Widerstand. Ebenso reagierte der von ihm eingesetzte Generalvikar Johann Erlin, der bereits vorher alle Akte von Konrad von Kirkel widerrufen hatte, nachdem sich beide wechselseitig exkommuniziert hatten.[171] Sie erklärten die Amtsgewalt Bischof Bertholds für noch nicht wieder voll hergestellt und übten die Gerichtsbarkeit weiterhin selbst aus, bis dieser das Amtsiegel von seinen Kontrahenten zu-

---

167 Vgl. UB Freiburg 1,2 Nr. 267; OSA II 2, Nr. 868.

168 *Vgl. oben Kapitel 6 II 3 (1).*

169 Vgl. St. UB V, Nr. 171; OSA II 2, Nr. 826.

170 *Vgl. auch bereits Kapitel 2 II 3 d).*

171 Vgl. hierzu und zum Folgenden insgesamt Mathias v. Neuenburg, S. 112 ff.; danach Königshofen, S. 670 f.; *Wackernagel*, Basel I, S. 255 f.; vgl. auch *Schmidt*, Histoire, S. 22.

rückerhalten hätte.[172] Wie die Verwandten des Bucheneggers weigerten sie sich beharrlich, selbst die Urfehde und die eingegangenen Verpflichtungen zu siegeln. Als schließlich Berthold erfolglos versuchte, von seinen Gegnern die Bürgschaftsurkunden zurückzuerhalten, entbrannte der offene Streit erneut.

Noch mehr Öl ins Feuer goss, wie zu erwarten war, Papst Benedikt XII., als er, durchaus nicht ganz ohne Grund, alle Eidschwüre des Bischofs und seiner Bürgen für nichtig, da unfreiwillig erzwungen erklärte. Damit wurden die darauf beruhenden Verfügungen rückgängig gemacht, Kirkel und seine Parteigänger im Kapitel durch richterlichen Spruch aller ihrer Pfründen und Ämter enthoben und Ulrich von Signau wieder als Propst eingesetzt.[173] Hierauf befehdeten die Herren von Kirkel und Lichtenberg erneut den Bischof, nahmen Brumat ein und verbrannten mehrere Dörfer im Bistum, vor allem in der Nähe von Guggenheim.[174] Gleichzeitig wurde der Bischof vor der Feme am Niederrhein wegen Urkundenfälschung verurteilt.[175] Berthold stand weitgehend isoliert da; insbesondere rächte es sich nach Ansicht des Chronisten, dass er nicht auf das Angebot des Dreistädtebundes eingegangen war, und so nur noch mit den Habsburgern außerhalb des Landfriedens verbündet war. Dagegen hatte sich die Straßburger Bürgerschaft über den Landfrieden am Mittelrhein und einen besonderen Bund mit den Reichsstädten weitgehend an die Partei Kaiser Ludwigs angenähert. Nicht genug, hatte Berthold auch die bisher verbündeten Zorns durch die Bestätigung eines Mülnheimers als Propst von St. Thomas gegen sich aufgebracht, während Kirkel als Offizial großen Einfluss in der Stadt genoss.

(2) Die einzige Möglichkeit, kurzfristig auf einen Schlag viele seiner Nachbarn für sich zu gewinnen, konnte für Berthold nur noch im gerade geschlossenen Landfriedensbund vom 21.2.1338 liegen. So nutzte er unmittelbar nach dessen Errichtung dieses Forum, um vor dem gemeinen Obmann und den acht Pflegern Klage gegen die Herren von Hohenstein zu erheben mit der Begründung, diese hätten ihn von seinem Pfandanteil an der Burg Hohenstein ausgeschlossen. Und tatsächlich schien diese Argumentation die Landfriedenswächter beider Seiten hinreichend zu überzeu-

---

172 Probleme waren vor allem dadurch entstanden, dass der Bischof ein neues Siegel hatte anfertigen lassen, da das alte noch vom Herrn von Kirkel zurückgehalten wurde; vgl. Closener, S. 139; Königshofen, S. 669;

173 Vgl. hierzu Mathias v. Neuenburg, S. 115; zum weiteren ausführlich *Leupold*, Berthold von Buchegg, S. 107 ff.

174 Die Konrad von Kirkel und Johann von Lichtenberg erklärten dabei, sie handelten im Namen des Pfalzgrafen, Herzog Rudolf von Heidelberg, und bekriegten von dort aus das weltliche Territorium des Straßburger Bistums mit Brandschatzungen; vgl. Closener, S. 139, dort Fn. 5, ausführlich zu den Herrschaftsverhältnissen an Brumat.

175 Vgl. Mathias v. Neuenburg, S. 115 f.

gen, denn die Hohensteiner wurden von den Landfriedenspflegern offiziell zur Herausgabe des mehrheitlichen Mitbesitzes gemahnt.

Als diese jedoch unverzüglich dieser Forderung Folge leisteten, zeigte sich der Bischof nicht befriedigt, sondern wollte sich wegen der Beteiligung der Hohensteiner an seiner Gefangennahme in Haslach rächen. Daher zog er mit der nachgeschobenen Begründung, die Herren hätten den Burgfrieden von 1320 gebrochen, vor die gemeinsame Burg und zerstörte sie von Grund auf.[176] Genau wie die Festungsmauern fiel der Anschein, dass sich Berthold dem Frieden im Land unterwerfen wollte, für die Zeitgenossen unwiderbringlich in sich zusammen. In der sich rasch verschärfenden Auseinandersetzung konnte der Bischof nur noch auf seinen Basler Amtsbruder und Verwandten zurückgreifen, der jedoch kaum effektiv in das Geschehen eingreifen konnte.[177]

Nun blieb Berthold wirklich keine andere Option mehr, als sich im Hauptstreit mit den Herren von Kirkel und Lichtenberg direkt an Kaiser Ludwig zu wenden. Dieser war, nachdem er durch den mit den Anhängern der Habsburger geschlossenen Landfrieden diese endgültig nicht mehr fürchten brauchte, im März persönlich ins Elsass gekommen, um die verdienten Früchte seiner Politik einzufahren. Gleichzeitig bat der Bischof mit allen Mitteln die Kurie darum, dem Kaiser endlich huldigen zu dürfen, da er keinen anderen Ausweg mehr sähe - jedoch vergeblich, da Benedikt immer noch zu sehr die Verärgerung des französischen Königs fürchtete. Ludwig sparte nicht mit seinem Bedauern über die Lage des Bischofs. Auf sein Angebot, Berthold zu unterstützen, wenn der papsttreue Bischof die längst überfällige Huldigung vollziehe, reagierte dieser jedoch nicht. Dennoch setzte der Kaiser am 11.9.1338 einen Gerichtstermin für einen endgültigen Austrag der Streitsache in Frankfurt fest.[178]

Als Berthold diesen Termin versäumte, meldete Ludwig dies eine Woche später an die acht über den Landfrieden Gesetzten im Elsass, aber auch an alle Parteien der Einung, wie die Briefe an Colmar und Münster bezeugen.[179] Den erforderlichen Tatbestand des Friedensbruches begründete er

---

176 Vgl. Mathias v. Neuenburg, S. 115, nach dessen Bericht der Bischof nach dem Beschluss der neun Wächter über den Landfrieden gehandelt haben soll, was durchaus fragwürdig, jedoch nicht ausgeschlossen scheint, hätte Berthold diese doch angesichts der günstigen Lage erneut von einem wiederholten Landfriedensbruch der Hohensteiner überzeugen können; die Burg Hohenstein befand sich wohl im Miteigentum des Bischofs mit einem kleineren Anteil der Herren von Hohenstein, unter denen Rudolf von Hohenstein ein Mitschuldiger an der Gefangennahme des Bischofs in Haslach gewesen war;; vgl. auch Königshofen, S. 800 mit falschem Jahr 1334; *Leupold*, Berthold von Buchegg, S. 105.

177 Vgl. hierzu und zum Folgenden *Leupold*, Berthold von Buchegg, S. 105 f., 112 f.

178 Vgl. Böhmer, Acta Imperii Selecta, Nr. 786.

179 Vgl. OSA I, Nr. 434; vgl. das Anschreiben Ludwigs an Münster 19.9.1338; Schoepflin, Alsatia Diplomatica II, Nr. 159, Closener, S. 139 f.; Matthias v. Neuenburg, S. 115 ff.

jedoch gerade nicht damit, dass der Bischof den gemeinsamen Tag nicht besucht habe,[180] sondern formulierte eine viel ausführlichere und letztendlich präzisere Mahnung, die er dem Deutschordensmeister Wolfram von Nellenburg als Boten für weitere Auskünfte anvertraute:[181] Danach habe der ehrwürdige Bischof Berthold die Rechte des ehrbaren Herrn Konrad Kirkel, der ihn auf kaiserliches Gebot und aus Liebe aus seiner Gefangenschaft befreit habe, und die von ihm dazu geleistete Sicherheit frevelhaft gebrochen und breche sie jeden Tag mit *„kuntlicher name an pfaffen und leyen"*. Darauf hätte er, Ludwig, gerne auf wiederholte ernsthafte Mahnung Konrads *„einen frid"* und eine Richtung in einem *„freuntlichen tag"* zwischen beiden vermittelt, wenn der Bischof zum festgesetzten Termin erschienen wäre. Dieser jedoch habe, trotz der Kundgabe und der Annahme des Tages vor seinen *„gewizzen boten"*, den Konrad ergebnislos warten lassen und damit nicht nur Kaiser und Reich, sondern auch den Landfrieden *„offenbar und ferevellich gebrochen ... und brichet alle Tage mit chuntlicher gewalt und offenlicher name und wider reht."*

Lediglich nachgeschoben wurde als weitere Begründung, dass der Bischof auch die auf der Speyerer Bischofssynode versprochene Lehenshuldigung und Abkehr vom Interdikt noch nicht geleistet habe. Auch gütliche Mahnung würde nichts mehr helfen, da der Bischof alles vorgenannte Gelobte gebrochen habe. Daher *„enbieten wir und man euch ewerr eyde, wan wir die selben gewalt, unrecht und frevel nicht mer liden wellen von im, noch ensollen, daz ir gemeinlich mit dem lantfrid und auch mit den anderen.. di in gesworn hant, uns ein volg und ein helf uf den egenanten bischofs ze Strazzburg erteilent als der lantfride gesetzet und gemachet ist, daz die vorgesriben frevel, bru[e]ch und gelubde gerichtet werdent ... Wa er daz nicht entete so mannen wir iuch vesticlichen bi unsern hulden ... daz ir uns uf in beholffen seit, wanne wir in dieser sach nicht lenger uber tragen mu[e]gen; wir reichen in dar umb an lib und an gut als verre wir mu[e]gen."*

Bemerkenswert ist hier nicht so sehr die Taktik, mit der Ludwig sich als unvoreingenommenen Verletzten und Kirkel als hauptsächlich Geschädigten darzustellen suchte. Wirklich hervorstechend ist, wie auf die Normstruktur der Landfrieden wörtlich Bezug genommen wird, um dessen Einschreiten durch die Gewaltdelikte zu begründen, während die weiteren Rechtsverletzungen wohl lediglich die Schändlichkeit des Bischofs untermalen sollten. Die wörtlichen Entsprechungen beziehen sich aber, namentlich bei der ersten Schilderung, nicht auf den paritätischen Landfrieden von 1338, an den sich der Kaiser wandte, sondern eher auf die Einung von 1334 am oberen Mittelrhein, in der *„pfaffen und leyen"* vor Raub und aller Gewalt geschützt waren. Nicht mehr überraschen kann ferner das in Aus-

---

180 Insoweit etwas anders als im Regest von *Ruser*, OSA I, Nr. 434 wiedergegeben.

181 Siehe St. UB V, Nr. 87.

sicht genommene Verfahren, nach dem der Landfrieden den Bischof zur Einhaltung seiner Pflichten anhalten und erforderlichenfalls gemeinsam Rat und Hilfe zu deren Erzwingung anordnen sollte.[182] Offenkundig achtete die kaiserliche Kanzlei peinlich genau auf die Landfriedensnormen, die hier erneut erkennbar auf dem fehderechtlichen Beistand wurzelten. Diese Sorgfalt schien durchaus berechtigt, da ja der elsässische Landfrieden paritätisch auch mit Anhängern der Habsburger besetzt war, und die Herzögen immer noch mit Bischof Berthold eng verbunden waren.

(3) Dennoch erlangte Ludwig, wie er später an den mittelrheinischen Landfrieden berichten konnte, eine positive Entscheidung der Pfleger.[183] Insbesondere dürfte es auf die Stimme des zum habsburgischen Lager gerechneten Vertreters der Städte Breisach, Neuenburg und Rheinfelden, Werner Gotzkuchen von Breisach, angekommen sein, der den Anhängern Ludwigs im Gremium die Mehrheit brachte, ohne dass es des Eingreifens der Sonderregelung durch den „gemeinen Obmann", Johannes von Rappoltstein, bedurfte.[184]

So schickten zumindest die diesen Entschluss tragenden, reichstreuen Mitglieder des Landfriedens ihre Absagebriefe an Berthold, voran die kaisertreue Reichsstadt Schlettstadt, die dazu von Rittern, die in ihr das Bürgerrecht besaßen, jedoch gleichzeitig Vasallen der Herren von Lichtenberg und Kirkel waren, angetrieben wurde.[185] Unmittelbar anschließend griffen sie die Orte und Burgen des Bischofs mit Brandlegungen an. Währenddessen stellten sich die Herzöge von Österreich, der Bischof von Basel mit 4000 Mann zu Fuß und 300 zu Pferde sowie der Graf Ulrich von Württemberg mit 300 Helmen auf die Seite Bertholds, wobei Graf Ulrich sich ausbedungen hatte, nicht gegen die Reichsstädte zu ziehen, da er nicht mit dem Kaiser brechen wollte.[186] Während die Habsburger zunächst vom Abt von Murbach hart bedrängt wurden, schlug Berthold mit seinen Zaberner Bürgern und den Württembergern gegen die Landstadt Neuweiler zurück, die sich im Besitz Johannes von Lichtenberg befand. Dabei fanden viele Men-

---

182 Vgl. ähnlich, wenn auch etwas ungenau *Leupold*, Berthold von Buchegg, S. 112.

183 Vgl. St. UB V, Nr. 96.

184 Dass Gotzkuchen wohl die Entscheidung zu verdanken war, geht daraus hervor, dass unter den anderen drei Vertretern der unmittelbare Repräsentant der Herzöge von Österreich sowie die der Bischöfe von Basel und Straßburg sichere Stimmen für Berthold waren; darüber hinaus griffen die von Breisach geführten oberelsässischen Städte in keiner Weise in den Streit ein.

185 Vgl. Mathias v. Neuenburg, S. 116 ff., der ungenau lediglich davon spricht, der König habe die Reichsstädte gegen Berthold aufgeboten; vgl. auch *Leupold*, Berthold von Buchegg, S. 114.

186 Vgl. *Wackernagel*, Basel I, S. 255 f.; zu den Württembergern vgl. besonders *Leupold*, Berthold von Buchegg, S. 114, Fn. 2.

schen auf beiden Seiten den Tod oder wurden gefangen genommen. Anschließend belagerten die bischöflichen Truppen Schlettstadt.[187] Die Belagerung scheiterte jedoch vorerst, ebenso wie mehrere Ausfälle gegen die Güter und Stammburg von Johann von Eckerich im Lebertal. Dennoch verwüsteten die Mannschaften Bertholds, so der Zeitzeuge, „alles, was sie vorfanden", insbesondere die Weinberge rund um Schlettstadt.[188] Die Bauern der Umgebung versuchten nach dem großen Vorbild der Schweizer von 1315 sich gegen diese Verwüstungen zu wehren, indem sie an einem Hohlweg auf die Reiter des Bischofs Steine von den Berghängen warfen und rollten, sie wurden jedoch von diesen auseinander getrieben. Nach einer längeren Atempause durch den Winter, über den Berthold die Belagerung Schlettstadts fortsetzte,[189] eskalierte der Kampf bald erneut, als 200 Männer des Bischofs die Stadt Ehenheim angriffen, das ihm ebenfalls abgesagt hatte, und viele Verluste verursachten, während die Colmarer und Schlettstadter Truppen seine Orte Pfaffenheim und Gebweiler verbrannten.[190] Im Gegenzug raubten Rudolf von Ochsenstein jenen und anderen Vasallen des Bischofs ihre Pferde. Verstärkung erhielten die Reichsstädte nun besonders durch Pfalzgraf Rudolf, König Ludwigs Oheim, der zahlreiche Territorien nördlich von Straßburg in Besitz hatte und seit dem 16.9.1339 mit dem Kaiser eng verbündet war, jedoch bereits seit 1338 mit dem mit Berthold verbündeten Hannemann von Lichtenberg in Fehde lag.[191]

---

187 Neben der nördlich Zabern gelegenen Landstadt fügte der Bischof auch Schlettstadt und Ehenheim starke Schäden zu, vgl. Closener, S. 141; zu Datierungsproblemen vgl. ebd., Anm. 2; vgl. auch ÄDCCol. S. 9 (Bl. 15v.) mit irrtümlichem Datum 1340.

188 Vgl. Königshofen, S. 798.

189 Vgl. hierzu und zum folgenden Kriegsverlauf äußerst ausführlich *Leupold*, Berthold von Buchegg, S. 114 ff.

190 Dieser empfindliche Verlust für den Bischof wurde auch dadurch verursacht, dass Berthold Waldner, der Vogt des Abtes von Murbach, bereit stehende Bündnistruppen zurückhielt und der gleichzeitige Streifzug des bischöflichen Hauptmanns Rudolf von Ochsenstein gegen Schlettstadt misslang; zu weiteren Kampfhandlungen zu Beginn des Jahres 1339 vor Colmar und Ehenheim sowie zwischen Weißenburg und Straßburg zwischen den dortigen kaisertreuen Truppen, die der Pfalzgraf verstärkte, und den Mannschaften des Bischofs und den hohen Verlusten der Bürger durch Hannemann von Lichtenberg vgl. Matthias von Neuenburg, der irrtümlich von Johannes statt Hannemann ausging, dagegen überzeugend berichtigend *Leupold*, Berthold von Buchegg, S. 117 Fn. 1, hier auch S. 116 zur Fehde der Stadt mit Hannemann von Lichtenberg wegen Waldnutzungen und Allmenden und zu den engen Bündnissen zwischen dem Pfalzgraf und König Ludwig und zahlreichen Privilegien, insbesondere dem, dass Ansprüche gegen ihn nur noch vor dem königlichen Gericht durchgesetzt werden sollten vom 16./17.9.1338.

191 In einem Schiedsgerichtsverfahren um die genannten Territorien vor dem Speyerer Bischof, der kurz zuvor von König Ludwig zwei Privilegienurkunden erhalten hatte, hatte sich Pfalzgraf Rudolf eindeutig gegen Bischof Berthold und die Lichtenberger durchsetzen können, mit der Begründung, da sich letztere in der Acht befunden hätten, habe auch Hanne-

(4) Diese ausführlichen Schilderungen der Chroniken veranschaulichen, wie sehr das Land von Nord nach Süd in Unruhe und Mitleidenschaft gestürzt war. Nach diesem Bericht dauerte der Streit so lange, dass es auf beiden Seiten kein Dorf mehr gegeben haben soll, das nicht verbrannt oder zu Geldzahlungen zur Verschonung genötigt worden war. Zunächst schien kein Ende in Sicht. Doch im Sommer 1339 neigte sich die Waagschale allmählich gegen Bischof Berthold. Nach vielen Misserfolgen waren seine Kassen und Ländereien erschöpft. Die Herzöge von Österreich verboten als erste ihren Untergebenen, dem Bischof weiter Beistand gegen Kaiser Ludwig zu leisten, nachdem Herzog Albrecht mit Ludwig in Reichenhall am 12.5.1339 ein weitreichendes Bündnis geschlossen hatte.[192] Dennoch setzten die beiden Bischöfe ihren Kampf auch gegen Pfalzgraf Rudolf fort. Berthold gewann sogar die Neutralität Hagenaus, indem er dessen Bürger von seinem geistlichem Gericht eximierte.[193]

In dieser Situation mahnte am 29.8.1339 König Ludwig den Landfrieden am Mittelrhein gegen Bischof Berthold und zur Unterstützung von Pfalzgraf Rudolf, falls der Bischof oder Hannemann von Lichtenberg die von Rudolf eingenommene Stadt Brumat angreifen sollte.[194] Er verwies dabei auf die Mahnung des elsässischen Landfriedens und sein Ziel, gemeinsam mit dem Pfalzgrafen Berthold und die Herren von Lichtenberg zum gerichtlichen Austrag vor ihm oder einem anderen Gericht zu zwingen. Auch andere Reichstände mahnten die Elsässer zur Unterstützung des Kaiser, wie etwa die Reichsstadt Frankfurt am 1.9.1339.

Nun musste auch Straßburg als Mitglied der mittelrheinischen Einung klar Stellung beziehen. Die Bürgerschaft hatte bereits, so der Zeitzeuge, „unermesslichen Schaden" durch den Krieg erlitten und sagte daher nach langen Beratungen schließlich Ende 1339 ihrem Bischof ab für den Fall, dass sich

---

mann keinen Schadensersatzanspruch gegen den Pfalzgrafen; worauf dieser nunmehr sich offen mit Bischof Berthold verbündete und dessen Fehde aktiv unterstützte; damit verschmolz die lichtenbergisch-pfälzische Fehde mit derjenigen zwischen dem Bischof Berthold und Ludwig IV.; vgl. zum Ganzen *Leupold*, Berthold von Buchegg, S. 116 f. m.w.N.; *Lehmann*, Hanau-Lichtenberg I, S. 45 f.

192 Die „Österreicher" wurden nach dem Vertrag zwischen Herzog Albrecht und König Ludwig in Reichenhall vom 10. / 12.5.1339 unverzüglich zurückberufen, vgl. *Leupold*, Berthold von Buchegg, S. 117 f.

193 Vgl. ebd., S. 118 f. m.w.N.

194 Vgl. St UB V, Nr. 96. Mit dem Angriff des Bischofs auf Brumat war der mittelrheinische Landfrieden verletzt worden, in dem der Pfalzgraf Mitglied war, so dass Kaiser Ludwig am 29.8.1339 seine eindringliche Mahnung an die dortigen Mitglieder wiederholen konnte; dies tat er, um den Schein zu wahren, verbunden mit der Zusicherung, er werde Hannemann gegen den Pfalzgrafen zum Recht verhelfen; gleichzeitig mahnte er auch erneut den elsässischen Landfrieden und andere Reichsstände am 1.9.1339 zum Zug gegen Bischof Berthold, der weiterhin die Huldigung verweigere; vgl. *Leupold*, Berthold von Buchegg, S. 112, 119 m.w.N.

dieser nicht mit Ludwig versöhnen würde.[195] Daran konnte Berthold auch mit seiner Erwiderung nichts ändern, in der er erneut auf die Weisungen des Papstes verwies. Jetzt endlich war der Druck auf den Bischof so groß, dass er „schweren Herzens“ und immer noch unter Hinweis auf die Zwangssituation Ludwig in Speyer huldigte und sich mit den Regalien belehnen ließ. Kurz darauf söhnte er sich auch mit seinen Gegnern aus, voran dem Rädelsführer Konrad Kirkel.[196] Dabei akzeptierte er nunmehr den Spruch eines Schiedsgerichts unter dem Bayern, Ulrich von Württemberg und den Grafen von Öttingen, nach dem das in Gefangenschaft Versprochene gehalten werden musste.[197]

Noch einmal flammte der Streit erneut auf, als Graf Ulrich die Besiegelung nur unter Vorbehalt der Annahme durch Berthold leisten wollte und die Interpretationen hinsichtlich von Einzelfragen in Straßburg auseinandergingen. Als die Stadt nun den Kaiser um eine Entscheidung bat, legte dieser alle Anklagen gegen den Bischof offen und forderte die Bürgerschaft am 7.6.1340 offen auf, vorbehaltlos dem Herren von Kirkel zu helfen. Für die Anhänger des Bischofs war dies das letzte Indiz dafür, dass hinter den Aktivitäten Konrad Kirkels und seiner Helfer niemand anderes als der Kaiser selbst gestanden hatte, der erfolgreich versucht hatte, durch diese Intrige endlich die Huldigung des papsttreuen Bischofs durchzusetzen.

Berthold konnte sich in der Folge insbesondere nicht damit abfinden, dass die Probstei zu Lasten seines Neffen Ulrich von Signau, dessen Verlust allerdings großzügig kompensiert wurde, an die Lichtenberger gefallen war.[198] Insgesamt erhielten alle Kapitelherren ihre Pfründe mit der Unterstützung der Straßburger Bürgerschaft wieder zurück, Konrad von Kirkel erwarb dazu das Offizialamt sowie eine Rente von 50 M. jährlich und, wie

---

195 Gleichzeitig rüstete sich die bisher neutrale Bürgerschaft erkennbar für eine militärische Auseinandersetzung mit ihrem Bischof, vgl. hierzu und zum Folgenden Mathias v. Neuenburg, S. 116 ff.; *Leupold*, Berthold von Buchegg, S. 119 f. m.w.N.

196 Vgl. *Leupold*, Berthold von Buchegg, S. 50: als Beweis, wie sehr Berthold den Willen seiner Bürgerschaft achtete - oder fürchtete.

197 Vgl. hierzu und zum Folgenden das Schreiben Ludwigs an Straßburg bei Böhmer, Acta Imperii Selecta, Nr. 794; vgl. *Leupold*, Berthold von Buchegg, S. 121 f.; das Schiedsgericht für den Streit im Domkapitel fällte nach mehreren Sitzungen in der Residenz Ludwigs in München den Spruch, dass Bischof Berthold alle in der Gefangenschaft abgegebenen Versprechungen halten sollte, jedoch fand sich Graf Ulrich nur unter der Bedingung zur Besiegelung des Urteils bereit, dass der Bischof damit einverstanden sei; allerdings blieb das Urteil interpretierbar, weswegen der Streit erneut losbrach.

198 Vgl. Mathias v. Neuenburg, S. 119; Closener, S. 139 ff.: danach hätte Kirkel nach dem mittlerweile erzielten Vergleich 450 lib. d. jährlich aus der Bistumskasse für das Gericht, das an den Bischof zurückfiel, erhalten, so dass Johann von Lichtenberg, auf sich gestellt, zugunsten Sigenaus gegen eine erhebliche Förderung in andere Weise durch Bischof auf die Probstei verzichtete. Der Bischof machte ihn unter anderem zum Kantor. Von dieser Position konnte er seine weitere Karriere als Dekan, Probst und schließlich Bischof fortsetzen.

Johann von Lichtenberg, 1000 M. Entschädigung von Berthold, der auch an die Hohensteiner 300 M. Wiedergutmachung für ihren Burgteil leisten musste, dafür Siegel und „Gerichtsbarkeit“ zurück erhielt. Johann von Lichtenberg schließlich wurde mit der inzwischen vakanten Kantorei abgefunden, so dass alle Beteiligten im Kapitel einen gewissen Gewinn verbuchen konnten.

Dennoch führte Johann von Lichtenberg seine Fehde gegen Hannemann eine Weile erfolglos weiter, bis auch hier ein endgültiger Vergleich zustande kam, der wie der Ausgleich des Bischofs im Folgenden von allen Seiten eingehalten wurde.[199] Auch der in allen Punkten unterlegene Hannemann sühnte sich aus, wurde Vasall von Pfalzgraf Rudolf, verpflichtete sich am 16.5.1341 auf ein unbefristetes Öffnungsrecht Brumats zu Gunsten des Pfalzgrafen und des Kaisers. Weiter übergab Hannemann Johann von Lichtenberg und dessen Brüdern ihren Anteil an der Stadt an Brumat und zahlte 600 fl. An die Krone. Ludwig überwies die endgültige Richtung zwischen seinem „lieben Getreuen“ Hannemann und Hagenau an ein Schiedsgericht unter seinem „lieben Fürsten Bischof Berthold“; und mit dem Frieden des Abtes von Murbach mit dem Kaiser wurde endlich auch die letzte offene Feindschaft der großen „Lichtenberger Fehde“ am 21.12.1341 beigelegt.[200]

(5) Ludwig hatte sein Ziel erreicht, er konnte Berthold nun fast ohne Ironie als „lieben Freund“ bezeichnen, da dieser formal und öffentlich in seine Huld zurückgekehrt war. Alle wichtigen Herren, insbesondere die führenden kirchlichen Amtsträger, erkannten nun zumindest förmlich seine Herrschaft an und zeigten sich zum Ausgleich bereit. Lediglich der Bischof von Basel konnte sich diesem Druck vorerst noch entziehen. Das Land jedoch war ausgeblutet, alle größeren Herrschaften und Städte waren erschöpft. Der Landfrieden selbst hatte kaum eine aktive Rolle gespielt, war vielmehr Spielball zunächst der bischöflichen und dann der kaiserlichen Bestrebungen und der Widerstände insbesondere aus Straßburg gewesen. Die Entscheidung über seine politische und militärische Rolle lag erkennbar ganz bei seinen führenden Mitgliedern.

---

199 Vgl. *Leupold*, Berthold von Buchegg, S. 122 f.

200 Vgl. *Lehmann*, Hanau-Lichtenberg I, S. 47; hierzu und zum Folgenden auch *Leupold*, Berthold von Buchegg, S. 123 f.

2. Militärische Rolle der Landfrieden

(1) In der Auseinandersetzung innerhalb der Grafenfamilie von Zweibrücken ist die Beteiligung des Landfriedens deswegen bemerkenswert, da aller Erkenntnis nach kein Landfriedensbruch in seinem Geltungsrahmen und daher auch kein Klageverfahren vor dem Landfriedensgericht vorlag. Vielmehr hatte sich am 26.4.1367 der Landfrieden durch seine Amtsleute ohne einen solchen Grund mit Graf Eberhart von Zweibrücken, Ritter Gerhart Harnesch von Weißkirchen und Edelknecht Lamprecht Streuff von Buntenbach gegen Hannemann Symund, genannt Wecker, von Zweibrücken-Bitsch verbunden. Am gleichen Tag trat Pfalzgraf Ruprecht der Ältere in die Allianz ein.[201] Nicht nur der Teilnehmerkreis, sondern auch die Organisation des geschlossenen Bündnisses zeigte, dass es sich um eine große militärische Auseinandersetzung handeln würde. So sollten die Parteien jeweils 90 Glefen für den täglichen Krieg vorhalten und keinen Sonderfrieden schließen. Im Falle eines Auszugs oder eines Rechtstags sollen je zwei Vertreter des Grafen und des Landfriedens unter dem gemeinen Obmann Symunt von Lichtenberg in Weißenburg zusammenkommen und, ähnlich wie in der Binnenorganisation des Landfriedens, nach Anhörung der Parteien mehrheitlich mit Bindungskraft für diese beschließen.[202]

Wohl am 10.5.1367 kam es, wie vorgesehen, zu einer Beratung der Abgesandten in Weißenburg, bei der die Einzelheiten eines koordinierten Angriffs und der Belagerung von Landeck und Ingelheim am 1. Juni beschlossen wurden, einschließlich der einzusetzenden Belagerungsmaschinen und -handwerker.[203] Der Aufmarsch wurde auf den Tag genau geplant: Bereits am 19.5. sollte Pfalzgraf Ruprecht 25 Glefen in seinen Burgen bereit halten, die dem Aufmarschfeld am nächsten waren, ebenso wie Graf Eberhard 20 Glefen in seinen Burgen, der Landfrieden 50 Glefen. Am 27.5. sollen der Pfalzgraf und Graf Eberhardt ihre Widersagebriefe zu Ingelweiler bereithalten. Schließlich sollte am 1.6.1367 Ruprecht persönlich mit drei Belagerungswerken, zwei Meistern sowie Grabern und Knechten, soweit erforderlich, und auf eigene Kosten vor Landeck erscheinen. Graf Eberhardt sollte bei Horembach 100 Glefen und sein gesamtes Fußvolk mit *„eckesen, howen und spießen“* sammeln und dann gegen die Feinde ziehen. Der Landfriede sollte für die Belagerung von Landeck auf seine Kosten ein Belage-

---

201 Vgl. Winkelmann, Acta Imperii II, Nr. 1211.

202 Vgl. St. UB V, Nr. 754.

203 Um das Gleichgewicht nach dem Eintritt des Pfalzgrafen zu wahren, nahmen in dem Koordinierungsgremium vier Mitglieder für den Landfrieden teil, namentlich der Straßburger Hofmeister Johann Hafener, Johann Zorn von Straßburg, Ritter Weltsche Bebelnheim und Cuntze Bocke, sowie je zwei Vertreter für den Pfalzgrafen und Graf Eberhardt; vgl. OSA II 2, Nr. 866.

rungswerk und zwei Meister mit Gesellen beisteuen, dazu einen *„tumbeler"* und zwei *„katzen"* sowie bemerkenswerte 300 Glefen und 1500 Bewaffnete zu Fuß, ein Aufgebot, das einen plastischen Eindruck von den militärischen Möglichkeiten des Landfriedens vermittelt.

Auch vor Ingelheim sollte der Landfrieden mit 100 Glefen und weiterem Fußvolk das Hauptkontingent stellen. Ergänzend wurde beschlossen, dass den Grafen von Zweibrücken niemand, der der Herrschaft der Parteien unterstand, eine feilen Kauf oder *„heimelichkeiten"*, also Herberge, gewähren sollte. Der Landfrieden trat uneingeschränkt als Fehdepartei beziehungsweise -helfer auf, ohne irgendeine besondere Autorität in Anspruch zu nehmen oder auf sein gewöhnliches Verfahren im Falle eines Landfriedensbruchs zurückzugreifen.

Nicht zuletzt unter dem Eindruck des bedrohlichen Aufmarsches vor ihrer Burg und ihrem Kernterritorium schlossen die Grafen von Zweibrücken-Bitsch nach wenig mehr als zwei Wochen ohne Beteiligung der anderen Fehdeparteien mit dem Landfrieden eine Sühne auf fünf Jahre und versprachen die Zahlung von 10.000 fl. Wiedergutmachung für den Landfrieden nach dem Urteil eines bilateralen Schiedsgerichts unter dem Vorsitz des Ritter Kuntz Schnittlauch, das einen exakten Zeitplan verordnet bekam:[204] So sollten alle Forderungen, „die von des Landfrieden da sind", bis spätestens 15.7. durch Briefübergabe bei Buchsweiler angemeldet, auf einem Tag am 28.7. verhandelt und bis zum 8.9. abschließend beurteilt werden.[205] Die Grafen unterwarfen sich dem Schiedsspruch und sollten sich bei Nichterfüllung in Person mit einem dritten „im selben Schild Geborenen" in der Stadt Hagenau stellen und nicht von dort weggelassen werden, bis sie die Zahlung vollständig geleistet hätten. Zusätzlich verpflichteten sie sich, während der Geltung des Landfriedens nicht diesen selbst, also seine Amtsträger und die, die sonst zu ihm gehörten, von ihren bestehenden oder künftigen Burgen, namentlich von Bitsch und Lemberg, aus zu schädigen sowie in ihrer gesamten Herrschaft keine Schädiger des Landfriedens zu beherbergen und Überfälle von ihrem Territorium aus unverzüglich zu richten oder sich selbst in Monatsfrist in Hagenau zu verantworten. Gleichzeitig unterwarfen sie sich der sofortigen Vollstreckung durch den Landfrieden auch ohne Gerichtsverfahren um Gülten und Zinsen. Sollte

---

204 Vgl. St. UB V, Nr. 759.

205 Vgl. St. UB V, Nr. 760; notfalls sollte die Frist bis zum 11.11.1367 verlängert werden; beim Tod des Obmanns sollte der Pfalzgraf als Lehnsherr einen geeigneten Nachfolger ernennen; Ausnahmen vom Friedensschluss wurden für die Folgepflicht gegenüber dem König, dem Erzbischof Mainz, dem Herzog von Lothringen und dem Markgrafen vereinbart; trotzdem wollten sich beide Seiten bemühen, möglichst die Nichtangriffsverpflichtung einzuhalten. Bei Vertragsbruch sollten sie treu-, ehrlos, meineidig, und ungeschützt gegenüber den Schädigungen durch alle sein, die die Sache betreffe, und auch keinen Schutz durch irgendein vom Papst, Kaiser oder anderen gewährtes Vorrecht oder gewährte Freiheit haben.

ein neuer Krieg zwischen dem Landfrieden und ihnen ausbrechen, sollten sie für dessen Dauer nicht an den Vertrag gebunden sein, allerdings würde dieser bei einer erneuten Sühne wiederaufleben.

Am 29. Juli wurde der Schiedstag erfolgreich durchgeführt und sein Verlauf und Ergebnis protokolliert:[206] Die vom Landfrieden gegen Graf Symund von Zweibrücken vorgebrachten neunzehn Posten bestritt sein Bruder Hannemann auch für diesen mit Unkenntnis.[207] Nach einer ersten Beweiserhebung waren die Schiedsrichter uneinig, so dass sie schließlich übereinkamen, dass der Schadensersatz nur innerhalb des von dem Obmann zu bestimmenden weiteren Verfahrens bei Beweis der Schädigung geleistet werden sollte. Dazu bedurfte der Geschädigten zweier ehrbarer Zeugen, die in der Sache kein Eigeninteresse hätten.

(2) Da der Landfrieden schon vor der förmlichen Unterstellung einer eigenen Truppe in der Einung von 1378 eine beachtliche militärische Macht organisieren konnte, verwundert es nicht, dass sich einzelne seiner Mitglieder in Krisenzeiten mit der Bitte um militärischen Schutz an ihn wandten. Dass es sich jedoch 1368 dabei ausgerechnet um die wohl bedeutsamste Regionalmacht, die Stadt Straßburg handelte, überrascht allerdings schon. Denn die Kommune konnte durch ihr Ausbürgerwesen auf zahlreiche Ritter zurückgreifen und mit ihren weiteren finanziellen und personellen Ressourcen sicher am besten für ihren militärischen Schutz sorgen. Offensichtlich war die Angst vor einer erneuten Invasion der marodierenden Söldnerheere trotz deren Niederlage nicht aus der Welt. Hinzu kam, dass Karl IV. auf die Durchführung des Romzuges drängte und Straßburg zur Teilnahme verpflichtet war.[208] So kam es zu dem bereits angesprochenen Straßburger Ratsbeschluss von 1368, in welchem unter anderem entschieden wurde, Boten zum Landfrieden zu schicken, um über diesen Diener

---

206 Als Schiedsrichter waren tätig Grad Johann von Saarwerder und Edelknecht Hessen Topelstein für die Grafen; Cuntzen Bocke und Bewarten d.Ä., Vogt von Reichenweiher für den Landfrieden unter dem gemeinsamen Vorsitz von Kuntzen Schnittlauch; nach einer wörtlichen Wiederholung des Verhandlungsrahmens nach dem Friedensvertrag vom 28.7.1367 erfolgte der entsprechende Schiedsspruch, vgl. OSA II 2, Nr. 869.

207 Die Vertreter des Landfriedens klagten in Sachen des Landfriedens, sowie der Herren, ihrer Leute, der Städte und Hintersassen, die zu dem Frieden gehörten, u.a. wegen des Schadens des Cuntzelin Meygers, und anderer in Ofweiler; 17 Pferden, die Johanse Rebhofe und seinem Diener Anselm weggenommen wurden, einer räuberischen Wegnahme in Neuweiler im Zutzeltal sowie einer weiteren Wegnahme Graf Weckers zu Ufweiler; weiterhin Klagen des Probts zu St. Peter, Kirchherr von Gumprechtshofen, eines Arztes namens Metziger um 6 Hammel, wobei als Schädiger neben Graf Symund seine Gesellen Stopfes, Menlichheim, Rafe zu Wymenow und andere angeklagt wurden.

208 *Vgl. auch oben Kapitel 5 II 2 a) (1)*. Der Romzug begann im April 1368, vgl. RI VIII, Nr. 4650 f. Die Verpflichtung zur Begleitung beim Zug über die Alpen nach Rom für die Kaiserkrönung war ja bekanntlich die einzige Folgepflicht einer Freien Stadt wie Straßburg, vgl. nur *Landwehr*, Art. „Freie Stadt", in: HRG I, Sp. 1222.

und Leute zum Schutz der Stadt während des Italienzugs Karls IV. zu organisieren.[209] Vielleicht war es das tatsächlich gewachsene Ansehen des Landfriedens, vielleicht aber auch das ökonomische Kalkül der Straßburger Bürger, die Kosten für eine wirksame Abschreckung und für ihren Schutz auf das Land zu verteilen. Ähnliches hatten sie schon in Folge der Abwehrbemühungen seit 1362 unternommen.

Gleichzeitig richteten im Frühjahr 1368 die Straßburger und, wohl abgesprochen, auch die anderen Reichsstädte[210] der Reichslandvogtei eine eindringliche Bitte an Karl IV., ihnen den Romzug zu erlassen. Als Begründung führten die gewitzten Freistädter an, der Landfriede habe ihnen geboten, vom Land zu fliehen und alles in Sicherheit zu bringen.[211] Ihren eigenen Ratsbeschluss, auf den dies wohl zurückging, erwähnten sie indes nicht. Der Landfrieden war hier wohl nicht nur ein vorgeschobener Vorwand der Straßburger, sondern vielleicht auch der Rahmen, innerhalb dessen sich die Städte und möglicherweise auch die anderen Herren zu ihrem abgestimmten Vorgehen gegenüber dem Kaiser verständigt hatten.

(3) Ähnlich wirkte der nicht überlieferte Landfrieden von 1374 mit schlagkräftiger militärischer Hilfe gegen Übergriffe des Herzogs von Lothringens und seines Helfers, des Herrn von Blankenburg, gegen Georg von Hattstatt. Diese waren, trotz der mittlerweile geschlossenen Friedensverträge, vor Sommerau gezogen.[212] Die Übergriffe konnten alsbald im Januar 1375 unter dem massiven Druck des Landfriedens gerichtet werden konnte, wobei der Herzog dem Landfrieden umfangreiche Hilfe bei künftigen militärischen Invasionen sowie aus seinem Herrschaftsgebiet heraus begangenen Untaten zusagte.[213]

(4) Trotz der zwischenzeitlich erfolgten Aufstellung einer Landfriedenstruppe scheint der Landfrieden an erheblichen kriegerischen Auseinander-

---

209 Vgl. St. UB V, Nr. 779; *vgl. dazu ausführlich oben Kapitel 5 II 2 a) (1).*

210 Vgl. nur RI VIII, Rs Nr. 462; vgl. die ähnliche Entschuldigung von Köln, RI VIII, Rs Nr. 460; vgl. OSA II 2, Nr. 878, Anm. 51.

211 Vgl. St. UB V, Nr. 780; RI. VIII, Rs Nr. 459.

212 *Vgl. oben Kapitel 2 IV 3 b),c)*; OSA II 2, Nr. 894; Ausgangspunkt war wohl ein Streit des Herzogs mit dem Bischof von Straßburg und den Herren von Mülnheim wegen einiger Lehen im Elsass, ohne dass dieser hier weiter ausgeführt werden kann; vgl. nur St. UB V, Nr. 1121-1123, 1125, 1128 f., 1132, 1140, 1142, 1144, 1152, 1154-1160; Königshofen, Chronik S. 677, 795, 813 f.; Neuenburg, Chronik, S. 497; wohl am 16.12.1374 informierten Meister und Rat von Schlettstadt ihre Kollegen in Straßburg, dass Herzog Johannes v. Lothringen und der Herr von Blankenberg mit ihrem Kriegsvolk vor Sommerau gezogen seien, dieses Georg von Hattstatt abgenommen, den dortigen Frauen und Kindern die Kleidung geraubt und, was sie sonst noch fanden, mitgenommen hätten.

213 Vgl. zu dem am 12.1.1375 geschlossenen Abkommen von Herzog Johannes mit dem Landfrieden und allen Teilnehmern, wobei er alle bis auf die Stadt und den Bischof von Straßburg aufführt, bis zum 23.4.1376; OSA II 2, Nr. 896, sowie oben *Kapitel 5 II 1 d).*

setzungen mit dem Grafen de Vergey nicht mitgewirkt zu haben. Schon der erste Auszug vor die lothringische Burg des Grafen in Chatillon wurde 1382 nicht vom Landfrieden, sondern von Straßburg, dem Grafen von Lützelstein, den Reichsstädten und wohl auch dem Straßburger Bischof durchgeführt, trotz der Begründung, dass es sich um eine Raubburg handelte:"*wan es was die boste burg von roubende und die beste von gelegenheit di zu den ziten in disem lande was.*"[214] Nach einer umfangreichen Belagerung von nachweislich drei Wochen, heftigen Erstürmungsversuchen und großen Schäden auf beiden Seiten gaben die Insassen die Burg schließlich gegen freien Abzug auf, so dass diese an Pfingsten 1383 gebrochen werden konnte.[215] Der Graf de Vergey sammelte daraufhin ein großes Heer, um wegen dieses Schadens eine Fehde zu führen. Als er über Zabern ins Elsass fahren wollte, war inzwischen das Land gewarnt und die Bevölkerung in die befestigten Plätze geflohen.[216] Er belagerte die Stadt Gebweiler des Grafen von Lützelstein, schädigte ihn und den Herren von Finstingen sehr „*und meinde er wollte aller welt strites genug geben*".[217] Darauf zogen die Straßburger auf eigene Faust mit ihrem Bischof und weiteren Helfern gegen den Lothringer aus. Als dessen Truppen davon erfuhren, flüchteten sie und ritten auseinander, so dass die Kontingente der elsässischen Herren und Städte unverrichteter Dinge nach Hause fuhren, jedoch wohl selbst große Schäden anrichteten.[218] Schließlich leisteten die Straßburger auch dem nach der Sühne von 1374 mit ihnen verbundenen Herzog von Lothringen Hilfe gegen den Grafen de Vergey. Dabei kam es allerdings zum Konflikt innerhalb der verbündeten Heere, in dessen Verlauf der Herzog alle „Deutschen" gefangen nehmen ließ, bis er bei einer Richtung zu seinen Gunsten eine großzügige Wiedergutmachungen von den Straßburgern erreichen konnte.[219] Von dem seit 1378 geltenden Landfrieden fand sich bei alledem

---

214 So Königshofen, S. 807.

215 Als Folge dieses Auszugs und der dadurch entstandenen finanziellen Verluste verlangte Bischof Friedrich III. eine Steuer vom St. Thomasstift, vgl. *Schmidt*, Histoire, S. 391.

216 Nicht zuletzt, weil nach zwei großen Söldnereinfällen innerhalb einer Generation das Kriegsvolk sehr gefürchtet war, vgl. Königshofen, S. 809.

217 Vgl. Königshofen, S. 807 f., ausführlich dazu Anm. 5.

218 Vgl. Königshofen, S. 808.

219 Der Graf de Vergey hatte auch den Herzog angegriffen, der alle seine Freunde, Verwandten, Herren und Städte um Hilfe bat und darauf auch 30 Glefen aus Straßburg erhielt. Nachdem die Feinde ohne Kampf geflohen waren, erstach Edelknecht und Rittersohn Adam Löselin den Symunt Schöneck mit zwei Straßburger Helfern, um seinen Vater zu rächen. Darauf kam es zu Kämpfen im Lager der Verbündeten zwischen dessen Freunden und den Straßburgern, worauf Herzog Johann alle „Deutschen" gefangen nahm, sie allerdings auf einen Rückkehreid zu einer bestimmten Zeit fortreiten ließ bis auf die drei Mörder des Symunt, die er elf Wochen in einem Turm bei Lüneville gefangen hielt. Nachdem alle Gefangenen der Gegenseite freigelassen waren, hielten die Straßburger „Tag und Stunde" mit dem Herzog, worauf alle Straßburger gegen eine Buße von 10.000 fl. freigelassen

trotz des propagierten Vorgehens gegen ein Raubhaus und zur Abwehr gegen ins Land gebrachte feindliche Truppen keine Spur.

3. Der Landfrieden und die großen Judenpogrome

Die großen Judenpogrome in der Mitte des 14. Jahrhunderts sind auch für die (Ober-) Rheinregion bereits in der Literatur dargestellt worden,[220] so dass hier lediglich auf die besondere Rolle der Landfriedens- und Schutzbündnisse und ihrer Beteiligten bei den Vorgängen einzugehen ist.

Wie bereits dargestellt, genossen die Juden als nicht waffenfähige Gruppe und häufig Reisende seit 1254 den Landfriedensschutz ohne vorherigen Landfriedenseid, der ihnen auch kaum möglich gewesen wäre.[221] Dieser Schutz war aufgrund der seit dem 11. Jahrhundert in unregelmäßigen Abständen vorkommenden Pogrome und Verleumdungen im Elsass dringend erforderlich.[222] Er wurde nicht nur aus allgemeiner mitmenschlicher Solidarität geboten, sondern vor allem im wirtschaftlichen Interesse der städtischen Obrigkeiten und Herren geleistet, solange die Juden vor allem als Fernkaufleute mit europaweiten Beziehungen und Kreditgeber unverzichtbar waren. Zudem waren die Einnahmen aus ihren nahezu beliebig festsetzbaren Schutzgeldern höcht lukrativ. Diese fielen nicht nur dem König oder Kaiser zu, der die Juden als seine „Kammerknechte" seit langem unter seinen besonderen Schutz genommen hatte, sondern am Rhein auch zunehmend den Bischöfen, denen das Königtum die Einkünfte und damit auch Aufgaben des Judenregals verpfändet oder gar übertragen hatte, wie etwa dem Straßburger Walter von Geroldseck.[223] Aber auch die Stadt Straßburg hatte gegen entsprechendes Entgelt nach den Armleder-Unruhen am 4.12.1338 eigene Judenschutzbriefe ausgegeben, in denen sie für den Frieden der jüdischen Einwohner und bei dessen Verletzung für

---

wurden, darunter Löselin zu 1000 fl., und seine Helfer zu je 100 fl., andere Ritter jedoch nach ihrer *margzal*; nicht nur der Chronist, sondern wohl auch viele Zeitzeugen nahmen dem Herzog diese Schätzung übel, *„das doch dem herzogen ein schemelich ding was,das er gut nam von den rittere und knechten, die uf ire eigenen kosten ime zu helfe worent gefahren"*; vgl. Königshofen, S. 810-812; *Strobel*, Geschichte II, S. 407 mit den Ratsprotokollen hierzu.

220 Vgl. vor allem zu den „Pestpogromen" von 1349 umfassend *Graus*, Pest, S. 161 ff.; daneben etwa *Müller*, Judenpogrome, S. 269 f.; *Bork*, Zentralgewalt, S. 30 ff.; zum Elsass vgl. *Ginsburger*, ColmarerJb 4 (1938), S. 69 ff.

221 *Vgl. oben Kapitel 4 I 2 b) (4).*

222 Vgl. etwa *Müller*, Judenpogrome, S. 259 ff.; *Arnold*, Histoire secrète, S. 96; daneben heizten auch die immer wiederkehrenden Berichte von jüdischen Knabenmorden, wie etwa 1302 aus Renchen, das Misstrauen und die Vorurteile an, vgl. etwa Ann. Colm. Maiores, S. 103 f.

223 Vgl. auch, allerdings insgesamt mit zu polemischem Unterton *Arnold*, Histoire secrète, S. 95; zur Kammerknechtschaft und Königsschutz vgl. hier nur *Kroeschell*, DRG I, S. 122.

die Durchsetzung eines Schadensersatzes wie im Falle eines verletzten Christen garantierte.[224]

Im Jahr 1338 war es durch die Armlederhaufen wieder einmal zu schweren Pogromen und massiven Forderungen nach der Austreibung aller Juden gekommen, die allein durch das tatkräftige und mutige Einschreiten der Obrigkeiten eingedämmt werden konnten.[225] Daher schien ein gemeinsamer Schutz der Juden den wichtigsten Vormächten der Region mehr denn je erforderlich. Neben den danach geschlossenen besonderen Bündnissen gegen Aufruhr, auch und gerade gegen die Juden,[226] blieb ihr Schutz gegen gewaltsame Angriffe auch eine dezidierte Aufgabe der Landfrieden von 1343 bis 1347.[227] Die dafür getroffenen Maßnahmen hatten wenigstens insoweit Erfolg, als wir in dieser Zeit von keinen „Judenaufläufen" oder sonstigen gewaltsamen Übergriffen gegen Juden erfahren.[228] Die Tatsache, dass überhaupt keine expliziten Klagen von Juden vor dem Landfrieden bekannt sind, darf insoweit allerdings nicht zu hoch bewertet werden, da dahinter auch vielleicht die Zurückhaltung gestanden haben könnte, mögliche Übergriffe anzuzeigen.

Als dann in Folge und bisweilen sogar im Vorfeld des Wütens der Pest den Juden als „Brunnenvergiftern" die Schuld zugeschoben wurde und sich die Aggressionen der im höchsten Grad verstörten und emotionalisierten Menschen gegen sie wandten,[229] stellte dies die eigentliche Bewährungsprobe für das Aufruhrbündnis ebenso wie für den Landfrieden dar.

Allerdings wurde der Volkszorn von einzelnen Akteuren durchaus gezielt zur Verfolgung eigener Interessen gesteuert. Das galt vordringlich für die Straßburger Fraktion der Patrizier und ritterlichen Ausbürger, die vor allem durch das im Rahmen der Zunftrevolution von der Stadtführung vertriebene Geschlecht der Zorns repräsentiert wurde.[230] Eine weit größere Zahl der Beteiligten, von Bauern bis zu den führenden Territorialherren und Bischof Berthold reichend, hatten darüber hinaus ein großes Interesse, ihre hohen Darlehensschulden bei den Juden auszulöschen, und sich mög-

---

224 Vgl. St. UB V, Nr. 88; zu weiteren Beispielen vgl. Closener, S. 127 Anm. 1; *Strobel*, Geschichte II, S. 225 f.

225 *Vgl. bereits oben Kapitel 2 II 3 d) (4)*; vgl. Closener, S. 103, danach Königshofen, S. 759; vgl. auch *Müller*, Judenpogrome, S. 267 f.

226 *Vgl. bereits oben Kapitel 2 II 4 b); Kapitel 4 I 5 c).*

227 Vgl. St. UB V, Nr. 116, S. 118, Z. 8-16; vgl. zur zeitgleichen, ausdrücklichen Übertragung des Schutzes der Juden von Speyer und Wingarrten an den mittelrheinischen Landfrieden vom 15.5.1343 bzw. 31.8.1346 Winkelmann, Acta Imperii II, Nr. 640; *Schwalm*, Landfrieden, S. 74.

228 Vgl. etwa *Leupold*, Berthold von Buchegg, S. 127.

229 Dabei ist zu beachten, dass die Hauptwelle der Pest in Straßburg wohl erst nach dem bereits durchgeführten Pogrom eintraf, so wohl Closener, S. 130.

230 Vgl. *Leupold*, Berthold von Buchegg, S. 47.

licherweise zusätzlich durch weitere abgepresste Schutzgelder aus der aktuellen Situation zu bereichern.[231]

Noch genossen die Juden jedoch aus unterschiedlichsten Gründen den Schutz der jeweiligen Obrigkeiten. Der vom mittleren Bürgertum geprägte, gemäßigte Straßburger Rat unter seinem Ammeister Swarber hatte Skrupel, die gerade gegebenen Judenbriefe zu brechen, umso mehr, da diese erhebliche Einnahmen darstellten und die das jüngste Stadtregiment tragenden Kreise bei den Juden keine allzu großen Schulden angehäuft hatten.[232] Trotzdem kam es in den Städten und Dörfern, vor allem in Straßburg und auch in Basel, zu Ausschreitungen, die durch zahlreiche wilde Geschichten von Hostienschändungen und Kindermorden angestachelt wurden und zu Bluttaten gegen Juden führten.[233] Angeführt wurden diese meist durch die ritterlichen Ausbürger, gesteuert aber durch die führenden Patrizier. Die Übergriffe gegen die Juden mündeten schon bald, wie von letzteren geplant, im Aufruhr gegen das jeweilige Stadtregiment.[234] So musste etwa der Baseler Rat die gegen mehrere Ritter verhängten Verbannungsstrafen unter dem Druck der Aufständischen zurücknehmen. Trotz des Drucks der Öffentlichkeit bemühten sich die Räte um ein ordentliches Gerichtsverfahren gegenüber den denunzierten Juden, nahmen diese jedoch in großem Umfang in Haft. Dadurch ließ sich der Volkszorn für den Moment etwas besänftigen, so dass die Verbündeten in Benfeld Beratungen ansetzen konnten.

---

231 Nach wohl immer noch vorrangig vertretener Deutung spiegelte sich in der hohen Verschuldung der Bauern ihre Verarmung durch Missernten und Naturkatastrophen seit Beginn des 14. Jahrhunderts, die die Kreditaufnahme unter Wucherzins notwendig gemacht hatte, wobei die Juden durch ihre Privilegien geschützt waren; hinzu kam die Psychose durch Pest, die unerhörten Greuel und materielle Hoffnungslosigkeit, aber auch der gezielte Wille der Adeligen, sich um ihre Schulden und Verpfändungen zu bringen; so hatte es schon wenig zuvor ähnliche kleinere Vorfälle gegeben: als die Juden Bischof Berthold ein Darlehen von 300 M. verweigerten, nahm er diese kurzerhand gefangen und presste ihnen 6.000 M. ab; ein Knabenmord in Mutzig führt zu ersten Pogromen, bei denen nicht wenige Juden unter der Folter gestanden und, falls noch am Leben, hingerichtet wurden, während auch hier der Bischof 2.000 M. einnahm, vgl. nur *Leupold*, Berthold von Buchegg, S. 44 – oder wie der Chronist von Königshofen, S. 764, es ausdrückte: Wären Juden arm gewesen und ihnen die Landesherren nichts schuldig gewesen, so wären sie nicht verbrannt worden.

232 Vgl. *Leupold*, Berthold von Buchegg, S. 46; nach ihm waren für 16 Juden 200 Pfund Denare jährlich auf fünf Jahre zu zahlen, wobei der Brief für vermutete ca. 2.000 Juden gelten sollte.

233 Vgl. *Wackernagel*, Basel I, S. 267 f.

234 Vgl. Mathias v. Neuenburg, S. 173 f.: „und da die Machthaber sie [die Juden] zu schützen suchten und sogar einige Edele Baseles wegen eines den Juden zugefügten Unrechtes auf längere Zeit verbannt wurden, sieh da eilte das Volk mit seinen Bannern vor das Rathaus. Darüber erschraken die Ratsherren"; vgl. hierzu und zum Folgenden auch *Wackernagel*, Basel I, S. 268.

In dieser überall aufgeheizten Situation fanden sich die Garanten der Schutzbündnisse im Januar 1349 im bischöflichen Benfeld zur Abstimmung eines gemeinsamen Vorgehens zusammen. War damit genau der Fall eingetreten, für den das 1345 erneut geschlossene Schutzbündnis gegen Umsturzversuche und Judenübergriffe errichtet worden war - vom parallelen unterelsässischen Landfrieden von 1347 ganz zu schweigen - so sahen sich die drei Städte Basel, Freiburg und Straßburg, die auf dem vereinbarten Beistand nach dem Buchstaben der Übereinkünfte beharrten, sofort in der Defensive. Bei der Zusammenkunft, an der neben den Boten der Städte auch Bischof Berthold von Straßburg persönlich sowie die wichtigsten „Landesherren" und andere führende Adelige teilnahmen, brachten die Straßburger Boten gegen die wohl schon verbreitete Meinung vor, sie wüssten nichts Schlimmes von ihren Juden, was auch die Protokolle erfolgter peinlicher Befragungen bestätigten.[235] Daraufhin fragten sie, so der Chronist Mathias von Neuenburg, die anderen Teilnehmer süffisant-hämisch vor dem Hintergrund des im Raum stehenden Vorwurfs der Brunnenvergiftung, warum sie denn dann die Eimer von ihren Brunnen weggenommen hätten?

Dem Drängen vor allem von Bischof Berthold und den „Großen im Elsass", aber auch einigen Reichsstädten konnten sich schließlich auch die Verteter der großen Bürgerschaften am Rhein nicht mehr entgegenstellen, so dass, jedenfalls nach dem Chronisten, die Teilnehmer übereinkamen, die Juden nicht mehr zu dulden, worauf sie bald an diesem, bald an jenem Ort verbrannt wurden. Damit war, vor allem auf dem Land, der Startschuss für die Gefangennahme und Tötung der Juden gegeben. Sie wurden nach allen Chronikberichten daraufhin von den Bauern allerorten gefangen und erstochen oder gerädert.[236] Aber auch in den kleineren Reichs- und Landstädten wie Molsheim, Oberbergheim, Weißenburg, Lauterburg, Oberehnheim, Benfeld, Schlettstadt, Colmar und Selz setzten jetzt Austreibung und Verbrennung flächenmäßig ein.[237]

Die Beschlüsse von Benfeld sind aufgrund der Überlieferung des Mathias von Neuenburg häufig so interpretiert worden, als habe man hier „positiv" die Auslöschung der Juden am Oberrhein beschlossen.[238] Das war indes nicht der Fall, wie das Verhalten Straßburgs und Basels im Weiteren unter Beweis stellt. Beide Stadtregimenter versuchten noch immer, sich zumin-

---

235 Vgl. Closener, S. 127; Mathias v. Neuenburg, S. 173 f.; zur Straßburger Korrespondenz, insbesondere den Auslagen über deren peinliches Verhör; vgl. allgemein *Graus*, Pest, S. 180.

236 Vgl. Mathias v. Neuenburg, S. 174; Closener, S. 127; Königshofen, S. 760.

237 Vgl. ÄDCCol. S. 10 (Bl. 17); *Zind*, Histoire, S. 85; *Graus*, Pest, S. 161 ff.

238 So etwa *Dreyfus*, Histoire de l'Alsace, S. 87; *Zind*, Histoire, S. 85 wohl nach ÄDCCol. S. 10 (Bl. 17); missverständlich auch *Leupold*, Berthold von Buchegg, S. 45: man habe im Benfeld die Juden für „vogelfrei" erklärt.

dest in ihrem Stadtgebiet soweit wie möglich vor ihre Juden zu stellen. Tatsächlich hatte die Mitgliederversammlung des Aufruhr- und Judenschutzbundes, wie etwa WACKERNAGEL festgestellt hat, lediglich den Beschluss gefasst, die Juden preiszugeben, also das Bündnis und die beeideten Beistandspflichten einvernehmlich aufzugeben, womit freilich das Schicksal der Juden besiegelt war.[239]

Der Rat in Basel musste, nun ganz auf sich gestellt, zuerst klein beigeben.[240] Von Recht und Urteil sei keine Rede mehr gewesen, hat wohl zu Recht WACKERNAGEL geurteilt. Eine große Anzahl Juden wurde ohne großen Verzug und ohne Aufheben am 16.1.1349 lynchartig in einem Holzhaus auf der Rheininsel verbrannt.[241] Eine Woche später wurden auch in Freiburg die jüdischen Miteinwohner den Flammen überantwortet. Im weiteren Verlauf des 1. Halbjahres 1349 kam es in Basel zumindest wieder zu einem obrigkeitlichen Verfahren mit peinlicher Befragung und abschließendem Rechtstag zum Vorwurf der Brunnenvergiftung und anderer Vergehen, von denen der Baseler Rat im Juli nach Straßburg berichtete. Die so „überführten Verbrecher" wurden teils gerädert, teils verbrannt, ihre Forderungen für nichtig erklärt, Pfänder und Briefe an die Schuldner zurückgegeben.

In Straßburg versuchte Peter Swarber den Volkszorn zunächst mit der Ghettoisierung, der Zuammenlegung aller Juden in der Judengasse einzudämmen, wo sie durch bewaffnete Wächter der Stadt vor dem Pöbel geschützt wurden; dadurch versprach er sich und den Bürgern auch eine größere Kontrolle, um etwaige Brunnenvergiftungen auszuschließen. Schärferen Maßnahmen leistete er erbitterten Widerstand mit dem sicher nicht unberechtigten Argument, dadurch würden der Bischof und die Landadeligen in der Stadt die Oberhand gewinnen. Als die Empörung kein Ende nahm, wurden einzelne Juden eiligst gerädert und getötet, bevor es unter der Folter zu weiteren Denunziationen kam. Diese trotz aller Opfer nicht unbedachte Maßnahme gab allerdings jenen noch weiter Auftrieb, die die Stadtobrigkeit umstoßen wollten und jetzt unter der Führung der Zorns verbreiteten, die Meister seien durch die Juden bestochen worden, hätten sich deswegen mit den Handwerkern gegen Beschlüsse des Rat veschworen und fürchteten die Aufklärung. Nach einem Treffen des Bischofs mit

---

239 *Wackernagel*, Basel I, S. 268.

240 Vgl. Mathias v. Neuenburg, S. 173 f., nach dem zunächst „die Vornehmeren" von Basel, Freiburg und Straßburg, also des alten Dreibundes, auf eine Nachricht über die Pogrome aus Bern noch mehrmals zusammen gekommen waren, „allein sie fürchteten das Geschrei des Volkes", so dass der Baseler Rat bald klein beigeben und auch schwören musste, dass für 200 Jahre keine Juden mehr in Stadt kommen sollten; vgl. hierzu und zum Folgenden *Graus*, Pest, S. 168 ff.

241 Hierzu und zum Folgenden *Wackernagel*, Basel I, S. 268 ff.; vgl. Königshofen, S. 760 f.; für den 9.1. als Datum der Verbrennung in Basel vgl. *Arnold*, Histoire secrète, S. 97.

Vertretern der Stadtobrigkeit erschienen am Tag darauf Vertreter der Metzgerzunft im Hause Bertholds und „baten" um das Geld der Juden. Als dieser sich unwillig zeigte, griffen beide Seiten zu den Waffen. Bereits einen Tag später, am 10.2.1349, wurden die bisherigen Bürgermeister vertrieben, die Patrizier unter Claus gen. Lappe Bulach aus der Hauptlinie der Zorns, sowie Ritter Goße Engelbrecht und einem Vertreter der Metzger als Schöffenmeister übernahmen die Führung der neuen Bürgermeister.[242] Etwa 2000 Juden wurden am 14.2. nach Wegnahme ihrer Kleidung durch den Pöbel in Holzhäuschen verbrannt; vorerst verschont blieben nur einige Konvertiten und besonders schöne Frauen „gleichsam gegen ihren Willen" und jüdische Kinder, die ihren Eltern entrissen und getauft wurden.[243] Das Vermögen der Juden wurde vom Rat unter den Zünften, das des vertriebenen Ammeisters unter seinen Erben aufgeteilt, die anderen Meister wurden auf zehn Jahre aus dem Rat verbannt.[244]

Nach den unter Folter erfolgten Denunziationen konnten auch der Herzog von Österreich und der Mainzer Rat ihre Juden gegen die aufgebrachten Einwohner im Land und vor allem in den Landstädten nicht mehr beschützen, so dass unter dem Vorwurf und nach den erzwungenen Geständnissen der Giftmischerei dort auch fast alle getauften Juden verbrannt wurden, ebenso wie in Frankfurt oder Oppenheim.[245] In Basel wie Straßburg wurde festgesetzt, in den nächsten 100 bzw. 200 Jahren keine Juden mehr aufzunehmen, was tatsächlich allerdings nur ca. 20 Jahre anhalten sollte.[246]

---

242 Vgl. Closener, S. 126 ff.; Königshofen, S. 761 ff. auch ausführlich zur Revolution; vgl. *Arnold*, Histoire secrète, S. 97 .

243 Vgl. Mathias v. Neuenburg, S. 176 f.: *„an deme fritage fing man die Juden, an deme samestage brante man die Juden"*; Closener, S. 104; Königshofen, S. 763 f.

244 Die Schuldscheine wurden vernichtet und die Pfänder zurückgegeben, das Vermögen vom Rat unter die Zünfte verteilt; darunter auch das des bisherigen Ammeisters, ca. 1700 lib., das wie bei einem Todesfall mit den Erben geteilt wurde; während die Verbannung auf vier Meilen ausgesprochen wurde; zwar durften die anderen alten Meister zehn Jahre lang nicht offiziell in den Rat, jedoch zog man sie zu heimlichen Sachen hinzu und schickte sie auch auf Versammlungen und Rechtstage; vgl. Closener, S. 130; Königshofen, S. 763.

245 Vgl. Mathias v. Neuenburg S. 177 f., danach waren die Städte im Elsass so gegen alle aufgebracht, die Juden beschützten, dass es dem habsburgischen Landvogt nur mit Mühe gelang, Boten aus dem belagerten Ensisheim zu seinem Herren zu schicken; Ende Juli 1349 wurden die Juden in Oppenheim ermordet, danach, nach der Abreise des Königs, der das Schicksal seiner Kammerknechte und Schutzbefohlenen doch nicht allzu sehr aus der Nähe erleben sollte, in Frankfurt schließlich in Mainz.; vgl. auch Closener, S. 104; Limburger Chronik, S. 426; *Graus*, Pest, S. 174 ff., 179.

246 Zur Straßburger Satzung, 100 Jahre keine Juden mehr aufzunehmen vgl. Closener, S. 104; allerdings wurden bereits 1368 nach einem neuem Ratsbeschluss wieder Juden als Einwohner akzeptiert, die der Stadt dafür 20.000 fl. leisten mussten und denen im weiteren Verlauf

Indessen regte sich bei den früheren regionalen Garantiemächten der Juden doch ein schlechtes Gewissen und die Furcht vor Vergeltung vor allem durch König Karl IV. für die Tötung der unter seinem Sonderschutz stehenden, lukrativen Kammerknechte. Daher schlossen nach den Straßburger Verbrennungen der Bischof von Straßburg, der Abt von Murbach sowie 53 Grafen und Herren, die von der Vernichtung bzw. Aushändigung der Schuldscheine profitiert hatten, nunmehr am 5.6.1349 mit dem neuen Straßburger Rat ein Schutzbündnis, sich gegen alle Anfechtungen wegen des Judenmordes beizustehen.[247]

Sowohl der Landfrieden als auch das wesentlich weiter gefasste Aufruhrschutzbündnis hatten ihrer entscheidenden Bewährungsprobe nicht Stand gehalten. Gerade letzteres versagte bei der ersten Herausforderung überhaupt, für die es abgeschlossen war. Dabei unternahmen die Mitglieder nicht einmal den Versuch, entsprechend den getroffenen Vereinbarungen und Schutzversprechen an die Juden und das Land vorzugehen. Gemeinsam wäre es vielleicht den Obrigkeiten gelungen, am Oberrhein die allgemeine Vernichtungsmaschinerie aufzuhalten. Doch erwiesen sich die Eigeninteressen, insbesondere die finanziellen Verlockungen als zu stark. Ohne Anrufung seitens eines seiner Mitglieder wären den Amtsleuten des Landfriedens rein faktisch selbst dann die Hände gebunden gewesen, wenn sie tatsächlich, wie in ihrem Amtseid vorgesehen, unabhängig von ihren Parteien die Friedbrüche verfolgt hätten. So aber fehlt auch jede Spur von einer Aktivität des Landfriedens in dieser Sache, was kaum überraschen kann. Allein hatten die Vorgänge eine erkennbare Auswirkung auf die Landfriedenseinungen: Fortan fanden sich die Juden nicht mehr unter den geschützen Personengruppen, während praktisch die selben Herren und Städte, die sich 1338 noch zu ihrem Schutz verbunden hatten, sich nunmehr zu ihrer eigenen Sicherheit vor etwaigen Regressansprüchen wegen der Sache oder vor Vergeltung von Angehörigen oder sonst Geschädigten verbanden.

---

noch weiteres Gut abgenommemn wurde, um das wieder viele gewaltsame Konflikte entstanden, vgl. Königshofen, S. 764.

[247] Vgl. *Leupold*, Berthold von Buchegg, S. 45.

4. Der Landfrieden im Rechtsalltag und als Vorbild für andere Regionen

Dies tat jedoch der wachsenden Bedeutung des Landfriedens offenkundig keinen Abbruch. Im Gegenteil, überraschend schnell wurde die gerichtsähnliche Funktion des Landfriedens im Rechts- und Wirtschaftsalltag anerkannt. So verzichtete zum Beispiel bereits der Verkäufer eines Fuders Weins am 13.2.1345 ausdrücklich auf alle Ansprache *„mit geistlichem oder weltlichem gericht mit landfrieden dez landes oder der stet und der herren"*.[248]

Dies überrascht umso mehr, als zu diesem Zeitpunkt der Landfrieden im Unterelsass, jedenfalls seiner Errichtungsurkunde nach, immer noch von dem Vorverfahren vor den Amtsleuten der einzelnen Einungsparteien abhängig war. Das berührte jedoch die Anerkennung des Landfriedensmechanismus als möglicher Rechtsaustragungsmöglichkeit im Bewusstsein der Bevölkerung nicht. Vielmehr wurde der Landfrieden mit seiner allmählichen institutionellen Verdichtung, Verstetigung und Effektivität schon bald in der Mitte des 14. Jahrhunderts auch im Urteil der Zeitgenossen zu einem festen politischen und rechtlichen Faktor, auf den Rücksicht zu nehmen war, wie entsprechende ausdrückliche Klauseln in anderen Erklärungen zeigen.

Dazu zählen neben den bereits genannten Urfehden etwa ein Vergleich Sigmunds von Lichtenberg mit der Stadt Hagenau vom 26.7.1352 in einem Streit um Herbergsrechte in mehreren Dörfern, in dem der Lichtenberger sich bereit erklärte, die königliche Entscheidung zu suchen und sich daran zu halten *„und verzihent uns dar über aller friheit, aller ufsaczunge, gewonheit der stette, der dörfer und des landes und des landfriden"*[249]

Schließlich wurde das im Elsass entwickelte Landfriedensmodell auch schon früh Vorbild für andere Regionen, insbesondere in Lothringen. Dort diente bereits die autonome Einung von 1343 offenkundig als Vorbild und textliche Vorlage eines entsprechenden französischsprachigen Landfriedens vom 3.1.1344.[250] Ein ähnlicher Einfluss ist aber auch auf die Schweizer Entwicklung und damit die dortige Staatswerdung beobachtet worden.[251]

---

[248] Siehe ZGO 8 (1857), S. 72; vgl. *Schwalm*, Landfrieden, S. 83.

[249] Winkelmann, Acta Imperii II, Nr. 1180, S. 836, Z. 8-10; vgl. *Schwalm*, Landfrieden, S. 83.

[250] Vgl. dazu *Schwalm*, Landfrieden, S. 79 f.; 29 ff., insbesondere S. 31, Text ebd. in Beilage IV, S. 145 ff.

[251] Vgl. *Meyer*, Landfrieden, S. 84 f. m.w.N.

Kapitel 7: Fort- und Nachwirkung der Landfrieden

I. Das Absterben der Landfriedensentwicklung im 15. Jahrhundert

1. Scheitern neuer Landfriedensbemühungen nach der Absetzung König Wenzels

Ironischerweise bedeutete die Absetzung König Wenzels wegen Unfähigkeit[1] insbesondere im Bereich der Landfriedenssorge eine einschneidende Zäsur in der Entwicklung der regionalen Landfrieden, allerdings nicht nur am Oberrhein. Auch in anderen Regionen brach die mehr oder weniger organische Entwicklung der Landfriedenseinungen im Jahre 1400 abbrupt ab. Trotz mehrfacher Wiederbelebungsversuche, etwa in den Jahren 1414, 1427 oder 1437 findet sich in den gesamten Jahren bis zu den erneuten großen Einfällen der Armagnaken keine Spur einer tatsächlich in Kraft gesetzten Landfriedenseinung oder eines ensprechenden gemeinsamen Vorgehens zur Verwirklichung des Landfriedens.[2]

a) So kam im Elsass seit Beginn der Regierungszeit König Ruprechts von der Pfalz (1400-1410) zunächst überhaupt keine Landfriedenseinung mehr zustande. Sie wurde nicht nur durch den großen Streit des Straßburger Bischofs Wilhelm von Diest mit der Stadt verhindert, sondern auch dadurch, dass die Reichslandvogtei nicht, wie gewünscht, an die Habsburger übertragen, sondern in die pfälzische Hausmachtpolitik einbezogen wurde. Zu diesem Zweck setzte der König zunächst die pfälzischen Ritter Hannemann Schwarz und Reinhard von Sickingen als Reichslandvögte ein, bevor er das Amt auf seinen eigenen Sohn übertrug mit der Begründung, weil die Pfalz und das Elsass „gehörig aneinander stießen", sollten sie einander Beistand leisten, so dass beide im Frieden verbleiben würden, während gleichzeitig diese neue Verbindung durch mehrere wechselseitige Bündnisse besiegelt wurde.[3]

---

1 *Vgl. oben ausführlich Kap. 2 V 4.*

2 vgl. *Müller*, Die elsässischen Landstände, S. 39; für Norddeutschland etwa *Mohrmann*, Landfriede, S. 244 ff. m.w.N.

3 Vgl. RTA IV, Nr. 289; zu Habsburger Wunsch RTA V, Nr. 476-479; vgl. Angermeier, S. 325; Becker, Reichslandvogtei, S. 64 ff.

Für die regionalen Vormächte selbst, die Straßburger und die Reichsstädte, musste dies nun wieder alle Alarmglocken läuten lassen, nachdem bereits die Habsburger und die Luxemburger zur Genüge versucht hatten, in dieser Weise das Elsass für ihre jeweiligen Hausmachtpläne zu öffnen. Straßburg fühlte sich zusätzlich bedroht durch die enge Verbindung seines Bischofs mit den Herzögen von Österreich, während sich im Verhältnis des Königs mit den Markgrafen von Baden weitere Spannungen entwickelten.[4] Wenig später kam es, nachdem König Ruprecht von den großen Rheinstädten Beiträge für die Friedenserhaltung geforderte hatte,[5] 1405 zu einem neuen Bündnis zwischen rheinischen und schwäbischen Reichsstädten, das klar gegen willkürliche königliche Gewalt gerichtet war, Landfriedensmaterien aber bewusst aussparte und an die traditionellen Gericht verwies.[6] Ruprecht konnte 1408 nur eine Vereinbarung mit den Reichsstädten und Straßburg erreichen, seinen Sohn auch nach seinem Tod weiter als Reichslandvogt anzuerkennen, nicht aber einen Landfrieden oder auch nur ein Beistandsbündnis.[7]

b) Sein erneut luxemburgischer Nachfolger, König Sigismund von Ungarn (1410-1437), bemühte sich besonders um die Ritter und Reichsstädte, vielleicht mit dem Hintergedanken, wie in Ungarn den Hochadel möglichst weitgehend zu entmachten, und unternahm daher nach den Jahren der Apathie von Wenzel und Ruprecht nun mannigfache Versuche für neue Landfrieden im Reich.[8] Zunächst musste er 1414 allerdings ein auf 15 Jahre angelegtes Bündnis von Straßburg mit den Reichsstädten und dem pfälzischen Reichslandvogt als dem Landfrieden dienlich bestätigen. Es wollte ausdrücklich Streitigkeiten unter den Parteien durch ausführliche Schieds- und Hilfeleistungsklauseln verhindern, richtete sich politisch aber vor allem gegen den unbeliebten Straßburger Bischof und die Bewahrung der Reichslandvogtei für die Pfälzer.[9] Gegenüber den eigenmächtigen Zoll- und Abgabenerhöhungen der Pfalzgrafen am Rhein blieb dem König nur eine Rüge, die zumindest wohl ein Versprechen der rheinischen Kurfürsten

---

4 Vgl. *Angermeier*, Königtum und Landfriede, S. 332

5 Darunter von Straßburg 50 Gleven für die Friedenshaltung; vgl. RTA V, Nr. 284; *Angermeier*, Königtum und Landfriede, S. 327.

6 Vgl. zum Bund von Marbach, an dem neben den schwäbischen Reichsstädten vor allem Straßburg, Worms und Speyer, teilnahmen, vgl. *Angermeier*, Königtum und Landfriede, S. 336 f.

7 Vgl. RTA VI, Nr. 83-86, 183, 188, 190; vgl. dazu *Angermeier*, Königtum und Landfriede, S. 338.

8 Vgl. *Angermeier*, Königtum und Landfriede, S. 342 f.; *Weigel*, Landfriedensverhandlungen; zum Ganzen vgl. *Mau*, St. Jörgenschild; *Obenaus*, St. Jörgenschild.

9 Vgl. *Angermeier*, Königtum und Landfriede, S. 408 f. m.w.N.

bewirkte, keine neuen Zölle mehr zu erheben.[10] Sigismunds eigener Vorschlag für einen neuen Landfrieden am Rhein nach dem Vorbild Frankens wurde jedoch von Straßburg mit der Begründung zurück gewiesen, der Landfrieden sei „der Städte halber ein wenig schwer".[11] Die Bürgerschaften zogen kleinere und überschaubare regionale Bündnisse vor.

Auch der nur ein Jahr später wieder in Angriff genommene luxemburgische Plan für eine neue viergeteilte Reichsfriedensordnung, die sich im wesentlichen mit den Entwürfen von 1398 deckte,[12] das Elsass allerdings mit dem Mittelrhein zusammenfassen wollte, wurde von den Städten wegen des zu starken Einflusses des Königtums und der Fürsten insbesondere auf die Bestellung der Hauptleute abgelehnt. Ihre Gegenforderung nach einer paritätischen Hauptmannschaft von Fürsten und Städten war hingegen für die Gegenseite nicht akzeptabel, so dass das Projekt ebenfalls scheiterte.[13] Durch den Anschluss des Straßburger Bischofs an den Fürstenbund zur Hussitenverfolgung[14] und infolge neuer Zollauseinandersetzungen konnte der König zwar die Straßburger und die Markgrafen von Baden für sich gewinnen, für eine neue Einung des tief zerstrittenen Landes reichte dies jedoch bei Weitem nicht aus.[15] Weitere Versuche einer kleineren Lösung, die von den Kurfürsten favorisiert wurde und in der das Elsass neben dem Rhein, Schwaben und Franken ein eigener von vier Bezirken sein sollte, scheiterten 1423 und 1427 ebenso am bürgerschaftlichen Widerstand.[16]

---

10 Vgl. *Angermeier*, Königtum und Landfriede, S. 343 m.w.N.

11 Vgl. RTA VII, Nr. 159, 160, 178; *Angermeier*, Königtum und Landfriede, S. 347.

12 Vgl. *Angermeier*, Königtum und Landfriede, S. 354, 357 f. m.w.N.

13 Vgl. RTA VII, Nr. 181 f., 184 f.; auffällig war allerdings besonders der Gedanke der Rechtshilfe in Form stellvertretender Rechtspflege durch die jeweiligen vier Landfriedensbezirke; daneben wurden die Symbolisierung der Reichsautorität durch das Reichsbanner und die gerichtlichen Funktionen der Landfrieden fortgeführt; vgl. zum Ganzen *Dotzauer*, Reichskreise, S. 26.

14 Vgl. zu dem Bündnis von 1421 *Angermeier*, Königtum und Landfriede, S. 353.

15 Dies galt insbesondere für die 1422/23 eskalierenden Konflikte des Pfalzgrafen, des Bischofs von Straßburg, der Stadt Speyer, der elsässischen Reichsstädte und der württembergischen Regentschaft um die Zölle des neuen Landvogts im Breisgau, des Markgrafen von Baden; als das Friedens- und Rechtswegsgebot des Königs an den Markgrafen an der Rechtsverweigerung des Pfalzgrafen scheiterte, forderte Sigismund die Kurfürsten auf, diesen zu unterstützen; vgl. zum Ganzen *Angermeier*, Königtum und Landfriede, S. 369.

16 Vgl. RTA VIII, Nr. 272, dabei kam hier der Grundsatz der stellvertretenden Rechtspflege ebenfalls dadurch zum Ausdruck, dass der in einem der vier Landfrieden *„verlanfriedete"* dies auch in den anderen Regionen sein sollte; vgl. ebd., Nr. 266 ff. zu den intensiven Beratungen vgl. die zahlreichen Entwürfe für den Mittelrhein bzw. die Wetterau; für den Entwurf von 1427 vgl. RTA IX, Nr. 69 f.; vgl. ingesamt *Dotzauer*, Reichskreise, S. 26 m.w.N.; *Angermeier*, Königtum und Landfriede, S. 354, 357 f. m.w.N.

Auch der - in dieser Situation sicher einzig zukunftsträchtige - Versuch einer völligen Reterritorialisierung der Friedenssorge, insbesondere der Landfriedensrechtsetzung und -gerichtsbarkeit, wurde sehr verhalten aufgenommen. Den übergeordneten Einungsorganen sollte nur noch eine Rolle für besonders große Fehden und Streitigkeiten, die die Macht der territorialen Gerichte überstieg, sowie den Kampf gegen landschädliche Leute, flüchtige Verbrecher und vor allem herrenlose Knechte zukommen. Straßburg wünschte sich erneut mehr städtische Kriterien verwirklicht, ohne einen konkreten Gegenentwurf vorzulegen, während die Fürsten an dem traditionellen neueren Reichslandfriedenssystem und seinen Gebieten festhalten wollten.[17] Die neue Initiative der Fürsten von 1437 zu umfassenden Verfassungsreformen mit einer komplett geregelten Gerichtsverfassung und vollständigem Fehdeverbot, hinter denen die übergreifende Verbrechensverfolgung völlig zurücktrat, zeigte nahezu unverhüllt das Bestreben der Fürsten, den Landfrieden als Zwischeninstanzen möglichst aufzulösen, jedenfalls ihm gegenüber ihre Territorialgewalt abzuschließen und die Exekution wie Rechtsprechung und -setzung selbst zu monopolisieren. Aber auch die anderen Stände, die eigentlich von den Frieden profitieren mussten, hatten an einer gemeinsamen Einigung kein Interesse mehr. So gab insbesondere die verfasste Ritterschaft ihr Werben gegenüber den Städten auf und schloss sich der fürstlichen Seite an;[18] ihr erneutes Werben für einen eigenen Landfriedensentwurf wurde noch im Jahr 1439 von Straßburg abschlägig beschieden, nachdem sich dieses angesichts der bevorstehenden Königswahl kurzfristig mit den mittelrheinischen Städten zur Absicherung verbunden hatte.

c) Erst die gemeinsame Bedrohung durch die so genannten Armagnaken-Einfälle von 1439 führten nach der Wahl König Albrechts II. in den nächsten sieben Jahren zu verschiedensten Hilfsvereinbarungen unter den elsässischen Vormächten und noch zahlreicheren Beratungen zu diesem Zweck.[19] So kam am 5.2.1439 ein erneutes Verteidigungsbündnis zustande, das sich nicht zuletzt an den letzten Landfrieden des 14. Jahrhunderts orientierte. Wie dort fanden sich noch einmal drei Gruppen der Teilnehmer zusammen, zum einen der Bischof und die Territorialherren, zweitens die Reichslandvogtei mit ihren Reichsstädten und drittens die Stadt Straßburg.

---

17 Vgl. hierzu und zum Folgenden *Angermeier*, Königtum und Landfriede, S. 376 ff.

18 Dies galt insbesondere 1437 für die Rittergesellschaft von St. Jörgenschild; vgl. *Angermeier*, Königtum und Landfriede, S. 411 ff. m.w.N.; dort auch zum neuen Hilfsbündnis von Straßburg, Worms, Speyer und Mainz von 1438 im Zusammenhang mit der Königswahl, in dem alle Sonderfrieden verboten und gegenseitige Hilfe mit einem Kontingent von jeweils 100 gl. vereinbart wurde; zum neuen Landfriedensentwurf vgl. RTA XV, Nr. 44.

19 Vgl. ausführlich *Müller*, Die elsässischen Landstände, S. 39 ff.; *Angermeier*, Königtum und Landfriede, S. 393 m.w.N.; zum Ganzen ausführlich *Witte*, Armagnaken; *ders.*, Schinder; *Rapp*, Städtelandschaft, S. 415 ff.

Die Teile sollten sich je nach Ermessen und Vermögen militärischen Beistand leisten, während die Hauptleute der Parteien einen Kriegsrat bildeten; die eigentlichen Kernaufgaben und zugehörigen Normen eines Landfriedens waren aber nicht mehr in dem Bündnis enthalten.[20]

Nachdem sich Stadt und Bischof von Straßburg sowie Hagenau der aktiven Mitarbeit in einem neuen Verteidigungsbündnis vom 24.6.1445 verweigert hatten, dem aufgrund der Schwerfälligkeit seiner Organisation ohnehin kein Erfolg beschieden war, gab zuletzt auch Colmar, das noch auf Bündnisse gedrängt hatte, seine Bemühungen fürs Erste auf.[21] Auch ein weiteres Verteidigungsbündnis, das nach langen Verhandlungen am 11.12.1446 auf einem Tag in Hagenau geschlossen wurde, sah nicht nur wie zuvor die bekannten drei Klassen und eine ähnliche militärische Organisation mit je einem von diesen bestellten Hauptmann vor, sondern darüber hinaus wieder ein Beratungsgremium mit jeweils zwei Vertretern.[22] Auch später kam es immer wieder zu Schutzbündnissen der Reichsstände, etwa in den späten 1450er und 1460er Jahren zwischen Straßburg und der Pfalzgrafschaft wegen der aggressiven Politik des Herzogs von Burgund. Diese Bündnisse bewahrten den Gedanken des Schiedsgerichts und des friedlichen Konfliktaustrags zwischen den Parteien.[23]

d) Wie wenig in den sich herausbildenden fürstlichen Herrschaftsstaaten ein bündischer Landfrieden erforderlich war, wird daraus ersichtlich, wie das Herzogtum Burgund in der zum Pfand gegebenen Vogtei von 1469 bis 1474 regierte: Der fürstlich gebotene, absolute „Staatsfrieden“, der jede private Fehde unter scharfen Strafandrohungen verbot und für die Durchsetzung des Verbots mit einer stehenden Polizeitruppe von 60 Berittenen sorgte, mündete geradezu in ein Terrorregime unter Amtmann Peter von Hagenbach, der auf die althergebrachten Rechte der untergeordneten Stände keine Rücksicht mehr nahm.[24]

Ein späterer Plan König Friedrichs III. aus dem Jahr 1486, im Elsass, wie in anderen Gebieten mit stark dezentralisierter Herrschaft ohne einen Fürsten, durch Einsetzung eines Hauptmanns für die Verbesserung des Land-

---

20 Vgl. nur *Müller*, Die elsässischen Landstände, S. 42 f. m.w.N.

21 Vgl. hierzu und zum weiteren *Müller*, Die elsässischen Landstände, S. 47 ff. m.w.N.

22 Vgl. *Müller*, Die elsässischen Landstände, S. 51 ff. m.w.N.

23 So etwa 1457, 1462 und 1468, die Bündnisse sahen jeweils ein Schiedsgericht vor, verloren allerdings ihren Wert durch die Allianz der Pfalzgrafen mit den Burgundern im Jahr 1465; vgl. Kremer, Urkunden, S. 152; *Stenzel*, Straßburg, S. 51 ff.; die Reichsstädte standen dabei stets zu den Reichslandvögten, nur 1465 schlossen sie sich einem Bündnis mit König Friedrich gegen den Grafen von Lupfen an; im Krieg um Weißenburg standen nur dieses selbst und Hagenau auf Seite Friedrichs gegen den kaiserlichen Hauptmann Ludwig von Veldenz; vgl. zum Ganzen *Angermeier*, Königtum und Landfriede, S. 425, 442.

24 Vgl. *Angermeier*, Königtum und Landfriede, S. 464 f. m.w.N.

friedens zu sorgen, scheiterte an den Ständen ebenso wie eine kurz darauf folgende Aufforderung, auf einem Reichstag in Nürnberg über die Landfriedensfrage zu beraten.[25] Damit war man freilich bereits im Vorfeld jener Entwicklungen angekommen, die dann unter Kaiser Maximilian schließlich zur Reichsreform und zum Ewigen Landfrieden von 1495 führen sollten. Diese grundsätzliche Umgestaltung sah unter anderem für den Oberrhein die Errichtung eines eigenen Kreises vor. Damit hatte aber die Epoche der regionalen bündischen Landfrieden endgültig ihr Ende erreicht.

2. Gründe für das Abtreten der Landfrieden „von der Bühne der Geschichte"

Der auch in anderen Regionen des Reiches festgestellte „Abtritt des Landfriedens von der Bühne der Geschichte"[26] hatte nicht als Ursache, dass Selbsthilfe und gewaltsame Übergriffe ohne Rechtfertigung, also insbesondere der Straßenraub, gravierend abgenommen hätten.[27] Er war die Folge von Entwicklungen, die sich bereits im 14. Jahrhunderts abgezeichnet hatten:[28] Zum einen war da das immer größere, und, wie die Erfahrung zeigte, durchaus nicht gänzlich unberechtigte Misstrauen gerade der früher treibenden Kräfte, nämlich der reichsunmittelbaren Städte. Sie mussten fürchten, durch die Unterordnung unter einen königlich-fürstlich-landadelig dominierten Landfrieden auf lange Sicht ihre Handlungsfreiheit einzubüßen und damit anfällig für die überall verstärkt um sich greifende Mediatisierung zu werden.[29] So hatten die Gesandten der Stadt Straßburg auf den Reichstagen nahezu immer klare Instruktionen, alle größeren Bündnisse schlichtweg abzulehnen.[30] Zum anderen schienen auch wesentliche Aufgaben, die dem Landfrieden bisher zugekommen waren, weit besser als zuvor durch die Gerichtsbarkeit der Städte und Territorien übernommen werden zu können,[31] die mittlerweile durch die allmähliche Zentralisierung

---

25 Vgl. *Angermeier*, Königtum und Landfriede, S. 527

26 So das schöne Bild von *Gernhuber*, Staat, S. 49; vgl. auch *Görner*, Raubritter, S. 251.

27 Vielmehr machten vor allem seit dem 14. Jahrhundert förmlich organisierte Räuberbanden, „die den Raubrittern willkommene Genossen bei ihrem schändlichen Handwerk waren", die Landstriche unsicher, vgl. *Müller*, Die elsässischen Landstände, S. 122.

28 Vgl. etwa *Gernhuber*, Staat, S. 57; zum Ganzen auch *Deicke*, Eger; *Bader*, Landfriedensschutz, S. 48 ff.

29 Vgl. zur zunehmenden Verpfändung an die adeligen Vormächtige der Nachbarregionen etwa *Fahlbusch*, Städte und Königtum, 103 ff. m.w.N. zum Beispiel Colmars; dass selbst große Metropolen nicht vor Unterwerfung, zumindest zeitweise nicht gefeit waren, belegt beispielshaft der Fall von Main im Jahre 1462, vgl. *Distler*, Städtebünde, S. 227.

30 Vgl. RTA IX, Nr. 396; *Angermeier*, Königtum und Landfriede, S. 411.

31 Vgl. auch *Görner*, Raubritter, S. 251.

und Bürokratisierung, sowie den Einsatz von abberufbaren Amts- statt Lehensleuten deutlich besser zu funktionieren schien und durch feste Truppenkontingente unterstützt wurde, die nicht zuletzt im Rahmen der Landfriedensorganisation aufgebaut worden waren. Da sich das allgemeinen Ergreifungsrecht allmählich durchsetzen konnte und zu einer erheblichen Relativierung der alten Gerichtsstandsprivilegien führte, hinter denen sich mancher versteckt hatte, wurde auch ein wesentliches rechtliches Hindernis bei der Verfolgung von Fehde, Selbsthilfe und Gewalt zumindest *de iure* beseitigt.[32]

Umso stärker wurden nunmehr Eingriffe in die immer autonomere innere Abschottung der Landeshoheiten und Stadtobrigkeiten, die die faktische Souveränität der späteren Jahrhunderte vorzeichnete, als störend und gefährlich empfunden. Dies, zumal das gegenseitige Misstrauen zwischen Städten und Adeligen, geistlichen und weltlichen Herren und von ihnen allen gegenüber der Krone und deren ganz primär dynastischen Zielen weithin blühte.[33] Der Landfrieden hatte in der Endzeit von König Wenzel nur noch einen geringen Nutzen erkennen lassen, seine Kosten und Risiken schienen demgegenüber weitaus höher. Eine Akzeptanz des „Landes", wie es die Landfrieden erzeugt und vorausgesetzt hatten, war so nicht mehr herzustellen, aber auch nicht mehr nötig.[34] An ihre Stelle traten einzelne politische Bündnisse im Falle konkreter Konflikte, und, soweit notwendig, Vereinbarungen etwa über Münzen, Zölle und Auslieferungen zwischen einzelnen Reichsständen innerhalb der Region und ihrer Nachbarschaft.[35] Während die inneren Bedrohungen des Landes intern von den einzelnen

---

32 Vgl. auch *Gernhuber*, Staat, S. 49; vgl. auch zum Festnahmeortprinzip bei der Brandstiftung verdächtiger Personen *Müller*, Die elsässischen Landstände, S. 124.

33 Die Städte glaubten, ihre Selbständigkeit ohne jedes Engagement besser durchzusetzen, und waren daher zu keinen gemeinsamen Aktionen mit Königen und Fürsten mehr bereit bzw. beschränkten ihre Bündnisse nur noch auf ihre engste Umgebung; so erhielten nur wirklich potente Städte wie Straßburg ihre Eigenständigkeit, während kleinere Reichsstädte wegen nötiger Zugeständnisse endgültig 1449 als politischer Faktor für den Landfrieden ausschieden. Die Städte mussten nun einsehen, dass sie den Frieden, zu dessen Errichtung sie mit den Königen nicht mehr bereit waren, jetzt teuer von den Fürsten zu erkaufen hatten; so *Angermeier*, Königtum und Landfriede, S. 406. Den Widerwillen der Städte vermeinte auch *Jenks*, Friedensvorstellungen, S. 424, daraus erschließen zu können, dass Waffenstillstände nur fast widerwillig verlängert wurden, während vor Bündnissen lange Streitigkeiten um Kleinigkeiten im Vorfeld geführt wurden.

34 In diesem Sinne wohl auch *Schubert*, Interterritoriale Gestaltung, S. 149 ff.

35 So zeigte etwa ein Bündnis gegen die Teuerung vom 16.10.1438 eine deutliche organisatorische Kontinuität zu den alten Landfrieden und griff gleichzeitig inhaltlich spätere Ständetagsbeschlüsse vorweg, wie den Schutz auch vor Überfällen, bei denen die Beteiligten einander „beraten und beholfen" sein sollten *„ane geverde und argelist"*; auch die Beteiligten entsprachen den früheren Schutzbündnissen gegen die Armagnaken, so dass auch die wirtschaftliche Zusammenarbeit in dieser Form und diesem Rahmen organisiert wurde, vgl. Rapp. UB III, Nr. 1061, S. 505; *Müller*, Die elsässischen Landstände, S. 54 f.

Ständen geregelt wurden, traten für die gemeinsame Abwehr äußerer Gefahren durch militärische Bedrohungen oder politische Interventionen neue Einrichtungen allmählich an die Stelle der Landfrieden, insbesondere die institutionalisierten Landstände und die von ihnen verabschiedeten Maßnahmen und „Landesrettungen".[36] Sie waren die eigentlichen Erben der Landfrieden und trugen die verbleibenden Gedanken und Organisationsformen bis in die Neuzeit weiter.

II. Die Rolle des Landfriedens für die weitere Landesentwicklung des Elsass

„Nirgends finden wir sonst auf einem so kleinen Gebiete die ihm innewohnenden Reichsstände in gleichem Sinne selbständig in politischer und sozialer Richtung tätig, wie im Elsaß. Dieses kleine Land hat seine eigene, mit Recht darf man sagen, Reichsgeschichte."[37]

Zwar kann von der Entwicklung einer Landesidentität durch ein konstantes Landfriedensgebiet im Sinne BRUNNERS, wie oben bereits ausgeführt, am Oberrhein nicht gesprochen werden. Immerhin aber hatte der Landfrieden dazu beigetragen, wichtige Institutionen für das Zusammentreffen der städtischen und territorialen Herrschaftsträger und Vormächte mit neuem Leben zu erfüllen oder diese überhaupt erst zu schaffen. Er hatte so nach innen, im Verhältnis zu den Nachbarregionen, aber auch und vor allem dem Reich gegenüber eine Identität mitgeschaffen. Dies galt insbesondere für die Landfrieden unter Wenzel, die den Sondercharakter der elsässischen Einungen gegenüber den neueren Reichslandfrieden betonten.

1. Konservierung von Landesstruktur und Landesrecht

a) Bemerkenswert ist zunächst die durchaus noch bis ins 17. Jahrhundert nachweisbare Fortwirkung der rechtlichen Sanktionierungsmechanismen, die der Landfrieden gegenüber dem weitaus „moderneren" Binnenrecht innerhalb vor allem der Städte, aber allmählich auch der Landesherrschaf-

---

36 Vgl. *Müller*, Die elsässischen Landstände, S. 120 ff., 154 f.

37 So *Müller*, Die elsässischen Landstände, S. 153.

ten konserviert hatte.[38] So finden sich im Elsass allgemein bis ins 17. Jahrhundert Totschlagssühnen, und noch 1635 gestattete der Rat in Basel bei einem eigentlich strafwürdigen Gewaltvergehen einen Privatvergleich, allerdings mit dem Vorbehalt der eigenen Verfolgung.[39] Noch im 16. Jahrhundert befreite Straßburg mit einem Trupp von 600 Mann einige ihrer Ausbürger aus der Gefangenschaft von Graf Philipp von Hanau und berief sich vor dem Reichskammergericht mit Hilfe römisch-rechtlicher Ausführungen ihres Advokaten auf ihr Fehderecht als althergebrachtes Privileg, das ihnen Art. 11 des Ewigen Landfriedens garantiere.[40]

b) Die wohl wesentlichste Wirkung des Landfriedens bestand aber darin, dass er in der zentralen Zeit des Übergangs und Wandels von Herrschaftsformen und territorialer Gestaltung den territorialen *status quo* in der Region mehr oder minder bewahren half.[41] Anders als in anderen Ländern des Reiches entstand so am Oberrhein, allen Versuchen zum Trotz, keine einheitliche Landesherrschaft, insbesondere nicht der Habsburger. Das System der wechselseitigen Bündnisse, darunter der Landfrieden, erwies sich als flexibel genug, um praktisch alle auf grundlegende Veränderungen gerichteten Impulse, wie etwa die Ambitionen der Herzöge von Österreich in Basel, die der Straßburger Bischöfe und jene der Könige in Straßburg oder die verschiedenen Hausmachtinteressen der Dynasten in der Reichslandvogtei aufzufangen und zu neutralisieren. Gleiches galt für die Umwälzungen in den Städten, die Einfälle der marodierenden Söldnerheere und die Massenunruhen der Armleder. Halfen die Landfrieden zunächst bei der Revindikation des im Interregnum entfremdeten Reichsgutes, so hatten sie auch einen guten Anteil daran, gewaltsame Annexionen und Mediatisierungen vor allem der Städte, aber auch des niederen und mittleren Adels zu verhindern. Der Niedergang der unteren Landgrafschaft und die Entwicklung der Landfrieden mit dem Schwerpunkt im Unterelsass waren eng miteinander verbunden, trat doch der Landfrieden als Gericht und Austragungsmöglichkeit der reichsunmittelbaren Stände funktional an die Stelle des Landgrafenamtes.

---

38 Vgl. etwa die Versuche Ende des 15. Jahrhunderts, die Acht wiederzubeleben, vgl. dazu *Angermeier*, Königtum und Landfriede, S. 496; zu den Austragungsformen vgl. etwa *Willoweit*, Reaktionen, S. 196 ff., 204 ff.

39 Vgl. dazu *His*, Strafrecht I, S. 320 f. m.w.N.; zu den weiterhin üblichen Fehden vgl. etwa die zwischen den Herren von Lichtenberg und Leiningen von 1458-1466, *Battenberg*, Herrschaft, S. 125 ff.

40 Die Befreiten waren ursprünglich dessen Leute gewesen, hatten aber vom Recht des freien Zuges in dieser durchaus fragwürdigen Weise Gebrauch gemacht; vgl. ausführlich die Fallstudie von *Hagemann*, Landfrieden, S. 309 ff. m.w.N.

41 Vgl. ähnlich für den späteren, durch die vorgefundene Struktur geprägten oberrheinischen Reichskreis *Plassmann*, ZGO 151 (2003), S. 230 f.

2. Organisatorisches Erbe: Elsässische Landstände, Landesrettungen und oberrheinischer Reichskreis

Ihr Erbe und vielleicht ihren eigentlichen Abschluss fand die Landfriedensbewegung im Elsass nicht in den späteren Reichskreisen und dem Ewigen Landfrieden, sondern in den ganz einzigartigen Landständen und deren Landesrettungen. Sie trugen die wesentlichen Organisationsformen und Gedanken der Landfrieden des 14. Jahrhunderts weiter in sich, was sie wiederum zu Erneuerern der hochmittelalterlichen Organisationsformen des Landes und seiner aus der Vorgeschichte herrührenden gräflich geführten Landtage machte.

a) Die elsässischen Landstände

> „Die Landstände waren eben keine Institution, die durch einen Akt der Gesetzgebung von Staats wegen ins Leben gerufen war ... Sie waren vielmehr eine freiwillige Vereinigung Gleichberechtigter, für die es eine höhere Instanz als die Versammlung ihrer Vertreter nicht gab. Und auch diese war noch nicht berechtigt, den einzelnen Mitgliedern Vorschriften zu machen; auf den Tagen war noch jeder sein eigener Herr, der tun und lassen konnte, was er wollte, solange er nicht in die Beschlüsse gewilligt hatte.".[42]

So entwickelten sich die elsässischen Landstände,[43] gerade nicht als Vertretung mediatisierter Stände gegenüber einem Landesherrn, sondern in einzigartiger Weise als Vereinigung der reichsunmittelbaren Reichsstände des Landes nicht zuletzt aus den Landtagen, die der Landfrieden geschaffen, bzw. übernommen und erneuert hatte. Durch sie wurde das besondere Gepräge des Landes, das dieses schon im Wesentlichen am Eingang des Spätmittelalters gehabt hatte, bis weit in die Neuzeit, nämlich noch bis in die Zeit nach der allmählichen Annexion durch Frankreich, aufrecht erhalten, mit allen Vor- und Nachteilen. Insbesondere blieben die „inneren Angelegenheiten", ohne dass sie als solche benannt wurden, von Verhandlungen der Landstände gänzlich ausgenommen.[44] Wie schon seit 1381 traten die elsässischen Landstände als autonome regionale Organisation in Konkurrenz zu den neuen reichsweiten Reorganisationsversuchen am En-

---

[42] So *Müller*, Die elsässischen Landstände, S. 156.

[43] Vgl. auch *Sittler*, L'Alsace, S. 122 ff.; *Müller*, Die elsässischen Landstände, S. 12 ff., 55 ff., 81; *v. Below*, Landständische Verfassung I, S. 4; *Speck*, ZGO 153 (2005), S. 345 ff.

[44] So lehnten die Stände etwa jede wertende Entscheidung in einem Bischofsstreit zwischen mehreren Prätendenten ab, da derartige Sachen nicht vor sie gehörten, vgl. *Müller*, Die elsässischen Landstände, S. 113.

de des 15. Jahrhunderts: Waren es damals die eigenen elsässischen Friedensdokumente mit eigenen Landfriedensorganen gewesen, die sich einer Einbeziehung in die rheinische oder gar schwäbische Friedensorganisation widersetzten, so konkurrierten im 16. Jahrhundert nunmehr die Landstände mit der Organisation des oberrheinischen Reichskreises.[45] Trotz aller Kurzfristigkeit bildeten die landesweiten Bündnisse, Landfriedensentwürfe und späteren Landesrettungen eine Brücke zwischen der ausgelaufenen Entwicklung des 14. Jahrhunderts und den neuen Organisationsformen des 16. Jahrhunderts, zwei Institutionen, die letzten Endes dieselben Ziele verfolgten und in gleicher Weise die politische „Einheit in Vielfalt" des Elsass verkörperten.[46]

Die Bezeichnung als „Landtag" hatte diese Form der Versammlung spätestens seit den Bündnisversammlungen im Rahmen des Landfriedensschutzes und der Verteidigungsbemühungen gegen die Engländer 1365 erhalten, die später mit den Zusammenkünften zur Errichtung eines Landfriedens geradezu gleichgesetzt wurden.[47] Vor allem aber war es die Landfriedenseinung von 1389, die die Herausbildung dieses ganz besonderen Landtages dokumentiert: Danach sollten die Landfriedensrichter, um über Klagen zu befinden, zum *„lantdage"* nach Straßburg, Benfeld und Colmar fahren.

So zeigen auch die sich allmählich herausbildenden Landtage einen ähnlichen Aufbau und diesselben politischen Konflikte auf wie die früheren Landfriedenseinungen. An die Stelle der Landfriedenswächter traten die Bundes- und Landtage, die zur Abwehr drohender gemeinsamer Gefahren einberufen wurden und die allmählich die Bezeichnung „gemeine Stände im Elsass", zur Betonung der Reichsunmittelbarkeit und in Abgrenzung zu den gänzlich anders strukturierten vorderösterreichischen Landtagen, später aber allgemein den Titel „Landstände" trugen.[48]

Die Mitgliedschaft hatten alle reichsunmittelbaren und selbst der Jurisdiktionsgewalt mächtigen Stände, mithin jener Kreis an Reichsständen, die be-

---

45 Vgl. hierzu und zum Folgenden *Müller*, Die elsässischen Landstände, S. 53 ff.; vgl. auch *Overmann*, ZGO NF 19 (1904), S. 108 ff.

46 Ein weiteres „Kettenglied" auf diesem Weg stellte Ende 15. Jahrhunderts die „Niedere Vereinigung" im Oberelsass zu einer Zeit dar, als sich bereits die Anfänge der Landstände fanden, vgl. *Müller*, Die elsässischen Landstände, S. 55.

47 *Vgl. bereits oben Kapitel 5 I 3 d)*; die Bezeichnung als „Landtag" erschien dabei für die Versammlung der Landfriedensrichter von 1389 bis 1398, vgl. RTA II, Nr. 75, Art. 8; sie war aber schon 1365 für Bündnisversammlungen gegen die „Engländer"-Einfälle in Gebrauch;vgl. St. UB V, Nr. 617; dazu auch *Müller*, Die elsässischen Landstände, S. 38.

48 Die ständische Vertretung der vorderösterreichischen (d.h. reichsmittelbaren) Landstände, vgl. auch *Overmann*, ZGO NF 19 (1904), S. 108 ff.; zum letzteren vgl. *Müller*, Die elsässischen Landstände, S. 53.

reits die Landfrieden geprägt hatten, namentlich der Reichslandvogt und die Reichsstädte, der Bischof und die Bürgerschaft von Straßburg, sowie die führenden geistlichen und weltlichen Herren, die ihre Freiheit von mediatisierender Gerichtsbarkeit erlangt hatten.[49]

Es handelte sich vom Anfang bis zum Ende dieser Entwicklung um eine vollständig autonome, selbständige Kooperation beziehungsweise Korporation. Ihrem „Direktorium", das sich zu Beginn des 16. Jahrhunderts allmählich herausbildete kam nur eine gewisse Verfahrensrolle, nie aber eine herrschaftliche Führungsrolle zu.[50] Dort spiegelten sich auch, in guter alter Tradition wie früher bei der Bestellung des Landfriedensobmanns, die miteinander konkurrierenden Führungsansprüche des Reichslandvogtes, des Bischofs und, nicht zuletzt, der Stadt Straßburg.[51] Nachdem der Reichslandvogt zunächst die Oberhand hatte, dabei jedoch ganz von der formalen Autorität der Krone zehrte, setzte sich schon bald während einer der zahlreichen Verpfändungen des Amtes nunmehr der Bischof durch, wohl aufgrund des von ihm in der Mitte des 14. Jahrhunderts erworbenen, inhaltlich aber ansonsten völlig funktionslosen Landgrafentitels.[52] Die Beurkundung der Abschiede erfolgte jedoch stets durch den Bischof, den Reichslandvogt und den Vertreter der Stadt Straßburg, also die alten „drei Teile" der letzten Landfrieden unter König Wenzel.[53] Unter den sonstigen Mitgliedern blieb vor allem das Gerangel zwischen Ritterschaft und Reichsstädten um die protokollarische Reihenfolge erhalten. Auch hier schwang eine Reminiszenz an die großen Auseinandersetzungen der 1380er Jahre mit, sie war aber auch eine Auswirkung der immer noch ungebrochenen Macht der Städte am Oberrhein. Der Landfrieden hatte diese zwar bisweilen bedroht, jedoch insgesamt wohl mehr zu bewahren als einzuschränken geholfen. Das nach wie vor große Misstrauen der Stände untereinander ver-

---

49 Darunter fanden sich Vorderösterreich, die Reichslandvogtei, der Bischof von Straßburg und das dortige Domkapitel, der Herzog von Württemberg, die Grafen von Hanau-Lichtenberg, Leiningen-Dagsburg, Leiningen-Westerburg, die Herren von Lützelstein, Fleckenstein, Rappoltstein, Barr, im Weilertal, Mauersmünster, die Abteien St. Stefan in Straßburg und in Murbach, die Stadt Straßburg, die Ritterschaft im Unterelsass und die Dekapolis-Reichsstädte; vgl. im Einzelnen Müller, Die elsässischen Landstände, S. 66 ff. m.w.N., insbesondere zur umstrittenen Reichsunmittelbarkeit der Rappoltsteiner.

50 Vgl. *Müller*, Die elsässischen Landstände, S. 55 ff.; vgl. auch *Overmann*, ZGO NF 19 (1904), S. 108 ff.

51 Darunter waren zahlreiche Streitigkeiten um die Direktoriumsstelle programmiert waren, ebenso wie der Rangkonflikt zwischen den Städten und Reichsrittern, der schließlich sogar erfolglos vor das Reichskammergericht gebracht wurde; vgl. ausführlich *Müller*, Die elsässischen Landstände, S. 69 ff.

52 Vgl. im Einzelnen *Müller*, Die elsässischen Landstände, S. 58 ff. m.w.N.

53 Dazu dann gewöhnlich jeweils ein Graf, ein Ritter und eine Stadt, vgl. *Müller*, Die elsässischen Landstände, S. 79.

hinderte irgendeine führende Rolle dieses Direktoriums, so dass zum Beispiel nur selten Einladungen zu Versammlungen ohne Hinweis auf einen konkreten Missstand und auf ein Mitglied, das diesen vorgebracht hatte, erfolgten, was an das Mahnverfahren bei den Landfrieden erinnerte.[54] Wie bei den letzten Landfriedenserrichtungen ließen sich die Stände in aller Regel durch bedeutende Repräsentanten und Amtsleute vertreten, die von ihren Instruktionen abhängig waren. Grundsätzlich durfte nur über die in der Einladung genannten Fragen verhandelt werden.[55] Beschlüsse der Landstände bedurften weiterhin der vorab oder nachträglich erteilten Zustimmung und Besiegelung jedes Teilnehmers, der gebunden sein sollte, und wiesen damit zumindest in diesem Punkt eine ähnliche Struktur auf wie die früher auf den Versammlungen geschlossenen Bündnis- oder sonstigen Verträge. Dieses Ratifikationserfordernis sollte sich zumindest in anderen Ständeversammlungen des Reiches schon bald als großes verfassungsrechtliches Problem erweisen.[56]

b) Reichsreform und oberrheinischer Reichskreis

In der Literatur ist die Rolle der Landfrieden als Vorläufer der Reichskreise bereits erkannt und diskutiert worden.[57] Der erneute Versuch Ende des 15. Jahrhunderts, zugleich mit dem Ewigen Landfrieden von 1495 endlich systematisch eine wirksame reichsweite Gerichtsbarkeit und Vollstreckungsgewalt zu schaffen und so die immer noch weit verbreiteten Mängel und damit eng verknüpften Selbsthilfeformen zu unterbinden, weist in der Tat einige bemerkenswerte Parallelen zu den Projekten des 13. und 14. Jahrhunderts auf, auch wenn sich die Herrschaft der Reichsstände nach innen grundlegend gewandelt und verfestigt hatte.[58]

Auch die Reichskreise übernahmen Organisationsformen, die denen der Landfriedenstage ähnlich waren, so etwa das grundsätzliche Mehrheitsprinzip bei Beschlüssen.[59] Wie bei den Landständen konnte der Bischof von

---

54 Vgl. ebd., S. 62 ff.

55 Vgl: ebd., S. 64.

56 Vgl. ebd., S. 79 ff.

57 Vgl. etwa *Schubert*, Interterritoriale Gestaltung, S. 132; zu den Reichskreisen allgemein vgl. nur die aktuelle Übersicht von *Plassmann*, ZGO 151 (2003), S. 199, Fn. 1, sowie dort S. 203.

58 Vgl. hier nur einführend *Angermeier*, Art. „Ewiger Landfriede", HRG I, Sp. 1030 ff.; etwa auch *Proksch*, Auseinandersetzung, S. 184 ff.

59 Vgl. *Dotzauer*, Reichskreise, S. 208; vgl. insgesamt *ders.*, Oberrheinischer Kreis, S. 97 ff.; *Amann*, Oberrheinischer Kreis, S. 335 ff.; *Malzan*, Oberrheinischer Kreis; vgl. auch zur weiteren Entwicklung *Süß*, Oberrheinischer Kreis; zu den Problemen der Anerkennung des Mehrheitsprinzips auch zuletzt *Plassmann*, ZGO 151 (2003), S. 204 ff. m.w.N., dort auch zu den dem Obmann und Hauptleuten der früheren Landfrieden verwandten Funktionen des Direktoriums und Kreisobristen.

Straßburg seine Führungsrolle als einer der beiden Ausschreiber des oberrheinischen Kreises bestätigen.[60] Dem Verhältnis von Reichslandfrieden und elsässischen Landfrieden unter König Wenzel vergleichbar sonderten sich die elsässischen Reichsstände trotz ihrer autonomen Organisation zwar äußerlich nicht von dem oberrheinischen Kreis ab und nahmen an den Beratungen der Kreistage durchaus rege teil. Sie gingen aber daneben weiter ihre eigenen Wege, auf die sie durch die politischen Verhältnisse und die geographische Lage ihrer Besitzungen gelenkt wurden.[61] Die Landstände als solche nahmen ebenfalls betont Rücksicht auf die Verhandlungen der Kreistage und unterbrachen etwa ihre eigenen Verhandlungen, bis dort eine Entscheidung getroffen war. Die Sonderrolle des Elsass wurde noch deutlicher, als der oberrheinische Kreis nach 1556 in vier Unterbezirke unterteilt wurde. Unter ihnen bildete das Elsass einen eigenen Bezirk, der sich trotz seiner inneren Probleme als vergleichsweise gut organisiert erwies, mit einem wirksamen militärischen Aufgebot zum Schutz des Friedens und der öffentlichen Sicherheit. Der elsässische Bezirk wurde von einem der beiden Vertreter des Kreishauptmanns geführt und ging mit dem kurrheinischen Kreis sogar eigene Rechtshilfevereinbarungen ein.[62] Auch in diesen letzten beiden Punkten, der hierarchischen Militärorganisation und der vertraglichen Rechtshilferegelung, ahmten die Reichskreise also Organisationsformen der letzten Landfrieden nach. So beriet der oberrheinische Kreis etwa 1515 auch über Landfriedensmaßnahmen gegen den Herrn Franz von Sickingen in Hagenau, die allerdings am Widerstand der Stände scheiterten.[63] Ihr Misstrauen verhinderte auch, vor allem seit Beginn der religiösen Spannungen nach 1555, eine klare Führung innerhalb des Reichskreises.[64]

Folglich blieben es vordringlich die Landstände, die sich um die Bekämpfung der Bedrohungen der Sicherheit und des Friedens bemühten, während die Reichsreformbemühungen nach dem ewigen Landfrieden und später der Constitutio Criminalis Carolina an einer fehlenden tatsächlich wirksamen Exekution scheiterten,[65] dem eigentlich vorhandenen Schutzinteresse der den Kreis prägenden kleinen und mittleren Ständen zum

---

60 Vgl. nur *Dotzauer*, Reichskreise, S. 209; dabei wies das Auschreiberamt ähnliche Kompetenzen auf, die zuvor der Obmann des Landfriedens besessen hatte, namentlich die Einladung zu einem Zusammentritt des Beratungsgremiums nach Anrufung, vgl. etwa auch *Plassmann*, ZGO 151 (2003), S. 206 f.

61 Vgl. *Müller*, Die elsässischen Landstände, S. 154, 156.

62 Die gemeinsam wieder neue Kooperationsformen ausbildeten, darunter insbesondere die Nacheile, vgl. *Dotzauer*, Reichskreise, S. 213 f., 223

63 Vgl. ebd., S. 215 f.

64 Vgl. ebd., S. 210 f.; vgl. auch *Plassmann*, ZGO 151 (2003), S. 230 f. m.w.N.

65 Vgl. *Müller*, Die elsässischen Landstände, S. 122 f.; vgl. auch *Speck*, ZGO 153 (2005), S. 346 ff.

Trotz.[66] Auch die vereinbarten Kontingente des Kreises muteten gegenüber den in den Landesrettungen der Landstände vereinbarten Truppen geradezu verschwindend gering an.[67] Der Oberrheinkreis blieb ein letzten Endes recht zusammenhangloses Gebilde, dessen mächtigste Mitglieder sich zudem großenteils gar nicht mehr reichszugehörig fühlten, während kleinere Reichsstände durch Annexionsgelüste von außen bereits stark gefährdet waren. Die Idee einer neuen Bündelung der Stände zur Wahrung und Wiederherstellung des Friedens und des Rechtsaustrags war auch hier nicht verwirklichbar.

c) Landesrettungen und Vereinbarungen zwischen den Landständen

„Die ‚Landsrettungen', die auf den Ständetagen beschlossen werden, sind weiter nichts, als die Defensivbündnisse gegen Angriffe von außen her. Erst allmählich dehnen die Landstände ihre Kompetenzen aus und treffen auch Verfügungen über die Ordnung der Verhältnisse im Innern der einzelnen Territorien; sie erlassen Bestimmungen wirtschaftlicher und sozialer Natur"[68]

Die „Landesrettungen" die wir ab dem 16. Jahrhundert mit jeweils kurzfristiger Geltung finden, hatten, anders als noch die Landfrieden des 14. Jahrhundert, ihren Schwerpunkt auf der Abwehr äußerer gemeinsamer Feinde im Wege militärischer Verteidigungsbündnisse.[69] Insoweit übernahmen sie zwar einzelne Aspekte der Landfrieden, insbesondere deren polizeilich-militärische Organisation, „entkernten" sie jedoch, indem sie ihren eigentlichen traditionellen Inhalt herauslösten, den Schutz der einzelnen Ansässigen und Durchreisenden und den Kampf gegen die Selbsthilfe. Daher ist MÜLLER nicht zuzustimmen, wenn er diese Kontinutität noch stärker dadurch gewahrt gesehen hat, dass er die Abwehr äußerer Feinde als Hauptziel der späten Landfriedenseinungen des 14. Jahrhun-

---

66 Vgl. *Dotzauer*, Reichskreise, S. 204 ff.

67 So betrug der Sollstand des gesamten Kreises nur ca. 600 Reiter und 3000 Fußsoldaten gegenüber Kontingenten der Landesrettungen von teilweise über 10.000 Mann, vgl. dazu sogleich unten; vgl. auch *Dotzauer*, Reichskreise, S. 207.

68 So *Müller*, Die elsässischen Landstände, S. 81 f.

69 So jedenfalls *Müller*, Die elsässischen Landstände, S. 83 ff., v.a. S. 84; sie waren allerdings laut den von ihm zitierten Quellen auch gegen „Räubereien" gerichtet, während ihre militärische Organisation, durch mehrere Hauptleute mit Kontingente unter einem gemeinsamen Oberst nicht wenig an die letzten Landfriedenseinungen des 14. Jahrhunderts erinnerte; vgl. auch *Tschamber-Hüningen*, JbGEL 21 (1905), S. 59 ff.

derts angenommen hat.[70] Denn tatsächlich stand, wie gezeigt, der Kampf gegen die alltägliche Selbsthilfe, Gewalt und Fehde im eigentlichen Zentrum der gesamten Landfriedensbemühungen.

Wie bereits in den ersten Einungen war mit der Frage der öffentlichen Sicherheit und des Friedens auch die nach der Ausübung von Gerechtsamen, wie insbesondere nach der Kontrolle des Münzwesens verknüpft. Hier organisierten die Landstände - mehr als der dazu eigentlich vorgesehene Reichskreis - untereinander im 16. Jahrhundert neue Konventionen, nachdem die einzelnen regionalen Vormächte lange Zeit diese Fragen durch bilaterale Verträge untereinander geklärt hatten.[71] Auch die Gefahrenabwehr und rücksichtslose Repression gegen herumziehendes Volk, von Bettlern bis zu Kriegsvolk, - „argwöhnisch" im doppelten Sinne beäugt - zählten zu den wenigen verbliebenen gemeinsamen Aufgaben. Die präventive Armenfürsorge im Rahmen der sich herausbildenden *„guten Policey"* wurde hingegen von den jeweiligen Ständen weitestgehend autonom wahrgenommen; allerdings versuchte die Organisation der elsässischen Landstände hier vereinzelt noch durch gemeinsame Lebensmitteltaxen und -ausfuhrverbote Hungersrevolten vorzubeugen.[72]

Die Bereitschaft zur Einigung war unter den stets misstrauisch auf ihren Status bedachten Ständen noch geringer als im 14. Jahrhundert ausgeprägt und ließ sich allenfalls nach schweren Niederlagen, unmittelbar bevorstehenden und nicht anders abwendbar scheinenden Gefahren oder nach deren glücklicher gemeinsamer Abwehr herstellen. Verringerte sich dann jedoch der äußere Druck, dachte meist niemand an die Ausführung der eingegangenen Verpflichtungen oder gar an eine Erneuerung.[73] Insgesamt blieben die Maßnahmen der Landstände so - trotz vieler Bemühungen und einzelner tatsächlicher Maßnahmen - insgesamt praktisch erfolglos.[74] Konnten sich die Landstände einmal zu einem gemeinsamen Vorgehen durchringen, so stellten sie durchaus eine bedeutende Macht dar, mit der auswärtige Gegner rechnen mussten.[75] Allerdings schottete sich das Land immer weiter von den benachbarten Regionen ab, verweigerten die Reichsstände im Elsass insbesondere Bündnisse mit auswärtigen Reichsständen,

---

70 So lägen nach *Müller*, Die elsässischen Landstände, S. 81 f. die „Wurzeln der elsässischen Landstände in der Landfriedensbewegung, speziell der letzten Jahrzehnte des 14. Jahrhunderts."

71 Vgl. dazu *Müller*, Die elsässischen Landstände, S. 135 ff.; *Dotzauer*, Reichskreise, S. 211 ff., 249 ff.; *Cahn*, Rappenmünzbund.

72 Vgl. nur *Müller*, Die elsässischen Landstände, S. 125 ff.

73 Vgl. nur ebd., S. 88 ff.

74 Vgl. nur ebd., S. 142 etwa zu den Münzordnungen.

75 Vgl. nur ebd., S. 97.

die sie außerhalb des eigenen Gebietes zur Hilfe verpflichtet und damit das Land bei Gefahren entblößt hätten.[76]

Dies galt insbesondere, als ab Mitte des 16. Jahrhunderts die religiösen Konflikte im Reich zusätzlich die Verhältnisse zwischen den Landständen überschatteten: Zwar gelangen noch einzelne, detaillierte Rettungen.[77] Jede Seite fürchtete aber immer stärker, von der anderen übervorteilt zu werden. Daher scheiterten praktisch alle Vereinbarungen und versuchten Bündnisschlüsse, teilweise mit äußerst durchsichtig vorgeschobenen Ausflüchten.[78] Dies führte schließlich im Jahr 1616 zum Abbruch der gesamtelsässischen Zusammenarbeit überhaupt. Während des Dreißigjährigen Krieges fanden im Unterelsass zwar noch einzelne Beratungen über Landesrettungen statt. Sie zeitigten aber keinerlei Resultat.[79]

3. Absehbares Ende – Der Übergang an Frankreich und das Ende der landständischen Entwicklung im Elsass

Als die Landstände sich nach dem Ende des Dreißigjährigen Krieges 1652 ein letztes Mal zu eingehenden Bestimmungen zur Abwehr äußerer Feinde zusammen fanden,[80] war das Ende der bisherigen Landesgestaltung bereits hereingebrochen. Frankreich hatte bekanntermaßen in den Westfälischen Friedensschlüssen erhebliche und dazu noch in ihrem Umfang unklare Rechte im Lande erhalten, allerdings mit der ebenso vagen Auflage, das Elsass dem Reich nicht zu entfremden.[81] Dennoch bemühten sich von da an

---

76 Vgl. nur ebd., S. 104 f.

77 Wie etwa das Bündnis von 1572, das eine allgemeine Steuer mit 1 fl. je Mann, 2 fl. Abgabe je Pferd, ein durchorganisiertes Finanzwesen und feste Kontingente mit insgesamt über 10.000 Mann vorsah; vgl. *Müller*, Die elsässischen Landstände, S. 89 ff. m.w.N.

78 Vgl. die wohl wichtigste Begründung, dass die Landesrettungen nur gegen *herrenloses* Kriegsvolk geschlossen worden seien, nicht dagegen gegen die Truppen eines Reichsfürsten, der Sicherheitsleistung gegenüber Schäden bieten könnte, womit ein letztes Mal an den Haftungsgedanken angeknüpft wurde, der auch beim Strafgebot der Landfrieden gegen die Söldner eine Rolle gespielt hatte; vgl. *Müller*, Die elsässischen Landstände, S. 99 ff.

79 Vgl. ebd., S. 117 f.

80 Vgl. *Müller*, Die elsässischen Landstände, S. 119, 144 ff.

81 Vgl. Art 73, 74 des Friedens von Münster vom 24.10.1648, Zeumer, Nr. 198; nach der dortigen ambivalenten Abtretungsklausel, die sich an sich nur auf die habsburgischen Rechte im Elsass bezog, sollte insoweit zwar der französischen Krone die Oberhoheit an diesen Rechte zukommen, aber die Reichunmittelbarkeit der Stände nicht beeinträchtigt werden; der *Conseil Souverain d'Alsace* wurde allerdings nicht nur als Nachfolger der vorderösterreichischen Regierung von Ensisheim, sondern gleichzeitig als zwingender Oberhof für alle elsässischen Territorien gegründet, was den wirkungslosen Widerstand der elsässischen Reichsstände unter anderem vor dem Reichskammergericht hervorrief; vgl. zum Ganzen etwa *Véron-Réville*, Juridictions d'Alsace, S. 195 ff.; vgl. auch *Speck*, ZGO 153 (2005), S. 335 m.w.N.;

die Beamten der französische Monarchie, das Land endgültig zu annektieren. Das nach wie vor äußerst kleinräumig strukturierte und im Wechselspiel von Misstrauen und einzelner Kooperation zwischen den Kleinmächten nur lose zusammengehaltene Elsass[82] war hierfür ein relativ leichtes Opfer. Daher gingen die regionalen Kleinherrschaften Schritt für Schritt in der modernen französischen Staatsverwaltung bis schließlich zur völligen Neuordnung nach der Französischen Revolution von 1789 auf, womit die elsässische Landesentwicklung an der Schwelle des 19. Jahrhunders endgültig zu einem Abschluss gekommen war.[83] Der Landfrieden hatte sich durchaus als schicksalhaft für das Land erwiesen: Die Freien und Reichsstädte, die Territorialgewalten und die von ihnen stets in Balance und Schach gehaltenen territorialen Vormächte hatten durch die Landfriedensbündnisse und -einungen und ihre Nachfolger ihre gegenseitige Freiheit und Rechte wie ihre Unabhängigkeit gewahrt und bis zu einer nahezu souveränen Stellung ausgebaut; während ihre Handlungsformen zwischen und unter einander noch weit in die Neuzeit die mittelalterlichen Formen konservierten. Auch hierin kann die Geschichte des Elsass wirklich als Reichsgeschichte im Kleinen gelten.[84] Letzendlich scheiterte gerade an dieser Kleinräumigkeit die „gute alte Friedensordnung" und wurde von dem überlegenen „modernen" absolutistischen Großflächenstaat und den von ihm idealtypisch verkörperten monopolisierten Staatsfrieden überwunden.

Rathgeber, JbGEL 5 (1889), S. 62 ff.; zur Vertretung Straßburgs bei den Verhandlungen vor dem Friedensschluss vgl. *Katterfeld*, JbGEL 28 (1912), S. 137 ff.; *Overmann*, ZGO NF 19 (1904), S. 434 ff.

82 Vgl. nur nochmals *Müller*, Die elsässischen Landstände, S. 156 f.

83 Während das Elsass endgültig in den 1680er Jahren dem Reich und dem oberrheinischen Kreis verloren ging gelang es den französischen Beamten schnell, eine eigene Verwaltung aufzubauen und die Elsässischen Landstände als eine der letzten an die Unabhängigkeit erinnernde Instanz abzuschaffen, deren letzte Sitzung am 4.1.1683 stattfand: „Jener Tag vom 4. Januar 1683 ist der letzte, auf dem wir die elsässischen Landstände beraten sehen über Fragen, welche die Allgemeinheit interessierten, er ist der letzte, auf dem uns noch einmal das Elsaß als eine Einheit entgegentritt. Von da an gehen die elsässischen Territorialherren, soweit es ihnen überhaupt von Frankreich gestattet wird, ihre eigenen Wege, bis die französische Revolution ihrem Dasein ein Ende bereitet", so *Müller*, Die elsässischen Landstände, S. 158; vgl. auch *Dotzauer*, Reichskreise, S. 204 ff.; *Rathgeber*, JbGEL 5 (1889), S. 58 ff.; zum Ende des letzten Städtebundes, der Dekapolis vgl. *Ohler*, Dekapolis; *Distler*, Städtebünde, S. 34, 49 m.w.N.

84 So auch zu anderen Entwicklungen und Strukturen *Müller*, Die elsässischen Landstände, S. 118 f.

Zusammenfassung und Folgerungen

Die vorliegende Untersuchung hat gezeigt, dass es sich bei den spätmittelalterlichen Landfriedenseinungen am Oberrhein um vielschichtige rechtliche und politische Strukturen handelte, die sich einseitigen Interpretationsansätzen entgegen stellen. Der Ansatz, die historischen Einungen aus normativer wie faktischer Perspektive zu analysieren, vor allem aber die vielfältige Verknüpfung der politisch-sozialen und juristischen Dimensionen der Landfrieden, erwies sich methodologisch als sehr geeignet, um zu neuen Erkenntnissen zu gelangen. Ohne die vielfältigen Einzelergebnisse im Detail aufgreifen zu können, lässt die durchgeführte Untersuchung folgende allgemeinere Schlussfolgerungen zu:

1. Die spätmittelalterlichen Landfriedenseinungen waren ein Versuch der bedeutendsten politischen Akteure am Oberrhein, durch Fortentwicklung der vorhandenen rechtlichen Instrumentarien der Zeit Eigenmacht und Selbsthilfe gemeinsam zu bekämpfen und gleichzeitig ihre individuelle und kollektive politische Stellung zu erhalten und zu stärken.

a) Vor allem der Abschluss der Landfriedensbünde unterlag, wie bei allen anderen Bündnissen, den jeweiligen aktuellen Interessen des Königtums und der regionalen Vormächte. Das Vorgehen gegen die Unruhe im Land mit dem Ziel der Sicherheit vor allem der wichtigen Fernhandelswege lag stets im gemeinsamen ökonomischen Interesse der bereits bedeutenden Kommunen am Oberrhein, der führenden geistlichen und weltlichen Gerichts- und Territorialherren sowie, mit schwankendem Gewicht, auch der einzelnen Regenten. Für das Königtum, insbesondere für die zeitweise konkurrierenden Thronprätendenten, bedeutete der Landfrieden einen Weg, Anhänger um sich zu scharen und schwankende Adelige und Städte an sich zu binden, ohne dabei zwingend an der Landfriedenssorge selbst zentral interessiert zu sein. Gleichzeitig erfüllte der Landfrieden stets eine wichtige propagandistische und symbolische Funktion zur Darstellung der Wirksamkeit des Königtums.

Die Bereitschaft der wichtigsten Regionalmächte, sich zu binden, wurde besonders durch gemeinsame Herausforderungen, wie etwa Aufstände und Pogrome oder Invasionen fremder Truppen, gefördert, durch gegenseitiges Misstrauen aber oft verhindert. Hierbei spielten auf regionaler Ebene vor allem die konkurrierenden Ambitionen der einflussreichsten Vormächte der Landschaft, also der Habsburger, der Straßburger Bischöfe und der Bürgerschaft von Straßburg, eine prägende Rolle. Ebenfalls spiegelten sich in den Landfrieden die das 14. Jahrhundert allgemein kennzeichnenden Auseinandersetzungen zwischen den Städten und Adeligen um Autonomie und Vorherrschaft, wie sie in der Verpfändungspolitik und vor allem dem Aus-/Pfahlbürgerproblem sichtbar wurden. Hinzu kamen jene zahlreichen Konflikte, die durch die Reichspolitik bedingt waren, wie verschiedene Schismen, Streitigkeiten zwischen Königen und Päpsten oder unterschiedlichen Thronprätendenten.

Wohl aus diesen Gründen gab es zahlreiche Phasen ohne Landfrieden, und sind die Einungen stets befristet geblieben, wobei die zunehmende Dauer als Zeichen für ein zunehmendes Vertrauen in die funktionierende regionale Zusammenarbeit unter Abgrenzung zur Reichspolitik angesehen werden kann. Umgekehrt blieb das Misstrauen gegenüber der Gefahr der Instrumentalisierung dieser Einungen bis in die Regierungsjahre von Karl IV. und Wenzel ein bestimmender Faktor für die Stände, vor allem für Straßburg und die Reichsstädte. In den letzten Dekaden des 14. Jahrhunderts trat diese - nicht unbegründete - Sorge immer stärker in den Vordergrund, auch wenn sie zunächst durch die wirkungsvollen Aktivitäten und immer detaillierteren Regelungen des Landfriedens überdeckt wurde. Spätestens nach dem Ständekrieg und der sogenannten „Affäre des englischen Ritters“ hatten sich die Landfrieden trotz geradezu „barocker“ Normengebäude zu einer inhaltsleeren Fassade entwickelt. Diese stürzte dann auch mit der Amtsenthebung Wenzels wie ein Kartenhaus in sich zusammen, mit Folgen für das gesamte 15. Jahrhundert.

Den jeweils aktuellen politischen Machtverhältnissen und Interessen waren insbesondere erhebliche Schwankungen in den seit Beginn des 14. Jahrhunderts jeweils durch geografische Angaben klar abgegrenzten Geltungsräumen der Einungen geschuldet, die keine „Landesidentität“ durch ein unveränderliches Landfriedensgebiet im Sinne von BRUNNER erkennen lassen. So dokumentiert etwa die Konzentration auf das Unterelsass die Abgrenzung gegenüber den durch die Habsburger dominierten oberen Landen und die zunehmende Auseinanderentwicklung beider Landesteile. Die spätere allmähliche Öffnung nach Norden stand zunächst im Zeichen städtischer, später aber vor allem dynastischer Überlegungen. Diese Veränderung spiegelte sich auch im Kreis der Parteien, die die Einung errichteten und durch ihre Vertreter kontrollierten. Waren diese vor 1300 und zur Zeit der rivalisierenden Doppelkönige 1315 - 1337 vor allem auf politische *ad hoc*-Erwägungen zurückzuführen, scheint die Teilnahme an diesem Kreis nur Inhabern der hohen Gerichtsbarkeit offen gestanden zu haben. Dieser vergrößerte sich allerdings zusehends um die Bürgerschaften der kleineren Reichsstädte und die bedeutendsten adeligen Territorialherren. Als Kern finden sich unter ihnen (bis auf eine Ausnahme) stets die Stadt Straßburg, der dortige Bischof, die Reichslandvogtei oder die zugehörigen Reichsstädte, sowie, bis zu ihrer praktischen Liquidation, die Landgrafschaft im Unterelsass. Es setzte sich die Tendenz der Parteien, sich in der privilegierten und exklusiven Form ihrer Mitgliedschaft von anderen adeligen Teilnehmer abzuschließen, auch gegenüber den mittleren Territorialherren fort. Basel in seiner durch die Habsburger bedrohten Insellage suchte häufiger den Anschluss an den Landfrieden und wurde dabei nach 1378 als ein „halber Teil" mit verringerten Verpflichtungen und Mitspracherechten als Partei eingebunden.

Dennoch zeigte sich, dass die Normentwicklung in nicht wenigen Bereichen eine eigene Dynamik entfaltet hatte. Stets abhängig von den konkreten Machtkonstellationen und politischen Konflikten der Akteure konnten sich zu Beginn des 13. Jahrhunderts neben einem zunächst rein faktischen gemeinsamen Vorgehen kurze Landfriedensbündnisse und später immer umfangreichere Landfriedenseinungen herausbilden. Ihre immer detaillierteren Regelungen zeichneten sich durch eine relativ hohe inhaltliche Kontinuität aus, die zu den häufig langen „landfriedenslosen" Jahren ein gewisses Spannungsfeld darstellte. Die nachweisbaren Verhandlungen der Einungsparteien über den konkreten Inhalt der Normen wurden immer ausführlicher, was deren steigende Bedeutung zum Ausdruck brachte. Dabei lassen die kurzen Landfriedensbündnisse des 13. Jahrhunderts den pointierten Schluss zu, dass damals den maßgeblichen Kräften der Abschluss irgendeines Landfriedens noch wichtiger war als dessen Inhalt. Das sollte sich allerdings mit der zunehmenden Wirksamkeit der eigentlichen Landfriedensnormen im 14. Jahrhundert ändern. Als Vorlage griffen die Parteien regelmäßig auf die jeweiligen Vorgänger bis hin zum Großen Rheinbund von 1254 zurück, wie klare Textübereinstimmungen zeigen. Dies galt besonders dann, wenn sie sich auf die von manchen gewünschten Änderungen nicht einigen konnten. Aber auch auf die Reichslandfrieden wurde in gewissem Maß zurückgegriffen, vor allem, wo deren Aufgaben mit übernommen wurden, wie 1310, oder wenn das Elsass, wie nach 1389, eine Sonderrolle ihnen gegenüber behauptete.

b) Das durchgängige Bemühen, Selbsthilfe und Eigenmacht zu bekämpfen, das die Landfrieden rechtshistorisch als Teil in der Entwicklung zum neuzeitlichen Gewaltmonopol erscheinen lässt, ließ sich, wie gezeigt, als Antwort auf die Schwächen der traditionellen Mechanismen zur Unrechtsahndung und friedlichen Konfliktlösung begreifen. Hinzu kam am Oberrhein die besondere Zersplitterung der Jurisdiktionsgewalt durch den Wegfall einer übergeordneten Gerichtsbarkeit in Gestalt des Herzogtums und den Niedergang der unterelsässischen Landgrafschaft. Der außer durch ihre rein faktischen Möglichkeiten immer häufiger durch ihre Gerichtsbezirke und Jurisdiktionsprivilegien begrenzten Gerichtsgewalt fehlte es regelmäßig an einer klar zuständigen und effektiven Gerichtsbarkeit, so dass oft nur Fehde, Privatpfändung und Selbsthilfearrest als Mittel der privaten Rechtsdurchsetzung blieben.

Mit der früheren hochmittelalterlichen Gottes-/Landfriedensbewegung verbanden die spätmittelalterlichen Einungen am Oberrhein vor allem das Ziel, die Rechtmäßigkeit von Selbsthilfe einzugrenzen und unrechtmäßige Eigenmacht und Gewalt möglichst wirksam vereint zu verfolgen. In dieser früheren Epoche war es gelungen, neue Rechtsvorstellungen neben das tradierte Rechtsbewusstsein vor allem des Adels zu setzen und Deliktstatbestände auszuformen, auf die die späteren Einungen zurückgreifen konnten. Zwar zeigten die beiden höchst unterschiedlichen Entwicklungsphasen einige ähnliche Landfriedensinstrumente und Spannungsfelder - wie etwa die allgemeine Beeidungspflicht und daraus folgende Isolierung des Friedensbrechers -, jedoch kann von einer regionalen Kontinuität der Entwicklung kaum ausgegangen werden, zumal der letzte (zumindest zweifelsfrei überlieferte) Niederschlag der früheren Gottes- und Landfriedensbewegung beim Einsetzen der neuen spätmittelalterlichen Landfrieden bereits über 200 Jahre zurücklag. Dabei lassen sich manche Ähnlichkeiten - neben oft sehr indirekten Tradierungswegen über andere Rechtskreise - aus heutiger Sicht als gleichartige Ansätze der Konfliktprävention und -bearbeitung deuten. Der für die hochmittelalterliche Gottes-/Landfriedensbewegung prägende Gedanke des persönlichen, sachlich-örtlichen und zeitlichen Sonderfriedens von *pax* und *treuga* fand hingegen in den Einungen des Spätmittelalters lediglich im traditionellen Schutz der Geistlichen und Kirchengüter (auch ohne erfolgten Friedenseid) einen Nachfolger.

Vor allem der Mainzer Reichs(land)frieden von 1235 und der sogenannte Große Rheinische Bund von 1254 erwiesen sich dem gegenüber als zentraler Ausgangspunkt für die spätmittelalterliche Landfriedensentwicklung am Oberrhein. Unter seinem berühmten Programmsatz *„Ad hoc magistratus et iura sunt prodita, ne quis sui doloris vindex sit, quia ubi iuris cessat auctoritas, excedit licencia seviendi."* - lieferte ersterer das Paradigma. Es galt offensichtlich nicht nur, die bisherigen Inseln der Sonderfrieden zu einem allgemeinen Rechtsfrieden fortzuentwickeln, sondern für diesen Rechtsfrieden auch durch die Förderung einer wirksamen Rechtspflege zur Streitentscheidung und Rechtsdurchsetzung Sorge zu tragen. Der von dem Mainzer Reichslandfrieden gesuchte Weg über die traditionelle Gerichtsverfassung und die Rückbindung der Gerichtshierarchie und ihre Kontrolle durch das Königtum erwies sich allerdings schnell als Sackgasse. Wichtige andere Elemente reichten aber in ihrer Wirkung weit über die Krise hinaus. Hierzu zählen etwa die Delegation der königlichen Gerichtsbarkeit an den Hofrichter, einen jederzeit absetzbaren königlichen Amtsträger und „Sonderinstanz" im Namen des Königs, und seine Ausstattung mit einem Schreiber, also die damit verbundene Verschriftlichung, wie etwa beispielshaft im Achtverfahren. Es blieben jedoch die Schwächen des traditionellen Verfahrens, die Probleme der sozial prägenden Personenverbandsbeziehungen und politischen Ambitionen der Gerichtsträger sowie die sich bereits herausbildenden Unterschiede zwischen den partikularen Rechten in Städten und Ländern. Dabei nahm der Reichslandfrieden auf letztere bereits durch die Verwendung von Blanketttatbeständen und ähnliches betont Rücksicht.

Die regional differenzierten Landfriedensinstrumente übernahmen immer stärker die Funktion der Reichsfrieden. Sie griffen dabei zwar weder auf das Reichfriedensrecht im Sinne einer „Ermächtigungsgrundlage" zurück, noch ersetzten sie es unmittelbar. Beide Rechtsquellen standen vielmehr am Oberrhein in einer engen normativen Wechselbeziehung. Diese zeigte sich nicht nur in zahlreichen Einzelbestimmungen, etwa zum Schutz der Regalien oder zur Sanktionierung der Unterstützer eines Friedensbrechers. Vor allem anderen nämlich prägten der Mainzer Frieden und seine Nachfolger den zentralen Gedanken, dass sie unabhängig von der erwiesenen (Un-)Begründetheit des jeweiligen Rechtsstandpunktes der Kontrahenten formale und leicht nachprüfbare Regelungen zum Konfliktaustrag geboten, darunter die unbedingte vorrangige Anrufung eines zuständigen Gerichtes. Dieser fand seinen Ausdruck in den späteren Landfriedenseinungen am Oberrhein und des von ihnen allmählich ausgeformten „Landfriedensgerichts".

Noch bedeutsamer war indes der Einfluss des sogenannten Großen Rheinischen Bundes, mit dem die bedeutendsten Kommunen am Rhein, darunter Straßburg, Basel, Hagenau und Colmar, 1254 angesichts des durch das Interregnum hervorgerufenen Machtvakuums und der daraus folgenden besonders starken Missstände die Initiative ergriffen, eigenmächtig im Wege der kollektiven Selbsthilfe für eine Zurückdrängung der autonomen privaten Gewalt und Willkür zu sorgen. Seinen Kern bildete ein gegenseitiges Beistandsbündnis der Teilnehmer für den Fall einer Verletzung im Rahmen des Fehderechtes. Dieses für sich genommen bedeutete keine wesentliche Neuerung gegenüber den bisherigen Städtebünden und vor allem dem unmittelbar vorangehenden Städtebündnis zwischen Mainz, Worms und Oppenheim vom März 1254. Dieses nicht zuletzt dem Gedanken der kommunalen *coniuratio* bereits bekannte Prinzip der beeideten Schutzgemeinschaft wurde jedoch nunmehr ohne rechtliche Grenzen erweitert und damit erstmals für jedermann im Lande offen Hilfe zugesagt, die allen Geistlichen, Laien und Juden zugute kommen sollte. Daraus rechtfertigte sich auch die Bezeichnung des Bundes als *„pax generalis"*. Ohne Delikte zu nennen, sollten alle *violatores ac pertubatores* dieses Friedens von der Gemeinschaft der Friedensgenossen, die sich durch Eid verpflichtet hatten, verfolgt und zu einer Wiedergutmachung gezwungen werden (*„compellendo ad condignam satisfactionem"*). Der Bund verfügte über keine hoheitliche Macht und konnte sich nur auf seine Mitglieder stützen. Sein Vorgehen gegen einen Friedensstörer konnte er lediglich als gemeinsamen Beistand der Mitglieder im Rahmen einer Fehde rechtfertigen. Um über das gemeinsame Einschreiten, also das Eingreifen des Bundes zu entscheiden, wurde erstmals ein Gremium von Vertretern aller Parteien eingerichtet, das das gemeinsame Vorgehen koordinieren sollte. Das Repräsentantentreffen übte eine Doppelrolle aus, indem es nach innen als Schiedsgericht zwischen den Parteien fungierte, nach außen lediglich das gemeinsame Vorgehen leiten konnte, ohne dem Friedensbrecher übergeordnet zu sein. Dieser Rat aus Vertretern der verbündeten Kommunen, dem alle Verletzungen mitzuteilen waren, konnte dabei ohne Bindung an die förmlichen Verfahren der traditionellen Gerichte darüber entscheiden, ob eine Friedensverletzung zu verfolgen war. Durch diese gebündelte Macht, die sich nicht um Gerichtsgrenzen kümmerte, konnte sich eine in einigen Fällen erfolgreiche gemeinsame Unrechtsahndung entwickeln, die als Alternative zur privaten Selbsthilfe des Einzelnen attraktiv werden konnte. Bereits während seiner Geltungszeit begann jedoch unter König Wilhelm von Holland eine Verbindung mit dem Königtum, die die Entwicklung der späteren Landfriedensbündnisse und -einungen prägen sollte, ohne deren Kern als Beistandsbündnis in Frage zu stellen.

c) Aus dieser Entwicklung lässt sich auch die Geltungsgrundlage der spätmittelalterlichen Landfrieden am Oberrhein plausibel erklären. Ihr „Rechtsgrund" lag weder in einer vorherigen zwingenden eidlichen Selbstunterwerfung des Landfriedensbrechers, noch in einer „gesetzlichen Grundlage". Auch gehen andere moderne Hilfskonstruktionen, wie die eines nicht vorhandenen landesgewohnheitlichen Strafrechts, der Interpretation der regionalen Einungen als „Vollzugsordnungen der Reichslandfrieden" oder gar die behauptete bereits frühzeitige Rezeption des *crimen laesae maiestatis* für die bündisch geprägten Einungen in die Irre:

Der Landfrieden griff vielmehr auch dann ein, wenn an seiner Errichtung das Königtum nicht beteiligt war, und dies ausdrücklich – wie auch die Einungen stets selbst betonen – unabhängig davon, ob der Landfriedensbrecher ihn zuvor beschworen hatte, den Eid verweigert oder sonst nicht geleistet hatte. Die Grundlage für ihr Vorgehen fanden die Einungen – allerdings meist ergänzt durch die zumindest formale Beteiligung des Königtums – im traditionellen Fehderecht, das mittlerweile anerkanntermaßen den Beistand zugunsten des Geschädigten auch ohne familiäre Verbindungen erlaubte.

Die Verpflichtung zum Vorgehen gegen den Landfriedensbrecher richtete sich unmittelbar lediglich an die Eidgenossen. Für sie begründete der Eid nicht nur die Beistandspflicht, sondern gleichzeitig das Recht auf Schutz durch die Friedensgemeinschaft. Der Eid bedeutete nicht nur die individuelle rechtlich bindende Selbstverpflichtung auf das Landfriedensrecht und die Hilfe zur Verfolgung von Friedensbrüchen; er hatte, wie bereits bei den frühen Gottes- und Landfrieden, vergleichbar der *Pax Alsatiensis*, dem Großen Rheinischen Bund von 1254 und den spätmittelalterlichen Fortentwicklungen des Mainzer Reichslandfriedens, einen zusätzlichen „Bekenntnischarakter" zur Friedenserrichtung, weswegen es galt, möglichst alle Bürgerschaften und ansässigen Adeligen zu seiner Ableistung zu bewegen. Daher wurde die Eidesleistung nicht nur, um schnell nachprüfen zu können, ob der Landfrieden zu helfen hatte, oder es sich um einen Eidverweigerer handelte, öffentlich kund gemacht. Ebenso war der Eid lediglich bei einer hinreichenden Entschuldigung nachzuholen. Allerdings maßten sich die spätmittelalterlichen Einungen – anders als noch die *Pax Alsa-*

tiensis - konsequenterweise nicht mehr die Befugnis an, den Eidesverweigerer zu vertreiben. Sie verweigerten ihm lediglich den Schutz des Landfriedens und damit seine Hilfe.

Die durch die tatsächlich dokumentierte Eideslawine ausgedrückte, möglichst große Akzeptanz der von den Landfriedensparteien errichteten Einungen, verbunden mit ihrer Autorität war entscheidend für die Wirksamkeit der Landfrieden und damit ihre soziale Geltung. Je bedeutsamer die Kräfte im Lande erschienen, die hinter seiner Durchsetzung standen, und je notwendiger und nützlicher ein Landfrieden erscheinen musste oder seinen Nutzen in der Vergangenheit tatsächlich erwiesen hatte, umso größer war der Anreiz für eine Konfliktpartei, die Einung um Hilfe und Entscheidung anzurufen und sich seinen Normen zu beugen, statt in traditioneller Weise in privater Gewalt die eigene Rechtsposition durchzusetzen zu suchen.

Wie bereits beim Übergang des Rheinischen Bundes von 1254 aus dem Städtebündnis des gleichen Jahres blieben Landfrieden und Städtebünde am Oberrhein eng miteinander verwandt, sowohl in ihren materiellen Normen als auch in ihrem Teilnehmerkreis, ihrer Organisation und ihrem Verfahren. Bei beiden Gruppen stand der gegenseitige Beistand der Eidgenossen gegen gemeinsame Gegner im Mittelpunkt. Für das Vorliegen eines Landfriedens entscheidend war die Offenheit dieser Hilfspflicht der Verbündeten über den geschlossenen Kreis ihrer Angehörigen hinaus. Daraus folgte auch die zumindest mit einiger Berechtigung proklamierte Zweckrichtung zum Nutzen tatsächlich für das ganze Land statt nur für die Parteien. Mit ihm korrespondierte das bereits genannte Gebot zur allgemeinen Beeidung im Land.

d) Der Landfriedensbruch knüpfte ausdrücklich nicht an den Bruch des auf die Einung geleisteten Eides, sondern an die Verletzung des von der Einung für ihren Geltungsbereich und ihre Geltungszeit errichteten Friedensschutzes an. Dieser umfasste zwar alle Eidgenossen sowie Kleriker und Kirchengüter, aber auch alle anderen Durchreisenden, deren Aufnahme als Eidgenossen unpraktikabel war, jedenfalls solange diese nicht selbst als argwöhnische und böse Leute im Landfrieden zu verfolgen waren. Andere Personen, die das Eidgebot nicht erreichen konnte, waren zumindest indirekt geschützt, wobei der ausdrückliche Schutz der Juden mit dem großen Pogrom von 1349 endete. Ansonsten sollte, außer für den Eidesverweigerer, die Gewährung des Schutzes im Ermessen der Landfriedensmitglieder stehen.

Aus dem allgemeinen Gedanken der Verletzung dieses Friedensschutzes durch jede eigenmächtige Gewalt und Unrecht konkretisierten sich erst allmählich Deliktsformen, die bereits aus der hochmittelalterlichen Landfriedensbewegung Eingang in das allgemeine Land- und Partikularrecht gefunden hatten, nämlich die Grundtatbestände von Raub, Mord, Brandstiftung und Gefangennahme, die dabei vor allem die üblichsten Fehdemaßnahmen und sonstigen Übergriffe aus der Perspektive der Opfer spiegelten. In ihnen gingen wohl auch jene besonderen Regelungen auf, die noch am Anfang des 14. Jahrhunderts in die Landfrieden Einzug erhalten hatten. Zu ihnen gehörten vor allem jene zur rechtmäßigen Erhebung von Zöllen, die vor allem das 13. Jahrhundert geprägt hatte. Sie gingen im Raubdelikt ebenso auf, wie frühere Normierungen zur Selbstpfändung. Andere, anfangs ausführliche Vorschriften über Verschleppung aus dem Friedensgebiet wurden ebenfalls entbehrlich, sobald jede Gefangennahme allgemein als Landfriedensbruch erfasst wurde. Schließlich wurden andere Gewaltformen, wie die Sachbeschädigung oder die einfache Körperverletzung durch die generalklauselartigen Merkmale „alle Gewalt und Unrecht" mit umfasst. Hinzu traten allmählich weitere Tatbestände, wie die vom Mittelrhein übernommene nachträgliche Unterstützung des Landfriedensbrechers oder Angriffe auf die Boten und Amtsträger des Landfriedens.

Bedeutsam ist ebenfalls festzustellen, dass wohl nach der Konzeption der Landfrieden selbst eine formwirksame Fehdeansage einen Landfriedensbruch nicht ausschloss, die Einungen also in der Tradition des Großen Rheinischen Bundes ihrem auf einem fehderechtlichen Beistandsbündnis begründeten Schutz zum Zwecke der *pax generalis* Vorrang einräumten. Dies galt uneingeschränkt jedenfalls, nachdem bestimmte Sonderregelungen für bereits begonnene Blutrachen und Fehden aus den Einungstexten zu Beginn des 14. Jahrhunderts eliminiert worden waren. Dem widersprach auch nicht das zeitweilig eingefügte Delikt der „unrechten Widersage", das, aus einem anderen Friedenskontext entliehen, am Oberrhein ein Fremdkörper blieb. Als Selbsthilfe erkannten die Einungen am Oberrhein lediglich die Notwehr sowie die Selbstpfändung in jeweils genau festgelegten Grenzen an.

Mit diesem Landfriedensschutz im engeren Sinn wurde im Laufe der Entwicklung unter dem Eindruck neuer Herausforderungen - vor allem Invasionen fremder Söldnerhaufen und Aufruhr unterer sozialer Schichten in Stadt und Land - allmählich auch das gemeinsame Vorgehen gegen Aufläufe und „*stoezz*" verbunden. Diese beiden höchst unterschiedlichen Friedenskonzeptionen blieben zunächst bis 1338, aber auch teilweise danach, gesonderten Verträgen vorbehalten; soweit Abmachungen hierzu unter den Parteien Eingang in die Einungen fanden, blieben sie vom traditionellen Friedensschutz, auch in Sanktionierung und Verfahren, klar getrennt.

e) Hingegen blieb, bis auf wenige Randbereiche, die Erzwingung einer Wiedergutmachung des Schadens und einer Genugtuungsleistung für den Geschädigten die einzige festgelegte Sanktion sämtlicher oberrheinischen Landfrieden. Diese war jeweils am konkreten Fall und nicht an festen Bußkatalogen orientiert und konnte am Ende das Ergebnis von Sühneverhandlungen mit dem Landfriedensbrecher sein.

Aus der Orientierung am traditionellen Fehderecht nachvollziehbar sahen die Einungen grundsätzlich keine Ächtung und auch keine peinliche Bestrafung vor. Sie stehen damit im Widerspruch zu der noch immer gängigen These von der im Hochmittelalter erfolgreich abgeschlossenen „Kriminalisierung" bzw. „Pönalisierung". Der Landfrieden selbst konnte im Falle eines Landfriedensbruchs weder aus einem Eidbruch noch dem deutlich später etablierten Institut des *crimen laesae maiestatis* ein peinliches Strafrecht herleiten. Auch gab es im Elsass kein gewohnheitsrechtliches Landesstrafrecht, auf dessen Basis der Landfrieden agieren konnte, sondern nur höchst unterschiedlich ausgestaltete Partikularrechte, wobei etwa das Stadtrecht von Straßburg den Bruch des Stadtfriedens durch Landleute nach den Sanktionen des Landrechtes, also regelmäßig mit Buße und Besserung ahndete. Eine einmalige Regelung, den Landfriedensbrecher, der die Wiedergutmachung nicht leisten konnte, an *„sinem libe"* zu zwingen, bezog sich wohl eher auf eine Schuldhaft als eine echte peinliche Bestrafung. Andere Ausnahmen in den Gründungsdokumenten, wie die durch Reichsweistum von 1296 gebotenen Meineidsfolgen im Falle eines Verstoßes gegen eine beeidete Amts- oder Hilfspflicht, der Verweis auf Partikularrecht in den Einungen von 1301/1310 oder das Bestrafungsgebot von Landesverrätern an die Einungsparteien, blieben Einzelfälle.

Daneben stellten die Burgbrechungen eine weitere Sanktion dar, die zwar nicht unmittelbar in den Einungen geregelt, aber durch die Landfriedensmitglieder praktiziert wurde. Während die Reichslandfrieden nur die Brechung der Burgen und Stadtmauern vorsahen, in denen Ächter beherbergt wurden, scheinen die Bürgerschaften auch außerhalb eines Landfriedens ohne besondere Befugnis zu diesem Mittel gegriffen zu haben, um gegen „Raubhäuser" vorzugehen. Der unter Adeligen jedenfalls traditionell weithin anerkannte Schutz des gegnerischen Hauses fand keine Berücksichtigung mehr. Dem Landfrieden kam beim Vorgehen gegen räuberische Adelige im Vergleich zum sonstigen Verfahren der Bürgerschaften eher eine mäßigende Wirkung zu. Allerdings konnten die in ihm in der Regel vorhandene Verbindung des Friedensbundes mit dem Königtum sowie die Beteiligung der wichtigsten Gerichtsträger im Land einem solchen Vorgehen eine zusätzliche Legitimität, wenn nicht Legalität verschaffen, auch wenn sie in einem Graubereich verblieb, wie die Schiedsverhandlungen nach dem Bruch der Feste Fröndsberg deutlich machen.

f) Die weiteren vielfältigen Regelungsmaterien der Landfrieden lassen sich plausibel dem zentralen Gedanken der Konfliktprävention unterordnen. Sie richteten sich, mit unterschiedlichem Gewicht, schwerpunktmäßig entweder an die Vormächte selbst und ihre Konflikte, etwa um Pfahl- und Ausbürger, oder an Dritte, etwa beim Zoll- und Pfändungsrecht als Bestimmung erlaubter Selbsthilfe und Eigenmacht. Es handelte sich in der Regel um Sachverhalte, deren Auswirkungen die partikularen Gerichtsgebiete überschritten und nicht unerhebliche politische oder wirtschaftliche

Auswirkungen haben konnten, wie vor allem der mit langer Tradition und stets eng im Zusammenhang mit dem Landfrieden geregelte Zoll, aber etwa auch das nur einmalig geregelte Münzrecht. Dazu traten Garantien des *status quo*, bezogen auf Besitz oder *gewere*, die ebenso wie eine einmalige Ersitzungsregelung bald, jedoch spätestens mit der Ausformung der Tatbestandsmerkmale verschwinden.

Dagegen verblieben der Schutz der Kirchenprivilegien sowie die bestehenden Kompetenzen der Gerichte im festen Normenkanon der Einungen. Sie wandten sich auch an die Organisation des Landfriedens und sollten den Teilnehmern vor Augen führen, dass die errichtete neue Rechtsordnung für sie keine rechtlichen Nachteile bedeuten sollte.

g) Diese Abgrenzung zu den bestehenden Gerichten war besonders wichtig, da die spätmittelalterlichen Landfrieden am Oberrhein neue Organisationsformen für die Verfolgung von Landfriedensbrüchen ausbildeten. Dabei erwiesen sich zunächst gängige Bezeichnungen der Landfriedensliteratur als irreführende Modernismen, namentlich die mit Vorsicht zu gebrauchende Benennung als „Landfriedensgericht", da sich Bestellung, Kompetenzen und Verfahren des jeweils durch die einzelnen Einungen neu geschaffenen Gremiums klar von den bestehenden Gerichten unterschieden.

Als Rat grundsätzlich dauerhaft eingesetzter Amtsträger der Landfriedensparteien hatten die sogenannten *Conservatores Pacis* ihre Wurzeln in der Versammlung der Vertreter der Bundesstädte des Großen Rheinischen Bundes. Sie hatten die Aufgabe, das gemeinsame Vorgehen gegen einen Landfriedensbrecher zu koordinieren, also auch zu entscheiden, ob ein Landfriedensbruch überhaupt vorlag, dem Geschädigten Beistand zu leisten war und welche Wiedergutmachung und Genugtuung zur Wiederherstellung des Friedens ausreichen sollte. Zeigten sich Landfriedensbrecher und Geschädigter zu einer Lösung durch die Landfriedenspfleger bereit, so nahm das Gremium auch die Funktion eines Schiedsgerichts wahr. In dieser Doppelrolle waren die schon lange üblichen, meist nach einer Fehde vereinbarten Schiedsgerichte und die Räte der Bürgerschaften wohl ebenfalls Vorbilder für die Arbeit des Gremiums, das nicht nur einstimmig, sondern mit Mehrheit entscheiden konnte.

Dabei waren die Regelungen zur Bestellung der Landfriedenspfleger häufig Änderungen unterworfen, wobei die konkrete Zusammensetzung des Gremiums stets aktuelle Machtverhältnisse spiegelte. Angesichts der zunehmenden und zentralen Bedeutung des Amtes für eine wirksame Konfliktlösung kamen den Amtspflichten zur unparteiischen, unverzüglichen Entscheidung, dem darauf geleisteten Amtseid und den besonderen Sanktionen im Falle seiner Verletzung ein besonders Gewicht zu. Aus dem gleichen Grund trafen die Parteien schon bald Vorkehrungen, Landfriedenspfleger im Falle der „ehaften Not" zeitweise von ihren Pflichten zu entbinden und für einen wirksamen Ersatz zu sorgen.

Ein besonderer Vorsitz in diesem Gremium bildete sich erst seit 1338 heraus. Er folgte wohl aus der damals virulenten Notwendigkeit eines Schiedsmannes mit Letztentscheidungsrecht. Eine klare Leitung erwies sich aber langfristig vor allem für eine effektive Arbeit als unerlässlich. Die Auswahl des Obmanns blieb in der Folge stets umstritten zwischen dem König und den führenden Landfriedensparteien, was die Bedeutung des Amtes illustriert. Am Ende setzte sich mit der gleichberechtigten vierteljährlichen Rotation unter den führenden Parteien des Landfriedens weitgehend die Position der regionalen Kräfte, wenn auch mit Manipulationen durch die Art der Gruppenbildung, durch.

Ein Vorbild dürfte dieses Amt wohl in den besonderen königlichen Vertrauensträgern und Stellvertretern gehabt haben, die auch am Oberrhein für den Herrscher bei dessen persönlicher Abwesenheit sich um eine tatkräftige Sorge für die Befriedung von Konflikten und das Vorgehen gegen Friedensstörer bemühten. Diese „personale“ königliche Friedenssorge stand - wie die traditionelle Gerichtsbarkeit - zunächst unverbunden neben den Landfriedensbündnissen und in einer Konkurrenz zu ihnen. Schrittweise verbanden sich die drei Ansätze für eine Befriedung von Konflikten und Ahndung von Unrecht - nämlich die von den Bürgerschaften geprägten Landfriedensbündnisse, die königliche Friedenssorge und die traditionelle Gerichtsbarkeit - und schufen in den oberrheinischen Einungen eine neuartige Form der Friedensorganisation in der Landschaft. Zunächst stand die königliche Friedenssorge durch Delegation königlicher Gerichtsbarkeit an einen königlichen Hofrichter, königliche Reichsvikare und Reichslandvögte für starke Herrscher wie Rudolf von Habsburg neben eigenem tatkräftigem Vorgehen im Vordergrund; auf die davon weitgehend getrennten Landfriedensbündnisse, die in Konkurrenz zum königlichen Machtanspruch treten konnten, griffen die Herrscher nur vereinzelt und in einer untergeordneten Rolle zurück. Ihre Funktion erschöpfte sich wohl im wesentlichen in der Sammlung von politischen Verbündeten. Wie bereits unter Wilhelm von Holland bekamen die Landfriedensbünde selbst, beginnend mit einem Mandat Adolfs von Nassau von 1287, einen Teil der *auctoritas regia* zur Verfolgung von Friedensbrüchen übertragen, was kurz darauf auch Anerkennung in den Reichslandfrieden fand.

Umso mehr stellte sich die Frage nach dem Verhältnis zu den bestehenden partikularen Gerichtsbarkeiten. Eine erste Verbindung gelang 1301 dadurch, dass die führenden Gerichtsträger in der ersten ausführlichen Einung ihre Amtsleute mit der Ahndung der Friedbrüche dergestalt beauftragten, dass diese zunächst jeweils in ihrer Gerichtszuständigkeit vorzugehen, aber doch, falls dann erforderlich, ein gemeinsames Vorgehen zu organisieren hatten. Zahlreiche Detailfragen, insbesondere zum Verhältnis von städtischen und territorialen Gerichten und zu den vom Geltungsbereich umschlossenen Gerichten der nicht in die Einung integrierten Gerichtsherren, blieben indes trotz einzelner Weiterentwicklungen nur unbefriedigend gelöst. Erst nach den großen gemeinsamen Bedrohungen um 1338 übernahm erstmals der nach schiedsgerichtlichen Vorbildern eingerichtete Vorsitz die Leitung der Arbeit. Wenig später setzte sich 1343 das bündische Element aus den mittelrheinischen Entwicklungen auch im Elsass erkennbar stärker durch und ermöglichte die Ausbildung einer landesweiten Landfriedensgerichtsbarkeit. Diese konnte, wohl auch unter dem allgemeinen Eindruck, dass die bisherigen Streitigkeiten unter den Vormächten die Schwäche des Landes gegenüber den eingefallenen marodierenden Söldnerhorden mitverursacht hatten, endlich auch ohne ein von den Parteien abhängiges Vorverfahren alle angezeigten Landfriedensbrüche verfolgen. Nachdem der Landfrieden, später als in anderen Regionen, durch sein eigenes Siegel seine Rechtsstellung nach außen anzeigen durfte, stellte Wenzel nach den Ständekriegen die Einungen durch die Verleihung des Reichbanners endgültig und unzweideutig in den Dienst des Reiches. Gleichzeitig verlieh er ihnen ein frühes Appellations-/Evokationsprivileg, so dass ihre Entscheidungen nicht mehr durch andere Gerichte angefochten werden konnten.

h) Wenig beeinflusst von äußeren politischen Entwicklungen bildete sich hingegen das eigentliche Verfahren aus - jedenfalls abgesehen von der Frage, ob die Landfriedenspfleger unmittelbar oder erst über die Vertrauensträger einer Partei angerufen werden durften.

Maßgeblich waren nicht die Formen des Akkusationsprozesses der traditionellen Gerichte. Eine formlose Anzeige durch den Geschädigten, seine Verwandten und Freunde, durch die Mitglieder des Landfriedens oder Dritte oder gar den Landfriedensbrecher selbst, der seinerseits Schutz vor eigenmächtigem Vorgehen des Geschädigten erhalten wollte, genügte zum Tätigwerden des Landfriedens. Die Anwesenheit beider Parteien war nicht für die Verhandlungen erforderlich, auch gab es kein besonderes Säumnisverfahren. Vielmehr sollte vor allem rasch eine Entscheidung erfolgen, wie in der Sache zu verfahren war, um einen schnellen und effektiven Schutz und damit attraktive Streitregulierung statt der privaten Selbsthilfe zur Verfügung zu stellen. Dazu erhielt der Vorsitzende des Gremiums allmählich eine verfahrensleitende Rolle, etwa zur kurzfristigen außerordentlichen Einberufung der *Conservatores*. Letztere traf die Pflicht, alle Sachen unverzüglich zu entscheiden und Vertagungen allenfalls mit Zustimmung des Klägers vorzunehmen. Ursprünglich in den Einungen selbst gesetzte feste Fristen zum Abschluss einer Streitigkeit erwiesen sich hingegen rasch als unrealistisch und unpraktisch.

Während sich über das engere Beweis- und Verfahrensrecht in den Verhandlungen kaum Regelungen finden, wurde stets das Mehrheitsprinzip betont, wobei dem Obmann die Abfrage der Ansichten und Verkündung im Namen aller zukamen. Das Landfriedensgericht entschied in der Regel lediglich, ob einem Geschädigten zu helfen sei, weil ein Landfriedensbruch vorlag. Es konnte aber auch etwa nur ein eigenmächtiges Vorgehen eines

Geschädigten gestatten. Leistete der festgestellte Landfriedensbrecher nicht die nach der Ansicht des Landfriedens ausreichende Wiedergutmachung und Genugtuung, lag es an den Mitgliedern des Landfriedens, voran den Parteien der Einungen, durch Zwangsmaßnahmen diese durchzusetzen. Um die Mitglieder dazu anzuhalten, dienten die Briefe des Landfriedens, in denen dieser seine Entscheidung mitteilte und eine bestimmte Hilfeleistung gegen den Friedensbrecher anforderte. Die Maßnahmen gegen den so erklärten Gegner der Eidgenossen reichten von der wirtschaftlichen Sanktionierung, bis zur angeordneten Belagerung und Bruch seiner Burg, konzentrierten sich aber vor allem auf Fehdemaßnahmen und die Gefangennahme des Gegners, wo man seiner habhaft werden konnte.

Die Untersuchung der elsässischen Landfriedenstexte erbrachte weiterhin Schlussfolgerungen über die sogenannten landschädlichen Leute. Danach weichen deren Begriff und Behandlung durch die Landfrieden am Oberrhein von den bisherigen allgemeinen Erkenntnissen der Sekundärliteratur deutlich ab. Zwar wurde der Begriff vor allem in erzählenden sowie anderen nicht normativen Quellen durchaus abwertend in diskreditierender polemischer Weise verwendet. Soweit er durch die oberrheinischen Einungen gebraucht wurde, hatte er jedoch einen präzisen juristischen Gehalt und umfasste dabei nicht etwa abstrakt für gefährlich gehaltene Angehörige sozial deklassierter Randgruppen, sondern schlicht jeden, der durch einen Landfriedensbruch einen anderen geschädigt hatte und diesen Schaden noch nicht wiedergutgemacht hatte oder ihn nicht vor dem Landfriedensgericht rechtfertigen wollte. Weiterhin galt für diese Personengruppe – jedenfalls aus Sicht der Landfriedenseinungen – kein besonderes Strafrecht. Auch wurden in den Einungen kein besonderes Inquisitions- oder Denunziationsverfahren oder besondere Beweisvorschriften geregelt. Die Besonderheit bestand vielmehr darin, dass der landschädliche Mann, wo man seiner habhaft werden konnte, gefangen genommen und durch den zuständigen Gerichtsträger „gerichtet" werden sollte, namentlich ohne Rücksicht auf seinen privilegierten Gerichtsstand. Dieser Urteilsspruch, der nicht auf eine peinliche Strafe, sondern nur auf eine Bußleistung abzielte, sollte jedoch nach den Maßgaben der gemeinsamen *Conservatores* des Landfriedens erfolgen. Allerdings scheint es nicht zu weitreichend festzustellen, dass der Landfrieden damit eine zukunftsweisende Lösung der bisher besonders schwierigen Gerichtsstandsprobleme gefunden hatte, indem er einfach, wie im Falle der handhaften Tat, den persönlichen Gerichtsstand des mutmaßlichen Schädigers nicht mehr als ausschließlich hinnahm, sondern eine Verurteilung, wenn auch nur zur Wiedergutmachung und Genugtuung, an jedem Gericht einer Partei erlaubte.

Trotz der am Oberrhein erst vergleichsweise spät und wohl unter dem bestimmenden Einfluss der großen Söldnereinfälle erfolgten Aufstellung einer besonderen Landfriedenstruppe blieb die Bedeutung der Mitglieder als Träger des Landfriedens für dessen Umsetzung zentral. Ihnen oblag nicht nur die Pflicht zur Beachtung des Landfriedens, sondern seiner aktiven Durchsetzung durch Leisten der notwendigen Hilfe und Befolgung der Mahnung der Landfriedenspfleger. Ebenso traf die Mitglieder in einzelnen Bereichen die landfriedensrechtliche Pflicht zur Ausübung eigener Jurisdiktionsgewalt, etwa bei der Unterstützung fremder Invasoren. Diese Durchführungspflichten wurden als einzige mit den härteren Folgen des Eidbruches im Sinne der Meineidigkeit sanktioniert, wohl auf Grundlage eines besonderen Reichsweistums von 1296, das dies zur besseren Durchsetzung der Friedenssorge im Reich allgemein angeordnet hatte. Dagegen wurde der einfache Landfriedensbruch eines Eidgenossen, anders als zuvor, nicht schwerer geahndet als der eines Dritten, wohl um nicht von der Beeidung abzuschrecken. Im Laufe der Zeit bildeten sich immer ausführlichere Regelungen für die Hilfspflichten aus, die auch Säumniszinsen und Schadensersatzansprüche umfassten.

i) Damit waren auch Sonderregelungen für die Finanzierung getroffen, die, anders als etwa am Mittelrhein, nicht in eigenen Zöllen oder anderen Einnahmequellen bestanden, sondern durch die von den Landfriedenspflegern auf ihren Amtseid festgesetzten Beiträge der Mitglieder erfolgte. Die Vormächte und die anderen Eidgenossen hatten erhebliche Summen zur Verfügung zu stellen, für deren Eintreibung gerade nach den Krisen in den 1360er Jahren der Landfrieden besondere Vorkehrungen traf. Dafür konnten die Parteien, jedenfalls nach den späten Einungstexten, einen Anteil an den erbeuteten Gütern und Gefangenen geltend machen, auch wenn dies nach dem sonstigen Recht durchaus fragwürdig sein konnte.

Eine ausgeprägte königliche „Landfriedenshoheit“, die von ANGERMEIER stark betont wurde, findet sich in den Quellen am Oberrhein nicht bestätigt. Die Rolle des Königs bestand in den Landfriedenseinungen des 14. Jahrhunderts im königsnahen bzw. königsoffenen Südwesten des deutschen Regnums lediglich in der regelmäßigen aber nicht zwingenden und oft bloß formalen Beteiligung bei der Errichtung und der daraus besonders abgeleiteten Autorität des Landfriedens, die sich etwa im Führen der Reichsfahne oder des Reichswappens im Siegel der *Conservatores* zeigte, sowie in dem allgemeinen Recht, Landfriedenseinungen wie sonstige Bündnisse zu widerrufen, auf das die Könige jedoch schließlich sogar ausdrücklich verzichteten. Die tatsächliche Rollenverteilung zwischen oberrheinischem Landfrieden und Königtum war jedoch weit stärker von den jeweiligen Machtverhältnissen abhängig, die die Throninhaber im Verlauf des 14. Jahrhunderts häufiger als um Unterstützung durch den Landfrieden suchend denn als aktiv gestaltend zeigten. Während Karl IV. wieder eine aktive Landfriedenspolitik zu betreiben suchte, erwiesen sich die undurchdachten Eingriffe Wenzels als verheerend für das Ansehen und den Einfluss des Königs.

2. Bei der in Kapitel 6 vorgenommenen Untersuchung der tatsächlichen Wirkungen der Landfrieden und damit der realen Geltung ihrer Normen erwies es sich angesichts der verschiedenartigen Quellensituation als hilfreich, eine frühere Phase bis etwa Mitte des 14. Jahrhunderts von der späteren Entwicklung, und darin zwischen einer weiter gefassten politischen Wirkung der Landfrieden, etwa der Stärkung der Machtposition der jeweiligen Herrscher und Thronprätendenten, und der engeren Verwirklichung ihrer Normen zur Befriedung und Unrechtsahndung zu trennen.

a) Während sich in der genannten ersten Phase die bisherigen Feststellungen der Sekundärliteratur, in denen die Landfrieden als erfolgreiche Mittel zur Sammlung von Anhängern und Verbündeten und zur Revindikation von Reichsgut in Erscheinung traten, durchaus bestätigen ließen, fanden sich kaum tatsächlich nachweisbare Anwendungsfälle der eigentlichen Landfriedensnormen. Vielmehr beherrschte vor allem unter Rudolf von Habsburg das persönliche Vorgehen des Königs mit *ad-hoc* zusammengestellten Koalitionen den Kampf gegen mutmaßliche Friedensstörer in der Region, vor allem aber gegen unberechtigte Zollnehmer. Zwar finden sich zahlreiche Burgbrechungen und Fehdemaßnahmen, die allerdings bei genauerer Prüfung wohl nur in Ausnahmefällen tatsächlich auf durch die Landfriedensbündisse geschaffenen Normen beruhten. Da ein Gremium von Landfriedenspflegern noch nicht aktiv in Erscheinung trat, konnte ohnehin eine Beurteilung nur mit Hilfe der Geltungszeiträume und Mitgliederkreise der Landfrieden getroffen werden, so dass eine endgültige Beurteilung schwer fällt.

b) Seit den Einungen von 1338 und 1343 bilden zahlreiche, trotz der vergleichweise langen Zeit und schwindendem Interesse überlieferte Mahnbriefe der Landfriedenspfleger, Bündnisse, Gefangenschaftsurfehden, Richtungen und Sühnen als kleinere und größere Mosaiksteine ein relativ farbiges Bild von den stark intensivierten Aktivitäten des Landfriedens. Sie zeigen eine Vielzahl unterschiedlichster Geschädigter, die um Hilfe baten, die auch hohe Adelige, vor allem aber Bürgerschaften umfassten, während es sich bei den Schädigern häufig, aber nicht immer, um Niederadelige und adelige Stadtbürger handelte.

Dabei konnten zahlreiche geläufige Thesen, etwa hinsichtlich der Bedeutung und Behandlung von „Raubrittern“ und „landschädlichen Leuten“ für den Oberrhein kritisch hinterfragt, wenn nicht gar relativiert werden. Eindeutige „Raubritter“ scheinen aus den zur Verfügung stehenden Quellen kaum nachweisbar, vielmehr konnten sie in den wenigen ausführlicher überlieferten Verfahren zumindest berechtigte Gründe für die von ihnen durchgeführten Wegnahmen anführen. Wo der Landfrieden nach den erzählenden Quellen aus dem städtischen Umfeld an einem Vorgehen gegen „Raubhäuser“ beteiligt war, scheint er eher eine mäßigende Rolle gespielt zu haben, indem der Gegner den Einungen entsprechend nur zu einer Wiedergutmachung und Genugtuung gezwungen und nicht kurzerhand umgebracht wurde. Von dieser Mäßigung scheinen allerdings Diener und Knechte kaum profitiert zu haben.

Ähnliches gilt für die mutmaßliche soziale Deklassierung der sogenannten „landschädlichen Leute". So wird man den als landschädlich gebrandmarkten ehemaligen Bürgermeister Basels, Hartmann Rot, trotz seiner Verbannung kaum als Angehörigen einer Unterschicht abqualifizieren können, zumal sich nach seiner Aufnahme Straßburg jeder Auslieferung oder Bestrafung verweigerte.

Auch der Fall der Feste Fröndsberg erwies nicht nur die noch rechtlich angreifbare Stellung des Landfriedens, sondern auch, wie sich dieser mit den herkömmlichen Rechtsvorstellungen in Gestalt des ritterlichen Burginhabers mit seinen ganz auf das traditionelle Fehderecht gestützten Argumenten auseinandersetzen musste. Erfolgreich waren am Ende die Landfriedensvertreter mit ihrer auf ihre hervorgehobene Stellung und die Ordnungsmäßigkeit ihres Verfahrens abzielenden Argumentation. Das Urteil zeigte damit nicht nur einen exemplarischen Fall des Vorgehens der Einung. Es dokumentiert ebenso, wie der Landfrieden für dieses trotz der Anwendung von Fehdemitteln über das Fehderecht hinaus gehende Rechtfertigungsmuster anführte, aus seiner besonderen Stellung zum Nutzen des Landes, der Autorität der errichtenden Vormächte und des mitwirkenden Königs.

Die weiteren Urkunden dokumentierten vor allem eine zeitweise sehr intensive Vermittlungs- und Schiedstätigkeit der Landfriedenswächter, die häufig Streitigkeiten zwischen Städten zum Gegenstand hatten, aber ebenso ein Vorgehen in einer Auseinandersetzung zwischen Klosterbrüdern oder zwischen Städten und ihren Stadtherren oder zwischen Adelsgesellschaften. Die bedeutende Rolle des Landfriedens auch in wichtigen Machtkonflikten des Reiches konnten schließlich die Auseinandersetzungen um den Straßburger Bischof Berthold von Buchegg verdeutlichen, hinter denen kein geringerer als Kaiser Ludwig der Baier stand.

c) Die daran erkennbare indirekte politische und militärische Rolle des Landfriedens durch die in ihm verbündeten Mitglieder darf daher nicht unterschätzt werden. Allein die Drohung mit dem ihm damit zumindest mittelbar zur Verfügung stehenden wirtschaftlichen und militärischen Potential konnte u.a. auch bedeutende Adelige zu einem Einlenken bewegen. Daher wurde der Landfrieden durchaus zu einem gesuchten Bündnispartner. Nicht zuletzt konnte er seinen Mitgliedern als ein taugliches Mittel erscheinen, in Zeiten besonderer Bedrohungen eine gemeinsame Abwehr zu organisieren - oder wenigstens deren Kosten zu verteilen.

Vor allem die beschämenden Vorgänge um die großen Pest-Judenpogrome am Oberrhein 1348/49 illustrieren allerdings, dass die Landfrieden und eng verwandte Schutzbündnisse nur Wirksamkeit entfalten konnten, solange die führenden Mitglieder zu ihrer Umsetzung bereit waren. Mit der einvernehmlichen Aufhebung der ausdrücklich für den eingetretenen Fall zuvor abgeschlossenen Schutzbündnisse war das Schicksal der Juden besiegelt. Die einzige Reaktion in den folgenden Einungstexten bestand darin, die Juden zukünftig nicht mehr in den Friedensschutz aufzunehmen und sich sogar durch besondere Bündnisse zum Schutz gegen etwaige Ansprüche aus den Massenmorden abzusichern.

Der insgesamt wachsenden Bedeutung der Landfrieden hatte dieses offenkundige Versagen jedoch keinen Abbruch getan, vielmehr begann nunmehr erst die Zeit intensiver Aktivitäten des Landfriedens, der allmählich in den Rechtsalltag eindrang und eine Vorbildwirkung für Nachbarregionen entfaltete.

d) Vor allem die äußerst schlechten Erfahrungen der Städte, voran Straßburg, mit den Adeligen und der Krone gegen Ende der Regierung König Wenzels hielten die Kommunen nach der Absetzung des „dem Frieden unnützen Königs" nachhaltig und dauerhaft davon ab, sich in Zukunft erneut in festere Bindungen zu begeben, wie sie die Landfriedenseinungen darstellten. Daher verliefen sämtliche der nicht wenigen Versuche, an die Einungen des 14. Jahrhunderts anzuknüpfen, bis zum Ewigen Landfrieden und der damit verbundenen Reichsreform zu Beginn des 15. Jahrhunderts erfolglos. Die städtischen Obrigkeiten und territorialen Gerichtsherren übernahmen alleine den Kampf gegen Selbsthilfe und Eigenmacht. Die Abschichtungsmechanismen des 14. Jahrhunderts vor allem gegenüber dem Niederadel und das Beiseitedrängen der Jurisdiktionsprivilegien auch außerhalb der handhaften Tat, die wohl maßgeblich mit durch die Landfriedenseinungen befördert worden waren, legten hierfür wichtige Grundsteine.

Aber auch die Bedeutung des Landfriedens für die weitere Geschichte des Elsass darf nicht unterschätzt werden. Er trug entscheidend dazu bei, dass die Landesstruktur seit dem Ende des Interregnums bis in die Neuzeit konserviert wurde und grundlegende Umwälzungen im territorialen Machtgefüge, anders als in zahlreichen anderen Regionen des Reiches, ebenso wenig stattfanden wie eine Herrschaftsverdichtung auf regionaler Ebene. Zur Herausbildung einer regionalen Hegemonie kam es nicht, vielmehr wurden die ambitioniertesten Anwärter, die Habsburgischen Landgrafen, die Bischöfe von Straßburg und die Reichslandvögte von den starken reichsstädtisch geprägten Strukturen und ihren Bündnissen im Lot gehalten. Dies führte dazu, dass das traditionelle Landrecht jedenfalls bis ins 17. Jahrhundert konserviert wurde - es galt allerdings nur noch für einen immer engeren Kreis. Parallel dazu verdichteten sich die Herrschaften innerhalb der Städte und Einzelterritorien hin zu einer wirksamen Obrigkeit und hoheitliche Unrechtsahndung, wenn auch mit unterschiedlichsten Geschwindigkeiten. Dadurch begünstigt wurde wohl wiederum die Ausbildung aktiver reichsständischer Strukturen im Lande. Zu ihnen zählen vor allem die sogenannten „elsässischen Landstände", die eben keine Vertretung mediatisierter Stände gegenüber einem Landesherren waren. In ihrem Rahmen ebenso wie auf der Ebene der Reichskreise zeigten sich die besonderen Schwierigkeiten eines koordinierten Vorgehens, und dies nicht nur bei den wenigen verabschiedeten Landesrettungen. Die fehlende Einigung des Landes und mangelnde Bereitschaft zur dauerhaften Zusammenarbeit, verbunden mit der Konservierung der alten Strukturen schwächte das Elsass zusehends im Vergleich zu seinen Nachbarn, die rund um die Landschaft herum durch herrschaftliche Verdichtung immer mehr an Stärke gewannen. Darin darf wohl schließlich eine mitentscheidende Ursache gesehen werden, dass vor und nach den westfälischen Friedensschlüssen der Übernahme durch Frankreich und der Auflösung der autonomen Stellung der „elsässischen Landstände" durch dessen königlichen Beamtenstaat kaum Widerstand entgegen gesetzt wurde.

* * *

3. Will man abschließend und in der gebotenen Kürze abstrahierend über diese konkreten Ergebnisse hinausblicken, so kann festgestellt werden, dass das Modell der „interterritorialen Einung" - trotz der bereits in der Einleitung angemerkten notwendigen Einschränkungen und Vorsicht - in nicht wenigen Punkten einen interessanten neuen Zugang zu den historischen Phänomenen aufzeigen kann, ohne diese aus ihrem notwendigerweise eigenen Kontext zu reißen. Zahlreiche politische Prozesse innerhalb und rund um die Landfrieden können in vielem mit heutigen Mechanismen und Entwicklungen internationaler Organisationen und im Völkerrecht allgemein verglichen werden. Hierzu zählen etwa die Verhandlungsmechanismen und -strategien und der Rückgriff im Zweifel auf das Bewährte und die damit verbundene jeweils mehr oder minder starke „Pfadabhängigkeit" der Entwicklungen des Rechtsregimes.

a) Viele Details wecken dabei Assoziationen zu zeitgenössischen Systemen internationaler kollektiver Sicherheit, insbesondere zu ihrem Grundmodell, den Vereinten Nationen. Deren Gründungscharta will die kollektive Sicherheit durch einen gemeinsamen, durch privilegierte Mitglieder bestimmten Rat und sein festgeschriebenes völkerrechtliches Gewaltmonopol (bis auf den Fall der Selbstverteidigung)[1] an die Stelle der einzelstaatlichen Vergeltung und Abschreckung setzen.[2] In vielen Details, von der Beistands- und Folgepflicht,[3] der Pflicht zur friedlichen Konfliktlösung,[4] der

1 Vgl. Art. 51 UNCh.

2 Der Sicherheitsrat stellt dabei fest, ob eine Bedrohung oder ein Bruch des Friedens oder ein Angriff vorliegt und empfiehlt oder beschließt, welche Maßnahmen zu treffen sind, um den Frieden zu wahren oder wiederherzustellen, vgl. Art. 39 UNCh.

3 Sowohl nach der - heute praktisch obsoleten - Drittstaatenklausel, Art. 2 VI Charta der Vereinten Nationen (UNCh), wie Art. 2 III-V; 24; 39 ff. UNCh.

Anrufung auch durch nicht betroffene Mitglieder, der informellen unverzüglichen Beratungen,[5] oder der vorgesehenen gemeinsamen Streitkräfte[6] finden sich ganz ähnliche Regelungen wie in den Landfrieden. Die Rechtfertigung des Handelns der UN gegenüber Nichtmitgliedsstaaten erfolgt schließlich nicht (mehr) maßgeblich unter Berufung auf das Kriegsrecht, sondern aus ihrer Sonderstellung als globale Friedensorganisation; den aufmerksamen Leser mag dies durchaus an die Argumentationen im Fall der Feste Fröndsburg erinnern. Ebenfalls scheint heute der Präventionsgedanke aufgegriffen, um den sich auch die Landfriedenseinungen erkennbar besonders bemühten: In diesem Sinne lassen sich vor allem die Stärkung friedlicher Alternativen zum Konfliktaustrag, ihre Effizienz und damit ihre Attraktivität begreifen. So bot der Weg über eine Anrufung der Landfrieden für den Geschädigten, statt umständlicher oder unmöglicher Rechtshilfe - wie sie etwa das nahezu zeitgleiche *Tractatus Repressaliarum* des BARTOLUS von 1354[7] als Ausweis des vermeintlich rationalen römischen Rechtes in immerhin nicht weniger als fünf zeitraubenden Schritten vorsah - mit seinem Hilfeverfahren und seinen zwar unterschiedlichen, aber stets leicht erreichbaren Anlaufstellen modernistisch gesprochen ein *„one-stop-shop"*-Prinzip an, um das sich auch heute wieder die Staatenwelt im internationalen Rechts(hilfe)verkehr intensiv bemüht.

In diesem Zusammenhang lassen sich auch Kategorien des heutigen Kriegsvölkerrechts noch weiter als bereits in der Einleitung angedeutet, mit den Erkenntnissen über die spätmittelalterlichen Einungen in Verbindung bringen. Ist im heutigen Recht die Rechtmäßigkeit eines Krieges klar geschieden in das *ius ad bellum* beziehungsweise *ius contra bellum* und das *ius in bello*, also in die getrennten Fragen, ob ein Krieg überhaupt erlaubt ist

---

4 Mit dieser, jedenfalls als normatives Ziel angestrebten, koordinierten und wirksamen Ahndung von Friedensbrüchen korrespondiert die Verpflichtung der Parteien auf eine friedliche Streiterledigung, durch das Bemühungen, Konflikte vor jeder Gewaltanwendung möglichst durch Vermittlungen, Schiedsspruch oder gerichtliche Entscheidung oder in anderer Weise zu lösen, vgl. Art. 33 UNCh.

5 Vgl. Art. 28, 35 UNCh.

6 Vgl. Art. 43,45 UNCh; die dort vorgesehene Einsetzung ständiger gemeinsamer Streitkräfte zum sofortigen Einsatz bei internationalen Zwangsmaßnahmen, ist allerdings bislang aus politische Gründen gescheitert.

7 Vgl. *Bartolus de Saxoferato*, Consilia; danach hatte der Gläubiger die Angelegenheit zunächst dem Herrscher des Schuldners, dann an seinen eigenen Herrn vorzubringen, der sich für die Durchsetzung erneut an die Obrigkeit des Schuldners wenden sollte und mit deren Zustimmung dem Gläubiger Zwangsmaßnahmen erlauben konnte, gegen den Schuldner vorzugehen - falls dieses schwerfällig und risikoreiche theoretische Verfahren ausnahmsweise überhaupt einmal praktisch erfolgreich war; erklärlich wird es weniger aus den Zitaten des Postglossators aus D. 49.15.24 und D. 1.1.5 des Iustinianischen Corpus Iuris Civilis, als vielmehr der politischen Interessen und Wirklichkeit der auf Souveränität bedachten italienischen Stadtstaaten seiner Zeit.

und, andererseits, welche konkreten Handlungen in ihm gestattet sind,[8] so entwickelte sich das Landfriedensrecht tendenziell von einer Regelung der erlaubten Handlungen und zu berücksichtigender Sonderfrieden in den frühen Gottes- und Landfrieden wie der *Pax Alsatiensis* hin zu einem *ius contra bellum*, das jeder Fehdeführung entgegen treten wollte. Dies findet sich gerade in den spätmittelalterlichen Einungen am Oberrhein verwirklicht, in denen der Friedensschutz auch gegenüber jeder Fehde galt.

b) Damit stellt sich die spannende Frage, inwieweit moderne Theorien internationaler Beziehungen mit Gewinn mit den historischen Ereignissen in Beziehung gebracht werden können. Dies gilt zunächst für die Frage, unter welchen Umständen die Einungen überhaupt zustande kamen.[9]

Die Voraussetzungen einer „interterritorialen Ordnung“ scheinen zunächst vorzuliegen: Das Rechtsregime des Landfriedens wurde jedenfalls am Oberrhein getragen von einem stets fragilen wie ausbalancierten Verhältnis eines festen Kreises von Städten und Herren untereinander, die jeweils das Bestreben einte, eine Dominanz einer oder eines von ihnen oder gar eines Außenstehenden in jedem Fall zu verhindern. Spätestens im Verlauf des 14. Jahrhunderts verband sie alle ihre Reichsstandschaft, also die Reichsunmittelbarkeit[10] und das Recht der Hochgerichtsbarkeit in ihren Gebieten, mithin ein hervorgehobener hoher Grad an Autonomie.[11] Sie bestellten gleichberechtigt die gemeinsame Landfriedensinstanz, die mehr und mehr direkte Zugriffs- und Durchgriffsrechte erhielt, jedoch beim Vollzug und der Finanzierung stets noch auf ihren guten Willen angewiesen blieb.

Dabei wechselten sich im zeitlichen Längsschnitt „Inseln der Kooperation“, in denen mehrere Landfrieden lückenlos aneinander anschließen konnten, mit längeren Zeiten ohne geltende Einungen ab. Abschluss, rechtliche und tatsächliche Wirkungsdauer spiegelten vor allem das Vertrauen beziehungsweise Misstrauen, ebenso wie die Interessen der maßgeblichen hochadeligen und städtischen Vormächte der Region wider. Hier ließe sich die Entwicklung entsprechend der modernen Regimetheorie mit einer gewissen Plausibilität modellhaft so abbilden, dass vor allem schwere Krisen nach langen Zeiten heftiger Konflikte wieder einen Landfrieden zustande

---

8 Vgl. *Vitzthum*, Völkerrecht, S. 592 ff.

9 Vgl. hier noch *Grewe*, Friede durch Recht, S. 18: „Kollektive Sicherheit, das lehrt die Geschichte des Völkerbundes ebenso wie die der Vereinten Nationen, kann es nur auf regionaler Basis in einer ... bündnisähnlichen Staatengemeinschaft geben, deren Organe auf Grundlage ausreichender Interessenhomogenität entschluss - und handlungsfähig sind.“

10 Die für die kleineren Reichsstädte auch nicht durch die Verwaltung im Rahmen der Reichslandvogtei in Frage gestellt wurde.

11 Sei es auch nur als Afterlehen oder als Pfandinhaber einer Gerichtsbarkeit.

bringen konnten[12] und regelmäßig den Impuls zu einer neuen Stufe immer engerer rechtlicher Kooperationsformen aus der bloßen mehr oder weniger friedlichen „Koexistenz" der Gerichte und Territorien gaben,[13] die zunächst PLANCK festgestellt hat: Aus den Krisen des Interregnum folgte eine gelegentliche Zusammenarbeit, bei der die Parteien sich, wie beim Rheinischen Bund 1254, allerdings jederzeit eine Vetoposition vorbehielten, oder sich nur auf ganz kurzfristiger Basis und unter politischer Opportunität gegenüber dem persönlich aktiven Königtum, wie unter Rudolf von Habsburg, verpflichteten. Nach der Absetzung König Adolfs waren die Landfriedensparteien unter Wahrung ihrer Gerichts- und Hoheitsrechte bereit, umfangreichere gemeinsame materielle Normen zu vereinbaren. Auf die Krisen des Doppelkönigtums und die aktuellen Bedrohungen der Jahre 1338/1349 folgte die Entwicklung der Landfriedenspfleger von rein der jeweiligen Partei verpflichteten und von ihr kontrollierten Amtsträgern zu einer wirksamen gemeinsamen, wenn auch noch nachrangigen und auf eher technische Fragen beschränkten Entscheidungsinstanz mit durchaus effektiven Durchgriffsmöglichkeiten. Die erste große Invasion von 1366 ebnete über *ad-hoc* Zusatzvereinbarungen den Weg zur Aufnahme einer gemeinsamen Landfriedenstruppe als zentralisierter Exekutive. Aus der Krise der Herlisheimer Fehde und der Bösen Fastnacht von Basel resultiert die normierte Stellung der Landfriedenswächter als erstinstanzlichen, unabhängigen Landfriedensgericht. Der „Affäre" des Englischen Ritters folgte als gewisse Nachwehe des großen Ständekonfliktes von 1381-1389 die endgültige normative Institutionalisierung durch Verleihung von Hoheitszeichen wie Siegel und Kanzlei und schließlich das Privileg der Letztentscheidungskompetenz.

Nur dem ersten Anschein nach bedeutete dies aber eine Zunahme auch der tatsächlichen Kooperationsbereitschaft und des gegenseitigen Vertrauens, während allerdings im Hintergrund schon lange die vielen Krisen an der Kooperationsbereitschaft nagten und sie schließlich zerstörten. Gerade an diesem Ende zeigte sich, wie unter den immer eindrucksvolleren Normgebäuden und Kontinuitätslinien versteckt sich die politischen Umfeldbedingungen völlig verändern konnten. Nur wenn man diesen Hintergrund mit betrachtet, lässt sich der plötzliche Abbruch der alleine aus Perspektive der geschaffenen Normen so organischen und gerade gegen Ende so hoffnungsvollen Entwicklung plausibel erklären.

c) Allerdings dürfen die erheblichen Grenzen derartiger Übertragungen nicht verkannt werden. So zeigten sich im 20. Jahrhundert beispielsweise

---

12 Wie 1366, oder gar selbst einen Friedensschluss der Parteien inhaltlich prägen, wie etwa 1338 oder 1389.

13 Die Friedrich II. gerade durch seine, später tradierte Friedenspolitik, etwa mit dem Reichslandfrieden angestrebt hatte, vgl. *Angermeier*, Landfriedenspolitik, S. 179.

zu stark divergierende Interessen und Misstrauen nicht wie bei den Landfrieden am Scheitern einer Verlängerung oder Errichtung, sondern durch Blockaden innerhalb des Systems wie etwa während des Kalten Krieges. Die auch in der UN-Charta als Erzwingungsmittel vorgesehenen kriegerischen Zwangsmaßnahmen und Wirtschaftssanktionen richten sich - eine Lehre aus den Folgen der Pariser Vorortverträge von 1919 - nicht mehr primär auf die Durchsetzung voller wirtschaftlicher Kompensation der durch Gewalt angerichteten Schäden, sondern in aller Regel auf die unmittelbare Beseitigung der jeweiligen Beeinträchtigungen des Völkerrechts. Zudem greift das neue Sanktionsrecht des Völkerstrafrechtes und seines Internationalen Strafgerichtshofs auf den einzelnen individuellen Delinquenten durch und verlässt damit - wie auch die mit der Friedensfrage heute vielseitig und eng verknüpfte Wahrung der universellen Menschenrechte - den Rahmen, in dem eine Analogie zu den oberrheinischen Einungen überhaupt sinnvoll gezogen werden könnte.

d) Richtig bleibt am Bild der interterritorialen Einung einerseits eine gewisse „Eigen-Macht" der gemeinsam gesetzten Normen, die sich durch ein längerfristiges Interesse an der Normbefolgung und am Bestand der Einung gegenüber dem aktuellen Nutzen erklären lassen. Andererseits blieb die Wirksamkeit der Friedensordnungen, wie auch bei der modernen Völkerrechtsordnung, ganz vom Willen der Mitglieder abhängig und damit ihre größte Schwäche. Die erfolgreiche Zusammenarbeit konnte, wie oben bereits zusammengefasst, durchaus ein Interesse an ihrer Fortsetzung und Vertrauen unter den Parteien erzeugen und insoweit dem Recht in einem gewissen Maß einen eigenen Einfluss erhalten. In der konkreten Situation des Elsass im 14. Jahrhundert muss man jedoch feststellen, dass sich hier die ständischen Interessengegensätze und Spannungen, katalysiert durch die Schwäche des Königtums Wenzels, als derart stark erwiesen, dass sie auf Dauer eine Fortsetzung und stärkere Weiterentwicklung verhinderten. Der Landfrieden am Oberrhein scheiterte schließlich unwiderruflich wohl vor allem am Misstrauen seiner um ihren Selbsterhalt fürchtenden tragenden Kräfte, als Resultat der Gegensätze und wechselseitigen existenziellen Bedrohungen der bürgerschaftlichen und adelig-fürstlichen Akteure. Vor allem die Pfahl- und Ausbürgerfrage, die die Stellung und Sicherheit der Straßburger Bürgerschaft ebenso im Kern berührte wie die adelige Herrschaft in ihrem Umland, dürfte eine entscheidende Rolle dabei gespielt haben. Sie verkörperte den fortbestehenden grundsätzlichen Systemgegensatz zwischen Stadt und Umland, der sich im ganzen Spätmittelalter immer schärfer entlud und der von einem Wettlauf über königliche Privilegien, rechtliche und diplomatische Auseinandersetzungen etwa um die Goldene Bulle, bis zuletzt dem großen Krieg der Städte und Adelsgesellschaften oder der sogenannten Affäre des englischen Ritters geprägt war.

Hierin, und nicht etwa in der strukturellen Schwäche der Einungen und ihrer Rechtsordnung dürfte auch der Grund gelegen haben, weshalb im

Elsass mit dem Landfrieden „kein Staat“ zu machen war, also trotz darauf zielenden Entwicklungsansätzen letzten Endes keine dauerhafte Institutionalisierung der Friedensordnungen der Einungen gelang, während man den geografisch nicht allzu weit entfernten Friedensbündnissen der Schweizer *Eidgenossen* durchaus eine staatsbildende Kraft wird zubilligen können.[14] Indes hatte der Landfrieden auch im Elsass trotz seiner bündischen Struktur einen wesentlichen Beitrag dazu geleistet, die oft festgestellte „Vertikalisierung“ der mittelalterlichen Gesellschaft, also der Herausbildung obrigkeitlicher Ordnungen zu fördern.[15]

Aus der Gesamtbetrachtung scheint es nicht nur fraglich, in welchem Maße sich tatsächlich Folgerungen aus dem historischen Phänomen des Landfriedens für die Gegenwart gewinnen lassen. Ebenfalls wäre ein einseitiges abschließendes Urteil über den Erfolg des spätmittelalterlichen Landfriedens im Streben nach Frieden und Rechtsverwirklichung auf dem Weg zum Rechtsstaat der Gegenwart und seinem legitimierten Gewaltmonopol unangemessen: In nicht wenigem schufen die Einungen am Oberrhein wichtige Voraussetzungen und Vorläufer für den modernen Staat. Dennoch blieb ihnen ein durchschlagender Erfolg versagt, weniger aufgrund rein faktischer oder gar rechtlicher Schwächen, als vielmehr wegen der politischen Ausgangsbedingungen, unter denen eine dauerhafte Friedensordnung letzten Endes auf diesem Weg nicht zu erreichen war.

---

14 Vgl. *Bader*, Südwesten, S. 177 ff. m. umfangreichen w.N.

15 Vgl. etwa *Jerouschek*, ZStW 104 (1992), S. 338.

Literaturverzeichnis

I. Quellen

1. normative Quellen und Regesten

Albrecht, Karl (Hg.): Rappoltsteiner Urkundenbuch, 2 Bände, Colmar 1891 ff. (zit.: Rapp. UB)

Altmann, Wilhelm / *Bernheim*, Ernst (Hg.): Ausgewählte Urkunden zur Erläuterung der Verfassungsgeschichte Deutschlands im Mittelalter. Zum Hausgebrauch für Juristen und Historiker, 4. Auflage Berlin 1909.

Badische Historische Kommission (Hg.): Regesten der Markgrafen von Baden und Hachberg, 3 Bände Innsbruck 1900 ff.; Bd. 1: Fester, Richard (Bearb.): Regesten der Markgrafen von Baden 1050 - 1431. Regesten der Markgrafen von Hachberg 1218 - 1428 , Innsbruck 1900. (zit: Reg. Baden)

Battenberg, Friedrich / *Metz*, Bernhard (Hg.): Lichtenberger Urkundenbuch 1163-1500, Darmstadt 1994 ff. (zit. UB Lichtenberg)

Beyer, Carl (Hg.): Urkundenbuch der Stadt Erfurt, 2 Bände, Halle 1889 ff. (zit: UB Erfurt)

Böhmer, Johann Friedrich (Hg.): Acta Imperii Selecta, Insbruck 1870.

Böhmer, Johann Friedrich (Hg.): Codex diplomaticus Moenofrancofurtanus. Urkundenbuch der Reichsstadt Frankfurt, 2 Bände, Frankfurt a. M. 1901 ff. (zit: UB Frankfurt)

Böhmer, Johann Friedrich / Kommission für die Neubearbeitung der Regesta Imperii bei der Österreichischen Akademie der Wissenschaften (Hg.): Regesta Imperii (zit.: RI);
- Bd. 5: *Böhmer*, Johann Friedrich (Bearb.): Die Regesten des Kaiserreichs unter Philipp, Otto IV, Friedrich II, Heinrich (VII), Conrad IV, Heinrich Raspe, Wilhelm und Richard. 1198 - 1272, Frankfurt 1849;
- Bd. 5, 2: *Ficker*, Julius (Bearb.): Die Regesten des Kaiserreichs unter Philipp, Otto IV, Friedrich II, Heinrich (VII), Conrad IV, Heinrich Raspe, Wilhelm und Richard, Innsbruck 1882;
- Bd. 6, 1: *Redlich*, Oswald (Bearb.): Die Regesten des Kaiserreichs unter Rudolf, Adolf, Albrecht, Heinrich VII. 1273-1313, Innsbruck 1898;
- Bd. 6, 2: *Samanek*, Vincenz (Bearb.): Die Regesten des Kaiserreiches unter Adolf von Nassau 1291 - 1298, Innsbruck 1948;
- Bd. 7: *Böhmer*, Johann Friedrich (Bearb.): Die Urkunden Kaiser Ludwigs des Baiern, König Friedrich des Schönen und König Johanns von Böhmen nebst einer Auswahl der Briefe und Bullen der Päpste und anderer Urkunden. 1314 - 1347, Frankfurt 1839;

- Bd. 8: *Huber*, Alfons (Bearb.): Die Regesten des Kaiserreichs unter Kaiser Karl IV. 1346 - 1378, Frankfurt 1877.

Boos, Heinrich (Hg.): Quellen zur Geschichte der Stadt Worms, Berlin 1886 ff; Bd. 3: Monumenta Wormatiensia. Annalen und Chroniken, Berlin 1893.

Boos, Heinrich (Hg.): Urkundenbuch der Stadt Worms, 2 Bände Berlin 1886 ff. (zit.: UB Worms)

Chmel, Joseph (Hg.): Die Handschriften der K. K. Hofbibliothek in Wien, 2 Bände, Wien 1841 f. (zit: Chmel)

Commission der antiquarischen Gesellschaft in Zürich (Hg.): Urkundenbuch der Stadt und Landschaft Zürich, 13. Bände, Zürich 1888 ff.; Bd. 11: *Escher*, J./ *Schweizer*, P. (Bearb.): 1326 - 1336, Zürich 1920. (zit: UB Zürich)

Eckhardt, Karl August (Hg.): Sachsenspiegel, Hannover 1966. (zit.: Ssp. Ldr./Lnr.)

Ennen, Leonard / *Eckertz*, Gottfried (Hg.): Quellen zur Geschichte der Stadt Köln, 6 Bände, Köln 1860 - 1879.

Eyer, Fritz (Hg.): Regesten zu einer Territorialgeschichte der Herren von Lichtenberg, Straßburg 1943.

Finsterwalder, Paul Wilhelm (Hg.): Colmarer Stadtrechte, 1. Band, Heidelberg 1938 (Oberrheinische Stadtrechte III 3 / 1). (zit: StR Colmar)

Fürstliches Hauptarchiv in Donaueschingen (Hg.): Fürstenbergisches Urkundenbuch. Sammlung der Quellen zur Geschichte des Hauses Fürstenberg und seiner Lande in Schwaben, Tübingen 1877 ff., Bd. 1: *Riezler*, Sigmund (Bearb.): Quellen zur Geschichte der Grafen von Achalm, Urach und Fürstenberg bis zum Jahre 1299, Tübingen 1877. (zit: UB Fürstenberg)

Gaupp, Ernst Theodor (Hg.): Deutsche Stadtrechte des Mittelalters, mit rechtsgeschichtlichen Erläuterungen, Band 1 Breslau 1851.

Gény, Joseph (Hg.): Schlettstadter Stadtrechte. 1. Hälfte, Heidelberg 1902 (Oberrheinische Stadtrechte III 1 / 1). (zit: StR Schlettstadt)

Gudenus, Valentin F. von (Hg.): Codex Diplomaticus. Exhibens Anectoda Ab Anno DCCCLXXXI, Ad MCCC. Moguntiaca, Ius Germanicum, Et S. R. I. Historiam Illustrantia, Göttingen 1743 ff.

Hanauer, L. A. / *Klélé*, J. (Hg.): Das alte Statutenbuch der Stadt Hagenau, Hagenau 1900.

Harms, Bernhard (Hg.): Der Stadthaushalt Basels im ausgehenden Mittelalter. Quellen und Studien zur Basler Finanzgeschichte, 3 Bände Tübingen 1909 ff.; Bd. 2: Die Ausgaben 1360 - 1490, Tübingen 1910.

Hessel, Alfred (Hg.): Regesten der Bischöfe von Straßburg, 3 Bände, Innsbruck 1908 ff.; Bd. 2: Regesten der Bischöfe von Strassburg vom Jahre 1202 - 1305, Innsbruck 1928. (zit: Reg. Bf. Stbg.)

Hilgard, Alfred (Hg.): Urkunden zur Geschichte der Stadt Speyer, Straßburg 1885. (zit: UB Speyer)

Historische Kommission bei der Bayerischen Akademie der Wissenschaften / Julius Weizsäcker (Hg.): Deutsche Reichstagsakten (RTA) (ältere Reihe), Gotha 1874 ff.;
- Bd. 1: *Kluckhohn*, August (Bearb.): Deutsche Reichstagsakten unter Kaiser Karl V., Gotha 1893;
- Bd. 2: *Weizsäcker*, Julius (Bearb.): Deutsche Reichstagsakten unter König Wenzel. 1388 - 1397, Gotha 1874;
- Bd. 3: *Weizsäcker*, Julius (Bearb.): Deutsche Reichstagsakten unter König Wenzel. 1397 - 1400, Gotha 1877;
- Bd. 4: *Weizsäcker*, Julius (Bearb.): Deutsche Reichstagsakten unter König Ruprecht. 1400 - 1401, Gotha 1882;
- Bd. 5: *Weizsäcker*, Julius (Bearb.): Deutsche Reichstagsakten unter König Ruprecht. 1401 - 1405, Gotha 1885;
- Bd. 6: *Weizsäcker*, Julius (Bearb.): Deutsche Reichstagsakten unter König Ruprecht. 1406 - 1410, Gotha 1888;
- Bd. 7: *Kerler*, Dietrich (Bearb.): Deutsche Reichstagsakten unter Kaiser Sigmund. 1410 - 1420, Gotha 1878;
- Bd. 8: *Kerler*, Dietrich (Bearb.): Deutsche Reichstagsakten unter Kaiser Sigmund. 1421 - 1426, Gotha 1883;
- Bd. 9: *Kerler*, Dietrich (Bearb.): Deutsche Reichstagsakten unter Kaiser Sigmund. 1427 - 1431, Gotha 1887;
- Bd. 11: *Beckmann*, Gustav (Bearb.): Deutsche Reichstagsakten unter Kaiser Sigmund. 1433 - 1435, Gotha 1898;
- Bd. 15: *Herre*, Hermann(Bearb.): Deutsche Reichstagsakten unter Kaiser Friedrich III. 1440 - 1441, Gotha 1914.

Historischen Verein des Kantons St. Gallen (Hg.): Urkundenbuch der Abtei Sanct Gallen, 6 Bände Zürich 1863 ff.; Bd. 3: *Wartmann*, Hermann (Bearb.): Jahr 920 - 1360, Zürich 1882. (zit.: UB Abtei St. Gallen)

Kaiser, Jacob (Hg.): Amtliche Sammlung der ältern Eidgenössischen Abschiede, Luzern 1839 ff.; Band 1: *Segesser*, Anton Pilipp (Bearb.): Die Eidgenössischen Abschiede aus dem Zeitraume von 1245 bis 1420, 2. Auflage Luzern 1874; Band 2: *Krütli*, Joseph Karl (Hg.) / *Segesser*, Anton Philipp (Bearb.): Die Eidgenössischen Abschiede aus dem Zeitraume von 1421 bis 1477, Luzern 1863.

Kaiser, Jacob (Hg.): Amtliche Sammlung der ältern Eidgenössischen Abschiede, 8 Bände, Lucern 1839 ff.; Bd. 1: *Segesser*, Anton Pilipp (Bearb.): Die Eidgenössischen Abschiede aus dem Zeitraume von 1245 bis 1420, 2. Auflage Lucern 1874.

Königliche Bayerische Akademie der Wissenschaften (Hg.): Regensburger Urkundenbuch, Band 1: *Widemann*, J. (Bearb.): Urkunden der Stadt bis zum Jahre 1350, München 1912. (zit: UB Regensburg)

Keutgen, Friedrich (Hg.): Urkunden zur städtischen Verfassungsgeschichte, Berlin 1901 ND Aalen 1965 (Ausgewählte Urkunden zur deutschen Verfassungs- und Wirtschaftsgeschichte 1).

Kopp, Josef Eutychius (Hg.): Urkunden zur Geschichte der eidgenössischen Bünde, 2 Bände, Luzern 1835, 1851.

Kremer, Christoph Jacob (Hg.): Geschichte des Kurfürsten Friedrichs des Ersten von der Pfalz, 6 Bände, Frankfurt 1765.

Lacomblet, Theodor Joseph (Hg.): Urkundenbuch für die Geschichte des Niederrheins oder des Erzstifts Cöln, der Fürstenthümer Jülich und Berg, Geldern, Meur Cleve und Mark, und der Reichsstifte Elten, Essen und Werden. Aus den Quellen in dem königlichen Provinzialarchiv zu Düsseldorf und in den Kirchen- und Stadt-Archiven der Provinz, 4 Bände, Aalen/Baden 1840 ff. (zit: UB Niederrhein)

Lichnowsky, Eduard Maria von (Hg.): Geschichte des Hauses Habsburg, 8 Bände, Osnabrück 1836 ff.; Bd. 3: Von der Ermordung König Albrechts bis zum Tode Herzog Albrecht des Weisen, Osnabrück 1838.

Lünig, Johann Christian (Hg.): Das teutsche Reichsarchiv. Aus den berühmtesten Scribenten, raren Manuscriptis, und durch kostbare Correspondez zusammen getragen und ans Licht gegeben, 24 Bände, Leipzig 1713 ff.

Mone, Franz Joseph: Kaiserurkunden des 14. Jahrhunderts, in: ZGO AF 12 (1861), S. 321 - 343.

Moßmann, Xavier(Hg.): Cartulaire de Mulhouse, Strassbourg 1883 ff. (zit: Cart. Mulh.)

Redlich, Oswald (Hg.): Regesta Habsburgica. Regesten der Grafen von Habsburg und der Herzöge von Österreich aus dem Hause Habsburg, Innsbruck 1905 ff., (Publikationen des Instituts für Österreichische Geschichtsforschung 1), Band 3: *Gross*, Lothar (Bearb.): Die Regesten der Herzöge von Österreich sowie Friedrichs des Schönen als deutschen Königs von 1314 - 1330, Innsbruck 1924.

Ropp, Goswin von der (Hg.): Regesten der Erzbischöfe von Mainz von 1289 - 1396; *Vigener*, Fritz: Zweite Abteilung (1354-1396), 2 Bände, Leipzig / Berlin 1913. (zit: Reg. Ebf. Mainz)

Ruser, Konrad (Hg.): Die Urkunden und Akten der oberdeutschen Städtebünde vom 13. Jahrhundert bis 1549, 3 Bände, Band 2 in 2, Band 3 in 3 Teilbänden, Göttingen 1979 ff. (zit.: OSA)

Schmid, Ludwig (Hg.): Monumenta Hohenbergica. Urkundenbuch zur Geschichte der Grafen von Zollern-Hohenberg, 1862.

Schnell, Johannes (Hg.): Rechtsquellen von Basel. Stadt und Land. Erster Theil, Basel 1856.

Schoepflin, Johann-Daniel: Alsatia Diplomatica, 2 Bände, Mannheim 1772 ff.; Bd. 2: *Lamey*, Andreas (Bearb.): periodi regum et imperatorum Habsburgicae, Luzelburgicae tandemque Gallicae, Mannheim 1775.

Schoepflin, Johann-Daniel: Alsatia Illustrata Celtica Romana, 2 Bände, Colmar 1751 ff.

Senckenberg, Johann Jacob Schmauß von (Hg.): Neue und vollständigere Sammlung der Reichs-Abschiede, Welche von den Zeiten Kayser Conrads des II. bis jetzo, auf den Teutschen Reichs-Tägen abgefasset worden sammt den wichtigsten Reichs-Schlüssen, so auf dem noch fürwährenden Reichs-Tage zur Richtigkeit gekommen sind. In Vier Theilen. Nach den Haupt-Urkunden, alten Abdrücken theils von neuem übersehen, theils zum erstenmahl ans Licht gestellt, 4 Bände, Frankfurt a. M. 1747; Bd. 1: Reichs-Abschiede bis auf das Jahr 1494 inclusive, Frankfurt a. M. 1747.

Societas Aperiendis Fontibus Rerum Germanicarum Medii Aevi (Hg.): Monumenta Germaniae Historica. Legum IV. Constitutiones et Acta Publica Imperatorem et Regum, Hannover 1893 ff. (zit: MGH Const.).

Trouillat, Joseph (Hg.): Monuments de l'histoire de l'ancien évêché de Bâle, 5 Bände, Bern 1852 ff.

Urkundenbuch der Stadt Straßburg (zit.: St. UB)
- Erster Band: Urkunden und Stadtrechte bis zum Jahr 1266 (Bearbeiter: *Weigand*, Wilhelm), Straßburg 1879.
- Zweiter Band: Politische Urkunden von 1266 bis 1332 (Bearbeiter: *Weigand*, Wilhelm), Straßburg 1886.
- Vierter Band; 2. Halbband: Stadtrecht und Aufzeichnungen über bischöflich-städtische und bischöfliche Ämter (Bearbeiter: Schulte, Aloys / Wolfram, Georg), Straßburg 1886.
- Fünfter Band: Politische Urkunden von 1332 bis 1380 (Bearbeiter: *Witte*, Hans), Straßburg 1896.
- Sechster Band: Politische Urkunden von 1381-1400 (Bearbeiter: *Fritz*, Johannes), Straßburg 1899.

Verein für Geschichte u. Altertumskunde Westfalens (Hg.) Westfälisches Urkundenbuch. Fortsetzung von Erhards Regesta historiae Westfaliae, 11 Bände, Münster, 1871 ff.; Band 7,1: *Staatsarchiv Münster* (Bearb.): Die Urkunden des kölnischen Westfalens vom Jahr 1200 - 1300, Münster 1908. (zit: Westfälisches UB)

Waitz, Georg (Hg.): Urkunden zur deutschen Verfassungsgeschichte im 11. und 12. Jahrhundert, Kiel 1871. (zit: Waitz, Urkunden)

Wattenbach: Regesten der auf der Großherzoglichen Universitätsbibliothek zu Heidelberg verwahrten Urkundensammlung, in: ZGO AF 24 (1872), S. 151 - 223.

Wencker, Jakob (Hg.): Collecta Archivi Et Cancellariae Jura. Quibus accedunt, De Archicancellariis, Vicecancellariis, Cancellariis Ac Secretariis Virorum Clarissimorum Commentationes Jacobo Wenckero, Straßburg 1715.

Weinrich, Lorenz (Hg.): Quellen zur deutschen Verfassungs-, Wirtschafts- und Sozialgeschichte bis 1250, 2. Auflage Darmstadt 2000 (Ausgewählte Quellen zur deutschen Geschichte des Mittelalters 32).

Winkelmann, Eduard(Hg.): Acta imperii inedita, 2 Bände, Innsbruck 1880 ff.

Wissenschaftliches Institut der Elsass-Lothringer im Reich an der Universität Frankfurt a.M. / Gény, Joseph (Hg.): Schlettstadter Stadtrechte, 2 Bände, Heidelberg 1902. (zit: StR Schlettstadt)

Wissenschaftliches Institut der Elsass-Lothringer im Reich an der Universität Frankfurt a.M. / Finsterwalder, Paul W. (Hg.): Colmarerer Stadtrechte, Heidelberg 1938. (zit: StR Colmar)

Würdtwein (Hg.), Stephan Alexander: Monasticon Palatinum. Chartis et diplomatibus, Instructum notiiis authenticis illustratum, Band 1, Mannheim 1793.

Zeumer, Karl (Hg.): Quellensammlung zur Geschichte der Deutschen Reichsverfassung in Mittelalter und Neuzeit, 2. Auflage Tübingen 1913. (zit: Zeumer)

2. erzählende Quellen

Annales breves Wormatienses, in: *Pertz*, Georg Heinrich: Annales aevi Suevici, Hannover 1861 (Monumenta Germaniae Historia. Scriptores (in Folio), Bd. 17), S. 74 -79.

Annales Colmares maiores, in: *Pertz*, Georg Heinrich: Annales aevi Suevici, Hannover 1861 (Monumenta Germaniae Historia. Scriptores (in Folio), Bd. 17), S. 202- 232; Übersetzung in: *Pabst*, Hermann / *Wattenbach*, Wilhelm (Hg.): Annalen und Chronik von Kolmar. Nach der Ausgabe der Monumenta Germaniae übersetzt, 3. Auflage Leipzig 1940 (Die Geschichtschreiber der deutschen Vorzeit 75 - 13. Jh., Bd. 7).

Annales Marbacenses, in: *Bloch*, Hermann: Annales Marbacenses, Hannover 1907 (Monumenta Germaniae Historia. Scriptores Rerum Germanicarum in Usum Scholarum), S. 1 - 103.

Annales Sindelfingenses, in: *Pertz*, Georg Heinrich: Annales aevi Suevici, Hannover 1861 (Monumenta Germaniae Historia. Scriptores (in Folio), Bd. 17), S. 299 - 307.

Augsburger Städtechronik, in: *Historische Kommission bei der Bayerischen Akademie der Wissenschaften* (Hg.): Die Chroniken der deutschen Städte, Leipzig 1862 ff.; Band 4: Augsburg, 1. Teilband, Leipzig 1865, ND Göttingen 1965; Band 5: Augsburg 2. Teilband, Leipzig 1866, ND Göttingen 1965.

Bernoulli, August (Hg.): Die älteste deutsche Chronik von Colmar, Colmar 1888. (zitiert: ÄDCCol.)

Böhmer, Johann Friedrich (Hg.): Fontes Germanicarum, 4 Bände, Stuttgart 1843 ff.;
- Band 1: Johannes Victoriensis und andere Geschichtsquellen Deutschlands im vierzehnten Jahrhundert, Stuttgart, 1843;
- Band: 3: Martyrium Arnoldi archiepiscopi Moguntini und andere Geschichtsquellen Deutschlands im zwölften Jahrhundert, Stuttgart 1853;
- Band 4: *Huber*, Alfons (Hg.): Heinricus de Diessenhoven und andere Geschichtsquellen Deutschlands im späten Mittelalter. 1868.

Chronica regia Coloniensis, in: *Waitz*, Georg (Hg.): Chronica regia Coloniensis, Hannover 1880 (Monumenta Germaniae Historia. Scriptores rerum Germanicarum in usum scholarium 18), S. 1 - 299; Übersetzung: *Wattenbach*, Wilhelm / *Platner*, Carl (Hg.): Die Kölner Königschronik, 4. Auflage Leipzig 1913 (Die Geschichtschreiber der deutschen Vorzeit 69).

Chronicon Colmariense, in: *Pertz*, Georg Heinrich: Annales aevi Suevici, Hannover 1861 (Monumenta Germaniae Historia. Scriptores (in Folio), Bd. 17), S. 240 - 270; Übersetzung in: *Pabst*, Hermann / *Wattenbach*, Wilhelm (Hg.): Annalen und Chronik von Kolmar. Nach der Ausgabe der Monumenta Germaniae übersetzt,

3. Auflage Leipzig 1940 (Die Geschichtschreiber der deutschen Vorzeit 75 - 13. Jh., Bd. 7). (zit.: Chron. Colm.)

Closener, Fritsche: Chronik, in: Historische Kommission bei der Bayerischen Akademie der Wissenschaften (Hg.): Die Chroniken der deutschen Städte, Leipzig 1862 ff.; Band 8: Straßburg, 1. Teilband, Leipzig 1870, S. 3 - 151.

Diessenhofen, Henricus Dapifer de: Chronik. 1316-1376, in: *Böhmer*, Johann Friedrich/ *Huber*, Alfons (Hg.): Fontes Germanicarum, Band 4: Heinricus de Diessenhoven und andere Geschichtsquellen Deutschlands im späten Mittelalter, Stuttgart 1868, ND Aalen 1969, S. 16 - 126.

Ellenhardi annales, in: *Pertz*, Georg Heinrich: Annales aevi Suevici, Hannover 1861 (Monumenta Germaniae Historia. Scriptores (in Folio), Bd. 17), S. 101 - 104. (zit.: Ellenhard Ann.)

Ellenhardi chronicon, in: *Pertz*, Georg Heinrich: Annales aevi Suevici, Hannover 1861 (Monumenta Germaniae Historia. Scriptores (in Folio), Bd. 17), S. 118 - 141. (zit: Ellenhard Chron.)

Ettmüller, Ernst Moritz Ludwig: Die beiden ältesten Deutschen Jahrbücher der Stadt Zürich. Jahrbuch eines Ungenannten von den ersten Anfängen der Stadt bis z. J. 1336, nebst Fortsetzung eines Andern bis 1446, und Jahrbuch des Ritters und Schultheissen von Zürich Eberhard Müllers von 1336 bis 1364, nebst Fortsetzung eines Andern bis 1386, Zürich 1844 (Mitteilungen der antiquarischen Gesellschaft in Zürich 2, 1). (zit: Züricher Jahrbücher)

Henne, Anton (Hg.): Die Klingenberger Chronik. Wie sie Schodoler, Tschudi, Stumpf, Guilliman und Andere benützten. Nach den von Tschudi besessenen und vier anderen Handschriften zum erstenmal ganz, und mit Parallelen aus gleichzeitigen ungedruckten Chroniken, Gotha 1861.

Hermani Althahensis annales, in: *Pertz*, Georg Heinrich: Annales aevi Suevici, Hannover 1861 (Monumenta Germaniae Historia. Scriptores (in Folio), Bd. 17: Annales aevi Suevici), S. 381 - 407.

Justinger, Conrad: Die Berner-Chronik, in: *Studer*, Gottlieb (Hg.): Die Berner-Chronik des Conrad Justinger nebst vier Beilagen: 1. Cronica de Berno. 2. Conflictus Laupensis. 3. Die anonyme Stadtchronik oder der Königshofen-Justinger. 4. Anonymus Friburgensis, Bern 1871.

Königshofen, Jacob Twinger von: Chronik, in: Historische Kommission bei der Bayerischen Akademie der Wissenschaften (Hg.): Die Chroniken der deutschen Städte, Leipzig 1862 ff.; Band 8: Straßburg, 1. Teilband, Leipzig 1870, ND Göttingen 1961; Band 9: Straßburg 2. Teilband, Leipzig 1870, ND Göttingen 1961.

Lehmann, Christoph / *Fuchs*, Johann Melchior: Chronica Der Freyen Reichs-Statt Speyer. Darinn von dreyerley fürnemblich gehandelt. Erstlich vom Ursprung, Auffnehmen, Befreyung, Beschaffenheit deß Regiments, Freyheiten, Privilegien, Rechten, Gerechtigkeiten, denckwürdigen Sachen und Geschichten, auch underschiedlichen Kriegen und Belägerungen der Statt Speyr. Zum andern von Anfang und

Auffrichtung deß Teutschen Reichs/ desselben Regierung durch König und Kayser und was es jeder Zeit ins gemein mit demselben und insonders mit den Erbaren Frey und Reichs-Stätten vor Gestalt gehabt. Zum dritten von Anfang und Beschreibung der Bischoffen zu Speyr und deß Speyrischen Bisthumbs, 4. Auflage Frankfurt am Main 1711. (zit: Speyerer Chronik)

Limburger Chronik, in: *Gesellschaft für ältere deutsche Geschichtskunde* (Hg.): Deutsche Chroniken und andere Geschichtsbücher des Mittelalters, 4. Band, 1. Abteilung: Die Limburger Chronik, Dublin / Zürich 1973.

Neuenburg, Matthias: Chronik, in: Historische Kommission bei der Bayerischen Akademie der Wissenschaften (Hg.): Die Chroniken der deutschen Städte, Leipzig 1862 ff.; Band 8: Straßburg, 1. Teilband, Leipzig 1870, ND Göttingen 1961; Band 9: Straßburg 2. Teilband, Leipzig 1870, ND Göttingen 1961; Übersetzung: *Hofmeister*, Adolf (Hg): Die Chronik Mathias von Neuenburg, Berlin 1924 (Monumenta Germaniae Historia. Scriptores Nova Series 4).

Thomas von Wykes: Chronik, in: *Pauli*, Reinhold: Ex rerum Anglicarum scriptoribus saec. XII. et XIII., Hannover 1885 (Monumenta Germaniae Historia. Scriptores (in Folio), Bd. 27), S. 484 - 503.

Viktring, Johann von: Liber certrarum, in: *Schneider*, Fedor: Iohannis abbatis Victoriensis Liber certrarum, Teil 1, Hannover 1909 (Monumenta Germaniae Historia. Scriptores rerum Germanicarum in usum scholarium 36,1).

Vischer, Wilhelm / *Boos*, Hinrich / *Bernoulli*, August: Basler Chroniken, Leipzig 1880 ff. (zitiert: BChr)

Vitoduranus, Iohannis: Chronik, in: *Baethgen*, Friedrich / *Brun*, C. (Hg.): Iohannis Vitodurani. Die Chronik Johannes von Winterthur, 2. Auflage Berlin 1955 (MGH Scriptores Rerum Germanicarum Nova Series 3).

Wurstisen, Christian: Baßler Chronick. Darin[n] alles, was sich in Oberen Teutsche[n] Landen, nicht nur in der Statt vnd Bistumbe Basel, von jhrem Vrsprung her, nach Ordnung der Zeiten ... biß in das gegenwirtige M.D.LXXX Jar, gedenckwirdigs zugetragen. Neuwlich auß vnzalbarlicher menge Scribenten, Briefen, Büchern, Schrifften vnd Verzeichnussen, mit fleiß vnd mühseliger Arbeit, weit her zusamen getragen, o.O. 1580 ND Genf 1978. (zit: *Wurstisen*, Basler Chronik)

Wyttenbach, Joannes Hugo / *Müller*, Michael Franciscus Josephus (Hg.): Gesta Trevirorum integra lectionis varietate et animadversionibus illustra ac indice duplici instructa, 3 Bände Lintz 1836 ff.

Zorn, Friedrich: Wormser Chronik, in: *Arnold*, Wilhelm Christoph Friedrich (Hg.): Die Wormser Chronik von Friedrich Zorn mit den Zusätzen Franz Bertholds von Flersheim, Stuttgart 1857.

II. Sekundärliteratur

Abegg, Julius Friedrich Heinrich: Untersuchungen aus dem Gebiet des Strafrechts, Breslau 1830 / Nachdruck Goldbach 1996 (Bibliothek des deutschen Strafrechts. Meister der Moderne 19).

Abel, Wilhelm: Agrarkrisen und Agrarkonjunktur. Eine Geschichte der Land- und Ernährungswirtschaft Mitteleuropas seit dem Mittelalter, 3. Auflage Hamburg 1978.

Abel, Wilhelm: Wüstungen des ausgehenden Mittelalters, 3. Auflage Stuttgart 1976.

Achter, Viktor: Geburt der Strafe, Frankfurt a.M. 1951.

Adam, Wolfgang: Herrschaftsgefüge und Verfassungsdenken im Reich zur Zeit der Absetzung König Wenzels, Frankfurt a.M. / Bern / Circencester 1980.

Ahlbrecht, Heiko: Geschichte der völkerrechtlichen Strafgerichtsbarkeit im 20. Jahrhundert. Unter besonderer Berücksichtigung der völkerrechtlichen Straftatbestände und der Bemühungen um einen Ständigen Internationalen Strafgerichtshof, Baden-Baden 1999.

Algazi, Gadi: Herrengewalt und Gewalt der Herren im späten Mittelalter. Herrschaft, Gegenseitigkeit und Sprachgebrauch, Frankfurt a.M./New York 1996.

Algazi, Gadi: Otto Brunner: „Konkrete Ordnung" und Sprache der Zeit, in *Schöttler*, Peter (Hg.): Geschichtsschreibung als Legitimationswissenschaft. 1918 - 1945, 2. Auflage Frankfurt am Main 1999.

Algazi, Gadi: Sie würden hinten nach so gail: Vom sozialen Gebrauch der Fehde im späten Mittelalter, in: *Lüdtke*, Alf / *Lindenberger*, Thomas (Hg.): Physische Gewalt. Studien zur Geschichte der Neuzeit, Frankfurt a.M. 1995, S. 39 - 77.

Algazi, Gadi: Violence, mémoire et pouvoir seigneurial à la fin du Moyen Age", in: Actes de la recherche en science sociale 105 (1994), S. 26 - 29.

Alioth, Martin: Gruppen an der Macht. Zünfte und Patriziat in Straßburg im 14. und 15. Jahrhundert. Untersuchungen zu Verfassung, Wirtschaftsgefüge und Sozialstruktur, Frankfurt a.M. 1988.

Allfeld, Philipp: Die Entwicklung des Begriffs Mord bis zur Carolina. Ein rechtsgeschichtlicher Versuch, Erlangen 1877.

Althoff, Gerd: Nunc fiant Christi milites, qui dudum extiterunt raptores. Zur Entstehung von Rittertum und Ritterethos, in: Saeculum 32 (1981), S. 317 - 333.

Althoff, Gerd: Schranken der Gewalt. Wie gewalttätig war das Mittelalter, in: *Brunner*, Horst (Hg.): Der Krieg im Mittelalter und der frühen Neuzeit, Wiesbaden 1999, S. 1 - 24.

Althoff, Gerd: Spielregeln der Politik im Mittelalter. Kommunikation in Frieden und Fehde, Darmstadt 1997.

Althoff, Gerd: Verwandte, Freunde und Getreue. Zum politischen Stellenwert der Gruppenbindung im frühen Mittelalter, Darmstadt 1990.

Althoff, Gerd: Zur Bedeutung symbolischer Kommunikation für das Verständnis des Mittelalters, in: Frühmittelalterliche Studien 31 (1997), S. 370 - 389.

Amann, Konrad: Der oberrheinische Kreis im Wandel, in: *Wüst*, Wolfgang (Hg.): Reichskreis und Territorium: Die Herrschaft über über der Herrschaft? Suprater-ritoriale Tendenzen in Politik, Kultur, Wirtschaft und Gesellschaft. Ein Vergleich süddeutscher Reichskreise, Stuttgart 2000, S. 335 - 347.

Amman, Hektor: Elsässisch-schweizerische Wirtschaftsbeziehungen im Mittelalter, in: Elsaß-Lothringisches Jahrbuch 7 (1928), S. 36 - 61.

Amman, Hektor: Von der Wirtschaftsgeltung des Elsass im Mittelalter, in: Alemannisches Jahrbuch 1955, S. 95 - 202.

Andermann, Kurt: Die Markgrafen von Baden und der Adel im südlichen Ufgau und in der nördlichen Ortenau, in: ZGO 151 (2003), S. 93 - 118.

Andermann, Kurt: Raubritter - Raubfürsten - Raubbürger. Zur Kritik eines untauglichen Begriffs, in: ders. (Hg.): „Raubritter" oder „Rechtschaffene von Adel" ? Aspekte von Politik, Friede und Recht im späten Mittelalter, Sigmaringen 1997, S. 9 - 30.

Andermann, Ulrich: Ritterliche Gewalt und bürgerliche Selbstbehauptung. Untersuchungen zur Kriminalisierung und Bekämpfung des spätmittelalterlichen Raubrittertums am Beispiel norddeutscher Hansestädte, Frankfurt u.a. 1991 (Rechtshistorische Reihe 91).

Angermeier, Heinz: Begriff und Inhalt der Reichsreform, in: ZRG GA 75 (1958), S. 181 - 205.

Angermeier, Heinz: Die Funktion der Einung, in: ZBLG 20 (1957), S. 475 - 507.

Angermeier, Heinz: Herrschaft und Friede in Deutschland unter Kaiser Karl IV., in: *Patze*, Hans (Hg.): Kaiser Karl IV (1316-1378). Forschungen über Kaiser und Reich, Neustadt/Aisch 1978, S. 833 - 845.

Angermeier, Heinz: Königtum und Landfriede im Spätmittelalter, München 1966.

Angermeier, Heinz: Landfriedenspolitik und Landfriedensgesetzgebung unter den Staufern, in: *Fleckenstein*, Josef (Hg.): Probleme um Friedrich II., Siegmaringen 1974 (Vorträge und Forschungen 16), S. 167 - 186.

Angermeier, Heinz: Städtebünde und Landfrieden im deutschen Spätmittelalter, in: Historisches Jahrbuch 76 (1957), S. 34 - 46.

Appelt, Heinrich: Kaisertum, Königtum, Landesherrschaft. Gesammelte Studien zur mittelalterlichen Verfassungsgeschichte, Wien / Köln / Graz 1988 (MIÖG Ergänzungsband 28).

Aristoteles / *Schwarz*, Franz F. (Hg.): Politik. Schriften zur Staatstheorie, Stuttgart 1989.

Arnold, Paul: Histoire secrète de l'Alsace, Paris 1979.

Asche, Erich: Die Landfrieden in Deutschland unter König Wenzel, Greifswald 1914.

Asmus, Herbert: Rechtsprobleme des Fehdewesens. Dargestellt an Hand südhannoverscher Quellen vornehmlich des Archivs der Stadt Göttingen, Diss. Göttingen 1951.

Asmus, Walter: Das Urfehdewesen in Freiburg i.B. von 1275 bis 1520, Diss. (masch.) Freiburg 1923.

Aubin, Hermann: Zur Entwicklung der freien Landgemeinden im Mittelalter. Fehde, Landfriede, Schiedsgericht, in: *Dietrich*, Richard / *Östreich*, Gerhard (Hg.): Forschungen zu Staat und Verfassung. Festgabe für Fritz Hartung, Berlin, 1958, S. 69 - 90.

Bader, Karl Siegfried: Das Schiedsverfahren in Schwaben vom 12. bis zum ausgehenden 16. Jahrhundert, Freiburg i. Br. 1929.

Bader, Karl Siegfried: Der deutsche Südwesten in seiner territorialstaatlichen Entwicklung, Stuttgart 1950.

Bader, Karl Siegfried: Die Entwicklung und Verbreitung der mittelalterlichen Schiedsidee in Südwestdeutschland und in der Schweiz, in: ZSR NF 54 (1935), S. 100 - 125.

Bader, Karl Siegfried: Probleme des Landfriedensschutzes im mittelalterlichen Schwaben, in: Zeitschrift für württembergische Landesgeschichte (ZwürttLG) 3 (1939), S. 1 - 56, auch: *ders.*: Probleme des Landfriedensschutzes im mittelalterlichen Schwaben. Sonderabdruck, Stuttgart 1939.

Bader, Karl Siegfried: Volk, Stamm, Territorium, in: *Kämpf*, Hellmut (Hg.): Herrschaft und Staat im Mittelalter, Darmstadt 1956, S. 243 - 283.

Bader, Karl Siegfried: Arbiter, arbitrator seu amicabilis compositor. Zur Verbreitung einer kanonischen Formel im Gebiet nördlich der Alpen, in: ZRG GA 77 (1960), S. 239 - 276.

Baethgen, Friedrich / *Hampe*, Karl: Deutsche Kaisergeschichte in der Zeit der Salier und Staufer, 11. Auflage Darmstadt 1963.

Bansa, Helmut: Herzog Stephans II. Wirken in Schwaben und ium Elsass 1343 bis 1347, in: Zeitschrift für bayerische Landesgeschichte (ZbayLG) 33 (1970), S. 939 - 968.

Bar, Carl Ludwig von: Geschichte des Deutschen Strafrechts und der Strafrechtstheorien, Berlin 1882 (Handbuch des deutschen Strafrechts 1).

Barth, Médard: Der Rebbau des Elsaß und die Absatzgebiete seiner Weine. Ein geschichtlicher Durchblick, 2 Bände Straßburg 1958.

Bartolus de Saxoferrato: Consilia, tractatus et quaestiones. 1345, Druck o.O. 1536.

Barzen, Rainer: Jüdische Regionalorganisation am Mittelrhein: Der Kehillot SchUM um 1300, in: Cluse, Christoph (Hg.): Europas Juden im Mittelalter, Trier 2004, S. 248 - 258.

Battenberg, Friedrich: Das Hofgerichtssiegel der deutschen Kaiser und Koenige 1235 - 1451. Mit einer Liste der Hofgerichtsurkunden, Köln / Wien 1979.

Battenberg, Friedrich: Die Gerichtsstandsprivilegien der deutschen Kaiser und Könige bis zum Jahre 1451, 2 Bde., Köln/Wien 1983 (Quellen und Forschungen zur höchsten Gerichtsbarkeit im alten Reich 12).

Battenberg, Friedrich: Herrschaft und Verfahren. Politische Prozesse im mittelalterlichen Römisch-Deutschen Reich, Darmstadt 1995.

Battenberg, Friedrich: Reichsacht und Anleite im Spätmittelalter. Ein Beitrag zur Geschichte der höchsten königlichen Gerichtsbarkeit im Alten Reich, besonders im 14. und 15. Jahrhundert, Köln / Wien 1986. (Quellen und Forschungen zur höchsten Gerichtsbarkeit im Alten Reich 18).

Bayer, Wilhelm: Das Recht aus erlaubter eigenmächtiger Pfändung, Diss. Berlin 1899.

Becker, Joseph: Geschichte der Reichslandvogtei im Elsass. Von ihrer Einrichtung bis zu ihrem Übergang an Frankreich (1273-1648), Straßburg 1905.

Becker, Joseph: Geschichte der Reichsvogtei Kaysersberg, in: ZGO NF 17 (1902), S. 90 - 122.

Becker, Joseph: Vorgänge bei der Präsentation eines Reichslandvogtes in den Reichsstädten des Elsass von 1273-1648, in: Jahrbuch für Geschichte, Sprache und Literatur Elsass-Lothringens (JbGEL) 15 (1899), S. 8 - 23.

Becker, Wilhelm: Die Initiative bei der Stiftung des Rheinischen Bundes 1254, phil. Diss. Gießen 1899.

Below, Georg von: Die Landständische Verfassung in Jülich und Berg bis zum Jahre 1511, 3 Bände, Düsseldorf 1885 ff.; Band: 1: Die ständischen Grundlagen. Die Vorläufer der landständischen Verfassung, Düsseldorf 1885.

Berns, Jürgen Karl W.: *Propter communem utilitatem*. Studien zur Bündnispolitik der westfälischen Städte im Spätmittelalter, Düsseldorf 1991.

Bernstein, Thea: Die Geschichte der deutschen Judeneide im Mittelalter,Diss. phil. masch. 1922.

Bertheau, Friedrich: Raubritterfehden und Landfriedensbündnisse im XIII. und XIV. Jahrhundert, in: ArchHztLbg. 6 (1901), S. 75 - 115; 7 (1902), S. 1 ff.

Bertold, Brigitte: Innerstädtische Auseinandersetzungen in Straßburg während des 14. Jh., in: Jahrbuch für die Geschichte des Feudalismus 1 (1977), S. 156 - 186.

Beyerle, Franz: Das Entwicklungsproblem im germanischen Rechtsgang. Sühne, Rache und Preisgabe in ihrer Beziehung zum Strafprozess der Volksrechte, Heidelberg 1915 (Deutschrechtliche Beiträge 10,2).

Beyerle, Franz: Der Anteil des Elsaß am Sieg der deutschen Stadtfreiheit, in: Oberrheinische Heimat 27 (1940), S. 289 - 308.

Bielfeldt, Erich: Der Rheinische Bund von 1254. Ein erster Versuch einer Reichsreform, Berlin 1937.

Biller, Thomas / *Metz*, Bernhard: Der frühe gotische Burgenbau im Elsaß. (1250 - 1300), München 1995.

Bischoff, Georges: Recherches sur la puissance temporelle de l'abbaye de Murbach, 1229-1526, Straßburg 1975.

Blauert, Andreas: Das Urfehdewesen im deutschen Südwesten im Spätmittelalter und in der frühen Neuzeit, Tübingen 2000 (Frühneuzeit-Forschungen 7).

Blickle, Peter: Unruhen in der ständischen Gesellschaft 1300-1800, München 1988.

Blum, Otto: Geschichte des Zollwesens der Stadt Strassburg im Mittelalter, Freiburg i. Br. 1923.

Böcher, Otto: Der Judeneid, in: Evangelische Theologie 30 (1970), S. 671 - 681.

Bock, Ernst: Landfriedenseinungen und Städtebünde am Oberrhein, ZGO NF 46 (1933), S. 321 - 372.

Böckenförde, Ernst-Wolfgang: Die deutsche verfassungsgeschichtliche Forschung im 19. Jahrhundert. Zeitgebundene Fragestellungen und Leitbilder, Berlin 1961 (Schriften zur Verfassungsgeschichte 1).

Böhlau, Hugo: Nove constitutiones domini Alberti. Das ist der Landfriede vom Jahre 1235. Mit der Glosse des Nicolaus Wurm, Weimar 1858.

Bönnen, Gerold: Worms: Die Juden zwischen Stadt, Bischof und Reich, in: *Cluse*, Christoph (Hg.): Europas Juden im Mittelalter, Trier 2004, S. 432 - 442.

Boockmann, Andrea: Urfehde und ewige Gefangenschaft im mittelalterlichen Göttingen, Göttingen 1980.

Boockmann, Hartmut: Mittelalterliches Recht bei Kleist. Ein Beitrag zum Verständnis des „Michael Kohlhaas", in: Kleist-Jahrbuch 1985, S. 84 - 108.

Boretius, Alfredus Edwinus: De Iure Bellorum Privatorum Ex Legibus Imperii Romano-Germanici. Commentatio Inauguralis, Halle 1858.

Bork, Ruth: Zur Politik der Zentralgewalt gegenüber den Juden im Kampf Ludwig des Bayern um das Reichsrecht und Karls IV. um die Durchsetzung seines Königtums bis 1349, in: *Engel*, Evamaria (Hg.): Karl IV. Politik und Ideologie im 14. Jahrhundert, Weimar 1982, S. 30 - 73.

Borries, E.: Das Straßburger Geschelle von 1332, in: Jahrbuch für Geschichte, Sprache und Literatur Elsass-Lothringens (JbGEL) 31 (1915), S. 53 - 74.

Borst, Arno: Das Rittertum im Hochmittelalter. Ideen und Wirklichkeit, in: Saeculum 10 (1959), S. 213 - 231.

Bostelmann, Dirk: Städtische Friedenswahrung in Norddeutschland im 13. und 14. Jahrhundert. Forschungsansätze und Möglichkeiten, in: *Kopitzsch*, Franklin (Hg.): Studien zur Sozialgeschichte des Mittelalters und der frühen Neuzeit, Hamburg 1977, S. 274 - 282

Bott, Rudolf: Die Kriegszüge der englisch-französischen Goldkompagnien nach dem Elsaß und der Schweiz unter der Regierung Kaiser Karls IV., Halle 1891.

Brandt, Rüdiger: Enklaven - Exklaven. Zur literarischen Darstellung von Öffentlichkeit und Nichtöffentlichkeit im Mittelalter. Interpretationen, Motiv- und Terminologiestudien, München 1993.

Brierly, James Leslie: Die Zukunft des Völkerrechts, Zürich 1947.

Brock, J.: Die Entstehung des Fehderechts im deutschen Reiche des Mittelalters, in: Programm des königlichen Marien-Gymnasiums zu Posen für das Schuljahr 1886/87, Posen 1887, S. 1 - 35.

Brunner, Heinrich: Deutsche Rechtsgeschichte, Bd. 1: Die germanische Zeit, 1. Auflage München / Leipzig 1887. (Systematisches Handbuch der deutschen Rechtswissenschaft : 2 ; 1)

Brunner, Heinrich: Forschungen zur Geschichte des deutschen und französsichen Rechtes, Stuttgart 1894, S. 647

Brunner, Heinrich: Grundzüge der deutschen Rechtsgeschichte, 4. Auflage Leipzig 1910.

Brunner, Horst: Bilder vom Krieg in der deutschen Literatur des Mittelalters und der Frühen Neuzeit, in: *Rödel*, Dieter / *Schneider*, Joachim (Hg.): Strukturen der Gesellschaft im Mittelalter. Interdisziplinäre Mediävistik in Würzburg, Würzburg 1996, S. 101 - 114.

Brunner, Otto: Bemerkungen zu den Begriffen „Herrschaft" und „Legitimität", in: *ders.*: Neue Wege der Verfassungs- und Sozialgeschichte, 2. Auflage 1968, S. 64 - 79.

Brunner, Otto: Land und Herrschaft. Grundfragen der territorialen Verfassungsgeschichte Österreichs im Mittelalter, 4., veränderte Auflage Wien/Wiesbaden 1959.

Brunner, Otto: Moderner Verfassungsbegriff und mittelalterliche Verfassungsgeschichte, in: *Kämpf*, Hellmut (Hg.): Herrschaft und Staat im Mittelalter, Darmstadt 1956, S. 1 - 19.

Burg, André Marcel: Histoire de l'église d'Alsace, 1946.

Burger, Gerhart: Die südwestdeutschen Stadtschreiber im Mittelalter, Böblingen 1960.

Burghartz, Susanna: Disziplinierung oder Konfliktregelung? Zur Funktion städtischer Gerichte im Spätmittelalter: Das Züricher Ratsgericht, in: ZHF 16 (1989), S. 385 - 407.

Buschmann, Arno: Der Rheinische Bund von 1254-1257. Landfriede, Städte, Fürsten und Reichsverfassung im 13. Jahrhundert, in: *Maurer*, Helmut (Hg.): Kommunale Bündnisse Oberitaliens und Oberdeutschlands im Vergleich, Sigmaringen 1987 (Vorträge und Forschungen 33), S. 167 - 212.

Buschmann, Arno: Landfriede und Landfriedensordnung im Hoch- und Spätmittelalter. Zur Struktur des mittelalterlichen Landfriedensrechts, in: *Buschmann*, Arno /

Wadle, Elmar (Hg.): Landfrieden. Anspruch und Wirklichkeit, Paderborn u.a. 2002, S. 95 - 122.

Buschmann, Arno: Landfriede und Verfassung, in: *Mayer-Maly*, Dorothea (Hg.): Aus Österreichs Rechtsleben in Geschichte und Gegenwart. Festschrift für Ernst C. Hellbling, Berlin 1981, S. 449 ff.

Buschmann, Arno: Landfriedensrecht in der Praxis, in: *ders.* (Hg.): Landfrieden. Anspruch und Wirklichkeit, Paderborn 2002, S. 73 - 94.

Buschmann, Arno: Mainzer Reichslandfriede und Konstitutionen von Melfi. Studien zur staufischen Verfassungsgesetzgebung und Verfassungspolitik im 13. Jahrhundert, in: *ders.* u.a. (Hg.): Festschrift für Rudolf Gmür zum 70. Geburtstag, 28. Juli 1983, Bielefeld 1983, S. 369 - 381.

Buschmann, Arno: Zum Textproblem des Mainzer Reichslandfriedens von 1235, in: *Thümmel*, Hans-Wolf (Hg.): Arbeiten zur Rechtsgeschichte. Festschrift für Gustaf Klemens Schmelzeisen, Stuttgart 1980, S. 25 - 46.

Busson, Arnold: Zur Geschichte des großen Landfriedensbundes deutscher Städte 1254, Innsbruck 1874.

Büttner, Heinrich: Geschichte des Elsaß, 1940.

Buyken, Thea: Das römische Recht in den Constitutionen von Melfi, Köln/Opladen 1960.

Cahn, Julius: Der Rappenmünzbund, Heidelberg 1901.

Cahn, Julius: Münz- und Geldgeschichte von Strassburg, Straßburg, 1895.

Caspar, Carl Johannes: Darstellung des strafrechtlichen Inhalts des Schwabenspiegels und des Augsburger Stadt-Rechts, Diss. jur. Berlin 1892.

Clark, Grenville / *Sohn*, Louis B.: Frieden durch ein neues Weltrecht. Die notwendige Umgestaltung der Vereinten Nationen, Frankfurt a. M. 1961.

Coing, Helmut: Römisches Recht in Deutschland, Mailand 1964 (Ius Romanum medii aevi. Auspice Collegio Antiqui Iuris Studiis Provehendis 5,6).

Colorni, Vittore: Die drei verschollenen Gesetze des Reichstages bei Roncaglia wieder aufgefunden in einer Pariser Handschrift (Bibl. Nat. Cod. Lat. 4677), Aalen 1969 (Untersuchungen zur deutschen Staats- und Rechtsgeschichte NF 12).

Conrad, Hermann: Besprechung von: Syntagma Friburgense, ZRG GA 75 (1958), S. 393 - 401.

Conrad, Hermann: Deutsche Rechtsgeschichte (DRG). Ein Lehrbuch. 2 Bände, Karlsruhe 1954 ff.; Bd. 1: Frühzeit und Mittelalter, 2. Auflage Karlsruhe1962.

Cordes, Albrecht: Stuben und Stubengesellschaften. Zur dörflichen und kleinstädtischen Verfassungsgeschichte am Oberrhein und in der Nordschweiz, Stuttgart/Jena/New York 1993.

Cram, Kurt-Georg: Judicum Belli. Zum Rechtscharakter des Krieges im deutschen Mittelalter, Münster / Köln 1955.

Crößmann, Klaus: Sühneverträge der Stadt Frankfurt mit ihren Fehdegegnern. Untersucht und dargestellt anhand von Urkunden des 14. und 15. Jh. aus dem Frankfurter Stadtarchiv, Diss. Frankfurt 1964.

Czok, Karl: Die Bürgerkämpfe in Süd- und Westdeutschland im 14. Jahrhundert, in: *Haase*, Carl (Hg.): Die Stadt des Mittelalters, Band 3, Darmstadt 1976, S. 303 ff.

Czok, Karl: Städtebünde und Zunftkämpfe in ihren Beziehungen während des 14. und 15. Jahrhunderts mit besonderer Berücksichtigung der Verhältnisse in der Oberlausitz, Leipzig 1957.

Czok, Karl: Zur Volksbewegung in den deutschen Städten des 14. Jahrhunderts. Bürgerkämpfe und antikuriale Opposition, in: *Engelmann*, Erika (Hg.): Städtische Volksbewegungen im 14. Jahrhundert, Berlin 1960, S. 157 - 169.

Deicke, Ernst: Der Landfrieden von Eger, Halle 1911.

Deus, Wolf-Herbert: Die Soester Fehde, Soest 1949.

Dickmann, Fritz: Friedensrecht und Friedenssicherung. Studien zum Friedensproblem in der neueren Geschichte, Göttingen 1971.

Diehl, Adolf: Gemeiner Nutzen im Mittelalter, in: Zeitschrift für württembergische Landesgeschichte (ZwürttLG) 1 (1937), S. 296 - 315.

Dießelhorst, Malte / *Duncker*, Arne: Hans Kohlhase. Die Geschichte einer Fehde in Sachsen und Brandenburg zur Zeit der Reformation,Frankfurt a.M. u.a. 1999 (Rechtshistorische Reihe 201).

Diestelkamp, Bernhard: Königsferne Regionen und Königsgerichtsbarkeit im 15. Jahrhundert, in: *Köbler*, Gerhard / *Nehlsen*, Hermann (Hg.): Wirkungen europäischer Rechtskultur. Festschrift für Karl Kroeschell zum 70. Geburtstag, München 1997, S. 151 - 162.

Diestelkamp, Bernhard: Reichsweistümer als normative Quellen?, in: *Classen*, Peter (Hg.): Recht und Schrift im Mittelalter, Sigmaringen 1977 (Vorträge und Forschungen 23), S. 281 - 310.

Diestelkamp, Bernhard: Verwissenschaftlichung, Bürokratisierung, Professionalisierung und Verfahrensintensivierung als Merkmale frühneuzeitlicher Rechtsprechung, in: Scheuermann, Inge (Hg.): Friede durch recht. Das Reichskammergericht von 1495 bis 1806, Mainz 1994, S. 110 - 117.

Dilcher, Gerhard: Bürgerliche Vergemeinschaftung und friedenswahrende Verrechtlichung. Die Geschichte der mittelalterlichen Stadt als historisches Experiment, in: *Calließ*, Jörg (Hg.): Wodurch und wie konstituiert sich Frieden? Das zivilisatorische Hexagon auf dem Prüfstand. Dokumentation einer Tagung der Evangelischen Akademie Loccum vom 13. - 15.12.1996. Loccumer Protokolle 74/ 96, Loccum 1997, S. 39 - 52.

Dilcher, Gerhard: Die stadtbürgerliche Gesellschaft und die Verrechtlichung der Lebensbeziehungen im Wandlungsprozess zwischen Mittelalter und Neuzeit, in: *Boockmann*, Hartmut u.a. (Hg.): Recht und Verfassung im Übergang vom Mittelalter zur Neuzeit, 1. Teil, Göttingen 1998, S. 93 - 114.

Dilcher, Gerhard: Friede durch Recht, in: *Fried*, Johannes (Hg.): Träger und Instrumentarien des Friedens im hohen und späten Mittelalter, Sigmaringen 1996 (Vorträge und Forschungen 43), S. 203 - 227.

Dilcher, Gerhard: Gewalt, Friede und Recht - in der mittelalterlichen Stadt und außerhalb, in: *Dorn*, Franz / *Schröder*, Jan (Hg.): Festschrift für Gerd Kleinheyer zum 70. Geburtstag, Heidelberg 2001, S. 95 - 106.

Dilcher, Gerhard: Gewalt, Sicherheit und Friede im mittelalterlichen Europa, in: *Kunz*, Karl-Ludwig / *Moser*, Rupert (Hg.): Innere Sicherheit und Lebensängste, Bern/Suttgart/Wien 1997 (Berner Universitätsschriften Band 42), S. 209 - 228.

Dirlmeier, Ulf: Untersuchungen zu Einkommensverhältnissen und Lebenshaltungskosten in oberdeutschen Städten des Spätmittelalters, Heidelberg 1978.

Distler, Eva-Marie: Städtebünde im deutschen Spätmittelalter. Eine rechtshistorische Untersuchung zu Begriff, Verfassung und Funktion, Frankfurt a.M. 2006 (Studien zur europäischen Rechtsgeschichte 207).

Doblinger, Max: Die Herren von Waldsee. Ein Beitrag zur österreichischen Adelsgeschichte, in: Archiv für österreichische Geschichte 95 (1906), S. 235 - 578.

Dollinger, Philippe: Histoire de l'Alsace, 1970.

Dollinger, Philippe: L'émancipation de la ville et la domination du patriciat (1200- 1349), in: *Livet*, Georges / *Rapp*, Francis (Hg.): Histoire de Strasbourg des origines à nos jours, Bd. 2: Strasbourg des grandes invasions au XVIe siècle, Straßburg 1981, S. 39 - 95.

Domsta, Hans J.: Die Kölner Außenbürger. Untersuchungen zur Politik und Verfassungsgeschichte der Stadt Köln von der Mitte des 13. bis zur Mitte des 16. Jh., phil. Diss., Bonn 1973.

Dopsch, Heinz: Landfrieden und Landesherrschaft. Beispiele aus dem Alpen- und Donauraum, in: Buschmann, Arno / Wadle, Elmar (Hg.): Landfrieden. Anspruch und Wirklichkeit, Paderborn u.a. 2002, S. 153 - 184.

Dotzauer, Winfried : Die deutschen Reichskreise (1383 - 1806). Geschichte und Aktenedition, Stuttgart 1998.

Dotzauer, Winfried: Der oberrheinische Kreis, in: Hartmann, Peter Claus (Hg.): Regionen in der Frühen Neuzeit. Reichskreise im deutschen Reich, Provinzen in der Frankreich, Regionen unter polnischer Oberhoheit. Ein Vergleich ihrer Strukturen, Funktionen und ihrer Bedeutung, Berlin 1994, S. 97 - 125.

Dreyfus, François-Georges: Historie de l'Alsace, Colmar 1979.

Du Prel: Beiträge zur Landesgeschichte, in: Statistisches Bureau des Ministeriums für Elsass-Lothringen (Hg.): Das Reichsland Elsass-Lothringen. Landes- und Ortsbeschreibungen, 3 Bände Straßburg 1898 ff., Band 1: Erster Theil: Allgemeine Landesbeschreibung, Straßburg 1898, S. 250 -335.

Ebel, Wilhelm: Der Bürgereid als Geltungsgrund und Gestaltungsprinzip des deutschen mittelalterlichen Stadtrechts, Weimar 1958.

Ebel, Wilhelm: Die Rostocker Urfehden. Untersuchungen zur Geschichte des deutschen Strafrechts, Rostock 1938 (Veroeffentlichungen aus dem Stadtarchiv der Seestadt Rostock 1).

Ebel, Wilhelm: Die Willkür. Eine Studie zu den Denkformen des älteren deutschen Rechts, Göttingen 1953.

Ebel, Wilhelm: Geschichte der Gesetzgebung in Deutschland, 2. Auflage Göttingen 1958 (Göttinger rechtswissenschaftliche Studien 24).

Ebel, Wilhelm: Hansisches Recht, Göttingen 1949.

Eberhard, Winfried: „Gemeiner Nutzen" als oppositionelle Leitvorstellung im Spätmittelalter, in: *Gerwig*, Manfred / *Ruppert*, Godehard (Hg.): Renovatio et reformatio. Wider das Bild vom „finsteren Mittelalter". Festschrift für Ludwig Hödl zum 60. Geburtstag, Münster 1985, S. 195 - 214.

Eberhard, Winfried: Der Legitimationsbegriff des „Gemeinen Nutzens" im Streit zwischen Herrschaft und Genossenschaft im Spätmittelalter, in: *Fichte*, Jörg O. u.a. (Hg.): Zusammenhänge, Einflüsse, Wirkungen. Kongreßakten zum ersten Symposium des Mediaevistenverbandes in Tübingen 1984, Berlin/New York 1986, S. 241 ff.

Eckhardt, Karl August: Rechtsbücherstudien, Berlin 1927 ff.; Bd. 2: Die Entstehungszeit des Sachsenspiegels und der sächsischen Weltchronik. Beiträge zur Verfassungsgeschichte des 13. Jahrhunderts, Berlin 1931.

Eggert, Udo: Studien zur Geschichte der Landfrieden, Göttingen 1875.

Eichhorn, Karl Friedrich: Deutsche Staats- und Rechtsgeschichte, 4 Bände, 5. Auflage Göttingen 1843 ff.

Eichmann, Eduard: Acht und Bann im Reichsrecht des Mittelalters, Paderborn 1909 (Görres-Gesellschaft zur Pflege der Wissenschaft im katholischen Deutschland. Sektion für Rechts- und Sozialwissenschaft 6).

Eitel, Peter: Die oberschwäbischen Reichsstädte im Zeitalter der Zunftherrschaft. Untersuchungen zu ihrer politischen und sozialen Struktur unter besonderer Berücksichtigung der Städte Lindau, Memmingen, Ravensburg und Überlingen, phil. Diss, Stuttgart 1970.

Elias, Norbert: Über den Prozeß der Zivilisation. Soziogenetische und psychogenetische Untersuchungen, 2 Bände Frankfurt am Main 1969 ff., Band 2: Wandlungen der Gesellschaft. Entwurf zu einer Theorie der Zivilisation, Frankfurt am Main 1976 (Suhrkamp-Taschenbuch Wissenschaft 159).

Elsener, Ferdinand: Zur Geschichte des Majoritätsprinzips, in: ZRG KA 73 (1956), S. 73 ff.

Engel, Evamaria / *Töpfer*, Bernhard: Vom staufischen Imperium zum Hausmachtkönigtum. Deutsche Geschichte vom Wormser Konkordat bis zur Doppelwahl von 1313, Weimar 1976.

Engel, Evamaria: Städtebünde im Reich 1226-1314 - eine vergleichende Betrachtung, in: *Fritze*, Konrad (Hg.): Hansische Studien, Band 3, Weimar 1975 (Abhandlungen zur Handels- und Sozialgeschichte Bd. 15), S. 177 - 209.

Ennen, Edith: Der Stadtfriede - ein Wegbereiter öffentlicher Friedenswahrung, in: *Feldkirchen*, Wilfried / *Schöner-Röhlk*, Frauke / *Schulz*, Günther (Hg.): Wirtschaft, Gesellschaft, Unternehmen. Festschrift für Hans Pohl zum 60. Geburtstag, 2. Teilband, Stuttgart 1995, S. 541 - 551.

Epperlein, Siegfried: Städtebünde und Feudalgewalten im 13. Jahrhundert. Die Beziehungen der in Bünden und Landfrieden vereinten Städte zu fürstlichen Gewalten und dem deutschen Königtum, in: ZfG 20 (1972), S. 695 - 718.

Erkens, Franz-Reiner (Hg.): Die Sakralität von Herrschaft - Herrschaftslegitimierung im Wechsel der Zeiten und Räume. Fünfzehn interdisziplinäre Beiträge zu einem weltweiten und epochenübergreifenden Phänomen, Berlin 2002.

Erkens, Franz-Reiner: Siegfried von Westerburg (1274-1279). Die Reichs- und Territorialpolitik eines Kölner Erzbischofs im ausgehenden 13. Jahrhundert, Bonn 1982.

Erkens, Franz-Reiner: Zwischen staufischer Tradition und dynastischer Orientierung: Das Königtum Rudolfs von Habsburg, in: Boshof, Egon / Erkens, Franz-Reiner: Rudolf von Habsburg. 1273-1291. Eine Königsherrschaft zwischen Tradition und Wandel, Köln / Weimar / Wien 1993, S. 33 - 58.

Erler, Adalbert / *Kaufmann*, Eckehard (Hg.): Handwörterbuch zu deutschen Rechtsgeschichte (HRG), 6 Bände Berlin 1971 ff.

Erler, Adalbert: Der Loskauf Gefangener. Ein Rechtsproblem seit drei Jahrtausenden, Berlin 1978.

Eyer, Fritz: Beiträge zur Kenntnis der Wüstungen im Unterelsass. Waltorff, Ruckersheim, Laubach, Wiesentowe, Alt-Betbur, Itter, in: Jahrbuch der Elsass-Lothringischen Wissenschaftlichen Gesellschaft zu Straßburg (JbELWG) 8 (1935), S. 124 - 136

Eyer, Fritz: Die Landgrafschaft im unteren Elsass, in: ZGO 117 (1969), S. 161 - 178.

Eyer, Fritz: Die Landgrafschaft im unteren Elsass, in: *Schäfer*, Alfons (Hg.): Oberrheinische Studien, Bretten 1970 (Oberrheinische Studien 1), S. 161 - 178.

Fahlbusch, Friedrich Bernward: Städte und Königtum im frühen 15. Jahrhundert. Ein Beitrag zur Geschichte Sigmunds von Luxemburg, Köln / Wien 1983 (Städteforschung A 17).

Faulstich, Werner: Medien und Öffentlichkeit im Mittelalter. 800-1400, Göttingen 1996.

Fehn-Claus, Janine: Erste Ansätze einer Typologie der Fehdegründe, in: *Brunner*, Horst (Hg.): Der Krieg im Mittelalter und der frühen Neuzeit, Wiesbaden 1999, S. 93 - 138.

Fehr, Hans: Das Waffenrecht der Bauern im Mittelalter, (1. Teil), in: ZRG GA 35 (1914), S. 111 - 211.

Fehr, Hans: Das Waffenrecht der Bauern im Mittelalter, 2. Teil: Das Waffenrecht in den landesherrlichen Gebieten, in: ZRG GA 38 (1917), S. 1 - 117.

Fehr, Hans: Deutsche Rechtsgeschichte, Berlin/Leipzig, 6. Auflage Berlin 1962.

Feine, Hans Erich: Die kaiserlichen Landgerichte in Schwaben im Spätmittelalter, in: ZRG GA 66 (1948), S. 148 - 235.

Feine, Hans Erich: Die Territorienbildung der Habsburger im deutschen Südwesten, in: ZRG GA 67 (1950), S. 176 - 308.

Feller-Vest, Veronika: Die Herren von Hattstatt. Rechtliche, wirtschaftliche und kulturgeschichtliche Aspekte einer Adelsherrschaft. 13. bis 16. Jahrhundert, Bern / Frankfurt am Main 1982.

Fichtenau, Heinrich: Arenga. Spätantike und Mittelalter im Spiegel von Urkundenformeln, Graz 1957 (Mitteilungen des Instituts für Österreichische Geschichtsforschung. Ergänzungsband 18).

Finkenauer, Thomas: Eigentum und Zeitablauf. Das dominium sine re im Grundstücksrecht. Zugleich ein Beitrag zur Entstehungsgeschichte des BGB, Berlin 2000.

Fischer, Ernst: Die Landfriedensverfassung unter Karl IV., Göttingen 1883.

Fischer, Ernst:Die Hauszerstörung als strafrechtliche Maßnahme im deutschen Mittelalter, Stuttgart 1957.

Fleckenstein, Josef: Rittertum zwischen Krieg und Frieden, in: Fried, Johannes (Hg.): Träger und Instrumentarien des Friedens im hohen und späten Mittelalter, Sigmaringen 1996 (Vorträge und Forschungen 43), S. 151 - 168.

Förstemann, Ernst Günther: Die christlichen Geißlergesellschaften, Halle 1828.

Franck, Wilhelm: Die Landgrafschaften des heiligen römischen Reichs, Braunschweig 1873.

Frauenstädt, Paul: Blutrache und Totschlagsühne im Deutschen Mittelalter, Leipzig 1881.

Frey, Beat: Pater Bohemiae - vitricus Imperii. Böhmens Vater, Stiefvater des Reichs. Kaiser Karl IV. in der Geschichtsschreibung, Bern 1978 (Geist und Werk der Zeiten 53).

Freytag, Gustav: Bilder aus der deutschen Vergangenheit, Band 1: Aus dem Mittelalter, Berlin 1927.

Fricke, H.: Reichsvikare, Reichsregenten und Reichsstatthalter des deutschen Mittelalters, Diss. Göttingen 1949.

Fried, Pankraz: Zur staatsbildenden Funktion der Landfrieden im frühen bayerischen Territorialstaat, in: *Albrecht*, Dieter / *Kraus*, Andreas / *Reindel*, Kurt (Hg.): Festschrift für Max Spindler zum 75. Geburtstag, München 1969, S. 283 - 306.

Friese, Victor: Das Strafrecht des Sachsenspiegels, Breslau 1898.

Fritze, K.: Die krisenhaften Erscheinungen in der Agrarsphäre und die Verschärfung des bäuerlichen Widerstandes, in: *Engel*, Evamaria u.a. (Hg.): Die entfaltete Feudalgesellschaft von der Mitte des 11. bis zu den siebziger Jahren des 15. Jahrhunderts, Köln 1983, S. 306 - 315. (Deutsche Geschichte in 12 Bänden 2).

Füchtner, Jörg: Die Bündnisse der Bodenseestädte bis zum Jahre 1390. ein Beitrag zur Geschichte des Einungswesens, Diss. phil. Göttingen 1970 (Veröffentlichungen des Max-Planck-Instituts für Geschichte 8).

Fuhr, Ludwig: Zur Entstehung und rechtlichen Bedeutung der mittelalterlichen Formel „Ane Argeliste unde Geverde", Diss. Jur. Frankfurt a.M. 1962.

Fürderer, Bettina: Die Bündnispolitik der Stadt Straßburg in der zweiten Hälfte des 14. Jahrhunderts, in: ZGO 153 (2005), S. 277 - 292.

Galtung, Johan: Friede und Gewaltstruktur, in: *Haftendorn*, Helga (Hg.): Theorie der Internationalen Politik. Gegenstand und Methoden der Internationalen Beziehungen, Hamburg 1975, S. 114 - 130.

Galtung, Johan: Frieden mit friedlichen Mitteln. Friede und Konflikt, Entwicklung und Kultur. Aus dem Englischen übersetzt von Hajo Schmidt, Opladen 1998 (Friedens- und Konfliktforschung 4).

Gasser, Adolf: Entstehung und Ausbildung der Landeshoheit im Gebiet der Schweizerischen Eidgenossenschaft, Aarau / Leipzig 1930.

Geffcken, Heinrich: Die Krone und das niedere deutsche Reichskirchengut unter Friedrich II., Jena 1890.

Gergen, Thomas: Pratique juridique de la paix et trêve de Dieu à partir du concile de Charroux (989-1250). Juristische Praxis der Pax und Treuga Dei ausgehend vom Konzil von Charroux (989-1250, Frankfurt a.M. u.a. 2004.

Gerlich, Alois: Studien zur Landfriedenspolitik König Rudolfs von Habsburg, Mainz 1963 (zugleich: Institut für Geschichtliche Landeskunde an der Universität Mainz: Jahresgabe 1963).

Gerlich, Alois: Habsburg - Luxemburg - Wittelsbach im Kampf um die deutsche Königskrone. Studien zur Vorgeschichte des Königtums Ruprechts von der Pfalz, Wiesbaden 1960.

Gernhuber, Joachim: Die Landfriedensbewegung in Deutschland bis zum Mainzer Reichslandfrieden von 1235, Bonn 1952.

Gernhuber, Joachim: Staat und Landfriede, in: Receuils Société Bodin pour l'Histoire Comparative des Institutions XV. La Paix, Bd. 2, S. 27 - 77.

Gierke, Otto von: Das deutsche Genossenschaftsrecht, 3 Bände, Graz 1868 ff.; Band 1: Rechtsgeschichte der deutschen Genossenschaft, Graz 1868; Band 2: Geschichte des deutschen Körperschaftsbegriffs, Graz 1873.

Gierke, Otto von: Schuld und Haftung im älteren deutschen Recht. Insbesondere die Form der Schuld- und Haftungsgeschäfte, Breslau 1910 (Untersuchungen zur Deutschen Staats- und Rechtsgeschichte 100).

Ginsburger, Moses: La première communauté israélite de Colmar, in: ColmarerJb 4 (1938), S. 63 - 74.

Glitsch, Heinrich: Zum Strafrecht des Züricher Richtebriefs, in: ZRG GA 38 (1917), S. 203 - 268.

Goecke, Rudolf: Die Anfänge der Landfriedensaufrichtungen in Deutschland, Diss. phil. Göttingen 1875.

Goerlitz, Theodor: Die Haftung des Bürgers und Einwohners für Schulden der Stadt und ihrer Bewohner nach Magdeburger Recht, in: ZRG GA 56 (1936), S. 150 - 177.

Goethe, Johann Wolfgang von: Dichtung und Wahrheit, Ditzingen 1998.

Goetz, Hans-Werner: Die Gottesfriedensbewegung im Licht neuerer Forschungen, in: *Buschmann*, Arno / *Wadle*, Elmar (Hg.): Landfrieden. Anspruch und Wirklichkeit, Paderborn u.a. 2002, S. 31 - 54.

Goetz, Hans-Werner: Gottesfrieden und Gemeindebildung, in: ZRG GA 105 (1988), S. 122 - 144.

Gönnenwein, Otto: Das Stapel- und Niederlagsrecht, Weimar 1939.

Görner, Regina: Raubritter. Untersuchungen zur Lage des spätmittelalterlichen Niederadels, besonders im südlichen Westfalen, Münster 1987.

Gössgen, Carl: Die Beziehungen König Rudolfs von Habsburg zum Elsass, Straßburg 1899.

Gottlob, Theodor: Die Offiziale des Bistums Basel im Mittelalter, in: ZRG KA 38 (1952), S. 113 - 157.

Göttmann, Frank: Götz von Berlichingen - überlebter Strauchritter oder moderner Raubunternehmer, in: Jahrbuch für fränkische Landesforschung (JfL) 46 (1986), S. 83 - 98.

Graevenitz, Christel Maria von: Die Landfriedenspolitik Rudolfs von Habsburg (1273-1291) am Niederrhein und in Westfalen, Köln / Weimar / Wien 2003.

Grant, John P.: The Lockerbie trial. A documentary history, Dobbs Ferry 2004.

Graus, František: Gewalt und Recht im Verständnis des Mittelalters. Antrittsvorlesung gehalten am 21.5.1973, Basel / Suttgart 1974 (Basler Beiträge zur Geschichtswissenschaft 134).

Graus, František: Pest - Geissler - Judenmorde. Das 14. Jahrhundert als Krisenzeit, 3. Auflage Göttingen 1994.

Grewe, Wilhelm G.: Friede durch Recht? Vortrag gehalten vor der Juristischen Gesellschaft zu Berlin am 23.Januar 1985, Berlin / New York 1985.

Grewe, Wilhelm G.: Epochen der Völkerrechtsgeschichte, 2. Auflage Baden-Baden 1988.

Grimm, Jacob: Deutsche Rechtsalterthümer, Göttingen 1828.

Grubmüller, Klaus: „Fride“ in der deutschen Literatur des Mittelalters. Eine Skizze, in: *Fried*, Johannes (Hg.): Träger und Instrumentarien des Friedens im hohen und späten Mittelalter, Sigmaringen 1996 (Vorträge und Forschungen 43), S. 17 - 36.

Gwinner, Heinrich: Der Einfluß des Standes im gemeinen Strafrecht, Breslau/Neukirch 1934.

Habsburg, Otto von: Karl IV. Ein Europäischer Friedensfürst, München / Wien 1978.

Haferlach, A.: Das Geleitwesen der deutschen Städte im Mittelalter, in: Hansische Geschichtsblätter 41 (1914), S. 1 - 172.

Hagemann, Hans-Rudolf: Basler Rechtsleben im Mittelalter. 2 Bände, Basel / Frankfurt am Main 1981 ff.

Hagemann, Hans-Rudolf: Der Landfrieden im Spiegel zweier Konsilien aus dem 16. Jahrhundert, in: *Köbler*, Gerhard / *Nehlsen*, Hermann (Hg.): Wirkungen europäischer Rechtskultur. Festschrift für Karl Kroeschell zum 70. Geburtstag, München 1997, S. 309 - 325.

Hagemann, Hans-Rudolf: Vom Verbrechenskatalog des altdeutschen Strafrechts, in: ZRG GA 91 (1974), S. 1 - 72.

Hageneder, Othmar Die geistliche Gerichtsbarkeit in Ober- und Niederösterreich. Von den Anfängen bis zum Beginn des 15. Jahrhunderts, Graz / Wien / Köln 1967. (Forschungen zur Geschichte Oberösterreichs 10)

Hagenlocher, Albrecht: Der *guote vride*. Idealer Friede in der deutschen Literatur bis ins frühe 14. Jahrhundert, Berlin / New York 1992.

Hanauer, Charles Auguste: Les paysans de l'Alsace au Moyen Age. Etude sur les cours colongères de l'Alsace, Strasbourg 1863.

Haselier, Günther: Geschichte der Stadt Breisach am Rhein, 3 Bände, Breisach 1969 ff.

Hattenhauer, Hans: „Minne und recht“ als Ordnungsprinzipien des mittelalterlichen Rechts, in: ZRG 80 (1963), S. 325 - 344.

Hattenhauer, Hans: Die Bedeutung der Gottes- und Landfrieden für die Gesetzgebung in Deutschland, Diss. jur. Marburg 1960.

Hattenhauer, Hans: Pax et iustitia, Hamburg 1983.

Haumann, Heiko / *Schadeck*, Hans: Geschichte der Stadt Freiburg im Breisgau, Bd. 1.: Von den Anfängen bis zum „Neuen Stadtrecht“ von 1520, 2. Auflage Stuttgart 2001.

Hauptmeyer, Carl-Hans: Probleme des Patriziats der oberdeutschen Städte vom 14.-16. Jahrhundert, in: ZbayLG 40 (1977), S. 37 - 56.

Haverkamp, Alfred: „Innerstädtische Auseinandersetzungen“ und überlokale Zusammenhänge in den deutschen Städten während der ersten Hälfte des 14. Jahrhunderts, in: *Elze*, Reinhard / *Fasoli*, Gina (Hg.): Stadtadel und Bürgertum in den italienischen und deutschen Städten des Mittelalters, Berlin 1991, S. 89 - 126.

Haverkamp, Alfred: Zur Einführung, in: *ders.* (Hg.): Information, Kommunikation und Selbstdarstellung in mittelalterlichen Gemeinden, München 1998, S. VIII - XX.

Hecker, Norbert: Bettlerorden und Bürgertum. Konflikt und Kooperation in den deutschen Städten des Spätmittelalters, Frankfurt a.M. / Bern / Cirencester 1981.

Heckmann, Marie-Luise: Stellvertreter, Mit- und Ersatzherrscher : Regenten, Generalstatthalter, Kurfürsten und Reichsvikare in Regnum und Imperium vom 13. bis zum frühen 15. Jahrhundert, 2 Bände Warendorf 2002 (Studien zu den Luxemburgern und ihrer Zeit 9).

Hegel, Georg Wilhelm Friedrich: Vorlesungen über die Philosophie der Weltgeschichte, 4 Bände Leipzig 1917 ff.

Hehl, Ernst-Dieter: Die Sorge für den Landfrieden als Fall des gerechten Krieges, in: *Buschmann*, Arno / *Wadle*, Elmar (Hg.): Landfrieden. Anspruch und Wirklichkeit, Paderborn u.a. 2002, S. 55 - 72.

Heilborn, P.: Die geschichtliche Entwicklung des Begriffs Landfriedensbruch, in: ZStW 18 (1898), S. 1 - 52.

Heimann, Heinz-Dieter: Fürstenpolitik und Fehde. Zum Ost-West-Verhältnis im Territorialsystem des 15. Jahrhunderts am Beispiel der Soester Fehde 1444-1449, in: *Köhn*, Gerhard (Hg.): Soest. Stadt - Territorium - Reich, Soester Zeitschrift 92/93 (1981/82), zugleich Soester Beiträge 41, S. 151 - 179.

Hergemöller, Bernd-Ulrich: Fürsten, Herren und Städte zu Nürnberg 1355/56. Die Entstehung der „Goldenen Bulle" Karls IV., Köln/Wien 1983.

Hertzog, A.: Die letzten Jahre des Colmarer Barfüsserklosters und Jakob Einfalt aus Gebschweiler, dessen letzter Guardian, in: Jahrbuch für Geschichte, Sprache und Literatur Elsass-Lothringens (JbGEL) 17 (1901), S. 113 - 149.

Hertzog, August: Die Entwicklung und Organisation des elsässischen Weinbaues im Mittelalter, in: Jahrbuch für Geschichte, Sprache und Literatur Elsass-Lothringens (JbGEL) 12 (1896), S. 3 - 39.

Herzberg-Fraenkel, Sigismund: Die ältesten Land- und Gottesfrieden in Deutschland, in: Forschungen zur deutschen Geschichte (FDG) AF 23 (1883), S. 117 - 163.

Hess, Wolfgang: Das rheinische Münzwesen im 14. Jahrhundert und die Entstehung des Kurrheinischen Münzvereins VuF XIII 1970, S. 258- 323.

Heusler, Andreas: Verfassungsgeschichte der Stadt Basel im Mittelalter, Basel 1860.

Hillebrand, Friedrich: Das Öffnungsrecht bei Burgen. Seine Anfänge und seine Entwicklung in den Territorien des 13. - 16. Jahrhunderts unter besonderer Berücksichtigung Württembergs, Tübingen 1967.

Himly, François-Jacques: Atlas des villes médiévales d'Alsace, Straßburg 1970.

Himly, François-Jacques: Chronologie de la Basse-Alsace. Ier à XXe siècle, Straßburg 1972.

Hinze, Otto: Das Königtum Wilhelms von Holland, Leipzig 1885 (Historische Studien 15).

Hirsch, Hans: Aufsätze zur mittelalterlichen Urkundenforschung, Köln 1965.

Hirsch, Hans: Die hohe Gerichtsbarkeit im deutschen Mittelalter, Prag 1922 (Quellen und Forschungen aus dem Gebiete der Geschichte 1).

His, Rudolf: Das Strafrecht des deutschen Mittelalters, Bd. 1: Die Verbrechen und ihre Folgen im allgemeinen, Leipzig 1920. Bd. 2: Die einzelnen Verbrechen, Weimar 1935.

His, Rudolf: Gelobter und gebotener Friede im deutschen Mittelalter, in: ZRG GA 33 (1912), S. 139 - 223.

Hoebel, Edward Adamson: Das Recht der Naturvölker. Eine vergleichende Untersuchung rechtlicher Abläufe, Olten / Freiburg i. B., 1968.

Hofacker, Hans-Georg: Die schwäbischen Reichslandvogteien im späten Mittelalter, Stuttgart 1980.

Hofmann, Hasso: Gebot, Sitte, Vertrag. Die Urformen der Begründung von Rechtsverbindlichkeit, Baden-Baden 1993.

Hofmeister, Philipp: Die christlichen Eidesformen. Eine liturgie- und rechtsgeschichtliche Untersuchung, München 1957.

Hölscher, Lucian: Öffentlichkeit und Geheimnis. Eine begriffsgeschichtliche Untersuchung zur Entstehung der Öffentlichkeit in der frühen Neuzeit, Stuttgart 1979.

Holtz, Eberhard: Reichsstädte und Zentralgewalt unter König Wenzel. 1376 - 1400, Warendorf 1993.

Honemann, Volker: Gründe und Begründungen für den Ausbruch der Soester Fehde in den zeitgenössischen Quellen, in: *Brunner*, Horst (Hg.): Der Krieg im Mittelalter und der frühen Neuzeit, Wiesbaden 1999, S. 217 - 228.

Horn, Hermann Heinrich Theodor: Die Anfänge der Strassburger Stadtverfassung nach dem ältesten Stadtrecht, Rostock 1868.

Huberti, Ludwig: Studien zur Rechtsgeschichte der ersten Friedenskonzilien in Frankreich, Linz 1892.

Hübner, Rudolf: Grundzüge des Dt. Privatrechts, 2. Auflage Leipzig, 1913.

Huizinga, Johan: Herbst des Mittelalters. Studien über Lebens- und Geistesformen des 14. und 15. Jh. in Frankreich und in den Niederlanden, 11. Auflage Stuttgart 1975. (Kröners Taschenausgabe 204).

Humm, André: Basse-Alsace, Villages disparus, Straßburg 1971.

Hüttenbräucker, Lotte: Die Vikare Karls IV. in Deutschland, in: *Santifaller*, Leo (Hg.): Festschrift für Albert Brackmann, Weimar 1931, S. 546 - 568.

Isenmann, Eberhard: Die deutsche Stadt im Spätmittelalter. 1250 - 1500. Stadtgestalt, Recht, Stadtregiment, Kirche, Gesellschaft, Wirtschaft, Stuttgart 1988.

Ishikawa, Takeshi: Das Gericht im Sachsenspiegel, in: *Köbler*, Gerhard / *Nehlsen*, Hermann (Hg.): Wirkungen europäischer Rechtskultur. Festschrift für Karl Kroeschell zum 70. Geburtstag, München 1997, S. 441 - 465.

Jähnig, Bernhart: Der Deutsche Orden und Karl IV, in: *Patze*, Hans (Hg.): Kaiser Karl IV (1316-1378). Forschungen über Kaiser und Reich, Neustadt/Aisch 1978, S. 103-149.

Jakobs, Günther: Bürgerstrafrecht und Feindstrafrecht, in: Höchstrichterliche Rechtsprechung Strafrecht (HRRS) 3/2004, S. 88 - 95.

Janssen, Art. „Friede", in: *Brunner*, Otto (Hg.): Geschichtliche Grundbegriffe. Historisches Lexikon zur politisch-sozialen Sprache in Deutschland, Band 2, 3. Auflage Stuttgart 1994, S. 543 - 591.

Jenks, Stuart: Friedensvorstellungen der Hanse, in: *Fried*, Johannes (Hg.): Träger und Instrumentarien des Friedens im hohen und späten Mittelalter, Sigmaringen 1996 (Vorträge und Forschungen 43), S. 405 - 440.

Jerouschek, Günter / *Rüping*, Heinrich: Literaturbericht zur Strafrechtsgeschichte, in: ZStW 110 (1998), S. 143 - 165.

Jerouschek, Günter: Die Herausbildung des peinlichen Inquisitionsprozesses im Spätmittelalter und in der frühen Neuzeit, in: ZStW 104 (1992), S. 328 - 360.

Jerouschek, Günter: Geburt und Wiedergeburt des peinlichen Strafrechts im Mittelalter, in: *Köbler*, Gerhard / *Nehlsen*, Hermann (Hg.): Wirkungen europäischer Rechtskultur. Festschrift für Karl Kroeschell zum 70. Geburtstag, München 1997, S. 497 - 509.

Justus, Wolfgang: Die frühe Entwicklung des säkularen Friedensbegriffs in der mittelalterlichen Chronistik, Köln / Wien 1975.

Kaiser, H.: Ein unbekanntes Mandat König Richards und die Anfänge der Reichsvogtei im Elsass, in: ZGO AF 19 (1904), S. 337 - 339.

Kaiser, Reinhold: Selbsthilfe und Gewaltmonopol. Königliche Friedenswahrung in Deutschland und Frankreich im Mittelalter, in: Frühmittelalterliche Studien 17 (1983), S. 55 -72.

Kammerer, Odile: Entre Vosges et Fôret-Noire: Pouvoirs, terroirs et villes de l'Oberrhein 1250-1350, Paris 2001.

Kamp, Hermann: Friedensstifter und Vermittler im Mittelalter, Darmstadt 2001 (Symbolische Kommunikation in der Vormoderne 1).

Kant, Immanuel: Zum ewigen Frieden. Ein philosophischer Entwurf, Ditzingen 1986.

Katterfeld, Winfried: Die Vertretung Straßburgs auf dem westfälischen Friedenskongress in: Jahrbuch für Geschichte, Sprache und Literatur Elsass-Lothringens (JbGEL) 28 (1912), S. 137 - 218.

Kaufhold, Martin: Deutsches Interregnum und europäische Politik. Konfliktlösungen und Entscheidungsstrukturen 1230 - 1280, Habil., Hannover 2000.

Kaufmann, Ekkehard: Michael Kohlhaas = Hans Kohlhase. Fehde und Recht im 16. Jahrhundert - ein Forschungsprogramm, in: Dilcher, Gerhard / Diestelkamp, Bernhard (Hg.): Recht, Gericht, Genossenschaft und Policey. Studien zu Grundbegriffen der germanischen Rechtshistorie, Berlin 1986, S. 65 - 83.

Kaufmann, Ekkehardt: Das spätmittelalterliche Schadensrecht und die Rezeption der *„actio iniuriam aestimatoria"*, in: ZRG 78 (1961), S. 93 - 139.

Kaufmann, Manfred: Fehde und Rechtshilfe. Die Verträge brandenburgischer Landesfürsten zur Bekämpfung des Raubrittertums im 15. und 16. Jahrhundert, Diss. jur., Pfaffenweiler 1993.

Keen, Maurice Hugh: The laws of war in the late middle ages, London 1965.

Keller, Hagen: Pragmatische Schriftlichkeit im Mittelalter. Erscheinungsformen und Entwicklungsstufen, München 1992.

Kelleter, Fritz Joseph Die Landfriedensbünde zwischen Maas und Rhein im 14. Jahrhundert, Münster 1888.

Kelsen, Hans: Peace through law, Chapel Hill/North Carolina 1944.

Kemper, Gregor: Der Weg nach Rom. Die Entwicklung völkerrechtlicher Strafgerichtsbarkeit und die Errichtung des Ständigen Internationalen Strafgerichtshofs, Frankfurt am Main 2004.

Kempf, Johannes: Geschichte des Deutschen Reiches während des großen Interregnums. 1245 - 1273, Würzburg 1893.

Kiener, Fritz: Studien zur Verfassung des Territoriums der Bischöfe von Straßburg, Band 1: Die Entstehung der Gebietsherrschaft, Leipzig 1912.

Kirsch, Stefan (Hg.): Internationale Strafgerichtshöfe, Baden-Baden 2005 (Schriftenreihe Deutsche Strafverteidiger 30).

Kisch, Guido: Der deutsche Arrestprozeß, Wien / Leipzig 1914.

Kisch, Guido: Die Pfändungsklausel. Ein Beitrag zur Geschichte des deutschen Vollstreckungsrechtes, in: ZRG GA 35 (1914), S. 41 - 68.

Kisch, Guido: Studien zur Geschichte des Judeneides im Mittelalter, in: ders. (Hg.): Forschungen zur Rechts- und Sozialgeschichte der Juden in Deutschland während des Mittelalters, 2. Auflage, Sigmaringen 1978.

Kleinheyer, Gerd: Zur Rolle des Geständnisses im Strafverfahren des späten Mittelalters und der frühen Neuzeit, in: *ders.* (Hg.): Beiträge zur Rechtsgeschichte. Gedächtnisschrift für Herman Conrad, Paderborn 1979, S. 367 - 384.

Kleinschmidt, Erich: Herrscherdarstellung. Zur Disposition mittelalterlichen Aussageverhaltens, untersucht an Texten über Rudolf I. von Habsburg, München 1974.

Kleist, Heinrich von: Michael Kohlhaas, Ditzingen 1986.

Klingelhöfer, Erich: Die Reichsgesetze von 1220, 1231/32 und 1235. Ihr Werden und ihre Wirkung im deutschen Staat Friedrichs II., Weimar 1955.

Klocke, Friedrich von: Beiträge zur Geschichte von Faustrecht und Fehdewesen in Westfalen, in: Westfälische Zeitschrift 94 (1938), S. 3 - 56.

Kluckhohn, August: Geschichte des Gottesfriedens, Leipzig 1857.

Kluge, Friedrich: Etymologisches Wörterbuch der deutschen Sprache, 22. Auflage Berlin 1989.

Klüssendorf, Niklot: Studien zur Währung und Wirtschaft am Niederrhein vom Ausgangs der Periode des regionalen Pfennigs bis zum Münzvertrag von 1347, Bonn 1974.

Knapp, Hermann: Das alte Nürnberger Kriminalrecht. Nach Raths-Urkunden erläutert, Berlin 1897.

Knapp, Hermann: Das alte Nürnberger Kriminalverfahren bis zur Einführung der Karolina, in: ZStW 12 (1892), S. 200 - 276.

Knapp, Hermann: Das Übersiebnen der landschädlichen Leute, in: ZStW 44 (1924), S. 379 - 420, 515 - 553.

Knapp, Hermann: Das Übersiebnen der schädlichen Leute in Süddeutschland. Ein rechtshistorischer Beitrag und Nachtrag, Berlin 1910.

Knapp, Hermann: Die Zenten des Hochstifts Würzburg. Ein Beitrag zur Geschichte des süddeutschen Gerichtswesens und Strafrechts, 3 Bände, Berlin 1907; Band: 2: Das Alt-Würzburger Gerichtswesen und Strafrecht, Berlin 1907.

Knöpfler, Joseph Fr.: Kaiser Ludwig der Bayer und die Reichsstädte in Schwaben, Elsass und am Oberrhein mit besonderer Berücksichtigung der schwäbischen Anteilnahjme an des Kaisers Kampf mit der Kurie, in: Forschungen zur Geschichte Bayerns (FzGBay) 11 (1903), S. 1 - 53, 130 - 132.

Knöpp, Friedrich: Die Stellung Friedrichs II. und seiner beiden Söhne zu den deutschen Städten, Berlin 1928.

Knorr, Wilhelm: Das Ehrenwort Kriegsgefangener in seiner rechtsgeschichtlichen Bedeutung, Breslau 1916.

Köbler, Gerhard: Richten - Richter - Gericht, in: ZRG GA 87 (1970), S. 57 - 113.

Köhler, Oskar u.a.: Art. „Frieden“, in: *Görres-Gesellschaft zur Pflege der Wissenschaft* (Hg.): Staatslexikon. Recht, Wirtschaft, Gesellschaft, 6. Auflage Freiburg 1958 ff., Band 3, Sp. 593 - 605.

Kolmer, Lothar: Promissorische Eide im Mittelalter, Kallmünz 1989.

Kopp, Josef Eutychius (Hg.): Geschichte der Eidgenössischen Bünde. Mit Urkunden, 5 Bände, Leipzig / Berlin / Luzern / Basel 1845 ff. [zitiert: Kopp, Bünde [Band] [Abteilung] ([Buch])];
- Band 1: König Rudolf und seine Zeit; 1. Abteilung (Buch 1, 2): Die allgemeinen Zustände des römischen Reiches, Leipzig 1845; 2. Abteilung (Buch 3, 4): Die besonderen Zustände der obern Lande, Leipzig 1847;
- Band 2 (Buch 5): Des Reiches Verhältnisse in Italien und des Königs Ausgang

1273-1291, Berlin 1862;
- Band 3, 1. Abteilung (Buch 6): König Adolf und seine Zeit. 1292-1298, Berlin 1862;
- Band 3, 2. Abteilung (Buch 7,8): König Albrecht und seine Zeit. 1298-1308, Berlin 1862;
- Band 4, 1. Abteilung(Buch 9): König und Kaiser Heinrich und seine Zeit. 1308-1313, Luzern 1854;
- Band 4, 2. Abteilung (Buch 10): Die Gegenkönige Friedrich und Ludwig und ihre Zeit 1314-1322, Luzern 1856;
- Band 5, 1. Abteilung (Buch 11): Die Gegenkönige Friedrich und Ludwig und ihre Zeit 1322-1330, Berlin 1958;
- Band 5, 2. Abteilung (Buch 12): *Lütolf*, Alois (Bearb.): Ludwig der Baier und seine Zeit 1330-1336, Basel 1882.

Körner, Theodor: Iuramentum und frühe Friedensbewegung (10. - 12. Jahrhundert), Berlin 1977 (Abhandlungen zur rechtswissenschaftlichen Grundlagenforschung 26).

Köster, Karl: Jakob Twinger von Königshofen. eine Bibliographie, in: *Wentzke*, Paul (Hg.): Schicksalswege am Oberrhein. Beiträge zur Kultur- und Geistesgeschichte, zur Wirtschafts- und Staatenkunde, Heidelberg 1952, S. 101 - 111.

Köster, Kurt: Die Geschichtsschreibung der Kolmarer Dominikaner des 13. Jahrhunderts, in: *Wentzke*, Paul (Hg.): Schicksalswege am Oberrhein. Beiträge zur Kultur- und Geistesgeschichte, zur Wirtschafts- und Staatenkunde, Heidelberg 1952, S. 1 - 100.

Krause, Herman: Die geschichtliche Entwicklung des Schiedsgerichtswesens in Deutschland, Berlin 1930.

Krebs, Manfred: Konrad III. von Lichtenberg, Bischof von Straßburg (1273-1299), Frankfurt 1926.

Krieger, Karl-Friedrich: Die Habsburger im Mittelalter. Von Rudolf I. bis Friedrich III., Stuttgart / Berlin / Köln 1994.

Krieger, Karl-Friedrich: König, Reich und Reichsreform im Spätmittelalter, München 1992 (Oldenbourg EDG 14).

Kries, August von Der Beweis im Strafprocess des Mittelalters, Weimar 1878.

Krimm, Konrad: Baden und der „Fall Schauenburg". Zum Handlungsspielraum der Markgrafen im späten Mittelalter, in: ZGO 153 (2005), S. 293 - 308.

Kroeschell, Karl: „Rechtsfindung". Die mittelalterlichen Grundlagen einer modernen Vorstellung, in: *ders.* (Hg.): Festschrift für Hermann Heimpel zum 70. Geburtstag, 3 Bände Göttingen 1972, Band 3, S. 498 - 517.

Kroeschell, Karl: Besprechung von Abel, Wilhelm: Agrarkrisen und Agrarkonjunktur. Eine Geschichte der Land- und Ernährungswirtschaft Mitteleuropas seit dem Mittelalter, 2. Auflage, in: ZRG GA 85 (1968), S. 340 f.

Kroeschell, Karl: Besprechung von Schmidt, Heinrich: Die deutschen Städtechroniken als Spiegel des bürgerlichen Selbstverständnisses im Spätmittelalter, in: ZRG GA 76 (1959), S. 420 - 422.

Kroeschell, Karl: Der Rechtsbegriff der Rechtsgeschichte. Das Beispiel des Mittelalters, in: ZRG GA 111 (1994), S. 310 - 329.

Kroeschell, Karl: Germanisches Recht als Forschungsproblem, in: *ders.*: Studien zum frühen und mittelalterlichen deutschen Recht, Berlin 1995 (Freiburger rechtsgeschichtliche Abhandlungen NF. 20), S. 65 - 88.

Kroeschell, Karl: Recht und Rechtsbegriff im 12. Jahrhundert, in: *ders.*: Studien zum frühen und mittelalterlichen deutschen Recht, Berlin 1995 (Freiburger rechtsgeschichtliche Abhandlungen NF. 20), S. 277- 309.

Kroeschell, Karl: Studien zum frühen und mittelalterlichen deutschen Recht, Berlin 1995 (Freiburger rechtsgeschichtliche Abhandlungen NF. 20).

Kroeschell, Karl: Von der Gewohnheit zum Recht. Der Sachsenspiegel im späten Mittelalter, in: *Boockmann*, Hartmut u.a. (Hg.): Recht und Verfassung im Übergang vom Mittelalter zur Neuzeit, Göttingen 1998, S. 68 - 92.

Krug-Basse, Jules: L'Alsace avant 1789, Paris / Colmar 1877.

Küchenhoff, Günther / *Küchenhoff*, Erich: Allgemeine Staatslehre, 7. Auflage Stuttgart 1971.

Kunze, Ulrike: Rudolf von Habsburg: Königliche Landfriedenspolitik im Spiegel zeitgenössischer Chronistik, Diss. Frankfurt a.M. u.a. 2001

Kurze, Dietrich: Krieg und Frieden im mittelalterlichen Denken, in: *Duchhardt*, Heinz (Hg.): Zwischenstaatliche Friedenswahrung in Mittelalter und Früher Neuzeit, Köln/Berlin 1991, S. 1 - 44.

Lamprecht, Karl: Deutsches Wirtschaftsleben im Mittelalter. Untersuchungen über die Entwicklung der materiellen Kultur des Platten Landes auf Grund der Quellen zunächst des Mosellandes, 3 Bände, Leipzig 1885 f.; Bd. 2: Statistisches Material. Quellenkunde, Leipzig 1885.

Landwehr, Götz: Die Verpfändung der deutsche Reichsstädte im Mittelalter, Köln/Graz 1967 (Forschungen zur deutschen Rechtsgeschichte 5).

Landwehr, Götz: Königtum und Landfrieden. Gedanken zum Problem der Rechtsfortbildung im Mittelalter, in: Der Staat 7 (1968), S. 84 - 97.

Landwehr, Achim: „Normdurchsetzung" in der frühen Neuzeit? Kritik eines Begriffs. Normen im frühneuzeitlichen Territorialstaat, in: ZfG 48 (2000), S. 146 - 162.

Lehe, E. von: Ritterliche Fehden gegen Hamburg im Mittelalter, in: Verein für Hamburger Geschichte (Hg.): Hamburger geschichtliche Beiträge. Hans Nirrnheim zum siebzigsten Geburtstage am 29. Juli 1935 dargebracht, Hamburg 1935, S. 135 - 168.

Lehmann, Johann Georg: Urkundliche Geschichte der Grafschaft Hanau-Lichtenberg, 2 Bände Mannheim 1862 f. ND Mannheim 1970; Bd. 1: Die Geschichte der Dynasten von Lichtenberg, enthaltend und als Ergänzung (nur in diesem Nachdruck) die Geschichte des gräflich zweybrückischen Hauses. Bd. 2: Die Geschichte der Dynasten von Ochsenstein, der Grafen von Zweibrücken-Bitsch und der Grafen von Hanau-Lichtenberg enthaltend.

Leimgruber, Jakob: Konstituierende Akte der Afrikanischen Union. Die neue Partnerschaft für die Entwicklung Afrikas, Bern 2003.

Leist, Winfried: Landesherr und Landfrieden in Thüringen im Spätmittelalter. 1247-1349, Köln / Wien 1975.

Lentze, Hans: Der Kaiser und die Zunftverfassung in den Reichsstädten bis zum Tod Karls IV. Studien zur städtischen Verfassungsentwicklung im späteren Mittelalter, Breslau 1933.

Leupold, Edward: Berthold von Buchegg, Bischof von Strassburg. Ein Beitrag zur Geschichte des Elsass und des Reiches im XIV. Jahrhundert, phil. Diss. Strassburg 1882.

Lévy, Joseph: Todesstrafen und Asyle im alten Elsass, in: Elsassland 3 (1923), S. 373 ff.

Lieberich, Heinz: Kaiser Ludwig der Bayer als Gesetzgeber, in: ZRG GA 76 (1959), S. 173 - 245.

Liliencron, Rochus von: Die historischen Volkslieder der Deutschen vom 13. bis 16. Jahrhundert, 4 Bände Leipzig 1865 ff.

Lindner, Theodor: Die Veme, Münster / Paderborn, 1888.

Lindner, Theodor: Geschichte des deutschen Reiches unter König Wenzel, 2 Bände, Braunschweig 1875 ff.

Livet, Georges (Hg.): Histoire de Colmar, Toulouse 1983.

Livet, Georges / *Rapp*, Francis: Histoire de Strasbourg des origins à nos jours, Straßburg 1981.

Löning, Richard: Der Reinigungseid bei Ungerichtsklagen im Deutschen Mittelalter, Heidelberg 1880.

Löper, Carl: Die Rheinschiffahrt Straßburgs in früher Zeit und die Straßburger Schiffleutezunft, Straßburg 1877.

Loyo, Hans: Die Landfrieden unter Ruprecht von der Pfalz (1400-1410), Gießen 1924.

Mahnke, Horst: Das Arrestverfahren in den Lübecker Ratsurteilen des 15. und 16. Jahrhunderts, Diss. Kiel 1969.

Maleczek, Werner: Das Frieden stiftende Papsttum im 12. und 13. Jahrhundert, in: *Fried*, Johannes (Hg.): Träger und Instrumentarien des Friedens im hohen und späten Mittelalter, Sigmaringen 1996 (Vorträge und Forschungen 43), S. 249 - 332.

Malzan, Traugott: Geschichte und Verfassung des Oberrheinischen Kreises von den Anfängen bis zum Beginn des Dreißigjährigen Krieges, Diss. phil, Mainz 1952.

Marchal, Guy P.: Sempach 1386. Von den Anfängen des Territorialstaates Luzern, Basel / Frankfurt a.M. 1986.

Martin, Thomas Michael: Die Städtepolitik Rudolfs von Habsburg, Göttingen 1976.

Mau, Hermann: Die Rittergesellschaften mit St. Jörgenschild in Schwaben. Ein Beitrag zur Geschichte der deutschen Einungsbewegung im 15. Jahrhundert, 2 Bände, Stuttgart 1941 ff.; Band 1: Politische Geschichte 1406 - 1437, Stuttgart 1941.

Maurer, Helmut: Karl IV. und die Erneuerung des Herzogtums Schwaben, in: *Patze*, Hans (Hg.): Kaiser Karl IV (1316-1378). Forschungen über Kaiser und Reich, Neustadt/Aisch. 1978, S. 645 - 657.

Mayer, Ernst: Deutsche und französische Verfassungsgeschichte vom 9. bis zum 14. Jahrhundert, 2 Bände, Leipzig 1899.

Mayer, Theodor: Die Ausbildung der Grundlage des modernen deutschen Staates im hohen Mittelalter, in: *Kämpf*, Hellmut (Hg.): Herrschaft und Staat im Mittelalter, Damrstadt 1956, S. 284 - 331.

Mayer, Theodor: Fürsten und Staat, Weimar 1950.

Mayer, Theodor: Über Entstehung und Bedeutung der älteren deutschen Landgrafschaften, in: ZRG GA 58 (1938), S. 138 - 162.

Meibom, Viktor von: Das deutsche Pfandrecht, Marburg 1867.

Menke, Johannes Bernahrd: Geschichtsschreibung und Politik in deutschen Städten des Spätmittelalters, in: Jahrbuch des Kölner Geschichtsvereins 33 (1958), S. 1 - 85; 34/35 (1959/60), S. 85 - 194.

Merk, Walther: Der Gedanke des gemeinen Besten in der deutschen Staats- und Rechtsentwicklung, Weimar 1934.

Meuthen, Erich: Das 15. Jahrhundert, München / Wien 1980 (Oldenbourg - Grundriss der Geschichte 9).

Meyer, Bruno: Die Sorge für den Landfrieden im Gebiet der werdenden Eidgenossenschaft: 1250 - 1350, Affoltern 1935.

Meyer, Herbert: Gerüft, Handverfahren und Anefang, Weimar 1916.

Michael, Horst: Deutsche Geschichte im Zeitalter der Reformation, 6 Bände, Wien 1928.

Michelsen, Andreas Ludwig Jacob: Urkundlicher Beitrag zur Geschichte der Landfrieden in Deutschland, Nürnberg 1863.

Mitteis, Heinrich / *Lieberich*, Heinz: Deutsche Rechtsgeschichte (DRG), 20. Auflage München 1999.

Mitteis, Heinrich: Der Staat des hohen Mittelalters. Grundlinien einer vergleichenden Verfassungsgeschichte des Lehnszeitalters, 10. Auflage Weimar 1980.

Mitteis, Heinrich: Land und Herrschaft. Bemerkungen zu dem gleichnamigen Buch von Otto Brunner, in: HZ 163 (1941), S. 255 f.

Mitteis, Heinrich: Lehnrecht und Staatsgewalt. Untersuchungen zur mittelalterlichen Verfassungsgeschichte, Weimar 1933.

Mitteis, Heinrich: Poilitische Verträge im Mittelalter, in: ZRG GA 67 (1950), S. 76 - 175.

Mitteis, Heinrich: Zum Mainzer Reichslandfrieden von 1235, in: ZRG GA 62 (1942), S. 13 - 56.

Moeder, Marcel: Les institutions de Mulhouse au Moyen Age, Straßburg / Paris 1951.

Moeller, Richard: Ludwig der Bayer und die Kurie im Kampf um das Reich, Berlin 1914.

Mohrmann, Wolf Dieter: Der Landfriede im Ostseeraum während des späten Mittelalters, Kallmünz 1972.

Möller, Christina: Völkerstrafrecht und Internationaler Strafgerichtshof. Kriminologische, straftheoretische und rechtspolitische Aspekte, Münster / Hamburg 2003 (Beiträge zur Strafrechtswissenschaft 7).

Mone, Franz Joseph: Die Fehde der von Lichtenberg und Straßburg gegen Hagenau von 1359 und 60, in: ZGO AF 5 (1854), S. 175 - 188.

Moraw, Peter: Landesgeschichte und Reichsgeschichte im 14. Jh., in: JbWestdtLG 3 (1977), S. 175 - 191.

Moraw, Peter: Von offener Verfassung zu gestaltender Verdichtung. Das Reich im späten Mittelalter. 1250- 1490, Berlin 1985 (Propyläen Geschichte Deutschlands Bd. 3).

Moraw, Peter: Die Entfaltung der deutschen Territorien im 14. und 15. Jahrhundert, in: Landesherrliche Kanzleien im Spätmittelalter. Referate zum VI. Internationalen Kongress für Diplomatik München 1983, 2 Bände München 1983 f. (Münchener Beiträge zur Mediaevistik und Renaissance-Forschung 35), S. 61 - 108.

Morsel, Joseph: Das sy sich mitt der besstenn gewarsamig schicken, das sy durch die widerwertigenn Franckenn nitt nidergeworffen werdenn. Überlegungen zum sozialen Sinn der Fehdepraxis am Beispiel des spätmittelalterlichen Franken, in: *Rödel*, Dieter / *Schneider*, Joachim (Hg.): Strukturen der Gesellschaft im Mittelalter, Wiesbaden 1996, S. 140 - 167.

Morsel, Joseph: Überlegungen zum sozialen Sinn der Fehdepraxis am Beispiel des spätmittelalterlichen Franken, in: *Rödel*, Dieter / *Schneider*, Joachim (Hg.): Strukturen der Gesellschaft im Mittelalter. Interdisziplinäre Mediävistik in Würzburg, Würzburg 1996, S. 140 - 167.

Mosbacher, Helga: Kammerhandwerk, Ministerialität und Bürgertum in Straßburg. Studien zur Zusammensetzung und Entwicklung des Patriziats im 13. Jahrhundert, in: ZGO 119 (1971), S. 33 - 173.

Mossmann, Xavier: Etude sur l'Histoire des Juifs à Colmar, Colmar 1866.

Mossmann, Xavier: Recherches sur la Constitution de la Commune de Colmar, Colmar 1978.

Most, Ingeborg: Der Reichslandfriede vom 20.8.1467, Zur Geschichte des Crimen laesae maiestatis und der Reichsreform unter Kaiser Friedrich III, in: *Hellmann*, Manfred / *Thieme*, Hans / *Wiora*, Walter (Hg.): Syntagma Friburgense, Historische Studien, Historische Studien. Festschrift für Hermann Aubin, Lindau/Konstanz 1956, S. 191 - 234.

Mück, Hans-Dieter (Hg.): Matthias von Neuenburg. Ein Chronist des Spätmittelalters am Oberrhein. Seine Zeit, sein Leben, sein Werk zur 700-Jahrfeier von Matthias von Neuenburg, Neuenburg am Rhein 1995.

Müller, Friedrich Wilhelm: Die elsässischen Landstände. Ein Beitrag zur Geschichte des Elsasses, Straßburg 1907.

Müller, Friedrich Wilhelm: Organisation und Geschäftsordnung der elsässischen Landständeversammlungen und ihr Verhältnis zu Frankreich nach dem westfälischen Frieden nebst einem Verzeichnis der Ständetage, phil. Diss. Straßburg 1906.

Müller, Jörg R.: *Eretz geserah* - „Land der Verfolgung": Judenpogrome im regnum Teutonicum in der Zeit von 1280 bis 1350, in: *Cluse*, Christoph (Hg.): Europas Juden im Mittelalter, Trier 2004, S. 259 - 273.

Müller, K. O.: Zur wirtschaftlichen Lage des schwäbischen Adels am Ausgang des Mittelalters, in: Zeitschrift für württembergische Landesgeschichte (ZwürttLG) 3 (1939), S. 285 - 328.

Müller, Karl Otto: Über die Geschichte des peinlichen Prozesses in Schwaben, Tübingen 1910/11.

Müller, Karl: Der Kampf Ludwig des Baiern mit der römischen Curie. Ein Beitrag zur kirchlichen Geschichte des 14. Jahrhunderts, 2 Bände, Tübingen 1879 f.

Müller, Peter: Die Herren von Fleckenstein im späten Mittelalter. Untersuchungen zur Geschichte eines Adelsgeschlechts im pfälzisch-elsässischen Grenzgebiet, Stuttgart 1990.

Müller-Tragin, Christoph: Die Fehde des Hans Kohlhase. Fehderecht und Fehdepraxis zu Beginn der frühen Neuzeit in den Kurfürstentümern Sachsen und Brandenburg, Jur. Diss., Zürich 1997.

Naegeli, Alfred: Das germanische Selbstpfändungsrecht in seiner historischen Entwicklung mit besonderer Rücksicht auf die Schweiz, Diss. Zürich 1876.

Naendrup-Reimann, Johanna: Karl IV. und die westfälischen Femegerichte, in: *Patze*, Hans (Hg.): Kaiser Karl IV. (1316-1378). Forschungen über Kaiser und Reich, Neustadt/Aisch. 1978, S. 289 - 306.

Nau, Elisabeth: Numismatik und Geldgeschichte, in: Blätter für deutsche Landesgeschichte (BDLG) 105 (1959), S. 260 - 303.

Nehlsen, Hermann: *Cives et milites de Fribourg*. Ein Beitrag zur Geschichte des älteren Freiburger Patriziats, in: Schau-ins-Land 84/85 (1966/67), S. 79 - 124.

Nehlsen-von Stryk, Karin: Der Sachsenspiegel und der Reichsfrieden Barbarossas v.J. 1152, in: *Saar*, Stefan Chr. / *Roth*, Andreas / *Hattenhauer*, Christian (Hg.): Recht als Erbe und Aufgabe. Heinz Holzhauer zum 21. April 2005, Berlin, 2005, S. 19 - 31.

Nehlsen-von Stryk, Karin: Die Krise des „irrationalen" Beweises im Hoch- und Spätmittelalter und ihre gesellschaftlichen Implikationen, in: ZRG GA 117 (2000), S. 1 - 38.

Nehlsen-von Stryk, Karin: Reinigungseid und Geständniserzwingung: Die beiden Gesichter spätmittelalterlicher Rechtspflege. Aus der Spruchpraxis des Magedeburger Schöffenstuhls im 15. Jahrhundert, in: *Helmholz*, Richard H. u.a.(Hg.): Grundlagen des Rechts. Festschrift für Peter Landau zum 65. Geburtstag, Paderborn u.a. 2000, S. 621 - 641.

Nehlsen-von Stryk, Karin: Der römisch-kanonische Zivilprozeß in der gesellschaftlichen Realität des 13. Jahrhunderts, in: *Stolleis*, Michael (Hg.): Die Bedeutung der Wörter. Studien zur europäischen Rechtsgeschichte. Festschrift für Sten Gagnér zum 70. Geburtstag, München 1991. S. 313 - 326.

Neitzert, Dieter: Die Stadt Göttingen führt eine Fehde 1485/86, Untersuchung zu einer Sozial- und Wirtschaftsgeschichte von Stadt und Umland, Hildesheim 1992.

Neubacher, Frank: Kriminologische Grundlagen einer internationalen Strafgerichtsbarkeit. Politische Ideen- und Dogmengeschichte, kriminalwissenschaftliche Legitimation, strafrechtliche Perspektiven, Tübingen 2005.

Niese, Hans: Die Gesetzgebung der normannischen Dynastie im Regnum Siciliae, Halle a.S. 1910.

Nikolay-Pantier, Marlene: Landfriedensschutz unter Balduin von Trier, in: *Heyen*, Franz-Josef (Hg.): Balduin von von Luxemburg, Erzbischof von Treir - Kurfürst des Reiches 1285 - 1354, Mainz 1985, S. 341 - 355.

Nitzsch, R.W.: Heinrich IV. und der Gottes- und Landfrieden, in: Forschungen zur Deutschen Geschichte (FDG) AF 21 (1881), S. 169 - 298.

Obenaus, Herbert: Recht und Verfassung der Gesellschaften mit St. Jörgenschild in Schwaben. Untersuchungen über Adel, Einung, Schiedsgericht und Fehde im 15. Jh., Göttingen 1961.

Ober, L.: Die Rezeption der kanonischen Zivilprozeßformen und des Schriftlichkeitsprinzips im geistlichen Gericht zu Straßburg, in: Archiv für katholisches Kirchenrecht 90 (1910), S. 559 - 652.

Oexle, Otto Gerhard: Friede durch Verschwörung, in: *Fried*, Johannes (Hg.): Träger und Instrumentarien des Friedens im hohen und späten Mittelalter, Sigmaringen 1996 (Vorträge und Forschungen 43), S. 115 - 150.

Ohler, Christian: Zwischen Frankreich und dem Reich. Die elsässische Dekapolis nach dem Westfälischen Frieden, Frankfurt a.M. 2002.

Orth, Elsbet: Die Fehden der Reichsstadt Frankfurt am Main im Spätmittelalter. Fehderecht und Fehdepraxis im 14. und 15. Jahrhundert, phil. Diss. Wiesbaden 1973 (Frankfurter historische Abhandlungen 6).

Orth, Elsbet: Ritter und Burg, in: *Fleckenstein*, Josef (Hg.): Das ritterliche Turnier. Beiträge zu einer vergleichenden Formen - und Verhaltensgeschichte des Rittertums, Göttingen 1985, S. 28 ff.

Osenbrüggen, Eduard: Abhandlungen aus dem deutschen Strafrecht, Band 1, Erlangen 1857.

Osenbrüggen, Eduard: Das Alamannische Strafrecht im deutschen Mittelalter, Schaffhausen 1860.

Osenbrüggen, Eduard: Der Hausfrieden. Ein Beitrag zur deutschen Rechtsgeschichte, Erlangen 1857, ND Aalen 1968.

Osenbrüggen, Eduard: Studien zur deutschen und schweizerischen Rechtsgeschichte, Schaffhausen 1868.

Otte, Gerhard: Kritik des juristischen Geltungsbegriffs, in: *Buschmann*, Arno u.a. (Hg.): Festschrift für Rudolf Gmür zum 70. Geburtstag, Bielefeld 1983, S. 359 - 368.

Overmann, Alfred: Die Abtretung des Elsass an Frankreich im Westfälischen Frieden, in: ZGO NF 19 (1904), S. 79- 111, 434 - 478.

Patze, Hans: Grundherrschaft und Fehde, in: *ders.* (Hg.): Die Grundherrschaft im späten Mittelalter. Teil I, Sigmaringen 1983 (Vorträge und Forschungen 27), S. 263 - 292.

Petry, Ludwig: Das politische Kräftespiel im pfälzischen Raum vom Interregnum bis zur französischen Revolution, in: RhVJBl. 20 (1955), S. 80 - 111.

Pfeiffer, Gerhard: Die Bündnisse und Landfriedenspolitik der Territorien zwischen Weser und Rhein im späten Mittelalter, in: *Aubin*, Hermann (Hg.): Der Raum Westfalen, Band 2: Untersuchungen zu seiner Geschichte und Kultur, Teil 1, Münster 1955, S. 79 - 137.

Pfeiffer, Gerhard: Die königlichen Landfriedenseinungen in Franken, in: *Patze*, Hans (Hg.): Der deutsche Territorialstaat im 14. Jahrhundert II, Sigmaringen 1971, S. 229 - 253 (Vorträge und Forschungen 14).

Pfeiffer, Gerhard: Quellen zur Geschichte der fränkisch-bayerischen Landfriedensorganisation im Spätmittelalter, München 1975.

Pfleger, Lucien: Kirchengeschichte der Stadt Straßburg im Mittelalter, Colmar 1943.

Pischek, Adolf: Die Vogteigerichtsbarkeit süddeutscher Klöster in ihrer sachlichen Abgrenzung während des frühen Mittelalters, Stuttgart 1907.

Planck, Johann Julius Wilhelm von: Das deutsche Gerichtsverfahren im Mittelalter. Nach dem Sachsenspiegel und den verwandten Rechtsquellen, 2 Bände, Braunschweig 1879.

Planck, Johann Julius Wilhelm von: Waffenverbot und Reichsacht im Sachsenspiegel. Separatabdruck aus den Sitzungsberichten der philosophisch-philologischen und historischen Classe der königlich bayerischen Akademie der Wissenschaft, München 1884.

Planitz, Hans / *Eckhardt*, Karl August: Deutsche Rechtsgeschichte, 4. Auflage Köln / Wien 1981,

Planitz, Hans: Besprechung von Knapp, Hermann: Das Übersiebnen der schädlichen Leute in Süddeutschland. Ein rechtshistorischer Beitrag und Nachtrag, sowie Müller, Karl Otto: Zur Geschichte des peinlichen Prozesses in Schwaben im späten Mittelalter, in: ZRG GA 32 (1911), 529 - 537.

Planitz, Hans: Die deutsche Stadt im Mittelalter. Von der Römerzeit bis zu den Zunftkämpfen, 5. Auflage Wien / Köln / Graz 1980.

Planitz, Hans: Die Vermögensvollstreckung im deutschen mittelalterlichen Recht, 2 Bände Leipzig 1912; Band 1: Die Pfändung, Leipzig 1912.

Planitz, Hans: Studien zur Geschichte des deutschen Arrestprozesses. Der Arrest gegen den fugitivus, in: ZRG GA 34 (1913), S. 49 - 140.

Planta, Peter Conradin von: Adel, Deutscher Orden und Königtum im Elsass des 13. Jahrhunderts, Bern / Frankfurt 1997.

Plassmann, Max: Zwischen Reichsprovinz und Ständebund. Der Schwäbische Reichskreis als Handlungsrahmen mindermächtiger Stände, in: ZGO 151 (2003), S. 199 - 236.

Poetsch, Joseph: Die Reichsacht im Mittelalter und besonders in der neueren Zeit, Breslau 1911 (Untersuchungen zur Deutschen Staats- und Rechtsgeschichte 105).

Prodi, Paolo: Das Sakrament der Herrschaft. Der politische Eid in der Verfassungsgeschichte des Okzidents, Berlin 1997.

Proksch, Constanze: Die Auseinandersetzung um den Austrag des Rechts zwischen Fürsten und Ritterschaft in Franken vom Ende des 14. bis in die Mitte des 16. Jahrhunderts, in: *Rödel*, Dieter / *Schneider*, Joachim (Hg.): Strukturen der Gesellschaft im Mittelalter. Interdisziplinäre Mediävistik in Würzburg, Würzburg 1996, S. 168 - 195.

Prosser, Michael: Spätmittelalterliche ländliche Rechtsaufzeichnungen am Oberrhein zwischen Gedächtniskultur und Schriftlichkeit, Würzburg 1991.

Quaritsch, Helmut: Staat und Souveränität, Frankfurt a. M. 1965.

Quarthal, Franz: Königslandschaft, Herzogtum oder fürstlicher Territorialstaat: Zu den Zielen und Ergebnissen der Territorialpolitik Rudolfs von Habsburg im schwäbisch-nordschweizerischen Raum, in: *Boshof*, Egon / *Erkens*, Franz-Reiner (Hg.): Rudolf von Habsburg. 1273-1291. Eine Königsherrschaft zwischen Tradition und Wandel, Köln / Weimar / Wien 1993, S. 125 - 138.

Quidde, Ludwig: Der schwäbisch-rheinische Städtebund im Jahre 1384 bis zum Abschluss der Heidelberger Stallung, Stuttgart 1884.

Quidde, Ludwig: Der rheinische Städtebund von 1381, in: Westdeutsche Zeitschrift für Geschichte und Kunst 2 (1883), S. 323 - 392.

Quidde, Ludwig: Studien zur Geschichte des Rheinischen Landfriedensbundes von 1254, Frankfurt a.M. 1885.

Quirin, Heinz: Markgraf Albrecht Achilles von Brandenburg-Ansbach als Politiker. Ein Beitrag zur Vorgeschichte de Süddeutschen Städtekrieges, in: Jahrbuch für fränkische Landesforschung (JfL) 31 (1971), S. 261 - 308.

Radbruch, Gustav / *Gwinner*, Heinrich: Geschichte des Verbrechens. Versuch einer historischen Kriminologie, Stuttgart 1951.

Radbruch, Gustav: Rechtsphilosophie, 5. Auflage Stuttgart 1956.

Rapp, Francis: Die elsässische Städtelandschaft unter militärischen Gesichtspunkten: das Beispiel der Schindereinfälle, in: *Escher*, Monika / *Haverkamp*, Alfred / *Hirschmann*, Frank G.(Hg.): Städtelandschaft - Städtenetz - zentralörtliches Gefüge. Ansätze und Befunde zur Geschichte der Städte im hohen und späten Mittelalter, Mainz 2000, S. 407 - 420.

Rapp, Francis: L'Alsace à la fin du moyen âge, Wettolsheim 1977.

Rapp, Francis: Le château-fort alsacien dans la vie médiévale et dans la politique territoriale, Strasbourg 1968.

Rathgeber: Das Elsass bei dem Ausbruch der französischen Revolution, in: Jahrbuch für Geschichte, Sprache und Literatur Elsass-Lothringens (JbGEL) 5 (1889), S. 57 - 89.

Redlich, Oswald: Die Anfänge König Rudolfs I, in: MIÖG 10 (1889), S. 341 - 418.

Redlich, Oswald: Ein oberrheinisches Formelbuch aus der Zeit der ersten Habsburger, in: ZGO NF 11 (1896), S. 1 - 35.

Redlich, Oswald: Rudolf von Habsburg. Das Deutsche Reich nach dem Untergange des alten Kaisertums, Innsbruck 1903 (ND Aalen 1965).

Reichert, Folker: Landesherrschaft, Adel und Vogtei. Zur Vorgeschichte des spätmittelalterlichen Ständestaates im Herzogtum Österreich, Köln / Wien 1985.

Reiner, Hans: Die Ehre. Kritische Sicherung einer abendländischen Lebens- und Sittlichkeitsform, Dortmund 1956.

Reinhold, Peter: Die Empörung König Heinrichs (VII.) gegen seinen Vater, Leipzig 1911.

Rendenbach, Karl Hans: Die Fehde Franz von Sickingens gegen Trier, Vaduz, ND 1965.

Reuter, Timothy: Unsicherheit auf den Straßen im europäischen Früh- und Hochmittelalter: Täter, Opfer und ihre mittlalterlichen und modernen Betrachter, in: *Fried*, Johannes (Hg.): Träger und Instrumentarien des Friedens im hohen und späten Mittelalter, Sigmaringen 1996 (Vorträge und Forschungen 43), S. 169 - 201.

Rhenanus, Beatus: Rerum Germanicarum libri tres. Ab ipso autore diligenter reuisi et emendati, Basel 1551.

Rietschel, Siegfried: Besprechung von Knapp, Hermann: Die Zenten des Hochstifts Würzburg. Ein Beitrag zur Geschichte des süddeutschen Gerichtswesens und Strafrechts, in: ZRG GA 29 (1908), S. 391 - 401.

Rietschel, Siegfried: Das Burggrafenamt und die hohe Gerichtsbarkeit in den deutschen Bischofsstädten während des früheren Mittelalters, Leipzig 1905.

Roberts, Simon: Ordnung und Konflikt. Eine Einführung in die Rechtsethnologie, Stuttgart 1981.

Rödel, Ute: Königliche Gerichtsbarkeit und Streitfälle der Fürsten und Grafen im Südwesten des Reiches 1250 - 1313, Köln / Wien 1979.

Rogge, Jörg: Für den Gemeinen Nutzen. Politisches Handeln und Politikverständis von Rat und Bürgerschaft in Augsburg im Spätmittelalter, Tübingen 1996.

Rogge, Karl August: Über das Gerichtswesen der alten Germanen. ein germanistischer Versuch, Halle 1820.

Röhrenbeck, Hubert: Karl IV. und die Pfalzgrafen bei Rhein, in: *Patze*, Hans (Hg.): Kaiser Karl IV (1316-1378). Forschungen über Kaiser und Reich, Neustadt/Aisch. 1978, S. 613 - 643.

Röll, Walter: Zu den Judeneiden an der Schwelle der Neuzeit, in: *Haverkamp*, Alfred (Hg.):Zur Geschichte der Juden im Deutschland des spaeten Mittelalters und der fruehen Neuzeit, Stuttgart 1981, S. 163 - 204.

Rosen, Josef: Eine mittelalterliche Stadtrechnung - Einnahmen und Ausgaben in Basel 1360 - 1535, in: *Maschke*, Erich / *Sydow*, Jürgen (Hg.): Städtisches Haushalts- und Rechnungswesen, Sigmaringen 1973, S. 45 - 68.

Rösener, Werner: Zur Problematik des spätmittelalterlichen Raubrittertums, in: *Maurer*, Helmut / *Patze*, Hans (Hg.): Festschrift für Berent Schwineköper, Sigmaringen 1982, S. 469 - 488.

Rosenkränzer, Nikolaus: Johann I. von Straßburg, genannt von Dürbheim, phil. Diss. Trier 1881.

Rosenstock, Eugen: Herzogsgewalt und Friedensschutz. Deutsche Provinzialversammlungen des 9. - 12. Jahrhunderts, Breslau 1910.

Roth, Andreas: Kollektive Gewalt und Strafrecht. Die Geschichte der Massendelikte in Deutschland, Diss. Berlin 1989.

Roth, Paul: Das Basler Staatsarchiv als Quelle zur oberrheinischen Geschichte, in: ColmarerJb 5 (1939), S. 37 - 45.

Rothert, Hermann: Das spätmittelalterliche Fehdewesen in Westfalen, in: Westfälische Forschungen 3 (1940), S. 145 - 155.

Rothmann, Michael: Der Täter als Opfer. Konrad von Weinsbergs Sinsheimer Überfall im Kontext der Territorial- und Reichsgeschichte, in: *Andermann*, Kurt (Hg.): „Raubritter“ oder „Rechtschaffene von Adel“ ? Aspekte von Politik, Friede und Recht im späten Mittelalter, Sigmaringen 1997, S. 31 - 63.

Rotthoff-Kraus, Claudia: Die politische Rolle der Landfriedenseinungen zwischen Maas und Rhein in der zweiten Hälfte des 14. Jahrhunderts, Aachen 1990 (Beihefte der Zeitschrift des Aachener Geschichtsvereins 3).

Rudolf, Emile: La femme dans le droit pénale alsacien jusqu'à la fin de l'Ancien Regime, Straßburg 1993.

Ruser, Konrad: Die Städtepolitik Karls IV. und die Politik der Reichsstädte 1346-1355, Diss. Freiburg 1960.

Rustemeyer, Hans: Schwert und Strick. Die Geschichte der Veme, Koblenz 1991.

Salch, Charles-Laurent: Nouveau dictionnaire des châteaux forts d'Alsace, Straßburg 1991.

Samanek, Vincenz: Studien zur Geschichte König Adolfs. Vorarbeiten zu den Regesta imperii VI 2 (1292 - 1298), Leipzig / Wien 1930.

Sattler, Hans-Peter: Die Ritterschaft der Ortenau in der spätmittelalterlichen Wirschaftskrise. Eine Untersuchung ritterlicher Vermögensverhältnisse im 14. Jh., Diss. Heidelberg 1962.

Sauter, Alexander: Fürstliche Herrschaftsrepräsentation. Die Habsburger im 14. Jahrhundert, Ostfildern 2003.

Saxer, Ernst: Das Zollwesen der Stadt Basel bis zum Anfang des 16. Jahrhunderts, Stuttgart 1923 (Beihefte der Vierteljahrschrift für Sozial- und Wirtschaftsgeschichte 1).

Schaab, Carl Anton: Geschichte des großen rheinischen Städtebundes, gestiftet zu Mainz im Jahre 1254 durch Arnold Walpod, 2 Bände Mainz 1843 ff.

Schaab, Manfred: Geleit und Territorium, in: ZwürttLG 40 (1981), S. 398 - 417.

Schaab, Manfred: Landgrafschaft und Grafschaft im Südwesten des deutschen Sprachgebiets, in: ZGO 132 (1984), S. 30 - 55.

Schaeffer, André: Alsace et Alsaciens - La vérité sur nos origines, 1918.

Schaumann, Wilfried: Völkerrechtliches Gewaltverbot und Friedenssicherung. Berichte, Referate, Diskussionen einer Studientagung der Deutschen Gesellschaft für Völkerrecht, Baden-Baden 1971.

Scherlen, August: Die Herren von Girsberg und ihr Stammgebiet, in: Jahrbuch der Elsass-Lothringischen Wissenschaftlichen Gesellschaft zu Straßburg (JbELWG) 3 (1930), S. 49 - 97.

Scherlen, August: Die Herren von Hattstatt und ihre Besitzungen, Straßburg / Colmar 1908.

Scherlen, August: Zur Geschichte der Burg Wineck und des Dorfes Katzenthal, in: Jahrbuch der Elsass-Lothringischen Wissenschaftlichen Gesellschaft zu Straßburg (JbELWG) 1 (1928), S. 80 - 112.

Scheyhing, Robert: Eide, Amtsgewalt und Bannleihe. Eine Untersuchung zur Bannleihe im hohen und späten Mittelalter, Köln / Graz 1960.

Schildhauer, Johannes: Charakter und Funktion von Städtebünden in der Feudalgesellschaft - vornehmlich auf dem Gebiet des Reiches, in: *Fritze*, Konrad (Hg.): Hansische Studien, Band 3, Weimar 1975 (Abhandlungen zur Handels- und Sozialgeschichte Bd. 15), S. 149 - 176.

Schilling, Bruno: Kaiser Ludwig der Baier in seinen Beziehungen zum Elsaß von der Doppelwahl bis zum Jahr 1330, Graz u.a. 1932.

Schindele, Maria Pia: Aus der Geschichte der Abtei Lichtenthal, Kehl 1970.

Schlochauer, Hans-Jürgen: Die Idee des ewigen Friedens. Ein Überblick über Entwicklung und Gestaltung des Friedenssicherungsgedankens auf der Grundlage einer Quellenauswahl, Bonn 1953.

Schlosser, Hans: Prozesseide der Kleriker im Verfahren vor dem weltlichen Zivilgericht während des späten Mittelalters, in: *Gagnér*, Sten / *Schlosser*, Hans / *Wiegand*, Wolfgand (Hg.): Festschrift für Hermann Krause, Köln / Wien 1975, S. 43 - 65.

Schmidt, Charles: Histoire de Chapitre de Saint-Thomas de Strasbourg pendant le moyen age. Suivie d'un receuil de Chartre, Strasbourg 1860.

Schmidt, Eberhard: Einführung in die Geschichte der deutschen Strafrechtspflege, 3. Auflage Göttingen 1964 (Jurisprudenz in Einzeldarstellungen 1).

Schmidt, Eberhard: Inquisitionsprozeß und Rezeption. Studien zur Geschichte des Strafverfahrens in Deutschland vom 13. bis 16. Jahrhundert, Leipzig 1940.

Schmidt, Heinrich: Deutsche Städtechroniken als Spiegel des bürgerlichen Selbstverständnisses im Spätmittelalter, Göttingen 1958.

Schmidt, Max Georg: Die Pfahlbürger, in: Zeitschrift für Kulturgeschichte (ZfKultG) 9 (1902), S. 241-321.

Schmidtchen, Volker: Ius in bello und militärischer Alltag - Rechtliche Regelungen in Kriegsordnungen des 14. bis 16. Jahrhunderts, in: *Brunner*, Horst (Hg.): Der Krieg im Mittelalter und der frühen Neuzeit, Wiesbaden 1999, S. 25 - 56.

Schmoller, Gustav: Straßburg zur Zeit der Zunftkämpfe und die Reform seiner Verfassung und Verwaltung im XV. Jahrhundert. Rede gehalten zur Feier des Stiftungsfestes der Universität Strassburg am 1. Mai 1875, Straßburg/London 1875 (Quellen und Forschungen zur Sprach- und Kulturgeschichte der germanischen Völker 11).

Schneider, Bernhard: Probleme in der Reichspolitik Karls IV., in: *Patze*, Hans (Hg.): Kaiser Karl IV (1316-1378). Forschungen über Kaiser und Reich, Neustadt/Aisch 1978, S. 73 - 101.

Schneider, Friedrich: Kaiser Heinrich VII., Stuttgart 1940.

Schneider, Joachim: „Denn wo das Ende böse ist ..." - Gründe und Begründungen für den ersten süddeutschen Städtekrieg in den Äußerungen der Chronisten, in: *Brunner*, Horst (Hg.): Der Krieg im Mittelalter und der frühen Neuzeit, Wiesbaden 1999, S. 139 - 182.

Schnelbögl, Wolfgang: Die innere Entwicklung der bayerischen Landfrieden des 13. Jahrhunderts, in: Deutschrechtliche Beiträge 13 (1932), S. 189 - 541.

Schönberger, Guido: Das Geleitswesen der Reichsstadt Frankfurt am Main im 14. und 15. Jahrhundert, Freiburg 1917.

Schrader, E.: Ursprünge und Wirkungen der Reichsgesetze Friedrichs II. von 1220, 1231/32 und 1235, in: ZRG GA 68 (1951), S. 354 - 395.

Schreiber, Heinrich: Geschichte der Stadt und Universität Freiburg im Breisgau, 3 Bände, Basel 1857 ff.; Band 1: Von der ältesten Zeit bis zum Tode Herzogs Berthold V. von Zähringen, Basel 1857.

Schreibmüller, Hermann: Landvogtei im Speyergau, Kaiserslautern 1905.

Schreiner, Klaus: "Gerechtigkeit und Frieden haben sich geküßt" (Ps. 84,11). Friedensstiftung durch symbolisches Handeln, in: *Fried*, Johannes (Hg.): Träger und Instrumentarien des Friedens im hohen und späten Mittelalter, Sigmaringen 1996, S. 37 - 86 (Vorträge und Forschungen 43).

Schrieder, Emil: Verfassungsgeschichte der Stadt Hagenau im Elsaß im Mittelalter (bis 1400), Diss. Freiburg i.Br. 1909.

Schröder, Richard / *Künßberg*, Eberhard Freiherr von: Lehrbuch der deutschen Rechtsgeschichte, 7. Auflage Berlin 1966.

Schrohe, Heinrich: Der Kampf der Gegenkönige Ludwig und Friedrich um das Reich bis zur Entscheidungsschlacht bei Mühldorf, Berlin 1902.

Schubert, Ernst: Die Landfrieden als interterritoriale Gestaltung, in: *Buschmann*, Arno / *Wadle*, Elmar (Hg.): Landfrieden. Anspruch und Wirklichkeit, Paderborn u.a. 2002, S. 123 - 152.

Schubert, Ernst: König und Reich. Studien zur spätmittelalterlichen deutschen Verfassungsgeschichte, Göttingen 1979.

Schubert, Ernst: Fürstliche Herrschaft und Territorium im späten Mittelalter, München 1996 (Oldenbourg EDG 35)

Schubert, Ernst: Duldung, Diskriminierung und Verfolgung gesellschaftlicher Randgruppen im ausgehenden Mittelalter, in: Schmitt, Sigrid / Matheus, Michael (Hg.): Kriminalität und Gesellschaft in Spätmittelalter und Neuzeit, Stuttgart 2005, S. 47 - 70.

Schuler, Peter-Johannes: Die Rolle der schwäbischen und elsässischen Städtebünde in den Auseinandersetzungen zwischen Ludwig dem Bayern und Karl IV., in: *Patze*, Hans (Hg.): Kaiser Karl IV (1316-1378). Forschungen über Kaiser und Reich, Neustadt/Aisch 1978, S. 659 - 694

Schulte, Aloys: Geschichte der Habsburger in den drei ersten Jahrhunderten, Innsbruck 1887.

Schulte, Aloys: Geschichte des mittelalterlichen Handels und Verkehrs zwischen Westdeutschland und Italien mit Ausschluss von Venedig, 2 Bände Leipzig 1900.

Schultze, Alfred: Besprechung von Planitz, Hans: Die Vermögensvollstreckung im deutschen mittelalterlichen Recht, in: ZRG GA 33 (1912), S. 606 - 627.

Schulze, Ursula: Lateinisch-deutsche Parallelurkunden des 13. Jahrhunderts. Ein Beitrag zur Syntax der mittelhochdeutschen Urkundensprache, München 1975 (Medium aevum 30).

Schuster, Peter: Der gelobte Frieden. Täter, Opfer und Herrschaft im spätmittelalterlichen Konstanz, Konstanz 1995.

Schuster, Peter: Die Krise des Spätmittelalters. Zur Evidenz eines sozial- und wirtschaftsgeschichtlichen Paradigmas in der Geschichtsschreibung des 20. Jahrhunderts, in: HZ 269 (1999), S. 19 - 55.

Schwab, Karl Heinz / *Prütting*, Hanns / *Lent*, Friedrich: Sachenrecht. Ein Studienbuch, 32. Auflage München 2005.

Schwalm, Jakob: Die Landfrieden in Deutschland unter Ludwig dem Baiern, Göttingen 1889.

Schwerhoff, Gerd: Kriminalitätsgeschichte im deutschen Sprachraum. Zum Profil eines „verspäteten" Forschungszweiges, in: *Blauert*, Andreas / *Schwerhoff*, Gerd (Hg.): Kriminalitätsgeschichte. Beiträge zur Sozial- und Kulturgeschichte der Vormoderne, Konstanz, 2000, S. 21 - 67.

Schwerin, Claudius von / *Thieme*, Hans: Grundzüge der deutschen Rechtsgeschichte, 4. Auflage Berlin / München 1950.

Schwind, Fred: Die Landvogtei in der Wetterau. Studien zu Herrschaft und Politik der staufischen und spätmittelalterlichen Könige, Marburg 1972. (Schriften des Hessischen Landesamtes für Geschichtliche Landeskunde 35).

Seibertz, Johann Suibert: Zur Geschichte des Fehderechts im Mittelalter, in: Blätter zu näheren Kunde Westfalens 5 (1967), S. 69 - 72.

Sellert, Wolfgang / *Rüping*, Hinrich: Studien- und Quellenbuch zur Geschichte der deutschen Strafrechtspflege, Band 1, Aalen 1989.

Sellert, Wolfgang: Die Bedeutung und Bewertung des Inquisitionsprinzips aus rechtshistorischer Sicht, in: *Achterberg*, Norbert (Hg.): Recht und Staat im sozialen Wandel. Festschrift für Hans Ulrich Scupin zum 80. Geburtstag, Berlin 1983, S. 161 - 182.

Sellert, Wolfgang: Friedensprogramme und Friedenswahrung im Mittelalter, in: *Köbler*, Gerhard (Hg.): Wege europäischer Rechtsgeschichte. Karl Kroeschell zum 60. Geburtstag, Frankfurt a.M. / New York 1987, S. 453 - 467.

Sellert, Wolfgang: Geiselnahme und Pfändung als Gegenstand spätmittelalterlicher Landfrieden, in: *Buschmann*, Arno / *Wadle*, Elmar (Hg.): Landfrieden. Anspruch und Wirklichkeit, Paderborn u.a. 2002, S. 231 - 252.

Settler, Bernhard: Habsburg und die Eidgenossenschaft um die Mitte des 14. Jahrhunderts, in: Schweizerische Zeitschrift für Geschichte (SZG) 23 (1973), S. 750 - 764.

Simon, Thomas: Krise oder Wachstum? Erklärungsversuche zum Aufkommen territorialer Gesetzgebung am Ausgang des Mittelalters, in: *Köbler*, Gerhard / *Nehlsen*, Hermann (Hg.): Wirkungen europäischer Rechtskultur. Festschrift für Karl Kroeschell zum 70. Geburtstag, München 1997, S. 1201 - 1217.

Sittler, Lucien: Der elsässische Zehnstädtebund, seine geschichtliche Eigenheit und seine Organisation, in: Esslinger Studien 10 (1964), S. 59 - 77.

Sittler, Lucien: Geschichte des Elsass, Bd.1: Von den Uranfängen bis 1500, 2. Auflage Colmar 1939.

Sittler, Lucien: L'Alsace, terre d'histoire, Colmar 1972.

Sittler, Lucien: La décapole alsacienne. Des origines à la fin du moyen âge, Strasbourg 1955.

Sittler, Lucien: La viticulture et le vin de colmar a travers les siècles, Paris 1956.

Sittler, Lucien: Reichenweier, Straßburg 1964.

Sohm, Rudolf: Die Pfändung durch den Gläubiger im langobardischen und fränkischen Rechte eine Abspaltung der Fehde, in: Festgabe für Rudolf Sohm, München / Leipzig, 1914, S. 317 - 345.

Sommerlad, Theo: Die Rheinzölle im Mittelalter, Halle 1894.

Speck, Dieter: Dominanz-Balance-Kooperation? Zur Rolle der Habsburger im oberrheinischen Machtgefüge zwischen 1379 und 1618, in: ZGO 153 (2005), S. 309 - 356.

Specklin, Robert: Répertoire bibliographique pour les villages d'Alsace 1972.

Sprandel, Rolf: Die Legitimation zur Gewaltanwendung und Kriegführung. Strafrecht im Wandel vom Mittelalter zur Neuzeit, in: *Duchhardt*, Heinz / *Veit*, Patrice (Hg.).: Krieg und Frieden im Übergang vom Mittelalter zur Neuzeit, Mainz 2000, S. 53 - 72.

Stälin, Christoph Friedrich: Wirtembergische Geschichte, 4 Bände, Stuttgart / Tübingen 1841 ff.; Band 3: Schwaben und Südfranken. Schluss des Mittelalters. 1269 - 1496, Tübingen 1856.

Stein, Gerhard: Die Einungs- und Landfriedenspolitik der Mainzer Erzbischöfe zur Zeit Karls IV., Mainz 1960.

Stein, Walter: Handels- und Verkehrsgeschichte der deutschen Kaiserzeit, Berlin 1922 (Abhandlungen zur Verkehrs- und Seegeschichte 10).

Steinacker, Harold: Der lateinische Entwurf zum Mainzer Landfrieden von 1235 und der Landfrieden König Heinrichs (VII.) von 1234, in: MÖIG 46 (1932), S. 188 - 196.

Stenzel, Karl: Die Politik der Stadt Straßburg am Ausgange des Mittelalters in ihren Hauptzügen dargestellt, Straßburg 1914.

Stercken, Martina: Herrschaftsausübung und Landesausbau. Zu den Landfrieden der Habsburger in ihren westlichen Herrschaftsgebieten, in: *Buschmann*, Arno / *Wad-*

le, Elmar (Hg.): Landfrieden. Anspruch und Wirklichkeit, Paderborn u.a. 2002, S. 185 - 212.

Stercken, Martina: Königtum und Territorialgewalten in den rhein-maasländischen Landfrieden des 14. Jahrhunderts, Köln/Wien 1989 (Rheinisches Archiv 124).

Sternberger, Dolf: Über die verschiedenen Begriffe des Friedens, Stuttgart 1984.

Stobbe, Otto: Geschichte der deutschen Rechtsquellen, 2 Bände Braunschweig 1860 ff.

Stobbe, Otto: Handbuch des deutschen Privatrechts, 3. Auflage Berlin 1893 ff.; Band 1, Berlin 1893; Band 2,1: *Lehmann*, Heinrich O.: Grundlegung. Besitzrecht. Eigenthum. Dingliche Aneignungsrechte, Berlin 1896.

Stolz, Otto: Zur Entwicklungsgeschichte des Zollwesens innerhalb des alten Deutschen Reiches, in: VSWG 41 (1954), S. 1 - 41.

Strobel, Adam Walther: Vaterländische Geschichte des Elsasses, 6 Bände, Straßburg 1841 ff.

Süß, Gustav Adolf: Geschichte des oberrheinischen Kreises und der Kreisassoziationen in der Zeit des spanischen Erbfolgekrieges (1697 - 1714), Mainz 1952.

Sydow, Jürgen: Städte im deutschen Südwesten. Ihre Geschichte von der Römerzeit bis zur Gegenwart, Stuttgart 1987.

Terharn, Christoph: Die Herforder Fehden im späten Mittelalter. Ein Beitrag zum Fehderecht, Diss. jur., Berlin 1994 (Quellen und Forschungen zur Strafrechtsgeschichte 6).

Teusch, Jakob: Die Reichslandvogteien in Schwaben und im Elsass zu Ausgang des dreizehnten Jahrhunderts, Bonn 1880.

Tewes, Ludger: Der westfälische Landfriede vom 7. Oktober 1387, in: Westfälische Zeitschrift 136 (1986), S. 9 - 18).

Tewes, Ludger: Frühe Landfriedens- und Städtepolitik im Gebiet des späteren Vestes Recklinghausen zu Beginn des 14. Jahrhunderts, in: Vestische Zeitschrift 81 (1982), S. 5 ff.

Tewes, Ludger: Westfälische Landfrieden im 14. Jahrhundert. Textfunde der Friedensbündnisse von 1358 Oktober 31 und 1392 September 20, in: BDLG 121 (1985), S. 169 - 176.

Tewes, Udo: Zum Fehdewesen zwischen Weser und Elbe. Fehde - Sühne - Urfehde, in: Lüneburger Blätter 21/22 (1970/71), S. 121 - 200.

Thieme, Hans: Die Funktion der Regalien, in: ZRG GA 62 (1942), S. 57 - 88.

Thieme, Hans: Friede und Recht im mittelalterlichen Reich. Rede des ordentlichen Professors des deutschen Rechts, bürgerlichen Rechts, Handelsrechts und Kirchenrechts Dr. jur. Hans Thieme gehalten in der Aula der Universität Leipzig am 30. Januar 1942, Leipzig 1945.

Thomas von Aquin, *Christmann*, Heinrich M. (Hg.): Summa theologica. Vollständige, ungekürzte deutsch-lateinische Ausgabe, Salzburg u.a. 1934 ff.; Band 13: *Pesch*, Otto Hermann (Bearb.): Das Gesetz, Salzburg u.a. 1977.

Thomas, Heinz: Deutsche Geschichte des Spätmittelalters. 1250 - 1500, Stuttgart 1983.

Thomas, Heinz: Die Luxemburger und der Westen des Reiches zur Zeit Kaiser Karls IV, in: JbWestdtLG 1 (1975), S. 59-96.

Thomas, Heinz: Ludwig der Bayer (1282 - 1347). Kaiser und Ketzer, Regensburg/Graz 1993.

Tolmein, Oliver: Richten im Namen der Menschheit. Der Internationale Strafgerichtshof und die Neuordnung der Welt, Frankfurt am Main 2004.

Transier, Werner: Speyer: Die jüdische Gemeinde im Mittelalter, in: *Cluse*, Christoph (Hg.): Europas Juden im Mittelalter, Trier 2004, S. 420-431

Treffeisen, Jürgen: Aspekte habsburgischer Stadtherrschaft im spätmittelalterlichen Breisgau, in: *ders.* / *Andermann*, Kurt (Hg.): Landesherrliche Städte in Südwestdeutschland, Sigmaringen 1994, S. 157 - 229.

Troe, Heinrich: Münze, Zoll und ihre finanzielle Bedeutung für das Reich vom Ausgang der Staufer bis zum Regierungsantritt Karls IV. Ein Beitrag zur Geschichte des Reichsfinanzwesens in der Zeit von 1250 bis 1350, Stuttgart / Berlin 1937 (Behefte zur VSWG 32).

Tröndle, Herbert / *Fischer*, Thomas: Strafgesetzbuch und Nebengesetze (StGB), 53. Auflage München 2006.

Trusen, Winfried: Der Inquisitionsprozeß, seine historischen Grundlagen und frühen Formen, in: ZRG KA 105 (1988), S. 168 - 230.

Trusen, Winfried: Anfänge des gelehrten Rechts in Deutschland. Ein Beitrag zur Geschichte der Frührezeption, Wiesbaden 1962.

Trusen, Winfried: Gutes altes Recht und consuetudo - Aus den anfängen der Rechtsquellenlehre im Mittelalter, in: *ders.*: Gelehrtes Recht im Mittelalter und in der frühen Neuzeit, Goldbach 1997, S. 721 - 736.

Tschamber-Hüningen, Karl: Verein zu Landesrettung, gegründet zu Straßburg am Mittwoch nach Matthäi im Jahre 1572, in: Jahrbuch für Geschichte, Sprache und Literatur Elsass-Lothringens (JbGEL) 21 (1905), S. 59 - 77.

Ungerer, Jacques: Le pont du Rhin à Strasbourg du XIVe siècle à la révolution, Strasbourg 1952 (Publications de l'Institut des Hautes Etudes Alsaciennes 7).

Usteri, Emil: Das öffentlich-rechtliche Schiedsgericht in der schweizerischen Eidgenossenschaft des 13. - 15. Jahrhunderts. Ein Beitrag zur Institutionengeschichte und zum Völkerrecht, Zürich 1925.

Vancsa, Max: Das erste Auftreten der deutschen Sprache in den Urkunden, Leipzig 1895.

Varga, Lucie: Das Schlagwort vom „Finsteren Mittelalter", Baden/Brünn 1932

Véron-Réville, Armand-Antoine: Essai sur les Anciennes Juridictions d'Alsace, Colmar 1857.

Vigener, Fritz: Kaiser Karl IV. und der Mainzer Bistumsstreit (1373 - 1378), Trier 1908.

Vitzthum, Wolfgang Graf (Hg.): Völkerrecht, 3. Auflage Frankfurt u.a. 2004.

Vogel, Christian: Vom Töten zum Mord. Das wirklich Böse in der Evolutionsgeschichte, in: *Meier*, Heinrich (Hg.): Die Herausforderung der Evolutionsbiologie, 2. Auflage München 1989.

Vogel, Thomas: Fehderecht und Fehdepraxis im Spätmittelalter am Beispiel der Reichsstadt Nürnberg (1404 - 1438), jur. Diss., Frankfurt a.M. u.a. 1998.

Vollmuth-Lindenthal, Michael: Die Erzbischöfe von Magdeburg in Landfrieden des 14. Jahrhunderts. Ein Werkstattbericht, in: *Buschmann*, Arno / *Wadle*, Elmar (Hg.): Landfrieden. Anspruch und Wirklichkeit, Paderborn u.a. 2002, S. 213 - 230.

Vollrath, Hanna: Die deutschen königlichen Landfrieden und die Rechtsprechung, in: La Giustizia nell'Alto Medioevo. Bd 2, Sttimane di Studio del Centro italiano sull'Alto Medioevo Bd. 44, Spoleto 1997, S. 591 - 619.

Vollrath, Hanna: Probleme um die Landfrieden. Fragen an Geschichte und Rechtsgeschichte, in: *Buschmann*, Arno / *Wadle*, Elmar (Hg.): Landfrieden. Anspruch und Wirklichkeit, Paderborn u.a. 2002, S. 11 - 30.

Voltelini, Hans von: Die deutsche Fassung des Mainzer Landfrieden von 1235, in: Zeitschrift des Historischen Vereines für die Steiermark 26 (1931), S. 73 - 86.

Voltmer, Ernst: Der Rheinische Bund (1254-1256). Eine neue Forschungsaufgabe?, in: *Mötsch*, Johannes / *Dollwer*, Joachim (Hg.): Propter culturam pacis ... um des Friedens willen. Der rheinische Städtebund von 1254/1256, Koblenz 1986, S. 117 - 143.

Wackernagel, Rudolf: Geschichte der Stadt Basel, 4 Bände, Basel 1907 ff.

Wackernagel, Rudolf: Geschichte des Elsaß, 2. Auflage Freiburg i. Br. 1940.

Wadle, Elmar: Der Nürnberger Fehdebrief Kaiser Friedrich Barbarossas und das gelehrte Recht, in: *Köbler*, Gerhard (Hg.): Wege europäischer Rechtsgeschichte. Karl Kroeschell zum 60. Geburtstag, Frankfurt a.M. / New York 1987, S. 548 - 572.

Wadle, Elmar: Die peinliche Strafe als Instrument des Friedens, in: *Fried*, Johannes (Hg.): Träger und Instrumentarien des Friedens im hohen und späten Mittelalter, Sigmaringen 1996 (Vorträge und Forschungen 43), S. 229 - 247.

Wadle, Elmar: Frühe deutsche Landfrieden, in: *Mordek*, Hubert (Hg.): Überlieferung und Geltung normativer Texte des frühen und hohen Mittelalters. Vier Vorträge, gehalten auf dem 35. Deutschen Historikertag 1984 in Berlin, Sigmaringen 1986 (Quellen und Forschungen zum Recht im Mittelalter 4), S. 71 - 92.

Wadle, Elmar: Gottesfrieden und Landfrieden als Gegenstand der Forschung nach 1950, in: *Kroeschell*, Karl / *Cordes*, Albrecht (Hg.): Funktion und Form. Quellen- und

Methodenprobleme der mittelalterlichen Rechtsgeschichte, Berlin 1996 (Schriften zur europäischen Rechts- und Verfassungsgeschichte 18), S. 63 - 91.

Wadle, Elmar: Landfriedensrecht in der Praxis, in: ders. / *Buschmann*, Arno (Hg.): Landfrieden. Anspruch und Wirklichkeit, Paderborn 2002, S. 73 - 94.

Wadle, Elmar: Zur Delegitimierung der Fehde durch die mittelalterliche Friedensbewegung, in *ders.*: Landfrieden, Strafe Recht. Zwölf Studien zum Mittelalter, Berlin 2001 (Schriften zur Europäischen Rechts- und Verfassungsgeschichte 37), S. 102 - 122.

Wagner, Ferdinand: Die Göttinger Fehde von 1387. Göttingen 1922 (Bücher der Spinnstube 6).

Wagner, Georg: Studien zur Geschichte der Abtei Andlau, in: ZGO 66 (1912), S. 445 - 469.

Waitz, Georg: Deutsche Verfassungsgeschichte, 2. Auflage 8 Bände, Berlin 1880 ff.; Band: 6 : *ders.* / *Seeliger*, Gerhard: Die deutsche Reichsverfassung von der Mitte des neunten bis zur Mitte des zwölften Jahrhunderts, Berlin 1896.

Walter, Theobald: Die Edlen von Reinach in der alten Bischofsstadt Ruffach, in: Jahrbuch für Geschichte, Sprache und Literatur Elsass-Lothringens (JbGEL) 25 (1909), S. 33 - 38

Walter, Theobald: Zur Geschichte der Stadt Ruffach, in: Jahrbuch für Geschichte, Sprache und Literatur Elsass-Lothringens (JbGEL) 11 (1895), S. 4 f.

Walter, Theobald: Zur Geschichte des Deutschritterordens im Oberelsass, in: Jahrbuch für Geschichte, Sprache und Literatur Elsass-Lothringens (JbGEL) 14 (1898), S. 3 - 55.

Weber, Hellmuth von: Internationale Strafgerichtsbarkeit, Berlin 1934 (Völkerrechtsfragen 40).

Weber, Max: Rechtssoziologie, 5. Auflage Neuwied 1972.

Weber, Max: Wirtschaft und Gesellschaft, 5. Auflage, Tübingen 1972.

Weber, Peter- Karl: Lichtenberg. Eine elsässische Herrschaft auf dem Weg zum Territorialstaat. Soziale Kosten politischer Innovation, Heidelberg 1993.

Weigel, Max: Die Landfriedensverhandlungen unter König Sigmund vor und während der Zeit des Constanzer Concils, Halle 1884.

Weimann, Karl: Das tägliche Gericht. ein Beitrag zur Geschichte der Niedergerichtsbarkeit im Mittelalter, Breslau 1913.

Weitzel, Jürgen: Gerichtsöffentlichkeit im hoch- und spätmittelalterlichen Deutschland, in: *Haverkamp*, Alfred (Hg.): Information, Kommunikation und Selbstdarstellung in mittelalterlichen Gemeinden, München 1998, S. 71 - 84.

Weitzel, Jürgen: Strafe und Strafverfahren in der Merowingerzeit, in: ZRG GA 111 (1994), S. 66 - 147.

Weitzel, Jürgen: Versuch über die Normstrukturen und Rechtsbewusstsein im mittelalterlichen Okzident, in: Lampe, Ernst-Joachim (Hg.): Zur Entwicklung von Rechtsbewußtsein, Frankfurt am Main 1997, S. 371 - 402.

Weizsäcker, Julius: Der Rheinische Bund 1254, Tübingen 1879.

Weller, Karl: Die freien Bauern in Schwaben, in: ZRG GA 54 (1934), S. 178 - 226.

Weltin, Max: Der Begriff des Landes bei Otto Brunner und seine Rezeption in der deutschen verfassungsgeschichtlichen Forschung, in: ZRG GA 107 (1990), S. 339 - 376.

Wencker, Jakob: Disquisitio de Ussburgeris, im Anhang zu: *ders.*: Dissertatio De Pfalburgeris Ad Cap. XVI. Aur. Bull. Revisa et aucta ex actis et documentis publicis Archivi Argent. Accesserunt Disquisitiones duae de Usburgeris & Glevenburgeris, Straßburg 1698.

Wencker, Jakob: Dissertatio De Pfalburgeris Ad Cap. XVI. Aur. Bull. Revisa et aucta ex actis et documentis publicis Archivi Argent. Accesserunt Disquisitiones duae de Usburgeris & Glevenburgeris, Straßburg 1698.

Wendehorst, W.: Das Reichsvikariat nach der Goldenen Bulle, Diss. typ. Göttingen 1951.

Werunsky, Emil: Geschichte Kaiser Karls IV. und seiner Zeit, 2 Bände, Innsbruck 1880 ff.

Wesel, Uwe: Frühformen des Rechts in vorstaatlichen Gesellschaften. Umrisse einer Frühgeschichte des Rechts bei Sammlern und Jägern und akephalen Ackerbauern und Hirten, Frankfurt am Main 1985.

Wetzel, Erich: Das Zollrecht der deutschen Könige von den ältesten Zeiten bis zur goldenen Bulle, Breslau 1893 (Untersuchungen zur Deutschen Staats- und Rechtsgeschichte 43).

Widmer, Andreas: „daz ein bůb die eidgenossen angreif". Eine Untersuchung zu Fehdewesen und Raubrittertum am Beispiel der Gruber-Fehde (1390-1430), (Diss.) Bern u.a. 1995.

Wieacker, Franz: Privatrechtsgeschichte der Neuzeit. Unter Berücksichtigung der deutschen Entwicklung, Göttingen 1952 (Jurisprudenz in Einzeldarstellungen 7).

Wieling, Hans Josef: Sachenrecht, 4. Auflage Berlin / Heidelberg 2001.

Wilda, Wilhelm Eduard: Das Pfändungsrecht, in: Zeitschrift für deutsches Recht und deutsche Rechtswissenschaft (ZdtR) 1 (1839), S. 166 - 320.

Wilda, Wilhelm Eduard: Geschichte des deutschen Strafrechts, Band 1: Das Strafrecht der Germanen, Halle 1842.

Willoweit, Dietmar: Vertragen, Klagen, Rügen. Reaktionen auf Konflikt und Verbrechen in ländlichen Rechtsquellen, in: *Rödel*, Dieter / *Schneider*, Joachim (Hg.): Strukturen der Gesellschaft im Mittelalter. Interdisziplinäre Mediävistik in Würzburg, Würzburg 1996, S. 196 - 224.

Willoweit, Dietmar: Die Ungleichbehandlung der Frau im mittelalterlichen Recht, in: *Böhm*, Winfried (Hg.): Mann und Frau - Frau und Mann. Hintergründe, Ursachen und Problematik der Geschlechterrollen. 5. Würzburger Symposium der Universität Würzburg, Stuttgart 1992, S. 300 - 314.

Willoweit, Dietmar: Entwicklung und Verwaltung der spätmittelalterlichen Landesherrschaft, in: *Jeserich*, Kurt G.A. / *Pohl*, Hans / von *Unruh*, Georg-Christoph (Hg.): Deutsche Verwaltungsgeschichte, Bd. 1: Vom Spätmittelalter bis zum Ende des Reiches, Stuttgart 1983, S. 66 - 142.

Windscheid, Bernhard: Lehrbuch des Pandektenrechts, 3 Bände, 7. Auflage Frankfurt, a.M. 1891.

Winter, G.: Straßburgs Theilnahme an dem Kampf zwischen Adolf von Nassau und Albrecht von Österreich, in: Forschungen zur Deutschen Geschichte (FDG) AF 19 (1879), S. 521 - 567.

Winterfeld, Luise von: „ruten und roven". Ein Beitrag zur Geschichte des Fehdeunwesens und des Straßenraubes in Westfalen, in: Beträge zur Geschichte Dortmunds und der Grafschaft Mark 46 (1940), S. 69 - 109.

Winterfeld, Luise von: Die kurrheinischen Bündnisse bis zum Jahre 1386, phil. Diss. Göttingen 1912.

Winterfeld, Luise von: Gottesfrieden und deutsche Stadtverfassung, in: Hansische Geschichtsblätter 32 (1927), S. 8 - 56.

Wirz, Hans Georg: Zürichs Bündnispolitik im Rahmen der Zeitgeschichte 1291-1353, in: Mitteilungen der Antiquarischen Gesellschaft in Zürich 36/3 (1955), S. 1 - 56.

Witte, Hans: Straßburg zur Zeit des ersten Engländereinfalls 1365, in: Jahrbuch für Geschichte, Sprache und Literatur Elsass-Lothringens (JbGEL) 13 (1897), S. 3 - 55.

Witte, Heinrich: Die Armagnaken im Elsass. 1439-1445, Straßburg 1889.

Witte, Heinrich: Die armen Gecken oder Schinder und ihr Einfall ins Elsaß 1439, Straßburg 1883.

Wittmer, Charles: Le livre de Bourgeoisie de la ville de Strassbourg 1440-1530, 3 Bände Straßburg 1948 ff.; Band 3: Index, Introduction, Straßburg 1961.

Wittmer, Charles: Die mittelalterliche Dominikanerschule in Colmar, in: ColmarerJb 1 (1935), S. 100 - 111.

Wittmer, Charles: Colmar, berceau de la réforme dominicaine 1389, in: ColmarerJb 4 (1938), S. 51 - 62.

Wohlgemuth, Hanns: Das Urkundenwesen des deutschen Reichshofgerichts (1273-1378). Eine kanzleigeschichtliche Studie, Köln / Wien 1973.

Wohlhaupter, Eugen: Studien zur Rechtsgeschichte der Gottes- und Landfrieden in Spanien, Heidelberg 1933.

Wolf, Armin: Das „Kaiserliche Rechtbuch" Karls IV. (sogenannte Goldene Bulle), in: Coing, Helmut (Hg.): Ius Commune 2 (1969), S. 1 - 33.

Wolf, Armin: Die Gesetzgebung der entstehenden Territorialstaaten, in: *Coing*, Helmut (Hg.): Handbuch der Quellen und Literatur der Neueren Europäischen Privatrechtsgeschichte, Bd. 1, München 1973, S. 571 - 800 .

Wunschel, Hans Jürgen: Ein Fragment des Landfriedens Karls IV. für das mittelrheinische Gebiet (1368) , in: Patze, Hans (Hg.): Kaiser Karl IV (1316-1378). Forschungen über Kaiser und Reich, Neustadt/Aisch. 1978, S. 457 - 461.

Würgler, Andreas: Die Tagsatzung der Eidgenossen. Spontane Formen politischer Repräsentation im Spätmittelalter und in der frühen Neuzeit, in: *Blickle*, Peter (Hg.): Landschaften und Landstände in Oberschwaben. Bäuerliche und bürgerliche Repräsentation im Rahmen des frühen europäischen Parlamentarismus, Tübingen 2000, S. 99 - 117.

Wyneken, Wilhelm: Die Landfrieden in Deutschland von Rudolf von Habsburg bis Heinrich VII, Diss. Naumburg 1886.

Wyttenbach, Joannes Hugo / *Müller*, Michael Franciscus Josephus (Hg.): Gesta Trevirorum integra lectionis varietate et animadversionibus illustra ac indice duplici instructa Trier 1836 ff.; Band 2: Ab anno MCCLIX usque ad mortem archiepiscopi Richardi a Greifenclau, anno 1531. Trier 1838.

Zacharias, Rainer: Die Blutrache im deutschen Mittelalter, in: Zeitschrift für deutsches Altertum und deutsche Literatur 91 (1962), S. 167 - 201.

Zallinger, Otto von: Das Verfahren gegen die landschädlichen Leute in Süddeutschland. Ein Beitrag zur mittelalterlich-deutschen Strafrechts-Geschichte, Innsbruck 1895.

Zallinger, Otto von: Der Kampf um den Landfrieden in Deutschland während des Mittelalters, in: Mitteilungen des Instituts für österreichische Geschichtsforschung (MIÖG) IV. Ergänzungsband, Innsbruck 1893, S. 443 - 459.

Zapp, Hartmut: Art. „Eid II. Kanonistische Eideslehre", LexMA III, Sp. 1675 f.

Zettler, Alfons: Geschichte des Herzogtums Schwaben, Stuttgart 2003.

Zeumer, Karl: Die deutschen Städtesteuern, insbesondere die städtischen Reichssteuern im 12. und 13. Jahrhundert. Beitrag zur Geschichte der Steuerverfassung des Deutschen Reiches, Leipzig 1878.

Zeumer, Karl: Die Goldene Bulle Kaiser Karls IV., 2 Bde., Bd.1: Entstehung und Bedeutung der Goldenen Bulle, Weimar 1908; Bd. 2: Text der Goldenen Bulle und Urkunden zu ihrer Geschichte und Erläuterung, Weimar 1908.

Zeumer, Karl: Studien zu den Reichsgesetzen des XIII. Jahrhunderts, in: ZRG GA 23 (1902), S. 61 - 112.

Ziegler, Karl-Heinz: Kriegsrechtliche Literatur im Spätmittelalter, in: *Brunner*, Horst (Hg.): Der Krieg im Mittelalter und der frühen Neuzeit, Wiesbaden 1999, S. 57 - 72.

Zimmermann, Volker: Die Entwicklung des Judeneids. Untersuchungen und Texte zur rechtlichen und sozialen Stellung der Juden im Mittelalter, Bern 1973.

Zind, Pierre: Brève Histoire de l'Alsace, Paris 1977.

Zmora, Hillay: Adelige Ehre und ritterliche Fehde. Franken im Spätmittelalter, in: Schreiner, Klaus / Schwerhoff, Gerd (Hg.): Verletzte Ehre, Ehrkonflikte in Gesellschaften des Mittelalters und der Frühen Neuzeit, Köln/Weimar/Wien 1995, S. 92 - 109.

Zmora, Hillay: Princely State-Making and the ‚Crises of the Aristocarcy' in Late medieval Germany, in: Past and Present 153 (1996), S. 37 - 63.

Zmora, Hillay: State and nobility in early modern Germany. The knightly feud in Franconia. 1440 - 1567, Cambridge 1997.

Zorn, Jochen: Bündnisverträge der Stadt Frankfurt am Main mit dem Adel der Umgebung im 14. und 15. Jahrhundert, Diss. jur., Bamberg 1966.

Zotz, Thomas: Der Oberrhein: Raumbegriff und Aspekte der territorialen und politischen Geschichte im Spätmittelalter, in: *Lorenz*, Sönke (Hg.): Spätmittelalter am Oberrhein, Band 2: Aufsatzband, Stuttgart 2001, S. 13 - 23.

Orts-, Personen- und Sachregister

Abfassung 372
Abgaben 112, 183, 203, 224, 271, 302, 416, 459, 473, 576, 587, 646
Abgrenzung 172
Abhilfe 530
Ablauf 271, 325, 356
Abrechnungen 573, 576
Absage 106, 109, 356, 390, 405, 420, 423, 610, 611, 614
  Form 252, 406
  Frist 200, 226, 252, 348, 406
Absagebriefe 606, 626, 631
Abschluss 320, 394, 531
Abschreckung 562, 564, 599
Absetzung 159, 204, 313, 322, 368, 461, 645
absolutes Fehdeverbot 86, 90
Abstinenz 254
Abwahlpläne 204
Abwehr 430
Abwehrrecht 546
Abwesenheit 510
Acht 88, 92, 121, 166, 173, 227, 270, 278, 285, 302, 305, 425, 433, 451, 535, 538, 555, 590
Achtbuch 162, 538, 607
Achtlösung 92, 308
Adelheid von Baden 339
Adelsfehde 179
Adelsgesellschaften 286, 292
Adelshausen 586
Adolf von Nassau 152, 165, 314, 368, 374, 440, 486, 488, 564
Adressaten 96, 108, 163, 320, 384
Afterlehen 70
Aggression 45, 637
Ahndung 422, 489, 492, 561, 563
Akteure 57, 73, 75, 95
Aktionen 554, 577, 597
Aktivierung der Masse 79, 362, 387, 476, 565
Akzeptanz 93, 355, 357, 358, 369, 380, 384, 387, 401, 454, 455, 651
Albrecht von Habsburg
  I., König 152, 155, 160, 171, 330, 352, 455, 461, 489, 495, 572, 593
  II., Herzog von Österreich 196, 201
  II., König 648
  III., Herzog von Österreich 218, 274
Albrecht von Hohenberg 135, 210, 583
Allgemeinheit 368
Allianz 552, 583, 631
Allmende 277, 469
Alternativen 65, 369
althergebrachte Rechte 649
Altkirch 573
Amt 508
Amtsbezirk 58
Amtseid 379, 440, 441, 485, 500, 501, 508, 522, 608, 642
Amtsenthebung 139, 289
Amtsgewalt 138, 139
Amtsleute 60, 202, 218, 222, 253, 268, 339, 366, 375, 386, 426, 455, 477, 482, 496, 501, 505, 506, 514, 605, 631, 657
Amtsmissbrauch 294
Amtspflichten 509
  Vergehen 162, 433
  Verletzung 92
Amtsträger 74, 207, 340, 373, 435, 487, 490, 492, 510, 632
Amtsverhältnis 560
Amtszeit 294, 505
Anagni 168
Andlau 157, 310
ane geverde 323, 361, 382, 510, 541, 545, 609
Anerkennung 49, 110, 141, 175, 235, 237, 303, 312, 321, 353, 421, 436, 448, 502, 503, 643
Angehörige 368, 418, 559, 562, 563, 568
Angriff 86, 108, 171, 179, 243, 294, 394, 424, 427, 443, 500, 520, 560, 587, 637
Anhänger 73, 136, 140, 167, 175, 177, 198, 570, 582, 620, 624
Anklage 314
Anknüpfungspunkt 434
Anleite 162, 173, 278, 470
Annexion 653, 654

Anordnung 334, 483, 527
Anreiz 457
Ansässige 57, 261, 326, 376, 386, 396, 430, 530, 536, 590
Ansatzpunkte 41
Ansehen 201, 225, 248, 265, 299
Anselm von Rappoltstein 592
Anspruch .. 42, 97, 101, 103, 152, 199, 294, 322, 336, 353, 365, 367, 369, 480, 500
Anstellungsvertrag 559
Anweisung 517
Anwendungsbereich 332, 421
Anzeige 519
Appellationsprivileg 502, 532
Arglist 510, 541, 564, 574
argwöhnische Leute 240
Armagnaken 645, 648
Armleder 220, 223, 225, 231, 428, 499, 538, 540, 636, 653
Arnauld de Cervole 260
Arnold von Girbaden 598
Arnold von Üssigheim 220
Assoziierungen 553
Attraktivität 44, 58, 189
auctoritas 94, 125, 358
Aufbau 311
Auffangtatbestand 407
Aufforderung 528
Aufgaben 41, 479, 482, 485, 500, 582
Aufgebot 486, 658
Aufhebung 301, 640
Aufläufe . 224, 225, 260, 274, 393, 428, 499
Auflösungsrecht 324
Aufnahme 195, 196, 377
Aufrichtung 102, 345, 370
Aufrichtungskampagne 140
Aufruhr . 224, 231, 239, 244, 247, 393, 398, 499, 637, 638
Aufstände 427
Ausbürger ... 60, 68, 69, 249, 254, 266, 271, 276, 277, 281, 282, 293, 300, 301, 305, 306, 457, 473, 474, 531, 540, 550, 556, 569, 572, 593, 604, 633, 637
Ausbürgerrechte 266
Ausbürgerverzeichnis 256
Ausgaben 281
Ausgangsbedingungen 126, 175, 345
Ausgleich 166, 173, 302, 492, 519, 621
Aushandlung 256, 373, 375
Auslieferung 149, 155, 651
Ausnahmen 294, 381, 421, 423, 472
Ausrüstung 567
Ausschluss 564
Ausschuss 476
Aussöhnung 302
Ausstoßung 451
Austauschurkunden 222
Austrag 63, 297, 308, 325, 520, 569, 616, 624, 628
Austragungsmöglichkeit 653
Auswahlkriterien 336
Auswärtige 63, 64
Ausweitung 51
Auszug .. 107, 122, 211, 378, 453, 503, 549, 551, 561, 564, 573, 574, 583, 587, 588, 595, 601, 618, 631
Autonomie 68, 95, 179, 286, 292, 342, 435, 493, 496, 621
Autonomiebestrebungen 144, 260, 372
Autorität 79, 85, 86, 103, 116, 121, 128, 140, 158, 163, 171, 175, 178, 182, 183, 189, 199, 207, 229, 268, 292, 313, 343, 344, 351, 353, 354, 357, 358, 359, 365, 366, 375, 437, 448, 476, 481, 484, 486, 489, 493, 503, 523, 532, 561, 563, 569, 574, 585, 596, 608, 614, 620, 632, 656
Autoritätsperson 76
Avignon 264
Bacharach 180, 185
Baden 177, 178, 180, 201, 329, 339, 340, 463, 585
Badenweiler 329
Balduin von Trier 171, 204, 209, 234
Bann 205, 229
Basel ... 68, 74, 120, 129, 131, 133, 135, 168, 169, 170, 171, 172, 173, 182, 186, 187, 194, 196, 199, 205, 206, 210, 219, 229, 233, 236, 237, 243, 246, 250, 257, 259, 264, 266, 269, 270, 273, 275, 276, 280, 284, 289, 293, 295, 302, 309, 310, 328, 329, 330, 331, 333, 337, 338, 341, 367, 378, 430, 454, 495, 499, 505, 513, 520, 528, 529, 540, 542, 566, 570, 573, 585, 602, 604, 605, 619, 620, 621, 638, 653
  Bischof 70, 74, 120, 129, 133, 149, 154, 191, 196, 205, 210, 215, 217, 222, 233, 237,

264, 266, 295, 304, 327, 330, 332, 338, 371, 381, 488, 505, 566, 586, 620, 622
Bauern50, 81, 112, 178, 220, 283, 300, 413, 517, 531, 627, 639
Bauernfrage 482
Bauernkriege 179
Bayern 71, 141, 147, 190, 227, 340, 458, 524, 609, 629
Beauftragung 142
Bedeutung 160, 597, 643
Bedingungen 264
Bedrohungen 221, 260, 275, 280, 283, 287, 293, 315, 651
Bedürfnisse 44, 390
Beeidung 141, 188, 356, 376, 384, 421, 454
Beeidungsgebot 368
Beeidungskampagne 370
Beeidungspflicht 345
Beendigung 574
vorzeitige 324, 376
Befehdung 355
Befehlsgewalt 585
Befriedung 137, 206, 303, 364, 373, 421, 470, 582, 583
Befriedungsmaßnahmen 108, 150
Befriedungszweck 469
Befristung 142, 320, 380
Befugnisse 262, 378, 477, 495, 496, 558, 613
Begründung...... 80, 85, 102, 103, 303, 358, 444, 450, 592
Begründungszusammenhang 356
Begründungszwang 356
Begünstigung 82, 452
Beherbergung. 88, 445, 466, 550, 567, 614, 632
Ächter 147, 538
landschädliche Leute 147, 538
Beihilfe 466
Beilegung 279, 585
Beinheim 177, 303, 523
Beinheimer Nahme 303
Beistand. 196, 197, 214, 215, 231, 247, 255, 262, 277, 279, 311, 362, 366, 367, 379, 450, 480, 487, 504, 626, 628, 648
Beistandsbündnis 51, 97, 107, 116, 228, 230, 237, 246, 250, 253, 260, 281, 309, 322, 362, 540, 569
Beistandsgedanken 521
Beistandspflicht 98, 100, 114, 325, 365, 368, 376, 394, 396, 420, 421, 422, 423, 424, 426, 547, 564, 565, 566, 567, 640
Beistandsversprechen 101
Beiträge 574, 576, 646
Beitritt 349, 553
Bekräftigungen 382
Belagerung 150, 211, 221, 243, 259, 284, 306, 307, 312, 325, 500, 551, 564, 574, 584, 586, 592, 593, 595, 608, 627, 631, 635
Belagerungsmaschinen 209, 631
Belagerungstechniken 212
Belastungswirkungen 344
Belfort 573
Benedikt XII. 623
Benennung 379
Benfeld 205, 239, 324, 515, 639, 655
Bennweiler 169
Beratungen 99, 261, 279, 367, 429, 523, 526, 648
Beratungsgremium 649
Berechtigung 423, 453
Bergheim 592
Bern 149, 169, 199, 211
Berthold Swarber 236, 512
Berthold zum Riet 556
Berwartstein 595
Beschädigung 400
Beschlüsse 657
Beschwörung 85, 189
Besigheim 329
Besitzschutz 82, 470
Besitzstandsgarantien 457, 468, 569
Besoldung 556, 559
Besserung 88, 426, 432, 439, 444, 447, 448, 498, 599
Bestätigung 156, 186, 370, 380, 481, 501
Bestechung 509
Bestellung 214, 245, 340, 485, 504, 566
Besteuerung 144
Bestrafung 92, 155, 348, 390, 424, 430, 561, 615
Beteiligung 358, 611
Beurteilung 492, 495, 521
Beurteilungbefugnisse 500
Bevollmächtigte 177
Bewährungsprobe 642

Beweis 416, 462, 509, 524, 546, 604, 633
Beweiskraft 132
Beweisrecht 519
Bewusstsein 458, 643
Bezeichnung 365
Bezirke 647
Bindungswirkung 480, 500
Bingen 167, 244
Binnenorganisation 109
Binnenpflicht 564
Binnenrecht 652
Birs 566
Bischof Berthold...211, 213, 215, 217, 221, 228, 230, 232, 242, 244, 622, 638
Bitsch 632
Blanca 164
Blankenburg 634
Blankett 433, 442, 445, 448
Blutgerichtsbarkeit 421
Blutrache42, 44, 48, 49, 393, 419, 420, 443, 527
Böhmen 170, 180, 218, 313
Bonifaz VIII 164, 168
Boppard 135, 572
Borziboy von Swinar 306, 313
Bösartigkeit 537
böse Fasnacht 284, 309, 605
Boten......109, 113, 122, 162, 227, 270, 271, 305, 377, 427, 477, 490, 492, 509, 518, 528, 530, 555, 573, 603, 606, 608, 617, 618, 625, 634, 639
Botschaften 490
Brand 81, 314, 379
Brandschatzung 144, 182, 592, 596, 626
Brandstifterbrief 404
Brandstiftung .. 56, 389, 402, 404, 498, 567
brant 404
Braunschweig 600
Breisach . 120, 158, 205, 211, 228, 230, 238, 242, 246, 250, 257, 264, 274, 276, 337, 338, 586, 618, 619, 621, 626
Breisgau 170, 267, 486, 523
Breusch 183
Briefe....... 490, 492, 518, 603, 606, 608, 611
Brüche 315
Brückengeld 456
Brumat 217, 299, 623, 628
Brunnenvergiftung 238, 239, 637, 639
Bruno von Rappoltstein 305, 312
Buchsweiler 632
Bundesgenosse 310
Bundesversammlung 122, 481
bündische Friedenstradition 373
bündische Landfrieden 366
bündisches Element 335, 347, 495
Bündnisentwurf 257
Bündnisfähigkeit 95, 111, 115
Bündnisfreiheit 571
Bündnisgebiet 261
Bündnisgenossen 497
Bündnisideen 328, 337
Bündnispartner 223, 257
Bündnispflicht 522
Bündnispolitik 363
Bündnisse68, 285, 288, 294, 328, 351, 365, 381, 653, 660
Bündnisverbot 254, 294, 360
Bündnisvertrag 393, 489, 596
Buounconvento 174
Burgbelagerung ... 168, 171, 272, 449, 454, 549, 561, 573, 583, 590, 595
Burgbrechung 156, 163, 168, 266, 357, 360, 450, 486, 549, 575, 595, 600, 605, 608
Burgeinnahme 543, 574
Burgen 125, 202
Burgenbau 451, 463, 589
Burgenbaurecht 91
Bürgeraufnahme 112
Bürgereid 447, 448
Bürgerrecht 224, 474, 626
Bürgerrechte 133, 277
Bürgerschaften . 52, 95, 181, 184, 198, 254, 313, 342, 410, 427, 434, 455, 482, 487, 495, 602, 604
Burgfrieden 567, 624
Burgund 287, 304, 649
Burgzerstörung 583, 589
Burkhard von Horburg 203, 209
Burkhard von Lützelnstein 310
Burkhardt von Finstingen 277
Buße . 48, 49, 51, 87, 99, 102, 224, 239, 363, 367, 404, 424, 431, 438, 447, 448, 533, 558, 568, 590, 605
büßen und bessern 432, 439
Bußgerichtsbarkeit 546

Bußkatalog 437
Bußleistung 604
capitaneus 127
Chatillon 635
Claus Maler 619
Claus Marxer 603
Claus Zorn 172
Claus Zorn von Bülach 610
Claus Zorn, genannt Lappe 618
Clemens VI. 540
Clemens VII. 289
Colmar 68, 113, 120, 138, 139, 144, 148, 150, 154, 158, 171, 174, 186, 192, 202, 205, 206, 207, 215, 221, 223, 238, 244, 258, 260, 261, 273, 440, 513, 514, 528, 529, 551, 568, 573, 575, 586, 589, 592, 598, 599, 606, 616, 618, 624, 627, 639, 649, 655
compositio 102, 434, 438
coniuratio 61, 76, 346, 360, 411
conservatores pacis 157, 170, 478, 485, 489, 501, 548, 574, 596
Constitutio Criminalis Carolina 658
consuetudo 360
Crax 157
crimen laesae maiestatis 181, 226, 434
Darlehen 415
Dauer 148, 268, 325, 364, 571
Definition 41
Deinheim 144
Dekapolis 219, 228, 245, 247, 258, 260, 286, 288, 290, 324, 340, 372, 506, 556
Delegation 98, 455, 484, 497, 545, 551, 570
Delikte 56, 83, 389, 400, 468
Deliktskanon 428
Deutscher Orden 142, 609, 625
Dezentralisierung 582
Diebstahl 56, 82, 168, 401, 498, 536, 616
Diener 531, 534
Dienstmannen 146
Dienstpflichten 510
Diether von Hentschuchesheim 610
Dietrich von der Weitenmühle 313
Dietrich von Kintweiler 616
Dinghöfe 334
Diözesanfrieden 122
Direktorium 656
Döffingen 299
domini terre 148
Dominikaner 133, 148, 150, 196, 226
Doppelwahl 174, 175, 186, 233, 371
Dorfbewohner 111, 481
Drachenfelsen 600
Dreibund 197, 200, 210, 214, 222, 499, 623
  Mittelrhein 99, 114, 479, 504, 511
Druckmittel 64
duplum 438
Durchführung 232
Durchführungsordnung 345
Durchsetzung 289, 387, 476, 529, 537, 570, 597
  Mittel 54
dux Alsatiae 72, 127
Ebenbürtigkeit 56, 61, 179, 632
Eberhardt Puller von Hohenburg 598
Eberhart von Zweibrücken 631
Eberstein 105, 242
echte Not 509, 609
Eckenbach 520, 551, 566
Eckerich 145, 583
Effektivität 577, 643
Effizienz 86, 126, 479
Eger 300, 304
Egerner Reichslandfrieden 270, 300, 405, 418, 450, 473, 475, 515, 557, 602
Egino von Freiburg 143, 158, 165, 266, 584, 586, 619, 621
Ehenheim 186, 505, 627
Ehre 48, 51, 179, 357, 369, 568
ehrhafte Not 509
Ehrlosigkeit 564
Ehrverletzung 48, 438
Eid 60, 79, 157, 324, 326, 348, 352, 356, 357, 369, 385, 394, 435, 485, 493, 494, 496, 508, 510, 516, 519, 524, 539, 551, 558, 576, 598, 623
  Funktion 343, 350
  konstitutiver 344, 346, 391
Eidbrecher 88, 146, 391
Eidbruch 75, 434, 435, 441, 509, 564
  vorweggenommener 391
Eidesgebot 387
Eideslawine 79, 547, 563
Eidesleistung 156, 347, 348, 396, 587
Eidespflicht 108, 348, 368, 376, 377, 386
Eidgenossen 178, 234, 297, 368, 420, 427, 461, 468, 547, 563, 574

Eidhelfer 88
Eidunwillige 136, 351, 357
Eidverweigerer 80, 108, 146, 189, 348, 353, 356, 391, 564
Eigen und Erbe 380
Eigenbezeichnung 362, 369
eigenes Recht 98
Eigenkirchen 51
Eigenleute 161, 228, 474, 621
Eigenmacht 42, 63, 189, 225, 343, 357, 366, 401, 403, 457, 468, 469, 526, 568, 582, 584, 588, 597, 605, 617
Einberufung 511
Einfluss 265, 313
Einflussgebiet 337
Eingriffsrechte 569
Einigkeit 526
Einnahmen 207, 216, 459
Einschreiten 527
Einsiedeln 176
Einteilung 341
Einung 41, 327
Einungsmitglieder 335
Einungsorgane 647
Einungsparteien 333, 521, 563, 568
Einzelmaßnahmen 129, 140, 143
Elchesheim 122
Elsässische Landstände 654
Else von Fründesberg 609
Emicho von Leiningen 113, 234, 249, 299, 310, 585
Emmendingen 619
Endingen 266, 269
England 604
Engländer 260, 264, 265, 267, 268, 271, 339, 376, 379, 429, 522, 555, 560, 655
englischer Ritter 397
Enguerrand de Coucy 275, 283, 430
Ensisheim 187, 557
Entgelt 567
Enthauptung 604
Entlassung 544
Entschädigung 490
Entscheidung 519, 524
Entscheidungsgremium 102, 290
Entwürfe 287, 378
Eppe von Hattstatt 276, 592
Erbleihe 167, 468
Erfolg 45, 582
Ergreifung 560, 608
Ergreifungsort 189, 444, 539, 542, 545
Ergreifungsrecht 498, 651
Erlaubnis 487
Ermessen 260, 521, 527
Ermittlungsverfahren 533
Ermordung 172, 242, 589
Ernennung 506
Ernennungsrecht 512
Erneuerung 271, 284, 291
Errichtung 141, 174, 322, 323, 326, 353, 370, 372, 512, 569
Errichtungsakt 287
Errichtungsurkunde 326, 382, 513, 643
Ersatzstrafe 533
Ersitzung 374, 457, 469
Erstein 156, 211
Erzwingung 49, 99, 447, 486, 527, 530, 543, 554
Erzwingungscharakter 403
Erzwingungshilfe 545
Erzwingungsmaßnahmen 50, 453, 549, 590, 615
Erzwingungsmechanismus 561
Erzwingungsverfahren 451
Eskalation 296, 593, 596
Evokationsprivileg 502, 532
Ewiger Landfrieden 654
Exekution 109, 464, 648, 658
Exemplare 382
Exemtion 57, 62, 130, 490, 571, 617, 628
Exemtionsgerichtsbarkeit 454
Exemtionsprivilegien 62, 68, 161, 189, 294, 332, 504, 520, 586
Exkommunikation 119
Expansionsinteressen 291
Expansionsstreben 275
expeditiones 108
Falkenstein 604
falsche Verdächtigung 82
Fälscher 92, 443, 445
falscher Friedrich 126, 144
Falschmünzer 445, 466
Fassungen 378
Fegersheim 604
Fehde 41, 45, 48, 63, 76, 86, 90, 99, 202, 209, 216, 220, 223, 224, 231, 237, 242,

243, 249, 252, 269, 277, 278, 284, 289, 360, 363, 367, 393, 400, 403, 405, 407, 408, 409, 410, 419, 436, 443, 464, 540, 553, 583, 586, 587, 597, 599, 605, 606, 610, 618, 630, 635, 651
Fehdeallianzen ... 600
Fehdeansage ... 599
Fehdebekämpfung ... 225, 436
Fehdebeschränkungen ... 346
Fehdeeintritt ... 158
Fehdefähigkeit ... 52, 104, 115, 406, 420
Fehdeführende ... 534
Fehdeführung ... 534
Fehdegegner ... 355, 403
Fehdegründe ... 46, 278, 406
Fehdehandlungen ... 51, 278, 406, 419, 421
Fehdehelfer ... 107, 632
Fehdelogik ... 158
Fehdemaßnahmen ... 198, 543, 595
Fehden ... 178, 233, 241, 258, 262, 287, 297, 310, 371, 422, 549
Fehdeopfer ... 420
Fehdepartei ... 599, 632
Fehderecht ... 224, 356, 357, 360, 366, 409, 420, 421, 453, 457, 516, 533, 544, 549, 554, 587, 614
Fehderegeln ... 90, 178
Fehdeschranken ... 138, 454
Fehdeverbote ... 43
feiler Kauf ... 425, 632
Feind ... 601, 603
Feindschaft ... 48, 287, 325, 528
Feme ... 623
Fernhandel .. 59, 67, 68, 125, 185, 195, 208, 458, 459, 572
Fernkaufleute ... 59, 208, 636
Festnahme ... 533, 551, 616
Finanzierung ... 109, 186, 571
Finstingen ... 215, 531, 619
Flagelanten ... 239
Fleckenstein ... 67, 133, 328, 584
Flucht ... 496
Folgepflicht ... 109, 223, 440, 483, 557, 564
Folter ... 285, 641
formale Wahrheit ... 55
Formen ... 41, 418
formgerechte Fehde ... 253
Formulare ... 598
Fouragierrecht ... 82, 189, 567
Franken ... 140, 141, 227, 418, 647
Frankfurt ... 232, 292, 303, 352, 443, 564, 604, 618, 624, 641
Frankreich ... 190, 192, 227, 287, 289, 299, 304, 624
Franz von Sickingen ... 658
Frauen ... 81, 397, 517
Freiburg . 120, 133, 138, 158, 159, 165, 170, 173, 182, 192, 196, 199, 210, 211, 229, 237, 250, 257, 259, 264, 266, 269, 271, 273, 275, 276, 284, 328, 337, 367, 454, 485, 499, 555, 570, 586, 602, 603, 611, 618, 621, 639
Freie Stadt ... 70, 120, 161, 172, 475, 662
Freiheiten ... 57, 67, 72, 178, 228, 230, 255, 287, 301, 304, 308, 312, 315, 472, 518, 541, 571, 605
Fremde ... 396, 536
fremde Truppen ... 427
Freunde ... 327, 517, 518, 520, 531, 630
Frevel ... 616
Frieden von Brétigny ... 260
Friedensbrecher ... 268, 432, 490, 527
Friedensbruch ... 351, 398, 492, 497, 499
Friedensbündnis ... 148
Friedenschutz ... 368
Friedensdelikte ... 92
Friedensdurchsetzung ... 136
Friedenseid ... 277
Friedenseinungen ... 362
Friedensfeind ... 104, 455
Friedensformen ... 126
Friedensgemeinschaft . 121, 351, 353, 357, 398, 451, 454, 509, 537, 574
Friedensgenossen ... 268, 566
Friedensgewalt ... 182, 362, 455, 486, 545
Friedenshoheit ... 103, 135, 245, 354, 365, 498
Friedenskonzeption ... 420, 428
Friedensmaßnahmen ... 322
Friedensmittel ... 128
Friedensmodell ... 253
Friedensordnung ... 353, 487, 488
Friedenspolitik ... 151, 171, 357
Friedensrecht ... 563
Friedensschluss ... 272, 281, 289, 311, 337

Friedensschutz 101, 103, 109, 230, 237, 253, 374, 385, 392, 396, 399, 419, 421, 440, 461, 466, 481, 498, 521, 563, 567, 595, 605
Friedenssicherung 557
Friedenssorge128, 151, 164, 167, 175, 190, 198, 237, 253, 290, 294, 315, 336, 364, 366, 368, 428, 450, 453, 482, 483, 484, 486, 501, 511, 545, 561, 565, 570, 582, 585, 595, 647
Friedensstörer 362
Friedenstruppenkontingente 147
Friedensurkunde 142
Friedensverfassung 214
Friedensvertrag 338, 347
Friedensverweigerer 108
Friedenszoll 136, 181, 571
Friedenszweck 363
friedlicher Konfliktaustrag 86, 649
Friedlosigkeit391, 436, 440, 451, 534, 564, 590
Friedrich der Schöne ... 175, 180, 186, 193, 204, 321, 363, 493, 506, 570, 588
Friedrich I. 131, 404
Friedrich II. 123, 126, 194, 462, 471, 482
Friedrich III. 649
Friedrich von Leiningen 134, 135, 138, 373
Friedrich von Lothringen 145
Friedrich von Nürnberg 340
Friedrich von Öttingen 220, 313, 338
Friedrich von Straßburg 341
Friedrich von Wangen 174
Fristen 385, 528
Fristsetzung 528
fronfasten 514
Fründesberg .. 237, 502, 531, 550, 598, 608
Führung 245
Führungsansprüche 656
Führungsmächte 336
Führungsorgan 566
Führungsrolle 657
Funktionen 46
Fürgebot 162, 518
Fürstenbund 647
Fürstenstein 170
fürstliche Herrschaftsstaaten 649
Garanten 330, 343, 351, 571
Garantie. 147, 308, 334, 335, 360, 381, 395, 401, 457, 468, 472, 568, 571
Rechte und Freiheiten 167
Gäste 98, 396
Geächteter 424
Gebiet 255
Gebietsumschreibungen 335
Gebot 288, 354, 370
gebotener Frieden 301, 352, 399
Gebühren 132
Gebweiler 242, 627, 635
Gefährdungstatbestand 423
Gefahren 322
Gefährlichkeit 404, 534, 541, 546
Gefangene 50, 334, 450, 552, 574, 595, 613
Gefangennahme 49, 81, 159, 168, 218, 249, 272, 278, 285, 305, 379, 400, 402, 404, 426, 528, 533, 549, 560, 588, 589, 595, 604, 608, 617, 618, 624, 639
Gefangenschaft 305, 385, 509, 549, 590, 622, 625
Gefangensetzung 544
Gegenentwurf 648
Gegner 502, 530, 540, 543, 549, 563
Geheiß 312
Gehilfen 485, 504, 548
Geißler 540
Geistliche 181, 274, 395, 617
geistliche Immunitäten 332
geistliches Gericht 490
Geldwirtschaft 59
Geleit ... 91, 92, 93, 180, 185, 188, 195, 443, 456, 458, 464, 498, 553, 572, 593
Geleitgelder 93, 121, 463
gelobter Frieden 352, 399
Geltung .. 101, 122, 173, 214, 218, 248, 281, 322, 335, 343, 349, 354, 355, 356, 357, 358, 383, 394, 421, 502, 632
Geltungsanspruch ... 80, 85, 103, 146, 172, 357
Geltungsbereich ... 166, 170, 243, 304, 327, 333, 335, 340, 394, 426, 475, 553, 583, 608
Geltungsdauer83, 146, 321, 323, 324, 377, 379, 422, 469
Geltungsdimensionen 354
Geltungsgebiet 197, 338, 367, 379, 395, 520

Geltungsgrenzen 326
Geltungsgrund..................80, 97, 342, 345
Geltungsgrundlage 354
Geltungsrahmen..................334, 374, 631
Geltungsraum 294, 336, 379
Gemar............................307, 591, 594, 601
gemeine Stände im Elsass 655
gemeiner Nutzen 368
gemeines Recht 544
gemeines Wohl....................................103
Gemeinwohlerwägungen...................359
Gengenbach.................................216, 244
Genossenschaften 343
Genugtuung 86, 92, 102, 108, 174, 399, 433, 435, 436, 437, 494, 496, 530
Georg von Geroldseck 520
Georg von Veldenz..............................176
Gerechtigkeit 56
Gerhardt von Freiburg........................216
Gerhart Harnesch von Weißkirchen..631
Gericht.....57, 198, 314, 414, 422, 468, 472, 524, 590, 611, 628, 653
gerichtlicher Austrag 418
Gerichtsbarkeit...53, 54, 55, 57, 59, 62, 87, 94, 173, 208, 218, 247, 362, 410, 415, 473, 489, 491, 495, 520, 543, 622, 630, 656, 657
Gerichtsbehörde 363
Gerichtsbezirk 57, 146, 188, 327, 333, 334, 409, 426, 491, 492, 498, 536
Gerichtsgarantien 122
Gerichtsgefälle 494, 539, 572
Gerichtsgewalt70, 163, 360, 365, 452, 483, 497, 565, 570
Gerichtsgrenzen...................411, 458, 493
Gerichtsherr....54, 129, 189, 246, 361, 400, 413, 429, 439, 452, 481, 483, 521, 565
Gerichtsherrschaft 337, 416
Gerichtshoheit..............281, 334, 482, 497
Gerichtsinhaber.....361, 451, 482, 569, 572
Gerichtsinstanz 214
Gerichtskompetenzen..457, 472, 475, 490
Gerichtsobrigkeiten.............................439
Gerichtsorganisation 385
Gerichtsrechte 54, 106, 147, 332, 335, 340, 360, 362, 481, 483, 497, 521
Ausübung...87
Gerichtsstand 63, 76, 504, 546
Gerichtsstandsprivileg......60, 67, 69, 541, 542, 544, 651
Gerichtsstandsprivilegien 491
Gerichtsstandsvereinbarung.......229, 250
Gerichtssystem.............................252, 357
Gerichtstag..619
Gerichtsträger 54, 189, 335, 498, 501, 548, 563
Gerichtsurkunden 132
Gerichtsverfahren..83, 162, 243, 439, 495, 633, 638
Gerichtsverfassung..57, 58, 105, 122, 143, 147, 152, 163, 175, 188, 189, 334, 361, 363, 648
Gerichtszuständigkeit.................136, 444
Gerichtszwang 113
gerihte..489
Germersheim................................157, 593
Geroldseck....177, 182, 211, 280, 329, 339, 341, 506, 520, 529, 556, 603
Gerüft 497, 565
Gesandte 255, 308, 377
Gesandtenversammlung 103
Geschädigter.................493, 517, 519, 621
geschelle.................................172, 207, 282
Gesellschaftsvertrag.........................45, 64
Gesetz 41, 343, 351, 352
Gesetzescharakter................................352
Gesetzestheorie 350
Gesetzgebung..........................85, 250, 352
Gesinnung 539
Geständnis 641
Gestattung 487, 525, 527
gevengnisse...83
Gewährleistungen 467
Gewährsträger 269, 341, 370, 372
gewalt 428
Gewalt .44, 47, 52, 238, 363, 364, 366, 369, 379, 390, 399, 402, 404, 405, 407, 415, 416, 419, 420, 449, 457, 464, 470, 471, 493, 566, 582, 588, 625, 651
Gewaltausübung 43
Gewaltbekämpfung........................71, 116
Gewaltexzesse 178
Gewaltformen 252, 294, 419
Gewaltkonflike.....................................179
Gewaltmaßnahmen...............................50
Gewaltoligopol 179

Gewalttaten 220, 331, 490
Gewalttäter 581
Gewaltvergehen 653
Gewaltverzicht 563
gewere 457, 468, 469, 470, 609
gewette 88
Gewohnheit 184, 443, 468, 472
Gewohnheitsrecht 56, 83, 91, 189, 252, 320, 344, 346, 399, 418, 446, 448, 476
gewohnte Rechte 381
Girsberg 149, 168, 169, 589
Glarus 298
Gleichbehandlung 95
Gleichrangigkeit 544
Glottertal 158
Goldene Bulle 250, 294, 315, 322, 324, 369, 464, 474, 476, 540
Goldenfeils 566
Göllheim 160
Gottesfrieden 78, 100, 103, 106, 343, 345, 350, 351, 387, 389, 394, 436, 454, 471, 476
Gotteshäuser 132, 314, 392, 394
Gottfried von Leiningen 174
Gottfried von Merseburg 157
Götz von Großstein 249
Grafengericht 57, 65
Gremium 148, 245, 246, 476, 484, 493, 495, 500, 506, 507, 511
Großer Rheinischer Bund 96, 121, 136, 142, 153, 165, 167, 198, 229, 320, 326, 342, 345, 351, 355, 373, 381, 392, 393, 412, 419, 424, 433, 448, 450, 453, 456, 460, 479, 481, 502, 504, 511, 519, 531, 540, 547, 565, 571
Großstein 617
Grundbesitz 228, 469
Grundeigentum 62, 67
Grundherren 70, 112, 246
Grundherrschaft 179, 358, 416
Grundruhr 110, 393, 400, 402, 442, 443, 463, 553, 587
Gründungsversammlung 97
Gruppen 288, 513
Guggenheim 623
Gülten 414, 416, 418, 633
Gundolzheim 138, 589
Gunstetten 250, 598, 604
Gute Policey 110, 660
Güter 468, 549
Habsburger 65, 67, 70, 120, 153, 154, 160, 168, 173, 175, 176, 178, 179, 183, 187, 190, 192, 195, 196, 198, 200, 201, 206, 210, 214, 223, 230, 231, 238, 242, 243, 247, 268, 271, 275, 283, 289, 294, 296, 304, 309, 326, 328, 330, 336, 337, 338, 339, 341, 342, 364, 375, 410, 506, 594, 623, 624, 646
Haftung 64, 404, 524, 527
Haftungsmasse 64
Haftungsverband 52, 411
Hagenau 68, 75, 113, 119, 135, 144, 152, 158, 177, 180, 186, 193, 205, 207, 213, 215, 226, 228, 236, 249, 258, 259, 260, 273, 279, 289, 301, 303, 379, 386, 406, 514, 515, 516, 518, 523, 552, 556, 568, 575, 576, 595, 598, 604, 620, 628, 632, 649, 658
Hagenauer Landfrieden 136, 321
Handel 183, 222, 233, 242, 251, 459, 465
Handelsstraßen 244
Handelsware 524
Handelswege 572
Handfrieden 88, 349, 390, 590
Handfriedensbruch 390
handhafte Tat189, 448, 494, 535, 538, 539, 542
Handhaftverfahren 452, 533
Handverlust 88, 445
Handwerker 179, 208, 277, 295, 574, 631, 641
Hängen 169
Hannemann Schwarz 645
Hannemann Symund genannt Wecker von Zweibrücken-Bitsch 631
Hannemann vom Ramstein 573
Hannemann von Lichtenberg 201, 217, 228, 249, 551, 627
Hannemann von Mömpelgard 607
Hannemann von Zweibrücken 606
Hans von Buchegg 215
Hans Wurmel 573
Hartmann Rot285, 290, 517, 540, 570, 605
Haslach 624
Hattgau 249
Hattstatt 169, 280, 634

Hauenstein 330, 566
Hauptleute 262, 288, 311, 477, 497, 508, 555, 573, 647, 648
Hauptmann 366, 476, 497, 511, 514, 556, 558, 573, 649
gemeiner Hauptmann 560
Hauptmannschaft 647
Hausbergen 67, 70
hausen und hofen 224, 425
Hausgut 338, 484
Hausmacht 74, 125, 135, 140, 152, 227, 236, 290, 489, 495
Hausmachtinteressen 72, 167, 498, 584, 653
Hausmachtpolitik 234, 645
Heerfolgepflicht 226, 435
Hehlerei 89, 424
Heidelberger Stallung 297
Heimsuchung 81
Heinrich VII. 173, 175, 181, 188, 331, 435, 441, 443, 463, 466, 474, 505
Heinrich von Andlau 593
Heinrich von Doroltzheim 505
Heinrich von Erenberg 610
Heinrich von Lichtenberg 249
Heinrich von Luxemburg 171
Heinrich von Mainz 150
Heinrich von Randegg 523
Heinrich von Rappoltstein 591, 592
Heinrich von Virneburg 204
Helfer 99, 261, 531
Herbolzheim 146, 250, 598, 604
Herlisheim 276
Herlisheimer Fehde 276, 279, 540, 573
Hermann von Bechburg 604
Hermann von Rietberg 113
Hermann von Waldeck 592
herrenlose Knechte 648
Herrenstein 602
Herrrscherpersönlichkeit 353
Herrschaft 237, 309, 312, 338, 342, 343, 448
Herrschaften 327, 331, 334, 630
Herrschaftsanspruch 175, 421
Herrschaftsformen 653
Herrschaftslegitimierung 368
Herrschaftsrechte 474, 570
Herrschaftsrepräsentation 151
Herrschaftsträger 652
Herrschaftsübergang 287
Herrscher 336, 340, 365
herumziehendes Volk 660
Herzogtum 65, 71, 448, 482
Herzogtum Schwaben 120
Hilfe163, 289, 450, 493, 497, 522, 526, 527, 553, 563, 596, 608, 609, 634
Hilfeleistung 188, 487, 499, 501, 526
Hilfeleistungsklauseln 646
Hilfsbeitrag 548, 551
Hilfsbündnis 111, 136, 270, 355, 360, 453, 615
Hilfsgelder 584
Hilfspflicht 188, 381, 386, 397, 441, 498, 522, 529, 548, 557, 648
Hilfsverpflichtung 166, 356, 358, 422
Hinrichtung 71, 212, 220
Hochberg 173, 377
Hochgericht 60, 65, 130, 421
Hochgerichtsbarkeit 331, 332, 336, 490, 504
Hochgerichtsträger 333, 439, 447, 455, 571
Hochmittelalter 431, 446, 471, 484, 532
Hochrichter 589
Hochverrat 428
Hofgericht 57, 73, 94, 143, 223, 224, 270, 278, 305, 502, 518, 532
Hofrichter 87, 112, 129, 132, 161, 173, 503
Hoftag 226, 384
Hoheit 111, 122, 247, 334
Hoheitsrechte 94, 143, 461
Hoheitsträger 353
Hohenberg 133, 201
Hohenburg 598
Hohenlandsberg 139
Hohenstein 602
Homberg 149
Homburg 601
Horburg 202, 592
Hugo von Dirnsteig 616
Huldigung 213, 226, 235, 236, 624
Huldigungsverbot 113
Humelo von Lichtenberg 186
Hunaweier 150, 593
Hundertjähriger Krieg 260
ich von Ramstein 295

ichßenburg..556
Ideal...390
Idealvorstellungen................................343
Immunität59, 61, 65, 66, 69, 112, 218, 331, 490, 491, 498
Ingelheim...631
Inhaftierung..560
Initiative..........97, 134, 229, 312, 338, 370
Initiator..................................337, 351, 369
innere Angelegenheiten.......................654
Inquisitionsverfahren...........................533
Instanz.....71, 199, 278, 288, 335, 366, 429, 439, 479, 487, 499, 514
Instanzen...............................189, 346, 400
Instanzenzug..162
Institutionalisierung....................313, 516
Instruktionen.........261, 271, 375, 650, 657
Interdikt 133, 168, 172, 191, 198, 205, 206, 216, 218, 221, 226, 233, 236, 266, 289, 295, 621, 625
Interessen......222, 256, 267, 272, 275, 291, 311, 320, 323, 364, 366, 369, 398, 457, 552, 562, 633, 637, 642, 648
Interregnum ...70, 106, 123, 124, 132, 155, 175, 198, 320, 456, 460, 476, 584
Interventionen......................................652
Invasion. 260, 283, 427, 530, 555, 562, 568, 633, 634
Isolierung..587
Italien.....................................173, 238, 482
Italienpolitik...190
Italienzug.......................270, 277, 555, 634
Jakob Rösselmann 120, 150, 154, 440, 593
Jeratheus von Ratsamhausen vom Steine 311, 514
Johan von Merswi 576
Johann Erbe 276, 280, 540
Johann Harlestein................................305
Johann III. von Luxemburg-Ligny 267
Johann von Böhmen.....................174, 182
Johann von Eckerich 505, 627
Johann von Fegersheim.......................604
Johann von Festenberg........................340
Johann von Finstingen.........................235
Johann von Habsburg..........................248
Johann von Lichtenberg 217, 237, 246, 571, 608
Johann von Oberkirch..........................556
Johann von Ramstein...........................556
Johann von Rappoltstein.....223, 511, 626
Johann von Straßburg.................176, 180
Johann von Vergey.......................289, 552
Johann von Vienne.......................266, 621
Johann von Wartenfels........................505
Johann von Wickersheim....................610
Johannes Tauler...................................231
Juden98, 101, 149, 203, 220, 223, 231, 238, 239, 244, 302, 392, 396, 397, 428, 429, 535, 636
Judenabgabe.................................302, 303
Judenregal...636
Judenschutzbriefe................................637
Judenschutzbund.........................324, 640
Jura...329
Jurisdiktion.......................................70, 87
Jurisdiktionsabgrenzung.....................491
Jurisdiktionsbezirke....................340, 346
Jurisdiktionsgewalt .54, 58, 131, 246, 338, 342, 496, 566, 591, 655
Jurisdiktionsgrenzen............................328
Jurisdiktionsprivilegien..............539, 541
Jurisdiktionsproblem ..126, 163, 243, 410, 569
Kageneck..133
Kaiserkrönung 173, 194, 250, 255
Kaltwasserprobe....................................83
Kammerknechte...................241, 636, 642
Kampf..613
kanonische Rechtsvorstellungen........539
kanonisches Recht 75, 382, 479
kanonisches Sonderrecht.....................385
Kanonistik...55
Kanzlei 79, 274, 373, 516
Kappel...603
Karl IV. 68, 232, 241, 244, 254, 265, 268, 278, 286, 287, 292, 296, 315, 322, 372, 377, 380, 444, 464, 472, 507, 512, 550, 555, 605, 611, 616, 621, 634, 642
Katzenellenbogen................114, 135, 153
Kaufleute. 50, 262, 285, 303, 315, 396, 464, 517, 602, 604, 605, 618
Kaufmannszug.............278, 303, 411, 604
Kayserberg.......69, 120, 138, 218, 245, 592
Kenzingen....................................159, 329
Kiburg 169, 199, 272
Kirche 207, 216, 314, 458

Kirchen 81, 109, 471, 569
Kirchenbann 146, 191
Kirchengut 69, 193, 413, 414, 417, 457
Kirchenschutz 379
Kirchenstrafen 150
kirchliche Bußgerichtsbarkeit 47
kirchliche Gerichte 62, 65, 67, 228, 617
kirchliche Rechtsstellung 471
kirchliche Zwangsmaßnahmen 148
Kirkel 217, 622
Klagen 522
Klagepflicht 87
Klagerecht 522
Klägereid 532
Klassen 505, 649
Kleinbasel 284, 296
Kleriker 59, 81, 98, 101, 138, 167, 191, 203, 205, 213, 216, 226, 231, 282, 387, 392, 395, 468, 504, 517, 571, 617
Klöster 314, 395, 471, 556, 576
Kochersberg 213
Kodifikation 94, 143
Köln 122, 140, 167, 180, 604
  Erzbischof 134, 152, 181, 435
Kompetenzabgrenzung 304
Kompetenzen 101, 400, 450, 471, 472
Kompositionensystem 87, 431, 590
Kompromiss 321, 372
Konfiskation 150
Konfliktaustrag 49, 87, 91
Konfliktbefriedung 152
Konflikte 41, 47, 61, 457, 569
Konfliktfelder 162
Konfliktgegner 103
Konfliktlösung 356, 480
Konfliktpartei 103, 369, 480, 501
Konfliktprävention 91
Konfliktschlichtung 128, 139
königliche Bannverleihung 130
Königswahl 179, 594, 648
Königtum .. 84, 94, 356, 363, 366, 369, 370, 569
Konrad IV. 97, 110
Konrad von Freiburg ... 129, 182, 192, 337
Konrad von Kirkel 203, 217, 622
Konrad von Lichtenberg 166
Konrad von Straßburg 157
Konrad Werner von Hattstatt 130, 137
Konradin 71, 126
Konsens 355
  Eid 352
Konstanz 141, 199, 200, 211, 529
  Bischof 205
Konstitutionen von Melfi 85
Kontingente .. 109, 288, 298, 378, 554, 560, 632, 635, 659
Kontinuität 153, 302, 311
kontradiktorisches Verfahren 487
Kontrolle 288, 496
Konventionen 660
Kooperation 496
Koordinierung 487, 499, 550
Körperverletzung ... 81, 399, 400, 404, 445
Kosten 301, 500, 551, 561, 572, 606, 609, 634, 651
Kostentragung 574
Krankheit 509
Kränkung 63
Kreistage 658
Krenklingen 310, 584
Krieg 567, 568, 631
Kriegsmaschinen 166, 167
Kriegsparteien 622
Kriegsrat 648
Kriegstechniken 260, 555
Kriegsvolk 393, 429, 442, 562, 568
Kriegszug 158, 568
Krönung 161, 586
Kundgabe 386, 500, 625
kundliche Schuld 416
Kuno von Bergheim 130, 156, 157, 593
Kuno von Hüneburg 599
Kurfürsten 125, 130, 134, 140, 153, 159, 164, 167, 176, 204, 232, 234, 251, 253, 265, 274, 308, 313, 352, 443, 459, 461, 465, 572, 582, 646, 647
Kurie 57, 125, 190, 191, 193, 196, 204, 207, 225, 232, 237, 274, 282, 336, 375, 624
Kurverein 165
Kurverein von Rense 225
Ladung ... 132, 314, 501, 525, 528, 532, 619
Lahr 186
Laien 98, 101, 274, 282, 392, 571
Lamprecht Streuff von Buntenbach ... 631
Land 651
Landadel 74, 184, 249, 291, 540

Landadelige......70, 76, 112, 278, 420, 455, 482
Landeck....631
Landesgericht....77
Landesgewohnheit....88
Landesherr....242, 255, 268, 271, 286, 309, 326, 340, 380, 385, 428, 473, 474, 639, 654
Landesherrschaft...66, 124, 157, 313, 421, 652, 653
Landeshoheit....71, 651
Landesidentität....327, 652
Landesrecht....141, 147
Landesrettungen....652, 654, 655, 659
Landfolge....565, 583, 591
Landfrieden......41, 45, 169, 175, 242, 250, 261, 265, 267, 273, 278, 287, 289, 302, 310, 365, 491, 526, 617, 623, 639, 653
Landfriedensamtsleute....452, 570, 642
Landfriedensausschuss....214, 366
Landfriedensauszug....153
Landfriedensbewahrer....478
Landfriedensbewegung....56, 78, 84, 431, 471, 654
Landfriedensbezirk....333
Landfriedensbrecher...436, 494, 500, 502, 518, 545, 563, 591, 598, 620
Landfriedensbruch......147, 163, 214, 348, 349, 379, 389, 390, 393, 400, 407, 409, 413, 416, 419, 423, 426, 428, 436, 440, 444, 464, 468, 487, 489, 492, 493, 500, 502, 517, 527, 532, 538, 543, 569, 588, 590, 616, 622, 631, 632
  Delikte....522, 542
  Tatbestand....435, 495
Landfriedensbündnis..151, 154, 165, 326, 344, 348, 361, 363, 364, 585, 590, 595, 636
Landfriedensdelikte....493, 498, 526
Landfriedenseid...347, 352, 391, 435, 510, 541, 563, 568, 569, 574, 636
Landfriedenseinung....106, 117, 128, 166, 253, 301, 314, 352, 429, 558, 645
Landfriedensentwicklung....77
Landfriedensentwurf....294, 655
Landfriedenserrichtung....141, 292, 358
Landfriedensfälle....214
Landfriedensformen....147, 570
Landfriedensforschung .41, 333, 343, 430
Landfriedensgebiet......245, 396, 422, 501, 652
Landfriedensgegner.....493, 544, 552, 574
Landfriedensgemeinschaft..327, 487, 528
Landfriedensgenossen....568
Landfriedensgericht....327, 418, 439, 478, 499, 501, 503, 507, 515, 518, 521, 522, 524, 526, 527, 543, 547, 550, 552, 559, 560, 566, 568, 631
Landfriedensgerichtsbarkeit569, 599, 647
Landfriedensgesetzgebung....71
Landfriedensgestaltung....166
Landfriedensgewalt....614
Landfriedensgremium....499, 504, 508
Landfriedenshauptleute....485, 558
Landfriedenshauptmann....122, 138, 559, 560
Landfriedenshoheit....268, 322, 324
Landfriedenskollegium......301, 492, 518, 519, 521, 522, 574
Landfriedensmaßnahme....145
Landfriedensmitglieder....423
Landfriedensmodell....643
Landfriedensnormen....333, 335, 626
Landfriedensobmann....269, 386, 656
Landfriedensordnung....190
Landfriedensorgane....408
Landfriedensorganisation..136, 487, 501, 651
Landfriedensparteien..344, 467, 496, 519, 530, 541, 544
Landfriedenspfleger....222, 374, 468, 478, 484, 486, 487, 490, 493, 494, 496, 500, 502, 505, 511, 518, 519, 523, 539, 559, 568, 582, 583, 616, 624
Landfriedenspolitik.....146, 160, 175, 372, 456, 581
Landfriedensrecht 142, 470, 471, 519, 561
Landfriedensrechtsetzung....647
Landfriedensregion....115
Landfriedensrichter.....441, 442, 455, 501, 504, 508, 509, 517, 521, 522, 544, 554, 601, 605, 619, 655
Landfriedensschutz.....393, 407, 421, 423, 444, 451, 457, 458, 460, 462, 471, 472, 487, 500, 526, 541, 614, 617

Landfriedenssorge.......131, 174, 347, 361, 455, 461, 479, 489, 514, 583, 601, 645
Landfriedenssteuer 147
Landfriedensstörer 148
Landfriedenstag....271, 376, 382, 520, 657
Landfriedensteilnehmer 471, 587
Landfriedenstradition..........................374
Landfriedenstruppe 430, 477, 503, 543, 547, 567, 573, 635
Landfriedensverfahren 393
Landfriedenswächter..378, 398, 478, 493, 495, 497, 504, 526, 550, 556, 558, 566, 573, 598, 607
Landfriedenswahrung 363
Landgericht..55, 57, 65, 70, 182, 214, 278, 331, 448, 458, 490, 494, 495, 499, 523, 524, 569, 586
Rottweil 73
Landgraf......65, 66, 74, 123, 145, 169, 173, 177, 186, 193, 205, 217, 219, 230, 329, 330, 338, 339, 447, 469, 489, 505, 587, 604
Landgrafengericht 469
Landgrafengerichtsbarkeit 374
Landgrafentitel 656
Landgrafschaft.65, 71, 157, 160, 164, 249, 259, 275, 277, 342, 448, 492, 653
Landleute 255, 447, 491
Landrecht 56, 61, 75, 83, 93, 353, 400, 437, 441, 447, 448, 451, 455, 456, 470, 492, 494
Landschaden 536
landschädliche Leute ..147, 430, 495, 517, 532, 549, 560, 566, 598, 605, 648
Landschädlichkeit 537, 545, 607, 608
Landschaft 124, 253, 256, 336, 443
Landsknechte 535
Landstädte 336
Landstände 652, 654
Landtag 501, 515, 523, 654, 655
Vorderösterreich................................... 655
Landvogt..339
Lautenbach 528
Lauterburg...639
Leberautal 627
Legalisierung.........................453, 454, 455
Legalisierungsmuster 497
Legalisierungswirkung........................345
Legalität 344, 351, 353, 357, 360, 365, 369, 450, 489, 523, 550
Legitimation 96, 278, 356, 497, 614
Legitimierung...............176, 359, 387, 454
Legitimität 344, 351, 353, 357, 358, 365, 369, 383, 489
Lehen.....202, 253, 277, 379, 393, 501, 510, 569, 585, 625
Lehensrecht 353, 360
Leibesstrafe...612
Leiningen 249, 531, 552, 585, 619
Leitungsgremium 482
Lemberg 632
Leopold von Habsburg
I., Herzog von Österreich..... 178, 182, 183, 337
II., Herzog von Österreich 186, 192
III., Herzog von Österreich.. 274, 517, 523, 606
IV., Herzog von Österreich.................. 308
Letztentscheidungsrecht.............511, 532
Leumund 532, 535
levée en masse...565
lex fori...449
lex imperfecta 468
libertates ecclesiarum 89
licentia occupandi...................................487
Lichtenberg.....67, 156, 177, 201, 249, 256, 280, 306, 341, 556, 598, 622, 643
Lichtenberger Fehde ...157, 217, 259, 271, 569
Lindau 199
Lobegassen 169, 588
Lombardei 191
lombardischer Städtebund 96
Lösegeld 50, 305, 404
Lothringen 133, 149, 277, 280, 530, 588, 593, 634, 643
Herzog 213
Ludemann von Lichtenberg...............604
Ludwig der Bayer 175, 179, 180, 204, 221, 296, 321, 328, 336, 337, 351, 375, 444, 472, 497, 571, 620, 623
Ludwig von Ammolter.......................559
Ludwig von Öttingen 338
Lützel...70
Lützelnstein..................289, 387, 552, 635
Lutzemann von Rottersdorf 269, 377, 512
Luxemburger................268, 288, 341, 646

Luzern 257, 284, 297, 523
Macht..... 47, 64, 74, 89, 178, 265, 302, 304, 315, 326, 358, 359, 375, 483, 492, 519, 548, 575, 596
Machtanspruch 481, 484
Machtkonstellation.............. 320, 336, 512
Machtmittel 53
Mahnschreiben.................................... 529
Mahnung 109, 134, 163, 250, 261, 279, 440, 487, 514, 521, 528, 529, 548, 551, 564, 567, 568, 569, 575, 576, 591, 598, 609, 620, 625
Mahnverfahren 163, 424, 657
Mailand 270
Mainfranken 220
Mainz....... 97, 109, 134, 149, 185, 195, 225, 244, 257, 264, 288, 292, 296, 479, 497, 516, 572, 602, 641
  Erzbischof 154, 170, 180, 182, 192, 195, 202, 204, 213, 217, 234, 241, 373, 499, 503, 594
Mainzer Diözesanfrieden 116
Mainzer Reichslandfrieden .. 84, 101, 102, 105, 110, 130, 140, 146, 334, 345, 389, 402, 413, 419, 424, 433, 442, 452, 460, 463, 466, 471, 475, 478, 482, 483, 484, 496, 503, 538
Mannschaften...................................... 573
Marchfeld.. 137
Markgrafen von Baden 114, 124, 135, 138, 178, 180, 185, 186, 195, 201, 213, 246, 258, 274, 279, 288, 293, 299, 303, 306, 312, 340, 463, 464, 488, 553, 584, 587, 646, 647
Masmünster... 70
Massen 337, 561
Massenprozessionen 239
Massenunruhen 428, 653
Maßnahmen 529, 530
Matrikularbeiträge 575
Matthias von Buchegg 185
Matthias von Heringheim 505
Matthias von Koblenz......................... 142
Matthias von Signau 271, 602
Mauerbrechung 89, 299
Maximilian.. 650
Mediatisierung....... 67, 210, 271, 336, 341, 385, 650, 653
Mehrheit 197, 199, 214, 301, 305, 353, 493, 513, 564, 626
Mehrheitsprinzip 311, 455, 526, 657
Meineid 146, 155, 509, 522, 564
Meineidigkeit 440, 564
Mergentheimer Stallung..................... 298
Merkmale 363
Merxheim 601
Metasystem.. 354
Metz 133, 209, 213
Michael Kohlhaas 54
Minderjährige...................................... 397
Ministeriale 66
minne 98, 479
mishelle 184
Missbrauch 278, 559
Missstände 99
Misstrauen 76, 225, 287, 495, 506, 535, 555, 650, 651, 656, 662
Mitglieder 108, 214, 215, 222, 233, 290, 340, 342, 346, 356, 363, 374, 379, 380, 394, 435, 472, 500, 504, 516, 527, 529, 569, 570, 573, 576, 582, 588, 598, 626, 630
Mitgliedsbeitrag 575
Mitgliedschaft 346, 361, 655
  Pflichten.. 340
Mitteilung 528
Mittel 41, 492
Mittelrhein 164, 175, 185, 214, 229, 231, 241, 244, 257, 262, 267, 291, 294, 328, 426, 459, 465, 499, 503, 542, 567, 572, 588, 625, 647, 648
mittelrheinischer Landfrieden ... 180, 187, 195, 196, 200, 209, 211, 213, 222, 230, 237, 304, 329, 330, 367, 398, 425, 464, 497, 499, 500, 503, 554, 562, 601, 614, 623, 626, 628
Mitträger 337
Mobilisierung 555, 582, 597
  Herrschaftsrechte 470
Mobilität 59, 546
Modelle 167, 343, 345
Modellwirkung 115
Möglichkeiten 160
Molsheim 120, 260, 515, 639
Mömpelgard .. 149, 247, 329, 377, 520, 607
Montfort 170

Mord......169, 171, 282, 294, 314, 379, 389, 403, 589, 619
Mordbrand 404
Mörder 498
Morgarten 178
mort 83, 403, 428
Motive 49, 173, 223
Mühldorf 182, 186
Mühlenheimer.68, 184, 207, 277, 540, 623
Mühlhausen............69, 120, 223, 238, 329
Münster 69, 218, 624
Abtei 120
Münstertal 120
Muntmannen..91
Münzerei 444
Münzkonvention 230
Münzordnung 296
Münzrecht 91, 445, 456, 465
Münzregal 443
Münzvereinbarungen 467
Münzvergehen 110, 393, 591
Münzwesen 251, 306, 458, 651, 660
Murbach
Abtei.. 70, 185, 222, 242, 338, 339, 375, 626, 630, 642
Musterung 556, 561
Nacheile 497, 498, 542
Nächstgelegene 427
Nachwirkungen 377, 394, 573
Nassau 185
natürlichen Grenzen 77
Nebenstrafe 450
neue Rechtsideen 83
Neu-Ebertstein 600
Neuenburg....120, 211, 238, 250, 257, 264, 276, 338, 339, 400, 520, 586, 619, 626
Abtei 504, 616, 622
Neuerrichtung 245
Neuhof 241
Neuorganisation 288, 507
Neustadt 329
Neuweiler 626
Nidau 105
Niederlage 178
Niederrhein 497, 623
Nikolaus von Kageneck 217
normative Landfriedenssorge 140
Normierung 597
Notdurft 527, 551
Notorität 537
Notwehr 42, 86, 423, 611
Nürnberg 144, 174, 188, 251, 273, 291, 295, 360, 483
Nutz und Notdurft 367
Nutzen 651
Nützlichkeit...........126, 314, 359, 454, 545
Oberbergheim 639
obere Mundat 71, 160
Oberehnheim..69, 120, 205, 301, 529, 556, 639
Oberhoheit 249
Oberkirch 550
Oberrheinischer Kreis 650, 655
objektives Recht 44
Obmann ..76, 222, 245, 268, 288, 301, 302, 311, 377, 386, 455, 477, 480, 501, 511, 515, 516, 522, 526, 544, 562, 575, 609, 623, 626
Obrigkeit .62, 239, 240, 427, 487, 492, 498, 500, 533, 540, 543, 544, 545, 636, 637
Ochsenstein ..145, 194, 201, 272, 280, 339, 341, 556, 606, 609, 627
Offenburg 198, 216, 244, 518, 586, 619
Offenheit 368
Offenkundigkeit 55, 494, 539
öffentliche Sicherheit......41, 430, 658, 660
öffentlicher Frieden 428, 442, 560
Öffentlichkeit.........107, 353, 357, 383, 476
Offizialverfahren 532
Öffnung 553, 563
Öffnungsklauseln 93, 361
Öffnungspflicht 567
Öffnungsrecht 552, 630
Oosbach 329
Opfer 404, 405
Opferperspektive 402
opinio iuris 83
Oppenheim.....97, 141, 185, 186, 200, 384, 479, 641
ordentliche Gerichte....105, 163, 297, 495, 500, 519
ordentliche Gerichtsbarkeit.........379, 527
ordentlicher Richter 452, 453
ordentliches Landgericht 468
Ordnung 239
Ordnungsfaktoren 274
Ordnungsfunktionen 454

Ordnungsmacht 256, 269
Organe 148, 232, 361, 365, 475, 476, 530
Organisation 181, 222, 236, 302, 331, 336, 338, 340, 358, 374, 483, 498, 548, 569, 576, 649, 659
Organisationsformen 164, 170, 429, 476, 485, 498, 652, 654, 655
Organisationsmodell 482
Organisationsrecht 102, 147
Ort 514
Ortenau 133, 213
Ortenberg 154
Österreich 71, 140, 141, 147, 418, 507, 520, 601, 626, 628, 641, 646
Ottenheim 529
Öttingen 212, 338, 629
Ottman Schaler 573
Otto von Habsburg 204
Otto von Ochsenstein 133, 139, 144, 145, 148, 149, 153, 154, 157, 279, 484, 587, 589, 593
Ottokar von Böhmen 130, 139, 140, 582
pacis reformatio 128
Papst 73, 164, 168, 190, 194, 198, 203, 205, 215, 217, 226, 229, 240, 266, 305, 310, 381, 540, 621, 623, 629
Päris 139
Parität 301, 504
Parma 270
Partei 222, 236, 330, 430, 482, 493, 499, 502, 510, 613, 620
Parteibetrieb 524
Parteieid 524
Parteien 99, 234, 324, 334, 336, 361, 366, 371, 375, 401, 442, 457, 485, 491, 517, 587, 600, 624
Parteilichkeit 58, 545
Parteistellung 340
partikulare Gerichte 483, 517, 521
partikulare Gerichtsbarkeit 493
partikulares Recht 464
Partikulargewalten 73, 253, 321, 485
Partikularrecht 93, 102, 442, 444, 451, 470
Patriziat 172, 474
Patrizier 184, 207, 219, 540, 610, 637
pax 81, 89, 98, 99, 105, 389, 392, 394, 420
Pax Alsatiensis 78, 330, 348, 351, 387, 389, 446
pax Augustalis 89
pax generalis 100, 101, 105, 121, 141, 199, 374, 384, 497, 584
pax sancta et generalis 136
peinliche Befragung 639
peinliche Bestrafung 89, 102, 155, 435, 442, 443, 446, 467, 544, 582
peinliche Ersatzstrafe 441
peinliche Strafe 81, 83, 92, 147, 343, 403, 404, 431, 433, 436, 445, 446, 548, 590, 605
peinliches Strafrecht 82, 362
Peregrinenrecht 491
Person des Opfers 89
Person des Täters 89
personale Landfriedenssorge 139, 151, 453
personale Machtausübung 128
Personalitätsprinzip 335, 546
aktives 491, 521
Personen 223
Personengruppen 244
Personenverband 49, 51, 75, 354, 358, 369
Personenverbandsgesellschaft 51
persönliche Vertraute 371
persönlicher Stellvertreter 122
Pest 178, 238, 240, 258, 267, 300, 637
Peter Koch der Ältere 573
Peter Swarber 236, 512, 640
Peter von Aspelt 170
Peter von Hagenbach 649
Peter von Zypern und Jerusalem 262
Pfaffenheim 627
Pfahlbürger 60, 68, 69, 112, 228, 248, 254, 266, 271, 293, 301, 306, 393, 457, 473, 569
Pfahlbürgerverbot 91, 131, 161, 173, 251, 253, 297, 374, 473
Pfalz 645
Pfalzgraf 135, 164, 181, 203, 209, 213, 237, 241, 244, 255, 267, 273, 288, 293, 298, 306, 314, 340, 507, 599, 609, 617, 627, 631, 649
Pfand 220, 223, 339, 611, 640
Pfändbarkeit 411
Pfandinhaber 268, 269, 375

Pfändung 42, 64, 92, 93, 108, 112, 224, 243, 367, 393, 403, 407, 410, 443, 444, 467, 487, 525, 526, 576, 605, 606
Pfändungsabkommen 411
Pfändungsformen 418
Pfändungsklausel 414
Pfändungsregeln 197, 417
Pfändungsverfahren 167
Pfirt 70, 173, 183, 192, 219, 329
Pfleger 268, 288, 303, 311, 626
Pflichtverletzung 422
Pforzheim 329
Pforzheim-Baden 203, 205
Philipp von Frankreich 164, 168
Philipp von Hohenfels 143
Pilger 604
Plixburg 218
Plünderung.... 263, 278, 303, 455, 595, 604
Pogrom 203, 238, 398, 428, 429, 636
politische Bündnisse 152
politische Interessen 371
politische Motive 364
politische Ziele 167
Polizeitruppe 649
potentieller Friedensbrecher 353
potestas 94, 138
Prag 308
Prärogative 324, 483
Prävention 108, 466, 471, 537
Prestige 268
primus inter pares 344, 352, 361
Privatpfändung 409, 420
Privatvergleich 653
Privatvollstreckung 95
Privilegien....... 54, 57, 62, 63, 91, 112, 114, 171, 185, 190, 229, 233, 234, 235, 246, 251, 256, 258, 267, 356, 360, 462, 473, 490, 501, 531, 544, 563, 571
  kirchliche 94
Privilegierung 325
Proximitätsprinzip 116, 147, 224, 427, 487, 497, 499, 566
Prunstut 592
Rache 48, 278, 422, 540
Räderung 283, 639
Ramstein 168, 600
Rapperswil 297
Rappoltstein ... 70, 138, 154, 177, 186, 205, 223, 305, 339, 341, 511, 591, 601
  Anselm von 150, 154
  Heinrich 169
Rappoltsweiler 306, 594
Rat 197
Rat und Hilfe ... 99, 260, 429, 466, 480, 598
Rationalität 43, 55, 359, 368
Ratsamhausen 310, 311
Ratsverfassung 60
Raub....... 41, 45, 46, 56, 81, 82, 92, 93, 132, 225, 294, 304, 314, 379, 389, 401, 409, 419, 449, 464, 567, 586, 592, 595, 608, 611, 616, 627
Raubburg 115, 128, 149, 163, 211, 241, 276, 449, 450, 455, 582, 583, 601, 635
Räuber 92, 116, 188, 242, 278, 281, 414, 443, 444, 464, 498, 595, 605
Raubritter 45, 535, 600, 602, 613
Raubritterburgen 570
Raubzüge 163, 307
Rechte 284
Rechte und Freiheiten 95, 399
rechter Schuldner 417
Rechtfertigung . 45, 47, 147, 355, 356, 526, 540, 611
Rechtfertigungmuster 42
Rechtfertigungsgrund 409, 420
Rechtmäßigkeit 49, 462, 608
Rechtsanmaßungen 407
Rechtsauffassungen 57, 64, 454
Rechtsaustrag390, 424, 520, 560, 600, 603, 617
Rechtsausübung 429
Rechtsbeugung 390
Rechtsbruch 582
Rechtsbücher 63, 399, 468
Rechtsdurchsetzung 57, 163, 368
Rechtseinheit 445, 471
Rechtsetzung 188, 368
Rechtsetzungsakte 350
Rechtsfähigkeit 503
Rechtsfolge 101, 446
Rechtsfriede 428
Rechtsfriedensschutz 413
Rechtsgang 44
Rechtsgarantien 374, 468, 472, 473, 617
Rechtsgemeinschaft 44, 64, 353

Rechtsgewährleistungsgebot 471
Rechtsgewohnheiten 93, 356, 399, 454, 476
Rechtsgrund 252
Rechtsgrundlage 350
Rechtshilfe 189, 498, 542
Rechtshilfevereinbarung 658
Rechtskreis 47, 49, 53, 57, 61, 75, 354, 369, 411, 445, 448, 486, 496, 502, 532, 537, 539, 541, 545
Rechtslage 418, 519
Rechtsnormen 43
Rechtsordnung 225, 343, 458
Rechtspflege 73, 173, 181, 182, 189, 541
Rechtsposition ... 47, 48, 353, 437, 502, 568
Rechtsprechung 73, 89, 92, 145, 648
Rechtsschutz 553
Rechtsspruch 526, 620
Rechtssystem 315
Rechtstag 153, 281, 530, 554, 618, 620, 631, 640
Rechtstreue 381
Rechtsunsicherheit 91, 94, 470
Rechtsvereinheitlichung 93
Rechtsverfolgung 409
Rechtsverletzung 56, 93, 355, 400, 423, 590
Rechtsverweigerung 62, 63, 113, 162, 412, 548
Rechtsvorstellungen 43, 45, 61
Rechtswahrung 368
Rechtsweg 58, 62, 86, 348, 422
Rechtsweggebot 406, 413, 422, 424, 475
Regalien .. 92, 173, 189, 357, 374, 390, 433, 456, 459, 465, 629
Reich 381
Reichenberg 601
Reichenhall 628
Reichenhofen 589
Reichenweiher 213, 339, 340, 507, 603
Reichsbanner . 241, 248, 503, 562, 569, 608
Reichsbauern 158
Reichsbesitz 586
Reichsdörfer 73
Reichseigentum 211
Reichsfriedensordnung 647
Reichsgesetzgebung 372
Reichsgewalt 105, 338, 365
Reichsgut 73, 114, 124, 127, 133, 139, 140, 164, 165, 227, 584, 653
Reichshofrichter 112, 482, 483, 516, 538
Reichskreise 314, 654, 657
Reichslandfrieden 101, 116, 121, 122, 129, 141, 142, 146, 148, 150, 153, 155, 161, 171, 172, 174, 188, 198, 222, 252, 297, 302, 312, 320, 324, 344, 347, 349, 351, 361, 370, 374, 380, 381, 384, 385, 387, 390, 391, 399, 400, 405, 408, 413, 414, 417, 420, 423, 438, 442, 449, 450, 451, 452, 460, 462, 466, 468, 471, 473, 486, 488, 498, 500, 509, 516, 518, 538, 545, 569, 587, 590, 597, 614, 652
Reichslandfriedensmaterien 173
Reichslandfriedensordnung 251
Reichslandfriedensrecht 106, 136
Reichslandvogt 73, 127, 137, 153, 157, 158, 159, 169, 172, 174, 186, 194, 201, 205, 210, 218, 222, 232, 235, 236, 238, 246, 247, 258, 276, 302, 306, 310, 311, 312, 313, 332, 336, 338, 339, 340, 341, 371, 373, 375, 383, 455, 484, 488, 506, 540, 560, 583, 586, 587, 588, 589, 596, 606, 645, 646, 655
Reichslandvogtei ... 66, 131, 144, 211, 227, 241, 252, 258, 269, 274, 290, 292, 302, 310, 336, 338, 342, 506, 571, 611, 634, 645, 648
Reichslandvogteistädte 286
Reichsorganisation 253
Reichspfand 258
Reichspolitik 72, 188, 208, 571, 620
Reichsrecht 56, 111, 345, 349, 354, 356, 435, 445, 451, 455, 456, 462, 464, 614
Reichsrechte 277
Reichsreform 650, 658
Reichsschulden 417
Reichsstädte 66, 69, 124, 130, 144, 145, 154, 158, 159, 161, 165, 176, 208, 209, 213, 218, 228, 233, 235, 237, 241, 247, 249, 250, 257, 267, 268, 271, 273, 276, 280, 294, 302, 303, 313, 321, 332, 336, 339, 340, 341, 373, 489, 495, 506, 540, 556, 571, 572, 575, 583, 587, 588, 592, 608, 623, 634, 646, 648, 655, 656, 662
Reichsstände 654, 657
Reichsstandschaft 115, 145

Reichsstraße 611, 616
Reichstag 131, 291, 300, 304, 443, 483, 564, 649, 650
Reichsunmittelbarkeit 120, 176, 219, 228, 269, 287, 329, 338, 571, 655
Reichsverfassung 87, 315, 495
Reichsvikar 127, 191, 237, 255, 268, 482, 608, 614
Reichsweistum 226, 440, 444, 445, 466, 614
Reinbold von Staufenberg 203
Reinhard Hovewart von Sickingen 609
Reinhard Kage 599
Reinhard von Sickingen 645
Reinhard Widneck 272
Reinigungseid 55, 83, 532
Reisende 537, 541, 571, 636
Religionskriege 179
renovatio 140
Repolitisierung 328
Repräsentanten 454, 485, 505, 510, 511, 513, 544, 657
Repräsentation 352, 369, 507
Repressalienarrest 64
Reutlingen 595
Revindikation 91, 131, 143, 413, 456, 460, 483, 581, 653
rex pacificus 123
Rhein 212, 251, 326, 459
Rheinau 198, 201, 242
Rheinbrücke 133, 307
Rheinfelden 238, 338, 586, 626
Rheingrafenstein 196
rheinischer Städtebund 292, 300
rheinisch-schwäbischer Städtebund 286
Rheinsperrung 242, 251
Richard
- II. von England 305
- von Cornwall 114, 119, 121, 482

Richten 48, 420, 502
Richter 87, 385, 469, 526
Richtererlaubnis 410
Richtkompetenz 566
Richtung 228, 269, 280, 290, 325, 356, 497, 531, 553, 554, 601, 606, 607, 612, 619, 625
rihten 543
Risiken 651
Ritter 66, 255
Ritterschaft 172, 187, 648, 656
Ritterstand 57
Rittertum 66, 179
Rixingen 531
Rohrweiler 250
Römerstraßen 459
römisches Recht 438, 469
römisch-rechtliche Vorstellungen 85
Romzug 194, 201, 245, 248, 376, 556, 633
Roncaglia 131, 456
Rorweiler 598, 604
Rosheim 69, 120, 186, 556
Rotation 288, 302, 513, 515, 559
Rottweil 73
roup 401
Rücktritt 268, 510
Rudolf der Ältere von Baden 177
Rudolf V. Wecker von Baden 246
Rudolf von Andlau 217
Rudolf von Fegersheim 604
Rudolf von Habsburg
- I., König 60, 69, 71, 72, 73, 120, 123, 138, 139, 140, 148, 149, 153, 161, 175, 194, 237, 241, 347, 357, 361, 373, 384, 390, 413, 449, 452, 456, 460, 466, 483, 565, 570, 581, 583, 585, 586, 589
- IV., Herzog von Österreich 258, 259, 269, 529

Rudolf von Hohenstein 217
Rudolf von Lampertheim 598
Rudolf von Nidau 604
Rudolf von Waldsee 278
Ruffach 208, 220, 588
Rügeverfahren 533
Ruhe und Sicherheit 151
Rulemann 487, 596
Rulemann Swarber 234
Ruprechts von der Pfalz 645
Sachbeschädigung 407
Sachsenspiegel 483
Safrankrieg 281, 604
Salm 619
salvatorische Klausel 147, 443, 448
sancta pax 100
Sanktionen 92, 146, 162, 346, 355, 389, 390, 391, 409, 414, 429, 430, 435, 444, 445, 463, 468, 492, 509, 537, 569, 583

Sanktionierung.......43, 349, 399, 402, 452, 509, 544, 545, 566, 567, 574, 603, 605, 617, 652
Sanktionsziel..399
Satzung.................................352, 354, 385
Satzungsrecht.......................................161
Säumnis..........502, 510, 524, 558, 574, 624
Schaden.....50, 86, 174, 187, 262, 267, 269, 300, 304, 308, 429, 439, 472, 480, 522, 526, 531, 537, 541, 547, 551, 563, 567, 575, 599, 602, 607, 628, 635
Schadensausgleichs.............................146
Schadensersatz.....48, 86, 89, 92, 102, 162, 224, 432, 455, 487, 552, 585, 586, 603, 610, 633, 637
Schadensregulierung...........................436
Schädiger...543
Schädigungen........169, 197, 250, 259, 269
Schädlichkeit................494, 539, 542, 546
Schädlichkündung..............................535
Schaffhausen.........................238, 523, 575
Schankrechte..249
Schatzung...............................50, 242, 404
Schauenburg..210
Schaumburg...212
Scheitern..322
Schiedsaufgabe....................................499
Schiedsgedanke...................................511
Schiedsgericht....47, 76, 98, 112, 301, 308, 479, 482, 513, 523, 592, 603, 610, 613, 629, 632, 649
Schiedsgerichtsbarkeit................487, 499
Schiedsgewalt......................................564
Schiedsinstanz...............................73, 297
Schiedsklauseln...................................646
Schiedsleute...47
Schiedsmann..223
Schiedsposition....................................513
Schiedsrichter....74, 76, 112, 198, 284, 569
Schiedsspruch.......................610, 612, 621
Schiedsvereinbarungen.......................618
Schiedsverfahren..........531, 606, 607, 608
Schiedsverträge......................................76
Schiffsbrücke..212
Schisma................................172, 196, 288
Schlacht von Hausbergen...........120, 131
Schlettstadt.....68, 186, 228, 244, 246, 259, 273, 301, 377, 379, 514, 530, 556, 568, 575, 576, 594, 619, 626, 639
Schlichter...169
Schlichtung..531
Schmalstein..215
Schöffengericht...................................511
Schöffersheim......................................168
Schöneck..531
Schreiber...............162, 259, 477, 516, 538
Schriftlichkeit.................................55, 597
Schulden...208
Schuttern..211, 212
Schutz......98, 167, 255, 270, 379, 526, 539, 549, 560, 568, 633, 636
Auftrag..468
der Kirche..90
Schutzbündnis......231, 244, 429, 639, 642
Schutzbündnisse..........................442, 649
Schutzermessen....................................398
Schutzgelder...636
Schutzgemeinschaft...............................95
Schutzherrschaft...................................284
Schutzinteressen...................................658
Schutzpflicht..................................395, 398
Schutzverband..52
Schutzverpflichtung.............................101
Schutzversprechen................................642
Schwaben..71, 74, 141, 170, 227, 294, 303, 483, 584, 647
schwäbische Reichsstädte...........292, 298
schwäbischer Landfrieden..........485, 587
schwäbischer Städtebund...286, 293, 295, 303, 523
schwäbisch-rheinischer Städtebund..297
Schwanau..211
Schwarzburg...155
Schwarzenberg.....................................505
Schwarzwald..................................149, 329
Schweiz...74, 152, 176, 200, 243, 297, 309, 330, 364
Schweizer.......211, 227, 228, 247, 304, 627
Schwureinung...95
Schwurgenossen............82, 395, 457, 565
Selbstbewusstsein...................................85
Selbstbezeichnung................................103
Selbsthilfe 42, 47, 53, 63, 64, 102, 106, 189, 252, 333, 343, 400, 402, 403, 408, 409,

415, 421, 423, 429, 436, 457, 481, 482, 487, 496, 526, 527, 529, 588, 602, 620, 650, 651
Selbsthilfeformen.................420, 428, 657
Selbstpfändung.......................................464
Selbsttäuschung.......................................313
Selbstverpflichtung........81, 343, 350, 568
Selbstverständnis......................................501
Selbstverurteilung....................................346
Selz.114, 135, 175, 186, 215, 250, 258, 279, 303, 329, 379, 487, 525, 551, 585, 595, 596, 639
Abtei...387
Selzbach...330
Sempach...297
Separatfrieden..554
Sicherheit......233, 280, 315, 337, 427, 518, 536, 540, 550, 593, 606, 620, 625
Sicherheitsleistung..............162, 533, 618
Sickingen..610
Siechtum..510
Siegbert von Köln....................................142
Siegel.....132, 147, 236, 313, 375, 376, 380, 382, 502, 612, 622, 629, 630, 657
Siegelung...279
Siegfried Lymeltz von Löwenstein....609
Siegfried von Westerburg.....................140
Siena..174
Sigismund von Ungarn.........................646
Sigolzheim...592
Simon von Eberstein-Zweibrücken...585
Sippe..51
Sitzungen..............480, 515, 522, 523, 617
Sitzungsort....................379, 514, 515, 562
sofortige Vollstreckung..............415, 632
Söldner..260, 283, 294, 299, 309, 534, 537, 555, 633
Söldnerheere..........................260, 560, 653
Söldnerscharen......................263, 275, 280
Söldnertruppen.....273, 299, 429, 538, 555
Solidarität..636
Solothurn...169
Sommerau..280
Sonderfrieden..81, 389, 399, 447, 593, 631
Sonderinstanz.......113, 132, 455, 489, 498, 499, 504
Sonderschutz..................................89, 453
Sonderstellung..371
Sonderverfahrensrecht.........................495
Souveränität.................................651, 662
Speyer....114, 133, 150, 171, 175, 176, 178, 181, 183, 185, 195, 202, 221, 233, 266, 292, 298, 497, 602, 611, 629
Bischof.................... 154, 176, 584, 611, 621
Speyergau.....134, 135, 371, 373, 488, 596, 608
Sponheim...................................142, 599
Sponheimer Fehde.................................588
Sprachwechsel..383
St. Hippolyt...193
St. Pylt.................................277, 281, 505
St. Thomas............................216, 234, 623
Staat...45
Staatsfrieden.........................90, 649, 662
staatsrechtliche Einungen....................363
Stadtadel.....................................249, 297
Stadtbevölkerung.....................................98
Stadtbürger...491
Städtebund...197, 199, 242, 274, 301, 339, 601
Städtebündnis 95, 100, 101, 102, 271, 369, 479, 600, 618
Städtebundverbot..................................105
Städtegründungsrecht.............................91
Städtekrieg..322
Städtetag..144
Stadtfrieden..112, 230, 246, 272, 346, 422, 426, 454, 490, 491, 521, 567
Stadtgericht..................................493, 495
Stadtherr...60, 95, 119, 138, 144, 161, 197, 203, 219, 259, 266, 284, 459, 521, 569, 605, 621
Stadtherrschaft.............................266, 306
städtische Freiheiten.............................473
Stadtobrigkeit.......210, 225, 338, 358, 385, 412, 437, 641, 651
Stadtrecht 64, 184, 400, 446, 447, 448, 491, 586
Stadtrechtsprivilegien.....................61, 130
Stadtverfassung...........................166, 233
Stahleck..104
Standesehre...61
Ständeversammlungen........................657
Staufer.....71, 124, 143, 150, 255, 369, 438, 448, 460, 479, 482, 581, 584
Stauferherrschaft......................................96

Stauferstädte ... 60, 326
staufische Traditionen ... 152
staufisches Kernland ... 72
Stellung ... 611, 613
stellvertretende Rechtspflege ... 542
Stellvertreter ... 73, 127, 128, 138, 151, 174, 486, 504, 569, 589, 597
Stellvertretung ... 482, 496, 512, 517
Stephan von Bayern ... 227
Steuer ... 285
Steuereintreiber ... 575
Stichtag ... 462
sto[e]zz ... 428
Störer ... 392
Strafandrohung ... 84, 447, 649
Strafbarkeit ... 539
Strafe ... 431, 447, 533
Strafform ... 93
Strafgerichtsbarkeit ... 534
Strafgewalt ... 132
Strafmaß ... 93
Strafrecht ... 448
Strafrechtsnormen ... 346
Straftaten ... 92
Strafzahlungen ... 574
Straßburg ... 66, 73, 74, 114, 119, 120, 122, 131, 133, 134, 139, 141, 145, 148, 150, 156, 158, 167, 169, 171, 173, 176, 177, 180, 182, 185, 194, 195, 196, 199, 200, 202, 204, 205, 209, 211, 213, 214, 219, 221, 222, 223, 229, 233, 240, 242, 244, 246, 249, 250, 254, 259, 264, 269, 272, 274, 276, 280, 287, 293, 294, 301, 304, 310, 313, 321, 322, 328, 329, 330, 331, 338, 339, 341, 342, 363, 367, 371, 372, 373, 375, 377, 378, 381, 384, 386, 397, 447, 449, 454, 459, 467, 474, 487, 489, 495, 499, 505, 512, 515, 516, 517, 518, 519, 521, 523, 528, 529, 530, 531, 540, 542, 550, 551, 552, 554, 559, 568, 572, 575, 576, 584, 585, 587, 588, 591, 595, 596, 598, 599, 600, 604, 605, 608, 616, 617, 618, 619, 620, 628, 633, 635, 645, 646, 648, 649, 650, 653, 655
  Bischof ... 66, 70, 74, 120, 124, 133, 155, 157, 159, 165, 166, 170, 172, 174, 176, 180, 183, 186, 191, 198, 199, 201, 205, 208, 211, 215, 222, 249, 256, 266, 270, 272, 274, 280, 289, 293, 300, 302, 306, 310, 330, 338, 339, 341, 342, 352, 371, 372, 378, 381, 413, 474, 489, 505, 508, 519, 556, 566, 572, 575, 576, 585, 587, 588, 591, 596, 608, 617, 621, 622, 635, 636, 639, 642, 647, 648
Straßen ... 97, 315, 459, 557
Straßenraub ... 226, 402, 444, 464, 650
Straßenräuber ... 92, 390, 463, 615
Streitbeilegung ... 502
Streitschlichtung ... 53, 518, 569
Subsidiarität ... 86, 106, 110, 122, 252, 348, 360, 361, 390, 475, 614
Subsidiaritätserfordernis ... 110, 482
Subsidiaritätsgebot ... 357, 422, 590
Subsidiaritätsklausel ... 419
Subsidiaritätsprinzip ... 406, 486, 487
Subsidiaritätsregelung ... 420
Sühne ... 310, 349, 356, 367, 404, 421, 463, 519, 527, 531, 533, 552, 553, 554, 585, 586, 596, 599, 609, 632
Sühneleistungen ... 602
Sühneverhandlung ... 306, 602, 622
Sühnevertrag ... 212
Sulz ... 595
Sundgau ... 337
Symbolik ... 79, 143
symbolische Friedenspolitik ... 126
symbolische Geste ... 153
symbolischer Fußfall ... 157
symbolisches Friedensversprechen ... 129
Symunt von Lichtenberg ... 531, 631
Symunt von Schönecke ... 601
Tage ... 109
talion ... 445
Tannenheim ... 616
Tat ... 494, 541
Tatbestand ... 84, 101, 223, 226, 345, 366, 389, 390, 401, 464, 624
Tatbestandsmerkmale ... 390
Tätigwerden ... 485
Tatort ... 500, 519, 521
Tatortprinzip ... 491
Tatsachen ... 525
Tauglichkeit ... 558
Teil . 288, 302, 340, 341, 507, 521, 544, 559, 560, 567, 575, 656
Teilnehmer ... 107, 280, 288, 326, 330, 336, 338, 340, 343, 346, 349, 361, 370, 372,

378, 379, 435, 457, 471, 472, 476, 541, 563, 575, 585, 588
Teilnehmerkreis 246, 336, 342, 428
Termin 323
territoriale Gerichte 490, 648
territoriale Gerichtsbarkeit 74
territoriale Gestaltung 653
Territorialgewalt 648, 662
Territorialherren 70, 219, 246, 305, 321, 326, 332, 339, 340, 341, 413, 448, 459, 473, 489, 530, 572, 591
Territorialherrschaft 255
Territorialhoheit 499
Territorialprinzip 335, 491
Territorien 74, 221, 253, 314, 334, 361, 366, 375, 443, 465, 497
Thann 329
Theobald von Pfirt 155, 157, 158, 165
Thronkampf 336, 417
Thronprätendenten 336, 460, 474, 495
Thüringen 147, 160, 170, 537
Tod .. 268, 325, 380, 510, 513, 514, 517, 610
Todesfall 98
Todesstrafe 82, 595, 615
Todeswürdigkeit 546
topografische Angaben 327
Totschlag 56, 403, 445, 589
Totschlagsühnen 653
Tötung 49, 157, 280, 400, 403, 421, 443, 445, 529, 601, 611, 619, 639
Tradition188, 349, 350, 419, 454, 499, 500, 506, 565
traditionelle Friedenspflege 362
traditionelle Gerichtsbarkeit 444, 486, 489, 496, 517
traditionelle Gerichtsverfassung . 87, 482, 501
traditionelle Rechtspflege 366
traditionelles Gericht 53, 106, 167, 357, 408, 476, 481, 487, 496, 531, 615, 646
traditionelles Gerichtswesen 411
traditionelles Recht 362, 397, 400
Treueeid 154, 217
treuga 81, 88, 89, 389, 585
Treuga Henrici 468
Trier
  Erzbischof 164, 171, 180, 182
Trinkgesellschaften 282
Trinkstuben 208
Trinkstubengesellschaft 617
Truppe ... 262, 265, 267, 280, 284, 288, 379, 555, 562, 568, 575, 608, 633
Truppenkontingente 499, 556, 651
Türkheim 69, 154, 218, 594
Übeltätigkeit 494, 546
Überfall 46, 266, 278, 612
übergeordnete Friedensordnung 111
übergräfliche Schutzgewalt 74
übergräfliche Schutzhoheit 72, 127
Übergriffe 306, 587, 634, 650
Überlingen 199
Überparteilichkeit 103, 367
Übersiebnung 533
uflu[o]fe 428
Ulrich von Finstingen 606
Ulrich von Rosiers 290, 552
Ulrich von Signau 217, 623, 629
Ulrich von Werd 205, 220
Ulrich von Württemberg 298
Umgelt 105, 121, 266
Umland . 161, 170, 172, 177, 179, 196, 255, 264, 267, 277, 282, 309, 473, 569
Umlandsinteressen 254
Umstrukturierungen 336
Umsturzversuch 285
Umwälzungen 295
Unauflösbarkeit 324
Ungarn 296, 646
Unrecht 99, 224, 250, 293, 419, 480
unrecht widersagen 405
unrechte Gewalt 379
unrechte Widersage 405, 419, 423
Unrechtsahndung 53, 102, 139
Unrechtshandlung 423
unreht 401
Unruhen 220, 238, 258, 277, 282, 287, 294, 427, 486, 499, 637
Unsicherheit ... 97, 125, 232, 273, 400, 411, 545
Unterdrückung 45
Unterhändler 313
Unterstützer 342, 367
Unterstützung 108, 173, 176, 237, 269, 279, 291, 292, 295, 296, 298, 485, 550, 553, 556, 606, 629
  fremde Truppen 430, 441

Friedensbrecher 393
Landfriedensbrecher 424
Landfriedenstruppe 563
Münzvergehen 466
schädliche Leute 538
Unruhestifter 429
Unterstützungshandlungen 425, 444
Geächteter 88
Unterstützungspflicht 76, 567
Untertanen 521
Unverbrüchlichkeit 323
Unverpfändbarkeit 571
Urban VI. 288, 295, 305
Urfehde . 281, 480, 531, 549, 598, 599, 623, 643
Urkunden 109, 416, 502, 524, 525
Urkundenbeweis 524
Urkundenfälschung 623
Ursachen 43
Urteil 58, 63, 494, 495, 522, 603, 611
Üsenberg 339, 340, 529, 598
utilitas 359, 368
Utrecht 309
Verbannung 196, 208, 246, 277, 280, 282, 447, 540, 638, 641
Verbrechen 41
Verbrechensverfolgung 648
Verbrennung 239, 639
Verbündete 178, 224, 265, 272, 279, 285, 309, 523, 574, 588
Verfahren 167, 335, 340, 346, 360, 365, 374, 444, 478, 501, 507, 508, 513, 515, 516, 519, 528, 543, 544, 570, 583
Verfahrenseinleitung 517
Verfahrensrecht 55, 87, 414, 563
Verfahrenszentralisierung 109
Verfassungskampf 328
Verfassungskonflikt 139, 190, 207, 427
Verfassungsordnung 481
Verfassungsreform 219, 238
Verfassungsrevolution 540
Verfestung 58
Verfolgbarkeit 348
Verfolgung 163, 179, 362, 374, 497, 536, 564
Vergeltung 187, 204, 488
Vergeltungsmaßnahmen 285
Vergey 635
Vergleich 285, 308, 554, 630
Verhaltensvorstellungen 44
Verhältnis zum Reichsrecht 97
Verhandlungen 99, 250, 251, 300, 314, 373, 378, 521, 523, 528, 573, 603, 610, 621, 658
Verhandlungsprotokolle 523
Verhandlungsprozess 287
Verhandlungstermine 528
Verhinderung 510, 513, 514
Verhinderungsgründe 510
Verkehrswege 222
Verkünder 232, 310, 330
Verkündung 141, 351, 370, 383, 526
Verkündungshoftag 142
Verlängerung 245, 263, 312, 512
Verletzung 399, 468, 481, 482, 500, 583
Verletzungsvorwurf 50
Vermittler 76
Vermittlung 47
Vermögenssteuer 110, 144
Verpfändung 74, 120, 219, 228, 235, 269, 274, 286, 290, 304, 306, 656
Verpfändungspolitik 74
Verrat 282
Versagen 429, 642
Versammlung 107, 376, 483, 656
Verschleppung 334, 393, 394, 426, 440, 493, 513
Versöhnungsverhandlungen 171
Verstöße 44
Vertagung 522
Verteidigung 208, 376, 539
Verteidigungsbemühungen 655
Verteidigungsbündnis 97, 99, 100, 436, 648, 659
Verteidigungsmaßnahmen 307
Verteidigungsmittel 562
Verteilung 505
Vertrag 343, 344, 349, 351, 361
Vertragsform 382
Vertragspartner 539
Vertragsschluss 370
Vertrauen 55, 310, 321, 521
Vertrauensmann 310
Vertrauensträger 268, 477
Vertraute 163, 202, 246, 371
Vertreibung 348

Vertreter .. 98, 102, 122, 213, 235, 261, 278, 327, 373, 375, 376, 379, 453, 455, 476, 480, 482, 500, 507, 510, 523, 548
Vertretung 370, 543, 558
Verurteilung 304, 494, 544
Verwandte 327
Verweigerung 509
Verwundung 403, 421, 442, 586, 611
Verwüstung 158, 307, 586
Verwüstungskrieg 159
Verzeihung 156
Verzug 509
Vetorecht 381, 493
Vikar 246
Villingen 586
Vogesen 327, 329
Vogt 413, 414, 417
Vogteirechte 71, 74
Vollmacht 102
Vollstreckung . 58, 410, 414, 426, 547, 565, 614
Vollstreckungsgewalt 657
Vollstreckungsklausel 417
Vollstreckungsschutz 418
Vollstreckungsverfahren 162, 409
Vollziehungspflicht 566
Vollzug 561
Vollzugsordnung 106, 344
Vollzugsorgan 488
Vollzugstheorie 349
Volmar von Lützelnstein 387
Vorarbeiten 374
Vorbehalte 102, 380, 472
Vorberatungen 374
Vorbild 326, 373, 378, 643
Vorgehen 262, 268, 335, 492, 527
Vorherrschaft 288
Vormacht 124, 221, 273, 289, 302, 306, 307, 376, 421, 504, 512, 544, 554, 570, 572, 584, 597, 620, 622, 637, 652, 662
Vorort 258, 373, 514
Vorrang 335
Vorrechte 76
Vorsitz 511
Vorstellung 337
Vorverfahren 518, 521
Vorwand 410
Waffenstillstand 48, 177, 208, 213, 222, 297, 304, 364, 482, 593
Waffenverbot 214, 216
Wahlzugeständnisse 171
Wahrheit 56
Waldeck 217, 583
Waldemar von Westrich 242
Waldner von Sulz 243
Wallfahrer 243
Walraf von Tierstein 606
Walraf von Zweibrücken 609
Walram von Sponheim 599
Walram von Veldenz 202
Walter von Beblenheim 576
Walter von der Dicke 520, 523
Walter von Geroldseck120, 182, 186, 211, 636
Walter von Mutensheim 387
Walter von Straßburg 119
Waren 572
Warenverkehr 169
Wasselnheim 588, 593
Wegelnburg 139, 583
Wegnahme 189, 400, 401, 410, 528, 602, 605, 618, 620
Weier 594
Weigerung 568
Weil 298, 608
Wein 488, 572, 596, 643
Weinberge 81, 592, 627
Weinexport 459
Weinhandel 77
Weinsberg 517, 523
Weißenburg 69, 75, 149, 205, 279, 301, 576, 584, 622, 631, 639
Weistum 354
Weisung 466, 544
Weiterentwicklung 101
Wenzel
- I., Herzog von Luxemberg ... 268, 273, 286, 288, 295, 340
- II., König von Böhmen 170
- König (HRR) .. 256, 273, 287, 291, 294, 300, 305, 310, 368, 372, 383, 398, 477, 501, 517, 531, 560, 562, 574, 602, 605, 651, 652

Werdenberg 617
Werlin von Landsberg 340
Werner Gotzkuchen 626

Werner von Bolanden 104, 450
Werner von Landsberg 593
Werner von Lymperg 573
Werner von Mainz....... 121, 122, 127, 134, 135, 142, 148, 483
Wernher Schaler 606
Wernher von Landsberg 377
Wernlin von Buch................................ 573
Wernlin von Hattstatt 277
Westfälisches Friedensrecht 294
Wetterau 121, 135, 144, 180, 299, 497
Wetzlar 144
Widerruf 292, 324, 376, 377, 518, 520, 552, 605
Widerruflichkeit 296, 312
Widersage 405
Form 90
Frist 90
Widerstand 252, 294
Wiedergutmachung 147, 163, 356, 366, 399, 414, 432, 435, 436, 437, 442, 444, 448, 451, 453, 463, 486, 487, 488, 490, 491, 492, 493, 496, 502, 518, 519, 523, 526, 528, 529, 530, 543, 544, 545, 547, 599, 603, 604, 616, 617, 630, 632, 635
Wiedergutmachungsleistung 480, 605
Wiederholungen 320
Wien 134, 137
Wiesloch 330
Wilhelm von Diest 309, 310, 372, 645
Wilhelm von Holland ... 97, 110, 116, 142, 357, 360, 453, 481, 482
Willkür 314
Wimmis im Siemtal 169
Windeck 177, 272, 519
Windisch an der Reuß 171
Winstein 211
Wirklichkeit 605
Wirksamkeit 86, 320, 322, 364, 564, 581
Wirksamkeitsdauer 325
Wirkung 143, 157, 352, 568, 581, 620
Wirkungsdauer 292
Wirren 309
Wirtschaft 251, 323, 464
Wirtschaftsalltag 643
Wirtschaftsbeziehungen 77, 177
Wirtschaftsinteressen 238, 636
Wirtschaftsleben 410, 414
Wirtschaftsverkehr 64, 459
Wirtschaftswege 229
Wirtschaftswesen 465
Wittelsbacher 175, 178, 213, 279, 364, 498, 506
Wolfram von Nellenburg 609, 625
Worms 97, 104, 109, 114, 121, 175, 177, 185, 292, 479
Wörth 594
Wucherverbot 110
Württemberg 145, 186, 192, 201, 205, 209, 213, 215, 274, 279, 292, 298, 303, 306, 339, 603, 626, 629
Wüstung 451
Zabern 626, 635
Zähringen 586
Zell 244
Zellenberg 592
Zerstörung 272, 278, 298, 307, 593, 595, 601, 611
Zeuge 56, 61, 189, 385, 525
Zeugnisfähigkeit 75
Zinsen 414, 416, 418, 633
Zoll 91, 92, 100, 105, 121, 125, 130, 134, 135, 136, 140, 143, 153, 164, 165, 177, 180, 181, 185, 188, 306, 363, 374, 389, 392, 399, 400, 402, 424, 443, 456, 458, 459, 464, 488, 553, 572, 581, 584, 586, 596, 646, 651
neue Zölle 462
Zollauseinandersetzungen 647
Zollerhebung 93, 407, 584
Zollfreiheitsprivilegien 460
Zollprivilegien 242
Zollsituation 251
Zollstellen 460
Zollvergehen 147, 390, 399, 463
Zollverwendung 463
Zorn . 68, 184, 207, 277, 280, 566, 576, 619, 623, 637, 641
Zuführung 560
Zugehörigkeit 491
Zünfte 172, 207, 218, 285, 295, 641
Zunftrevolution 68, 207, 219, 637
Zunftunruhen 233, 244
Zürich 199, 230, 237, 242, 248, 256, 297, 410, 418, 593
Zusage 552

Zusammenhalt 582
Zusammenkunft 477, 514, 521
außerordentliche 515
Zusammensetzung 301, 341
Zuständigkeit297, 475, 490, 500, 521, 522, 620
Zuständigkeitsverteilung 414
Zustimmung.................... 85, 313, 353, 385
Zustimmungseid 349, 352
Zwang 102, 369
Zwangshandlungen 409, 422
Zwangsmaßnahmen 75, 433, 496, 528, 530, 582
Zwangsmittel 292, 533
Zweck 100, 135, 428
Zweibrücken 133, 631
Zweibrücken-Bitsch 271, 632
Zwischeninstanz 314, 648

FSC
www.fsc.org
MIX
Papier | Fördert
gute Waldnutzung
FSC® C083411

Kolibri 360 GmbH
Ferdinand-Jühlke-Straße 7
99095 Erfurt, Deutschland
produktsicherheit@kolibri360.de